Modificação do comportamento

Teoria e prática

Dados Internacionais de Catalogação na Publicação (CIP)

M662a   Miltenberger, Raymond G.
         Modificação do comportamento : teoria e prática / Raymond G. Miltenberger ; tradução: Solange Aparecida Visconte e Priscilla Lopes e Silva ; revisão técnica: Alexandre H. de Quadros. – São Paulo, SP : Cengage, 2018.
         416 p. : il. ; 28 cm.

         Inclui bibliografia, glossário e índice.
         Tradução de: Behavior modification: principles and procedures (6. ed.).
         ISBN 978-85-221-2683-5

         1. Mudança de comportamento. 2. Comportamento humano. 3. Mudança de atitude. 4. Avaliação do comportamento. I. Visconte, Solange Aparecida. II. Lopes, Priscilla. III. Quadros, Alexandre H. de. IV. Título.

                                                      CDU 159.9.019.4
                                                      CDD 153.85

Índice para catálogo sistemático:
1. Mudança de comportamento   159.9.019.4
(Bibliotecária responsável: Sabrina Leal Araujo – CRB 10/1507)

Modificação do comportamento

Teoria e prática

Tradução da 6ª edição norte-americana

Raymond G. Miltenberger
University of South Florida

Tradução
Solange Aparecida Visconte e Priscilla Lopes

Revisão técnica
Alexandre Henrique de Quadros
Doutor em Psicologia (Instituto de Psicologia da Universidade de São Paulo – USP)
Docente na Universidade de Mogi das Cruzes (UMC) e na UniPiaget/Brasil

CENGAGE

Austrália • Brasil • México • Cingapura • Reino Unido • Estados Unidos

Modificação do comportamento: teoria e prática
Tradução da 6ª edição norte-americana
Raymond G. Miltenberger

Gerente editorial: Noelma Brocanelli

Editora de desenvolvimento: Gisela Carnicelli

Supervisora de produção gráfica: Fabiana Alencar Albuquerque

Título original: Behavior Modification: Principles and Procedures, Sixth Edition
ISBN 13: 978-1-305-10939-1

Tradução: Solange Aparecida Visconte e Priscilla Lopes

Revisão técnica: Alexandre H. de Quadros

Revisão: Fábio Gonçalves, Luicy Caetano de Oliveira e Luciana Baraldi

Diagramação: PC Editorial Ltda.

Indexação: Priscilla Lopes

Capa: Renata Buono/Buono Disegno

Imagem da capa: NAV/Shutterstock

© 2020, 2016, 2012 Cengage Learning

Todos os direitos reservados. Nenhuma parte deste livro poderá ser reproduzida, sejam quais forem os meios empregados, sem a permissão, por escrito, da Editora. Aos infratores aplicam-se as sanções previstas nos artigos 102, 104, 106 e 107 da Lei nº 9.610, de 19 de fevereiro de 1998.

Esta editora empenhou-se em contatar os responsáveis pelos direitos autorais de todas as imagens e de outros materiais utilizados neste livro. Se porventura for constatada a omissão involuntária na identificação de algum deles, dispomo-nos a efetuar, futuramente, os possíveis acertos.

A Editora não se responsabiliza pelo funcionamento dos sites contidos neste livro que possam estar suspensos.

Para informações sobre nossos produtos, entre em contato pelo telefone 0800 11 19 39

Para permissão de uso de material desta obra, envie seu pedido para
direitosautorais@cengage.com

© 2020 Cengage Learning. Todos os direitos reservados.

ISBN-13: 978-85-221-2683-5
ISBN-10: 85-221-2683-6

Cengage Learning
Condomínio E-Business Park
Rua Werner Siemens, 111 – Prédio 11 – Torre A – Conjunto 12
Lapa de Baixo – CEP 05069-900 – São Paulo – SP
Tel.: (11) 3665-9900 – Fax: (11) 3665-9901
SAC: 0800 11 19 39

Para suas soluções de curso e aprendizado, visite
www.cengage.com.br

Impresso no Brasil.
Printed in Brazil.
1ª impressão – 2018

*Para minha esposa, Nasrin,
e meus filhos, Ryan, Roxanne e Steven*

Sumário

Prefácio xi
Sobre o autor xvi

Capítulo 1 **Introdução à modificação do comportamento** 1

Definição de comportamento humano 1
Exemplos de comportamento 3
Definição da modificação do comportamento 4
Características da modificação do comportamento 4
Raízes históricas da modificação do comportamento 6
Áreas de aplicação 7
Prática profissional, certificação e ética 11
A estrutura deste livro 11
Resumo do capítulo 12
Termos-chave 12
Teste prático 13

Parte 1 Medição do comportamento e da mudança de comportamento

Capítulo 2 **Observação e registro do comportamento** 14

Avaliação direta e indireta 14
Definição do comportamento-alvo 15
A logística do registro 17
Escolha o método de registro 18
Escolha de um instrumento de registro 23
Reatividade 26
Concordância entre observadores (ou interobservadores) 26
Resumo do capítulo 28
Termos-chave 28
Teste prático 28
Aplicações 29
Aplicações incorretas 29

Capítulo 3 **Representar comportamento em gráficos e medir mudanças** 31

Componentes de um gráfico 32
Representação gráfica de dados comportamentais 34
Representação gráfica de dados com diferentes procedimentos de registro 36
Desenhos de pesquisa 37
Resumo do capítulo 45
Termos-chave 45
Teste prático 45
Aplicações 46
Aplicações incorretas 47

Parte 2 Princípios básicos

Capítulo 4 **Reforço** 48

Definição de reforço 49
Reforço positivo e negativo 52
Comportamentos de fuga e evitação 54
Reforçadores condicionados e não condicionados 55
Fatores que influenciam a efetividade do reforço 56
Esquemas de reforço 59
Diferentes dimensões do reforço de comportamento 62
Esquemas de reforço concorrentes 63
Resumo do capítulo 63
Termos-chave 64
Teste prático 64
Apêndice A 65
Apêndice B 65

Capítulo 5   Extinção 66

Definição de extinção 67
Surto de extinção 68
Recuperação espontânea 70
Variações no procedimento de extinção 71
Um equívoco comum sobre a extinção 73

Fatores que influenciam a extinção 73
Resumo do capítulo 74
Termos-chave 75
Teste prático 75
Apêndice A 75

Capítulo 6   Punição 76

Definição de punição 76
Um equívoco comum sobre punição 78
Punição positiva e negativa 79
Punidores não condicionados e condicionados 82
Contraste entre reforço e punição 83
Fatores que influenciam a efetividade da punição 85

Problemas com a punição 87
Resumo do capítulo 89
Termos-chave 89
Teste prático 89
Apêndice A 90

Capítulo 7   Controle de estímulos: discriminação e generalização 91

Exemplos de controle de estímulos 91
Definição de controle de estímulos 92
Desenvolvimento do controle de estímulos: treinamento da discriminação de estímulos 93
A contingência de três termos 96
Pesquisa sobre controle de estímulo 97

Generalização 97
Resumo do capítulo 102
Termos-chave 102
Teste prático 102
Apêndice A 103

Capítulo 8   Condicionamento respondente 104

Exemplos de condicionamento respondente 104
Definição de condicionamento respondente 105
Sincronia entre estímulo neutro e o estímulo incondicionado 107
Condicionamento de ordem superior 108
Respostas emocionais condicionadas 108
Extinção de respostas condicionadas 110
Discriminação e generalização do comportamento respondente 110

Fatores que influenciam o comportamento respondente 111
Distinção entre condicionamento operante e condicionamento respondente 112
Condicionamento respondente e modificação do comportamento 114
Resumo do capítulo 115
Termos-chave 115
Teste prático 115

Parte 3   Procedimentos para estabelecer um novo comportamento

Capítulo 9   Modelagem 116

Um exemplo de modelagem: ensinar uma criança a falar 116
Definição de modelagem 117
Aplicações da modelagem 118
Pesquisa sobre modelagem 120
Como usar a modelagem 123

Modelagem de comportamentos problemáticos 124
Resumo do capítulo 126
Termos-chave 127
Teste prático 127
Aplicações 127
Aplicações incorretas 127

Capítulo 10   Incitação e transferência de controle de estímulo 129

Um exemplo de incitação e esvanecimento: como ensinar pequenos jogadores a acertar a bola 129

O que é incitação? 130
O que é esvanecimento? 131

Tipos de incitações 133
Transferência de controle do estímulo 135
Como utilizar incitação e transferência de controle de estímulo 139
incitação e transferência de controle de estímulo no tratamento do autismo 141

Resumo do capítulo 141
Termos-chave 141
Teste prático 142
Aplicações 142
Aplicações incorretas 142

Capítulo 11 Encadeamento 143

Exemplos de cadeias comportamentais 143
Análise das cadeias de resposta a estímulos 144
Análise de tarefa 145
Encadeamento reverso 147
Encadeamento progressivo 148
Apresentação total da tarefa 150
Outras estratégias para ensinar cadeias comportamentais 152

Como utilizar procedimentos de encadeamento 155
Resumo do capítulo 156
Termos-chave 156
Teste prático 156
Aplicações 157
Aplicações incorretas 157

Capítulo 12 Procedimentos de treinamento de habilidades comportamentais 158

Exemplos de procedimentos de treinamento de habilidades comportamentais 158
Componentes do procedimento de treinamento de habilidades comportamentais 160
Como melhorar a generalização após o treinamento de habilidades comportamentais 163
Avaliação *in situ* 163
Treinamento *in situ* 164
Treinamento de habilidades comportamentais e a contingência de três termos 164

Treinamento de habilidades comportamentais em grupos 165
Aplicações dos procedimentos de treinamento de habilidades comportamentais 165
Como utilizar os procedimentos de treinamento de habilidades comportamentais 168
Resumo do capítulo 169
Termos-chave 170
Teste prático 170
Aplicações 170
Aplicações incorretas 171

Parte 4 Procedimentos para aumentar o comportamento desejável e para diminuir o comportamento indesejável

Capítulo 13 Entender problemas de comportamento por meio da avaliação funcional 172

Exemplos de avaliação funcional 172
Definição de avaliação funcional 174
Funções de problemas de comportamento 175
Métodos de avaliação funcional 176
Pesquisa sobre análise funcional 185
Conduzindo uma avaliação funcional 187

Intervenções funcionais 188
Resumo do capítulo 189
Termos-chave 189
Teste prático 189
Aplicações 189
Aplicações incorretas 191

Capítulo 14 Aplicando a extinção 192

O caso de Willy 192
Uso da extinção para diminuir um problema de comportamento 194
Leve em consideração o esquema de reforço antes da extinção 200
Reforço de comportamentos alternativos 200

Promover a generalização e a manutenção 201
Pesquisa para avaliar sobre o uso da extinção 202
Resumo do capítulo 204
Termos-chave 204
Teste prático 204
Aplicações 205

Aplicações incorretas 205
Apêndice A 206

Apêndice B 206

Capítulo 15 Reforço diferencial 207

Reforço diferencial de comportamento alternativo 207
Reforço diferencial de outro comportamento 215
Reforço diferencial de baixas taxas de resposta 220
Resumo do capítulo 224
Termos-chave 224
Teste prático 225
Aplicações 225
Aplicações incorretas 226

Capítulo 16 Procedimentos de controle de antecedentes 227

Exemplos de controle de antecedentes 227
Definição dos procedimentos de controle de antecedentes 228
Pesquisa sobre estratégias de controle de antecedentes 235
Como utilizar a estratégias de controle de antecedentes 240
Resumo do capítulo 242
Termos-chave 242
Teste prático 243
Aplicações 243
Aplicações incorretas 244

Capítulo 17 Uso de punição: *time-out* e custo da resposta 245

Time-out (pausa) 246
Custo da resposta 251
Resumo do capítulo 255
Termos-chave 256
Teste prático 256
Aplicações 257
Aplicações incorretas 257

Capítulo 18 Procedimentos de punição positiva e a ética da punição 258

Aplicação de atividades aversivas 258
Aplicação de estimulação aversiva 263
Punição positiva: tratamento do último recurso 265
Considerações ao usar a punição positiva 266
A ética da punição 267
Resumo do capítulo 268
Termos-chave 268
Teste prático 269
Aplicações 269
Aplicações incorretas 269

Capítulo 19 Promover a generalização 271

Exemplos de programação da generalização 271
Definir generalização 272
Estratégias para promover a generalização da mudança comportamental 272
Implementar estratégias para promover a generalização 280
Promover reduções generalizadas de problemas de comportamento 281
Resumo do capítulo 282
Termos-chave 282
Teste prático 282
Aplicações 283
Aplicações incorretas 283

Parte 5 Outros procedimentos para a mudança comportamental

Capítulo 20 Autogestão 285

Exemplos de autogestão 285
Definir problemas de autogestão 287
Definir autogestão 289
Tipos de estratégias de autogestão 289
Etapas de um plano de autogestão 292
Problemas clínicos 295
Resumo do capítulo 295
Termos-chave 295
Teste prático 296
Aplicações 296
Aplicações incorretas 296

Capítulo 21 — Procedimentos para a reversão de hábitos 298

Exemplos de comportamentos habituais 298
Definir comportamentos habituais 299
Hábitos nervosos 299
Gagueira 300
Procedimentos de reversão de hábitos 300
Aplicações de reversão de hábitos 301
Outros procedimentos de tratamento para transtornos de hábitos 305
Resumo do capítulo 306
Termos-chave 306
Teste prático 307
Aplicações 307
Aplicações incorretas 307

Capítulo 22 — A economia de fichas 309

Sammy sendo reabilitada 309
Definir economia de fichas 310
Implementar economia de fichas 310
Considerações práticas 315
Aplicações de uma economia de fichas 316
Vantagens e desvantagens da economia de fichas 319
Resumo do capítulo 322
Termos-chave 322
Teste prático 322
Aplicações 322
Aplicações incorretas 323

Capítulo 23 — Contratos comportamentais 324

Exemplos de contratos comportamentais 324
Definir o contrato comportamental 326
Componentes de contratos comportamentais 326
Tipos de contratos comportamentais 328
Negociar um contrato comportamental 330
Por que os contratos comportamentais influenciam o comportamento? 330
Aplicações de contratos comportamentais 331
Resumo do capítulo 333
Termos-chave 334
Teste prático 334
Aplicações 334
Aplicações incorretas 335

Capítulo 24 — Procedimentos para a redução de medo e ansiedade 336

Exemplos de redução de medo e ansiedade 336
Definir problemas de medo e ansiedade 338
Procedimentos para reduzir medo e ansiedade 339
Treino de relaxamento 339
Problemas clínicos 348
Resumo do capítulo 349
Termos-chave 349
Teste prático 349
Aplicações 350
Aplicações incorretas 350

Capítulo 25 — Modificação do comportamento cognitivo 351

Exemplos de modificação de comportamento cognitivo 351
Definir modificação do comportamento cognitivo 353
Procedimentos de modificação do comportamento cognitivo 355
Problemas clínicos 360
Resumo do capítulo 360
Termos-chave 361
Teste prático 361
Aplicações 361
Aplicações incorretas 362

Glossário 363

Referências bibliográficas 372

Lista de siglas 387

Índice por nomes 388

Índice por assuntos 394

Prefácio

Estou satisfeito pelo fato de que as cinco primeiras edições do livro *Modificação do comportamento: teoria e prática* receberam críticas positivas de alunos e professores. A sexta edição manteve as características positivas das cinco primeiras edições, foi revisada para responder às sugestões dos revisores e atualizada para refletir as pesquisas mais recentes sobre análise de comportamento.

O objetivo desta edição (como nas anteriores) é descrever princípios básicos de comportamento, para que o aluno aprenda como os eventos ambientais influenciam o comportamento humano, e definir os procedimentos de modificação comportamental para que o aluno compreenda as estratégias pelas quais o comportamento humano pode ser mudado. O livro está dividido em 25 capítulos relativamente curtos – cada um abrange muitas informações (por exemplo, um princípio ou procedimento). Este livro pode ser utilizado em curso padrão de um semestre sobre modificação de comportamento, análise de comportamento aplicada, gestão de comportamento ou mudança de comportamento.

O conteúdo deste livro é discutido em um nível introdutório para ser entendido por alunos sem conhecimento prévio do assunto (estudantes de graduação ou iniciantes). Também pode ser valioso para aqueles que trabalham na área de serviços humanos, educação ou reabilitação, ou seja, para os que utilizam procedimentos de modificação de comportamento para gerenciar o comportamento dos indivíduos sob seus cuidados.

Esforcei-me propositalmente neste livro para ser neutro quanto ao gênero. Ao discutir casos utilizados como exemplos, inclui homens e mulheres com a mesma frequência.

Recursos do livro

Organização Após uma introdução geral ao campo no Capítulo 1, os capítulos 2 e 3 apresentam informações sobre registro de comportamento, representação gráfica e medição de mudanças. Essas informações serão utilizadas em cada capítulo subsequente. Em seguida, os capítulos de 4 a 8 enfocam os princípios básicos do comportamento operante e respondente. A aplicação destes princípios constitui o tema dos 17 capítulos restantes. Os procedimentos para estabelecer novos comportamentos estão descritos nos capítulos de 9 a 12, e os procedimentos para aumentar comportamentos desejáveis e diminuir comportamentos indesejáveis são abordados nos capítulos de 13 a 19. Por fim, os capítulos de 20 a 25 apresentam um levantamento de outros procedimentos importantes referentes à modificação de comportamento.

Princípios e procedimentos Os vários procedimentos para mudança de comportamento são baseados nos princípios fundamentais de comportamento estabelecidos em pesquisas experimentais nos últimos 80 anos. Acreditando que o aluno compreenderá melhor os procedimentos após a primeira aprendizagem dos princípios fundamentais, os princípios subjacentes do comportamento operante e respondente são analisados nos capítulos 4 a 8; a aplicação dos princípios nos procedimentos de modificação de comportamento é descrita no Capítulo 9.

Exemplos da vida diária Cada capítulo utiliza uma variedade de exemplos da vida real; alguns deles, relevantes para estudantes universitários; outros, escolhidos a partir da experiência clínica do autor, visando dar vida aos princípios e procedimentos.

Exemplos a partir de pesquisas Tanto os estudos clássicos quanto as pesquisas mais atualizadas sobre princípios e procedimentos de modificação de comportamento estão integrados ao livro.

Teste prático Os testes práticos no final de cada capítulo têm perguntas com respostas dissertativas curtas.

Aplicações No final de cada capítulo em que os procedimentos são ensinados (capítulos 2, 3 e de 9 a 25) são fornecidos vários exercícios de aplicação. Em cada exercício é descrito um caso da vida real e, em seguida, o aluno deve aplicar o procedimento descrito no capítulo. Esses exercícios dão aos alunos oportunidade de pensar sobre como os procedimentos são aplicados na vida real.

Aplicações incorretas Os exercícios de aplicação são seguidos por exercícios de aplicações incorretas. Em cada um deles é fornecido um exemplo, e o procedimento do capítulo é aplicado ao caso de maneira incorreta ou inadequada. O aluno, então, deve analisar o exemplo do caso e descrever o que está errado com a aplicação do respectivo procedimento. Esses exercícios de aplicação incorreta exigem que o aluno pense criticamente sobre a aplicação do procedimento. As respostas às aplicações e aplicações incorretas constam em inglês no Manual do Instrutor. O Manual do Instrutor está disponível para professores na página deste livro no site da Cengage.

Abordagem passo a passo Em cada capítulo em que um procedimento específico de modificação de comportamento é ensinado, a implementação do procedimento é delineada passo a passo, para facilitar a compreensão.

Quadros de resumo Ao longo do livro, as informações são resumidas no texto em um quadro separado. Esses quadros ajudam o aluno a organizar o material no capítulo.

Resumos de capítulo Os resumos de capítulo fornecem informações consistentes com as questões de abertura de cada capítulo.

Exemplos para autoavaliação Nos primeiros capítulos sobre os princípios básicos (capítulos de 4 a 7) existem tabelas com exemplos do princípio ali discutido. Posteriormente, no mesmo capítulo (ou em um capítulo seguinte), o aluno é orientado a consultar uma determinada tabela específica e, utilizando as novas informações apresentadas, analisar aspectos específicos dos exemplos fornecidos nessa tabela.

Questões de autoavaliação Em intervalos ao longo do livro, os alunos são apresentados a perguntas de autoavaliação e, para responder a elas, eles precisarão utilizar as informações já apresentadas no capítulo. Essas perguntas ajudarão os alunos a avaliar sua compreensão do material. Na maioria dos casos, as respostas são apresentadas no texto imediatamente após a pergunta.

Glossário No final do livro há um glossário dos principais termos-chave abordados no livro. Cada termo é seguido por uma definição sucinta e precisa.

Para uma leitura mais aprofundada Cada um dos capítulos inclui um quadro denominado "Para uma leitura mais aprofundada". Nele, artigos interessantes que são relevantes para o conteúdo do capítulo são identificados e brevemente descritos. Também foram apresentadas citações a esses artigos, que são extraídas dos sites do JABA (*Journal of Applied Behavior Analysis*) ou JEAB (*Journal of the Experimental Analysis of Behavior*), que podem ser facilmente acessados on-line pelos alunos. Os instrutores podem designar esses artigos como tarefas de leitura, quando os alunos mais avançados utilizarem o livro.

Termos-chave No final de cada capítulo, há uma lista de termos-chave que foram utilizados no texto, ao lado do número da página em que cada termo foi apresentado. Esta lista permite que o aluno tenha uma referência mais fácil aos termos quando estiver estudando.

Novos recursos nesta edição

Destaque Há um novo destaque de informações importantes em cada capítulo para chamar atenção dos alunos. Além disso, as perguntas no livro são destacadas com um ícone de interrogação (?). Por fim, mais quadros são fornecidos, ressaltando informações importantes.

Operações motivadoras O termo "operação motivadora" foi introduzido na última edição. Nesta edição, mais detalhes são fornecidos sobre os dois tipos de operações motivadora – capítulos 4 e 6 – para ajudar os alunos a entender melhor o conceito aplicado ao reforço e à punição. Uma tabela no Capítulo 6 fornece um resumo sucinto.

Relações funcionais O Capítulo 3 oferece mais detalhes sobre como as relações funcionais entre variáveis ambientais e comportamento são avaliadas. Enfatiza como as relações funcionais são estabelecidas em cada tipo de desenho de pesquisa e, no Capítulo 13, como os procedimentos de análise funcional identificam as relações funcionais.

Análise funcional No Capítulo 13 há mais informações sobre análise funcional, além de esclarecer a distinção entre avaliação funcional e análise funcional, e aplicações clínicas da metodologia de análise funcional.

Registro de comportamento   O Capítulo 2 traz uma figura que destaca a diferença entre o registro de intervalo e o registro de amostra de tempo. Os capítulos 2 e 23 discutem o uso de tecnologia para registro de comportamento incluindo informações sobre aplicativos para smartphones e tablets, dispositivos habilitados para GPS para registro de exercício e atividade física, e programas baseados na web para registro e autogestão.

Prática profissional, certificação e ética   O Capítulo 1 discute a prática profissional, certificação e ética. Traz informações sobre os Analistas de Comportamento Certificados pelo Conselho como os profissionais que utilizam os procedimentos de modificação de comportamento apresentados neste livro. Princípios éticos são discutidos nos capítulos 1 e 6.

Obtenção de adesão   Discute a importância de trabalhar com cuidadores para obter a adesão aos procedimentos que deverão ser realizados. Enfatiza a importância da aceitabilidade do tratamento para promover a adesão, e a sua importância para melhorar a fidelidade do tratamento.

Time-out   Foram adicionadas mais informações sobre o uso efetivo do *time-out*.

Generalização   Acrescenta uma discussão sobre outras estratégias para promover a generalização; fornecendo indicações para o comportamento no ambiente natural.

Outros recursos

- Acréscimo de mais questões de autoavaliação no texto.
- Atualização da definição de modificação do comportamento (Capítulo 1).
- Acréscimo de uma breve discussão sobre behaviorismo (Capítulo 1).
- Ênfase no fato de que o desenho AB não é um verdadeiro desenho de pesquisa (Capítulo 3).
- Transferência da discussão sobre instruções para antes da discussão sobre modelagem no treinamento de habilidades comportamentais (Capítulo 12).
- Esclarecimento de duas funções de *feedback* (Capítulo 12).
- Distinção entre avaliação de preferência e avaliação de reforço (Capítulo 15).
- Acréscimo de uma breve discussão sobre a estrutura de respostas concorrentes (Capítulo 16).
- Acréscimo de uma breve discussão sobre a tomada de decisões em equipe (Capítulo 16).
- Inclusão da discussão do uso de restrições físicas como procedimento de emergência (Capítulo 18).
- Discussão sobre o uso das mídias sociais como apoio social (Capítulo 20).
- Acréscimo de informações sobre novos usos da reversão de hábitos (Capítulo 21).
- Acréscimo de uma definição mais sucinta de uma economia de fichas (Capítulo 22).
- Acréscimo de um quadro com a descrição de três componentes essenciais dos procedimentos de relaxamento (Capítulo 24).
- Acréscimo de um quadro que introduz o tratamento de ativação comportamental da depressão (Capítulo 24).
- Acréscimo de inúmeras novas referências ao longo do livro.
- Introdução e definição de diversos novos termos.

Material de apoio

Para professores

Manual para os instrutores   O manual do instrutor contém inúmeros recursos para ajudar os instrutores a preparar e apresentar materiais em texto de maneira que atenda às suas preferências pessoais e às necessidades dos cursos. Apresenta sugestões e recursos capítulo por capítulo, a fim de melhorar e facilitar a aprendizagem. (Em inglês.)

Slides em PowerPoint®   Os slides do Microsoft PowerPoint® auxiliam os professores em suas aulas pois utiliza o conteúdo do livro. (Em português.)

Para professores e alunos

Questionários   Para cada um dos 25 capítulos são fornecidos três questionários para preenchimento de lacunas, com 10 perguntas cada. Estes questionários fornecem aos alunos mais exercícios para autoavaliação de seus conhecimentos sobre o conteúdo dos capítulos. Os questionários, disponíveis na página deste livro no site da Cengage, podem ser facilmente impressos e utilizados como objeto de estudo pelos alunos. (Em português.)

Agradecimentos

Quero agradecer aos revisores anônimos por seus comentários construtivos sobre este manuscrito e sobre as cinco primeiras edições: Judith Rauenzahb, Kutztown University of Pennsylvania; Paul Ginnetty, St. Joseph's College, Patchogue; Veda Charlton, University of Central Arkansas; Robert W. Allan, Lafayette College; Viviette Allen, Fayetteville State University; Cynthia Anderson, West Virginia University; Jennifer Austin, Florida State University; Charles Blose, MacMurry College; Kristine Brady, California School of Professional Psychology; James Carr, Western Michigan University; Carl Cheney, Utah State University; Darlene Crone-Todd, Delta State University; Paula Davis, Southern Illinois University; Richard N. Feil, Mansfield University; Deirdre Beebe Fitzgerald, Eastern Connecticut State University; Stephan Flanagan, The University of North Carolin, em Chapel Hill; Roger Harnish, Rochester Institute of Technology; Gerald Harris, The University of Houston; Robert Heffer, Texas A&M University; Stephen W. Holborn, University of Manitoba; Dorothea Lerman, Louisiana State University; Tom Lombardo, University of Mississippi; John Malouff, Nova Southern Eastern University; Guenn Martin, Cumberland University; Kay McIntyre, University of Missouri-St. Louis; Ronald Miller, Brigham Young University-Hawaii; Robert W. Montgomery, Georgia State University; Charles S. Peyser, University of the South; Brady Phelps, South Dakota State University; Joseph J. Plaud, University of North Dakota; Robyn Rogers, Southwest Texas State University; Johannes Rojahn, George Mason University; Paul Romanowich, Mesa College; Alison Thomas Cottingham, Rider University; J. Kevin Thompson, University of Southern Florida; Bruce Thyer, University of Georgia; James T. Todd, Eastern Michigan University; Sharon Van Leer, Delaware State University; Timothy Vollmer, University of Florida; Robert W. Wildblood, Northern Virginia Community College; Kenneth N. Wildman, Ohio Northern University; Douglas Woods, University of Wisconsin-Milwaukee; e Todd Zakrajsek, Southern Oregon State College. Agradeço especialmente a Marianne Taflinger, editora sênior da Wadsworth, por sua orientação e seu apoio durante todo o desenvolvimento inicial deste livro.

Para o estudante da área de análise do comportamento

Para tirar o máximo proveito deste livro e de seu curso sobre análise do comportamento, você deve considerar as seguintes recomendações.

1. Leia os capítulos antes da aula na qual o capítulo será discutido. Você aproveitará mais a aula se ler o material com antecedência.
2. Responda a cada uma das questões de autoavaliação no capítulo para ver se entendeu o que foi abordado.
3. Responda às perguntas do teste prático ao final de cada capítulo. Se você puder responder a cada uma das perguntas, saberá que entendeu o material do capítulo.
4. Complete os questionários para avaliar seu conhecimento do respectivo conteúdo.
5. Complete os exercícios de aplicação e de aplicação incorreta. Dessa maneira, você entenderá o conteúdo do capítulo o suficiente para aplicá-lo ou para identificar como ele é aplicado incorretamente.
6. A melhor maneira de um aluno estudar para um teste é testar a si mesmo. Depois de ler e reler o capítulo e as anotações da aula, teste a si mesmo da seguinte maneira:

    - Veja os termos-chave do capítulo e verifique se consegue defini-los sem consultar o glossário.
    - Observe cada questão do teste prático no final do capítulo e veja se é capaz de respondê-la corretamente sem olhar suas anotações.
    - Apresente novos exemplos de cada princípio ou procedimento no capítulo.
    - Faça cartões de consulta contendo o termo ou a pergunta de um lado e a definição do termo ou a resposta à pergunta do outro lado do cartão. Enquanto você estuda, olhe para o termo (ou pergunta) em um lado do cartão e, em seguida, leia a definição (ou resposta) do outro. À medida que estuda, você verá que precisa virar os cartões com menos frequência. Assim que puder fornecer a resposta ou definição que está no verso do cartão sem olhar para ele, saberá que entendeu totalmente a matéria.
    - Sempre estude em um local que seja razoavelmente livre de distrações e interrupções.
    - Sempre comece a estudar para um teste alguns dias antes. Quanto mais capítulos estiverem incluídos no teste, reserve mais dias para estudar.

Os sites a seguir fornecem ampla gama de valiosas informações sobre diferentes aspectos da modificação de comportamento ou análise do comportamento aplicada (sites em inglês).

http://onlinelibrary.wiley.com/journal/10.1002/(ISSN)1938-3703	*Journal of Applied Behavior Analysis*
http://onlinelibrary.wiley.com/journal/10.1002/(ISSN)1938-3711	*Journal of the Experimental Analysis of Behavior*
http://www.abainternational.org	The Association for Behavior Analysis
http://www.apbahome.net/	Association of Professional Behavior Analysts
http://www.apa.org/about/division/div25.aspx/	APA Division 25 (Behavior Analysis)
http://www.abct.org	Association for Behavioral and Cognitive Therapy
http://fabaworld.org	Florida Association for Behavior Analysis
http://www.calaba.org/	California Association for Behavior Analysis
http://www.txaba.org/	Texas Association for Behavior Analysis
http://www.babat.org/	Berkshire Association for Behavior Analysis and Therapy
http://www.baojournal.com/	The Behavior Analyst Online
www.autismspeaks.org	Autism Speaks
http://www.behavior.org	Cambridge Center for Behavioral Studies
http://www.bfskinner.org/	B.F. Skinner Foundation
http://www.bacb.com/	Behavior Analyst Certification Board

Sobre o autor

Raymond G. Miltenberger obteve Ph.D. em Psicologia Clínica, em 1985, pela Western Michigan University. Atualmente, é professor e diretor do Programa Aplicado de Análise do Comportamento da University of South Florida. Dr. Miltenberger conduz pesquisas de análise comportamental aplicada com seus alunos e publica amplamente nas áreas de esportes e condicionamento físico, avaliação funcional e tratamento de distúrbios comportamentais, além de treinamento em habilidades de autoproteção. Ele utiliza a modificação de comportamento em um trabalho clínico com crianças e adultos com deficiência intelectual. Além de dedicar tempo sua família, ele gosta de corrida, golfe, beisebol e viagens.

Introdução à modificação do comportamento

> Como o comportamento humano é definido?
> Quais são as características que definem a modificação do comportamento?
> Quais são as raízes históricas da modificação do comportamento?
> De quais maneiras a modificação do comportamento tem melhorado a vida das pessoas?

Neste livro, você aprenderá sobre modificação do comportamento, os princípios e procedimentos utilizados para entender e mudar o comportamento humano. Os procedimentos de modificação de comportamento se apresentam de muitas formas. Considere os seguintes exemplos.

Ted e Jane estavam tendo algumas dificuldades em seu casamento por causa de brigas frequentes. O conselheiro matrimonial deles fez um contrato comportamental, segundo o qual eles concordaram em fazer várias coisas boas um para o outro todos os dias. Como resultado, suas interações positivas aumentaram e as interações negativas (brigas) diminuíram.

Karen costumava puxar o cabelo incessantemente. Como resultado, provocou uma "clareira" no topo da cabeça, e embora tivesse vergonha da "clareira", que media mais de 2 cm de diâmetro, continuava a puxar o cabelo. A psicóloga dela iniciou um tratamento em que Karen deveria se dedicar a uma atividade manual (por exemplo, bordado) cada vez que começasse a puxar o cabelo ou sentisse vontade de puxá-lo. Com o tempo, ela abandonou o hábito e o cabelo voltou a crescer.

Francisco estava ganhando muito peso, e decidiu resolver o problema. Ele se uniu a um grupo dedicado ao emagrecimento. A cada reunião da qual participava, Francisco depositava uma quantia em dinheiro em sua conta, definia uma meta de exercícios diários e ganhava pontos por atingi-la a cada semana. Se conseguisse marcar determinado número de pontos, resgatava o depósito. Caso não marcasse pontos suficientes, perderia parte de seu dinheiro depositado. Francisco começou a se exercitar regularmente e conseguiu perder peso como resultado de sua participação no grupo.

Os moradores de Cincinnati estavam fazendo milhares de chamadas desnecessárias para o serviço de auxílio telefônico diariamente. Essas chamadas congestionaram as linhas telefônicas, onerando a companhia prestadora do serviço, que então resolveu instituir a cobrança de uma taxa por chamada feita ao setor de auxílio, e o número de chamadas diminuiu drasticamente.

Você notará que cada um desses exemplos foca algum aspecto do comportamento humano e descreve possíveis maneiras de modificá-lo. Como o tema deste livro se concentra no comportamento e na mudança de comportamento, é adequado começarmos com uma abordagem sobre o comportamento em especial.

Definição de comportamento humano

O comportamento humano é o tema da modificação do comportamento. **Comportamento** é o que as pessoas fazem e dizem. As características que definem o comportamento são as seguintes:

- O comportamento envolve as ações de uma pessoa (o que faz ou diz); é descrito com verbos de ação, e não é uma característica estática da pessoa. Se você disser que uma pessoa costuma estar com raiva, não terá identificado o comportamento dela; você simplesmente a rotulou. Se distinguir o que a pessoa diz ou faz quando está com raiva, então terá identificado seu comportamento. Por exemplo, "Jennifer gritou com a mãe, correu para o andar de cima e bateu a porta do quarto". Essa é uma descrição do comportamento que pode ser rotulado como raiva.

- Comportamentos têm **dimensões** que podem ser medidas. Você pode medir a **frequência** de um comportamento; ou seja, pode contar o número de vezes que um comportamento ocorre (por exemplo, Shane roeu as unhas 12 vezes durante a aula). É possível medir a **duração** de um comportamento ou o tempo decorrido desde quando uma instância de comportamento começa até terminar (por exemplo, Rita correu por 25 minutos). Pode medir a **intensidade** de um comportamento ou a força física envolvida no comportamento (por exemplo, o assento de Garth sofreu pressão de 100 quilos). Pode medir a velocidade do comportamento, ou a **latência** de algum evento desde o início de um comportamento. Frequência, duração, intensidade e latência são dimensões de um comportamento. *Uma dimensão é um aspecto mensurável do comportamento.*

- Comportamentos podem ser observados, descritos e registrados por outros ou pela pessoa envolvida no comportamento. Uma vez que um comportamento é uma ação, sua ocorrência pode ser observada. As pessoas podem ver o comportamento (ou detectá-lo por meio de um dos sentidos) quando ocorre. Por ser observável, a pessoa que vê o comportamento pode descrevê-lo e registrar sua ocorrência. (Veja o Capítulo 2 para conhecer uma descrição dos métodos para registrar um comportamento).

- Comportamentos têm impacto no meio ambiente, incluindo o ambiente físico ou social (outras pessoas e nós mesmos). Como um comportamento é uma ação que envolve movimento no espaço e no tempo (Johnston e Pennypacker, 1981), a ocorrência de um comportamento tem algum efeito no ambiente em que ocorre. Às vezes o efeito no ambiente é óbvio. Você liga o interruptor e a luz acende (um efeito no ambiente físico). Você levanta a mão na sala de aula e seu professor o atende (um efeito sobre outras pessoas). Você diz o número de telefone de um site, e é mais provável que consiga se lembrar e discar o número correto (um efeito em si mesmo). Às vezes o efeito de um comportamento no ambiente não é evidente. Outras, o efeito afeta somente a pessoa que se envolve no comportamento. No entanto, todo comportamento humano opera de alguma maneira no meio físico ou social, independentemente de estarmos conscientes de seu impacto.

- O comportamento é legitimado; isto é, sua ocorrência é sistematicamente influenciada por eventos ambientais. Princípios comportamentais básicos descrevem as relações funcionais entre nosso comportamento e eventos ambientais. Estes princípios descrevem como nosso comportamento é influenciado ou ocorre em razão de eventos ambientais (veja os Capítulos de 4 a 8). Estes princípios comportamentais básicos são os "blocos de construção" dos procedimentos de modificação de comportamento. Depois de entender os eventos ambientais que fazem comportamentos ocorrerem, você pode alterar os eventos no ambiente para modificar o comportamento. Considere o gráfico da Figura 1-1,

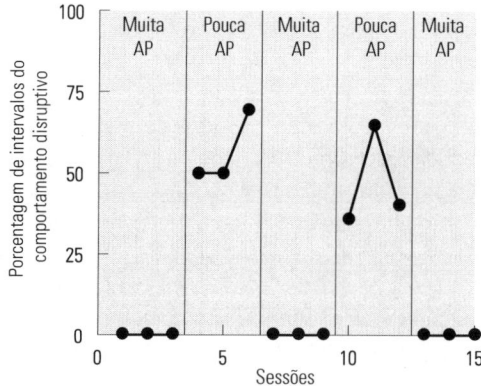

FIGURA 1-1 Este gráfico, adaptado de um estudo feito por Durand e Carr (1992), mostra a influência da atenção do professor sobre o comportamento disruptivo (definido como empurrar o material escolar; gritar, choramingar ou chorar; e bater ou derrubar objetos) de um jovem rapaz (Paul) em uma sala de aula de educação especial. O gráfico mostra que o comportamento disruptivo não ocorre quando Paul recebe atenção frequente do professor (Muita AP). No entanto, quando Paul recebe pouca atenção do professor (Pouca AP), ele se envolve em um comportamento disruptivo cerca de 50% do tempo. Este gráfico mostra a relação funcional entre a atenção dada pelo professor e o comportamento disruptivo de Paul (Durand, V. M. e Carr, E. G. Uma análise da manutenção após treinamento da comunicação funcional. *Journal of Applied Behavior Analysis*, v. 25, p. 777-794, 1992. Copyright © 1992, University of Kansas Press. Reproduzido com permissão do autor.)

que mostra o comportamento disruptivo de uma criança com autismo em sala de aula. Quando a criança recebe muita atenção do professor, o comportamento disruptivo raramente ocorre. Quando a criança recebe pouca atenção do professor, o comportamento disruptivo ocorre com maior frequência. Concluímos que o comportamento disruptivo está funcionalmente relacionado ao nível de atenção dada pelo professor.

- Comportamentos podem ser evidentes ou ocultos. Na maioria das vezes, os procedimentos de modificação de comportamento são utilizados para entender e alterar comportamentos evidentes. Um **comportamento evidente** é uma ação que pode ser observada e registrada por uma pessoa diferente daquela que se envolve no comportamento. No entanto, alguns comportamentos são ocultos. **Comportamentos ocultos**, também chamados de eventos privados (Skinner, 1974), não são observáveis por outros. Por exemplo, pensar é um comportamento oculto; não pode ser observado e registrado por outra pessoa. O pensamento só pode ser observado pela pessoa que se envolve nele. O campo da modificação do comportamento se concentra principalmente em comportamentos evidentes ou observáveis, assim como este livro. No entanto, os Capítulos 8, 24 e 25 discutem comportamentos ocultos e procedimentos de modificação de comportamento aplicados a eles.

Características do comportamento

Comportamento é o que as pessoas fazem e dizem.

Comportamentos têm dimensões que podem ser medidas.

Comportamentos podem ser observados, descritos e registrados.

Comportamentos têm impacto no ambiente.

O comportamento é legitimado.

Comportamentos podem ser evidentes ou ocultos.

Exemplos de comportamento

Agora vamos ilustrar as características que definem comportamento com alguns exemplos, dados a seguir, que incluem comportamentos comuns e comportamentos problemáticos para os quais procedimentos de modificação de comportamento podem ser utilizados.

Martha vai até o computador e digita um e-mail para os pais.

Isto é um comportamento porque pressionar as teclas durante a digitação é uma ação, tem dimensões físicas (frequência de pressionamento das teclas, duração da digitação), é observável e mensurável, tem impacto no ambiente (produz letras na tela) e é legitimado (ocorre devido ao aprendizado anterior de que pressionar as teclas produz letras na tela).

Mandy se deita em seu berço e chora alto. A mãe a pega no colo e a alimenta.

Esse comportamento tem todas as cinco características descritas no exemplo anterior (uma ação que tem dimensões mensuráveis, é observável pelos outros, produz efeito no ambiente, e é legitimado). Uma diferença é que o efeito do choro está no ambiente social; a mãe de Mandy responde ao choro pegando-a do berço e alimentando-a. Cada vez que ocorreu anteriormente, o choro resultou na mãe alimentando-a, então o choro continua a ocorrer quando Mandy está com fome. Existe uma relação funcional entre o choro e o comportamento da mãe de alimentá-la.

O trabalho acadêmico de Jerry para a aula sobre modificação do comportamento está uma semana atrasado. Jerry entrega o trabalho para o professor e mente, dizendo que não conseguiu concluir o trabalho antes porque teve de ir para casa a fim de ver a avó que está doente. O professor aceita o trabalho sem aplicar nenhuma penalidade pelo atraso. Jerry também perdeu a prova de história e disse ao respectivo professor que perdeu a prova por ter ido visitar a avó doente. O professor permite que ele faça a prova uma semana depois.

O comportamento de Jerry – mentir sobre ir visitar a avó doente – tem todas as cinco características de um comportamento. É uma ação (algo que ele disse) que ocorreu duas vezes (frequência), foi observado por seus professores, e resultou em um efeito em seu ambiente social (os professores o deixaram fazer uma prova e aceitaram a entrega de seu trabalho fora do prazo e sem penalidade); é legitimado porque existe uma relação funcional entre o comportamento (mentir) e o resultado (a realização da prova ou a entrega do trabalho fora do prazo).

Samantha é uma menina de 6 anos que tem deficiência intelectual e frequenta aulas de educação especial. Quando a professora está ajudando outros alunos e não presta atenção em Samantha, ela chora e bate com a cabeça na mesa ou no chão, e sempre que isso acontece, a professora para o que está fazendo, pega Samantha e a tranquiliza. Ela diz a Samantha para se acalmar, assegura que está tudo bem, abraça Samantha e deixa que ela sente em seu colo.

> **Identifique cada uma das cinco características do comportamento de Samantha.**

A atitude de Samantha em bater a cabeça é um comportamento. É uma ação que ela repete várias vezes por dia. A professora pode observar e registrar o número dessas ocorrências todos os dias. Esse comportamento produz um efeito no meio social: a professora dá atenção a ela cada vez que o comportamento ocorre. Por fim, o comportamento é legitimado; continua a ocorrer porque existe uma relação funcional entre o comportamento de bater a cabeça e o resultado de obter a atenção da professora.

Definição da modificação do comportamento

A **modificação do comportamento** é uma ciência aplicada e uma prática profissional direcionada à análise e à modificação do comportamento humano.

- *Analisar* significa identificar a relação funcional entre eventos ambientais e um comportamento particular a fim de entender as razões do comportamento ou determinar por que uma pessoa se comportou de determinada maneira.
- *Modificar* significa desenvolver e implementar procedimentos para ajudar as pessoas a mudar seu comportamento. Envolve alterar eventos ambientais de forma a influenciar o comportamento. Os procedimentos de modificação do comportamento são desenvolvidos por profissionais (por exemplo, por analistas de comportamento licenciados) e utilizados para modificar comportamentos socialmente significativos com o objetivo de melhorar algum aspecto da vida de uma pessoa. Seguem algumas características que definem a modificação do comportamento (Gambrill, 1977; Kazdin, 1994).

Características da modificação do comportamento

- *Foco no comportamento*. Os procedimentos de modificação do comportamento são projetados para modificar o comportamento propriamente dito, e não um traço ou uma característica pessoal. Desse modo, a modificação do comportamento elimina a ênfase da rotulação. Por exemplo, a modificação do comportamento não é utilizada para alterar o autismo (um rótulo); em vez disso, é empregada para modificar os problemas de comportamento exibidos por crianças com autismo.

    Excessos e déficits comportamentais são alvos a serem alterados com os procedimentos de modificação do comportamento, e o comportamento a ser modificado é chamado de **comportamento-alvo**. **Excesso comportamental** é um comportamento-alvo indesejável cuja frequência, duração ou intensidade uma pessoa quer diminuir. Fumar é exemplo de um excesso comportamental. **Déficit comportamental** é um comportamento-alvo desejável cuja frequência, duração ou intensidade uma pessoa quer aumentar. Fazer exercícios e estudar são possíveis exemplos de déficits comportamentais.
- *Orientação pela teoria e filosofia do behaviorismo*. A estrutura teórica de orientação decorrente da modificação do comportamento é o **behaviorismo**. Inicialmente desenvolvidos por B. F. Skinner (1953a, 1974), os princípios fundamentais do behaviorismo são que o comportamento é legitimado e controlado por eventos ambientais que ocorrem em relação temporal próxima ao comportamento (veja também Baum, 1994; Chiesa, 1994).
- *Procedimentos baseados em princípios comportamentais*. A modificação do comportamento é a aplicação de princípios básicos originalmente derivados de pesquisas experimentais com animais de laboratório (Skinner, 1938). O estudo científico do comportamento é chamado de **análise experimental do comportamento**, ou análise do comportamento (Skinner, 1953b, 1966). O estudo científico do comportamento humano para ajudar as pessoas a mudarem o comportamento de maneira significativa é chamado de **análise do comportamento aplicada** (Baer, Wolf e Risley, 1968, 1987). Os procedimentos da modificação do comportamento são baseados em pesquisas na área de análise de comportamento aplicada, conduzidas há mais de 50 anos (Ullmann e Krasner, 1965; Ulrich, Stachnik e Mabry, 1966).
- *Ênfase em eventos ambientais atuais*. A modificação do comportamento envolve a avaliação e mudança dos eventos ambientais atuais que estão funcionalmente relacionados ao comportamento. O comportamento humano é controlado por eventos no ambiente imediato, e o objetivo da modificação de comportamento é identificar tais eventos. Uma vez identificadas essas **variáveis de controle**, são alteradas para modificar o comportamento. Procedimentos de modificação do comportamento bem-sucedidos alteram as relações funcionais entre o comportamento e as variáveis de controle no ambiente para produzir uma mudança desejada no comportamento. Às vezes os rótulos são erroneamente

identificados como as causas do comportamento. Por exemplo, uma pessoa pode dizer que certa criança com autismo se envolve em comportamentos problemáticos (como gritar, bater em si mesmo, recusar-se a seguir instruções) porque é autista. Em outras palavras, a pessoa está sugerindo que o autismo faz que a criança se envolva no comportamento. No entanto, o autismo é simplesmente um rótulo que descreve o padrão de comportamentos em que a criança se envolve. O rótulo não pode ser a causa do comportamento, porque o rótulo não existe como uma entidade física ou evento. As causas do comportamento devem ser encontradas no ambiente (incluindo a biologia da criança).

Modificação do comportamento e análise do comportamento aplicada

A modificação do comportamento (conforme descrita neste livro) e a análise do comportamento aplicada são dois termos utilizados para identificar campos praticamente idênticos. Embora pesquisas sobre a aplicação dos princípios comportamentais para ajudar as pessoas a modificarem seu comportamento tenham sido publicadas desde o final da década de 1950, o termo *análise do comportamento aplicada* foi introduzido em 1968 na primeira edição do *Journal of Applied Behavior Analysis* com a publicação do artigo de Baer, Wolf e Risley definindo a análise do comportamento aplicada. Em seu artigo, Baer, Wolf e Risley (1968) identificaram uma série de características da análise do comportamento aplicada, incluindo: (a) foco no comportamento socialmente importante; (b) demonstração de relações funcionais entre eventos ambientais e comportamento; c) descrição clara dos procedimentos; d) conexão aos princípios comportamentais básicos; e (e) produção de mudanças significativas, generalizáveis e duradouras no comportamento. Estas características definidoras da análise do comportamento aplicada também caracterizam o campo contemporâneo da modificação do comportamento, conforme descrita neste livro.

- *Descrição precisa dos procedimentos de modificação do comportamento* (Baer, Wolf e Risley, 1968). Os procedimentos de modificação do comportamento envolvem mudanças específicas em eventos ambientais que estão funcionalmente relacionados ao comportamento. Para que os procedimentos sejam efetivos a cada ocasião que forem utilizados, as mudanças específicas nos eventos ambientais devem ocorrer circunstancialmente. Ao descrever procedimentos precisamente, pesquisadores e outros profissionais tornam mais provável que os procedimentos sejam utilizados corretamente.
- *Tratamento implementado por pessoas na vida cotidiana* (Kazdin, 1994). Os procedimentos de modificação do comportamento são desenvolvidos por profissionais (analistas de comportamento certificados e seus assistentes, ou outros profissionais como psicólogos licenciados especificamente treinados em modificação do comportamento). Entretanto, procedimentos de modificação do comportamento são frequentemente implementados por pessoas como professores, pais, supervisores de empresas, ou outros, para ajudar as pessoas a modificarem seu comportamento. As pessoas que implementam procedimentos de modificação do comportamento devem fazê-lo somente após receberem treinamento suficiente. Descrições precisas de procedimentos e supervisão profissional tornam mais provável que os pais, professores e outros implementem tais procedimentos corretamente.
- *Medição da mudança do comportamento*. Uma das marcas registradas da modificação do comportamento é a ênfase na medição do comportamento antes e depois da intervenção para documentar a mudança resultante dos procedimentos de modificação. Além disso, a avaliação contínua do comportamento é feita muito além do ponto de intervenção para determinar se a mudança do comportamento é mantida em longo prazo. Se um supervisor estiver utilizando os procedimentos de modificação do comportamento para aumentar a produtividade no trabalho (para aumentar o número de unidades montadas a cada dia), registrará o comportamento dos funcionários por um período antes de implementar os procedimentos. O supervisor, então, implementará os procedimentos de modificação e continuará a registrar o comportamento. Esse registro determinará se o número de unidades montadas aumentou. Se o comportamento dos funcionários se modificar após a intervenção do supervisor, ele continuará a registrar o comportamento por mais um período. Tal observação em longo prazo demonstrará se os trabalhadores continuaram a montar as unidades com a maior frequência registrada ou se é necessário fazer outra intervenção.
- *Diminuição da ênfase em eventos anteriores como causa do comportamento*. Como já dito anteriormente, a modificação do comportamento coloca ênfase em eventos ambientais recentes como as causas do comportamento. Entretanto, o conhecimento do passado também fornece informações úteis sobre eventos ambientais relacionados ao comportamento atual. Por exemplo, experiências anteriores de aprendizado se mostraram influentes no comportamento atual. Portanto, compreender essas experiências de aprendizado pode ser valioso na análise do comportamento atual e na escolha de procedimentos de modificação do comportamento. Embora informações sobre eventos passados sejam úteis, o conhecimento das variáveis de controle atuais é mais relevante para o desenvolvimento de intervenções eficazes de modificação do comportamento, porque essas variáveis, ao contrário de eventos passados, ainda podem ser alteradas.
- *Rejeição de causas de comportamento hipotéticas subjacentes*. Embora alguns campos da psicologia, como as abordagens psicanalíticas freudianas, possam estar interessados em causas de comportamento hipotéticas subjacentes, como o complexo de Édipo não resolvido, a modificação do comportamento rejeita tais explicações hipotéticas. Skinner

(1974) chamou essas explicações de "ficções explicativas" porque nunca podem ser provadas ou refutadas e, portanto, não são científicas. Essas supostas causas subjacentes nunca podem ser medidas ou manipuladas para demonstrar uma relação funcional com o comportamento que pretendem explicar.

Características da modificação do comportamento

Foco no comportamento.
Orientação pela teoria e filosofia do behaviorismo.
Tem como base princípios comportamentais.
Ênfase em eventos ambientais atuais.
Descrição precisa de procedimentos.
Implementado por pessoas na vida diária.
Medição da modificação do comportamento.
Diminuição da ênfase em eventos anteriores como causas de um comportamento.
Rejeição de causas de comportamento hipotéticas subjacentes.

Raízes históricas da modificação do comportamento

Diversos eventos históricos contribuíram para o desenvolvimento da modificação do comportamento. Vamos considerar brevemente algumas personalidades, publicações e organizações importantes neste campo.

Personalidades importantes

A seguir estão algumas das principais personalidades que foram fundamentais no desenvolvimento dos princípios científicos nos quais a modificação do comportamento se baseia (Figura 1-2) (Michael, 1993a).

Ivan P. Pavlov (1849-1936) Pavlov conduziu experimentos que revelaram os processos básicos do condicionamento respondente (veja o Capítulo 8). Ele demonstrou que um reflexo (salivação em resposta à comida) poderia ser condicionado a um estímulo neutro. Em seus experimentos, Pavlov apresentou o estímulo neutro (o som de um metrônomo) ao mesmo tempo que apresentava comida a um cachorro. Mais tarde, o cachorro salivou em resposta unicamente ao som do metrônomo. Pavlov chamou esse comportamento de reflexo condicionado (Pavlov, 1927).

Edward L. Thorndike (1874-1949) A principal contribuição de Thorndike foi a descrição da **lei do efeito**, a qual afirma que um comportamento que produz efeito favorável sobre o ambiente é mais provável de ser repetido no futuro. No famoso experimento de Thorndike, ele colocou um gato em uma gaiola e comida do lado de fora, onde o gato podia vê-la. Para abrir a porta da gaiola, o gato tinha que bater em uma alavanca com a pata. Thorndike mostrou que o gato aprendeu a bater na alavanca e abrir a porta da gaiola. Cada vez que era colocado na gaiola, o gato batia na alavanca mais rapidamente porque o comportamento – bater na alavanca – produzia um efeito favorável no ambiente: permitia que o gato alcançasse a comida (Thorndike, 1911).

John B. Watson (1878-1958) No artigo "Psychology as the behaviorism views it" (A psicologia como o behaviorismo a vê), publicado em 1913, Watson afirmou que o comportamento observável era o assunto apropriado da psicologia, e que todo comportamento era controlado por eventos ambientais. Em particular, Watson descreveu uma psicologia de estímulo-resposta em que eventos ambientais (estímulos) provocavam respostas. Watson iniciou um movimento na psicologia denominado behaviorismo (Watson, 1913, 1924).

B. F. Skinner (1904-1990) Skinner expandiu o campo do behaviorismo originalmente descrito por Watson. Ele explicou a distinção entre o condicionamento respondente (os reflexos condicionados descritos por Pavlov e Watson) e o condicionamento operante, no qual a consequência de comportamento controla a ocorrência futura do comportamento (como na lei do efeito, de Thorndike). As pesquisas de Skinner elaboraram os princípios básicos do comportamento operante (veja os Capítulos de 4 a 7). Além da pesquisa de laboratório demonstrando princípios fundamentais, Skinner escreveu uma série de livros nos quais aplicou os princípios da análise de comportamento ao comportamento humano. O trabalho de Skinner é a base da modificação do comportamento (Skinner, 1938, 1953a).

FIGURA 1-2 Quatro personalidades de destaque que foram fundamentais no desenvolvimento dos princípios científicos nos quais a modificação do comportamento de baseia. No sentido horário a partir do canto superior esquerdo: Ivan P. Pavlov, Edward L. Thorndike, B. F. Skinner, John B. Watson. (Créditos das fotos: SOV; Archives of the History of American Psychology, The University of Akron; Cortesia da B. F. Skinner Fundation; Archives of the History of American Psychology, Center for the History of Psychology – The University de Akron).

Primeiros pesquisadores sobre modificação do comportamento

Depois que Skinner expôs os princípios do condicionamento operante, os pesquisadores continuaram a estudar o comportamento operante em laboratório (Catania, 1968; Honig, 1966). Além disso, na década de 1950, os pesquisadores começaram a demonstrar princípios comportamentais e a avaliar procedimentos de modificação de comportamento com as pessoas. Esses primeiros pesquisadores estudaram o comportamento de crianças (Azrin e Lindsley, 1956; Baer, 1960; Bijou, 1957), adultos (Goldiamond, 1965; Verplanck, 1955; Wolpe, 1958), pacientes com doença mental (Ayllon e Azrin, 1964; Ayllon e Michael, 1959) e indivíduos com deficiências intelectuais (Ferster, 1961; Fuller, 1949; Wolf, Risley e Mees, 1964). Desde o início da pesquisa sobre modificação do comportamento com humanos, na década de 1950, milhares de estudos estabeleceram a eficácia dos princípios e procedimentos de modificação do comportamento.

Principais publicações e eventos

Vários livros influenciaram muito o desenvolvimento do campo de modificação do comportamento. Além disso, revistas científicas foram desenvolvidas para publicar pesquisas sobre análise de comportamento e modificação do comportamento, e organizações profissionais foram iniciadas para apoiar pesquisas e atividades profissionais na área de análise do comportamento e modificação do comportamento. Esses livros, periódicos e organizações estão relacionados na linha do tempo na Figura 1-3. (Para obter uma descrição mais completa dessas publicações e organizações, veja Cooper, Heron e Heward [1987] e Michael [1993a].)

Áreas de aplicação

Os procedimentos de modificação do comportamento têm sido utilizados em muitas áreas para ajudar as pessoas a modificarem uma vasta gama de comportamentos problemáticos (Carr e Austin, 2001; Gambrill, 1977; Lutzker e Martin, 1981; Vollmer et al., 2001). Esta seção analisa brevemente essas áreas de aplicação.

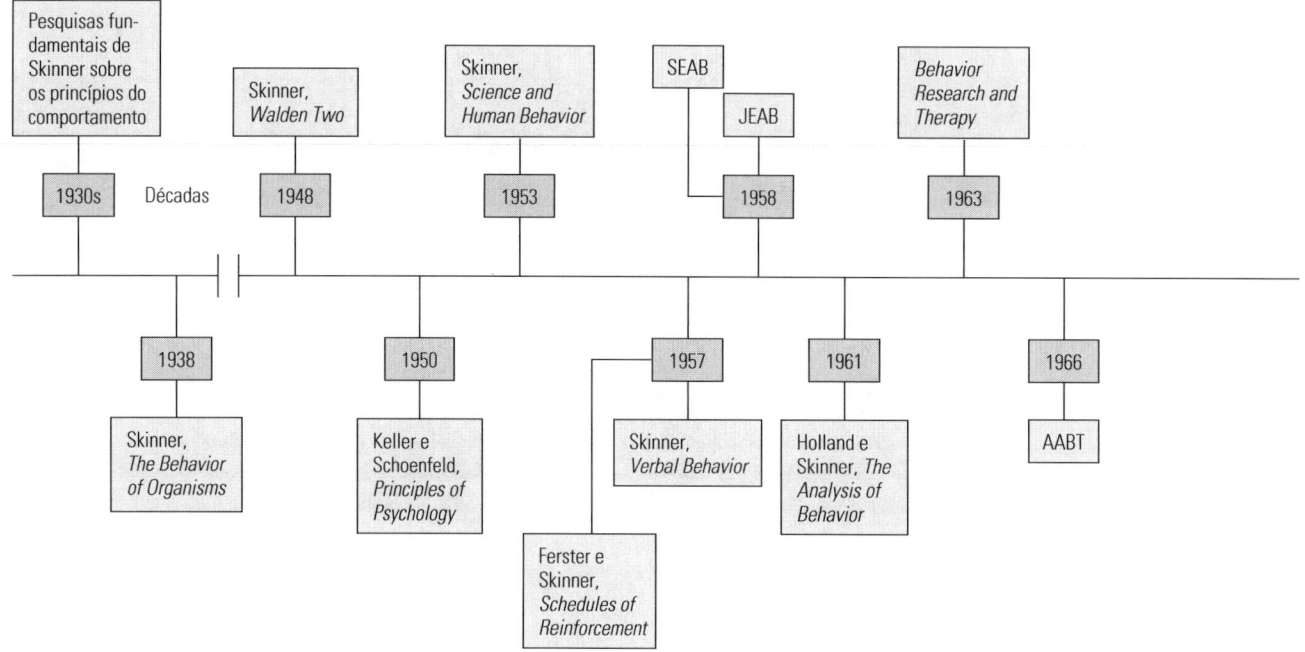

FIGURA 1-3 Esta linha do tempo mostra os principais eventos no desenvolvimento da modificação do comportamento. A partir da década de 1930, com a pesquisa básica de Skinner sobre os princípios do comportamento, a linha do tempo inclui importantes livros, periódicos e organizações profissionais. SEAB (Society for the Experimental Analysis of Behavior; JEAB (Journal of the Experimental Analysis of Behavior); AABT (Association for Advancement of Behavior Therapy); JABA (Journal of Applied Behavior Analysis).

Deficiências do desenvolvimento

Mais pesquisas têm sido conduzidas no campo das deficiências do desenvolvimento do que em qualquer outra área (Iwata et al., 1997). Pessoas com deficiências de desenvolvimento frequentemente apresentam déficits comportamentais graves, e a modificação do comportamento tem sido utilizada para ensinar inúmeras habilidades funcionais para superar esses déficits (Repp, 1983). Além disso, pessoas com deficiências de desenvolvimento podem apresentar problemas de comportamento graves, como autolesão, agressividade e comportamentos destrutivos. Uma pesquisa aprofundada sobre modificação de comportamento indica que tais comportamentos podem ser controlados ou eliminados com intervenções (Barrett, 1986; Beavers, Iwata e Lerman, 2013; Repp e Horner, 1999; Van Houten e Axelrod, 1993; Whitman, Scibak e Reid, 1983; Williams, 2004). Os procedimentos de modificação do comportamento também são amplamente utilizados na formação e gestão de profissionais no campo das deficiências do desenvolvimento (Reid, Parsons e Green, 1989, 2012).

Doença mental

Algumas das primeiras pesquisas sobre modificação do comportamento mostraram eficácia em ajudar pessoas com doenças mentais em ambientes institucionais (Ayllon, 1963; Ayllon e Michael, 1959). A modificação do comportamento tem sido utilizada em pacientes com doenças mentais crônicas com a finalidade de alterar comportamentos como a convivência cotidiana, o comportamento social, o comportamento agressivo, a adesão ao tratamento, comportamentos psicóticos e habilidades de trabalho (Dixon e Holcomb, 2000; Scotti, McMorrow e Trawitzki, 1993; Wilder, Masuda, O'Connor e Baham, 2001). Uma contribuição particularmente importante da modificação do comportamento foi o desenvolvimento de um procedimento motivacional para pacientes institucionais, chamado economia de fichas ou economia simbólica (Ayllon e Azrin, 1968). A economia de fichas ainda é amplamente utilizada em diversas configurações de tratamentos (Kazdin, 1982).

Educação e educação especial

Os procedimentos de modificação do comportamento são amplamente utilizados na educação (Alberto e Troutman, 2003), e grandes avanços têm sido conquistados no campo da educação por causa da pesquisa sobre modificação do comportamento (Bijou e Ruiz, 1981). Pesquisadores analisaram as interações entre alunos e professores em sala de aula, aprimoraram

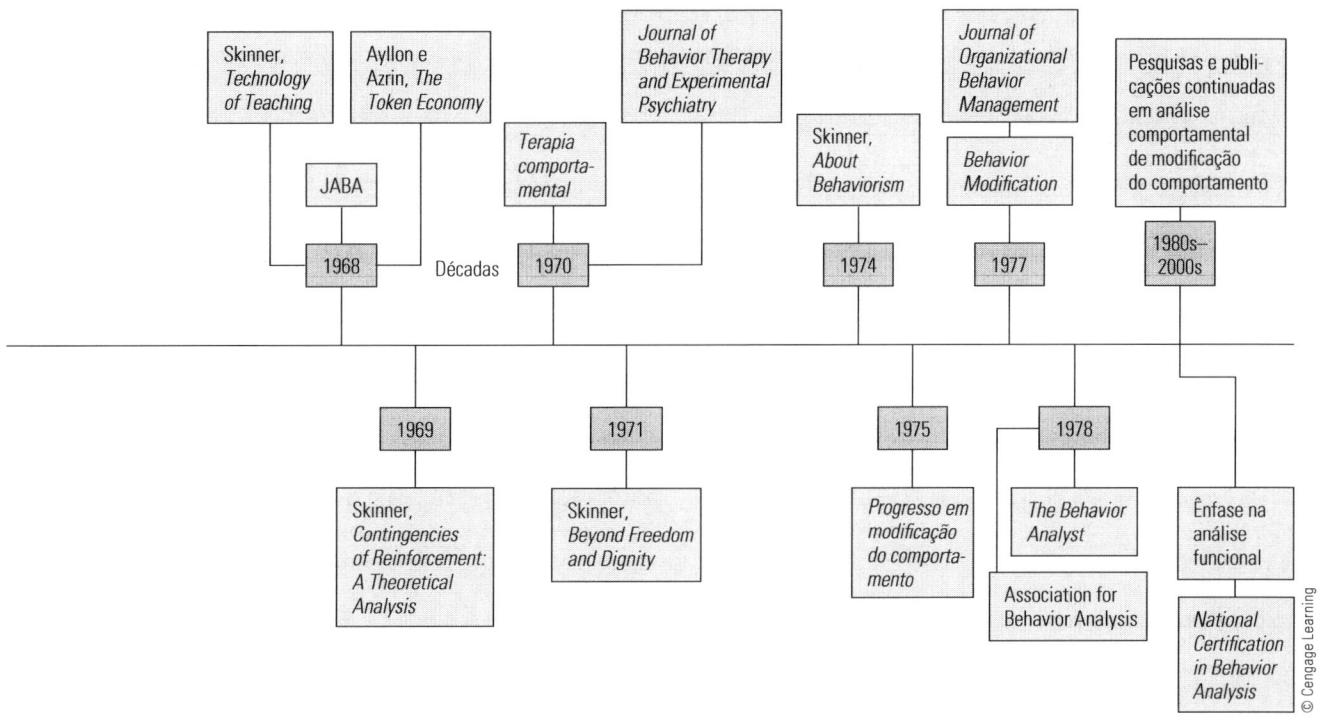

métodos de ensino e desenvolveram procedimentos para reduzir problemas de comportamento nas aulas (Bambara e Kern, 2005; Becker e Carnine, 1981; Madsen, Becker e Thomas, 1968; Sugai e Horner, 2005; Thomas, Becker e Armstrong, 1968).

A modificação do comportamento também tem sido utilizada no ensino superior para melhorar as técnicas de ensino e, assim, melhorar a aprendizagem dos alunos (Michael, 1991; Saville e Zinn, 2009).

Na educação especial, ou seja, na educação de pessoas com deficiências de desenvolvimento ou outras necessidades especiais, a modificação do problemas de comportamento tem um papel importante (Rusch et al., 1988) no desenvolvimento de métodos de ensino, controlando problemas de comportamento em sala de aula, melhorando comportamentos sociais e habilidades funcionais, promovendo a autogestão e treinando professores.

Reabilitação

A reabilitação é o processo de ajudar as pessoas a recuperarem suas funções normais após uma lesão ou um trauma, como uma lesão na cabeça causada por um acidente ou lesão cerebral decorrente de um derrame. A modificação do comportamento é utilizada na reabilitação para promover o cumprimento das rotinas de reabilitação, como fisioterapia, para ensinar novas habilidades que podem substituir as habilidades perdidas por lesão ou trauma, diminuir problemas de comportamento, ajudar a controlar dores crônicas e melhorar o desempenho da memória (Bakke et al., 1994; Davis e Chittum, 1994; Heinicke, Carr e Mozzoni, 2009; O'Neill e Gardner, 1983; Tasky, Rudrud, Schulze e Rapp, 2008).

Psicologia comunitária

Na psicologia comunitária, intervenções comportamentais são projetadas para influenciar o comportamento de um grande número de pessoas de maneira a beneficiar a todos. Alguns alvos das intervenções comunitárias comportamentais incluem redução de lixo, aumento da reciclagem, redução do consumo de energia, redução da direção insegura, redução do uso de drogas, aumento do uso de cintos de segurança, diminuição do estacionamento ilegal em espaços para deficientes e redução do excesso de velocidade (Cope e Allred, 1991; Cox e Geller, 2010; Geller e Hahn, 1984; Ludwig e Geller, 1991; Van Houten e Nau, 1981; Van Houten, Van Houten e Malenfant, 2007).

Psicologia clínica

Na psicologia clínica, os princípios e procedimentos psicológicos são aplicados para ajudar pessoas com problemas pessoais. Normalmente, a psicologia clínica envolve terapia individual ou em grupo conduzida por um psicólogo. A modificação do comportamento na psicologia clínica, frequentemente denominada terapia de comportamento, tem sido aplicada ao tratamento de uma ampla gama de problemas humanos (Hersen e Bellack, 1985; Hersen e Rosqvist, 2005; Hersen e Van Hasselt,

1987; Spiegler e Guevremont, 2010; Turner, Calhoun e Adams, 1981). A modificação do comportamento também tem sido utilizada para treinar psicólogos clínicos (Veltum e Miltenberger, 1989).

Negócios, indústrias e serviços humanos

O uso da modificação do comportamento no campo dos negócios, da indústria e de serviços humanos é chamado de modificação do comportamento organizacional ou gestão do comportamento organizacional (Bailey e Burch, 2010; Daniels, 2000; Frederickson, 1982; Luthans e Kreitner, 1985; Reid et al., 1989, 2012; Stajkovic e Luthans, 1997). Os procedimentos de modificação do comportamento têm sido utilizados para melhorar o desempenho e a segurança no trabalho e também para diminuir atrasos, ausências e acidentes no ambiente profissional. Além disso, esses procedimentos têm sido empregados para melhorar o desempenho dos supervisores. O uso da modificação do comportamento nos negócios e na indústria resultou em aumento de produtividade e dos lucros para as organizações, e também em maior satisfação no trabalho para os funcionários das empresas.

Autogestão

As pessoas utilizam os procedimentos de modificação do comportamento para gerenciar seus próprios comportamentos. Elas recorrem aos procedimentos de autogestão para controlar hábitos pessoais, comportamentos relacionados à saúde, comportamentos profissionais e problemas pessoais (Brigham, 1989; Epstein, 1996; Stuart, 1977; Watson e Tharp, 1993; 2007; Yates, 1986). O Capítulo 20 discute a aplicação dos procedimentos de modificação do comportamento na autogestão.

Gestão do comportamento de crianças

Existem inúmeras aplicações da modificação do comportamento à gestão do comportamento de crianças (Durand e Hieneman, 2008; Hieneman, Childs e Sergay, 2006; Miller, 1975; Patterson, 1975; Miltenberger e Crosland, 2014; Schaeffer e Millman, 1981). Pais e professores podem aprender a utilizar os procedimentos da modificação do comportamento para ajudar as crianças a superarem a enurese, o hábito de roer unhas, as birras, a falta de adesão, comportamentos agressivos, maus modos, gagueira, e outros problemas comuns (Christophersen e Mortweet, 2001; Gross e Drabman, 2005; Watson e Gresham, 1998).

Prevenção

A modificação do comportamento tem sido aplicada para prevenir problemas na infância (Roberts e Peterson, 1984). Outras aplicações na área de prevenção incluem prevenção contra o abuso sexual infantil, sequestro de crianças, acidentes domésticos, abuso e negligência com crianças, envenenamento, infecções e doenças sexualmente transmissíveis (Beck e Miltenberger, 2009; Carroll, Miltenberger e O'Neill, 1992; Dancho, Thompson e Rhoades, 2008; Miltenberger et al., 2013; Montesinos et al., 1990; Poche, Yoder e Miltenberger, 1988). A prevenção de problemas na comunidade com a modificação do comportamento é um aspecto da psicologia comunitária.

Desempenho na área de esportes

A modificação do comportamento é amplamente utilizada para melhorar o desempenho esportivo (Martin e Hrycaiko, 1983). E tem sido empregada para melhorar o desempenho atlético em inúmeros esportes durante a prática e a competição (Boyer et al., 2009; Brobst e Ward, 2002; Hume e Crossman, 1992; Kendall et al., 1990; Luiselli, Woods e Reed, 2011; Wack, Crosland e Miltenberger, 2014; Wolko, Hrycaiko e Martin, 1993; Zeigler, 1994). Os procedimentos de modificação do comportamento demonstraram resultar em melhor desempenho atlético do que os procedimentos tradicionais de treinamento.

Comportamentos relacionados à saúde

Os procedimentos de modificação do comportamento são usados para promover comportamentos relacionados à saúde a fim de proporcionar um estilo de vida saudável (como a prática de exercícios e a alimentação adequada) e diminuir comportamentos prejudiciais à saúde (como fumar, beber e comer em excesso). Tais procedimentos também são empregados para promover comportamentos que têm uma influência positiva em problemas físicos ou médicos, como a diminuição da frequência e intensidade de dores de cabeça, redução da pressão arterial e de distúrbios gastrointestinais (Blumenthal e McKee, 1987; Dallery, Raiff e Grabinski, 2013; Dallery, Meredith e Glenn, 2008; Gentry, 1984; Reynolds et al., 2008; Van Camp e Hayes, 2012; Van Wormer, 2004), e também aumentar a adesão a regimes médicos (Levy, 1987). A aplicação dos procedimentos de modificação de comportamento relacionados à saúde também faz parte da medicina comportamental ou psicologia da saúde.

Gerontologia

Os procedimentos de modificação do comportamento são aplicados em casas de repouso e outros estabelecimentos assistenciais para auxiliar na gestão do comportamento de idosos (Hussian, 1981; Hussian e Davis, 1985). Tais procedimentos são utilizados para ajudar idosos a lidarem com o declínio de suas capacidades físicas, a se adaptarem a ambientes de cuidados com a saúde, a promoverem comportamentos relacionados à saúde e interações sociais apropriadas, além de diminuir problemas de comportamento que possam surgir com a doença de Alzheimer, outros tipos de demência, ou demandas institucionais (Carstensen e Erickson, 1986; Dwyer-Moore e Dixon, 2007; Moore, Delaney e Dixon, 2007; Stock e Milan, 1993).

Prática profissional, certificação e ética

À medida que mais pesquisas foram publicadas ao longo dos anos estabelecendo a eficácia dos procedimentos de modificação do comportamento para alterar inúmeros comportamentos socialmente significativos, a prática da mudança de comportamento se tornou mais difundida e passou a ser sinônimo da disciplina emergente de análise do comportamento aplicada (Baer, Wolf e Risley, 1968). Com cada vez mais indivíduos trabalhando como analistas de comportamento, o campo começou a se concentrar na prática profissional, certificação e ética para regular o uso dos procedimentos de modificação do comportamento (Bailey e Burch, 2011; Shook, 1993; Starin, Hemingway e Hartsfield, 1993). O The Behavior Analyst Certification Board™ – BACB (Comitê de Certificação de Analistas de Comportamento™) foi criado a fim de fornecer certificação para que indivíduos pratiquem a análise de comportamento como uma profissão. O BACB estabeleceu padrões de educação e treinamento e desenvolveu um exame no qual os indivíduos tiveram que ser aprovados para se tornarem Analistas de Comportamento Certificados pelo Conselho (veja o site: BACB.com para mais detalhes). Além disso, a Association for Behavior Analysis International™ (Associação Internacional para a Análise do Comportamento™) desenvolveu um conjunto de diretrizes éticas para a prática de análise do comportamento (Bailey e Burch, 2011). Hoje, os indivíduos que utilizarem esses procedimentos para ajudar as pessoas a modificarem seu comportamento deverão ser certificados pelo BACB para garantir que estão envolvidos na prática competente e ética da análise do comportamento aplicada.

A estrutura deste livro

Este livro é dividido em cinco seções principais. Essas seções discutem os seguintes tópicos:

- Medição do comportamento e mudança de comportamento.
- Princípios básicos do comportamento.
- Procedimentos para estabelecer novos comportamentos.
- Procedimentos para diminuir comportamentos indesejáveis e aumentar comportamentos desejáveis.
- Outros procedimentos de mudança de comportamento.

Este livro foi criado para que as informações apresentadas nas seções anteriores sejam aplicadas em seções posteriores.

Medição de comportamento e mudança de comportamento

Na Parte 1 há dois capítulos. O Capítulo 2 ensina como observar e registrar comportamentos que devem ser modificados em um programa de modificação do comportamento. O Capítulo 3 ensina a construir gráficos e avaliar dados gráficos para analisar as mudanças resultantes de um programa de modificação do comportamento.

Princípios básicos do comportamento

Os cinco capítulos da Parte 2 discutem os princípios básicos da modificação do comportamento derivada da pesquisa científica sobre análise do comportamento. Os procedimentos de modificação do comportamento discutidos no restante do livro se baseiam nos princípios básicos que são analisados nesta seção, que incluem reforço, extinção, punição, controle de estímulos e condicionamento respondente. Quando entender esses princípios básicos, será mais fácil compreender e aplicar os procedimentos de modificação do comportamento descritos em seções posteriores.

Procedimentos para estabelecer novos comportamentos

Um dos objetivos da modificação do comportamento é estabelecer novos hábitos ou habilidades desejáveis. Os quatro capítulos da Parte 3 discutem os procedimentos de modificação de comportamento utilizados para estabelecer novos comportamentos: moldar, estimular e transferir os procedimentos de treinamento de habilidades comportamentais, de controle de estímulos e encadeamento.

Procedimentos para aumentar comportamentos desejáveis e diminuir os indesejáveis

Outro objetivo dos procedimentos de modificação do comportamento é diminuir a ocorrência de comportamentos indesejáveis e aumentar a ocorrência de comportamentos desejáveis que não ocorrem com frequência suficiente. A ocorrência de comportamentos indesejáveis é um excesso comportamental. Os comportamentos desejáveis que ocorrem com pouca frequência são os déficits comportamentais. Os sete capítulos da Parte 4 descrevem como analisar eventos que influenciam o comportamento e como aplicar reforço, extinção, controle de estímulo e punição para diminuir o excesso de comportamentos e, ao mesmo tempo, aumentar comportamentos mais desejáveis.

Outros procedimentos de mudança do comportamento

Os seis capítulos da Parte 5 descrevem procedimentos mais complexos de modificação do comportamento. O Capítulo 20 discute os procedimentos de autogestão; o 21 aborda os distúrbios de hábito e os procedimentos para diminuir tais comportamentos excessivos. O Capítulo 22 fala sobre economias simbólicas (economias de fichas), e o 23, sobre contratação comportamental, discute métodos que ampliam os procedimentos de reforço e punição descritos anteriormente. O Capítulo 24 aplica procedimentos baseados no condicionamento respondente para diminuir o medo e a ansiedade e o 25 aborda os procedimentos de modificação do comportamento para mudar os comportamentos cognitivos, um tipo de comportamento oculto.

RESUMO DO CAPÍTULO

1. O comportamento humano é definido como as ações de um indivíduo que têm uma ou mais dimensões as quais podem ser observadas e registradas. Os comportamentos têm impacto no ambiente físico ou social. O comportamento é legitimado; sua ocorrência é influenciada por eventos ambientais. Um comportamento pode ser evidente ou oculto.
2. Os procedimentos de modificação do comportamento envolvem análise e manipulação de eventos ambientais atuais a fim de obter a mudança de comportamento. Um excesso comportamental ou déficit comportamental pode ser alvo de mudanças com os procedimentos de modificação de comportamento, que se baseiam em princípios comportamentais derivados da pesquisa científica. B. F. Skinner conduziu as primeiras pesquisas científicas que lançaram as bases para o modelo de comportamento e publicou também vários livros que demonstram a aplicação dos princípios do comportamento na vida cotidiana. Os procedimentos de modificação do comportamento são frequentemente implementados pelas pessoas cotidianamente. O comportamento é medido antes e depois de os procedimentos de mudança de comportamento serem aplicados para documentar sua eficiência. A modificação do comportamento reduz a ênfase em eventos anteriores e rejeita causas de comportamento subjacentes hipotéticas.
3. As raízes históricas da modificação do comportamento podem ser encontradas nos trabalhos de Pavlov, Thorndike, Watson e, especialmente, de B. F. Skinner, que identificou vários princípios básicos de comportamento e escreveu sobre a aplicação dos princípios da análise do comportamento ao comportamento humano.
4. Os procedimentos de modificação do comportamento têm sido aplicados com sucesso em todos os aspectos do comportamento humano, incluindo deficiências do desenvolvimento; doenças mentais; educação e educação especial; reabilitação; psicologia comunitária; psicologia clínica; nas áreas de negócios, indústria e serviços humanos; autogestão; gestão do comportamento infantil; prevenção; desempenho esportivo; comportamentos relacionados à saúde; e gerontologia.

TERMOS-CHAVE

análise do comportamento aplicada, 4	comportamento evidente, 3	frequência, 2
análise experimental do comportamento, 4	comportamentos ocultos, 3	intensidade, 2
behaviorismo, 4	déficit comportamental, 4	latência, 2
comportamento, 1	dimensões, 2	lei do efeito, 6
comportamento-alvo, 4	duração, 2	modificação do comportamento, 4
	excesso comportamental, 4	variável de controle, 4

TESTE PRÁTICO

1. O que é comportamento?
2. Dê exemplo de uma descrição de comportamento e o rótulo aplicado a esse comportamento.
3. Identifique e descreva as quatro dimensões do comportamento que podem ser observadas e registradas.
4. Dê um exemplo de como um comportamento tem impacto no ambiente físico. Dê um exemplo de como um comportamento tem impacto no ambiente social.
5. O que significa dizer que um comportamento é legitimado? O que é relação funcional?
6. Descreva a distinção entre comportamento evidente e comportamento oculto e dê um exemplo de cada um deles. Que tipo de comportamento é o foco deste livro?
7. Identifique as seis características do comportamento humano.
8. O que significa dizer que os procedimentos de modificação do comportamento são baseados nos princípios comportamentais?
9. O que causa o comportamento humano? Descreva como um rótulo pode ser erroneamente identificado como a causa de um comportamento
10. Por que é importante descrever os procedimentos de modificação do comportamento precisamente?
11. Quem implementa os procedimentos de modificação do comportamento?
12. Por que é importante medir o comportamento antes e depois da utilização dos procedimentos de modificação do comportamento?
13. Por que a modificação de comportamento não se concentra no passado como a causa do comportamento?
14. Identifique nove características que definem a modificação do comportamento.
15. Descreva brevemente as contribuições de Pavlov, Thorndike, Watson e Skinner para o desenvolvimento da modificação do comportamento.
16. Identifique pelo menos uma maneira pela qual a modificação do comportamento tem sido aplicada em cada uma das seguintes áreas: deficiências de desenvolvimento; educação; psicologia comunitária; negócios, indústria e serviços humanos; autogestão; prevenção; comportamentos relacionados à saúde; doenças mentais; reabilitação; psicologia clínica; gestão infantil; desempenho esportivo; e gerontologia.

Observação e registro do comportamento

2

> - Como você define um comportamento-alvo em um programa de modificação de comportamento?
> - Quais métodos diferentes você pode utilizar para registrar um comportamento-alvo?
> - Como o registro contínuo difere do registro de intervalos e do registro por amostras de tempo?
> - O que é a reatividade do registro de comportamento e como você pode minimizá-la?
> - O que é concordância interobservador e por que é importante?

Um aspecto fundamental da modificação do comportamento é medir o comportamento que é alvo da mudança. A medição do comportamento-alvo (ou comportamentos-alvo) na modificação do comportamento é chamada **avaliação comportamental**. *A avaliação comportamental é importante por diversas razões.*

- Medir o comportamento antes do tratamento fornece informações que podem ajudá-lo a determinar se o tratamento é necessário.
- A avaliação comportamental pode propiciar informações que ajudam a escolher o melhor tratamento.
- Medir o comportamento-alvo antes e depois do tratamento permite determinar se o comportamento se modificou após o tratamento ter sido implementado.

Considere o exemplo a seguir.

Um supervisor de uma fábrica acreditava que a empresa tinha um problema com os funcionários que chegavam atrasados ao trabalho. Antes de tomar qualquer ação corretiva, ele registrou o horário de chegada dos funcionários por vários dias (Figura 2-1). A avaliação mostrou que houve poucos casos de atraso. Desse modo, a avaliação comportamental demonstrou que não havia um problema e que a intervenção não era necessária.

Se a medição dos horários de chegada dos funcionários mostrasse que havia um problema, o supervisor desenvolveria um plano de modificação do comportamento para solucioná-lo. Ele continuaria a registrar os horários de chegada à medida que a intervenção fosse implementada. E essa medição feita antes, durante e depois da intervenção demonstraria se os funcionários passaram a chegar atrasados com menos frequência depois que a intervenção foi implementada.

Avaliação direta e indireta

Existem dois tipos de avaliação comportamental: direta e indireta (Iwata, Vollmer e Zarcone, 1990; Martin e Pear, 1999; O'Neill et al., 1997). A **avaliação indireta** envolve o uso de entrevistas, questionários e escalas de avaliação para obter informações sobre o comportamento-alvo da pessoa que exibe o comportamento, ou de outras pessoas (por exemplo, pais, professores ou funcionários). A avaliação indireta não é feita quando o comportamento-alvo ocorre, mas depende da lembrança do indivíduo quanto ao comportamento-alvo. Com **avaliação direta**, uma pessoa observa e registra o comportamento-alvo à medida que ocorre. Para observar o comportamento-alvo, o observador (ou uma câmera de vídeo, em alguns casos) deve estar muito próximo da pessoa que exibe o comportamento para que ele possa ser visto (ou ouvido). Além disso, o observador deve ter uma definição precisa do comportamento-alvo para que sua ocorrência possa ser distinguida de ocorrências de outros comportamentos. Para registrar o comportamento-alvo, o observador deve registrar sua ocorrência quando for observado; vários métodos de registro são descritos mais adiante neste capítulo. Quando o psicólogo de uma escola observa uma criança socialmente isolada no parquinho e registra cada interação social com outra criança, está sendo utilizada uma avaliação direta. Quando o psicólogo entrevista a professora do aluno e pergunta quantas vezes a criança geralmente interage com outras crianças no parquinho, está sendo utilizada uma avaliação indireta.

A avaliação direta é a preferida. A avaliação direta geralmente é mais precisa do que a avaliação indireta. Isso porque, na avaliação direta, o observador é treinado especificamente para observar o comportamento-alvo e registrar sua ocorrência imediatamente. Na avaliação indireta, as informações sobre o comportamento-alvo dependem da memória das pessoas. Além disso, as pessoas que fornecem informações podem não ter sido treinadas para observar o comportamento-alvo e talvez não tenham percebido todas as ocorrências desse comportamento. Como resultado, a avaliação indireta pode ter como base informações incompletas sobre o comportamento-alvo. Portanto, a maioria das pesquisas e aplicações na modificação do comportamento depende da avaliação direta. O restante deste capítulo discute métodos de avaliação direta para observar e registrar o comportamento-alvo em um programa de modificação de comportamento, especificamente as etapas necessárias para desenvolver um plano de registro de comportamento. Estas etapas incluem o seguinte:

1. Definição do comportamento-alvo;
2. Determinação da logística de registro;
3. Escolha do método de registro;
4. Escolha do instrumento de registro.

Definição do comportamento-alvo

A primeira etapa no desenvolvimento de um plano de registro de comportamento é definir o comportamento-alvo que se quer registrar. Para definir o comportamento-alvo de uma pessoa em particular, é preciso identificar exatamente o que a pessoa diz ou faz que constitui o excesso ou déficit comportamental que é alvo da mudança. Uma definição comportamental inclui verbos de ação que descrevem comportamentos específicos que uma pessoa exibe. Uma definição comportamental é objetiva, e não ambígua. Como um exemplo de definição de comportamento-alvo, o comportamento antidesportivo de um determinado jogador de beisebol pode ser definido como gritar obscenidades, jogar o bastão ou capacete no chão e chutar a terra enquanto caminha de volta para o banco depois de cometer um erro.

Observe que o exemplo não se refere a nenhum estado interno, como estar irritado, chateado ou triste, pois esses estados internos não podem ser observados e registrados por outra pessoa. A definição comportamental não faz inferências sobre as intenções de uma pessoa. As intenções não podem ser observadas e as inferências sobre intenções geralmente são incorretas.

FIGURA 2-1 O supervisor coleta dados sobre o número de funcionários que chegam atrasado.

Por fim, o rótulo ("um mau desportista") não é utilizado para definir o comportamento, porque os rótulos não identificam as ações da pessoa.

Rótulos não são comportamento. Rótulos em comportamentos são ambíguos; podem significar coisas diferentes para pessoas diferentes. Por exemplo, para uma pessoa, um comportamento antidesportivo pode significar brigar com um membro de outra equipe, enquanto outra pessoa pode considerar que significa xingar, jogar o bastão no chão e chutar a terra. Comportamentos específicos podem ser observados e registrados; rótulos para o comportamento não podem. Além do que, rótulos podem ser utilizados incorretamente como explicações de um comportamento. Por exemplo, se uma pessoa é observada repetindo sílabas ou palavras enquanto fala, podemos rotulá-la como tendo gagueira. Em seguida, dizer que a pessoa repete sílabas ou palavras porque é gaga é um uso incorreto do rótulo como causa do comportamento. A repetição de palavras ou sílabas não é causada pela gagueira; é um comportamento chamado gagueira. O principal valor dos rótulos é que podem ser utilizados como uma abreviação conveniente quando se referem a um comportamento-alvo. No entanto, o comportamento sempre deve ser definido antes de poder ser observado e registrado.

Dois observadores concordarão? Uma característica de boa definição comportamental é que, depois de verificá-la, pessoas diferentes podem observar o mesmo comportamento e concordar que este está ocorrendo. Quando duas pessoas observam independentemente o mesmo comportamento e ambas registram sua ocorrência, isso é chamado de **concordância interobservador (CIO)** ou **confiabilidade interobservador** (Bailey, 1977; Bailey e Burch, 2002). A **CIO**, que é comumente relatada em pesquisas de modificação de comportamento, é discutida com mais detalhes mais adiante neste capítulo.

A Tabela 2-1 enumera as definições comportamentais de comportamentos-alvo comuns e os rótulos associados a esses comportamentos. Os comportamentos descritos podem ser observados e especificados em comum acordo por dois observadores independentes. Os rótulos, de outro modo, são nomes gerais comumente utilizados para esses tipos de comportamento. Rótulos como esses também podem ser empregados para se referir a comportamentos diferentes dos definidos aqui. Por exemplo, em contraste com a definição dada por Bobby na Tabela 2-1, birra poderia ser um rótulo para o comportamento de gritar, xingar os pais, bater as portas e jogar brinquedos no chão. É preciso desenvolver uma definição comportamental específica que se ajuste ao comportamento-alvo da pessoa que se está observando.

Pesquisadores em modificação do comportamento definem cuidadosamente os comportamentos-alvo das pessoas nas quais aplicam algum tratamento. Por exemplo, Iwata e colaboradores (Iwata et al., 1990) utilizaram procedimentos de modificação de comportamento para diminuir o comportamento autolesivo em crianças com deficiência intelectual. Suas definições para três tipos de comportamento autolesivo foram: "morder os braços – cerrar os dentes superiores e inferiores em qualquer parte da pele que se estende dos dedos até o cotovelo; bater no próprio rosto – contato audível de uma mão aberta ou fechada contra o próprio rosto ou cabeça; e bater com a cabeça – contato audível de qualquer parte da cabeça contra um objeto estacionário (por exemplo, mesa, piso, parede)". Em outro exemplo, Rogers-Warren, Warren e Baer (1977) utilizaram procedimentos de modificação do comportamento para aumentar o compartilhamento entre crianças na fase pré-escolar. Eles definiram a ocorrência do compartilhamento como "quando um indivíduo passava ou entregava algum material para um segundo indivíduo, quando os indivíduos trocavam materiais entre si, ou quando dois ou mais indivíduos utilizavam simultaneamente o mesmo material (por exemplo, dois indivíduos colorindo no mesmo pedaço de papel)" (p. 311).

TABELA 2-1 Definições comportamentais e rótulos para problemas comuns

Definição comportamental	Rótulo
Quando Bobby chora e soluça, se deita no chão, chuta as paredes ou joga brinquedos ou outros objetos no chão, isso é definido como um comportamento de birra.	Fazer birra
Para Rae, estudar envolve ler um livro, sublinhar frases em um texto, fazer exercícios de matemática ou física no livro de exercícios, ler as anotações feitas em aula e marcar trechos importantes em capítulos de um livro.	Estudar
Quando Pat diz não a alguém que pede que ela faça algo que não faz parte de seu trabalho; quando ela pede a colegas de trabalho para não tocar música alta enquanto está trabalhando, e quando pede aos colegas que batam à porta antes de entrarem em seu escritório, é definido como assertividade.	Ser assertivo
Para Joel, a gagueira é definida como repetir uma palavra ou o som de uma palavra, prolongar o som ao dizer uma palavra ou hesitar mais de dois segundos entre as palavras de uma frase ou entre sílabas em uma palavra.	Gaguejar
Sempre que Mark está com o dedo na boca com os dentes cerrados juntos a uma unha, cutícula ou pele ao redor da unha, é definido como roer as unhas.	Roer as unhas

PARA UMA LEITURA MAIS APROFUNDADA	**Validade social**
	Ao utilizar procedimentos de modificação de comportamento para ajudar as pessoas nesse sentido, é importante escolher comportamentos-alvo que sejam socialmente significativos; comportamentos que o cliente concorda que são alvos importantes de mudança. Uma forma de garantir que você está escolhendo comportamentos-alvo importantes (socialmente significativos) é avaliar as opiniões do cliente ou de outros indivíduos importantes (pais, professores etc.). Quando tais indivíduos concordam que os comportamentos-alvo são importantes e aceitáveis, estão estabelecendo a validade social dos comportamentos-alvo. Kazdin (1977a) e Wolf (1978) discutiram a importância da validade social na modificação do comportamento e nos métodos para avaliar a validade social.

A logística do registro

O observador

Definimos o comportamento-alvo a ser registrado para um cliente, ou seja, uma pessoa que exibe o comportamento-alvo e em relação a quem o programa de modificação de comportamento será implementado. A etapa seguinte é identificar quem observará e registrará o comportamento. Em um programa de modificação de comportamento, o comportamento-alvo geralmente é observado e registrado por uma pessoa diferente daquela que exibe o comportamento-alvo (isto é, um observador independente). O observador pode ser um profissional, como analista de comportamento ou psicólogo, ou uma pessoa rotineiramente associada ao cliente em seu ambiente natural, como professor, pai, funcionário ou supervisor. O observador deve ter proximidade com o cliente para observar o comportamento-alvo quando ocorre. A exceção seria quando o comportamento-alvo é observado via vídeo. O observador deve ser treinado para identificar a ocorrência do comportamento-alvo e registrá-lo imediatamente; também deve ter tempo para observar e registrar o comportamento e precisa estar disposto a atuar como observador. Por exemplo, o professor pode ser solicitado a observar e registrar o comportamento-alvo de um de seus alunos, mas pode não concordar em fazê-lo porque com as demandas de ensino não lhe sobre tempo para atuar como observador. Na maioria dos casos, é possível desenvolver um plano de registro comportamental de tal forma que uma pessoa pode observar e registrar o comportamento-alvo do cliente sem interromper muito sua rotina normal.

Em alguns casos, o observador é a pessoa que exibe o comportamento-alvo. Quando o cliente observa e registra seu próprio comportamento-alvo, isto é chamado de **automonitoramento**, que é valioso quando não for possível outro observador registrar o comportamento-alvo, como quando ocorre com pouca frequência ou apenas quando não há ninguém presente (Stickney e Miltenberger, 1999; Stickney, Miltenberger e Wolff, 1999). O automonitoramento também pode ser combinado com a observação direta feita por outro observador. Por exemplo, um psicólogo pode observar e registrar diretamente o comportamento de uma pessoa que está recebendo tratamento devido a um hábito nervoso, como puxar o cabelo. Além disso, pode ser solicitado que o cliente monitore automaticamente o comportamento-alvo fora das sessões de terapia. Se o automonitoramento for utilizado em um programa de modificação do comportamento, o cliente deve ser treinado para registrar o próprio comportamento da mesma maneira que um observador faria.

Quando e onde registrar

O observador registra o comportamento-alvo em um período específico chamado **período de observação**. É importante escolher um período de observação no momento em que for provável que o comportamento-alvo ocorrerá. Informações obtidas com base na avaliação indireta do cliente ou de outras pessoas (por exemplo, de uma entrevista) podem indicar os melhores horários para agendar o período de observação. Por exemplo, se os membros da equipe relatarem que um paciente em uma enfermaria psiquiátrica tem maior probabilidade de se envolver em comportamento perturbador (definido como gritar, andar de um lado para outro e praguejar contra os residentes) no momento das refeições, o período de observação seria agendado para durante as refeições. A duração dos períodos de observação também é determinada pela disponibilidade do(s) observador(es) e das restrições impostas pelas atividades ou preferências do cliente. Observe que o cliente, os pais, ou o responsável pelo cliente deve dar consentimento antes de observar e registrar o comportamento. Isto é particularmente importante quando a observação ocorre sem o conhecimento do cliente. Nesses casos, o cliente deverá dar permissão para que as observações ocorram, com o entendimento de que algumas observações podem ocorrer, às vezes, sem o conhecimento dele (por exemplo, Wright e Miltenberger, 1987).

A observação e o registro do comportamento ocorrem em ambientes naturais ou em ambientes análogos. Um **ambiente natural** consiste dos locais em que o comportamento-alvo normalmente ocorre. Observar e registrar um comportamento-alvo em sala de aula é exemplo de ambiente natural para um aluno. Observar um comportamento-alvo na sala de jogos de uma clínica é um **ambiente análogo**, porque estar na clínica não faz parte da rotina diária normal da criança. É provável que a observação em um ambiente natural forneça uma amostra mais representativa do comportamento-alvo, que pode ser influenciado pelo ambiente análogo, e a observação nesse cenário pode fornecer uma amostra que não é representativa do comportamento em circunstâncias normais. No entanto, há benefícios quando se faz a observação em um ambiente analógo: é mais controlado do que em um ambiente natural, e as variáveis que influenciam o comportamento são mais fáceis de serem manipuladas.

A observação do comportamento-alvo pode ser **estruturada ou não estruturada**. Quando as observações são estruturadas, o observador faz que eventos ou atividades específicas ocorram durante o período de observação. Por exemplo, ao observar problemas de comportamento infantil, o observador pode pedir que o pai faça solicitações específicas à criança durante o período de observação. Nas observações não estruturadas, nenhum evento ou atividade específica é organizado e nenhuma instrução é dada durante o período de observação.

Quando o automonitoramento é utilizado, o cliente pode ser capaz de observar e registrar o comportamento-alvo ao longo do dia e não pode ser restringido a período de observação específico. Por exemplo, clientes que monitoram o número de cigarros que eles mesmos fumam a cada dia podem registrar cada cigarro fumado, independentemente de quando fumarem. No entanto, alguns comportamentos podem ocorrer com tal frequência que o cliente não pode gravá-lo continuamente ao longo do dia; por exemplo, um cliente que gagueja pode gaguejar centenas de vezes durante o dia. Em casos como este, o cliente seria instruído a registrar o comportamento durante os períodos de observação previamente combinados com o psicólogo.

Na pesquisa sobre modificação de comportamento, as pessoas que observam e registram os comportamentos-alvo geralmente são assistentes de pesquisa treinados. Eles estudam a definição comportamental do comportamento-alvo e depois praticam o registro sob a supervisão do pesquisador. Quando podem registrar o comportamento de forma confiável durante as sessões práticas (depois de terem uma boa CIO com o pesquisador), eles registram o comportamento-alvo durante os períodos de observação reais como parte do estudo. Os períodos de observação utilizados na pesquisa sobre modificação do comportamento são geralmente breves (digamos, de 15 a 30 minutos). Quando as observações ocorrem em ambientes naturais, os pesquisadores geralmente escolhem períodos de observação que são representativos da ocorrência usual do comportamento-alvo. Por exemplo, as observações podem ocorrer em uma sala de aula, no local de trabalho, no hospital, ou em outro ambiente no qual o comportamento-alvo geralmente ocorre. Em um estudo utilizando a modificação do comportamento para melhorar o comportamento das crianças durante consultas ao dentista, Allen e Stokes (1987) registraram o comportamento disruptivo delas (definido como movimentos da cabeça e do corpo, choro, engasgos e gemidos) enquanto estavam na cadeira do dentista, que, por sua vez, realizava procedimentos odontológicos nas crianças. Em outro estudo, Durand e Mindell (1990) ensinaram os pais a utilizarem procedimentos de modificação de comportamento para diminuir o comportamento de birra à noite (definido como gritar e bater nos móveis) do filho pequeno. Nesse estudo, os pais registraram os comportamentos-alvo por uma hora antes do momento de a criança dormir, porque era quando os comportamentos de birra ocorriam.

Quando as observações ocorrem em ambientes análogos, os pesquisadores geralmente simulam eventos que podem ocorrer em ambientes naturais. Por exemplo, Iwata et al. (1982) observaram e registraram o comportamento autolesivo de crianças com deficiência intelectual em salas de terapia em um hospital. Durante os períodos de observação, eles simularam diferentes eventos ou atividades que as crianças provavelmente vivenciariam em casa ou na escola. Por exemplo, os pesquisadores observaram as crianças brincando enquanto os professores davam instruções e, durante alguns momentos, não recebiam atenção do professor. Iwata e colaboradores descobriram que, para cada criança, o comportamento autolesivo ocorreu com frequências diferentes em períodos de observação que simularam diferentes eventos ou atividades.

Escolha do método de registro

Diferentes aspectos do comportamento-alvo podem ser medidos utilizando-se diferentes métodos de registro, que incluem o registro contínuo, do produto, de intervalo e por amostra de tempo. Cada um desses métodos é descrito aqui.

Registro contínuo

No **registro contínuo**, o observador analisa o cliente continuamente durante determinado período e registra cada ocorrência do comportamento. Para fazer isso, o observador deve ser capaz de identificar o início e o prosseguimento (ou início e fim) de cada instância do comportamento. No registro contínuo, o observador pode registrar várias dimensões do comportamento-alvo, particularmente, sua frequência, duração, intensidade e latência.

A *frequência* *de um comportamento é o número de vezes que o comportamento ocorre em um período de observação.* Você mede a frequência de um comportamento simplesmente contando cada vez que ocorre. Uma ocorrência é definida como início e fim de um comportamento. Por exemplo, você pode contar o número de cigarros que uma pessoa fuma. Para esse comportamento-alvo, o início pode ser definido como o momento em que a pessoa acende o cigarro, e o fim, é quando a pessoa o apaga. Você utilizará uma medida de frequência quando o número de vezes que o comportamento ocorre for a informação mais importante sobre o comportamento. A frequência pode ser reportada como **taxa**, que é dividida pela frequência do período de observação. A taxa é frequentemente relatada como respostas por minuto.

*A **duração** de um comportamento é o tempo total ocupado por um comportamento do início ao fim.* Você mede a duração de um comportamento sincronizando-o desde o início até o fim. Por exemplo, você pode registrar o número de minutos durante os quais um estudante estuda por dia, o número de minutos em que uma pessoa se exercita ou o período em segundos após o qual um paciente, que sofreu acidente vascular cerebral, se levanta sem assistência durante as sessões de reabilitação no hospital. Você utilizará uma medida de duração quando o aspecto mais importante do comportamento for o tempo de duração, que pode ser reportado como porcentagem de tempo, que é a duração dividida pelo tempo do período de observação (Miltenberger, Rapp e Long, 1999).

*Alguns pesquisadores utilizam um método de **registro em tempo real** no qual é registrado o momento exato de cada início e fim do comportamento-alvo* (Miltenberger, Rapp e Long, 1999; Miltenberger et al., 1998). Com registro em tempo real, os pesquisadores têm um registro da frequência e duração do comportamento-alvo, bem como o momento exato de cada uma de suas ocorrências. A gravação em tempo real pode ser realizada após a gravação do comportamento-alvo no período de observação. O observador então reproduz o vídeo e registra o tempo indicado no cronômetro no início e no fim de cada ocorrência do comportamento em uma planilha de dados desenvolvida para registro em tempo real (Rapp et al., 2001). Como alternativa, computadores de mão ou laptops com software que permite o registro do tempo exato dos eventos podem ser utilizados para registro em tempo real (Kahng e Iwata, 1998).

*A **intensidade** de um comportamento é a quantidade de força, energia e esforço envolvido nele.* Intensidade (também chamada de magnitude) é mais difícil de medir do que a frequência ou a duração, porque não envolve simplesmente contar o número de vezes que o comportamento ocorre ou registrar o tempo que leva para que ocorra. Frequentemente, a intensidade é registrada com um instrumento de medição ou utilizando-se uma escala de classificação. Por exemplo, você pode utilizar um medidor de decibéis para verificar o volume da fala de alguém. Um fisioterapeuta pode medir a força do aperto de mão de uma pessoa para avaliar sua recuperação depois de uma lesão. Os pais poderiam usar uma escala de classificação de 1 a 5 para medir a intensidade da birra de uma criança, e teriam que definir o comportamento associado a cada ponto na escala de classificação, de modo que suas classificações fossem confiáveis; e suas avaliações seriam confiáveis se ambos observassem uma birra e registrassem o mesmo número na escala de classificação. A intensidade não é utilizada tanto quanto a frequência ou duração, mas é uma medida útil quando você está mais interessado na força ou magnitude do comportamento (Bailey, 1977; Bailey e Burch, 2002).

*A **latência** do comportamento é o tempo de algum estímulo ou evento até o início do comportamento.* A latência é medida registrando-se quanto tempo a pessoa demora para iniciar o comportamento depois que determinado evento ocorre. Por exemplo, você pode registrar quanto tempo uma criança leva para começar a separar seus brinquedos depois de pedirem que ela faça isso. Quanto menor a latência, mais cedo a criança inicia o comportamento após a solicitação. Outro exemplo de latência é o tempo que uma pessoa leva para atender o telefone depois que começa a tocar.

Como a latência difere da duração?

A latência é o tempo decorrido de algum estímulo ou evento até o início do comportamento, ao passo que a duração é o tempo desde o início do comportamento até o fim. Ou seja, a latência é quanto tempo leva para iniciar o comportamento e a duração é quanto tempo dura o comportamento.

Ao usar o registro contínuo, você pode escolher uma ou mais dimensões para serem medidas. A dimensão escolhida depende de qual aspecto do comportamento é mais importante e de qual dimensão é mais sensível a mudanças no comportamento após o tratamento. Por exemplo, se quiser registrar a gagueira de uma pessoa, a frequência pode ser a dimensão mais importante, pois você está interessado no número de palavras gaguejadas. É possível, então, comparar o número de palavras gaguejadas antes, durante e depois do tratamento. Se o tratamento for bem-sucedido, deveria haver menos palavras gaguejadas. No entanto, a duração também pode ser uma dimensão importante da gagueira se houver longos bloqueios de fala ou prolongamentos. Nesse caso, é de esperar que a duração da gagueira diminuísse após o tratamento.

Se você estivesse gravando um comportamento de birra de uma criança (gritar, jogar brinquedos, bater portas), qual dimensão do comportamento você mediria?

O exemplo do comportamento de birra de uma criança é menos claro. Você pode estar interessado no número de acessos de birra por dia (frequência), mas também pode estar interessado em quanto tempo dura cada birra (duração). Por fim, talvez seu interesse seja em com que volume de voz a criança grita ou com que força ela joga brinquedos ou bate as portas (intensidade). Esperamos que, após o tratamento, os acessos de birra diminuam em frequência, duração e intensidade; isto é, ocorrerão com menos frequência, não durarão tanto tempo e não serão tão violentos.

A menos que você meça a dimensão correta de um comportamento, pode ser que não consiga avaliar a eficácia do tratamento. Se estiver em dúvida ou se várias dimensões do comportamento parecerem relevantes, o melhor curso de ação é medir mais de uma dimensão. Volte para o exemplo das birras da criança. A Figura 2-2 mostra que, de uma média de mais de seis vezes por dia durante a **fase inicial**, a frequência de acessos de raiva diminuiu para menos de duas por dia durante

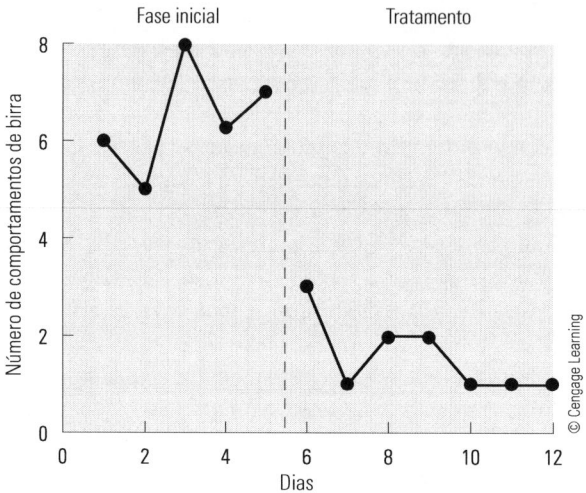

FIGURA 2-2 A frequência de acessos de birra durante as fases inicial e de tratamento. Durante a fase inicial, o comportamento-alvo é registrado, mas o tratamento ainda não está implementado. As birras diminuíram de uma média de mais de seis por dia no início para menos de duas por dia durante o tratamento.

o tratamento. (A fase inicial é o período durante o qual o comportamento-alvo é registrado antes que o tratamento seja implementado.) Parece que o tratamento foi eficaz. No entanto, a Figura 2-3 mostra a duração das birras antes e durante o tratamento. Antes do tratamento, cada um dos cinco a oito acessos de birra por dia durou cerca de 1 minuto cada, resultando em um total de 5 a 8 minutos de comportamento de birra por dia. Durante o tratamento, a duração de cada birra foi muito maior, resultando em mais minutos de comportamento de birra por dia. Portanto, de acordo com a medida de duração, as birras pioraram durante o tratamento. Isso ressalta a importância de medir mais de uma dimensão de um comportamento-alvo, porque mais de uma dimensão pode mudar após o tratamento.

Note também que, para demonstrar a eficácia do tratamento, é preciso utilizar métodos de pesquisa estabelecidos e um desenho experimental. Simplesmente medir o comportamento antes, durante e depois do tratamento demonstra se o comportamento-alvo mudou, mas não prova que o tratamento causou a mudança de comportamento (veja o Capítulo 3).

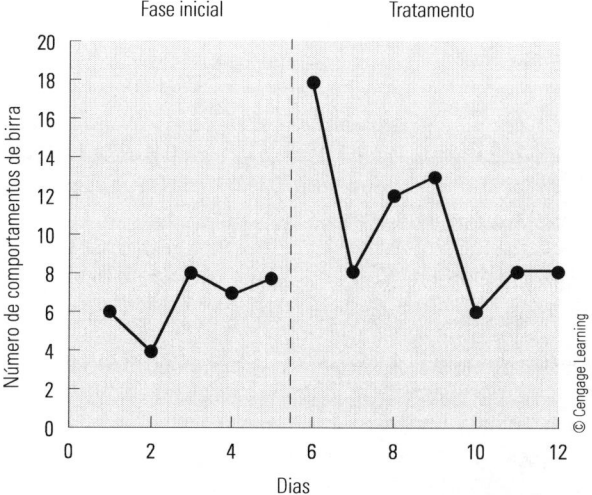

FIGURA 2-3 A duração das birras durante as fases inicial e de tratamento. As birras aumentaram de uma duração média de 1 minuto cada ou de um total de 5 a 8 minutos por dia no início para cerca de 6 minutos cada ou um total de 6 a 18 minutos por dia durante o tratamento. Portanto, a duração do comportamento de birra por dia não diminuiu, embora a frequência das birras tenha diminuído.

Porcentagem de oportunidades

A porcentagem de tentativas ou porcentagem correta é uma maneira final pela qual o registro de eventos pode ser realizado. Nesse método, o observador registra a ocorrência de um comportamento em relação a outro evento, como uma tentativa de aprendizagem ou uma oportunidade de resposta, e relata os resultados como a porcentagem de oportunidades com que o comportamento ocorreu. Dizer que um aluno atendeu às solicitações de um professor 11 vezes durante o período de observação ou que conseguiu grafar 13 palavras corretas em um teste de ortografia é uma informação inadequada porque não há menção de oportunidades de resposta. Relatar os resultados como o número de vezes que o comportamento ocorreu dividido pelo número de oportunidades propicia informações mais úteis. Se o professor tiver feito 12 solicitações e o aluno tiver atendido às solicitações do professor 11 vezes, a porcentagem de conformidade será de 11/12, ou 92%. No entanto, se os professores fizerem 25 solicitações e o aluno atendeu 11 vezes, a porcentagem será de apenas 44%; um nível muito menos aceitável para o comportamento.

Registro do produto

Outro aspecto de um comportamento que pode ser registrado é o seu produto. O **registro de produto**, também chamado de registro permanente de produto (Marholin e Steinman, 1977), é um método de avaliação indireta que pode ser utilizado quando um comportamento gera um resultado tangível no qual se está interessado. É uma medida indireta porque você não está observando e registrando o comportamento à medida que ocorre. Por exemplo, um supervisor poderia contar o número de unidades montadas em uma fábrica como medida do produto do desempenho de um trabalhador, ou então, um professor poderia registrar o número de problemas prescritos como lição de casa que foram corretamente concluídos, ou páginas solucionadas de um livro de exercícios como medida do desempenho acadêmico dos alunos (Noell et al., 2000). Em suas pesquisas sobre problemas de comportamento de estudantes e desempenho acadêmico, Marholin e Steinman (1977) analisaram as planilhas de matemática dos alunos e registraram o número de problemas de matemática concluídos corretamente como produtos permanentes do desempenho acadêmico dos alunos.

Um benefício do registro do produto é que o observador não precisa estar presente quando o comportamento ocorre. O professor provavelmente não estará presente quando os alunos concluírem suas tarefas de casa, mas ainda poderá medir o produto do comportamento (os problemas de lição de casa concluídos). Uma desvantagem do registro do produto é que nem sempre é possível determinar quem está envolvido no comportamento que levou ao produto que você registrou. Por exemplo, o professor não pode determinar se os alunos concluíram seu próprio dever de casa, se alguém os ajudou ou se alguém o fez por eles.

Registro de intervalos

Outro método consiste em registrar se o comportamento ocorreu durante períodos consecutivos e é denominado **registro de intervalos**. Para utilizar o registro de intervalos, o observador divide o período de observação em vários períodos ou intervalos menores, observa o cliente durante cada intervalo consecutivo e, em seguida, registra se o comportamento ocorreu nesse intervalo. No final do período de observação, o observador informa a porcentagem de intervalos em que o comportamento foi observado (o número de intervalos em que o comportamento ocorreu dividido pelo número de intervalos no período de observação).

Existem dois tipos de registro de intervalos: registro de intervalos parciais e registro de intervalos totais. Com o **registro de intervalos parciais**, o observador pontua o intervalo se o comportamento ocorreu durante qualquer parte dele. Com o registro de intervalos parciais, não se está interessado no número de vezes que o comportamento ocorre (frequência) ou em quanto tempo dura (duração). Não é preciso identificar o início e o fim do comportamento; em vez disso, basta registrar se o comportamento ocorreu durante cada intervalo. O termo "registro de intervalo" é sinônimo de "registro de intervalo parcial".

Suponha que um professor esteja registrando se uma criança interrompe a aula durante cada intervalo de 15 minutos no período da aula. O professor programa um cronômetro para emitir um sinal sonoro a cada 15 minutos. Quando o comportamento perturbador ocorre, o professor marca o intervalo correspondente em uma folha. Quando um intervalo é marcado, o professor não precisa observar a criança ou registrar o comportamento até o próximo intervalo começar. Se o comportamento não ocorrer em um intervalo, o intervalo será deixado em branco na folha. Assim, um benefício do registro de intervalo parcial é que requer menos tempo e esforço: o observador registra o comportamento apenas uma vez durante o intervalo, independentemente de quantas vezes o comportamento ocorrer ou por quanto tempo durar.

Com o **registro de intervalo total**, a ocorrência do comportamento é marcada em um intervalo apenas quando o comportamento ocorre durante todo o intervalo. Se o comportamento ocorrer em apenas parte do intervalo, o comportamento não é marcado como ocorrido nesse intervalo. Por exemplo, se um analista de comportamento estivesse registrando o comportamento durante a realização de tarefas em sala de aula utilizando o registro de intervalos totais com intervalos de 10 segundos, ele marcaria o intervalo para a ocorrência do comportamento de realização de tarefa somente se o comportamento tivesse ocorrido durante todo o intervalo de 10 segundos. Geralmente, o registro de intervalos totais é utilizado para comportamentos que devem ter ocorrência de longa duração. O registro em intervalos totais é empregado com pouca frequência na pesquisa e na prática.

Quando os pesquisadores utilizam registro de intervalo, geralmente escolhem intervalos curtos, como de seis ou dez segundos (Bailey, 1977; Bailey e Burch, 2002). Dessa forma, eles fazem muitos registros do comportamento durante o período de observação e obtêm uma amostra mais representativa do comportamento-alvo do que poderiam obter de intervalos mais longos. Por exemplo, Iwata et al. (1990) utilizaram intervalos de 10 segundos para registrar a ocorrência de comportamento autolesivo (por exemplo, bater com a cabeça, dar tapas em si mesmo e se arranhar) em crianças com deficiências intelectuais. Miltenberger, Fuqua e McKinley (1985) usaram intervalos de 6 segundos para registrar a ocorrência de "tiques" motores (por exemplo, movimentos bruscos da cabeça ou dos músculos faciais, piscar rapidamente) em adultos. Nesse estudo, o vídeo dos pesquisadores registrou adultos nas sessões de observação e, em seguida, registrou o número de intervalos contendo "tiques" motores. A cada 6 segundos, os pesquisadores registraram a presença ou ausência do comportamento de "tiques" motores.

Em alguns casos, o registro de frequência e o registro de intervalos podem ser combinados para produzir um **registro de frequência dentro de um intervalo**. Com esse método, *o observador registra a frequência do comportamento-alvo, mas o faz dentro de intervalos consecutivos no período de observação* (Bailey, 1977; Bailey e Burch, 2002). O registro de frequência dentro de um intervalo mostra a frequência do comportamento e os intervalos específicos em que o comportamento ocorreu.

Registro por amostra de tempo

Ao utilizar o **registro por amostra de tempo**, você divide o período de observação em intervalos, mas observa e registra o comportamento durante apenas em parte de cada intervalo. Os períodos de observação são separados por períodos sem observação. Por exemplo, você pode registrar o comportamento por apenas 1 minuto durante cada intervalo de 15 minutos ou pode registrar o comportamento apenas se estiver ocorrendo no final do intervalo. Considere um observador que esteja utilizando o registro por amostra de tempo para registrar a má postura de um cliente (definida como curvar-se, dobrar as costas para a frente). O observador programa um cronômetro para emitir um bipe a cada 10 minutos e registra uma instância de má postura somente se a postura do cliente for ruim quando o cronômetro emitir um bipe no final do intervalo. Essa variação de registro por amostra de tempo é chamada **registro por amostras de tempo momentâneas** ou ATM. Com o ATM, o comportamento é registrado somente se ocorrer no exato momento em que o intervalo termina. O registro por amostra de tempo é valioso porque a pessoa não precisa observar o comportamento durante todo o intervalo. Em vez disso, o observador registra o comportamento que ocorre durante apenas uma parte do intervalo ou em um momento específico no intervalo.

No registro de intervalo ou registro por amostra de tempo, o nível do comportamento é relatado como a porcentagem de intervalos em que o comportamento ocorreu. Para calcular a porcentagem de intervalos, divida o número de intervalos marcados pelo número total de intervalos durante o período de observação. Um intervalo com pontuação é um intervalo em que o comportamento foi registrado.

A seguir, temos uma ilustração da diferença entre o registro por amostra de tempo e o registro de intervalo. O período de observação é de 1 minuto e cada barra vertical indica uma resposta. Os dados mostram que 20 respostas ocorreram na observação de 1 minuto. No registro por amostra de tempo, existem 10 intervalos de 10 segundos, mas o comportamento é registrado apenas se ocorrer no final do intervalo (por exemplo, nos 3 segundos no final de cada intervalo de 10 segundos). Se o comportamento ocorrer nos primeiros 7 segundos do intervalo de 10 segundos, não será registrado. No registro de intervalos, o comportamento é registrado se ocorrer a qualquer momento durante todo o intervalo de 10 segundos. Neste exemplo, o comportamento foi registrado em 40% dos intervalos com o registro por amostra de tempo, mas foi gravado em 90% dos intervalos com registro de intervalo.

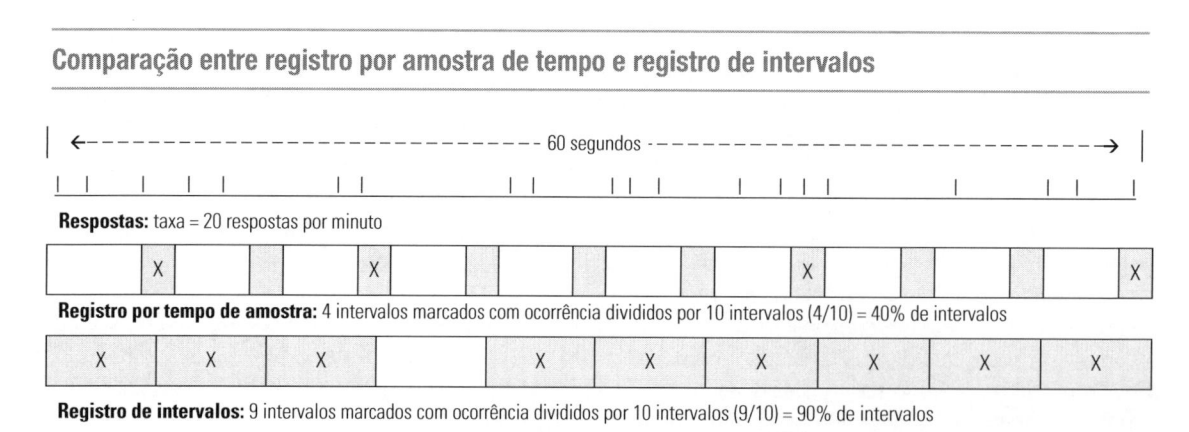

Comparação entre registro por amostra de tempo e registro de intervalos

|←------------------------------ 60 segundos ------------------------------→|

Respostas: taxa = 20 respostas por minuto

| | X | | | X | | | | X | | | X |

Registro por tempo de amostra: 4 intervalos marcados com ocorrência divididos por 10 intervalos (4/10) = 40% de intervalos

| X | X | X | | X | X | X | X | X | X |

Registro de intervalos: 9 intervalos marcados com ocorrência divididos por 10 intervalos (9/10) = 90% de intervalos

Métodos de registro	
Registro contínuo	Registra cada instância do comportamento que ocorre durante o período de observação. Pode registrar frequência, duração, intensidade ou latência.
Registro de produto	Registra o resultado tangível ou o produto permanente da ocorrência do comportamento.
Registro de intervalo	Registra a ocorrência ou a não ocorrência do comportamento em intervalos consecutivos durante um período de observação.
Registro por tempo de amostra	Registra a ocorrência ou a não ocorrência do comportamento em intervalos descontínuos (amostras de tempo) durante um período de observação.

Escolha de um instrumento de registro

A etapa final no desenvolvimento de um plano de registro de comportamento é escolher um instrumento de registro, que o observador utiliza para registrar ou fazer um produto permanente da ocorrência do comportamento. Papel e lápis são utilizados com mais frequência para registrar o comportamento. Simplificando, o observador faz uma anotação no papel toda vez que observar o comportamento, e para registrá-lo com mais eficiência, o observador usa uma folha de dados preparada antecipadamente para registrar o comportamento específico. A folha de dados ajuda a organizar o processo de registro, deixando claro o que o observador deve anotar quando o comportamento ocorrer.

A folha de dados na Figura 2-4 é utilizada para registrar a frequência de um comportamento-alvo. Cada vez que o comportamento ocorre em determinado dia, o observador marca um X em uma das caixas deste dia. O número de caixas com X preenchidas para cada dia significa a frequência ou o número de vezes que o comportamento ocorreu em cada dia.

A folha de dados na Figura 2-5 é utilizada para registrar a duração de um comportamento-alvo. Em cada dia, há lugares para registrar os horários em que o comportamento começou (início) e terminou (fim). Ao registrar o início e o fim de cada instância de um comportamento, você acaba registrando por quanto tempo o comportamento ocorreu (duração), bem como quantas vezes ocorreu (frequência).

Um exemplo de uma folha de dados utilizada para registrar em intervalos de 10 segundos é mostrado na Figura 2-6. Observe que existem seis caixas em cada linha e 15 linhas de caixas. Cada caixa representa um intervalo de 10 segundos, para um total de 90 intervalos em 15 minutos. Para utilizar o método de registro de intervalos de 10 segundos, o observador escuta um sinal que indica o início de cada intervalo. Quando o comportamento-alvo ocorre, o observador coloca uma marca de verificação na caixa do intervalo correspondente. Se o comportamento-alvo não ocorrer durante um intervalo, o observador deixa essa caixa de intervalo em branco. Como alternativa, cada caixa de intervalo pode ter um ou mais códigos. O observador

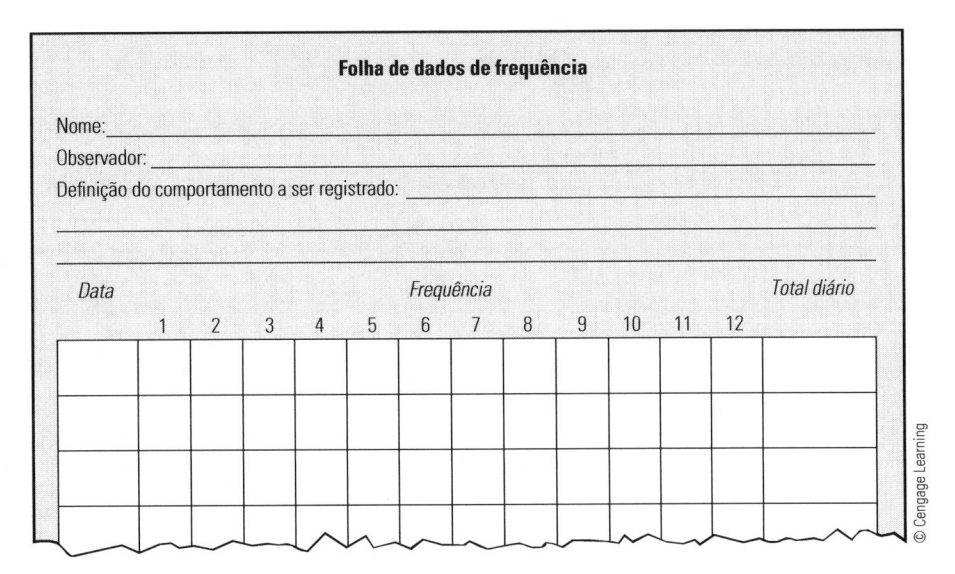

FIGURA 2-4 Esta folha de dados é utilizada para registrar a frequência de um comportamento. Coloque um X em uma caixa a cada vez que o comportamento ocorrer. Se ocorrerem mais de 12 instâncias do comportamento por dia, continue registrando na linha seguinte.

Folha de dados da duração

Nome:____________________________________

Observador:________________________________

Definição do comportamento a ser registrado:____________________

Data	*Duração*						*Duração diária*
	Início	Fim	Início	Fim	Início	Fim	

FIGURA 2-5 Esta folha de dados é utilizada para registrar a duração de um comportamento. É preciso registrar o momento do início e do fim em cada instância do comportamento. Se houver mais de três instâncias do comportamento por dia, continue gravando na linha seguinte.

Folha de dados do intervalo

Nome:____________________________________

Observador:________________________________

Data e horário da observação:________________________

Definição do comportamento a ser registrado:____________________

Intervalos de dez segundos

	1	2	3	4	5	6
1						
2						
3						
4						
5						
6						
7						
8						
9						
10						
11						
12						
13						
14						
15						

Minutos de observação

FIGURA 2-6 Esta é uma folha de dados de registro de intervalo. Cada caixa corresponde a um intervalo, e uma marca de verificação é colocada em uma caixa quando o comportamento ocorre durante esse intervalo. Quando o comportamento não ocorre durante um intervalo, a caixa permanece em branco.

circula ou coloca uma marca de seleção no código que representa o comportamento observado nesse intervalo. Por exemplo, os códigos AT e RP podem ser utilizados para indicar os comportamentos de atenção e reprimenda, respectivamente, ao se observar o comportamento de um pai ao interagir com um filho. Se o pai presta atenção à criança ou a repreende em um intervalo, o observador irá circular AT ou RP, respectivamente, durante esse intervalo.

Outros procedimentos envolvem o registro do comportamento sempre que ocorre. Por exemplo, uma pessoa que quiser contar o número de cigarros que fuma diariamente pode manter um cartão de anotações no invólucro do celofane no maço de cigarros. Cada vez que fumar um cigarro, a pessoa faz uma marca no cartão e conta as marcas de verificação no final de cada dia. Da mesma maneira, uma pessoa que estiver registrando seu comportamento rude pode manter um pequeno bloco de notas no bolso da camisa; toda vez que ele fizer uma observação rude, basta pegar o bloco de anotações e registrar o ocorrido.

Nem todos os instrumentos de registro de comportamento dependem de papel e lápis. Qualquer coisa que for possível utilizar para registrar cada ocorrência de um comportamento pode ser considerado um instrumento para esse fim. A seguir estão alguns exemplos comuns.

- Use um contador de tacadas de golfe para registrar a frequência de determinado comportamento. Esse contador é utilizado no pulso como um relógio. Cada vez que o comportamento ocorre, você aperta o botão no contador (Lindsley, 1968). Um pequeno contador de mão pode ser utilizado de maneira similar.
- Use um cronômetro para registrar a duração cumulativa de um comportamento. Você inicia e para o cronômetro toda vez que o comportamento começa e termina. Corredores e maratonistas costumam utilizar relógios com função de cronômetro que permite registrar a duração dos treinos.
- Use um laptop, smartphone ou outros dispositivos eletrônicos portáteis com aplicativo para registrar a frequência e a duração de muitos comportamentos simultaneamente. Você pressiona teclas diferentes no computador ou no dispositivo portátil sempre que ocorrerem diferentes comportamentos; se você continuar pressionando a tecla, a duração do comportamento será registrada (Dixon, 2003; Fogel, Miltenberger, Graves e Koehler, 2010; Iwata et al., 1990; Jackson e Dixon, 2007; Kahng e Iwata, 1998). O uso de smartphones para registrar comportamentos está se tornando cada vez mais popular, e vários aplicativos já foram desenvolvidos para esse fim (Whiting e Dixon, 2012). Por exemplo, dois aplicativos populares que permitem o registro de frequência e duração, bem como o registro de intervalos, são o Aplicativo de Acompanhamento de Avaliação Direta (D.A.T.A., na sigla em inglês; Behaviorscience.org) e o Behavior Tracker Pro (Behaviortrackerpro.com).
- Use a tecnologia de código de barras para registrar um comportamento. Cada comportamento a ser registrado recebe um código de barras único e o observador tem uma folha de papel com todos os códigos de barras referentes aos comportamentos a serem registrados. Quando um comportamento específico ocorre, o observador escaneia o código de barras correspondente para registrar sua ocorrência.
- Transfira uma moeda de um bolso para outro a fim de registrar a frequência de um comportamento. Cada vez que observar o comportamento em questão, você move uma moeda do seu bolso direito para o seu bolso esquerdo. O número de moedas no seu bolso esquerdo no final do dia será igual à frequência do comportamento (supondo que você não gaste nenhuma das moedas do seu bolso esquerdo). Faça pequenos rasgos em um pedaço de papel sempre que ocorrer um comportamento. No final do período de observação, a frequência do comportamento será igual ao número de rasgos no papel (Epstein, 1996).
- Use uma fieira de contas, como as utilizadas por guardas florestais para medir distâncias de caminhada, que são semelhantes às contas de um terço. Essa "fieira de contas" (que Jason Hicks trouxe a meu conhecimento, aluno da minha classe de modificação do comportamento, utilizou-a pela primeira vez quando era guarda florestal) consiste em um fio de couro ou náilon que atravessa uma sequência de contas. Possui duas seções, cada uma com nove contas. Com as contas em uma seção, a pessoa pode registrar de 1 a 9; e com as contas na outra seção, pode contar de dez em dez, chegando a uma contagem de frequência máxima de 99. Sempre que um comportamento-alvo ocorrer, a pessoa move uma conta de um lado da tira para o outro. No final do dia ou período de observação, o número de contas movidas indica a frequência do comportamento-alvo. Um sistema de registro similar envolve contas em uma tira de couro ou corda ao redor do pulso.
- Use um dispositivo de registro de atividade física (pedômetro, acelerômetro ou GPS). Um pedômetro é um dispositivo, utilizado no cinto, que registra cada passo que uma pessoa dá ao caminhar ou correr. Da mesma forma, um acelerômetro é utilizado por uma pessoa que registra vários aspectos da atividade física, incluindo passos dados (por exemplo, Fitbit [Fitbit.com], Nike Fuelband [Nike.com]). Um dispositivo de GPS no pulso pode registrar a distância como uma medida do quanto a pessoa andou, correu ou andou de bicicleta.

O registro deve ser imediato e prático. Independentemente do instrumento utilizado, a característica de todos os procedimentos de registro de comportamento é que a pessoa observa o comportamento e o registra imediatamente (a exceção ocorre quando um dispositivo, como um pedômetro, registra automaticamente o comportamento). Quanto antes o observador registrar o comportamento depois de sua ocorrência, menor a probabilidade de registrar incorretamente. Uma pessoa que espera algum tempo para registrar uma observação pode simplesmente esquecer de registrá-la.

Outro aspecto de um procedimento de registro de comportamento é que deve ser prático. A pessoa responsável por registrar o comportamento-alvo deve conseguir realizá-lo sem muita dificuldade e sem a interrupção das atividades em andamento. Se um procedimento de registro for prático, é mais provável que seja concluído com sucesso. Se o procedimento for demorado ou complicado, então, não será prático. Além disso, esse procedimento não deve chamar atenção para quem está fazendo a observação e o registro. Se isso acontecer, talvez o observador não consiga fazer o registro corretamente.

Reatividade

Às vezes, o processo de registro de um comportamento faz que o comportamento mude, mesmo antes de qualquer tratamento ser implementado. O que é denominado **reatividade** (Foster, Bell-Dolan e Burge, 1988; Hartmann e Wood, 1990; Tryon, 1998). A reatividade pode ocorrer quando um observador está registrando o comportamento de alguém ou quando alguém se envolve em automonitoramento. A reatividade pode ser indesejável, especialmente para fins de pesquisa, porque o comportamento registrado durante o período de observação não representa o nível do comportamento que ocorre na ausência do observador ou na ausência do automonitoramento. Por exemplo, quando uma criança com comportamento inadequado vê que alguém está registrando seu comportamento em sala de aula, ela pode agir de modo diferente enquanto o observador estiver presente. Normalmente, essa mudança é apenas temporária e o comportamento volta ao seu nível original quando a criança se acostuma com a presença do observador.

É possível reduzir a reatividade. Uma maneira de reduzir a reatividade é esperar até que as pessoas que estão sendo observadas se acostumem com o observador. Outra, é que o observador registre o comportamento sem que as pessoas saibam que estão sendo observadas. Isso pode ser feito com o uso de janelas de observação unidirecionais ou com observadores participantes. Um observador participante é alguém que está normalmente no cenário em que o comportamento-alvo ocorre, como o auxiliar de um professor em sala de aula. Também é possível reduzir a reatividade recorrendo ao registro em vídeo. A reatividade provavelmente não será um problema quando a pessoa se acostumar com a câmera ou se a câmera estiver oculta.

A reatividade pode ser desejável. Quando uma pessoa começa a registrar o próprio comportamento como parte de um projeto de automonitoramento, o comportamento geralmente muda na direção desejada como resultado do processo (Epstein, 1996). Por essa razão, o automonitoramento às vezes é utilizado como tratamento para mudar o comportamento-alvo. Por exemplo, Ollendick (1981) e Wright e Miltenberger (1987) descobriram que o automonitoramento de tiques motores levou a reduções em sua frequência. Ackerman e Shapiro (1984) relataram que, quando adultos com deficiências intelectuais automonitoravam a produtividade no trabalho, a produtividade aumentava. Winett, Neale e Grier (1979) mostraram que o automonitoramento do uso de eletricidade por pessoas em suas casas resultou em redução do uso de eletricidade. O automonitoramento e outras estratégias de autocontrole serão discutidos com mais detalhes no Capítulo 20.

Concordância entre os observadores (ou interobservadores)

A CIO deve ser avaliada para determinar se o comportamento-alvo está sendo registrado de forma consistente, e para isso, duas pessoas devem observar e registrar independentemente o mesmo comportamento-alvo do mesmo indivíduo durante o mesmo período de observação. Os registros dos dois observadores são, então, comparados, e é calculada uma porcentagem de concordância entre os observadores. Quando essa porcentagem é alta, indica que há consistência na pontuação dos dois observadores; a definição do comportamento-alvo é clara e objetiva, e os observadores estão utilizando o sistema de registro corretamente. Quando uma elevada CIO é relatada em uma pesquisa, sugere que os observadores registraram o comportamento-alvo de forma consistente. A CIO deve ser verificada pelo menos ocasionalmente quando a observação e o registro diretos também forem utilizados em ambientes que não são de pesquisa. Em estudos de pesquisa, a CIO minimamente aceitável geralmente é de 80%, embora 90% ou mais seja a porcentagem preferida.

A CIO é calculada de forma diferente dependendo do método de registro utilizado. Para o registro de frequência, a CIO (expressa como porcentagem) é calculada dividindo-se a frequência menor pela frequência maior. Por exemplo, se o observador A registrar 10 ocorrências de comportamento agressivo em um período de observação e o observador B registrar 9, a CIO é igual a 90%. Para o registro de duração, a CIO é calculada dividindo-se a duração menor pela duração maior. Por exemplo, se o observador A registra 48 minutos de exercício e o observador B registra 50 minutos, a CIO é igual a 48/50, ou 96%. Para o registro de intervalo, verifica-se a concordância entre os dois observadores em cada intervalo e, então, divide-se o número de intervalos com concordância pelo número total de intervalos. A concordância é definida como quando os dois observadores registram o comportamento-alvo ocorrendo ou não em um intervalo específico. A Figura 2-7 mostra os dados de registro de intervalo de dois observadores independentes registrando o comportamento do mesmo cliente ao mesmo tempo. Houve 20 intervalos de observação e os dois observadores concordaram com a ocorrência ou não do comportamento 17 vezes.

Portanto, você divide 17 por 20, o que equivale a 0,85, ou 85%. A CIO para registro por amostra de tempo é calculada da mesma maneira que para registro de intervalo.

Existem duas variações de cálculos da CIO para registro de intervalo; CIO apenas sobre ocorrências e CIO apenas sobre não ocorrências. No primeiro caso, apenas os intervalos em que ambos os observadores pontuaram o comportamento são contados como concordâncias. Intervalos em que ambos os observadores não marcaram uma ocorrência do comportamento não são utilizados no cálculo. No segundo caso (não ocorrências), apenas os intervalos em que ambos os observadores concordaram que o comportamento não ocorreu são contados como concordância. Intervalos em que ambos os observadores marcaram uma ocorrência do comportamento não são utilizados no cálculo. Os cálculos de ocorrência CIO fornecem uma medida mais conservadora de concordância interobservadores para comportamentos de baixa taxa, porque é fácil concordar com a não ocorrência do comportamento por acaso. Os cálculos de não ocorrência de CIO fornecem uma medida mais conservadora da concordância interobservadores para comportamentos com elevada frequência, porque é mais fácil concordar com a ocorrência do comportamento por acaso. A Figura 2-8 mostra o cálculo da CIO apenas sobre ocorrências e a Figura 2-9 o cálculo da CIO apenas sobre não ocorrências.

A fim de calcular a CIO para registro de frequência dentro de um intervalo, basta calcular uma porcentagem de concordância entre observadores para cada intervalo (a menor frequência dividida pela maior frequência), somar os percentuais de todos os intervalos e dividir pelo número de intervalos no período de observação. A Figura 2-10 mostra o cálculo da CIO para dois observadores independentes utilizando o registro de frequência dentro de um intervalo.

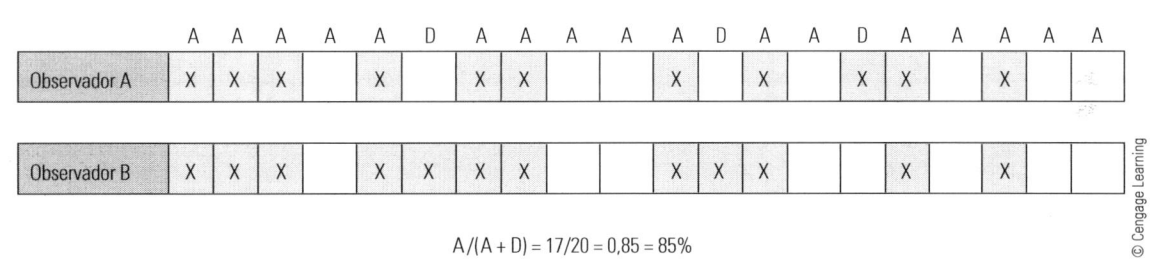

$$A/(A + D) = 17/20 = 0,85 = 85\%$$

FIGURA 2-7 Uma comparação do registro do intervalo feito por dois observadores. Um C indica que os observadores concordaram que o comportamento ocorreu ou não em um intervalo. Um D indica que os observadores discordaram: um observador registrou a ocorrência do comportamento em um intervalo, e o outro não.

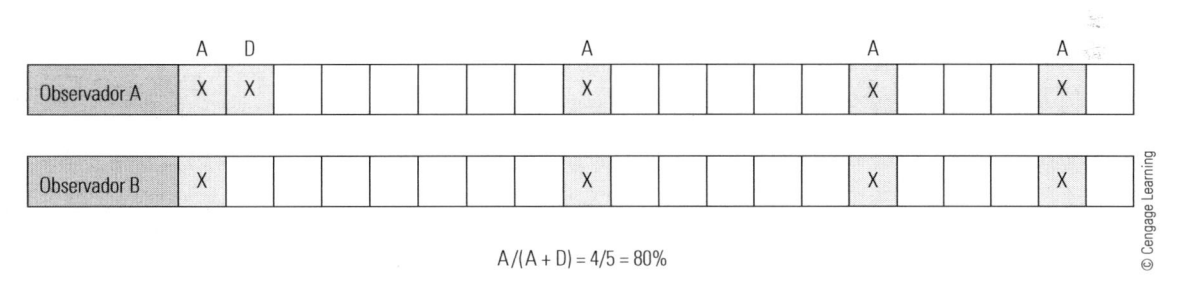

$$A/(A + D) = 4/5 = 80\%$$

FIGURA 2-8 Cálculo da CIO utilizando a concordância apenas quanto à ocorrência. O número de intervalos com concordâncias sobre a ocorrência do comportamento é dividido pelos intervalos com concordâncias + discordâncias. Intervalos em que ambos os observadores não marcaram uma ocorrência não são incluídos no cálculo.

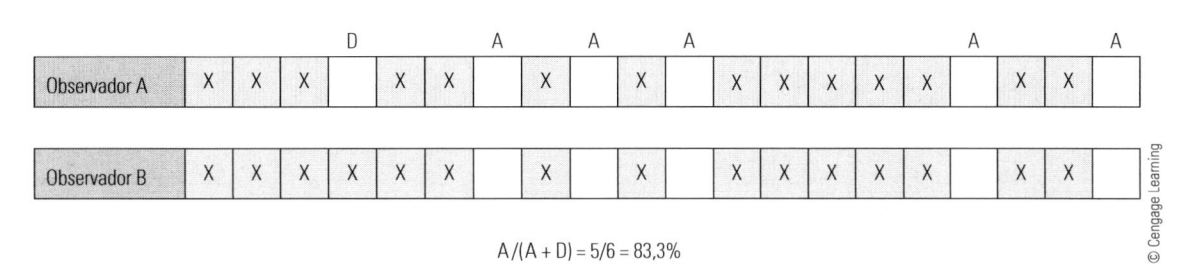

$$A/(A + D) = 5/6 = 83,3\%$$

FIGURA 2-9 Cálculo da CIO utilizando a concordância apenas quanto à não ocorrência. O número de intervalos com concordâncias quanto a não ocorrência do comportamento é dividido pelos intervalos com concordâncias + discordâncias. Intervalos em que ambos os observadores marcaram uma ocorrência não são incluídos no cálculo.

Observador A	XXX	X	XX		XXXX	XXX		X	XX	XXX
Observador B	XXX	X	XXX		XXX	X		X	XXX	XXX
	3/3	1/1	2/3	0/0	3/4	1/3	0/0	1/1	2/3	3/3

100% + 100% + 67% + 100% + 75% + 33% + 100% + 100% + 67% + 100% = 842%
842% dividido por 10 (o número de intervalos) = 84,2%

FIGURA 2-10 Cálculo da concordância interobservadores para registro de frequência dentro de um intervalo. Uma porcentagem da concordância é calculada para cada intervalo, as porcentagens são somadas e a soma é dividida pelo número de intervalos.

RESUMO DO CAPÍTULO

1. Um comportamento-alvo é definido identificando-se exatamente o que a pessoa diz ou faz que constitui o excesso comportamental ou déficit comportamental direcionado para a mudança. A definição comportamental deve incluir verbos de ação que descrevem o comportamento que a pessoa exibe.
2. Os diferentes métodos que podem ser utilizados para registrar o comportamento-alvo incluem o registro contínuo da frequência, duração, latência ou magnitude do comportamento; porcentagem de registro de oportunidade; registro de produtos; registro de intervalos; ou registro por amostra de tempo.
3. Com o registro contínuo, o observador analisa o cliente continuamente durante todo o período de observação e registra cada ocorrência do comportamento. Com o registro de intervalo e o registro por amostra de tempo, o período total de observação é dividido em vários períodos ou intervalos menores e o comportamento é registrado como ocorrendo ou não dentro de cada intervalo. Com o registro de intervalo, os intervalos são períodos consecutivos e, com o registro por amostra de tempo, os intervalos são separados por períodos sem observação.
4. A reatividade ocorre quando o processo de registro do comportamento faz que o comportamento mude, mesmo antes de qualquer tratamento ser implementado. A reatividade pode ser minimizada quando se espera até que a pessoa que está sendo observada se acostume com a presença do observador. Outra maneira de reduzir a reatividade é observar as pessoas sem que tenham consciência disso.
5. A concordância interobservador (CIO) é determinada por dois observadores registrando independentemente o comportamento de uma pessoa durante o mesmo período de observação e depois comparando os registros dos dois observadores. A avaliação CIO é usada para determinar se o comportamento de destino está sendo registrado de forma consistente.

TERMOS-CHAVE

ambiente análogo, 17
ambiente natural, 17
automonitoramento, 17
avaliação comportamental, 14
avaliação direta, 14
avaliação indireta, 14
concordância interobservador, 16
confiabilidade interobservador, 16
duração, 19
fase inicial, 19
frequência, 18
intensidade, 19
latência, 19
observação estruturada, 18
observação não estruturada, 18
período de observação, 17
reatividade, 26
registro contínuo, 18
registro de frequência dentro de um intervalo, 22
registro de intervalo parcial, 21
registro de intervalo total, 21
registro de intervalo, 21
registro de produto, 21
registro em tempo real, 19
registro por amostra de tempo momentâneo, 22
registro por amostra de tempos, 22
taxa, 18

TESTE PRÁTICO

1. Por que é importante registrar o comportamento que você está tentando modificar quando se recorre à modificação do comportamento?
2. Identifique as quatro etapas envolvidas em um plano de registro de comportamento.
3. Qual é definição de comportamento-alvo? Como difere de um rótulo dado a um comportamento?
4. Forneça uma possível definição comportamental como cortesia.
5. Por que é importante identificar quem registrará um comportamento?
6. O que se entende pelo termo período de observação?

7. Identifique e defina quatro dimensões de um comportamento que podem ser registradas por um método de registro contínuo.
8. Forneça um exemplo de registro de frequência, registro de duração, registro de intensidade e registro de latência.
9. O que é registro em tempo real? Dê um exemplo.
10. O que é registro de produto? Dê um exemplo.
11. O que é registro de intervalo? Dê um exemplo.
12. O que é registro de frequência dentro de um intervalo? Dê um exemplo.
13. O que é registro por amostra de tempo? Dê um exemplo.
14. Dê exemplos de três diferentes instrumentos de registro.
15. Por que é importante registrar um comportamento imediatamente após sua ocorrência?
16. O que é reatividade? Descreva dois meios de reduzir a reatividade durante a observação direta.
17. O que é concordância interobservadores, e por que é avaliada?
18. Descreva como se calcula a concordância interobservadores para o registro de frequência, registro de duração, registro de intervalo.
19. Descreva como se calcula a concordância interobservadores para o registro de frequência dentro de intervalos.

APLICAÇÕES

1. Quando as pessoas querem modificar o próprio comportamento, podem projetar e implementar um programa de automonitoramento para si mesmas. Há cinco etapas em um programa de automonitoramento:
    i. *Automonitoramento*. Definir e registrar o comportamento-alvo que se quer modificar.
    ii. *Representação gráfica*. Desenvolver um gráfico e representar nele o nível diário do comportamento-alvo.
    iii. *Definição de metas*. Estabelecer uma meta para a mudança desejada do comportamento-alvo.
    iv. *Intervenção*. Desenvolver e implementar estratégias específicas de modificação do comportamento.
    v. *Avaliação*. Continuar a registrar o comportamento e representá-lo no gráfico para determinar se o comportamento foi modificado e se a meta foi atingida.

    Neste exercício, dê o primeiro passo para iniciar o próprio programa de automonitoramento. Defina um comportamento-alvo que você quer modificar e desenvolva um plano de registro de comportamento para medi-lo. Ao concluir essa primeira etapa, considere as seguintes perguntas:
    a. Você definiu o comportamento-alvo em termos claros e objetivos?
    b. Você determinou a dimensão apropriada do comportamento-alvo a ser registrada (por exemplo, frequência ou duração)?
    c. Você escolheu um método prático de registro?
    d. Você será capaz de registrar seu comportamento-alvo imediatamente toda vez que ocorrer?
    e. Que problemas você pode encontrar ao registrar seu comportamento-alvo desejado e como lidará com esses problemas?

    Boa sorte ao iniciar o componente de automonitoramento do seu programa. Você obterá as informações necessárias para conduzir as etapas restantes do seu programa de automonitoramento nos capítulos subsequentes.

2. Imagine que você tenha um amigo, chamado James, que está estudando para ser professor de ensino fundamental. James está fazendo estágio, neste semestre, em uma sala de aula da segunda série em uma escola pública. Ele mencionou que um de seus alunos tem dificuldade em permanecer no lugar, prestando atenção à aula e participando das atividades. A aluna, Sara, sai do lugar e conversa com outras crianças e não presta atenção em James, não participa das atividades e atrapalha as outras crianças.

    James acredita que se conseguisse fazer Sara ficar no lugar ela prestaria atenção e participaria da aula. Como resultado, ela e os outros alunos teriam um desempenho melhor nas aulas. James decide consultar um analista de comportamento certificado pela diretoria para obter ajuda.

    O analista informa a James que o primeiro passo que ele deve dar, caso resolva utilizar os procedimentos de modificação do comportamento com Sara, é desenvolver um plano de registro para medir o comportamento dela. Neste exercício, desenvolva um plano que James poderia utilizar para registrar o comportamento de Sara quando não está sentada. Considere as seguintes perguntas:
    a. Qual é a definição do comportamento de Sara quando não está sentada?
    b. Qual método James deveria utilizar para registrar o comportamento de Sara quando não está sentada?
    c. Qual instrumento James deveria utilizar para registrar o comportamento? Este instrumento será prático no caso de James?

3. Eve planeja iniciar um programa de levantamento de peso. Ela quer registrar seu comportamento assim que começar, de modo que possa medir as mudanças em seu comportamento à medida que o programa progredir. Descreva como Eva poderia usar o registro de frequência, o registro de duração e o registro de intensidade para medir seu comportamento referente ao levantamento de peso.

APLICAÇÕES INCORRETAS

1. Gloria está fazendo um curso de modificação do comportamento e precisa realizar um projeto de automonitoramento. O comportamento que ela escolheu modificar é seu costume de ficar mexendo nos cabelos, que consiste em colocar a mão em cima da cabeça e enrolar os cabelos com os dedos. O primeiro passo em seu projeto de automonitoramento

é desenvolver um plano de registro de comportamento. Como ela geralmente fica mexendo nos cabelos durante as aulas, decide registrar esse comportamento imediatamente após cada aula. Ela manterá um cartão de anotações na bolsa e, assim que sair da sala de aula, anotará o número de vezes que mexeu nos cabelos.
   a. O que há de errado com esse plano de registro de comportamento?
   b. Que mudanças você faria para melhorá-lo?
2. Ralph vai implementar um projeto de automonitoramento para ajudá-lo a diminuir o número de cigarros que fuma por dia. Ele definirá o comportamento de fumar um cigarro sempre que pegar um deles, acendê-lo e fumá-lo até qualquer parte. Ele registrará o número de cigarros que fuma diariamente contando os cigarros que restaram no maço no final do dia e subtraindo esse número do total de cigarros que estavam no maço no início do dia.
   a. O que há de errado com esse plano de registro de comportamento?
   b. O que você faria para melhorá-lo?
3. A seguir, estão exemplos de definições de comportamentos-alvo em programas de automonitoramento de estudantes. O que há de errado com cada uma dessas definições comportamentais?
   a. Perder a paciência será definido como ficar com raiva do meu marido e gritar com ele, entrar no quarto e bater a porta, ou falar "cale a boca" quando ele disser algo que me frustra.
   b. Comer demais será definido sempre que eu comer mais do que o suficiente em uma refeição ou quando eu comer tanto a ponto de me sentir inchado ou meu cinto ficar muito apertado.
   c. Estudar será definido sempre que eu estiver com meus livros abertos à minha frente na biblioteca ou na minha mesa, a TV estiver desligada e não houver outras distrações no ambiente em que eu estiver.

Representação do comportamento em gráficos e medição de mudanças

3

- Quais são os seis componentes essenciais de um gráfico de modificação do comportamento?
- Como representar dados comportamentais em gráfico?
- Que diferentes dimensões do comportamento podem ser mostradas em um gráfico?
- O que é uma relação funcional, e como demonstrar uma relação funcional na modificação do comportamento?
- Que diferentes estruturas de pesquisa podem ser utilizadas na pesquisa de modificação do comportamento?

Como vimos no Capítulo 2, pessoas que utilizam a modificação de comportamento definem cuidadosamente seu comportamento-alvo, e o observam e registram diretamente. Dessa forma, é possível documentar se realmente ocorreram mudanças quando um procedimento de modificação de comportamento foi implementado. *A principal ferramenta utilizada para documentar mudanças de comportamento é o gráfico.*

Gráfico é uma representação visual da ocorrência de um comportamento ao longo do tempo. Depois que instâncias do comportamento-alvo são registradas (em uma folha de dados ou de outra maneira), as informações são transferidas para um gráfico. Gráfico é um modo eficiente de visualizar a ocorrência do comportamento porque mostra os resultados do registro durante muitos períodos de observação.

Analistas especializados utilizam gráficos para identificar o nível de comportamento antes do tratamento e após o início do tratamento. Dessa forma, eles podem documentar mudanças no comportamento durante o tratamento e tomar decisões sobre sua continuidade. O gráfico facilita a comparação dos níveis do comportamento antes, durante e depois do tratamento, porque os níveis são apresentados visualmente para comparação. Na Figura 3-1, por exemplo, é fácil ver que a frequência do comportamento é muito menor durante o tratamento (resposta competitiva) do que antes do tratamento (fase inicial). Esse gráfico em particular é do desenho de autogestão de uma estudante. O comportamento-alvo da aluna envolvia morder a parte interna da boca enquanto estudava. Ela registrou o comportamento em uma folha de dados cada vez que ele ocorreu. Após 10 dias de registro do comportamento sem qualquer tratamento (fase inicial), ela implementou um plano de modificação de comportamento no qual utilizou uma resposta competitiva (um comportamento que é incompatível com morder a boca e interrompe cada ocorrência) para ajudá-la a controlar esse comportamento. Depois de implementar esse procedimento de resposta competitiva, continuou a registrar o comportamento por mais 20 dias. E então registrou o comportamento mais quatro vezes, após 1, 5, 10 e 20 semanas. O longo período após o tratamento ter sido implementado é chamado de período de acompanhamento. A partir deste gráfico, podemos concluir que o comportamento de morder a boca (como foi registrado pela aluna) diminuiu substancialmente enquanto a estudante implementou o tratamento. Também podemos verificar que o comportamento continuou a ocorrer em um nível menor até 20 semanas após o tratamento ter sido implantado.

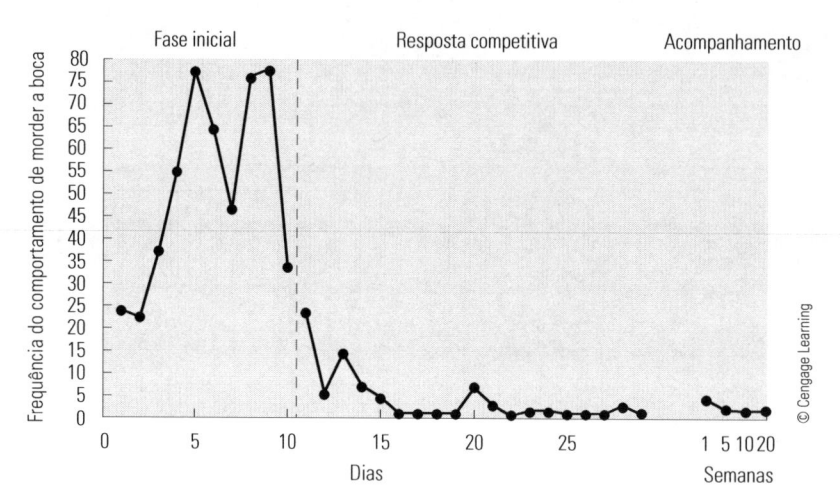

FIGURA 3-1 Este gráfico mostra a frequência do comportamento de morder a boca durante as fases inicial e de tratamento (resposta competitiva), e no período de acompanhamento.

Componentes de um gráfico

No típico gráfico de modificação do comportamento, o tempo e o comportamento são as duas variáveis representadas. Cada ponto de dados em um gráfico fornece duas informações: quando o comportamento foi registrado (tempo) e o nível do comportamento naquele momento. O tempo é indicado no eixo horizontal (também chamado de eixo *x* ou **abscissa**), e o nível do comportamento é indicado no eixo vertical (também chamado de eixo *y*, ou **ordenada**). Na Figura 3-1, a frequência de morder a boca é indicada no eixo vertical, e o tempo em dias e semanas é indicado no eixo horizontal. Ao visualizar esse gráfico, você pode determinar a frequência do comportamento de morder a boca em qualquer dia específico, antes ou depois de o tratamento ter sido implementado. Como o acompanhamento é relatado, você também pode ver a frequência do comportamento em intervalos de até 20 semanas.

Seis componentes são necessários para que um gráfico esteja completo.

- *O eixo y e o eixo x.* O eixo vertical (eixo *y*) e o eixo horizontal (eixo *x*) se encontram no canto inferior esquerdo da página. Na maioria dos gráficos, o eixo *x* é mais longo do que o eixo *y*; geralmente, uma a duas vezes mais longo (Figura 3-2).
- *Os rótulos para o eixo y e o eixo x.* O rótulo do eixo *y* geralmente informa o comportamento e a dimensão do comportamento que é registrado. O rótulo do eixo *x* normalmente indica a unidade de tempo durante o qual o comportamento é registrado. Na Figura 3-3, o rótulo do eixo *y* é "Horas de estudo" e o rótulo do eixo *x* é "Dias".

Assim, você sabe que as horas de estudo serão registradas a cada dia para essa pessoa em particular.

- *Os números no eixo y e no eixo x.* No eixo *y*, os números indicam as unidades de medida do comportamento; no eixo *x*, indicam as unidades de medida de tempo. É preciso haver uma marca no eixo *y* e no eixo *x* correspondente a cada

FIGURA 3-2 O eixo *y* e o eixo *x*.

Representação do comportamento em gráficos e medição de mudanças 33

FIGURA 3-3 Rótulos para o eixo y e o eixo x.

um dos números. Na Figura 3-4, os números no eixo *y* indicam a que horas o comportamento de estudar ocorreu e os números no eixo *x* indicam os dias em que o estudo foi medido.

- *Pontos representando dados.* Trata-se dos pontos referentes a dados, que devem ser representados corretamente para indicar o nível do comportamento que ocorreu em cada período específico. As informações sobre o nível do comportamento e os períodos são extraídas da folha de dados ou de outro instrumento de registro de comportamento. Cada ponto é conectado aos pontos adjacentes por uma linha (Figura 3-5).
- *Linhas representando fases.* Trata-se de uma linha vertical em um gráfico, que indica uma mudança no tratamento. A mudança pode ser de uma fase sem tratamento para outra com tratamento, de uma fase com tratamento para outra sem tratamento, ou de uma fase com tratamento para outra com tratamento. Cada fase é um período em que o mesmo tratamento (ou nenhum tratamento) está em vigor. Na Figura 3-6, a linha que representa a fase separa a fase inicial (sem tratamento) e as fases de tratamento. Os pontos representando dados não estão conectados entre as linhas de fase, o que permite verificar com mais facilidade diferenças no nível do comportamento em diferentes fases.

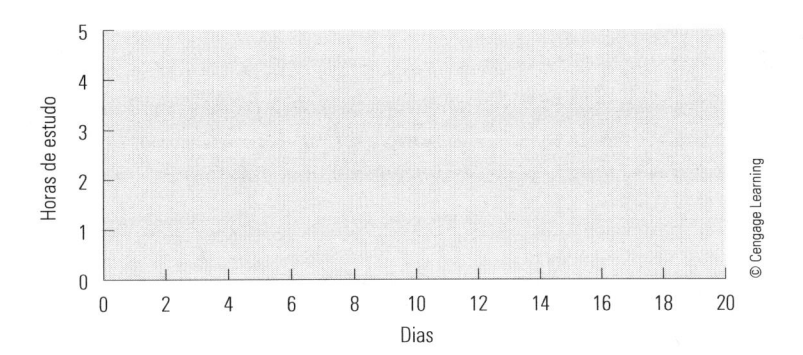

FIGURA 3-4 Números no eixo y e no eixo x.

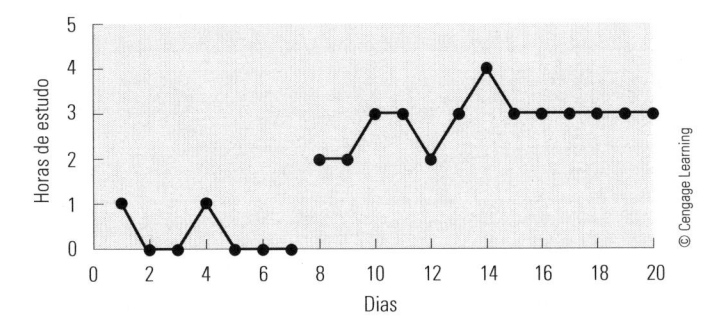

FIGURA 3-5 Pontos representando dados em um gráfico.

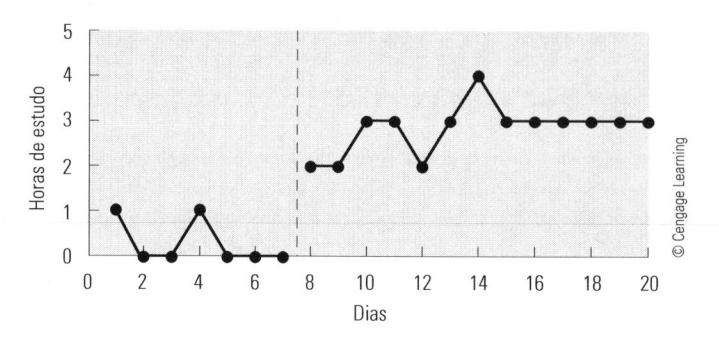

FIGURA 3-6 Linha representando uma fase em um gráfico.

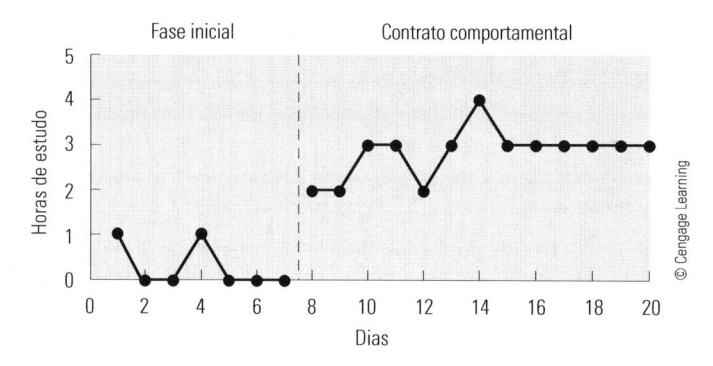

FIGURA 3-7 Rótulos em um gráfico.

- *Rótulos indicando fases.* Cada fase em um gráfico deve ser rotulada, e cada um dos rótulos aparece no topo do gráfico acima da fase específica (Figura 3-7). A maioria dos gráficos sobre modificação de comportamento tem pelo menos duas fases rotuladas: a fase sem tratamento e a fase de tratamento. "**Fase inicial**" é o rótulo mais frequentemente dado à fase sem tratamento. O rótulo da fase de tratamento deve identificar o tratamento específico que está sendo utilizado. Na Figura 3-7, os dois rótulos são "Fase inicial" e "Contrato comportamental", que é o tratamento específico que o aluno está utilizando para aumentar seus estudos. Alguns gráficos têm mais de uma fase de tratamento ou mais de uma fase inicial.

Representação gráfica de dados comportamentais

Como foi discutido no Capítulo 2, os dados comportamentais são coletados por observação direta e registro do comportamento em uma folha de dados ou outro instrumento. Uma vez que o comportamento tenha sido registrado na folha de dados, pode ser transferido para um gráfico. Por exemplo, a Figura 3-8a é uma folha de dados de frequência que mostra duas semanas de registro de comportamento, e a Figura 3-8b é um gráfico dos dados comportamentais registrados na folha de dados. Observe que os dias de 1-14 na folha de dados correspondem aos 14 dias no gráfico. Observe também que a frequência do comportamento representada na folha de dados para cada dia corresponde à frequência registrada no gráfico para dia. Ao observar o gráfico, você pode determinar imediatamente que a frequência do comportamento é muito menor durante o tratamento do que durante a fase inicial. É preciso examinar mais de perto a folha de dados para detectar a diferença entre a fase inicial e o tratamento. Por fim, observe que todos os seis componentes essenciais característicos estão incluídos neste gráfico.

Considere um segundo exemplo. Uma folha de dados de duração completa é mostrada na Figura 3-9a, e a Figura 3-9b é uma tabela que resume a duração diária do comportamento registrado na folha de dados. Observe que a duração do comportamento na tabela de resumo para cada um dos 20 dias corresponde à duração registrada a cada dia na folha de dados.

> *Abaixo da tabela de resumo de dados (veja a Figura 3-9b) está um gráfico apenas parcialmente completo (veja a Figura 3-9c). Utilizando as informações apresentadas na tabela de resumo de dados, complete esse gráfico. Certifique-se de que o gráfico completo inclui todos os seis componentes mencionados anteriormente.*

(a)

Dias	1	2	3	4	5	6	7	8	9	10	11	12	Total diário
1	X	X	X	X	X	X	X	X					8
2	X	X	X	X	X	X	X	X					8
3	X	X	X	X	X	X	X						7
4	X	X	X	X	X	X	X						7
5	X	X	X	X	X	X	X	X	X				9
6*	X	X	X	X	X	X	X	X					8
7	X	X	X	X	X								5
8	X	X	X	X	X								5
9	X	X	X	X									4
10	X	X	X	X									4
11	X	X	X										3
12	X	X	X										3
13	X	X											2
14	X	X											2

Frequência (cabeçalho)

*O 6º dia foi o último da fase inicial e o 7º dia foi o primeiro dia de tratamento.

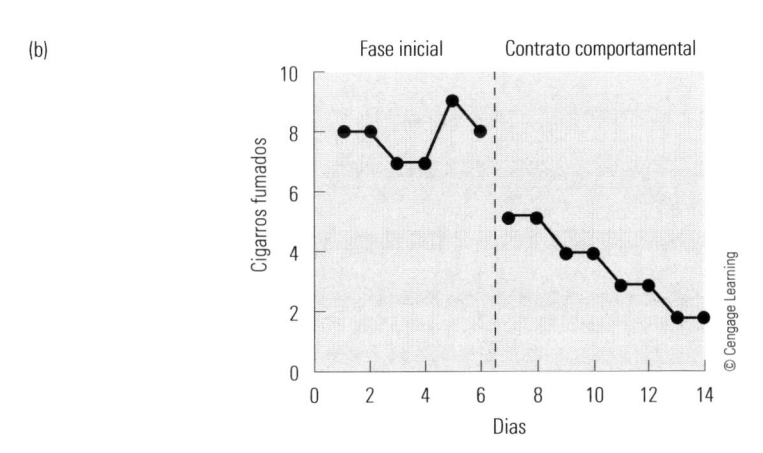

(b) [Gráfico: Cigarros fumados × Dias, com fases "Fase inicial" e "Contrato comportamental"]

FIGURA 3-8 Uma folha de dados de frequência completa é mostrada em (a); o número de cigarros fumados por dia é registrado na folha. O gráfico dos dados comportamentais da folha de dados (b) também é mostrado. O tratamento envolveu um contrato comportamental no qual o cliente concordou em fumar um cigarro a menos por dia em cada segundo dia. Contratos comportamentais são descritos no Capítulo 23.

Para completar a Figura 3-9c, adicione quatro componentes. Primeiro, adicione os pontos referentes aos dados dos dias de 8 a 20 e conecte-os. Segundo, inclua a linha de fase entre os dias 7 e 8. Os pontos para os dados nos dias 7 e 8 não devem ser conectados através da linha de fase. Em terceiro lugar, adicione o rótulo de fase "Contrato comportamental", à direita da linha de fase. Em quarto lugar, adicione o rótulo "Dias" ao eixo *x*. Quando esses quatro componentes forem adicionados, o gráfico tem todos os seis componentes essenciais (Figura 3-10).

PARA LEITURA POSTERIOR

Representação gráfica no Excel

Embora seja fácil construir um gráfico com um pedaço de papel milimetrado, uma régua e um lápis, existem programas que permitem construí-los em seu computador, por exemplo, dois programas diferentes do Microsoft Office; o PowerPoint e o Excel (Vaneslow e Bourret, 2012). Carr e Burkholder (1998) e Dixon et al. (2007) publicaram artigos no *Journal of Applied Behavior Analysis* fornecendo instruções passo a passo de como usar o Microsoft Excel para construir os tipos de gráficos utilizados na análise comportamental aplicada ou modificação do comportamento. Vaneslow e Bourret (2012) descreveram como usar um tutorial on-line sobre a construção de gráficos usando o Microsoft Excel. Os alunos interessados em aprender como construir gráficos no Excel devem ler esses artigos.

(a)

Dias	Início	Fim	Início	Fim	Início	Fim	Duração diária
1							0
2	7:00	7:15					15
3							0
4							0
5	7:10	7:25					15
6							0
7*							0
8	7:00	7:15					15
9	7:30	8:00					30
10	7:30	8:00					30
11	6:30	6:45					15
12	6:45	7:15					30
13							0
14	7:00	7:30					30
15	6:30	6:45	7:00	7:30			45
16	6:45	7:15					30
17	6:30	7:15					45
18	7:00	7:30	7:45	8:00			45
19							0
20	6:45	7:15	7:30	8:00			60

*Fase inicial encerrada no 7º dia. No 8º dia, o indivíduo implementou tratamento envolvendo um contrato comportamental.

(b)

Dias	1	2	3	4	5	6	7	8	9	10	11	12	13	14	15	16	17	18	19	20
Duração (minutos)	0	15	0	0	15	0	0	15	30	30	15	30	0	30	45	30	45	45	0	60

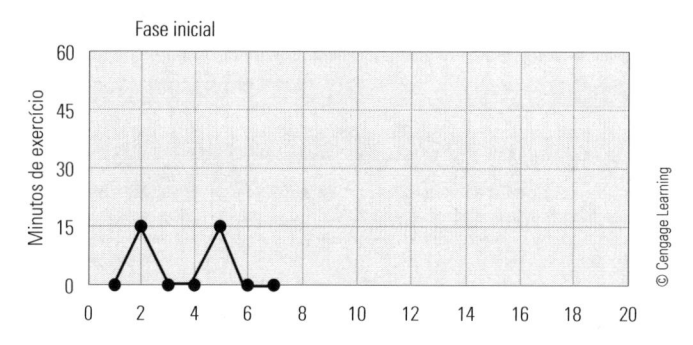

(c) *Gráfico incompleto mostrando "Fase inicial", eixo y "Minutos de exercício" (0-60), eixo x (0-20), com pontos nos primeiros 7 dias.*

FIGURA 3-9 Uma folha de dados de duração completa é mostrada em (a); a folha é utilizada para registrar a duração do exercício a cada dia. A tabela completa de resumo dos dados (b) também é mostrada. O gráfico incompleto (c) significa que o estudante deve completá-lo utilizando os dados comportamentais em (b).

Representação gráfica de dados com diferentes procedimentos de registro

As figuras 3-8 e 3-10 ilustram gráficos de dados de frequência e dados de duração, respectivamente. Como outros tipos de dados podem ser registrados, outros tipos de gráficos são possíveis. Porém, independentemente da dimensão do comportamento ou tipo de dados que está sendo representado graficamente, os mesmos seis componentes sempre devem estar presentes. O que mudará com os diferentes procedimentos de registro são o rótulo do eixo y e a numeração no eixo x. Por exemplo, se você estiver registrando a porcentagem de problemas de matemática que um aluno conclui corretamente durante cada aula de matemática, o eixo x deve ter o rótulo "Porcentagem de problemas de matemática corretos", e numeraria o eixo y de 0% a 100%. Como você pode ver, o rótulo do eixo y identifica o comportamento (problemas matemáticos corretos) e o tipo de dados (porcentagem) que é registrado.

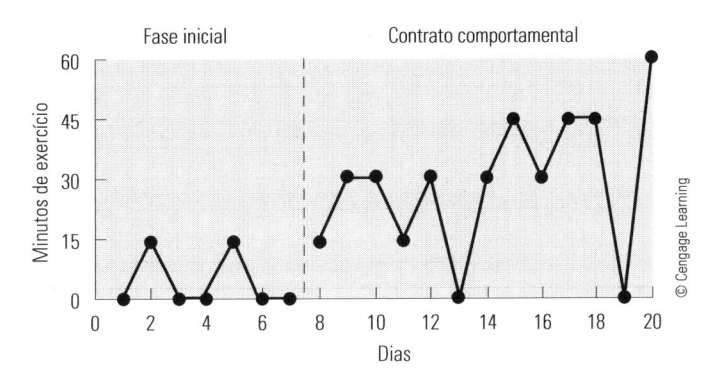

FIGURA 3-10 Gráfico completo utilizando dados da tabela de resumo de dados na Figura 3-9b.

Considere outro exemplo. Um pesquisador está estudando a síndrome de Tourette, um distúrbio neurológico que faz que certos músculos do corpo se contraiam ou expandam involuntariamente (chamados de tiques motores). O pesquisador utiliza um sistema de registro com intervalos e registra se um tique motor ocorre durante cada intervalo de 10 segundos consecutivos em períodos de observação de 30 minutos. No final de cada período de observação, o pesquisador calcula a porcentagem de intervalos em que um tique ocorreu. O pesquisador rotula o eixo *y* do gráfico como "Porcentagem de intervalos com tiques" e numera o eixo *x* de 0% a 100%. Sempre que um sistema de registro de intervalos é utilizado, o eixo *y* é rotulado como "Porcentagem de intervalos de (Comportamento)". O rótulo do eixo *x* indica os períodos em que o comportamento foi registrado (por exemplo, "Sessões" ou "Dias"). O eixo *x* é então numerado de acordo. Uma sessão é um período em que um comportamento-alvo é observado e registrado. Uma vez iniciado o tratamento, também é implementado durante a sessão.

Outros aspectos de um comportamento podem ser registrados e representados graficamente, como intensidade ou dados do produto. Em cada caso, o rótulo do eixo *y* deve refletir claramente o comportamento e a dimensão ou o aspecto do comportamento registrado. Por exemplo, como medida do quanto são intensas ou sérias as birras de uma criança, você pode usar o rótulo "Classificação da intensidade da birra" e colocar os números da escala de classificação no eixo *y*. Para medir a intensidade da fala, o rótulo do eixo *y* pode ser "Decibéis da fala", com os níveis de decibéis numerados no eixo *y*. Para representar graficamente os dados de registro do produto, você rotularia o eixo *y* para indicar a unidade de medida e o comportamento. Por exemplo, "Número de freios montados" é um rótulo do eixo *y* que indica o resultado do trabalho de uma pessoa que monta freios de bicicleta.

Desenhos de pesquisa

Quando as pessoas realizam pesquisas sobre modificação de comportamento, utilizam desenhos de pesquisa que incluem tipos mais complexos de gráficos. O propósito de um **desenho de pesquisa** é determinar se o tratamento (variável independente) foi responsável pela mudança observada no comportamento-alvo (variável dependente) e descartar a possibilidade de que variáveis externas tenham causado mudança no comportamento. Na pesquisa, uma **variável independente** é o que o pesquisador manipula para produzir uma mudança no comportamento-alvo, que é denominado **variável dependente**. Uma variável estranha, também chamada de variável de confusão, é qualquer evento que o pesquisador não planejou, que possa ter afetado o comportamento. Para uma pessoa com um problema, pode ser o suficiente saber que o comportamento mudou para melhor depois de usar procedimentos de modificação de comportamento. No entanto, um pesquisador também quer demonstrar que o procedimento de modificação de comportamento é o que causou a mudança do comportamento.

Quando um pesquisador mostra que um procedimento de modificação de comportamento faz que um comportamento-alvo seja alterado, está demonstrando uma **relação funcional** entre o procedimento e o comportamento-alvo. Ou seja, o pesquisador demonstra que o comportamento muda em razão do procedimento.

Uma relação funcional é estabelecida se:

(a) um comportamento-alvo muda quando uma variável independente é manipulada (um procedimento é implementado), enquanto todas as outras variáveis são mantidas constantes, e

(b) o processo é replicado ou repetido uma ou mais vezes, e o comportamento muda a cada vez.

Um pesquisador da modificação de comportamento utiliza desenho de pesquisa para demonstrar uma relação funcional. Um desenho de pesquisa envolve a implementação e replicação do tratamento. *Se o comportamento mudar a cada vez e somente quando o procedimento for implementado, então é demonstrada uma relação funcional.*

Neste caso, diríamos que o pesquisador demonstrou controle experimental quanto ao comportamento-alvo. É improvável que uma variável estranha causasse a mudança de comportamento se mudasse apenas quando o tratamento fosse implementado. Esta seção analisa desenhos de pesquisa utilizados na modificação de comportamento (para obter mais informações sobre desenhos de pesquisa de modificação de comportamento, veja Bailey, 1977; Barlow e Hersen, 1984; Gast, 2009; Hayes, Barlow e Nelson-Gray, 1999; Kazdin, 2010; Poling e Grossett, 1986).

Desenho A-B

O tipo de desenho mais simples utilizado na modificação de comportamento tem apenas duas fases: fase inicial e de tratamento, e é denominado **desenho A-B**, com uma fase inicial A e o tratamento B. Os desenhos A-B estão ilustrados nas Figuras 3-1, 3-7, 3-8b e 3-10. Por meio de um desenho A-B, podemos comparar a fase inicial e de tratamento para determinar se o comportamento se modificou de modo esperado depois do tratamento. *Contudo, o desenho A-B não demonstra uma relação funcional porque o tratamento não é replicado* (implementado uma segunda vez). Portanto, o desenho A-B não é um desenho de pesquisa verdadeiro; isso não exclui a possibilidade de que uma variável estranha tenha sido responsável pela mudança de comportamento. Por exemplo, embora o comportamento de morder a boca tenha diminuído quando o tratamento de resposta competitiva foi implementado na Figura 3-1, é possível que outro evento (variável estranha) tenha ocorrido ao mesmo tempo que o tratamento foi implementado. Nesse caso, a diminuição do hábito mencionado pode ter resultado do outro evento ou de uma combinação de tratamento e do outro evento. Por exemplo, a pessoa pode ter visto um programa de TV sobre o controle de hábitos nervosos e ter aprendido, assim, a controlar o costume de morder a boca.

O desenho A-B não é um verdadeiro desenho de pesquisa. Como o desenho A-B não inclui uma replicação e, portanto, não demonstra uma relação funcional, raramente é utilizado por pesquisadores de modificação de comportamento. É mais frequentemente empregado em situações aplicadas, não investigativas, nas quais as pessoas estão mais interessadas em demonstrar que a mudança de comportamento ocorreu do que em provar que o procedimento causou a mudança de comportamento. Você provavelmente usaria um gráfico A-B em um desenho de autogestão para mostrar que seu comportamento mudou depois de ter implementado um procedimento de modificação de comportamento.

Desenho reverso A-B-A-B

O **desenho reverso A-B-A-B** é uma extensão do desenho simples A-B (em que A = fase inicial e B = tratamento). No desenho A-B-A-B, as fases inicial e de tratamento são implementadas duas vezes. É chamado de desenho reverso, porque após a primeira fase de tratamento o pesquisador remove o tratamento e reverte à fase inicial. Essa segunda fase inicial é seguida pela replicação do tratamento. A Figura 3-11 ilustra um desenho A-B-A-B.

O gráfico A-B-A-B na Figura 3-11 mostra o efeito das exigências de um professor quanto ao comportamento agressivo de um adolescente com deficiência intelectual chamado Bob. Carr e colaboradores (Carr, Newsom e Binkoff, 1980) estudaram

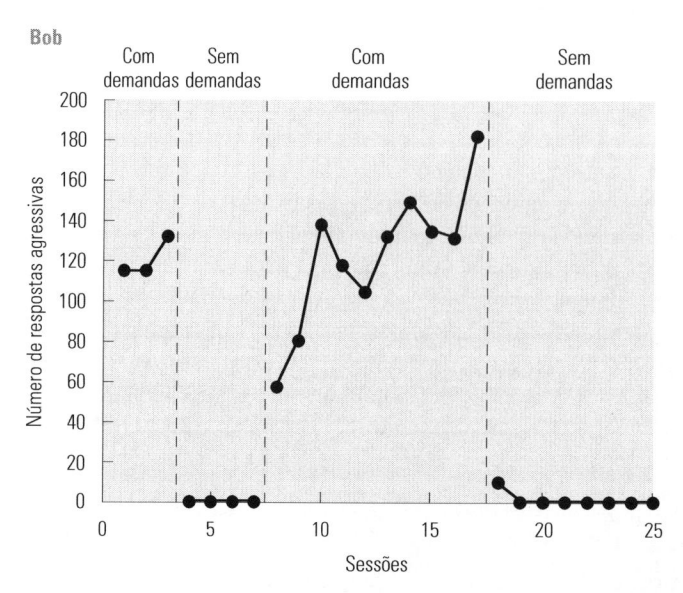

FIGURA 3-11 Este gráfico A-B-A-B mostra a frequência de comportamentos agressivos de um adolescente com deficiência intelectual durante as fases iniciais que envolvem demandas e fases de tratamento sem demanda. (Carr, E. G., Newsom, C. D. e Binkoff, J. A. Escape as a factor in the aggressive behavior of two retarded children. *Journal of Applied Behavior Analysis*, v. 13, p. 101-117, 1980. Copyright © 1980 University of Kansas Press Reimpresso com permissão do autor e do editor.

a influência das demandas no comportamento agressivo de Bob alternando fases nas quais os professores faziam demandas frequentes com fases nas quais os professores não faziam exigências. Na Figura 3-11, você pode ver que o comportamento mudou três vezes. Na fase inicial ("Com demandas"), o comportamento agressivo ocorreu com frequência. Quando a fase de tratamento ("Sem demandas") foi implementada pela primeira vez, o comportamento diminuiu. Quando ocorreu a segunda fase "Com demandas", o comportamento retornou ao nível durante a primeira fase "Com demandas". Por fim, quando a fase "Sem demandas" foi implementada uma segunda vez, o comportamento diminuiu novamente. O fato de o comportamento ter mudado três vezes, e apenas quando a fase mudou, é uma evidência de que a mudança nas demandas (em vez de alguma variável estranha) causou a mudança de comportamento. Quando a variável independente foi manipulada (as demandas foram ativadas e desativadas), o comportamento mudou de acordo. É altamente improvável que uma variável estranha tenha sido ativada e desativada exatamente ao mesmo tempo que as demandas, portanto é altamente improvável que qualquer outra variável, exceto a variável independente (mudança nas demandas), tenha causado a mudança de comportamento.

Variações do desenho reverso A-B-A-B podem ser utilizadas quando mais de um tratamento é avaliado. Suponha, por exemplo, que você implementou um tratamento (B) e não funcionou; então, implementou um segundo tratamento (C) e funcionou. Para replicar esse tratamento e mostrar controle experimental, você pode usar um design A-B-C-A-C. Se o segundo tratamento (C) tiver resultado em uma mudança no comportamento-alvo toda vez que foi implementado, você está demonstrando uma relação funcional entre esse tratamento e o comportamento.

Diversas considerações devem ser levadas em conta ao decidir quanto à utilização do desenho de pesquisa A-B-A-B. Em primeiro lugar, pode não ser ético remover o tratamento na segunda fase inicial se o comportamento for perigoso (por exemplo, comportamento autolesivo). Em segundo lugar, você deve ter certeza de que o nível do comportamento será revertido quando o tratamento for suspenso. Se o comportamento não mudar quando o tratamento for retirado, então não foi demonstrada uma relação funcional. Outra consideração é sobre se você pode realmente suspender o tratamento depois de implementado. Por exemplo, se o tratamento for um procedimento de ensino e o indivíduo aprende um novo comportamento, não é possível "extrair" o aprendizado ocorrido. (Para uma análise mais detalhada das considerações no uso do desenho A-B-A-B, veja Bailey, 1977; Bailey e Burch, 2002; Barlow e Hersen, 1984; Gast, 2009; e Kazdin, 2010.)

Desenho com várias fases iniciais

Existem três tipos de desenhos com várias fases iniciais.

- Em um **desenho com várias fases iniciais para mais de um indivíduo**, existe uma fase inicial e uma fase de tratamento para o mesmo comportamento-alvo de dois ou mais indivíduos.
- Em um **desenho com várias fases iniciais para mais de um comportamento**, existe uma fase inicial e uma fase de tratamento para dois ou mais comportamentos do mesmo indivíduo.
- Em um **desenho com várias fases iniciais para mais de um ambiente**, existe uma fase inicial e uma fase de tratamento para dois ou mais ambientes em que o mesmo comportamento do mesmo indivíduo é medido.

Lembre-se de que o desenho A-B-A-B também pode ter duas fases iniciais e duas fases de tratamento, mas as fases inicial e de tratamento ocorrem para o mesmo comportamento do mesmo indivíduo no mesmo ambiente. Com o desenho com várias fases iniciais, as diferentes fases iniciais e de tratamento ocorrem para diferentes indivíduos, ou para diferentes comportamentos, ou em diferentes ambientes.

Um desenho com várias fases iniciais pode ser utilizado:

(a) quando se está interessado no mesmo comportamento-alvo exibido por diversos indivíduos,

(b) quando se tem interesse em mais de um comportamento do mesmo indivíduo, ou

(c) quando se está medindo o comportamento de um indivíduo em dois ou mais ambientes.

Um desenho com várias fases iniciais é útil quando não se pode utilizar um desenho A-B-A-B pelos motivos enumerados anteriormente. O desenho com várias fases iniciais e o momento apropriado para utilizá-lo são descritos com mais detalhes por Bailey (1977), Bailey e Burch (2002), Barlow e Hersen (1984), Gast (2009) e Kazdin (2010).

A Figura 3-12 ilustra o desenho *com várias fases iniciais para mais de um indivíduo*. Esse gráfico, elaborado a partir do estudo de DeVries, Burnette e Redmon (1991), mostra o efeito de uma intervenção envolvendo *feedback* sobre a porcentagem de tempo durante o qual enfermeiros do departamento de emergência usaram luvas de látex quando tiveram contato com pacientes. Observe que há uma fase inicial e de tratamento para quatro indivíduos diferentes (enfermeiros). A Figura 3-12 também ilustra um recurso crítico do desenho com várias fases iniciais: as fases iniciais de cada indivíduo têm diferentes tamanhos. O tratamento é implementado para o indivíduo 1, enquanto os indivíduos 2, 3 e 4 ainda estão na fase inicial. Então, o tratamento é implementado para o indivíduo 2, enquanto os indivíduos 3 e 4 ainda estão na fase inicial. Em seguida, o tratamento é implementado para o indivíduo 3 e, finalmente, para o indivíduo 4. *Quando o tratamento é implementado em*

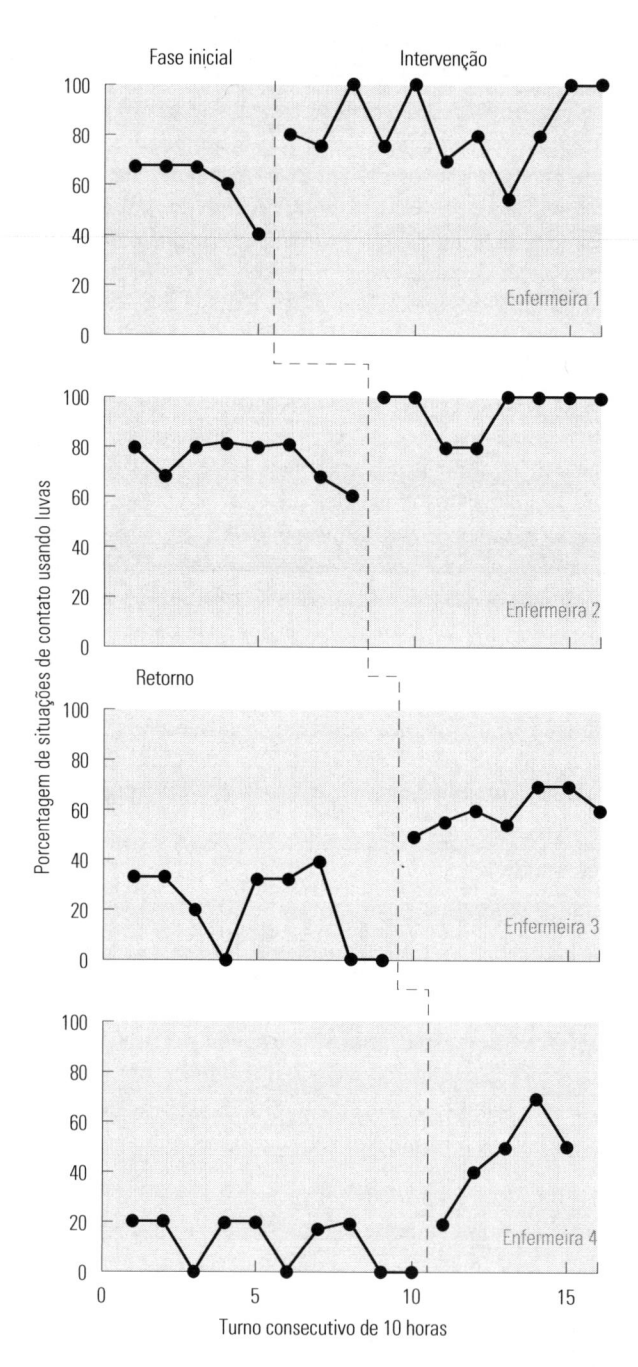

FIGURA 3-12 Este gráfico com várias fases iniciais para vários indivíduos mostra a porcentagem de tempo durante a qual quatro enfermeiras do departamento de emergência usam luvas de látex quando têm contato com pacientes. A intervenção, que envolve o *feedback* de seu supervisor, é escalonada ao longo do tempo e resulta em um aumento no comportamento de cada uma das quatro enfermeiras. (DeVries, J. E., Burnette, M. M. e Redmon, W. K.) AIDS prevention: Improving nurses' compliance with glove wearing through performance feedback. *Journal of Applied Behavior Analysis*, v. 24, p. 705-711, 1991. Copyright © 1991 University of Kansas Press. Reimpresso com permissão do autor e do editor.)

momentos diferentes, dizemos que é um tratamento escalonado ao longo do tempo. Observe que o comportamento aumentou para cada indivíduo somente depois que a fase de tratamento foi iniciada para esse indivíduo. Quando o tratamento foi implementado para o indivíduo 1, o comportamento aumentou, mas não aumentou naquele momento para os indivíduos 2, 3 e 4, que ainda estavam no início e não haviam recebido tratamento. O fato de o comportamento ter mudado para cada indivíduo apenas após o início do tratamento é evidência de que este, em vez de uma variável estranha, causou a mudança. É altamente improvável que uma variável estranha ocorra ao mesmo tempo que o tratamento tenha sido iniciado para cada um dos quatro indivíduos.

Representação do comportamento em gráficos e medição de mudanças **41**

    Um desenho *com várias fases iniciais para mais de um comportamento* é ilustrado na Figura 3-13. Esse gráfico, elaborado com base no estudo de Franco et al. (1983), mostra o efeito do tratamento (treinamento de habilidades sociais) em quatro diferentes comportamentos sociais de um adolescente tímido: fazer perguntas, reconhecer comentários de outras pessoas, fazer contato visual e mostrar afeto (por exemplo, sorrindo). Observe no gráfico que o tratamento é escalonado nos quatro comportamentos e que cada um dos comportamentos só muda depois que o tratamento é implementado para esse comportamento específico. Como cada um dos quatro comportamentos mudou apenas após a implementação do tratamento para esse comportamento, os pesquisadores demonstraram que o tratamento, em vez de alguma variável estranha, foi responsável pela mudança de comportamento.

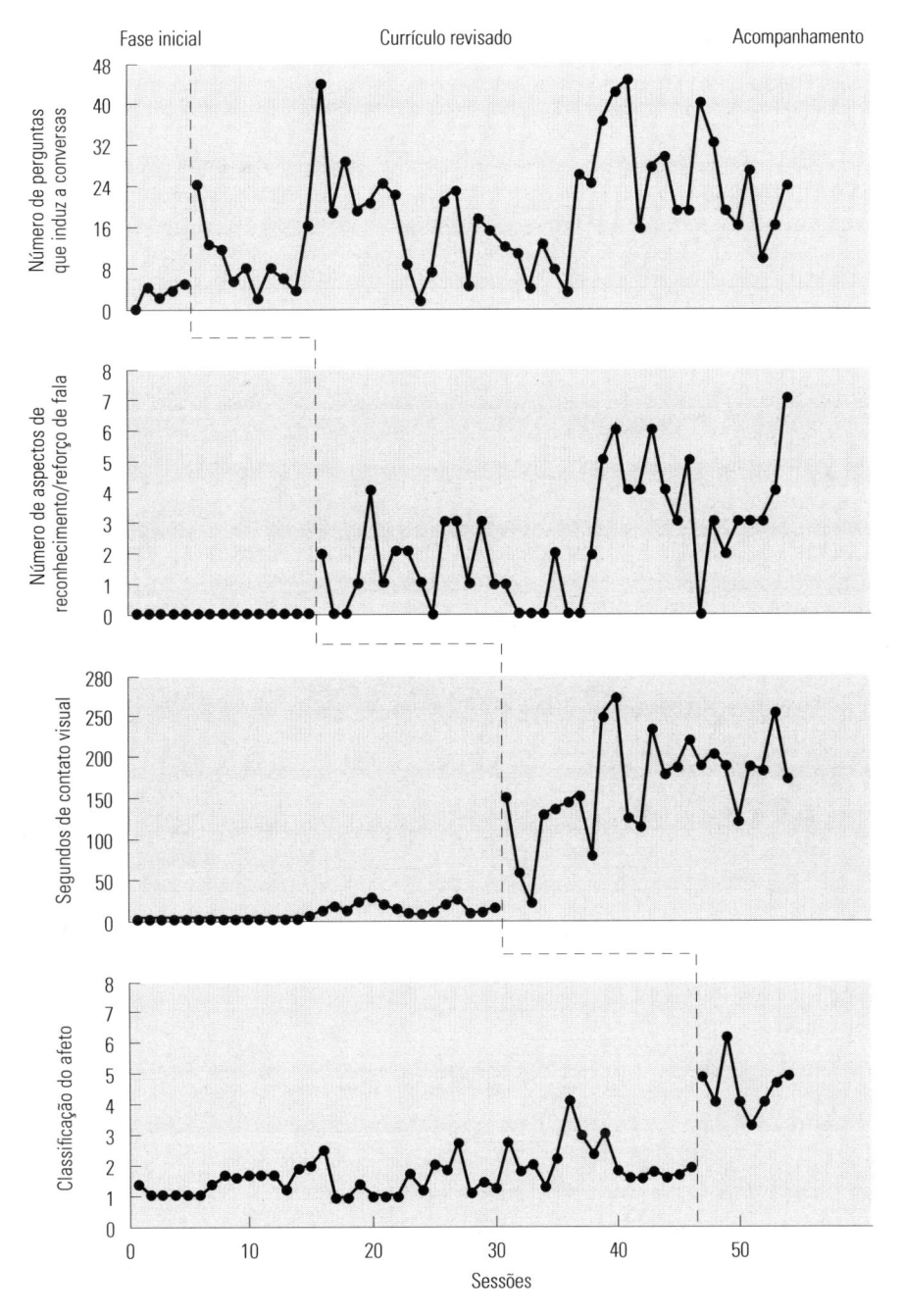

FIGURA 3-13 Este gráfico com várias fases iniciais para mais de um comportamento mostra quatro comportamentos sociais exibidos por um adolescente tímido. Uma intervenção de treinamento de habilidades sociais é aplicada a cada um desses quatro comportamentos, e cada comportamento aumenta quando a intervenção é aplicada a ele. (Franco, D. P. et al. Social skills training for an extremely shy young adolescent: an empirical case study. *Behavior Therapy*, v. 14, p. 568-575, 1983. Copyright © 1983. Reproduzido com permissão de Jeffrey Kelly.)

Determinado gráfico utilizado em um desenho *com várias fases iniciais para mais de um ambiente* seria semelhante às Figuras 3-12 e 3-13. A diferença é que em um gráfico representando várias fases iniciais para vários ambientes, o mesmo comportamento do mesmo indivíduo está sendo registrado nas fases inicial e de tratamento em dois ou mais ambientes diferentes, e o tratamento é escalonado entre os ambientes.

> **Faça o gráfico de um desenho com várias fases iniciais para mais de um ambiente utilizando dados hipotéticos. Certifique-se de incluir todos os seis componentes de um gráfico completo. Suponha que você tenha registrado o comportamento disruptivo de um aluno em duas salas de aula diferentes usando o sistema de registro com intervalos. Inclua no gráfico a fase inicial e de tratamento para dois ambientes.**

O gráfico da Figura 3-14, elaborado a partir de um estudo de Dunlap et al. (1991), mostra a porcentagem de intervalos de comportamento inadequado de um estudante durante a fase inicial e de tratamento (currículo revisado) em dois ambientes, aulas matutinas e vespertinas. Também mostra o acompanhamento, em que os pesquisadores coletaram dados uma vez por semana durante 10 semanas. Observe que o tratamento é escalonado nos ambientes; foi implementado primeiro em um ambiente e, em seguida, no outro, e o comportamento inadequado do aluno mudou somente depois que o tratamento foi implementado em cada ambiente. O gráfico de um desenho com várias fases iniciais para múltiplos ambientes seria semelhante à Figura 3-14.

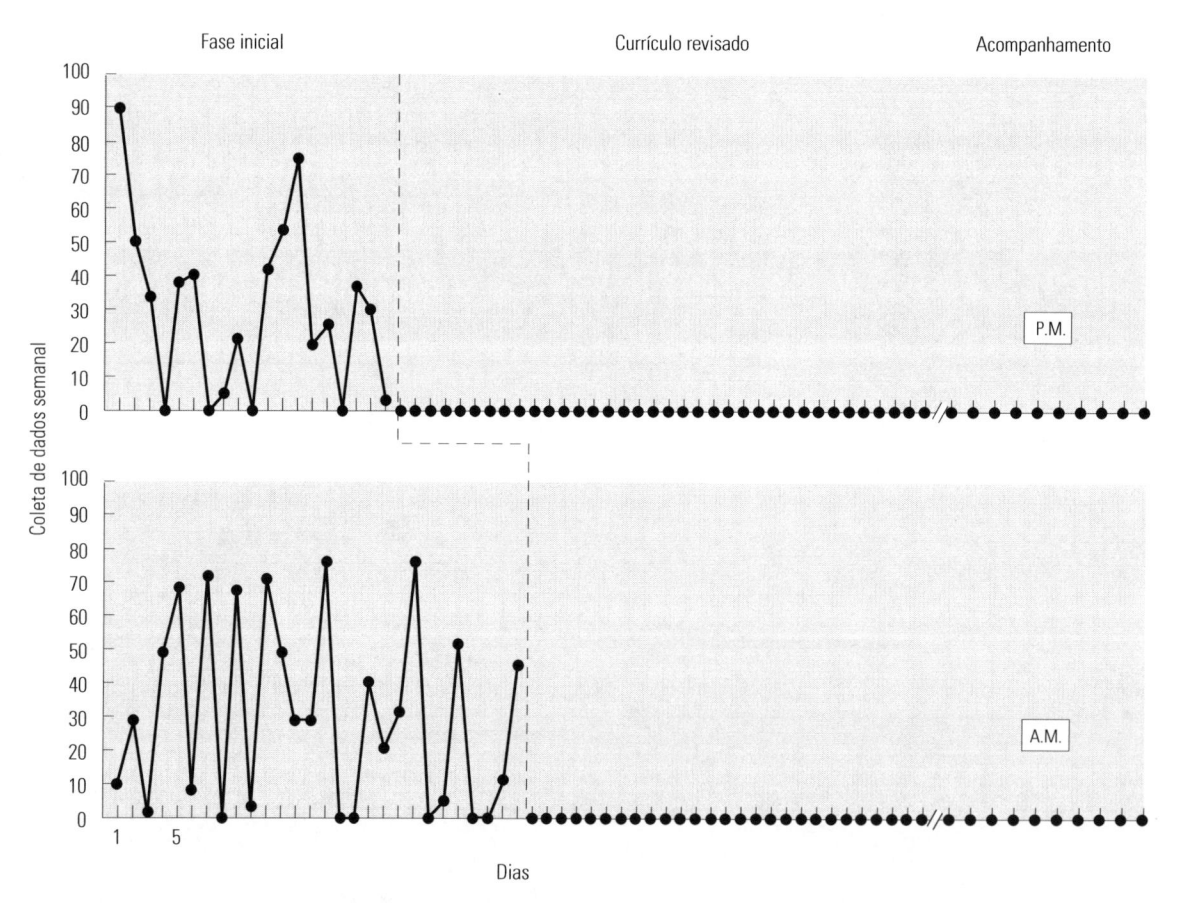

FIGURA 3-14 Este desenho com várias fases iniciais para mais de um ambiente mostra o efeito de um currículo revisado sobre o comportamento inadequado de um adolescente em uma sala de aula durante a manhã e em outro ambiente de sala de aula à tarde. Os autores utilizaram o registro intervalado e colocaram a porcentagem de intervalos de comportamento inadequado no gráfico. (Dunlap, G. et al. Functional assessment, curricular revision, and severe behavior problems. *Journal of Applied Behavior Analysis*, v. 24, p. 387-397, 1991. Copyright © 1991 Society for the Experimental Analysis of Behavior. Reimpresso com a permissão da Society for the Experimental Analysis of Behavior.)

PARA UMA LEITURA MAIS APROFUNDADA	**Desenho com várias fases iniciais para mais de um indivíduo, sem simultaneidade**
	Em um desenho com várias fases iniciais para mais de um indivíduo, a coleta de dados começa em cada uma das fases iniciais (para cada um dos indivíduos) aproximadamente no mesmo momento e na mesma fase de tratamento, e é então escalonada ao longo do tempo. Entretanto, quando se tem várias fases iniciais não simultâneas (FINS) ao longo do desenho para mais de um indivíduo (Carr, 2005; Watson e Workman, 1981), os indivíduos não participam do estudo simultaneamente. Em um desenho com fases iniciais não simultâneas, as fases iniciais para dois ou mais participantes podem começar em diferentes momentos. O desenho com várias fases iniciais não simultâneas é equivalente a vários desenhos A-B diferentes, com cada participante tendo uma fase inicial com duração diferente. O tratamento é então escalonado por meio de fases iniciais de diferentes tamanhos, em vez de ao longo do tempo. Desde que cada um dos indivíduos tenha um número diferente de pontos para as fases iniciais antes da implementação do tratamento, o desenho da pesquisa é considerado de fases iniciais não simultâneas, e a vantagem desse tipo de desenho é que os participantes podem ser avaliados em diferentes momentos; eles podem ser inseridos no estudo consecutivamente em vez de simultaneamente, o que geralmente é mais prático para os pesquisadores (Carr, 2005).

Desenho com tratamentos alternados

O **desenho com tratamentos alternados (DTA)**, também chamado de desenho com vários elementos, difere dos desenhos de pesquisa que acabamos de analisar para que as condições da fase inicial e de tratamento (ou condições de dois tratamentos) sejam estabelecidas em uma rápida sucessão e comparadas umas às outras. Por exemplo, o tratamento é implementado em um dia, a fase inicial no dia seguinte, o tratamento no dia seguinte, a fase inicial no dia seguinte, e assim por diante. Nos desenhos A-B, A-B-A-B ou com várias fases iniciais, uma fase de tratamento ocorre após uma fase inicial ter sido implementada por um período; isto é, a fase inicial e o tratamento ocorrem sequencialmente. Nestes desenhos, uma fase inicial ou fase de tratamento é conduzida até que vários pontos de dados sejam coletados (geralmente, pelo menos três) e não há tendência nos dados. Uma tendência significa que os dados estão aumentando ou diminuindo em uma fase. No DTA, duas condições (fase inicial e de tratamento ou dois tratamentos diferentes) ocorrem durante dias ou sessões alternadas. Portanto, as duas condições podem ser comparadas dentro do mesmo período. Isso é valioso porque quaisquer variáveis estranhas teriam um efeito similar em ambas as condições e, portanto, uma variável estranha não poderia ser a causa de quaisquer diferenças entre as condições.

Considere o seguinte exemplo de um DTA. Um professor quer determinar se desenhos violentos levam a comportamentos agressivos em crianças na fase pré-escolar. O professor usa um DTA para demonstrar uma relação funcional entre desenhos violentos e comportamento agressivo. Em um dia, os alunos não assistem a nenhum desenho animado (fase inicial) e o professor registra o comportamento agressivo deles. No dia seguinte, os alunos assistem a um desenho animado violento e o professor registra novamente seu comportamento agressivo, continuando a alternar um dia sem desenhos animados e outro com desenhos animados. Depois de algumas semanas, o professor pode determinar se existe uma relação funcional. Se houver um comportamento consistentemente mais agressivo em dias nos quais os alunos assistem a desenhos violentos e um comportamento menos agressivo nos dias sem desenhos animados, o professor demonstrou uma relação funcional entre desenhos violentos e comportamento agressivo nas crianças em fase pré-escolar. Um exemplo de gráfico desse DTA hipotético é mostrado na Figura 3-15.

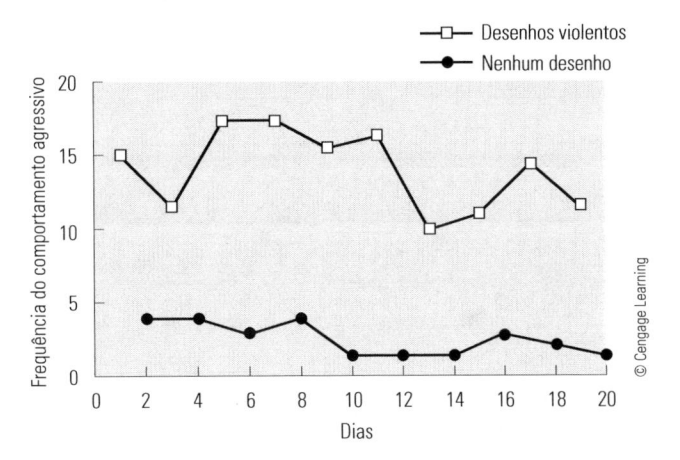

FIGURA 3-15 Este gráfico com tratamentos alternados mostra a frequência de comportamento agressivo nos dias em que as crianças assistiam a desenhos animados violentos em comparação aos dias em que não assistiam. O nível do comportamento agressivo é maior nos dias com desenhos animados violentos do que nos dias sem desenhos animados.

Nesse gráfico, o número de comportamentos agressivos que ocorrem por dia é registrado graficamente quando as crianças assistiram a desenhos violentos (dias ímpares) e nos dias em que não assistiram (dias pares). Observe que o comportamento agressivo ocorre mais frequentemente nos dias em que as crianças assistiram a desenhos violentos. Poderíamos dizer que existe separação nos dados, quando os dados são consistentemente mais frequentes em uma condição do que em outra. Como o comportamento agressivo é sempre mais intenso nos dias com desenho animado (há separação nos dados), os pesquisadores demonstraram uma relação funcional e concluem que o comportamento agressivo ocorreu pelo fato de as crianças terem assistido a desenhos violentos.

Desenho com mudança de critério

Um **desenho com mudança de critério** normalmente inclui uma fase inicial e uma de tratamento. O que torna um desenho com mudança de critério diferente de um desenho A-B é que, na fase de tratamento, critérios de desempenho sequenciais são especificados; isto é, níveis sucessivos de metas para o comportamento-alvo especificam quanto o comportamento-alvo deve mudar durante o tratamento. A eficácia do tratamento é determinada pelo fato de o comportamento do indivíduo mudar para atender aos critérios de mudança de desempenho. Ou seja, o comportamento do indivíduo muda a cada vez que o nível da meta é alterado? Um gráfico utilizado em um desenho com mudança de critério indica cada nível de critério de modo que, quando o comportamento é representado no gráfico, seja possível determinar se o nível do comportamento corresponde ao nível estabelecido como do critério.

Considere o gráfico na Figura 3-16, elaborado a partir de um estudo de Foxx e Rubinoff (1979). Esses pesquisadores ajudaram as pessoas a reduzir o consumo excessivo de cafeína por meio de um procedimento de reforço positivo e custo da resposta. (Esses procedimentos serão discutidos nos Capítulos 15 e 17.) Como você pode ver no gráfico, eles definem quatro níveis de critério diferentes para o consumo de cafeína, cada um menor do que o nível anterior. Quando os indivíduos consumiam menos cafeína que o nível estabelecido como critério, ganhavam dinheiro. Se bebessem mais, perdiam dinheiro. Esse gráfico mostra que o tratamento foi bem-sucedido: o nível de consumo de cafeína do indivíduo estava sempre abaixo de cada um dos níveis de critério. Como o comportamento do indivíduo alterou cada vez que o critério de desempenho mudou, os pesquisadores demonstraram um relacionamento funcional – é improvável que uma variável estranha fosse responsável pela mudança de comportamento. DeLuca e Holborn (1992) usaram um desenho de mudança de critério em certo estudo elaborado para ajudar meninos obesos a se exercitarem mais. Os meninos andavam de bicicleta e recebiam pontos pela quantidade de pedaladas. Mais tarde, trocaram os pontos por brinquedos e outras recompensas. Nesse estudo, cada vez que

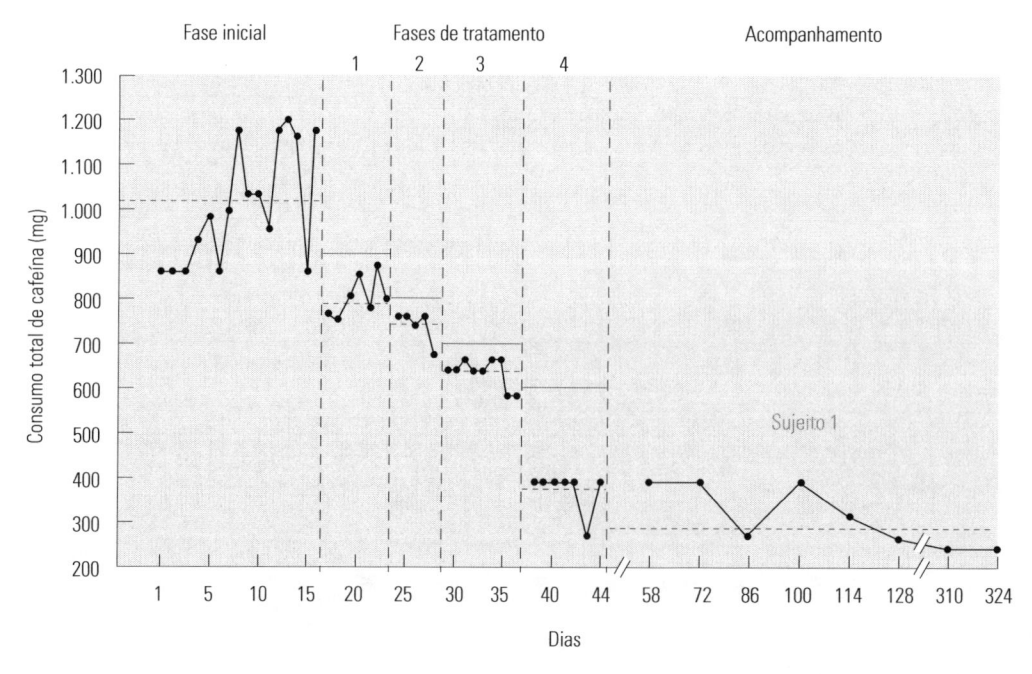

FIGURA 3-16 Este gráfico representando mudança de critério mostra que o consumo de cafeína diminuiu para um nível abaixo do critério cada vez que ele foi reduzido. Os traços horizontais sólidos nas fases de tratamento 1-4 são as linhas de critério. As linhas tracejadas mostram o nível médio do comportamento em cada fase. (Foxx, R. M. e Rubinoff, A. Behavioral treatment of caffeinism: Reducing excessive coffee drinking. *Journal of Applied Behavior Analysis*, v. 12, p. 335-344, 1979. Copyright © 1979 University of Kansas Press. Reimpresso com permissão de Richard Foxx e do editor.)

o critério de desempenho do exercício foi aumentado (os meninos tinham que pedalar mais para ganhar pontos), o nível de exercício aumentou de acordo, demonstrando, assim, uma relação funcional entre o tratamento e a quantidade de pedaladas.

RESUMO DO CAPÍTULO

1. As seis características essenciais de um gráfico completo representando mudança de comportamento são o eixo y e o eixo x, rótulos para o eixo y e o eixo x, unidades para o eixo y e o eixo x, pontos representando dados, linhas de fase e rótulos de fase.

2. Para representar dados comportamentais, os pontos referentes aos dados refletem o nível do comportamento no eixo vertical (eixo y) e a unidade de tempo é representada no eixo horizontal (eixo x).

3. As diferentes dimensões de comportamento que você pode mostrar em um gráfico incluem frequência, duração, intensidade e latência do comportamento. Um gráfico também pode mostrar a porcentagem de intervalos do comportamento derivada do registro do intervalo ou do registro amostral do tempo ou da porcentagem de oportunidades nas quais o comportamento ocorreu (por exemplo, porcentagem correta).

4. Há uma relação funcional entre o tratamento (variável independente) e o comportamento-alvo (variável dependente) quando o tratamento leva à mudança do comportamento. Uma relação funcional ou controle experimental é demonstrada quando um comportamento-alvo muda após a implementação do tratamento e o procedimento de tratamento é repetido ou replicado uma ou mais vezes e o comportamento muda a cada vez.

5. Os diferentes desenhos de pesquisa que você pode utilizar ao pesquisar sobre modificação de comportamento incluem os seguintes:
   - O desenho A-B mostra a fase inicial e de tratamento para o comportamento de um indivíduo. Esse não é um verdadeiro desenho de pesquisa.
   - O desenho A-B-A-B mostra duas fases iniciais e de tratamento repetidas para cada comportamento de um indivíduo.
   - Um desenho com várias fases iniciais apresenta fases iniciais e de tratamento para uma das seguintes opções: vários comportamentos de um indivíduo, um comportamento de vários indivíduos, ou um comportamento de um indivíduo em vários ambientes. Em cada tipo de desenho com várias fases iniciais, o tratamento é escalonado por comportamentos, indivíduos ou ambientes.
   - O desenho com tratamentos alternados apresenta dados de duas (ou mais) condições experimentais que são alternadas rapidamente (fase inicial de tratamento ou dois tratamentos).

Por fim, no desenho com mudança de critério, uma fase inicial é seguida de uma fase de tratamento na qual são especificados critérios sequenciais de desempenho. Todos os desenhos de pesquisa, exceto o desenho A-B, controlam a influência de variáveis estranhas, de modo que a efetividade do tratamento pode ser avaliada.

TERMOS-CHAVE

abscissa, 32
desenho A-B, 38
desenho com mudança de critério, 44
desenho com tratamentos alternados (DTA), 43
desenho com várias fases iniciais para mais de um ambiente, 39
desenho com várias fases iniciais para mais de um comportamento, 39
desenho com várias fases iniciais para mais de um indivíduo, 39
desenho de pesquisa, 37
desenho reverso A-B-A-B, 38
fase inicial, 34
gráfico, 31
ordenada, 32
relação funcional, 37
variável dependente, 37
variável independente, 37

TESTE PRÁTICO

1. Por que são utilizados gráficos na modificação de comportamento para avaliar a mudança de comportamento?
2. Quais são as duas variáveis ilustradas em um gráfico de modificação de comportamento?
3. Qual é o eixo y? Qual é o eixo x?
4. O que é rotulado no eixo y? E no eixo x?
5. O que é uma fase?
6. Por que pontos representando dados não são conectados entre as linhas de fase?
7. Desenhe um gráfico hipotético que ilustre os seis componentes essenciais de um gráfico de modificação de comportamento. Identifique todos os seis componentes nesse gráfico hipotético.
8. Como você rotularia o eixo y de um gráfico com base em registro com intervalos?
9. O que é um desenho A-B? A que se referem as letras A e B?
10. O que é um desenho reverso A-B-A-B? Desenhe um gráfico hipotético A-B-A-B. Certifique-se de que todos os seis componentes estejam incluídos.
11. O que é um desenho com várias fases iniciais? Identifique três tipos de desenhos com várias fases iniciais. Desenhe um gráfico hipotético de determinado desenho

com várias fases iniciais para vários indivíduos. Certifique-se de que todos os seis componentes estejam incluídos.
12. O que é uma variável estranha? Como um desenho A-B-A-B pode ajudá-lo a descartar variáveis estranhas como a causa da mudança de comportamento?
13. O que significa dizer que um tratamento é escalonado em um desenho com várias fases iniciais?
14. O que é um desenho com tratamentos alternados (DTA)? Desenhe um gráfico com dados hipotéticos ilustrando um DTA. Inclua todos os seis componentes essenciais.
15. Como avaliar a efetividade do tratamento em um DTA?
16. Descreva o desenho com mudança de critério. Desenhe um gráfico hipotético de um desenho com mudança de critério. Inclua todos os seis componentes.
17. Como você determina que um tratamento é efetivo em um desenho com mudança de critério?
18. O que é uma relação funcional? Como você determina que há uma relação funcional entre um comportamento-alvo e um procedimento de tratamento?

APLICAÇÕES

1. No exercício de aplicação no Capítulo 2, você desenvolveu um plano de automonitoramento como o primeiro passo do seu programa de autogestão. Depois de começar a registrar seu próprio comportamento-alvo, o passo seguinte é desenvolver um gráfico e traçar seu comportamento no gráfico todos os dias. Algumas pessoas preferem usar um programa de computador para gerar um gráfico, mas tudo de que você precisa é uma folha de papel milimetrado, uma régua e um lápis (você pode baixar uma folha de papel milimetrado da Internet). Usando uma folha de papel milimetrado, prepare o gráfico que utilizará para representar o comportamento desejado de seu desenho de autogestão. Ao desenvolver seu gráfico, observe as seguintes regras.
   a. Rotule o eixo *y* e o eixo *x* apropriadamente.
   b. Coloque os números apropriados no eixo *y* e no eixo *x*.
   c. Certifique-se de que o período no eixo *x* abranja pelo menos 3 ou 4 meses para que você possa registrar o comportamento por um período prolongado.
   d. Registre o comportamento em seu gráfico todos os dias.
   e. Continue a fase inicial por pelo menos duas semanas para que qualquer reatividade do automonitoramento se estabilize.
2. A tabela de resumo de dados da Figura 3-17 mostra o total mensal de quilowatts de eletricidade utilizados por uma fraternidade. Nas duas fases iniciais, nenhuma intervenção havia sido feita. Nas duas fases de intervenção, o presidente da fraternidade deu lembretes diários aos irmãos no café da manhã para que apagassem as luzes e desligassem aparelhos elétricos. Desenvolva um gráfico a partir da tabela de resumo de dados para mostrar os efeitos dos lembretes diários nos quilowatts de eletricidade consumidos a cada mês.
3. Winifred trabalhou com duas crianças com autismo que se envolveram em comportamento autolesivo, caracterizado por dar tapas na própria cabeça. Ela registrou a frequência desse comportamento durante a fase inicial para as duas crianças, Kale e Bud, e então implementou um tratamento envolvendo reforço de comportamento alternativo (veja o Capítulo 15) e continuou a coletar dados por um período. A frequência do comportamento autolesivo para Kale foi 25, 22, 19, 19, 22, 22 e 23 na fase inicial e 12, 10, 5, 6, 5, 2, 1, 1, 1, 0, 0, 1, 1, 0, 0, 0 e 0 durante o tratamento. A frequência deste comportamento para Bud foi 12, 12, 15, 14, 13, 12, 12, 13, 10, 12, 14 e 17 na fase inicial e 5, 3, 4, 2, 0, 2, 0, 0, 0, 2, 0, 0 e 0 durante o tratamento. Desenhe o gráfico dos dados representando o comportamento agressivo de Kale e Bud. Que tipo de desenho de pesquisa Winifred utilizou quando implementou o tratamento para o comportamento autolesivo?

	Fase inicial				Intervenção				
Meses	1	2	3	4	5	6	7	8	9
Kilowatts (arredondado para 100)	4.100	3.900	4.100	4.200	3.100	3.000	2.900	3.000	2.900

	Fase inicial			Intervenção			
Meses	10	11	12	13	14	15	16
Kilowatts (arredondado para 100)	3.800	3.900	3.800	2.900	2.900	2.800	2.900

FIGURA 3-17 Tabela de resumo de dados mostrando os quilowatts de eletricidade consumidos por mês em duas fases iniciais e duas fases de intervenção.

APLICAÇÕES INCORRETAS

1. A Acme Widget Company estava perto da falência. A Ace Consultants foi chamada para ajudar a Acme. Eles coletaram dados da fase inicial sobre a produtividade dos funcionários durante quatro semanas e determinaram que os funcionários estavam montando componentes com apenas a metade da velocidade com que podiam trabalhar. Foi implementado um sistema de incentivo e a produtividade dos funcionários dobrou. Após oito semanas de produtividade duplicada, a Acme Company passou a lucrar novamente. A Ace Consultants decidiu retirar o sistema de incentivos e retornar à linha de base por 4 semanas, e então reimplementar o sistema de incentivo (desenho de pesquisa A-B-A-B) para poder determinar se o sistema de incentivo causou o aumento na produtividade ou se alguma variável estranha havia sido responsável pela mudança.
   a. O que há de errado com o uso de um desenho de pesquisa A-B-A-B nesse caso?
   b. O que você faria se trabalhasse para a Ace Consultants?
2. Alice deu início a um desenho de autogestão para aumentar a frequência de corridas que fazia a cada semana. Ela planejou registrar seu comportamento por duas ou três semanas como uma fase inicial antes de implementar uma intervenção. Resolveu que manteria um registro da distância percorrida todos os dias e traçaria essa distância em um gráfico a cada semana. Ela mantinha o registro sobre a mesa e anotava a duração de cada corrida imediatamente depois de ter terminado; colocava gráfico na porta do quarto e, no final de cada semana, no domingo à noite, traçava o número de quilômetros que havia percorrido nos sete dias anteriores. O que Alice estava fazendo de errado?
3. Dr. Pete investigava uma intervenção para melhorar as habilidades sociais em estudantes universitários socialmente ansiosos. Ele identificou três tipos importantes de comportamento social que queria aumentar nesses indivíduos: iniciar conversas, responder a perguntas e sorrir. Decidiu por usar um desenho com várias fases para mais de um comportamento em seu experimento. Registraria todos os três comportamentos em cada assunto em uma linha de base antes da intervenção. Ele então implementaria a intervenção para todos os três comportamentos ao mesmo tempo e continuaria a registrar os comportamentos para verificar se aumentaram após a implementação da intervenção.
   a. Que erro o Dr. Pete cometeu em seu desenho com várias fases iniciais?
   b. O que ele deveria fazer diferente?

Reforço

- Qual é o princípio do reforço?
- De que modo o reforço positivo é diferente do reforço negativo?
- Como os reforçadores não condicionados são diferentes dos reforçadores condicionados?
- Quais fatores influenciam na efetividade do reforço?
- Quais são os esquemas intermitentes de reforço e como afetam a taxa de comportamento?

Este capítulo se concentra no princípio comportamental básico do **reforço**. A pesquisa científica estabeleceu vários princípios básicos que explicam o comportamento de pessoas e outros animais. Reforço é um dos primeiros princípios básicos que foram sistematicamente investigados por cientistas comportamentais, e é um componente de muitas aplicações da modificação de comportamento descritas neste livro. Reforço é o processo pelo qual um comportamento é fortalecido pela **consequência** imediata que acompanha a probabilidade de sua ocorrência. Quando um comportamento é fortalecido, é mais provável que ocorra novamente no futuro.

Talvez a primeira demonstração de reforço tenha sido relatada por Thorndike em 1911. Thorndike colocou um gato faminto em uma gaiola e comida fora dela, onde o gato pudesse ver. Thorndike amarrou a gaiola para que uma porta se abrisse caso o gato batesse na alavanca com a pata. O gato estava arranhando e mordendo as barras da gaiola, esticando as patas através das aberturas entre as barras, e tentando passar através da abertura. O gato terminou batendo acidentalmente na alavanca, a porta se abriu, ele saiu da gaiola e comeu a comida. Toda vez que Thorndike colocava o gato faminto na gaiola, levava menos tempo para ele bater na alavanca que abrir a porta. Eventualmente, o gato bateu na alavanca com a pata assim que Thorndike o colocou na gaiola (Thorndike, 1911). Thorndike chamou esse fenômeno de lei do efeito.

Neste exemplo, quando o gato faminto foi colocado novamente na gaiola (Figura 4-1), estava mais propenso a acertar a alavanca porque esse comportamento resultara em uma consequência imediata: fugir da gaiola e comer. Chegar à comida foi a consequência que reforçou (fortaleceu) o comportamento do gato de bater na alavanca com a pata.

Reforço

Resposta → Consequência

Resultado: é mais provável que o comportamento aconteça no futuro.

Resposta → Consequência

O gato bate na alavanca com a pata   e imediatamente   a porta se abre e a comida fica disponível.
Resultado: é mais provável que o gato bata na alavanca quando for colocado na gaiola no futuro.

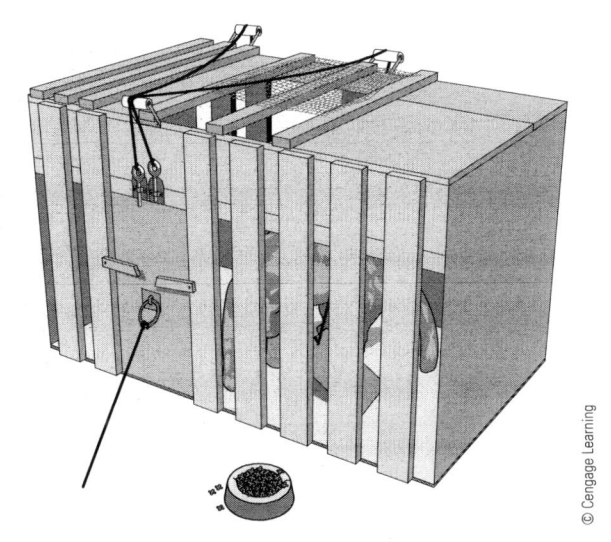

FIGURA 4-1 Um gato faminto está em uma gaiola e a comida está do lado de fora. Quando o gato bate na alavanca, a porta da gaiola se abre e o gato come a comida. Como resultado, é mais provável que o gato bata na alavanca quando for colocado na gaiola.

A partir da década de 1930, B. F. Skinner realizou numerosos estudos sobre o princípio do reforço em animais de laboratório, como ratos e pombos (Skinner, 1938, 1956). Em experimentos com ratos, Skinner colocava o animal em uma câmara experimental e entregava uma pelota de comida cada vez que o rato pressionava uma alavanca localizada em uma das paredes da câmara. Em princípio, o rato explorava a caixa movendo-se, cheirando, ficando em pé sobre as patas traseiras, e assim por diante. Quando aconteceu de pressionar a alavanca com uma de suas patas, o dispositivo automaticamente liberou uma pelota de comida por uma abertura na parede. Cada vez que o rato faminto pressionava a alavanca, recebia uma porção de comida. Assim, era mais provável que o rato pressionasse a alavanca toda vez que fosse colocado na câmara. O comportamento de pressionar a alavanca foi fortalecido porque, quando ocorreu, foi imediatamente seguido pela liberação de comida. O comportamento de pressionar a alavanca aumentou em frequência em relação a todos os outros comportamentos que o rato exibiu quando colocado na câmara.

Resposta		Consequência
O rato pressiona a alavanca	e imediatamente	a comida é liberada.

Resultado: é mais provável que o rato pressione a alavanca no futuro.

Definição de reforço

Os exemplos com o gato de Thorndike e com o rato de Skinner ilustram claramente o princípio do reforço. Quando um comportamento resulta em um desfecho favorável (aquele que contribui para o bem-estar ou a sobrevivência do animal), é mais provável que esse comportamento se repita no futuro em circunstâncias semelhantes. Embora o princípio do reforço tenha sido sistematicamente ilustrado em animais de laboratório, trata-se de um processo natural que também influencia o comportamento humano. No artigo "Ciência e comportamento humano" (1953a), Skinner discutiu o papel do reforço na determinação de uma ampla variedade de comportamentos humanos. Como afirmam Sulzer-Azaroff e Mayer (1991), o reforço pode ocorrer naturalmente, como resultado de nossas interações cotidianas com o nosso ambiente social e físico, ou pode ser planejado como parte de um programa de modificação de comportamento utilizado para mudar o comportamento de uma pessoa. A Tabela 4-1 fornece exemplos de reforço.

Como você pode verificar em cada um dos exemplos da Tabela 4-1, *o reforço é definido da seguinte maneira*:

1. A ocorrência de um comportamento específico
2. é seguida de uma consequência imediata
3. que resulta no fortalecimento do comportamento. (É mais provável que a pessoa se engaje no comportamento novamente no futuro.)

Podemos determinar que um comportamento é fortalecido quando há aumento em sua frequência, duração, intensidade ou velocidade (diminuição da latência). O comportamento que é fortalecido pelo processo de reforço é chamado de **comportamento operante**. O comportamento operante atua no ambiente para produzir uma consequência e, por sua vez, é controlado por, ou ocorre novamente no futuro como resultado da consequência imediata. A consequência que fortalece um comportamento operante é chamada de **reforçador**.

No primeiro exemplo da Tabela 4-1, a criança chorava à noite quando seus pais a colocavam na cama. O choro da criança era um comportamento operante. O reforçador pelo choro dela foi a atenção recebida dos pais. Como o choro à noite resultou nessa consequência imediata (reforçador), o choro da criança foi fortalecido: era mais provável que ela chorasse à noite no futuro.

> *Para cada um dos outros exemplos na Tabela 4-1, identifique o comportamento operante e o reforçador. As respostas estão disponíveis no Apêndice A, no final deste capítulo.*

O gráfico na Figura 4-2 apresenta dados hipotéticos mostrando o efeito do reforço no comportamento. Observe que a frequência do comportamento é menor durante a fase inicial e maior durante a de reforço. Conforme ilustrado na Figura 4-2, quando a ocorrência de um comportamento é reforçada, ele aumenta em frequência ao longo do tempo. Outras dimensões de um comportamento (duração, intensidade, velocidade) também podem aumentar por causa do reforço.

O gráfico na Figura 4-3 mostra o efeito do reforço na duração de um comportamento. Esse gráfico, elaborado a partir de um estudo feito por Liberman et al. (1973), mostra a duração de conversas racionais (não delirantes) de pacientes com esquizofrenia que estavam sendo tratados em uma instituição. Liberman e colaboradores mediram a duração da conversa racional desses pacientes com as enfermeiras. Liberman queria reforçar a conversa racional para que aumentasse, e, desse modo, os pacientes esquizofrênicos agissem mais normalmente. Nesse estudo, a conversa racional foi reforçada com atenção pelas enfermeiras e com conversas individuais durante a hora do lanche. Ao mesmo tempo, as conversas delirantes não foram reforçadas (as enfermeiras mantiveram a atenção no que estavam fazendo e na interação social). A Figura 4-3 mostra que as conversas racionais aumentaram em duração durante a fase de tratamento, quando o reforço social foi utilizado.

> *Que tipo de desenho de pesquisa é ilustrado no gráfico na Figura 4-3?*

A Figura 4-3 apresenta um desenho de pesquisa com vários indivíduos na fase inicial. Há uma fase inicial e outra de tratamento (reforço) para cada um dos quatro pacientes. A implementação do procedimento de reforço é escalonada ao longo do tempo para os quatro pacientes.

TABELA 4-1 Exemplos para autoavaliação (reforço)

1. Uma criança chora à noite depois de ser colocada na cama para dormir e os pais vão ao quarto para consolá-la e acalmá-la. Como resultado, a criança agora chora mais vezes na hora de dormir.

2. Uma mulher à espera de um ônibus abre o guarda-chuva quando chove. O guarda-chuva impede que a chuva a atinja. Agora ela sempre abre o guarda-chuva quando chove.

3. Quando um *chef* prepara alguns bifes, o fogo acaba gerando fumaça. Ele liga o exaustor e a fumaça é sugada da cozinha. Agora é mais provável que ele ligue o exaustor sempre que for preparar bifes.

4. Uma estudante universitária está respondendo a perguntas do guia de estudo para a aula sobre modificação do comportamento. Quando ela não sabe a resposta para uma pergunta, consulta a amiga, que já assistiu à aula e lhe diz a resposta correta. Como resultado, é mais provável que ela peça à amiga que dê as respostas das perguntas que não souber responder.

5. A professora sorri para Johnny e o elogia quando ele fica no lugar dele e presta atenção à aula. Como resultado, é mais provável que Johnny permaneça no lugar dele na sala de aula e preste atenção (isto é, para ver a professora enquanto ela ensina).

6. Quando Patrícia vai para a cama enquanto o marido assiste à TV, o ruído a mantém acordada. Ela usa tampões nos ouvidos para não ouvir a TV e conseguir adormecer. Como resultado, é mais propensa a usar tampões nos ouvidos quando for dormir enquanto a TV estiver ligada.

7. Em vez de pagar os trabalhadores por hora, uma empresa fabricante de bicicletas passa a pagar uma taxa por unidade montada, e desse modo os trabalhadores da linha de montagem ganham uma quantia específica de dinheiro para cada bicicleta que montam. Como resultado, os trabalhadores montam mais bicicletas diariamente e ganham mais dinheiro.

8. Um menino de dois anos de idade começa a fazer birra (chorando e gritando) na mercearia quando pede doces e a mãe diz que não vai comprar. A mãe finalmente compra o doce e ele para de fazer birra. É mais provável que a mãe dê doces quando ele exigir e fizer birra. Além disso, a criança ficará mais propensa a fazer birra na loja, porque assim a mãe vai dar doces a ele.

© Cengage Learning

Reforço **51**

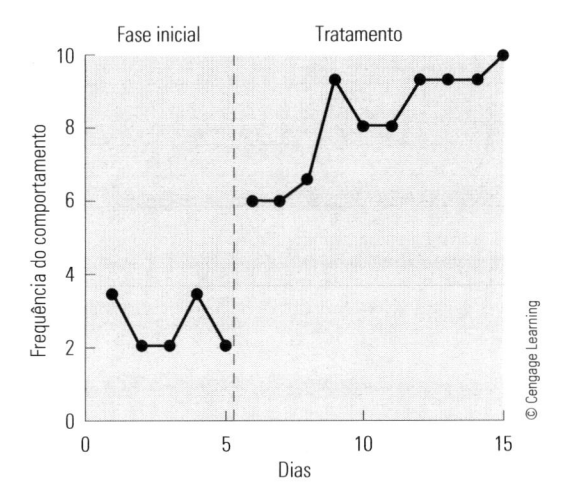

FIGURA 4-2 Este gráfico com dados hipotéticos mostra o efeito do reforço na frequência de um comportamento. Quando o reforço é utilizado após uma fase inicial, o comportamento aumenta em frequência.

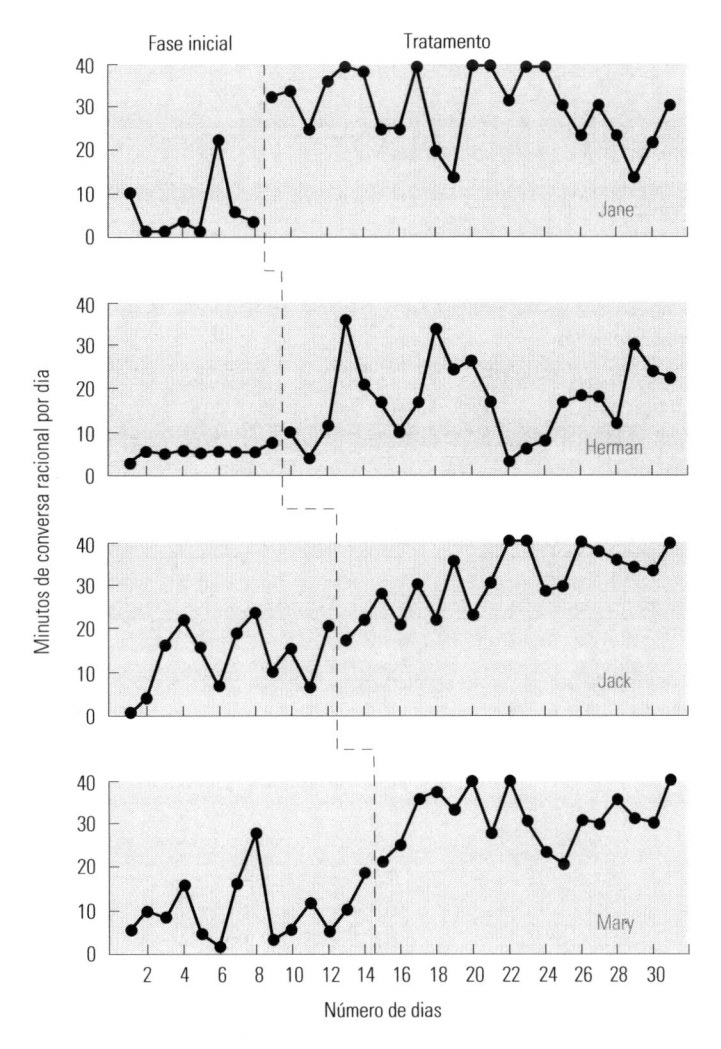

FIGURA 4-3 Este gráfico de um desenho de pesquisa com fase inicial para vários indivíduos mostra o efeito do reforço na duração da fala racional de quatro pacientes com esquizofrenia. Note que a duração da conversa racional aumentou para todos os quatro indivíduos quando foi utilizado o reforço (tratamento). (De Liberman, R. P. et al. Reducing delusional speech in chronic paranoid schizophrenics. *Journal of Applied Behavior Analysis*, v. 6, p. 57-64, 1973. Copyright © 1973 University of Kansas Press. Reimpresso com permissão de Robert P. Liberman, James R. Teigen, e do editor.).

> **Sobre os termos: reforço de um comportamento, não de uma pessoa**
>
> - É correto dizer que você reforça um comportamento (ou uma resposta). Ao reforçar um comportamento você o está fortalecendo. Dizer "a professora reforçou a atitude dos alunos de permanecerem em fila quietos com elogios" é correto.
> - É incorreto dizer que você reforça uma pessoa. Não se fortalece uma pessoa; o que se fortalece é o comportamento da pessoa. Dizer, "a professora reforçou Sara por permanecer em fila quieta" não é correto.

Agora que você entende a definição básica de reforço, é importante compreender a distinção entre reforço positivo e reforço negativo.

Reforço positivo e negativo

Existem dois tipos de reforço: o positivo e o negativo. É extremamente importante lembrar que tanto o reforço positivo quanto o negativo são processos que fortalecem um comportamento; ou seja, ambos aumentam a probabilidade de que o comportamento ocorra no futuro. Reforço positivo e negativo são distinguidos apenas pela natureza da consequência que segue o comportamento.

O **reforço positivo** *é definido a seguir.*

1. Uma ocorrência de um comportamento
2. é seguida pela adição de um estímulo (um reforçador) ou pelo aumento da intensidade de um estímulo,
3. o que resulta no fortalecimento do comportamento.

O **reforço negativo**, *em contrapartida, é definido a seguir.*

1. Uma ocorrência de um comportamento
2. é seguida pela remoção de um estímulo (um estímulo aversivo) ou pela redução da intensidade de um estímulo,
3. o que resulta no fortalecimento do comportamento.

Estímulo é um objeto ou evento que pode ser detectado por um dos sentidos e, portanto, tem o potencial de influenciar a pessoa (**estímulos** [em latim *stimuli*] é a forma plural da palavra estímulo [em latim *stimulus*]). O objeto ou evento pode ser uma característica do ambiente físico ou do ambiente social (o comportamento da pessoa ou dos outros).

No reforço positivo, o estímulo que é apresentado ou que aparece após o comportamento é chamado **reforçador positivo**. (Um reforçador positivo geralmente é visto como algo agradável, desejável ou valioso, que uma pessoa tentará obter.) No reforço negativo, o estímulo que é removido ou evitado após o comportamento é chamado **estímulo aversivo**. (Um estímulo aversivo geralmente é visto como algo desagradável, doloroso ou irritante, do qual uma pessoa tentará se afastar ou procurará evitar.) A diferença essencial, portanto, é que no reforço positivo uma resposta produz um estímulo (um reforçador positivo), enquanto no reforço negativo, uma resposta remove ou evita a ocorrência de um estímulo (um estímulo aversivo). Em ambos os casos, é mais provável que o comportamento ocorra no futuro.

Considere o Exemplo 8 na Tabela 4-1. O comportamento da mãe de comprar doces para o filho resulta em que a criança para de fazer birra (um estímulo aversivo é removido). Como resultado, é mais provável que a mãe compre doce quando o filho fizer birra em uma loja. Esse é um exemplo de reforço negativo. Por outro lado, quando a criança faz birra, consegue o doce (um reforçador positivo é apresentado). Como resultado, é mais provável que a criança faça birra na loja. Esse é um exemplo de reforço positivo

Reforço negativo não é punição. Algumas pessoas confundem reforço negativo e punição (veja o Capítulo 6), não são a mesma coisa. O reforço negativo (assim como o reforço positivo) aumenta ou fortalece um comportamento. A punição, ao contrário, diminui ou enfraquece um comportamento. A confusão vem do uso da palavra negativo no reforço negativo. Neste contexto, a palavra *negativo* não significa ruim ou desagradável, mas simplesmente se refere à remoção (subtração) do estímulo após o comportamento.

Inúmeros exemplos de reforço positivo e negativo estão em nosso cotidiano. Dos oito exemplos na Tabela 4-1, cinco ilustram o reforço positivo e quatro ilustram o reforço negativo (o Exemplo 8 ilustra ambos).

Leia cada um dos exemplos na Tabela 4-1. Quais deles são exemplos de reforço positivo? Quais são exemplos de reforços negativos? Explique suas escolhas. As respostas podem ser encontradas no Apêndice B, no final deste capítulo.

Tanto o reforço positivo como o negativo fortalecem o comportamento. O importante a lembrar sobre o reforço positivo e o reforço negativo é que ambos têm o mesmo impacto sobre o comportamento: o fortalecem. Reforço é sempre definido pelo efeito que tem sobre o comportamento (Skinner, 1958). O que é chamado de definição funcional. Considere o seguinte exemplo: um aluno completa uma tarefa acadêmica de forma independente e o professor caminha até sua mesa, diz "Bom trabalho", e dá um tapinha nas costas dele.

Este cenário é um exemplo de reforço positivo?

Neste caso, não podemos dizer por que não são apresentadas informações suficientes. Essa situação seria um exemplo de reforço positivo somente se, como resultado do elogio e do tapinha nas costas, o aluno tivesse maior probabilidade de concluir tarefas acadêmicas independentemente no futuro. Lembre-se, essa é a definição funcional de reforço: a consequência de um comportamento aumenta a probabilidade de que ocorra novamente no futuro. Para a maioria das crianças, elogios e atenção do professor são reforçadores que fortalecem o comportamento de completar tarefas acadêmicas.

Entretanto, para algumas crianças (com autismo, por exemplo), a atenção do professor pode não ser um reforçador. E, portanto, elogiar e dar um tapinha nas costas não fortaleceria o comportamento (Durand et al., 1989). Durand e colaboradores demonstraram que para determinar se uma consequência será um reforçador para uma pessoa em particular, você deve testar e medir o efeito no comportamento. Trabalhando com crianças que tinham severos distúrbios de desenvolvimento, eles compararam duas consequências para o desempenho acadêmico delas. Algumas vezes, as crianças recebem elogios pelo desempenho correto e, outras, o desempenho correto resulta em uma breve pausa na tarefa acadêmica. Durand e colaboradores descobriram que o elogio aumentava o desempenho de certas crianças, mas não de outras, e que a breve pausa (remoção da exigência acadêmica) aumentava o desempenho correto de determinadas crianças, mas não de outras. Durand enfatizou a importância de identificar os reforçadores medindo as respectivas ações sobre o comportamento.

Sempre que você tiver de analisar uma situação e determinar se ilustra um reforço positivo ou negativo, faça a si mesmo três perguntas:

1. Qual é o comportamento?
2. O que aconteceu imediatamente após o comportamento? (Um estímulo foi adicionado [reforço positivo] ou removido [reforço negativo]?)
3. O que aconteceu com o comportamento no futuro? (O comportamento foi fortalecido? Se tornou mais provável que ocorresse?)

Se você conseguir responder a cada uma dessas três perguntas, poderá identificar um exemplo como reforço positivo, reforço negativo ou nenhum.

Reforço social *versus* reforço automático

Conforme você aprendeu, o reforço pode envolver a adição de um reforçador (reforço positivo) ou a remoção de um estímulo aversivo (reforço negativo) seguindo o comportamento. Em ambos os casos, o comportamento é fortalecido. Tanto para o reforço positivo quanto para o negativo, o comportamento pode produzir uma consequência pelas ações de outra pessoa ou pelo contato direto com o ambiente físico (Iwata, Vollmer e Zarcone, 1990; Iwata et al., 1993). *Quando um comportamento produz uma consequência reforçadora por meio das ações de outra pessoa, o processo é um reforço social.* Um exemplo de reforço social positivo pode envolver pedir ao colega de quarto para trazer um pacote de batatas fritas. Um exemplo de reforço social negativo pode envolver pedir ao colega de quarto para desligar a TV quando o som está muito alto. Em ambos os casos, a consequência do comportamento foi produzida por meio das ações de outra pessoa. *Quando o comportamento produz uma consequência reforçadora por meio do contato direto com o ambiente físico, o processo é um reforço automático.* Exemplo de reforço positivo automático seria se você fosse à cozinha e pegasse as batatas fritas para si mesmo. Exemplo de reforço negativo automático seria se você pegasse o controle remoto e abaixasse o volume na TV. Em ambos os casos, a consequência reforçadora não foi produzida por outra pessoa.

Um tipo de reforço positivo envolve a oportunidade de se engajar em um comportamento de alta probabilidade (um comportamento preferencial) como consequência de um comportamento de baixa probabilidade (um comportamento menos preferido) para aumentar o comportamento de baixa probabilidade (Mitchell e Stoffelmayr, 1973). Isso é chamado **princípio de Premack** (Premack, 1959). Por exemplo, o princípio de Premack opera quando os pais exigem que o filho da quarta série conclua a lição de casa antes que possa sair para brincar com os amigos. A oportunidade de brincar (um comportamento de alta probabilidade) após a conclusão do dever de casa (um comportamento de baixa probabilidade) reforça o comportamento de fazer o dever de casa; isto é, torna mais provável que a criança complete seu dever de casa.

> **Sobre os termos: distinção entre reforço positivo e negativo**
>
> Alguns alunos se confundem ao distinguir entre reforço positivo e negativo. Ambos são tipos de reforço e, portanto, ambos fortalecem o comportamento. A única diferença é se um estímulo é adicionado (reforço positivo) ou removido (reforço negativo) depois do comportamento. Pense em positivo como um sinal de mais ou de adição (+) e em negativo como um sinal de menos ou de subtração (−). No reforço +, você adiciona um estímulo (um reforçador) após o comportamento. No reforço −, você subtrai ou tira um estímulo (um estímulo aversivo) após o comportamento. Se pensar em positivo e negativo quanto a adicionar ou subtrair um estímulo após o comportamento, a distinção deve ser ainda mais clara.

Comportamentos de fuga e evitação

Ao definir reforço negativo, é feita uma distinção entre fuga e evitação. No **comportamento de fuga**, a ocorrência do comportamento resulta na terminação de um estímulo aversivo que já estava presente quando o comportamento ocorreu. Ou seja, a pessoa escapa do estímulo aversivo ao se engajar em um comportamento específico, e esse comportamento é fortalecido. No **comportamento de evitação**, a ocorrência do comportamento impede que um estímulo aversivo ocorra. Ou seja, a pessoa evita o estímulo aversivo ao se engajar em um comportamento específico, e esse comportamento é fortalecido.

Em uma situação de evitação, um estímulo de advertência geralmente sinaliza a ocorrência de um estímulo aversivo, e a pessoa se envolve em um comportamento de evitação quando esse estímulo de advertência está presente. Tanto o escape quanto a evitação são tipos de reforço negativo; portanto, ambos resultam em um aumento na taxa do comportamento que terminou ou evitou o estímulo aversivo.

Distinção entre comportamento de fuga e de evitação. A distinção entre fuga e evitação é mostrada na seguinte situação. Um rato de laboratório é colocado em uma câmara experimental que tem dois lados separados por uma barreira; o rato pode saltar sobre a barreira para ir de um lado para o outro. No chão da câmara há uma grade elétrica que pode ser utilizada para aplicar choque de um lado ou de outro. Sempre que o choque é aplicado no lado direito da câmara, o rato pula para o lado esquerdo, escapando do choque. Saltar para o lado esquerdo da câmara é um comportamento de fuga porque o rato escapa de um estímulo aversivo (o choque). Quando o choque é aplicado no lado esquerdo, o rato salta para o lado direito. O rato aprende rapidamente esse comportamento de fuga e salta para o outro lado da câmara assim que o choque é aplicado.

Na situação de evitação, um som é apresentado logo antes de o choque ser aplicado. (Os ratos têm melhor audição do que visão).

? *O que o rato aprende a fazer quando o tom é apresentado?*

Depois de vários casos em que o som é apresentado logo antes do choque, o rato começa a pular para o outro lado da câmara assim que ouve o som. O som é o estímulo de advertência; o rato evita o choque pulando para o outro lado assim que o estímulo de advertência é apresentado.

Fuga

Resposta		Consequência
Quando um choque é aplicado o rato pula para o outro lado	e imediatamente	escapa de um choque elétrico

Resultado: é mais provável que o rato salte para o outro lado no futuro quando for aplicado um choque.

Evasão

Resposta		Consequência
Quando um som é apresentado, o rato salta para o outro lado	e imediatamente	o rato evita o choque elétrico

Resultado: é mais provável que o rato salte para o outro lado no futuro quando for apresentado um som.

Exemplos cotidianos de comportamentos de fuga e evitação	
Fuga	Uma pessoa pisa descalça no asfalto quente e imediatamente pisa na grama. Pisar na grama resulta em escapar do calor do asfalto quente.
Evitação	Uma pessoa resolve colocar sapatos na próxima vez que andar no asfalto quente. Calçar sapatos resulta em evitar o calor do asfalto quente.
Fuga	Você liga o carro e o rádio começa a tocar alto demais porque alguém deixou o volume no máximo. Você abaixa o volume para escapar do som ensurdecedor.
Evitação	Você abaixa o volume no rádio do carro antes de ligar o carro. Neste caso, você evita o ruído do rádio.
Fuga	Você se senta na poltrona do cinema perto de um grande grupo de crianças. Eles fazem muito barulho durante o filme, então você muda de poltrona para fugir do barulho.
Evitação	Você entra no cinema e se senta longe de um grupo de crianças. Assim evita o barulho que eles possam fazer.

Reforçadores condicionados e não condicionados

Reforço é um processo natural que afeta o comportamento de humanos e outros animais. No processo de evolução, herdamos certas características biológicas que contribuem para nossa sobrevivência. Uma característica que herdamos é a capacidade de aprender novos comportamentos por meio do reforço. Em particular, certos estímulos são naturalmente reforçadores porque a capacidade de nossos comportamentos serem reforçados por esses estímulos tem valor de sobrevivência (Cooper, Heron e Heward, 1987; 2007). Por exemplo, comida, água e estímulo sexual são reforçadores naturais positivos porque contribuem para a sobrevivência do indivíduo e da espécie. A fuga da estimulação dolorosa ou de níveis extremos de estimulação (frio, calor ou outro estímulo desconfortável ou aversivo) é um reforçador naturalmente negativo, porque a fuga ou a evitação desses estímulos também contribui para a sobrevivência. Esses reforçadores naturais são chamados de **reforçadores não condicionados** porque funcionam como reforçadores da primeira vez que são apresentados à maioria dos humanos; nenhuma experiência prévia com esses estímulos é necessária para que funcionem como reforçadores. Os reforçadores não condicionados às vezes são chamados reforçadores primários. Esses estímulos são reforçadores não condicionados, pois têm importância biológica (Cooper, Heron e Heward, 1987; 2007).

Outra classe de reforçadores e a dos **reforçadores condicionados**. O reforçador condicionado (também chamado de reforçador secundário) é um estímulo que já foi neutro (um estímulo neutro não funciona atualmente como reforçador; isto é, não influencia no comportamento seguinte), mas se tornou estabelecido como reforçador ao ser associado com um reforçador não condicionado ou um reforçador condicionado já estabelecido. Por exemplo, a atenção dos pais é um reforçador condicionado para a maioria das crianças, porque a atenção é combinada com a entrega de alimento, calor humano, e outros reforçadores, muitas vezes no curso da vida de uma criança pequena. O dinheiro é talvez o reforçador condicionado mais comum. O dinheiro é um reforçador condicionado porque pode comprar (é associado com) uma ampla variedade de reforçadores não condicionados e condicionados ao longo da vida de uma pessoa. Se você não pudesse mais usar dinheiro para comprar nada, ele não seria mais um reforçador condicionado. As pessoas não trabalhariam ou se engajariam em qualquer comportamento para conseguir dinheiro se não pudessem utilizá-lo para obter outros reforçadores. Isso ilustra um aspecto importante sobre os reforçadores condicionados: continuam sendo reforçadores somente se forem pelo menos ocasionalmente associados com outros reforçadores.

Praticamente qualquer estímulo pode se tornar um reforçador condicionado se estiver associado a um reforçador já existente. Por exemplo, quando os instrutores ensinam os golfinhos a fazer truques em parques aquáticos, utilizam um dispositivo portátil para reforçar o comportamento do golfinho. No início do processo de treinamento, o treinador entrega um peixe como reforçador e associa o som de um clique com a entrega do peixe. Eventualmente, o som de clique se torna um reforçador condicionado. Depois disso, o treinador ocasionalmente associa o som com o reforçador não condicionado (o peixe) para que o som do clique continue sendo um reforçador condicionado (Pryor, 1985). Um estímulo neutro, como uma ficha plástica de pôquer ou um pequeno pedaço quadrado de papelão colorido, pode ser utilizado como reforçador condicionado (ou **token** [que são fichas ou outro objeto simbólico]) para modificar o comportamento humano em um programa de reforço com *token*, no qual o *token* é apresentado à pessoa após um comportamento desejável, e posteriormente a pessoa troca o *token* por outros reforçadores (chamados **reforçadores de *backup***). Como os *tokens* são associados (trocados por) aos reforçadores de *backup*, os próprios *tokens* se tornam reforçadores para o comportamento desejável. (Veja Kazdin, 1982, para uma revisão da pesquisa sobre programas de reforço com *tokens*.) O Capítulo 22 explica mais detalhadamente os programas de reforço com *tokens*.

Quando um reforçador condicionado está associado com uma ampla variedade de outros reforçadores, é chamado de **reforçador condicionado generalizado**. O dinheiro é um reforçador condicionado generalizado porque está associado com (trocado por) uma variedade quase ilimitada de reforçadores. Como resultado, o dinheiro é um poderoso reforçador que é menos provável de diminuir em valor quando é acumulado. Ou seja, a perda de valor como um reforçador é menos provável de ocorrer para reforçadores generalizados como o dinheiro. Os *tokens* usados em uma economia simbólica são outro exemplo de um reforçador condicionado generalizado porque são trocados por vários outros reforçadores de *backup*. Como resultado, as pessoas podem acumular fichas sem rápida perda de valor. Os elogios também são um reforçador condicionado generalizado, porque o elogio é combinado com numerosos outros reforçadores ao longo da vida de uma pessoa.

Fatores que influenciam a efetividade do reforço

A eficácia do reforço é influenciada por vários fatores, incluindo o imediatismo e a consistência da consequência, as operações motivadoras, a magnitude do reforçador e as diferenças individuais.

Imediatismo

O tempo entre a ocorrência de um comportamento e a consequência reforçadora é importante. Para que uma consequência seja mais efetiva como um reforçador, deve acontecer imediatamente após a ocorrência da resposta. (Uma instância de um comportamento é chamada de **resposta**.) Quanto maior o tempo decorrido entre a resposta e a consequência, menos efetiva será a consequência, porque a contiguidade ou a conexão entre os dois é enfraquecida. Se o tempo entre a resposta e a consequência se tornar muito longo e não houver contiguidade, a consequência não terá efeito sobre o comportamento. Por exemplo, se você quisesse ensinar seu cão a se sentar mediante um comando e aplicasse um tratamento ao cão cinco minutos após ter realizado o comportamento, este não funcionaria como um reforçador para ele se sentar. Neste caso, a demora é muito grande. Em vez disso, o tratamento funcionaria como um reforçador para qualquer comportamento em que o cão se envolvesse imediatamente antes de receber o tratamento (provavelmente implorando, que é o comportamento geralmente reforçado com tratamentos). Por outro lado, se você desse ao cão uma guloseima imediatamente após ele se sentar, o tratamento reforçaria o comportamento de sentar, e o cão estaria mais propenso a se sentar no futuro quando recebesse o comando correspondente.

Considere a importância do reforço imediato no comportamento social. Quando você fala com alguém, recebe respostas sociais imediatas do ouvinte, como sorrisos, acenos de cabeça, contato visual e risos, que reforçam as coisas que você diz. Esses reforçadores sociais fortalecem o comportamento social apropriado. Você aprende o que é apropriado e o que é inadequado dizer, de acordo com a resposta imediata do ouvinte. Por exemplo, se você contar uma piada e as pessoas rirem, é mais provável que repita a piada no futuro. Se você não conseguir risadas imediatas, será menos provável que reconte a piada.

Contingência

Se uma resposta for consistentemente seguida por uma consequência imediata, é mais provável que essa consequência reforce a resposta. Quando a resposta produz a consequência e a consequência não ocorre a menos que a resposta ocorra primeiro, dizemos que existe uma **contingência** entre a resposta e a consequência. Quando existe uma contingência, é mais provável que a consequência reforce a resposta (por exemplo, ver Borrero, Vollmer e Wright, 2002). Considere o exemplo de girar a chave de ignição para ligar o carro. Esse é um exemplo de contingência: toda vez que você gira a chave, dá partida no carro. O comportamento de girar a chave é reforçado pela partida do motor. Se o motor só ligasse algumas vezes quando você girasse a chave, e se ligasse às vezes sem que você girasse a chave, o comportamento de girar a chave nesse carro particular não seria muito fortalecido. É mais provável que uma pessoa repita um comportamento quando ele resulta em uma consequência reforçadora consistente. Ou seja, um comportamento é fortalecido quando um reforçador é contingente com o comportamento (quando o reforçador ocorre apenas se o comportamento ocorrer).

Operações motivadoras

Alguns eventos podem tornar uma consequência específica mais ou menos reforçadora em alguns momentos do que em outros momentos. Esses eventos antecedentes, denominados **operações motivadoras (OM)**, alteram o valor de um reforçador. Existem dois tipos de OM; operações estabelecedoras e operações abolidoras. Uma **operação estabelecedora (OE)** torna um reforçador mais potente (estabelece a eficácia de um reforçador). Uma **operação abolidora (OA)** torna um reforçador menos potente (suprime ou diminui a eficácia de um reforçador).

As operações motivadoras têm dois efeitos:

(a) alteram o valor de um reforçador e
(b) tornam o comportamento que produz aquele reforçador mais ou menos provável de ocorrer naquele momento.

- Uma OE (operação estabelecedora) torna o reforçador mais potente e torna mais provável o comportamento que produz o reforçador.
- Uma OA (operação abolidora) torna o reforçador menos potente e torna menos provável o comportamento que produz o reforçador.

Vamos considerar alguns exemplos de operações estabelecedoras. A comida é um reforçador mais poderoso para uma pessoa que não tenha comido recentemente. Não ter comido há algum tempo é uma OE que torna a comida mais reforçadora naquele momento e torna mais provável o comportamento de obter comida. Da mesma forma, a água é um reforçador mais potente para alguém que não bebeu o dia todo ou que tenha acabado de correr nove quilômetros. Água ou outras bebidas são mais reforçadoras quando uma pessoa acabou de comer uma grande quantidade de pipoca salgada do que quando uma pessoa não o fez. (É por isso que alguns locais distribuem gratuitamente pipoca salgada.) Nesses exemplos, ficar sem comida ou sem água (privação), correr nove quilômetros e comer pipoca salgada são eventos chamados de operações estabelecedoras (a) aumentam a eficácia de um reforçador em determinado momento ou em uma situação particular e (b) tornam mais provável o comportamento que resulta naquele reforçador.

Sobre os termos: uma OE evoca um comportamento

- Dizer que uma OE evoca um comportamento é o mesmo que dizer que uma OE torna um comportamento mais provável de ocorrer.
- É chamado de efeito evocativo de uma OE.

A **privação** é um tipo de operação estabelecedora que aumenta a eficácia da maioria dos reforçadores não condicionados e de alguns reforçadores condicionados. Um reforçador particular (como comida ou água) é mais poderoso se uma pessoa ficar sem ele por algum tempo. Por exemplo, a atenção pode ser um reforçador mais poderoso para uma criança que ficou sem atenção por determinado período. Da mesma forma, embora o dinheiro seja quase sempre um reforçador, pode ser um reforçador mais poderoso para alguém que tenha ficado sem dinheiro (ou sem dinheiro suficiente) por um período específico. Além disso, quaisquer circunstâncias em que uma pessoa precise de mais dinheiro (por exemplo, contas médicas inesperadas) tornam o dinheiro um reforçador mais importante naquele momento.

Vamos considerar alguns exemplos de operações abolidoras. Não é provável que a comida seja um elemento reforçador logo após uma pessoa terminar de fazer uma boa refeição. Ter acabado de fazer uma boa refeição é uma OA que torna a comida menos reforçadora naquele momento e também torna menos provável o comportamento de tentar obter comida. A água ou outras bebidas provavelmente não serão reforçadoras para alguém que tenha acabado de beber uma grande quantidade de água. A ingestão de uma grande quantidade de água torna a água menos reforçadora nesse momento e torna menos provável o comportamento de tentar obter água. Esses eventos são chamados de operações abolidoras, porque (a) diminuem ou suprimem a eficácia de um reforçador em determinado momento ou em uma situação particular e (b) tornam menos provável a ocorrência do comportamento que resulta naquele reforçador.

Sobre os termos: uma OA suprime um comportamento

- Dizer que uma OA suprime um comportamento é o mesmo que dizer que uma OA torna menos provável que um comportamento ocorra.
- É chamado efeito supressivo de uma OA.

Esses exemplos ilustram um tipo de operação abolidora chamado saciedade. A **saciedade** ocorre quando uma pessoa consumiu recentemente uma grande quantidade de um determinado reforçador (como comida ou água) ou teve uma grande exposição a um estímulo reforçador. Como resultado, esses reforçadores são menos potentes naquele momento. Por exemplo, sua música favorita pode ser menos reforçadora se você a tiver escutado nas últimas cinco horas. Da mesma forma, a atenção do adulto pode ser menos reforçadora para uma criança que acaba de receber muita atenção individual de um professor. Embora a exposição substancial a um reforçador ou o consumo significativo de um reforçador diminua a eficácia do reforçador, os efeitos da saciedade diminuem com o tempo. Quanto mais tempo tiver decorrido desde que o reforçador foi apresentado, mais poderoso esse reforçador se torna.

Instruções ou regras também podem funcionar como uma operação estabelecedora ou operação abolidora e influenciar o valor reforçador de um estímulo (Schlinger, 1993). Por exemplo, moedas de um centavo não são reforçadores importantes para a maioria das pessoas. No entanto, se divulgassem que havia uma escassez de cobre e que agora cada moeda de um centavo vale 50 centavos, o valor de reforço dos centavos aumentaria, e seria mais provável você se engajar em um comportamento para obter mais centavos.

> **O cenário anterior é um exemplo de operação estabelecedora ou de operação abolidora?**

Esse cenário representa uma OE porque o valor de reforço dos centavos aumentou.

Considere outro exemplo. Suponha que um amigo tivesse alguns ingressos para eventos em um parque de diversões, aos quais você quer muito ir. Se dissessem que os bilhetes haviam expirado e não estavam mais sendo aceitos, o valor de reforço dos ingressos se perderia, seria menos provável que você pedisse os ingressos ao amigo.

> **O cenário anterior é um exemplo de operação estabelecedora ou de operação abolidora?**

Esse cenário representa uma OA porque o valor de reforço dos ingressos diminuiu.

Considere outro exemplo. Você acaba de comprar uma nova mesa para o computador e a impressora. Ao ler as instruções de montagem, descobre que precisa de uma chave de fenda para montá-la, isso aumenta o valor de uma chave de fenda como reforçador naquele momento. Como resultado, é mais provável que você procure por uma chave de fenda. A procura por uma chave de fenda é fortalecida pela necessidade de encontrá-la e montar a mesa com sucesso.

> **O cenário anterior é um exemplo de operação estabelecedora ou de operação abolidora?**

Esse cenário representa uma OE porque o valor de reforço de uma chave de fenda aumentou.

Operações estabelecedoras e operações abolidoras também influenciam a eficácia do reforço negativo. Quando um evento aumenta a aversão de um estímulo, a fuga ou a remoção do estímulo se torna mais reforçadora (OE). Quando um evento diminui a aversão de um estímulo, a fuga ou a remoção do estímulo se torna menos reforçadora (OA). Por exemplo, uma dor de cabeça pode ser uma operação que torna a música em alto volume mais aversiva; portanto, desligar a música em alto volume é mais reforçador quando você está com dor de cabeça. (É mais provável que você desligue a música em alto volume quando estiver com dor de cabeça.) No entanto, estar com os amigos no fim de semana (e não ter dor de cabeça) diminui a aversão à música em alto volume e faz com que desligar a música em alto volume seja menos reforçador. Considere outro exemplo. A luz do sol provavelmente não é aversiva para a maioria das pessoas, mas quando uma pessoa tem uma queimadura grave, fugir do calor do sol é uma atitude mais reforçadora. Portanto, a queimadura de sol é uma operação estabelecedora que faz com que ficar em casa ou sentado à sombra seja mais reforçador, porque esses comportamentos evitam ou impedem a ação do calor do sol (estímulo aversivo). Por outro lado, a aplicação de filtro solar pode ser uma operação abolidora que diminui a aversão de estar exposto à luz do sol e faz que evitar o sol seja menos reforçador. (Veja Michael, 1982, 1993b, e Laraway et al., 2003, para uma discussão mais completa sobre operações estabelecedoras e operações abolidoras.)

PARA UMA LEITURA MAIS APROFUNDADA

Operações motivadoras

Operação estabelecedora (OE) é um termo utilizado para descrever qualquer evento que torne um reforçador mais potente. Uma OE também torna um comportamento que produz aquele reforçador mais provável de ocorrer. O conceito da OE foi descrito em detalhes em 1982 em um artigo de Jack Michael, e tem-se escrito muito a respeito desde então (McGill, 1999). Em seu artigo de 1982, Michael define o termo OE e ajuda a distingui-lo de outro tipo de evento antecedente, um estímulo discriminativo, ou SD (veja o Capítulo 7). Em um artigo mais recente, Laraway e colaboradores (Laraway et al., 2003) refinaram o conceito de OE, discutindo-o no contexto mais amplo da motivação, e introduziram o termo "operação motivadora". Eles também introduziram o conceito de operação abolidora (OA). OE e OA são importantes porque são as principais influências sobre a eficácia do reforço e porque são frequentemente manipuladas em procedimentos específicos para ajudar as pessoas na modificação de seu comportamento (veja os Capítulos 13 e 16).

Diferenças individuais

A probabilidade de uma consequência ser um reforçador varia de pessoa para pessoa, por isso é importante determinar que uma consequência particular é um reforçador para certa pessoa em particular. É importante não presumir que determinado estímulo seja um reforçador para uma pessoa só porque parece ser um reforçador para a maioria delas. Por exemplo, o elogio pode não ser percebido por algumas pessoas, apesar de ser um reforçador para a maioria delas. Doces de chocolate podem ser reforçadores para a maioria das crianças, mas não para a criança que é alérgica ao chocolate e adoece se comê-lo. O Capítulo 15 discute várias maneiras de identificar quais consequências funcionam como reforçadores para as pessoas.

Magnitude

A outra característica de um estímulo que está relacionado à sua força como um reforçador é sua quantidade ou magnitude. Dada a operação estabelecedora apropriada, geralmente, a eficácia de um estímulo como reforçador é maior se a quantidade ou magnitude do estímulo for maior. Isso é verdadeiro tanto para o reforço positivo quanto para o negativo. Um reforçador positivo maior fortalece mais o comportamento que o produz do que uma quantidade ou magnitude menor do mesmo reforçador. Por exemplo, uma pessoa trabalharia mais e com mais dificuldade por uma grande quantia de dinheiro do que por uma pequena quantia. Da mesma forma, a terminação de um estímulo aversivo mais intenso fortalece o comportamento que o encerra mais do que a terminação de uma magnitude ou intensidade menor do mesmo estímulo. Por exemplo, uma pessoa trabalharia mais ou se envolveria em mais comportamentos para diminuir ou eliminar um estímulo extremamente doloroso do que um estímulo levemente doloroso. Você trabalharia muito mais para escapar de um prédio em chamas do que para sair do sol quente.

Fatores que influenciam a efetividade do reforço

Imediatismo	Um estímulo é mais efetivo como reforçador quando é fornecido imediatamente após o comportamento.
Contingência	Um estímulo é mais efetivo como reforçador quando é fornecido de modo dependente do comportamento.
Operações motivadoras	Operações estabelecedoras tornam um estímulo mais efetivo como reforçador em determinado momento. Operações abolidoras tornam um estímulo menos potente como um reforçador em determinado momento.
Diferenças individuais	Reforçadores variam de pessoa para pessoa.
Magnitude	Geralmente, um estímulo mais intenso é um reforçador mais efetivo.

Esquemas de reforço

O **esquema de reforço** para determinado comportamento especifica se toda resposta é seguida por um reforçador ou se apenas algumas respostas são seguidas por um reforçador. Um **esquema de reforço contínuo** (ERC) é aquele em que cada ocorrência de uma resposta é reforçada. Em um **esquema de reforço intermitente**, pelo contrário, nem todas as ocorrências da resposta são reforçadas. Assim, as respostas são reforçadas ocasionalmente ou intermitentemente. Considere o seguinte exemplo. Maria foi recentemente contratada por uma empresa que fabrica móveis e seu trabalho envolve fixar os puxadores nas portas dos armários. No primeiro dia de trabalho, o supervisor mostrou a Maria como fixar os puxadores corretamente. O supervisor, então, ficou observando Maria fazer o trabalho durante os primeiros minutos e a elogiou toda vez que ela fixava corretamente um puxador na porta de um armário. Esse é um ERC porque cada resposta (fixar um puxador corretamente) foi seguida pela consequência reforçadora (elogios do supervisor). Depois dos primeiros minutos de trabalho, o supervisor se afastou e, ocasionalmente durante o dia, voltava para observar Maria fazer seu trabalho, continuando a elogiar quando ela fixava um puxador corretamente. Esse é um esquema de reforço intermitente porque o comportamento de Maria de fixar puxadores nas portas dos armários foi reforçado apenas algumas vezes.

Nesse exemplo, você pode ver que um ERC foi usado inicialmente quando Maria aprendeu o comportamento pela primeira vez. Depois que Maria aprendeu o trabalho (como ficou determinado pelo fato de que ela o executou corretamente todas as vezes), o supervisor mudou para um esquema de reforço intermitente. O que ilustra os dois usos diferentes de ERC e esquemas de reforço intermitentes. Um ERC é usado quando uma pessoa está aprendendo um comportamento ou se envolvendo no comportamento pela primeira vez, o que é chamado de **aquisição**: a pessoa está adquirindo um novo comportamento com o uso do ERC. Uma vez que a pessoa tenha adquirido ou aprendido o comportamento, um esquema de reforço intermitente é usado para que a pessoa continue a se envolver no comportamento, o que é chamado de **manutenção**: o comportamento é mantido ao longo do tempo com o uso de reforço intermitente. Um supervisor não poderia ficar ao lado de Maria e elogiá-la por todos os seus acertos todos os dias em que ela trabalha. Não é apenas impossível, mas também é desnecessário. O reforço intermitente é mais eficaz do que um ERC para manter um comportamento.

> *Descreva como uma máquina de venda automática ilustra um ERC e como uma máquina caça-níqueis ilustra um esquema de reforço intermitente.*

O comportamento de colocar dinheiro em uma máquina de vendas e apertar o botão de seleção é reforçado toda vez que ocorre porque a máquina dá o item pelo qual você pagou e escolheu. O comportamento de colocar dinheiro em uma máquina caça-níqueis e puxar a alavanca é reforçado em uma programação intermitente porque a máquina caça-níqueis paga apenas ocasionalmente (Figura 4-4).

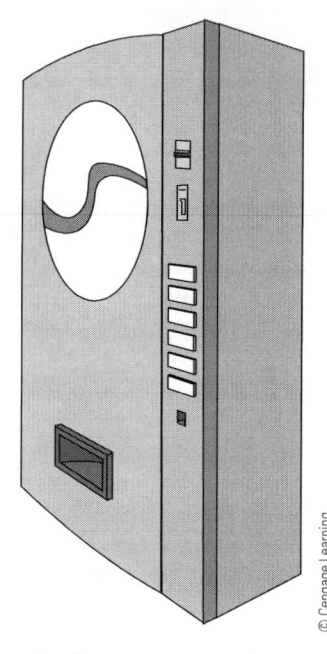

FIGURA 4-4 A máquina caça-níqueis trabalha com um esquema intermitente de reforço. Você não ganha o prêmio e recebe dinheiro da máquina toda vez que coloca dinheiro na máquina. A máquina de venda automática funciona de acordo com um esquema de reforço contínuo. Você recebe um item toda vez que coloca dinheiro na máquina.

Ferster e Skinner (1957) estudaram vários tipos de esquemas de reforço intermitentes. Em seus experimentos, pombos em câmaras experimentais bicavam discos (ou teclas) montados na parede da câmara à frente deles. A tecla podia ser iluminada e o aparelho registrava automaticamente cada bicada na tecla. Como reforçadores para o comportamento de bicar a tecla, pequenas quantidades de comida eram liberadas através de uma abertura na parede abaixo da tecla. Ferster e Skinner descreveram quatro tipos básicos de esquemas: índice fixo, índice variável, intervalo fixo e intervalo variável. Embora esses esquemas de reforço tenham sido originalmente estudados com animais de laboratório, também são aplicados ao comportamento humano.

Índice fixo (IF)

Nos esquemas de reforço de índice fixo e de índice variável, a entrega do reforçador é baseada no número de respostas que ocorrem. Em um **esquema de índice fixo (IF)**, um número específico ou fixo de respostas deve ocorrer antes que o reforçador seja apresentado. Ou seja, um reforçador é apresentado após certo número de respostas. Por exemplo, em um esquema de índice fixo igual a cinco (IF 5), o reforçador é apresentado a cada quinta resposta. Em um esquema de IF, o número de respostas necessárias antes que o reforçador seja apresentado não muda. Ferster e Skinner (1957) descobriram que os pombos se empenhariam em altas taxas de resposta nos esquemas de IF; no entanto, houve muitas vezes uma breve pausa na resposta após a entrega do reforçador. Ferster e Skinner investigaram esquemas de IF variando de IF 2 a IF 400, em que 400 respostas tiveram que ocorrer antes que o reforçador fosse apresentado. Normalmente, a taxa de resposta é maior quando mais respostas são necessárias para o reforço no esquema de IF.

Esquemas de reforço de IF às vezes são utilizados em ambientes acadêmicos ou de trabalho para manter o comportamento apropriado. Considere o exemplo de Paul, um adulto de 26 anos com deficiência intelectual grave, que trabalha em uma fábrica de peças que são embaladas para entrega. Quando as peças chegam em uma esteira rolante, Paul as pega e as coloca em caixas. O supervisor de Paul entrega uma ficha (reforçador condicionado) após cada 20 peças que Paul empacota. Esse é um exemplo de IF 20. Na hora do almoço e depois do trabalho, Paul troca suas fichas por reforçadores de *backup* (por exemplo, lanches ou refrigerantes). Um esquema de IF poderia ser utilizado em um ambiente escolar, dando aos estudantes reforçadores (como estrelas, adesivos ou boas notas) para completarem corretamente determinado número de problemas ou outras tarefas acadêmicas. O pagamento por peça em uma fábrica, em que os trabalhadores recebem uma quantia específica de dinheiro por um número fixo de respostas (por exemplo, $ 5 para cada 12 peças montadas), também é exemplo de um esquema de IF.

Índice variável (IV)

Em um **esquema de índice variável (IV)**, assim como em um esquema de IF, a apresentação de um reforçador é baseada no número de respostas que ocorrem, mas, neste caso, o número de respostas necessárias para o reforço varia a cada vez, em torno de um número médio. Ou seja, um reforçador é apresentado após uma média de *x* respostas. Por exemplo, numa escala variável 10 (IV 10), o reforçador é apresentado após uma média de 10 respostas. O número de respostas necessárias para cada reforçador pode variar de apenas 2 ou 3 a 20 ou 25, mas o número médio de respostas é igual a 10. Ferster e Skinner (1957) avaliaram os esquemas de IV com pombos e descobriram que tais esquemas produziam índices elevados e estáveis de resposta; em contraste com os esquemas de IF, há pequenas pausas após a apresentação do reforçador. Em sua pesquisa, Ferster e Skinner avaliaram vários esquemas de IV, incluindo alguns que precisavam de um grande número de respostas para reforço (por exemplo, IV 360).

Alguns esquemas de IV existem naturalmente; outros podem ser criados deliberadamente. Considere novamente o exemplo de Paul, o homem com deficiência intelectual que empacota peças em uma fábrica.

> **?** *Descreva como um esquema de reforço de IV 20 seria implementado com Paul.*

O supervisor poderia reforçar seu desempenho no trabalho com um esquema de IV 20, entregando uma ficha após uma média de 20 peças empacotadas por Paul. Às vezes, o número de respostas necessárias seria menor que 20 e, outras vezes, maior que 20. O número de respostas necessárias para qualquer entrega de *token* em particular não seria previsível para Paul, em contraste com o esquema de IF 20, em que o *token* é fornecido após cada 20 respostas (peças empacotadas). Outro exemplo comum de esquema de IV é a máquina caça-níqueis encontrada nos cassinos. A resposta de colocar uma moeda na máquina e puxar a alça é reforçada com um esquema de IV. O jogador nunca sabe quantas respostas são necessárias para conseguir o pote de dinheiro (o reforçador). No entanto, quanto mais respostas o jogador der, maior a probabilidade de ele conseguir um pote de dinheiro (porque um esquema de IV é baseado no número de respostas, não no tempo ou em algum outro fator). Portanto, o esquema de IV em uma máquina caça-níqueis produz índices elevados e estáveis de resposta. Naturalmente, o cassino garante que o esquema de IV é tal que os apostadores colocam mais dinheiro na máquina do que a máquina paga como reforçadores. Outro exemplo de esquema de IV pode ser encontrado no caso do vendedor que deve fazer contatos (pessoalmente ou por telefone) para vender seus produtos. O número de contatos que devem ocorrer antes de uma venda (o reforçador) ocorrer é variável. Quanto mais contatos o vendedor fizer, maior a probabilidade de ocorrer uma venda. No entanto, é imprevisível saber qual contato resultará em uma venda.

Nos esquemas de IF e de IV, a apresentação do reforçador é baseada no número de respostas que ocorrem. Como resultado, tanto nos esquemas de IF quanto de IV, respostas mais frequentes resultam em reforço mais frequente. É por isso que esses são os esquemas intermitentes mais utilizados nos procedimentos de modificação de comportamento.

Intervalo fixo (IFx)

Com esquemas de intervalo (intervalos fixos, intervalos variáveis), uma resposta é reforçada apenas se ocorrer após um intervalo. Não importa quantas respostas ocorrem; assim que o intervalo especificado tiver decorrido, a primeira resposta que ocorrer será reforçada. Em um **esquema de intervalo fixo (IFx)**, o intervalo é fixo, ou seja, permanece o mesmo todas as vezes. Por exemplo, em um esquema de reforço com intervalo fixo de 20 segundos (IFx 20 segundos), a primeira resposta que ocorrer após 20 segundos resultará no reforçador. As respostas que ocorrem antes dos 20 segundos não são reforçadas; não têm efeito sobre a apresentação subsequente do reforçador (ou seja, não fazem com que seja apresentado antes). Passados os 20 segundos, o reforçador fica disponível e a primeira resposta que ocorre é reforçada. Então, 20 segundos depois, o reforçador está novamente disponível, e a primeira resposta que ocorre produz o reforçador. Considere novamente o exemplo de Paul, que empacota peças em uma fábrica.

> **?** *Descreva como um esquema de reforço de IFx de 30 minutos seria implementado com Paul.*

Um esquema de IFx 30 minutos estaria em vigor se o supervisor, uma vez a cada 30 minutos, desse a Paul uma ficha pela primeira resposta (empacotar uma peça) que ocorreu. O número de peças que Paul empacotou durante os 30 minutos seria irrelevante. O supervisor forneceria a ficha (reforçador) para a primeira peça que viu Paul empacotar após o intervalo de 30 minutos. Isso é diferente de um esquema de IF ou IV, no qual Paul recebe um *token* (ficha) pelo número de peças que empacota. Em um esquema de IFx, apenas uma resposta é necessária para o reforço, mas deve ocorrer após o intervalo.

O que Ferster e Skinner (1957) verificaram é que os esquemas de reforço de FIx produziram certo padrão de resposta: o pombo deu um número crescente de respostas próximo do final do intervalo, até que o reforçador fosse apresentado. Depois disso, houve uma pausa nas respostas; à medida que o final do intervalo se aproxima, o pombo voltava a responder mais rapidamente até a entrega do reforçador. Podemos esperar ver o mesmo padrão de comportamento com Paul na fábrica. Depois que ele recebe a ficha do supervisor e o supervisor se afasta (para observar outros trabalhadores), Paul pode diminuir a velocidade ou parar de trabalhar por um tempo, e então começar a trabalhar novamente quando o fim do período de 30 minutos se aproximar. Como ele recebe um *token* por empacotar uma peça somente após o término do intervalo de 30 minutos, o comportamento dele de empacotar peças começa naturalmente a ocorrer com mais frequência à medida que o fim do intervalo se aproxima. Como ele nunca recebe um *token* por empacotar peças durante o intervalo de 30 minutos, seu comportamento naturalmente começa a ocorrer com menos frequência na primeira parte do intervalo. Esse padrão de comportamento (uma maior taxa de resposta perto do final do intervalo) é característico dos esquemas de reforço com IFx. Por esse motivo, os esquemas de IFx raramente são utilizados em programas de ensino ou treinamento. Em vez disso, os esquemas de IF ou IV são mais utilizados porque produzem índices de resposta mais elevados e mais estáveis. Com um esquema de IF ou IV, Paul aprendeu a empacotar mais peças para receber mais *tokens*. Com um esquema FIx, Paul aprendeu a empacotar as peças em um período limitado em torno do final de cada intervalo de 30 minutos.

Intervalo variável (IVr)

Em um **esquema de intervalo variável (IVr)** de reforço, assim como em um esquema de IFx, o reforçador é apresentado para a primeira resposta que ocorre depois de um intervalo ter decorrido. A diferença é que, em um esquema de IVr, cada intervalo tem uma duração diferente. O intervalo varia em torno de um tempo médio. Por exemplo, em um esquema com intervalo variável de 20 segundos (IVr 20 segundos), algumas vezes, o intervalo tem mais de 20 segundos e, outras, tem menos de 20 segundos. A duração do intervalo não é previsível todas as vezes, mas a duração média é de 20 segundos. Ferster e Skinner (1957) investigaram vários esquemas de reforço com IVr. Eles descobriram que o padrão de resposta em um esquema com IVr era diferente daquele em um esquema com IFx. No esquema com IVr, o comportamento do pombo (bicando a tecla) ocorreu com uma frequência constante, enquanto no esquema com FIx, a frequência diminuiu na parte inicial do intervalo e aumentou perto do final do intervalo. Como a duração do intervalo – e, portanto, a disponibilidade do reforçador – era imprevisível em um esquema com IVr, esse padrão de resposta não se desenvolveu.

Mais uma vez, considere o caso de Paul empacotando peças em uma fábrica.

> *Descreva como o supervisor implementaria um esquema com IVr de 30 minutos com Paul. Descreva como o comportamento de Paul seria diferente em um esquema de IVr de 30 minutos com base em seu comportamento em um esquema com IFx de 30 minutos.*

Utilizando um esquema com IVr de 30 minutos, o supervisor se aproximava de Paul a intervalos imprevisíveis (por exemplo, após 5 minutos, 22 minutos, 45 minutos, 36 minutos) e dava a ele um *token* pela primeira peça que Paul empacotava. Os diversos intervalos teriam uma média de 30 minutos. O reforçador (*token*) seria dado pela primeira resposta após o intervalo. Em um esquema com IVr de 30 minutos, Paul provavelmente empacotaria as peças de forma mais constante ao longo do dia. A desaceleração e a aceleração de sua frequência de trabalho observada no esquema com IFx de 30 minutos não ocorreriam porque a duração dos intervalos é imprevisível.

Esquemas de reforço	
Índice fixo	Reforçador apresentado depois de determinado número de respostas. Produz elevado índice de comportamento, com uma pausa após o reforço.
Índice variável	Reforçador apresentado depois de uma média de *x* respostas. Produz um índice de comportamento elevado e estável, sem pausa após o reforço.
Intervalo fixo	Reforçador apresentado para a primeira resposta que ocorre depois de um intervalo fixo. Produz um baixo índice de comportamento, com um padrão do tipo "ligado e desligado". O índice de resposta aumenta próximo do fim do intervalo.
Intervalo variável	Reforçador apresentado para a primeira resposta que ocorre depois de um intervalo variável. Produz um índice de comportamento de baixo a moderado, estável, e sem o padrão do tipo "ligado e desligado".

Diferentes dimensões do reforço de comportamento

Embora o reforço geralmente seja utilizado para aumentar a taxa de um comportamento, o reforço também pode influenciar outras dimensões, como duração, intensidade ou latência do comportamento. Se um reforçador for dependente da duração específica de um comportamento, é mais provável que a duração desse comportamento ocorra. Por exemplo, se uma criança tiver permissão para sair e brincar depois da escola somente após completar meia hora de lição de casa, ela estará mais propensa a trabalhar em sua tarefa por 30 minutos. Da mesma forma, se o reforçador depender da intensidade específica de um comportamento, este é mais provável de ocorrer com essa intensidade. Por exemplo, se uma porta ficar emperrada por causa do tempo frio e você tiver de empurrar com mais força para abri-la, então o ato de empurrar com mais força é reforçado e é mais provável que você empurre com mais força (maior intensidade) para abrir a porta. Da mesma forma, se um reforçador for dependente da diminuição da latência de uma resposta, a latência reduzida (aumento da velocidade) será reforçada. Por exemplo, se uma criança recebe um reforçador por obedecer às instruções dos pais imediatamente após as instruções serem dadas, então uma resposta imediata (latência curta) é fortalecida e a criança tem maior probabilidade de responder imediatamente quando o pai fizer uma solicitação.

Esquemas de reforço concorrentes

Na maioria das situações, é possível que uma pessoa se envolva em mais de um comportamento. Para cada um dos possíveis comportamentos que uma pessoa poderia ter em determinado momento, há um esquema específico de reforço em vigor. Todos os esquemas de reforço que estão em vigor para os comportamentos de uma pessoa ao mesmo tempo são chamados de **esquemas de reforço concorrentes**. Em outras palavras, vários comportamentos diferentes ou opções de resposta estão disponíveis simultaneamente para a pessoa e são chamados **operantes concorrentes**. Por exemplo, levantar a mão na sala de aula e fazer ruídos de animais são operantes simultâneos para um aluno da primeira série. É provável que cada um deles seja reforçado pela atenção do professor em algum esquema de reforço. Esquemas de reforço concorrentes (e punição) para as diferentes opções de resposta em determinado momento influenciam a probabilidade de que um comportamento específico ocorrerá naquele momento. A pessoa normalmente se envolverá em uma das opções de resposta dependendo (a) do esquema de reforço, (b) da magnitude do reforço, (c) do imediatismo do reforço e (d) do **esforço de resposta** para as várias opções de resposta (Neef, Mace e Shade, 1993; Neef et al., 1992; Neef, Shade e Miller, 1994). Por exemplo, se Rayford tivesse a oportunidade de fazer o trabalho para o amigo por $ 15,00 a hora ou ajudar o primo na loja de ferragens por $ 10,00 a hora, ele provavelmente ajudaria o amigo a trabalhar no jardim porque a magnitude do reforço é maior. Se os dois trabalhos pagassem $ 15,00 por hora, mas um deles fosse muito mais fácil, Rayford provavelmente escolheria o mais fácil. No entanto, se ele tivesse a oportunidade de passar a tarde esquiando com a namorada, ele poderia escolher ficar com ela em vez de qualquer um dos dois trabalhos, porque envolveria um reforçador mais poderoso do que a quantia de dinheiro obtida de qualquer um dos trabalhos.

Pesquisas sobre esquemas de reforço concorrentes mostraram que as pessoas geralmente se envolvem no comportamento que resulta em (a) reforço mais frequente, (b) uma magnitude maior de reforço, (c) reforço mais imediato, ou (d) menor esforço de resposta (Friman e Poling, 1995; Hoch et al., 2002; Hoch et al., 2002; Neef et al., 1992, Neef, Mace e Shade, 1993; Neef, Shade e Miller, 1994; Piazza et al., 2002). Informações sobre esquemas concorrentes são importantes na aplicação da modificação do comportamento, pois pode existir um esquema de reforço para um comportamento indesejável concomitantemente a um esquema de reforço para um comportamento desejável. Ao utilizar o reforço para aumentar o comportamento desejável, você também deve considerar (e em alguns casos, modificar) o esquema, a magnitude e o imediatismo do reforço e o esforço de resposta para o comportamento indesejável (Mace e Roberts, 1993).

RESUMO DO CAPÍTULO

1. Reforço é um princípio básico do comportamento. O reforço deve ocorrer quando a ocorrência de um comportamento for seguida por uma consequência imediata que resulta em um fortalecimento do comportamento ou um aumento da probabilidade do comportamento no futuro. Reforço é o processo responsável pela ocorrência do comportamento operante.

2. O reforço positivo e o negativo fortalecem o comportamento; diferem apenas se a consequência do comportamento for a adição de um estímulo (reforçador positivo) ou a remoção de um estímulo (estímulo aversivo).

3. Os reforçadores não condicionados são estímulos naturalmente reforçadores porque têm valor de sobrevivência ou importância biológica. Reforçadores condicionados são originalmente estímulos neutros que se estabeleceram como reforçadores porque foram associados a reforçadores não condicionados ou a outros reforçadores condicionados.

4. Vários fatores influenciam a eficácia do reforço. Um reforçador deve ser apresentado imediatamente para ser mais eficaz. Um reforçador é mais efetivo quando depende do comportamento, isto é, quando é apresentado somente se o comportamento ocorrer. Reforçadores são efetivos quando há um estado de privação ou alguma outra operação estabelecedora em vigor. Geralmente, um reforçador é mais efetivo quanto maior for sua quantidade ou magnitude.

5. O reforço pode ser programado para ocorrer toda vez que o comportamento ocorrer (reforço contínuo), ou pode ocorrer intermitentemente. Os ERCs são utilizados para a aquisição, isto é, aprender um novo comportamento. Esquemas intermitentes são utilizados para manter a ocorrência de um comportamento, uma vez que tenha sido aprendido. Existem quatro esquemas básicos de reforço intermitente. Nos esquemas de índice, uma série de respostas deve ocorrer

para que o reforçador seja apresentado. Em um esquema de IF, o número de respostas é fixo ou constante; em um esquema de IV, o número de respostas necessárias para o reforço varia em torno de um número médio. Em esquemas com intervalos, um determinado intervalo deve decorrer antes que uma resposta seja reforçada. Em um esquema de IFx, o intervalo é fixo; em um esquema de IVr, o intervalo varia em torno de um tempo médio. Os esquemas de índice produzem a maior taxa de resposta, embora geralmente haja uma pausa após o reforço nos esquemas de IF. Os esquemas com intervalo produzem taxas mais baixas de resposta do que os esquemas de índice. O esquema de IVr produz uma taxa constante, enquanto o esquema de IFx produz um padrão de resposta pronto do tipo liga e desliga, no qual a maioria das respostas ocorre à medida que o fim do intervalo se aproxima.

TERMOS-CHAVE

aquisição, 59
comportamento de evitação, 54
comportamento de fuga, 54
comportamento operante, 50
consequência, 48
contingência, 56
esforço de resposta, 63
esquema de índice fixo (IF), 60
esquema de índice variável (IV), 61
esquema de intervalo fixo (IFx), 61
esquema de intervalo variável (IVr), 62
esquema de reforço contínuo (ERC), 59
esquema de reforço intermitente, 59

esquema de reforço, 59
esquemas de reforço concorrentes, 63
estímulo aversivo, 52
estímulo, 52
manutenção, 59
operação abolidora (OA), 52
operação estabelecedora (OE), 56
operação motivadora (OM), 56
operantes concorrentes, 63
princípio de Premack, 53
privação, 57
reforçador de *backup*, 55

reforçador condicionado generalizado, 56
reforçador condicionado, 55
reforçador não condicionado, 55
reforçador positivo, 52
reforçador, 50
reforço negativo, 52
reforço positivo, 52
reforço, 48
resposta, 56
saciedade, 57
token (ficha), 55

TESTE PRÁTICO

1. Qual é a definição de reforço?
2. Qual é o reforçador para o gato de Thorndike? Qual comportamento resultou no reforçador? Que efeito o reforço teve no comportamento do gato?
3. O que significa dizer que um comportamento é fortalecido?
4. O que é comportamento operante? Qual comportamento operante do rato foi reforçado pelos experimentos de Skinner?
5. Desenhe um gráfico que mostre o efeito do reforço na duração da brincadeira cooperativa em uma criança.
6. Forneça uma definição para reforço positivo.
7. Forneça uma definição para reforço negativo.
8. Forneça um exemplo novonão o do capítulo de reforço positivo.
9. Forneça um exemplo novo de reforço negativo.
10. De que maneira o reforço positivo e o negativo são semelhantes? Como são diferentes?
11. Como o reforço negativo é diferente da punição?
12. O que é estímulo aversivo? Forneça um exemplo.
13. O que é reforçador não condicionado? Forneça exemplos de reforçadores não condicionados.
14. O que é reforçador condicionado? Forneça exemplos. Como o estímulo em cada exemplo se torna um reforçador condicionado?
15. Identifique os cinco fatores que influenciam a efetividade do reforço?
16. O que se entende por contiguidade entre uma resposta e um reforçador? Como a contiguidade influencia a efetividade do reforço?
17. O que é uma contingência de reforço? Como uma contingência influencia a efetividade do reforço?
18. O que é uma operação estabelecedoraOE? Quais são os dois efeitos de uma OE? O que é uma operação abolidoraOA? Quais são os dois efeitos de uma OA? Forneça alguns exemplos de OE e OA.
19. Como você pode especificar se determinado estímulo é um reforçador para uma pessoa em particular?
20. Faça a distinção entre esquemas de reforço intermitentes e contínuos.
21. Um ERC é utilizado para aquisição, e o esquema intermitente é utilizado para manutenção. Descreva o que significa.
22. O que é um esquema de índice fixo? O que é um esquema de índice variável? Dê um exemplo que ilustre cada um deles.
23. O que é um esquema de intervalo fixo? O que é um esquema de intervalo variável? Descreva o padrão de resposta que você esperaria com um esquema de intervalo fixo.p. 61-62
24. É mais provável que esquemas de intervalo ou de índice sejam utilizados em programas de ensino ou treinamento? Por quê?
25. O que são esquemas de reforço concorrentes? Dê um exemplo.
26. Identifique cada um dos itens a seguir como exemplo de reforço positivo ou de reforço negativo.

a. Althea interrompe os pais e eles a repreendem cada vez que ela os interrompe. Althea continua a interromper os pais.
b. Dick reclama para sua professora sempre que ela pede que ele resolva problemas de matemática. A professora manda que ele sente isolado no fundo da sala por 15 minutos e assim se livra dos problemas de matemática quando reclama. Então, ele continua a reclamar quando ela pede que resolva problemas de matemática.
c. Maxine tem problemas de erupção na pele. Sempre que ela se coça, a coceira desaparece por um tempo. Maxine continua a se coçar quando a coceira começa.
d. Jorge entregou a lição de casa a tempo e o professor sorriu para ele. Como resultado, ele continua a entregar a lição de casa a tempo.
e. Wiley dirige a caminhonete rapidamente por uma estrada de terra e consegue passar pela lama. Como resultado, ele é mais propenso a dirigir a caminhonete rapidamente pela estrada de terra.
f. A mãe de Marcia grita com ela quando não limpa o quarto no sábado. Como resultado, Marcia é mais propensa a ficar na casa de um amigo no sábado, para evitar que a mãe grite com ela.

APÊNDICE A

Comportamentos operantes e reforçadores a partir de cada exemplo na Tabela 4-1

Comportamento operante	Reforçador
1. A criança chora	Atenção dos pais
2. Abrir um guarda-chuva	Evita que a chuva a molhe
3. Ligar o exaustor	Remove a fumaça da cozinha
4. Pedir que sua amiga responda a uma questão da prova	A amiga dá a resposta
5. Johnny se senta no lugar dele	A professora sorri e o elogia
6. Patrícia coloca tampões nos ouvidos	O ruído da TV é eliminado
7. Empregados montam bicicletas	Eles ganham dinheiro
8. Birra da criança	Ela ganha um doce
9. A mãe dá um doce para o filho	A birra para

APÊNDICE B

Exemplos de reforço positivo e reforço negativo a partir da Tabela 4-1

1. Reforço positivo. A atenção dos pais é um reforçador positivo para o choro da criança. (A interrupção do choro também é negativamente reforçadora para o comportamento dos pais ao dar atenção à filha quando ela chora.)
2. Reforço negativo. Abrir o guarda-chuva evita que a chuva molhe a mulher (remove um estímulo aversivo).
3. Reforço negativo. Ligar o exaustor remove a fumaça.
4. Reforço positivo. A amiga fornece a resposta correta à pergunta quando a aluna pede a resposta correta.
5. Reforço positivo. O sorriso e o elogio da professora são um reforçador positivo para que Johnny se sente e preste atenção à aula.
6. Reforço negativo. Colocar tampões nos ouvidos resulta em eliminar o barulho da TV.
7. Reforço positivo. O dinheiro é um reforçador positivo para montar bicicletas.
8. Reforço positivo para o comportamento da criança. Receber um doce da mãe reforça o comportamento de birra da criança. Reforço negativo para o comportamento da mãe. O fato de a criança parar de fazer birra reforça o comportamento da mãe de dar doce para a criança.

5

Extinção

- Qual é o princípio de extinção?
- O que acontece durante um surto de extinção?
- Como a extinção é diferente após o reforço positivo e o reforço negativo?
- Qual é o equivoco comum sobre a extinção?
- Que fatores influenciam a extinção?

Conforme foi discutido no Capítulo 4, o reforço é responsável pela aquisição e manutenção do comportamento operante. Este capítulo discute a extinção, um processo que enfraquece o comportamento operante. Considere os dois exemplos a seguir.

Todas as segundas, quartas e sextas-feiras, Rae vai para a aula de modificação de comportamento às 8 da manhã. Pouco antes da aula, todos os dias, ela para na máquina de café, coloca um dólar na máquina, aperta o botão e pega o café para então seguir para a aula. Certo dia, dirige-se à máquina, coloca o dinheiro e aperta o botão, mas nada acontece. Ela aperta o botão novamente e nada acontece. Aperta o botão outra e outra vez, e bate no botão algumas vezes, mas não consegue pegar o café. Por fim, desiste e vai para a aula sem o café. Durante uma semana não tenta pegar café novamente, mas depois tenta de novo, e nada acontece. E desde então, nunca mais foi até a máquina; em vez disso, agora ela pega o café na loja de conveniência a caminho da escola.

Resposta	Consequência
Rae coloca o dinheiro na máquina de café.	Nenhum café sai da máquina.

Resultado: é menos provável que Rae coloque dinheiro na máquina de café no futuro.

Todas as noites, quando Greg chega em casa, voltando do trabalho, entra em seu prédio pela saída de emergência porque a porta está perto do apartamento dele e não precisa andar até a porta da frente. O síndico do prédio não quer que as pessoas usem essa porta, exceto em emergências, então ele instala uma nova fechadura na porta. Naquele dia, quando Greg chega em casa, gira a maçaneta, mas a porta não abre. E tenta novamente, mas nada acontece; ele continua insistindo ainda com mais força, puxando novamente a maçaneta, mas ainda assim nada acontece. Eventualmente para e caminha até a porta da frente. Greg tenta a porta novamente nos dias seguintes, quando volta do trabalho, mas ainda assim não abre. Por fim, ele para de tentar entrar pela porta de emergência.

Resposta	Consequência
Greg gira a maçaneta da porta da saída de emergência.	A porta não abre.

Resultado: é menos provável que, no futuro, Greg tente abrir a porta da saída de emergência.

Definição de extinção

O princípio comportamental básico ilustrado nos exemplos anteriores é a **extinção**. Em cada exemplo, um comportamento que fora reforçado por determinado período deixou de ser e, por fim parou de ocorrer. O comportamento de Rae de colocar dinheiro na máquina de café e apertar o botão era reforçado com a obtenção de café. O comportamento de Greg de girar a maçaneta e abrir a porta de emergência era reforçado ao entrar no prédio em um ponto mais perto de seu apartamento. Esses comportamentos eram reforçados em um esquema de reforço contínuo. Uma vez que o reforço parou, Rae e Greg, ambos, se envolveram no comportamento cada vez menos e, por fim, deixavam de se envolver no comportamento.

A extinção é um princípio básico do comportamento. A definição comportamental de extinção é a seguinte:

A extinção ocorre quando:

1. Um comportamento que anteriormente era reforçado
2. não mais resulta em consequências reforçadoras
3. e, portanto, o comportamento para de ocorrer no futuro.

Desde que um comportamento seja reforçado, pelo menos intermitentemente, continuará a ocorrer. Se determinado comportamento não for mais seguido de uma consequência reforçadora, a pessoa deixará de se envolver no comportamento. Quando um comportamento deixa de ocorrer porque não é mais reforçado, dizemos que sofreu extinção ou que se extinguiu.

Skinner (1938) e Ferster e Skinner (1957) demonstraram o princípio da extinção com animais de laboratório. Quando o pombo na câmara experimental já não recebia comida como reforço para bicar a tecla, o comportamento de bicar a tecla parou. Quando o rato de laboratório não recebeu mais pelotas de comida para pressionar a alavanca, o comportamento de pressionar a alavanca diminuiu e, por fim, parou.

É claro que numerosas pesquisas também demonstraram o princípio da extinção com o comportamento humano (veja Lerman e Iwata, 1996b). Em um dos primeiros estudos relatando o uso da extinção para diminuir um comportamento problemático, Williams (1959) ilustrou a eficácia da extinção em diminuir os ataques de birra noturnos de uma criança pequena. Como Williams havia determinado que o comportamento de birra da criança estava sendo reforçado pela atenção dos pais, o procedimento de extinção pedia que eles evitassem dar atenção à criança quando ela se envolvia em comportamentos de birra à noite.

Resposta	Consequência
A criança tem acessos de birra na hora de dormir.	Os pais não prestam atenção à criança.

Resultado: é menos provável que, no futuro, a criança tenha acessos de birra na hora de dormir.

Inúmeros estudos demonstraram a eficácia da extinção para diminuir comportamentos indesejados em crianças e adultos (Ayllon e Michael, 1959; Ducharme e Van Houten, 1994; Holz, Azrin e Ayllon, 1963; Lerman e Iwata, 1995; Mazaleski, et al., 1993; Neisworth e Moore, 1972; Rincover, 1978; Wright, Brown e Andrews, 1978). Em cada um desses estudos, o reforçador de determinado problema foi eliminado ou negado após a ocorrência de um comportamento, que diminuiu depois disso. Considere o estudo de Hasazi e Hasazi (1972), que usou a extinção para reduzir erros de aritmética cometidos por um menino de 8 anos. Sempre que o menino tentava resolver problemas de adição com respostas de dois dígitos, ele invertia os dígitos (por exemplo, ele escrevia 21 em vez de 12 como a resposta a 7 + 5). Os pesquisadores determinaram que a atenção (ajuda extra) fornecida pelo professor quando o aluno dava respostas incorretas estava reforçando o comportamento dele de inverter os dígitos. O procedimento de extinção exigia que o professor evitasse prestar atenção às respostas incorretas do aluno. O professor também elogiou o aluno pelas respostas corretas que ele deu. (Este é um reforço diferencial; consulte o Capítulo 15 para acessar uma discussão mais detalhada a esse respeito.) O comportamento de reverter os dígitos diminuiu drasticamente quando a extinção foi implementada (Figura 5-1). Esse estudo é particularmente interessante porque muitos

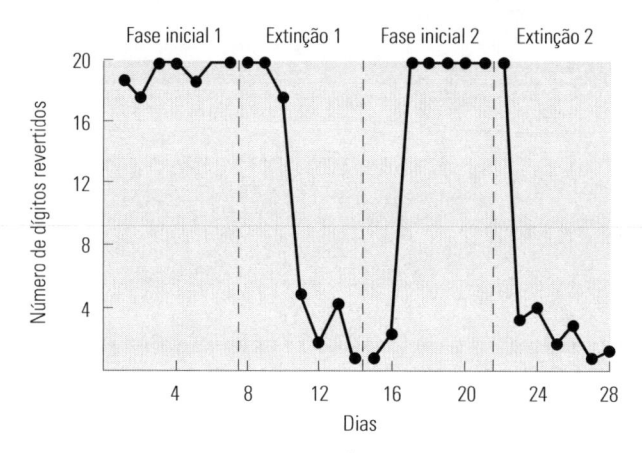

FIGURA 5-1 Este gráfico mostra o efeito da extinção no comportamento de reversão de dígitos de um menino de 8 anos. O gráfico ilustra um desenho de pesquisa de reversão A-B-A-B. Durante a fase inicial, o comportamento de reverter os dígitos em suas respostas a problemas de adição é reforçado pela atenção do professor. Quando a reversão deixou de ser reforçada pela atenção do professor, a frequência desse comportamento diminuiu drasticamente. (Hasazi, J. E., e Hasazi, S. E. Effects of teacher attention on digit reversal behavior in an elementary school child. *Journal of Applied Behavior Analysis*, v. 5, p. 157-162, 1972. Copyright © 1972 University of Kansas Press. Reimpresso por permissão de Joseph E. Hasazi e do editor.)

profissionais considerariam a reversão dos dígitos um sinal de dificuldade de aprendizagem, enquanto os autores demonstraram que, na verdade, era um comportamento operante reforçado pela atenção dada pelo professor.

Em outro exemplo, Lovaas e Simmons (1969) usaram a extinção para reduzir o comportamento autolesivo de uma criança com deficiência intelectual. Lovaas e Simmons acreditavam que o comportamento da criança de bater na cabeça estava sendo reforçado pelas consequências sociais, como receber atenção dos adultos. A extinção envolvia, portanto, a remoção da atenção dos adultos sempre que a criança batesse em si mesma. Os resultados mostraram que a frequência de batidas na cabeça diminuiu de mais de 2.500 vezes em uma sessão de 1 hora para zero por sessão. Foram necessárias dez sessões de extinção para que a frequência do comportamento diminuísse para zero.

Resposta	Consequência
A criança tem acessos de birra na hora de dormir.	Os pais não prestam atenção à criança.

Resultado: é menos provável que, no futuro, a criança tenha acessos de birra na hora de dormir.

Sobre os termos: explicar corretamente sobre extinção

Ao tratar de extinção ou os efeitos dela:

- É correto dizer que você extinguiu um comportamento.
- É correto dizer que você colocou um comportamento em extinção; NÃO é correto dizer que colocou uma pessoa em extinção.
- É correto dizer que um comportamento se extingue; NÃO é correto dizer que um comportamento está extinto.

Surto de extinção

Certa característica do processo de extinção é que, uma vez que o comportamento não é mais reforçado, geralmente aumenta um pouco em frequência, duração ou intensidade antes de diminuir e finalmente parar (Lerman e Iwata, 1995). No primeiro exemplo, quando Rae não tomou o café, apertou o botão da máquina de café repetidamente (aumento de frequência), e depois apertou com mais força ainda (aumento de intensidade) antes de finalmente desistir. Quando Greg descobriu que a porta dos fundos de seu prédio não abria, girou e puxou a maçaneta várias vezes (aumento na frequência), e depois girou e puxou com mais força a maçaneta da porta (aumento de intensidade) antes de finalmente desistir. O aumento na frequência, duração ou intensidade do comportamento não reforçado durante o processo de extinção é chamado de **surto de extinção**. Considere outros dois exemplos.

Quando Mark aperta o botão ligar do controle remoto do aparelho de TV e não liga (porque as pilhas estão descarregadas), ele aperta o botão por mais tempo (maior duração) e com mais força (maior intensidade) antes de desistir. O comportamento dele de apertar o botão não foi reforçado pela TV ligada; portanto, ele desistiu de tentar, mas não até ter tentado apertá-lo por mais tempo e com mais força (surto de extinção).

Todas as noites, Amanda, de 4 anos, chorava na hora de dormir durante 10 a 15 minutos, os pais iam ao quarto dela e conversavam com ela até que adormecesse. Ao agir assim, eles acidentalmente reforçavam o choro dela. Depois de conversar com um analista de comportamento licenciado, os pais decidiram por não entrar no quarto ou conversar com ela quando chorasse na hora de dormir. Na primeira noite, Amanda chorou por 25 minutos antes de cair no sono. No final da semana, ela havia parado de chorar na hora de dormir. Quando pararam de ir ao quarto depois que ela chorava, os pais estavam usando a extinção. O aumento na duração do choro na primeira noite é um surto de extinção. A Figura 5-2 mostra o gráfico da duração do choro de Amanda antes e depois dos pais terem feito uso da extinção. Uma vez que os pais implementaram a extinção, o comportamento aumentou um pouco, mas depois diminuiu e acabou cessando completamente.

Outra característica de um surto de extinção é que novos comportamentos (que normalmente não ocorrem em uma situação específica) podem ocorrer por um breve período quando um comportamento não é mais reforçado (Bijou, 1958; Lalli, Zanolli, e Wohn, 1994). Por exemplo, quando os pais de Amanda deixaram de reforçar o comportamento dela de chorar à noite, ela passou a chorar mais e mais alto (duração e intensidade aumentadas), e também a gritar e bater no travesseiro (novos comportamentos). No primeiro exemplo, Rae não apenas pressionou o botão na máquina de café várias vezes quando o café não saiu, mas também apertou o botão de retorno da moeda e sacudiu a máquina (novos comportamentos; Figura 5-3).

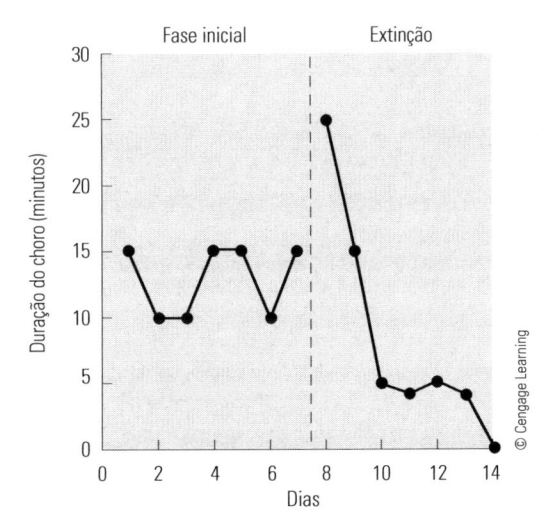

FIGURA 5-2 O gráfico mostra dados hipotéticos sobre a duração do choro na fase inicial e na fase de extinção. No primeiro dia da extinção, ocorreu um surto de extinção: o comportamento aumentou em duração. Nos dias seguintes, o comportamento foi diminuindo e, por fim, parou de ocorrer.

FIGURA 5-3 Quando Rae não conseguiu pegar o café da máquina, começou a apertar os botões repetidamente e a sacudir a máquina. Este é o exemplo de um surto de extinção.

Às vezes, respostas emocionais podem ocorrer durante surtos de extinção (Chance, 1988). Por exemplo, Rae pode agir com raiva e começar a maldizer a máquina de café ou chutá-la. Azrin, Hutchinson e Hake (1966) relataram que o comportamento agressivo é frequentemente visto quando se utiliza a extinção. Não é incomum que crianças pequenas exibam respostas emocionais quando o comportamento não é mais reforçado. A criança que pede bala e recebe um não como resposta pode gritar e chorar. O pai pode, então, involuntariamente reforçar essa gritaria e esse choro, dando à criança alguns doces. Como você deve se lembrar do Capítulo 4, o comportamento dos pais de dar doces para a criança é reforçado negativamente pelo término da gritaria e do choro.

O surto de extinção, que envolve um aumento no comportamento não reforçado ou a ocorrência de novos comportamentos (que às vezes são emocionais) por um breve período, é uma reação natural ao término do reforço. O aumento da frequência, duração ou intensidade do comportamento não reforçado – ou os novos comportamentos que ocorrem durante a extinção – podem ser reforçados; assim, o surto de extinção serve a um propósito valioso. Por exemplo, quando Greg puxa com força a maçaneta da porta, ela poderá abrir somente se estiver fechada, em vez de trancada. Quando Amanda grita e chora mais alto, os pais podem entrar no quarto e dar a ela a atenção que não estava recebendo por simplesmente chorar.

No entanto, o surto de extinção não é necessariamente um processo consciente. Amanda provavelmente não está pensando: "eu vou chorar mais alto, gritar e bater no meu travesseiro para chamar a atenção de meus pais". O surto de extinção é simplesmente uma característica natural de certa situação de extinção.

Surto de extinção

Quando um comportamento deixa de ser reforçado, três coisas podem acontecer.

- O comportamento pode, brevemente, aumentar em frequência, duração ou intensidade.
- Novos comportamentos podem ocorrer.
- Respostas emocionais ou comportamentos agressivos podem ocorrer.

PARA UMA LEITURA MAIS APROFUNDADA

Surto de extinção

O surto de extinção é um fenômeno importante, com implicações diretas no uso da extinção, para diminuir um problema de comportamento (veja o Capítulo 14). O surto de extinção foi estudado por vários pesquisadores. Por exemplo, Lerman e Iwata (1995) revisaram estudos publicados avaliando a extinção e descobriram que um surto de extinção era evidente em 24% dos estudos. Eles identificaram um surto de extinção como um aumento inicial no comportamento durante a extinção. Lerman, Iwata e Wallace (1999) examinaram o uso da extinção em 41 casos de comportamento autolesivo ao longo de 9 anos em seu próprio programa de tratamento. Eles encontraram evidências de um surto de extinção (aumento inicial no comportamento) em 39% dos casos e um aumento no comportamento agressivo em 22% dos casos. Curiosamente, um surto de extinção mostrou ser mais provável de ocorrer após a extinção de um comportamento negativamente reforçado do que a extinção de um comportamento positivamente reforçado. Em ambos os estudos, um surto de extinção foi mais provável quando a extinção foi utilizada isoladamente do que quando juntamente com outros tratamentos.

Recuperação espontânea

Outra característica da extinção é que o comportamento pode ocorrer novamente mesmo depois de não ocorrer por algum tempo. Isso se chama **recuperação espontânea**. A recuperação espontânea é a tendência natural de o comportamento ocorrer novamente em situações semelhantes àquelas em que ocorreu e foi reforçado antes da extinção (Chance, 1988; Lerman, et al., 1999; Zeiler, 1971). Se a extinção ainda estiver em vigor quando ocorrer a recuperação espontânea – isto é, se não houver reforço – o comportamento não continuará por muito tempo. De vez em quando, Amanda poderá chorar à noite após a extinção, mas, se não receber atenção, não ocorrerá com frequência ou por muito tempo. No entanto, se a recuperação espontânea ocorrer e o comportamento for reforçado, o efeito da extinção será perdido. Por exemplo, Greg ainda pode tentar ocasionalmente abrir a porta dos fundos do prédio. Se a porta se abrir um dia, o comportamento dele de usá-la será reforçado, e será mais provável que ele volte a usar essa porta. Encontrar a porta destrancada ocasionalmente seria um exemplo de reforço intermitente, o que aumentaria a persistência comportamental ou a resistência à extinção no futuro.

Variações no procedimento de extinção

Conforme foi discutido no Capítulo 4, há duas variações de procedimentos ou tipos de reforço: reforço positivo e reforço negativo.

> *Defina reforço positivo e reforço negativo.*

Como você se lembra, o reforço positivo ocorre quando um comportamento é seguido pela adição de um estímulo (reforço positivo) e o comportamento é fortalecido. O reforço negativo ocorre quando um comportamento é seguido pela remoção de um estímulo (estímulo aversivo) e o comportamento é fortalecido. Um comportamento pode sofrer extinção, independentemente de ser mantido por reforço positivo ou negativo. O resultado da extinção é o mesmo: o comportamento diminui e para de ocorrer. No entanto, quanto aos procedimentos, a extinção é ligeiramente diferente nos dois casos. Se um comportamento é positivamente reforçado, uma consequência é aplicada ou adicionada após o comportamento. Portanto, *a extinção de um comportamento positivamente reforçado envolve a manutenção da consequência que foi apresentada anteriormente após o comportamento.* Em outras palavras, quando o comportamento não resulta mais na consequência do reforço, ele não ocorre mais.

Se um comportamento é reforçado negativamente, o comportamento resulta na remoção ou evitação de um estímulo aversivo. *A extinção de um comportamento negativamente reforçado envolve, portanto, eliminar a fuga ou evitação que estava reforçando o comportamento.* Quando o comportamento não resulta mais em escapar ou evitar um estímulo aversivo, termina cessando. Por exemplo, suponha que você use tampões nos ouvidos no trabalho na fábrica para diminuir o ruído alto provocado pelos equipamentos. O ato de usar protetores de ouvido é reforçado negativamente para escapar do barulho alto. Se os tampões de ouvido se desgastassem e não mais diminuíssem o ruído, você deixaria de usá-los. O comportamento de usar tampões de ouvido seria extinto porque usá-los já não evitaria o ruído. Este pode ser um conceito difícil de entender. Considere os seguintes exemplos.

Variações no procedimento de extinção

- O reforçador positivo não é mais apresentado após o comportamento.
- O estímulo aversivo não mais é removido após o comportamento.

Shandra tem um horário limite para voltar para casa, que é 23 horas. Se ela chegar depois desse horário, os pais vão repreendê-la, passar um sermão e deixá-la de castigo por uma semana. Como os pais foram dormir às 22 horas, não sabem a que horas a filha chegou em casa. Então, eles perguntam a ela na manhã seguinte se chegou em casa depois das 23 horas; ela mente e diz que chegou mais cedo. O ato de mentir é reforçado negativamente pela vontade de evitar as consequências aversivas dadas por seus pais. A extinção da mentira ocorreria se a mentira não a ajudasse mais a evitar consequências aversivas. Assim, se um dos pais ficasse acordado e soubesse a que horas Shandra voltou para casa, ela não teria de evitar consequências aversivas mentindo. Como resultado, ela desistiria de mentir sobre ter chegado em casa tarde.

Reforço

| Resposta | → | Consequência |

Shandra mente para os pais quando chega em casa depois das 23 horas.   Shandra evita ser repreendida e punida.

Resultado: é mais provável que Shandra minta sobre chegar em casa tarde no futuro.

Extinção

| Resposta | → | Consequência |

Shandra mente para os pais quando chega em casa depois das 23 horas.   Os pais a repreendem com rigor.
Ela não evita consequências aversivas.

Resultado: é menos provável que Shandra minta sobre chegar em casa tarde no futuro.

Considere outro exemplo. Joe é um estudante universitário que trabalha meio período como auxiliar de limpeza. Ele odeia limpar os banheiros, e sempre que o supervisor pede que Joe faça isso, ele inventa desculpas para evitar limpá-los; o supervisor o libera da função e pede que outra pessoa faça a limpeza. O comportamento de Joe de inventar desculpas o ajuda a evitar a limpeza dos banheiros. A atitude de inventar desculpas, portanto, é reforçada negativamente.

Como o supervisor utilizaria a extinção para evitar que Joe continue dando desculpas?

Toda vez que Joe inventar uma desculpa, o supervisor deverá dizer para ele limpar o banheiro de qualquer maneira. Portanto, se Joe não puder evitar limpar banheiros inventando desculpas, ele deixará de inventar desculpas.

Reforço

| Resposta | → | Consequência |

Joe inventa desculpas quando lhe pedem para limpar os banheiros. — Joe evita ter de limpar os banheiros.

Resultado: é mais provável que Joe continue inventando desculpas quando pedirem para limpar os banheiros no futuro.

Extinção

| Resposta | → | Consequência |

Joe inventa desculpas quando pedem para limpar os banheiros. Mesmo assim, o supervisor diz que ele deve limpar os banheiros.

Resultado: é menos provável que Joe continue inventando desculpas quando pedirem para limpar os banheiros no futuro.

Pesquisas feitas por Brian Iwata e colaboradores (Iwata et al., 1994) demonstraram que a extinção, quanto aos procedimentos, é diferente quando um comportamento foi mantido por reforço positivo e quando mantido por um reforço negativo. Iwata e colaboradores estudaram comportamento autolesivo (como bater em si mesmo) exibido por crianças que eram intelectualmente deficientes. Quando descobriram que a autolesão foi positivamente reforçada pela atenção dos adultos, eles implementaram a extinção evitando que o adulto desse atenção após o comportamento. Para algumas crianças, entretanto, a autoagressão foi reforçada negativamente: o comportamento autolesivo resultou na fuga de tarefas acadêmicas. Ou seja, uma professora parou de fazer exigências a uma criança (removeu a demanda acadêmica), assim que a criança começou a se envolver em comportamento autolesivo. Nesses casos de reforço negativo, a extinção demandava que o professor não retirasse a exigência acadêmica após a autolesão. Portanto, o comportamento autolesivo não resultou mais em fugir da situação de aprendizado. Iwata e colaboradores demonstraram claramente que, se a extinção tiver de ocorrer, o reforçador do comportamento deve ser identificado, e esse reforçador específico deve ser retirado. A menos que o reforçador apropriado seja identificado e retirado, o processo não funciona como extinção.

Edward Carr e colaboradores (Carr, Newsom e Binkoff, 1980) estudaram os distúrbios de comportamento de crianças com deficiências intelectuais. Eles mostraram que o comportamento agressivo em duas crianças ocorria apenas em situações de demanda e funcionava como comportamento de fuga. Ou seja, o comportamento agressivo foi reforçado negativamente pelo término das exigências.

Como a extinção seria utilizada com o comportamento agressivo dessas duas crianças?

Carr e colaboradores demonstraram que, quando a criança não consegue escapar da situação de exigência ao se envolver em comportamento agressivo, o comportamento agressivo diminui drasticamente. Uma vez que a fuga estava reforçando o comportamento agressivo, impedir a fuga após o comportamento funcionou como extinção.

Um equívoco comum sobre a extinção

Mesmo que a extinção seja diferente quanto aos procedimentos, dependendo do tipo de reforço para o comportamento, o resultado é sempre o mesmo: o comportamento cessa. Um equívoco comum é dizer que usar a extinção significa simplesmente ignorar o comportamento. Isso é impreciso na maioria dos casos. Extinção significa retirar o reforçador de um comportamento – ignorar o comportamento indesejado funciona como extinção apenas se a atenção for o reforçador. Por exemplo, o furto em lojas, cometido por uma pessoa, é reforçado pela obtenção das mercadorias que a pessoa deseja. Se os vendedores da loja ignorarem o comportamento de furto, isto não fará que o comportamento cesse. Mais uma vez, suponha que uma criança saia correndo da mesa sempre que disserem para ela comer os vegetais da refeição, e o resultado é que não come os vegetais. Se os pais ignorarem esse comportamento, não será interrompido. O ato de correr da mesa é reforçado por não ter de comer os legumes. Ignorar o comportamento não retira esse reforçador e, portanto, não funciona como extinção.

> *Considere cada exemplo de reforço na Tabela 4-1 e transforme-o em um exemplo de extinção. As respostas são fornecidas no final deste capítulo no Apêndice A.*

Fatores que influenciam a extinção

Dois fatores importantes influenciam o processo de extinção: o esquema de reforço antes da extinção e a ocorrência de reforços após a extinção. O esquema de reforços determina, em parte, se a extinção resulta em uma diminuição rápida do comportamento ou em uma diminuição mais gradual (Bijou, 1958; Kazdin e Polster, 1973; Lerman et al., 1996; Neisworth, et al., 1985). Lembre-se do Capítulo 4 em que, em um reforço contínuo, toda ocorrência de um comportamento é seguida por um reforçador; no reforço intermitente, nem toda ocorrência de um comportamento resulta em um reforçador; em vez disso, o comportamento só é ocasionalmente reforçado. *Quando um comportamento é continuamente reforçado, diminui rapidamente quando o reforço é finalizado.* Por outro lado, *quando um comportamento é intermitentemente reforçado, muitas vezes, diminui mais gradualmente quando o reforço é finalizado.* Isso ocorre porque a mudança de reforço para extinção é mais discriminável (há um contraste maior) quando um comportamento é reforçado todas as vezes do que quando apenas algumas ocorrências do comportamento resultam em reforço.

Por exemplo, se você colocar dinheiro em uma máquina de vendas e apertar o botão, sempre obterá o item desejado. Esse é um caso de reforço contínuo, e a diminuição do comportamento durante a extinção seria bastante rápida. Você não continuará a colocar dinheiro em uma máquina de venda automática se não conseguir mais o item pelo qual pagou; a falta de reforço será imediatamente aparente. Compare isso com o que acontece quando coloca dinheiro em uma máquina caça-níqueis ou em uma máquina de jogos de vídeo. Esse é um caso de reforço intermitente: colocar dinheiro em um caça-níqueis é apenas ocasionalmente reforçado por ganhar dinheiro com a máquina. Se a máquina estiver quebrada e nunca mais tiver liberado um prêmio (sem reforço), talvez você coloque muito mais moedas na máquina antes de finalmente desistir. Leva mais tempo para o comportamento de jogo cessar porque é mais difícil determinar que não há mais reforço para o comportamento.

O reforço intermitente antes da extinção produz **resistência à extinção**; isto é, o comportamento persiste depois que a extinção é implementada. O reforço contínuo antes da extinção produz muito menos resistência à extinção (menor persistência comportamental). Por causa da resistência à extinção, o esquema de reforço antes da extinção tem implicações para o uso bem-sucedido da extinção em um programa de modificação de comportamento (veja o Capítulo 14).

Um segundo fator que influencia a extinção é a ocorrência de reforço após a extinção. *Se o reforço ocorre durante a extinção, leva mais tempo para o comportamento diminuir.* Isso acontece porque o reforço do comportamento, uma vez que a extinção foi iniciada, equivale a um reforço intermitente, o que torna o comportamento mais resistente à extinção. Além disso, se o comportamento é reforçado durante um episódio de recuperação espontânea, poderá aumentar até o nível anterior à extinção. Considere o caso de Amanda novamente. Vemos na Figura 5-2 que o ato de ela chorar à noite diminuiu para zero no 14º dia, 7 dias após o início da extinção. E se, no 13º dia, a babá entrasse no quarto e conversasse com ela quando chorou naquela noite? Isso reforçaria o comportamento do choro e o choro ocorreria por muitos mais dias (Figura 5-4). A ação da babá (Figura 5-5) resultaria em reforço intermitente e produziria resistência à extinção. No caso de extinção da birra da criança, relatada por Williams (1959), os acessos de raiva quase cessaram depois que os pais usaram a extinção por alguns dias. No entanto, quando a tia prestou atenção às birras da criança uma noite, aumentaram em intensidade. Somente quando os pais novamente usaram a extinção consistentemente, as birras finalmente cessaram.

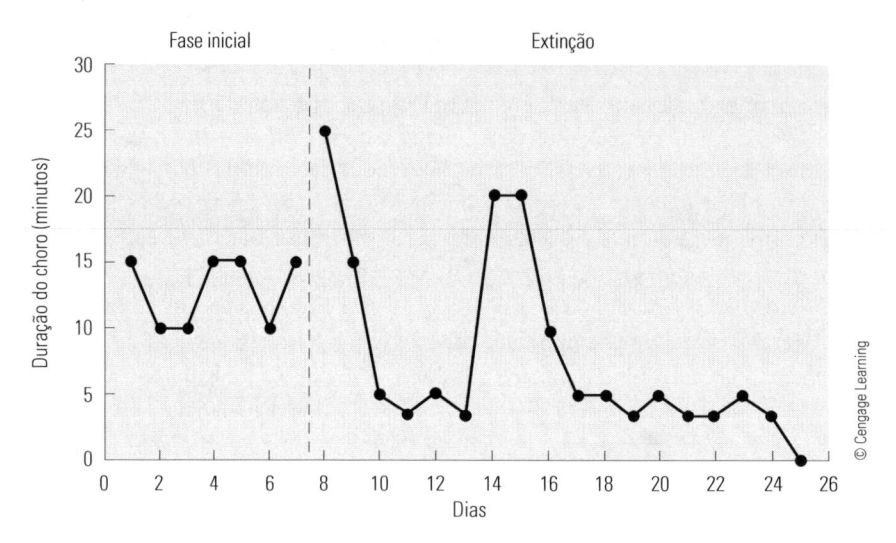

FIGURA 5-4 O gráfico mostra dados hipotéticos ilustrando a duração do choro durante a fase inicial e a extinção se o comportamento foi acidentalmente reforçado no 13º dia. Após o 13º dia, a duração do comportamento aumentou e a extinção foi prolongada.

FIGURA 5-5 Quando Amanda chora à noite, a babá entra no quarto e conversa com ela. Ao agir assim, a babá acidentalmente reforça o choro. Como resultado, levará mais tempo para o comportamento diminuir e cessar quando os pais fizerem uso da extinção.

RESUMO DO CAPÍTULO

1. Extinção é um princípio comportamental básico. Ocorre quando um comportamento previamente reforçado não é mais reforçado e, como resultado, diminui e deixa de ocorrer.
2. A extinção geralmente é caracterizada por um surto de extinção, em que o comportamento não reforçado temporariamente aumenta em frequência, intensidade ou duração, ou novos comportamentos ou respostas emocionais são exibidos temporariamente.
3. Quanto aos procedimentos, a extinção é diferente para os comportamentos que são reforçados positivamente e para aqueles que são reforçados negativamente. Em cada caso, entretanto, o reforçador específico para o comportamento é retirado, e o resultado é a eliminação do comportamento. Com a extinção de um comportamento positivamente reforçado, o reforçador positivo não é mais apresentado após o comportamento. Com a extinção de um comportamento negativamente reforçado, o estímulo aversivo não é mais removido após o comportamento.
4. Um equívoco comum sobre a extinção é que significa ignorar o comportamento. Ignorar o comportamento funciona como extinção apenas se a atenção for o reforçador do comportamento.
5. O comportamento diminui mais rapidamente durante a extinção se o comportamento foi reforçado em um esquema contínuo antes da extinção e se o comportamento nunca for reforçado durante o processo de extinção.

TERMOS-CHAVE

extinção, 67
recuperação espontânea, 70

resistência à extinção, 73

surto de extinção, 68

TESTE PRÁTICO

1. Qual é a definição comportamental de extinção?
2. Dê um exemplo de extinção.
3. O que é surto de extinção (quais as três abordagens apresentadas durante o surto de extinção)?
4. Dê um exemplo de surto de extinção.
5. Desenhe o gráfico de uma extinção. Certifique-se de mostrar o surto de extinção.
6. O que é um reforço negativo? Explique a extinção de um comportamento reforçado negativamente.
7. Dê exemplo de extinção de um comportamento reforçado negativamente.
8. Extinção não é o mesmo que ignorar. Explique essa afirmação.
9. Explique como um esquema de reforço para um comportamento (contínuo ou intermitente) influencia a extinção do comportamento.
10. O que acontece a um comportamento quando ele é acidentalmente reforçado durante o processo de extinção?
11. Desenhe o gráfico de uma extinção que mostre o que acontece quando um comportamento é acidentalmente reforçado.
12. O que é recuperação espontânea durante a extinção?

APÊNDICE A

Aplicação da extinção com cada exemplo de reforço da Tabela 4-1

1. Se os pais deixassem de ir ao quarto da criança quando ela chorasse à noite, a criança pararia de chorar no futuro.
2. Se o guarda-chuva não abrisse corretamente cada vez que a mulher tentasse abri-lo e, como resultado, não impedisse que a chuva a atingisse, ela deixaria de usá-lo no futuro.
3. Se o exaustor não respondesse às tentativas do cozinheiro de ligá-lo, ou se não retirasse a fumaça da cozinha, ele não mais tentaria ligar o exaustor.
4. Se a colega de quarto da aluna não desse mais as respostas às perguntas, a aluna pararia de pedir as respostas.
5. Se o professor ignorasse Johnny quando ele permanece no lugar dele e presta atenção nas aulas, seria menos provável que ele permanecesse no lugar e prestasse atenção no futuro.
6. Se os tampões de ouvido não eliminassem mais o ruído da TV, Patricia pararia de usá-los.
7. Se os trabalhadores não ganhassem mais dinheiro para montar bicicletas (porque a empresa estava falida), eles parariam de montar bicicletas para a empresa.
8. Se a mãe não desse doces ao filho quando ele chora na loja, é menos provável que ele chore. Se a criança não parasse de chorar quando a mãe dá doces na loja, é menos provável que a mãe desse doces quando ela chora, porque o ato de dar doces à criança não foi reforçado pelo término do choro.

6

Punição

- ▶ Qual é o princípio de punição?
- ▶ O que é um equívoco comum sobre a definição de punição na modificação do comportamento?
- ▶ Como a punição positiva difere da punição negativa?
- ▶ Como os punidores não condicionados são diferentes dos punidores condicionados?
- ▶ Quais fatores influenciam a eficácia da punição?
- ▶ Quais são os problemas com a punição?

Nos Capítulos 4 e 5, discutimos os princípios básicos de reforço e da extinção. Reforços positivos e negativos são processos que fortalecem o comportamento operante, e a extinção é um processo que o enfraquece. Neste capítulo, nos concentramos na punição, outro processo que enfraquece o comportamento operante (Lerman e Vorndran, 2002). Considere os seguintes exemplos.

Kathy, aluna veterana de uma faculdade, mudou-se para um novo apartamento perto do *campus*. No caminho para a aula, ela passou por um pátio cercado que tinha um cachorro grande com aparência amigável. Um dia, quando o cachorro estava perto da cerca, Kathy estendeu a mão para acariciá-lo. Imediatamente, o cão começou a rosnar, mostrou os dentes e mordeu a mão dela. Depois disso, ela nunca mais tentou acariciar o cachorro.

No Dia das Mães, Otis decidiu levantar cedo e fazer o café da manhã para a mãe. Colocou a frigideira de ferro fundido no fogão e acendeu o fogo alto. Misturou alguns ovos com leite em uma tigela para fazer ovos mexidos. Cerca de cinco minutos depois, ele verteu os ovos da tigela na frigideira. Imediatamente, os ovos começaram a queimar e a fumaça subiu da frigideira. Otis pegou o cabo da frigideira para tirá-la do fogo. Assim que ele tocou no cabo, sentiu uma forte dor; ele gritou e soltou a frigideira. Depois desse episódio, Otis nunca mais pegou no cabo de uma frigideira. Ele sempre usava luva para evitar se queimar.

Definição de punição

Os dois exemplos anteriores ilustram o princípio comportamental da punição. Em cada exemplo, uma pessoa estava envolvida em um comportamento e houve uma consequência imediata que tornou menos provável que a pessoa repetisse o comportamento em situações semelhantes no futuro. Kathy estendeu a mão para acariciar o cachorro, e foi imediatamente mordida por ele. Como resultado, é menos provável que Kathy tente acariciar aquele cão ou outros cães desconhecidos. Otis segurou o cabo da frigideira de ferro fundido, o que resultou imediatamente em dor quando ele queimou a mão. Como resultado, Otis é muito menos propenso a pegar o cabo de uma frigideira de ferro fundido quente novamente (pelo menos não sem uma luva apropriada).

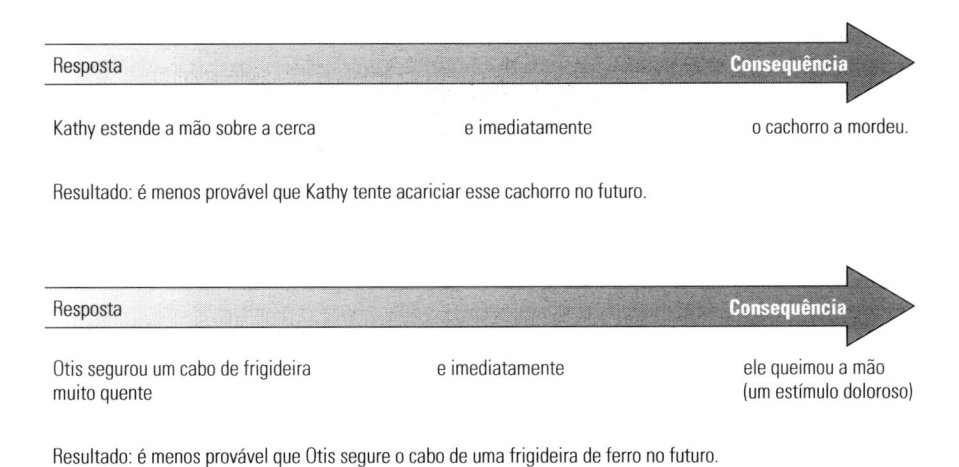

Resposta		Consequência
Kathy estende a mão sobre a cerca	e imediatamente	o cachorro a mordeu.

Resultado: é menos provável que Kathy tente acariciar esse cachorro no futuro.

Resposta		Consequência
Otis segurou um cabo de frigideira muito quente	e imediatamente	ele queimou a mão (um estímulo doloroso)

Resultado: é menos provável que Otis segure o cabo de uma frigideira de ferro no futuro.

Como foi demonstrado nesses exemplos, *existem três partes na definição de* **punição**.

1. Um determinado comportamento ocorre.
2. Uma consequência segue imediatamente o comportamento.
3. Como resultado, é menos provável que o comportamento ocorra novamente no futuro. (O comportamento está enfraquecido.)

Punidor (também chamado de estímulo aversivo) é uma consequência que torna menos provável um comportamento específico no futuro. Para Kathy, a mordida do cachorro foi um punidor pelo comportamento de passar a mão através da cerca. Para Otis, o estímulo doloroso (queimar a mão) foi o punidor por pegar o cabo da frigideira de ferro fundido. Punidor é definido pelo efeito no comportamento que ocorre depois. Certo estímulo ou evento é um punidor quando diminui a frequência do comportamento que ocorre depois.

Considere o caso de Juan, menino de 5 anos, que provoca e bate nas irmãs até que comecem a chorar. A mãe o repreende e dá umas palmadas toda vez que ele provoca ou bate nas irmãs. Mesmo que Juan pare de provocar e bater nas irmãs no momento em que a mãe o repreende, ele continua a se envolver nesses comportamentos agressivos e inadequados dia a dia.

> **?** *Será que a bronca e a surra da mãe são punidores pelo comportamento agressivo e preocupante de Juan? Sim ou não? Por quê?*

Não, a bronca e a surra não funcionam como punidores. Não resultaram em diminuição no comportamento indesejado de Juan ao longo do tempo. Esse exemplo ilustra na verdade um reforço positivo. O comportamento de Juan (de provocar e bater) resulta na apresentação de uma consequência (bronca e surra da mãe e choro das irmãs), e o resultado é que Juan continua a se envolver no mesmo comportamento dia a dia. Estas são as três partes da definição de reforço positivo.

Resposta		Consequência
Juan provoca e bate nas irmãs	e imediatamente após	as irmãs choram, e ele recebe bronca e apanha da mãe.

Resultado: Juan continua a provocar e bater nas irmãs no futuro.

De modo que destaca um aspecto importante sobre a definição de punição. Você não pode definir punição pelo fato de a consequência parecer desfavorável, desagradável ou aversiva. *Você pode concluir que uma consequência específica é punição apenas se o comportamento diminuir no futuro.* No caso de Juan, bronca e surra parecem ser consequências desfavoráveis, mas ele continua a bater e provocar as irmãs. Se a repreensão e a surra funcionassem como punidor, Juan deixaria de bater e provocar as irmãs ao longo do tempo. Quando definimos punição (ou reforço) de acordo com o fato de o comportamento diminuir (ou aumentar) no futuro como resultado das consequências, estamos adotando uma definição funcional. Veja a Tabela 6-1 para conhecer exemplos de punição.

TABELA 6-1 Exemplos para autoavaliação (punição)

Definição comportamental

1. Ed estava andando de bicicleta na rua e olhando para o chão enquanto pedalava. De repente, ele atingiu a parte de trás de um carro estacionado, voou da bicicleta e bateu o rosto no capô do carro, e quebrou alguns dentes da frente. No futuro, é muito menos provável que Ed fique olhando para o chão enquanto anda de bicicleta.
2. Quando Alma estava na creche, às vezes batia em outras crianças se brincassem com seus brinquedos. A professora de Alma fez que ela parasse de brincar e sentasse em uma cadeira em outra sala por dois minutos toda vez que batesse em alguém. Como resultado, Alma parou de bater nas outras crianças.
3. Carlton ganhava dinheiro no verão ao cortar a grama do vizinho toda semana. Certa vez, Carlton passou por cima da mangueira do jardim com o cortador de grama, danificando-a. O vizinho fez ele pagar pela mangueira. Desde então, sempre que Carlton corta a grama, nunca passa por cima de uma mangueira ou qualquer outro objeto que estiver sobre a grama.
4. Sarah estava dirigindo pela rodovia interestadual a caminho da casa de uma amiga que morava a algumas horas de distância. Sentindo-se um pouco entediada, pegou o jornal no banco ao lado e começou a lê-lo. Enquanto lia, o carro foi se desviando gradualmente para a direita sem que ela percebesse. De repente, o carro começou a derrapar sobre o cascalho e bateu em uma placa de limite de velocidade. Como resultado, Sarah não lê mais quando dirige na estrada.
5. Helen frequenta uma escola especial para crianças com distúrbios de comportamento. Os professores usam fichas de pôquer como reforçadores condicionados pelo desempenho acadêmico, colocando as fichas em um recipiente para reforçar as respostas corretas. No entanto, cada vez que Helen levanta da carteira sem permissão, os professores tiram uma ficha dela. Como resultado, Helen parou de sair de seu assento sem permissão.
6. Nas festas, Kevin sempre costumava fazer piadas sobre a comida feita pela esposa e os amigos riam muito. Em princípio, a esposa também ria das piadas, mas acabou se aborrecendo e começou a agir de modo diferente, ela passou a demonstrar insatisfação, e quando ele faz uma dessas piadas ela o encara com frieza. Como resultado, Kevin parou de fazer piadas sobre a comida que sua esposa faz.

© Cengage Learning®

Outro aspecto a considerar é se um comportamento diminui ou cessa apenas no momento em que a consequência é administrada ou se o comportamento diminui no futuro. Juan parou de bater nas irmãs no momento em que recebeu uma surra da mãe, mas não parou de bater nas irmãs posteriormente. Alguns pais continuam a repreender ou bater nos filhos porque isso acaba imediatamente com o comportamento indesejado, mesmo que as broncas e surras não tornem menos provável o comportamento indesejado da criança no futuro. Os pais acreditam que estão usando punição. No entanto, se o comportamento continuar a ocorrer no futuro, a repreensão e a surra não funcionarão como punidores e poderão, na verdade, atuar como reforçadores.

O que reforça o comportamento dos pais de repreender e dar surras nos filhos?

Uma vez que a criança interrompe temporariamente o comportamento indesejado após uma repreensão ou surra, esse comportamento dos pais é reforçado negativamente, de modo que os pais continuam a repreender ou a bater na criança no futuro quando ela se comportar mal.

Um equívoco comum sobre punição

Na modificação de comportamento, punição é um termo técnico com significado específico. Sempre que analistas de comportamento falam em punição, estão se referindo a um processo no qual a consequência de um comportamento resulta em uma diminuição futura dele. Isso é bem diferente do que a maioria das pessoas considera punição. Em termos gerais, punição pode significar muitas coisas diferentes, a maioria delas, desagradável.

Muitas pessoas definem a punição como algo imposto a uma pessoa que cometeu um crime ou teve um comportamento inadequado. Neste contexto, a punição envolve não apenas a esperança de que o comportamento cesse, mas também elementos de retribuição ou retaliação; parte da intenção é afetar a pessoa que cometeu o crime. Visto como algo que um transgressor merece, o castigo tem conotações morais ou éticas. Figuras de autoridades como governos, policiais, igrejas ou pais impõem punições para inibir comportamentos inadequados – isto é, impedir que as pessoas transgridam leis ou regras. A punição pode envolver tempo de prisão, sentença de morte (nos Estados Unidos), multas, e até mesmo ameaça de ir para o inferno, palmada ou repreensão. No entanto, o significado cotidiano da punição é bem diferente da definição técnica de punição utilizada na modificação do comportamento.

Pessoas que não estão familiarizadas com a definição técnica de punição podem acreditar que o uso de punição na modificação do comportamento é errado ou perigoso. É lamentável que Skinner tenha adotado o termo "punição", um termo que já tinha significado e muitas conotações negativas. Como estudante, é importante que você entenda a definição técnica de punição na modificação de comportamento e perceba que é muito diferente do significado comum que tem na sociedade.

Sobre os termos: punir comportamentos, não as pessoas

- É correto dizer que você pune um comportamento (ou uma resposta). Você está enfraquecendo um comportamento ao puni-lo. Dizer "O professor puniu o comportamento inadequado de Sarah deixando-a fora da sala de aula" está correto.

- É incorreto dizer que você pune uma pessoa. Você não enfraquece uma pessoa, enfraquece o comportamento da pessoa. Dizer: "O professor puniu Sarah pelo comportamento inadequado" não está correto.

Punição positiva e negativa

As duas variações procedurais básicas são a punição positiva e a punição negativa. A diferença entre as duas é determinada pela consequência do comportamento.

A **punição positiva** *é definida da seguinte forma.*

1. A ocorrência de um comportamento
2. é seguida pela apresentação de um estímulo aversivo,
3. e, como resultado, é menos provável que o comportamento ocorra no futuro.

A **punição negativa** *é definida da seguinte maneira.*

1. A ocorrência de um comportamento
2. é seguida pela remoção de um estímulo reforçador,
3. e como resultado, é menos provável que o comportamento ocorra no futuro.

Observe que essas definições são paralelas às definições de reforço positivo e reforço negativo (veja o Capítulo 4). A principal diferença é que o reforço fortalece um comportamento ou torna mais provável que ocorra no futuro, enquanto a punição enfraquece um comportamento ou torna menos provável que ocorra no futuro.

Muitos pesquisadores examinaram os efeitos da punição no comportamento de animais de laboratório. Azrin e Holz (1966) discutiram as primeiras pesquisas com animais sobre punição, grande parte das quais eles mesmos realizaram. Desde então, pesquisadores investigaram os efeitos da punição positiva e negativa sobre o comportamento humano (Axelrod e Apsche, 1983). Por exemplo, Corte, Wolf e Locke (1971) ajudaram adolescentes internados com deficiências intelectuais a diminuírem o comportamento autolesivo ao usar a punição. Uma adolescente costumava bater no próprio rosto. Cada vez que ela agia assim, os pesquisadores imediatamente aplicavam um breve choque elétrico com um dispositivo portátil. (Mesmo que os choques tenham sido dolorosos, não prejudicaram a menina.) Como resultado desse procedimento, o número de vezes que ela bateu no rosto a cada hora diminuiu imediatamente de 300-400 para quase zero. (Note que tal estudo é de 1971. Atualmente, o choque elétrico é muito raramente utilizado como punidor por questões éticas. Esse estudo é citado para ilustrar o princípio básico da punição positiva, não para apoiar o uso de choque elétrico como punidor.)

Porque este é um exemplo de punição positiva?

Este é um exemplo de punição positiva porque o estímulo doloroso foi apresentado todas as vezes que a menina batia no rosto e, como resultado, o comportamento diminuiu. Sajwaj, Libet e Agras (1974) também usaram a punição positiva para diminuir o comportamento de ruminação, que põe em risco a vida em uma criança de 6 meses. A ruminação em bebês envolve regurgitar repetidamente a comida na boca e engolir novamente. Isso pode resultar em desidratação, desnutrição, e até em morte. Nesse estudo, cada vez que a criança se envolveu em ruminação, os pesquisadores esguicharam uma pequena quantidade de suco de limão em sua boca. Como resultado, o comportamento da ruminação diminuiu imediatamente e o bebê começou a ganhar peso.

Outra forma de punição positiva é baseada no princípio de Premack, o qual afirma que, quando uma pessoa é obrigada a se envolver em um comportamento de pouca probabilidade dependente de um comportamento de muita probabilidade, o comportamento de muita probabilidade diminuirá em frequência (Miltenberger e Fuqua, 1981). Ou seja, se, depois de se

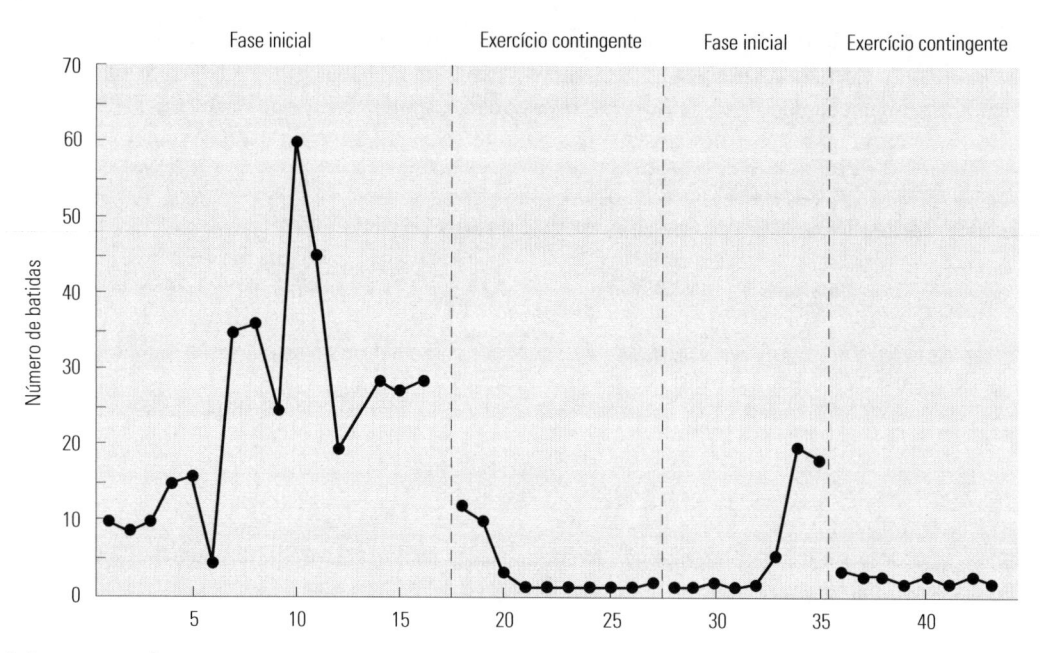

FIGURA 6-1 Neste gráfico, um procedimento de punição positiva chamado exercício *contingente* reduziu o comportamento agressivo de um menino de 6 anos. Este é um desenho de pesquisa do tipo A-B-A-B, no qual as condições da fase inicial e do tratamento são implementadas duas vezes. (Luce, S., Delquadri, J. e Hall, R. V. Contingent exercise: a mild but powerful procedure for suppressing inappropriate verbal and aggressive behavior. *Journal of Applied Behavior Analysis*, v.13, p. 583-594, 1980. Copyright © 1980 University of Kansas Press. Reimpresso com permissão do editor.)

envolver em um comportamento indesejado, uma pessoa tiver de fazer algo que não deseja, é menos provável que ela se engaje no comportamento indesejado no futuro. Luce, Delquadri e Hall (1980) utilizaram esse princípio para ajudar um menino de 6 anos com deficiência de desenvolvimento a cessar o comportamento agressivo. Cada vez que o garoto batia em alguém na sala de aula, era obrigado a se levantar e sentar no chão dez vezes seguidas.

Como mostra a Figura 6-1, esse procedimento de punição, chamado exercício contingente, resultou em uma diminuição imediata no comportamento-alvo. Um aspecto que você deve notar na Figura 6-1 é que a punição resulta em uma diminuição imediata no comportamento-alvo. Embora a extinção também diminua um comportamento, normalmente esta diminuição leva mais tempo, e um surto de extinção geralmente ocorre quando o comportamento aumenta brevemente antes de diminuir. Com a punição, a diminuição do comportamento é normalmente imediata e não há surto de extinção. No entanto, outros efeitos colaterais estão associados ao uso de punição; eles serão descritos mais adiante neste capítulo.

A punição negativa também tem sido objeto de extensa pesquisa. Dois exemplos comuns de punição negativa são a **pausa do reforço positivo** e o **custo da resposta** (veja o Capítulo 17 para conhecer uma discussão mais detalhada). Ambos envolvem a perda de um estímulo ou atividade reforçador após a ocorrência de um comportamento indesejado. Alguns alunos podem confundir punição negativa e extinção. Ambos enfraquecem o comportamento. A extinção envolve retirar o reforçador que estava mantendo o comportamento. A punição negativa, ao contrário, envolve a remoção ou a retirada de um reforçador positivo após o comportamento; o reforçador que é removido na punição negativa é aquele que o indivíduo já adquiriu e não é necessariamente o mesmo reforçador que mantinha o comportamento. Por exemplo, Johnny interrompe os pais e o comportamento é reforçado pela atenção deles. (Eles o repreendem toda vez que Johnny os interrompe.) Neste caso, a extinção envolveria impedir a atenção dos pais toda vez que Johnny os interrompesse. A punição negativa envolveria a perda de outro reforçador – como o dinheiro da mesada ou a oportunidade de assistir à TV – cada vez que ele os interrompesse. Ambos os procedimentos resultariam em uma diminuição na frequência de interrupção.

Clark et al. (1973) usaram a pausa/tempo limite para diminuir o comportamento agressivo e inadequado de uma menina de 8 anos com síndrome de Down. Quando ocorre uma pausa, a pessoa é removida de uma situação reforçadora por um breve período após o problema ocorrer. Cada vez que a menina se envolveu em comportamento indesejado em sala de aula, ela teve de se sentar sozinha por um pequeno intervalo de três minutos. Como resultado da pausa, os problemas de comportamento dela diminuíram imediatamente (Figura 6-2). Com o uso da pausa, o comportamento indesejado foi seguido pela perda da atenção recebida (reforço social) do professor e de outros reforçadores em sala de aula (Figura 6-3).

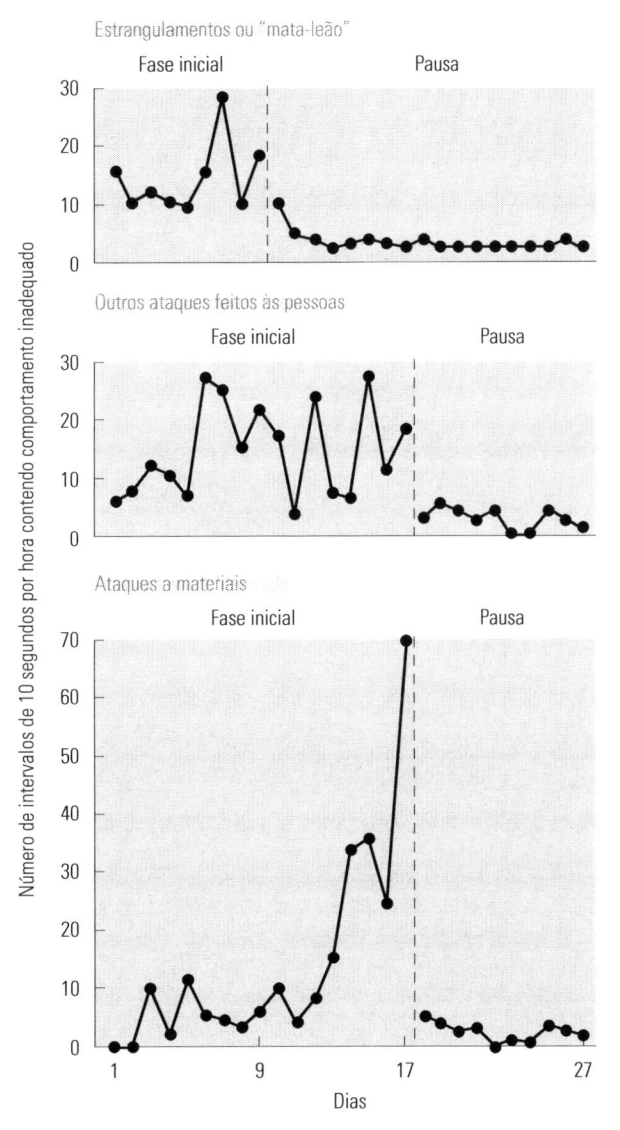

FIGURA 6-2 O efeito de um procedimento de punição negativa (pausa) sobre o comportamento agressivo e inadequado de uma jovem com síndrome de Down é mostrado aqui. Este gráfico ilustra um desenho de pesquisa com várias fases iniciais para vários comportamentos. A pausa foi implementada para três comportamentos diferentes de um indivíduo, e seu uso foi escalonado ao longo do tempo. (Clark, H. et al. Time out as a punishing stimulus in continuous and intermittent schedules. *Journal of Applied Behavior Analysis*, v. 6, p. 443-455, 1973. Reproduzido com permissão do autor.)

Em um estudo realizado por Phillips et al. (1971), jovens "pré-delinquentes" com sérios problemas de comportamento em um programa de tratamento ganharam pontos por se envolverem em comportamentos apropriados e trocaram os pontos por reforçadores de apoio, como lanches, dinheiro e privilégios. Os pontos eram reforços condicionados. Os pesquisadores então usaram um procedimento de punição negativa chamado custo da resposta para diminuir os atrasos na chegada para o jantar. Quando os jovens chegavam atrasados, perdiam alguns dos pontos que haviam ganhado. Como resultado, os atrasos diminuíram até que os jovens passaram a chegar sempre no horário marcado.

> **Veja os exemplos de punição na Tabela 6-1. Quais são exemplos de punição positiva e quais são exemplos de punição negativa? As respostas são fornecidas no final do capítulo, no Apêndice A.**

Em todos esses exemplos, o processo resultou em uma diminuição na ocorrência futura do comportamento. Portanto, em cada exemplo, a apresentação ou remoção de um estímulo como consequência do comportamento funcionou como punição.

FIGURA 6-3 A menina de 8 anos deve se sentar isolada na pequena sala durante um período cada vez que se envolve em comportamento agressivo na sala de aula. Ao ficar nessa sala, ela perde o acesso a reforços como a atenção do professor, a atenção de outros alunos e brinquedos. Como resultado, o comportamento agressivo diminui.

Sobre os termos: distinção entre punição positiva e punição negativa

Alguns alunos se confundem ao distinguir entre punição positiva e negativa. Ambos são tipos de punição, portanto, ambos enfraquecem o comportamento. A única diferença é se um estímulo é adicionado (punição positiva) ou removido (punição negativa) após o comportamento. Pense em positivo como um sinal de mais ou de adição (+) e em negativo como um sinal de menos ou de subtração (–). Na punição, você adiciona um estímulo (estímulo aversivo) após o comportamento ou subtrai um estímulo (reforçador) após o comportamento. Se você pensar em positivo e negativo considerando adicionar ou subtrair um estímulo após o comportamento, a distinção deve ser mais clara.

Punidores não condicionados e condicionados

Assim como o reforço, a punição é um processo natural que afeta o comportamento humano. Alguns eventos ou estímulos são naturalmente punitivos porque evitar ou minimizar o contato com esses estímulos tem valor de sobrevivência (Cooper, Heron e Hevard, 1987). Estímulos dolorosos ou níveis extremos de estimulação são muitas vezes perigosos. Comportamentos que produzem dor ou evitação de tal estímulo são naturalmente fortalecidos. Por essa razão, estímulos dolorosos ou níveis extremos de estimulação têm importância biológica. Tais estímulos são chamados **punidores não condicionados**. Nenhum condicionamento prévio é necessário para um punidor não condicionado funcionar como punidor. Pelo processo de evolução, os humanos desenvolveram a capacidade de terem o comportamento punido por esses eventos naturalmente aversivos, sem nenhum treinamento ou experiência prévia. Por exemplo, calor ou frio extremo, níveis excessivos de estimulação auditiva ou visual, ou qualquer estímulo doloroso (por exemplo, um choque elétrico, o contato de um objeto pontiagudo ou um golpe forte) naturalmente enfraquece o comportamento que o produz. Se esses não fossem punidores não condicionados, estaríamos mais propensos a nos envolver em comportamentos perigosos que poderiam resultar em ferimentos ou morte. Aprendemos rapidamente a não colocar as mãos no fogo, a não olhar diretamente para o sol, não tocar objetos pontiagudos nem andar descalços na neve ou no asfalto quente, porque cada um desses comportamentos resulta em uma consequência punitiva natural.

Um segundo tipo de estímulo punitivo é chamado **punidor condicionado**. Punidores condicionados são estímulos ou eventos que funcionam como punidores somente depois de serem associados com punidores não condicionados ou outros punidores condicionados já existentes. Qualquer estímulo ou evento pode se tornar um punidor condicionado se estiver associado com um punidor já estabelecido.

A palavra "não" é um punidor condicionado comum. Por ser muitas vezes associada com muitos outros estímulos punitivos, eventualmente se torna o próprio punidor. Por exemplo, se uma criança toca em uma tomada elétrica e o pai diz "não", pode ser menos provável que a criança a toque no futuro. Quando a criança soletra uma palavra incorretamente na sala de aula e a professora diz "não", é menos provável que a criança soletre a palavra incorretamente no futuro. Não é considerada um **punidor condicionado generalizado** porque foi associada com vários outros punidores não condicionados e condicionados ao longo da vida de uma pessoa. Van Houten e colaboradores (Van Houten et al., 1982) descobriram que, se reprimendas firmes fossem dadas aos alunos em salas de aula quando se engajassem em comportamento inadequado, esse comportamento diminuiria. Neste estudo, as reprimendas eram punidores condicionados para o comportamento inadequado dos alunos. Ameaças muitas vezes são punidores condicionados. Como as ameaças costumam estar associadas a estímulos dolorosos anteriores, podem se tornar punidores condicionados.

Estímulos associados à perda de reforçadores podem se tornar punidores condicionados. Uma multa por estacionar em local proibido ou por excesso de velocidade está associada com a perda de dinheiro (pagar a multa), então a multa é um punidor condicionado para muitas pessoas. Na realidade, se as multas por estacionar em local proibido ou por excesso de velocidade funcionam como punidores condicionados, isso depende de vários fatores, incluindo o esquema de punição (qual é a probabilidade de você ser pego em excesso de velocidade?) e a magnitude do estímulo punitivo (qual é o valor da multa?). Esses e outros fatores que influenciam a eficácia da punição são discutidos mais adiante neste capítulo.

Uma advertência de um dos pais pode se tornar um punidor condicionado se estiver associado à perda de reforços, como dinheiro de mesada, privilégios ou atividades preferidas. Como resultado, quando uma criança se comporta mal e os pais dão à criança um aviso, pode ser menos provável que ela se engaje novamente no mesmo mau comportamento no futuro. Uma expressão facial ou um olhar de desaprovação pode ser um punidor condicionado quando estiver associado a não receber atenção ou a aprovação de uma pessoa importante (como, por exemplo, levar uma bronca ou uma surra e, portanto, pode funcionar como um punidor condicionado; Doleys et al., 1976; Jones e Miller, 1974).

Mais uma vez, é importante lembrar que um punidor condicionado é definido funcionalmente. É definido como punidor apenas se enfraquecer o comportamento posterior. Se uma pessoa exceder o limite de velocidade, receber uma multa por essa infração, e resultar que a pessoa tem menos probabilidade de ultrapassar o limite de velocidade no futuro, então, a multa funcionou como um punidor. No entanto, se a pessoa continuar a ultrapassar a velocidade após ser multada, a multa não será um punidor. Considere o seguinte exemplo.

Resposta		Consequência
A criança arrota à mesa na hora do jantar	e imediatamente	a mãe a olha com ar de intensa reprovação.

Resultado: a criança continua a arrotar à mesa na hora do jantar no futuro.

O olhar furioso da mãe parece ser um punidor condicionado nesta situação? Sim ou não? Por quê?

O olhar não é um punidor condicionado porque o comportamento da criança de arrotar à mesa não foi enfraquecido; a criança não parou de se envolver no mesmo comportamento. O olhar da mãe pode ter funcionado como um reforço positivo, ou talvez outros membros da família tenham rido quando a criança arrotou e, assim, reforçaram o comportamento. Como alternativa, o arroto pode ser naturalmente reforçador porque alivia uma sensação desagradável no estômago.

Contraste entre reforço e punição

Existem semelhanças e diferenças importantes entre reforço positivo e negativo, por um lado, e punição positiva e negativa, por outro. As características definidoras de cada princípio são que um comportamento é seguido de uma consequência, e a consequência influencia a ocorrência futura do comportamento.

As semelhanças e diferenças entre os dois tipos de reforço e a punição podem ser resumidas da seguinte forma:

Resultado	Consequência do comportamento	
	O estímulo é apresentado	O estímulo é removido
O comportamento é fortalecido (aumenta no futuro)	Reforço positivo	Reforço negativo
O comportamento é enfraquecido (diminui no futuro)	Punição positiva	Punição negativa

- Quando determinado estímulo é apresentado após um comportamento (coluna da esquerda), o processo pode ser um reforço positivo ou uma punição positiva, dependendo de se o comportamento é fortalecido (reforço) ou enfraquecido (punição) no futuro.
- Quando determinado estímulo é removido após o comportamento (coluna da direita), o processo pode ser um reforço negativo ou uma punição negativa. É um reforço negativo se o comportamento for fortalecido, e é uma punição negativa se o comportamento for enfraquecido.
- Quando um comportamento é fortalecido, o processo é reforçador (positivo ou negativo).
- Quando um comportamento é enfraquecido, o processo é uma punição (positiva ou negativa).

Determinado estímulo pode estar envolvido no reforço e na punição de diferentes comportamentos na mesma situação, dependendo se o estímulo é apresentado ou removido após o comportamento. Considere o exemplo de Kathy e do cachorro. Quando Kathy tocou na cerca, esse comportamento foi seguido imediatamente pela apresentação de um estímulo aversivo (o cão a mordeu). A mordida do cachorro serviu como um punidor: é menos provável que Kathy toque na cerca no futuro. No entanto, quando Kathy puxou a mão rapidamente, ela interrompeu a mordida do cachorro. Como puxar a mão eliminou a dor da mordida, esse comportamento foi fortalecido. Esse é um exemplo de reforço negativo. Como você pode ver, quando a mordida do cachorro foi apresentada após um comportamento, o comportamento foi enfraquecido; quando a mordida do cão foi interrompida após outro comportamento, esse comportamento foi fortalecido.

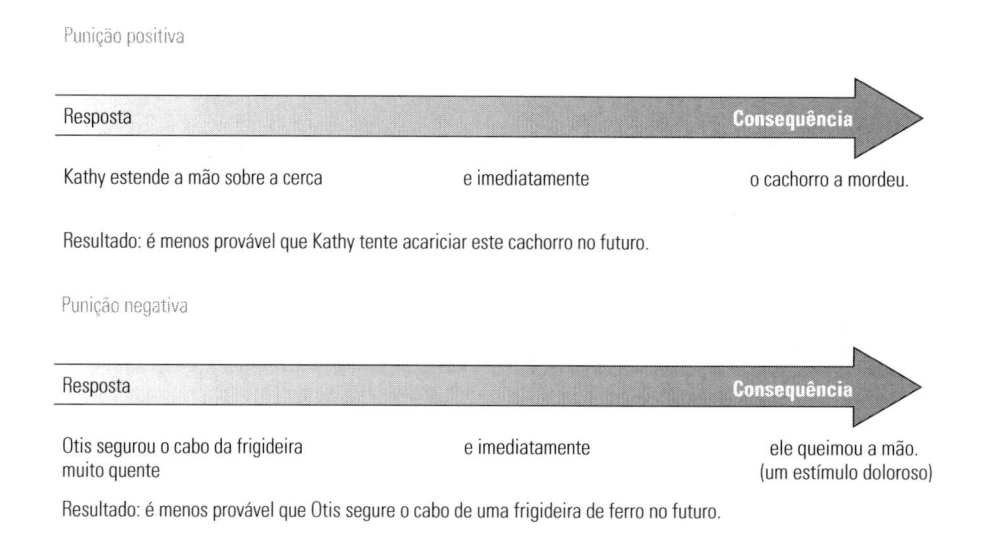

Punição positiva

Resposta		Consequência
Kathy estende a mão sobre a cerca	e imediatamente	o cachorro a mordeu.

Resultado: é menos provável que Kathy tente acariciar este cachorro no futuro.

Punição negativa

Resposta		Consequência
Otis segurou o cabo da frigideira muito quente	e imediatamente	ele queimou a mão. (um estímulo doloroso)

Resultado: é menos provável que Otis segure o cabo de uma frigideira de ferro no futuro.

No exemplo de Otis e da frigideira quente, a consequência imediata de pegar no cabo da frigideira foi um estímulo doloroso. Como resultado, é menos provável que Otis segure o cabo de uma frigideira quente no futuro. O que é é uma punição positiva.

Como o reforço negativo está envolvido neste exemplo?

Quando Otis usou uma luva apropriada, evitou o estímulo doloroso. Como resultado, é mais provável que ele use luva quando for pegar no cabo de uma frigideira no futuro (reforço negativo). O ato de tocar a frigideira quente foi punido pela apresentação de um estímulo doloroso; o uso da luva foi reforçado pela evitação do estímulo doloroso.

Agora, considere como o mesmo estímulo pode estar envolvido na punição negativa de um comportamento e no reforço positivo de outro comportamento. Se um estímulo reforçador for removido após um comportamento, o comportamento diminuirá no futuro (punição negativa), mas, se um estímulo reforçador for apresentado após um comportamento, este aumentará no futuro (reforço positivo). Você sabe que um estímulo está funcionando como reforçador positivo quando sua apresentação após um comportamento aumenta esse comportamento e sua remoção após um comportamento o diminui. Por exemplo, os pais de Fred tiram a bicicleta dele por uma semana toda vez que o pegam andando na rua depois do escurecer. O que torna menos provável que Fred ande de bicicleta depois desse período (punição negativa). No entanto, depois de alguns dias, Fred implora aos pais para deixá-lo andar de bicicleta novamente e promete nunca mais pedalar depois do escurecer. Eles cedem e devolvem a bicicleta. Como resultado, é mais provável que ele volte a implorar aos pais no futuro quando a bicicleta for retirada dele (reforço positivo).

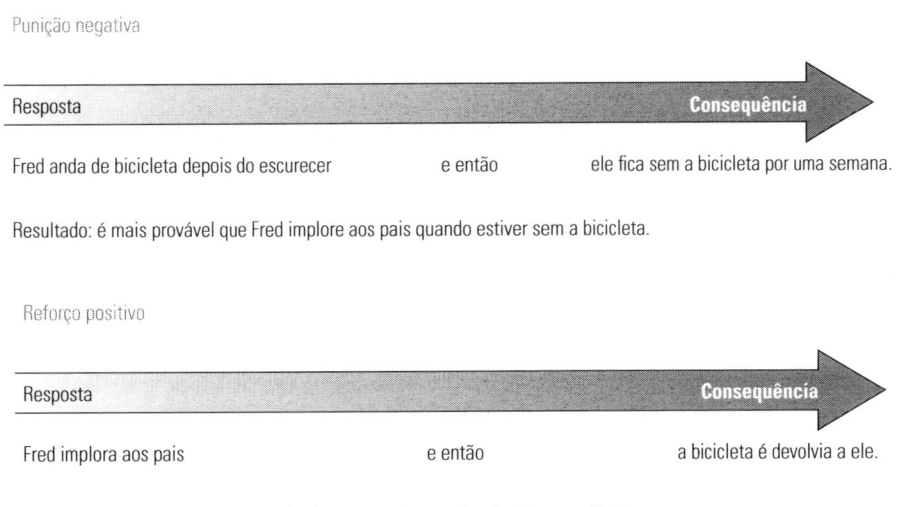

Punição negativa

Resposta ━━━━━━━━━━━━━━━━━━━━━━▶ Consequência

Fred anda de bicicleta depois do escurecer   e então   ele fica sem a bicicleta por uma semana.

Resultado: é mais provável que Fred implore aos pais quando estiver sem a bicicleta.

Reforço positivo

Resposta ━━━━━━━━━━━━━━━━━━━━━━▶ Consequência

Fred implora aos pais   e então   a bicicleta é devolvia a ele.

Resultado: Fred é mais propenso a implorar aos pais quando ele não tem a bicicleta.

Fatores que influenciam a efetividade da punição

Os fatores que influenciam a eficácia da punição são semelhantes àqueles que influenciam o reforço. Eles incluem imediatismo, contingência, operações motivadoras, diferenças individuais e magnitude.

Imediatismo

Quando um estímulo punitivo vem imediatamente após um comportamento ou quando a perda de um reforçador ocorre imediatamente após o comportamento, é mais provável que ele seja enfraquecido. Ou seja, para que a punição seja mais eficaz, a consequência deve seguir o comportamento imediatamente. À medida que o tempo decorrido entre o comportamento e a consequência aumenta, a eficácia da consequência como punidora diminui. Para ilustrar esse aspecto, considere o que aconteceria se um estímulo punitivo ocorresse algum tempo após o comportamento ter ocorrido. Um aluno faz certo comentário sarcástico na aula e a professora imediatamente olha para ele demonstrando irritação. Como resultado, é menos provável que o aluno faça novamente um comentário sarcástico na aula. Se a professora tivesse olhado para o aluno com irritação 30 minutos depois que ele tivesse feito o comentário, o olhar não funcionaria como punidor pelo comportamento. Em vez disso, o olhar irritado da professora provavelmente funcionaria como punidor por qualquer comportamento em que o aluno tivesse se envolvido imediatamente antes do olhar.

Contingência

Para que a punição seja mais eficaz, o estímulo punitivo deve ocorrer sempre que houver o comportamento. Pode-se dizer que a consequência punitiva é dependente do comportamento quando o punidor ocorre sempre que o comportamento acontece e o punidor não ocorre quando o comportamento não acontece. É mais provável que um punidor enfraqueça determinado comportamento quando for dependente do comportamento. O que significa que a punição é menos eficaz quando aplicada de forma inconsistente – isto é, quando o punidor vem apenas após algumas ocorrências do comportamento ou quando o punidor está presente na ausência deste. Se um esquema de reforço continuar em vigor para um comportamento e a punição for aplicada de forma inconsistente, algumas ocorrências do comportamento podem ser seguidas por um punidor e algumas ocorrências do comportamento podem ser seguidas por um reforçador. Neste caso, o comportamento está sendo influenciado por um esquema de reforço intermitente, ao mesmo tempo que resulta em um esquema de punição intermitente. Quando um esquema de reforço simultâneo estiver competindo com a punição, os efeitos da punição provavelmente serão diminuídos.

Se um rato faminto apertar uma alavanca em uma câmara experimental e receber pelotas de comida, continuará pressionando a alavanca. Entretanto, se a punição for implementada e o rato receber um choque elétrico toda vez que pressionar a alavanca, o rato deixará de pressioná-la. Agora suponha que o rato continue a receber comida para pressionar a alavanca e receba um choque apenas ocasionalmente quando pressioná-la. Neste caso, o estímulo punitivo não seria eficaz porque é aplicado de forma inconsistente ou intermitente. Assim o efeito do estímulo punitivo depende da magnitude do estímulo (a intensidade do choque), da frequência com que responde após o comportamento e da magnitude da operação estabelecedora para a busca pelo alimento (do quanto o rato está com fome).

Operações motivadoras

Assim como as operações estabelecedoras (OE) e as operações abolidoras (OA) podem influenciar a eficácia dos reforçadores, também influenciam a eficácia dos punidores. Operação estabelecedora é um evento ou uma condição que torna determinada consequência mais eficaz como punidor (ou reforçador). Operação abolidora é um evento ou uma condição que torna certa consequência menos eficaz como punidora (ou reforçadora).

No caso de punição negativa, a privação é uma OE que torna a perda de reforçadores mais eficaz como punidora e a saciedade é uma OA que torna a perda de reforçadores menos eficaz como punidora. Por exemplo, dizer a uma criança que se comporta mal durante o jantar que não vai comer a sobremesa: (a) será um punidor mais eficaz se a criança ainda não tiver comido nenhuma sobremesa e ainda estiver com fome (OE), (b) será um punidor menos eficaz se a criança já comeu bastante sobremesa e não está mais com fome (OA). Perder a mesada por ter um mau comportamento: (a) será um punidor mais eficaz se a criança não tiver nenhum dinheiro e quiser comprar um brinquedo (OE), (b) será um punidor menos efetivo se a criança tiver recebido dinheiro recentemente de outras pessoas (OA).

No caso de punição positiva, qualquer evento ou condição que aumente a aversividade de um estímulo torna esse estímulo um punidor mais eficaz (OE), enquanto eventos que minimizam a aversividade de um estímulo o tornam um evento punidor menos eficaz (OA). Por exemplo, alguns medicamentos (por exemplo, a morfina) minimizam a eficácia de um estímulo doloroso como punidor. Algumas drogas (por exemplo, o álcool) podem reduzir a eficácia de estímulos sociais (por exemplo, a desaprovação de familiares) como punidores.

> **?** *Estes são exemplos de OA ou OE?*

Estes são exemplos de OA porque, em cada caso, os medicamentos ou drogas tornam os punidores menos eficazes. Instruções ou regras podem aumentar a eficácia de certos estímulos como punidores. Por exemplo, um carpinteiro diz ao aprendiz que, quando a serra elétrica começa a vibrar, esse efeito pode danificar a serra ou quebrar a lâmina. Como resultado dessa instrução, a vibração da serra elétrica é estabelecida como um punidor. O comportamento que produz a vibração (por exemplo, serrar em um ângulo, empurrar a serra com muita força) é enfraquecido.

> **?** *Este é um exemplo de OE ou de OA?*

Este é um exemplo de OE porque a instrução tornou a presença da vibração mais aversiva ou mais eficaz como punidora do uso incorreto da serra. Além disso, o uso correto da serra evita a vibração, e esse comportamento é fortalecido por meio do reforço negativo.

Efeitos das operações motivadoras no reforço e na punição

Uma operação estabelecedora (OE):	Uma operação abolidora (OA):
Torna um reforçador mais potente, portanto, aumenta:	Torna um reforçador menos potente, portanto, diminui:
■ a efetividade do reforço positivo.	■ a efetividade do reforço positivo.
■ a efetividade da punição negativa.	■ a efetividade da punição negativa.
Torna um estímulo aversivo mais potente, portanto, aumenta:	Torna um estímulo aversivo menos potente, portanto, diminui:
■ a efetividade do reforço negativo.	■ a efetividade do reforço negativo.
■ a efetividade da punição positiva.	■ a efetividade da punição positiva.

Fatores que influenciam a efetividade da punição

Imediatismo	Um estímulo é mais efetivo como punidor quando apresentado imediatamente após o comportamento.
Contingência	Um estímulo é mais efetivo como punidor quando apresentado de modo contingente ao comportamento.
Operações motivadoras	Alguns eventos antecedentes tornam um estímulo mais efetivo como punidor em um momento específico (OE). Alguns eventos antecedentes tornam um estímulo mais efetivo como punidor em um momento específico (OA).
Diferenças individuais e magnitude	Punidores variam de pessoa a pessoa. Em geral, um estímulo aversivo mais intenso é um punidor mais efetivo.

Diferenças individuais e magnitude do punidor

Outro fator que influencia a eficácia da punição é a natureza da consequência punitiva. Os eventos que funcionam como punidores variam de pessoa para pessoa (Fisher et al., 1994). Alguns eventos podem ser estabelecidos como punidores condicionados para algumas pessoas e não para outras, porque elas têm experiências ou histórias de condicionamento diferentes. Da mesma forma, se um estímulo funciona ou não como punidor, o que depende de sua magnitude ou intensidade. Em geral, é mais provável que um estímulo aversivo mais intenso funcione como punidor. O que também varia de pessoa para pessoa. Por exemplo, uma picada de mosquito é um estímulo levemente aversivo para a maioria das pessoas; assim, o comportamento de usar bermudas em um local com vegetação fechada pode ser punido com picadas de mosquito nas pernas, e usar calças compridas pode ser reforçado negativamente, evitando picadas de mosquitos. No entanto, algumas pessoas se recusam a ficar em um lugar aberto quando há mosquitos picando, enquanto outras parecem não se incomodar com picadas de mosquito. O que sugere que as picadas de mosquito podem ser um estímulo punitivo para algumas pessoas, mas não para outras. A dor mais intensa, de uma picada de abelha, ao contrário, provavelmente é um punidor para a maioria das pessoas, pois elas deixarão de se envolver no comportamento que resultou na picada de abelha e se envolverão em outros comportamentos para evitar serem picadas. Como a picada de abelha é mais intensa do que a de um mosquito, é mais provável que seja um punidor eficaz.

PARA UMA LEITURA MAIS APROFUNDADA	**Fatores que influenciam a punição** O princípio da modificação de comportamento da punição tem sido estudado por pesquisadores há anos. Uma recomendação importante ao se utilizar a punição é empregar um procedimento de reforço em conjunto com a punição. Por exemplo, Thompson et al. (1999) mostraram que a punição por comportamento autolesivo era mais eficaz quando um procedimento de reforço diferencial era utilizado com a punição (eles reforçavam um comportamento desejável ao mesmo tempo que usavam a punição pelo comportamento autolesivo). Da mesma maneira, Hanley et al. (2005) mostraram que, quando a punição foi adicionada a um procedimento de reforço diferencial, o procedimento de reforço foi mais efetivo. Curiosamente, as crianças neste estudo preferiram o procedimento envolvendo reforço e punição apenas sobre o reforço. Esses dois estudos demonstram a importância de combinar reforço e punição. Em uma investigação de diferentes intensidades de punição, Vorndran e Lerman (2006) mostraram que um procedimento de punição menos intenso não foi efetivo até ser associado a um procedimento de punição mais intenso. Por fim, Lerman et al. (1997) mostraram que a punição intermitente é menos efetiva que a punição contínua, embora para alguns participantes a punição intermitente tenha sido efetiva quando se seguiu ao uso da punição contínua. Juntos, esses dois estudos sugerem que a contingência e a intensidade da punição são fatores importantes na eficácia da punição.

Problemas com a punição

Inúmeros problemas ou questões devem ser considerados com o uso da punição, especialmente a punição positiva envolvendo o uso de estímulos aversivos dolorosos ou outros.

- A punição pode produzir agressão provocada ou outros efeitos colaterais emocionais.
- O uso da punição pode resultar em comportamentos de fuga ou evitação pela pessoa cujo comportamento está sendo punido.
- O uso da punição pode ser negativamente reforçador para a pessoa que está utilizando a punição e, portanto, pode resultar no uso indevido ou excessivo de punição.
- Quando a punição é utilizada, seu uso é modelado, e observadores ou pessoas cujo comportamento é punido podem ser mais propensos a usar a punição no futuro.
- Por fim, a punição está associada a várias questões éticas e de aceitabilidade. Essas questões serão abordadas detalhadamente no Capítulo 18.

Reações emocionais à punição

A pesquisa comportamental com indivíduos não humanos demonstrou que o comportamento agressivo e outras respostas emocionais podem ocorrer quando estímulos dolorosos são apresentados como punidores. Por exemplo, Azrin, Hutchinson e Hake (1963) mostraram que a apresentação de um estímulo doloroso (choque) resulta em comportamento agressivo em animais de laboratório. Nesse estudo, quando o macaco recebeu um choque, atacou imediatamente outro macaco que estava presente quando o choque foi administrado. Quando tais comportamentos agressivos ou outras respostas emocionais resultam no término do estímulo doloroso ou aversivo, são reforçados negativamente. Assim, a tendência de se envolver em comportamento agressivo (especialmente quando direcionado à fonte do estímulo aversivo) pode ter valor de sobrevivência.

Fuga e evitação

Sempre que determinado estímulo aversivo é utilizado em um procedimento de punição, uma oportunidade para um comportamento de fuga e de evitação é criada. Qualquer comportamento que funcione para evitar ou escapar da apresentação de um estímulo aversivo é fortalecido por meio do reforço negativo. Portanto, embora um estímulo aversivo possa ser apresentado após um comportamento-alvo para diminui-lo, qualquer comportamento no qual a pessoa se envolva para cessar ou evitar que o estímulo aversivo é reforçado (Azrin et al., 1965). Por exemplo, uma criança pode fugir ou se esconder do pai que está prestes a dar um castigo. Às vezes, as pessoas aprendem a mentir para evitar a punição, ou aprendem a evitar a pessoa que apresenta o estímulo punitivo. Ao implementar um procedimento de punição, você deve ter cuidado para que comportamentos inadequados de fuga e evitação não se desenvolvam.

Reforço negativo para o uso de punição

Alguns autores argumentam que a punição pode ser utilizada erroneamente ou em excesso com muita facilidade porque o uso dela é negativamente reforçador para a pessoa que a está implementando (Sulzer-Azaroff e Mayer, 1991).

> **?** *Descreva como o uso da punição pode ser negativamente reforçador.*

Quando a punição é utilizada, resulta em uma diminuição imediata no comportamento indesejado. Se o comportamento diminuído pela punição é aversivo para a pessoa que usa a punição, o uso da punição é reforçado negativamente pelo término do comportamento aversivo. Como resultado, é mais provável que a pessoa use a punição no futuro em circunstâncias semelhantes. Por exemplo, a Dra. Hopkins detestava quando os alunos falavam na classe enquanto dava aula. Sempre que alguém falava na sala de aula, a Dra. Hopkins parava de ensinar e encarava o aluno com seriedade. Ao agir assim, o aluno de imediato parava de falar. Como resultado, esse comportamento da Dra. Hopkins foi reforçado pelo término das conversas dos alunos em sala de aula. A Dra. Hopkins usava o olhar com frequência e ficou conhecida em toda a universidade por isso.

Punição e modelagem

Pessoas que observam alguém fazendo uso frequente da punição podem ter maior probabilidade de usar a punição quando estiverem em situações semelhantes. Isso é especialmente verdadeiro com crianças, para quem a aprendizagem por observação desempenha um papel importante no desenvolvimento de comportamentos apropriados e inapropriados (Figura 6-4).

FIGURA 6-4 Um dos possíveis problemas com a punição é a aprendizagem observacional, como é ilustrado aqui. Para punir o mau comportamento da filha, a mãe faz uso da punição. Como resultado de observar a mãe, a criança também se envolve no mesmo comportamento com sua boneca.

Por exemplo, crianças que frequentemente levam surras ou observam comportamento agressivo podem ter maior probabilidade de se envolver em comportamento agressivo (Bandura, 1969; Bandura, Ross e Ross, 1963).

Questões éticas

Entre os profissionais, existe algum debate sobre se é ético ou não usar a punição, especialmente estímulos dolorosos ou aversivos, para mudar o comportamento dos outros (Repp e Singh, 1990). Alguns argumentam que o uso da punição não pode ser justificado (Meyer e Evans, 1989). Outros argumentam que o uso da punição pode ser justificado se o comportamento for prejudicial ou sério o suficiente e, portanto, os benefícios potenciais para o indivíduo são grandes (Linscheid et al., 1990). Claramente, as questões éticas devem ser consideradas antes que a punição seja utilizada como um procedimento de modificação de comportamento. As diretrizes éticas que os analistas de comportamento licenciados devem seguir indicam que (a) o reforço deve ser utilizado antes de se considerar a punição e (b) se a punição for necessária, deve ser usada em conjunto com um reforço para o comportamento alternativo (veja o Capítulo 15) (Bailey e Burch, 2011). Pesquisas mostram que procedimentos envolvendo punição são muito menos aceitáveis na profissão do que procedimentos de modificação de comportamento que utilizam reforço ou outros princípios (Kazdin, 1980; Miltenberger, Lennox, e Erfanian, 1989). Os profissionais devem considerar vários aspectos antes de decidirem utilizar procedimentos de modificação de comportamento baseados em punição. Além disso, os procedimentos de punição são sempre empregados em conjunto com avaliação funcional e intervenções funcionais enfatizando a extinção, estratégias para prevenir comportamentos problemáticos e procedimentos de reforço positivo para fortalecer o comportamento desejável. (Veja os Capítulos de 13 a 18 para conhecer uma discussão mais aprofundada dessas questões.)

RESUMO DO CAPÍTULO

1. A punição é um princípio básico do comportamento. Sendo definida em três componentes básicos: a ocorrência de um comportamento é seguida por uma consequência imediata, e é menos provável que o comportamento ocorra no futuro.
2. Um equívoco comum sobre a punição é que significa fazer mal a outra pessoa ou exigir retribuição em outro indivíduo pelo mau comportamento de tal pessoa. Em vez disso, a punição é um rótulo para um princípio comportamental desprovido das conotações legais ou morais geralmente associadas à palavra.
3. Existem duas variações procedurais da punição: punição positiva e punição negativa. Na punição positiva, um estímulo aversivo é apresentado após o comportamento. Na punição negativa, um estímulo reforçador é removido após o comportamento. Em ambos os casos, é menos provável que o comportamento ocorra no futuro.
4. Os dois tipos de estímulos punitivos são os punidores não condicionados e os punidores condicionados. Um punidor não condicionado é naturalmente punitivo. Um punidor condicionado é desenvolvido ao se associar um estímulo neutro com um punidor não condicionado ou outro punidor condicionado já existente.
5. Fatores que influenciam a eficácia da punição incluem imediatismo, contingência, operações motivadoras, diferenças individuais e magnitude.
6. Problemas potenciais associados ao uso da punição incluem reações emocionais à punição, o desenvolvimento de comportamentos de fuga e evitação, reforço negativo para o uso da punição, modelagem do uso da punição e questões éticas.

TERMOS-CHAVE

custo da resposta, 80
pausa do reforço positivo, 80
punição negativa, 79
punição positiva, 79
punição, 77
punidor condicionado generalizado, 83
punidor condicionado, 82
punidor não condicionado, 82
punidor, 77

TESTE PRÁTICO

1. Defina punição.
2. No uso comum, o que significa punição? Como contrasta com a definição de punição em modificação do comportamento?
3. Dê um exemplo de punição de sua vivência. (a) Este é um exemplo de punição positiva ou negativa? Por quê? (b) Este exemplo envolve um punidor não condicionado ou condicionado? Por quê?
4. A definição de modificação de comportamento da punição é uma definição funcional. O que queremos dizer com definição funcional?
5. Defina punição positiva. Dê um exemplo.

6. Defina punição negativa. Dê um exemplo.
7. (a) O que é um punidor não condicionado? (b) O que significa dizer que um estímulo punitivo tem importância biológica? (c) Dê alguns exemplos de punidores não condicionados.
8. (a) O que é um punidor condicionado? (b) Como um estímulo neutro é estabelecido como punidor condicionado? (c) Forneça alguns exemplos de punidores condicionados de sua vivência.
9. Descreva como um estímulo aversivo pode estar envolvido tanto na punição positiva quanto no reforço negativo. Dê um exemplo.
10. Descreva como um estímulo reforçador pode estar envolvido tanto na punição negativa quanto no reforço positivo. Dê um exemplo.
11. Descreva como o imediatismo influencia a eficácia da punição.
12. Como a consistência ou o esquema de punição influencia a eficácia da punição?
13. O que é uma operação motivadora? Dê um exemplo de uma operação motivadora que influencia a eficácia da punição. O que é uma operação abolidora? Dê um exemplo de uma operação abolidora que influencia a eficácia da punição.
14. Como a intensidade de um estímulo está relacionada à sua eficácia como punidor?
15. Descreva cinco problemas que podem estar associados ao uso da punição.
16. Identifique cada um dos seguintes itens como exemplo de punição positiva, punição negativa ou extinção. Ao analisar cada exemplo, certifique-se de fazer a si mesmo três perguntas:
    - Qual é o comportamento?
    - O que aconteceu imediatamente após o comportamento? (Um estímulo foi adicionado ou removido, ou o reforçador foi retirado do comportamento?)
    - O que aconteceu com o comportamento no futuro? (O comportamento foi enfraquecido? É menos provável que ele ocorra?)
    a. Rachel acordava cedo todas as manhãs e "atacava" o pote de biscoitos. A mãe percebeu o que estava acontecendo e parou de colocar biscoitos no pote. Depois dessa ação, quando Rachel buscava o pote de biscoitos, não encontrava mais nada. Como resultado, ela não atacou mais o pote de biscoitos.
    b. Heather atirou ovos na escola durante o Halloween. O diretor viu e fez ela lavar todas as janelas da escola. Heather nunca mais jogou ovos na escola.
    c. Doug jogou ovos na casa dos vizinhos durante o Halloween. Os pais viram e o fizeram dar aos vizinhos $ 100 para limparem a casa. Doug nunca mais jogou ovos na casa dos vizinhos.
    d. Ralph se comportou mal durante a aula e a professora dirigiu um olhar de repreensão. Depois disso, Ralph nunca mais se comportou mal na aula novamente.
    e. Suzie costumava assistir à TV durante muito tempo e utilizava o controle remoto para ligá-la e mudar de canal. Um dia o controle remoto não funcionou. Ela tentou algumas vezes e acabou desistindo de utilizá-lo.
    f. Bill bateu na irmã e a mãe tirou a mesada dele naquela semana. Como resultado, ele não bateu mais na irmã.
    g. Amanda tentou pular a cerca em um pomar de maçãs. A cerca era eletrificada e Amanda levou um choque. Como resultado, ela não subiu mais na cerca.

APÊNDICE A

Exemplos de punição positiva e punição negativa conforme a Tabela 6-1

1. Punição positiva. O comportamento de olhar para baixo enquanto andava de bicicleta resultou na apresentação de um estímulo doloroso quando Ed colidiu com o carro.
2. Punição negativa. O comportamento de bater resultou na eliminação da oportunidade de brincar com os brinquedos e os amigos.
3. Punição negativa. Passar o cortador de grama sobre a mangueira resultou na perda de dinheiro.
4. Punição positiva. O ato de ler enquanto dirigia foi imediatamente seguido de um acidente.
5. Punição negativa. Cada vez que Helen saía da cadeira, a consequência era a retirada de uma ficha.
6. Punição positiva. Kevin contava piadas sobre a comida da esposa, o que resultou na apresentação de um estímulo aversivo: o olhar de repreensão advindo da esposa.

Controle de estímulos: discriminação e generalização

> O que é um estímulo antecedente e como está envolvido no controle de estímulos de um comportamento operante?

> Como o controle de estímulos é desenvolvido por meio de um treinamento de discriminação de estímulo?

> O que é a contingência de três termos?

> O que é generalização e como difere da discriminação?

Ao discutir o reforço, a extinção e a punição, vimos a importância das consequências no controle do comportamento operante. O comportamento operante é fortalecido quando é seguido por uma consequência reforçadora; é enfraquecido quando a consequência reforçadora deixa de seguir o comportamento (extinção). Uma consequência punitiva também enfraquece o comportamento. Esses princípios básicos de comportamento – reforço, extinção e punição – explicam por que os comportamentos aumentam e continuam a ocorrer ou diminuem e deixam de ocorrer. Como o comportamento operante é controlado pelas consequências, os analistas de comportamento avaliam os eventos que seguem o comportamento para entender por que está ocorrendo e manipulam as consequências dele para modificá-lo.

Este capítulo expande a análise do comportamento operante e discute a importância dos **antecedentes**, ou seja, estímulos ou eventos que precedem uma resposta operante. Os antecedentes de um comportamento são estímulos, eventos, situações ou circunstâncias que estão presentes quando ocorre ou estavam presentes imediatamente antes de o comportamento ocorrer. Para entender e modificar o comportamento operante, é importante analisar os antecedentes, bem como as consequências do comportamento. Portanto, este capítulo enfoca os antecedentes, o comportamento e as consequências do comportamento operante.

Por que é importante entender os antecedentes do comportamento operante?

Quando entendemos os antecedentes do comportamento operante, temos informações sobre as circunstâncias em que o comportamento foi reforçado e as circunstâncias em que o comportamento não foi reforçado ou foi punido. Um comportamento continua a ocorrer em situações nas quais foi reforçado no passado e deixa de ocorrer em situações nas quais não foi reforçado ou foi punido no passado. Como você pode verificar, os efeitos de reforço, extinção e punição são específicos de uma situação. Considere os seguintes exemplos.

Exemplos de controle de estímulos

Sempre que Jake quer algum dinheiro extra para gastar, ele pede à mãe e ela geralmente dá algum dinheiro. Quando ele pede ao pai, este geralmente se recusa a dar dinheiro e diz a Jake que ele precisa conseguir um emprego. Como resultado, ele geralmente pede dinheiro à mãe, e não para o pai.

Como se pode verificar, o comportamento de pedir dinheiro foi reforçado em uma situação (com a mãe), mas não foi reforçado em outra (com o pai). Portanto, o comportamento continua a ocorrer na situação em que foi reforçado e não ocorre mais quando não foi reforçado: Jake pede dinheiro apenas para a mãe. A presença da mãe é um antecedente do comportamento de Jake de pedir dinheiro. Pode-se dizer que a presença da mãe tem um controle sobre o comportamento de Jake de pedir dinheiro. Também é importante notar que Jake só pede dinheiro à mãe quando precisa; isto é, quando uma OE está presente. Se não houver uma OE (se ele não tiver nada para comprar), não pedirá dinheiro à mãe.

Antecedente	Comportamento	Consequência
A mãe está presente	Jake pede dinheiro	A mãe dá o dinheiro
O pai está presente	Jake pede dinheiro	O pai não dá o dinheiro

Resultado: quando Jake precisa de dinheiro, ele pede à mãe, mas não pede ao pai.

Considere outro exemplo. Ginny decide que vai sair e colher alguns morangos no quintal. Quando ela escolhe um morango vermelho brilhante, experimenta e percebe que é doce, suculento e tem ótimo sabor. Ao escolher um deles que ainda está ligeiramente verde, no entanto, é azedo e duro, e o sabor não é muito bom. Enquanto continua a colher os morangos e comê-los, escolhe apenas os vermelhos. O morango vermelho é um estímulo antecedente. O comportamento de escolher e comer o morango vermelho é reforçado. Portanto, ela é mais propensa a escolher e comer os vermelhos. O comportamento de comer o morango verde não é reforçado; ela não escolhe mais os verdes. Escolher e comer apenas morangos vermelhos, e não os verdes, é um exemplo de controle de estímulo. Diríamos que a presença de morangos vermelhos tem controle de estímulo sobre o comportamento de Ginny de colher e comer morangos. É importante notar também que Ginny só colhe morangos vermelhos quando uma OE está presente (ela está com fome, precisa de morangos para cozinhar, alguém pede que ela pegue alguns morangos etc.). Se uma OE não estiver presente, ela não colherá morangos.

Antecedente	Comportamento	Consequência
Quando o morango está vermelho	Ginny colhe o morango e come.	O gosto do morango é ótimo.
Quando o morango está verde	Ginny colhe o morango e come.	O gosto do morango é ruim.

Resultado: é provável que Ginny colha e coma morangos vermelhos e pare de colher e comer os verdes.

Definição de controle de estímulos

Os dois exemplos anteriores ilustram o princípio do **controle de estímulos**. Em cada um deles, um comportamento era mais provável de ocorrer quando o estímulo antecedente específico estivesse presente. Para Jake, o estímulo antecedente que estava presente quando pedia dinheiro era a mãe. Para Ginny, o estímulo antecedente quando colhia e comia morangos era a presença de morangos vermelhos. Diz-se que um comportamento está sob controle de estímulo quando há probabilidade maior de que o comportamento ocorra na presença de um estímulo antecedente específico ou de um estímulo de uma classe específica. (Morangos vermelhos são uma **classe de estímulo**. Qualquer morango vermelho em particular é um membro dessa classe de estímulo.)

> *Quais são alguns de seus comportamentos que estão sob controle de estímulo?*

Para responder a essa questão, pergunte a si mesmo quais dos seus comportamentos ocorrem apenas em situações específicas ou em certas circunstâncias (ou seja, quando um estímulo antecedente específico está presente). O que você vai descobrir é que quase todos os seus comportamentos estão sob controle de estímulo. Comportamentos geralmente não ocorrem aleatoriamente; eles ocorrem nas situações ou circunstâncias específicas em que foram reforçados no passado. A Tabela 7-1 enumera exemplos de alguns comportamentos que estão sob controle de estímulo.

Cada exemplo na Tabela 7-1 mostra um estímulo antecedente, um comportamento e uma consequência. Em cada exemplo, é mais provável que o comportamento ocorra quando o estímulo antecedente está presente. Por quê? O comportamento ocorre quando o antecedente está presente porque este é o único momento em que o comportamento foi reforçado. Considere cada exemplo a seguir.

TABELA 7-1 Exemplos para autoavaliação (controle de estímulos)

Definição comportamental

1. Um homem diz à esposa "amo você", mas não diz para nenhuma das pessoas de onde trabalha.

Antecedente →	Comportamento →	Consequência
A esposa está presente.	Ele diz "amo você".	Ela diz o mesmo para ele.

2. Quando o farol está vermelho, você para. Quando está verde, você prossegue.

Antecedente →	Comportamento →	Consequência
Farol verde.	Você pisa no acelerador.	Você prossegue para onde estava indo e evita que as pessoas buzinem.
Antecedente →	Comportamento →	Consequência
Farol vermelho.	Você pisa no freio.	Você evita um acidente ou ser multado.

3. Você conta piadas desagradáveis aos amigos, mas não aos pais ou professores.

Antecedente →	Comportamento →	Consequência
Os amigos estão presentes.	Você conta piadas desagradáveis para eles.	Eles riem e também contam piadas.

4. Quando o telefone toca, você atende e fala com a pessoa que ligou.

Antecedente →	Comportamento →	Consequência
O telefone toca.	Você atende o telefone.	Você conversa com a pessoa que telefonou.

5. Quando a luz da broca elétrica recarregável estiver acesa, você usa a broca.

Antecedente →	Comportamento →	Consequência
A luz acesa da bateria recarregável.	Você pega a furadeira e a usa para fazer uma perfuração.	A furadeira funciona corretamente.

© Cengage Learning®

- O ato de dizer "eu te amo" é reforçado pela esposa do homem. Se ele dissesse "eu te amo" para as pessoas no trabalho, elas não reforçariam esse comportamento. (Elas poderiam ter uma reação estranha ou até pior.) Como resultado, ele diz "eu te amo" apenas à esposa.
- O ato de parar no sinal vermelho é reforçado por evitar causar um acidente e ser multado no trânsito (reforço negativo). No entanto, parar quando a luz do semáforo está verde resultaria em pessoas gritando com você e fazendo gestos de raiva (punição positiva). Portanto, você para quando a luz está vermelha e segue quando a luz está verde.
- O ato de contar uma piada desagradável aos amigos é reforçado pelas risadas e pela atenção recebida deles. Entretanto, contar essas piadas aos pais não seria reforçado e você poderia ser punido com olhares de reprovação ou repreensão. Portanto, você conta piadas desagradáveis apenas aos amigos.
- O ato de pegar o telefone quando toca é reforçado pela conversa com quem telefonou; pegar o telefone quando não toca não é reforçado porque ninguém está do outro lado. Como resultado, você pega o telefone apenas quando toca (a menos que esteja fazendo uma ligação).
- Quando a luz do carregador está acesa, o ato de usar a furadeira é reforçado porque a furadeira vai funcionar de modo eficaz. Quando a luz não está acesa, o uso da furadeira nunca é reforçado porque não vai funcionar. Como resultado, você usa a furadeira somente quando a luz está acesa.

Desenvolvimento do controle de estímulos: treinamento da discriminação de estímulos

Como você pode ver pelos exemplos anteriores, o controle de estímulo se desenvolve porque um comportamento é reforçado apenas na presença de um estímulo específico antecedente. Portanto, o comportamento continua a ocorrer no futuro apenas quando esse estímulo antecedente estiver presente. O estímulo antecedente presente quando um comportamento é reforçado é conhecido como **estímulo discriminativo (E^D)**. O processo de reforçar um comportamento apenas quando um estímulo antecedente específico (E^D) está presente é chamado **treinamento de discriminação de estímulo**.

Duas etapas estão envolvidas no treinamento de discriminação de estímulo.

1. Quando o E^D está presente, o comportamento é reforçado.

2. Quando quaisquer outros estímulos antecedentes, exceto o E^D, estiverem presentes, o comportamento não é reforçado. Durante o treinamento de discriminação, quaisquer estímulos antecedentes que estiverem presentes quando o comportamento não é reforçado é chamado **delta E (E^Δ)**.

Como resultado do treinamento de discriminação, é mais provável que um comportamento ocorra no futuro quando um E^D está presente, mas é menos provável que ocorra quando um E^Δ está presente. Essa é a definição de controle de estímulo. É importante lembrar que a presença de um E^D não faz que um comportamento ocorra; não fortalece um comportamento. Em vez disso, um E^D aumenta a probabilidade (ou evoca) do comportamento na situação atual porque foi associado ao reforço do comportamento no passado. Reforço é o que o comportamento ocorrer quando o E^D está presente.

Sobre os termos: um E^D evoca um comportamento

- Quando um comportamento está sob controle de estímulo, o E^D evoca o comportamento.
- Dizer que um E^D evoca um comportamento é o mesmo que dizer que é mais provável que o comportamento ocorre na presença do E^D.
- Para que um E^D evoque um comportamento, um EO deve estar presente.

Treinamento de discriminação no laboratório

No experimento relatado por Holland e Skinner (1961), um pombo faminto está em uma pequena câmara experimental. A parede na frente do pombo tem um disco redondo (chamado *tecla*) e duas luzes, uma verde e outra vermelha. O pombo tem tendência natural de bicar objetos. Quando bica a tecla, uma pequena quantidade de comida é entregue por meio de uma abertura na câmara. A comida reforça o comportamento de bicar a tecla.

> *Como Holland e Skinner colocaram o comportamento do pombo de bicar a tecla sob o controle de estímulo da luz vermelha?*

Eles acenderam a luz vermelha (E^D) e, em seguida, sempre que o pombo bicava a tecla, eles entregavam comida (reforço). Às vezes, eles acendiam a luz verde (E^Δ) e, quando o pombo bicava a tecla, não entregavam nenhuma comida (extinção). Por causa do processo de treinamento de discriminação, o pombo é mais propenso a bicar a tecla quando a luz é vermelha e menos propenso a bicar a tecla quando a luz é verde. A luz vermelha indica que as bicadas nas teclas serão reforçadas; a luz verde sinaliza que não serão reforçadas.

Antecedente	Comportamrnto	Consequência
Luz vermelha (E^D)	O pombo bica a tecla.	A comida é liberada.
Luz verde (E^Δ)	O pombo bica a tecla.	Nenhuma comida é liberada.

Resultado: o pombo bica a tecla somente quando a luz vermelha estiver acesa.

Em experimentos semelhantes, um rato aprende a pressionar uma alavanca em uma câmara experimental quando a resposta de pressão da alavanca é reforçada pela liberação de comida. Por meio do treinamento de discriminação, o rato aprende a pressionar a alavanca quando certo tom audível é apresentado e a não pressionar a alavanca quando um tom diferente é apresentado (Skinner, 1938).

Antecedente	Comportamento	Consequência
Tom alto (E^D)	O rato pressiona a alavanca.	A comida é liberada.
Tom baixo (E^Δ)	O rato pressiona a alavanca.	Nenhuma comida é liberada.

Resultado: o rato pressiona a alavanca somente quando o tom alto for liberado.

Do mesmo modo, o sinal na escola avisando que é hora do recreio desenvolve controle de estímulo sobre o comportamento das crianças no ensino fundamental. Assim que a campainha toca, os alunos se levantam e saem para o recreio. Esse comportamento é reforçado pela atividade das crianças brincando e se divertindo. Se os alunos se levantassem antes do sinal,

TABELA 7-2 Estímulos discriminativos (E^D) e E-deltas (E^Δ) para os Exemplos na Tabela 7-1

Exemplo	Comportamento	E^D	E^Δ
1.	Dizer "eu te amo"	Esposa	Colegas de trabalho
2.	Frear o carro	Farol vermelho	Farol verde
3.	Contar piadas desagradáveis	Amigos	Pais, professores
4.	Atender o telefone	Telefone toca	Telefone não toca
5.	Usar a furadeira	Luz da bateria acesa	Luz da bateria apagada

© Cengage Learning

o comportamento não seria reforçado (o professor não os deixaria sair para brincar). O sinal de recreio é um E^D para deixar a sala de aula porque o único momento em que o ato de sair da sala de aula é reforçado é depois que o sinal do recreio toca.

> *Para cada exemplo de controle de estímulo na Tabela 7-1, identifique o E^D e o E-delta (E^Δ).*
>
> As respostas são apresentadas na Tabela 7-2.

Desenvolvimento de leitura e ortografia com treinamento de discriminação

A leitura é um comportamento que é desenvolvido pelo processo de treinamento de discriminação de estímulo. Nosso comportamento de leitura está sob o controle de estímulo das letras e palavras que vemos nas páginas. Se vemos as letras GATO, dizemos "gato". Se disséssemos "gato" depois de ver qualquer outra combinação de letras, nossa resposta estaria incorreta. Aprendemos a dar respostas corretas de leitura por meio do treinamento de discriminação, geralmente quando somos crianças.

Antecedente	Comportamento	Consequência
GATO (E^D)	A criança diz "gato".	Ela recebe um elogio da professora ou dos pais.
Outra palavra (E^Δ)	A criança diz "gato".	Ela não recebe nenhum elogio ou a professora diz "errado".

Resultado: quando as letras GATO são apresentadas, a criança diz "gato", mas a criança não diz "gato" quando qualquer outra combinação de letras é apresentada.

Observe que, neste exemplo, a resposta do adulto "Errado!" é um punidor condicionado.

À medida que aprendemos a ler, somos capazes de discriminar o som de cada letra do alfabeto e aprendemos a ler milhares de palavras. Em cada caso, uma letra específica é associada a um som, e uma sequência específica de letras é associada a uma palavra. Quando vemos uma letra e emitimos o som correto, ou quando vemos uma palavra escrita e pronunciamos a palavra correta, nosso comportamento é reforçado pelo elogio de professores ou de nossos pais. Assim, a letra ou a palavra que está escrita desenvolve o controle do estímulo sobre o nosso comportamento de leitura.

> *Descreva como nosso comportamento de soletrar é desenvolvido por meio do treinamento de discriminação de estímulo.*
>
> No caso da ortografia, a palavra falada é o E^D, e nossa resposta envolve escrever ou dizer as letras que soletram a palavra. Quando escrevemos ou dizemos as letras corretamente, nosso comportamento de soletrar é reforçado.

Antecedente	Comportamento	Consequência
O professor diz "soletre árvore" (S^D)	Você soletra *ÁRVORE*	O professor o elogia.
O professor diz "soletre peixe" (S^Δ) ou qualquer outra palavra	Você soletra *ÁRVORE*	O professor diz "errado".

Resultado: é mais provável que você soletre *ÁRVORE* quando o professor disser "árvore", e não quando você ouvir qualquer outra palavra.

Como resultado do treinamento de discriminação, o controle de estímulo se desenvolve sobre o nosso comportamento ortográfico. Cada palavra em particular que ouvimos (e cada objeto ou evento que experimentamos) está associada a apenas uma ortografia correta que é reforçada. A grafia incorreta não é reforçada ou é punida; assim, não ocorre mais.

Treinamento de discriminação de estímulo e punição

O treinamento de discriminação de estímulo também pode ocorrer com a punição. Se um comportamento é punido na presença de um estímulo antecedente, o comportamento diminuirá e deixará de ocorrer no futuro quando esse estímulo estiver presente. O comportamento pode continuar a ocorrer quando outros estímulos antecedentes estiverem presentes. Por exemplo, suponha que, quando a sopa estiver fervendo, você pegue uma colherada e leve-a a boca para prová-la. Você vai queimar a boca e, como resultado, é menos provável que coloque uma colher de sopa fervendo na boca no futuro. No entanto, você ainda pode colocar a sopa na boca antes que ferva ou depois que esfrie, sem se queimar.

Antecedente	Comportamento	Consequência
A sopa está fervendo	Você pega um pouco com uma colher e experimenta.	Estímulo doloroso (você queima a boca).
A sopa não está fervendo	Você pega um pouco com uma colher e experimenta.	Nenhum estímulo doloroso.

Resultado: é menos provável que, no futuro, você experimente sopa quando estiver fervendo.

A sopa fervendo é um E^D; sinaliza que o ato de experimentar a sopa será punido. O controle de estímulo terá se desenvolvido quando você não mais tentar experimentar a sopa que está fervendo. Considere outro exemplo. Ao falar e rir alto em uma biblioteca, o bibliotecário vai pedir que você fique quieto ou se retire. No entanto, o ato de falar e rir alto não é punido em muitas outras situações (por exemplo, em uma festa ou em um jogo de futebol). Portanto, é menos provável que o comportamento de falar e rir alto ocorra na biblioteca, mas continua a ocorrer em outras situações em que o comportamento não é punido.

A biblioteca é um E^D para a punição que sinaliza que o ato de falar alto e rir será punido. O comportamento está sob controle de estímulo quando você não rir mais nem falar alto na biblioteca.

Antecedente	Comportamento	Consequência
Em uma biblioteca	Você ri e fala alto.	Você é repreendido.
Em uma festa	Você ri e fala alto	Você não é repreendido.

Resultado: é menos provável que você ria e fale alto quando estiver em uma biblioteca.

A contingência de três termos

Segundo Skinner (1969), o treinamento de discriminação de estímulos envolve uma **contingência de três termos**, na qual a consequência (reforçador ou punidor) depende da ocorrência do comportamento apenas na presença do estímulo antecedente específico, denominado E^D. Como pode verificar, uma contingência de três termos envolve uma relação entre um estímulo antecedente, um comportamento e a consequência do comportamento. Os analistas de comportamento frequentemente chamam essa contingência de três termos de ABC (antecedentes; comportamento, ou *behavior*, em inglês; consequências) de um comportamento (Arndorfer e Miltenberger, 1993; Bijou, Peterson e Ault, 1968). A notação utilizada para descrever uma contingência de três termos envolvendo reforço é a seguinte:

$$E^D \rightarrow R \rightarrow E^R$$

em que E^D = estímulo discriminativo, R = resposta (uma instância do comportamento), e E^R = reforçador (ou estímulo reforçador). A notação para uma contingência de três termos envolvendo a punição é a seguinte:

$$E^D \rightarrow R \rightarrow E^P$$

Neste caso, E^P = punidor (ou estímulo de punição).

Como você pode ver, um estímulo antecedente desenvolve o controle de estímulo sobre um comportamento porque o comportamento é reforçado ou punido apenas na presença desse estímulo antecedente específico. O mesmo vale para a extinção. Quando um comportamento não é mais reforçado em uma situação particular (na presença de um determinado estímulo antecedente), o comportamento diminui no futuro apenas nesta situação específica.

Pesquisa sobre controle de estímulo

Pesquisas estabeleceram o princípio do controle de estímulos e exploraram sua aplicação para ajudar as pessoas a mudar o comportamento. Por exemplo, Azrin e Powell (1968) conduziram um estudo para ajudar fumantes crônicos a reduzir o número de cigarros que fumavam por dia. Os pesquisadores desenvolveram um maço de cigarro que automaticamente ficava lacrado por certo período (digamos, uma hora) depois que o fumante pegava um cigarro. No final desse período, o maço de cigarros emitia um som para sinalizar que o estojo se abriria para liberar outro cigarro. O som (sinal auditivo) era um E^D para sinalizar que a tentativa de pegar um cigarro seria reforçada. Eventualmente, o controle de estímulo foi desenvolvido porque a única vez em que o fumante conseguia fumar um cigarro era quando o sinal auditivo (E^D) era apresentado. Quando o sinal não era apresentado, tentar pegar um cigarro não era reforçado porque o maço estava fechado.

Schaefer (1970) demonstrou que o hábito de bater com a cabeça poderia ser desenvolvido e submetido ao controle de estímulo em macacos *rhesus*. Schaefer estava interessado no hábito de bater com a cabeça porque esse modo de comportamento autolesivo, às vezes, é visto em pessoas com deficiências intelectuais. Por meio de um procedimento chamado modelagem (veja o Capítulo 9), Schaefer fez que macacos se engajassem no comportamento de bater na cabeça e reforçou esse comportamento apresentando comida a eles. O treinamento de discriminação ocorreu da seguinte maneira. De pé em frente à gaiola, Schaefer às vezes fazia declarações verbais (E^D) ao macaco, e outras vezes, não dizia nada (E^A). Quando Schaefer dizia: "Pobre menino! Não faça isso! Você vai se machucar!", e o macaco batia na cabeça, ele entregava uma pelota de comida. Quando não fornecia o estímulo verbal e o macaco batia na cabeça, nenhum alimento era fornecido. Como resultado, o controle de estímulo se desenvolveu, e o macaco batia na cabeça somente quando Schaefer falava as frases já estabelecidas (quando o E^D estava presente). As afirmações verbais que Schaefer usou eram semelhantes àquelas feitas às vezes por funcionários a pessoas com deficiências intelectuais que se envolvem em comportamento autolesivo. Portanto, o estudo com macacos teve implicações para o controle do estímulo do comportamento autolesivo em humanos. Outros pesquisadores avaliaram o controle do estímulo do comportamento autolesivo (Lalli et al., 1998; Pace et al., 1986), e outros comportamentos de pessoas com deficiência intelectual (Conners et al., 2000). Dixon, 1981; Halle, 1989; Halle e Holt, 1991; Kennedy, 1994; Oliver et al., 2001; Striefel, Bryan e Aikens, 1974) e comportamento acadêmico e problemas de comportamento de crianças (Asmus et al., 1999; Birnie-Selwyn e Guerin, 1997; Geren, Stromer e Mackay, 1997; McComas et al., 1996; Richman et al., 2001; Ringdahl e Sellers, 2000; Stromer et al., 1996; Stromer, Mackay e Remington, 1996; Tiger e Hanley, 2004; Van Camp et al., 2000). A pesquisa sobre controle de estímulo também foi conduzida com diversas outras populações e comportamentos-alvo (Cooper, Heron e Heward, 1987; 2007; Sulzer-Azaroff e Mayer, 1991). O Capítulo 16 discute a aplicação do controle de estímulos para ajudar as pessoas a modificarem o comportamento.

PARA UMA LEITURA MAIS APROFUNDADA

Controle de estímulos e regras

O controle de estímulos se desenvolve quando determinado comportamento é reforçado na presença de um E^D e, então, é mais provável que ele ocorra na presença do E^D. Normalmente, o comportamento deve ser reforçado na presença do E^D várias vezes antes que o controle do estímulo se desenvolva. Às vezes, o controle de estímulo pode se desenvolver mais rapidamente quando regras são fornecidas. Regra é uma declaração verbal especificando a contingência, isto é, dizendo ao participante quando (sob quais circunstâncias) o comportamento será reforçado. Tiger e Hanley (2004) investigaram a influência das regras sobre o comportamento dos pré-escolares quanto a pedir atenção. Nesse estudo, os pré-escolares só podiam pedir a atenção quando ele estivesse usando um colar havaiano colorido em volta do pescoço; e não podiam pedir a atenção quando ele não estivesse com o colar, que era o E^D; pedir a atenção era o comportamento, e recebê-la, o reforçador. Tiger e Hanley mostraram que, quando os pré-escolares receberam uma regra ("Quando eu estiver com um colar havaiano vermelho ... posso responder à sua pergunta..."), foi desenvolvido um maior grau de controle de estímulo do que quando a regra não foi fornecida. Ou seja, quando a regra foi apresentada, os alunos ficaram mais propensos a pedir a atenção apenas quando o professor usava o colar.

Generalização

Em alguns casos, as condições antecedentes em que um comportamento é fortalecido (por meio de reforço) ou enfraquecido (por meio de extinção ou punição) são bastante específicas; em outros, as condições antecedentes são mais amplas ou variadas. Quando o controle de estímulo de um comportamento é mais amplo – isto é, quando o comportamento ocorre em uma série de situações antecedentes – dizemos que ocorreu generalização do estímulo.

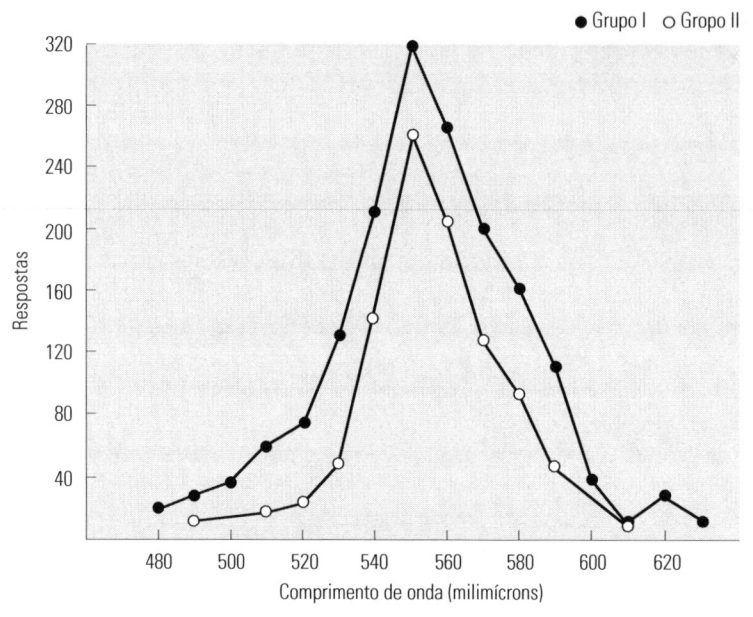

FIGURA 7-1 Este gráfico mostra dois gradientes de generalização de estímulo nos quais o ato de os pombos bicarem a tecla era reforçado quando uma luz de 550 milimícrons estava acesa (estímulo discriminativo [E^D]). Posteriormente, eles bicaram a tecla quando comprimentos de onda similares eram apresentados. Quanto mais semelhante a luz era ao E^D original, maior a probabilidade de os pombos bicarem a tecla. (Guttman, N. e Kalish, H. I. Discriminability and stimulus generalization. *Journal of Experimental Psychology*, v. 51, p. 79-88, 1956.)

A **generalização** *acontece quando um comportamento ocorre na presença de estímulos que são similares de alguma maneira ao E^D que estava presente durante o treinamento de discriminação de estímulo* (Stokes e Osnes, 1989). Segundo Skinner (1953a, p. 134), "Generalização é ... um termo que descreve o fato de que o controle adquirido por um estímulo é compartilhado por outros estímulos com propriedades comuns". Quanto mais similar outro estímulo for para o E^D, mais provável é que o comportamento ocorra na presença desse estímulo. Como os estímulos são cada vez menos parecidos com o E^D, o comportamento é cada vez menos provável na presença desses estímulos. O que é chamado *gradiente de generalização* (Skinner, 1957). A Figura 7-1 apresenta o exemplo de um gradiente de generalização do estudo feito por Guttman e Kalish (1956), que reforçaram as bicadas dos pombos em teclas quando estavam iluminadas com determinado comprimento de onda de luz. Como resultado, a luz foi um E^D que desenvolveu controle de estímulo sobre o comportamento, e o pombo bicava a tecla sempre que a luz estava acesa. O gráfico mostra que o pombo também bicava a tecla quando eram apresentados comprimentos de onda de luz semelhantes. À medida que o comprimento de onda da luz se tornou menos semelhante ao E^D, os pombos bicavam menos a tecla. O gradiente de generalização mostra que o comportamento havia sido generalizado para estímulos semelhantes ao E^D.

Outro tipo de gradiente de generalização foi demonstrado por Lalli et al. (1998). Eles mostraram que o hábito de bater com a cabeça de uma menina de 10 anos, com deficiência intelectual, era reforçado pela atenção recebida de adultos. A presença de um adulto era um E^D para o comportamento. Neste caso, o gradiente de generalização era a distância entre o adulto e a criança. Quando o adulto estava bem ao lado da criança, ela ficava mais propensa a bater com a cabeça. Quanto mais longe o adulto estava da criança, menor a probabilidade de ela bater com a cabeça. A Figura 7-2 mostra o gradiente de generalização do estudo de Lalli et al. (1998). Outra pesquisa feita por Oliver et al. (2001) mostrou que a proximidade com o terapeuta estava relacionada ao aumento da agressão exibida por uma menina com deficiência intelectual.

Exemplos de generalização

Erin, uma aluna da primeira série, está aprendendo a ler com o uso de cartões de memória de associação rápida. Quando vê o cartão em que está escrito HOMENS, ela diz "homens" e é elogiada. Esse cartão é um E^D para que diga "homens". Certo dia, Erin estava em um shopping com os pais e viu uma placa em que estava escrito HOMENS, na porta do banheiro masculino e disse "homens". Como a palavra HOMENS no banheiro é similar à do cartão de memória na escola, que era o E^D original,

Gradiente de generalização de estímulo para o comportamento autolesivo

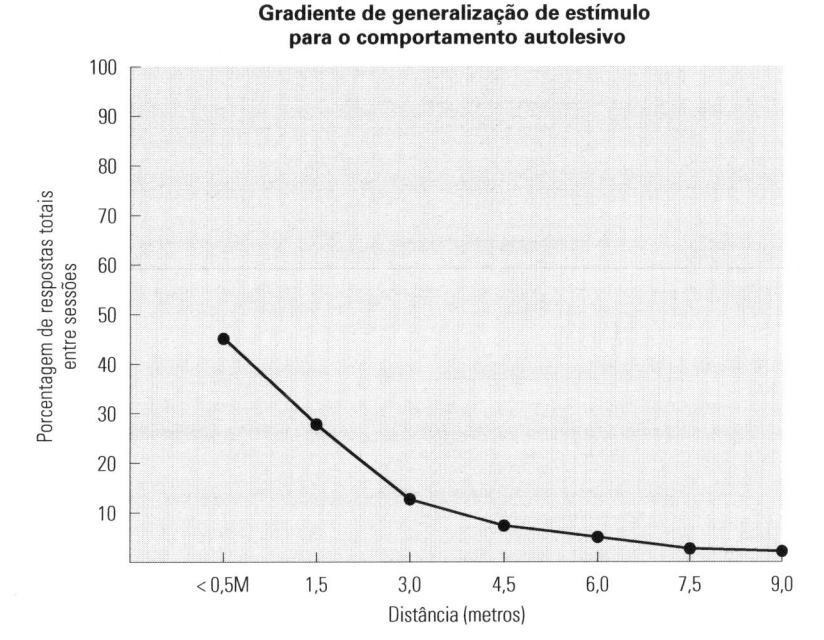

[Gráfico: Porcentagem de respostas totais entre sessões (eixo Y, 0-100) vs. Distância em metros (eixo X: <0,5M, 1,5, 3,0, 4,5, 6,0, 7,5, 9,0). Os valores decrescem aproximadamente de 45, 28, 13, 8, 6, 3, 3.]

FIGURA 7-2 A porcentagem de respostas totais entre sessões a uma determinada distância durante testes de generalização. Quanto mais perto a criança estava do adulto que reforçou o comportamento problemático, maior a probabilidade de a criança se envolver no comportamento. (Lalli, J. S. et al.1998, copyright © 1998 Society for the Experimental Analysis of Behavior. Reimpresso com permissão da Society for the Experimental Analysis of Behavior.)

dizemos que ocorreu generalização; a resposta foi dada na presença de um estímulo diferente que compartilhava as mesmas propriedades do E^D original. Agora, se Erin ler a palavra *homens* em qualquer lugar em que identificar letras HOMENS (por exemplo, em um livro, em uma porta, em letras maiúsculas ou em letras manuscritas), podemos dizer que a generalização ocorreu para todos os estímulos relevantes. A generalização do estímulo, neste caso, é um resultado desejável do treinamento. Erin aprendeu a discriminar todas as maneiras diferentes como a palavra HOMENS pode ser escrita.

A generalização dos estímulos também ocorre quando uma resposta é dada em diferentes circunstâncias – em um contexto diferente, em um horário diferente, ou com pessoas diferentes – daquelas em que foi originalmente aprendida. Por exemplo, os pais podem ensinar os filhos pequenos a seguirem suas instruções ou a cumprirem suas solicitações. Quando os pais fazem um pedido (E^D), a criança atende ao pedido (R) e os pais elogiam a criança (E^R). Quando a criança atende a novos pedidos que os pais fazem, ocorreu a generalização do estímulo. A solicitação específica pode ser nova, mas compartilha as características relevantes do E^D presentes durante o treinamento de discriminação: é uma solicitação ou instrução feita pelos pais. Os pedidos feitos pelos pais são parte de uma **classe de estímulos**: estímulos antecedentes que compartilham características similares e têm o mesmo efeito funcional em um comportamento específico. A generalização do estímulo também ocorre quando a criança atende à solicitação ou instrução de outro adulto (por exemplo, um professor), em outro contexto ou em outro momento. Se a criança atende aos pedidos de outros adultos, a classe de estímulos que adquiriu o controle do estímulo sobre a adequação da criança inclui solicitações feitas por adultos (e não somente as solicitações dos pais).

Como você vê, um controle de estímulo pode ser bastante específico ou pode ser mais amplo. Se um comportamento é reforçado apenas na presença de um estímulo antecedente específico, o controle do estímulo é específico; é mais provável que o comportamento ocorra somente quando esse estímulo estiver presente no futuro. Se um comportamento é reforçado na presença de vários estímulos antecedentes que compartilham as mesmas características (que estão na mesma classe de estímulo), o controle do estímulo é mais amplo e é mais provável que o comportamento ocorra quando qualquer um dos estímulos antecedentes daquela classe de estímulos estiver presente no futuro (cada estímulo daquela classe de estímulos evoca o comportamento). A generalização está associada ao amplo controle de estímulos, ou ao controle de estímulos por novos estímulos antecedentes não treinados.

Considere o exemplo de Millie, de 4 anos, uma menina com deficiência intelectual severa que exibe um comportamento autolesivo. Especificamente, quando a mãe dela está no quarto, ela se ajoelha e bate a cabeça no chão. Quando Millie bate a cabeça, a mãe vai até ela e impede que se envolva no comportamento segurando-a e conversando (ou seja, prestando atenção nela).

Descreva a contingência de três termos envolvida no hábito de Millie de bater com a cabeça no chão.

O estímulo antecedente ou E^D é a presença da mãe. O comportamento é o hábito de bater com a cabeça no chão, e a consequência reforçadora é a atenção da mãe (segurando-a e conversando com ela). O ato de bater com a cabeça no chão está sob controle de estímulo da presença da mãe. Quando as irmãs estão na sala, mas a mãe não está presente, Millie não bate com a cabeça porque o comportamento nunca é reforçado pelas irmãs.

Recentemente, quando Millie foi ao hospital, ela bateu com a cabeça no chão quando estava com a enfermeira. Esse é um exemplo de generalização. A presença da enfermeira é um novo estímulo antecedente, mas é semelhante ao E^D (a mãe, um adulto). Quando Millie bateu com a cabeça no chão quando estava com a enfermeira, ela a abraçou e conversou, assim como a mãe fazia. Dessa forma, a enfermeira reforçou o comportamento de Millie. Enquanto estava no hospital, Millie bateu com a cabeça no chão quando outros adultos entraram no quarto; e esses adultos também reforçaram o comportamento dela. No entanto, quando Millie estava na sala de brinquedos do hospital com outra criança, mas nenhum adulto estava presente, Millie não bateu com a cabeça no chão.

Por que Millie não bate com a cabeça no chão quando a única pessoa na sala é outra criança?

Millie não bate com a cabeça no chão quando apenas uma criança está presente porque outras crianças não reforçam o comportamento; elas simplesmente ignoram Millie. Portanto, uma criança é um E^Δ para o comportamento, que está sob o controle do estímulo da presença de um adulto, porque apenas adultos reforçam o comportamento.

Antecedente	Comportamento	Consequência
Adulto presente na sala	Bater com a cabeça no chão	Atenção
Outra criança na sala (mas nenhum adulto)	Bater com a cabeça no chão	Não recebe nenhuma atenção

Resultado: Millie bate com a cabeça somente quando um adulto está presente na sala.

Alguns exemplos de generalização de estímulos são fornecidos na Tabela 7-3.

Em cada exemplo da Tabela 7-3, identifique a contingência de três termos usada inicialmente para desenvolver o controle de estímulo e identifique a classe de estímulo que controla o comportamento após a generalização.

As respostas são dadas no Apêndice A.

TABELA 7-3 Exemplos para autoavaliação (generalização de estímulos)

1. Amy está aprendendo a identificar a cor vermelha. Quando a professora mostra um bloco vermelho, ela pode dizer "vermelho". A generalização ocorreu quando ela também disse "vermelho" quando a professora mostrou uma bola vermelha, um livro vermelho ou qualquer outro objeto vermelho.
2. Scott parou de colocar os pés sobre a mesa de café depois que a esposa o repreendeu. A generalização ocorreu quando ele parou de colocar os pés sobre a mesa de café, mesmo quando a esposa não está em casa.
3. O cachorro de Sharon, Bud, deixou de pedir comida para ela porque nunca dava comida quando ele pedia. No entanto, quando Sharon visitou familiares em um feriado, os parentes reforçaram o comportamento de pedir dando comida a Bud. Depois das férias, quando voltaram para casa, Bud também passou a pedir comida a Sharon e seus amigos. A generalização ocorreu.
4. Sharon treinou seu cão Bud para não sair nas ruas ao redor de casa fazendo uso de punição. Ela andou com Bud na coleira próximo da rua; cada vez que Bud descia da calçada e ia para a rua, Sharon puxava a coleira dele. Bud terminou não mais pisando na rua, mesmo quando não está na coleira; a generalização ocorreu. O cachorro também não anda nas ruas em torno das casas de outras pessoas; este foi outro exemplo de generalização.
5. Você aprende a dirigir o carro do irmão (que tem transmissão manual) com ele ao lado. O comportamento então generaliza para a maioria dos outros carros com transmissão manual.

Veja a história em quadrinhos na Figura 7-3. Descreva como essa história em quadrinhos fornece um exemplo de generalização.

Inicialmente, Dagwood ensinou Daisy a pegar o jornal utilizando a seguinte contingência de três termos:

Controle de estímulos: discriminação e generalização **101**

Antecedente	Comportamento	Consequência
O jornal está no jardim da frente.	Daisy leva o jornal para dentro de casa.	Dagwood dá a ela uma recompensa.

Resultado: no futuro, Daisy leva o jornal para casa sempre que este é entregue no jardim da frente.

O jornal no jardim da frente da casa de Dagwood é o E^D. A generalização ocorreu quando Daisy também trouxe jornais dos quintais dos vizinhos. A classe de estímulo que controlava a resposta era um jornal no jardim da frente de qualquer casa. Dagwood queria que a classe de estímulo fosse apenas o jornal no jardim da frente de sua casa.

? ***Descreva como Dagwood faria o treinamento de discriminação com Daisy para estabelecer o controle de estímulo correto.***

Dagwood deveria dar uma recompensa para Daisy apenas quando ela trouxesse o jornal dele, e não deveria dar nenhuma recompensa (e talvez algum punidor) quando trouxesse o jornal de um vizinho.

FIGURA 7-3 Nesta história em quadrinhos, você vê um exemplo de generalização. O E^D era o jornal no jardim da frente da casa de Dagwood, mas o comportamento (pegar o jornal) generalizou para jornais nos quintais dos vizinhos. (Reimpresso com permissão especial do King Features Syndicate.)

Antecedente	Comportamento	Consequência
O jornal está em frente à casa de Dagwood (E^D).	Daisy pega o jornal.	Daisy recebe uma recompensa.
O jornal está em frente à casa de um vizinho (E^Δ).	Daisy pega o jornal.	Dagwood diz a Daisy: "nenhuma recompensa".

Resultado: Daisy leva o jornal de Dagwood, mas não leva o jornal dos vizinhos.

Pesquisadores e profissionais na área de modificação do comportamento estão bastante interessados na generalização de estímulos. Quando eles usam procedimentos de modificação de comportamento para ajudar as pessoas a aumentarem um déficit comportamental ou diminuir um excesso de comportamento, querem que a mudança de comportamento se generalize para todas as situações de estímulo relevantes. Diversos pesquisadores discutiram estratégias para promover a generalização da mudança de comportamento (Edelstein, 1989; Kendall, 1989; Stokes e Baer, 1977; Stokes e Osnes, 1989). Essas estratégias serão revisadas no Capítulo 19.

RESUMO DO CAPÍTULO

1. Estímulo antecedente é o que precede a ocorrência do comportamento. Um comportamento operante está sob controle de estímulo quando é mais provável que ocorra na presença de um estímulo antecedente específico ou de um membro de uma classe de estímulo específica.
2. O controle de estímulo se desenvolve por meio de um processo de treinamento de discriminação de estímulo, no qual o comportamento é reforçado na presença de um estímulo (ou classe de estímulo), mas não é reforçado quando outros estímulos estão presentes. O estímulo antecedente que está presente quando um comportamento é reforçado é chamado de *estímulo discriminativo* (E^D); um estímulo antecedente presente quando o comportamento não é reforçado é chamado delta E (E^Δ). O treinamento de discriminação de estímulo pode ocorrer com reforço, punição ou extinção; portanto, a ocorrência ou a não ocorrência de um comportamento pode estar sob controle de estímulo. No entanto, não é o E^D que faz que um comportamento ocorra ou não. Reforço, extinção e punição são os processos responsáveis pela ocorrência ou não ocorrência de um comportamento em situações antecedentes específicas.
3. Uma contingência de três termos envolve um estímulo discriminativo (E^D), uma resposta que ocorre na presença do E^D, e uma consequência reforçadora que acompanha a resposta na presença do S^D ($S^D \to R \to S^R$).
4. Quando o controle do estímulo é amplo ou quando um comportamento ocorre na presença de novos estímulos antecedentes semelhantes ao E^D inicial, dizemos que a generalização ocorreu. O controle de estímulo se generaliza para uma classe de estímulos compartilhando uma característica ou características particulares.

TERMOS-CHAVE

antecedente, 91
classe de estímulo, 92
contingência de três termos, 96
controle de estímulo, 92
Delta E (E^Δ), 94
estímulo discriminativo (E^D), 93
generalização, 98
treinamento de discriminação de estímulo, 93

TESTE PRÁTICO

1. O que é um estímulo antecedente? Dê um exemplo.
2. O que significa quando dizemos que os efeitos do reforço são específicos da situação?
3. O que é controle de estímulo?
4. Dê um exemplo de controle de estímulo.
5. O que é um E^D? O que é um E^Δ?
6. Descreva o treinamento de discriminação de estímulo. Qual é o resultado do treinamento de discriminação de estímulo?
7. Dê um exemplo de treinamento de discriminação de estímulo com reforço e um exemplo com punição.
8. Um E^D faz que um comportamento ocorra? Explique.
9. O que é uma contingência de três termos? Dê um exemplo.
10. Um rato faminto pressiona uma alavanca e obtém comida somente quando uma luz verde está acesa. O que significa a luz verde? O que acontecerá ao comportamento com o rato ao pressionar a alavanca no futuro?
11. O que é generalização de estímulo?
12. Dê um exemplo de generalização de estímulo.
13. O que é uma classe de estímulos? Dê um exemplo.
14. Dê um exemplo no qual a generalização de estímulo seria desejável. Dê um exemplo no qual a generalização de estímulo seria indesejável.
15. Descreva como você utilizaria o treinamento de discriminação de estímulo para tornar mais ou menos provável que a generalização ocorra.

APÊNDICE A

A contingência de três termos e o resultado da generalização em cada exemplo da Tabela 7-3

1. Antecedente ⟶ Comportamento ⟶ Consequência
   Bloco vermelho   Amy identifica a cor vermelha.   Amy recebe um elogio do professor.

   Resultado:
   Bloco vermelho   Amy identifica a cor vermelha.

   Depois da generalização:
   Qualquer objeto vermelho Amy identifica a cor vermelha.

2. Antecedente ⟶ Comportamento ⟶ Consequência
   A esposa está presente   Scott põe os pés sobre a mesa de café.   Scott leva uma bronca da esposa.

   Resultado:
   A esposa está presente   Scott não põe os pés sobre a mesa de café.

   Depois da generalização:
   A esposa não está presente   Scott não põe os pés sobre a mesa de café.

3. Antecedente ⟶ Comportamento ⟶ Consequência
   Perto dos parentes   Bud pede comida.   Os parentes dão comida para Bud.

   Resultado:
   Perto dos parentes   Bud pede comida.

   Depois da generalização:
   Perto de Sharon e amigos Bud pede comida.

4. Antecedente ⟶ Comportamento ⟶ Consequência
   Com a coleira e perto da   Bud sai da calçada.   Sharon puxa a coleira.
   casa de Sharon

   Resultado:
   Com a coleira e perto da   Bud permanece na calçada.
   casa de Sharon

   Depois da generalização:
   Com a coleira e perto da   Bud permanece na calçada.
   casa de Sharon
   Com a coleira e perto da   Bud permanece na calçada.
   casa de outras pessoas

5. Antecedente ⟶ Comportamento ⟶ Consequência
   No carro do irmão   Você dirige o carro corretamente.   Você recebe elogios,
   (com transmissão manual)
   com ele presente

   Resultado:
   No carro do irmão com ele   Você dirige o carro corretamente.
   presente

   Depois da generalização:
   Em outro carro com transmissão   Você dirige o carro corretamente.
   manual, sem o irmão presente

Condicionamento respondente

8

- O que é condicionamento respondente?
- O que são respostas emocionais condicionadas?
- Como ocorre a extinção do comportamento respondente?
- Que fatores influenciam o condicionamento respondente?
- Como o condicionamento respondente é diferente do condicionamento operante?

Os Capítulos de 4 a 7 descrevem princípios de condicionamento operante: reforço, extinção, punição e controle de estímulos. Este capítulo aborda um tipo diferente de condicionamento: o condicionamento respondente. **Comportamentos operantes** são controlados por suas consequências; o **condicionamento operante** envolve a manipulação de consequências. Por outro lado, os **comportamentos respondentes** são controlados (evocados) por estímulos antecedentes, e o **condicionamento respondente** envolve a manipulação de estímulos antecedentes. Considere os seguintes exemplos.

Exemplos de condicionamento respondente

Carla trabalhava em uma fábrica que produzia brinquedos para crianças. Ela operava uma máquina que moldava peças de plástico para os brinquedos, e as peças eram levadas para a máquina em uma correia transportadora. Quando cada peça entrava na máquina, esta produzia o ruído de um clique e, em seguida, uma perfuradora de metal na máquina estampava o plástico. Quando a máquina estampava uma peça plástica, um pequeno jato de ar de uma das mangueiras atingia Carla no rosto. O que não era perigoso, mas a rajada de ar a fazia piscar sempre que a máquina estampava uma peça. Um dia, Carla percebeu que começava a piscar assim que a máquina fazia o clique, pouco antes de soprar ar em seu rosto. Depois de alguns dias, a equipe de manutenção consertou a máquina para que o jato de ar não soprasse mais da mangueira, mas Carla continuou a piscar sempre que a máquina produzia um clique. No entanto, o hábito de piscar desapareceu depois de alguns dias. O hábito de piscar de Carla é exemplo de um comportamento respondente, provocado pelo estímulo antecedente da explosão de ar no rosto. Como o som do clique sempre precedia imediatamente o jato de ar, a piscada ficou condicionada para ocorrer ao som do clique. Esse é um exemplo de condicionamento respondente.

Julio saiu da última aula às 21h30, pegou o ônibus das 21h40 e chegou em casa às 22h00. Quando desceu do ônibus, teve que atravessar um túnel sob os trilhos do trem e, como a maioria das luzes do túnel estava apagada, a maior parte do percurso no túnel estava escuro. Desde o começo do semestre, vários incidentes ocorridos no túnel o surpreenderam ou assustaram: um grande rato passou correndo bem à sua frente; alguns adolescentes fizeram ameaças a ele; e um sem-teto, que parecia estar dormindo, de repente pulou e começou a xingar Julio enquanto ele passava. Em cada ocasião, Julio notou que seu coração ficou acelerado; seus músculos, tensos, e sua respiração acelerou. Essas reações corporais continuaram até Julio sair do túnel, mas depois desses incidentes Julio notou que as mesmas reações corporais se manifestavam cada vez que ele caminhava em direção ao túnel, e só diminuíam quando saía do outro lado; uma vez dentro do túnel, ele geralmente andava depressa ou corria para sair mais rápido. O aumento da frequência cardíaca, da tensão muscular e da frequência respiratória é um exemplo de comportamento respondente. Os eventos ameaçadores no túnel inicialmente provocaram reações corporais que chamamos de respostas ao medo ou ansiedade. Como esses eventos aconteceram no túnel, a proximidade do túnel agora suscita as mesmas respostas corporais em Julio. Essa proximidade é um estímulo antecedente o qual provoca uma resposta condicionada (RC) que chamamos medo ou ansiedade.

Definição de condicionamento respondente

Certos tipos de estímulos normalmente provocam tipos específicos de respostas corporais. Os bebês se envolvem em respostas de sucção quando algo, como um mamilo, toca os lábios. Uma pessoa pisca quando um jato de ar é direcionado a seu olho. A pupila do olho se contrai com a exposição à luz intensa. A salivação ocorre quando a comida está na boca. Uma pessoa se engasga ou tosse quando algo estranho entra em sua garganta. Essas e outras respostas (Tabela 8-1) são chamadas de **respostas incondicionadas (RI)**, e são provocadas por estímulos antecedentes, embora nenhum condicionamento ou aprendizado tenha ocorrido. A RI ocorre em todas as pessoas saudáveis quando um **estímulo incondicionado (EI)** é apresentado. Dizemos que um estímulo incondicionado induz a uma resposta incondicionada (RI). Os seres humanos evoluíram para responder aos EI porque as RI têm valor de sobrevivência (Skinner, 1953a; Watson, 1924).

> *Identifique os meios pelos quais cada RI enumerada na Tabela 8-1 pode ter valor de sobrevivência.*
>
> - A tendência natural de sugar permite que o bebê se alimente quando um mamilo é colocado em sua boca.
> - A salivação ajuda na mastigação e na digestão de alimentos.
> - Engasgar quando algo estranho está na garganta pode impedir que uma pessoa sufoque.
- A tosse limpa a garganta de objetos estranhos.
- A tendência natural de piscar quando ar ou outra matéria se aproxima dos olhos pode impedir que objetos estranhos entrem nos olhos e evita a perda da visão.
- A constrição da pupila em resposta à luz intensa ajuda a proteger os olhos e, assim, evita a perda de visão.
- A reação de se livrar rapidamente de um estímulo doloroso pode ajudar a pessoa a não se machucar (com uma queimadura, um corte, e assim por diante).
- A estimulação do sistema nervoso autônomo envolve sistemas corporais que preparam uma pessoa para a ação (uma resposta para lutar ou fugir) e, portanto, pode permitir à pessoa escapar de uma situação perigosa ou se envolver em um comportamento protetor (Asterita, 1985). As respostas corporais envolvidas na estimulação autônoma são apresentadas na Tabela 8-2.
- Uma resposta que corresponde a um sobressalto inclui os componentes da estimulação autônoma que preparam o corpo para a ação em uma situação possivelmente perigosa.

TABELA 8-1 Exemplos de respostas incondicionadas em seres humanos

Definição comportamental	
Algo toca nos lábios da criança	Reflexo de sucção
Comida na boca	Salivação
Algo estranho na garganta	Engasgamento
Estimulação da garganta	Tosse
Jato de ar no olho	Piscar dos olhos
Luz intensa no olho	Constrição da pupila
Estimulação dolorosa do corpo	Retirada rápida (da mão sobre o fogo, por exemplo) e estimulação automática (resposta de fuga ou luta)
Estimulação intensa, repentina (barulho alto)	Reflexo de sobressalto (maior frequência cardíaca e respiratória, tensão muscular)
Estímulo sexual (pós-puberdade)	Ereção ou lubrificação vaginal
Golpe no tendão patelar	Reflexo involuntário de extensão do joelho

(Pierce, W. D. e Epling, W. F. *Behavior analysis and learning*, 1995, p. 65. Copyright © 1995 Prentice-Hall, Inc. Reimpresso mediante permissão do autor.)

TABELA 8-2 Respostas corporais envolvidas na estimulação do sistema nervoso autônomo

- Aumento da frequência cardíaca
- Aumento da frequência respiratória
- Aumento da tensão muscular
- Aumento do fluxo sanguíneo para os músculos principais
- Diminuição do fluxo sanguíneo para a pele
- Secreção de adrenalina na corrente sanguínea
- Maior sudorese
- Boca seca
- Dilatação da pupila
- Diminuição da atividade gastrointestinal

© Cengage Learning®

- As respostas envolvidas na excitação sexual não têm valor de sobrevivência para o indivíduo, mas facilitam o comportamento sexual, que é necessário para a sobrevivência da espécie humana.
- Mesmo que um reflexo inconsciente talvez não tenha valor direto de sobrevivência por si, é um componente de um grupo maior de reflexos envolvidos em controle postural e coordenação muscular, que contribuem para o funcionamento motor normal.

RI é uma ação reflexiva natural do corpo, que ocorre quando um EI está presente. RIs estão presentes em todas pessoas. *O condicionamento respondente ocorre quando um estímulo neutro (EN) anterior é associado a um EI (o EN e o EI são apresentados em conjunto). Como resultado dessa associação, o EN se torna um* **estímulo condicionado (EC)** *e provoca uma* **resposta condicionada (RC)** *similar à* **RI**. RI ou RC é denominada *comportamento respondente*.

O condicionamento respondente é também chamado *condicionamento clássico* (Rachlin, 1976) ou *condicionamento pavloviano* (Chance, 1988). O cientista russo Ivan Pavlov (1927) foi o primeiro a demonstrar esse fenômeno. Em seus experimentos, Pavlov mostrou que os cães salivavam quando carne em pó era colocada nas bocas deles. Essa é uma demonstração de que os EI vão provocar uma RI. Ele então apresentou um EN (o som de um metrônomo) pouco antes de colocar a carne em pó na boca do cachorro. Pavlov apresentou o som do metrônomo e a carne em pó juntos várias vezes. Depois disso, ele apresentou somente o som do metrônomo e descobriu que o cachorro agora salivava ao som do metrônomo sem ter a carne em pó em sua boca. O som do metrônomo se tornou um EC porque foi associado várias vezes à carne em pó (EI).

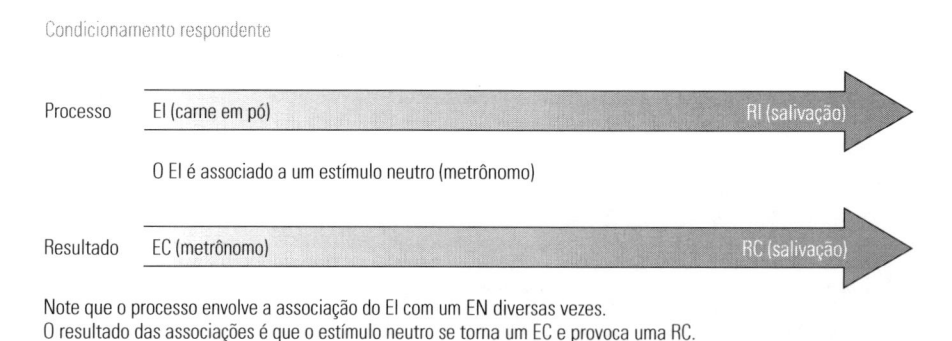

Condicionamento respondente

Processo: EI (carne em pó) → RI (salivação)

O EI é associado a um estímulo neutro (metrônomo)

Resultado: EC (metrônomo) → RC (salivação)

Note que o processo envolve a associação do EI com um EN diversas vezes.
O resultado das associações é que o estímulo neutro se torna um EC e provoca uma RC.

Qualquer estímulo pode se tornar um EC se for associado várias vezes com um EI. Considere o caso de Julio. A proximidade ao túnel se tornou um EC porque foi associado a um EI (os eventos desagradáveis no túnel). Como resultado, a proximidade do túnel provocou a RC de excitação autônoma (comumente chamada medo ou ansiedade) que foi previamente provocada pelos eventos desagradáveis e assustadores.

> *Identifique o EI, a RI, o EC e a RC no exemplo de Carla na fábrica de brinquedos.*
>
> O EI é o jato de ar rosto dela. Ele evoca a RI de piscar. Como o som do clique da máquina foi associado a cada jato de ar, o som de clique se tornou um EC. Agora, o som de clique faz que Carla pisque os olhos, o que se tornou uma RC. Note que piscar é o comportamento respondente. É uma RC quando provocada pelo EC, mas inicialmente foi uma RI quando foi provocado pelo EI.

Condicionamento respondente

Processo: Jato de ar (EI) → Piscar (RI)

O jato de ar é associado a um som de clique.

Resultado: Som de clique (EC) → Piscar (RC)

Sincronia entre o estímulo neutro e o estímulo incondicionado

A sincronia entre o EN e o EI é importante para que o condicionamento respondente ocorra. O ideal é que o EI ocorra imediatamente após o início do EN (Pavlov, 1927). No caso dos cães de Pavlov, o metrônomo soa e, em cerca de meio segundo, a carne em pó é colocada na boca do cachorro. Essa sincronia aumenta a probabilidade de o metrônomo se tornar condicionado como um EC. Se Pavlov tivesse colocado carne em pó na boca do cachorro e depois fizesse soar o metrônomo, seria improvável que ocorresse condicionamento. As possíveis relações temporais entre o EN e EI são mostradas na Figura 8-1 (adaptada de Pierce e Epling, 1995).

No **condicionamento de traço**, o EN precede o EI, mas o EN termina antes de o EI ser apresentado. No exemplo da piscada de olhos, você apresenta o som de clique e, depois que o som de clique terminou, apresenta o jato de ar.

No **condicionamento de atraso**, o EN é apresentado e, em seguida, o EI é apresentado antes que o EN termine. Veja o exemplo do condicionamento da piscada de olhos. O condicionamento de atraso ocorre se um som de clique for apresentado e um jato de ar for apresentado antes que o som de clique tenha terminado.

No **condicionamento simultâneo**, o EN e o EI são apresentados ao mesmo tempo. O som de clique e o jato de ar ocorrem simultaneamente.

No **condicionamento reverso**, o EI é apresentado antes do EN. Em nosso exemplo, o jato de ar é dirigido aos olhos e então o som de clique é apresentado. Nessas circunstâncias, é improvável que o som de clique provoque uma resposta de fazer os olhos piscarem.

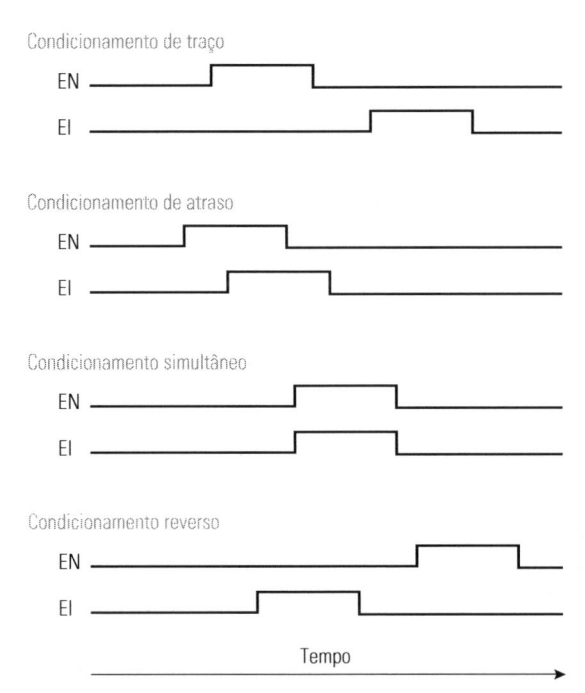

FIGURA 8-1 Essas linhas do tempo mostram a relação temporal entre o estímulo neutro (EN) e o estímulo incondicionado (EI) para quatro tipos de condicionamento respondente. A parte levantada de cada linha do tempo indica quando o estímulo (EI ou EN) é apresentado. Note que o estímulo identificado como EN se torna um estímulo condicionado somente após a associação com o estímulo incondicionado. (Pierce, W. D., e Epling, W. F. *Behavior analysis and learning*, 1995, p. 65. Direitos Autorais © 1995 Prentice-Hall, Inc. Reimpresso com permissão do autor.)

Desses tipos de condicionamento respondente, o condicionamento de traço e de atraso, em que o EN é apresentado em primeiro lugar, geralmente são mais efetivos. O condicionamento reverso é menos provável que seja eficaz. Talvez o único caso em que o condicionamento respondente possa ocorrer sem muita proximidade temporal, entre o EN e o EI, seja a aversão ao gosto. Considere o seguinte exemplo.

Murphy bebeu um copo de leite que não estava bom. Embora o leite tivesse um sabor normal, Murphy sentiu náuseas e vômitos terríveis 15 minutos depois de beber o leite. Desde esse episódio, o leite não tem um gosto bom para Murphy quando ele tenta beber. O leite estragado no estômago de Murphy foi o EI, e a RI foi a náusea e o vômito. Como o EI estava associado ao sabor do leite, esse se tornou um EC que provocou uma RC semelhante à náusea que ele experimentou inicialmente. Murphy talvez não fique realmente doente ao beber leite novamente, mas o leite não tem um sabor bom e pode produzir uma versão mais branda da náusea inicial. Esse tipo de condicionamento respondente é chamado aversão ao gosto (Garcia, Kimeldorf, e Koelling, 1955).

Condicionamento de ordem superior

O que você aprendeu até agora é que um EN pode se tornar um EC quando está associado a um EI. O EC então provoca uma RC. Esse é o processo básico do condicionamento respondente. O **condicionamento de ordem superior** ocorre quando um EN está associado a um EC já estabelecido e o EN se torna um EC. Considere o exemplo da resposta de piscar os olhos, no exemplo de Carla. Uma vez que o som do clique foi associado com o jato de ar várias vezes, o som do clique se tornou um EC para a resposta da piscada de olhos. Agora, se outro EN estiver associado ao som de clique, também pode se tornar um EC. Por exemplo, se uma luz piscasse toda vez que o som de clique fosse produzido, a luz acabaria se tornando um EC e provocaria a piscada de olhos mesmo na ausência do som de clique. O condicionamento de ordem superior depende do quanto o EC foi bem estabelecido quando associado ao EN.

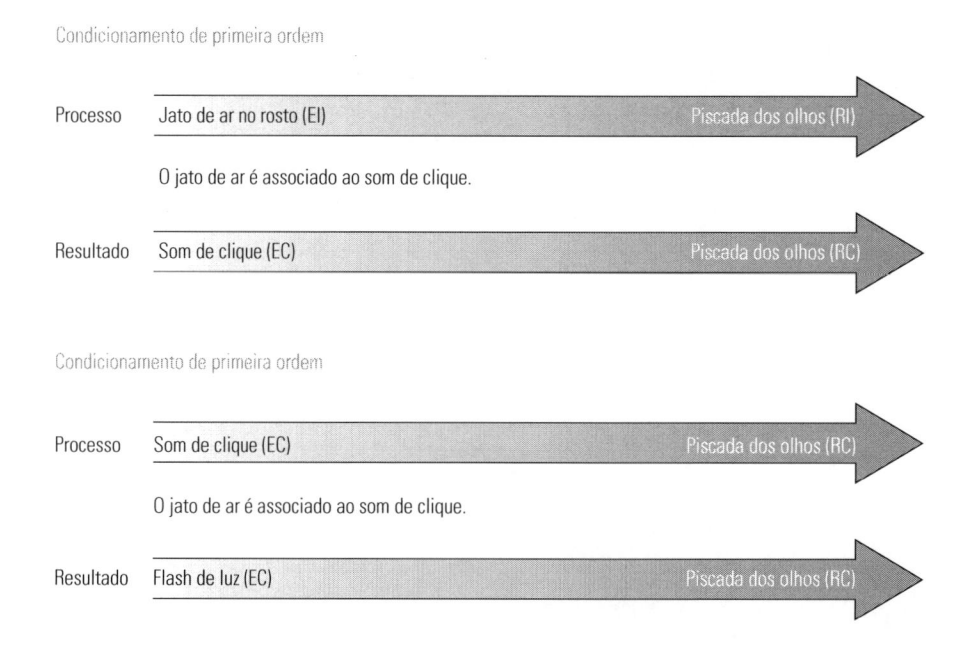

Condicionamento de primeira ordem

Processo: Jato de ar no rosto (EI) → Piscada dos olhos (RI)

O jato de ar é associado ao som de clique.

Resultado: Som de clique (EC) → Piscada dos olhos (RC)

Condicionamento de primeira ordem

Processo: Som de clique (EC) → Piscada dos olhos (RC)

O jato de ar é associado ao som de clique.

Resultado: Flash de luz (EC) → Piscada dos olhos (RC)

Respostas emocionais condicionadas

Alguns tipos de RC produzidas por meio de condicionamento respondente são chamados de **respostas emocionais condicionadas (REC)**. Esse termo foi proposto pela primeira vez por Watson e Rayner (1920), que usaram procedimentos de condicionamento respondente para condicionar uma resposta de medo em uma criança pequena, Albert, de 1 ano de idade. Inicialmente, o pequeno Albert não tinha medo do rato de laboratório branco; ele não chorou nem tentou fugir. O rato era um EN. Watson e Rayner apresentaram o rato a Albert e imediatamente bateram em uma barra de metal com um martelo atrás da cabeça de Albert (Figura 8-2). O som alto e inesperado produzido pelo martelo no metal foi um EI que provocou uma reação de surpresa (RI) em Albert. A resposta de sobressalto envolve a excitação autônoma, o mesmo tipo de respostas envolvidas em medo ou ansiedade. Depois de associarem a presença do rato ao barulho alto sete vezes em duas sessões com uma semana de intervalo, o rato se tornou um EC. E, então, a visão do rato passou a provocar uma REC que chamaríamos de medo (por exemplo, choro, excitação autônoma).

FIGURA 8-2 Watson bate na barra para fazer um barulho alto quando Albert toca o rato. Depois que o ruído inesperado e o rato são associados várias vezes, Albert mostra uma reação de medo quando, posteriormente, mostram o rato a ele.

Observe que a experiência de Watson e Rayner com Albert provavelmente também envolveu o condicionamento operante. Inicialmente, Albert tocou o rato branco e os experimentadores fizeram o barulho alto e inesperado. Como resultado da associação do ruído alto com o rato branco, o rato se tornou um punidor condicionado. O comportamento de tocar o rato foi enfraquecido pela punição, e o comportamento de se afastar para longe do rato foi fortalecido pelo reforço negativo (fuga). Observe também que esse tipo de pesquisa, em que uma resposta de medo é induzida de maneira intencional, atualmente, não seria considerada ética.

O processo de condicionamento respondente pode desenvolver ECs para RECs positivas (desejáveis) ou negativas (indesejáveis) (Watson, 1924). O medo desenvolvido no pequeno Albert por Watson e Rayner é exemplo de uma REC negativa; outros incluem raiva, nojo e preconceito. Da mesma forma, RECs positivas (por exemplo, sentimentos agradáveis, felicidade, amor) podem ser provocadas por ECs. Inicialmente, uma resposta emocional é uma RI provocada por um EI, como a resposta de um bebê ao contato físico da mãe. A mãe acaricia o rosto do bebê e o bebê sorri, emite sons e dá outras respostas indicando emoção positiva. Eventualmente, essas RECs são condicionadas ao som da voz da mãe ou à visão do rosto dela. Outro exemplo seria quando um jovem sente o cheiro do perfume normalmente usado pela namorada, o que provoca uma resposta emocional positiva. As interações positivas e afetivas e o contato físico com a namorada seriam o EI que provoca a resposta emocional positiva; o perfume é o EC porque está associado ao EI. Portanto, mesmo que a namorada não esteja presente, o cheiro do perfume pode provocar os mesmos sentimentos agradáveis (REC positiva) que o jovem experimenta quando está com ela.

> *Identifique RECs positivas e negativas que ocorrem em sua vida e os ECs que provocam essas respostas emocionais.*

Para responder a esta pergunta, pense nos eventos, pessoas, coisas em sua vida, que fazem você se sentir feliz, contente ou satisfeito e que são altamente reforçadores (RECs positivas) e em interações ou eventos aversivos, que levam a sentimentos desagradáveis (RECs negativas). Embora a noção de RECs tenha um apelo intuitivo, pode haver alguma dificuldade em operacionalizar ou medir as respostas emocionais. Algumas respostas emocionais são evidentes e, portanto, facilmente observáveis; elas incluem choro, sorriso, outras expressões faciais e posturas indicativas de excitação autônoma ou calma. Do mesmo modo, as respostas fisiológicas envolvidas na excitação autônoma (por exemplo, frequência cardíaca, tensão muscular, resposta galvânica da pele), embora ocultas, são mensuráveis com instrumentos apropriados. Por exemplo, a tensão muscular pode ser medida por registro eletromiográfico (EMG), em que os eletrodos são colocados na pele do indivíduo. A resposta galvânica da pele registra as mudanças na atividade eletrodérmica que acompanham a excitação autônoma devida ao aumento da atividade da glândula sudorípara. A excitação autônoma também pode ser detectada registrando-se a temperatura da pele nas pontas dos dedos. Como o fluxo sanguíneo é direcionado para longe da superfície da pele durante a excitação autônoma, a temperatura das mãos e dos dedos diminui.

No entanto, outras reações emocionais relatadas não são observáveis ou mensuráveis; elas incluem sentimentos como felicidade ou amor. Não há dúvida de que as pessoas experimentam emoções positivas e negativas que não podem ser observadas diretamente. A dificuldade é que, como não podem ser observadas de forma independente, não está claro quais respostas estão envolvidas nas emoções relatadas pelas pessoas. Muito provavelmente, esses relatos de respostas emocionais são uma função conjunta da REC real, a situação na qual ela ocorre, sua interpretação dos eventos e as maneiras pelas quais elas aprenderam a identificar eventos perceptíveis e ocultos.

Extinção de respostas condicionadas

A extinção de uma RC, chamada de **extinção respondente**, envolve a apresentação repetida do EC sem apresentar o EI. Se o EC continua a ocorrer na ausência dos EI, a RC eventualmente diminui de intensidade e cessa. Se Pavlov continuasse a apresentar o som do metrônomo (EC), mas nunca tivesse associado o metrônomo com a presença da carne em pó (EI), o cachorro salivaria cada vez menos ao som do metrônomo e, por fim, não salivaria mais ao ouvi-lo.

No caso do pequeno Albert, o rato branco era um EC que provocava uma reação de medo (RC) porque o rato havia sido associado a um ruído alto e inesperado (EI). Neste caso, a extinção respondente ocorreria se o rato branco fosse apresentado a Albert numerosas vezes sem o EI. Eventualmente, a presença do rato branco não provocaria mais uma resposta de medo.

> **Descreva como a extinção respondente ocorreu para Carla na fábrica de brinquedos.**
>
> Quando a equipe de manutenção consertou a mangueira pneumática, o jato de ar não mais ocorreu imediatamente após o som de clique que a máquina fazia quando estampava uma peça de plástico. Como o EC (som de clique) continuou a ser apresentado na ausência do EI (jato de ar), a RC (piscada dos olhos) acabou cessando quando o EC ocorria.

> **Como você usaria a extinção respondente para ajudar Julio a eliminar o medo de andar pelo túnel à noite?**
>
> Você teria de apresentar o EC e impedir a ocorrência do EI. Em outras palavras, como a proximidade do túnel é o EC, ele teria de atravessar o túnel sem que ocorressem novos eventos assustadores ou inesperados (EI). Se nada de ruim acontecesse no túnel novamente, o túnel não provocaria mais a excitação autônoma (resposta de medo). Isso não seria fácil de realizar porque não se pode controlar quem está no túnel ou o que acontece lá. Uma solução seria convencer a prefeitura da cidade a substituir as luzes do túnel, pois, bem iluminado, seria menos provável o acontecimento de eventos inesperados e também de ameaças.

Recuperação espontânea

Após um período de extinção respondente, no qual o EC é repetidamente apresentado na ausência do EI, o EC não provoca a RC. No entanto, se o EC for apresentado posteriormente, a RC poderá ocorrer outra vez. Por exemplo, Pavlov apresentou repetidamente o som do metrônomo sem colocar carne em pó na boca do cachorro. Eventualmente, o cachorro parou de salivar ao som do metrônomo. No entanto, quando Pavlov apresentou o metrônomo mais tarde, o cão novamente salivou, embora em menor grau do que antes de ocorrer a extinção respondente. Quando o EC provoca a RC após a extinção respondente, ocorre uma **recuperação espontânea**. A magnitude da RC geralmente é menor durante a recuperação espontânea, e a RC deverá desaparecer novamente se o EI não for apresentado com o EC durante a recuperação espontânea.

Discriminação e generalização do comportamento respondente

A discriminação no condicionamento respondente é a situação na qual a RC é evocada por um único EC ou um intervalo estreito de ECs. A generalização ocorreu quando vários ECs semelhantes ou um intervalo mais amplo de ECs provocou a mesma RC. Se uma pessoa tem medo de um determinado cão ou de uma raça específica, por exemplo, ocorre a discriminação. Se uma pessoa tem medo de qualquer tipo de cão, ocorre a generalização.

Considere como a discriminação se desenvolve no condicionamento respondente. Quando um estímulo específico (E1) é associado com o EI, mas estímulos semelhantes (E2, E3, E4 etc.) são apresentados sem o EI, apenas E1 induz a uma RC. Isso é treinamento de discriminação. Considere o exemplo de Madeline, que foi atacada por um pastor-alemão. Desde o ataque, toda vez que ela passa pelo pátio onde está o pastor-alemão, a visão do cão (EC) provoca a excitação autônoma ou uma reação de medo (RC). No entanto, quando ela passa por outras casas com cães diferentes, não tem a reação de medo. A visão do pastor-alemão desenvolveu um EC por causa de sua associação ao ataque (EI). A visão de outros cães não desenvolveu um EC porque nunca foi associada a ataques. Agora, apenas a visão daquele pastor-alemão estimula a resposta de medo (RC).

Agora, considere como a generalização pode se desenvolver. A generalização é a tendência da RC de ocorrer na presença de estímulos semelhantes ao EC que foi inicialmente associado ao EI em condicionamento respondente. Se E1 estiver associado ao EI, mas estímulos semelhantes (E2, E3, E4 etc.) nunca forem apresentados na ausência de um EI, é mais provável que a RC generalize para esses outros estímulos. Se Madeline foi atacada pelo pastor-alemão, mas nunca teve contato com cães amigos, é mais provável que sua reação de medo se generalizasse para outros cães que são de alguma forma semelhantes aos pastores-alemães (cães de tamanho, cor ou forma semelhantes). Nesse caso, não houve treinamento de discriminação porque estímulos similares (outros cães) não foram apresentados na ausência dos EI.

A generalização pode ser melhorada se vários estímulos semelhantes forem associados inicialmente com os EIs durante o condicionamento respondente. Se Madeline tivesse a infelicidade de ser atacada por um pastor-alemão, um *golden retriever*, um *schnauzer* e um *terrier*, seu medo provavelmente se generalizaria para quase todos os cães. Como uma variedade de ECs (cães diferentes) semelhantes foram associados ao EI (ser atacada), a generalização seria aprimorada

Fatores que influenciam o condicionamento respondente

A força do condicionamento respondente depende de diversos fatores (Pavlov, 1927), incluindo os seguintes:

- A natureza do EI e do EC
- A relação temporal entre o EC e o EI
- A contingência entre o EC e o EI
- O número de associações
- A exposição anterior ao EC

A natureza do estímulo incondicionado e do estímulo condicionado

A intensidade de um estímulo influencia a eficácia do estímulo como um EC ou EI. Em geral, um estímulo mais intenso é mais efetivo como um EI (Polenchar et al., 1984). Por exemplo, um jato de ar mais forte nos olhos é mais eficaz do que um jato de ar fraco como um EI para uma resposta que corresponde a piscar os olhos. Da mesma maneira, um estímulo mais doloroso é mais eficaz do que um estímulo menos doloroso como um EI para a excitação autônoma. Um estímulo mais intenso também funciona mais efetivamente como EC; dizemos que o estímulo mais intenso é mais **saliente**.

A relação temporal entre o estímulo neutro e o estímulo incondicionado

Para que o condicionamento seja mais eficaz, o EN deve preceder o EI. Portanto, o condicionamento de atraso e o condicionamento de traço são mais eficazes. É impossível dizer qual intervalo entre o EN e o EI é ótimo; no entanto, o intervalo deve ser curto (por exemplo, menos de 1 segundo). A exceção é a aversão ao gosto. A náusea e o vômito (RI) provocados pelo alimento estragado (EI) podem ocorrer muitos minutos após a apresentação do EC (o sabor do alimento) no condicionamento da aversão ao gosto.

A contingência entre o estímulo neutro e o estímulo incondicionado

A contingência entre o EN e o EI significa que ambos são apresentados juntos em cada tentativa. Quando isso ocorre, o condicionamento é muito mais provável do que se o EI não for apresentado após o EN em algumas tentativas ou se o EI ocorrer em algumas tentativas sem o EN. Quando a máquina faz um clique sempre antes de soltar um jato de ar no rosto de Carla, é muito mais provável que o clique se torne um EC do que se fosse seguido apenas ocasionalmente (por exemplo, uma em cada dez vezes) pelo jato de ar no rosto de Carla. Da mesma forma, se o jato de ar quando a máquina estampava uma peça de plástico fosse ocasionalmente precedido por um som de clique, esse som de clique provavelmente não se transformaria em um EC.

O número de associações

Mesmo que uma associação entre um EN e um EI frequentemente seja suficiente para estabelecer o EN como um EC, mais associações entre EN e EI, em geral, produzem um condicionamento mais forte. Considere um aluno em um experimento que recebe um breve choque elétrico no braço (EI) depois que uma campainha toca (EN); o choque é doloroso, mas, como em qualquer experimento comportamental, não é forte o suficiente para prejudicar o aluno. Após uma associação, a campainha provavelmente funcionará como um EC e provocará a excitação autônoma (RC). No entanto, se a campainha e o choque forem associados várias vezes, a excitação autônoma será mais forte e a extinção levará mais tempo para ocorrer; isto é, quando os EI não forem apresentados, o EC provoca a RC mais vezes antes que a RC pare de ocorrer. Embora mais associações produzam um condicionamento mais forte, Rescorla e Wagner (1972) demonstraram que a primeira associação produz o condicionamento mais forte; o condicionamento adicional causado por cada associação subsequente diminui constantemente.

Por exemplo, suponha que um grande corvo negro grasne alto enquanto voa sobre a cabeça de uma criança. Como resultado, ela experimenta uma reação de medo toda vez que vê um corvo. A primeira associação entre o corvo (EN) e o ataque (EI) estabelece o corvo como um EC que provoca a resposta de medo (RC). Se um corvo voa sobre a criança e grasne novamente, pode fortalecer a resposta de medo dela, mas o aumento não será tão grande quanto a reação de medo produzida pelo primeiro ataque. Cada ataque adicional aumentaria o medo da criança em uma quantidade cada vez menor.

Exposição anterior ao estímulo condicionado

É menos provável que um estímulo se torne um EC, quando associado a um EI, se a pessoa tiver sido exposta a esse estímulo anteriormente sem o EI. Por exemplo, Grace, de 2 anos, passa muito tempo com o cachorro da família, Knute, e nada de ruim acontece. Como resultado da exposição a Knute, é improvável que se torne um EC para uma resposta de medo de Grace se ele acidentalmente derrubá-la. No entanto, imagine que a amiga de Grace, Paula, veja Knute pela primeira vez. Se Knute derrubá-la acidentalmente, é mais provável que se torne um EC para uma resposta de medo porque Paula não teve nenhuma exposição anterior a Knute.

> *No exemplo de Knute e Paula, identifique o EI, o EC, a RI e a RC.*

Ser derrubado por Knute é um EI que provoca uma RI de excitação autônoma (resposta de medo) em Paula. Knute é o EC porque sua presença foi associada ao EI. Como resultado, vai provocar uma reação de medo (RC) em Paula na próxima vez que o avistar.

PARA UMA LEITURA MAIS APROFUNDADA

Condicionamento respondente e punidores condicionados

Condicionamento respondente é o processo de associar um estímulo neutro (EN) com um estímulo incondicionado. Reforçadores condicionados e punidores condicionados são estabelecidos por meio de um processo de condicionamento respondente. Um EN é associado a um reforçador para produzir um reforçador condicionado ou um EN é associado a um punidor para produzir um punidor condicionado. Pesquisas realizadas na década de 1960 demonstraram vários fatores relacionados ao desenvolvimento de punidores condicionados. Por exemplo, Evans (1962) mostrou que, quando um som era combinado com o choque, o som funcionava como um punidor condicionado para a ação de pressionamento de uma barra por ratos em laboratórios. Evans mostrou que, quando o som precedia o choque (condicionamento de traço), o som era um punidor mais eficaz do que quando ocorria depois do choque (condicionamento reverso). Em outro estudo, Hake e Azrin (1965) mostraram que quando um som de clique estava associado ao choque, o som de clique funcionava como um punidor condicionado para a ação dos pombos de bicar as teclas. Hake e Azrin mostraram ainda que quando o som de clique foi associado com um choque mais intenso, o som de clique se tornou um punidor condicionado mais eficaz.

Distinção entre condicionamento operante e condicionamento respondente

A partir da discussão anterior, deve ficar claro que o condicionamento respondente e o condicionamento operante são processos distintos, e que os comportamentos respondente e operante incluem diferentes tipos de respostas (Michael, 1993a). Um comportamento respondente é uma RI ou RC desencadeada por um estímulo antecedente. Comportamentos respondentes são respostas corporais que têm uma base biológica. O comportamento operante é controlado por suas consequências. Embora possa estar sob o controle de um estímulo discriminativo (E^D), uma resposta operante não é provocada por um estímulo antecedente. Uma resposta operante é emitida pelo indivíduo em situações antecedentes específicas, porque foi reforçada em situações iguais ou semelhantes.

Sobre os termos: a diferença entre *eliciar* e *evocar*

Dizemos que o comportamento respondente é *eliciado* por um estímulo antecedente:

- um EI *elicia* uma RI como um reflexo incondicionado
- um EC *elicia* uma RC porque o ECS foi associado a um EI

Dizemos que o comportamento operante é *evocado* por um estímulo ou evento antecedente:

- um E^D *evoca* um comportamento porque o comportamento foi reforçado em sua presença
- uma OE *evoca* um comportamento porque aumenta o valor do reforçador produzido pelo comportamento

O *condicionamento respondente* ocorre quando um EN adquire o poder de eliciar uma RC porque o EN foi associado com um EI. O condicionamento respondente simplesmente envolve associar dois estímulos: o EN e o EI. O resultado do condicionamento respondente é o desenvolvimento de um EC a partir de um estímulo previamente neutro. O *condicionamento operante* ocorre quando uma resposta específica em uma determinada situação de estímulo é seguida de modo confiável por uma consequência reforçadora. Ou seja, o condicionamento operante envolve uma contingência entre uma resposta e um reforçador em circunstâncias específicas. O resultado do condicionamento operante é a maior probabilidade de ocorrência do comportamento no futuro em circunstâncias similares àquelas em que o comportamento foi reforçado. Para descrever isso, dizemos que as circunstâncias em que o comportamento foi reforçado desenvolvem o controle do estímulo sobre o comportamento ou evocam o comportamento.

A *extinção respondente* ocorre quando o EC não está mais associado ao EI. Como resultado, o EC não mais elicia a RC. A *extinção de um comportamento operante* ocorre quando o comportamento não mais resulta em uma consequência reforçadora e, como resultado, o comportamento cessa de ocorrer no futuro.

Comportamentos respondentes e operantes podem ocorrer juntos na mesma situação. Quando o grande corvo negro voa sobre a criança no quintal e grasna, é provável que ocorram comportamentos respondentes e operantes. O ataque do corvo provoca a excitação autônoma e a criança grita e corre até seu pai, que está sentado no quintal lendo um jornal (Figura 8-3). Embora a excitação autônoma seja um comportamento respondente induzido pelo corvo, gritar e correr até seu pai são comportamentos operantes que resultam em reconforto e atenção (reforço positivo) e fuga do corvo (reforço negativo).

Considere o exemplo de Carla na fábrica de brinquedos. O som de clique da máquina antes do jato de ar é um EC que elicia uma resposta que consiste em piscar os olhos (RC), porque o som de clique foi associado com o jato de ar. Esse é o condicionamento respondente. Depois de um tempo, Carla aprendeu a mover a cabeça para o lado assim que ouvia o clique. Ao fazer isso, ela evitava o jato de ar em seu rosto. Mover a cabeça para o lado é um comportamento operante que é reforçado por sua consequência (evitar o jato de ar). O som de clique é um E^D que desenvolve o controle do estímulo (evoca) do comportamento de virar a cabeça. O comportamento é reforçado somente quando o som de clique ocorre. Em qualquer outro momento não há o jato de ar, e a atitude de virar a cabeça não seria reforçada.

Condicionamento respondente

Processo EI (o corvo grasna, voa sobre a criança) → RI (excitação autônoma)

O EI é associado à visão do corvo.

Resultado EC (a visão do corvo) → RC (excitação autônoma)

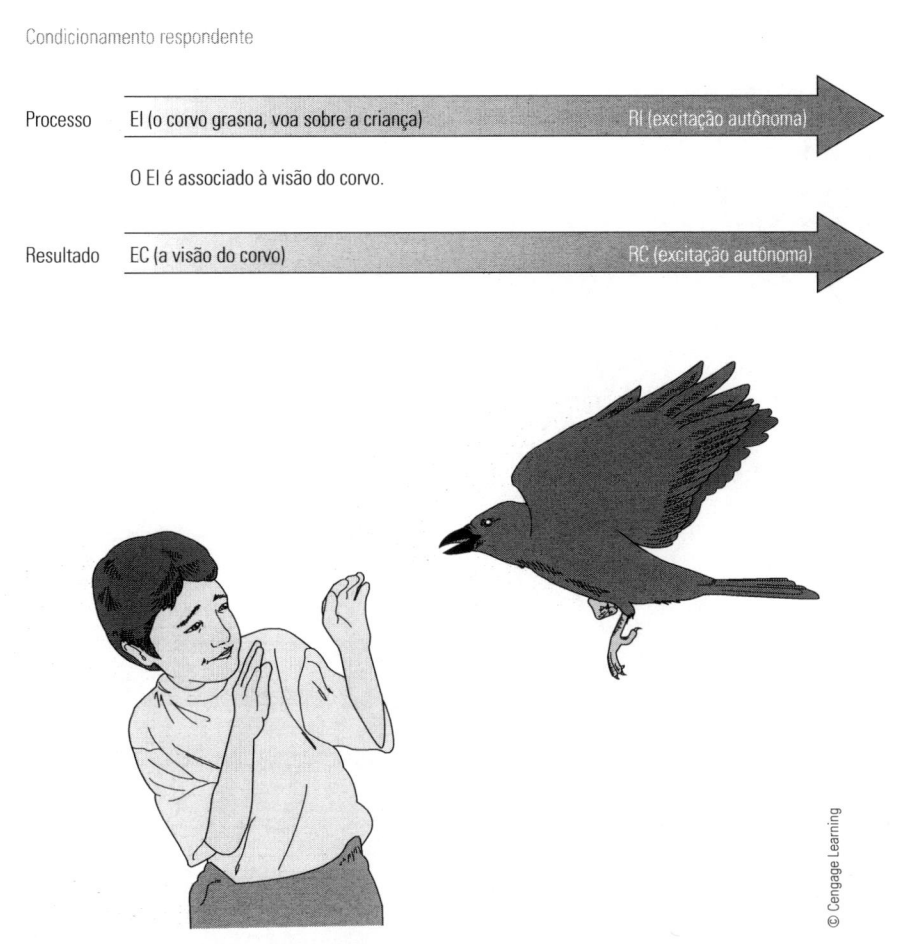

FIGURA 8-3 Quando o corvo sobrevoa a criança, dois tipos de comportamento ocorrem. A resposta de medo (excitação autônoma) é um comportamento respondente (um reflexo incondicionado); correr para o pai é uma resposta operante (reforçada por suas consequências – fugir do corvo e receber consolo de seu pai).

Condicionamento operante

Antecedente	Comportamento	Consequência
O corvo voa sobre a criança e grasna.	A criança corre até seu pai.	O pai a reconforta.
		A criança foge do corvo.

Resultado: é mais provável que a criança corra até seu pai quando avistar um corvo no quintal.

Quando Carla aprendeu a virar a cabeça toda vez que ouve o som de clique, a extinção respondente ocorreu. Ela ainda ouve o som de clique, mas o jato de ar não atinge mais seu rosto. Como resultado, ela para de piscar (RC) quando ouve o som de clique (EC).

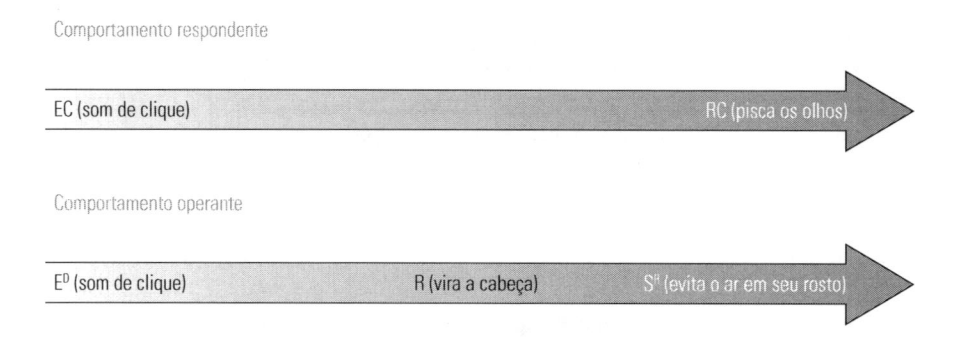

Comportamento respondente

EC (som de clique)		RC (pisca os olhos)

Comportamento operante

E^D (som de clique)	R (vira a cabeça)	S^R (evita o ar em seu rosto)

? *Identifique o comportamento operante e o comportamento respondente no exemplo de Julio e o túnel escuro.*

O comportamento respondente é a excitação autônoma provocada pela proximidade do túnel, que se tornou um EC porque eventos inesperados ou assustadores (EI) lá ocorreram. O comportamento operante é andar rapidamente ou correr pelo túnel. Esse comportamento é reforçado pela possibilidade de fugir mais rapidamente do túnel; isso é um reforço negativo. Uma vez que Julio está fora do túnel, a excitação autônoma diminui. Portanto, o comportamento também é reforçado negativamente pelo término das respostas fisiológicas aversivas da excitação autônoma.

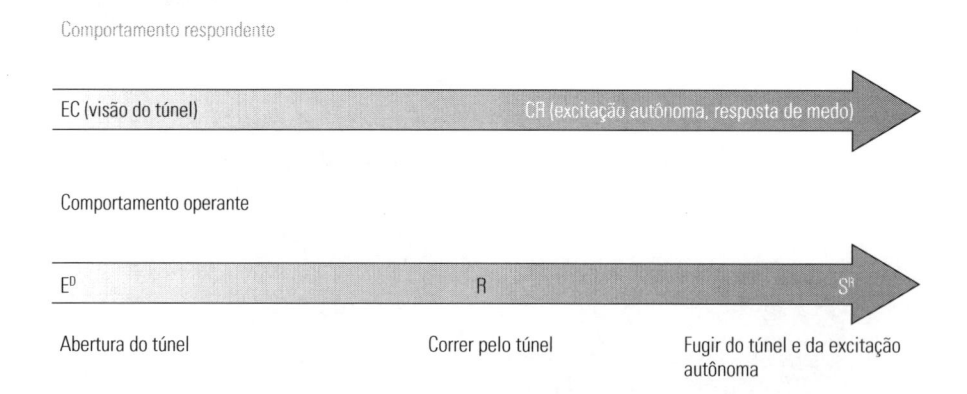

Comportamento respondente

EC (visão do túnel)		CR (excitação autônoma, resposta de medo)

Comportamento operante

E^D	R	S^R
Abertura do túnel	Correr pelo túnel	Fugir do túnel e da excitação autônoma

Condicionamento respondente e modificação de comportamento

A maioria dos procedimentos de modificação de comportamento é projetada para alterar comportamentos operantes, pois eles compõem a maioria dos comportamentos que as pessoas querem modificar. No entanto, alguns tipos de comportamentos respondentes também são problemáticos para as pessoas e, portanto, alvos de mudança. Na maioria das vezes, os tipos de comportamento respondentes que as pessoas querem mudar são as RECs que interferem no funcionamento normal.

Assim, algumas pessoas experimentam desconforto significativo como resultado de ansiedade (por exemplo, ansiedade para falar em público ou ansiedade em situações sexuais). Às vezes, a excitação autônoma provocada pelo estímulo temido é tão grave que a pessoa altera sua vida para evitá-la; por exemplo, uma pessoa com medo de altura pode se recusar a passar por uma determinada ponte. O Capítulo 24 descreve procedimentos de modificação de comportamento para ajudar as pessoas a alterarem comportamentos respondentes que envolvem medo e ansiedade.

RESUMO DO CAPÍTULO

1. No condicionamento respondente, um estímulo neutro anterior (EN) se torna um estímulo condicionado (EC) quando é associado a um estímulo incondicionado (EI). O EC elicia uma resposta condicionada (RC) similar à resposta incondicionada (RI) eliciada pelo EI. O condicionamento respondente é mais efetivo quando o EN precede imediatamente o EI. O condicionamento de ordem superior pode ocorrer quando um EN é associado a um EC já estabelecido. Comportamentos respondentes envolvem respostas corporais que têm um valor de sobrevivência.
2. Um tipo de comportamento respondente é uma resposta emocional condicionada (REC). As RECs podem ser negativas (como medo e ansiedade) ou positivas (como felicidade).
3. A extinção respondente ocorre quando o EC é apresentado inúmeras vezes na ausência do EI. Como resultado, o EC não mais elicia uma RC.
4. Os fatores que influenciam o condicionamento respondente incluem a intensidade do EI ou do EN, a relação temporal entre o EN e o EI, a contingência entre o EN e o EI, o número de associações e a exposição prévia da pessoa ao EN.
5. O condicionamento respondente ocorre quando um EN é associado a um EI e o EN se torna um EC que pode provocar uma RC. O condicionamento operante ocorre quando um comportamento é reforçado na presença de um E^D e, então, é mais provável que o comportamento ocorra no futuro quando o E^D estiver presente.

TERMOS-CHAVE

comportamento operante, 104
comportamento respondente, 104
condicionamento de atraso, 107
condicionamento de ordem superior, 108
condicionamento de traço, 107
condicionamento operante, 104

condicionamento respondente, 104
condicionamento reverso, 107
condicionamento simultâneo, 107
estímulo condicionado (EC), 106
estímulo incondicionado (EI), 105
extinção respondente, 110

recuperação espontânea, 110
resposta condicionada (RC), 106
resposta emocional condicionada (REC), 108
resposta incondicionada (RI), 105
saliente, 111

TESTE PRÁTICO

1. Identifique os termos representados pelas seguintes abreviações: EI, RI, EC e RC.
2. O que é um estímulo incondicionado? Dê exemplos.
3. O que é uma resposta incondicionada? Dê exemplos.
4. Descreva como um estímulo neutro (EN se torna um estímulo condicionado. Como se chama esse processo?
5. Qual é o resultado do condicionamento respondente?
6. A sincronia entre o EN e o EI no condicionamento respondente é importante. Existem quatro possíveis relações temporais entre o EN e o EI: condicionamento de atraso, condicionamento de traço, condicionamento simultâneo e condicionamento reverso. Descreva cada tipo de condicionamento.
7. Identifique o mais eficaz e menos eficaz dos quatro tipos de condicionamento enumerados na Questão 6107.
8. Descreva o condicionamento de ordem superior. Dê um exemplo.
9. O que é uma REC? Dê exemplos de RECs positivas e negativas.
10. Descreva a extinção do respondente e forneça um exemplo.
11. O que é recuperação espontânea do comportamento respondente? Dê um exemplo.
12. Como a aversão ao gosto difere de outros tipos de condicionamento respondente?
13. Como a discriminação do comportamento respondente é desenvolvida? Dê um exemplo.
14. Como é desenvolvida a generalização do comportamento respondente? Dê um exemplo.
15. Identifique e descreva os cinco fatores que influenciam o condicionamento respondente.
16. Descreva como o comportamento respondente e o comportamento operante podem ocorrer em conjunto no caso do medo de falar em público, por parte de um aluno.
17. Como você utilizaria a extinção respondente para ajudar uma criança a superar o medo de cães? Como você utilizaria o reforço positivo neste mesmo caso?

9

Modelagem

- ➤ Como você utiliza a modelagem para que um novo comportamento ocorra?
- ➤ O que são aproximações sucessivas de um comportamento-alvo?
- ➤ Quais são os princípios do reforço e da extinção envolvidos na modelagem?
- ➤ Como a modelagem pode ser utilizada acidentalmente para desenvolver um comportamento problemático?
- ➤ Quais etapas estão envolvidas no uso bem-sucedido da modelagem?

Conforme foi detalhado no Capítulo 4, o reforço é um procedimento para aumentar a frequência de um comportamento desejável. Para utilizar o reforço, o comportamento desejável já deve estar ocorrendo pelo menos ocasionalmente. Se a pessoa não exibir um comportamento-alvo específico, você precisará de outras estratégias para gerar o comportamento. A modelagem é uma destas estratégias.

Um exemplo de modelagem: ensinar uma criança a falar

A modelagem acontece naturalmente com as crianças em todos os lugares. Uma criança que ainda não tenha aprendido a falar vai começar a balbuciar; isto é, ela emitirá sons de palavras que imitam a linguagem dos pais. Inicialmente, os pais ficam empolgados e prestam atenção no que a criança balbucia. Pais atentos sorriem, conversam com a criança, imitam os sons de palavras e afagam os filhos; essa atenção reforça o comportamento de balbuciar. Como resultado, a criança balbucia cada vez mais. Eventualmente, a criança faz sons como "pa", "ma" ou "ba" que se assemelham a palavras familiares ("papai", "mamãe" ou "bola"). Mais uma vez os pais ficam empolgados e prestam atenção a esses sons de palavras reconhecíveis. E como resultado, a criança passa a fazer esses sons com mais frequência. Ao mesmo tempo, os pais já não respondem tanto ao simples balbuciar depois que a criança começa a fazer sons familiares. À medida que esse processo continua, a criança acaba unindo os sons para formar palavras, como "papai" ou "mamãe", e os pais ficam empolgados e dão mais atenção enquanto prestam muito menos atenção à palavra fragmentada que a criança dizia antes. E novamente, como resultado, a criança diz palavras com mais frequência e produz sons de palavras com menos frequência. Ao longo do processo de desenvolvimento da linguagem, durante muitos meses, os pais reforçam aproximações cada vez mais próximas das palavras reais. O processo de modelagem começa quando os pais reforçam o ato de balbuciar. Os sons de palavras aleatórias quando a criança balbucia são aproximações de palavras reais. Cada vez que a criança emite um som que é uma aproximação mais semelhante a uma palavra, ela recebe mais atenção (reforço) dos pais, e menos atenção para as aproximações anteriores.

Também é importante reconhecer que os pais não apenas modelam a linguagem dos filhos; eles também proporcionam o controle de estímulo adequado. Os pais reforçam quando a criança diz "ba" ou "bola" mostrando uma bola. Eles reforçam "pa" ou "papa" quando a criança está olhando ou apontando para o pai. Por meio do processo de modelagem, a criança aprende a dizer palavras; pelo treinamento de discriminação, a criança aprende a dizer as palavras corretas, ou seja, palavras que são apropriadas para a situação.

Definição de modelagem

A **modelagem** é utilizada para desenvolver um comportamento-alvo que uma pessoa não exibe no momento presente. A modelagem é definida como o **reforço diferencial** de aproximações sucessivas de um comportamento-alvo até que a pessoa exiba o comportamento-alvo. O reforço diferencial envolve os princípios básicos de reforço e extinção, e ocorre quando um comportamento específico é reforçado enquanto todos os outros comportamentos não são reforçados em uma determinada situação. Como resultado, o comportamento que é reforçado aumenta e os comportamentos que não são controlados diminuem por meio da extinção. (Veja o Capítulo 15 para uma discussão mais detalhada sobre os procedimentos de reforçamento diferencial.)

Quando a modelagem é usada para desenvolver a linguagem, as **aproximações sucessivas** ou etapas de modelagem incluem o ato de balbuciar, emitir sons de palavras, palavras parciais, palavras inteiras, sequências de palavras e sentenças. Para começar a modelagem, você identifica um comportamento existente que é uma aproximação do comportamento-alvo. Este é chamado *comportamento inicial* ou primeira aproximação. Reforça esse comportamento e, como resultado, a pessoa começa a exibi-lo com mais frequência. Você então para de reforçar o comportamento e, como parte do surto de extinção subsequente, novos comportamentos geralmente começam a aparecer. Agora você começa a reforçar um novo comportamento que é uma aproximação mais semelhante ao comportamento-alvo. Como resultado, a pessoa começa a exibir um novo comportamento com mais frequência e exibe o comportamento anterior com menos frequência. Esse processo de reforço diferencial (reforço de uma aproximação mais semelhante e extinção de uma aproximação anterior) continua até que a pessoa finalmente exiba o comportamento-alvo.

Skinner (1938) utilizou a modelagem para fazer que os ratos de laboratório pressionassem uma alavanca em uma câmara experimental, cuja área era cerca de 1 metro quadrado. A alavanca parecia uma barra saindo de uma das paredes da câmara. O rato poderia facilmente colocar uma pata na alavanca e empurrá-la. A câmara também tinha uma pequena abertura por onde a comida podia ser liberada. Quando o rato foi colocado pela primeira vez na câmara, ficou andando de um lado para outro e explorando o ambiente.

> *Descreva como você utilizaria a modelagem para fazer o rato pressionar a alavanca.*
>
> Primeiro, escolha o comportamento inicial ou a primeira aproximação. Você pode decidir entregar uma pelota de comida cada vez que o rato pisar na lateral da câmara onde a alavanca está localizada. Como resultado, o rato passa a maior parte do tempo nesse lado da câmara. Agora você reforça a aproximação seguinte e coloca a aproximação anterior em extinção: só entrega uma pelota de comida quando o rato está de frente para a alavanca. Como resultado, ele passa a ficar em frente à alavanca com frequência. Nesse ponto, quando o rato se aproxima ou se move perto da alavanca, você entrega a pelota de comida. Em seguida, entrega uma pelota de comida somente quando o rato está perto da alavanca e se ergue sobre as patas traseiras, e assim que passa a ter esse comportamento com frequência, você o coloca em extinção e passa a entregar a pelota de comida somente quando faz um movimento em direção à alavanca. Quando esse comportamento estiver ocorrendo com frequência, inicie a aproximação seguinte e entregue uma pelota de comida somente quando ele toca a alavanca com a pata. Como esse comportamento é reforçado, o rato toca a alavanca com frequência. Por fim, inicie a última etapa e forneça uma pelota de comida somente quando o rato pressionar a alavanca. Agora, sempre que esse rato faminto é colocado na câmara experimental, levanta-se e aperta a alavanca com a pata, pois esse é o comportamento que foi reforçado. A modelagem permite que comece reforçando um comportamento que o rato tem com frequência (ficar em pé na lateral da câmara) e acaba fazendo que ele adote um comportamento que nunca realizou (pressionar a alavanca).

Aproximações sucessivas para pressionar a alavanca

1. O rato se move para a lateral onde está a alavanca.
2. O rato fica de frente para a alavanca.
3. O rato se aproxima da alavanca.
4. O rato se ergue nas patas traseiras.
5. O rato faz um movimento em direção à alavanca com uma pata.
6. O rato toca a alavanca.
7. O rato pressiona a alavanca.

Embora tenhamos descrito sete etapas da modelagem (aproximações sucessivas), muitas outras etapas podem ser incluídas quando modelamos a resposta do rato, que consiste em pressionar a alavanca. Por exemplo, a etapa 3, em que o rato se aproxima da alavanca, poderia ser dividida em duas ou três etapas. O aspecto importante é que cada etapa deve ser uma aproximação mais semelhante ao comportamento-alvo do que a etapa anterior. Você já se perguntou como golfinhos e outros mamíferos marinhos em parques aquáticos aprendem a realizar truques complexos? Os treinadores usam a modelagem para que os animais se envolvam nesses comportamentos (Pryor, 1985). Usando um peixe como um reforçador incondicionado e o som de clique de um dispositivo portátil como reforçador condicionado, os treinadores de golfinhos podem modelar comportamentos complexos começando com comportamentos naturais com os quais os golfinhos se envolvem com frequência. Ao reforçar aproximações sucessivas, podem fazer que os golfinhos tenham comportamentos que nunca exibiram antes (como saltar da água e pegar anéis nos narizes).

> **Como os treinadores estabelecem o som de clique como um reforçador condicionado e por que precisam utilizar um reforçador condicionado?**

Os treinadores emitem o som de clique cada vez que dão ao golfinho um peixe para comer como reforço. Como o som de clique está associado a esse reforço incondicionado, se torna um reforçador condicionado. Eles usam o reforçador condicionado porque o treinador pode fazer o som de clique de maneira rápida e fácil, e o comportamento do golfinho pode ser reforçado imediatamente sem a interrupção de o golfinho parar para comer o peixe. Ao usar a modelagem, o tempo é importante. Você quer apresentar o reforçador no exato instante em que a aproximação correta ocorre; caso contrário, pode acidentalmente reforçar um comportamento diferente. Além disso, o reforçador condicionado é usado para que os golfinhos não fiquem saciados. Fornecendo peixes para alimentar como reforço, os golfinhos acabariam se saciando e os peixes não mais funcionariam como reforço até que os golfinhos ficassem com fome novamente. Para ter acesso a uma discussão mais aprofundada da modelagem com animais, veja Pryor (1985) e Skinner (1938, 1951, 1958).

Aplicações da modelagem

O'Neill e Gardner (1983) descreveram dois exemplos interessantes de modelagem do comportamento humano em um ambiente de reabilitação médica.

A Sra. F vai voltar a andar

Um caso envolveu a Sra. F, uma mulher de 75 anos que sofreu uma cirurgia nos quadris. Para voltar a andar independentemente, ela precisava de fisioterapia. Especificamente, tinha que andar entre duas barras paralelas apoiando os braços nas barras. No entanto, a Sra. F se recusou a participar da fisioterapia. Como a Sra. F não estava exibindo o comportamento-alvo, O'Neill e Gardner (1983) decidiram usar a modelagem. O comportamento-alvo era andar de maneira independente com o andador. Para um comportamento inicial, eles queriam que a Sra. F fosse para a sala de fisioterapia, onde estavam as barras paralelas. Quando a Sra. F chegou à sala de fisioterapia em cadeira de rodas, o terapeuta a recebeu calorosamente e fez uma massagem nela (uma experiência agradável para a Sra. F). Como resultado, a ida para a sala de fisioterapia foi reforçada, e a Sra. F passou a ir até a sala voluntariamente todos os dias. Depois de alguns dias, o terapeuta pediu à Sra. F para ficar em pé entre as barras paralelas por um segundo (uma aproximação sucessiva do ato de caminhar) antes de fazer a massagem. A Sra. F ficou em pé por um segundo e depois recebeu a massagem. O terapeuta aumentou o tempo para 15 segundos no dia seguinte, e a Sra. F ficou em pé nas barras paralelas por 15 segundos antes de receber a massagem (Figura 9-1). Depois que a Sra. F. estava bem posicionada entre as barras paralelas, o terapeuta pediu que ela desse alguns passos, e depois mais alguns passos em outro dia, até que ela estivesse andando por toda a extensão das barras paralelas. E assim, a Sra. F passou a andar de maneira independente com seu andador e recebeu alta do hospital. Como a modelagem envolve começar com um comportamento simples em que a pessoa já está envolvida e construir o comportamento-alvo em pequenas etapas (aproximações sucessivas), a pessoa pode se engajar em um novo comportamento-alvo ou em um comportamento-alvo que ela anteriormente se recusou a ter.

A Sra. S precisa aumentar o intervalo entre idas ao banheiro

Outro caso que O'Neill e Gardner (1983) relataram envolvia a Sra. S, uma mulher de 32 anos com esclerose múltipla. No hospital, ela muitas vezes interrompia o programa de terapia para ir ao banheiro, porque já havia sofrido de incontinência (havia perdido o controle da bexiga) em público e estava preocupada que isso pudesse acontecer novamente. Ela ia ao banheiro mais de uma vez por hora. Com a colaboração da Sra. S, O'Neill e Gardner decidiram usar a modelagem para ajudá-la a aumentar o tempo entre as idas ao banheiro. O comportamento-alvo era conseguir um intervalo de 2 horas entre as idas ao banheiro. Eles decidiram que o comportamento inicial seria esperar uma hora, porque a Sra. S ocasionalmente esperava uma hora entre as idas ao banheiro antes do início do programa de modelagem. A Sra. S alcançou com sucesso o objetivo por alguns dias e recebeu aprovação e elogios do terapeuta, como reforçador. A aproximação seguinte foi esperar 70 minutos, e depois que ela conseguiu esperar durante 70 minutos por alguns dias, o intervalo foi aumentado para 90, em seguida para 105 e, finalmente, para 120 minutos. Foram necessários 12 dias e 5 etapas para que a Sra. S alcançasse o comportamento desejado

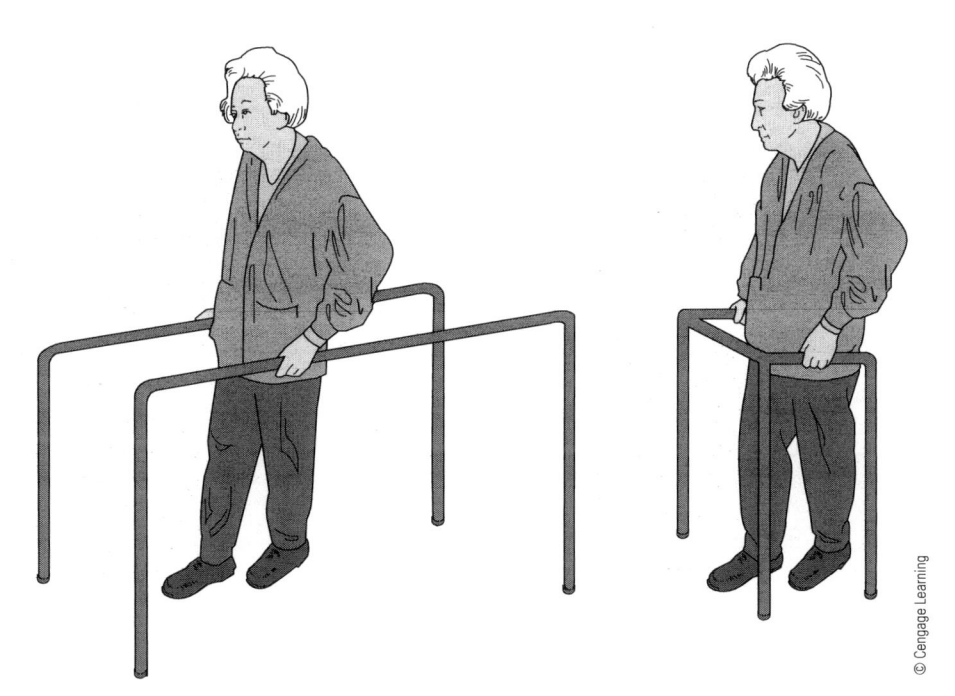

FIGURA 9-1 A Sra. F fica em pé entre as barras paralelas como uma das aproximações sucessivas no processo de modelagem para atingir o comportamento-alvo de caminhar com o andador.

de esperar 120 minutos entre as idas ao banheiro (Figura 9-2). Quando ela recebeu alta do hospital, o tempo médio entre as visitas ao banheiro foi de 130 minutos. Meses depois de sair do hospital, a Sra. S relatou que estava mantendo seus ganhos com o tratamento e que sua vida melhorara como resultado.

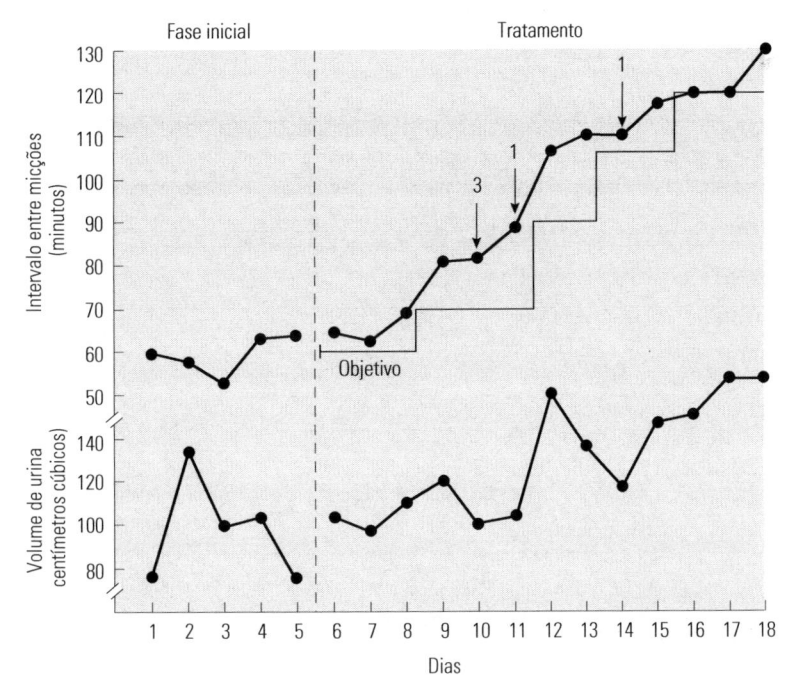

FIGURA 9-2 Este gráfico mostra o tempo médio em minutos entre a micção (na parte superior) e o volume de urina (na parte inferior) para a Sra. S a cada dia. A elevação indica o objetivo (aproximação sucessiva) que foi estabelecido para a Sra. S todos os dias. Observe que o tempo entre micções aumenta durante a modelagem e está sempre acima da linha que define o objetivo. Observe também que o volume de urina por micção aumentou com o aumento do tempo decorrido entre micções. Os números acima dos pontos de dados indicam o número de vezes que a Sra. S apresentou incontinência. (O'Neill, G. W., e Gardner, R. *Behavioral principles in medical rehabilitation: a practical guide*, p. 49, 1983. Springfield, IL: Charles C. Thomas. Reimpresso com permissão do autor.)

Como se pode ver a partir destes exemplos, *a modelagem pode ser utilizada das seguintes maneiras*:

1. Gerando um comportamento novo (a linguagem em uma criança pequena, a ação de um rato pressionar uma alavanca, os truques realizados por um golfinho).
2. Restabelecendo um comportamento exibido anteriormente (como andar, que a Sra. F estava se recusando a fazer).
3. Modificando alguma dimensão de um comportamento já existente (o tempo entre micções para a Sra. S).

Em cada caso, o comportamento-alvo é novo, considerando que a pessoa no momento não está engajada nesse comportamento específico.

Pesquisa sobre modelagem

Pesquisas mostram que a modelagem tem sido utilizada para gerar uma variedade de comportamentos-alvo em diversas populações, incluindo desempenho atlético de alto nível (Scott, Scott e Goldwater, 1997), exercício terapêutico para controle de dor de cabeça (Fitterling et al., 1988), troca de fraldas em bebês (Smeets et al., 1985), conformidade com intervenções médicas em indivíduos com deficiência intelectual (Hagopian e Thompson, 1999; Slifer, Koontz e Cataldo, 2002), e o uso de lentes de contato por crianças (Mathews et al., 1992).

Estudos feitos por Jackson e Wallace (1974) e Howie e Woods (1982) relatam o uso da *modelagem para modificar uma dimensão de um comportamento já existente*. Jackson e Wallace trabalharam com uma garota de 15 anos que exibia deficiência mental leve e era socialmente retraída. Ela falava com um volume de voz (intensidade) que mal se podia ouvir. O comportamento-alvo era falar com um com um volume de voz normal. Jackson e Wallace usaram um medidor de decibéis para medir o volume da voz dela e reforçaram aproximações sucessivas (falar cada vez mais alto) com fichas até que a garota estivesse falando com um volume de voz mais normal. Eles atribuíram o sucesso do programa de modelagem, em parte, ao uso do medidor de decibéis, o que permitiu detectar, e assim reforçar, aumentos muito pequenos (aproximações sucessivas) no volume da voz dela (Figura 9-3). Outros pesquisadores usaram um procedimento de modelagem para aumentar o volume de voz de duas crianças com deficiências. A Figura 9-4 mostra o gráfico com várias fases iniciais para diferentes indivíduos, a partir desse estudo (Fleece et al., 1981); um aumento no volume da voz foi observado para ambos os indivíduos.

Howie e Woods (1982) utilizaram a modelagem para aumentar a frequência de palavras pronunciadas por adultos que recebem tratamento para gagueira. Como parte do tratamento, os indivíduos diminuíram a frequência da fala à medida que

FIGURA 9-3 A psicóloga usa um medidor de decibéis no processo de modelar o aumento no volume da voz (falar mais alto) à medida que a criança fala. Cada etapa da modelagem envolve falar com voz cada vez mais alta, conforme medido pelo medidor de decibéis.

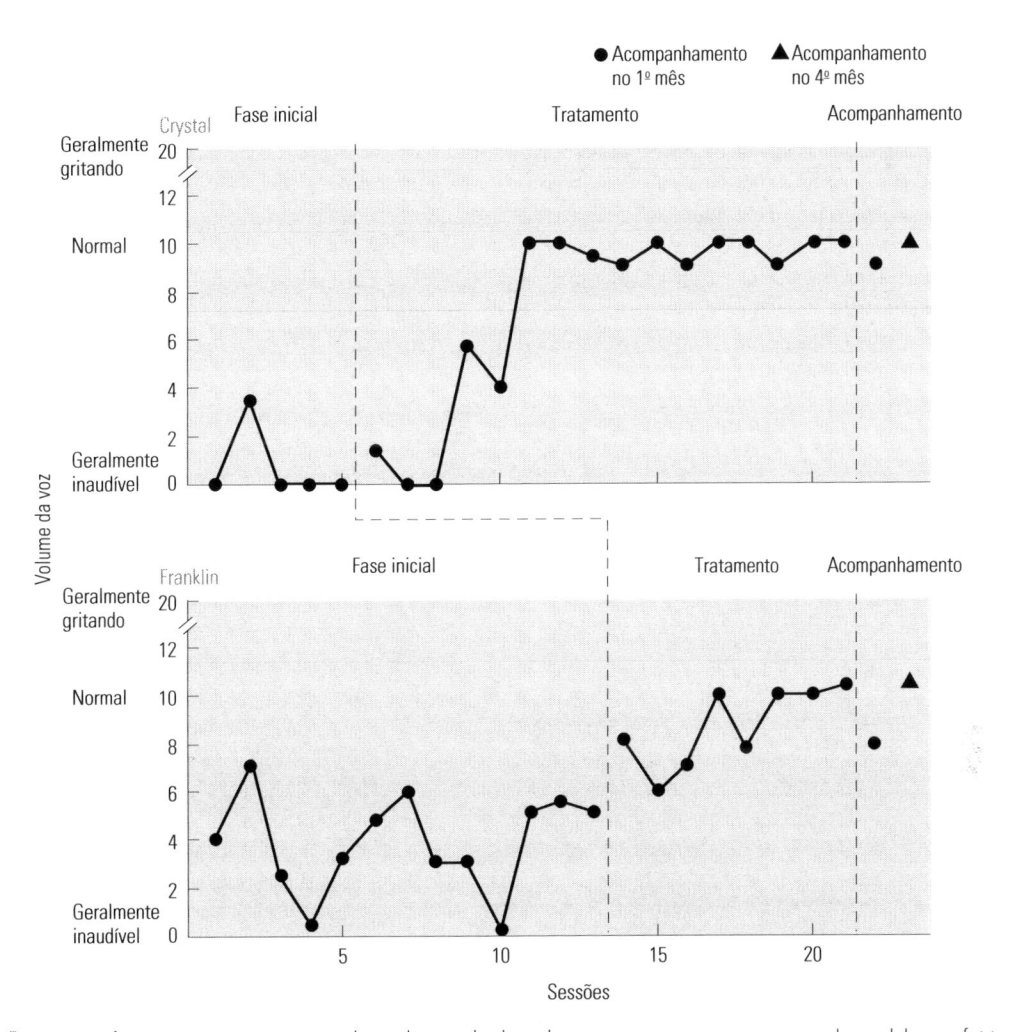

FIGURA 9-4 Este gráfico mostra o aumento no volume da voz de dois alunos, uma vez que o tratamento de modelagem foi implementado. Para ambas as crianças, o volume da voz aumentou para níveis normais e permaneceu assim por 1 e 4 meses após a modelagem ter sido utilizada. Este gráfico ilustra um desenho de pesquisa com várias fases iniciais para diversos indivíduos. Observe que o tratamento (modelagem) foi implementado em um momento diferente para cada indivíduo e que o comportamento de cada indivíduo mudou somente após o tratamento ter sido implementado. (Fleece, L. et al. Elevation of voice volume in young developmentally delayed children via an operant shaping procedure. *Journal of Applied Behavior Analysis*, v. 14, p. 351-355, 1981. Copyright © Sociedade para a Análise Experimental de Comportamento. Reimpresso com permissão da Sociedade para a Análise Experimental do Comportamento.)

aprendiam a falar sem gaguejar. Depois que a fala dos indivíduos ficou livre da gagueira, os autores usaram a modelagem para aumentar a taxa de fala (sílabas por minuto) novamente para um nível mais normal. No estudo, as etapas de modelagem ou aproximações sucessivas envolveram aumentos de cinco sílabas por minuto. Usando a modelagem, todos os indivíduos aumentaram a frequência de fala para níveis normais em cerca de 40 a 50 sessões.

A *modelagem de diferentes topografias (novas formas) de comportamento* tem sido relatada em vários estudos (Horner, 1971; Isaacs, Thomas e Goldiamond, 1960; Lovaas et al. 1966; Wolf, Risley e Mees, 1964). Em um estudo inicial, Wolf et al. (1964) usaram a modelagem para fazer que uma criança em fase pré-escolar com deficiência usasse óculos. Antes do procedimento de modelagem, a criança se recusava a usar óculos; se alguém tentasse obrigá-la a usar, ela jogava os óculos no chão. Os pesquisadores usaram comida para reforçar aproximações sucessivas do comportamento-alvo de usar óculos. As sucessivas aproximações incluíam tocar os óculos, pegar os óculos, encostar os óculos no rosto e, por fim, colocar os óculos. No final do estudo, a criança usava os óculos regularmente.

Horner (1971) trabalhou com Dennis, uma criança de 5 anos com deficiência intelectual. Dennis tinha uma doença chamada *espinha bífida*, na qual a medula espinhal é danificada antes do nascimento; como resultado, o uso das pernas é limitado. Dennis podia engatinhar, mas nunca andou. Horner conduziu dois procedimentos de modelagem com Dennis. No primeiro procedimento, o comportamento-alvo era conseguir que Dennis desse dez passos enquanto se segurava entre as barras paralelas com os braços. Esse procedimento de modelagem incluiu seis etapas. A primeira aproximação foi para que

Dennis segurasse as barras paralelas com as duas mãos enquanto estava sentado em um banquinho. Horner utilizava um refrigerante específico como reforço quando Dennis completava com sucesso cada estágio do procedimento. Depois que ele andou usando as barras paralelas como apoio, o segundo procedimento de modelagem foi iniciado. O comportamento-alvo nesse procedimento era que Dennis desse doze passos usando muletas com apoio no antebraço. A primeira aproximação do comportamento-alvo foi segurar as muletas na posição correta; o segundo foi ele se levantar usando as muletas, com auxílio do experimentador; o terceiro foi se levantar sem apoio; e assim por diante. Após dez etapas de modelagem em 120 sessões de treinamento, Dennis conseguiu desempenhar o comportamento-alvo. Depois de ter aprendido a usar as muletas com sucesso, ele passou a andar para fazer todas as suas atividades na instituição estadual onde morava. Como resultado dos procedimentos de modelagem realizados por Horner, Dennis aprendeu um comportamento (andar) que o tornou mais independente e melhorou sua qualidade de vida. As sucessivas aproximações envolvidas nos dois procedimentos de modelagem utilizados por Horner (1971) são apresentadas na Tabela 9-1.

TABELA 9-1 Aproximações sucessivas nos dois procedimentos de modelagem utilizados por Horner (1971)

As etapas incluindo a sequência de aproximações sucessivas para estabelecer o uso de muletas foram as seguintes:

Etapa 1. Muletas fixadas às mãos por ataduras elásticas. O experimentador está atrás da criança. O reforçador é entregue para imitar a resposta modelada de colocar as muletas em pontos marcados no chão, a uma distância de 45 centímetros à frente e de cada lado da linha central dividindo o ponto de partida.

Etapa 2. Muletas fixadas às mãos por ataduras elásticas. O experimentador está atrás da criança. O reforçador é entregue dependendo da conclusão da etapa 1 e movendo o corpo até atingir uma posição ereta com o apoio das muletas, com total ajuda do experimentador por meio da pressão axilar. A posição ereta é mantida por 15 segundos antes de o reforçador ser entregue.

Etapa 3. Muletas fixadas às mãos por ataduras elásticas. O experimentador está atrás da criança. O reforçador é entregue dependendo da conclusão da etapa 1 e movendo o corpo até atingir uma posição ereta com o apoio das muletas, com total ajuda do experimentador por meio da pressão axilar apenas para permitir os movimentos iniciais.

Etapa 4. As muletas não estão mais fixadas às mãos por ataduras elásticas. Não mais é fornecida a ajuda inicial. O reforço é dependente ou independente do movimento do corpo para uma posição ereta apoiada pelas muletas.

Etapa 5. O reforço depende da conclusão da etapa 4, mantendo o equilíbrio com a mão do experimentador colocada nas costas da criança, e colocando as muletas à frente.

Etapa 6. O reforço depende da conclusão da etapa 5, além do movimento dos pés em direção a uma linha imaginária conectando as pontas das muletas, mantendo o equilíbrio, com a mão do experimentador nas costas da criança, e colocando as muletas à frente.

Etapa 7. O reforço depende da conclusão da etapa 6, além de um ciclo adicional para colocar as muletas à frente, mantendo o equilíbrio, com a mão do experimentador nas costas da criança, e colocando as muletas à frente.

Etapa 8. O reforço depende da conclusão de quatro ciclos de colocação das muletas à frente, e assim por diante, com eliminação gradual do apoio do experimentador durante o equilíbrio.

Etapa 9. O reforço depende da conclusão de 12 ciclos de colocação de muletas mantendo posição, mantendo o equilíbrio sem a ajuda do experimentador, e colocando as muletas à frente.

Etapa 10. O reforço depende da conclusão de 12 ciclos de colocação de muletas, mantendo o equilíbrio, e assim por diante, usando muletas com braçadeiras nos antebraços (do tipo Lofstrand), em vez de muletas com apoio axilar.

© Cengage Learning

PARA UMA LEITURA MAIS APROFUNDADA

Procedimentos médicos

Os procedimentos médicos geralmente exigem que o paciente tolere testes diagnósticos ou intervenções médicas que podem levar algum tempo para serem concluídos (por exemplo, procedimentos de ressonância magnética [RM]). Além disso, os regimes médicos em curso para o controle de doenças requerem frequentemente que o paciente se envolva em comportamentos específicos, por vezes, diariamente (como teste de glicose para diabéticos). Pesquisas mostram que a modelagem pode promover o comportamento necessário para a conclusão bem-sucedida de procedimentos médicos ou dietas médicas. Por exemplo, Slifer, Koontz e Cataldo (2002) usam a modelagem para ajudar crianças a adquirirem o comportamento necessário para se submeterem a procedimentos de ressonância magnética. Neste estudo, os pesquisadores utilizaram a modelagem para reforçar períodos cada vez mais longos de permanência imóvel em uma máquina de ressonância magnética. Hagopian e Thompson (1999) usam a modelagem para ajudar uma criança com deficiência intelectual e autismo a participar de um regime de tratamento para a fibrose cística. A criança precisava inalar por 20 segundos através de uma máscara conectada a um inalador para receber a medicação, mas se recusava a fazer. No procedimento de modelagem, a criança recebeu um reforçador (elogio, doces, um brinquedo pequeno) para inalar na máscara por cinco segundos inicialmente, e depois por períodos cada vez mais longos.

Como usar a modelagem

Como você pode ver nos exemplos anteriores, muitas aplicações de modelagem são relatadas na literatura de pesquisa. É apropriado usar a modelagem quando o objetivo terapêutico é desenvolver um comportamento-alvo que a pessoa não esteja expondo no momento. A modelagem é um dos vários procedimentos que podem ser usados para atingir esse objetivo (veja os Capítulos de 10 a 12).

As seguintes etapas garantem o uso apropriado da modelagem (veja também Cooper, Heron e Heward, 1987, 2007; Martin e Pear, 1992; Sulzer-Azaroff e Mayer, 1991; Sundel e Sundel, 1993).

1. *Defina o comportamento-alvo.* Ao definir o comportamento-alvo, você pode determinar se e quando o programa de modelagem é bem-sucedido.

2. *Determine se a modelagem é o procedimento mais apropriado.* Se a pessoa já está envolvida no comportamento-alvo pelo menos ocasionalmente, você não precisa usar a modelagem; pode simplesmente usar reforço diferencial para aumentar a frequência do comportamento-alvo. A modelagem é usada para a aquisição de uma nova topografia ou uma nova dimensão de um comportamento ou para restabelecer um comportamento que a pessoa no momento não apresenta. No entanto, outras estratégias de aquisição comportamental mais eficientes (como solicitação, reforço ou instruções) podem ser preferíveis. Você não precisa usar a modelagem se puder simplesmente dizer a alguém como se engajar no comportamento-alvo, se puder mostrar a ela o comportamento correto ou se puder ajudar fisicamente a pessoa a se envolver no comportamento correto. Veja os Capítulos de 10 a 12 para uma discussão dessas outras estratégias.

3. *Identifique o comportamento inicial.* O comportamento inicial ou a primeira aproximação deve ser um comportamento com o qual a pessoa já se envolve, pelo menos ocasionalmente. Além disso, o comportamento inicial deve ter alguma relevância para o comportamento-alvo. Em todos os exemplos neste capítulo, o comportamento inicial foi escolhido porque o comportamento já estava ocorrendo e era uma aproximação que poderia ser construída para chegar ao comportamento-alvo.

4. *Escolha as etapas da modelagem.* Na modelagem, a pessoa deve dominar cada etapa antes de passar para a próxima. Cada etapa deve ser uma aproximação mais semelhante do comportamento-alvo do que a etapa anterior (aproximação sucessiva). No entanto, a mudança de comportamento de um estágio para o próximo não deve ser tão grande que o progresso da pessoa em relação ao comportamento-alvo pare. Uma mudança de comportamento moderada de um estágio para o próximo é mais apropriada. Se as etapas da modelagem forem muito pequenas, o progresso será lento e trabalhoso. Não existe uma regra fácil para escolher as etapas de modelagem. Você deve simplesmente escolher as etapas com a expectativa razoável de que, uma vez que uma etapa particular for dominada, ela facilitará o comportamento especificado na etapa seguinte.

5. *Escolha o reforçador para usar no procedimento de modelagem.* Você deve escolher uma consequência que será um reforçador para a pessoa que participa do procedimento de modelagem. O profissional deve ser capaz de entregar o reforçador imediatamente de acordo com o comportamento apropriado. A quantidade do reforçador deve ser tal que a pessoa não fique saciada facilmente. Reforçadores condicionados (como fichas ou elogios) geralmente são úteis para evitar a saciedade.

6. *Reforce diferencialmente cada aproximação sucessiva.* Começando com o comportamento inicial, reforce cada instância do comportamento até que ele ocorra de modo confiável. Então, comece a reforçar a aproximação seguinte e deixe de reforçar a aproximação anterior. Uma vez que essa aproximação ocorra de forma consistente, pare de reforçar o comportamento e comece a reforçar a aproximação seguinte. Continue com o processo de reforço diferencial de aproximações sucessivas até que o comportamento-alvo esteja ocorrendo e sendo reforçado.

7. *Siga com as etapas no ritmo apropriado.* Tenha em mente que cada aproximação é um trampolim para a aproximação seguinte. Uma vez que a pessoa tenha dominado uma aproximação (tenha se engajado com sucesso no comportamento pelo menos algumas vezes), é hora de passar para a aproximação seguinte. Reforçar demais uma aproximação muitas vezes pode dificultar a transição para a etapa seguinte; a pessoa pode continuar se envolvendo na aproximação anterior. Ao mesmo tempo, se ela não dominar uma aproximação, pode ser impossível ou, pelo menos, muito difícil avançar para a etapa seguinte. O movimento bem-sucedido de uma etapa para a próxima pode ser facilitado dizendo a ela o que se espera, ou sugerindo ou induzindo o comportamento apropriado (O'Neill e Gardner, 1983; Sulzer-Azaroff e Mayer, 1991). Por exemplo, O'Neill e Gardner disseram à Sra. F que ela teria de ficar em pé usando as barras paralelas por um segundo antes de receber sua massagem. Eles disseram a ela o que esperavam que fizesse para ganhar reforço em qualquer etapa específica da modelagem.

> **Diretrizes para modelagem**
>
> 1. Defina o comportamento-alvo.
> 2. Determine se a modelagem é o procedimento mais apropriado.
> 3. Identifique o comportamento inicial.
> 4. Escolha as etapas da modelagem.
> 5. Escolha o reforçador.
> 6. Reforce de modo diferencial as aproximações sucessivas.
> 7. Realize as etapas da modelagem em um ritmo apropriado.

Modelagem de comportamentos problemáticos

Em determinadas circunstâncias, comportamentos problemáticos podem ser desenvolvidos de maneira não intencional por meio da modelagem. Em tais casos, são reforçadas aproximações sucessivas de um comportamento que não é benéfico para a pessoa.

Considere o seguinte exemplo. A Sra. Smith estava tendo problemas com o filho de quatro anos, Tommy, que apresentava um comportamento inadequado. A Sra. Smith administra uma empresa on-line em casa. Quando estava ocupada, Tommy frequentemente a interrompia e pedia, ou exigia, que ela brincasse com ele. Como Tommy era persistente, a Sra. Smith geralmente parava o que estava fazendo para brincar com ele por algum tempo. A contingência de três termos foi a seguinte.

Antecedente	Comportamento	Consequência
A mãe está trabalhando.	Tommy a interrompe e exige que ela brinque com ele.	A mãe brinca com ele.

Resultado: o comportamento de Tommy de interromper a mãe quando ela está trabalhando é fortalecido.

A Sra. Smith perguntou ao pediatra de Tommy o que ela poderia fazer quanto a esse problema. Ele sugeriu que, quando Tommy exigisse que ela brincasse com ele, a Sra. Smith diria "vou brincar depois, Tommy" e continuaria trabalhando; ela deveria ignorar as tentativas de Tommy de interrompê-la.

Qual é o princípio comportamental envolvido neste plano?

O pediatra sugeriu que a Sra. Smith usasse a extinção e aprendesse a não reforçar as frequentes exigências que Tommy faz a ela. A primeira vez que a Sra. Smith usou a extinção, Tommy ficou chateado. Ele correu gritando para o outro quarto (surto de extinção). Preocupada com o filho, a Sra. Smith o seguiu, o acalmou, e depois brincou com ele por alguns minutos. Depois de ter tentado a extinção na próxima vez que Tommy exigiu que ela brincasse. Mais uma vez, ele gritou e correu para o outro quarto. A Sra. Smith o seguiu, o acalmou e brincou com ele novamente para que parasse de gritar.

O que o comportamento da Sra. Smith de brincar com Tommy quando ele gritava acabou por reforçar?

O comportamento da Sra. Smith de brincar com Tommy quando ele gritava foi reforçado negativamente porque ele parou de gritar.

A Sra. Smith começou a notar que Tommy estava gritando frequentemente para fazê-la brincar com ele. Ela decidiu usar o conselho do pediatra e tentou ignorar esse novo comportamento. Na vez seguinte em que Tommy gritou, a Sra. Smith ficou em sua mesa e ignorou o comportamento. Tommy gritou por 3 minutos seguidos, e então a Sra. Smith ouviu um estrondo. Ela correu para o outro quarto e viu que Tommy havia jogado seu caminhão de brinquedo contra a parede (surto de extinção). Tommy ainda estava gritando e chorando. A Sra. Smith se sentou com Tommy e disse para não jogar os brinquedos e que mais tarde eles iriam brincar. Ela o ajudou a pegar as partes do caminhão e o montou novamente e, então, conversou com Tommy até que ele se acalmasse. Veja a Figura 9-5 para conhecer outro exemplo de como modelar um comportamento problemático.

FIGURA 9-5 Esta história em quadrinhos mostra o exemplo de um comportamento problemático provavelmente desenvolvido por meio da modelagem. A criança precisa repetir o pedido por um salgadinho várias vezes antes que a mãe ceda e compre. É provável que, ao longo do tempo, a criança tenha de pedir cada vez mais até que a mãe concorde e dê o salgadinho. Assim, a mãe reforçou a frequência cada vez maior do comportamento por meio da modelagem.

A Sra. Smith voltou ao trabalho e, pouco tempo depois, Tommy começou a gritar novamente. A Sra. Smith não entrou no quarto, e ele jogou os brinquedos mais uma vez. A Sra. Smith acreditava que não podia ignorar o comportamento, então correu para o quarto e repreendeu Tommy. Ela o fez sentar no sofá e comentou sobre o comportamento inadequado dele. Quando a Sra. Smith voltou ao pediatra, duas semanas após a consulta anterior, Tommy estava gritando e jogando seus brinquedos frequentemente. O comportamento problemático dele estava muito pior do que antes. Sem perceber, a Sra. Smith usou a modelagem para desenvolver uma topografia do comportamento problemático ainda pior.

Descreva como a modelagem foi utilizada (inadvertidamente) para desenvolver o comportamento problemático de Tommy, de gritar e jogar os brinquedos.

Involuntariamente, a Sra. Smith usou o reforço diferencial de aproximações sucessivas. O comportamento inicial de Tommy de interrompê-la e exigir que ela brincasse foi reforçado pela atenção recebida da mãe quando ela brincou com ele. Então, ela ignorou comportamento dele de interrompê-la e exigir que ela brincasse (extinção) e reforçou o comportamento de correr para a outro quarto e gritar. Em seguida, ela ignorou o comportamento de correr e gritar (extinção) e reforçou o comportamento de gritar e jogar brinquedos. Sem saber, a Sra. Smith estava reforçando cada novo problema de comportamento dando atenção a Tommy. Muito provavelmente, vários comportamentos problemáticos graves que as pessoas (especialmente crianças) exibem são desenvolvidos por meio de um processo similar de modelagem.

Pense em alguns exemplos de comportamentos problemáticos que podem ter sido desenvolvidos por meio da modelagem.

Um exemplo possível é o comportamento de se exibir; neste caso, um indivíduo tem de continuar se exibindo cada vez mais (fazendo coisas cada vez mais arriscadas) para continuar recebendo a atenção de outras pessoas (Martin e Pear, 1992). Outro exemplo é o comportamento autolesivo, como bater na própria cabeça, que pode ter começado como um comportamento tranquilo e ter se tornado mais grave por meio da modelagem. Inicialmente, quando a criança estava transtornada e batia na cabeça, os pais respondiam com preocupação (atenção), o que reforçava o comportamento. Quando o comportamento continuou, os pais tentaram ignorá-la. No entanto, a criança passou a bater mais forte, e os pais responderam novamente com preocupação, o que reforçou as batidas mais fortes na cabeça. Esse processo foi repetido mais algumas vezes; assim, o comportamento de bater na cabeça cada vez com mais força foi reforçado, até que o comportamento começou a causar lesões. A modelagem também pode desempenhar um papel em discussões entre cônjuges. Ao longo de muitas discussões, um dos cônjuges tem de argumentar cada vez mais antes que o outro finalmente ceda; assim, as discussões mais intensas são reforçadas. A modelagem provavelmente responde por vários tipos de comportamentos problemáticos; em cada caso, as pessoas envolvidas não têm ideia de que estão modelando esses comportamentos problemáticos com as próprias ações.

A duração do choro de uma criança pequena à noite pode ser prolongada pela modelagem. O choro da criança é reforçado pelos pais com frequência quando vão até o quarto para acalmá-la. Eventualmente, os pais podem tentar ignorar o choro, mas quando persiste vão até o quarto, reforçando assim a duração mais longa do choro. Depois de tentar várias vezes, mas não conseguir ignorar o choro da criança, a maior duração do choro é reforçada até que a criança chegue a chorar à noite por uma hora ou mais.

Há muitas evidências anedóticas de que a modelagem pode desenvolver comportamentos problemáticos nas pessoas. No entanto, nenhuma pesquisa documentando essa conclusão está disponível porque seria antiético modelar intencionalmente comportamentos problemáticos em pessoas que não os exibiam anteriormente. Alguns estudos mostram que a modelagem pode ser usada para criar comportamentos problemáticos em animais de laboratório.

Por exemplo, Schaefer (1970) usou a modelagem com dois macacos *rhesus* para desenvolver um comportamento caracterizado por bater na cabeça, em que o macaco levantava a pata e batia na cabeça. Com o uso de comida como reforçador, Schaefer modelou a ação de bater na cabeça reforçando diferencialmente três aproximações sucessivas. Na primeira aproximação, Schaefer entregava uma pelota de comida sempre que o macaco levantava a pata. Depois que o macaco estava constantemente levantando a pata, Schaefer colocou esse comportamento em extinção e começou a reforçar a segunda aproximação, que consistia em que o macaco levantasse a pata acima da cabeça. Depois que o macaco passou a levantar a pata acima da cabeça consistentemente, Schaefer não reforçou mais esse comportamento e passou a reforçar apenas o comportamento-alvo, que era aproximar a pata da cabeça. Foram 12 minutos para modelar a ação de um macaco bater na cabeça e 20 minutos para modelar a ação de bater na cabeça de outro macaco. O comportamento-alvo parecia bastante semelhante ao comportamento autolesivo às vezes exibido por pessoas com deficiências de desenvolvimento. Esse estudo documenta que tais comportamentos podem ocorrer como resultado da modelagem, pelo menos em macacos *rhesus*. Também é possível que a modelagem seja responsável pelo desenvolvimento do comportamento autolesivo em algumas pessoas com deficiências de desenvolvimento.

Esse estudo e outros (Rasey e Iversen, 1993) demonstram experimentalmente que a modelagem pode produzir comportamentos mal-adaptados em laboratório. A experiência clínica também sugere que a modelagem às vezes resulta em comportamento problemático na vida cotidiana. Por exemplo, uma mãe costumava gritar com o filho para fazê-lo obedecer. Quando ela queria que ele fizesse algo em casa, repetia o pedido de cinco a dez vezes e levantava a voz até gritar. Parece que esse comportamento havia se desenvolvido por meio da modelagem.

> **Descreva como o comportamento da mãe de repetir suas solicitações e gritar com o filho foi desenvolvido por meio da modelagem.**

No começo, quando ela pedia ao filho para fazer alguma coisa, ele obedecia imediatamente. Depois de um tempo, ele passou a ignorar o primeiro pedido e a obedecia apenas depois que ela repetisse o pedido. Em pouco tempo, ele começou a ignorar dois ou três pedidos e somente fazia o que ela pedia apenas após o quarto ou quinto pedido. Eventualmente, ele terminou ignorando repetidos pedidos e a obedeceu apenas depois que ela passou a levantar a voz e repetir os pedidos. Por fim, ela estava gritando com ele e repetindo os pedidos muitas vezes antes que ele a obedecesse. O filho modelou o comportamento da mãe reforçando diferencialmente o comportamento de repetir solicitações cada vez mais alto, até que ela estivesse gritando. É importante reconhecer o poder da modelagem a fim de que as pessoas possam utilizá-la corretamente para desenvolver comportamentos-alvo benéficos e evitar a modelagem acidental de comportamentos problemáticos.

RESUMO DO CAPÍTULO

1. A modelagem é um procedimento comportamental no qual aproximações sucessivas de um comportamento-alvo são reforçadas diferencialmente até que a pessoa se envolva no comportamento-alvo. A modelagem é usada para desenvolver um comportamento-alvo que a pessoa agora não exibe.
2. Aproximações sucessivas (ou etapas da modelagem) são comportamentos cada vez mais semelhantes ao comportamento-alvo.
3. Reforço e extinção estão envolvidos na modelagem quando aproximações sucessivas do comportamento-alvo são reforçadas e aproximações anteriores são colocadas em extinção.
4. A modelagem pode ser usada inadvertidamente para desenvolver comportamentos problemáticos. Quando um problema leve é posto em extinção e o problema se agrava durante um surto de extinção, os pais podem então reforçar o pior comportamento. Se esse processo persistir várias vezes, o comportamento problemático pode se tornar progressivamente pior por meio de um processo de reforço diferencial de instâncias cada vez piores (mais intensas, mais frequentes ou com duração mais longa) do comportamento.
5. As seguintes etapas estão envolvidas no uso bem-sucedido da modelagem.
   a. Defina o comportamento-alvo.
   b. Determine se a modelagem é o procedimento mais apropriado.
   c. Identifique o comportamento inicial.
   d. Escolha as etapas de modelagem (aproximações sucessivas).
   e. Escolha o reforçador para usar no procedimento de modelagem.
   f. Reforce diferencialmente cada aproximação sucessiva.
   g. Mova-se em um ritmo adequado pelas etapas de modelagem.

TERMOS-CHAVE

aproximação sucessiva, 117   modelagem, 117   reforço diferencial, 117

TESTE PRÁTICO

1. O que é modelagem?
2. Quando é apropriado utilizar a modelagem? Quando você não deve utilizar a modelagem?
3. Quais são os dois princípios comportamentais envolvidos na modelagem? Explique.
4. O que são aproximações sucessivas?
5. Dê um exemplo de reforço diferencial de aproximações sucessivas de um comportamento.
6. Dê dois exemplos (não do capítulo de modelagem na vida cotidiana.
7. Dê um exemplo (não do capítulo de como um comportamento problemático pode ser desenvolvido por meio da modelagem.
8. O comportamento inicial (ou primeira aproximação utilizado em um procedimento de modelagem tem duas características básicas. Quais são elas?
9. Por que pode ser útil utilizar reforçadores condicionados ao conduzir um procedimento de modelagem?
10. Descreva como a modelagem e o treinamento de discriminação são utilizados no desenvolvimento da linguagem em crianças pequenas.
11. A modelagem pode ser utilizada para estabelecer a nova topografia de um comportamento ou uma nova dimensão de um comportamento. Explique essa declaração. Dê um exemplo de modelagem da nova dimensão de um comportamento.
12. Descreva como um surto de extinção pode ter um papel na modelagem. Dê um exemplo.

APLICAÇÕES

1. Imagine que você mora em uma casa com quintal. A porta que dá acesso ao quintal está na sala de estar. Você deixa o seu cachorro, Felix, solto no quintal algumas vezes por dia, e um dia decide que gostaria de ensinar Felix a bater na maçaneta da porta dos fundos com o focinho antes de deixá-lo sair. Agora, sempre que Felix quer sair, anda pela sala e geralmente sai pela porta dos fundos. Descreva como você vai utilizar a modelagem para ensinar Felix a bater a maçaneta com o focinho.
   a. Qual é o comportamento inicial?
   b. Qual é o comportamento-alvo?
   c. O que você usará como reforçador durante a modelagem?
   d. Quais são as aproximações sucessivas?
   e. Como você vai usar o reforço diferencial em cada aproximação?
   f. O que você usará como reforçador natural para o comportamento-alvo, uma vez que o tiver alcançado?
2. De acordo com uma história muito conhecida, os alunos de uma das classes de B. F. Skinner utilizaram a modelagem para fazer que Skinner ficasse no canto da frente da sala de aula quando dava suas aulas. Digamos que você queira fazer um truque semelhante com um de seus professores. Supondo que o professor se mova pela frente da sala de aula, pelo menos ocasionalmente, quando está ensinando, e assuma que a atenção dos alunos durante as aulas é um reforçador para o professor, como você usaria a modelagem para que o professor ficasse em um canto da sala de aula durante suas aulas?
3. Outra aplicação da modelagem é um jogo que pode ser educativo e divertido. Escolha uma pessoa que será o treinador e outra cujo comportamento o treinador vai modelar. Chame a pessoa de aluno. O treinador deve ter um *clicker* de mão, e o som de clique será o reforçador. O treinador e o aluno não podem dizer nada durante a modelagem. O treinador decide sobre um comportamento-alvo, mas não diz ao aluno qual é. O jogo começa com o aluno se envolvendo em comportamentos aleatórios. O treinador tenta reforçar aproximações sucessivas do comportamento-alvo até que o aluno exiba o comportamento-alvo. O aluno deve responder de acordo com o princípio do reforço; ou seja, o aluno começa a se envolver com mais frequência em comportamentos que são recebidos pelo som do *clicker*. O sucesso do treinador depende da eficiência com que ele pode escolher e reforçar aproximações sucessivas imediatamente à medida que elas ocorrem. Esse jogo é semelhante ao jogo do "quente ou frio", em que a criança diz "está mais quente" à medida que você se aproxima do alvo e "está mais frio" à medida que se afasta.

APLICAÇÕES INCORRETAS

1. Jody pediu ao pai para ensiná-la a dirigir. Recentemente, o pai havia feito uma aula sobre modificação de comportamento e argumentou que, como dirigir era um comportamento novo para Jody, ela poderia aprender a dirigir por meio de um procedimento de modelagem. Qual é o problema com essa aplicação da modelagem?

2. Todos os dias, a Sra. Markle dá aos alunos da segunda série uma planilha de matemática para ser preenchida. A planilha consiste de cinco problemas de adição ou subtração. A Sra. Markle notou que Jake resolve todos os cinco problemas na planilha apenas uma ou duas vezes por semana, mas ela queria que Jake completasse todos os cinco problemas todos os dias. Então, ela decidiu que utilizaria modelagem com Jake para atingir esse objetivo. Qual é o problema com essa aplicação da modelagem?
3. Dr. Williams, psicólogo da escola, estava trabalhando com uma adolescente socialmente retraída, chamada Jenny. Dr. Williams decidiu usar a modelagem para ajudar Jenny a desenvolver habilidades sociais apropriadas. Ele identificou o comportamento-alvo como a capacidade de fazer contato visual, sorrir, ficar em pé, falar com um volume de voz normal, e acenar e parafrasear quando a outra pessoa diz alguma coisa. O psicólogo resolveu reforçar aproximações sucessivas desse comportamento-alvo em sessões de terapia, nas quais ele desempenhou o papel de colega de classe e se envolvia em conversas com Jenny. Em cada sessão, Dr. Williams e Jenny interpretaram quatro ou cinco conversas breves. Antes de cada sessão de dramatização, o psicólogo lembrou Jenny sobre quais comportamentos ela deveria trabalhar. Como um reforçador para exibir o comportamento correto nas sessões de dramatização, Dr. Williams comprava uma casquinha de sorvete para Jenny no refeitório da escola uma vez por semana. Qual é o problema com essa aplicação de modelagem?

10 Incitação e transferência de controle de estímulo

- O que é incitação e por que é utilizada?
- O que é esvanecimento e por que é utilizado?
- Como as incitações de resposta diferem das incitações de estímulos?
- Quais são os diferentes tipos de incitações de resposta?
- O que significa controle de estímulo de transferência e como é feito?

Você já aprendeu sobre modelagem, um procedimento para estabelecer um comportamento desejável. Este capítulo discute a incitação e o controle de estímulo de transferência, que também são utilizados para estabelecer um comportamento desejável e para desenvolver um controle de estímulo apropriado sobre os comportamentos desejados (Billingsley e Romer, 1983).

Um exemplo de incitação e esvanecimento: como ensinar pequenos jogadores a acertar a bola

O treinador McCall estava ensinando alunos da primeira série a acertar uma bola de beisebol lançada por um arremessador. Anteriormente, os jogadores conseguiam atingir a bola somente fora da marca. Luke era um bom jogador de beisebol e aprendia rapidamente. O treinador McCall disse a Luke para ficar na caixa do rebatedor, segurar firme o bastão, e começar a se movimentar um pouco antes de a bola chegar à base para começar a se movimentar e observar o percurso da bola até o bastão. O treinador assistente, Dave, fez alguns arremessos para Luke enquanto o treinador McCall estava por perto. O treinador McCall elogiou Luke todas as vezes que ele acertou a bola e continuou a dar instruções quando precisava melhorar o desempenho. À medida que Luke rebatia as bolas com sucesso, o treinador parou de dar instruções, mas continuou a elogiá-lo em cada rebatida. Em seguida, veio Tom, que ouviu as mesmas instruções dadas a Luke, mas não conseguia acertar a bola. Para ajudá-lo, o treinador deu maior assistência, apontando para onde Tom deveria se dirigir e fez um gesto de como a bola chegaria à base e onde Tom deveria movimentar o bastão. Com essa ajuda extra, Tom começou a rebater a bola, e o treinador McCall o elogiou todas as vezes que ele acertou. Enfim, Tom conseguiu rebater as bolas sem qualquer ajuda ou instruções extras.

Matt assistiu ao treino e ouviu o treinador McCall, mas ainda não conseguia acertar a bola. Para ajudar Matt, o técnico decidiu mostrar a ele exatamente como acertar a bola. Dave fez alguns arremessos para o treinador McCall, que descreveu os aspectos importantes de seu próprio comportamento quando a bola era lançada para ele. Depois que Matt ouviu as instruções e assistiu o treinador rebater a bola, ele conseguiu rebater corretamente. Assim que Matt começou a rebater, o treinador McCall não precisou mais ajudá-lo (com instruções ou modelagem), mas ainda o elogiava toda vez que ele rebatia corretamente.

Por fim, chegou a vez de Trevor. Trevor assistiu e ouviu tudo o que o treinador McCall disse e fez, mas simplesmente não conseguia se conectar. Como Trevor precisava de mais ajuda, o treinador posicionou-se atrás dele enquanto ele rebatia, colocou as mãos sobre as de Trevor segurando o bastão e o ajudou a movimentá-lo e se conectar com a bola (Figura 10-1). Depois de fazer isso algumas vezes, McCall recuou um pouco: colocou Trevor na posição e começou a movimentar o bastão com ele, mas depois deixou Trevor se movimentar sozinho. Então, o treinador recuou um pouco mais: posicionou Trevor e disse a ele quando se movimentar, mas deixou Trevor movimentar o bastão sozinho. Depois de um tempo, Trevor começou a rebater corretamente sozinho, e tudo o que o treinador fazia era elogiar todas as vezes.

Até esse estágio, Dave estava fazendo arremessos fáceis para os jogadores acertarem; ele estava posicionado muito perto da base (atrás de uma tela para não se machucar quando as crianças rebatessem) e os arremessos eram lentos e jogados diretamente sobre a base. Depois que todos conseguiram rebater os arremessos mais fáceis, Dave começou a fazer arremessos cada vez mais difíceis. Primeiro ele arremessou mais longe, e depois mais rápido. E, então, passou a arremessar em posições mais difíceis, aumentando gradualmente a dificuldade dos arremessos nos quatro ou cinco treinos seguintes, e os jogadores continuaram a rebater com sucesso.

Esse exemplo ilustra os procedimentos de modificação de comportamento chamados *incitação* e *esvanecimento*. Tudo o que o técnico McCall fez para ajudar os jogadores a acertar a bola são **incitações (*prompts*)**. Com Luke, o treinador McCall recorreu à **incitação verbal**: ele disse a Luke como rebater a bola corretamente. Com Tom, ele utilizou incitação verbal e **gestual**: deu instruções e ajudou Tom a movimentar o bastão. O treinador McCall recorreu à incitação verbal e **incitação por modelagem**, no caso de Matt: explicou a Matt como rebater a bola e mostrou a ele o comportamento desejável. Por fim, quanto a Trevor, o treinador utilizou incitação verbal e **incitação física**. Com a incitação física, ele orientou Trevor fisicamente até que ele conseguisse rebater sozinho.

O que é incitação?

Como você pode ver, as incitações são utilizadas para aumentar a probabilidade de uma pessoa se envolver no comportamento correto no momento adequado. São empregadas durante o treinamento de discriminação para ajudar a pessoa a se envolver no comportamento correto na presença do estímulo discriminativo (E^D) a fim de que o comportamento possa ser reforçado. "As incitações são estímulos dados antes ou durante a ocorrência de um comportamento: ajudam o comportamento a ocorrer, de modo que o professor possa proporcionar reforço" (Cooper, Heron e Heward, 1987, p. 312).

Neste exemplo, o E^D é a bola que se aproxima do rebatedor. A resposta correta é movimentar o bastão para se conectar com a bola, e o reforçador é acertar a bola e receber elogios do treinador.

FIGURA 10-1 O treinador está utilizando incitações físicas, orientação manual para ajudar Trevor a rebater a bola. Mais tarde, ele vai evanescer as incitações físicas e gradualmente eliminará a assistência até que Trevor rebata a bola sem qualquer ajuda.

Diagrama 1

Antecedente	Comportamento	Consequência
O lançador arremessa a bola.	O rebatedor movimenta o bastão corretamente.	O rebatedor acerta a bola.

Resultado: é mais provável que o rebatedor movimente o bastão corretamente e acerte a bola arremessada pelo lançador.

No entanto, se o comportamento correto não estiver ocorrendo (ou seja, se o jogador não estiver movimentando corretamente o bastão para rebater a bola), o comportamento não poderá ser reforçado. *A função das incitações é produzir uma instância do comportamento correto para que possa ser reforçada.* É disso que se trata o ensino: o professor fornece estímulos suplementares (incitações) juntamente com o E^D para que o aluno exiba o comportamento correto. O professor então reforça o comportamento correto para que ocorra sempre que o E^D estiver presente (Skinner, 1968).

Antecedente	Comportamento	Consequência
O lançador arremessa a bola (E^D). As instruções necessárias são dadas (incitação).	Luke movimenta o bastão corretamente.	Luke acerta a bola e o treinador o elogia.

O uso de incitações torna o ensino ou treinamento mais eficiente. O treinador McCall poderia simplesmente ter esperado que os jogadores rebatessem a bola sem nenhuma incitação e os elogiaria quando acertassem. Mas esse processo de tentativa e erro seria bem lento; talvez alguns jogadores nunca conseguissem dar uma resposta correta. Quando o técnico McCall usou as incitações, ele aumentou as chances de que os jogadores respondessem corretamente. Para diferentes jogadores, ele usou diferentes incitações (instruções, gestos, modelagem e ajuda física) para obter a resposta correta na presença do E^D (a bola lançada pelo arremessador).

O que é esvanecimento?

Assim que os jogadores começavam a rebater a bola corretamente, o técnico McCall reduzia suas incitações. *O esvanecimento é a eliminação gradual da incitação, pois o comportamento continua a ocorrer na presença do E^D. O esvanecimento é uma maneira de transferir o controle de estímulos das incitações para o E^D.* O técnico McCall eliminou gradualmente as incitações até que os rebatedores acertassem a bola sem qualquer ajuda adicional. Ou seja, ele parou de dar instruções e não precisou mais modelar o comportamento ou prestar assistência física para ajudar os rebatedores a acertarem a bola. Quando as incitações foram removidas, o comportamento estava sob o controle de estímulo do E^D. Quando o técnico McCall estava usando incitação física com Trevor, o comportamento correto de Trevor estava sob o controle de estímulo da incitação física. Ou seja, ele só podia rebater a bola porque o técnico o estava ajudando. Mas Trevor não pode ser ajudado fisicamente pelo treinador quando estiver rebatendo em um jogo; ele deve rebater a bola sozinho. Portanto, o aprendizado não está completo até que as incitações estejam completamente esvanecidas (a ajuda é removida) e o comportamento esteja sob controle de estímulo do E^D natural.

Antecedente	Comportamento	Consequência
O lançador arremessa a bola (E^D). Não é preciso fornecer mais incitações.	Trevor movimenta o bastão corretamente.	Trevor acerta a bola e o treinador o elogia.

Resultado: Trevor acertará a bola quando for lançada para ele no futuro.

Considere outro exemplo de incitação e esvaecimento. Natasha, uma imigrante recém-chegada, está aprendendo inglês em uma classe para adultos. A turma está aprendendo a ler palavras simples. A professora segura um cartão de memória com as letras CARRO. Quando Natasha não responde, a professora diz "carro", e Natasha repete a palavra "carro". A professora segura o cartão de memória novamente, e quando Natasha diz "carro", ela diz "Bom!". A professora então repete esse processo com dez cartões de memória.

132 Modificação do comportamento: teoria e prática

Antecedente	Comportamento	Consequência
Um cartão de memória é mostrado com as letras CARRO (E^D). A professora diz "carro" (incitação).	Natasha diz "carro".	O professor elogia Natasha.

Que tipo de incitação a professora está utilizando?

Quando a professora fala a palavra que está no cartão de memória, essa é uma incitação verbal. Nesse caso, a incitação verbal também é uma incitação de modelagem. A palavra escrita no cartão de memória é o E^D; dizer a palavra (leitura) é a resposta correta para Natasha. A incitação verbal ajuda Natasha a dar a resposta correta na presença do E^D. Mas Natasha deve ser capaz de dar a resposta correta ao ver as palavras escritas sem a incitação. Para conseguir, a professora começa a esvanecer as incitações verbais. Na segunda vez que for utilizado o conjunto de cartões, a professora mostra para Natasha um cartão de memória e, se ela não responder, diz uma parte da palavra como uma incitação, e Natasha diz a palavra toda. Então, a professora mostra o cartão de memória novamente, e Natasha lê a palavra sem receber a incitação; a professora elogia cada resposta correta. Na próxima sequência dos cartões de memória, se Natasha não conseguir ler uma palavra, a professora reproduz o som da primeira letra da palavra como uma incitação verbal e Natasha diz a palavra toda. Ela então mostra o cartão de memória novamente, e Natasha lê a palavra sem nenhuma incitação. Por fim, lerá as palavras nos cartões de memória sem receber nenhuma incitação. Nesse estágio, o comportamento dela de leitura está sob o controle de estímulo das palavras escritas, não das incitações verbais (Figura 10-2).

Envolver-se no comportamento correto sem incitações é o objetivo do processo de incitar e esvanecer. Em última análise, o E^D deve ter controle de estímulo sobre o comportamento. A incitação e o esvanecimento ajudam a estabelecer o controle de estímulo apropriado. A incitação faz que o comportamento correto ocorra na presença do E^D; esvanecimento transfere o controle de estímulo para o E^D.

Antecedente	Comportamento	Consequência
CARRO (E^D). Nenhuma incitação.	Natasha diz "carro".	A professora elogia Natasha.

Resultado: Sempre que Natasha vê as letras *CARRO*, ela diz "carro".

Nesse exemplo, a professora eliminou as incitações em três etapas. Primeiro, apresentou o cartão de memória e disse a palavra inteira. Em seguida, disse a primeira parte da palavra. E, na terceira vez, apresentou o cartão de memória e pronunciou a primeira letra da palavra. Por fim, apresentou o cartão de memória e não disse nada. Cada etapa foi uma eliminação

FIGURA 10-2 A professora mostra aos alunos um cartão de memória com uma palavra (E^D). Se os alunos não puderem dar a resposta correta (ler a palavra), ela fornece uma incitação verbal (diz a palavra). Eventualmente, a incitação deixará de ser dada, e os alunos lerão a palavra no cartão de memória sem qualquer ajuda.

gradual da incitação. Ao eliminar gradualmente a incitação, a professora transferiu o controle de estímulo da incitação para o E^D (palavra escrita). No esvanecimento, a transferência do controle de estímulos ocorre porque o E^D está sempre presente quando a resposta correta é emitida e reforçada, ao passo que a incitação é removida com o tempo. Como você pode ver, a incitação e o esvanecimento facilitam o treinamento de discriminação de estímulos. Possibilitaram que a resposta de leitura correta ocorresse na presença do E^D (palavra no cartão de memória) e fosse reforçada.

Tipos de incitações

Como vimos, uma incitação é um estímulo ou evento antecedente utilizado para evocar o comportamento apropriado em uma situação específica. Vários tipos de incitações são utilizados na modificação de comportamento; as duas categorias principais são **incitações de resposta** e **incitações de estímulo** (Alberto e Troutman, 1986; Cooper, Heron e Heward, 1987).

Incitações de resposta

Uma incitação de resposta é o comportamento de outra pessoa que evoca a resposta desejada na presença do E^D. Incitações verbais, gestuais, de modelagem e físicas são, todas, incitações de resposta.

Incitações verbais Quando o comportamento verbal de outra pessoa resulta na resposta correta na presença do E^D, é uma incitação verbal. É uma incitação verbal quando você diz algo que ajuda a pessoa a se envolver no comportamento correto. Quando Natasha estava aprendendo a ler, a professora mostrou o cartão com a palavra CARRO e disse "carro" (uma incitação verbal). Ao dizer "carro", ela levou Natasha a dar a resposta correta. Quando o técnico McCall disse a Luke como movimentar o bastão para rebater a bola, estava dando uma incitação verbal (instrução). A incitação verbal levou ao comportamento desejado (movimentar o bastão corretamente) na presença do E^D (a bola lançada pelo arremessador). Qualquer declaração verbal de outra pessoa pode atuar como uma incitação verbal, se tornar mais provável que o comportamento correto ocorra no momento certo. Incitações verbais podem incluir instruções, regras, dicas, lembretes, perguntas ou qualquer outra assistência verbal. Incitações verbais podem ser eficazes porque as pessoas têm um histórico de reforço quando seguem instruções (regras, lembretes etc.) e, como resultado, desenvolver um repertório generalizado de instruções a serem seguidas. Portanto, as instruções têm controle de estímulo sobre o comportamento da instrução seguinte.

Incitações gestuais Qualquer movimento físico ou gesto de outra pessoa que leve ao comportamento correto na presença do E^D é considerado uma incitação gestual. No entanto, se a pessoa demonstrar ou modelar todo o comportamento, esta será considerada uma incitação de modelagem (consulte a seção seguinte). Quando o técnico McCall apontou o local onde Tom deveria se posicionar houve uma incitação gestual. Ao mostrar a Tom o movimento da bola, e onde girar o bastão, McCall estava utilizando incitações gestuais que ajudaram Tom a rebater a bola. Considere outro exemplo: um professor de educação especial mostra dois cartões a um aluno; um deles, com a palavra SAÍDA e o outro com a palavra ENTRADA. A professora pede então ao aluno que aponte para a palavra SAÍDA. Como o aluno não conhece a palavra SAÍDA (nunca fez a discriminação correta), a professora fornece uma incitação para que o aluno aponte para o cartão com a palavra SAÍDA: a professora se vira para ver o cartão SAÍDA. Se esse gesto tornar mais provável que o aluno aponte para o cartão SAÍDA, será considerado uma incitação gestual. Incitações gestuais podem ser eficazes porque as pessoas têm um histórico de reforço para responder corretamente aos gestos. Portanto, as solicitações gestuais têm controle do estímulo sobre o comportamento indicado pelo gesto.

Incitações de modelagem Qualquer demonstração do comportamento correto por outra pessoa que torne mais provável que o comportamento correto ocorra no momento certo é uma incitação de modelagem. (Tal demonstração também é chamada somente *modelagem*.) Uma pessoa observa o modelo e imita o comportamento modelado (dá a resposta correta) na presença do E^D. Quando o treinador McCall rebateu a bola para mostrar a Matt como fazer, ele estava modelando o comportamento correto (fornecendo uma incitação de modelagem). Matt imitou o comportamento do técnico e rebateu a bola com sucesso. Para que uma incitação de modelagem seja bem-sucedida, a pessoa deve ser capaz de imitar o comportamento do modelo (Baer, Peterson e Sherman, 1967). Como a imitação é um tipo de comportamento que a maioria das pessoas aprende cedo na vida, beneficiam-se da observação de modelos (Bandura, 1969). As incitações de modelagem podem ser eficazes porque as pessoas têm um histórico de reforço por imitar modelos e, como resultado, desenvolvem um repertório de imitação generalizado. Portanto, as incitações de modelagem têm controle de estímulo sobre o comportamento imitativo.

Incitações físicas No caso de uma incitação física, outra pessoa ajuda fisicamente quem se envolve no comportamento correto no momento adequado. O treinador McCall segurou o bastão com Trevor e fisicamente o ajudou a movimentar o bastão e rebater a bola. A pessoa que faz uso de uma incitação física está executando por completo ou parte do comportamento com o aluno. Uma incitação física geralmente envolve orientação manual, pela qual o treinador orienta as mãos da pessoa quanto ao comportamento. Por exemplo, um professor de arte pode guiar a mão do aluno ao ensinar como moldar argila. O treinador de arremessos move os dedos do lançador para a posição correta no beisebol ao ensinar como segurar a bola para fazer determinado arremesso. Ao ensinar a escovação dos dentes para um aluno com deficiência, o treinador coloca a mão sobre a escova de dentes e faz os movimentos de escovação. Em cada um desses exemplos, quando a pessoa não podia executar corretamente o comportamento com a ajuda de incitações verbais, gestuais ou de modelagem, uma incitação física foi utilizada para orientá-la quanto ao comportamento. De acordo com Sulzer-Azaroff e Mayer (1991), incitações físicas são apropriadas ao dizer ou mostrar à pessoa que o comportamento é ineficaz (ou seja, quando as incitações verbais, gestuais e de modelagem não evocam o comportamento). A menos que a pessoa resista, a maioria dos comportamentos pode ser incitada fisicamente. (A linguagem é uma exceção; não se pode incitar fisicamente que alguém diga alguma coisa.) A incitação física também é conhecida como **orientação física**.

Todos os quatro tipos de incitações de resposta envolvem o comportamento de uma pessoa que tenta influenciar o comportamento de outra (emitindo instruções, modelagem, e assim por diante). Portanto, as incitações de resposta são intrusivas; envolvem uma pessoa exercendo controle sobre outra. Em uma situação de ensino, isto é necessário e aceitável. No entanto, você deve sempre usar o tipo de incitação de resposta menos intrusivo e recorrer a incitações mais intrusivas somente quando forem necessárias para que haja envolvimento no comportamento apropriado. Conforme mostra a Tabela 10-1, as incitações verbais são menos intrusivas e as incitações físicas, mais intrusivas.

Incitações de estímulo

Incitação de estímulo envolve alguma mudança em um estímulo ou a adição ou remoção de um estímulo para tornar mais provável uma resposta correta. Incitação de estímulo pode envolver uma mudança no E^D ou no E-delta (E^Δ) que torna o E^D mais saliente (mais perceptível ou conspícuo) e o E^Δ, menos saliente, de modo que a pessoa tem maior probabilidade de responder ao E^D (fazer a discriminação correta). Da mesma maneira, outros estímulos podem ser utilizados em conjunto com o E^D ou o E^Δ para tornar o E^D mais saliente, tornando mais provável uma discriminação correta. A alteração do E^D é chamada **incitação no estímulo**. A adição de outro estímulo ou sugestão para o E^D é chamada **incitação extraestímulo** (Schreibman, 1975).

Incitações no estímulo Você pode alterar a saliência de um E^D (ou E^Δ) de várias maneiras; pode alterar a posição do E^D ou modificar alguma dimensão do E^D (ou E^Δ), como tamanho, forma, cor ou intensidade (Terrace, 1963a, b). O treinador McCall usou uma incitação de estímulo (além das incitações de resposta) quando ensinou os jogadores a rebaterem uma bola de beisebol. O E^D é a bola de beisebol se aproximando do rebatedor a uma velocidade normal a partir de uma distância normal. A resposta é movimentar o bastão corretamente, e a consequência reforçadora é rebater a bola e receber elogios do técnico.

> *Como o técnico McCall alterou o E^D para tornar mais fácil para os garotos rebater a bola?*

O treinador McCall usou uma incitação de estímulo quando pediu a Dave que fizesse arremessos fáceis no início (arremessos lentos, lançados a uma curta distância dos rebatedores, em locais fáceis de rebater). O arremesso fácil é uma incitação de estímulo: é uma mudança na intensidade do E^D que torna mais provável que as crianças deem a resposta correta e rebatam a bola. A professora que queria que o aluno apontasse para o sinal SAÍDA usaria uma incitação de estímulo se o sinal SAÍDA estivesse posicionado mais perto dele do que o sinal ENTRADA (local) ou se o sinal SAÍDA fosse maior que o sinal ENTRADA (tamanho). Alterar o tamanho ou o local tornaria mais provável que o aluno apontasse para o sinal correto. A faixa prateada no fio do alto-falante em um sistema de som é uma incitação de estímulo. Essa faixa torna mais provável que você coloque os dois lados do fio nas conexões corretas no aparelho de som estéreo e nos alto-falantes. Em

TABELA 10-1 Classificação de incitações de resposta por nível de intrusividade

Tipo de incitação de resposta	Nível de intrusividade
Verbal	Menor (mais fraca)
Gestual	Moderadamente baixa
De modelagem	Moderadamente alta
Física	Maior (mais forte)

© Cengage Learning

cada um desses exemplos, o E^D é alterado de alguma maneira para aumentar a probabilidade de ocorrer uma resposta correta (incitação de estímulo interno).

Incitações extraestímulo Às vezes, incitações de estímulos envolvem a adição de um estímulo para ajudar alguém a fazer uma discriminação correta (incitação extraestímulo). A linha traçada na terra ao lado da primeira base pelo técnico ajuda o jogador da categoria *T-ball* (categoria de crianças iniciantes no beisebol) a se posicionar corretamente para rebater. Wacker e Berg (1983) utilizaram incitações com imagens para ajudar adolescentes com deficiência intelectual a completarem tarefas vocacionais complexas corretamente. As tarefas envolviam montar ou embalar itens. As incitações com imagens ajudaram os adolescentes a embalar ou montar as peças corretas no momento certo. Alberto e Troutman (1986) relatam o uso interessante de uma incitação de estímulo solicitado por um professor que queria ensinar um grupo de crianças a identificar a mão direita. A professora colocou um X nas costas da mão direita de cada criança para ajudá-las a fazer a discriminação correta. Com o tempo, a marca do X desapareceu e as crianças continuaram a fazer a discriminação correta. A eliminação gradual do X significou o esvanecimento da incitação de estímulo e a transferência do controle de estímulo para o E^D natural (a mão direita). Quando um aluno está aprendendo sobre multiplicação utilizando cartões de memória, o problema no cartão (por exemplo, 8×2) é o E^D, e a resposta no lado oposto do cartão é a incitação de estímulo. Trata-se de um estímulo adicional que ajuda o aluno a dar a resposta correta na presença do E^D.

Tipos de incitações

Incitações de resposta: o comportamento de outra pessoa evoca a resposta correta na presença do E^D.

- Incitações verbais
- Incitações gestuais
- Incitações de modelagem
- Incitações físicas

Incitações de estímulo: uma mudança em algum aspecto do E^D ou E^Δ, ou a adição ou remoção de outro estímulo torna mais provável a ocorrência da resposta correta na presença do E^D.

- Incitações de estímulo interno
- Incitações extraestímulo

Transferência de controle de estímulo

Uma vez que a resposta correta tenha ocorrido, as incitações devem ser eliminadas para transferir o controle de estímulo para o E^D (Billingsley e Romer, 1983). O treinamento não está completo até que Trevor consiga rebater a bola de beisebol sem qualquer ajuda; até que Natasha possa ler as palavras nos cartões de memória sem uma incitação verbal, e até que as crianças consigam identificar a mão direita sem a marca do X. Como esses exemplos sugerem, o resultado final da **transferência de controle de estímulo** é que o comportamento correto ocorre no momento certo, sem qualquer assistência (incitações).

Existem várias maneiras de transferir o controle de estímulo: esvanecimento da incitação, atraso na incitação e esvanecimento do estímulo. O objetivo de cada método é passar do controle do estímulo artificial das incitações para o controle de estímulo natural do E^D relevante.

Esvanecimento da incitação

O **esvanecimento da incitação** é o método mais comumente utilizado para transferir o controle de estímulo. Com o esvanecimento da incitação, uma incitação de resposta é removida gradualmente entre as tentativas de aprendizado até que a incitação não seja mais apresentada (Martin e Pear, 1992). Quando o treinador McCall forneceu menos e menos instruções para Luke quando ele bateu a bola, o treinador estava eliminando um alerta verbal. O treinador passou a fornecer cada vez menos orientações físicas para Trevor à medida que ele começou a rebater a bola com sucesso, ele estava esvanecendo uma incitação física.

> **Como a professora eliminou as incitações verbais enquanto ensinava Natasha a ler as palavras nos cartões de memória?**

Inicialmente, a professora disse a palavra como uma incitação verbal; então, falou parte da palavra; depois, a primeira letra da palavra, e por fim não disse nada após apresentar o E^D. Aos poucos, dizendo cada vez menos a palavra, a incitação verbal foi desaparecendo. Em cada um desses exemplos, um tipo de incitação foi eliminado; isso é conhecido como esvanecimento da incitação. Um estudo de Berkowitz, Sherry e Davis (1971) ilustrou o uso de incitações físicas e o esvanecimento da incitação para ensinar meninos com deficiência mental profunda a comerem com colher. Inicialmente, os pesquisadores seguraram a mão das crianças com a colher e incitaram fisicamente o comportamento completo de pegar a comida com a colher e colocar na boca. Eles então evanesceram a incitação física em sete etapas até que a criança estivesse usando a colher sem nenhuma ajuda. Cada etapa da eliminação envolvia cada vez menos ajuda à medida que a incitação física era eliminada gradualmente.

Transferência de controle de estímulo

- Eliminação da incitação: a incitação de resposta é eliminada gradualmente à medida que o comportamento ocorre na presença do E^D.
- Atraso na incitação: depois que o E^D é apresentado, a incitação é retardada para dar a oportunidade de ocorrer uma resposta não incitada.
- Eliminação do estímulo: a incitação do estímulo é eliminada gradualmente à medida que o comportamento ocorre na presença do E^D.

Às vezes, você pode eliminar uma incitação em apenas uma etapa. Talvez seja necessário dizer a uma pessoa apenas uma vez como executar um comportamento antes que ela o execute corretamente sem outra incitação verbal. Da mesma maneira, talvez seja necessário modelar o comportamento somente uma vez antes que ele ocorra sem mais incitações. Também é possível que, após apenas uma incitação física, a pessoa consiga se envolver no comportamento correto.

Outro tipo de esvanecimento de incitação envolve a eliminação de diferentes tipos de incitações ou a eliminação entre incitações. Considere o seguinte exemplo: Lucy, uma mulher com deficiência intelectual grave, trabalha no almoxarifado do departamento de calçados de uma grande loja de descontos. O trabalho dela é tirar o enchimento de papel de dentro dos sapatos para que possam ser exibidos nas vitrines das lojas. Ela se senta à frente de uma mesa grande cheia de sapatos. (Outro funcionário coloca os sapatos sobre a mesa.) Depois que ela tira o papel de um par de sapatos, outro trabalhador leva os sapatos para as vitrines da loja. O supervisor de trabalho precisa ensinar Lucy a fazer o trabalho corretamente. A contingência de três termos é a seguinte

Antecedente	Comportamento	Consequência
Enchimento de papel nos sapatos (E^D).	Lucy tira o enchimento de papel.	O supervisor elogia Lucy.

Como Lucy não consegue executar o comportamento correto, o supervisor faz uso de incitações para que o comportamento ocorra e, em seguida, elimina as incitações. Um método de esvanecimento entre incitações é o de incitação e esvanecimento *do mínimo para o máximo* (também chamado de *sistema de incitações mínimas*). O supervisor fornece a incitação menos intrusiva antes e faz uso de incitações mais intrusivas apenas quando necessário para obter o comportamento correto. Se Lucy não tirar o papel dos sapatos o supervisor primeiramente diz: "Lucy, tire o papel dos sapatos". Essa é a incitação verbal menos intrusiva. Se Lucy não responder em cinco segundos, o supervisor repete a incitação verbal e aponta para o papel nos sapatos (apresenta uma incitação gestual). Se Lucy não responder em cinco segundos, o supervisor modela o comportamento correto apresentando a incitação verbal. Se Lucy ainda não responder, o supervisor recorre à orientação física enquanto fornece incitação verbal. Ele pega a mão de Lucy, ajuda a tirar o papel e depois a elogia. Na tentativa seguinte, o supervisor passa pela mesma sequência até que Lucy responda corretamente. Depois de várias tentativas, Lucy dará a resposta correta antes que a incitação física seja necessária e antes que a incitação de modelagem seja necessária, e, também, antes que a incitação gestual seja requerida, até que, por fim, ela não precise de nenhuma incitação para tirar o papel dos sapatos. As incitações foram esvanecidas à medida que Lucy precisava cada vez menos de ajuda. A incitação do mínimo para o máximo é utilizada quando o instrutor acredita que o aluno pode não precisar de uma incitação física para se envolver no comportamento correto e quer dar a oportunidade para que ele realize a tarefa com o mínimo de assistência necessária.

Outro método de esvanecimento entre incitações é o de *incitação e esvanecimento do máximo para o mínimo*. Com esse método, a incitação mais invasiva é utilizada primeiro e, depois, é reduzida para incitações menos intrusivas. A incitação do máximo para o mínimo é utilizada quando o instrutor acredita que o aluno precisará de uma incitação física para se envolver no comportamento correto. Com esse método, o supervisor começaria fornecendo uma incitação física junto a incitação verbal, e então começaria a esvanecer a incitação física, à medida que Lucy executasse com sucesso o comportamento requerido. Depois que o supervisor eliminasse a incitação física, forneceria uma incitação verbal e gestual. E, como Lucy continuaria tendo sucesso, ele eliminaria a incitação gestual e forneceria apenas a incitação verbal. Por fim, eliminaria a incitação verbal quando ela retirasse corretamente o papel dos sapatos sem ajuda. Seja eliminando incitação de uma só vez, seja gradualmente, o objetivo final é transferir o controle de estímulo para o E^D a fim de que as incitações não sejam mais utilizadas.

Esvanecimento da incitação

Esvanecimento em uma incitação

Esvanecimento entre incitações
- Incitação do mínimo para o máximo
- Incitação do máximo para o mínimo

Atraso na incitação

Outro método para transferir o controle de estímulo de uma incitação de resposta para o E^D natural é o **atraso na incitação**. Nesse procedimento, você apresenta o E^D, aguarda alguns segundos e, em seguida, se a resposta correta não for dada, fornece a incitação. O intervalo entre a apresentação do E^D e a incitação pode ser constante ou progressivo (Handen e Zane, 1987; Snell e Gast, 1981).

Cuvo e Klatt (1992) ensinaram adolescentes com deficiência a ler palavras comuns que encontrariam na vida cotidiana (por exemplo, HOMENS, MULHERES, PARE, ENTRE). Eles utilizaram um procedimento de atraso constante na incitação: apresentavam uma palavra em um cartão de memória (E^D), e se o aluno não respondesse em quatro segundos, diziam a palavra a ele (incitação verbal). O objetivo era que o aluno lesse a palavra em 4 segundos, antes de a incitação ser apresentada. Eventualmente, todos os alunos leram as palavras em 4 segundos e as incitações não foram mais utilizadas. O controle do estímulo foi transferido da incitação verbal para a palavra escrita.

Matson et al. (1990) usaram um procedimento de atraso progressivo ou graduado da incitação para ensinar crianças com autismo a darem respostas sociais apropriadas (para dizer "Por favor", "Obrigado" e "Não há de que"). Para ensinar uma criança a dizer "obrigado", o experimentador deu a ela um brinquedo (E^D) e, se a criança dissesse "obrigado", o experimentador entregava algo comestível como reforçador e fazia elogios.

Antecedente	Comportamento	Consequência
A criança ganha um brinquedo (E^D).	A criança diz "obrigado".	A criança recebe reforçador comestível e elogio.

Resultado: é mais provável que a criança diga "obrigado" quando ganhar um brinquedo.

No entanto, como as crianças com autismo não diziam "obrigado", o instrutor apresentou uma incitação verbal (disse "obrigado") 2 segundos depois de dar o brinquedo à criança, e ela imitou a incitação verbal. Essas crianças já haviam demonstrado a capacidade de imitar as incitações verbais, então Matson sabia que uma incitação verbal evocaria o comportamento correto. Depois que a criança disse "Obrigado" com um atraso de incitação de 2 segundos, ele foi gradualmente aumentando os intervalos em 2 segundos até que o atraso da incitação fosse de 10 segundos. Eventualmente, quando o atraso da incitação aumentou de 2 para 10 segundos, a criança começou a dizer "Obrigado" antes que a incitação fosse dada. Uma vez que esse comportamento ocorreu de forma consistente, a incitação não era mais apresentada porque o controle de estímulo havia sido transferido para o E^D natural (Figura 10-3).

Se o atraso da incitação for constante ou gradativo, a primeira tentativa sempre começa com um atraso de 0 segundo entre o E^D e a incitação. Em tentativas subsequentes, o atraso da incitação é inserido para permitir que a pessoa dê a resposta correta antes que a incitação seja fornecida. Se a pessoa não puder dar a resposta correta, a incitação é fornecida para evocar a resposta na presença do E^D. Eventualmente, após a resposta correta ser incitada e reforçada em várias tentativas, a resposta ocorrerá após o E^D ser apresentado, mas antes que a incitação seja fornecida. Quando esse comportamento acontece consistentemente, o controle de estímulo foi transferido da incitação para o E^D.

Esvanecimento do estímulo

Sempre que as incitações de estímulo são utilizadas para obter uma resposta correta, algum aspecto do E^D ou da situação de estímulo é modificado para ajudar a pessoa a fazer a discriminação correta. Eventualmente, as incitações de estímulo devem

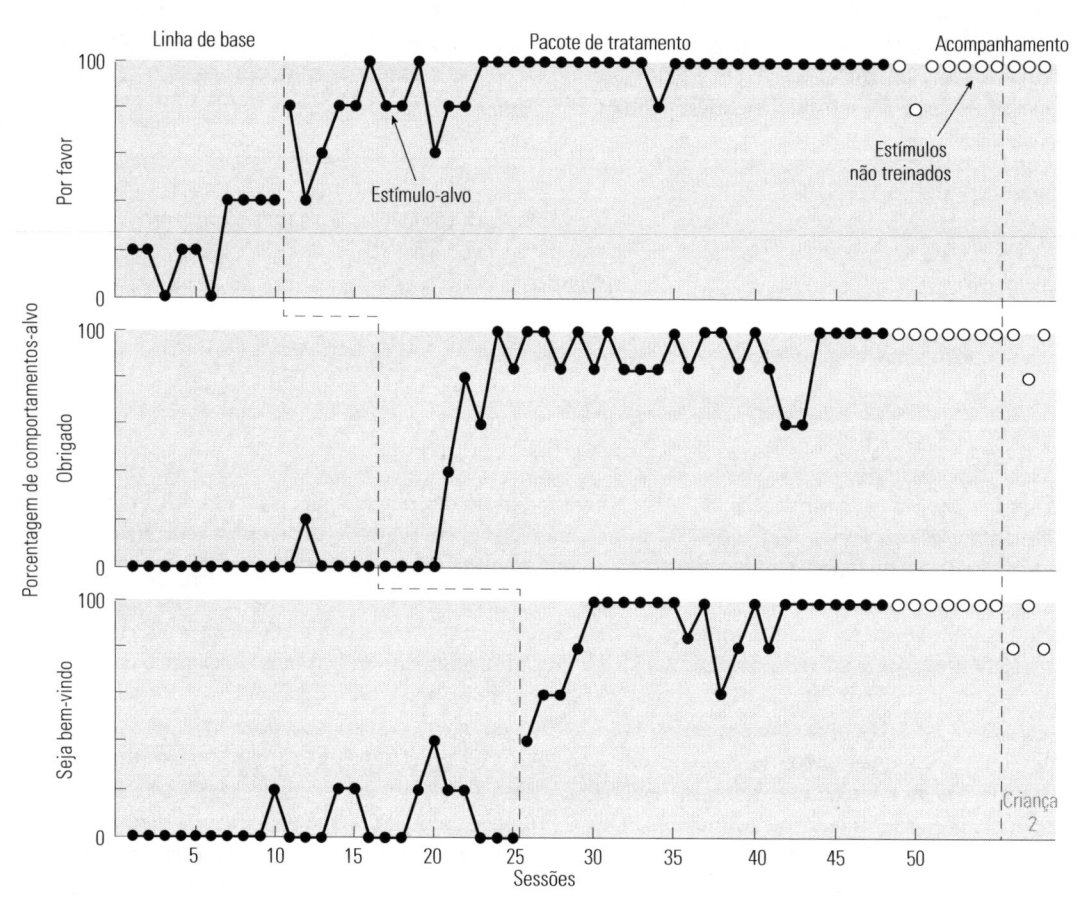

FIGURA 10-3 Este gráfico mostra a aquisição de três comportamentos sociais em uma criança com autismo após o uso de um procedimento gradativo de atraso de incitação. E ilustra um desenho de pesquisa com várias fases iniciais e diversos comportamentos. (Matson, J. L. et al. Increasing spontaneous language in three autistic children. *Journal of Applied Behavior Analysis*, v. 23, p. 227-233, 1990. Copyright © 1990 Society for the Experimental Analysis of Behavior. Reimpresso com permissão da Society for the Experimental Analysis of Behavior.)

ser removidas por um processo de **esvanecimento do estímulo** para transferir o controle do estímulo para o E^D natural. Se a incitação de estímulo envolvesse a adição de um estímulo para obter a resposta correta (incitação extraestímulo), o esvanecimento do estímulo envolveria a remoção gradual desse estímulo adicional à medida que a resposta começasse a ocorrer de forma confiável na presença do E^D. Uma vez que esse estímulo adicional seja completamente removido e a resposta continue a ocorrer na presença do E^D, o controle do estímulo foi transferido para o E^D. Quando alunos estão usando cartões de memória para aprender sobre multiplicação, a resposta do outro lado do cartão de memória é uma incitação de estímulo. Os alunos estão usando o esvanecimento de estímulo quando olham cada vez menos as respostas aos problemas enquanto utilizam os cartões de memória.

Uma vez que eles tenham todos os problemas resolvidos e não precisem mais olhar as respostas, o controle do estímulo foi transferido das respostas escritas (incitação de estímulo) para os problemas (o E^D). Quando uma criança pequena tem um X nas costas da mão direita, esse estímulo ajuda a identificar a mão direita. À medida que o X desaparece ao longo de alguns dias, ocorre o esvanecimento do estímulo. Quando a criança identifica a mão direita sem o X, o controle de estímulo foi transferido da incitação para o E^D natural.

O esvanecimento do estímulo também é utilizado quando a incitação de estímulo envolve uma mudança em algum aspecto do próprio E^D (incitação no estímulo). Neste caso, o esvanecimento do estímulo envolveria a mudança gradual do E^D da forma alterada para a forma natural. O treinador McCall usou uma incitação de estímulo quando pediu a Dave que fizesse arremessos fáceis para que os jogadores acertassem a rebatida. Neste caso, o esvanecimento do estímulo envolveria o aumento gradual da distância e da velocidade dos arremessos até que eles fossem lançados a distância e velocidade normais. Aumentar gradualmente a distância e a velocidade enquanto as crianças continuavam a rebater a bola corresponderia com sucesso ao esvanecimento incitação de estímulo e à transferência do controle de estímulo para o E^D (um lançamento com velocidade normal).

A professora que ensinou o aluno a apontar para o sinal SAÍDA usou uma incitação de estímulo tornando o sinal SAÍDA maior que o sinal ENTRADA.

❓ Como a professora utilizaria o esvanecimento de estímulo?

A professora usaria o esvanecimento de estímulo reduzindo gradualmente o tamanho do sinal de SAÍDA até que tivesse o mesmo tamanho do sinal ENTRADA. Uma vez que tivessem o mesmo tamanho, a incitação de estímulo seria eliminada e o controle de estímulo seria transferido do tamanho aumentado da palavra (incitação) para a palavra em si (E^D). Observe que alguns autores distinguem entre esvanecimento de estímulo e modelagem de estímulo (Cooper, Haron e Heward, 1987; Etzel et al., 1981). Embora haja uma diferença técnica entre os dois procedimentos eles são bastante semelhantes (Deitz e Malone, 1985), e ambos envolvem a remoção gradual de uma incitação de estímulo para transferir o controle de estímulo. Por essa razão, e para evitar confusão entre modelagem (veja o Capítulo 9) e modelagem de estímulo, o termo *esvanecimento de estímulo* é usado aqui para se referir a todos os procedimentos que envolvem a remoção gradual de uma incitação de estímulo. (Para estudar a distinção entre esvanecimento de estímulo e modelagem de estímulo, veja Cooper, Heron e Heward, 1987; Etzel e LeBlanc, 1979; ou Etzel et al., 1981).

PARA UMA LEITURA MAIS APROFUNDADA

Aplicações variadas da incitação e do esvanecimento

A incitação e o esvanecimento têm sido amplamente utilizados na análise do comportamento aplicada para ensinar uma variedade de habilidades em diversas populações de aprendizes. Uma área em que a incitação e o esvanecimento são amplamente utilizados é o ensino de habilidades para crianças com autismo. Por exemplo, vários autores mostraram que roteiros escritos poderiam ser usados como incitações para ajudar crianças autistas a iniciarem sua interação social. Os roteiros são então esvanecidos à medida que as crianças continuam exibindo um comportamento social apropriado (por exemplo, Krantz e McClannahan, 1993, 1998; Sarokoff, Taylor e Poulson, 2001). Outra aplicação de incitação e esvanecimento está na área da gestão de pessoal. Em um estudo de Petscher e Bailey (2006), foi solicitado que membros da equipe em uma sala de aula para alunos com deficiência se engajassem em atividades de instrução específicas por meio de um *pager* vibratório que carregavam com eles. Se a equipe não se envolvesse na atividade de instrução requerida no momento apropriado, o *pager* vibraria como uma incitação para que eles o fizessem. Depois que começaram a se envolver no comportamento correto no momento adequado, continuaram a agir assim mesmo quando as incitações foram interrompidas. Outra área de aplicação de incitação e esvanecimento é a de habilidades atléticas. Por exemplo, Osborne, Rudrud e Zezoney (1990) utilizaram incitações de estímulo para aumentar a capacidade de jogadores de beisebol para rebater bolas curvas. Em outro exemplo, Luyben et al. (1986) recorreram a incitação e esvanecimento para melhorar as habilidades de passe em jogos de futebol com indivíduos com deficiência intelectual grave.

Como utilizar incitação e transferência de controle de estímulo

Quando o objetivo é desenvolver controle de estímulo apropriado sobre um comportamento (para assegurar que um comportamento novo ou existente ocorra nas circunstâncias corretas no momento adequado), você utilizará a incitação e a transferência do controle de estímulo. Antes de decidir recorrer a esses procedimentos, é importante determinar se está lidando com um problema de controle de estímulo ou com um de não conformidade (problema caracterizado por "não poder fazer" ou por "não querer fazer"). Se a pessoa não aprendeu o comportamento ou não aprendeu a se envolver no comportamento na situação correta ("não poder fazer"), o procedimento apropriado é a incitação e transferência de controle de estímulo. No entanto, se a pessoa exibiu o comportamento correto na situação correta anteriormente, mas agora se recusa a fazê-lo ("não querer fazer"), o problema é de não conformidade, e a incitação e a transferência do controle de estímulo não seriam o procedimento mais apropriado. Veja os Capítulos de 13 a 19 para conhecer procedimentos destinados a tratar não conformidades e outros problemas de comportamento. As diretrizes a seguir devem ser observadas na incitação e transferência do controle de estímulo (veja também Alberto e Troutman, 1986; Martin e Pear, 1992; Rusch, Rose e Greenwood, 1988; Sulzer-Azaroff e Mayer, 1991).

1. *Escolha a estratégia de incitação mais apropriada.* Diversas incitações de resposta e incitações de estímulo estão disponíveis. Você precisa escolher a que melhor se adapta ao aprendiz e à tarefa de aprendizado. Se um novo comportamento está sendo ensinado, as incitações de resposta são mais apropriadas porque podem ser utilizadas para gerar um novo comportamento na situação apropriada. Para aprendizes com habilidades limitadas (por exemplo, pessoas com deficiência de desenvolvimento ou crianças pequenas), incitações mais intensas ou mais intrusivas, como incitações físicas, são mais apropriadas. Incitações menos intrusivas ou mais fracas (como incitações verbais) devem ser utilizadas se o aluno conseguir se beneficiar delas (ou seja, o aluno é capaz de seguir instruções). Se não tiver certeza do nível de incitação necessário, você pode recorrer a estratégias de incitação gradativas, como a estratégia do mínimo

para o máximo (também chamada de sistema de incitações mínimas), na qual incitações menos intrusivas são experimentadas primeiro e incitações mais intrusivas são empregadas conforme necessário. As incitações de estímulo são mais apropriadas quando você quer ajudar uma pessoa a fazer uma discriminação correta. À medida que as incitações de estímulo enfatizam o E^D (o tornam mais saliente), aumentam a probabilidade de o aluno responder quando o E^D está presente.

2. *Atraia a atenção dos aprendizes.* Antes de apresentar os estímulos instrucionais (o E^D ou as incitações), certifique-se de que o aprendiz está prestando atenção. Reduza ou elimine distrações e estímulos concorrentes e, se necessário, incite e reforce a atenção do aprendiz antes de começar a dar instruções. Por exemplo, para chamar atenção de Matt antes de fornecer uma incitação de modelagem, o treinador McCall pode dizer: "Matt, observe como eu movimento o bastão".

3. *Apresente o E^D.* O experimento de aprendizado sempre começa com a apresentação do E^D. É o estímulo que deve evocar a resposta correta no aprendiz quando o treinamento for concluído. Se o aprendiz der a resposta correta na presença do E^D, as incitações não serão necessárias. Pode haver algumas exceções em que uma incitação verbal ou de modelagem venha antes do E^D, como no caso do treinador fornecendo instruções ou modelando como movimentar o bastão antes que o arremesso seja feito (o E^D). No entanto, esse exemplo é uma exceção; na maioria dos casos, a tentativa de aprendizado começa com a apresentação do E^D.

4. *Incite a resposta correta.* Se o E^D não evocar a resposta correta, a incitação deve ser apresentada. Ao usar uma incitação de estímulo, você vai alterar a situação do estímulo de alguma maneira ao apresentar o E^D ou modificará algum aspecto do E^D. Ao usar uma incitação de resposta, você apresentará o E^D e, em seguida, fornecerá imediatamente a incitação apropriada.

5. *Reforce o comportamento correto.* Quando o aprendiz se envolver no comportamento correto (que tenha sido incitado ou não) na presença do E^D, apresente imediatamente um reforçador. Como o objetivo é que o aprendiz se envolva no comportamento correto sem incitação quando o E^D estiver presente, é preciso aumentar a magnitude do reforço para respostas não incitadas. Por exemplo, o elogio deve ser mais entusiasmado ou uma quantidade maior de reforçador deve ser apresentada.

6. *Transferência de controle de estímulo.* Assim que possível, as incitações devem ser eliminadas para transferir o controle de estímulos da incitação para o E^D natural. Se as incitações de resposta estiverem sendo utilizadas, os procedimentos de esvanecimento ou atraso da incitação podem ser empregados para transferir o controle de estímulo. Se as incitações de estímulo estiverem sendo utilizadas, transfira o controle de estímulo por meio de procedimentos de esvanecimento de estímulo. Ao eliminar gradualmente as incitações de resposta ou de estímulo, as etapas de esvanecimento devem ser pequenas (isto é, o processo deve ser gradual), de modo que a pessoa continue a se envolver no comportamento correto à medida que as incitações são esvanecidas. Se uma etapa de esvanecimento for muito grande, o comportamento correto pode ser perdido (podem ocorrer erros). Se acontecer, retroceda para uma etapa de esvanecimento anterior e apresente mais da incitação ou, então, uma incitação mais intensa (mais intrusiva). Ao utilizar um procedimento de atraso de incitação, você pode melhorar a transferência de controle de estímulo, fornecendo mais reforço para respostas que ocorrem durante o atraso antes que a incitação seja fornecida.

7. *Continue a reforçar as respostas não incitadas.* Quando o comportamento correto estiver ocorrendo na presença do E^D após as incitações terem sido eliminadas, continue a reforçar o comportamento. À medida que o aluno continuar a se envolver no comportamento correto, mude de um esquema de reforço contínuo para um esquema de reforço intermitente. Isso ajudará a manter o comportamento correto ao longo do tempo. O objetivo é que o comportamento acabe ficando sob o controle de contingências naturais de reforço. Por exemplo, uma vez que Luke aprender a rebater a bola, conseguir uma rebatida é um reforçador natural.

Diretrizes para incitação e transferência de controle de estímulo

1. Escolha a estratégia de incitação mais apropriada.
2. Obtenha a atenção do aprendiz.
3. Apresente o E^D.
4. Incite a resposta correta.
5. Reforce o comportamento correto.
6. Transfira o controle de estímulo por meio do esvanecimento ou do atraso da incitação.
7. Continue a reforçar respostas não incitadas.

Incitação e transferência de controle de estímulo no tratamento de autismo

Uma aplicação comum da incitação e da transferência de controle de estímulo é ensinar habilidades para crianças com autismo. Essas crianças frequentemente recebem intervenção comportamental intensiva precoce (EIBI, na sigla em inglês de *early intensive behavioral intervention*), durante a qual analistas do comportamento ou outros profissionais treinados na área de comportamento ensinam habilidades escolares importantes para que elas desenvolvam as mesmas habilidades de seus colegas sem deficiência e obtenham sucesso quando entrarem na escola. Antes de conduzir a EIBI, o analista de comportamento conduz uma avaliação e identifica a sequência de habilidades que precisam ser treinadas. Então, procedimentos de incitação e esvanecimento (transferência de controle de estímulo) são utilizados para treinar cada habilidade em sequência. Por exemplo, uma sequência inicial de habilidades para uma criança pequena com autismo pode incluir: (1) fazer contato visual, (2) imitar movimentos grosseiros, (3) imitar ações com objetos, (4) seguir instruções simples, e assim por diante (veja Taylor e McDonough, 1996, para conhecer o exemplo de um currículo para uma criança pequena com autismo). Cada uma dessas habilidades é importante para aprender outras habilidades; habilidades mais avançadas que se baseiam nessas habilidades básicas.

Vamos considerar como a incitação e o esvanecimento seriam utilizados para ensinar a habilidade de imitar um movimento simples. Você começaria fazendo que a criança se sentasse em frente a uma pequena mesa sem nenhuma outra distração. Depois de captar a atenção da criança, você apresentaria o E^D (diga "faça isso" enquanto bate palmas), incitaria a resposta correta (incite fisicamente a criança segurando as mãos dela e batendo palmas com ela) e imediatamente apresentaria um reforço, como um elogio ou algo comestível. Essa sequência de apresentação do E^D, incitando a resposta e fornecendo um reforçador, é chamada de **tentativa de aprendizado**. A tentativa de aprendizado é repetida várias vezes e, em cada tentativa subsequente, fornece cada vez menos estímulos físicos (esvanecimento) até que a criança esteja batendo palmas independentemente quando disser "faça isso" e bater palmas. Assim que a criança imitar esse movimento sem incitação, você escolhe outro movimento (por exemplo, tocar na mesa, acenar, levantar os braços etc.) a ser ensinado. Utilizando a mesma sequência: apresentação do E^D, incitação da resposta, reforço da resposta e, em seguida, esvanecimento das incitações ao longo das tentativas até que a resposta imitativa ocorra sem incitações, você ensina a criança a imitar vários movimentos diferentes quando disser "faça isso" e fizer um movimento. Por fim, a criança imitará qualquer movimento feito por você quando disser "faça isso" e fizer um movimento. Nesse momento, você pode dizer que a criança aprendeu a imitar movimentos simples e pode passar para a próxima habilidade na sequência. Dependendo do nível de habilidade da criança, pode levar dias ou semanas até que ela tenha desenvolvido as habilidades para imitar movimentos e você consiga passar para a habilidade seguinte. A coleta de dados quanto à porcentagem de respostas corretas nas tentativas dirá quando a criança dominou a habilidade.

RESUMO DO CAPÍTULO

1. Uma incitação é o comportamento de outra pessoa fornecido após a apresentação do E^D, uma mudança no E^D ou a adição de um estímulo com o E^D. Incitações são utilizadas para aumentar a probabilidade de um comportamento certo ocorrer na situação correta (na presença do E^D).
2. O esvanecimento é a eliminação gradual de uma incitação à medida que o comportamento ocorre na presença do E^D. O esvanecimento é utilizado para fazer que o comportamento ocorra na presença do E^D sem nenhuma incitação.
3. As incitações de resposta ocorrem quando o comportamento do aprendiz é evocado pelo comportamento de outra pessoa. As incitações de estímulo envolvem uma mudança em algum aspecto do E^D ou alguma outra mudança de estímulo que torne mais provável a discriminação correta.
4. As incitações de resposta incluem incitações verbais, gestuais, físicas e de modelagem.
5. A transferência de controle de estímulo é a eliminação da incitação para ter o comportamento sob o controle de estímulo do E^D relevante. Os procedimentos de transferência de controle de estímulo envolvem esvanecimento e atraso da incitação. No esvanecimento, uma incitação de resposta ou uma incitação de estímulo é eliminada gradualmente até que a resposta ocorra na presença do E^D sem qualquer incitação. Em um procedimento de atraso da incitação, um período decorre entre a apresentação do E^D e a apresentação da incitação de resposta.

TERMOS-CHAVE

atraso da incitação, 137
esvanecimento, 131
esvanecimento da incitação, 135
esvanecimento do estímulo, 138
incitação (*prompts*), 130
incitação de resposta, 133
incitação por modelagem, 130
incitação de estímulo, 133
incitação extraestímulo, 134
incitação física, 130
incitação gestual, 130
incitação no estímulo, 134
incitação verbal, 130
orientação física, 134
tentativa de aprendizado, 141
transferência de controle do estímulo, 135

TESTE PRÁTICO

1. O que é uma incitação? Quando uma incitação é utilizada na modificação do comportamento?
2. O que é uma incitação de resposta? Identifique e descreva quatro tipos de incitações de resposta.
3. Dê exemplos dos quatro tipos de incitações de resposta.
4. O que é uma incitação de estímulo? Descreva dois tipos de incitações de estímulo.
5. Dê exemplos dos dois tipos de incitações de estímulo.
6. O que é incitação do mínimo para o máximo? Qual é o outro termo utilizado? Dê um exemplo.
7. O que é incitação do máximo para o mínimo? Dê um exemplo.
8. As luzes que piscam em um *outdoor* tornam mais provável a leitura das palavras ali contidas, sendo um tipo de incitação. Que incitação é utilizada nesse exemplo?
9. O que é transferência de controle de estímulo? Por que é importante?
10. Descreva o esvanecimento das incitações de resposta. Dê um exemplo.
11. Descreva o esvanecimento com incitações do mínimo para o máximo e o esvanecimento com incitações do máximo para o mínimo.
12. Descreva o esvanecimento das incitações de estímulo. Dê um exemplo de esvanecimento de incitação no estímulo de esvanecimento de incitação extraestímulo.
13. Descreva o procedimento de atraso de incitação. Dê um exemplo do procedimento de atraso de incitação constante e um exemplo do procedimento de atraso de incitação progressivo.
14. Suponha que você esteja conduzindo uma tentativa de aprendizado com um aluno com autismo. Como você utilizaria uma incitação de resposta verbal e uma incitação de resposta física para fazer que o aluno prestasse atenção quando dissesse o nome dele (E^D)?
15. Descreva como você poderia usar incitações de estímulo e esvanecimento para aprender as definições dos procedimentos de modificação de comportamento descritos neste capítulo.

APLICAÇÕES

1. Descreva como você utilizaria a incitação e o esvanecimento para ensinar seu cachorrinho, de 6 meses, a ir até você com o comando "venha". Suponha que tem uma coleira que mede 6 metros e uma porção de petiscos caninos para utilizar durante o treinamento.
2. Você está interessado em jogar golfe, mas seu desempenho é tão ruim que fica com vergonha de jogar com qualquer um de seus amigos. Você decide usar a incitação de estímulo e o esvanecimento para melhorar a *performance*. Vamos supor que tenha chegado na área de um buraco (*green*). Descreva três maneiras diferentes de usar a incitação de estímulo e o esvanecimento de estímulo para melhorar seu desempenho. Seja criativo e assuma que você pode manipular o taco, o *green*, a bola de golfe ou o buraco da maneira que quiser.
3. Edie, sobrinha de Nasrin de 16 anos, vem insistindo que ele a ensine a ler os itens escritos em idioma *farsi* que constam do cardápio de um restaurante persa. Supondo que há 20 itens de menu escritos em *farsi* que Nasrin pode colocar em cartões de memória, descreva como ele utilizará o procedimento de atraso de incitação para ensinar Edie a ler as palavras nos cartões de memória.

APLICAÇÕES INCORRETAS

1. A pequena Glória estava apenas começando a balbuciar e emitir alguns sons de palavras reconhecíveis. Os pais ficaram emocionados. O pai, que havia feito uma aula de modificação de comportamento, decidiu que utilizaria a incitação e o esvanecimento para fazer ela dizer "mamãe" e "papai". O que há de errado com essa aplicação de incitação e esvanecimento? Qual seria um procedimento comportamental mais apropriado para utilizar com Glória?
2. Todos os dias, é tarefa de Roger preparar a mesa para o jantar. Embora ele tivesse colocado a mesa todos os dias durante semanas, recentemente se interessou pelo programa de TV *Jeopardy!*, que vai ao ar na hora em que ele deve arrumar a mesa. Agora Roger assiste ao *Jeopardy!* quando deveria estar arrumando a mesa. Todos os dias, o pai de Roger o lembra da tarefa, mas ele ignora o pedido e continua assistindo à TV. O pai decidiu por utilizar o método de incitação e esvanecimento para fazer que Roger ponha a mesa. O que há de errado com essa aplicação de incitação e esvanecimento? Qual seria o melhor procedimento para utilizar com Roger?
3. Michelle é uma jovem com autismo. Ela digita com a ajuda de incitações físicas da professora, que segura a mão dela enquanto digita. Michelle tem digitado palavras e frases para se comunicar no teclado há mais de um ano, e a professora continua a fornecer incitações físicas à medida que ela digita. Se a professora não puser a mão sobre a de Michelle, ela não digitará nenhuma palavra; portanto, a professora continua a apresentar incitações físicas e Michelle continua a se comunicar pelo teclado. O que há de errado com essa aplicação de incitação e transferência de controle de estímulo?

11

Encadeamento

> ▶ O que é uma cadeia de resposta a estímulo?
> ▶ Por que é importante conduzir a análise de tarefa de uma cadeia de resposta a estímulo?
> ▶ Como você utilizaria encadeamento progressivo e encadeamento reverso para ensinar uma cadeia comportamental?
> ▶ O que é a apresentação total da tarefa e como difere dos procedimentos de encadeamento?
> ▶ Quais são as outras três estratégias para ensinar cadeias comportamentais?

Como vimos, as incitações são utilizadas para evocar um comportamento, e a transferência do controle de estímulo é empregada para eliminar as incitações e fazer que o comportamento ocorra na presença do estímulo discriminativo relevante (E^D). Na maioria das vezes, esses procedimentos são utilizados para desenvolver discriminações simples, nas quais uma resposta ocorre na presença de um E^D. Por exemplo, o jogador de beisebol movimenta o bastão para rebater a bola. O estudante lê uma palavra corretamente. Você conecta o fio do alto-falante na tomada certa. Diz "obrigado" quando recebe algo de alguém. Cada um desses exemplos envolve um comportamento que ocorre na situação correta. No entanto, muitas situações exigem comportamentos complexos que tenham várias respostas componentes. O comportamento complexo que consiste de muitos comportamentos componentes que ocorrem simultaneamente em uma sequência é chamado **cadeia comportamental**.

Exemplos de cadeias comportamentais

Quando você quer mascar chiclete, precisa se envolver em uma sequência de respostas, e executa as seguintes ações: (1) coloca a mão no bolso, (2) pega a caixinha de chiclete (3) tira um chiclete dela (4) desembrulha-o e (5) coloca-o boca. Mascar chiclete envolve pelo menos cinco comportamentos que devem ocorrer juntos na sequência correta. Você pode se envolver em determinado comportamento na sequência apenas se o comportamento anterior na sequência tiver sido concluído. Não pode colocar o chiclete na boca se não o tiver desembrulhado. (Na verdade, pode agir assim, mas certamente não vai querer.) Você não pode desembrulhar o chiclete a menos que o tenha tirado da embalagem. Não pode tirar o chiclete da caixinha se não a tiver tirado do bolso.

Considere outro exemplo. Bobby trabalha para uma lavanderia industrial. O trabalho dele é dobrar toalhas e colocá-las em caixas para que sejam enviadas aos clientes (por exemplo, hotéis, clubes, hospitais). À medida que saem da secadora, outro funcionário leva as toalhas para Bobby em uma grande bacia. O trabalho de Bobby consiste na seguinte cadeia comportamental: (1) pega uma toalha da bacia, (2) coloca-a sobre a mesa, (3) pega uma extremidade dela e a dobra ao meio, (4) segura uma extremidade da toalha já dobrada ao meio e a dobra ao meio novamente, (5) segura uma extremidade dela dobrada em quatro e a dobra ao meio mais uma vez, (6) apanha a toalha totalmente dobrada, e (7) coloca-a na caixa. Quando a caixa está cheia, outro trabalhador leva-a para um caminhão. O trabalho de Bobby consiste em uma cadeia comportamental de sete etapas, e cada comportamento na cadeia pode ser concluído somente após os comportamentos anteriores terem sido concluídos em sequência. Cada comportamento componente na cadeia depende da ocorrência do comportamento anterior.

Este capítulo descreve como analisar os componentes de uma cadeia comportamental e como utilizar vários métodos para ensinar determinada pessoa a se engajar em uma cadeia de comportamentos.

Análise das cadeias de resposta a estímulos

Cada cadeia comportamental consiste de uma série de componentes individuais de resposta a estímulo que ocorrem juntos em uma sequência. Por essa razão, uma cadeia comportamental é frequentemente chamada de **cadeia de resposta a estímulo**. *Cada comportamento ou resposta na cadeia produz uma mudança de estímulo que atua como um E^D para a próxima resposta na cadeia.* A primeira resposta produz um E^D para a segunda resposta na sequência. A segunda resposta produz um E^D para a terceira resposta na sequência, e assim por diante, até que todas as respostas na cadeia ocorram em ordem. Naturalmente, toda a cadeia de respostas a estímulo está sob controle de estímulo, de modo que a primeira resposta na cadeia ocorre quando um determinado E^D é apresentado. A caixa de chiclete no bolso é um E^D para a primeira resposta na cadeia – colocar a mão no bolso e pegar a caixinha de chiclete. A bacia cheia de toalhas perto de Bobby é um E^D para a primeira resposta de Bobby – pegar uma toalha da bacia. Naturalmente, uma cadeia comportamental continua apenas se a última resposta na cadeia resultar em uma consequência reforçadora. Mascar chiclete é um reforçador para a cadeia comportamental que consiste em colocar o chiclete na boca. A toalha dobrada na caixa é um reforçador condicionado para a cadeia comportamental de dobrar a toalha. A toalha dobrada é um reforçador condicionado porque está associada a outros reforçadores, como ser pago e ser elogiado pelo chefe.

A sequência dos componentes de estímulo e resposta envolvida na cadeia comportamental que consiste em pegar o chiclete é a seguinte:

1. E^D 1 (caixinha de chiclete no bolso) → R1 (colocar a mão no bolso)
2. E^D 2 (a mão está no bolso) → R2 (pegar a caixinha de chiclete)
3. E^D 3 (a caixinha de chiclete está na mão) → R3 (pegar um chiclete da caixinha)
4. E^D 4 (o chiclete está na mão) → R4 (desembrulhar o chiclete)
5. E^D 5 (o chiclete está desembrulhado na mão) → R5 (colocar o chiclete na boca) reforçador (mascar o chiclete)

Como você pode ver, cada resposta cria a situação de estímulo que é o E^D para a resposta seguinte. Portanto, a resposta seguinte na cadeia depende da ocorrência da resposta anterior.

Uma cadeia de resposta a estímulos com cinco componentes pode ser ilustrada da seguinte maneira:

$$E^D 1 \rightarrow R1$$
$$E^D 2 \rightarrow R2$$
$$E^D 3 \rightarrow R3$$
$$E^D 4 \rightarrow R4$$
$$E^D 5 \rightarrow R5 \rightarrow \text{reforçador}$$

Analise os sete componentes de resposta a estímulo envolvidos no trabalho de Bobby, que é dobrar a toalha e colocá-la na caixa.

1. E^D 1 (uma bacia cheia de toalhas) → R1 (pegar uma toalha da bacia)
2. E^D 2 (toalha na mão) → R2 (colocar a toalha na mesa)
3. E^D 3 (toalha estendida na mesa) → R3 (dobrar a toalha ao meio)
4. E^D 4 (toalha dobrada ao meio na mesa) → R4 (dobrar a toalha ao meio novamente)
5. E^D 5 (toalha dobrada em quatro na mesa) → R5 (dobrar a toalha ao meio mais uma vez)
6. E^D 6 (toalha dobrada sobre a mesa) → R6 (pegar a toalha dobrada)
7. E^D 7 (toalha dobrada na mão) → R7 (colocar a toalha na caixa) reforçador (toalha dobrada na caixa)

Quando outro empregado traz uma bacia com toalhas para Bobby, a bacia cheia é o primeiro E^D que tem controle de estímulo sobre a primeira resposta na cadeia de resposta a estímulos. Cada resposta subsequente na cadeia ocorre porque a resposta anterior criou o E^D que tem controle de estímulo sobre essa resposta.

Antes de prosseguirmos, vamos examinar mais de perto o início da cadeia de respostas a estímulos. Podemos tornar o resultado da cadeia mais reforçador por meio de uma operação de estabelecimento. No primeiro exemplo, a operação de estabelecimento torna o chiclete mais reforçador em determinado momento, o que aumenta a probabilidade de você iniciar a cadeia comportamental pondo a mão no bolso e pegando a caixinha de chiclete. A operação de estabelecimento pode ser o fato de estar sentindo um gosto ruim na boca, estar mascando um chiclete já sem sabor, ter acabado de fumar um cigarro, ou qualquer circunstância que tornaria a sensação de hálito fresco um reforçador naquele momento (como falar com sua namorada ou com seu namorado). Nesta situação, você pode dizer que "quer chiclete", mas essa afirmação não nos ajuda a entender por que o chiclete pode ser mais reforçador em determinado momento. É melhor procurar por estímulos ou eventos que possam funcionar como operações de estabelecimento.

Análise de tarefa

O processo de analisar uma cadeia comportamental dividindo-a em componentes individuais de resposta a estímulos é chamado **análise de tarefa**. Todas as vezes que o objetivo seja ensinar uma tarefa complexa que envolva duas ou mais respostas componentes (uma cadeia comportamental) a alguém, o primeiro passo é identificar todos os comportamentos necessários para executar a tarefa e anotá-los em ordem. Em seguida, você identifica o E^D associado a cada comportamento na tarefa. Como ensinar a tarefa à pessoa envolve treinamento de discriminação com cada componente de estímulo-resposta da cadeia comportamental, você deve ter uma análise de tarefa detalhada que ofereça uma compreensão precisa de cada componente de resposta a estímulo.

A análise de tarefas para identificar a sequência correta de comportamentos em uma cadeia pode ser conduzida de várias maneiras (Cooper, Heron e Heward, 1987; Rusch, Rose e Greenwood, 1988), e uma delas é observar a pessoa se envolver na tarefa e registrar cada um dos componentes de resposta a estímulo. Por exemplo, Horner e Keilitz (1975) realizaram um estudo no qual ensinaram adolescentes com deficiência intelectual a escovar os dentes. Os autores desenvolveram uma análise da tarefa de escovação observando os membros da equipe escovarem os dentes. Outro método é pedir a alguém que executa com propriedade a tarefa (um especialista) para explicar todos os componentes dela. Por fim, você pode desenvolver uma análise de tarefa realizando-a e registrando a sequência de E^D e respostas. Bellamy, Horner e Inman (1979) sugerem que a vantagem de realizar a tarefa por si mesmo ao desenvolver a análise de tarefa é a possibilidade de obter melhores informações sobre cada resposta envolvida e o estímulo associado a cada resposta. Ou seja, é possível obter o máximo de informações em uma tarefa a partir da própria experiência.

Diferentes modos de conduzir uma análise de tarefa

- Observe uma pessoa competente se engajar na tarefa.
- Peça a um especialista (alguém que realiza bem a tarefa).
- Realize a tarefa você mesmo e registre cada E^D componente e as respostas.

Depois de ter desenvolvido a análise de tarefa inicial, talvez seja necessário revisá-la após começar o treinamento. É possível dividir alguns comportamentos em componentes ou combinar dois ou mais comportamentos em um único se achar necessário. Se vai revisar a análise de tarefas ou não, depende de quanto seu treinamento está progredindo. Se o aprendiz estiver sentindo dificuldade com determinado comportamento na cadeia, pode ser que dividi-lo em dois ou mais componentes ajude. No entanto, se o aprendiz puder dominar comportamentos maiores, dois ou mais comportamentos componentes podem ser combinados em um só. Considere o seguinte exemplo.

Você quer ensinar uma criança com profunda deficiência intelectual a comer com colher, e para isso, estabeleceu a seguinte análise de tarefa.

1. E^D 1 (prato de comida e colher na mesa) → R1 (pegar a colher)
2. E^D 2 (colher na mão) → R2 (colocar a colher na comida que está no prato)
3. E^D 3 (colher na comida) → R3 (pegar comida com a colher)
4. E^D 4 (comida na colher) → R4 (levantar a colher com comida do prato)
5. E^D 5 (segurar a colher com comida) → R5 (colocar a comida na boca) reforçador (comer a comida)

Existem cinco etapas ou componentes nesta análise de tarefas. Cada etapa consiste de um estímulo (E^D) e resposta. Essa análise de tarefas pode ser ideal para algumas crianças aprendendo a comer com colher. Entretanto, para pessoas que conseguem dominar etapas maiores mais facilmente, você pode combinar algumas tarefas. A análise de tarefas com algumas etapas combinadas pode ser a seguinte.

1. E^D 1 (prato de comida e colher na mesa) → R1 (pegar a colher e colocá-la na comida que está no prato)
2. E^D 2 (colher na comida) → R2 (pegar comida com a colher)
3. E^D 3 (comida na colher) → R3 (levantar a colher com comida e colocá-la na boca) reforçador (comer a comida)

Como você pode ver, a única diferença entre essa análise de tarefas em três etapas e a análise de tarefas em cinco etapas é que esta última divide o comportamento em unidades menores. Cada etapa ainda é caracterizada por um estímulo (E^D) e uma resposta, mas o tamanho da resposta é diferente. Para alguns aprendizes, a análise de tarefas em cinco etapas pode ser mais apropriada; para outros, a de três etapas pode ser mais adequada. Não há um número certo ou errado de etapas; e a única maneira de determinar se o número de etapas é correto consiste em determinar o quanto a análise de tarefas funciona bem para determinado aluno.

Em vários estudos, os pesquisadores desenvolveram análises de tarefa complexas e, em seguida, treinaram indivíduos para participar das tarefas. Por exemplo, Cuvo, Leaf e Borakove (1978) desenvolveram uma análise de tarefa para cada uma das seis habilidades de zeladoria, que depois foram ensinadas a pessoas com deficiências intelectuais. Havia de 13 a 56 etapas na análise de tarefas das seis habilidades. Alavosius e Sulzer-Azaroff (1986) ensinaram o pessoal de uma instituição de tratamento a levantar e transferir, com segurança, os residentes com deficiências físicas das cadeiras de rodas. Eles desenvolveram 18 etapas para a análise de tarefa de levantar e transferir os cadeirantes. Outras habilidades complexas que foram submetidas a essa análise incluem habilidades no cuidado durante o período menstrual (Richman et al., 1984), habilidades de manutenção de apartamentos (Williams e Cuvo, 1986), habilidades de pedestres para caminhar com segurança pelo tráfego (Page, Iwata e Neef, 1976), habilidades de lavanderia (Horn et al., 2008), habilidades de lazer (Schleien, Wehman e Kiernan, 1981), desempenhos esportivos (Boyer et al., 2009; Quinn, Miltenberger e Fogel), e as habilidades que estudantes universitários precisam para escrever manuais de instrução para voluntários da comunidade (Fawcett e Fletcher, 1977). A Figura 11-1 mostra uma folha de dados da análise de tarefa que pode ser utilizada para registrar o progresso do aluno em uma tarefa complexa. Observe que a planilha apresenta todos os E^D e respostas na tarefa. O número à direita correspondente a cada etapa da tarefa é circulado quando o aluno domina essa etapa (isto é, pode concluir a etapa sem incitações).

Desde que a análise da tarefa de uma habilidade complexa tiver sido desenvolvida, a etapa seguinte é escolher uma estratégia para ensinar a habilidade. Estratégias de ensino de tarefas complexas (cadeias comportamentais) são chamadas de **procedimentos de encadeamento**. *Os procedimentos de encadeamento envolvem a aplicação sistemática de estratégias de incitação e esvanecimento a cada componente de resposta ao estímulo na cadeia.* Três diferentes procedimentos de

	E^D	Resposta	Tentativas sucessivas
1	Peças no recipiente	Pegar o rolamento e colocar na mesa	1 1 1 1 1 1 1 1 1 1 1 1 1 1 1 1 1 1 1 1
2	Rolamento na mesa	Colocar a porca hexagonal no canto do rolamento	2 2 2 2 2 2 2 2 2 2 2 2 2 2 2 2 2 2 2 2
3	Porca no canto	Colocar a porca hexagonal no segundo canto	3 3 3 3 3 3 3 3 3 3 3 3 3 3 3 3 3 3 3 3
4	Porcas em dois cantos	Colocar a porca hexagonal no terceiro canto	4 4 4 4 4 4 4 4 4 4 4 4 4 4 4 4 4 4 4 4
5	Porcas em três cantos	Colocar a cuba no rolamento	5 5 5 5 5 5 5 5 5 5 5 5 5 5 5 5 5 5 5 5
6	Cuba no rolamento	Colocar a esfera no rolamento	6 6 6 6 6 6 6 6 6 6 6 6 6 6 6 6 6 6 6 6
7	Esfera no rolamento	Colocar a mola vermelha no rolamento	7 7 7 7 7 7 7 7 7 7 7 7 7 7 7 7 7 7 7 7
8	Mola vermelha colocada	Girar o rolamento e a cuba 180°	8 8 8 8 8 8 8 8 8 8 8 8 8 8 8 8 8 8 8 8
9	Rolamento gira	Colocar a esfera no rolamento	9 9 9 9 9 9 9 9 9 9 9 9 9 9 9 9 9 9 9 9
10	Esfera no rolamento	Colocar a mola verde no rolamento	10 10 10 10 10 10 10 10 10 10 10 10 10 10 10 10 10 10 10 10
11	Mola verde colocada	Limpar rolamento com um pano	11 11 11 11 11 11 11 11 11 11 11 11 11 11 11 11 11 11 11 11
12	Rolamento limpo	Colocar rolamento na sacola	12 12 12 12 12 12 12 12 12 12 12 12 12 12 12 12 12 12 12 12
13	Rolamento na sacola	Colocar sacola na caixa	13 13 13 13 13 13 13 13 13 13 13 13 13 13 13 13 13 13 13 13
14			14 14 14 14 14 14 14 14 14 14 14 14 14 14 14 14 14 14 14 14
15			15 15 15 15 15 15 15 15 15 15 15 15 15 15 15 15 15 15 15 15
16			16 16 16 16 16 16 16 16 16 16 16 16 16 16 16 16 16 16 16 16
17			17 17 17 17 17 17 17 17 17 17 17 17 17 17 17 17 17 17 17 17
18			18 18 18 18 18 18 18 18 18 18 18 18 18 18 18 18 18 18 18 18
19			19 19 19 19 19 19 19 19 19 19 19 19 19 19 19 19 19 19 19 19
20			20 20 20 20 20 20 20 20 20 20 20 20 20 20 20 20 20 20 20 20
21			21 21 21 21 21 21 21 21 21 21 21 21 21 21 21 21 21 21 21 21
22			22 22 22 22 22 22 22 22 22 22 22 22 22 22 22 22 22 22 22 22
23			23 23 23 23 23 23 23 23 23 23 23 23 23 23 23 23 23 23 23 23
24			24 24 24 24 24 24 24 24 24 24 24 24 24 24 24 24 24 24 24 24
25			25 25 25 25 25 25 25 25 25 25 25 25 25 25 25 25 25 25 25 25

FIGURA 11-1 Esta folha de dados de análise de tarefas tem duas colunas para enumerar o estímulo discriminativo (E^D) e a resposta para cada componente na cadeia. Os pesquisadores utilizam esta folha de dados para registrar o progresso ao empregar um procedimento de encadeamento com a finalidade de treinar uma pessoa em determinada tarefa complexa. (Bellamy, G. T., Horner, R. H. e Inman, D. P. *Vocational habilitation of severely retarded adults*. Austin, TX: Pro-Ed. Journals, 1979. Reproduzido com permissão do autor.)

encadeamento são descritos nas seguintes seções: encadeamento reverso, encadeamento progressivo e apresentação total da tarefa.

Encadeamento reverso

O **encadeamento reverso** é um procedimento de treinamento intensivo normalmente usado com alunos que têm habilidades limitadas. Com o encadeamento reverso, você usa a incitação e o esvanecimento para ensinar primeiro o último comportamento na cadeia. Começando com este último, o aprendiz completa a cadeia em cada tentativa de aprendizado. Assim que o último comportamento é dominado (quando o aprendiz exibe o comportamento na apresentação do E^D, sem nenhuma incitação), você ensina o penúltimo comportamento. E, quando esse comportamento estiver dominado e o aprendiz tiver se engajado nos dois últimos comportamentos da cadeia sem nenhuma incitação, o comportamento seguinte na cadeia é ensinado. Esse procedimento continua até que o aluno possa exibir toda a cadeia de comportamentos quando for apresentado o primeiro E^D, sem nenhuma incitação. Como exemplo, considere o uso do encadeamento reverso para ensinar Jerry, jovem com deficiência intelectual grave, a jogar um dardo em um alvo. A análise de tarefas (adaptada de Schleien, Wehman e Kiernan, 1981) inclui os seguintes componentes.

1. $E^D 1$ (um membro da equipe diz, "Jerry, vamos jogar dardos") → R1 (Jerry caminha até o alvo)
2. $E^D 2$ (parar perto de uma linha no chão a cerca de 2,5 metros do alvo) → R2 (Jerry caminha até a linha e para de frente para o alvo com os dedos dos pés tocando a linha)
3. $E^D 3$ (parar ao lado da linha com os dardos em uma mesa ao lado) → R3 (Jerry segura o dardo entre o polegar e o dedo indicador, com a ponta do dardo voltada para o alvo)
4. $E^D 4$ (parar ao lado da linha e segurar o dardo entre o polegar e o indicador) → R4 (Jerry dobra o cotovelo para que o antebraço forme um ângulo de 90°)
5. $E^D 5$ (parar ao lado da linha com o dardo na mão e o cotovelo dobrado) → R5 (Jerry impulsiona o antebraço e a mão em direção ao alvo e lança o dardo quando o braço estiver estendido) reforçador (o dardo atinge o alvo), elogios

Para iniciar o procedimento de encadeamento reverso, você apresenta o último E^D (E^D5), incita a resposta correta e apresenta o reforçador.

$$E^D5 + \text{incitação} \rightarrow R5 \rightarrow \text{reforçador}$$

Neste exemplo, você leva Jerry até o alvo, pede a ele que coloque os dedos dos pés ao lado da linha, pegue o dardo e dobre o cotovelo até que o antebraço esteja em um ângulo de 90 graus. Essa posição é o E^D para o último passo da cadeia (E^D5). Agora incita fisicamente a resposta correta, segurando a mão de Jerry empurrando a mão dele para a frente e soltando o dardo quando o braço estiver estendido. Quando o dardo atingir o alvo, elogie Jerry. (O elogio é um reforçador para ele.) Você continua a incitar fisicamente a resposta em todos os testes de aprendizado e, quando Jerry começar a dar a resposta, passa a esvanecer a incitação. Ajude-o cada vez menos, até que ele arremesse o dardo assim que o colocar em sua mão e dobrar seu cotovelo. Incitações gestuais ou incitações de modelagem podem ser utilizadas em vez de incitações físicas, caso essas incitações tenham controle de estímulo sobre o comportamento de Jerry. Utilize sempre a incitação necessária menos intrusiva para que o comportamento ocorra. Assim que ele tiver dominado o quinto componente na cadeia (ou seja, quando lançar o dardo independentemente assim que você o colocar na mão e dobrar seu cotovelo), faça o reverso da cadeia e ensine o quarto componente.

Para ensinar a quarta etapa da cadeia, estabeleça o E^D4, incite a resposta correta (R4) e faça elogios, como reforçador. Estabeleça o E^D4 colocando o dardo na mão de Jerry enquanto ele está ao lado da linha. Assim que o dardo estiver em sua mão, você o incita fisicamente a dobrar o cotovelo (R4). Uma vez que o cotovelo estiver dobrado (E^D5), Jerry vai lançar o dardo (R5) porque já aprendeu a lançar o dardo quando o está segurando na mão com o cotovelo dobrado. Ou seja, o ato de lançar o dardo (R5) já está sob controle de estímulo do E^D5.

$$E^D4 + \text{incitação} \rightarrow R4 \rightarrow \text{elogio}$$
$$E^D5 \rightarrow R5 \rightarrow \text{reforçador}$$

Esvaneça a incitação dando a Jerry menos ajuda para dobrar o cotovelo até que ele faça de modo independente (sem nenhuma incitação) assim que o E^D4 for apresentado. Agora ele dominou o quarto e o quinto componentes da cadeia e chegou o momento de ensinar o terceiro componente.

Para ensinar o terceiro componente na cadeia, você apresenta o E^D3, incita a resposta correta (R3) e faz elogios. Apresenta o E^D3 fazendo Jerry tocar a linha com os dedos dos pés; então o incita fisicamente para que pegue o dardo entre o polegar e o indicador (R3). Assim que o dardo estiver em sua mão (E^D4), Jerry dobrará o cotovelo (R4) e o lançará (R5) porque já aprendeu esses comportamentos. (Eles já estão sob o controle de estímulo do E^D4.)

$$E^D3 + \text{incitação} \rightarrow R3 \rightarrow \text{elogio}$$
$$E^D4 \rightarrow R4$$
$$E^D5 \rightarrow R5 \rightarrow \text{reforçador}$$

Você esvanece a incitação física e, à medida que Jerry recebe menos ajuda, começa a pegar o dardo por conta própria. Assim que Jerry pega o dardo sem qualquer incitação quando é conduzido até a linha, ele dominou essa etapa. (A R3 está sob controle de estímulo do E^D3.) Agora é hora de ensinar a segunda etapa da cadeia.

Para ensinar a segunda etapa, você apresenta o E^D2, incita a resposta correta (R2) e faz elogios. Apresenta o E^D2 trazendo Jerry para o lado da sala onde está o alvo e, em seguida, o incita fisicamente a ir até a linha (R2). Quando Jerry estiver ao lado da linha (E^D3), pegará um dardo (R3), dobrará o cotovelo (R4) e lançará o dardo no alvo (R5). Ele já aprendeu os últimos três comportamentos, então os executará assim que o E^D relevante for apresentado.

$$E^D2 + \text{incitação} \rightarrow R2 \rightarrow \text{elogio}$$
$$E^D3 \rightarrow R3$$
$$E^D4 \rightarrow R4$$
$$E^D5 \rightarrow R5 \rightarrow \text{reforçador}$$

À medida que você diminuir gradativamente as incitações, Jerry irá até a linha sem ajuda quando for apresentado o E^D2. Agora é hora de ensinar o primeiro passo na cadeia e, para isso, apresente o E^D1 (dizendo "Jerry, vamos jogar dardos"), incite a resposta R1 (caminhar para o lado da sala onde está o alvo) e faça um elogio. Assim que Jerry caminhar para o lado da sala onde está o alvo, ele vai até a linha, pega um dardo, dobra o cotovelo e joga o dardo, porque esses quatro comportamentos estão sob o controle de estímulo do E^D2 (ficar perto do alvo), e o E^D2 é o resultado de R1, o comportamento que você está incitando.

$$E1 + \text{incitação} \rightarrow R1 \rightarrow \text{elogio}$$
$$E^D2 \rightarrow R2$$
$$E^D3 \rightarrow R3$$
$$E^D4 \rightarrow R4$$
$$E^D5 \rightarrow R5 \text{ reforçador}$$

À medida que esvanece as incitações, Jerry irá para o alvo de modo independente assim que você disser "Jerry, vamos jogar dardos" (E^D1). Agora, toda a cadeia de comportamentos está sob o controle de estímulo do E^D1. Assim que disser: "Jerry, vamos jogar dardos", ele caminhará até o alvo, ficará ao lado da linha, pegará um dardo, dobrará o cotovelo e jogará o dardo.

No encadeamento retroativo com Jerry, cada tentativa terminou com o dardo acertando o alvo. Como você o elogiou cada vez que o dardo acertou o alvo, agora é um reforçador condicionado para lançá-lo. Além disso, já que ele foi elogiado todas as vezes que se envolveu no comportamento em cada etapa de treinamento, cada E^D gerado pelo comportamento também é um reforçador condicionado. Por exemplo, como você elogiou Jerry quando ele andou até a linha, ficar na fila foi associado a elogios e, portanto, foi estabelecido como um reforçador condicionado. Porque o elogiou por pegar o dardo, segurar o dardo agora é um reforçador condicionado. Como pode verificar, o uso de reforçadores em cada etapa do processo de encadeamento reverso é importante porque faz que o resultado de cada etapa seja um reforçador condicionado, assim como um E^D para a resposta seguinte.

Depois que Jerry estiver jogando os dardos com independência, você pode começar a elogiá-lo intermitentemente para ajudar a manter o comportamento. Além disso, pode passar a elogiá-lo quando ele conseguir mais pontos no alvo para reforçar a precisão. Por fim, jogar dardos acertando mais pontos e brincar com os amigos deve se tornar um reforçador naturalmente, e os profissionais não devem mais fazer elogios. Esse é o objetivo final de treinar uma habilidade de lazer.

Encadeamento progressivo

O **encadeamento progressivo** é semelhante ao encadeamento reverso na acepção de que você ensina um componente da cadeia de cada vez e, em seguida, encadeia os componentes juntos, e utiliza a incitação e o esvanecimento para ensinar o comportamento associado ao E^D em cada etapa na cadeia. A diferença entre o encadeamento progressivo e o encadeamento reverso é o ponto em que começa a treinar. Como acabou de aprender, com o encadeamento reverso, é preciso ensinar o último componente primeiro; depois, o penúltimo, e assim por diante; isto é, você percorre do fim para o início da cadeia. No encadeamento progressivo, ensina o primeiro componente; depois, o segundo, e assim por diante; isto é, percorre a cadeia do início para o fim.

Para utilizar o encadeamento progressivo, você apresenta o primeiro E^D, incita a resposta correta e fornece um reforçador após a resposta.

$$E^D1 + \text{incitação} \rightarrow R1 \rightarrow \text{reforçador}$$

Então diminui gradativamente as incitações até que a pessoa se engaje na primeira resposta sem receber nenhuma incitação quando o primeiro E^D é apresentado.

Para treinar o segundo componente, apresenta o primeiro E^D e o aprendiz dá a primeira resposta. Como a primeira resposta cria o segundo E^D, incite então a segunda resposta e forneça um reforçador depois que ela ocorrer.

$$E^D1 \rightarrow R1$$
$$E^D2 + \text{incitação} \rightarrow R2 \rightarrow \text{reforçador}$$

Você esvanece as incitações até que o aprendiz esteja dando a segunda resposta sem nenhuma incitação. Agora, toda vez que apresentar o primeiro E^D, o aprendiz dará as duas primeiras respostas na cadeia. Quando estiver pronto para treinar a terceira resposta na cadeia, apresenta o primeiro E^D e o aprendiz dará as duas primeiras respostas. A segunda resposta cria o terceiro E^D, portanto, assim que ocorrer, você incita a terceira resposta e fornece um reforçador após a resposta.

$$E^D1 \rightarrow R1$$
$$E^D2 \rightarrow R2$$
$$E^D3 + \text{incitação} \rightarrow R3 \rightarrow \text{reforçador}$$

Mais uma vez, diminua gradativamente as incitações até que a terceira resposta ocorra quando o terceiro E^D estiver presente, sem nenhuma incitação. Agora, toda vez que apresentar o primeiro E^D, o aluno dará as três primeiras respostas, porque essas três respostas foram encadeadas na ordem correta.

Esse processo de ensinar novos componentes continua até ter ensinado o último componente na cadeia e todas as etapas da análise de tarefas terem sido encadeadas na ordem correta.

> **Descreva como você utilizaria o encadeamento progressivo para ensinar a análise de tarefa em três etapas referente à tarefa de comer com colher, apresentada anteriormente neste capítulo.**

Comece colocando um prato de comida e uma colher sobre a mesa na frente do aprendiz. Este é o primeiro E^D. Agora incite a primeira resposta. Pegue a mão do aprendiz, pegue a colher, coloque-a na comida e forneça um reforçador (elogio e, ocasionalmente, um pequeno bocado da comida). À medida que perceber que o aluno começa a se envolver no comportamento juntamente com você, diminua a incitação até que o aprendiz faça o mesmo sem nenhuma ajuda.

Agora acrescente a etapa dois. Comece apresentando o primeiro E^D. Assim que o aprendiz se engajar na primeira resposta e a colher estiver no prato (o segundo E^D), incite fisicamente a segunda resposta – colocando comida na colher – e forneça um reforçador após a resposta. Esvaneça a incitação até que o aprendiz consiga pegar a comida na colher com independência.

Por fim, adicione a etapa três. Mais uma vez, comece apresentando o primeiro E^D. Assim que o aprendiz der as duas primeiras respostas e o alimento for colocado na colher (o terceiro E^D), peça a ele que levante a colher e coloque a comida na boca (terceira resposta). O sabor da comida será um reforçador natural da terceira resposta. Reduza as incitações. Agora o aluno dará todas as três respostas e comerá a comida com a colher sem nenhuma ajuda.

Como você fornece um reforçador após cada resposta na cadeia durante o treinamento, o resultado de cada resposta (o E^D da resposta seguinte) se torna um reforçador condicionado. Isso é especialmente importante com o encadeamento progressivo porque não obtém o reforçador natural no final da cadeia até treinar o último componente. Como no encadeamento reverso, uma vez que o aluno tiver exibido todos os comportamentos na cadeia, você eventualmente pode passar de um esquema de reforço contínuo para um esquema de reforço intermitente para manter o comportamento. O objetivo final é que o comportamento seja mantido por reforçadores naturais.

Similaridades entre encadeamento reverso e encadeamento progressivo

- Ambos são utilizados para ensinar uma cadeia de comportamentos.
- Para utilizar os dois procedimentos, primeiro é preciso conduzir uma análise de tarefas que decompõe a cadeia em componentes de resposta a estímulos.
- Ambos ensinam um comportamento (um componente da cadeia) de cada vez e encadeiam os comportamentos juntos.
- Ambos os procedimentos utilizam incitação e esvanecimento para ensinar cada componente.

> **Diferenças entre encadeamento reverso e encadeamento progressivo**
>
> - O encadeamento progressivo ensina antes o primeiro componente, ao passo que o encadeamento reverso ensina antes o último componente.
> - Com o encadeamento reverso, como você ensina o último componente primeiro, o aprendiz completa a cadeia em cada tentativa de aprendizado e recebe o reforçador natural em todas as tentativas de aprendizado. No encadeamento progressivo, o aprendiz não conclui a cadeia em todas as tentativas de aprendizado; reforçadores artificiais são utilizados até que o último componente da cadeia seja ensinado. O reforçador natural ocorre depois do último comportamento da cadeia.

Apresentação total da tarefa

Ambos os procedimentos de encadeamento, o progressivo e o reverso, dividem uma cadeia de comportamentos em componentes individuais de resposta a estímulos, ensinam um componente de cada vez e encadeiam os componentes juntos. Por outro lado, na **apresentação total da tarefa**, a cadeia complexa de comportamentos é ensinada como uma única unidade. Como o nome do procedimento implica, a tarefa total é concluída em cada tentativa de aprendizado.

Nos procedimentos de apresentação de tarefa total, use a incitação para que o aluno se envolva em toda a cadeia de comportamentos do início ao fim. Utilize qualquer tipo de estratégia de incitação necessária para que o aprendiz se envolva em toda a tarefa. Em muitos casos, as incitações físicas são utilizadas para guiar o aluno pela cadeia de comportamentos. Uma vez que ele conclua a tarefa com incitações, você diminui gradativamente as incitações ao longo das tentativas de aprendizado até que o aluno se envolva na tarefa sem nenhuma ajuda. Naturalmente, você fornece um reforçador toda vez que ele conclui a tarefa, com ou sem incitações.

Um tipo de incitação e esvanecimento físicos frequentemente utilizados com o procedimento de apresentação total da tarefa é chamado **orientação gradativa** (Demchak, 1990; Foxx e Azrin, 1972; Sulzer-Azaroff e Mayer, 1991). Com a orientação gradativa, utiliza-se a orientação manual (mão sobre mão) para guiar o aluno durante as tarefas. Ao longo das tentativas, você gradualmente fornece cada vez menos ajuda e sua mão age como sombra da mão do aprendiz enquanto ele realiza a tarefa, à medida que se envolve no comportamento. O que permite iniciar a orientação física imediatamente caso o aluno não consiga executar um dos comportamentos do componente na cadeia. Utilizar a "sombra" evita erros, e deve ser feito várias vezes, enquanto ele passa a exibir a cadeia comportamental sem ajuda. A "sombra" significa manter as mãos próximas às do aprendiz enquanto ele exibe os comportamentos. Como exemplo, considere o uso da apresentação da tarefa total com orientação gradativa para ensinar uma criança, Alex, a comer com colher. Anteriormente, neste capítulo, o encadeamento progressivo foi ilustrado com o mesmo comportamento.

Para utilizar a apresentação total da tarefa com orientação gradativa, é preciso começar apresentando o primeiro E^D. Você coloca o prato com comida e a colher sobre a mesa na frente de Alex. Em seguida, utiliza a orientação gradativa e o guia fisicamente por toda a cadeia de comportamentos. Você fica atrás de Alex, segura a mão dele, coloca os dedos dele no cabo da colher, levanta a mão de Alex, coloca a colher na comida, guia a mão para pegar a comida com a colher e o ajuda a levantá-la e colocar a comida na boca. Você guia fisicamente a cadeia de comportamentos do início ao fim. O reforço em cada tentativa de aprendizado é o alimento que Alex come da colher. Trata-se do resultado natural do comportamento.

Depois de algumas tentativas em que você guia a mão de Alex enquanto come um bocado da comida, ele começará a fazer alguns dos movimentos comportamentais. Quando sentir que ele começou a se envolver no comportamento, solte a mão dele e faça a sombra de seus movimentos. Se ele se envolver nos movimentos corretos, continue a sombrear a mão dele, caso contrário, se ele não conseguir fazer o movimento correto em algum momento, torne a fornecer a orientação física. Mas, quando sentir que Alex está fazendo o movimento correto novamente, basta fazer a "sombra" da mão novamente.

Por exemplo, ao guiar a mão de Alex para pegar a colher da mesa, você percebe que ele começa a colocar a colher na comida. Você parou de guiar a mão dele e começou a sombreá-la. Assim que ele colocar a colher no prato, se não conseguir pegar a comida com a colher, inicie a orientação física novamente. E, quando a comida estiver na colher, se ele começar a tirá-la do prato, pare de guiá-la fisicamente e comece a fazer a "sombra" novamente. À medida que o processo se estende, comece a fazer mais a sombra e a guiar menos fisicamente. Eventualmente, não precisará mais guiar fisicamente o comportamento e apenas reduzirá gradualmente a orientação física e continuará fazendo a sombra e, então, diminui a "sombra" até que não esteja mais ajudando Alex a comer com a colher.

Quando utilizar a apresentação total da tarefa

- Como o procedimento de apresentação total da tarefa exige que você guie o aluno em toda a cadeia de comportamentos, é apropriado ensinar uma tarefa que não seja muito longa ou complexa. Se a tarefa for muito longa ou difícil, os procedimentos de encadeamento progressivo ou reverso podem ser uma melhor opção porque se concentram em um componente de cada vez e encadeiam os componentes juntos depois de serem controlados individualmente.
- O nível de habilidade do aluno deve ser considerado. O encadeamento progressivo ou reverso pode ser mais apropriado para alunos com habilidades limitadas.
- Por fim, o nível de habilidade do professor deve ser considerado. Embora o treinamento também seja necessário para utilizar com êxito o encadeamento progressivo ou reverso, o procedimento de apresentação total da tarefa pode ser o mais difícil de implementar. O que ocorre porque geralmente envolve o uso de orientação gradativa, um procedimento no qual o professor precisa alternadamente orientar ou sombrear o aluno com uma sincronia exata em toda a cadeia de comportamentos. Feita incorretamente, a orientação gradativa pode forçar o aluno a passar pelo comportamento sem realmente aprender a se envolver de forma independente.

Para fornecer orientação gradativa corretamente, siga os movimentos de Alex com cuidado e responda com mais ou menos orientação, conforme necessário. Se fornecer orientação física por muito tempo e não a esvanecer para o "sombreamento", Alex pode se tornar dependente da incitação física e não aprender a se engajar nos comportamentos sozinho. Isto é, se fizer isso por ele, não aprenderá a fazê-lo por si mesmo. O objetivo de qualquer procedimento de incitação é diminuí-las quando não são mais necessárias. No entanto, você quer esvanecer gradativamente a orientação física para apenas fazer "sombra" quando sentir que o aluno faz os movimentos corretos, e deseja outra vez iniciar a orientação física imediatamente quando ele deixa de fazer os movimentos comportamentais corretos. É importante elogiar o aluno quando deixa de guiá-lo fisicamente e começa a sombreá-lo. Dessa forma, estará fornecendo reforço quando o aluno se envolver no comportamento sem incitações; assim, você reforça diferentemente os movimentos independentes em oposição aos movimentos solicitados. Isso fortalece o comportamento correto e permite que diminua as incitações físicas mais rapidamente.

Em alguns casos, outras estratégias, que não a incitação gradativa, podem ser usadas na apresentação total da tarefa. Por exemplo, Horner e Keilitz (1975) usaram o método de apresentação de tarefa total para ensinar escovação de dentes a crianças e adolescentes com deficiência intelectual. Desenvolveram uma análise de tarefa com 15 etapas de escovação e usaram 3 tipos de instruções para ensinar os comportamentos na tarefa: orientação física mais instrução verbal, demonstração mais instrução verbal e apenas a instrução verbal. Em cada teste de aprendizado, os pesquisadores incitavam cada etapa na análise da tarefa. Eles utilizaram as incitações mais intrusivas somente quando necessário e diminuíram gradativamente as incitações até não fornecerem mais nenhuma ajuda. A Figura 11-2 mostra o gráfico dos oito indivíduos no estudo de Horner e Keilitz.

Similaridades entre encadeamento progressivo e encadeamento reverso e apresentação total da tarefa

- Todos são utilizados para ensinar tarefas ou cadeias de comportamento complexas.
- Uma análise de tarefa deve ser concluída antes do treinamento com os três procedimentos.
- A incitação e o esvanecimento são utilizados nos três procedimentos.

Diferenças entre encadeamento progressivo e encadeamento reverso e apresentação total da tarefa

- Na apresentação total da tarefa, o aprendiz é incitado ao longo de toda a tarefa em cada tentativa de aprendizado. Nos dois procedimentos de encadeamento, o treinador ensina um componente da cadeia de cada vez e então encadeia todos os componentes juntos.

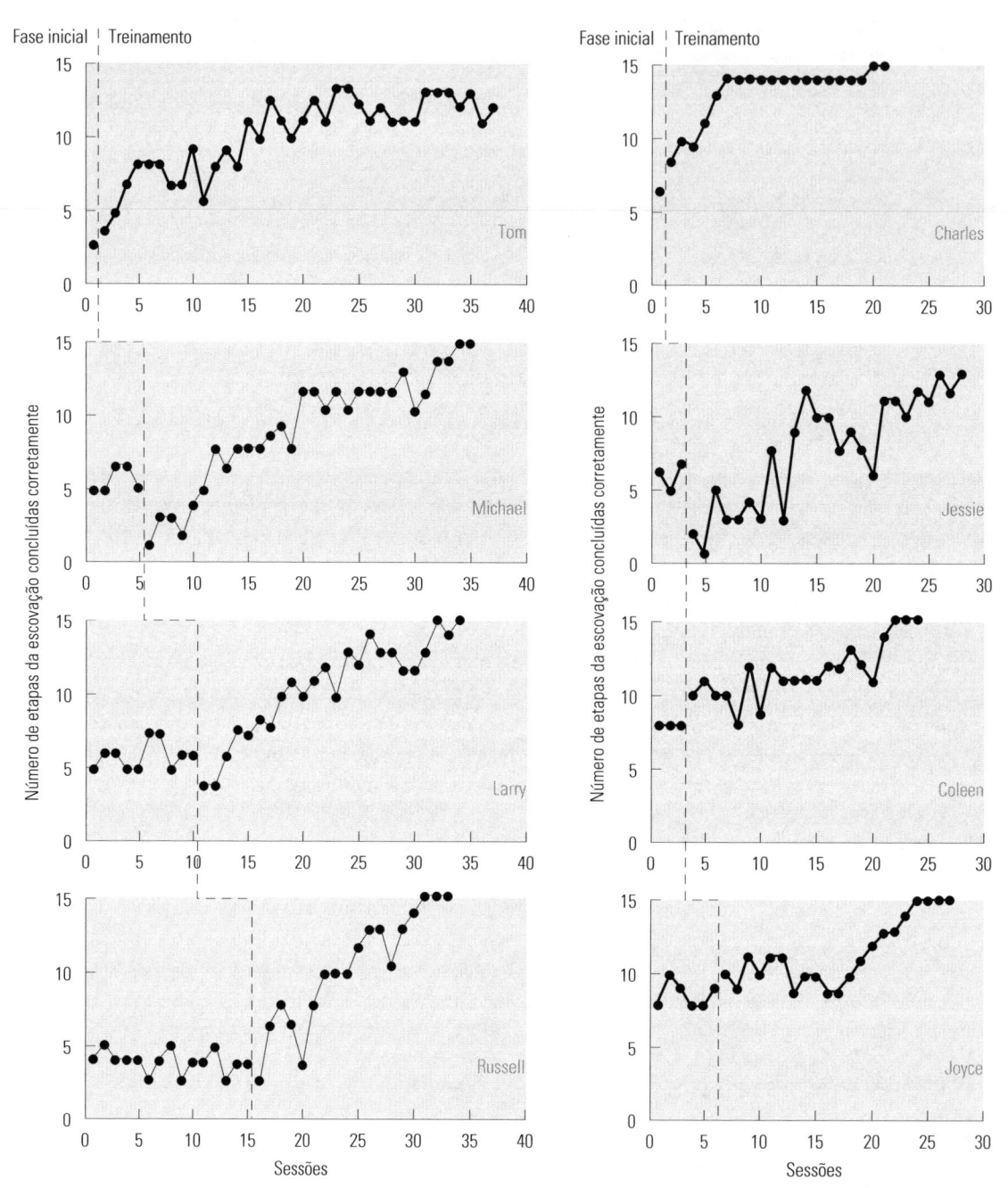

FIGURA 11-2 Este gráfico mostra o número de etapas de escovação dentária concluídas corretamente por oito crianças e adolescentes com deficiência intelectual. A apresentação total da tarefa foi usada para ensinar essa lição. Este gráfico apresenta um desenho de pesquisa com várias fases iniciais envolvendo diversos indivíduos. A implementação do tratamento foi escalonada ao longo do tempo para cada indivíduo; o número de etapas para a escovação realizada corretamente para cada indivíduo aumentou apenas após o tratamento ter sido implementado. (Horner, R. H. e Keilitz, I. Training mentally retarded adolescents to brush their teeth. *Journal of Applied Behavior Analysis*, v. 8, p. 301-309, 1978. Copyright © 1978 Society for the Experimental Analysis of Behavior. Reproduzido com permissão da Society for the Experimental Analysis of Behavior.)

Outras estratégias para ensinar cadeias comportamentais

Ensinar tarefas complexas por meio do encadeamento progressivo, do encadeamento reverso ou da apresentação total da tarefa requer um tempo substancial do instrutor para executar os procedimentos de incitação e esvanecimento com o aluno. Outras estratégias para ensinar tarefas complexas exigem menos tempo e envolvimento do treinador. Essas estratégias – análise de tarefas por escrito, incitações com imagens, modelagem por vídeo e autoinstruções – envolvem o uso independente de incitações para orientar a conclusão apropriada da cadeia de comportamentos.

Análise de tarefas por escrito

Para as pessoas que têm a capacidade de ler, uma **análise de tarefa por escrito** pode ser utilizada para orientar o desempenho adequado de uma cadeia de comportamentos. Nessa estratégia, o instrutor apresenta ao aluno uma lista dos comportamentos componentes em sua sequência apropriada, e ele utiliza essa lista para executar a tarefa corretamente. Por exemplo, quando você compra um sistema de som estéreo, as instruções de montagem o orientam ao longo da tarefa de montagem. A lista de instruções é a análise de tarefa por escrito. A análise de tarefa por escrito é eficaz somente se o aluno puder ler as instruções, entendê-las e executar o comportamento nelas enumerado. Para ser mais eficaz, a análise de tarefas por escrito deve apresentar clara e especificamente cada comportamento componente na cadeia.

Cuvo e colaboradores (Cuvo et al., 1992) utilizaram análises de tarefas por escrito (também chamadas de *incitações textuais*) para ensinar jovens adultos com deficiência intelectual leve e dificuldade de aprendizagem para limpar aparelhos domésticos, como fogões e geladeiras. Eles deram aos alunos uma lista detalhada de todas as etapas envolvidas nas tarefas (uma análise de tarefa por escrito), e os alunos usaram a lista para orientar o comportamento de limpeza dos aparelhos. Quando terminaram, receberam elogios pelo desempenho correto ou foram orientados quanto a correções (mais instruções) para melhorar, caso cometessem erros. Os pesquisadores descobriram que os alunos no geral realizaram as tarefas corretamente com o uso das análises de tarefa por escrito e o reforço pelo desempenho correto.

Incitações por imagens

Outra estratégia utilizada para orientar o desempenho adequado de uma cadeia de comportamentos é o uso de **incitações por imagem**, em que você tira fotos do resultado de cada comportamento ou de alguém envolvido em cada comportamento na tarefa. As imagens são então utilizadas para incitar o aluno a se envolver nos comportamentos na sequência adequada. Para ser eficaz, o aluno deve observar as imagens na sequência correta, e cada imagem deve ter um controle de estímulo sobre o comportamento que é representado. Considere o seguinte exemplo.

Saul, trabalhador com deficiência intelectual, tem uma ocupação em uma companhia que faz malas-diretas promocionais. O trabalho dele é colocar folhetos em envelopes para serem enviados pelo correio. A empresa envia 20 panfletos diferentes e Saul tem de colocar de 3 a 6 deles em um envelope grande, dependendo do trabalho do dia. O supervisor tem fotos de todos os 20 folhetos. No início de cada dia de trabalho, o treinador recebe as fotos dos folhetos que Saul tem de colocar em envelopes. O supervisor coloca as fotos em um quadro na estação de trabalho de Saul; ele olha as fotos porque o ajuda a colocar os folhetos corretos no envelope (Figura 11-3). As incitações por imagem têm controle de estímulo sobre o comportamento que consiste em escolher os folhetos corretos. Depois que o supervisor estabelece as incitações por imagem, ele não precisa mais despender tempo utilizando a incitação e o esvanecimento para ensinar a tarefa a Saul.

Wacker e colaboradores (Wacker et al., 1985) usaram as incitações por imagem para ensinar adolescentes com deficiência severa a completar tarefas vocacionais complexas e tarefas cotidianas, como lavar roupas ou montar peças industriais. Os pesquisadores colocaram fotos de cada etapa das tarefas em cadernos e os ensinaram a virar as páginas para visualizar as

FIGURA 11-3 Saul está concluindo uma tarefa com a ajuda de imagens no quadro de avisos à sua frente. Cada imagem atua como uma incitação para a conclusão de cada componente da tarefa.

incitações. Os três adolescentes no estudo aprenderam a usar essas incitações por imagem para orientar seu comportamento. Depois que aprenderam a usar as incitações por imagem, não precisaram de mais nenhuma incitação para concluir as tarefas

Modelagem por vídeo

Outra estratégia para ensinar o aluno a se engajar em uma cadeia de comportamentos é a **modelagem por vídeo** ou incitação por vídeo. Nessa estratégia de ensino, o aluno assiste a um vídeo de um indivíduo envolvido na cadeia de comportamentos imediatamente antes de se envolver na mesma tarefa. Ao observar a tarefa sendo concluída no vídeo, o aluno pode concluir a cadeia de comportamentos. A modelagem por vídeo tem sido utilizada para ensinar alunos com deficiência intelectual a se engajarem em diversas habilidades, incluindo habilidades de trabalho em lavanderia (Horn et al., 2008), habilidades de preparação de refeições (Rehfeldt et al., 2003), habilidades para lavar louças (Sigafoos et al., 2007) e uso de micro-ondas (Sigafoos et al., 2005).

O procedimento de modelagem por vídeo pode ser conduzido de duas maneiras diferentes. Em uma delas, o aprendiz assiste ao vídeo inteiro pouco antes de tentar completar a tarefa (Rehfeldt et al., 2003) e, na outra, ele assiste a uma etapa da tarefa em vídeo, conclui essa tarefa; assiste à próxima e a conclui e, em seguida, prossegue dessa maneira até que toda a tarefa esteja concluída (por exemplo, Horn et al., 2008). Nesse estudo, três indivíduos com deficiência intelectual completaram uma tarefa de lavanderia com dez etapas depois de assistir a um vídeo mostrando sua realização. No entanto, a execução da tarefa teve de ser dividida, no filme, em várias diferentes etapas para cada participante. Por exemplo, o indivíduo só podia concluir a tarefa ao observar cada etapa do vídeo e, em seguida, concluí-la antes de passar para a seguinte. Outro indivíduo podia completar as cinco primeiras etapas da cadeia depois de assisti-las e, em seguida, concluir as outras cinco etapas após assisti-las em vídeo. O estudo mostrou que os alunos podem precisar que o vídeo da tarefa seja dividido em várias diferentes etapas antes que possam concluir a cadeia.

Autoinstruções

Os alunos também podem ser guiados ao longo de uma tarefa complexa por meio de incitações verbais geradas por eles mesmos (também chamadas **autoinstruções**). Neste procedimento, você ensina aos alunos a darem incitações ou instruções verbais para si mesmos a fim de se engajarem na sequência correta de comportamentos na cadeia. Para fazer uso desse procedimento, os alunos devem ser capazes de lembrar das autoinstruções, dizê-las no momento apropriado e segui-las corretamente. (As autoinstruções devem ter controle de estímulo sobre o comportamento.) O aprendiz primeiro aprende a dizer as autoinstruções para si em voz alta, como uma incitação do comportamento correto. Depois que dominar as autoinstruções, poderá começar a dizê-las para si silenciosamente. Você pode pensar que uma pessoa capaz de aprender as autoinstruções também pode aprender os comportamentos na cadeia e, portanto, as autoinstruções não seriam necessárias. Mesmo que possa ser verdade para muitas pessoas, alguns alunos que têm dificuldade em concluir uma tarefa complexa podem se beneficiar das autoinstruções. Além disso, como as autoinstruções podem ser ditas rapidamente e lembradas facilmente em muitos casos, são úteis para incitar um comportamento em diversas situações.

Considere os seguintes exemplos cotidianos de autoinstruções. Cada vez que você vai até o armário e se lembra da combinação do cadeado enquanto o abre, está utilizando autoinstruções. Quando diz para si mesmo os números de telefone enquanto os digita, está utilizando instruções automáticas. Ao falar consigo as etapas de uma receita ("adicionar 2 xícaras de farinha, 1 xícara de aveia, 1 xícara de passas e uma colher de chá de fermento em pó"), está recorrendo a autoinstruções para induzir cada comportamento em uma cadeia comportamental.

Diversos estudos demonstraram que os alunos podem usar autoinstruções para se orientarem em complexas tarefas vocacionais ou educacionais. Por exemplo, Salend, Ellis e Reynolds (1989) ensinaram adultos com deficiência intelectual severa a dizerem autoinstruções para induzir a sequência correta de comportamentos em uma tarefa profissional (empacotar pentes de plástico). Eles tinham de repetir quatro autoinstruções simples: "pente para cima, pente para baixo, pente na embalagem plástica, pente na caixa". À medida que repetiam cada autoinstrução, completavam a tarefa associada àquela instrução. O uso das autoinstruções levou ao correto desempenho da tarefa. Whitman, Spence e Maxwell (1987) ensinaram adultos com deficiência intelectual a utilizar autoinstruções para incitar o comportamento de classificar corretamente as letras em caixas. Albion e Salzburg (1982) ensinaram alunos com deficiência intelectual a usar autoinstruções para resolver problemas de matemática corretamente. Em cada caso, as autoinstruções incitaram os comportamentos corretos na cadeia a ocorrerem na sequência adequada.

Embora análises de tarefas por escrito, incitações por imagem, modelagem por vídeo e autoinstruções sejam estratégias geralmente utilizadas para ensinar uma cadeia de comportamentos, também podem ser empregadas com respostas únicas. Os procedimentos são descritos neste capítulo para ilustrar seu uso com cadeias de comportamentos.

Procedimentos de encadeamento

- Encadeamento reverso: ensina o último comportamento na cadeia em primeiro lugar; depois ensina cada comportamento anterior na cadeia.
- Encadeamento progressivo: ensina o primeiro comportamento na cadeia em primeiro lugar; depois ensina cada comportamento subsequente na cadeia.
- Apresentação total da tarefa: incita toda a cadeia de resposta a estímulos em cada tentativa de aprendizado.
- Análise de tarefa por escrito: usa descrições por escrito de cada etapa na análise de tarefas como incitações.
- Incitações por imagem: usa as imagens de cada etapa na análise de tarefas como incitações.
- Modelagem por vídeo: usa o vídeo da tarefa (ou partes da tarefa) como incitações para concluir a tarefa.
- Autoinstruções: dar a si mesmo instruções verbais para se envolver em cada comportamento componente em uma cadeia comportamental.

PARA UMA LEITURA MAIS APROFUNDADA

Aplicações variadas de procedimentos de encadeamento

Muitas atividades e tarefas cotidianas são compostas de cadeias comportamentais, e pesquisas demonstraram a eficácia de encadear procedimentos para o ensino de uma ampla gama de atividades. Por exemplo, Thompson, Braam e Fuqua (1982) utilizaram um procedimento de encadeamento avançado para ensinar habilidades relativas a tarefas em lavanderia a indivíduos com deficiência intelectual. Eles realizaram uma análise de tarefas dos comportamentos envolvidos na operação da lavadora e da secadora e mostraram que três indivíduos aprenderam a se engajar na cadeia de comportamentos composta de 74 respostas individuais. Em outro estudo, MacDuff, Krantz e McClannahan (1993) utilizaram imagens para facilitar a realização de atividades complexas de lazer e trabalhos de casa por quatro crianças com autismo. As crianças aprenderam a usar um fichário de três argolas contendo fotos das atividades a serem concluídas. Cada criança visualizou a sequência de fotos e completou as atividades descritas nelas. Embora as crianças fossem capazes de concluir as atividades antes do uso das incitações por imagem, não realizavam as atividades consistentemente até serem treinadas para usar as incitações por imagem. Um estudo feito por Vintere e colaboradores (Vintere et al., 2004) demonstrou a eficácia de um procedimento de apresentação total da tarefa para ensinar passos de dança complexos para crianças em idade pré-escolar. Nesse estudo, os autores usaram instruções e modelagem para incitar as crianças a se engajarem na cadeia de comportamentos e elogiar o desempenho correto. Algumas crianças receberam autoinstrução, além de instruções e modelagem. Os autores mostraram que ambos os procedimentos foram eficazes, mas que o acréscimo de autoinstruções resultou em que as crianças aprendessem os passos de dança mais rapidamente.

Como utilizar procedimentos de encadeamento

Se o objetivo é ensinar a pessoa a realizar uma tarefa complexa, você pode usar um dos procedimentos descritos neste capítulo. Todos os procedimentos descritos aqui são considerados procedimentos de encadeamento porque são usados para ensinar uma cadeia de comportamentos. Assim, no contexto atual, o procedimento de encadeamento é um termo abrangente que se refere ao encadeamento reverso e ao encadeamento progressivo, à apresentação total da tarefa, à análise de tarefas por escrito, incitações por imagem, modelagem por vídeo e autoinstruções. As etapas a seguir são importantes para o uso efetivo dos procedimentos de encadeamento (veja também Cooper, Heron e Heward, 1987, 2007; Martin e Pear, 1992; Sulzer-Azaroff e Mayer, 1991).

1. *Determine se um procedimento de encadeamento é apropriado.* O problema exige uma aquisição comportamental ou está relacionado a não conformidade? Se a pessoa não estiver completando uma tarefa complexa porque não é capaz, um procedimento de encadeamento é apropriado. Por outro lado, se a pessoa é capaz de completar a tarefa, mas se recusa a se envolver nela, os procedimentos para o tratamento da não conformidade são justificados.
2. *Desenvolva uma análise de tarefas.* A análise de tarefas divide a cadeia de comportamentos em componentes individuais de resposta a estímulos
3. *Obtenha uma avaliação inicial da capacidade do aluno.* Cooper et al. (1987) descrevem dois métodos para avaliar o nível de domínio do aprendiz. No **método de oportunidade única**, você apresenta ao aluno a oportunidade de concluir a tarefa e registrar quais componentes ele conclui sem assistência na sequência correta. Ou seja, você apresenta o primeiro E^D e avalia as respostas do aluno. O primeiro erro do aluno na avaliação de oportunidade única geralmente resultará em erros em todas as etapas subsequentes na análise de tarefas ou na incapacidade do aluno de concluir qualquer outra etapa. No **método de várias oportunidades**, você avalia a capacidade do aluno de concluir cada

componente individual da cadeia (Horn et al., 2008). Apresenta o primeiro E^D e espera que o aluno responda. Se ele não responder corretamente, você apresentará o segundo E^D e avaliará a resposta do aluno. Se não houver resposta correta, apresenta o terceiro E^D, e assim por diante, até que o aprendiz tenha a oportunidade de responder a cada E^D da cadeia.

4. *Escolha o método de encadeamento que você utilizará.* Para os alunos com habilidades mais limitadas, os métodos de encadeamento progressivo ou reverso são mais apropriados. Se a tarefa for menos complexa ou se o aluno for mais capaz, a apresentação total da tarefa poderá ser mais apropriada. Outros procedimentos, como análise de tarefas por escrito, incitações por imagem, modelagem por vídeo ou autoinstruções, podem ser apropriados, dependendo das capacidades do aluno ou da complexidade da tarefa.

5. *Implemente o procedimento de encadeamento.* Qualquer que seja o procedimento que você utiliza, o objetivo final é fazer que o aluno se envolva na sequência correta de comportamentos sem qualquer ajuda. Portanto, o uso apropriado da incitação e do esvanecimento é importante em todos os procedimentos de encadeamento. Continue a coletar dados sobre o desempenho do aluno ao implementar o procedimento de encadeamento.

6. *Continue o reforço após a tarefa ter sido aprendida.* Se você continuar a fornecer reforço, pelo menos de forma intermitente, depois que o aluno conseguir completar a tarefa sem ajuda, ele manterá o comportamento ao longo do tempo.

RESUMO DO CAPÍTULO

1. Uma cadeia comportamental, também chamada de cadeia de resposta a estímulos, é um comportamento composto de dois ou mais componentes de resposta a estímulos.
2. Uma análise de tarefas identifica o estímulo e a resposta em cada componente da cadeia. É importante realizar uma análise de tarefas para que todos os componentes da cadeia (E^D e respostas) sejam identificados claramente.
3. Os procedimentos de encadeamento são usados para ensinar a pessoa a se envolver em uma cadeia comportamental. Esses procedimentos envolvem a incitação e o esvanecimento para ensinar cada componente da cadeia. No encadeamento reverso, o último componente de estímulo é ensinado primeiro; depois, o penúltimo componente é ensinado, e assim por diante, até que toda a cadeia seja aprendida. No encadeamento progressivo, o primeiro componente de resposta a estímulo é ensinado a princípio. O segundo componente é ensinado depois, e assim por diante, até que toda a cadeia seja aprendida.
4. Na apresentação total da tarefa, toda a cadeia de comportamentos é incitada em todas as tentativas de aprendizado. Geralmente, a orientação gradativa é utilizada com a apresentação total da tarefa.
5. No procedimento de análise de tarefas por escrito, o aluno usa incitações textuais para cada componente da cadeia. No procedimento de incitação por imagem, usa imagens para incitar cada componente na cadeia comportamental. No procedimento de modelagem por vídeo, assiste ao filme da tarefa que está sendo concluída para incitar a conclusão das suas etapas. Com autoinstruções, o aluno fala a si mesmo (instruções verbais) a fim de incitar cada componente da cadeia.

TERMOS-CHAVE

análise de tarefa por escrito, 153
análise de tarefa, 145
apresentação total da tarefa, 150
autoinstruções, 154
cadeia comportamental, 143
cadeia de resposta a estímulo, 144
encadeamento progressivo, 148
encadeamento reverso, 147
incitações por imagem, 153
método de oportunidade única, 155
método de várias oportunidades, 155
modelagem por vídeo, 154
orientação gradativa, 150
procedimentos de encadeamento, 146

TESTE PRÁTICO

1. O que é uma cadeia de resposta a estímulos? Dê dois exemplos de cadeias de resposta a estímulos que não estão neste capítulo.
2. Identifique cada estímulo e componente de resposta nos dois exemplos da pergunta 1.
3. O que é uma análise de tarefas? Por que é importante realizar uma análise de tarefas?
4. Forneça uma análise de tarefa do comportamento de despejar água de um jarro em um copo. Suponha que o jarro de água e o copo já estejam sobre a mesa.
5. Descreva o encadeamento reverso.
6. Descreva o uso do encadeamento reverso para ensinar a tarefa identificada na pergunta 4.
7. Descreva o encadeamento progressivo.

8. Descreva como você usaria o encadeamento progressivo para ensinar a tarefa identificada na pergunta 4.
9. Como o encadeamento reverso e o encadeamento progressivo são semelhantes? De que modo são diferentes?
10. Descreva o procedimento de apresentação total da tarefa.
11. Descreva a orientação gradativa.
12. Descreva como você usaria o procedimento de apresentação da tarefa total para ensinar a tarefa descrita na questão 4.
13. Como o procedimento de apresentação total da tarefa difere dos encadeamentos reverso e progressivo? De que modo que são parecidos?
14. Descreva como você usaria uma análise de tarefa por escrito para fazer que uma pessoa se envolva em uma tarefa complexa. Qual é a outra denominação para uma análise de tarefa por escrito?
15. Descreva o uso de incitações por imagem. Descreva o uso da modelagem por vídeo.
16. Descreva o uso das autoinstruções. Qual é a outra definição para autoinstruções?
17. Quando é apropriado usar um procedimento de encadeamento? Quando não é apropriado?
18. Descreva brevemente as diretrizes para fazer uso de um procedimento de encadeamento para ensinar uma tarefa complexa.

APLICAÇÕES

1. Você foi contratado por uma agência que fornece serviços de reabilitação para pessoas que sofreram danos cerebrais devido a ferimentos na cabeça. Elas muitas vezes têm de reaprender habilidades básicas. Uma habilidade que você precisa ensinar é a de arrumar a cama. O primeiro passo é desenvolver uma análise de tarefas para fazer a cama. Forneça a análise de tarefas para essa lição. Certifique-se de incluir todos os componentes da resposta ao estímulo.
2. Depois de ter desenvolvido a análise de tarefas para a realização complexa de arrumar a cama, deve escolher um procedimento de encadeamento e implementar o procedimento. Você decide fazer uso do encadeamento progressivo. Descreva o uso do encadeamento progressivo para ensinar a tarefa de arrumar a cama.
3. Uma das pessoas com danos cerebrais tem sérios problemas de memória. Certo dia depois de aprender a tarefa, ela já não consegue se lembrar dos comportamentos para arrumar a cama. Você decide usar incitações por imagem ou incitações textuais (análise de tarefas por escrito) para ajudá-la arrumar a cama diariamente. Descreva como utilizaria as incitações por imagem e como utilizaria as incitações textuais com essa pessoa.

APLICAÇÕES INCORRETAS

1. Suponha que suua sobrinha acabou de ser matriculada em um programa pré-escolar pelos pais. Antes de começar, você quer ensiná-la a dizer o alfabeto. Como dizer o alfabeto é uma cadeia de comportamentos, decide usar a apresentação total da tarefa e a orientação gradativa para ensiná-la. O que há de errado com o uso da apresentação de tarefa total e orientação gradativa nessa situação? Qual seria o melhor procedimento para ensiná-la a dizer o alfabeto?
2. Toby, um jovem com deficiência intelectual grave, recentemente começou um trabalho no qual ele monta peças para freios de bicicleta. A tarefa apresenta sete etapas. Os membros da equipe usaram imagens para ajudar Toby a aprender a tarefa e usaram fichas para reforçar o comportamento. No fim de cada mês, Toby recebe um pagamento com base no número de peças que montou. Depois que Toby aprendeu o trabalho, a equipe removeu as incitações por imagem e parou de usar as fichas. Agora eles apenas deixam Toby fazer o trabalho e esperam que o pagamento mensal mantenha o comportamento. Qual é o problema dessa estratégia? Qual seria uma estratégia melhor?
3. Waylon, estudante universitário, está em casa para as férias de verão e começou a trabalhar em uma loja varejista em um shopping. Ele trabalha no turno da noite e deve encerrar o expediente e fechar a loja. Há uma lista de 20 etapas envolvidas no ato de encerrar o expediente e fechar a loja. O gerente decide usar o encadeamento para ensinar a tarefa a Waylon. Qual é o problema dessa estratégia? Qual seria uma estratégia melhor?

Procedimentos de treinamento de habilidades comportamentais

12

> ➤ Quais são os quatro componentes do procedimento de treinamento de habilidades comportamentais?
>
> ➤ Qual é o momento apropriado para usar procedimentos de treinamento de habilidades comportamentais?
>
> ➤ Como você faz uso de procedimentos de treinamento de habilidades comportamentais em grupos?
>
> ➤ Como o conceito de contingência de três termos está relacionado a procedimentos de treinamento de habilidades comportamentais?

Você aprendeu sobre os procedimentos de incitação e esvanecimento que podem ser utilizados para ensinar uma pessoa a se envolver no comportamento correto no momento certo (para estabelecer o controle do estímulo sobre o comportamento). Aprendeu também sobre os procedimentos de encadeamento, nos quais a incitação e o evanescimento são usados para ensinar uma tarefa complexa a alguém. Neste capítulo, aprenderá outros procedimentos para ensinar habilidades. Os procedimentos de **treinamento de habilidades comportamentais (THC)**, que consistem em instruções, modelagem, treino e *feedback*, são usados juntos em sessões de treinamento para ajudar a pessoa a adquirir habilidades úteis (como as sociais ou as relacionadas ao trabalho). Procedimentos de THC são normalmente utilizados para ensinar habilidades que podem ser simuladas em uma dramatização.

Exemplos de procedimentos de treinamento de habilidades comportamentais

Ensinar Márcia a dizer "não" para os professores

Márcia é secretária em uma universidade. Ela acredita que os membros do corpo docente de seu departamento fazem exigências desproposidadas, mas não consegue recusar as solicitações (como trabalhar na hora do almoço e transmitir recados pessoais). Ela está recebendo acompanhamento de um psicólogo, Dr. Mills, que está utilizando procedimentos do THC para ajudá-la a desenvolver habilidades de assertividade. No consultório do psicólogo, eles simulam as situações difíceis que ela enfrenta no trabalho. Dr. Mills utiliza dramatizações para avaliar as habilidades de assertividade de Márcia e ensiná-la a agir de maneira mais assertiva. Primeiro, Dr. Mills cria uma situação no trabalho em que ela interpreta a si mesma e o médico interpreta o colega de trabalho. Neste papel, ele faz um pedido irracional, como: "Márcia, tenho uma reunião esta tarde. Preciso que você pegue minhas roupas na lavanderia na hora de seu almoço". Ele então avalia o quê e como ela responde ao pedido (o comportamento verbal e não verbal). Em seguida, Dr. Mills fornece instruções e modelagem; isto é, descreve como responder de maneira mais assertiva à situação e demonstra o comportamento assertivo de Márcia em outra dramatização. Desta vez, ela interpreta o colega de trabalho que faz o pedido inadmissível, e

Dr. Mills leva Márcia a responder de maneira assertiva. Na dramatização, Dr. Mills diz: "Desculpe, mas não posso fazer suas tarefas pessoais".

Depois de observar Dr. Mills modelar o comportamento assertivo, Márcia teve a oportunidade de praticá-lo (ensaio): trocaram de papéis novamente, e ela deu a mesma resposta assertiva na dramatização. Dr. Mills, em seguida, dá seu *feedback* sobre o desempenho dela. Ele a elogia pelos aspectos do comportamento que ela apresentou bem e dá sugestões de como melhorar. Depois de receber o *feedback*, Márcia pratica o comportamento novamente em outra dramatização. Mais uma vez, o Dr. Mills a elogia pelo desempenho e faz as sugestões necessárias para a melhoria. Depois que Márcia aprendeu bem o comportamento assertivo, eles interpretarão outras situações que surgem no trabalho. Márcia aprenderá várias habilidades de assertividade por meio do processo de instruções, modelagem, ensaio e *feedback*.

Ensinar crianças a se proteger de sequestros

Considere outro exemplo. Cheryl Poche utilizou instruções, modelagem, treinamento e *feedback* para ensinar às crianças habilidades de prevenção contra sequestros na fase pré-escolar (Poche, Brouwer e Swearingen, 1981). Ela ensinou crianças a responder aos adultos que tentaram atraí-las. Poche organizou dramatizações realistas em que um adulto caminhava até a criança no parquinho e pedia a ela que saísse com ele. O adulto diria algo como: "Olá, eu tenho um brinquedo no meu carro que acho que vai gostar. Venha comigo, vou dá-lo para você". E as crianças aprenderam a dizer: "Não, tenho que perguntar ao meu professor", e correr de volta para a escola. Primeiro, Poche utilizou as dramatizações para avaliar as habilidades das crianças antes do treinamento. Em seguida, ela implementou o procedimento THC. A criança observou dois treinadores adultos dramatizarem uma cena em que um treinador, interpretando o adulto suspeito, se aproximou e pediu ao outro treinador, representando a criança, que saísse com ele. O treinador que interpretava a criança, em seguida, modelou a resposta correta para esse engodo. Depois de assistir ao modelo, a criança praticou a habilidade de prevenção contra sequestro em outra dramatização. O treinador se aproximou dela e apresentou o engodo para o sequestro. Em resposta, a criança disse: "Não, tenho que perguntar ao meu professor" e correu de volta para a escola (Figura 12-1). O instrutor elogiou a criança pelo desempenho correto, e quando a resposta era apenas parcialmente correta, o instrutor fornecia mais instruções e modelagem para possibilitar o engajamento no comportamento correto.

A criança ensaiou o comportamento novamente em dramatizações até que estivesse correto. Em seguida, ela recebeu treinamento com diferentes tipos de engodos para um possível sequestro até conseguir responder corretamente em várias situações. Os resultados desse estudo estão ilustrados na Figura 12-2.

FIGURA 12-1 Depois da tentativa de sequestro pretendido pelo adulto, a criança diz: "Não, tenho que perguntar ao meu professor", e corre de volta para a escola. O treinador elogia a criança por exibir a habilidade corretamente.

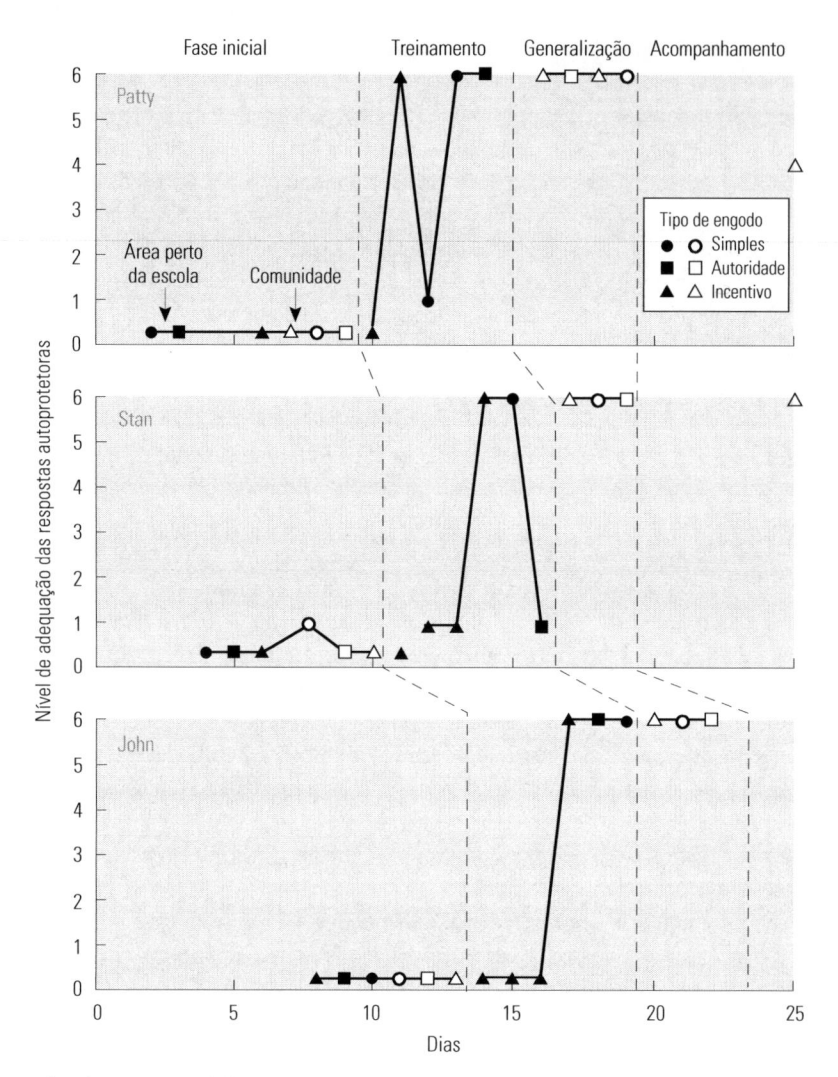

FIGURA 12-2 Este gráfico mostra o nível de habilidades de autoproteção antes e depois que um procedimento de treinamento de habilidades comportamentais foi implementado com três crianças em idade pré-escolar. As habilidades de autoproteção foram avaliadas em uma escala de 0 a 6. Uma pontuação de 6 significa que a criança disse "Não, tenho que perguntar ao meu professor" e correu de volta para a escola quando um engodo para sequestro foi apresentado. Uma pontuação igual a 0 significa que a criança concordou em sair com o adulto que apresentou o engodo. Às vezes, a criança foi avaliada no parquinho e, outras, na comunidade. Três tipos de engodos foram utilizados: engodo simples, situação em que o adulto simplesmente pede que a criança vá com ele; engodo envolvendo autoridade, em que o adulto disse que o professor da criança concordava que ela fosse com ele; engodo envolvendo incentivo, quando o adulto oferece à criança algo como um brinquedo se ela acompanhá-lo. Este gráfico mostra um desenho com várias fases iniciais envolvendo diversos indivíduos, em que três crianças receberam treinamento em diferentes momentos. (Poche, C., Brouwer, R. e Swearengin, M. Teaching selfprotection to young children. *Journal of Applied Behavior Analysis*, v. 14, p. 169-176, 1981. Copyright © 1981 Society for the Experimental Analysis of Behavior. Reimpresso com permissão da Society for the Experimental Analysis of Behavior.)

Componentes do procedimento de treinamento de habilidades comportamentais

Como você pode ver nestes exemplos, quatro procedimentos (instruções, modelagem, treinamento e *feedback*) são comumente utilizados em conjunto para ensinar habilidades. Vamos examinar esses procedimentos mais detalhadamente.

Instruções

Instruções *descrevem o comportamento apropriado para o aprendiz*. Para serem mais eficazes, as instruções devem ser específicas; precisam descrever exatamente os comportamentos esperados do aluno. Para uma cadeia de comportamentos, as instruções devem especificar cada componente na cadeia na sequência correta. As instruções também devem especificar as circunstâncias apropriadas nas quais o aluno deve se envolver no comportamento. Por exemplo, ao ensinar habilidades de prevenção contra o sequestro de crianças pequenas, o professor pode dar esta instrução: "Sempre que um adulto pedir que saia com ele ou quando quiser levá-lo a algum lugar, você deve dizer: "Não, tenho de perguntar para meu professor", e correr de volta para a escola. Você deve entrar correndo e me dizer imediatamente, e eu vou ficar muito orgulhoso de você". Essa instrução especifica a situação antecedente e o comportamento correto, e também a consequência (aprovação do professor). Os fatores a seguir podem influenciar a eficácia das instruções.

- As instruções devem ser apresentadas em um nível no qual o aluno possa entender. Se forem muito complexas, o aluno pode não entender o comportamento. Se forem simples demais, o aluno pode ficar indignado ou ofendido.
- As instruções devem ser fornecidas por alguém que tenha a credibilidade do aluno (como pais, professores, empregadores ou psicólogos).
- As instruções devem ser associadas com a modelagem sempre que a observação do comportamento aumentar o potencial de aprender o comportamento.
- As instruções devem ser dadas somente quando o aluno estiver prestando atenção.
- O aluno deve repetir as instruções para que o professor tenha certeza de que ele as ouviu corretamente. Repetir as instruções durante o treinamento também aumenta a probabilidade de que o aluno as repita mais tarde a fim de que o comportamento apropriado seja incitado adequadamente.
- O aluno deve ter a oportunidade de treinar o comportamento o mais rapidamente possível após receber as instruções.

Modelagem

*Com a **modelagem**, o comportamento correto é demonstrado para o aluno.* Ele observa o comportamento do modelo e depois imita o modelo. Para que a modelagem seja eficaz, o aprendiz deve ter um repertório imitativo; isto é, deve ser capaz de prestar atenção ao modelo e executar o comportamento demonstrado por ele.

A maioria das pessoas tem repertórios imitativos porque o ato de imitar o comportamento dos outros já foi reforçado em várias situações (Baer, Peterson e Sherman, 1967). O reforço da imitação geralmente começa cedo na vida de uma criança. Ao longo do desenvolvimento inicial, o comportamento da criança de imitar modelos (apresentado por pais, professores, irmãos e colegas) é reforçado muitas vezes na presença de diversos comportamentos modelados por várias pessoas. Como resultado, o comportamento de um modelo se torna um E^D para a imitação, e a imitação se torna uma classe de resposta generalizada, o que significa que a imitação provavelmente ocorrerá no futuro quando um comportamento for modelado para o aprendiz (Baer e Sherman, 1964; Bijou, 1976 Steinman, 1970).

A modelagem pode ser real ou simbólica. Na modelagem real, outra pessoa demonstra o comportamento apropriado na situação adequada. Na modelagem simbólica, o comportamento correto é demonstrado em vídeo, áudio ou talvez em um desenho animado ou filme. Como, em outro estudo de Poche, Yoder e Miltenberger (1988), as crianças da escola fundamental assistiram a um vídeo em que habilidades de prevenção contra sequestros eram demonstradas por atores infantis. O filme mostrou um adulto se aproximando de uma criança e apresentou um engodo para o sequestro. A criança então se engajou no comportamento correto em resposta ao engodo. O comportamento do modelo na cena foi o mesmo que o comportamento do modelo ao vivo no estudo anterior de Poche. Neste estudo, no entanto, toda uma turma de crianças visualizou o modelo em vídeo ao mesmo tempo. O vídeo também incluiu instruções sobre o comportamento correto. Depois que as crianças assistiram ao filme, elas ensaiaram o comportamento correto e receberam elogios ou mais instruções, caso precisassem. Outro grupo de crianças assistiu ao vídeo, mas não ensaiou o comportamento.

Os pesquisadores descobriram que as crianças que receberam instruções, modelagem, treino e *feedback* aprenderam melhor as habilidades de prevenção contra sequestro do que as que receberam instruções e modelagem em vídeo sem a oportunidade de treino e *feedback*.

Vários fatores influenciam a eficácia da modelagem (Bandura, 1977).

- Quando o modelo exibe o comportamento correto, deve apresentar um resultado bem-sucedido (um reforçador) para o modelo.
- O modelo deve se assemelhar às pessoas que o observam ou deve ter *status* elevado. Por exemplo, os modelos do vídeo de Poche eram crianças da mesma idade daquelas que o assistiam. Frequentemente, professores modelam o comportamento correto das crianças. Como os professores têm *status* elevado, as crianças provavelmente aprendem com o modelo. Em comerciais de televisão, geralmente estrelas do esporte e outras celebridades (pessoas com *status* muito elevado) são mostradas usando o produto. A espectativa é de que as pessoas imitem o modelo e comprem o produto.

- A complexidade do comportamento do modelo deve ser adequada ao nível de desenvolvimento ou à habilidade do aluno. Se o comportamento do modelo for muito complexo, o aluno pode não conseguir aprender com ele. No entanto, se o comportamento do modelo for muito simples, o aluno pode não prestar atenção.
- O aluno deve prestar atenção ao modelo para aprender o comportamento que está sendo modelado. Muitas vezes, o professor chama a atenção do aluno para aspectos importantes do comportamento do modelo. Ao modelar habilidades de assertividade, o Dr. Mills chamou a atenção de Márcia dizendo: "Agora observe como faço contato visual e uso tom firme de voz". No vídeo de Poche, o narrador apresentou às crianças quais comportamentos procurar cada vez que o modelo estivesse prestes a ser apresentado.
- O comportamento modelado deve ocorrer no contexto apropriado (em resposta ao E^D relevante). O comportamento deve ser modelado na situação real ou no contexto de uma dramatização da situação real. Por exemplo, as crianças viram as habilidades de prevenção contra sequestro modeladas em resposta a engodos apresentados por um adulto, isto é, na situação em que seriam necessárias. Márcia assistiu ao Dr. Mills modelar um comportamento assertivo no contexto de dramatizações de interações difíceis que Márcia enfrentou no trabalho.
- O comportamento modelado deve ser repetido quantas vezes for necessário para o aluno imitá-lo corretamente.
- O comportamento deve ser modelado de várias maneiras e em diversas situações para aumentar a generalização.
- O aluno deve ter a oportunidade de ensaiar (imitar) o comportamento o mais rapidamente possível após observar o modelo. A imitação correta do comportamento modelado deve ser reforçada imediatamente.

Treino

O **treino** *é a oportunidade de o aluno praticar o comportamento depois de receber instruções ou assistir a um modelo demonstrando o comportamento.* O treino é parte importante do procedimento de THC porque (a) o professor não pode ter certeza de que o aluno aprendeu o comportamento até vê-lo se envolver no comportamento correto, (b) fornece a oportunidade de reforçar o comportamento e (c) apresenta a oportunidade para avaliar e corrigir erros que talvez estejam presentes no desempenho do comportamento. Os seguintes fatores podem influenciar a eficácia do treino como parte do procedimento THC.

- O comportamento deve ser treinado no contexto apropriado (na presença do E^D), seja na situação em que é conveniente ou em uma dramatização que a simule. Treinar o comportamento no contexto adequado facilita a generalização quando o treinamento de habilidades estiver completo.
- Os ensaios devem ser programados para o sucesso. Os alunos devem primeiro praticar comportamentos fáceis (ou situações fáceis em que o comportamento deve ocorrer) para que sejam bem-sucedidos. Após o sucesso com comportamentos fáceis, os alunos podem praticar comportamentos mais difíceis ou complexos. Dessa forma, o envolvimento no ensaio é reforçador e os aprendizes continuam a participar.
- O ensaio do comportamento correto deve ser sempre seguido imediatamente de elogios ou outros reforços.
- Os ensaios que estiverem parcialmente corretos ou incorretos devem ser seguidos de *feedback* corretivo.
- O comportamento deve ser treinado até que seja demonstrado corretamente pelo menos algumas vezes.

Feedback

Depois do treinamento do comportamento do aluno, o treinador deve fornecer *feedback* imediatamente. O ***feedback*** envolve elogios ou outros reforços para um desempenho correto. Quando necessário, também pode envolver instruções adicionais sobre como melhorar o desempenho se houver erros no ensaio. O *feedback* muitas vezes equivale a um reforço diferencial de alguns aspectos do comportamento com correção de outros aspectos. *Nos procedimentos do THC, o feedback é especificamente definido como a apresentação de elogios pelo desempenho correto e novas instruções após um desempenho incorreto.* Portanto, o *feedback* tem duas funções; como consequência – um reforçador para o comportamento correto e outra como antecedente – uma incitação verbal para o comportamento correto no ensaio seguinte. Vários fatores podem influenciar a eficácia do *feedback*.

- O *feedback* deve ser dado imediatamente após o comportamento.
- *Feedback* sempre precisa envolver elogios (ou outros reforços) sobre algum aspecto do comportamento. Se o comportamento não estiver correto, o treinador deve elogiar o aluno pelo menos por tentar. O objetivo é tornar o ensaio uma experiência de reforço para o aprendiz.
- O elogio deve ser descritivo. Descreva o que o aluno expressou e fez de modo satisfatório (correto). Concentre-se em todos os aspectos do comportamento, verbal e não verbal (ou seja, o que o aluno disse e fez e como).
- Ao fornecer *feedback* corretivo, não seja negativo. Não descreva o desempenho do aluno como ruim ou errado. Em vez disso, dê instruções que orientem o aluno para o que pode fazer melhor ou como melhorar o desempenho.

- Sempre elogie algum aspecto do desempenho antes de apresentar o *feedback* corretivo.
- Forneça o *feedback* corretivo sobre um aspecto do desempenho por vez. Se o aluno fez uma série de coisas incorretamente, concentre-se primeiro em uma delas para que ele não se sinta sobrecarregado ou desanimado. Demonstre o desempenho correto em etapas para que o aluno seja cada vez mais bem-sucedido em cada treino subsequente.

Como melhorar a generalização após o treinamento de habilidades comportamentais

O objetivo dos procedimentos de THC é que o aluno adquira novas habilidades e as utilize nas circunstâncias apropriadas fora das sessões de treinamento. Várias estratégias podem ser usadas a fim de promover a generalização das habilidades para as circunstâncias apropriadas após o THC.

Primeiro, o treinamento deve envolver diversas dramatizações que simulem as situações reais que o aluno provavelmente encontrará na vida real. Quanto mais próximos os cenários de treinamento (dramatizações) forem das situações da vida real, maior a probabilidade de as habilidades serem generalizadas para as situações reais (Miltenberger et al., 1999).

Segundo, incorpore situações da vida real ao treinamento. O aluno pode ensaiar as habilidades em dramatizações com pares reais ou em situações reais (como na escola, no parquinho). Olsen-Woods, Miltenberger e Forman (1998) ensinaram habilidades de prevenção contra sequestro para crianças e realizaram algumas dramatizações no parquinho da escola como uma situação da vida real em que pode ocorrer uma tentativa de sequestro.

Terceiro, forneça tarefas para o aluno praticar a habilidade que está sendo aprendida fora da sessão de THC, em uma situação da vida real. Depois de praticar a habilidade fora da sessão de treinamento, o aluno pode discutir a experiência na sessão seguinte de THC e receber *feedback* sobre seu desempenho. Em alguns casos, a prática das habilidades fora de uma sessão pode ser supervisionada pelo pai ou professor que possa apresentar *feedback* imediato.

Quarto, o treinador pode organizar o reforço das habilidades em situações fora das sessões de treinamento. Por exemplo, o treinador pode falar com o professor ou pai e fazer com que forneça reforço quando o aluno exibir a habilidade correta em casa ou na escola.

Avaliação *in situ*

O treinamento de habilidades comportamentais geralmente ocorre em uma situação diferente daquela em que as habilidades precisam ser usadas. Por exemplo, o treinamento de prevenção contra sequestro pode ocorrer em sala de aula, mas as habilidades precisam ser utilizadas em público quando a criança estiver sozinha em uma situação em que o sequestrador pode apresentar uma "isca". Portanto, é importante avaliar as habilidades ensinadas com o THC no cenário em que elas precisam ser manifestadas. Além disso, é importante avaliar as habilidades sem o conhecimento do indivíduo de que está havendo uma avaliação. Quando uma avaliação de habilidades ocorre no ambiente natural em que são necessárias e o indivíduo não está ciente de que está ocorrendo, esta é chamada de **avaliação *in situ***. A realização de uma avaliação *in situ* é importante para estabelecer com precisão se o indivíduo usará as habilidades quando forem necessárias. A pesquisa mostrou que, se o indivíduo sabe que a avaliação está ocorrendo, é mais provável que use as habilidades do que se não soubesse (Gatheridge et al., 2004; Himle, 2004; Lumley et al., 1998).

Como no estudo de Gatheridge et al. (2004), foi ensinado a crianças com 6 e 7 anos habilidades de segurança para serem utilizadas se encontrassem uma arma e nenhum adulto estivesse por perto: não toque na arma, fuja dela, e vá contar a um adulto. Após o treinamento, quando se perguntou às crianças o que fazer quando encontrassem uma arma, elas forneceram a resposta correta. Quando foi pedido que mostrassem ao pesquisador o que fazer quando encontrassem uma arma, elas demonstraram o comportamento correto. No entanto, quando encontraram uma arma (descarregada fornecida pela polícia para uso na pesquisa) sem saber que alguém estava observando (avaliação *in situ*), elas não conseguiram demonstrar a resposta correta. As crianças aprenderam as habilidades, mas só as utilizaram quando o pesquisador estava presente; as habilidades não se generalizaram porque estavam sob o controle de estímulo da presença do pesquisador.

> *Por que as habilidades estariam sob controle de estímulo do pesquisador (por que o pesquisador é um E^D para o uso das habilidades)?*

O pesquisador era um E^D para o uso das habilidades porque só foram reforçadas quando ele estava presente durante o treinamento. Para conseguir que as habilidades se generalizem, muitas vezes é necessário reforçá-las no ambiente natural quando o pesquisador não está presente. Conforme descrito a seguir, esse procedimento é chamado treinamento *in situ*.

Treinamento *in situ*

Pesquisa recente que avalia o THC a fim de ensinar habilidades de segurança para crianças e indivíduos com deficiência intelectual mostrou que o procedimento chamado *treinamento in situ* às vezes é necessário para promover a generalização após o treinamento (Egemo Helm et al., 2007; Himle et al., 2004; Miltenberger et al., 2005; Miltenberger et al., 1999b). Com o **treinamento *in situ***, o instrutor estabelece uma avaliação no ambiente natural sem o conhecimento da criança de que está sendo avaliada (avaliação *in situ*). *Se a criança não executar as habilidades durante a avaliação* in situ, *o treinador entra na situação e imediatamente transforma a avaliação em uma sessão de treinamento. O treinador então faz a criança ensaiar as habilidades várias vezes na situação de avaliação, de modo que é mais provável que as habilidades se manifestem se a criança se deparar com uma situação semelhante no futuro.*

Considere o exemplo de um estudo realizado em 2005 por Johnson e colaboradores que avaliaram o THC por ensinar habilidades de prevenção contra sequestro a crianças de 4 e 5 anos. Depois que uma criança de 5 anos mostrou que podia se envolver em habilidades de prevenção contra sequestro durante as sessões de THC, Johnson conduziu a avaliação *in situ*. Durante essa avaliação, o assistente de pesquisa (não conhecido pela criança) abordou-a no parquinho enquanto estava sozinha e perguntou se ela gostaria de dar um passeio. No momento que deixou de recorrer às habilidades de segurança (ela não disse "Não", e não fugiu para contar a um adulto) durante a avaliação, o treinador apareceu e perguntou à criança: "O que você deve fazer quando um estranho pedir que o acompanhe a algum lugar?". Depois que a criança deu a resposta correta, o treinador disse: "Bem, você não fez isso. Vamos ter que praticar para que faça o certo se isso acontecer novamente!". O treinador então leva a criança praticar dizendo "não", fugindo e contando a um adulto em resposta a uma dramatização na situação real em que a avaliação ocorreu. Como resultado, da outra vez que a criança foi avaliada sem tomar conhecimento, ela se envolveu nos comportamentos corretos. Em vários estudos, os pesquisadores mostraram que a realização de treinamento *in situ* dessa maneira é eficaz para crianças que não usaram as habilidades após o THC (Gatheridge et al., 2004; Himle et al., 2004; Johnson et al., 2005, 2006; Jostad et al., 2008; Miltenberger et al., 2004, 2005).

Treinamento de habilidades comportamentais e a contingência de três termos

Ao combinar instruções, modelagem, treino e *feedback*, o procedimento de THC consiste de todos os três aspectos da contingência de três termos. Uma contingência de três termos, envolvendo antecedentes, o comportamento e as consequências do comportamento, deve ser usada em qualquer situação de ensino. As instruções e modelagem são estratégias antecedentes utilizadas para evocar o comportamento correto. Como a maioria das pessoas seguiu com sucesso instruções ou modelos imitados no passado, as instruções e a modelagem são estímulos discriminativos eficazes para o comportamento correto. O ensaio envolve a execução do comportamento descrito e modelado. Quando o comportamento é ensaiado corretamente, o *feedback* envolve uma consequência reforçadora que fortalece o comportamento correto. Quando o comportamento está parcialmente correto ou incorreto, o *feedback* corretivo é fornecido na forma de instruções para melhorar o desempenho. O *feedback* corretivo funciona como um antecedente que evoca o comportamento correto no ensaio seguinte para que possa ser reforçado.

Antecedente	Comportamento	Consequência
Contexto da dramatização, modelagem e instruções	Ensaio da habilidade	*Feedback* (elogio pelo desempenho correto)

Resultado: é mais provável que o cliente se engaje na habilidade correta no contexto dramatizações.

A melhor maneira de ensinar uma habilidade é fornecer instruções ou modelagem e exigir que a pessoa treine a habilidade para que seja reforçada, o que constitui um teste de aprendizado em THC. Embora as instruções ou a modelagem por si só possam evocar o comportamento correto na situação correta, não é provável que o comportamento continue a ocorrer, a menos que seja posteriormente reforçado. Por exemplo, suponha que seu amigo disse para dirigir na pista da esquerda, passando pelo shopping, porque os carros que estão prestes a entrar no shopping diminuem o tráfego na pista da direita. Isso é uma instrução. Você segue as instruções e o comportamento é reforçado, evitando o tráfego mais lento. Como resultado, é mais provável que dirija pela pista da esquerda depois de passar o shopping. No entanto, se você seguisse as instruções de seu amigo e dirigisse pela faixa da esquerda, mas o tráfego não fosse mais rápido naquela pista, o comportamento não seria reforçado. Portanto, mesmo que a instrução evocasse (estimulasse) o comportamento correto inicialmente, o comportamento não continuaria a ocorrer porque não foi reforçado depois que ocorreu. Ao ensinar uma habilidade, podemos evocar o comportamento correto simplesmente modelando-o ou fornecendo instruções para o aluno. No entanto, para ter certeza de que o comportamento foi aprendido, o aprendiz também precisa ensaiar a situação de treinamento simulada para poder reforçar o comportamento. É muito mais provável que o aluno execute o comportamento na situação real se já tiver executado o comportamento com sucesso com o reforço no treinamento.

Treinamento de habilidades comportamentais em grupos

Às vezes, os procedimentos de THC são utilizados com grupos de pessoas que precisam aprender habilidades semelhantes. Por exemplo, o treinamento dos pais pode ser implementado com um grupo de pais que estão tendo dificuldades com os filhos; o treinamento de assertividade pode ser realizado com um grupo de pessoas com déficits em habilidades assertivas. O THC em grupo é mais eficaz com pequenos grupos em que todos os membros têm a chance de participar (Himle et al., 2004a). No THC em grupo, a modelagem e as instruções são apresentadas para todo o grupo. Cada membro então ensaia a habilidade em uma dramatização e recebe o *feedback* do treinador e dos outros membros (Poche Yoder e Miltenberger, 1988). No treinamento em grupo, como THC individual, cada pessoa ensaia a habilidade até que seja realizada corretamente em várias situações simuladas.

O THC em grupo tem uma série de vantagens. Primeiro, pode ser mais eficiente que o THC individual, porque são apresentadas as instruções e a modelagem para todo o grupo. Em segundo lugar, cada membro do grupo aprende observando os outros membros ensaiar as habilidades e receber *feedback* sobre seu desempenho. Terceiro, os membros do grupo aprendem avaliando o desempenho dos outros membros e fornecendo *feedback*. Quarto, com diversos membros participando de dramatizações, a generalização pode ser melhorada. Por fim, a magnitude do reforço para o ensaio com sucesso aumenta quando o elogio vem de outros membros do grupo, bem como do treinador.

Uma desvantagem do THC em grupo é que as pessoas não têm a atenção exclusiva do treinador. Outro problema possível é que alguns membros podem não participar ativamente ou são dominantes nas interações, o que limita a participação de outros membros. O treinador pode evitar o problema assumindo um papel ativo e promovendo a participação de todos os membros.

Aplicações dos procedimentos de treinamento de habilidades comportamentais

Numerosos estudos têm demonstrado que os procedimentos de THC são eficazes no ensino de diversas habilidades (Rosenthal e Steffek, 1991). Esses procedimentos foram usados extensivamente com crianças. Já discutimos os estudos de Poche e colaboradores. Outros pesquisadores também usaram procedimentos de THC para ensinar habilidades de prevenção contra sequestros e abuso sexual de crianças (Carroll-Rowan e Miltenberger, 1994; Johnson et al., 2005, 2006; Miltenberger e Thiesse-Duffy, 1988; Miltenberger et al., 1990; Olsen-Woods, Miltenberger e Forman, 1998; Wurtele, Marrs e Miller-Perrin, 1987; Wurtele et al., 1986). Em cada um desses estudos, as crianças aprenderam as respostas corretas para situações perigosas por meio de instruções e modelagem, ensaiaram as habilidades de autoproteção em dramatizações dessas situações e receberam *feedback* sobre o desempenho. Os pesquisadores descobriram que o uso de instruções e modelagem sem ensaio e *feedback* foi menos eficaz para ensinar habilidades de autoproteção. As crianças aprenderam muito mais quando tiveram a oportunidade de ensaiar as habilidades e receber *feedback* quanto ao seu desempenho após as instruções e a modelagem. Técnicas de prevenção contra sequestro e abuso sexual também foram ensinadas a adultos com deficiência intelectual usando a mesma abordagem de THC (Haseltine e Miltenberger, 1990; Lumley et al., 1998; Miltenberger et al., 1999). Em alguns casos, o treinamento *in situ* foi utilizado após o THC para ajudar crianças ou indivíduos com deficiência intelectual a aprender as habilidades e usá-las em situações naturais (Johnson et al., 2005, 2006).

Em outra pesquisa, os procedimentos de THC foram utilizados para ensinar habilidades de emergência a crianças. Jones e Kazdin (1980) ensinaram crianças pequenas a dar telefonemas de emergência para o corpo de bombeiros. Jones, Kazdin e Haney (1981) ensinaram às crianças as habilidades necessárias para reagir a incêndios domésticos. Eles identificaram nove diferentes emergências de incêndio doméstico e as respostas corretas de segurança para cada situação. No treinamento, simularam um incêndio em um quarto e utilizaram instruções, modelagem, ensaio e *feedback* para ensinar à criança as respostas corretas. O treinador informou a ela os comportamentos corretos e mostrou o que deveria fazer. Quando a criança executou-o corretamente, o treinador elogiou e apresentou outros reforços. Se a criança executasse qualquer parte de forma incorreta, o treinador dava *feedback* sobre o que devia ser feito de maneira correta, e ela tentava outra vez até fazer corretamente (Figura 12-3). Sempre que qualquer parte do desempenho estava incorreta, os pesquisadores elogiaram a criança por qualquer parte do comportamento que tivesse sido realizado antes de apresentar a correção. Os resultados estão resumidos na Figura 12-4.

FIGURA 12-3 A criança está ensaiando uma habilidade de segurança contra incêndio depois de ver um modelo e receber instruções do treinador. Depois do ensaio, o treinador fornecerá *feedback*.

Os procedimentos de THC também foram amplamente utilizados com pessoas apresentando déficit de habilidades sociais. Por exemplo, Elder, Edelstein e Narick (1979) ensinaram adolescentes agressivos a melhorar as habilidades sociais em um esforço para reduzir comportamento agressivo. Matson e Stephens (1978) ensinaram clientes com transtornos psiquiátricos crônicos a aumentar comportamentos sociais apropriados, o que resultou na diminuição de agressividade e violência. Starke (1987) usou procedimentos de THC para melhorar as habilidades sociais de adultos jovens com deficiências físicas. Warzak e Page (1990) ensinaram meninas adolescentes sexualmente ativas a recusarem comportamentos sexuais indesejados de meninos adolescentes. Em cada estudo, os indivíduos aprenderam as habilidades sociais por meio de instruções e modelagem, ensaio das habilidades em dramatizações e receberam *feedback* (reforço e correção) sobre o desempenho.

Starke (1987) descobriu que o procedimento de THC era mais eficaz do que um grupo de discussão para aumentar as habilidades sociais. Essa descoberta sugeriu que o ensaio e o *feedback* eram componentes importantes do procedimento de treinamento de habilidades. Em outras palavras, não é suficiente saber quais habilidades são importantes e observar as demonstradas. A melhor maneira de aprender habilidades é também ter a oportunidade de ensaiar e dar *feedback* para que sejam reforçadas em situações reais ou simuladas.

Resultados semelhantes mostrando que instruções e modelagem não são suficientes, e que os alunos devem praticar as habilidades com *feedback* para serem bem-sucedidos, foram relatados por pesquisadores (Beck e Miltenberger, 2009; Gatheridge et al., 2004; Himle et al., 2004b; Miltenberger e Crosland, 2014; Poche Yoder e Miltenberger, 1988). Como no estudo de Beck e Miltenberger (2009), as crianças assistiram a um vídeo comprado na Internet projetado para ensiná-las habilidades de prevenção contra sequestro (dizer "não", fugir e informar a um adulto quando abordada por estranho). Embora o vídeo tenha sido altamente valorizado e ganhado vários prêmios pela qualidade, depois que as crianças o assistiram, não se envolveram nas habilidades de prevenção de sequestro durante uma avaliação *in situ* (quando foram abordadas por um estranho em uma loja sem saber que estavam sendo testadas). No entanto, depois de receberem treinamento *in situ*, em que praticaram as habilidades de prevenção contra sequestros e receberam *feedback*, obtiveram sucesso em usar as habilidades em outras avaliações. A mesma conclusão foi relatada por Miltenberger e Crosland (2014). Essa tem sido uma constatação consistente na pesquisa – contar e mostrar às crianças o que fazer não é suficiente; elas têm de praticar as habilidades com *feedback* (reforço e correção de erros) para usá-las em situações reais em que são necessárias.

Por fim, os pesquisadores demonstraram que os procedimentos de THC são eficazes por ensinar habilidades para adultos. Forehand e colaboradores (Forehand et al., 1979) utilizaram esses procedimentos para ensinar habilidades de gestão infantil a pais de crianças não condescendentes. Os pais aprenderam as habilidades necessárias para recompensar os filhos, fazer solicitações de forma adequada e usar pausa quando eles não eram condescendentes. Quando os pais aprenderam as habilidades, o comportamento das crianças melhorou. Outros pesquisadores mostraram que os procedimentos de THC são eficazes para ensinar habilidades de modificação do comportamento para professores ou funcionários que trabalham com crianças, moradores de lares para idosos ou indivíduos com deficiência intelectual (Engelman et al., 2003; Lavie e Sturmey, 2002; Moore et al., 2002; Sarokoff e Sturmey, 2004). Miltenberger e Fuqua (1985b) utilizaram instruções, modelagem, treino e *feedback*

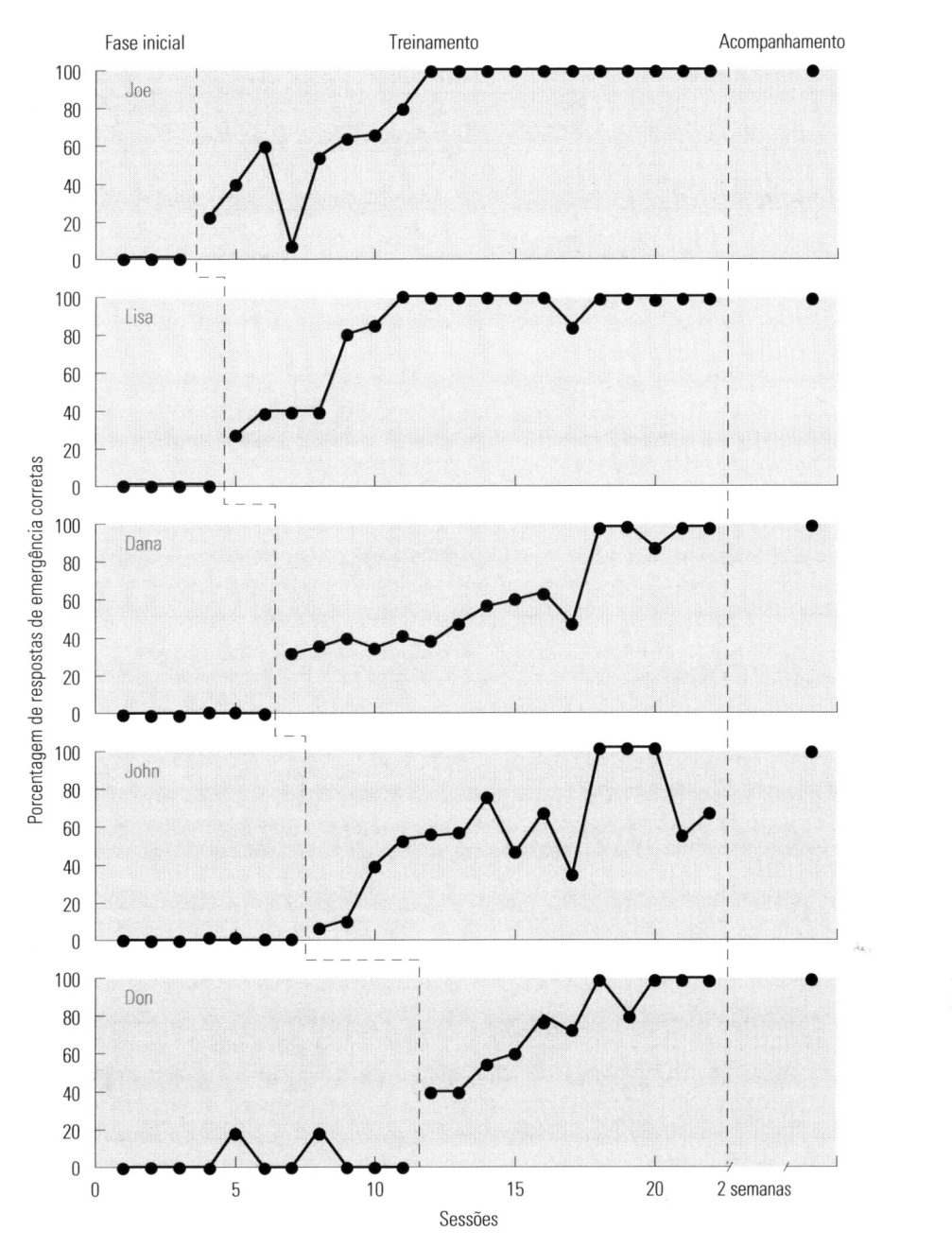

FIGURA 12-4 Este gráfico mostra a porcentagem de respostas corretas a emergências de incêndio de cinco crianças antes e depois de o treinamento de habilidades comportamentais ter sido implementado com cada criança. Todas elas aprenderam as habilidades como resultado do treinamento. O gráfico é de um desenho com várias fases iniciais envolvendo diversos indivíduos. O desempenho de cada criança melhorou somente depois que ela recebeu treinamento. (Jones, R. T., Kazdin, A. E. e Haney, J. L. Social validation and training of emergency fire safety skills or potential injury prevention and life saving. *Journal of Applied Behavior Analysis*, v. 14, p. 249-260, 1981. Copyright © 1981 University of Kansas Press. Reimpresso com permissão do editor.)

para ensinar estudantes universitários como conduzir entrevistas clínicas. Os alunos aprenderam a fazer os tipos certos de perguntas ao conduzir uma entrevista com assistentes de pesquisa que simulavam clientes com problemas de comportamento. Dancer e colaboradores (Dancer et al., 1978) ensinaram habilidades comportamentais de observação e descrição a casais que se candidataram a administrar casas para grupos de jovens delinquentes. Os casais precisavam dessas habilidades para trabalhar efetivamente com os jovens que exibiam diversos problemas de comportamento.

A pesquisa citada aqui é apenas uma amostra das aplicações dos procedimentos de THC. Os procedimentos são utilizados com pessoas que podem aprender com instruções e modelagem em situações simuladas e não precisam do treinamento intensivo fornecido nos procedimentos de encadeamento descritos no Capítulo 11. Os procedimentos de encadeamento geralmente são utilizados com pessoas que têm habilidades limitadas e precisam de estímulo intensivo. Os procedimentos de THC, por outro lado, costumam ser utilizados com crianças e adultos com habilidades normais. No entanto, também foram empregados com pessoas com alguma deficiência. Por exemplo, Hall, Sheldon-Wildgen e Sherman (1980) usaram instruções, modelagem, treino e *feedback* para ensinar habilidades de entrevista de emprego a adultos com deficiências leves ou moderadas. Depois de descrever e modelar as importantes habilidades verbais e não verbais em uma entrevista, Hall e colaboradores fizeram os alunos ensaiarem as habilidades em entrevistas simuladas.

> *O que você acredita que Hall fez após os ensaios nas entrevistas simuladas?*
>
> Depois do treino, Hall elogiou os comportamentos apropriados e descreveu os comportamentos que os aprendizes precisavam melhorar.

Utilizando procedimentos de THC, Bakken, Miltenberger e Schauss (1993) ensinaram a pais com deficiência intelectual habilidades importantes para interagir com os filhos. Os pais aprenderam a elogiá-los e a prestar atenção neles de maneira apropriada a fim de facilitar o desenvolvimento normal. Uma descoberta interessante deste estudo foi que os pais aprenderam as habilidades quando foram empregadas instruções, modelagem, treino e *feedback* em sessões de treinamento, mas as habilidades não se generalizaram em situações domésticas cotidianas. Quando Bakken implementou treinamento em casa, os pais começaram a exibir as habilidades também em suas casas. Essa descoberta ressalta a importância de avaliar a generalização de habilidades nos ambientes naturais onde elas são necessárias e fornecer treinamento adicional se a generalização não ocorrer. (Veja o Capítulo 19 para saber mais sobre generalização.)

PARA UMA LEITURA MAIS APROFUNDADA

Uso do treinamento de habilidades comportamentais para ensinar medidas de segurança que evitem brincadeiras com armas

A criança ao encontrar uma arma que foi negligenciada por um adulto, geralmente brinca com ela (Himle et al., 2004). Como resultado, a criança pode acidentalmente ferir ou matar a si mesma ou outra pessoa se a arma disparar. Em resposta a esse problema, pesquisadores avaliaram o THC para ensinar habilidades de segurança a crianças para evitar disparos acidentais de armas (Himle, et al., 2004a; Miltenberger et al., 2004b, 2005). As habilidades de segurança que se ensina a uma criança ao encontrar uma arma são: (a) não toque na arma, (b) se afaste imediatamente e (c) informe um adulto. Pesquisadores mostraram que o THC pode ser bem-sucedido no ensino de crianças de 4 a 7 anos, mas que, em alguns casos, o treinamento *in situ* é necessário. Nestes estudos, os pesquisadores utilizaram avaliações *in situ* no início e após o treinamento – eles criaram situações em que uma criança encontrou uma arma (uma arma real, mas descarregada) sem saber que estava sendo avaliada. Para realizar o treinamento *in situ*, o pesquisador observou a avaliação pós-treinamento sem ser visto pela criança, e se a criança não usou as habilidades de segurança ao encontrar a arma, o pesquisador entrou na sala e perguntou a ela o que deveria ter feito quando encontrou a arma. Depois que a criança descreveu os comportamentos corretos, o pesquisador exigiu que ela praticasse as habilidades cinco vezes na situação em que encontrou a arma. Os pesquisadores descobriram que as crianças no geral aprenderam as habilidades com THC e treinamento *in situ*.

Como utilizar os procedimentos de treinamento de habilidades comportamentais

As etapas a seguir descrevem o uso efetivo dos procedimentos de THC.

1. Identifique e defina as habilidades que você quer ensinar. Uma boa definição comportamental descreverá claramente todos os comportamentos envolvidos nas habilidades. É preciso definir todas as habilidades que podem ser necessárias em várias situações e realizar uma análise de tarefas de habilidades complexas (cadeias comportamentais).
2. Identifique todas as situações de estímulo relevantes (E^D) nas quais as habilidades devem ser usadas. Por exemplo, ao ensinar habilidades de prevenção contra sequestro, você deve identificar todos os engodos possíveis que alguém pode utilizar para que a criança aprenda a responder com sucesso a cada situação de sequestro. Ao ensinar assertividade, deve identificar todas as situações possíveis em que uma pessoa pode agir de forma não assertiva, de modo que ela aprenda a reagir de maneira assertiva em todas as situações.

3. Avalie as habilidades do aluno em situações de estímulo relevantes para estabelecer uma fase inicial. Para avaliar as habilidades dele, você deve apresentar cada situação de estímulo (seja uma situação real ou uma simulação) e registrar a resposta do aluno a essa situação.
4. Comece a treinar com a habilidade mais fácil ou a situação de estímulo mais fácil. Nessas circunstâncias, é mais provável que o aluno seja bem-sucedido no treinamento e tenha maior probabilidade de continuar cooperando com o procedimento de THC. Se você começar com habilidades ou situações mais difíceis, ele pode não ser bem-sucedido inicialmente e se desanimar.
5. Comece uma sessão de treinamento fornecendo instruções e modelando o comportamento. Certifique-se de modelar o comportamento no contexto adequado (em resposta ao E^D relevante). Você pode criar o contexto adequado, simulando-o em uma dramatização. A simulação deve ser a mais realista possível para o aluno. Às vezes, as sessões de treinamento são realizadas no ambiente real; por exemplo, Poche, Brower e Swearingen (1981) modelaram habilidades de prevenção contra sequestros no pátio de recreio, onde uma criança pode realmente ser abordada por um sequestrador em potencial.
6. Depois que o aluno ouve as instruções e vê o modelo, ofereça oportunidade para o treino. Simule o contexto adequado para o comportamento e faça que ele o pratique. Às vezes, a simulação ou a dramatização pode ocorrer na situação natural. Poche, Brower e Swearingen (1981) pediram às crianças que ensaiassem habilidades de prevenção contra sequestro no parquinho da escola.
7. Imediatamente após o ensaio, forneça *feedback*. Sempre faça elogios descritivos de algum aspecto correto do desempenho. Em seguida, forneça instruções para melhoria, conforme necessário.
8. Repita o processo de treino e *feedback* até que o aluno tenha executado o comportamento corretamente algumas vezes.
9. Após o sucesso com uma situação de treinamento, prossiga com outra situação e continue o processo de instruções, modelagem, treino e *feedback* até que o aluno tenha dominado cada habilidade em todas as situações. Ao adicionar novas situações, continue a fazer que os alunos pratiquem as situações de treinamento que dominaram para garantir a manutenção.
10. Uma vez que o aluno tiver dominado todas as habilidades em todas as situações simuladas durante as sessões de treinamento, programe para a generalização em situações naturais em que as habilidades são necessárias. Se as situações de treinamento forem tão semelhantes quanto possível às situações naturais ou se o treinamento ocorre na situação natural (Poche, Brower e Swearingen, 1981), é mais provável que a generalização ocorra. Outra maneira de aumentar a generalização é fazer com que o aluno pratique as habilidades em situações cada vez mais difíceis. Por exemplo, depois de treinar habilidades sociais, você dá instruções para que ele utilize as habilidades sociais em situações reais com pessoas reais. Comece com atribuições fáceis e, à medida que ele for bem-sucedido, trabalhe com as mais difíceis. O ponto-chave é manter o sucesso para que os esforços do aluno sejam reforçados. Outras maneiras de promover a generalização são revisadas no Capítulo 19.

RESUMO DO CAPÍTULO

1. Os procedimentos de treinamento de habilidades comportamentais (THC) consistem de quatro componentes: instruções, modelagem, treino e *feedback*. Esses componentes de treinamento foram utilizados juntos para ensinar diversas habilidades importantes para pessoas com deficiência e para adultos e crianças no geral. Primeiro, o treinador fornece instruções em que os aspectos importantes do comportamento são descritos para o aluno. Em seguida, proporciona a modelagem real ou simbólica para que o aluno veja como executar o comportamento. O aluno então terá oportunidade de treinar o comportamento em uma situação simulada, semelhante à situação natural em que ele é necessário. Após o ensaio, o treinador fornece *feedback*, que consiste em reforço dos aspectos corretos do comportamento e instruções sobre como melhorá-lo. São realizados treinos adicionais e é fornecido *feedback* até que o aluno exiba o comportamento correto em inúmeros contextos relevantes.

2. O momento apropriado para usar os procedimentos de THC é quando o aluno pode se beneficiar de instruções e modelagem e não precisa de procedimentos de treinamento mais intensivos (como os de encadeamento) para aprender as habilidades.

3. Você conduz o THC em pequenos grupos, fornecendo instruções e modelagem para todo o grupo e, em seguida, fazendo que cada membro treine individualmente as habilidades em dramatizações e receba *feedback*, o qual pode vir do treinador, bem como de outros membros do grupo.

4. Os procedimentos de THC envolvem uma contingência de três termos para a habilidade que está sendo aprendida. Instruções e modelagem são antecedentes para obter o comportamento correto, este ocorre em um treino e o *feedback* é fornecido como consequência reforçadora para o comportamento no treino. O *feedback* também pode envolver instruções adicionais que agem como alerta para o comportamento no treino seguinte.

TERMOS-CHAVE

avaliação *in situ*, 163
feedback, 162
instruções, 160
modelagem, 161
treinamento de habilidades comportamentais (THC), 158
treinamento *in situ*, 164
treino, 162

TESTE PRÁTICO

1. Quais são os quatro componentes do procedimento de THC? Descreva cada procedimento componente.
2. Descreva o uso do procedimento de THC.
3. Dê dois exemplos (não deste capítulo) de habilidades que poderiam ser ensinadas através do procedimento de THC.
4. Para ambos os exemplos, descreva como você usaria o procedimento de THC.
5. Por que o uso de instruções ou modelagem por si só geralmente não é eficaz em longo prazo?
6. Descreva os fatores que influenciam a eficácia da modelagem. Quais fatores reduzem a eficácia da modelagem?
7. Descreva os fatores que influenciam a efetividade das instruções.
8. Ao utilizar o treino, por que você deve começar com comportamentos ou situações fáceis? O que pode acontecer se você praticar as situações mais difíceis primeiro?
9. Descreva os fatores que influenciam a efetividade do treino.
10. Descreva os dois tipos de *feedback* que você pode fornecer após um treino comportamental.
11. Ao fornecer *feedback* após um treino comportamental, por que você deve sempre elogiar primeiro? O que você deve fazer se o comportamento não estiver correto no treino?
12. Descreva os fatores que influenciam a efetividade do *feedback*.
13. Descreva como a contingência de três termos está envolvida no procedimento de THC.
14. Descreva as diretrizes para o uso efetivo do procedimento de THC.
15. Como o procedimento de THC é diferente dos procedimentos de encadeamento descritos no Capítulo 11? Como são similares?
16. Em que circunstâncias um procedimento de encadeamento seria mais apropriado? Em que circunstâncias o procedimento de THC seria mais apropriado?

APLICAÇÕES

1. Você é conselheiro escolar e pediram que ensinasse a um grupo de alunos da oitava série as habilidades necessárias para resistir à pressão dos colegas para começar a fumar. Descreva como utilizará os procedimentos de THC para ensinar aos jovens as habilidades importantes. Suponha que vai trabalhar com grupos de 20 a 25 jovens em cada sala de aula.
   a. Defina as habilidades que ensinará.
   b. Identifique as situações em que as crianças precisarão dessas habilidades.
   c. Crie as dramatizações que utilizará no treinamento.
   d. Descreva como você modelará o comportamento e quais instruções dará.
   e. Descreva os tipos de treino e *feedback* que usará.
   f. Descreva o que você fará para aumentar as chances de generalização das habilidades que as crianças aprenderão.
2. Sua filha pequena está na primeira série e ela quer ir caminhando para a escola (a duas quadras de distância) com os amigos diariamente. Você decidiu que ela deve aprender algumas habilidades de segurança pessoal antes de permitir que vá caminhando para a escola sem a supervisão de um adulto. Você quer ensiná-la a responder a um adulto que oferece carona, pois não quer que ela aceite carona de ninguém sem sua permissão. Descreva o procedimento de THC que usará para ensinar as habilidades necessárias para que ela responda com segurança em tal situação. Discuta cada um dos aspectos abordados na Aplicação 1. Além disso, descreva como avaliará suas habilidades após o treinamento para ter certeza de que se generalizaram para a situação natural.
3. Você está ensinando a turma composta de dez pais que estão tendo problemas com os filhos. Todos eles têm um filho que se envolve em comportamentos para chamar a atenção, como choramingar, chorar ou atrapalhar os pais. Uma das coisas que quer ensinar aos pais é como reforçar diferencialmente o comportamento apropriado dos filhos, como brincar ou realizar uma tarefa. Descreva como utilizará o procedimento de THC para ensinar os pais a reforçar o bom comportamento dos filhos.

APLICAÇÕES INCORRETAS

1. O diretor de uma escola de ensino fundamental decidiu que chegou o momento de ensinar os alunos sobre prevenção contra drogas e como resistir a alguém que as oferece ou tenta convencê-los a experimentar ou vender drogas. O diretor recebe um filme que narra os perigos das drogas e informa às crianças que nunca usem ou vendam drogas. O filme repete a mensagem de que as crianças devem apenas dizer não e se afastar de uma pessoa envolvida com drogas. O filme mostra algumas crianças dizendo não e se afastando. O diretor mostra o filme em cada sala de aula e pergunta às crianças se elas têm alguma dúvida. Qual é o problema com o plano do diretor para ensinar os alunos a dizer não às drogas? Como você melhoraria esse plano?

2. Após o jantar, todos os dias, trabalhadores em uma casa comunitária para adolescentes com deficiência intelectual devem realizar programas de treinamento de escovação de dentes, higiene pessoal, limpeza e outras habilidades. O supervisor vai para casa às 17 horas, e os membros da equipe costumam se sentar e conversar depois do jantar, em vez de treinar os residentes. Sempre que o supervisor passa, os membros da equipe se levantam e fazem o trabalho, mas param novamente quando ele sai. O supervisor decide conduzir o THC com o pessoal. Ele conduz algumas sessões de treinamento nas quais utiliza instruções, modelagem, treino e *feedback* para ensinar aos membros da equipe as habilidades necessárias para trabalhar com os residentes. Ele acredita que, como resultado do treinamento, a equipe usará essas habilidades quando ele não estiver presente. O que há de errado com esse uso do procedimento de THC? Qual seria o procedimento mais adequado?

3. Em uma nova campanha, grandes estrelas do esporte em comerciais de TV dizem às crianças que frequentem a escola, estudem muito e tirem boas notas. Os comerciais visam à escola do centro da cidade e às crianças do ensino médio. As estrelas do esporte dizem a elas por que devem estudar e como isso vai melhorar suas vidas no futuro. O comercial mostra algumas crianças estudando e outras mais velhas dizendo como são espertas pelo fato de estudarem. Mostra crianças se recusando a sair à noite com amigos porque precisam estudar. Depois que as crianças são modeladas no comportamento, a estrela do esporte as elogia e diz como são inteligentes por estudar e frequentar a escola. Por fim, o comercial mostra jovens se formando e conseguindo bons empregos. Mais uma vez, a estrela do esporte surge no vídeo e aponta as coisas boas que os estudos e a permanência na escola podem oferecer para as crianças. O que há de bom nessa estratégia para incentivar as crianças a estudar? O que está faltando? Como você poderia melhorá-la?

Entendendo problemas de comportamento por meio da avaliação funcional

13

- O que é avaliação funcional de um problema de comportamento?
- Quais são as três maneiras de realizar uma avaliação funcional?
- Como você usa métodos indiretos para realizar avaliação funcional?
- Como você usa métodos de observação direta para realizar avaliação funcional?
- O que é a análise funcional de um problema de comportamento? Como você conduz uma análise funcional?

Os Capítulos de 9 a 12 descrevem procedimentos para estabelecer comportamentos desejáveis. Esta seção do livro descreve procedimentos comportamentais para entender problemas de comportamento e aumentar ou diminuir comportamentos existentes. Ao usar procedimentos de modificação de comportamento para ajudar uma pessoa a aumentar um comportamento desejável ou diminuir ou eliminar um comportamento indesejável (um problema de comportamento), a primeira etapa é entender por que a pessoa se envolve no comportamento. Para fazer isso, você deve conduzir uma avaliação da contingência de três termos para determinar os eventos antecedentes que evocam o comportamento e as consequências reforçadoras que o mantêm. O processo de identificação dessas variáveis antes de tratar um problema de comportamento é chamado **avaliação funcional**.

Exemplos de avaliação funcional

Jacob

Jacob, um menino de 2 anos, vivia com a mãe e a irmã de 4 anos. A mãe tinha uma creche em casa e cuidava de 10 a 15 outras crianças pequenas. Jacob desenvolveu problemas de comportamento que incluíam jogar objetos, bater com a cabeça no chão e choramingar. A mãe estava preocupada com os problemas dele e concordou em participar de um experimento de modificação de comportamento, conduzido por Rich, um estudante de psicologia, para tentar diminuir os problemas de comportamento de Jacob (Arndorfer, Miltenberger, Woster, Rortvedt e Gaffaney, 1994). A primeira iniciativa de Rich foi conduzir uma avaliação funcional para determinar por que o menino estava envolvido nesses comportamentos.

Primeiro, Rich entrevistou a mãe de Jacob e fez perguntas sobre os problemas de comportamento, o cenário e as rotinas da creche, as circunstâncias antecedentes, as consequências quando Jacob passou a ter tais comportamentos, outros comportamentos que ele apresentava, e tratamentos anteriores que ela havia tentado. Após a entrevista, Rich observou Jacob no ambiente da creche e registrou informações sobre antecedentes, comportamentos e consequências cada vez que ele apresentava os problemas de comportamento. Ele observou Jacob por alguns dias até poder determinar, com confiança, quais antecedentes e consequências estavam associados ao comportamento.

Com base nas informações obtidas com a entrevista e as observações, Rich desenvolveu uma hipótese sobre a função dos problemas de comportamento, e determinou que Jacob era mais propenso a se engajar nos problemas de comportamento quando outras crianças na creche pegavam seus brinquedos ou tentavam brincar com eles. Além disso, quando Jacob batia com a cabeça, choramingava ou jogava brinquedos, as outras crianças provavelmente paravam de brincar com seus brinquedos e os devolviam a ele. Rich hipotetizou que o reforço dos problemas de comportamento era que as outras crianças devolviam os brinquedos a Jacob.

Para determinar se essa hipótese estava correta, Rich realizou um breve experimento. Em alguns dias, ele instruía as outras crianças a não tocar nos brinquedos de Jacob; em outros dias, ele instruía as crianças a brincarem com os brinquedos de Jacob, mas a devolvê-los imediatamente caso ele se engajasse em problemas de comportamento. Rich descobriu que Jacob era muito mais propenso a se envolver nos problemas de comportamento nos dias em que as outras crianças brincavam com seus brinquedos. Nos outros dias, Jacob raramente se envolvia nesses comportamentos. O breve experimento confirmou que o fato de as outras crianças brincarem com os brinquedos dele era antecedente dos problemas de comportamento. Além disso, confirmou que o reforço desses comportamentos é que as outras crianças devolviam os brinquedos.

Antecedente	Comportamento	Consequência
Outras crianças brincam com os brinquedos de Jacob.	Jacob bate com a cabeça, chora e joga os brinquedos.	As crianças devolvem os brinquedos para Jacob.

Resultado: é mais provável que Jacob bata com a cabeça, chore e jogue seus brinquedos quando outras crianças brincam com eles.

O tratamento para Jacob envolvia ensiná-lo a pedir às outras crianças que devolvessem os brinquedos quando elas os pegassem. Pedir os brinquedos de volta é um comportamento funcionalmente equivalente aos problemas de comportamento. Em outras palavras, pedir os brinquedos produzia o mesmo resultado do problema de comportamento: as crianças devolviam os brinquedos a ele. Quando Jacob exibia o comportamento agressivo, não conseguia os brinquedos de volta.

Antecedente	Comportamento	Consequência
Outras crianças brincam com os brinquedos de Jacob.	Jacob pede que devolvam os brinquedos.	As crianças devolvem os brinquedos para Jacob.

Resultado: é mais provável que Jacob peça que devolvam os brinquedos quando outras crianças brincarem com eles.

O tratamento ajudou Jacob a substituir o comportamento indesejável (bater a cabeça, chorar, jogar brinquedos) por um comportamento desejável (pedir os brinquedos). Essa estratégia de tratamento, utilizando o reforço diferencial para aumentar um comportamento desejável e diminuir um indesejável, é descrita no Capítulo 15. A avaliação funcional que Rich conduziu com Jacob o ajudou a escolher um tratamento eficaz para os problemas comportamentais do menino. *Realizar uma avaliação funcional é sempre o primeiro passo no uso de procedimentos de modificação de comportamento para diminuir problemas de comportamento.*

Anna

Anna, uma menina de 3 anos, morava com a mãe e a irmã mais nova. Ela se envolveu em problemas de comportamento em casa, incluindo bater, chutar e gritar (Arndorfer et al., 1994). Para entender a função desses comportamentos, Rich novamente conduziu uma avaliação funcional. Ele entrevistou a mãe de Anna e depois observou diretamente a contingência de três termos relacionada aos problemas de comportamento. Com base nos resultados da entrevista e em suas observações, Rich formulou a hipótese de que os problemas de comportamento de Anna foram reforçados pela atenção da mãe. Era mais provável que Anna se envolvesse em problemas de comportamento quando a mãe não prestava atenção nela (por exemplo, quando a mãe trabalhava em casa). Além disso, a consequência mais comum do problema era que a mãe de Anna imediatamente parou o que estava fazendo e prestou atenção em Anna. Rich realizou um breve experimento para confirmar essa hipótese.

O que você acha que Rich fez em seu breve experimento?

Rich pediu à mãe de Anna para controlar o nível de atenção dada à filha para determinar se a atenção reforçava os problemas de comportamento de Anna. Na primeira condição, ela brincou com Anna e prestou atenção a ela. Se Anna iniciasse um problema de comportamento, a mãe ignorava. Na segunda condição experimental, ela deu pouca atenção a Anna e se concentrou em uma tarefa. Se ela exibisse um problema de comportamento, a mãe imediatamente parava o que estava fazendo e prestava atenção na menina por algum tempo. Rich descobriu que Anna exibia uma frequência muito maior dos problemas de comportamento na segunda condição. O que confirmou a hipótese de que o reforçador do problema de comportamento de Anna era a atenção dada pela mãe.

Antecedente	Comportamento	Consequência
A mãe de Anna não está prestando atenção a ela.	Anna tenta atrair a atenção da mãe.	A mãe de Anna presta atenção a ela.

Resultado: é mais provável que Anna tente atrair a atenção da mãe a qualquer momento em que não estiver atenta a ela.

Rich implementou um tratamento semelhante ao que utilizou com Jacob. Ele ensinou Anna a pedir a atenção da mãe quando não estava prestando atenção a ela. Ensinou a mãe a reforçar diferencialmente o comportamento de Anna de pedir pela atenção dela. Isto é, quando Anna pedia por atenção, a mãe imediatamente prestava atenção a ela por algum tempo. No entanto, quando Anna iniciava o problema de comportamento, a mãe recorreu à extinção e não prestou nenhuma atenção a ela.

Antecedente	Comportamento	Consequência
A mãe de Anna não está prestando atenção a ela.	Anna pede a atenção da mãe.	A mãe de Anna presta atenção a ela.

Resultado: é mais provável que Anna peça a atenção da mãe a qualquer momento em que não estiver atenta a ela.

Quando Anna iniciou um problema de comportamento, a única reação de sua mãe foi levar a irmã menor dela para outra sala para que não se machucasse (porque o problema de comportamento de Anna envolvia bater e chutar). Rich descobriu que o uso de reforços diferenciais resultou em uma diminuição no problema de comportamento e em um aumento no comportamento desejável de pedir atenção da mãe. Mais uma vez, o tratamento específico escolhido para Anna foi baseado em informações da avaliação funcional conduzida como o primeiro passo no processo de tratamento.

Note que, às vezes, quando a criança aprende a pedir atenção como uma alternativa ao problema, ela pode passar a pedir atenção com tanta frequência que o comportamento se torna um problema. Carr e colaboradores (Carr et al., 1994) descreveram procedimentos para resolver o problema. A cada pedido sucessivo de atenção, os pais esperam cada vez mais tempo antes de responder. Eventualmente, a criança pede com menos frequência.

Definição de avaliação funcional

Um princípio básico da análise do comportamento é que o comportamento é legítimo. Independentemente de o comportamento ser desejável ou indesejável, sua ocorrência é controlada por variáveis ambientais; isto é, o comportamento ocorre por causa de variáveis ambientais. O comportamento respondente é controlado por estímulos antecedentes (um EC ou EI), e o comportamento operante é controlado por antecedentes e consequências que compõem as contingências de três termos de reforço e punição. *A avaliação funcional é o processo de coleta de informações sobre os antecedentes e consequências que estão funcionalmente relacionados à ocorrência de um problema de comportamento.* Oferece informações que ajudam a determinar por que um problema está ocorrendo (Drasgow, Yell, Bradley e Shiner, 1999; Ellis e Magee, 1999; Homer e Carr, 1997; Iwata, Vollmer e Zarcone, 1990; Iwata et al., 1993; Larson e Maag, 1999; Lennox e Miltenberger, 1989; Neef, 1994).

Além de informações sobre as consequências reforçadoras (funções) dos comportamentos-alvo, uma avaliação funcional também fornece informações detalhadas sobre os estímulos antecedentes, incluindo horário e local do comportamento, pessoas presentes quando o comportamento ocorre, quaisquer eventos ambientais imediatamente anteriores ao comportamento e a frequência (ou outras dimensões) do comportamento-alvo. Essas informações sobre a contingência de três termos ajudará a identificar os antecedentes que têm o controle do estímulo sobre o comportamento e as consequências reforçadoras que mantêm o comportamento.

A avaliação funcional também fornece outros tipos de informações que são importantes para desenvolver tratamentos apropriados para problemas de comportamento, incluindo a existência de comportamentos alternativos que podem ser funcionalmente equivalentes ao problema de comportamento, variáveis motivacionais (operações estabelecedoras e operações abolidoras, que influenciam a eficácia de estímulos como reforçadores e punidores), estímulos que podem funcionar como reforçadores para a pessoa e a história de tratamentos anteriores e os resultados (Tabela 13.1).

TABELA 13-1 Categorias de informações com base na avaliação funcional

- *Problemas de comportamento*: descrição objetiva dos comportamentos que compõem o problema
- *Antecedentes*: descrição objetiva dos eventos ambientais precedentes ao problema de comportamento, incluindo aspectos do ambiente físico e o comportamento de outras pessoas.
- *Consequências*: descrição objetiva dos eventos ambientais que se sucedem ao problema de comportamento, incluindo aspectos do ambiente físico e o comportamento de outras pessoas.
- *Comportamentos alternativos*: informações sobre comportamentos desejáveis no repertório da pessoa, que pode ser reforçado para competir com problema de comportamento.
- *Variáveis motivacionais*: informações sobre eventos ambientais que podem funcionar como operações estabelecedoras ou operações abolidoras para influenciar a efetividade dos reforçadores e punidores para os problemas de comportamento e comportamentos alternativos.
- *Reforçadores potenciais*: informações sobre eventos ambientais – incluindo estímulos físicos e o comportamento de outras pessoas – que podem funcionar como reforçadores e podem ser utilizados em um programa de tratamento.
- *Intervenções anteriores*: informações sobre as intervenções que foram utilizadas anteriormente e os efeitos sobre o problema de comportamento.

© Cengage Learning

Funções de problemas de comportamento

O objetivo principal de uma avaliação funcional é identificar a função do problema de comportamento. Existem quatro classes amplas de consequências reforçadoras ou funções de problemas de comportamento (Iwata et al., 1993; Miltenberger, 1998, 1999).

Reforço social positivo

Um tipo de consequência reforçadora envolve reforço positivo mediado por outra pessoa. *Quando uma consequência reforçadora positiva é fornecida por outra pessoa após o comportamento-alvo, e como resultado, é mais provável que o comportamento ocorra, isto é chamado* **reforço social positivo**. O reforço social positivo pode envolver atenção, acesso a atividades ou tangíveis fornecidos por outra pessoa. Por exemplo, Anna recebeu atenção da mãe como reforço para seu problema de comportamento, e Jacob recebeu os brinquedos de volta das outras crianças (tangíveis) como reforço para seu problema de comportamento. Em ambos os casos, essas consequências tornam o comportamento mais provável de ocorrer.

Reforço social negativo

Em alguns casos, os comportamentos-alvo são mantidos pelo reforço negativo que é mediado por outra pessoa. *Quando outra pessoa termina uma interação, tarefa ou atividade aversiva após a ocorrência de um comportamento-alvo, e como resultado, é mais provável que o comportamento ocorra, se diz que o comportamento é mantido por* **reforço social negativo**. Por exemplo, uma criança que reclama aos pais quando pedem para fazer uma tarefa pode ser liberada dela como resultado de ter reclamado. Da mesma forma, um estudante que bate com a cabeça quando instruído a fazer uma tarefa acadêmica pode escapar dela como resultado de sua atitude. Em cada caso, conseguir escapar de fazer a tarefa fortalece ou reforça o problema de comportamento. O ato de pedir a um amigo que não fume dentro do carro é reforçado negativamente pela atitude de evitar o cheiro da fumaça quando a pessoa apaga o cigarro ou simplesmente não acende o cigarro.

Reforço automático positivo

Em outros casos, a consequência reforçadora de um comportamento-alvo não é mediada por outra pessoa, mas ocorre como uma consequência automática do próprio comportamento. *Quando o comportamento produz automaticamente uma consequência reforçadora positiva e o comportamento é fortalecido, diz-se que é mantido pelo* **reforço automático positivo**. Por exemplo, alguns comportamentos produzem estimulação sensorial que reforça o comportamento. Uma criança com autismo, que gira objetos, se balança no assento ou bate os dedos no rosto, pode fazer isso porque esses comportamentos produzem estímulos sensoriais reforçadores. Nesse caso, a consequência reforçadora para o comportamento não é mediada por outra pessoa. Ir à cozinha para tomar uma bebida é automaticamente reforçado de modo positivo pela ingestão da bebida, ao passo que pedir a outra pessoa que traga algo para beber é reforçado socialmente de modo positivo quando receber a bebida de outra pessoa.

Reforço automático negativo

O **reforço automático negativo** *ocorre quando o comportamento-alvo automaticamente reduz ou elimina um estímulo aversivo como consequência do comportamento e ele é fortalecido.* Com o reforço automático negativo, escapar do estímulo aversivo não é algo mediado pelas ações de outra pessoa. Fechar a janela para bloquear uma corrente de ar envolve um reforço negativo automático. Pedir a alguém que feche a janela para se livrar da corrente de ar envolve reforço social negativo. Um exemplo de problema de comportamento que pode ser mantido por reforço negativo automático é comer compulsivamente. Em alguns casos, foi constatado que a compulsão alimentar foi mantida pela redução das respostas emocionais desagradáveis que estavam presentes antes dela (Miltenberger, 2005; Stickney e Miltenberger, 1999; Stickney, Miltenberger e Wolff, 1999). Ou seja, quando a pessoa experimenta fortes emoções desagradáveis, comer compulsivamente diminui temporariamente essas emoções, reforçando negativamente a compulsão alimentar.

Métodos de avaliação funcional

Os vários métodos utilizados para conduzir avaliações funcionais se dividem em três categorias: de avaliação indiretos, nos quais as informações são coletadas por meio de entrevistas e questionários; de observação direta, em que um observador registra os antecedentes, o comportamento e as consequências à medida que ocorrem; e experimentais (também chamados de análise funcional), em que antecedentes e consequências são manipulados para observar seu efeito sobre o problema de comportamento (Iwata, Vollmer e Zarcone, 1990; Lennox e Miltenberger, 1989). Vamos considerar cada uma dessas abordagens.

Métodos de avaliação funcional

- Métodos indiretos
- Métodos de observação direta
- Métodos experimentais (análise funcional)

Métodos indiretos

Com métodos indiretos de avaliação funcional, entrevistas ou questionários comportamentais são utilizados para coletar informações da pessoa que apresenta o problema de comportamento (o cliente) ou de outras pessoas que conhecem bem essa pessoa (por exemplo, membros da família, professores ou funcionários). Os métodos de avaliação indireta também são conhecidos como métodos de avaliação do informante, porque um informante (o cliente ou outros) está fornecendo informações em resposta a questões de avaliação (Lennox e Miltenberger, 1989). A vantagem dos métodos de avaliação funcional indireta é que são fáceis de conduzir e não demoram muito tempo. Além disso, vários formatos de entrevistas e questionários estão disponíveis para uso na condução de uma avaliação funcional (Bailey e Pyles, 1989; Durand e Crimmins, 1988; Iwata et al., 1982; Lewis, Scott e Sugai, 1994; Miltenberger e Fuqua, 1985b; O'Neill et al., 1990; O'Neill et al., 1997). A desvantagem dos métodos indiretos é que os informantes devem confiar na memória dos eventos. Assim, informações a partir de entrevistas e questionários podem estar incorretas como resultado de esquecimento ou parcialidade.

Devido à sua conveniência, os métodos indiretos de avaliação funcional são usados frequentemente. De fato, a entrevista é o método de avaliação mais comumente usado pelos psicólogos (Elliott et al., 1996; Swan e MacDonald, 1978). Uma boa entrevista comportamental é estruturada para gerar informações do informante que sejam claras e objetivas. Informações sobre o problema de comportamento, antecedentes e consequências devem descrever eventos ambientais (incluindo o comportamento de outras pessoas) sem inferências ou interpretações. Por exemplo, considere duas respostas diferentes à pergunta da entrevista: "Quando o seu filho se envolve no comportamento de birra?" (Suponha que o comportamento de birra já tenha sido descrito pelos pais.) Se o pai disser: "Johnny faz birra quando eu digo para ele desligar a TV e ir jantar", a mãe está fornecendo informações objetivas sobre eventos ambientais que imediatamente precedem o problema. Se o pai disser: "Johnny faz birra quando não consegue fazer o que quer", o pai ou a mãe interpreta a situação. Essa segunda resposta não traz informações objetivas sobre os antecedentes do problema. Não descreve eventos ambientais específicos.

O objetivo de uma entrevista comportamental é gerar informações sobre os problemas de comportamento, antecedentes, consequências e outras variáveis que permitirão formar uma hipótese sobre as variáveis de controle do problema. Ao mesmo tempo, uma entrevista eficaz ensina o cliente ou informante sobre a avaliação funcional: que os comportamentos e eventos devem ser identificados e especificados, que as inferências devem ser minimizadas e que é importante focar em antecedentes e consequências na compreensão e mudança de comportamento. A seguir, temos uma lista de perguntas que um entrevistador pode fazer para gerar informações sobre os antecedentes e as consequências do problema de comportamento de uma criança.

Antecedentes

- Quando o problema costuma ocorrer? Onde o problema costuma ocorrer?
- Quem está presente quando ocorre o problema?
- Quais atividades ou eventos precedem a ocorrência do problema de comportamento?
- O que as outras pessoas dizem ou fazem imediatamente antes de o problema ocorrer?
- A criança se envolve em algum outro comportamento antes do problema de comportamento?
- Quando, onde, com quem e em que circunstâncias é menos provável que o problema de comportamento ocorra?

Consequências

- O que acontece após o problema ocorrer?
- O que você faz quando ocorre o problema?
- O que outras pessoas fazem quando o problema ocorre?
- O que muda após o problema ocorrer?
- O que a criança obtém após o problema de comportamento?
- O que faz a criança ou evita após o problema de comportamento?

Cada uma dessas perguntas questiona sobre os eventos que imediatamente precedem e seguem o problema de comportamento da criança. O entrevistador faz essas perguntas na expectativa de que os pais forneçam informações objetivas. Se os pais não derem informações específicas sobre eventos ambientais em resposta a uma ou mais perguntas, o entrevistador pedirá esclarecimentos até que os pais apresentem informações que mostrem um padrão claro de eventos que precedem e seguem o problema de comportamento. *Assim que o entrevistador conseguir discernir um padrão confiável de antecedentes e consequências, ele pode desenvolver uma hipótese* sobre os antecedentes que têm controle de estímulo sobre o problema de comportamento e o reforçador que o mantém.

Vários autores desenvolveram listas de perguntas para gerar informações completas de avaliação funcional em uma entrevista comportamental. A Tabela 13-2 mostra as categorias de informações de avaliação e perguntas de entrevista amostrais do Functional Analysis Interview Format, desenvolvido para uso de funcionários, professores e outros que trabalham com pessoas com deficiência intelectual (O'Neill et al., 1990, 1997). As perguntas podem ser respondidas em formato de entrevista ou questionário (Ellingson et al., 2000; Galensky et al., 2001). No formato de entrevista, o entrevistador faz ao informante cada pergunta e registra a resposta. No formato de questionário, o informante lê cada pergunta e anota a resposta. Se as perguntas forem usadas em formato de questionário, o profissional analisa as respostas e, em seguida, acompanha uma entrevista para esclarecer quaisquer respostas que não deem informações completas ou objetivas.

Como os métodos indiretos de avaliação funcional têm a desvantagem de confiar nas memórias que os informantes têm dos eventos, os pesquisadores sugerem o uso de vários métodos de avaliação funcional para produzir as informações mais precisas sobre antecedentes, consequências e outras variáveis apresentadas na Tabela 13-1 (Arndorfer e Miltenberger, 1993; Amdorfer et al., 1994; Ellingson et al., 2000). Arndorfer e colaboradores sugerem que uma entrevista comportamental combinada com a observação direta dos antecedentes e consequências traz informações úteis que podem capacitá-lo a formular hipóteses precisas sobre a função do problema de comportamento.

Métodos de observação direta

Ao conduzir uma avaliação funcional utilizando métodos de observação direta, a pessoa observa e registra os antecedentes e as consequências toda vez que o problema de comportamento ocorre. A pessoa que conduz a avaliação por observação direta

TABELA 13-2 Categorias de informações para avaliação e questões amostrais do Functional Analysis Interview Format

A. Descreva os comportamentos.
- Quais são os comportamentos de interesse?
- Para cada comportamento, defina como é desenvolvido, com que frequência ocorre e qual é sua duração.

B. Defina possíveis eventos ecológicos que possam afetar os comportamentos.
- Quais medicamentos a pessoa está tomando e como você acha que pode afetar os comportamentos?
- Quantas outras pessoas estão no ambiente (trabalho/escola/casa)? Você acredita que a densidade de pessoas ou as interações com outras pessoas afetam os comportamentos-alvo?
- Qual é o padrão do pessoal? Até que ponto você acredita que o número de funcionários, o treinamento do pessoal e a qualidade do contato social com a equipe afetam os comportamentos-alvo?

C. Defina eventos e situações que preveem ocorrências dos comportamentos (antecedentes).
- Quando, onde e com quem os comportamentos são mais prováveis? E menos prováveis?
- Qual atividade é mais provável de produzir os comportamentos? E menos provável?

D. Identifique a função dos comportamentos indesejáveis. Quais consequências mantêm os comportamentos?
- O que a pessoa obtém e o que a pessoa evita como consequência dos comportamentos?

E. Defina a eficiência dos comportamentos indesejáveis.
- Quanto esforço físico está envolvido nos comportamentos?
- O engajamento nos comportamentos resulta em recompensa todas as vezes?

F. Defina os principais métodos que a pessoa utiliza para se comunicar.
- Que estratégias gerais de comunicação expressiva a pessoa utiliza?

G. Identifique potenciais reforçadores.
- Em geral, quais fatores (eventos/atividades/objetos/pessoas) parecem ser reforçadores ou agradáveis para a pessoa?

H. Quais comportamentos alternativos funcionais a pessoa conhece?
- Quais comportamentos ou habilidades socialmente adequados a pessoa desempenha que possam ser meios de atingir a(s) mesma(s) função(ões) que o comportamento de interesse?

I. Forneça um histórico dos comportamentos indesejáveis e os programas que foram experimentados.
- Identifique os programas de tratamento e o quanto têm sido efetivos.

Fonte: adaptado de O'Neill et al., 1990.

(o observador) pode ser a mesma que exibe o problema de comportamento, ou pode ser outra pessoa associada ao cliente, como pai, professor, funcionário, enfermeiro, analista de comportamento ou psicólogo. Os antecedentes e as consequências são observados e registrados no ambiente natural, onde o problema normalmente ocorre. Uma exceção seria quando as observações são feitas enquanto uma pessoa está em um ambiente de tratamento (por exemplo, hospital ou clínica). A avaliação direta por observação também é chamada de **observação ABC**. O objetivo das observações ABC é registrar as consequências e os antecedentes imediatos tipicamente associados ao problema de comportamento sob condições normais (Anderson e Long, 2002; Bijou, Peterson e Ault, 1968; Lalli et al., 1993; Repp e Karsh, 1994; Vollmer et al., 2001).

Existem vantagens e desvantagens associadas à observação ABC como um método de conduzir a avaliação funcional de um problema de comportamento. A principal vantagem das observações ABC em relação aos métodos indiretos é que o observador registra os antecedentes e as consequências à medida que ocorrem, em vez de relatar os antecedentes e as consequências com base na memória. É provável que as informações de avaliação sejam mais precisas quando se trata de observação direta. Uma desvantagem é que as observações ABC requerem mais tempo e esforço do que os métodos de entrevista ou questionários. Além disso, embora as observações ABC produzam informações objetivas sobre os antecedentes e consequências que são confiavelmente associadas ao problema de comportamento, as observações ABC não demonstram uma relação funcional, mas uma correlação dos antecedentes e consequências com o problema de comportamento. Para demonstrar que existe uma relação funcional, métodos experimentais (análise funcional) devem ser utilizados; esses métodos serão descritos na próxima seção. No entanto, mesmo que as observações ABC demonstrem apenas uma correlação dos antecedentes e consequências com o problema de comportamento, as informações permitem que você desenvolva uma hipótese sobre os antecedentes que evocam o comportamento e o reforçador que mantém o comportamento. *O desenvolvimento de uma hipótese sobre os antecedentes e consequências é o resultado desejado da realização de observações ABC.* Uma hipótese importante sobre os antecedentes e consequências controladoras geralmente é suficiente para desenvolver estratégias eficazes de tratamento.

A hipótese sobre as variáveis de controle é reforçada quando as informações das avaliações indiretas são consistentes com as informações obtidas da avaliação direta das de observações ABC.

Para conduzir observações ABC, o observador deve estar presente no ambiente natural do cliente quando for mais provável que o problema de comportamento ocorrerá. Por exemplo, se um aluno tiver problemas de comportamento em uma aula, mas não em outras, o observador deve estar presente na aula específica para observar e registrar os ABCs. Portanto, para tornar as observações ABC mais eficientes, é útil saber antecipadamente quando é mais provável que o problema de comportamento ocorrerá. As informações de uma entrevista podem indicar quando é mais provável que o problema de comportamento ocorra. Além disso, Touchette e colaboradores (Touchette, MacDonald e Langer, 1985) descreveram um método, chamado **gráfico de dispersão**, para avaliar a hora do dia em que o problema ocorre mais frequentemente. Para criar um gráfico de dispersão, o observador no ambiente natural do cliente registra uma vez a cada meia hora se o problema de comportamento ocorreu durante a meia hora anterior. O registro do gráfico de dispersão é um método de registro de intervalo (Capítulo 2), mas não é um método de observação ABC porque antecedentes e consequências não são observados e registrados. Depois de registrar no gráfico de dispersão por vários dias, poderá ver a hora do dia em que o problema ocorre com mais frequência. Se o gráfico de dispersão mostrar que o problema de comportamento geralmente ocorre em determinados momentos do dia, você pode então conduzir observações ABC nessas ocasiões. Se o gráfico de dispersão não revelar um padrão para o momento de ocorrência do problema de comportamento (veja Kahng et al., 1998), então as observações ABC precisam ser programadas para períodos mais longos ou para mais períodos, na tentativa de observar o comportamento. Um gráfico de dispersão é mostrado na Figura 13-1.

O observador que conduz a avaliação ABC deve ser treinado para observar e registrar os antecedentes e as consequências corretamente cada vez que o problema ocorrer. O que significa que o observador deve ser capaz de discriminar cada instância

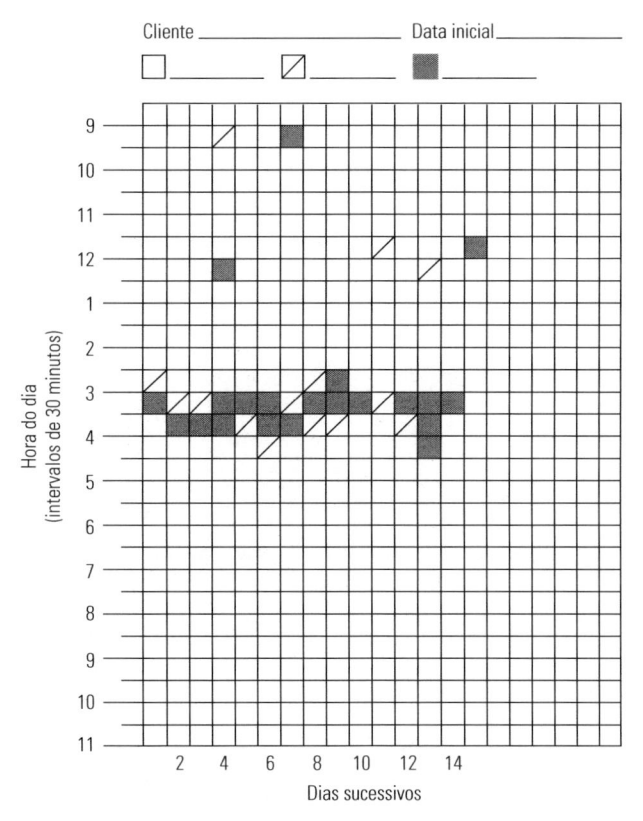

FIGURA 13-1 Esta é a folha de registro de um diagrama de dispersão para documentar a hora do dia em que ocorre o problema de comportamento. Cada quadrado na grade representa um período de meia hora em determinado dia. Para completar o diagrama de dispersão, um observador registra a cada meia hora se o problema ocorreu na meia hora anterior. Se o comportamento tiver ocorrido uma vez no período de meia hora, o observador coloca um traço diagonal no quadrado. Se o comportamento ocorreu duas ou mais vezes, o observador pinta o quadrado. O observador deixa o quadrado em branco se o comportamento não ocorrer em uma meia hora específica. Depois de registrar na grade do diagrama de dispersão por uma ou duas semanas, você poderá determinar o momento em que o comportamento ocorre com mais frequência. Neste diagrama de dispersão completo, observe que o comportamento está ocorrendo com mais frequência no período da tarde por volta das 15 horas. Com essa informação, o analista do comportamento conduziria observações ABC por volta das 15 horas para registrar os antecedentes e as consequências do comportamento. (Touchette, P. E., MacDonald, R. F. e Langer, S. N. A scatter plot for identifying stimulus control of problem behavior. *Journal of Applied Behavior Analysis*, v. 18, p. 343-351, 1985. Copyright © 1985 University of Kansas Press. Reimpresso com a permissão do editor.)

do problema de comportamento para poder registrar os eventos que imediatamente precederam e seguiram o comportamento. O observador deve ser treinado para descrever eventos antecedentes e consequentes objetivamente quanto ao comportamento específico de outras pessoas e mudanças nos estímulos físicos no ambiente. O observador deve registrar antecedentes e consequências imediatamente à medida que ocorrerem para não depender tanto da memória.

As observações ABC podem ser realizadas de três maneiras: o método descritivo, o método com listas de verificação e o método de registro de intervalo.

- No *método descritivo*, o observador escreve uma breve descrição do comportamento e de cada evento antecedente e consequente a cada vez que o comportamento ocorre. O observador normalmente usa uma folha de dados com três colunas semelhante à mostrada na Figura 13-2. Esse método é aberto e resulta em descrições de todos os eventos contíguos ao comportamento. Por ser aberto e o observador descrever todos os eventos antecedentes e consequentes que foram observados, esse método de avaliação ABC pode ser conduzido antes que métodos indiretos sejam utilizados, antes que quaisquer hipóteses sejam desenvolvidas sobre a função do comportamento.

- *O método de lista de verificação* para conduzir as observações ABC envolve uma lista de verificação com colunas para possíveis antecedentes, comportamentos e consequências. A lista de verificação em geral é desenvolvida após os problemas de comportamento e potenciais antecedentes e consequências serem identificados em uma entrevista (ou outro método de avaliação indireta) ou por observação. Para conduzir uma observação ABC usando a lista de verificação, o observador registra o problema de comportamento específico cada vez que ocorrer, junto com seus antecedentes e consequências, colocando uma marca de verificação em cada uma das colunas relevantes. A Figura 13-3 mostra um exemplo de uma lista de verificação de observação ABC.

- O *método de registro de intervalo* (ou *em tempo real*) é a terceira maneira de conduzir observações ABC. Lembre-se de que, no registro com intervalos, você divide um período de observação em breves intervalos e marca uma folha de dados no final de cada intervalo para registrar se o comportamento ocorreu nesse intervalo e registra em tempo real a hora exata da ocorrência do comportamento. Também pode identificar e definir eventos específicos que podem servir como antecedentes e consequências e registrar esses eventos, bem como o comportamento, com registro em intervalos ou em tempo real. Você identifica os eventos específicos para registrar a partir de uma entrevista ou outros métodos indiretos de avaliação ou por meio de observação direta.

Rortvedt e Miltenberger (1994) realizaram observações ABC usando gravação com intervalos para identificar a função de comportamento não adequada de duas crianças pequenas. A não adequação foi definida como a recusa de completar uma tarefa solicitada pelo pai. Os pesquisadores primeiro conduziram uma entrevista com os pais para avaliar a função da não adequação. Os pais de ambas as crianças relataram terem respondido à não adequação dando atenção aos filhos. Eles disseram

REGISTRO DE OBSERVAÇÕES

(1) Descreva o(s) comportamento(s) _____

(2) Descreva o que aconteceu logo antes de o comportamento ter ocorrido (o que você fez, o que fizeram etc.).

(3) Descreva o que aconteceu logo depois de o comportamento ter ocorrido (o que você fez, o que fizeram etc.).

Data, hora	O que aconteceu *antes do comportamento*	*Comportamento*: O que foi feito ou dito? Seja específico.	O que aconteceu *após do comportamento*

FIGURA 13-2 Esta folha de dados das observações ABC inclui colunas para registrar os antecedentes, o comportamento e a consequência do comportamento. Cada vez que o problema de comportamento ocorre, o observador imediatamente registra uma descrição dos eventos antecedentes, o comportamento e os eventos consequentes. Com este método de observação ABC, o observador deve aproveitar o tempo para descrever os eventos à medida que ocorrem.

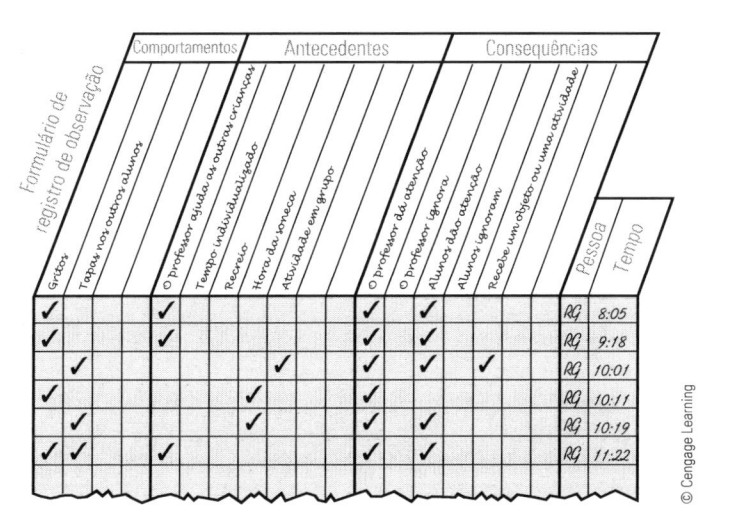

FIGURA 13-3 Esta lista de verificação da observação ABC inclui uma coluna para o momento em que o comportamento ocorreu e colunas para antecedentes, comportamentos e consequências específicos. Cada vez que o comportamento ocorre, o observador registra o momento e coloca marcas de verificação nas colunas indicando qual comportamento ocorreu, qual evento antecedente ocorreu antes do comportamento e qual consequência sucedeu o comportamento. O observador pode registrar os ABCs rapidamente, sem interromper muito as atividades em andamento. Os comportamentos-alvo, os antecedentes e as consequências são registrados no topo das colunas em cada seção antes do registro. Nesta lista de verificação completa da observação ABC, as categorias de antecedentes, comportamento e consequência foram inseridas, e algumas observações foram registradas.

que, quando a criança se recusou a realizar uma atividade solicitada, repetiram o pedido, repreenderam-na, fizeram ameaças de punição, ou imploraram à criança. Com base nessas informações, os pesquisadores levantaram a hipótese de que a atenção dos pais estava reforçando o comportamento não adequado. Os pesquisadores realizaram observações ABC do pai e da criança em ambiente doméstico, solicitando aos pais que fizessem uma série de pedidos e, em seguida, registrassem a ocorrência de não adequação da criança e a atenção dada por eles após o comportamento não adequado, utilizando o registro em intervalos de 10 segundos. As observações indicaram que as crianças mostravam não adequação com 50% – 80% das solicitações feitas pelos pais. Além disso, cada vez que a criança se recusava a atender a uma solicitação, os pais respondiam dando atenção. Os resultados das observações ABC foram consistentes com as informações da entrevista e forneceram suporte significativo à hipótese de que a atenção estava reforçando a não adequação. O sucesso do tratamento envolveu reforço positivo para a adequação e um procedimento chamado de *time-out* (veja o Capítulo 17), em que a atenção dos pais é eliminada após a não adequação do comportamento. Esse tratamento foi escolhido com base nos resultados da avaliação funcional.

Juntos, os métodos de avaliação funcional indireta e direta são categorizados como **avaliações descritivas** porque os antecedentes e consequências são descritos, seja de memória, seja por meio de observação direta dos eventos (Arndorfer et al., 1994; Iwata, Vollmer e Zarcone, 1990; Mace e Lalli, 1991; Sasso et al., 1992). As avaliações funcionais descritivas permitem desenvolver hipóteses sobre as variáveis antecedentes e consequentes que controlam o problema de comportamento, mas não provam que as variáveis estão funcionalmente relacionadas ao comportamento. Para demonstrar uma relação funcional, os antecedentes ou as consequências devem ser manipulados para mostrar sua influência no problema de comportamento.

Métodos de avaliação por observação direta

- Método descritivo
- Método com lista de verificação
- Método com intervalo ou em tempo real

Métodos experimentais (análise funcional)

Métodos experimentais para conduzir uma avaliação funcional manipulam variáveis antecedentes e consequentes para demonstrar sua influência no problema de comportamento. Essa abordagem geralmente é chamada **análise funcional**. Demonstra experimentalmente a relação funcional entre os antecedentes e as consequências e o problema de comportamento. Em uma análise funcional, você acompanha o problema de comportamento com potenciais reforçadores para verificar quais consequências aumentam (fortalecem) o comportamento e/ou apresenta diferentes eventos antecedentes (possíveis OE) para investigar quais evocam o comportamento.

> **Sobre os termos: avaliação funcional *versus* análise funcional**
>
> - A avaliação funcional se refere ao processo de coleta de informações sobre antecedentes e consequências de um comportamento para identificar quais antecedentes e consequências influenciam o comportamento. Existem três métodos para realizar uma avaliação funcional. A avaliação funcional também é chamada de avaliação comportamental funcional.
> - A análise funcional é um dos três métodos de avaliação funcional. Envolve especificamente a manipulação de antecedentes e consequências para demonstrar uma relação funcional entre os antecedentes e as consequências e o comportamento.

Normalmente, os pesquisadores manipulam os antecedentes e as consequências para avaliar as possíveis funções de um problema de comportamento. Essa é a maneira mais direta de avaliar qual reforçador está mantendo o problema de comportamento. Iwata et al. (1982) realizaram experimentos para avaliar a função do comportamento autolesivo (CAL) exibido por pessoas com deficiência intelectual. Nas condições experimentais, Iwata organizou possíveis operações estabelecedoras (antecedentes) e possíveis consequências reforçadoras para o CAL. Por exemplo, para avaliar a atenção como uma possível consequência reforçadora para o CAL, ele estabeleceu uma condição na qual a criança não recebia nenhuma atenção do adulto (OE), e então quando o CAL ocorreu, o adulto prestou atenção com desaprovação social. Para avaliar a fuga das tarefas como possível reforçador, Iwata apresentou tarefas difíceis (OE) e, em seguida, quando o CAL ocorreu, permitiu que o indivíduo se evadisse da tarefa. Iwata e colaboradores avaliaram quatro condições em um desenho de pesquisa com tratamentos alternativos (Figura 13-4) e mostraram que alguns dos CAL das crianças foram mantidos pela atenção recebida, outros, pela fuga, e outros pelo reforço automático.

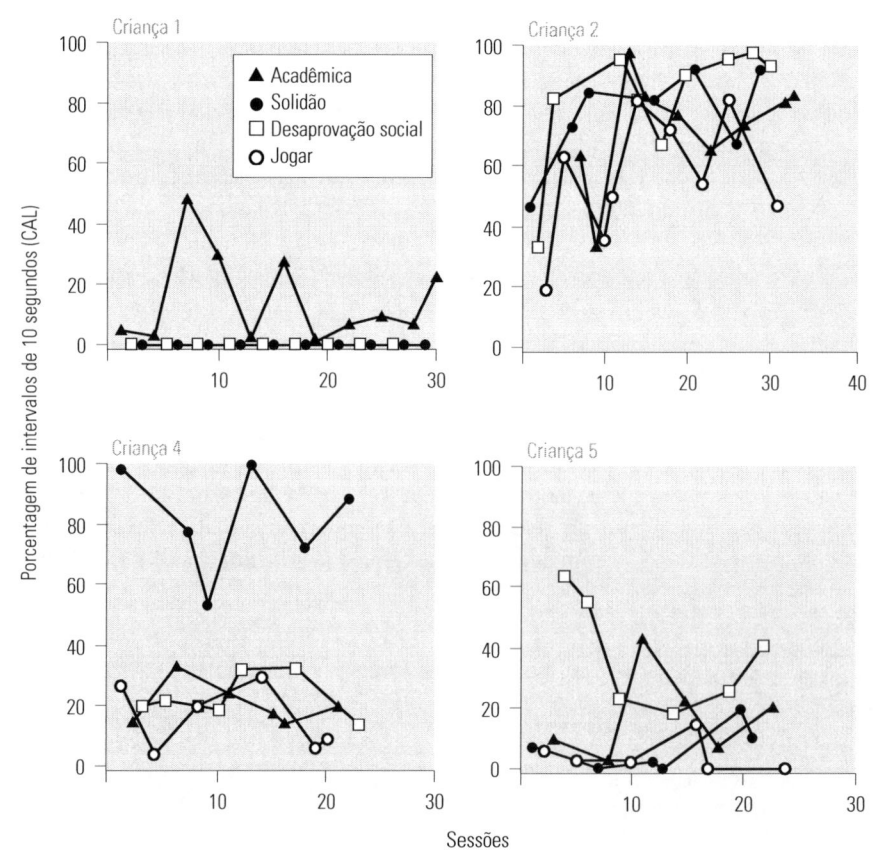

FIGURA 13-4 Dados representados em gráfico de quatro indivíduos representativos em um estudo de desenho de tratamentos alternativos. O nível do comportamento autolesivo da criança foi registrado em cada uma das quatro condições experimentais: demanda acadêmica, desaprovação social, sozinho e brincadeiras não estruturadas. (Iwata et al. Toward a functional analysis of self-injury. *Journal of Applied Behavior Analysis*, v. 27, p. 205, 1982. Copyright © 1982 Society for the Experimental Analysis of Behavior, reproduzido com permissão da Society for the Experimental Analysis of Behavior.)

Embora a análise funcional típica manipule os antecedentes e as consequências, alguns pesquisadores conduziram análises funcionais nas quais apenas os antecedentes foram manipulados para determinar sua influência no problema de comportamento. A função do problema de comportamento foi então inferida a partir das mudanças de comportamento resultantes associadas às manipulações antecedentes. Carr e Durand (1985) estabeleceram condições envolvendo diminuição da atenção e aumento da dificuldade da tarefa para crianças com distúrbios de comportamento em sala de aula. À medida que os problemas de comportamento aumentavam na condição de menos atenção, os autores inferiram que o comportamento era mantido pela atenção, porque tinha sido evocado na presença da OE para atenção. Quando o problema de comportamento aumentava na condição de maior dificuldade da tarefa, os autores inferiram que os comportamentos foram mantidos pela fuga da tarefa porque tinha sido evocada pela OE para fuga. Carr e Durand mostraram que alguns problemas comportamentais das crianças aumentavam na condição de menos atenção, e outros na condição de maior dificuldade da tarefa.

Algumas vezes, as análises funcionais são projetadas para avaliar uma série de funções possíveis para o problema de comportamento (Iwata et al., 1982). Nesses casos, o analista do comportamento pode não ter uma hipótese sobre a consequência reforçadora que mantém o problema e está explorando várias possibilidades na análise funcional. Consideraríamos essa forma de análise funcional uma **análise funcional exploratória**, que normalmente inclui três ou quatro condições de teste e uma condição de controle. *Em cada **condição de teste**, você apresenta uma OE e um possível reforçador para o problema de comportamento; em uma **condição de controle**, apresenta uma OA e retém os possíveis reforçadores para o problema de comportamento.* Por exemplo, se você não tivesse hipóteses claras sobre a função de um problema de comportamento, poderia conduzir quatro condições de teste diferentes avaliando se a atenção, os reforços tangíveis, a fuga ou a estimulação sensorial eram a consequência reforçadora de um problema de comportamento (Iwata, Dorsey et al., 1982; Ellingson et al., 2000; Rapp et al., 1999). Análises funcionais exploratórias que avaliam uma gama de possíveis consequências reforçadoras são projetadas para identificar uma função específica de um problema de comportamento ao descartar outras funções.

Em alguns casos, uma análise funcional pode envolver menos condições experimentais porque o analista do comportamento está fundamentando as condições em uma hipótese específica sobre a função do problema de comportamento (Arndorfer et al., 1994). Nesses casos, o objetivo da análise funcional não é avaliar todas as funções possíveis, mas confirmar ou não a hipótese. Consideraríamos essa forma de análise funcional uma **análise funcional por teste de hipóteses**. Nesse tipo de análise funcional, há uma condição de teste e uma condição de controle. A condição de teste apresenta a OE hipotético e, quando ocorre o problema de comportamento, apresenta-se o reforçador hipotético. A condição de controle apresenta a OA hipotético e, se o problema de comportamento ocorrer, não fornece o reforçador hipotético. Por exemplo, se você acredita que o comportamento-alvo foi reforçado pela atenção, pode avaliar duas condições experimentais em uma análise funcional: uma condição de teste que não envolve a atenção como condição antecedente (OE) com atenção contingente no comportamento-alvo e uma condição de controle envolvendo altos níveis de atenção como uma condição antecedente (OA) sem atenção após o comportamento-alvo. Se o comportamento-alvo ocorresse com frequência maior na condição de teste e em frequência menor na condição de controle, os resultados confirmariam a hipótese de que a atenção era a consequência reforçadora para o comportamento-alvo.

> *Como Rich conduziu uma análise funcional do problema de comportamento de Jacob no exemplo inicial?*

Rich manipulou a maneira como as outras crianças da creche interagiam com Jacob. Rich havia desenvolvido a hipótese de que o antecedente do comportamento de Jacob de bater a cabeça, chorar e jogar brinquedos era que as outras crianças tocavam ou brincavam com os brinquedos dele. Para analisar se esse evento antecedente estava funcionalmente relacionado aos problemas de comportamento, Rich estabeleceu condições nas quais esse antecedente estava presente (condição de teste) e condições nas quais estava ausente (condição de controle). Além disso, Rich formulou a hipótese de que o reforçador que mantinha os problemas de comportamento de Jacob era o ato de devolver os brinquedos a ele. Para analisar se essa consequência estava funcionalmente relacionada aos problemas de comportamento, Rich definiu uma condição na qual a consequência estava presente (condição de teste) e uma condição na qual estava ausente (condição de controle). Os resultados mostraram que, na condição de teste, quando o antecedente e a consequência estavam presentes, os problemas de comportamento ocorreram com frequência maior. Quando o antecedente e a consequência estavam ausentes (condição de controle), Jacob se envolvia pouco nos comportamentos de bater a cabeça, chorar e jogar brinquedos (Figura 13-5). Assim, Rich demonstrou uma relação funcional entre esses antecedentes particulares e eventos consequentes e os problemas de comportamento de Jacob. Os resultados corroboraram a hipótese que Rich havia formado com base nos resultados da entrevista e nas avaliações da observação ABC. O tratamento implementado por Rich foi bem-sucedido porque teve como base os resultados da avaliação funcional. Ou seja, quando Rich entendia por que Jacob estava se engajando nos problemas de comportamento, ele poderia desenvolver um tratamento apropriado.

De maneira semelhante, Rich conduziu uma análise funcional das atitudes de Anna de bater, chutar e gritar. Ele havia desenvolvido a hipótese de que os problemas de comportamento eram mais prováveis de acontecer quando a mãe de Anna não estava prestando atenção nela, e que o reforçador era a atenção da mãe depois que ela exibia tais comportamentos.

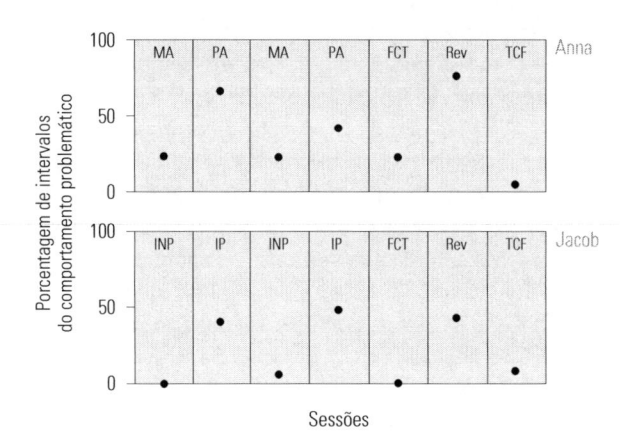

FIGURA 13-5 Este gráfico mostra os dados da análise funcional realizada com Anna e Jacob. Para Anna, o problema de comportamento aumentou na condição de pouca atenção (PA) e diminuiu na condição de muita atenção (MA). Isso demonstra que a atenção da mãe estava reforçando o problema de comportamento. O treinamento de uma comunicação funcional (TCF) era o procedimento de tratamento (veja o Capítulo 15). Cada vez que o tratamento foi implementado, o comportamento diminuiu. Para Jacob, INP é a condição de reprodução ininterrupta e IP é a condição de reprodução interrompida. O problema de comportamento dele foi mais frequente quando outras crianças interromperam a brincadeira e devolveram os brinquedos para ele depois que exibiu um problema de comportamento. Isso confirmou a hipótese de que a devolução de seus brinquedos era o reforço dos problemas de comportamento de Jacob. Quando o TCF foi implementado, o problema de comportamento diminuiu ainda mais. Para Anna e Jacob, Rev se refere à reversão, uma condição na qual a comunicação funcional não era usada. Após a reversão, a TCF foi implementada novamente. (Arndorfer et al. Home-based descriptive and experimental analysis of problem behaviors in children. *Topics in Early Childhood Special Education*, v. 14, p. 64-87, 1994. Reimpresso com permissão do autor.

Rich manipulou os eventos antecedentes e consequentes e descobriu que sua hipótese era corroborada. Além disso, como o tratamento baseado nos resultados da avaliação funcional foi eficaz, eles apoiaram ainda mais esses resultados. Os resultados da análise funcional dos problemas de comportamento de Anna são mostrados na Figura 13-5.

Tipos de análises funcionais

Exploratória: inúmeros reforçadores possíveis são avaliados na análise funcional (por exemplo, atenção, fuga, entendimento) juntamente com uma condição de controle na qual nenhuma OE ou reforçador para o problema de comportamento está presente.

Teste de hipóteses: uma condição de teste e uma condição de controle são utilizadas para testar a hipótese de que uma consequência reforçadora específica está mantendo o problema de comportamento.

PARA UMA LEITURA MAIS APROFUNDADA

Aplicações clínicas da metodologia de análise funcional

O uso de procedimentos de análise funcional difundiu-se no campo da análise do comportamento aplicada e constitui a melhor prática para entender as variáveis que contribuem para os problemas de comportamento e escolher os procedimentos de tratamento mais eficazes. Desde a pesquisa inicial sobre procedimentos de análise funcional (Iwata et al., 1982), pesquisadores e profissionais desenvolveram diversas maneiras diferentes de conduzir uma análise funcional. Dozier e Iwata (2008) descrevem oito abordagens diferentes para conduzir uma análise funcional. Embora cada abordagem incorpore os componentes essenciais de uma análise funcional (por exemplo, registrar o comportamento durante as condições de teste e controle e demonstrar uma relação funcional entre um ou mais reforços e o comportamento), as abordagens diferem em relação ao desenho da pesquisa, à dimensão do comportamento medido, ao contexto no qual ele é conduzido ou à duração da análise. Por exemplo, em uma análise funcional baseada em ensaios, os procedimentos são incorporados em rotinas de sala de aula que ocorrem naturalmente (Bloom et al., 2013) e em uma análise funcional do comportamento precursor, a análise funcional é conduzida de maneira mais flexível do problema de comportamento que precede consistentemente uma forma mais grave do problema de comportamento (Fritz et al., 2013).

Pesquisa sobre análise funcional

Existem pesquisas substanciais sobre o uso da análise funcional para identificar as variáveis que controlam os problemas de comportamento em crianças e pessoas com deficiências de desenvolvimento (Arndorfer e Miltenberger, 1993; Asmus et al., 2004; Hanley, Iwata e McCord, 2003; Iwata et al., 1994; Kurtz et al., 2003; Lane, Umbreit e Beebe-Frankenberger, 1999; Mace et al., 1993; Repp e Horner, 1999; Sprague e Horner, 1995). Carr, Newsom e Binkoff (1980) realizaram uma análise funcional do comportamento agressivo em dois meninos com deficiência intelectual. Os pesquisadores levantaram a hipótese de que os antecedentes do comportamento agressivo eram demandas acadêmicas e que a fuga das demandas era o reforço para os problemas de comportamento. Para testar essa hipótese, eles organizaram duas condições experimentais: na primeira condição, demandas acadêmicas foram apresentadas às duas crianças; na segunda, nenhuma demanda foi imposta às crianças. Carr descobriu que o comportamento agressivo ocorria em um ritmo intenso quando as demandas eram feitas, mas que o problema comportamental diminuía substancialmente quando não havia exigências sobre as crianças. Como elas se envolviam em comportamento agressivo em condições de alta demanda, sugeriu que a fuga das demandas foi o reforço do comportamento agressivo. Carr et al. confirmou essa hipótese, mostrando que, quando o comportamento agressivo resultava em fuga, o comportamento aumentava. Outras pesquisas de Carr e Durand (1985) e Durand e Carr (1987, 1991, 1992) mostraram que os problemas de comportamento de alunos com autismo e deficiências intelectuais podem ser reforçados pela atenção do professor ou pela fuga das demandas na sala de aula. Em cada um desses estudos, os pesquisadores manipularam variáveis antecedentes de atenção do professor ou dificuldade da tarefa para mostrar uma relação funcional entre essas variáveis e os problemas de comportamento, e implementaram tratamentos efetivos baseados na função do problema de comportamento para cada criança. A Figura 13-6 mostra os dados de análise funcional de Durand e Carr (1987).

Pesquisas de Iwata e colaboradores ilustraram o uso de métodos de análise funcional para identificar as variáveis de controle para o CAL. Iwata et al. (1982) trabalharam com crianças e adolescentes com deficiências de desenvolvimento que foram internados em um hospital para o tratamento de CAL grave. Os pesquisadores organizaram diferentes condições experimentais (teste) para determinar se o reforço para o CAL era a atenção dos adultos, a fuga das demandas ou a estimulação sensorial produzida pelo próprio comportamento. Na condição de atenção, um adulto trabalhava em uma tarefa (ignorando a criança) e prestava atenção à criança somente após a ocorrência de SIB. A atenção do adulto envolvia declarações de preocupação e incitações à interrupção do comportamento e a prática de brincadeiras ou outras atividades. Essa condição foi projetada para simular uma resposta adulta comum ao CAL. Na condição de fuga, um adulto fez exigências educativas típicas para a criança e, após o CAL, ele acabou com as demandas por um breve período. Tal condição foi projetada para simular a situação que geralmente ocorre em sala de aula quando uma criança se envolve no CAL. Por fim, na condição solitária, a criança foi colocada em uma sala isoladamente, sem quaisquer brinquedos ou atividades estimulantes, por um breve período.

Iwata comparou os níveis de CAL nas três condições experimentais. Se a taxa de CAL fosse alta na condição de atenção e baixa nas outras condições, demonstraria que a atenção estava mantendo o CAL. Se o nível de CAL fosse alto apenas na condição de demanda, demonstraria que o CAL foi mantido pela fuga das demandas. Se a taxa de CAL fosse alta na condição em que a criança está isolada, demonstraria que o CAL foi mantido pelas consequências sensoriais produzidas pelo comportamento. Como a criança estava isolada sem qualquer interação com um adulto ou atividades estimulantes, o CAL nessa condição não podia ser reforçado pela atenção ou fuga e era presumido como autoestimulante. Iwata chamou essa condição de *reforço automático* porque o comportamento produz automaticamente uma consequência de reforço, sem qualquer resposta de outras pessoas no ambiente.

Iwata e colaboradores demonstraram que o CAL de diferentes crianças tinha funções diferentes. Para algumas crianças, o CAL foi reforçado pela atenção, para outras, pela fuga e, para algumas, pela estimulação sensorial (reforço automático). Essa demonstração de que o CAL foi mantido por diferentes tipos de reforçadores com diferentes crianças foi importante. Em pesquisas posteriores, Iwata e colaboradores conduziram análises funcionais de CAL exibidas por muitas outras pessoas com deficiência, e eles demonstraram tratamentos eficazes para o CAL nesses indivíduos (Iwata et al., 1990; Iwata et al., 1994; Lerman e Iwata, 1993; Pace et al., 1993; Smith et al., 1993; Vollmer et al., 1993; Zarcone et al., 1993). As conclusões de Iwata, juntamente com as de Carr e Durand e outros, sugerem que deva conduzir uma análise funcional dos problemas de comportamento para entender suas funções e escolher os tratamentos mais eficazes.

Os pesquisadores continuaram a conduzir pesquisas para refinar os métodos de análise funcional e a estabelecer sua utilidade para a escolha de intervenções funcionais a fim de abordar os fatores que contribuem para a ocorrência de problemas de comportamento. A pesquisa abordou uma variedade de problemas de comportamento exibidos por diversos tipos de indivíduos (McKerchar e Thompson, 2004; Moore e Edwards, 2003; Ndoro et al., 2006; Wallace e Knights, 2003; Wilder et al., 2006).

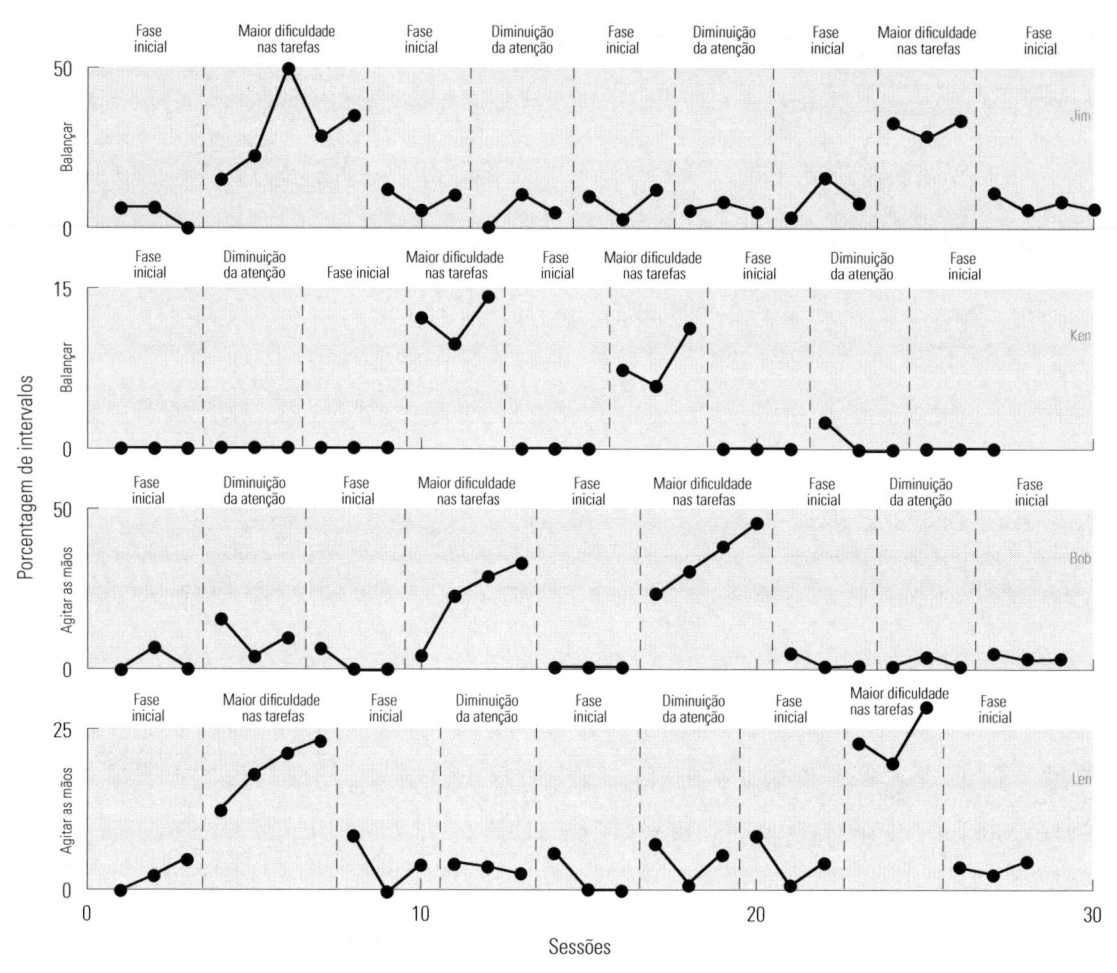

FIGURA 13-6 Este gráfico mostra a análise funcional de dois problemas de comportamento, balançar e agitar as mãos, em quatro crianças com deficiência. Durand e Carr (1987) definiram três condições: uma fase inicial, na qual os alunos trabalhavam em tarefas fáceis e recebiam atenção substancial; uma condição de atenção diminuída, na qual trabalhavam em uma tarefa fácil, mas recebiam muito menos atenção do professor; e uma condição de maior dificuldade da tarefa, na qual recebiam atenção substancial, mas trabalhavam em tarefas mais difíceis. O gráfico mostra que os problemas de comportamento foram mais frequentes na condição de maior dificuldade da tarefa; isso sugere que os problemas de comportamento foram reforçados pela fuga das tarefas difíceis. (Durand, V. M. e Carr, E. G. Social influence of "self-stimulatory" behavior: Analysis and treatment application. *Journal of Applied Behavior Analysis*, v. 20, p. 119-132, 1987. Copyright © 1987 University of Kansas Press. Reimpresso com permissão do editor.)

Há vantagens e desvantagens no uso de métodos experimentais (análise funcional) para a avaliação funcional de problemas de comportamento. A principal vantagem é que uma análise funcional demonstra uma relação funcional entre as variáveis de controle e o problema de comportamento. *A análise funcional fornece o padrão de evidência científica de que um determinado tipo de antecedente evoca o comportamento e um tipo particular de consequência reforçadora o mantém.* Métodos descritivos fornecem menos certeza, embora nos permitam formular hipóteses sobre as variáveis de controle. A principal desvantagem de conduzir uma análise funcional é o tempo, esforço e experiência profissional necessários para manipular os antecedentes e as consequências e medir a mudança resultante no comportamento. Uma análise funcional é, na verdade, uma breve experiência, e as pessoas devem ser treinadas para realizar tal experimento. A maioria das pesquisas publicadas sobre avaliação funcional e tratamento de problemas de comportamento se baseia em métodos de análise funcional, ao passo que praticantes que utilizam procedimentos de modificação comportamental podem ter maior probabilidade de confiar em métodos descritivos de avaliação funcional (Arndorfer e Miltenberger, 1993; Ellingson, Miltenberger e Long, 1999).

PARA UMA LEITURA MAIS APROFUNDADA	Pesquisa em métodos de análise funcional
	Uma vez que os pesquisadores demonstraram a utilidade dos procedimentos de análise funcional, começaram a investigar as variações nesses procedimentos para melhor entender as contingências de reforço que mantêm os problemas de comportamento. Por exemplo, alguns pesquisadores investigaram o papel de estabelecer operações em resultados de análises funcionais (Call et al., 2005; McComas, Thompson e Johnson, 2003; O'Reilly et al., 2006). Outros pesquisadores avaliaram a influência da duração da sessão (Wallace e Iwata, 1999) ou a diferença entre análises funcionais breves *versus* estendidas (Kahng e Iwata, 1999) sobre os resultados da análise funcional. Outros pesquisadores avaliaram outras influências, como instruções (Northup et al., 2005) ou medicamentos (Dicesare et al., 2005), sobre os resultados da análise funcional. Em outra interessante investigação, os pesquisadores avaliaram o uso da telemedicina para conduzir análises funcionais do problema de comportamento de crianças em ambientes rurais. Eles mostraram que pais ou professores poderiam realizar análises funcionais quando dirigidos por pesquisadores por meio de uma rede de vídeo interativa (Barretto et al., 2006).

Conduzindo uma avaliação funcional

Você deve sempre realizar alguma forma de avaliação funcional antes de desenvolver o tratamento para um problema de comportamento. Para desenvolver o tratamento mais adequado, deve compreender os eventos ambientais (antecedentes e consequências) que controlam o comportamento. Informações sobre antecedentes e consequências são importantes porque o tratamento envolverá a manipulação deles para produzir uma mudança no comportamento (veja os Capítulos de 14 a 16). Você precisará conhecer os antecedentes que evocam o problema de comportamento para usar procedimentos de controle de antecedentes, e deverá saber qual é a consequência reforçadora do comportamento para utilizar procedimentos de extinção e de reforço diferencial de maneira eficaz.

1. *Comece com uma entrevista comportamental.* Sua avaliação funcional de um problema de comportamento deve começar com uma entrevista com o cliente ou outros informantes que o conheçam bem e tenham conhecimento específico dos problemas de comportamento (por exemplo, pais, professores, funcionários).
2. *Desenvolva uma hipótese sobre os ABCs do problema de comportamento.* O resultado da entrevista deve ser uma definição clara dos problemas de comportamento e o desenvolvimento de hipóteses sobre os antecedentes que evocam os comportamentos e as consequências reforçadoras que os mantêm. Este capítulo se concentra nestas informações essenciais sobre variáveis de controle, mas a entrevista também pode fornecer informações valiosas sobre comportamentos alternativos, definição de eventos ou variáveis ecológicas, outros estímulos de reforço e tratamentos anteriores (veja a Tabela 13-2).
3. *Realize uma avaliação por observação direta.* Depois de desenvolver uma hipótese sobre as variáveis de controle com base nas informações da entrevista, o próximo passo no processo de avaliação funcional é conduzir observações diretas dos ABCs no contexto natural. As observações ABC podem ser conduzidas pelo cliente, por um analista de comportamento ou por pessoas no ambiente do cliente, treinadas pelo analista de comportamento para conduzir as observações. Por exemplo, um analista de comportamento pode observar uma criança com um problema de comportamento em sala de aula, ou pode treinar o professor ou o assistente do professor para conduzir as observações ABC. É importante tomar medidas para reduzir a reatividade das observações para que as informações sobre os ABCs reflitam o nível típico do comportamento e os antecedentes e as consequências típicos. A reatividade pode ser reduzida por meio de observação discreta, observação participativa ou a permissão de um determinado período para que as pessoas no ambiente natural se acostumem com o observador. Se as informações das observações ABC forem consistentes com as informações da entrevista, a hipótese inicial sobre antecedentes e consequências é fortalecida.
4. *Confirme sua hipótese inicial sobre os ABCs do problema de comportamento.* Com uma hipótese definida a partir de várias fontes de informações de avaliação (entrevista e observação direta), você pode desenvolver tratamentos funcionais que abordam os antecedentes e as consequências identificados na avaliação funcional.
5. *Realize avaliações adicionais, se necessário.* Se as informações das observações do ABC não forem consistentes com as informações da entrevista, outra entrevista e outras observações serão necessárias para esclarecer as inconsistências. Se outras avaliações descritivas produzirem informações consistentes que permitam desenvolver hipóteses definidas sobre os antecedentes e as consequências do controle, você poderá considerar a avaliação funcional completa e desenvolver intervenções funcionais.
6. *Realize uma análise funcional, se necessário.* Se as informações das entrevistas e das observações ABC ainda forem inconsistentes após uma avaliação mais aprofundada, será necessária uma análise funcional. Uma análise funcional também é garantida se as informações das avaliações descritivas forem consistentes, mas não levar a uma hipótese sólida. Considere o seguinte exemplo. Clyde, jovem com síndrome de Down, começou um trabalho como parte de

uma equipe de três pessoas que limpava quartos de hotel, com um supervisor fornecendo treinamento e supervisão. Quando se pedia a Clyde para espanar a cômoda ou a escrivaninha em uma sala, ele caía no chão, se sentava de cabeça baixa e se recusava a trabalhar. O supervisor tentou convencer Clyde a se levantar e fazer o trabalho, depois, repetiu o pedido e explicou a Clyde por que ele precisava trabalhar e ofereceu recompensas, mas Clyde continuou com o mesmo comportamento. Depois de uma semana em que o problema acontecia diariamente, o supervisor pediu ajuda a um consultor. Com base nas informações de uma entrevista com o supervisor e das observações ABC, o consultor descobriu que Clyde se envolvia no problema de comportamento toda vez que ele era solicitado a trabalhar e que o supervisor consistentemente tentava convencê-lo a trabalhar sempre que ele se recusava.

> *Com base nessas informações, quais são as duas possíveis hipóteses sobre o reforçador para o problema de comportamento?*

Uma possibilidade é que a atenção dada pelo supervisor reforçava o comportamento de Clyde. A segunda é que escapar da tarefa de limpeza é o que reforçava o comportamento dele. A única maneira de determinar qual resultado reforçava o comportamento de Clyde é conduzir uma análise funcional em que esses dois reforçadores possíveis sejam manipulados.

> *Como você conduziria uma análise funcional do comportamento de Clyde para identificar o reforçador que está mantendo o comportamento?*

As duas variáveis que você quer manipular são fuga e atenção como consequências do comportamento. Para manipular essas duas variáveis, defina duas condições: atenção, mas sem fuga, e fuga, mas sem atenção. Para estabelecer a primeira condição, diga ao supervisor para pedir a Clyde que espane os móveis, e quando ele se senta no chão, dê instruções verbais e orientação física para que ele se levante e espane os móveis. Nesta condição, ele não estará escapando da tarefa (porque o supervisor está utilizando a orientação física para fazê-lo espanar os móveis), mas continua recebendo atenção dependendo de se recusar a trabalhar. Na segunda condição, diga ao supervisor para pedir a Clyde que espane os móveis, e quando ele se senta no chão, você não apresenta nenhuma reação. Nesta condição, Clyde está fugindo da tarefa, mas não está recebendo atenção. O supervisor organiza as duas condições em dias alternados para ver qual delas produz a alta taxa de problema de comportamento.

Se Clyde se recusa a trabalhar mais frequentemente na primeira condição, sugere que o problema de comportamento é reforçado pela atenção dada. Se a taxa do comportamento é maior na segunda condição, a fuga é determinada como o reforçador do problema. Se a taxa do problema de comportamento for alta em ambas as condições, sugere que o comportamento é reforçado tanto pela atenção dada quanto pela fuga da tarefa. Os resultados dessa análise funcional mostraram que Clyde se recusou a trabalhar mais na segunda condição, sugerindo, assim, que a fuga era o reforço para sua recusa a trabalhar. Com base nesses resultados, foi desenvolvido o tratamento para abordar a função de fuga do comportamento. A equipe forneceu reforços para Clyde trabalhar (lanches e intervalos breves) e removeu o reforçador da recusa a trabalhar, orientando-o manualmente durante a tarefa toda vez que ele se recusava (veja os Capítulos 14, 15 e 18 para obter detalhes sobre esses procedimentos).

Como você pode ver neste exemplo, uma análise funcional não precisa ser complexa ou difícil de implementar. As características essenciais de uma análise funcional são: (a) ter um método confiável de coleta de dados para registrar o comportamento nas diferentes condições experimentais; (b) manipular os antecedentes e consequências nas condições de teste e controle, mantendo outras variáveis constantes, e c) Repetir as condições de teste e controle (utilizando um desenho reverso ou outro desenho experimental) para demonstrar o controle experimental do comportamento.

Intervenções funcionais

Depois de conduzir o processo de avaliação funcional, você usa as informações sobre antecedentes e consequências do problema de comportamento para desenvolver intervenções, as quais devem ser projetadas para alterar os antecedentes e as consequências do problema de comportamento a fim de diminuir o problema de comportamento e aumentar comportamentos alternativos desejáveis. Essas **intervenções funcionais** incluem extinção (Capítulo 14), reforçamento diferencial (Capítulo 15) e manipulações antecedentes (Capítulo 16). *Essas intervenções são consideradas funcionais porque abordam os antecedentes e as consequências identificadas na avaliação funcional* (abordam a função do comportamento). Além disso, são não aversivas porque não dependem de punição. Os Capítulos 14, 15 e 16 descrevem essas intervenções funcionais para problemas de comportamento.

RESUMO DO CAPÍTULO

1. A condução da avaliação funcional de um problema de comportamento é o primeiro passo para desenvolver um tratamento para o problema. A avaliação funcional ajuda a identificar os antecedentes que evocam o comportamento e as consequências reforçadoras que mantêm o comportamento.
2. Uma avaliação funcional pode ser realizada de três maneiras: avaliação indireta, avaliação direta por observação e análise experimental ou funcional.
3. Em uma avaliação indireta, você coleta informações sobre os antecedentes e as consequências do comportamento-alvo dos informantes (pessoas que conhecem bem o cliente e estão familiarizados com o problema de comportamento) usando entrevistas comportamentais ou questionários.
4. Em uma avaliação de observação direta (registro ABC), você observa e registra os antecedentes, o comportamento e as consequências conforme ocorrem no contexto natural. O registro ABC pode ser feito utilizando um método descritivo, um método de lista de verificação ou um método com intervalo.
5. Métodos experimentais para conduzir uma avaliação funcional envolvem a manipulação de antecedentes e consequências para determinar sua influência no comportamento. Métodos experimentais, também conhecidos como análise funcional ou análise experimental, permitem estabelecer uma relação funcional entre os antecedentes e as consequências e o problema de comportamento.

TERMOS-CHAVE

análise funcional, 181
análise funcional exploratória, 183
análise funcional por teste de hipóteses, 183
avaliação funcional, 172
avaliação descritiva, 181
condição de controle, 183
condição de teste, 183
gráfico de dispersão, 179
intervenção funcional, 188
observação ABC, 178
reforço automático negativo, 176
reforço automático positivo, 175
reforço social negativo, 175
reforço social positivo, 175

TESTE PRÁTICO

1. O que é a avaliação funcional de um problema de comportamento? Por que é importante realizar uma avaliação funcional?
2. Identifique e descreva as quatro possíveis funções do problema de comportamento.
3. Identifique e descreva os três principais métodos para realizar a avaliação funcional de um problema de comportamento.
4. Identifique e descreva duas maneiras de conduzir uma avaliação indireta.
5. Identifique várias perguntas que você poderia fazer em uma entrevista para determinar os antecedentes e as consequências de um problema de comportamento.
6. Identifique e descreva três maneiras de conduzir as avaliações por observação direta ABC.
7. Quais são os métodos descritivos de avaliação funcional?
8. Os métodos de avaliação descritiva não demonstram uma relação funcional entre os antecedentes e as consequências e o problema de comportamento. Explique essa afirmação.
9. Qual é o resultado dos métodos de avaliação funcional descritiva?
10. Descreva como uma análise funcional demonstra uma relação funcional entre os antecedentes e as consequências e o problema de comportamento.
11. Qual é a diferença entre avaliação funcional e análise funcional?
12. Qual é o primeiro passo na condução de uma avaliação funcional?
13. Em que ponto você consideraria completa a avaliação funcional de um problema de comportamento? Dê um exemplo.
14. Em que circunstâncias você precisa conduzir a análise funcional de um problema de comportamento? Dê um exemplo.
15. Descreva as três características essenciais de uma análise funcional.
16. Iwata e colaboradores encontraram três tipos de reforçadores para o comportamento autolesivo em crianças e adolescentes com deficiências de desenvolvimento. Quais são eles?
17. Descreva as três condições experimentais (teste) na análise funcional do comportamento autolesivo conduzidas por Iwata e colaboradores.

APLICAÇÕES

1. Se o objetivo do seu projeto de autogestão for diminuir um comportamento indesejável, descreva como você conduzirá uma avaliação funcional desse comportamento. Descreva cada um dos métodos de avaliação funcional que usará para identificar as variáveis de controle para o seu comportamento-alvo.
2. Luther, 80 anos, foi recentemente internado em uma casa de repouso porque tinha mal de Alzheimer e a esposa não

podia mais cuidar dele em casa. Luther trabalhou a vida toda como agricultor. Essa era a primeira vez que ele vivia em um lugar em que sua liberdade de movimento era restrita. Ele não podia deixar o lar de idosos sozinho e teve de aprender a se adaptar à rotina diária do local. Embora a doença de Alzheimer tenha prejudicado a memória de Luther, ele ainda estava fisicamente apto e gostava de andar pelo prédio e conversar com a equipe e outros residentes. Pouco depois de se mudar para a casa de repouso, Luther começou a exibir um problema de comportamento: ele saía sozinho. Ele não estava autorizado a sair sozinho por razões de segurança, mas saía do local várias vezes por dia. Quando esfriava, saía sem casaco, e a equipe tinha de trazê-lo de volta todas as vezes. A casa de repouso tem uma porta principal perto do posto de enfermagem, outra porta próxima do escritório comercial e três portas corta-fogo nas laterais e na parte de trás do prédio. O edifício tem quatro alas que formam um quadrado com um pátio totalmente fechado no centro. Duas portas se abrem para o pátio. Quatro corredores, um em cada ala do prédio, se unem para formar um quadrado. Suponha que você é um consultor comportamental que foi chamado pela equipe do lar de idosos para ajudá-los a lidar com o problema de comportamento de Luther. A equipe não sabe se o problema é causado pela doença de Alzheimer, que faz que Luther se confunda e não saiba onde está ou aonde está indo, ou este é o resultado de algumas contingências de reforçamento em ação no lar de idosos. O primeiro passo para desenvolver uma estratégia de tratamento é realizar uma avaliação funcional para determinar por que o problema está ocorrendo. Você marcou uma entrevista em grupo com alguns dos membros da equipe que trabalham regularmente com Luther. Forneça uma lista das perguntas que fará à equipe para avaliar os eventos antecedentes, o problema de comportamento e as consequências do problema.
3. As perguntas da entrevista da Aplicação 2 e as respostas são fornecidas aqui.

Problema de comportamento:

P: O que exatamente Luther faz quando sai da casa de repouso?
R: Ele apenas caminha até a porta, abre e sai.
P: Ele diz ou faz alguma coisa enquanto sai pela porta?
R: Ele às vezes murmura para si mesmo sobre ir ver a esposa ou ir ver alguém. Ou ele diz que tem que sair sem dar uma razão. Às vezes ele não diz nada e simplesmente sai. Ele geralmente olha para a enfermeira que está no posto de enfermagem enquanto está saindo.
P: O que ele faz quando está fora?
R: Ele não fica fora mais do que alguns segundos porque alguma pessoa da equipe sempre o traz de volta. Normalmente, ele fica do lado de fora a poucos metros da porta. Muitas vezes, ele se vira e olha para o prédio. Às vezes, a enfermeira o vê indo para a porta e o impede de sair.

Antecedentes:

P: O que Luther geralmente está fazendo antes de sair pela porta?
R: Normalmente, ele está andando pelos corredores ou perto da porta.
P: Ele geralmente está sozinho ou com alguém quando sai pela porta?
R: Ele gosta de conversar com as pessoas pelos corredores, mas na maioria das vezes está sozinho quando vai para a porta.
P: Por qual porta ele tem maior probabilidade de sair?
R: Ele já tentou sair por todas elas, mas na maioria das vezes sai pela enfermaria principal.
P: Ele já saiu pela porta do pátio?
R: Não, quase nunca.
P: A que hora do dia é mais provável que ele saia?
R: Geralmente, quando os funcionários estão mais ocupados – quando estão lidando com as rotinas de cuidados dos outros residentes, antes das refeições, quando estão ajudando outros residentes, e nas mudanças de turno.
P: Há alguém na enfermaria quando ele sai?
R: Quase sempre. Temos alguém no posto de enfermagem quase o tempo todo.
P: Mesmo em horários de pico?
R: Sim, geralmente a enfermeira está fazendo registros ou preenchendo formulários no posto de enfermagem nesse horário.

Consequências:

P: O que acontece assim que Luther sai pela porta?
R: O funcionário vai atrás dele e o traz de volta. Normalmente é o enfermeiro ou auxiliar de enfermagem na enfermaria que o vê sair.
P: O que acontece então?
R: A enfermeira ou auxiliar de enfermagem caminha de volta com Luther e explica por que ele não pode sair sozinho. A pessoa da equipe geralmente o leva para a sala de descanso e senta-se com ele por alguns minutos com biscoito ou uma xícara de café. A equipe tenta fazer que ele se interesse por algo diferente. Geralmente, demora 5 minutos ou mais cada vez que ele tenta sair.
P: O que aconteceria se Luther saísse pela porta do pátio?
R: Ele agiu assim apenas uma ou duas vezes. Quando ele saiu para o pátio, a equipe o deixou sozinho porque o pátio estava fechado e Luther não poderia se perder ou se machucar. Ele não sai mais por essa porta. Com base nessas informações, qual é a hipótese inicial sobre a função do problema de comportamento de Luther? Descreva o procedimento de observação ABC que você desenvolverá em conjunto com a equipe do lar de idosos. Descreva a folha de dados que utilizará e as instruções que dará à equipe para realizar o procedimento de observação direta.
4. O procedimento de observação ABC para Luther é descrito aqui, juntamente com as informações derivadas da observação ABC. Como Luther quase sempre sai pela porta da enfermaria, a folha de dados será guardada no posto de enfermagem. Tendo já reunido informações sobre antecedentes e consequências prováveis, o consultor fará que o pessoal registre os "ABCs" usando uma lista de verificação que vai discriminar os prováveis antecedentes e as consequências; a equipe colocará uma marca de verificação na coluna que corresponde aos eventos relevantes. E também registrará o momento do comportamento. A folha de dados terá uma coluna para o tempo do comportamento, uma coluna na qual o membro da equipe que observa o

comportamento coloca suas iniciais e colunas para cada um dos antecedentes e consequências da seguinte forma.

Antecedentes:

- Luther está sozinho ou ninguém está falando com ele.
- Luther está andando pelos corredores.
- Luther olha para a enfermeira na enfermaria enquanto se dirige à porta.

Consequências:

- Alguém da equipe corre atrás de Luther e o traz de volta.
- Os funcionários conversam com Luther enquanto caminham com ele.
- A equipe passa algum tempo com Luther depois que ele volta ao prédio.
- Luther recebe café ou biscoitos.

A equipe registrará esses eventos imediatamente toda vez que ocorrer o problema durante uma semana.

Os resultados das observações ABC foram os seguintes. Luther exibiu o problema de comportamento em média cinco vezes por dia, estava sozinho ou ninguém estava falando com ele em 100% das vezes que o problema ocorreu. Estava andando pelos corredores ou andando perto da porta 100% das vezes. Olhou para a enfermeira na enfermaria 90% das vezes antes de sair pela porta. Quando Luther saiu, 100% das vezes um funcionário correu atrás dele e conversou com ele quando o trouxe de volta. Uma pessoa da equipe passou alguns minutos com ele todas as vezes, exceto uma, e ele tomou café e comeu biscoitos em 50% das vezes.

Essas informações apoiam sua hipótese inicial desenvolvida a partir da entrevista? Explique. Com base nas informações da entrevista e das observações ABC, descreva o procedimento de análise funcional que você usará para confirmar sua hipótese sobre a função do problema. Descreva as duas condições de análise funcional (condições de teste e controle) que você fará que os enfermeiros conduzam com Luther. Descreva o tipo de resultados que você espera do procedimento de análise funcional.

APLICAÇÕES INCORRETAS

1. Hanna, estudante da primeira série, estava exibindo comportamentos inadequados em sala de aula. Ela ficava fora de sua cadeira com frequência; falava alto, provocava outros alunos e entrava no armário de suprimentos. Para diminuir o comportamento, o professor elaborou o seguinte plano. Ele decidiu ignorar o comportamento inadequado de Hanna e elogiá-la sempre que ela ficava na carteira prestando atenção à aula, sem exibir o comportamento desagradável. Ele acreditava que o uso de reforçamento diferencial (extinção do comportamento disruptivo e reforço do comportamento apropriado) diminuiria o comportamento inadequado ao passo que aumentaria o comportamento apropriado. O que há de errado com esse plano?

2. Depois de conversar com o psicólogo da escola, o professor de Hanna aprendeu que, antes de decidir sobre um tratamento para um problema de comportamento, é preciso conduzir uma avaliação funcional do problema para identificar as variáveis ambientais que estão causando o comportamento. O psicólogo da escola queria que o professor coletasse informações sobre os antecedentes e as consequências do problema de comportamento conduzindo observações ABC em sala de aula. O psicólogo deu ao professor uma folha de dados com três colunas: uma para antecedentes, uma para o problema de comportamento e outra para as consequências. Pediu ao professor para manter a folha de dados sobre a mesa e, cada vez que Hanna exibisse problema de comportamento, ele anotaria uma descrição dos antecedentes, uma descrição do comportamento e uma descrição das consequências. Também disse ao professor que eles poderiam ter uma boa compreensão de por que o problema estava ocorrendo se ele fizesse o registro ABC diariamente durante uma semana. O que há de errado com o método de avaliação funcional usado nessa situação?

3. O diretor de um programa residencial para pessoas com deficiências intelectuais graves pediu à equipe que fizesse observações comportamentais sobre dois residentes que estavam tendo dificuldades comportamentais e desenvolvessem hipóteses sobre por que os problemas de comportamento estavam ocorrendo. Robyn era uma residente e se engajou em um comportamento agressivo no qual gritava e batia nos funcionários quando pediam a ela que participasse de algumas atividades de treinamento. O outro residente, Melvin, se envolvia em um comportamento inadequado no qual jogava objetos da mesa e pegava itens recreativos (como, jogos, revistas e trabalhos) de outros residentes. A equipe supôs que Robyn estava frustrada com as expectativas diárias apresentadas a ela e as exigências que faziam e suspeitaram de que estava transmitindo sentimentos de descontentamento em relação ao pessoal. Quanto a Melvin, a equipe supôs que ele estava entediado e com ciúmes de outros residentes envolvidos em atividades recreativas. Eles suspeitaram de que o comportamento inadequado dele era uma demonstração de tédio e inveja. O que há de errado com essa abordagem de avaliação funcional para identificar as variáveis responsáveis pelos problemas de comportamento de Robyn e Melvin? Como o pessoal poderia melhorar a avaliação funcional?

14

Aplicando a extinção

> Por que é importante realizar uma avaliação funcional antes de usar um procedimento de extinção?
> Quais são as cinco perguntas que se deve fazer antes de usar um procedimento de extinção?
> Como o esquema de reforço para um comportamento influencia a extinção?
> Por que é importante reforçar comportamentos alternativos ao usar a extinção?
> Como você pode promover generalização e manutenção após o uso da extinção?

Depois de conduzir a avaliação funcional de um problema, você implementará procedimentos de tratamento funcional para alterar os antecedentes e as consequências do problema de comportamento. Este capítulo descreve o uso da extinção, que é um dos tratamentos funcionais utilizados para eliminar um problema de comportamento. Como foi explicado no Capítulo 5, a extinção é um princípio básico de comportamento no qual eliminar a consequência reforçadora de um comportamento resulta em uma diminuição na frequência do comportamento. Para usar a extinção, você deve primeiro identificar o reforçador que mantém o problema de comportamento e depois eliminá-lo (certifique-se de que não mais ocorre após o comportamento). O comportamento que não é mais reforçado diminuirá em frequência e cessará. Considere o exemplo a seguir.

O caso de Willy

Willy, homem de 54 anos com deficiência intelectual moderada, mudou-se recentemente para uma casa comunitária porque os pais não podiam mais cuidar dele. Viveu toda a vida com a mãe e o pai antes de ir para a casa comunitária, na qual Willy começou a apresentar um problema de comportamento: ele discutia quando alguém da equipe lhe pedia que fizesse uma atividade de treinamento, como cozinhar, limpar, lavar roupa ou outra tarefa típica da vida independente. A entrevista de avaliação funcional e as observações ABC produziram as seguintes informações sobre o problema de comportamento, antecedentes e consequências. A situação antecedente foi a funcionária pedir a Willy que realizasse uma tarefa diária. Willy não exibia problema de comportamento quando o funcionário pedia que realizasse a tarefa, mas, sim, quando a solicitação era feita por uma mulher e, então, ele fazia declarações como: "Isto é trabalho de mulher", "Uma mulher é quem deveria fazer isso" ou "Isso não é trabalho de homem". Esse comportamento estendia-se por até 15 minutos, mas no geral ele completava a tarefa depois.

Em razão do comportamento de Willy, as funcionárias passaram a discutir com ele, e diziam a ele que fazia comentários machistas tentando convencê-lo de que os homens também tinham de fazer as tarefas. As funcionárias muitas vezes ficavam visivelmente aborrecidas com os comentários machistas dele e geralmente discutiam que ele começasse a executar a tarefa.

As informações de avaliação levaram à hipótese de que o evento antecedente foi a funcionária pedir a Willy que fizesse uma tarefa, e a atenção manifestada pelos membros da equipe (isto é, discutir, explicar, apresentar reações emocionais) após o problema de comportamento dele era a consequência reforçadora. O reforço negativo (fuga) não pareceu desempenhar uma função porque Willy acabou por completar a tarefa solicitada.

Antecedente	Comportamento	Consequência
Funcionária faz um pedido a Willy.	Willy se recusa a fazer a tarefa e faz comentários machistas.	Membros da equipe dão atenção a Willy (discutindo, explicando).

Resultado: é mais provável que Willy se recuse a fazer as tarefas e faça comentários machistas quando uma funcionária fizer um pedido.

A equipe queria diminuir a frequência dos comentários machistas de Willy e sua recusa em realizar as tarefas solicitadas. Os resultados da avaliação funcional sugeriram que, para diminuir o problema de comportamento, as funcionárias deveriam deixar de dar atenção a ele após a manifestação do problema de comportamento. A gerente da casa comunitária realizou uma reunião com a equipe para ensiná-la a usar a extinção com Willy.

Primeiro, ela falou à equipe sobre a conclusão da avaliação funcional: aparentemente, a atenção das funcionárias é que estava reforçando o problema de comportamento. A gerente disse então que elas teriam de eliminar o reforçador para o problema de comportamento para diminuí-lo. Deu à equipe as seguintes instruções: "Sempre que fizer um pedido para Willy realizar uma tarefa e ele se recusar ou fizer comentários machistas, não peça nada novamente e não responda a ele de maneira alguma. Não discuta com ele. Não tente convencê-lo a fazer a tarefa. Não tente explicar que suas observações são inaceitáveis. Não mostre qualquer tipo de reação emocional. Não se mostre desapontada ou chateada. Simplesmente saia e faça outra coisa quando Willy manifestar o problema de comportamento".

Depois de fornecer as instruções para o uso da extinção, a gerente da casa comunitária modelou o uso da extinção para sua equipe. Pediu a uma pessoa da equipe que interpretasse Willy se recusando a atender a uma solicitação e fazendo comentários machistas e, em resposta, ela simplesmente saiu e não reagiu ao comportamento dele. Em seguida, ela interpretou Willy e pediu a cada membro da equipe que ensaiasse o uso do procedimento de extinção em resposta ao comportamento de Willy. Depois que cada membro da equipe demonstrou o uso da extinção nas dramatizações com diferentes variações do problema de comportamento, ela instruiu a equipe a usar o procedimento com Willy sempre que ele se envolvesse nesse tipo de comportamento em resposta a um pedido. Ela alertou a equipe que todos deviam usar o procedimento de extinção consistentemente e ignorar as observações machistas de Willy, não importando o quão fossem perturbadoras. Enfatizou que, se apenas uma pessoa continuasse a reagir dando atenção ao problema de comportamento, ele continuaria a manifestá-lo e o procedimento de extinção não teria sucesso, e, além disso, avisou que Willy iria enfatizar seu comportamento quando começassem a aplicar o procedimento de extinção. As rejeições dele talvez se tornem mais intensas ou mais longas, e poderá fazer comentários ainda mais perturbadores. A equipe deve estar pronta para esse surto de extinção e continuar a ignorar o comportamento de Willy.

Em conjunto com o procedimento de extinção, a gerente da casa comunitária instruiu os membros da equipe a elogiarem Willy assim que começasse a realizar a tarefa solicitada. Ela disse à equipe que deveriam reforçar o comportamento cooperativo dele dando atenção para que o comportamento aumentasse enquanto o problemático diminuiria. Como Willy não receberia mais atenção da equipe por se recusar a colaborar e fazer comentários machistas, era importante que recebesse atenção em virtude do comportamento desejável.

Extinção

Antecedente	Comportamento	Consequência
Funcionária faz um pedido a Willy.	Willy se recusa a fazer a tarefa e faz comentários machistas.	O pessoal da equipe não dá atenção a Willy.

Resultado: é menos provável que Willy se recuse a fazer as tarefas e faça comentários machistas no futuro.

Reforço

Antecedente	Comportamento	Consequência
Funcionária faz um pedido a Willy.	Willy realiza a tarefa.	O pessoal da equipe elogia Willy.

Resultado: é mais provável que Willy realize as tarefas no futuro.

TABELA 14-1 Etapas no uso da extinção

1. Coletar dados para avaliar efeitos do tratamento.
2. Identificar o reforçador para o comportamento problemático por meio da avaliação funcional.
3. Eliminar o reforçador depois de cada instância do comportamento problemático.
   - Você identificou o reforçador?
   - Você pode eliminar o reforçador?
   - É seguro utilizar a extinção?
   - Um surto de extinção (aumento do comportamento problemático) pode ser tolerado?
   - A consistência pode ser mantida?
4. Considere o esquema de reforço para o comportamento problemático.
5. Reforce comportamentos alternativos.
6. Promova a generalização e a manutenção.

© Cengage Learning

Para promover a generalização da mudança de comportamento, a gerente da casa comunitária enfatizou que todo o pessoal deve usar o procedimento de extinção (e o procedimento de reforço) em todos os momentos e em todas as situações com Willy. O que significa que todos os novos funcionários e substitutos devem ser treinados para usar o procedimento. Além disso, ela teve uma reunião com os pais de Willy e pediu ajuda quando ele os visitou no fim de semana. Como ela não queria que o comportamento fosse reforçado nos fins de semana, pediu aos pais de Willy que fizessem uma de duas coisas. Eles poderiam simplesmente não pedir que ele fizesse nenhuma tarefa quando estivesse em casa, ou poderiam usar o procedimento de extinção da mesma forma que a equipe estava utilizando. Ao não pedir que Willy fizesse nenhuma tarefa, eles utilizariam um procedimento de controle de estímulo pelo qual removeriam o antecedente do problema de comportamento para que este não ocorresse. Willy não poderia se recusar a fazer nenhuma tarefa se não pedissem nada. Como a mãe sempre fazia tudo para ele anteriormente, ela se sentia muito à vontade com essa opção.

Os membros da equipe coletaram dados sobre a porcentagem de vezes em que Willy se recusou a completar tarefas e descobriu que suas recusas diminuíram com o tempo depois que o procedimento de extinção foi implementado. Ele continuou a se recusar de vez em quando, mas o pessoal não reforçava o comportamento e as recusas não duraram muito tempo. Na maioria das vezes, Willy concluía as tarefas que a equipe havia solicitado logo que pediam.

Esse exemplo ilustra as etapas envolvidas no uso da extinção para diminuir um problema de comportamento (Tabela 14-1).

Uso da extinção para diminuir um problema de comportamento

A extinção é uma das primeiras abordagens que devem ser consideradas para tratar um problema de comportamento. Enquanto o problema persistir, deve haver uma consequência reforçadora do comportamento que a mantém. Portanto, para diminuir o comportamento, você deve identificar as consequências reforçadoras e eliminá-las (sempre que possível). Quando o problema de comportamento não for mais reforçado, se extinguirá. Vamos examinar as etapas envolvidas no uso eficaz de procedimentos de extinção (Ducharme e Van Houten, 1994).

Coleta de dados para avaliar os efeitos do tratamento

Conforme discutido nos Capítulos 2 e 3, a observação e o registro do comportamento-alvo são componentes importantes de um programa de modificação de comportamento. Você deve registrar o problema de comportamento antes e depois do uso do procedimento de extinção para determinar se o comportamento diminuiu quando a extinção foi implementada. Será preciso uma definição do problema de comportamento a ser diminuído, um método confiável de coleta de dados, uma avaliação básica para determinar o nível do problema de comportamento antes do uso da extinção, coleta de dados em todos os ambientes relevantes após o tratamento para determinar se o comportamento diminuiu e se ocorreu generalização, e da contínua coleta de dados ao longo do tempo para avaliar a manutenção da mudança de comportamento. Se você estiver conduzindo uma pesquisa para avaliar experimentalmente os efeitos do procedimento de extinção, também serão necessários um desenho de pesquisa aceitável (veja o Capítulo 3) e a avaliação da confiabilidade do observador. O aspecto básico a ser lembrado é que, se for usar um procedimento de extinção (ou qualquer outro procedimento de modificação de comportamento), deverá coletar dados sobre o problema de comportamento para documentar a alteração no comportamento após o uso do procedimento. Se o registro do problema de comportamento mostrar que o comportamento não foi alterado após o tratamento, você pode reavaliar o problema ou a implementação do procedimento de extinção e fazer as alterações necessárias para diminuir o problema de comportamento.

Identificar o reforçador do problema de comportamento por meio da avaliação funcional

Na avaliação funcional, você identifica os antecedentes e as consequências do problema de comportamento (veja o Capítulo 13). Esta é uma etapa crítica no uso eficaz de procedimentos de extinção. *É preciso identificar o reforçador específico do problema de comportamento para poder eliminá-lo em um procedimento de extinção.* Você não pode presumir que um reforço específico esteja mantendo um problema de comportamento. O mesmo problema de comportamento exibido por pessoas diferentes pode ser mantido por diferentes reforçadores. Por exemplo, o comportamento agressivo de uma criança pode ser reforçado pela atenção dada a ela pelos pais, ao passo que o comportamento agressivo de outra criança pode ser reforçado pela obtenção de brinquedos dos irmãos. Às vezes, o mesmo comportamento exibido por determinada pessoa em diferentes situações pode ser mantido por diferentes reforçadores (Romaniuk et al., 2002). Por exemplo, uma criança pequena chora quando tem dificuldade para amarrar os sapatos, e o choro é reforçado quando os pais a ajudam a amarrar os sapatos. A mesma criança pode chorar quando os pais pedem algo a ela (como escovar os dentes), e o choro é reforçado quando os pais permitem que ela fuja da tarefa solicitada. Um comportamento pode servir a diferentes funções em diferentes contextos (Day, Homer e O'Neill, 1994; Haring e Kennedy, 1990).

O sucesso de um procedimento de extinção depende de o reforçador específico que mantém o problema de comportamento ter sido identificado. Inúmeros estímulos ou eventos podem funcionar como reforçadores de problemas de comportamento que podem ser mantidos por reforço positivo quando o comportamento resulta na apresentação de um estímulo ou evento ou reforço negativo quando ele resulta na fuga de algum estímulo ou evento. A consequência reforçadora pode envolver o comportamento de outra pessoa (reforço social) ou a mudança em um estímulo físico (não social) ou evento ambiental (reforço automático). A Tabela 14-2 descreve uma variedade de problemas de comportamento e as consequências que os reforçam.

> *Para cada problema de comportamento na Tabela 14-2, identifique se o exemplo ilustra reforço social positivo, reforço social negativo, reforço positivo automático ou reforço negativo automático. (As respostas constam no Apêndice A.)*

TABELA 14-2 Exemplos de autoavaliação (comportamentos problemáticos e reforçadores)

Comportamento problemático	Consequência reforçadora
1. A criança diz que está doente quando tem de fazer tarefas escolares.	Um dos pais faz as tarefas escolares para a criança.
2. A pessoa com deficiência intelectual corre para a rua e se recusa a sair dela.	Um dos membros da equipe oferece refrigerante se a pessoa sair da rua.
3. Um dos parceiros de um casal tem uma explosão de temperamento em um momento de discordância.	O outro parceiro para de argumentar e concorda com o primeiro.
4. A criança com autismo esfrega os dedos na frente dos olhos.	Esse comportamento produz estimulação visual.
5. A pessoa foge de um cachorro enquanto caminha pela rua.	A pessoa se afasta do cachorro e a reação de medo diminui.
6. A criança se recusa a fazer a tarefa pedida pelos pais.	A criança consegue evitar a tarefa e continua a assistir à TV.
7. A criança se recusa a fazer a tarefa pedida pelos pais.	Os pais repetem o pedido, imploram à criança e a repreendem.
8. O cliente hospitalizado chama a enfermaria várias vezes por dia.	A enfermeira vai ao quarto cada vez que o cliente chama, mas não encontra nenhum problema.
9. O cliente com lesão cerebral fica nu toda vez que a enfermeira entra no quarto para a rotina matinal.	A enfermeira reage com surpresa e indignação e ordena que o cliente se vista.
10. O operário de uma fábrica em linha de montagem sabota-a a fim de que pare.	O operário se senta e pode fumar um cigarro e tomar uma xícara de café a cada vez que a linha é desativada.

© Cengage Learning

Eliminar o reforçador depois de cada instância do problema de comportamento

Extinção, por definição, envolve a eliminação do reforçador após cada instância do problema de comportamento. Embora possa parecer simples, várias considerações devem ser feitas quanto ao uso bem-sucedido da extinção.

Você identificou o reforçador? Obviamente, você não pode eliminar o reforçador do problema de comportamento até tê-lo identificado por meio de uma avaliação funcional. A falha em eliminar o estímulo ou evento específico que funciona como reforçador do problema de comportamento é a falha em implementar corretamente o procedimento de extinção (Iwata et al., 1994; Mazaleski et al., 1993).

O procedimento de extinção pode ser diferente, dependendo do reforçador que está mantendo o problema de comportamento. Por exemplo, quando Iwata e colaboradores trabalharam com três crianças com deficiências de desenvolvimento que se engajaram em comportamento autolesivo (CAL) – batendo a cabeça em objetos – descobriram que o reforço para o CAL era diferente para cada criança (Iwata et al., 1994). Para uma delas, o CAL era reforçado pela atenção recebida dos adultos. Para outra criança, o CAL era reforçado pela fuga das exigências educacionais. Para a terceira criança, o CAL era reforçado automaticamente pelas consequências sensoriais do próprio comportamento. Iwata demonstrou que o procedimento de extinção era diferente para cada criança porque o reforço do CAL também era.

> **Como Iwata implementou a extinção do CAL que era reforçado pela atenção dada pelos adultos?**

Como o CAL era mantido pela atenção dada pelos adultos, a extinção envolvia eliminar a atenção depois de cada instância do CAL. Esta criança em particular, Millie, tinha 8 anos e batia com a cabeça em superfícies planas, como uma parede ou no chão. Quando ela batia a cabeça, o adulto que estava presente não respondia de forma alguma, não importando por quanto tempo ela mantivesse o comportamento (Figura 14-1). (É importante notar que foram tomadas precauções para que a criança não se machucasse.) No entanto, o adulto prestava atenção quando Millie não batia com a cabeça. Esse procedimento, no qual um reforçador é fornecido pela ausência do problema, é descrito no Capítulo 15.

> **De que modo Iwata implementou a extinção do CAL que era reforçado pela fuga das exigências educacionais?**

Como o CAL era reforçado pela fuga das exigências educacionais, a extinção envolveu a eliminação da fuga após o CAL. A criança em particular, Jack, era um menino de 12 anos que iniciava o CAL quando o professor pedia para realizar tarefas, como identificar objetos, ou tarefas motoras simples, e o CAL resultava em fugir da tarefa. Para usar a

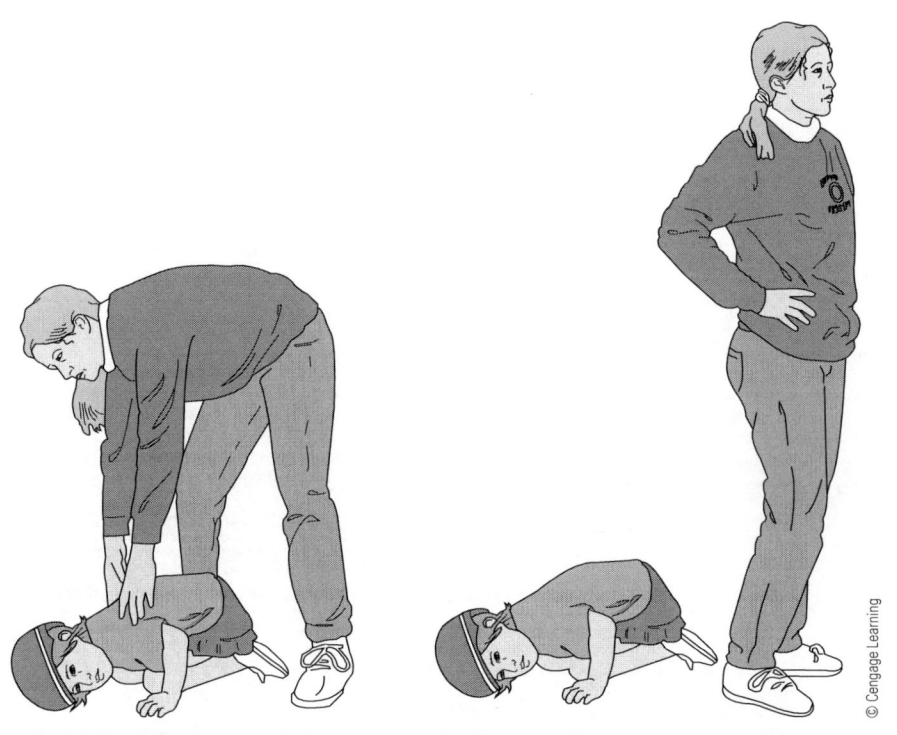

FIGURA 14-1 O comportamento da criança, de bater com a cabeça, é reforçado pela atenção dada pelo adulto. Observe que a criança usa um capacete por segurança. O adulto remove o reforçador do comportamento problemático, não prestando atenção a ele. Como o comportamento não é mais reforçado, vai cessar.

extinção, quando o CAL ocorria, o professor usava orientação física para que Jack não fugisse da tarefa. Independentemente de quanto tempo ele mantinha o CAL, o professor continuava a apresentar as exigências educacionais e a utilizar orientação física para evitar a fuga. O professor também fazia elogios quando a criança cumpria suas tarefas.

Donnie foi a terceira criança no estudo de Iwata, um menino de 7 anos que se envolvia no CAL que era automaticamente reforçado. Como não havia reforço social para o comportamento de bater com a cabeça, presumia-se que o comportamento era reforçado pelas próprias consequências sensoriais do comportamento.

> ***Como você acredita que Iwata usou a extinção para o comportamento de bater com a cabeça, que era automaticamente reforçado pelas consequências sensoriais?***

Iwata e colaboradores utilizaram a extinção sensorial: eles colocaram um capacete acolchoado em Donnie para que as consequências sensoriais do comportamento fossem modificadas. Se o comportamento de bater com a cabeça não produzisse mais o mesmo reforço sensorial, se extinguiria. Os resultados mostraram que o CAL diminuiu quando Donnie passou a usar o capacete acolchoado.

Esse estudo (Iwata et al., 1994) ilustra de maneira convincente que, para usar a extinção, você deve identificar o reforçador específico do problema de comportamento e eliminá-lo. Se não identificar o reforçador de um problema específico, não poderá usar a extinção. Por exemplo, imagine um pai cuja criança de 3 anos pega biscoitos do pote com frequência ao longo do dia. O pai quer que ela pare de pegar os biscoitos. Por causa de uma compreensão limitada da extinção, ele ignora o comportamento cada vez que ocorre e acredita que não dar atenção diminuirá o comportamento da criança.

> ***O que há de errado com a atitude do pai?***

O problema é que o ato de pegar os biscoitos é reforçado pela ingestão deles, não pela atenção dos pais. Portanto, eliminar a atenção dos pais após o comportamento não elimina o reforçador. O comportamento continua a ser reforçado e, portanto, continua a ocorrer (Martin e Pear, 1992).

> ***Como o pai implementaria a extinção nesse caso?***

O pai implementaria a extinção eliminando o reforçador (os biscoitos) do problema de comportamento. Se o pai retirar os biscoitos do pote, o problema de comportamento não mais será reforçado com a obtenção dos biscoitos. Como resultado, a criança deixará de pegar o pote de biscoitos.

> ***Para cada problema de comportamento na Tabela 14-2, descreva como você implementaria a extinção. (As respostas estão no Apêndice B.)***

Variações funcionais da extinção

- **Extinção após reforço positivo.** Quando um comportamento é positivamente reforçado, a extinção significa que a pessoa não recebe mais o reforço positivo após o comportamento.

- **Extinção após reforço negativo.** Quando um comportamento é negativamente reforçado, a extinção significa que a pessoa não mais escapa do estímulo aversivo após o comportamento. Essa variação de extinção é chamada **extinção de fuga**.

Você pode eliminar o reforçador? Depois de realizar uma avaliação funcional para identificar o reforçador do problema de comportamento, é preciso determinar se o agente de mudança (pai, professor, membro da equipe, enfermeiro, cliente) pode controlar o reforçador. *Se o agente de mudança não tiver controle sobre o reforçador, a extinção não poderá ser implementada.* Por exemplo, no caso dos comentários inconvenientes de Willy, o reforçador do problema de comportamento era a atenção dada pela equipe. Esse reforçador está sob controle dos agentes de mudança, os membros da equipe. Eles podem evitar dar atenção após o problema de comportamento e prestar atenção após o comportamento cooperativo de Willy. Portanto, eles podem implementar com sucesso o procedimento de extinção.

Para alguns problemas de comportamento, no entanto, os agentes de mudança não têm controle sobre o reforçador. Se um garoto de ensino fundamental ameaça bater em outras crianças para pegar o dinheiro do lanche, o reforço desse comportamento é pegar o dinheiro (e talvez outras reações das vítimas). O professor não tem controle sobre esse reforçador porque o problema de comportamento acontece quando ele ou outro adulto não está presente. Portanto, o professor não pode usar a extinção. O professor pode instruir a classe a não dar o dinheiro quando ocorre a ameaça, mas é provável que o problema ainda seja reforçado pelo menos ocasionalmente por crianças que continuem dando seu dinheiro quando forem ameaçadas. Considere outro exemplo.

Uma adolescente ouve música em alto volume perturbando o restante da família. O reforço desse comportamento é ouvir a música alta. (Suponha que você tenha descartado a atenção dos pais como reforçador.) A não ser que os pais tenham instalado um dispositivo eletrônico no aparelho de som que não permita aumentar o volume além de um determinado nível, eles não têm controle sobre esse reforçador. O comportamento da adolescente de girar o botão no aparelho de som é imediatamente reforçado todas as vezes pelo aumento no volume da música. Os pais podem pedir a ela que abaixe o som ou implementar outro procedimento para diminuir o comportamento, mas não podem usar a extinção porque o volume da música (o reforçador) não está sob controle.

Ao considerar o uso da extinção para diminuir o problema de comportamento, você deve determinar que o agente da mudança pode controlar o reforçador que mantém o problema de comportamento. *A extinção pode ser implementada somente se o agente da mudança puder evitar a consequência reforçadora todas as vezes que o problema de comportamento ocorrer.*

É seguro usar a extinção? Antes de decidir usar a extinção, é importante determinar se pode resultar em danos à pessoa que exibe o problema de comportamento ou a outras no mesmo ambiente. Considere os seguintes exemplos.

Rupert é um jovem com deficiência intelectual grave que trabalha em uma oficina comunitária durante o dia. Ele se senta em uma mesa com outras três pessoas e monta peças para uma fábrica local. Rupert apresenta um problema de comportamento que consiste em agredir outras pessoas à mesa. Ele puxa as pessoas pelo cabelo e bate a cabeça delas na mesa. Quando isso acontece, os membros da equipe imediatamente intervêm e separam Rupert. A avaliação funcional identificou a atenção da equipe como o reforçador que mantém o problema de comportamento. A extinção exigiria que a equipe não prestasse atenção em cada instância do problema; no entanto, seria extremamente prejudicial à pessoa que está sendo agredida. Nesse caso, portanto, a extinção não é um procedimento seguro e não pode ser usada.

Agora, considere o caso de Annie, de 4 anos, que corre para a rua quando brinca no jardim da frente. A babá, que geralmente está sentada no jardim lendo um livro ou uma revista, grita para Annie sair da rua. Quando ela se recusa, a babá corre para buscá-la. O reforço desse comportamento é a atenção dada pela babá. No entanto, a extinção não pode ser usada nesse caso porque não é seguro ignorar uma criança quando corre para a rua. Outros procedimentos, como reforço diferencial ou controle de antecedentes, devem ser usados (consulte os Capítulos de 15 a 18).

Ben é um homem de 18 anos com deficiência intelectual que participa de um programa de treinamento residencial. A equipe está tentando ensinar a ele algumas habilidades básicas de cuidado consigo mesmo, como barbear-se e escovar os dentes. O problema é que Ben se envolve em comportamento agressivo (puxa os cabelos, arranha e belisca os membros da equipe) quando tentam ensiná-lo essas habilidades. Quando Ben puxa os cabelos, arranha ou belisca o membro da equipe, a sessão é encerrada. Como resultado, o comportamento agressivo de Ben é reforçado negativamente pela fuga da sessão de treinamento.

> *Como os membros da equipe implementariam a extinção com Ben?*

A extinção neste caso envolveria continuar a sessão de treinamento quando Ben iniciasse o comportamento agressivo para que o problema de comportamento não resultasse em fuga. No entanto, é perigoso para os membros da equipe continuar a sessão quando Ben se torna agressivo, por isso é difícil usar a extinção. Nesse caso, um procedimento como bloqueio de resposta ou restrição breve pode facilitar o uso da extinção (veja o Capítulo 18).

Como pode verificar, mesmo que se tenha identificado o reforçador do problema de comportamento e que o agente de mudança tenha controle sobre o reforçador, não se pode usar a extinção até ter certeza de que é seguro eliminar o reforçador. A extinção pode ser particularmente insegura quando um problema de comportamento é reforçado negativamente porque requer que você evite a fuga quando o problema ocorrer. Evitar a fuga, muitas vezes, requer orientação física ao longo da tarefa, o que pode ser difícil ou impossível, se estiver trabalhando com um adulto que resiste fisicamente à orientação. Em tais casos, outros procedimentos funcionais (manipulações antecedentes, reforço diferencial) devem ser utilizados em vez de extinção.

Um surto de extinção (aumento do problema de comportamento) pode ser tolerado? Como foi discutido no Capítulo 5, o uso da extinção geralmente é acompanhado por um surto de extinção, em que o comportamento aumenta em frequência, duração ou intensidade, ou novos comportamentos ou respostas emocionais ocorrem (Goh e Iwata, 1994; Lerman, Iwata e Wallace, 1999; Vollmer et al., 1998). Antes de decidir usar a extinção, você deve prever o surto de extinção e ter certeza de que os agentes de mudança podem tolerar o aumento do comportamento. Considere o caso de uma menina de 5 anos que faz birra na hora de dormir. Ao ser levada para a cama, ela grita e chora. Depois que os pais saem do quarto, ela fica chamando por eles. Quando ela exibe esses comportamentos, os pais vão ao seu quarto para acalmá-la e conversar até que ela durma. A atenção deles está reforçando o problema de comportamento.

Os pais podem usar a extinção para diminuir e eliminar o problema de comportamento, mas precisam perceber que, assim que não responderem mais aos acessos de raiva, provavelmente a criança exibirá um surto de extinção na qual o problema vai se agravar; a birra irá aumentar e durar mais tempo. Se os pais não estiverem preparados para esse resultado, o uso da extinção pode falhar. Na primeira vez que os pais ignoram as birras na hora de dormir e o problema de comportamento aumentar, eles podem ficar preocupados ou frustrados e entrar no quarto da filha, reforçando assim o comportamento. O que provavelmente agravará o problema, porque os pais reforçarão uma instância pior do problema de comportamento (por exemplo, uma birra mais intensa e com maior duração). Conforme foi detalhado no Capítulo 9, os problemas de comportamento graves geralmente são moldados dessa maneira.

Ao usar um procedimento de extinção, você deve executar várias etapas importantes. Primeiro, é preciso informar o agente de mudança sobre o aumento que provavelmente ocorrerá durante um surto de extinção. *Em segundo lugar,* você deve instruir o agente de mudança a persistir na retirada do reforçador à medida que o problema se agrava. *Terceiro,* se o aumento do comportamento puder prejudicar a pessoa com que apresenta o comportamento ou outras pessoas, é preciso criar um plano para eliminar ou minimizar danos. Iwata colocou um capacete na jovem que batia com a cabeça para que não causasse danos a si mesma durante o procedimento de extinção (Iwata et al., 1994). Carr tinha professores que usavam roupas de proteção para protegê-los do comportamento agressivo de dois garotos durante um procedimento de extinção (Carr, Newsom e Binkoff, 1980). Você pode instruir os pais a remover objetos quebráveis da sala ao usar a extinção para o comportamento inadequado ou as birras do filho a fim de evitar danos a objetos ou ferimentos na criança.

Se prever que o agente de mudança não conseguirá persistir em evitar o reforçador durante o surto de extinção, ou se não puder evitar possíveis danos durante o processo de extinção, o processo não deve ser utilizado. Em vez disso, outros procedimentos para diminuir a ocorrência de um problema de comportamento devem ser utilizados (veja os Capítulos de 15 a 18).

A consistência pode ser mantida? *Para que a extinção seja implementada corretamente, o reforçador nunca deve vir depois do problema de comportamento.* O que significa que todas as pessoas envolvidas no tratamento devem ser firmes e eliminar as consequências reforçadoras a cada vez que ocorrer o problema. Se o problema de comportamento for reforçado mesmo que ocasionalmente, o procedimento vai equivaler ao reforço intermitente do comportamento, em vez de extinção. A falta de consistência é uma razão comum para o fracasso dos procedimentos de extinção (Vollmer et al., 1999). Por exemplo, se os pais estão implementando a extinção de forma consistente para as birras do filho na hora de dormir, mas os avós ocasionalmente reforçam o problema quando o visitam, as birras não serão eliminadas. Da mesma forma, se a maioria dos funcionários implementar a extinção do problema de comportamento de Willy, mas um ou mais deles continuarem atentos ao comportamento, este não será eliminado.

Todos os agentes de mudança devem ser treinados para usar o procedimento de extinção corretamente a fim de garantir a consistência na implementação de um procedimento de extinção. Os agentes de mudança devem receber instruções claras para serem consistentes e uma justificativa razoável do porquê a consistência é importante. Além disso, os melhores resultados serão alcançados se o procedimento de extinção for modelado para os agentes de mudança e eles tiverem a oportunidade de ensaiar o procedimento e receber *feedback*. Em alguns casos, é benéfico ter contingências de reforço para o uso correto dos agentes de mudança do procedimento de extinção (ou qualquer outro procedimento de modificação de comportamento). Por exemplo, se muitos funcionários em um ambiente de tratamento forem responsáveis pela implementação do procedimento, é benéfico que um supervisor monitore o desempenho, pelo menos ocasionalmente, e forneça *feedback* (reforço e correção) sobre o uso do procedimento.

Em suma, para utilizar procedimentos de extinção apropriadamente, você deve: (1) identificar o reforçador específico do problema de comportamento em questão, (2) determinar se os agentes de mudança controlam o reforçador, (3) determinar se é seguro usar a extinção, (4) determinar se um surto de extinção (aumento no problema de comportamento) pode ser tolerado, e (5) determinar se os agentes de mudança podem implementar o procedimento de extinção consistentemente. Essas questões devem ser abordadas antes de usar um procedimento de extinção para diminuir um problema de comportamento.

Para maior consideração: trabalhando com cuidadores

Ao implementar a extinção, você está pedindo a cuidadores (pais, professores, funcionários etc.) que evitem o reforço cada vez que ocorrer problema de comportamento. Para que a extinção seja eficaz, os cuidadores devem implementar o procedimento de extinção com fidelidade (a **fidelidade do tratamento** significa implementar um procedimento exatamente como planejado). Como foi mencionado, o analista do comportamento deve treinar o cuidador para usar o procedimento com sucesso. No entanto, o analista do comportamento também deve fazer que o cuidador "adote" o procedimento. Ou seja, o procedimento deve ser aceitável para o cuidador. Se o cuidador considerar o procedimento aceitável, é mais provável que ele o utilize com fidelidade (isto vale para qualquer procedimento de modificação do comportamento). O analista de comportamento pode usar uma série de estratégias para aumentar a adesão, por exemplo: (1) utilizar boas habilidades interpessoais ao interagir com o cuidador para desenvolver harmonia com o cuidador (o cuidador é mais propenso a seguir suas instruções se gostar de trabalhar com você), (2) trabalhe em colaboração com o cuidador durante o processo de avaliação funcional (mostre que valoriza a contribuição dele utilizando as informações que ele fornece), (3) dê uma boa razão para o cuidador utilizar o procedimento (descreva a conexão entre as descobertas da avaliação e o procedimento de extinção para que o cuidador compreenda o propósito do procedimento, descreva como funciona, descreva porque é importante usar

continua

o procedimento, obtenha informações do cuidador ao descrever os detalhes da implementação do procedimento), (4) descreva problemas comuns ao implementá-lo e como o cuidador pode evitá-los (por exemplo, como lidar com um surto de extinção, manter consistência etc.) e (5) solicite e responda às perguntas.

Cinco perguntas a que você deve responder antes de utilizar a extinção

- Você já identificou o reforçador?
- Você pode eliminar o reforçador?
- É seguro usar a extinção?
- O surto de extinção pode ser tolerado?
- A consistência pode ser mantida?

Leve em consideração o esquema de reforço antes da extinção

Estabelecer o esquema de reforço em vigor para o problema de comportamento antes do uso da extinção afeta a taxa com que o comportamento diminui durante a extinção (Ferster e Skinner, 1957; Skinner, 1953a). Quando o problema de comportamento é reforçado em um esquema contínuo, a extinção geralmente é mais rápida. Quando é mantido por um esquema de reforço intermitente, é provável que diminua mais gradativamente durante a extinção (consulte o Capítulo 5). É importante determinar se o esquema de reforço para o problema de comportamento é contínuo ou intermitente, de modo que possa antecipar a taxa de diminuição depois que a extinção for implementada.

Kazdin e Polster (1973) demonstraram como os efeitos da extinção podem diferir após reforço contínuo e intermitente. Os autores utilizaram fichas para reforçar as interações sociais de dois homens com deficiência intelectual leve durante intervalos diários no trabalho em uma oficina comunitária. Os indivíduos não tiveram muita interação social antes que o reforço simbólico (com as fichas) fosse implementado. No entanto, a taxa de interação social aumentou muito para os dois participantes quando recebiam uma ficha cada vez que conversavam com alguém durante os intervalos. Quando os autores desistiram de fornecer o reforço simbólico para interações sociais (extinção), as interações diminuíram para zero em ambos os indivíduos. Após o período de extinção, os autores mais uma vez reforçaram as interações sociais com fichas. No entanto, um deles continuou a receber uma ficha cada vez que falava com uma pessoa (reforço contínuo) e o outro recebeu fichas em uma programação intermitente. Às vezes recebia fichas por interagir com as pessoas, outras vezes não. Após a fase de reforço, os autores implementaram a extinção pela segunda vez. Durante a fase de extinção, o indivíduo que recebeu reforço contínuo por interações sociais parou de interagir, enquanto o outro cujo comportamento havia sido reforçado intermitentemente continuou a interagir (Figura 14-2). O que demonstrou que o comportamento se tornou resistente à extinção após o reforço intermitente.

Os resultados dos estudos de Kazdin e Polster (1973) e Higbee, Carr e Patel (2002) sugerem que, quando um problema de comportamento é reforçado em um esquema intermitente, pode ser benéfico implementar um esquema de reforço contínuo por um breve período, pouco antes de usar a extinção. O que significa que intencionalmente reforçaria o problema de comportamento toda vez que ocorresse por um breve período antes de eliminar o reforçador no procedimento de extinção. Os efeitos da extinção seriam então mais rápidos (Neisworth et al., 1985).

Reforço de comportamentos alternativos

O procedimento de extinção deve ser sempre utilizado em conjunto com um procedimento de reforço. *O procedimento de extinção diminui a frequência do problema, e o procedimento de reforço aumenta um comportamento alternativo que deve substituir o problema de comportamento.* Como este último serve a uma função específica para a pessoa (resulta em uma consequência reforçadora específica), o procedimento de reforço aumentará um comportamento desejável que serve à mesma função ou resulta na mesma consequência. Quando um comportamento alternativo produz a mesma consequência reforçadora do problema de comportamento, é menos provável que o problema ocorra novamente após a extinção (recuperação espontânea). Inúmeros estudos estabeleceram a eficácia da extinção combinada com o reforço diferencial (Anderson e McMillan, 2001; Fyffe et al., 2004; Rehfeldt e Chambers, 2003; Wilder et al., 2001).

Lembre-se do caso de Anna (Capítulo 13), cujos comportamentos inadequados foram reforçados pela atenção dada pela mãe (Arndorfer et al., 1994). Arndorfer usou a extinção para o comportamento inadequado e reforço para um comportamento

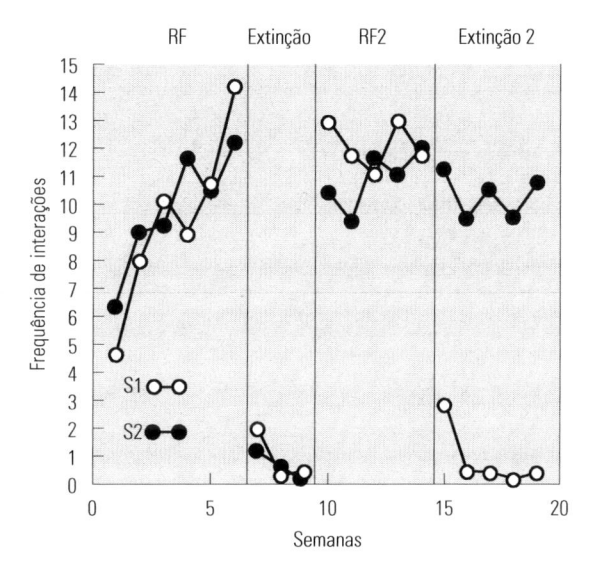

FIGURA 14-2 Este gráfico mostra a frequência de interações sociais para dois homens com deficiência intelectual leve. Quando as interações sociais foram reforçadas com fichas na primeira fase (RF), ocorreram em um nível alto. Quando os autores retiraram o reforço simbólico na segunda fase (Extinção), as interações sociais diminuíram para zero. Eles implementaram o reforço simbólico novamente na terceira fase (RF2), e as interações sociais aumentaram novamente. Nesta fase, S1 recebeu reforço contínuo e S2 recebeu reforço intermitente para interações sociais. Na fase final (Extinção), a extinção foi implementada novamente. O comportamento diminuiu para o indivíduo que recebeu reforço contínuo na fase anterior, mas não para o indivíduo cujo comportamento foi reforçado intermitentemente. O reforço intermitente antes da extinção tornou o comportamento resistente à extinção. (Kazdin, A. E. e Polster, R. Intermittent token reinforcement and response maintenance in extinction. *Behavior Therapy*, v. 4, p. 386-391, 1973.

alternativo desejável. Quando Anna iniciava o comportamento inadequado, a mãe não respondia com atenção. No entanto, quando Anna disse à mãe: "Brinque comigo, por favor", ela respondeu dando atenção e passou algum tempo com a menina. O comportamento alternativo – pedir à mãe que brincasse com ela – aumentou e substituiu o problema de comportamento, que diminuiu até chegar à extinção. Se Anna não tivesse um comportamento alternativo desejável que resultasse na atenção da mãe, seria mais provável que continuasse a se envolver no problema de comportamento.

Os procedimentos de reforço diferenciais são descritos no Capítulo 15. O aspecto principal a ser lembrado é que deve sempre usar um procedimento de reforço em conjunto com a extinção ou qualquer outro procedimento que diminua o problema de comportamento. Um dos principais focos da modificação de comportamento é desenvolver comportamentos desejáveis que sejam funcionais na vida da pessoa, melhorando-a significativamente (Goldiamond, 1974). Muitas vezes, é necessário usar a extinção ou outros procedimentos para ajudar alguém a diminuir um comportamento indesejável que prejudica sua qualidade de vida; no entanto, o foco deve ser o aumento de comportamentos desejáveis.

Promover a generalização e a manutenção

Depois de ter identificado e eliminado o reforçador mantendo um problema de comportamento e implementado um procedimento de reforço para aumentar o comportamento alternativo desejável, você deve promover a generalização e a manutenção da mudança de comportamento. A generalização da mudança de comportamento após o uso da extinção demonstra que o problema de comportamento vai cessar (e o comportamento alternativo ocorrerá) em todas as circunstâncias relevantes. Manutenção significa que a mudança de comportamento vai durar ao longo do tempo. Para promover a generalização, a extinção deve ser implementada consistentemente por todos os agentes de mudança e deve ser implementada em todas as circunstâncias nas quais a mudança de comportamento é esperada. Para promover a manutenção da mudança de comportamento, é importante implementar o procedimento de extinção após a supressão inicial do comportamento sempre que o problema ocorrer novamente. Além disso, o reforço consistente de um comportamento alternativo que é funcionalmente equivalente ao problema de comportamento promove generalização e manutenção.

No caso de Willy, os atendentes em geral utilizaram a extinção em todas as circunstâncias. Eles não reforçaram mais a atitude dele de recusar colaborar nem seus comentários machistas, não importando quando ou onde o comportamento ocorria. Além disso, reforçaram a adequação como um comportamento alternativo funcionalmente equivalente para substituir o problema de comportamento. Por fim, planejaram usar o procedimento de extinção no futuro se o problema ocorresse novamente.

PARA UMA LEITURA MAIS APROFUNDADA	**Uso da extinção no tratamento da recusa de alimentos**
	A extinção é um componente de intervenções comportamentais para uma ampla variedade de problemas de comportamento mantidos por reforços positivos e negativos. Uma área na qual a extinção tem sido utilizada é no tratamento de distúrbios alimentares, que frequentemente envolvem vários comportamentos de recusa de alimentos (por exemplo, virar a cabeça, fechar a boca, bater na comida que está na mão do terapeuta, entre outros). Com frequência, verifica-se que os comportamentos de recusa de comida são mantidos por um reforço negativo quando permitem que a criança deixe de comer o alimento específico que está sendo servido. Pesquisadores mostraram que a extinção é um componente importante da intervenção no caso de recusa de alimentos (Anderson e McMillan, 2001; Dawson et al., 2003; Piazza et al., 2003). Por exemplo, Dawson e colaboradores trabalharam com uma menina de 3 anos que era alimentada através de um tubo alimentar (inserido diretamente no estômago) porque ela se recusava a comer. Todas as vezes que recebia uma colherada de comida, virava a cabeça, batia na colher ou cobria o rosto para não comer. Os pesquisadores implementaram a extinção segurando a colher próximo à boca até que ela aceitasse comer ou, se derrubasse a comida, a mão era mantida representando a colherada de comida até que aceitasse. Dessa forma, os problemas de comportamento não permitiam que ela escapasse de comer. Os autores mostraram que o uso da extinção (chamada *extinção de fuga*, por ter sido aplicada no problema de comportamento mantido pela fuga) foi bem-sucedido; ela não se recusou mais a comer e, em vez disso, aceitou.

Pesquisa para avaliar o uso da extinção

Muitos estudos demonstraram a eficácia dos procedimentos de extinção para diminuir uma variedade de problemas de comportamento socialmente expressivos (Cote, Thompson e McKerchar, 2005; Dawson et al., 2003; Kuhn et al., 2006; Piazza et al., 2003; Thompson et al., 2003). A eficácia dos procedimentos de extinção tem sido demonstrada para problemas de comportamento mantidos por reforço positivo e negativo e para aqueles mantidos por reforçadores sociais e não sociais (Iwata et al., 1994). O resumo a seguir inclui apenas alguns dos muitos estudos que avaliaram a extinção.

Rekers e Lovaas (1974) usaram a extinção para diminuir o comportamento inadequado quanto ao gênero em um menino de 5 anos. Craig manifestava vários maneirismos femininos exagerados e brincava especialmente com brinquedos de menina. Como resultado, Craig foi estigmatizado e não era aceito pelos coletas. Os pais queriam que ele tivesse comportamentos mais apropriados, como brincar com brinquedos de menino e ter um gestual mais masculino. Os pesquisadores usaram a extinção e o reforço de comportamentos alternativos para reduzir o comportamento feminino de Craig e aumentar o masculino. Craig e a mãe participaram de sessões de tratamento em uma sala experimental com diversos brinquedos masculinos e femininos. Ela tinha um receptor no ouvido (um dispositivo de escuta) para receber instruções do experimentador durante as sessões. Quando Craig brincava com um brinquedo feminino, ela usava a extinção. Como sua atenção era um reforço para o comportamento de Craig, ela não olhava para ele nem falava enquanto ele estava brincando com um brinquedo de menina. Além disso, quando ele pegava um brinquedo masculino, ela prestava atenção como um reforço desse comportamento. Os pesquisadores a alertaram sobre quando prestar atenção e quando ignorar o comportamento de Craig. Os resultados mostraram que o comportamento feminino diminuiu e o comportamento masculino aumentou.

Pinkston et al. (1973) e France e Hudson (1990) também usaram a extinção para diminuir os problemas de comportamento que eram mantidos pelo reforço positivo. Pinkston e colaboradores demonstraram que a atenção do professor reforçava o comportamento agressivo de um menino e que, quando o professor deixou de dar atenção após o comportamento agressivo, o comportamento diminuiu. France e Hudson (1990) trabalharam com famílias com crianças pequenas (menores de 3 anos) que tinham problemas como acordar à noite e iniciar comportamentos inadequados. Os pesquisadores instruíram os pais a usar a extinção. Sempre que a criança acordava à noite e iniciava um comportamento inadequado, os pais não entravam no quarto, não davam atenção a ela. Eles foram instruídos a entrar no quarto somente se percebessem perigo ou que a criança estivesse passando mal, adentrando em silêncio com pouca luz para vê-la. Após o uso desse procedimento de extinção, os problemas de comportamento diminuíram a zero nas crianças no geral envolvidas no estudo.

Vários pesquisadores usaram a extinção em problemas de comportamento mantidos por reforço negativo (Anderson e McMillan, 2001; Carr Newsom e Binkoff, 1980; Dawson et al., 2003; Iwata et al., 1990; Iwata et al., 1994; Piazza et al., 2003; Steege et al., 1990; Zarcone et al., 1993). Como descrito anteriormente, os pesquisadores impediram a fuga de exigências contínuas após os problemas de comportamento (comportamento agressivo e CAL). Quando a agressão ou a autolesão não resultaram mais em fuga das exigências, os comportamentos diminuíram em todos os indivíduos.

A extinção sensorial (Rincover, 1978) é uma variação no procedimento de extinção que é utilizada como reforço positivo automático, quando o reforço para o comportamento não é social e envolve a estimulação sensorial produzida pelo próprio comportamento (Lovaas, Newsom e Hickman, 1987). *O procedimento de extinção sensorial envolve mudar ou eliminar a estimulação sensorial que reforça o comportamento.* Quando o comportamento não produz mais a estimulação sensorial reforçadora, o comportamento se extingue (Rapp et al., 1999). Rapp e colaboradores trabalharam com uma adolescente que puxava os cabelos e descobriu que a estimulação sensorial da manipulação dos cabelos entre os dedos reforçava o comportamento. Rapp utilizou a extinção sensorial fazendo que a garota usasse uma luva de látex para não sentir a mesma estimulação quando praticasse o gesto. O uso da luva de látex eliminou o hábito de puxar o cabelo.

Rincover e colaboradores usaram a extinção sensorial para diminuir problemas de comportamento exibidos por crianças com autismo e deficiências de desenvolvimento. Os problemas de comportamento envolviam comportamentos repetitivos que não serviam para nenhuma função social. Por exemplo, Reggie, ficava girando um prato ou outro objeto em uma superfície rígida, geralmente uma mesa. Os pesquisadores supuseram que o som do prato girando na mesa era o reforço sensorial do comportamento. Karen, outro indivíduo, pegava fiapos ou fios das próprias roupas ou das de outras pessoas, jogava no ar e batia as mãos com força enquanto os via flutuar até atingir o chão. Os pesquisadores levantaram a hipótese de que, como Karen observava os fios atentamente enquanto flutuavam até o chão e como o ato de ela bater palmas mantinha os fios no ar por mais tempo, esse comportamento era mantido pela estimulação visual.

> ***Como você utilizaria a extinção sensorial com o comportamento de Reggie de girar pratos na mesa?***

O procedimento de extinção sensorial altera ou remove a estimulação sensorial que reforça o comportamento. No caso de Reggie, a estimulação auditiva decorrente do som do prato girando é o reforçador sensorial. Para utilizar a extinção, os pesquisadores mudaram o som produzido pelo comportamento. Eles poliram a superfície da mesa, de modo que, quando Reggie girava a prato, ele não emitia mais o mesmo som. Quando o comportamento deixou de produzir a consequência auditiva reforçadora, ele se extinguiu (Figuras 14-3 e 14-4).

Para Karen, o procedimento de extinção sensorial envolveu a remoção da estimulação visual produzida pelo comportamento. Os pesquisadores implementaram o procedimento de extinção sensorial desligando a luz toda vez que Karen pegava fios e os jogava no ar. Embora houvesse luz suficiente das janelas da sala de aula, Karen não podia ver os fios ou linhas flutuando sem as luzes acesas. Esse procedimento de extinção sensorial diminuiu o problema do comportamento de Karen a zero.

A fim de aumentar os comportamentos desejáveis que poderiam substituir os problemas de comportamento nessas crianças, os pesquisadores forneceram brinquedos que produziam a mesma estimulação sensorial que os problemas de comportamento. Reggie recebeu uma caixa de música para brincar e Karen recebeu um *kit* para soprar bolhas. Como o ato de girar o prato, para Reggie, não produzia mais estímulos auditivos reforçadores, o comportamento diminuiu. Além disso, brincar com a caixa de música produziu estimulação auditiva que substituiu o estímulo produzido pelos pratos girando. Para Karen, a estimulação visual produzida pelas bolhas substituiu a estimulação visual gerada pelo problema de comportamento. Como resultado, Karen passou a brincar de soprar bolhas em vez de brincar com os fios.

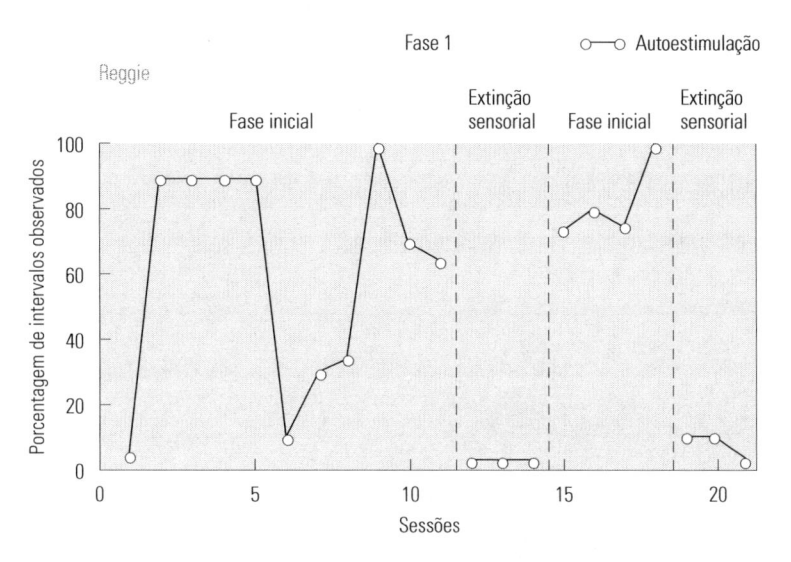

FIGURA 14-3 Este gráfico mostra o nível do comportamento autoestimulatório de Reggie (girar pratos) durante as fases iniciais e de extinção sensorial. Durante a extinção sensorial, a superfície da mesa foi polida para que o ato de girar pratos não produzisse o mesmo estímulo auditivo que a fase inicial. Quando a estimulação auditiva foi eliminada, o comportamento diminuiu a zero. (Rincover et al. Copyright © 1979 Society for the Experimental Analysis of Behavior. Reimpresso com permissão da Society for the Experimental Analysis of Behavior.)

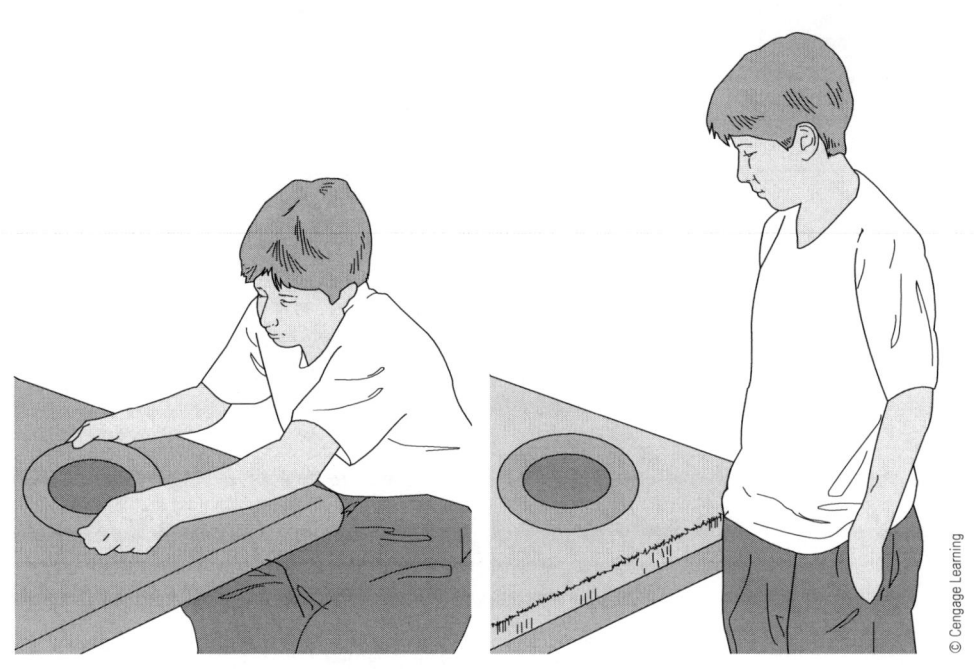

FIGURA 14-4 O som do prato girando na superfície rígida reforçou o comportamento de girá-lo. Depois que a área foi polida, o prato deixou de emitir som quando a criança o girava. Como resultado, o comportamento cessou.

RESUMO DO CAPÍTULO

1. A extinção é um procedimento no qual o reforçador que mantém um problema de comportamento é eliminado para diminuí-lo. Para usar a extinção, primeiro você deve realizar uma avaliação funcional para identificar a consequência que está reforçando o problema de comportamento.
2. Cinco questões devem ser abordadas antes de usar um procedimento de extinção:
    - Você identificou o reforçador do problema de comportamento?
    - Você pode eliminar o reforçador que vem após o problema de comportamento?
    - É seguro utilizar a extinção?
    - Um surto de extinção pode ser tolerado?
    - A consistência pode ser mantida no uso da extinção?
3. O esquema de reforço para o problema de comportamento antes da extinção deve ser considerado porque a extinção procede mais rapidamente quando o comportamento é reforçado em uma programação contínua do que quando é reforçado em um esquema intermitente antes da extinção.
4. Ao usar um procedimento de extinção, você deve sempre reforçar comportamentos alternativos para substituir o problema de comportamento. Se comportamentos alternativos estiverem ocorrendo em substituição ao problema de comportamento, é menos provável que ele ocorra no futuro.
5. Como acontece com qualquer procedimento de modificação de comportamento, você deve programar a generalização e a manutenção da mudança de comportamento produzida com o procedimento de extinção. A extinção deve ser implementada consistentemente por todos os agentes de mudança para promover a generalização, e deve ser utilizada de modo consistente ao longo do tempo, sempre e onde quer que ocorra o problema. Por fim, comportamentos alternativos devem ser reforçados para substituir o problema de comportamento quando a extinção é usada.

TERMOS-CHAVE

extinção de fuga, 197

fidelidade ao tratamento, 199

TESTE PRÁTICO

1. Defina extinção. Dê um exemplo que não seja deste capítulo.
2. O Sr. Robinson, professor de segunda série, tem uma aluna que se envolve em comportamento inadequado na sala de

aula. Ele a ignora sempre que ela inicia o comportamento inadequado. Isso é um exemplo de extinção? Explique.
3. O Sr. Robinson também elogia a aluna sempre que ela se senta em sua carteira sem se envolver em comportamento inadequado. Isso é um exemplo de reforço? Explique.
4. Por que você deve realizar uma avaliação funcional antes de usar a extinção para diminuir um problema?
5. Por que é importante coletar dados sobre o problema de comportamento ao implementar um procedimento de extinção?
6. Desenhe um gráfico com dados hipotéticos ilustrando os resultados de um procedimento de extinção para um problema de comportamento.
7. Antes de usar um procedimento de extinção, você deve perguntar se o reforçador pode ser eliminado. Explique a importância dessa questão e suas implicações para o uso da extinção.
8. Antes de usar um procedimento de extinção, você deve perguntar se é seguro usar a extinção. Quando não seria seguro usar a extinção? O que você pode fazer para tornar o uso da extinção mais seguro?
9. O que é um surto de extinção? Como o surto de extinção previsto vai influenciar sua decisão quanto à implementação da extinção em um determinado caso?
10. O que acontece se os agentes de mudança não puderem manter consistência ao usar o procedimento de extinção?
11. Por que é importante usar um procedimento de reforço em conjunto com a extinção? Dê um exemplo que não seja deste capítulo.
12. Como o esquema de reforço antes da extinção está relacionado à eficácia da extinção?
13. O que é reforço sensorial? Qual é outro nome para o reforço sensorial? Dê exemplo de um comportamento mantido pelo reforço sensorial.
14. O que é extinção sensorial? Dê um exemplo de extinção sensorial.
15. Descreva como você promoveria a generalização e a manutenção da mudança de comportamento produzida por meio de um procedimento de extinção.

APLICAÇÕES

1. Descreva como você pode usar a extinção em seu projeto de autogestão. Se o uso de um procedimento de extinção não for apropriado para seu projeto em particular, descreva por quê.
2. Há dez exemplos de problemas de comportamento e seus reforçadores na Tabela 14-2. Para cada exemplo, identifique se o comportamento é mantido por reforço positivo ou negativo e se o reforçador é mediado socialmente. Explique suas respostas.
3. Descreva como você usaria a extinção para cada exemplo na Tabela 14-2.
4. O Sr. Shoney, sem perceber, havia modelado intensas e duradouras birras no filho pequeno, Harvey. Ele era divorciado e trabalhava fora. Quando Harvey começava a fazer birra, Shoney tentava ignorá-lo e continuava trabalhando, mas na metade do tempo ele acabava por dar a Harvey o que queria. Frequentemente, o menino fazia birra por 20 a 30 minutos antes de o pai parar de trabalhar e dar o que queria. As birras de Harvey consistiam em chorar, gritar e implorar pelo que ele queria (por exemplo, sorvete, brincar, ir ao parque). Descreva como o Sr. Shoney deveria implementar a extinção para eliminar a birra do filho.

APLICAÇÕES INCORRETAS

1. A família Wilson pediu conselho ao seu médico sobre a filha de 4 anos, Jenny, que tinha acessos de raiva sempre que ia à loja com os pais. O médico fez uma série de perguntas e determinou que a birra de Jenny na loja era reforçada pelos doces ou outros itens que via na loja. Normalmente, Jenny via algo e pedia aos pais; quando eles diziam não, Jenny começava a gritar e chorar até que o pai desse o que ela queria. O médico instruiu os pais a usar a extinção para fazê-la deixar de ter acessos de birra. Ele disse que na próxima vez que ela começasse com a birra na loja, o pai deveria ignorá-la. Ele instruiu o pai a não comprar nada que Jenny quisesse, mas deveria continuar agindo como se não houvesse nada de errado. Qual é o problema com esse conselho?
2. Joan se queixou de dores no estômago e pediu à mãe para não ir à escola. Ela estava na quarta série e já havia se queixado de dor de estômago e ficado em casa algumas outras vezes, sem ir à escola. A mãe achava que a dor no estômago não existia de fato e que Joan fingia dor propositalmente. Ela decidiu usar extinção. Supôs que, se ficar em casa fosse o reforçador das queixas falsas de Joan sobre dor de estômago, mandá-la para a escola o eliminaria. Como resultado, Joan deveria parar de reclamar de dor de estômago. O que há de errado com esse uso da extinção?
3. Tim, um jovem de 18 anos com deficiência intelectual, mudou-se recentemente para uma casa comunitária com outros sete residentes; todos eles, adultos idosos com deficiência intelectual. Tim começou a provocá-los com frequência, cutucando quem não queria ser tocado; pegando o controle remoto e mudando de canal enquanto as pessoas assistiam a um programa na TV; pegando materiais de lazer e recreação que os outros estavam usando. O comportamento de Tim incomodava a todos, e eles geralmente ficavam chateados, reclamavam, choravam, repreendiam ou gritavam com ele, mas Tim parecia achar essas reações engraçadas. Aparentemente, as reações estavam reforçando a provocação de Tim. Ciente de que o comportamento estava ficando fora de controle, a equipe decidiu usar a

extinção para diminuir o problema. Sempre que Tim começava um desses comportamentos, os membros da equipe o ignoravam, olhando para longe dele, ou casualmente saíam da sala. Sempre que ele interagia de forma positiva com outro residente, a equipe o elogiava em uma tentativa de reforçar o comportamento desejável para que substituísse a provocação. O que há de errado com esse plano?

4. Tim ia para a escola todos os dias em uma perua que o pegava na casa comunitária. Quase todas as manhãs, ele se recusava a entrar no veículo. Os membros da equipe conversavam com ele e acabavam o convencendo a subir no carro, mas isso sempre demorava pelo menos alguns minutos. A equipe analisou a situação e decidiu que eles estavam reforçando o comportamento do jovem dando atenção a ele todos os dias. Decidiram usar um procedimento de extinção no qual pediam a Tim apenas uma vez para entrar na perua, e então não prestavam mais atenção caso ele se recusasse. Se Tim entrasse na perua assim que pedissem, os membros da equipe prestavam atenção e faziam elogios. Com o consentimento da escola, o motorista da perua concordou em esperar o tempo que fosse necessário até que ele concordasse em entrar. A única exceção seria no único dia da semana em que havia eventos especiais na escola, e não era possível esperar. Nesses dias, eles teriam de convencer Tim a entrar na perua o mais rápido possível. O que há de bom nesse plano? E o que está errado?

APÊNDICE A

O reforço ilustrado por cada exemplo na Tabela 14-2

1. Reforço social positivo
2. Reforço social positivo
3. Reforço social negativo
4. Reforço automático positivo
5. Reforço automático negativo
6. Reforço social negativo (evitar a tarefa); reforço social positivo (continuar assistindo à TV)
7. Reforço social positivo
8. Reforço social positivo
9. Reforço social positivo
10. Reforço automático negativo (o funcionário para de trabalhar); reforço automático positivo (o funcionário acende um cigarro/toma uma xícara de café)

APÊNDICE B

Implementação da extinção para cada exemplo na Tabela 14-2

1. Quando a criança reclama que está doente, ela tem de fazer as tarefas mesmo assim.
2. Quando a pessoa corre para a rua, o funcionário não oferece mais uma lata de refrigerante para que ela saia da rua.
3. Quando um cônjuge tem uma explosão de temperamento, o outro cônjuge não deixa de argumentar.
4. Diminuir a luz para que o movimento rápido dos dedos não produza estimulação visual.
5. Você não poderia implementar facilmente a extinção nesse caso. O que envolveria não deixar a pessoa fugir correndo do cachorro, e a reação de medo não diminuiria quando a pessoa fugisse.
6. Quando a criança se recusa a fazer a tarefa, os pais desligam a TV e insistem que ela faça a tarefa.
7. Quando a criança se recusa a fazer a tarefa, os pais ignoram o comportamento dela.
8. Quando o cliente chama a enfermaria, a enfermeira não vai mais até o quarto.
9. Quando o cliente tira a roupa, a enfermeira não demonstra mais nenhuma reação.
10. Quando o trabalhador sabota a linha de produção, ele deve continuar trabalhando (em outra tarefa, talvez) e não pode se sentar para fumar e tomar café.

15

Reforço diferencial

> Como usar o reforço diferencial de comportamento alternativo (RDCA) para aumentar a taxa de um comportamento desejável?
> Como usar o reforço diferencial de outro comportamento (RDO) e o reforço diferencial de baixas taxas de resposta (RDBR) para diminuir um comportamento indesejável?
> Quando você deve usar procedimentos RDCA, RDO e RDBR?
> Como os princípios de reforço e extinção estão envolvidos nos procedimentos de reforço diferencial?
> Como o reforço negativo é usado nos procedimentos de RDCA e RDO?

O Capítulo 14 descreve o uso da extinção para diminuir comportamentos indesejáveis. Este capítulo descreve os procedimentos de reforço diferencial que envolvem aplicação de reforço (veja o Capítulo 4) e extinção (veja o Capítulo 5) para aumentar a ocorrência de um comportamento-alvo desejável ou para diminuir a ocorrência de comportamentos indesejáveis. Há três tipos de procedimentos de reforço diferencial: reforço diferencial de comportamento alternativo (RDCA), reforço diferencial de outro comportamento (RDO) e reforço diferencial de baixas taxas de resposta (RDBR).

Reforço diferencial de comportamento alternativo

O **reforço diferencial de comportamento alternativo (RDCA)** é um procedimento comportamental utilizado para aumentar a frequência de um comportamento desejável e para diminuir a frequência de comportamentos indesejáveis. O comportamento desejável é reforçado sempre que ocorre, o que resulta em um aumento na probabilidade futura do comportamento desejável. Ao mesmo tempo, quaisquer comportamentos indesejáveis que possam interferir com o comportamento desejável não são reforçados, que resulta em uma diminuição na probabilidade futura dos comportamentos indesejáveis. Assim, *o RDCA envolve a combinação de reforço para um comportamento desejável e a extinção de comportamentos indesejáveis*. Considere o exemplo a seguir.

Como fazer que a Sra. Williams seja positiva

A Sra. Williams estava em uma casa de repouso há cerca de um ano, mas para as enfermeiras do local parecia uma eternidade. Todas as vezes que a Sra. Williams se deparava com a enfermeira, ela imediatamente começava a reclamar sobre a comida, o quarto, os outros clientes, o barulho, ou sobre sua artrite. As enfermeiras sempre a ouviam educadamente e tentavam confortá-la quando reclamava. No entanto, desde o ano passado, as reclamações estavam piorando, a tal ponto que ela raramente dizia algo de positivo. Quando chegou ao lar de idosos, ela dizia muitas coisas boas, elogiava as pessoas e raramente reclamava. As enfermeiras queriam conseguir que a Sra. Williams agisse novamente de modo positivo, então consultaram um psicólogo comportamental para determinar se havia algo que pudessem fazer.

O psicólogo disse às enfermeiras que poderiam ajudar a Sra. Williams a modificar seu comportamento mudando a maneira como interagiam com ela. As enfermeiras foram instruídas a fazer uso de três aboRDCAgens. Primeiro, sempre que viam a Sra. Williams, elas diziam algo positivo de imediato. Segundo, sempre que ela dissesse algo positivo, a enfermeira deveria parar o que estava fazendo, sorrir para a Sra. Williams, ouvi-la atentamente e prestar atenção ao que dizia. As enfermeiras deveriam ouvir e prestar atenção nela enquanto estivesse dizendo coisas positivas. (Claro, a enfermeira poderia voltar a trabalhar e continuar prestando atenção a ela enquanto trabalhava.) Terceiro, sempre que a Sra. Williams começasse a reclamar, a enfermeira se desculparia e sairia da sala ou ficaria muito ocupada para ouvi-la naquele momento. Assim que ela parava de reclamar e dizia qualquer coisa positiva, a enfermeira novamente parava de trabalhar e prestava atenção a ela.

Todas as enfermeiras aplicaram consistentemente esse programa e, em questão de semanas, a Sra. Williams estava dizendo muito mais coisas positivas às enfermeiras e reclamando muito pouco. Ela parecia mais feliz e as enfermeiras tinham satisfação em trabalhar com Sra. Williams novamente.

O procedimento comportamental usado pelas enfermeiras para fazer a Sra. Williams dizer coisas mais positivas e queixar-se menos é o RDCA. Depois de ouvi-las descrevendo o problema e observando a Sra. Williams por um tempo, o psicólogo supôs que ela estava reclamando com frequência porque as enfermeiras estavam, sem saber, reforçando o seu comportamento. Quando a Sra. Williams reclamava, elas ouviam atentamente, diziam coisas reconfortantes e passavam mais tempo com ela.

Antecedente	Resposta	Consequência
Uma enfermeira está presente.	A Sra. Williams reclama.	A enfermeira presta atenção.

Resultado: é mais provável que a Sra. Williams reclame todas as vezes que a enfermeira estiver presente.

O psicólogo decidiu que as enfermeiras deveriam dar mais atenção a Sra. Williams quando ela dissesse coisas positivas para reforçar o comportamento. Além disso, elas deveriam se certificar de que a Sra. Williams não atraia a atenção delas quando reclamava. Como pode verificar, as enfermeiras utilizaram reforço e extinção, os dois princípios envolvidos no RDCA.

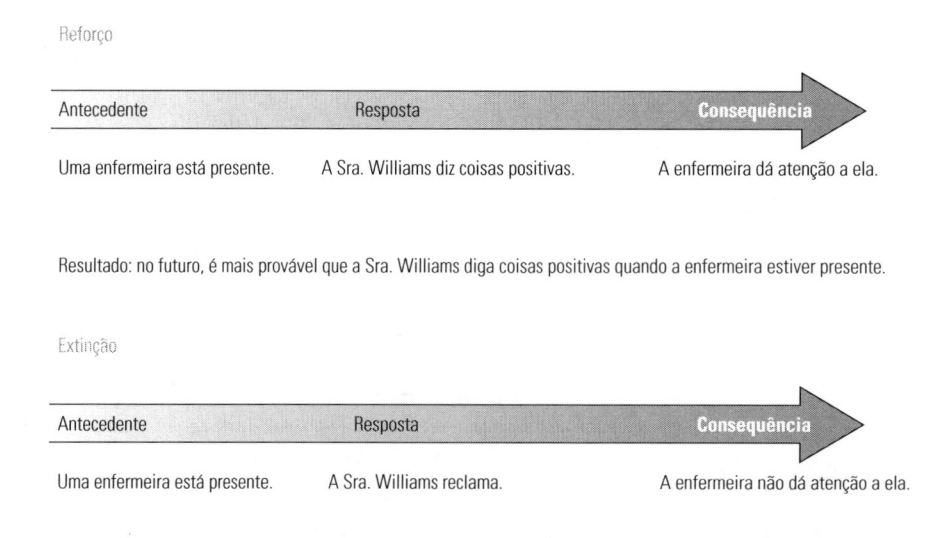

Reforço

Antecedente	Resposta	Consequência
Uma enfermeira está presente.	A Sra. Williams diz coisas positivas.	A enfermeira dá atenção a ela.

Resultado: no futuro, é mais provável que a Sra. Williams diga coisas positivas quando a enfermeira estiver presente.

Extinção

Antecedente	Resposta	Consequência
Uma enfermeira está presente.	A Sra. Williams reclama.	A enfermeira não dá atenção a ela.

Resultado: no futuro, é mais provável que a Sra. Williams se queixe menos quando a enfermeira estiver presente.

Neste exemplo, a Sra. Williams disse coisas mais positivas, não só porque o comportamento foi reforçado pelas enfermeiras, mas também porque as reclamações foram diminuídas pela extinção. Se não utilizassem a extinção para as reclamações, estas continuariam ocorrendo e haveria menos oportunidades para mais conversas positivas. O RDCA é uma maneira eficaz de aumentar um comportamento desejável porque, ao diminuir um comportamento indesejável por meio da extinção, é criada uma oportunidade para que o comportamento desejável ocorra e seja reforçado.

Quando utilizar o RDCA

Antes de implementar o RDCA, você deve decidir se esse é o procedimento correto em uma situação específica. Para determinar se o RDCA é apropriado, responda às três perguntas a seguir.

- Você quer aumentar a taxa de um comportamento desejável?
- O comportamento já está ocorrendo pelo menos ocasionalmente?
- Você tem acesso a um reforçador que pode apresentar após a ocorrência do comportamento?

O RDCA é um procedimento para fortalecer um comportamento desejável. No entanto, o comportamento desejável deve estar ocorrendo pelo menos ocasionalmente se você tiver de reforçá-lo. Se o comportamento não estiver ocorrendo, o RDCA por si só não é um procedimento apropriado. No entanto, se procedimentos como a modelagem (consulte o Capítulo 9) ou a incitação (consulte o Capítulo 10) forem utilizados inicialmente para evocar o comportamento, o RDCA poderá ser utilizado para fortalecê-lo e mantê-lo. Por fim, você deve ser capaz de identificar um reforçador que possa ser empregado toda vez que o comportamento ocorrer. Se não conseguir identificar um reforçador ou não tiver controle sobre o reforçador, não poderá usar o RDCA.

Como utilizar o RDCA

Várias etapas estão envolvidas no uso efetivo do RDCA, e estas etapas são descritas aqui.

Defina o comportamento desejável   Você deve identificar e definir claramente o comportamento desejável que planeja aumentar com o RDCA. A definição clara do comportamento desejável, conforme descrito no Capítulo 2, ajuda a garantir que esteja reforçando o comportamento correto e permite registrá-lo para determinar se o tratamento foi bem-sucedido.

Defina o comportamento indesejável   Você também deve definir claramente o comportamento indesejável que pretende diminuir com o RDCA. A definição clara do comportamento indesejável ajuda a garantir que não está usando reforço quando o comportamento indesejável ocorre e também permite que registre-o para determinar se diminuiu após o RDCA.

Identifique o reforçador   O procedimento de RDCA envolve o reforço de um comportamento desejável e a suspensão do reforço para comportamentos indesejáveis. Portanto, você deve identificar o reforçador que utilizará no procedimento de RDCA. Como os reforçadores podem ser diferentes para pessoas diferentes, é importante determinar um reforçador específico para a pessoa com quem você está trabalhando.

Uma possibilidade é utilizar o reforçador que atualmente mantém o comportamento indesejável; você já sabe que esse reforçador é eficaz (Durand, Crimmins, Caufield, e Taylor, 1989). No exemplo da Sra. Williams, a atenção dada pelas enfermeiras estava reforçando o comportamento indesejável de reclamar. Portanto, elas decidiram fazer uso da atenção para reforçar a atitude positiva da Sra. Williams. Durand e colaboradores descobriram que diferentes reforçadores estavam mantendo os comportamentos problemáticos em sala de aula, manifestados por crianças com deficiência (Durand et al., 1989). Uma vez que Durand identificou o reforçador dos comportamentos problemáticos em cada aluno, utilizou esses mesmos reforçadores para aumentar comportamentos alternativos mais apropriados. O que resultou em uma diminuição no problema de comportamento, e os comportamentos alternativos apropriados começaram a ocorrer mais regularmente.

Outra maneira de identificar um reforçador é observar a pessoa e anotar quais são seus interesses ou atividades: o que a pessoa gosta de fazer? Por exemplo, um conselheiro em um programa para delinquentes juvenis queria fornecer reforço para comportamentos apropriados (por exemplo, completar o dever de casa). Ao observar que Luke frequentemente jogava video game e parecia se divertir, ele escolheu a oportunidade de jogar video games como um reforço para a conclusão dos deveres de casa de Luke. O conselheiro utilizou o princípio de Premack (Premack, 1959): aproveitou a oportunidade para incluir um comportamento comum ou preferido (jogar video game) como reforço para um comportamento incomum (concluir o dever de casa).

Outra maneira de identificar reforçadores de pessoas específicas é fazer perguntas: do que elas gostam? Quais são suas atividades preferidas? Como gastam o tempo livre? O que comprariam se tivessem dinheiro? O que consideram gratificante? A maioria dos indivíduos pode dizer pelo menos algumas coisas que seriam úteis como reforçadores. Pais ou professores que conhecem bem as pessoas também podem dar essas informações. Alguns pesquisadores desenvolveram questionários para ajudá-los a identificar reforçadores para aqueles que estão tratando (Cautela, 1977).

Outra opção é experimentar vários diferentes estímulos e verificar quais a pessoa prefere (provavelmente funcionarão como reforçadores). Esta abordagem, chamada procedimento de **avaliação de preferência**, pode ser conduzida pelo menos de três maneiras diferentes: avaliação de estímulo único, avaliação de estímulos associados e avaliação de múltiplos estímulos (DeLeon e Iwata, 1996; Fisher et al., 1992, 1994; Green et al., 1988; Pace et al., 1985). Em cada abordagem, o pesquisador identifica diversos reforçadores em potencial, apresenta-os à pessoa e registra aqueles com quais ela se identifica. Por exemplo, quando um brinquedo é apresentado, a criança tenta pegá-lo para brincar? Quando um lanche é mostrado, a criança tenta pegá-lo para comer? As respostas à abordagem indicariam que o brinquedo ou a comida provavelmente seria um reforço para essa criança. *A fim de determinar que o item de fato funciona como reforçador, você o entregaria associado a um comportamento e mostraria que o comportamento aumentou. Esse processo é uma* **avaliação reforçadora**.

No procedimento de **avaliação de estímulo único**, cada reforçador potencial é apresentado (ou seja, colocado em uma mesa à frente da criança), um de cada vez, para verificar se o indivíduo se aproxima do estímulo ou não. Depois que cada estímulo é apresentado inúmeras vezes, o pesquisador calcula a porcentagem de vezes em que o indivíduo abordou cada estímulo para indicar quais provavelmente são reforçadores (Pace et al., 1985).

No procedimento de **avaliação de estímulo pareado** (também chamado procedimento de escolha forçada ou procedimento de escolha associada), dois potenciais reforçadores são apresentados ao indivíduo e o pesquisador registra qual estímulo ele aboRDCA. Cada estímulo de um conjunto de potenciais reforçadores é apresentado com todos os outros estímulos que se aproximam de cada estímulo para indicar quais deles provavelmente são reforçadores (Fisher et al., 1992).

No procedimento de **avaliação de múltiplos estímulos**, uma série de potenciais reforçadores é apresentada ao indivíduo (por exemplo, oito estímulos são apresentados em uma tabela na presença da pessoa), e o pesquisador registra qual reforçador potencial o indivíduo aboRDCA ou escolhe primeiro. Esse estímulo é então removido da matriz e o pesquisador registra qual estímulo o indivíduo escolhe em seguida. Este é então removido da matriz e o pesquisador registra qual estímulo o indivíduo escolhe em seguida. Este é também removido da matriz, e o processo continua até que o indivíduo tenha aboRDCAdo ou escolhido todos os estímulos. A matriz de estímulos é apresentada várias vezes (com os estímulos em diferentes locais da tabela a cada vez) para identificar a ordem na qual os estímulos são escolhidos (DeLeon e Iwata, 1996). Os estímulos escolhidos primeiro provavelmente serão reforçadores mais fortes que os estímulos escolhidos por último. Esse procedimento de avaliação de preferência é chamado procedimento de **estímulos múltiplos sem substituição (EMSS)**.

Outra técnica para avaliar reforçadores é fazer com que cada reforçador potencial seja dependente de uma resposta operante (Bowman et al., 1997; Green et al., 1991; Wacker et al., 1985). Se a frequência ou duração da resposta aumentar quando um estímulo depender da resposta, você demonstrou que o estímulo é um reforçador. Por exemplo, Wacker fez que alunos pressionassem um botão para ativar diferentes jogos ou instrumentos elétricos (incluindo um gravador tocando música, um ventilador e um trem). Eles registraram a duração da ativação do interruptor como uma indicação de quais estímulos eram reforçadores para os alunos. Se o aluno pressionasse o interruptor que ligava a música por muito mais tempo que outros interruptores, o pesquisador poderia concluir que a música era um reforço para ele.

Como identificar reforçadores

- Observe o cliente e identifique o reforçador para o problema de comportamento.
- Observe o cliente e identifique comportamentos mais frequentes.
- Pergunte a clientes, aos pais ou professores.
- Utilize questionários sobre reforçadores.
- Apresente reforçadores em potencial e meça comportamentos de abordagem.
  - Avaliação de estímulo único
  - Avaliação de estímulo associado
  - Avaliação de múltiplos estímulos (EMSS)
- Apresente reforçadores potenciais dependentes de uma resposta operante e meça a frequência ou duração da resposta.

Reforce o comportamento desejável imediata e consistentemente Conforme foi discutido no Capítulo 4, é importante reforçar um comportamento de imediato depois que ocorrer, se quiser que ele aumente. Correspondentemente, a demora no reforço do comportamento desejável tornará o RDCA menos eficaz. Além disso, você deve reforçar o comportamento desejável sempre que ocorrer. Um comportamento que é reforçado continuamente, pelo menos no início, é mais provável que aumente (Vollmer et al., 1999).

Elimine o reforço dos comportamentos indesejáveis Se o RDCA for eficaz, você deve identificar e eliminar o reforçador dos comportamentos indesejáveis. Se não for possível eliminar completamente esse reforçador, deve, pelo menos, ser minimizado de modo que o contraste entre o reforço dos comportamentos desejáveis e indesejáveis seja maximizado. Os comportamentos desejáveis e indesejáveis são operantes simultâneos. Você sabe, conforme o Capítulo 4, que, quando dois comportamentos são mantidos por esquemas concorrentes de reforço, o comportamento que resulta em maior reforço aumentará em relação ao outro (Borrero, Vollmer e Wright, 2002).

Por exemplo, as enfermeiras podem não conseguir eliminar toda a atenção dada a Sra. Williams quando ela reclama. Talvez, tenham que atender a algumas reclamações para determinar se são legítimas. No entanto, a atenção dada às reclamações será mínima, ao passo que a atenção à manifestação positiva será entusiasmada e prolongada. Dessa maneira, a atenção ao discurso positivo é muito maior do que as queixas. Em outras palavras, o reforço é muito maior quando se fala coisas boas do que quando se reclama.

Use o reforço intermitente para manter o comportamento-alvo O reforço contínuo para o comportamento desejável é utilizado nos estágios iniciais do RDCA. No entanto, uma vez que o comportamento desejável esteja ocorrendo consistentemente e os comportamentos indesejáveis ocorram raramente, se for o caso, você deve começar a diminuir o esquema de reforço e reforçar o comportamento desejável de forma intermitente. O reforço intermitente mantém o comportamento desejável ao longo do tempo, tornando-o mais resistente à extinção.

Programa para generalização No RDCA, é importante não só se programar para a manutenção com um esquema de reforço intermitente, mas também se programar para a generalização. Generalização significa que o comportamento-alvo deve ocorrer fora da situação de treinamento em todas as situações de estímulo relevantes. Se o comportamento-alvo não ocorrer em todas as situações relevantes, o procedimento de RDCA não será totalmente efetivo. O comportamento-alvo deve ser reforçado diferencialmente em tantas situações relevantes quanto possível, pelo maior número possível de pessoas relevantes, para programar para generalização.

Uso de reforço diferencial do comportamento alternativo

1. Defina o comportamento desejável.
2. Defina os comportamentos indesejáveis.
3. Identifique o reforçador.
4. Reforce o comportamento desejável imediatamente e de modo consistente.
5. Elimine o reforço dos comportamentos indesejáveis.
6. Use o reforço intermitente para manter o comportamento-alvo.
7. Programe para a generalização.

Uso de reforço negativo diferencial de comportamentos alternativos

O exemplo a seguir envolve um reforço negativo diferencial de comportamentos alternativos (RNDA).

Jason, menino de 8 anos, com autismo, está na terceira série. Crianças com autismo muitas vezes preferem ficar sozinhas, e se envolvem em um comportamento solitário. Outras vezes, adotam um comportamento agressivo, destrutivo ou autolesivo (CAL) quando se faz exigências a elas. Quando o professor pedia a Jason para fazer as tarefas escolares (por exemplo, resolver os problemas do livro de exercícios), ele frequentemente batia os punhos na carteira e começava a balançar para a frente e para trás de modo agressivo na cadeira. Com isso, o professor costumava deixar Jason fazer uma pausa e se sentar isoladamente no fundo da sala até que se acalmasse. Como esse comportamento ocorria quatro ou cinco vezes por dia, Jason não estava fazendo muitas das tarefas escolares. Por não saber como lidar com o comportamento de Jason, o professor consultou o psicólogo da escola.

Para entender o problema, o psicólogo entrevistou o professor e observou Jason na sala de aula. Estava claro que o comportamento indesejável (bater na mesa e se balançar na cadeira) era reforçado negativamente.

Descreva como o problema de comportamento de Jason estava sendo negativamente reforçado.

Antecedente	Resposta	Consequência
O professor pede que Jason faça a tarefa.	Jason batena carteira e a chacoalha.	Jason vai se sentar isoladamente e se esquiva da tarefa.

Resultado: é mais provável que Jason apresente um comportamento problemático quando o professor pedir a ele que faça a tarefa.

Cada vez que Jason se envolvia nesse comportamento, ele se esquivava da exigência de fazer o trabalho escolar. A consequência imediata do comportamento indesejável era se livrar das tarefas. O psicólogo também aprendeu que Jason exibia o comportamento desejável (fazer a tarefa escolar) pelo menos algumas vezes durante o dia, portanto, decidiu usar o RDCA para aumentar o comportamento desejável e diminuir o indesejável.

Primeiro, o psicólogo desenvolveu definições comportamentais para o comportamento desejável e o indesejável. Ele então pediu ao professor que começasse a registrar diariamente o número de problemas que Jason solucionava no livro de exercícios (comportamento desejável) e o número de vezes em que tinha um surto (o comportamento indesejável). O passo seguinte foi identificar o reforçador do comportamento desejável de Jason. Como a fuga da tarefa escolar era o reforço dos surtos, o psicólogo decidiu usá-la também como reforço para fazer a tarefa escolar em um procedimento de RNDA. Embora possa parecer incomum usar a fuga do trabalho escolar como reforço para levá-lo a fazer, o psicólogo sabia que era eficaz como reforçador para Jason.

Uma vez que os comportamentos desejáveis e indesejáveis ficaram definidos e o reforçador foi identificado, o professor estava pronto para começar a implementar o reforço diferencial. O primeiro passo foi apresentar o reforçador sempre que Jason resolvia um problema no livro de exercícios. O que significava deixá-lo se levantar e ir se acomodar isoladamente na cadeira no fundo da sala por alguns minutos.

Inicialmente, o professor pedia a Jason que completasse apenas os problemas fáceis do livro de exercícios, de modo que era mais provável que ele tivesse sucesso e o comportamento fosse reforçado. Ao mesmo tempo, sempre que Jason tinha um surto, o professor usava a extinção.

> **Descreva como o professor utilizaria a extinção com os surtos de Jason.**

Como fugir das tarefas escolares estava reforçando seus surtos, o professor não deixou que ele se esquivasse de suas responsabilidades: ele não podia sair do lugar e se sentar no fundo da sala quando tinha um surto. Em vez disso, tinha de permanecer no lugar e, quando se acalmava, ainda tinha de resolver os problemas do livro de exercícios. Dessa forma, fazer os problemas resultava em reforço e ter explosões não resultava em nenhum reforço.

Quando Jason passou a resolver os problemas do livro de exercícios com estabilidade e não mais adotou um comportamento indesejável, as etapas finais no uso do reforço diferencial foram mudar para um esquema de reforço intermitente e se programar para a generalização. Inicialmente, Jason conseguia ir se sentar no fundo da sala depois de resolver cada problema do livro. Depois que passou a solucionar os problemas de modo coerente (tanto os mais fáceis como os mais difíceis) e não teve mais surtos, o professor começou a apresentar o reforçador após cada dois problemas solucionados. Depois, Jason passou a resolver três problemas antes de receber o reforçador; depois, quatro; então, cinco. O professor ficou satisfeito em deixar que Jason se sentasse sozinho depois de solucionar cinco problemas. O que não o impedia de fazer seu trabalho e não incomodava demais a classe; certamente era menos perturbador do que se tivesse quatro ou cinco surtos diariamente. Na tentativa de programar para generalização, outros professores usaram o procedimento de reforço diferencial em várias salas de aula.

Quando o reforço diferencial é utilizado com sucesso, o comportamento desejável deve aumentar e o comportamento indesejável deve diminuir. Nesse caso, as explosões de Jason diminuíram em frequência e sua taxa de conclusão das tarefas escolares aumentou com o uso do reforço diferencial.

O RNDA tem sido utilizado em diversos estudos para diminuir comportamentos problemáticos que são mantidos por reforços negativos e para aumentar os comportamentos apropriados que devem substituir os indesejáveis (Golonka et al., 2000; Marcus e Vollmer, 1995; Piazza, Moes e Fisher, 1996). Roberts, Mace e Daggett, 1995; Steege et al., 1990). Warzak et al. (1987) realizaram um tratamento em Adam, menino de 10 anos que afirmava não conseguir ler após ser hospitalizado devido a uma infecção respiratória grave. Antes da hospitalização, Adam não tinha dificuldade em ler, mas agora dizia que as letras estavam embaçadas e se moviam na página quando tentava ler. No entanto, ele não tinha dificuldade em jogar video games e participar de outras atividades que exigissem discriminações visuais.

Warzak implementou um tratamento que consistia em exercícios de leitura terapêutica com duração de 45 minutos a 2 horas por dia. Os exercícios "foram projetados para serem excessivamente tediosos e cansativos". Adam tinha de ler as palavras apresentadas na página como parte dos exercícios em cada sessão de tratamento. Quando lia as palavras corretamente, o restante do exercício terapêutico era cancelado naquele dia. A leitura correta era reforçada negativamente pela fuga dos exercícios tediosos. Se ele não conseguisse ler as palavras corretamente, os exercícios terapêuticos continuavam. (Isso equivalia à extinção da leitura incorreta.) Warzak implementou o procedimento de RNDA em um desenho de pesquisa com várias fases iniciais em diferentes tamanhos de letra. Os resultados mostram que a leitura correta aumentou para 100% com todos os tamanhos de letra com o uso de RNDA. Os resultados foram mantidos por pelo menos três meses após o tratamento.

Variações do RDCA

Há algumas variações do RDCA, em que diferentes tipos de comportamento alternativo são reforçados para substituir o problema de comportamento. Uma delas é o **reforço diferencial de comportamento incompatível (RDCI)**, quando o comportamento alternativo é fisicamente incompatível com o problemático e, portanto, os dois comportamentos não podem ocorrer ao mesmo tempo. Por exemplo, se o problema de comportamento for dar tapas na própria cabeça, qualquer comportamento alternativo envolvendo o uso das mãos seria um comportamento incompatível. Brincar com brinquedos ou concluir tarefas que envolvam a manipulação de materiais com as mãos seriam exemplos de comportamentos incompatíveis que poderiam ser reforçados para substituir os tapas na própria cabeça, em um procedimento de RDCI.

Em uma segunda variação do RDCA, o comportamento alternativo reforçado para substituir o problema de comportamento é uma resposta de comunicação. Essa variação do RDCA consiste em **reforço diferencial de comunicação (RDC)**, mas é chamado **treinamento de comunicação funcional** (Carr e Durand, 1985; Carr et al., 1993). Nesse procedimento, o indivíduo que apresenta problema de comportamento aprende a dar uma resposta comunicada que seja funcionalmente equivalente ao comportamento indesejado. Quando a comunicação produz o mesmo resultado reforçador do problema de comportamento, não há mais razão para ele ocorrer. No treinamento em comunicação funcional, um indivíduo com um comportamento indesejado reforçado por receber atenção aprenderia a pedir atenção. Um indivíduo com um problema de comportamento reforçado pela fuga de uma situação específica aprenderia a pedir uma pausa na situação ou a pedir ajuda. A resposta envolvendo comunicação que é reforçada nesta variação do RDCA é mais eficiente (mais fácil e mais rápida) do que o comportamento indesejado; essa é uma das vantagens da comunicação como um comportamento alternativo.

Pesquisa sobre RDCA

Leitenberg et al. (1977) investigaram procedimentos de RDCA para aumentar os comportamentos apropriados e diminuir o conflito entre irmãos envolvendo agressões físicas, ataques verbais, gritos e choro. Seis famílias participaram. As mães foram instruídas a elogiar e dar moedas para reforçar os comportamentos apropriados dos filhos (como brincar juntos, ajudar um ao outro, compartilhar e conversarem entre si). Ao mesmo tempo, as mães ignoravam os conflitos entre os filhos. Os pesquisadores descobriram que o RDCA diminuiu o comportamento de conflito e aumentou o comportamento apropriado entre os irmãos.

Allen e Stokes (1987) utilizaram procedimentos de RDCA para aumentar o comportamento cooperativo e diminuir o comportamento inadequado exibido por crianças durante tratamento odontológico. As cinco crianças (com idades de 3 a 6 anos) que participaram desse estudo exibiam comportamentos inadequados, como ficar mexendo a cabeça e o corpo, chorar, engasgar e gemer, enquanto o dentista fazia o tratamento. Allen e Stokes usaram reforço positivo e negativo quando a criança exibia comportamento cooperativo na cadeira do dentista (ou seja, ficava quieta e parada). Quando a criança ficava quieta e parada na cadeira por algum tempo, o dentista reforçava negativamente o comportamento desligando a máquina por um curto período. Ao longo das sessões de tratamento, o intervalo que ela tinha para iniciar o comportamento incompatível foi prolongado gradualmente. A criança também recebia elogios e adesivos como reforço positivo por ficar quieta e parada. Allen e Stokes demonstraram um aumento no comportamento cooperativo e uma redução no comportamento inadequado em todas as cinco crianças que receberam procedimento de RDCA. Em um estudo semelhante, Stokes e Kennedy (1980) utilizaram pequenos itens atrativos para reforçar o comportamento cooperativo de crianças pequenas durante as visitas ao dentista e descobriram que, como resultado, o comportamento cooperativo delas aumentou e o inadequado diminuiu.

O treinamento em comunicação funcional foi avaliado em vários estudos feitos por Carr e Durand (Carr e Durand, 1985; Durand e Carr, 1987, 1991). O procedimento é semelhante em todos os estudos. Os pesquisadores conduzem a análise funcional para identificar o reforçador do problema de comportamento exibido por alunos com deficiência de desenvolvimento quando estão em sala de aula. *Quando o problema de comportamento de uma criança é reforçado pela atenção recebida, ela aprende a pedir atenção como resposta alternativa.* A criança pergunta: "Como estou indo?". E a professora responde ao comportamento dando atenção. Portanto, o comportamento que envolve comunicação aumenta e o problemático diminui. *Se o problema de comportamento for reforçado pela oportunidade de se esquivar das tarefas quando forem apresentadas lições difíceis, a criança está sendo ensinada a pedir ajuda.* Ela diz: "Eu não estou entendendo", e o professor responde oferecendo auxílio. Como resultado, é menos provável que inicie o problema de comportamento para fugir das tarefas. Ao longo de seus estudos, Durand e Carr demonstraram diminuições em comportamentos indesejados mantidos por atenção recebida e oportunidade de fuga, e demonstraram aumento na comunicação como um comportamento alternativo funcionalmente equivalente. Os livros de Durand e Carr descrevem detalhadamente o procedimento de treinamento em comunicação funcional (Carr et al., 1994; Durand, 1990).

Muitos outros experimentos de modificação de comportamento demonstraram o valor do RDCA para aumentar vários comportamentos socialmente significativos. Em um estudo com pré-escolares, Goetz e Baer (1973) mostraram que eles poderiam aumentar a frequência dos comportamentos envolvendo brincadeiras criativas por meio do reforço social dado pelo professor. Cada vez que a criança brincava criativamente com blocos (definidos como a criação de estruturas novas), o professor mostrava interesse e entusiasmo. No entanto, quando elas construíam sempre as mesmas estruturas, o professor não demonstrava interesse ou entusiasmo. Como resultado, elas criavam estruturas mais novas com os blocos e construíam menos estruturas idênticas (Figura 15-1). Os resultados sugerem que a criatividade, muitas vezes considerada uma característica,

n - Nenhum reforço
D - Reforço somente para formas diferentes
S - Reforço somente para as mesmas formas

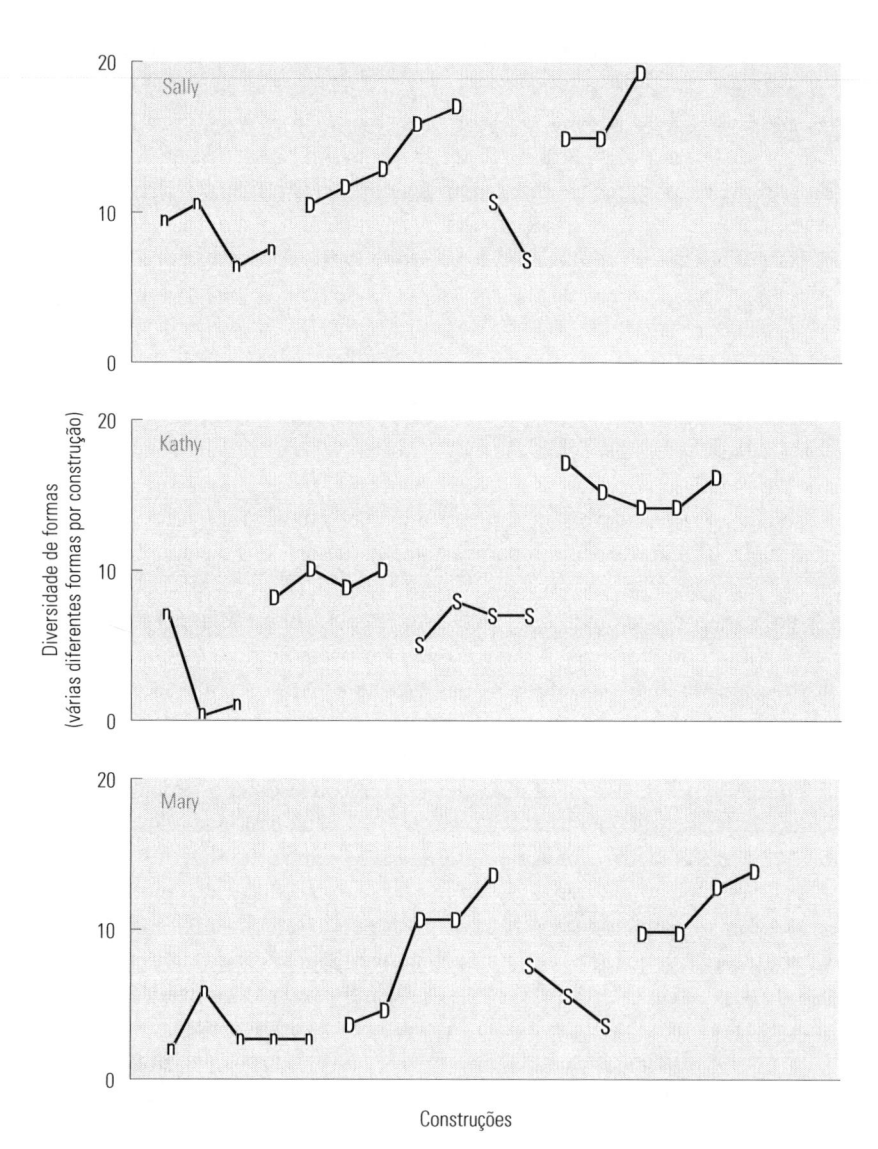

FIGURA 15-1 A pontuação para a diversidade de formas obtidas por três crianças no curso de treinamento de construção com blocos. A pontuação rotulada como D representa pontos recebidos quando o reforço foi programado apenas para formas diferentes (não repetitivas); os pontos rotulados como S representam pontuações produzidas quando o reforço foi programado apenas para a repetição das mesmas formas já usadas em uma sessão; e os pontos marcados como n representam pontuações produzidas sem reforço. (Goetz, E. e Baer, D. Social control of form diversity and the emergence of new forms in children's block-building. *Journal of Applied Behavior Analysis*, v. 6, p. 209-217, 1973. Copyright © 1973 Society for the Experimental Analysis of Behavior. Reimpresso com a permissão da Society for the Experimental Analysis of Behavior.)

pode na veRDCAde ser um tipo de resposta capaz de ser aumentada pelo RDCA. Resultados semelhantes mostrando que a criatividade (resposta variável) exibida por crianças, adultos e crianças com autismo poderia ser aumentada por meio do reforço (RDCA) foram relatados por Miller e Neuringer (2000). Muitos estudos documentaram o valor da RDCA para aumentar comportamentos desejáveis em crianças (Sulzer-Azaroff et al., 1988).

O RDCA também tem sido utilizado para aumentar diversos comportamentos de trabalhadores em situações de trabalho (Hermann et al., 1973; Reid, Parsons e Green, 1989). Melhorar o desempenho do trabalhador pelo reforço diferencial é um aspecto da modificação do comportamento organizacional (Luthans e Kreitner, 1985) ou da gestão do desempenho (Daniels e Daniels, 2006).

Outros estudos utilizaram o RDCA com pessoas com deficiência intelectual (Bailey e Meyerson, 1969; Whitman, Mercurio e Capronigri, 1970), estudantes universitários (Azrin et al., 1973), pessoas com doença mental (Kale et al., 1968; Mitchell e Stoffelmayr, 1973), beneficiários do bem-estar social (Miller e Miller, 1970), alunos com baixo rendimento escolar (Chadwick e Day, 1971) e adultos hipertensos (Elder et al., 1973). Em cada caso, os pesquisadores estavam interessados em ajudar as pessoas a aumentar seus comportamentos desejáveis para níveis mais saudáveis ou mais socialmente adequados, enquanto diminuíam seus comportamentos indesejáveis.

Mitchell e Stoffelmayr (1973) aplicaram o princípio de Premack em um programa de RDCA para aumentar o comportamento no trabalho de duas pessoas com esquizofrenia. Eles reforçaram diferencialmente o desempenho no trabalho (um comportamento de pouca probabilidade), permitindo aos clientes que se sentassem e descansassem (comportamento de alta probabilidade) por um breve período apenas após completar determinada quantidade de trabalho. Se não completassem o trabalho, não poderiam se sentar e descansar. Os resultados mostraram que o desempenho no trabalho das duas pessoas aumentou muito com o uso do RDCA

Reforço diferencial de outro comportamento

Knight e McKenzie (1974) realizaram um estudo para avaliar os efeitos do reforço diferencial para diminuir o hábito de chupar os dedos na hora de dormir, comumente apresentado por crianças. O procedimento que utilizaram é chamado **reforço diferencial de outro comportamento (RDO)**. Um dos indivíduos, Sara, era uma menina de 3 anos que passava os dias em uma creche enquanto os pais estavam trabalhando. Lá, Sara tirava um cochilo durante uma hora todas as tardes e chupava o dedão durante a maior parte do tempo em que dormia. Os pesquisadores usaram um procedimento de reforço diferencial para diminuir esse hábito. Como ela gostava de ouvir alguém contar histórias na hora de cochilar, eles utilizaram a leitura como um reforçador. Nesse procedimento de reforço diferencial, a pesquisadora se sentava ao lado de Sara na hora da soneca e lia sempre que ela não estava chupando o dedo. O reforçador era apresentado quando o problema de comportamento não se manifestava. Sempre que a menina colocava o polegar na boca, a pesquisadora parava de ler (Figura 15-2). Como o reforçador dependia da ausência de sucção do polegar, o tempo sem chupar o polegar aumentou até o hábito deixar de se manifestar (Figura 15-3). Esse mesmo procedimento foi eficaz com duas outras crianças com o mesmo hábito e implementado pelas mães em casa na hora de dormir.

Definição de RDO

No RDO, o reforçador depende da ausência do problema de comportamento (Reynolds, 1961). O que significa que o reforçador não é mais apresentado após o problema (extinção), mas, sim, após um intervalo em que o problema não ocorre. A lógica

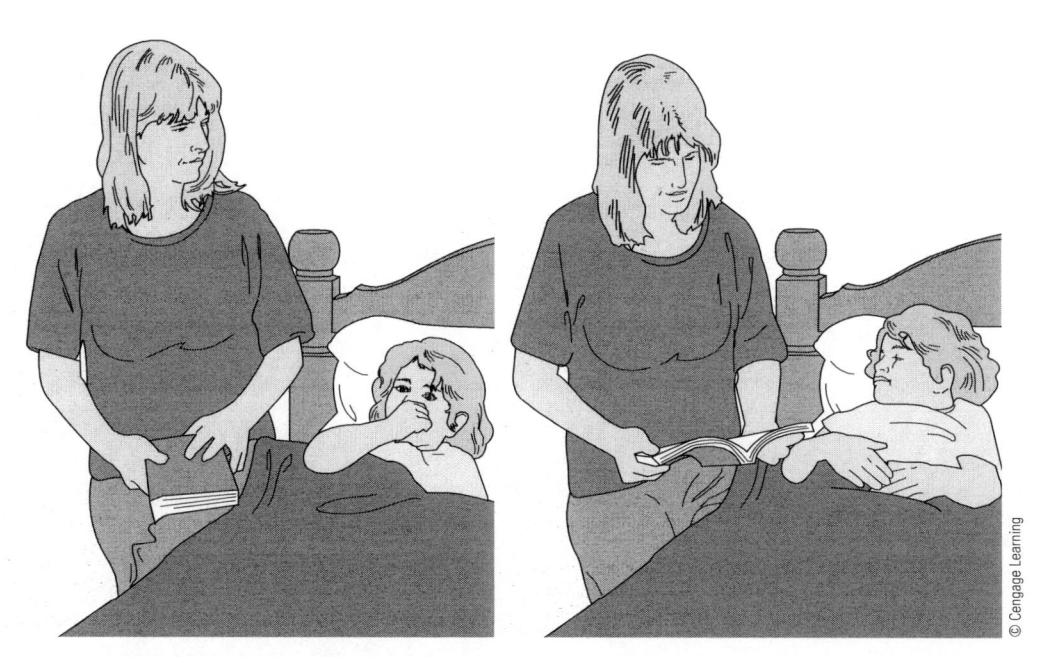

FIGURA 15-2 Quando Sara chupava o polegar, a pesquisadora não lia para ela. Quando Sara não chupava o polegar, ela lia. Esse procedimento de reforço diferencial reforçou a ausência do comportamento.

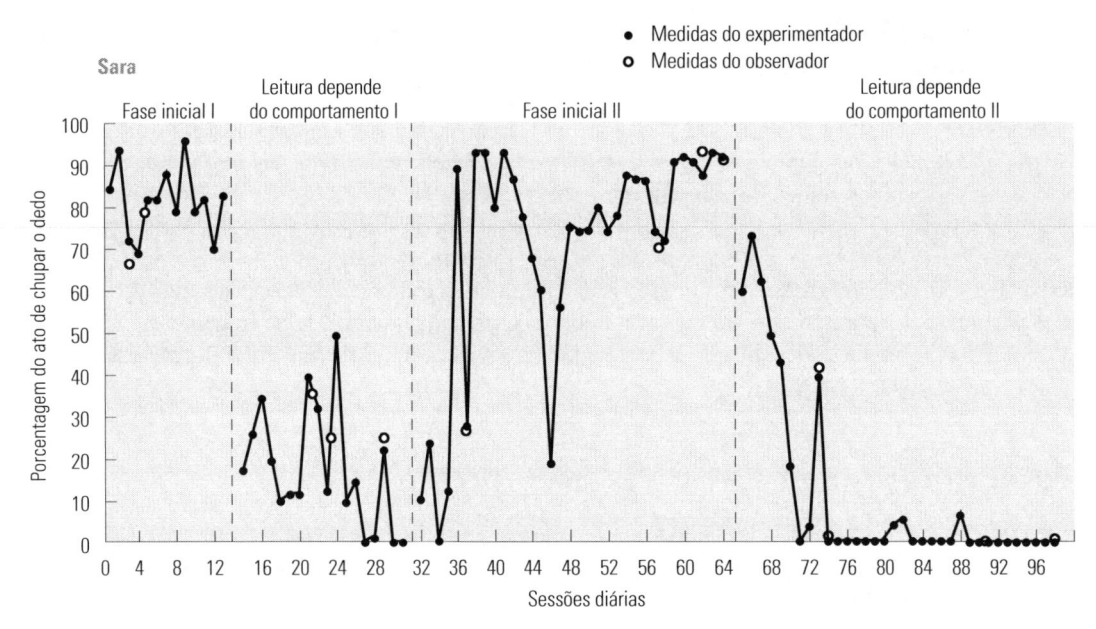

FIGURA 15-3 Este gráfico mostra o efeito do reforço diferencial de outro comportamento (RDO) no hábito de chupar o dedo, característico de uma criança, Sara. Quando Sara não estava chupando o dedo na hora do cochilo, a pesquisadora lia o livro para ela. Quando chupava o polegar, a pesquisadora parava de ler. O desenho de pesquisa reverso A-B-A-B mostra que o hábito de chupar o dedo diminuiu quando o reforçador era dependente da ausência do comportamento. (Knight, M. F. e McKenzie. Elimination of bedtime thumbsucking in home settings through contingent reading. *Journal of Applied Behavior Analysis*, v. 7, p. 33-38. 1974. Copyright © 1974 Society for the Experimental Analysis of Behavior. Reimpresso com permissão da Society for the Experimental Analysis of Behavior.)

por trás do procedimento de RDO é que, se o reforçador é fornecido somente após períodos em que o problema de comportamento está ausente, o problema de comportamento diminuirá por extinção, e os períodos sem o problema de comportamento deverão aumentar. Se os períodos sem o problema de comportamento aumentarem, a ocorrência do problema deverá diminuir naturalmente.

É importante notar que o termo reforço diferencial de outro comportamento (RDO) pode ser confuso. Embora o nome do procedimento sugira que você reforçará outro comportamento, de fato, reforçará a ausência do problema de comportamento. Mesmo que outros comportamentos possam ocorrer quando o problema de comportamento não está ocorrendo, você não identifica outro comportamento para reforçar no lugar do problemático. Um RDO também pode ser visto como um reforço diferencial da "taxa zero" do comportamento. De acordo com Reynolds (1961), um RDO envolve "reforço por não responder". Lembre-se do caso em que a pesquisadora lia histórias para Sara quando ela não estava chupando o dedo. Ler histórias era o reforçador apresentado quando o problema de comportamento, chupar o dedo, não estava ocorrendo. Anote essa distinção para não confundir RDO com os outros procedimentos de reforço diferencial.

Implementação do RDO

Vamos examinar a sequência de etapas envolvidas na implementação do procedimento de RDO.

Identifique o reforçador do problema de comportamento A extinção do problema de comportamento é um componente do procedimento de RDO. Como foi discutido no Capítulo 13, você deve conduzir uma avaliação funcional para identificar o reforçador do problema de comportamento antes de implementar um procedimento de extinção. Pesquisas demonstram claramente que é preciso eliminar o reforçador que mantém o problema de comportamento para que um procedimento de RDO seja bem-sucedido (Mazaleski et al., 1993). Reforçar a ausência do problema de comportamento não seria eficaz se as instâncias do problema de comportamento continuassem a ser reforçadas. Se não for possível usar a extinção do problema de comportamento (pelas razões discutidas no Capítulo 14), geralmente não será possível utilizar o RDO com eficiência. Uma exceção seria o caso em que o reforçador para a ausência do comportamento indesejado é mais poderoso ou potente do que o reforçador do próprio problema de comportamento. Nesse caso, o procedimento de RDO pode ser efetivo porque a compensação por não se iniciar o problema de comportamento é maior do que a recompensa por se envolver nele (Cowdery, Iwata e Pace, 1990). Esse foi o caso do RDO para o hábito de a Sara chupar o dedo. O reforço para a ausência de chupar o dedo (as histórias lidas para ela) era mais poderoso do que o reforçador para chupar o dedo (presumivelmente, reforço automático). Outra exceção seria uma situação na qual você usa algum outro procedimento (como o controle de antecedentes, intervalo ou adequação orientada) para diminuir o problema de comportamento ao utilizar o procedimento de RDO (Repp e Deitz, 1974). Esses procedimentos serão discutidos nos Capítulos de 16 a 18.

Identifique o reforçador a ser utilizado no procedimento de RDO Se você for reforçar a ausência do problema de comportamento, deve utilizar uma consequência que funcione como reforçador para a pessoa em particular. Conforme aprendemos, existem várias maneiras de identificar reforçadores que podem ser usados com pessoas específicas. Você pode perguntar a elas sobre suas preferências por vários eventos potencialmente reforçadores; pode observar quais atividades ou objetos elas escolhem quando recebem opções; pode manipular experimentalmente potenciais reforçadores para observar quais deles aumentam os comportamentos que sucedem (Fisher et al., 1992; Green et al., 1988; Mason et al., 1989; Pace et al., 1985). A consequência que certamente funcionará como um reforçador para a pessoa é o reforço do problema de comportamento identificado na avaliação funcional (Durand et al., 1989). Se um evento reforçador está mantendo o comportamento indesejado, esse reforçador deve ser efetivo em um procedimento de RDO quando é feito dependendo da ausência do comportamento-alvo.

Escolha o intervalo inicial para o RDO O procedimento de RDO envolve apresentar o reforçador após um período em que o problema de comportamento não ocorre. Assim, para implementar o RDO, você deve escolher o intervalo inicial para apresentar o reforçador. *A duração do intervalo deve estar vinculada à taxa da fase inicial do problema de comportamento*: se ele ocorrer com frequência, o intervalo do RDO será breve; se o comportamento indesejado ocorrer com pouca frequência, o intervalo do RDO será maior. Você deve escolher uma duração de intervalo que resultará em uma grande probabilidade de reforço (Repp, 1983). Por exemplo, suponha que um problema de comportamento ocorra a uma taxa média de dez vezes por hora em determinada situação. Isso significa que, em média, passam 6 minutos entre cada ocorrência do problema. Para o problema de comportamento específico, o intervalo do RDO deve ser definido em menos de 6 minutos para que haja uma boa probabilidade de o problema não ocorrer nesse intervalo e o reforçador possa ser apresentado. À medida que a frequência do problema diminui, os intervalos do RDO podem ser aumentados gradualmente.

Elimine o reforçador do problema de comportamento e apresente o reforçador para a ausência do problema de comportamento Depois de identificar o reforçador do problema de comportamento, escolha um reforçador para usar no procedimento de RDO e estabeleça a duração do intervalo inicial; você estará pronto para implementar o procedimento de RDO. Primeiro, o agente de mudança (por exemplo, o pai ou professor) deve ser ensinado a implantar o procedimento. O agente de mudança é instruído a eliminar o reforçador do problema de comportamento e apresentar o reforçador ao final de cada intervalo em que o comportamento indesejado não ocorre. O agente de mudança deve ter um cronômetro (ou outro dispositivo de contagem de tempo) para cronometrar o intervalo do RDO. No final de cada intervalo, o cronômetro avisa o agente de mudança para entregar o reforçador se o problema de comportamento não tiver ocorrido.

Redefina o intervalo caso o problema de comportamento ocorrer Se o problema de comportamento ocorrer em algum momento, o reforçador não será entregue e o intervalo para o reforço será redefinido. Dessa maneira, a ocorrência do comportamento indesejado retarda o reforçador durante todo o intervalo. Suponha que o intervalo do RDO seja de dez minutos. Em seguida, sempre que o problema de comportamento ocorrer antes do final do intervalo de 10 minutos, o agente de mudança redefine o intervalo para outros 10 minutos. Após 10 minutos, se o problema não tiver ocorrido, o reforçador será entregue. Uma vez que o reforçador é entregue, o intervalo é reiniciado por mais 10 minutos. Se a pessoa com o comportamento inadequado puder entender as instruções, explique a ela que o reforçador será apresentado quando o comportamento-alvo não ocorrer por determinado período.

Aumente gradualmente a duração do intervalo Após o problema de comportamento ser diminuído e o cliente receber o reforçador após quase todos os intervalos, é hora de aumentar a duração dos intervalos, lentamente, a fim de manter a redução no comportamento alvo. Eventualmente, o intervalo do RDO é aumentado para um nível que será controlado pelo agente de mudança em longo prazo. Dependendo da pessoa e do problema de comportamento específico, não é incomum aumentar o intervalo de RDO para 1 ou 2 horas ou mesmo para um dia inteiro. O que significa que o cliente teria de se abster de se envolver no comportamento indesejado durante um dia inteiro para receber o reforçador no final do dia. Para muitos clientes, o procedimento de RDO termina sendo eliminado após um longo período em que o problema não ocorre mais.

Implementação do RDO

1. Identifique o reforçador do problema de comportamento.
2. Identifique o reforçador a ser utilizado no procedimento de RDO.
3. Escolha o intervalo inicial do RDO.
4. Elimine o reforçador do problema de comportamento e apresente o reforçador na ausência do problema de comportamento.
5. Redefina o intervalo se o comportamento indesejado ocorrer.
6. Aumente gradualmente a duração do intervalo.

Pesquisa de avaliação dos procedimentos de RDO

Esta seção analisa algumas das extensas pesquisas sobre RDO para tratar vários comportamentos problemáticos.

Bostow e Bailey (1969) implementaram um RDO com Ruth, mulher de 58 anos com deficiência intelectual, que vivia em uma instituição estadual, acostumada a gritar alto e violentamente para conseguir o que queria (por exemplo, a refeição, uma xícara de café, roupas, seus objetos favoritos). Antes de usar o RDO, a equipe, sem perceber, havia reforçado o problema ao dar coisas a ela quando gritava. No procedimento de RDO, os membros da equipe forneciam os objetos que Ruth queria apenas após períodos em que não gritava. Esses períodos foram aumentados gradualmente de 5 para 30 minutos, à medida que os gritos não mais ocorriam. Quando gritava, a equipe não fornecia o que ela queria. Em vez disso, deslocaram-na em sua cadeira de rodas para um canto da sala, onde seus gritos não atrapalhavam outros residentes. (É um procedimento de time-out; consulte o Capítulo 17 para uma discussão detalhada sobre definição de intervalo.) Os gritos foram reduzidos a zero com o uso desses procedimentos (Figura 15-4).

Cowdery, Iwata e Pace (1990) trabalharam com Jerry, menino de 9 anos que apresentava um tipo de comportamento autolesivo (CAL), em que se coçava ou esfregava a pele até produzir feridas abertas em todo o corpo. Jerry não apresentava deficiência intelectual, mas nunca havia frequentado a escola; o CAL era tão severo que ele passava a maior parte do tempo em hospitais. Os pesquisadores conduziram uma avaliação funcional que mostrou que o CAL ocorria exclusivamente quando Jerry estava sozinho. Não havia reforço social para o problema de comportamento dele.

Os pesquisadores implementaram um procedimento de RDO envolvendo reforço simbólico com fichas. Jerry recebia fichas pelos períodos em que não se envolvia com o CAL, e depois trocava-as por acesso à TV, lanches, jogar video game e vários materiais para brincar. Os autores colocaram Jerry em uma sala isolado e o observaram através de uma janela unidirecional. Se Jerry ficasse 2 minutos sem se arranhar, o experimentador entrava na sala, olhava para ele brevemente para verificar se tinha arranhões e dava a ele uma ficha, por não ter se arranhado. Se Jerry se arranhasse durante o intervalo de 2 minutos,

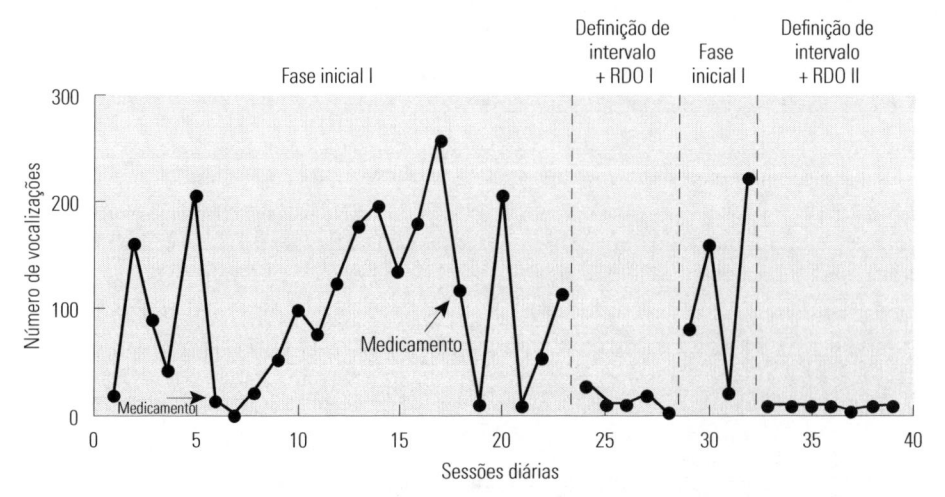

≡ **FIGURA 15-4** Este gráfico mostra o efeito do reforço diferencial de outro comportamento (RDO) e o tempo de intervalo no comportamento de gritar, de uma mulher de 58 anos com deficiência intelectual que vivia em uma instituição. Quando a mulher parava de gritar por breves períodos, a equipe fornecia reforço. Quando ela gritava, era levada para outra parte da sala onde ficava, e nenhum reforçador era fornecido. Gradualmente, o intervalo do RDO foi estendido, e ela foi capaz de ficar sem gritar. Como você pode ver no gráfico, cada vez que o procedimento de RDO (e definição de intervalo) foi implementado em um desenho de pesquisa reverso A-B-A-B, os gritos diminuíram a zero. (Bostow, D. E. e Bailey. Modification of severe disruptive and aggressive behavior using brief timeout and reinforcement procedures. *Journal of Applied Behavior Analysis*, v. 2, p. 31-33, 1969. Copyright © 1969 University of Kansas Press. Reimpresso com permissão do autor.)

o experimentador entrava na sala, apontava para o local onde Jerry havia se arranhado e dizia que não poderia dar a ficha por causa do arranhão. No entanto, o experimentador o encorajava a tentar novamente. Quando Jerry foi bem-sucedido no intervalo de 2 minutos, este foi aumentado para 4 minutos. Eventualmente, o intervalo de RDO foi aumentado para 15 minutos.

Uma vez que Jerry foi bem-sucedido nas curtas sessões de tratamento, os autores implementaram o procedimento de RDO durante 4 a 5 horas por dia, enquanto Jerry estava em áreas de atividade na enfermaria do hospital. O intervalo de RDO na área de atividade foi de 30 minutos. Cada vez que Jerry passava 30 minutos sem se coçar, recebia uma ficha. Se ele se arranhasse, o intervalo de RDO de 30 minutos era reiniciado e tinha de ficar sem se arranhar pelos próximos 30 minutos para obter uma ficha. Em seguida, o procedimento de RDO foi estendido para um dia inteiro. Por fim, Jerry recebeu alta do hospital e os pais continuaram a usar o procedimento de RDO em casa. O programa reduziu muito o hábito de Jerry de se coçar. Em 2 anos, foi a primeira vez que Jerry saiu do hospital.

Nesse estudo, os pesquisadores conseguiram diminuir o problema de comportamento de Jerry usando o RDO sem também usar a extinção para o comportamento. O reforço para os arranhões feitos por Jerry foi as consequências sensoriais Embora os pesquisadores não tenham eliminado esse reforçador, os reforçadores para a ausência de arranhões aparentemente eram fortes o suficiente para produzir uma diminuição no comportamento, embora continuasse a ser reforçado. Sempre que possível, a extinção deve ser um componente do procedimento de RDO. A pesquisa de Mazaleski et al. (1993) mostrou que a extinção era um componente importante do RDO. Nesse estudo, quando o RDO incluiu um componente de extinção, o RDO foi o mais efetivo.

Repp, Barton e Brulle (1983) compararam duas variações do RDO: todo o intervalo e procedimentos momentâneos. No **RDO para todo o intervalo**, o problema de comportamento deve estar ausente durante todo o intervalo para que o reforçador seja apresentado. No **RDO momentâneo**, o comportamento indesejado deve estar ausente no final do intervalo para que o reforçador seja apresentado. Observe que o termo RDO se refere ao RDO do intervalo inteiro.

Os pesquisadores compararam a eficácia dos dois tipos de RDO com três meninos de 7 anos apresentando deficiência intelectual leve, que tinham comportamento inadequado (fazer interrupções, sair do lugar, não fazer a tarefa) na sala de aula. No RDO de intervalo inteiro para cada indivíduo, cada criança recebeu uma pequena recompensa no final de cada intervalo de 5 minutos, se o comportamento inadequado não tivesse ocorrido em nenhum momento do intervalo. No procedimento de RDO momentâneo, a criança recebia uma pequena recompensa se o problema de comportamento não estivesse ocorrendo no final de cada intervalo de 5 minutos. Os autores descobriram que o procedimento de RDO de intervalo inteiro era mais eficaz na redução do comportamento inadequado do que o procedimento de RDO momentâneo. A única vez que o procedimento de RDO momentâneo resultou em uma diminuição no problema de comportamento foi quando a implementação ocorreu após o procedimento de RDO de intervalo inteiro já ter diminuído o problema de comportamento. Os resultados sugeriram que o procedimento de RDO momentâneo não era eficaz por si só, mas podia ser útil para manter a mudança de comportamento produzida pelo procedimento RDO de intervalo total. As descobertas de Barton, Brulle e Repp (1986) apoiaram a conclusão. O benefício do RDO momentâneo é que o comportamento-alvo não precisa ser observado durante todo o intervalo.

RDO de intervalo inteiro

- O comportamento está ausente ao longo de todo o intervalo.
- O reforçador é apresentado.

RDO momentâneo

- O comportamento está ausente quando o intervalo termina.
- O reforçador é apresentado.

Os estudos citados aqui, bem como outras pesquisas, sugerem que o procedimento de RDO é eficaz com uma variedade de comportamentos problemáticos em diversas pessoas (Dallery e Glenn, 2005; Kodak, Miltenberger e Romaniuk, 2003; Lindberg et al., 1999; Mazaleski et al., 1993; Poling e Ryan, 1982; Repp, 1983; Vollmer e Iwata, 1992; Vollmer et al., 1993; Wilder et al., 2006; Woods e Himle, 2004; Zlutnick, Mayville e Moffat, 1975). O RDO é mais eficaz quando o reforçador do comportamento indesejado pode ser identificado e eliminado, e quando a duração do intervalo de RDO tem como base a taxa na fase inicial do comportamento. Além disso, o RDO é mais eficaz quando o reforçador é apresentado em resposta à ausência do problema de comportamento durante todo o intervalo (RDO de intervalo total).

PARA UMA LEITURA MAIS APROFUNDADA

Aplicações variadas do RDO

Os procedimentos de RDO foram utilizados para diminuir uma ampla variedade de comportamentos problemáticos em diversas populações de indivíduos. Por exemplo, Heard e Watson (1999) utilizaram o RDO em idosos com algum problema mental residentes em casas de repouso para diminuir o ato de perambular. A peregrinação de idosos pelo lar parecia ser mantida pela atenção recebida, caso de dois residentes; por ganhar doces, para residente, e pelo acesso a atividades estimulantes, para outro. Durante o RDO, os residentes tiveram acesso a esses reforços quando não estavam perambulando, mas não receberam nenhum deles quando ficavam andando pelo asilo. O hábito de perambular diminuiu para todos os quatro residentes quando o RDO foi implementado. Outra aplicação interessante do RDO foi relatada por Roll (2005) e Dallery e Glenn (2005). Os autores estavam tentando ajudar as pessoas a pararem de fumar. Eles pediram aos fumantes para utilizarem um dispositivo que mede o monóxido de carbono (CO) quando este era exalado. Se o dispositivo detectasse CO, indicava que o indivíduo havia fumado recentemente. Os autores forneceram dinheiro como um reforçador para parar de fumar, conforme determinado pela diminuição dos níveis de CO. Em outra investigação do RDO, Woods e Himle (2004) utilizaram o reforço simbólico para ajudar quatro crianças com síndrome de Tourette a controlarem seus tiques. Neste estudo, as crianças receberam fichas que podiam trocar por dinheiro a cada dez segundos sem exibir nenhum tique. Os resultados mostraram grandes reduções na frequência de tiques quando o RDO foi implementado.

Reforço diferencial de baixas taxas de resposta

Deitz e Repp (1973) investigaram outro tipo de reforço diferencial, denominado **reforço diferencial de baixas taxas de resposta (RDBR)**, segundo o qual um reforçador é apresentado dependendo de uma taxa menor de resposta durante determinado período. Eles utilizaram o procedimento para diminuir o comportamento inadequado em salas de aula de educação especial e de educação regular. Em um experimento, eles utilizaram o RDBR para diminuir as conversas (falar durante a aula sem permissão) em uma sala de aula de alunos com deficiência intelectual. Antes de o tratamento ser implementado, foi registrado que os alunos conversaram, em média, 32 vezes durante um período de aula de 50 minutos. No procedimento de RDBR, a professora disse aos alunos antes de a aula começar que, se conversassem menos de cinco vezes no período da aula, todos receberiam dois doces ao fim. O reforço, ganhar o doce, dependia de uma taxa menor do comportamento. Eles conduziram o procedimento de RDBR por 15 dias e, durante esse período, o número médio de conversas diminuiu para cerca de três por período de aula de 50 minutos. Nos 15 dias em que realizaram o procedimento de RDBR, os alunos tiveram mais do que cinco conversas no período de aula apenas uma vez e perderam o reforço naquele dia.

Definição do RDBR

Com o RDBR, o reforçador é entregue quando a taxa do problema de comportamento é reduzida para um nível definido por um critério. *No procedimento de RDBR, você não reforça a ausência do comportamento, como no procedimento de RDO; em vez disso, reforça a redução do problema de comportamento.* Um procedimento de RDBR é utilizado quando uma baixa frequência do comportamento indesejado pode ser tolerada ou quando o comportamento é um problema apenas por causa de sua frequência elevada. Suponha que um aluno da segunda série levante a mão para responder a perguntas a cada poucos minutos. Levantar a mão não é um problema de comportamento, exceto se ocorrer com muita frequência e os outros alunos não tiverem a chance de participar da aula. O professor não quer eliminar o comportamento; só quer diminuir a frequência do comportamento. O RDBR seria um procedimento ideal nesse caso. Para usar o RDBR, o professor diria ao aluno que quer que ele levante a mão apenas três vezes por período de aula, e que, se fizer assim poderá ser o primeiro a ler no grupo de leitura no final do dia. (O professor sabe que esse procedimento é um reforço para o aluno.) Se ele levantar a mão mais de três vezes no período da aula, vai ler por último no grupo naquele dia. O professor pode tornar o procedimento de RDBR mais eficaz, dizendo ao aluno para anotar em uma folha de papel que está sobre sua mesa quantas vezes ele levanta a mão. Quando ele registra o comportamento pela terceira vez, sabe que não deverá levantar a mão novamente. Como alternativa, o professor pode marcar no quadro toda vez que o aluno levantar a mão; e mais uma vez, o aluno saberá quando chegar à terceira vez e não deverá levantar a mão novamente.

Variações do RDBR

Em uma variação, o reforço é fornecido se menos de um número especificado de respostas ocorrer em determinado período. Isso é chamado **RDBR de sessão completa**. A sessão pode ser um período de aula ou outro período apropriado em casa, na escola, no trabalho ou onde quer que ocorra o problema. O agente de mudança especifica o número máximo de respostas que podem ocorrer na sessão para que o reforçador seja apresentado. No final da sessão, se o número de respostas for menor que o número especificado, o agente de mudança entregará o reforçador. O professor que disse ao aluno que ele tinha de levantar a mão na sala de aula não mais do que três vezes para receber o reforçador estava usando o RDBR de sessão completa. Compare esse procedimento com um procedimento de RDO, em que o aluno teria de se abster completamente do comportamento durante a sessão para receber o reforçador.

Em uma segunda variação do RDBR, o **RDBR com resposta espaçada**, deve haver um tempo especificado entre as respostas para o reforçador a ser entregue. Com o RDBR de resposta espaçada, o objetivo é estabelecer um ritmo para o comportamento. Voltemos ao exemplo do aluno da segunda série que levanta a mão com muita frequência. Para usar o RDBR de resposta espaçada, o professor só atenderia ao aluno se ele levantasse a mão pelo menos 15 minutos depois da última vez que a levantou. (Ser chamado pelo professor é um reforçador para levantar a mão.) Se ele levantar a mão antes do intervalo de 15 minutos terminar, o professor não irá atendê-lo, e terá de esperar mais 15 minutos antes de poder levantar a mão e ser chamado pelo professor. Quando o comportamento ocorrer após o término do intervalo do RDBR, o comportamento é reforçado. No entanto, se o comportamento ocorrer antes do final do intervalo do RDBR, não será reforçado e o intervalo será redefinido.

RDBR de sessão completa

- Menos de *X* respostas ocorrem na sessão.
- O reforçador é entregue.

RDBR de resposta espaçada

- A resposta ocorre depois de um intervalo determinado desde a última resposta.
- O reforçador é entregue.

De que modo o RDO e o RDBR de resposta espaçada são diferentes?

Com o RDO, o reforçador é entregue como resultado da *ausência* do comportamento após a decorrência de um intervalo específico. Se o comportamento ocorrer, o reforçador não será entregue. Com o RDBR de resposta espaçada, o reforçador é fornecido quando a *ocorrência* do comportamento é verificada após um intervalo específico ter decorrido depois da última instância do comportamento. O RDO é utilizado quando se quer eliminar um problema de comportamento; o RDBR de resposta espaçada é empregado quando se quer diminuir a taxa de um comportamento que ocorre com muita frequência.

Um terceiro tipo de RDBR, o **RDBR com intervalo**, é semelhante ao RDBR de resposta espaçada. O RDBR com intervalo envolve dividir uma sessão em intervalos e fornecer o reforçador se não ocorrer mais do que uma resposta em cada intervalo. Enquanto o RDBR de resposta espaçada implica um intervalo específico entre cada resposta, o RDBR com intervalo implica um tempo médio entre cada resposta. Para simplificar a discussão sobre o RDBR, o procedimento de intervalo não será mais considerado; veja Deitz (1977) para obter mais informações.

Implementação de procedimentos de RDBR

- A primeira etapa é determinar se o RDBR é o procedimento apropriado a ser utilizado. Se o objetivo for diminuir a taxa de um comportamento, mas não eliminar o comportamento, o RDBR é apropriado.
- A etapa seguinte é determinar um nível aceitável do comportamento. No RDBR de sessão completa, é preciso decidir quantas respostas por sessão são aceitáveis. No RDBR de resposta espaçada, você deve escolher o intervalo que deve decorrer entre cada ocorrência do comportamento.
- Em seguida, deve decidir se quer implementar o RDBR de sessão completa ou o RDBR de resposta espaçada. Se a frequência do comportamento é importante e é necessário ter um intervalo entre as respostas, o RDBR de resposta espaçada é o mais apropriado. Por exemplo, se você está tentando fazer que uma pessoa obesa diminua sua frequência de alimentação e quer que transcorram dez segundos entre cada mordida durante uma refeição, o RDBR com resposta espaçada seria o mais apropriado. No entanto, se este aspecto for menos importante e simplesmente quiser diminuir a frequência geral do comportamento em uma sessão, o RDBR de sessão completa é o mais apropriado.
- Antes de implementar o procedimento de RDBR, você deve informar o cliente sobre o procedimento para que ele conheça o critério de reforço. No RDBR de sessão completa, é preciso informar ao cliente o número máximo de respostas aceitáveis na sessão. Com o RDBR de resposta espaçada, você deve informá-lo quanto tempo esperar entre cada instância do comportamento. Em ambos os casos, é necessário informar qual é o reforço quando for atingido o desempenho estabelecido pelo critério.

■ Além das instruções, muitas vezes, é útil dar opinião ao cliente sobre seu desempenho ao implementar o procedimento de RDBR. No RDBR de sessão completa, o agente de mudança ou cliente pode controlar o número de respostas na sessão, para que o cliente veja quando está se aproximando do máximo. Por exemplo, Tony, jovem com deficiência intelectual que vivia em uma casa comunitária, sempre perguntava à equipe como seria o clima no dia seguinte. Todas as noites, do jantar até a hora de dormir, Tony perguntava sobre o clima cerca de dez a doze vezes. A equipe implementou um RDBR de sessão completa, segundo o qual foi definida uma atividade preferida para fazer no final da noite, se Tony perguntasse sobre o clima não mais do que quatro vezes. Para ajudar Tony a acompanhar o número de vezes que perguntava sobre o clima, ele levava consigo um cartão e colocava uma marca de verificação sempre que fazia uma pergunta. Ele entendeu que, assim que seu cartão tivesse quatro marcas de verificação, não poderia mais perguntar sobre o clima naquela noite. Ele aprendeu a consultar o cartão sempre que estivesse prestes a falar com a equipe e perguntar sobre algo diferente do clima, quando já tivesse quatro marcas no cartão. Eventualmente, o critério foi reduzido de quatro para dois à medida que Tony limitava as perguntas sobre o clima.

Ao usar o RDBR com resposta espaçada, é útil fornecer algum método que permita ao cliente controlar o tempo entre as respostas para ajudá-lo a controlar o comportamento. Por exemplo, certo dia, Jenny, menina de 5 anos, acidentalmente molhou as calças quanto estava no jardim de infância. Embora ninguém mais tivesse notado, ela ficou envergonhada, e por causa disso, começou a ir ao banheiro com frequência, até cinco vezes em uma hora, quando estava na escola. A professora implementou um procedimento de RDBR com resposta espaçada, no qual Jenny recebia uma estrela se esperasse pelo menos 30 minutos entre suas idas ao banheiro. Para ajudar Jenny a cronometrar os intervalos, a professora tinha um caderno com uma grande estrela e colocava-o sobre a mesa a cada meia hora, como uma dica para Jenny de que naquele momento ela podia ir ao banheiro. Quando Jenny via o caderno com a grande estrela sobre a mesa da professora, ela sabia que poderia conseguir uma estrela por ir ao banheiro no momento certo. Se fosse antes de o caderno ser colocado na mesa da professora, não conseguiria a estrela e teria que esperar outros 30 minutos antes de ir ao banheiro e conseguir uma estrela. Eventualmente, quando Jenny conseguiu se conter durante o intervalo de 30 minutos, a professora aumentou o intervalo para uma hora. Ao usar o notebook como uma sugestão, em vez de um cronômetro que a turma inteira podia ouvir, a professora conseguiu evitar chamar a atenção para Jenny e constrangê-la na frente da classe.

Pesquisa avaliando procedimentos de RDBR

Deitz e Repp (1973, 1974) avaliaram procedimentos de RDBR de sessão completa com a finalidade de diminuir comportamentos problemáticos de crianças em idade escolar. Além do experimento descrito anteriormente, no qual eles utilizaram o RDBR para diminuir as conversas em uma turma de dez alunos do ensino fundamental com deficiência intelectual, Deitz e Repp (1973) realizaram um experimento avaliando o RDBR de sessão completa com 15 meninas do ensino médio em uma classe de administração. O comportamento-alvo era a mudança de assunto, em que um estudante mudava o assunto da discussão em classe de um tema acadêmico para outro não acadêmico (por exemplo, um tema social). Antes da implementação do procedimento de RDBR, ocorria cerca de sete mudanças de assunto em cada aula de 50 minutos.

O procedimento de RDBR foi realizado em cinco fases. Na primeira fase, os alunos tinham de mudar de assunto menos de seis vezes em cada aula. Se atendessem ao critério nos primeiros quatro dias da semana, receberiam um dia livre, sem aula na sexta-feira, como reforçador. Na segunda, o critério foi a ocorrência de menos de quatro mudanças de assunto por aula, e, então, passou para mudança de assunto menos de duas vezes por aula, na terceira fase, e não mudar de assunto nenhuma vez, na fase final. Em cada fase, a turma atendeu ao critério e recebeu o reforço, um dia livre na sexta-feira. Na última fase, o procedimento de RDBR havia eliminado o problema de comportamento. Tecnicamente, a última fase foi um procedimento de RDO em vez de um procedimento de RDBR, porque a ausência do comportamento era necessária para o reforço.

Em outro estudo, Deitz e Repp (1974) utilizaram o RDBR de sessão completa para diminuir o mau comportamento em sala de aula de crianças do ensino fundamental. Um menino de 11 anos que falava muito em sala de aula diminuiu esse comportamento quando o procedimento de RDBR foi implementado. A professora disse que ele receberia uma estrela de ouro sempre que se envolvesse em duas conversas ou menos em uma aula de 45 minutos. O comportamento diminuiu de uma média de seis conversas por aula na fase inicial para menos de duas (uma média de 1,5) quando o tratamento foi implementado em um desenho de pesquisa A-B-A-B. O mesmo procedimento foi eficaz em diminuir o comportamento de sair do lugar na classe e conversar muito, com dois outros alunos de 11 e 12 anos.

Alguns estudos investigaram o procedimento de RDBR com resposta espaçada para diminuir a frequência de comportamentos problemáticos em pessoas com deficiência intelectual. Singh, Dawson e Manning (1981) utilizaram esse tipo de procedimento de RDBR para diminuir a frequência de resposta estereotipada em adolescentes com deficiência intelectual que vivem em uma instituição. O **comportamento estereotipado** é um comportamento repetitivo que não serve para nenhuma função social. Com frequência, esses comportamentos são chamados de *comportamentos autoestimulatórios* porque produzem alguma forma de estimulação sensorial em quem o produz. Os três adolescentes neste estudo se habituaram a balançar o corpo, morder objetos e mexer os dedos repetitivamente. Como reforçador, os pesquisadores elogiavam os indivíduos quando eles emitiam uma resposta estereotipada se o tempo desde a última resposta fosse de pelo menos 12 segundos. Os 12 segundos entre as respostas são chamados de **tempo inter-resposta (TIR)**. Depois que a frequência do comportamento estereotipado diminuiu com o procedimento de RDBR com o TIR de 12 segundos, o TIR foi aumentado para 30 segundos; os indivíduos recebiam elogios após uma resposta sempre que houvesse decorrido pelo menos 30 segundos entre as respostas. O TIR foi então aumentado para 60 segundos e, por fim, para 180 segundos. Os resultados mostraram que o comportamento estereotipado diminuiu com o uso do procedimento de RDBR com resposta espaçada, e um comportamento mais aceitável (por exemplo, sorrir, se comunicar ou brincar com brinquedos) aumentou. Os resultados desse estudo são mostrados na Figura 15-5.

Lennox, Miltenberger e Donnelly (1987) queriam diminuir a frequência da alimentação de três pessoas com deficiência intelectual profunda que comiam as refeições com extrema rapidez. Comer com muita rapidez foi um problema porque estigmatizou os clientes e causou potenciais efeitos negativos à saúde.

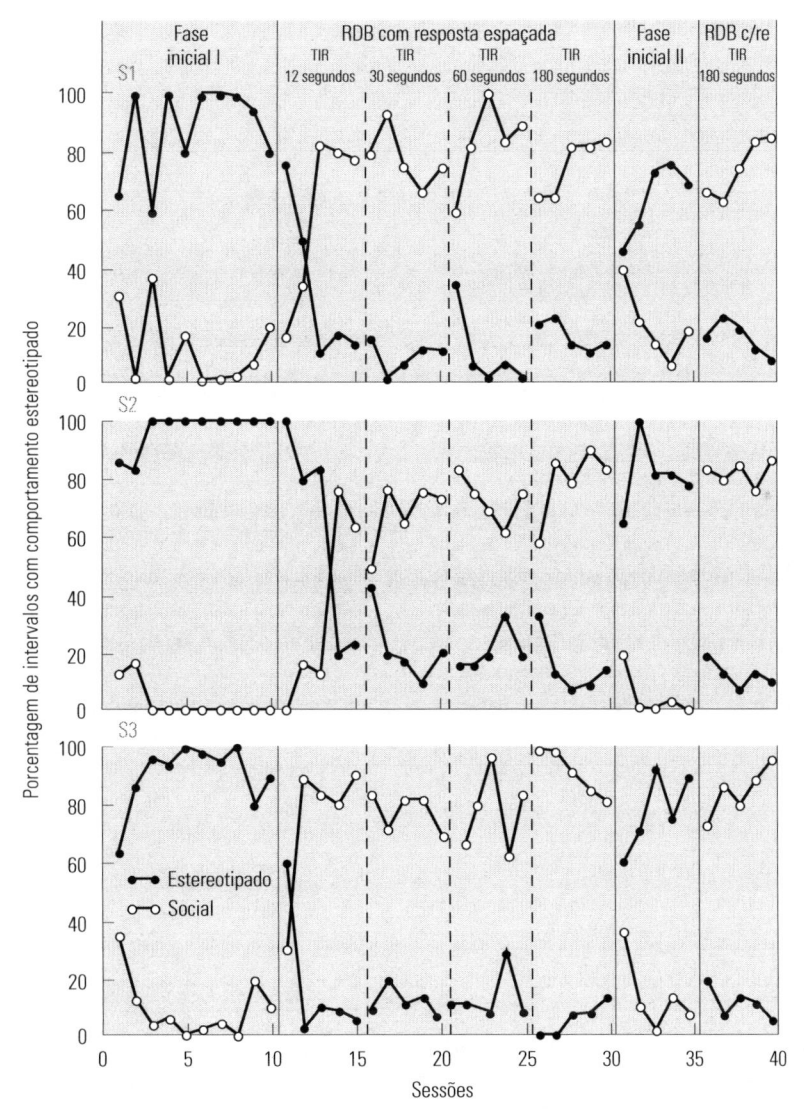

FIGURA 15-5 Este gráfico mostra os efeitos do reforço diferencial com respostas espaçadas no caso de baixas frequências de resposta (RDBR) do comportamento estereotipado de três adolescentes com deficiência intelectual. Após a fase inicial, o RDBR foi implementado e o tempo inter-respostas (TIR) foi aumentado gradualmente de 12 para 180 segundos. O comportamento estereotipado diminuiu quando o procedimento de RDBR foi implementado e permaneceu baixo em cada TIR. O gráfico também mostra que os comportamentos apropriados aumentaram à medida que o comportamento estereotipado diminuía. (Singh, N. N., Dawson, M. J. e Manning, P. Effects of spaced responding RDBR on the stereotyped behavior of profoundly retarded persons. *Journal of Applied Behavior Analysis*, v. 14, p. 521-526, 1981. Copyright © 1981 University of Kansas Press. Reimpresso com permissão do autor e do editor.)

> **Que forma de RDBR seria mais apropriada para diminuir o hábito de comer rápido demais?**
>
> O RDBR com resposta espaçada seria a forma mais apropriada porque se quer aumentar o tempo entre as mordidas/garfadas a fim de diminuir a frequência da alimentação. Você não quer que as pessoas diminuam as garfadas/mordidas (RDBR de sessão completa); quer apenas que decorra mais tempo entre as garfadas/mordidas.

Os pesquisadores observaram outras pessoas comendo e estabeleceram que 15 segundos era um tempo médio entre as garfadas/mordidas durante uma refeição (TIR) para aquelas pessoas. Eles implementaram o procedimento de RDBR sentando-se ao lado de cada indivíduo na hora das refeições e impedindo que ele desse uma mordida/garfada sem terem decorrido pelo menos 15 segundos depois da mordida/garfada anterior. Se esse tempo decorrido fosse de pelo menos 15 segundos, os experimentadores permitiriam a mordida/garfada. Para ajudar os indivíduos nesse procedimento de RDBR, os pesquisadores pediram que colocassem o utensílio de lado e as mãos sobre o colo entre cada mordida/garfada. Isso estabeleceu uma resposta competitiva que os ajudou a aguardarem 15 segundos entre cada ato. O procedimento de RDBR diminuiu a frequência da alimentação de todos os três indivíduos. No entanto, um deles ficou agressivo quando os experimentadores não o deixavam dar uma mordida/garfada. Neste caso, os pesquisadores acrescentaram um breve procedimento de definição de intervalo (veja o Capítulo 17) no qual se sentavam do outro lado da mesa e tiravam o prato cada vez que ele tentava dar uma mordida/garfada antes que o TIR atingisse 15 segundos. A adição da breve definição de intervalo permitiu que os pesquisadores implementassem o procedimento de RDBR com sucesso também com este indivíduo. É importante notar que ele nunca foi privado de comer; sempre terminava as refeições, pois o contrário seria antiético. Wright e Vollmer (2002) também demonstraram a eficácia do RDBR para diminuir o hábito de comer muito rápido de um adolescente com deficiência intelectual. Neste estudo, os autores utilizaram um RDBR ajustador em que o TIR aumentou gradualmente para 15 segundos.

RESUMO DO CAPÍTULO

1. O RDCA envolve reforçar um comportamento desejável e extinguir comportamentos indesejáveis que possam interferir com o comportamento desejável. Este deve estar ocorrendo pelo menos ocasionalmente, para que possa ser reforçado.
2. O RDO envolve reforçar a ausência do problema de comportamento ao longo de intervalos. Quando o problema de comportamento não ocorre no intervalo, o reforçador é apresentado e, quando ocorre o comportamento indesejado, o intervalo para reforço é redefinido. O RDBR envolve reforçar uma frequência menor do comportamento. O reforçador pode depender de menos de um número definido de respostas que ocorrem em um determinado período, ou o reforçador pode depender do comportamento quando decorrer um tempo inter-respostas especificado (TIR).
3. O RDCA deve ser utilizado quando você quiser aumentar a frequência de um comportamento desejável já existente. O RDO deve ser empregado quando se deseja eliminar um problema de comportamento. O RDBR pode ser utilizado quando se quer diminuir, mas não necessariamente eliminar, um comportamento-alvo.
4. O reforço está envolvido quando o comportamento alternativo (RDCA), a ausência do comportamento (RDO) ou uma frequência menor do comportamento (RDBR) é reforçado. A extinção é utilizada quando ocorre o problema de comportamento (RDCA e RDO) ou quando a taxa do comportamento excede o critério de reforço (RDBR).
5. O reforço negativo é utilizado no RDO ou RDCA quando a eliminação de um estímulo aversivo é o reforço para um comportamento alternativo (RDCA) ou o reforçador para a ausência do comportamento indesejado (RDO).

TERMOS-CHAVE

avaliação de preferência, 209
avaliação de estímulo único, 210
avaliação de estímulo associado, 210
avaliação de múltiplos estímulos, 210
avaliação reforçadora, 210
comportamento estereotipado, 222
estímulos múltiplos sem substituição (EMSS), 210
RDBR de sessão completa, 220

RDBR com intervalo, 221
RDBR com resposta espaçada, 221
RDO para todo o intervalo, 219
RDO momentâneo, 219
reforço diferencial de comunicação (RDC), 213
reforço diferencial de baixas taxas de resposta (RDBR), 220

reforço diferencial de outro comportamento (RDO), 215
reforço diferencial de comportamento alternativo (RDCA), 207
reforço diferencial de comportamento incompatível (RDCI), 212
tempo inter-resposta (TIR), 223
treinamento de comunicação funcional, 213

TESTE PRÁTICO

1. Defina o reforço diferencial de comportamento alternativo (RDCA).
2. Forneça um exemplo de RDCA que não esteja neste livro.
3. Quais são os dois princípios comportamentais envolvidos no reforço diferencial? Explique.
4. Quando é apropriado usar o RDCA?
5. Dê exemplo de uma situação em que você não usaria o RDCA.
6. Descreva três maneiras de identificar reforçadores para uma pessoa.
7. Ao usar o RDCA, em que ponto você usa um esquema de reforço contínuo? Por quê?
8. Ao usar o RDCA, em que ponto você usa um esquema de reforço intermitente? Por quê?
9. Qual é o princípio de Premack? Dê um exemplo.
10. O que é generalização? Como você programa para a generalização ao usar o RDCA?
11. Como o RDO difere do RDCA?
12. O que significa RDO? Descreva a implementação do procedimento de RDO.
13. Dê um exemplo de RDO.
14. Por que é importante usar a extinção para o problema de comportamento ao implementar o RDO?
15. Como você estabelece a duração do intervalo para reforço no procedimento de RDO? Dê um exemplo.
16. Ao implementar o RDO, o que você faz se o problema ocorrer antes do final do intervalo para o reforço?
17. Como um procedimento de RDO para todo intervalo é diferente de um procedimento de RDO momentâneo? Qual deles é preferível? Por quê?
18. O que significa RDBR? Quais são os dois tipos de procedimentos de RDBR?
19. Descreva a implementação do RDBR de sessão completa. Dê um exemplo.
20. Descreva a implementação do RDBR com resposta espaçada. Dê um exemplo.
21. Como o propósito do RDO difere daquele do RDBR?
22. Como a implementação do RDO difere da implementação do RDBR de resposta espaçada?
23. Ao implementar o procedimento de RDBR com resposta espaçada, o que você faz se o comportamento ocorrer antes do final do intervalo?

APLICAÇÕES

1. Descreva como você pode usar um dos três tipos de procedimentos de reforço diferenciado em seu projeto de autogestão para aumentar a frequência de seu comportamento-alvo ou diminuir um problema de comportamento. Se acredita que o reforço diferencial não é um procedimento apropriado para o seu projeto de autogestão, dê suas razões.
2. Sua amiga Betty sabe que você está fazendo uma aula de modificação do comportamento e lhe pede ajuda. Ela não está indo bem em seus cursos porque passa pouco tempo estudando. Todas as noites, após o jantar, ela gasta tempo com seus amigos, conversando, assistindo à TV, a vídeos e jogando. Ela quer seu conselho sobre como estudar mais à noite. Descreva como aplicaria o RDCA utilizando o princípio de Premack para ajudar Betty a estudar mais.
3. Você é membro da equipe que trabalha em um programa residencial para delinquentes juvenis. Um dos adolescentes do programa, Charles, odeia ser questionado sobre sua altura. (Ele é bem alto.) Sempre que outro adolescente o provoca, ele começa uma briga. Embora isso faça que a outra pessoa pare de provocá-lo, as brigas estão trazendo mais problemas para Charles e podem prolongar o tempo que ele deverá dedicar ao programa. Charles quer que você o ajude com seu problema de iniciar brigas. Considere o uso do RDCA. Responda às seguintes perguntas para ilustrar como usará o reforço diferencial.
    a. O que atualmente está reforçando as brigas de Charles? Esse reforço é positivo ou negativo?
    b. Com qual comportamento desejável você pedirá a Charles que se envolva para substituir as brigas?
    c. O que reforçará o comportamento desejável?
    d. Como você garantirá que o comportamento desejável será reforçado sempre que Charles exibir tal comportamento?
    e. Como você vai programar para a generalização a fim de garantir que Charles exiba o comportamento desejável sempre que ele for provocado?
4. Sua amiga Christina reclama que consome muita cafeína todos os dias. Ela calcula que bebe um total de dez xícaras de café ou latas de refrigerante. Não apenas seu hábito é caro, mas ela tem dificuldade em dormir à noite. Christina quer limitar o consumo de cafeína a um total combinado de quatro xícaras de café ou latas de refrigerante por dia. Descreva como você instruiria Christina a implementar um procedimento de RDBR de sessão completa para diminuir seu consumo diário de café e refrigerantes. Descreva como você instruiria Christina a implementar um procedimento de RDBR com resposta espaçada para limitar seu consumo diário de café e refrigerantes.
5. Os Jackson gostam de sair para jantar algumas noites por semana. No entanto, eles não vão com a frequência que gostariam porque seus filhos, Jimmy, de 4 anos, e Jane, de 5, costumam se comportar mal em restaurantes até que chegue a comida. As crianças brincam entre si, com a mesa, não ficam em suas cadeiras e reclamam por terem de esperar. Os pais costumam repreendê-los por seu comportamento inadequado, mas Jimmy e Jane se comportam bem apenas por um breve período e depois voltam a se comportar mal. Descreva o procedimento de RDO que você utilizaria com os Jackson para diminuir o mau comportamento de seus filhos em restaurantes.

APLICAÇÕES INCORRETAS

1. Elena foi procurar um conselheiro no Centro de Aconselhamento da Universidade porque estava tendo problemas em se adaptar à escola. O principal problema de Elena era que ela estava insegura consigo mesma e não sabia o que dizer para as pessoas que ela conhecia em festas ou outras reuniões. Em vez disso, ela dizia coisas que lhe pareciam estúpidas. O conselheiro decidiu utilizar o RDCA. Ele deixaria Elena praticar habilidades sociais apropriadas em dramatizações em suas sessões de aconselhamento e reforçaria as habilidades sociais de Elena com elogios e *feedback* positivo. Mas evitaria os elogios e o *feedback* positivo quando Elena agisse com insegurança ou dissesse coisas tolas, e forneceriam um *feedback* corretivo. Elena dramatizou estar conversando com pessoas como se estivesse em um refeitório. Depois de três sessões, ela aumentou suas habilidades sociais nas dramatizações. O conselheiro achou que Elena estava indo tão bem que não precisava mais participar e trabalhar em suas habilidades sociais. O conselheiro lhe desejou boa sorte e se despediu dela.
   a. Qual é o problema com o uso do RDCA neste exemplo?
   b. Descreva o que você teria feito de maneira diferente para tornar o RDCA mais eficaz

2. Jared estava animado em ensinar seu cão, Puff, a rolar. Seu vizinho havia ensinado seu cão a rolar, e Jared sabia que poderia usar o RDCA para ensinar Puff também, embora ele nunca tivesse visto Puff fazer isso antes. Sabendo que Puff adorava bacon, Jared fritou um pouco e cortou em pedaços para usar como reforçador. Ele então levou Puff para a sala e deu a ele o comando para rolar. Assim que Puff rolasse, ele daria um grande pedaço de bacon para reforçar esse comportamento. Ele então dizia o comando novamente e imediatamente lhe dava um pedaço de bacon quando ela rolava. Esta é uma aplicação apropriada do RDCA? Sim ou não? Por quê?

3. Lonnie, um menino de 5 anos, era filho único e morava com os pais. A mãe, que ficava em casa com Lonnie durante o dia, estava tendo problemas com seu mau comportamento. Ele choramingava com frequência, interrompia quando ela estava ocupada e exigia que ela brincasse com ele. Sua mãe respondia de várias maneiras; às vezes, brincava com ele, às vezes explicava que estava ocupada e, outras vezes, ignorava o comportamento inadequado. Ela descreveu o problema para o médico da família, que sugeriu o uso do RDO para diminuir o comportamento inadequado. O médico disse à mãe de Lonnie para apresentar um reforçador (elogios, atenção e um brinquedo) depois que Lonnie passasse duas horas sem mostrar o comportamento inadequado. Se Lonnie se comportasse mal, ela deveria ignorá-lo e esperar mais duas horas (RDO com intervalo), e então fornecer o reforçador se Lonnie não tivesse se comportado mal naquele novo intervalo. Qual é o problema com esse procedimento de RDO? Como você melhoraria isso?

4. Marva, uma mulher de 39 anos com deficiência intelectual grave, passou 23 anos morando em uma instituição estadual, onde ela começou a demonstrar comportamento estereotipado, com movimentos repetitivos do corpo. Marva se mudou para uma casa comunitária, onde continuava com o comportamento estereotipado. Sempre que não estava fazendo nenhuma atividade ou tarefa, ela se sentava em uma cadeira e ficava balançando para frente e para trás, ou levantava e se balançava de um pé para o outro. Marva passava a maior parte do tempo sozinha, longe das outras pessoas da casa comunitária. A equipe resolveu implementar um procedimento de RDO, segundo o qual elogiariam Marva cada vez que ela passasse 5 minutos sem balançar. Eles planejaram aumentar gradualmente o RDO com intervalo, à medida que o comportamento estereotipado diminuísse. Qual é o problema com esse procedimento de RDO? Como você poderia melhorá-lo?

Procedimentos de controle de antecedentes

16

> ➤ O que é um procedimento de controle de antecedentes?
>
> ➤ Como você pode influenciar um comportamento-alvo manipulando um estímulo discriminativo para o comportamento?
>
> ➤ O que é uma operação estabelecedora e como influencia um comportamento-alvo?
>
> ➤ Qual é o efeito do esforço de resposta em um comportamento-alvo?
>
> ➤ Quais são as três abordagens funcionais para a intervenção em um problema de comportamento?

Os procedimentos discutidos nos capítulos anteriores – avaliação funcional, extinção e reforço diferencial – são utilizados para aumentar comportamentos desejáveis e diminuir comportamentos indesejáveis. Procedimentos de avaliação funcional são utilizados para identificar os antecedentes e as consequências que mantêm os comportamentos-alvo desejáveis e indesejáveis. Com procedimentos de extinção, o reforçador para um comportamento indesejável é removido; com procedimentos de reforço diferencial, reforços são fornecidos para comportamentos desejáveis alternativos, para a ausência do problema de comportamento ou para uma frequência menor do comportamento problemático. Nos **procedimentos de controle de antecedentes** (também chamados de manipulações de antecedentes), os estímulos antecedentes são manipulados para evocar comportamentos desejáveis, de modo que possam ser reforçados diferencialmente, e para diminuir comportamentos indesejáveis que interferem nos comportamentos desejáveis.

Exemplos de controle de antecedentes

Como fazer Marianne estudar mais

Marianne estava no meio do primeiro semestre da faculdade. Como estava tirando somente notas D e F na maioria dos cursos, ela foi ao centro de aconselhamento para obter ajuda. Enquanto conversava com o conselheiro, ficou claro que ela não estava estudando o suficiente. A única vez que Marianne estudou foi na noite anterior a um teste. Ela tinha muitos amigos no dormitório e, em vez de estudar, assistiam à TV à noite ou iam a festas ou passavam horas conversando. Toda vez que Marianne começava a estudar, ela parava e se envolvia em alguma atividade divertida com seus amigos. Como resultado, entrava em pânico quando tinha que fazer testes e ficava acordada à noite toda estudando e tentando recuperar o atraso. O conselheiro decidiu que procedimentos de controle de antecedentes ajudariam Marianne a estudar mais. Juntos, Marianne e o conselheiro decidiram o seguinte plano.

1. Marianne identificou quais seriam as duas horas diárias que funcionariam melhor para estudar, e anotou as duas horas em sua agenda para cada dia da semana.

2. Decidiu estudar na biblioteca. Por se distrair com frequência com seus amigos no dormitório, sabia que tinha que estudar em outro local se quisesse ter sucesso. Ela escolheu a biblioteca porque suas aulas ocorriam perto dali e seus amigos nunca foram à biblioteca.
3. Descobriu uma amiga que estudava todos os dias, ligou para ela e planejou sessões de estudo pelo menos alguns dias por semana.
4. Passou a anotar sua programação de estudos em uma folha de papel e a colocava na porta do quarto no início de cada semana. Ela disse a suas amigas que pretendia estudar nessas horas e pediu que não a incomodassem.
5. Habituou-se a manter os livros na mochila para poder estudar sempre que tivesse algum tempo livre (por exemplo, se uma aula fosse cancelada ou entre as aulas).
6. Anotou os horários de todos os testes e tarefas em um calendário em seu quarto. Todas as noites, ela tirava do calendário a folha referente àquele dia para poder ver o quanto estava perto de um teste ou tarefa.
7. Fez um acordo por escrito com o conselheiro, no qual se comprometia a se dedicar às horas de estudo que havia programado.

Os sete passos ajudaram Marianne a estudar com mais frequência. Cada etapa envolveu manipular um antecedente para estudar ou manipular um antecedente de comportamentos concorrentes que interferissem no estudo. Considere outro exemplo.

Como fazer Cal comer direito

Cal estava interessado em melhorar sua dieta. Ele queria comer carboidratos mais complexos, vegetais, frutas e alimentos ricos em fibras. Atualmente, estava comendo muitos alimentos ricos em gordura e açúcar, e pobres em fibras (como batatas fritas, doces, biscoitos e refrigerantes). Cal adotou uma série de etapas para tornar mais provável seguir sua dieta e comer alimentos saudáveis.

> **?** *Identifique as etapas que você acredita que Cal pode adotar para tornar mais provável comer alimentos saudáveis.*

1. Jogou fora todos os alimentos pouco saudáveis que tinha em seu apartamento e no trabalho.
2. Ele passou a fazer compras apenas com o estômago cheio, assim não se sentia tentado a comprar alimentos rápidos, pouco saudáveis.
3. Fez uma lista de alimentos saudáveis para comprar e nunca comprou nada além.
4. Passou a preparar um almoço saudável todos os dias e o levava para o trabalho, assim não comeria salgadinhos ou lanches na hora do almoço.
5. Nunca tinha dinheiro trocado em seu bolso quando ia trabalhar, e desse modo, não podia comprar nenhum salgadinho ou alimento semelhante em máquinas de venda automática.
6. Comprou várias frutas e lanches saudáveis e os tinha à mão em casa para substituir os pouco saudáveis que costumava comer.
7. Disse ao companheiro de quarto e à namorada que comeria apenas alimentos saudáveis e pediu-lhes que o lembrasse, caso o vissem comendo alimentos não saudáveis.
8. Comprou um livro de receitas feitas com alimentos saudáveis para aprender a cozinhar pratos saudáveis e saborosos.
9. Fez um gráfico no qual podia registrar o número de dias a cada mês que em ele comia apenas alimentos saudáveis. Afixou o gráfico na geladeira, onde ele, o colega de quarto e a namorada pudessem vê-lo todos os dias.

Ao fazer essas nove mudanças radicais, Cal conseguiu modificar as condições antecedentes que contribuíam para seu comportamento alimentar. As mudanças tornavam mais provável que ele comesse alimentos saudáveis, em substituição aos alimentos prejudiciais à saúde.

Definição dos procedimentos de controle de antecedentes

Comportamentos desejáveis e comportamentos indesejáveis (problemáticos) são vistos em uma estrutura de respostas competitivas. Conforme você aprendeu no Capítulo 15, se reforçar o comportamento desejável e não reforçar o indesejável, é mais provável que o comportamento desejável aconteça e menos provável que o indesejável ocorra. Procedimentos de controle precedentes seguem a mesma abordagem; envolvem a manipulação de algum aspecto do ambiente físico ou social para tornar mais provável o comportamento desejável ou tornar menos provável um comportamento indesejável concorrente. Em outras palavras, os procedimentos de controle de antecedentes são utilizados para evocar comportamentos desejáveis e evitar comportamentos indesejáveis. Seis procedimentos de controle de antecedentes diferentes são descritos aqui.

Apresentar o estímulo discriminativo (E^D) ou indicações do comportamento desejado

Uma razão pela qual um comportamento desejável pode não ocorrer com frequência é que os estímulos discriminativos (E^D) para o comportamento não estão presentes no ambiente da pessoa. Por exemplo, o E^D para comer alimentos saudáveis é a presença de alimentos saudáveis na cozinha ou na lancheira ou marmita da pessoa. Se não houver alimentos saudáveis presentes, a probabilidade de comer esses alimentos será menor; se estiverem presentes e prontamente disponíveis, é mais provável que a pessoa os consuma.

> *Para aumentar a probabilidade de ele ingerir alimentos saudáveis, Cal apresentou E^D apropriados. Quais eram?*

Cal comprou alimentos saudáveis e os manteve disponíveis em sua cozinha. Ele também passou a preparar um almoço saudável todos os dias, que levava para o trabalho. Como resultado, era mais provável que comesse alimentos saudáveis. Cal também apresentou indicações para o comportamento apropriado. Isto é, ele organizou estímulos ou incitações para evocar o comportamento desejável.

> *Que indicações Cal apresentou para aumentar a probabilidade de comer alimentos saudáveis?*

Cal fez uma lista de alimentos saudáveis que ele iria comprar. A lista era uma sugestão (uma incitação de estímulo) para a compra desses alimentos. Cal pediu ao companheiro de quarto e à namorada para lembrá-lo de comer alimentos saudáveis. Seus lembretes eram sugestões (incitações de resposta) para comer esse tipo de alimento. Cal fez um gráfico afixou na geladeira. O gráfico era um lembrete (uma incitação de estímulo) para ele se alimentar corretamente. Cada vez que visualizava o gráfico, esse estímulo levava-o a comer alimentos saudáveis.

> *Na tentativa de Marianne melhorar o desempenho nos estudos, quais E^D e indicações ela apresentou?*

O E^D para estudar é uma escrivaninha ou mesa em um local tranquilo com livros ou anotações disponíveis. Quando Marianne está em uma mesa sozinha com seus livros, fica mais propensa a estudar. Ela providenciou que este E^D estivesse presente indo à biblioteca e mantendo os livros na mochila (Figura 16-1). Marianne adotou várias etapas para apresentar indicações do comportamento de estudar. Anotar o horário de estudo planejado todos os dias na agenda é um estímulo. Postar seu cronograma de estudo também é um estímulo: quando ela vê o cronograma, sugere (lembra) que

FIGURA 16-1 Marianne apresentou o estímulo discriminativo (E^D) para estudar e eliminou os E^D do comportamento concorrente (TV, conversas, festas) indo à biblioteca com seus livros.

ela deve estudar. Por fim, se programar para estudar com um amigo configura uma incitação de resposta que torna o estudo mais provável. O amigo irá até o quarto de Marianne ou irá encontrá-la no local de estudo, e esta será uma sugestão para Marianne estudar.

Ao considerar o uso de procedimentos de controle de antecedentes para aumentar um comportamento, pergunte a si mesmo que circunstâncias ou condições de estímulo você poderia organizar que teriam o controle de estímulo sobre o comportamento. *Ao apresentar o E^D ou sugestões para o comportamento, você está organizando as condições corretas para que o comportamento ocorra.* Como é possível ver nos exemplos, você organiza o E^D ou sugestões para o comportamento alterando algum aspecto do ambiente físico ou social. Considere outro exemplo de organizar um E^D para um comportamento desejável que deve competir com um comportamento indesejável.

Tony muitas vezes brigava na escola quando supunha que alguém estivesse insultando-o. Por causa do hábito de brigar, ele estava participando de um grupo de controle da raiva com outros estudantes do ensino médio que também costumavam brigar. Os alunos estavam aprendendo habilidades para responder de forma assertiva a provocações e se afastar de situações em que uma briga provavelmente ocorreria. Como parte do programa de treinamento, os alunos aprenderam a orientar uns aos outros para sair fora quando percebiam um conflito em desenvolvimento. Quando o amigo de Tony, Raphael, o viu se envolver em um conflito, disse a ele: "Vá embora agora!". Essa sugestão levou Tony a ir com Raphael em vez de brigar. Assim que saíram da situação de conflito, se elogiaram mutuamente por ter evitado uma briga e discutiram a situação na reunião seguinte do grupo. A sugestão de Raphael tinha um controle de estímulo sobre o comportamento alternativo de Tony, de ir embora. O comportamento alternativo foi então reforçado imediatamente por Rafael e depois pelo conselheiro, que orientava o grupo de controle da raiva.

Como organizar o estabelecimento de operações para o comportamento desejável

Como já discutido, uma operação estabelecedora é um evento ambiental ou condição biológica que aumenta o valor de um estímulo como reforçador. Quando uma operação estabelecedora está presente, o comportamento que resulta neste reforçador é evocado (isto é, é mais provável que ocorra). Por exemplo, correr 5 quilômetros e transpirar bastante é uma operação estabelecedora que torna a água mais reforçadora e, portanto, fortalece o comportamento de querer beber água. Ficar sem comida por um dia é uma operação que torna os alimentos mais reforçadores e, portanto, evoca o comportamento de querer comer. Uma maneira de tornar um comportamento desejável mais provável de ocorrer é organizar uma operação estabelecedora para o resultado deste comportamento. Se você puder aumentar o valor reforçador da consequência de um comportamento, aumentará a probabilidade de o comportamento ocorrer.

Quando Cal comprou um livro de receitas para preparar refeições saudáveis, ele estava tornando mais provável cozinhar alimentos saborosos. Ao comprar e usar o livro de receitas, Cal aumentou o valor reforçador dos alimentos saudáveis e a probabilidade de comer alimentos saudáveis.

Como Marianne organizou uma operação estabelecedora para estudar?

Marianne tomou duas atitudes que tornaram o estudo mais reforçador. Primeiro, ela colocou sua agenda de testes em um calendário e riscava cada dia que passava. Verificar o dia dos testes se aproximar no calendário tornou o estudo mais reforçador. Você pode supor que perceber que o dia do teste cada vez mais perto poderia causar uma sensação desagradável (sentir ansiedade, pensar na possibilidade de fracassar no teste) e que o estudo eliminava esse estado desagradável. Portanto, o estudo foi reforçado negativamente. No entanto, se sentir ansioso e ter pensamentos desagradáveis de fracasso são comportamentos particulares (Skinner, 1974). Mesmo que uma pessoa possa relatar esses comportamentos particulares, não podem ser observados por outra pessoa; portanto, só podemos formular hipóteses sobre a finalidade de tornar o estudo mais reforçador. O Capítulo 25 discute o papel dos pensamentos e sentimentos na modificação do comportamento

Em segundo lugar, Marianne fez um contrato com o conselheiro que estabelecia estudar duas horas por dia. O contrato tornou o estudo mais reforçador para que obtivesse a aprovação de seu conselheiro caso conseguisse estudar as duas horas por dia. Também podemos supor que o contrato criou um estado aversivo (se sentir ansiosa com a possibilidade de não conseguir estudar, pensar na desaprovação do conselheiro por não estudar) que poderia ser removido estudando todos os dias. Portanto, estudar duas horas por dia seria reforçado negativamente pela fuga ou evitação do estado aversivo criado pelo contrato (Malott, 1989; Malott, Malott e Trojan, 2000).

Considere outro exemplo. Você quer ensinar certa habilidade para uma criança autista pequena, e utiliza mordidas/garfadas na comida como um reforçador. O treinamento será muito mais eficaz antes do almoço do que depois, porque a comida será mais reforçadora antes. Você está utilizando uma operação estabelecedora que ocorre naturalmente (a privação de alimento que precede uma refeição) para aumentar a probabilidade de ocorrer um comportamento desejável durante o treinamento (Vollmer e Iwata, 1991).

Considere outro exemplo de como pode tornar menos provável um comportamento indesejável organizando uma operação estabelecedora para um comportamento competitivo desejável.

Matt, adolescente de 13 anos com deficiência intelectual leve, tem se envolvido em problemas comportamentais à noite, por volta das 23 horas, quando os pais dizem que ele deve ir dormir para acordar cedo e ir para a escola no dia seguinte. Quando os pais pedem que se prepare para dormir, ele discute de modo agressivo, continua a assistir à TV, e não vai para a cama até depois de 1 da manhã. Como fica acordado até tarde, tem dificuldade em se levantar cedo para ir à escola na manhã seguinte. Além disso, ele tira um cochilo de 2 a 3 horas todas as tardes assim que chega da escola. Como resultado, Matt não está cansado na hora de dormir e tem mais probabilidade de se engajar no comportamento problemático e se recusar a ir para a cama.

> *Como os pais poderiam criar uma operação estabelecedora para tornar mais reforçadora a consequência do comportamento alternativo (ir para a cama na hora certa)?*

Para aumentar a probabilidade do comportamento alternativo, os pais começam a impedi-lo de dormir depois da escola, ocupando-o com atividades até a hora do jantar. Impedi-lo de tirar uma soneca o deixa mais cansado na hora de dormir e cria uma operação estabelecedora que aumenta o valor reforçador do sono, tornando mais provável que ele se engaje no comportamento desejável de ir dormir às 23 horas.

Manipulações de antecedentes que evocam uma resposta desejada

- Apresentar o E^D ou estímulos suplementares (sugestões) que tenham controle de estímulo sobre o comportamento desejado.
- Organizar uma operação estabelecedora de modo que a consequência do comportamento desejável seja mais reforçadora.
- Diminuir o esforço de resposta para o comportamento desejável.

Diminuição do esforço de resposta para o comportamento desejável

Outra estratégia para tornar um comportamento desejável mais provável é estabelecer condições antecedentes, de modo que menos esforço seja necessário para se engajar no comportamento. Comportamentos que exigem menos esforço são mais prováveis de ocorrer do que os comportamentos que exigem mais esforço, se ambos resultarem em reforçadores bastante iguais. Se você gostar igualmente de Coca-Cola e Pepsi, é muito mais provável que beba uma Pepsi que está em sua geladeira geladeira do que vá comprar Coca-Cola. Você escolhe o comportamento que exige menos esforço de resposta.

> *Como Cal diminuiu o esforço de resposta para aumentar a probabilidade de ele comer alimentos saudáveis?*

Ao manter a disponibilidade de alimentos saudáveis em casa e livrando-se das comidas pouco saudáveis, ele tornou mais fácil o consumo de alimentos saudáveis do que dos outros pouco saudáveis; comer alimentos saudáveis exigia menos esforço de resposta. Ao fazer o almoço e levá-lo para o trabalho, ele facilitou o consumo de alimentos saudáveis. Seria necessário mais esforço de resposta para ir a um restaurante (até mesmo um *fast-food*) do que comer o almoço que ele levou.

> *Como Marianne diminuiu o esforço de resposta para tornar mais provável que ela estudasse com mais frequência?*

Ao carregar seus livros na mochila, Marianne tinha acesso fácil a eles; poderia pegá-los e estudar onde a oportunidade surgisse. Se ela tivesse mantido os livros em seu dormitório, seria preciso muito mais esforço de resposta para ir buscar os livros.

Considere outro exemplo de como você pode tornar menos provável um comportamento indesejável, diminuindo o esforço de resposta para um comportamento alternativo desejável. Para diminuir a poluição, os administradores de uma cidade queriam diminuir o número de carros que circulavam. A pesquisa mostrou que a maioria dos carros na rodovia interestadual na hora do *rush* levava apenas uma pessoa. As autoridades queriam diminuir o número de pessoas dirigindo sozinhas em seus carros, aumentando o comportamento alternativo de dar carona. Os motoristas frequentemente evitam a carona por causa do esforço envolvido; portanto, para aumentar as caronas, os funcionários decidiram facilitar a tarefa (diminuindo o esforço de resposta). Em cada saída da rodovia interestadual, a administração municipal construiu estacionamentos onde as pessoas pudessem deixar seus carros e pegar carona.

A administração sinalizou uma faixa da rodovia interestadual para carros com pelo menos três pessoas, dois passageiros e o motorista. Os carros naquela pista poderiam evitar grande parte do tráfego nas outras três pistas, facilitando a ida ao trabalho. Depois de implementar essas medidas para reduzir o esforço de resposta envolvido na carona solidária, os funcionários municipais descobriram que o número de carros com pessoas dirigindo sozinhas diminuiu e o número com vários passageiros aumentou.

Como vimos, existem várias maneiras de usar o controle de antecedentes para aumentar a probabilidade de ocorrer um comportamento desejável.

- Você pode apresentar o E^D ou organizar as sugestões para o comportamento desejável.
- Você pode organizar uma operação estabelecedora que tornará o resultado do comportamento mais reforçador, de modo que tenha maior probabilidade de ele ocorrer.
- Você pode manipular condições antecedentes que diminuem o esforço de resposta para que o comportamento desejável seja mais provável de ocorrer.

Essas três estratégias enfocam a manipulação de antecedentes ao comportamento desejável. Podem ser utilizadas individualmente ou em combinação. No entanto, os procedimentos de controle de antecedentes devem sempre ser empregados em conjunto com o reforço diferencial que fortalecerá o comportamento desejável, uma vez que ocorra.

Às vezes, um comportamento não é tão frequente quanto o desejado, porque um comportamento concorrente indesejável interfere nele. Comportamentos competitivos são operantes concorrentes reforçados em esquemas de reforço concorrentes. Marianne não estudava com frequência porque assistia à TV, ia a festas e conversava com as amigas. Esses são todos comportamentos concorrentes e altamente reforçadores. Impediam que Marianne estudasse porque não podia fazer as duas coisas ao mesmo tempo. Quando Cal comia batatas fritas, *donuts* e *cheeseburgers* gordurosos, ele se envolvia em comportamentos competitivos que interferiam na ingestão de alimentos saudáveis. Uma forma de tornar mais provável um comportamento desejável é tornar menos provável a ocorrência de comportamentos concorrentes indesejáveis. Vários procedimentos de controle de antecedentes podem ser usados para diminuir a probabilidade de ocorrência de comportamentos competitivos indesejáveis.

Remoção do estímulo discriminativo ou de sugestões para comportamentos indesejáveis

Uma maneira de diminuir a probabilidade de um comportamento indesejável é remover as condições antecedentes que têm controle de estímulo sobre ele. Se o E^D ou sugestões para um comportamento indesejável não estiverem presentes, é menos provável que a pessoa se engaje no comportamento.

> *Em suas tentativas de comer alimentos mais saudáveis, como Cal removeu o E^D ou sugestões para comportamentos competitivos indesejáveis?*

A presença de alimentos não saudáveis é um E^D para comê-los. Isto é, se as comidas pouco saudáveis estiverem disponíveis, Cal estará mais propenso a comê-las. Ele removeu o E^D para ingerir alimentos não saudáveis, livrando-se de todos os que haviam em seu apartamento. Além disso, Cal parou de levar dinheiro trocado no bolso quando ia trabalhar, caso contrário, era mais provável que pegasse *junk foods* em máquinas de venda automática. Por não levar dinheiro trocado, se tornou menos provável que se engajasse nesse comportamento competitivo e mais que ele comesse os alimentos saudáveis que levava já preparados.

> *Em sua estratégia para estudar mais, como Marianne removeu o E^D ou pistas para o comportamento indesejável concorrente?*

A presença dos amigos é um E^D para conversar ou ir a festas. A TV é um E^D para assistir à TV. A fim de remover os E^D para esses comportamentos concorrentes, Marianne foi estudar na biblioteca, onde não há TV e não há amigos por perto para distraí-la. Além disso, ao divulgar o horário de estudo e pedir aos amigos que a deixassem sozinha nesses horários, Marianne retirou os E^D para o comportamento concorrente e, assim, se tornou mais provável que estudasse naqueles horários.

Considere outro exemplo. Vicki, estudante em uma classe de ensino fundamental, geralmente se envolve em comportamento inadequado (como cuspir e fazer barulhos engraçados) quando se senta no fundo da sala, perto de Wanda, que ri e presta atenção a seu comportamento. A presença de Wanda próxima de Vicki na sala é um E^D, porque Wanda reforça esse comportamento quando ocorre e o professor não consegue ver Vicki se engajando no comportamento.

> *Se você fosse o professor, neste caso, como eliminaria o E^D ou as sugestões para o comportamento de Vicki?*

Uma estratégia seria colocar Vicki na frente da classe, longe de Wanda, assim ela não poderia mais prestar atenção como um reforço para o problema de comportamento. Nesse caso, Wanda não estaria presente como um E^D do comportamento inadequado. Além disso, Vicki estaria mais próxima da professora, que é um E^D para prestar atenção na aula e fazer as tarefas (Figura 16-2).

FIGURA 16-2 Vicki começa a apresentar comportamento inadequado quando está sentada no fundo da sala de aula, perto de Wanda. A professora remove os E^D para o comportamento inadequado, colocando Vicki na frente da classe, longe de Wanda. Como resultado, o comportamento inadequado dela diminui.

Como apresentar operações de supressão para comportamentos indesejáveis

Se puder tornar o resultado do comportamento indesejável menos reforçador, será menos provável que se engaje neste comportamento e, portanto, terá maior probabilidade de adotar o comportamento desejável. Você pode fazer isso apresentando uma operação abolidora (ou eliminando uma operação estabelecedora) para o reforçador. Isso nem sempre é possível, mas, em alguns casos, é uma estratégia útil.

Cal utilizou essa estratégia para diminuir a probabilidade de comprar comida não saudável e aumentar a probabilidade de comprar alimentos saudáveis. Antes de ir fazer compras, ele se alimentava, para evitar ir até o mercado com sensação de fome. Desse modo, os alimentos não saudáveis eram menos reforçados quando ele fazia as compras, e era menos provável que os comprasse. Se fosse fazer compras quando estivesse com fome estaria mais propenso a consumir lanches e outros alimentos (alimentos não saudáveis), que estão em destaque nas lojas (como E^D para comprá-los) e prontos para consumo. Além disso, o açúcar, o sal e a gordura, ingredientes de muitos desses alimentos, são altamente reforçadores para pessoas com fome. Ao apresentar a operação abolidora, Cal estava menos propenso a comprar esse tipo de alimento e mais propenso a comprar os alimentos saudáveis de sua lista. Comer antes de ir fazer compras garantiu que a lista produzisse maior controle de estímulo sobre o comportamento do que a visão de outras comidas no mercado. Faça uma experiência consigo: faça compras de mercado quando estiver com muita fome e verifique se compra (ou se é tentado a comprar) alimentos diferentes do que quando não está com fome.

Considere outro exemplo. Millea geralmente vai para casa na hora do almoço e corre de 6 a 7 quilômetros, como exercício. Recentemente, no entanto, ela tem ficado acordada até tarde da noite, assistindo à TV. Como resultado, se sente cansada quando vai para casa na hora do almoço e tira uma soneca em vez de correr.

> *Para tornar menos provável que ela tirasse um cochilo e mais provável que fosse correr, Millea poderia apresentar uma operação abolidora do cochilo. Como ela faria isso?*

Qual é o reforçador do comportamento competitivo de tirar um cochilo? O reforçador é o sono. Qual é a operação estabelecedora que torna o sono mais reforçador em determinado momento? Ficar sem dormir na noite anterior e se sentir cansado é uma operação estabelecedora que torna o sono mais reforçador. Como alternativa, dormir bastante na noite anterior é uma operação abolidora que torna o sono menos reforçador no dia seguinte. Então, como Millea pode apresentar a operação abolidora para o sono? Ela vai dormir em um horário razoável na noite anterior para não ficar com sono depois. Ao fazer isso, o sono não se mostra tão reforçador na hora do almoço, portanto, é menos provável que Millea cochile e é mais provável que vá correr. Millea também poderia eliminar o E^D do comportamento concorrente, ao começar a correr na academia próxima de seu escritório. Assim, ela nunca estará perto de sua cama (o E^D para dormir) na hora do almoço, e o comportamento concorrente não poderá acontecer tão facilmente. (Ela provavelmente não vai tirar um cochilo no vestiário da academia.)

Manipulações de antecedentes que tornam menos prováveis respostas indesejáveis concorrentes

- Remover o E^D ou sugestões para os comportamentos concorrentes.
- Apresentar uma operação abolidora para o resultado dos comportamentos concorrentes.
- Aumentar o esforço de resposta para os comportamentos concorrentes.

Aumento do esforço de resposta para comportamentos indesejáveis

Outra estratégia para diminuir a probabilidade de um comportamento concorrente indesejável é aumentar o esforço de resposta para o comportamento. Se os comportamentos concorrentes exigirem mais esforço, é menos provável que interfiram no comportamento desejável. Ao ir à academia para correr no período do almoço, Millea aumenta o esforço que seria necessário para tirar a soneca: ela teria de entrar no carro e dirigir até sua casa para poder cochilar. Por esse motivo, ela provavelmente não vai cochilar e estará mais propensa a correr na hora do almoço. Como se pode ver, ir até a academia removeu o E^D para o cochilo e aumentou o respectivo esforço de resposta.

> **Nas estratégia para estudar mais, como Marianne aumentou o esforço de resposta para o comportamento competitivo?**

Ao ir à biblioteca para estudar, Marianne dificultou a possibilidade de conversar e assistir à TV com as amigas. Para iniciar o comportamento concorrente, ela teria de pegar seus livros e voltar para o dormitório, o que requer esforço. Quando estudava no quarto, era preciso pouco esforço para deixar de estudar e ficar conversando ou ligar a TV. Ir à biblioteca atendeu a duas funções. Removeu o E^D para o comportamento indesejável concorrente e aumentou o esforço de resposta para iniciar o comportamento concorrente.

> **Nas tentativas de comer comida mais saudável, como Cal aumentou o esforço de resposta do comportamento competitivo?**

Cal se livrou de todos os alimentos não saudáveis em seu apartamento e, desse modo, aumentou o esforço de resposta para consumir esse tipo de alimento. Considerando que antes podia simplesmente entrar na cozinha e pegar qualquer alimento pouco saudável, agora ele precisava ir até uma loja para comprar salgadinho, por exemplo. Portanto, ele ficou mais propenso a comer o que tinha em casa (alimentos saudáveis) do que a procurar pelos não saudáveis. Além disso, por não mais carregar dinheiro, Cal aumentou o esforço de resposta para comer alimentos pouco saudáveis, porque ele teria de encontrar algum trocado para poder usar a máquina de venda automática. Se pedisse aos colegas de trabalho para recusarem seus pedidos por dinheiro trocado, aumentaria ainda mais o esforço de resposta. Como se pode ver, livrar-se dos alimentos não saudáveis em casa e não carregar dinheiro trocado teve duas funções: remover os E^D pelo comportamento competitivo de consumir alimentos pouco saudáveis e aumentar o esforço de resposta para o comportamento concorrente. Considere outro exemplo.

Ginny começou a fumar desde que concluiu o ensino médio. Agora, já casada, com filhos na escola, ela decidiu que devia parar de fumar ou pelo menos reduzir o número de cigarros que fumava por dia. Ela estava tentando mascar chiclete de nicotina como um comportamento alternativo para o hábito de fumar cigarros. Ginny ficava em casa durante o dia. O marido dela ia de carro para o trabalho e as crianças caminhavam até a escola do bairro. Ginny criou um plano que a ajudasse a diminuir o número de cigarros que fumava. Todos os dias, antes de as crianças irem à escola às 8 horas, ela pedia que um deles escondesse o maço de cigarros em algum lugar da casa. Ela tinha bastante chiclete de nicotina mas apenas um maço de cigarros em casa de cada vez. Como resultado, quando as crianças iam para a escola, Ginny não conseguia fumar, a menos que procurasse pela casa toda para encontrar o maço de cigarros ou fosse até a loja para comprar outro. No entanto, a goma de nicotina estava prontamente disponível. Essa estratégia aumentou muito o esforço de resposta envolvido com o hábito de fumar em relação ao esforço de resposta em mastigar a goma de nicotina e, como resultado, diminuiu o número de cigarros que fumava por dia.

Como você viu, é possível implementar três estratégias de controle de antecedentes para diminuir a probabilidade de que respostas competitivas indesejáveis interfiram nos comportamentos desejáveis.

- Pode remover o E^D ou sugestões para os comportamentos indesejáveis.
- Pode apresentar uma operação abolidora para comportamentos indesejáveis.
- Pode aumentar o esforço de resposta para os comportamentos indesejáveis.

Pesquisa sobre estratégias de controle de antecedentes

Pesquisas demonstraram que as estratégias de controle de antecedentes são eficazes para aumentar e diminuir uma variedade de comportamentos. Vários estudos avaliaram estratégias nas quais são apresentados E^D ou sugestões para o comportamento desejável.

Manipulação do estímulo discriminativo

O'Neill, Blanck e Joyner (1980) implementaram um procedimento de controle de antecedentes para aumentar o uso de lixeiras e diminuir o lixo espalhado durante jogos de futebol universitário. Eles modificaram uma lixeira colocando uma cobertura sobre ela similar aos chapéus usados por muitos dos fãs de futebol da universidade. Além disso, quando alguém empurrava a cobertura sobre a lixeira, um dispositivo mecânico levantava a tampa e exibia a palavra *Obrigado*. A modificação da lata de lixo era uma sugestão (incitação de estímulo) para colocar o lixo na lixeira. Os torcedores passaram a colocar mais que o dobro de lixo na lixeira modificada do que na lixeira não modificada.

Pesquisadores demonstraram que os procedimentos de controle de antecedentes podem levar a aumento nas atividades recreativas e interações sociais em idosos em uma casa de repouso ou enfermaria de hospital. McClannahan e Risley (1975) descobriram que os residentes de uma casa de repouso não passavam muito tempo envolvidos em atividades recreativas, embora as atividades estivessem prontamente disponíveis. Para aumentar a participação, um líder de atividade dava aos residentes alguns materiais recreativos ou os induzia a participar de algumas atividades recreativas sempre que estivessem em uma área de lazer. O uso dessas sugestões de participação resultou em um grande aumento nas atividades recreativas entre os residentes.

Em estudo semelhante, Melin e Gotestam (1981) reorganizaram os móveis na sala de café de um hospital para aumentar as interações sociais entre idosos com demência ou esquizofrenia. Quando a mobília foi organizada para facilitar a conversa, os contatos sociais entre os residentes aumentaram muito (Figura 16-3).

Outros pesquisadores mostraram que procedimentos de controle de antecedentes podem ser utilizados para aumentar o uso do cinto de segurança (Barker, Bailey e Lee, 2004; Clayton, Helms e Simpson, 2006; Cox, Cox e Cox, 2005; Gras et al., 2003). Rogers e colaboradores (Rogers et al., 1988) usaram sugestões para aumentar o uso do cinto de segurança por funcionários de administrações estaduais quando dirigiam veículos de propriedade delas. Um adesivo que advertia o motorista sobre o uso do cinto de segurança estava afixado no painel de cada veículo com um aviso de que poderia haver uma redução na cobertura do seguro se o motorista sofresse um acidente sem estar usando o cinto. Além disso, cada motorista teve de ler um memorando que descrevia o regulamento sobre o uso obrigatório de cintos de segurança em veículos da administração. Rogers demonstrou um grande aumento no número de funcionários que faziam uso do cinto quando o procedimento de controle de antecedente foi introduzido (Figura 16-4). Outros pesquisadores (Berry e Geller, 1991) mostraram que o uso de sugestões, como sinais auditivos ou visuais no carro, pode resultar em aumento no uso do cinto de segurança.

Green, Hardison e Greene (1984) utilizaram procedimentos de controle de antecedentes para enriquecer as interações entre os membros da família quando estas comiam em restaurantes familiares. O objetivo do estudo foi evocar conversas significativas entre crianças pré-escolares e os pais enquanto esperavam pela comida. Os pesquisadores acreditavam que as crianças teriam menos probabilidade de se entediar ou de se envolver em comportamentos inadequados se tivessem conversas interessantes com os pais. Além disso, as conversas no momento das refeições podem ser educativas para as crianças pré-escolares. Os pesquisadores utilizaram esteiras educativas na tentativa de dar sugestões para conversas entre os membros da família.

As esteiras educativas incluíam fotos, atividades e perguntas para gerar assuntos de conversas que seriam interessantes para as crianças pré-escolares e os pais. Esteiras educativas foram colocadas na mesa à frente de cada membro da família. Green e colaboradores descobriram que as conversas familiares aumentavam quando os cartões eram utilizados.

Em cada estudo descrito aqui, os pesquisadores manipularam algum estímulo ou evento antecedente para aumentar a probabilidade de que um comportamento desejável ocorresse nas circunstâncias apropriadas. Nesses estudos, a manipulação antecedente envolveu uma mudança no ambiente físico ou social.

Manipulação do esforço de resposta

Pesquisadores investigaram uma variedade de procedimentos que envolvem a manipulação do esforço de resposta para reduzir comportamentos problemáticos. Brothers, Krantz e McClannahan (1994) usaram uma estratégia antecedente para diminuir a quantidade de papel reciclável jogado em lixeiras em uma agência de serviços sociais. Para que os 25 funcionários da agência parassem de jogar papel na lixeira e os colocasse em recipientes de reciclagem, os pesquisadores colocaram um pequeno recipiente na mesa de cada um deles. Apresentava duas funções: uma delas era sugerir para o funcionário colocar o papel na lixeira, como um comportamento alternativo a jogar papel no lixo, e a outra diminuir o esforço de resposta envolvido no comportamento desejável. Era mais fácil colocar o papel usado no recipiente sobre a mesa do que colocá-lo em uma lixeira. Quando colocaram os recipientes de reciclagem sobre as mesas, a quantidade de papel reciclável jogada em lixeiras diminuiu

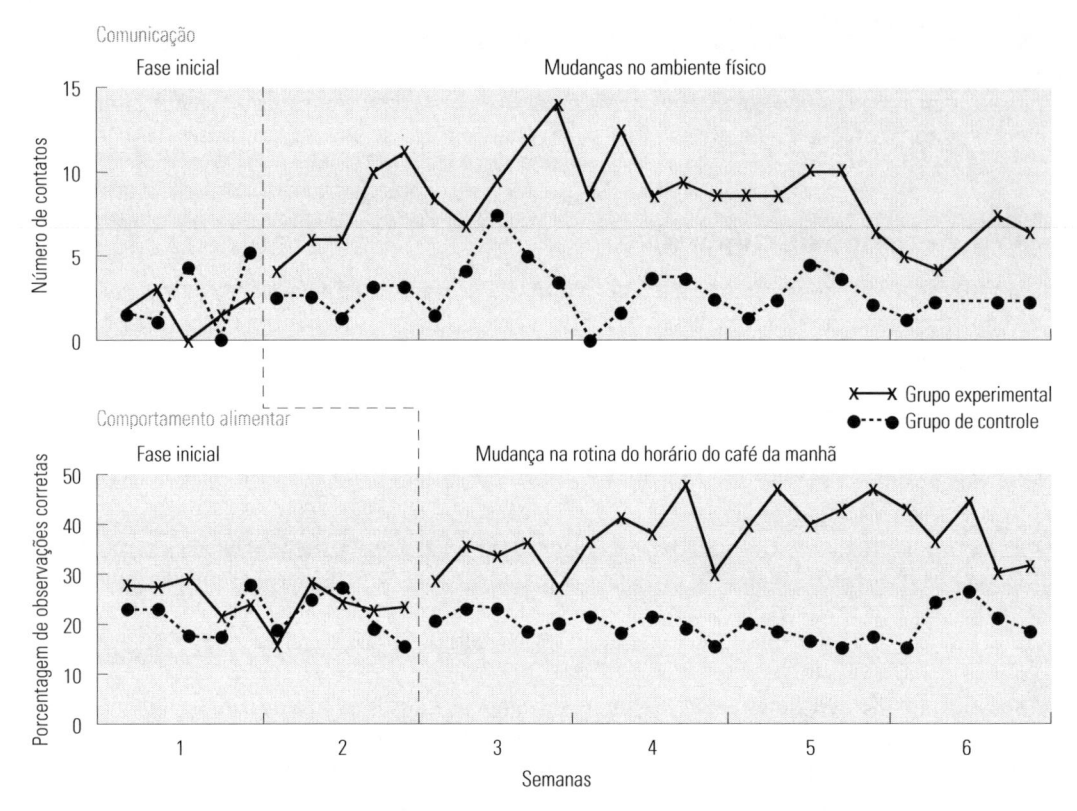

FIGURA 16-3 O painel superior deste gráfico mostra o número de contatos sociais feitos por dois grupos de idosos em uma enfermaria de hospital. Após a fase inicial, o ambiente físico foi alterado para que o grupo experimental ficasse mais propício à interação social. O ambiente não foi alterado para o grupo de controle. O gráfico mostra que os contatos sociais aumentaram para o grupo experimental após a manipulação do antecedente. O painel inferior mostra a porcentagem de comportamentos alimentares corretos exibidos pelo grupo experimental e pelo de controle na hora das refeições. As pessoas do grupo de controle receberam suas refeições em bandejas e comeram sozinhas. As pessoas no grupo experimental jantavam juntas em torno de pequenas mesas, com a comida servida em pratos. A manipulação do antecedente, a introdução de uma organização das refeições em estilo familiar resultou em melhores comportamentos alimentares pelos residentes. Este gráfico mostra um desenho experimental com várias fases iniciais para diferentes comportamentos, com dados sobre grupos, e não sobre indivíduos. (Melin, L. e Gotestam, K. G. The effects of the reorganization of the nursing routines on the communication and feeding behaviors of psycho-geriatric patients. *Journal of Applied Behavior Analysis*, v. 14, p. 47-51, 1981. Copyright © 1981 University of Kansas Press. Reproduzido com permissão do autor.

drasticamente (Figura 16-5). O valor de uma manipulação antecedente como esta é que é simples de implementar e eficaz para produzir mudança no comportamento indesejado. Ludwig, Gray e Rowell (1998) também mostraram que a reciclagem poderia ser aumentada colocando os contêineres próximos aos trabalhadores.

Horner e Day (1991) investigaram a influência do esforço de resposta na ocorrência de um comportamento desejável que era funcionalmente equivalente ao comportamento problemático. Eles trabalharam com Paul, menino de 12 anos com grave deficiência intelectual. Paul apresentava comportamento agressivo (bater, morder e coçar) em situações de aprendizado. O problema de comportamento era reforçado pela fuga da tarefa que estava sendo ensinada. Horner e Day ensinaram a Paul dois comportamentos alternativos que também resultariam na fuga da tarefa. Um deles envolvia sinalizar a palavra intervalo. Este comportamento simples exigia menos esforço de resposta do que adotar um comportamento agressivo. Quando Paul sinalizou intervalo, os membros da equipe encerraram imediatamente o teste de aprendizado por um breve período. O outro comportamento alternativo era sinalizar: "*eu quero ir, por favor*". Quando ele assinou a sentença completa, a equipe imediatamente interrompeu a sessão de aprendizado por um breve período. No entanto, esse comportamento levou mais tempo e esforço que o agressivo. Os pesquisadores descobriram que, quando Paul tinha de sinalizar o *intervalo* como um comportamento alternativo funcionalmente equivalente, era muito menos provável que se envolvesse em comportamento agressivo, porque o alternativo exigia menos esforço de resposta. No entanto, quando ele teve de sinalizar uma sentença completa para fugir da tarefa, continuou a manifestar comportamento agressivo porque este exigia menos esforço de resposta que o alternativo. Pesquisas realizadas por Horner et al. (1990) e Richman, Wacker e Winborn (2001) produziram resultados semelhantes, mostrando que um comportamento alternativo é mais provável de ocorrer e substitui o comportamento problemático quando é necessário menos esforço de resposta.

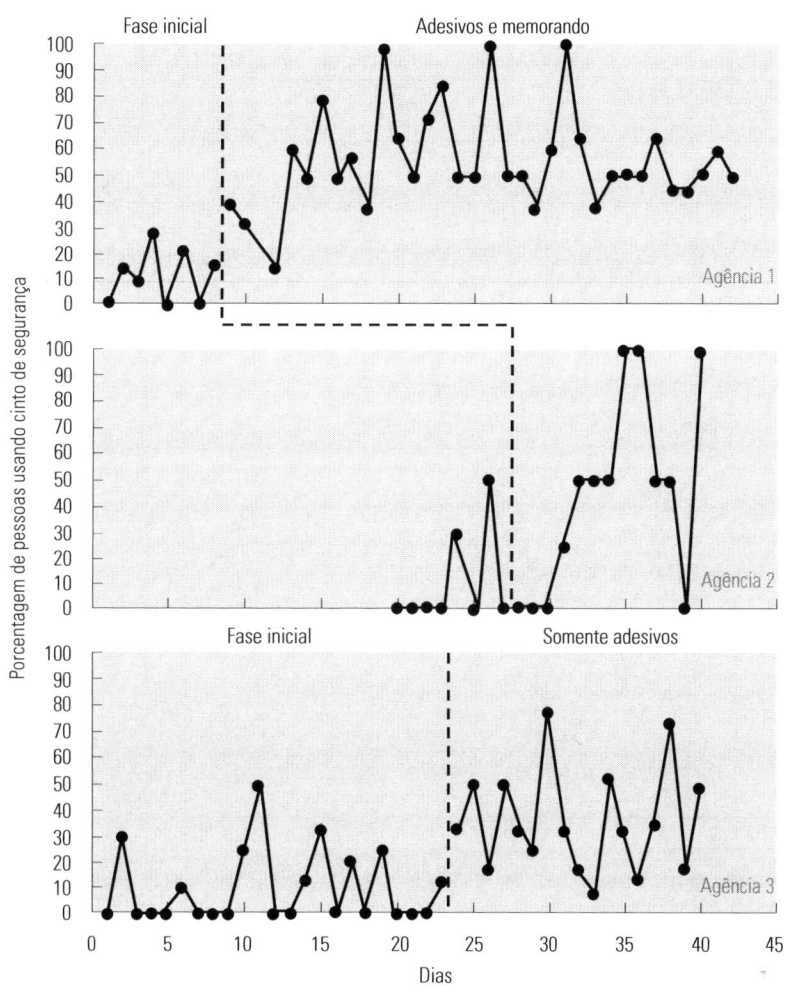

FIGURA 16-4 Este gráfico mostra a porcentagem de pessoas em veículos estatais que usavam os cintos de segurança antes e depois que um procedimento de controle de estímulo foi implementado. A porcentagem aumentou quando o procedimento foi implementado com pessoas de três administrações diferentes. Os dois painéis superiores mostram os efeitos dos adesivos nos carros e do memorando. O painel inferior mostra apenas o efeito dos adesivos. O gráfico ilustra um desenho experimental com várias fases iniciais para indivíduos das três administrações. A porcentagem de pessoas envolvidas no comportamento é mostrada em vez do comportamento dos indivíduos. (Rogers, R. et al. Promotion of seat belt use among state employees: the effects of an incentive and stimulus control intervention. *Journal of Applied Behavior Analysis*, v. 21, p. 263-269, 1988. Copyright © 1988 University of Kansas Press. Reimpresso com permissão do autor.)

Manipulação de operações motivadoras

Diversos pesquisadores têm manipulado variáveis curriculares ou comportamentos de professores como antecedentes dos comportamentos problemáticos dos alunos em ambientes de sala de aula. (Para observar análises, veja Miltenberger, 2006; Munk e Repp, 1994.) Kennedy (1994) trabalhou com três estudantes com deficiência que manifestavam problemas comportamentais (agressividade, autolesão e comportamento estereotipado) em uma sala de aula de educação especial. Kennedy conduziu uma avaliação funcional e descobriu que os problemas comportamentais ocorriam quando a professora fazia muitas exigências referentes a tarefas, mas não ocorria quando a professora conversava descontraidamente com os alunos. À luz dessas descobertas, Kennedy pediu que a professora diminuísse as exigências de tarefas e aumentasse a conversação com os alunos em sala de aula. Estas estratégias resultaram em uma grande diminuição nos problemas comportamentais de cada aluno, porque tornaram a fuga menos reforçadora; funcionaram como uma operação abolidora. O professor então aumentou gradualmente a exigência das tarefas, mantendo as conversas em um nível elevado. À medida que as exigências iam aumentando novamente ao nível habitual, os problemas comportamentais permaneceram baixos.

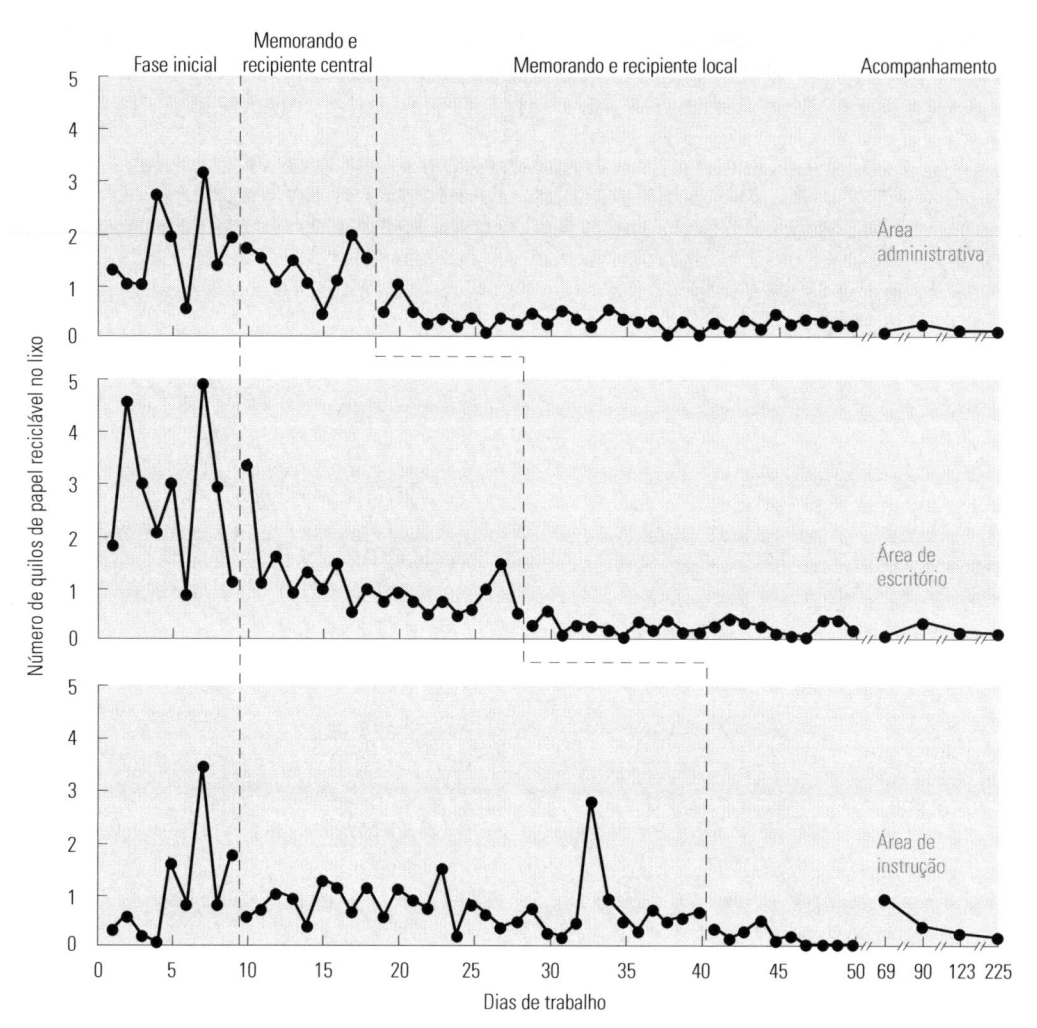

FIGURA 16-5 Este gráfico mostra os quilos de papel reciclável no lixo durante a linha de base e duas condições de intervenção implementadas em um design de várias linhas de base em todas as configurações. Após a linha de base, um memorando foi enviado aos funcionários pedindo que reciclassem o papel, colocando-o em uma lixeira grande localizada em uma sala de serviço próximo ao centro do edifício. Na próxima fase, um memorando foi enviado aos funcionários pedindo que reciclassem o papel, colocando-o em caixas que foram postas diretamente em suas mesas e bancadas. Os resultados mostraram que a quantidade de papel no lixo diminuiu muito quando as caixas foram colocadas nas mesas dos funcionários. As caixas em suas mesas os incitavam a reciclar e diminuíam o esforço de resposta envolvido na reciclagem. (De Brothers, K.J., Krantz, P.J. e McClannahan, L. E. Office paper recycling: a function container proximity. *Journal of Applied Behavior Analysis*, v. 27, p. 153-160, 1994. Copyright © 1994 University of Kansas Press. Reimpresso com a permissão do autor.)

Dunlap et al. (1991) manipularam variáveis curriculares para diminuir comportamentos problemáticos (como chutar, bater, cuspir e jogar objetos) exibidos por uma estudante do ensino fundamental, Jill, que havia sido classificada como emocionalmente perturbada. A avaliação funcional constatou que os comportamentos indesejados de Jill eram mais prováveis na presença de variáveis curriculares específicas, como tarefas motoras refinadas, tarefas demoradas, tarefas não funcionais e tarefas que ela não escolhia, mais provavelmente porque esses tipos de tarefas eram aversivas, e o comportamento indesejado produzia a fuga. O tratamento envolvia manipular as variáveis curriculares antecedentes para tornar as tarefas menos aversivas e tornar a fuga menos reforçadora (operação abolidora). A professora deu a Jill tarefas acadêmicas que eram mais breves e mais funcionais (relacionadas a seus interesses ou atividades diárias), e que envolviam atividades motoras básicas, em vez de atividades motoras refinadas. Além disso, Jill teve de escolher suas tarefas com mais frequência. Com essas mudanças curriculares, os problemas comportamentais de Jill foram eliminados. Outro estudo de Kern et al. (1994) produziu descobertas semelhantes.

Horner et al. (1991) manipularam outra variável curricular para produzir uma diminuição nos problemas comportamentais (agressão e autolesão) exibidos por quatro adolescentes com deficiência intelectual grave. A avaliação funcional mostrou que esses alunos tinham maior probabilidade de adotar problemas comportamentais quando tarefas acadêmicas difíceis eram apresentadas, mas não ocorria o mesmo quando as tarefas eram fáceis. Horner usou uma manipulação de antecedentes para diminuir os comportamentos problemáticos. Pediu aos professores que intercalassem tarefas fáceis com as mais difíceis. Durante as sessões de treinamento, o professor apresentava algumas tarefas fáceis depois que o aluno concluía algumas mais difíceis, intercalando-as e, desse modo, os problemas comportamentais foram bastante reduzidos. Mace et al. (1988) também demonstraram que os problemas comportamentais (não adequação) eram menos prováveis de ocorrer quando tarefas difíceis eram precedidas por tarefas fáceis.

Os estudos de problemas comportamentais em ambiente de sala de aula mudaram algum aspecto da situação de ensino para torná-los menos prováveis. Antes dessas manipulações de antecedentes, os problemas comportamentais dos alunos eram reforçados pela fuga das tarefas acadêmicas. As manipulações de antecedentes tornaram a situação acadêmica menos aversiva para os alunos, de modo que a fuga da situação acadêmica deixou de ser reforçadora. Como você pode ver, as manipulações de antecedentes que alteraram algum aspecto do comportamento do professor ou do currículo criaram uma operação abolidora que tornou a fuga da situação menos reforçadora. Como a fuga não era mais reforçadora, os alunos não mais se envolviam em problemas de comportamentais que resultavam em fuga (veja também Smith et al., 1995).

Outra manipulação de antecedentes para diminuir problemas comportamentais mantidos pela fuga de situações de instrução é a fuga não dependente (Coleman e Holmes, 1998; O'Callaghan et al., 2006; Kodak, Miltenberger e Romaniuk, 2003; Vollmer, Marcus e Ringdahl, 1995; Vollmer et al., 1998; Wesolowski, Zencius e Rodriguez, 1999). Nesse procedimento, as pessoas têm frequentes atividades ou tarefas instrucionais aversivas. Como resultado, ficam menos propensas a adotar problemas comportamentais para escapar das tarefas porque a fuga não é mais reforçadora. Em um estudo, O'Callaghan et al. (2006) mostraram que a frequente realização de pausas para crianças durante procedimentos odontológicos diminuía seu comportamento inadequado na cadeira de dentista.

Ao trabalhar com adultos apresentando deficiência intelectual profunda que adotavam comportamentos autolesivos, Vollmer e colaboradores manipularam o nível de atenção dada a esses indivíduos, na tentativa de diminuir a frequência de autolesões (Vollmer et al. 1993). A avaliação funcional mostrou que a autolesão era reforçada pela atenção recebida. Para diminuir a probabilidade de autolesão, os pesquisadores demonstraram atenção não dependente; isto é, a atenção era manifestada independentemente da autolesão. Eles descobriram que o comportamento autolesivo diminuía para cada pessoa quando eles prestavam atenção de modo não dependente pelo menos uma vez a cada 5 minutos (Figura 16-6). Prestar atenção em intervalos frequentes diminuía a operação estabelecedora que fazia dela um potente reforçador para a autolesão (suprimiu

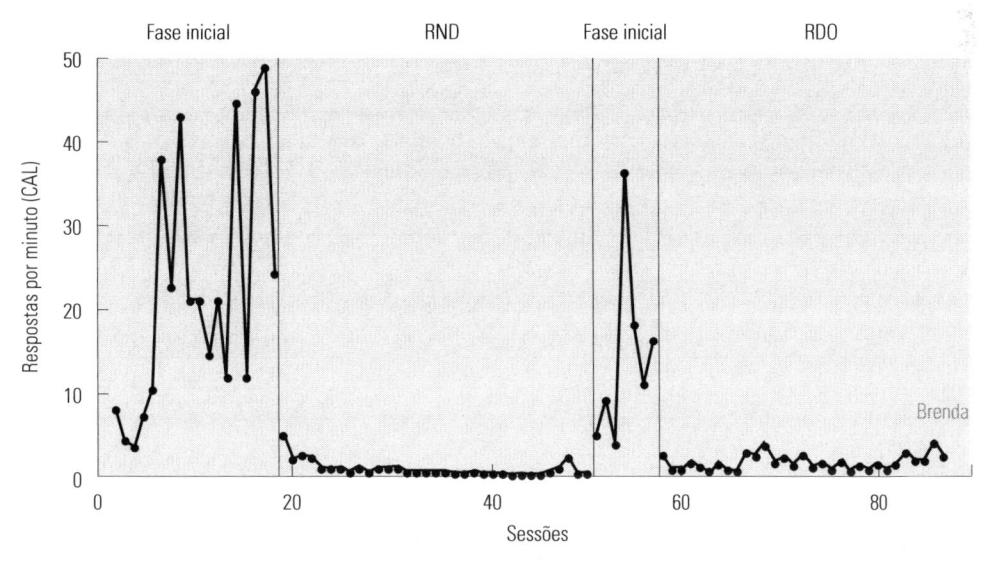

FIGURA 16-6 Este gráfico mostra a frequência de comportamento autolesivo (CAL) para um indivíduo na fase inicial, uma condição de reforço não dependente (RND), uma segunda condição de fase inicial e uma condição de reforço diferencial de outro comportamento (RDO). O CAL deste indivíduo foi mantido pela atenção recebida. Quando era dada atenção frequentemente na condição de RND, o CAL diminuiu quase a zero, assim como na condição de RDO, quando foi dada atenção para a ausência do CAL. Os dados sugerem que uma maneira de diminuir um comportamento indesejado mantido pela atenção recebida é prestar atenção fazendo intervalos frequentes, independentemente do comportamento. (Vollmer, T. R et al. The role attention in the treatment of attention-mantained self-injurious behavior: Noncontingent reinforcement and differential reinforcement of other behavior. *Journal of Applied Behavior Analysis*, v. 26, p. 9-22, 1993. Copyright © 1993 University of Kansas Press. Reimpresso com permissão do autor.

a efetividade da atenção como reforçador naquele momento). As pessoas se mostraram menos propensas a se envolver em autolesão para obter atenção agora que recebiam atenção substancial sem manifestar autolesão.

Vários outros estudos mostraram que o reforço não dependente pode ser um tratamento eficaz para problemas comportamentais mantidos pela atenção recebida e/ou por fuga (Wilder e Carr, 1998; Fisher, Iwata e Mazaleski, 1997; Hagopian, Fisher e Legacy, 1994; Hanley, Piazza e Fisher, 1997; Lalli, Casey e Cates, 1997; Tucker, Sigafoos e Bushell, 1998; Vollmer et al., 1998; Vollmer et al., 1997). Dyer, Dunlap e Winterling (1990) investigaram a influência da escolha no comportamento problemático de crianças com atraso no desenvolvimento. As três crianças do estudo manifestaram diversos comportamentos indesejados em sala de aula, incluindo agressividade, jogar objetos, gritar e provocar autolesão. Os pesquisadores manipularam duas condições antecedentes. Em uma delas, a criança poderia escolher a tarefa educacional com que iria trabalhar em uma sessão e o reforçador para o desempenho apropriado para a ocasião. Na outra condição, a criança não tinha escolha de materiais ou reforçadores. Os pesquisadores descobriram que era menos provável a ocorrência de problemas comportamentais quando as crianças tinham escolha. Os resultados sugerem que a escolha de tarefas e reforçadores funcionou como uma operação estabelecedora que aumentou o valor reforçador da tarefa educacional e, portanto, aumentou a probabilidade de que os alunos completassem a tarefa como alternativa ao comportamento problemático (Romaniuk e Miltenberger, 2001).

PARA UMA LEITURA MAIS APROFUNDADA

A influência da função do problema na escolha

Diversos autores mostraram que a escolha de atividades leva à redução nos problemas comportamentais. Em um estudo, no entanto, eles mostraram que a eficácia da escolha como intervenção depende da função do comportamento problemático. Na pesquisa de Romaniuk et al. (2002), alguns alunos manifestaram problemas comportamentais que foram mantidos pela atenção recebida e alguns alunos se envolveram em problemas comportamentais mantidos pela fuga. Após a fase inicial, quando os alunos não conseguiram escolher as atividades, todos passaram a escolher as tarefas educacionais. Romaniuk e colaboradores mostraram que ter a possibilidade de escolha resultou em uma redução nos problemas comportamentais apenas para os alunos cujos problemas comportamentais eram mantidos pela fuga. Haver uma opção não levou à diminuição nos problemas comportamentais dos alunos que manifestaram problemas comportamentais pela atenção recebida. Os autores acreditavam que a escolha de atividades diminuiu a aversão à tarefa e fez que a fuga fosse menos reforçadora (abolindo a operação). Os resultados deste estudo mostram que é importante conhecer a função do comportamento indesejável antes de decidir sobre uma intervenção.

Carr e Carlson (1993) manipularam diversas variáveis antecedentes para diminuir a ocorrência de problemas comportamentais (agressão, destruição de propriedade, autolesão e birras) exibidos por três adultos com deficiência intelectual enquanto faziam compras em uma mercearia. Os comportamentos indesejados eram graves o suficiente para que as compras terminassem quando ocorriam. Carr e Carlson queriam evitar os comportamentos na mercearia manipulando antecedentes que estivessem funcionalmente relacionados a eles. Descobriram que era menos provável que tais comportamentos ocorressem quando (a) a pessoa recebia opções sobre a quais atividades se dedicar ou quais itens comprar primeiro na loja, (b) a solicitação para comprar um item não preferencial vinha após uma solicitação para comprar um item preferencial, e (c) um E^D de um comportamento alternativo desejável foi apresentado quando a pessoa estava em uma situação que tipicamente evocava a ocorrência dos problemas comportamentais. Por exemplo, quando ela tinha de esperar na fila do caixa, muitas vezes, se envolvia em um dos comportamentos indesejados. Na ocasião, a pessoa recebia uma revista de sua preferência, que era um E^D para lê-la como um comportamento alternativo ao problema de comportamento. É uma estratégia que muitas pessoas utilizam para evitar a impaciência enquanto esperam em uma fila. Quando Carr e Carlson implementaram estes e outros procedimentos, os clientes puderam fazer compras sem manifestar comportamentos indesejados. Kemp e Carr (1995) fizeram manipulações antecedentes similares para diminuir problemas comportamentais exibidos por adultos com deficiência intelectual em seus empregos na comunidade.

Como utilizar a estratégia de controle de antecedentes

As seis diferentes estratégias de controle de antecedentes descritas aqui para tornar um comportamento desejável mais provável e comportamentos indesejáveis menos prováveis estão resumidas na Tabela 16-1. É apropriado utilizar uma ou mais destas estratégias sempre que o objetivo for aumentar um comportamento desejável ou diminuir um indesejável. Se a pessoa estiver manifestando o comportamento pelo menos ocasionalmente, estratégias de controle de antecedentes podem ser utilizadas para tornar mais provável que manifeste o comportamento nos momentos apropriados. *Procedimentos de reforço diferencial são utilizados em conjunto com procedimentos de controle antecedentes para aumentar o comportamento desejável.* Da mesma maneira, se uma pessoa estiver demonstrando um comportamento excessivo, estratégias de controle de antecedentes podem tornar menos provável que o comportamento indesejável ocorra. *Extinção e reforço diferencial são frequentemente utilizados em conjunto com procedimentos de controle de antecedentes para diminuir o comportamento indesejável.*

TABELA 16-1 Manipulações de antecedentes para diminuir problemas comportamentais e aumentar comportamentos desejáveis

Manipulação de estímulos discriminativos (E^D) ou sugestões:
- Eliminar o E^D ou sugestões para o problema de comportamento.
- Fornecer o E^D ou sugestões para comportamentos alternativos desejáveis.

Manipulação de operações motivadoras:
- Apresentar uma operação abolidora para o reforçador que está mantendo o problema de comportamento.
- Criar ou aprimorar uma operação estabelecedora para o reforçador que está mantendo comportamentos alternativos desejáveis.

Manipulação do esforço de resposta:
- Aumentar o esforço de resposta para o problema de comportamento.
- Diminuição do esforço de resposta para comportamentos alternativos desejáveis.

© Cengage Learning

Como determinar quais procedimentos de controle de antecedentes utilizar em qualquer situação? Não há respostas fáceis para a pergunta. A melhor resposta é que você deve saber como utilizar os vários procedimentos de controle de antecedentes e escolher os que melhor se encaixam na situação. Para entender a situação, é preciso conduzir uma avaliação funcional para analisar a contingência de três termos (antecedentes, comportamento e consequências) envolvida na evocação e manutenção do comportamento desejável e dos comportamentos indesejáveis. A decisão sobre estratégias específicas envolverá a *participação da equipe* (o analista de comportamento e os cuidadores – professores, pais, funcionários etc.) e a *solução de problemas* para identificar as melhores formas de alterar os antecedentes relevantes. Obtendo informações dos indivíduos que implementarão os procedimentos, é mais provável que escolha procedimentos que eles considerem aceitáveis e seja aceito pelos cuidadores envolvidos. A resolução de problemas é o processo no qual a equipe gera várias soluções alternativas para o problema (possíveis manipulações de antecedentes) e, em seguida, avalia os prós e contras de cada solução e escolhe a melhor.

Análise da contingência de três termos para o comportamento desejável

As respostas às seguintes perguntas fornecerão informações sobre o comportamento desejável e seus antecedentes e consequências.

- Identifique e defina o comportamento desejável que pretende aumentar. Pode-se reduzir o esforço de resposta envolvido nesse comportamento?
- Analise as situações antecedentes relacionadas ao comportamento desejável. Quais são os E^D para o comportamento desejável e quais sugestões podem evocar o comportamento desejável? Quais destes E^D e sugestões estão presentes no ambiente e quais não estão? Quais destes E^D e sugestões você pode manipular em uma estratégia de controle de antecedentes e quais estão fora de controle?
- Identifique o reforçador para o comportamento desejável. O reforço depende do comportamento desejável? O reforçador é forte o suficiente para manter o comportamento? Você pode manipular a operação estabelecedora para aumentar a eficácia desse reforçador? Existem outros reforçadores que poderiam ser utilizados de modo dependente do comportamento desejável?

As respostas a essas perguntas ajudarão a decidir quais estratégias de controle de antecedentes podem ser úteis para evocar o comportamento desejável e quais reforçadores podem ser usados em um procedimento de reforço diferencial.

Análise da contingência de três termos para o comportamento indesejável

As respostas às seguintes perguntas fornecerão informações sobre os comportamentos indesejáveis concorrentes e os antecedentes e consequências desses comportamentos.

- Identifique e defina os comportamentos indesejáveis concorrentes que podem interferir com o comportamento desejável. Você pode aumentar o esforço de resposta desses comportamentos concorrentes?
- Analise os estímulos antecedentes associados aos comportamentos indesejáveis. Quais são os E^D para os comportamentos concorrentes e quais sugestões podem evocar os comportamentos concorrentes? Quais desses E^D e sugestões

estão presentes no ambiente e quais não estão? Quais desses E^D e sugestões você pode manipular em uma estratégia de controle de antecedentes e quais estão fora de controle?

- Identifique os reforçadores para os comportamentos indesejáveis concorrentes. Os reforçadores dependem dos comportamentos concorrentes, e são fortes o suficiente para manter os comportamentos? Pode manipular uma operação abolidora para diminuir a efetividade dos reforçadores para os comportamentos concorrentes? Pode eliminar os reforçadores para usar a extinção dos comportamentos concorrentes?

As respostas a essas perguntas ajudarão a decidir quais estratégias de controle antecedentes você pode usar, em conjunto com a extinção e o reforço diferencial, para diminuir a probabilidade dos comportamentos concorrentes.

Intervenções funcionais para comportamentos problemáticos

Os Capítulos 14, 15 e 16 descrevem três abordagens para diminuir comportamentos problemáticos: extinção, reforço diferencial e controle de antecedentes. As abordagens são **intervenções funcionais**. *São funcionais porque diminuem os problemas comportamentais e aumentam os comportamentos desejáveis, modificando as variáveis antecedentes e consequentes que controlam os comportamentos.* Também são não aversivas porque não dependem do uso de punição. Intervenções funcionais devem sempre ser o primeiro tratamento utilizado na tentativa de diminuir um problema de comportamento porque alteram as condições que mantém o comportamento (abordam a função do comportamento) e evocam o comportamento (abordam os antecedentes do comportamento).

Com a extinção, você está removendo o reforçador para o problema de comportamento. Quando o comportamento não serve mais a uma função para a pessoa (quando não mais resulta em um resultado reforçador), não há razão para que continue a ocorrer.

Com o reforço diferencial, a pessoa pode alcançar o mesmo resultado sem se envolver no comportamento problemático. Se ela estiver produzindo a mesma consequência funcional por meio de um comportamento alternativo, da ausência do comportamento problemático ou de uma menor frequência deste, não haverá motivo para que o problema continue a ocorrer.

Com manipulações de antecedentes, os eventos antecedentes que evocam a ocorrência do problema de comportamento não estão mais presentes, a eficácia do reforçador para o problema de comportamento é diminuída ou o esforço envolvido no comportamento indesejado é aumentado. Além disso, eventos que evocam o comportamento desejável são apresentados, a eficácia do reforçador para o comportamento desejável é aumentada ou o esforço de resposta para o comportamento desejável é diminuído. Quando as condições antecedentes não favorecerem mais o problema de comportamento, é menos provável que ocorra e o comportamento desejável terá maior probabilidade de ocorrer.

RESUMO DO CAPÍTULO

1. Nas estratégias de controle de antecedentes, os estímulos antecedentes são manipulados para evocar a ocorrência de comportamentos desejáveis e diminuir a probabilidade de comportamentos concorrentes.
2. Se você apresentar um E^D para um comportamento desejável, é mais provável que este comportamento ocorra, e se remover o E^D para um comportamento indesejável, esse comportamento terá menor probabilidade de ocorrer.
3. A operação estabelecedora para o resultado de um comportamento desejável é uma condição que o torna mais provável de ocorrer; se você remover a operação estabelecedora (apresentar uma operação abolidora) para o resultado do comportamento indesejável, é menos provável que ele ocorra.
4. Quando um comportamento desejável requer menos esforço de resposta do que um comportamento indesejável alternativo, e ambos os comportamentos produzem o mesmo resultado reforçador, é mais provável que o comportamento desejável ocorra.
5. As três abordagens funcionais da intervenção para um comportamento problemático são a extinção, o reforço diferencial e a estratégia de controle de antecedentes.

TERMOS-CHAVE

intervenções funcionais, 242

procedimento de controle de antecedentes, 227

TESTE PRÁTICO

1. Em termos gerais, o que são procedimentos de controle de antecedentes?
2. Como a ocorrência de comportamentos concorrentes indesejáveis está relacionada à ocorrência de um comportamento desejável?
3. Qual é o objetivo dos procedimentos de controle de antecedentes com relação à ocorrência de comportamentos concorrentes indesejáveis?
4. Identifique as três estratégias de controle de antecedentes que podem ser usadas para evocar um comportamento desejável.
5. Identifique as três estratégias de controle de antecedentes que podem ser usadas para diminuir a probabilidade de comportamentos concorrentes indesejáveis.
6. Descreva como você eliminaria o E^D ou as sugestões para um comportamento problemático. Dê um exemplo.
7. Dê um exemplo de como forneceria o E^D ou sugestões para um comportamento desejável a fim de que o comportamento ocorra.
8. O que é uma operação abolidora? Dê um exemplo de como você apresentaria uma operação abolidora para diminuir a probabilidade de ocorrer um problema.
9. Dê um exemplo de como organizaria uma operação estabelecedora para um comportamento desejável a fim de que o comportamento ocorra.
10. Forneça um exemplo de como aumentaria o esforço de resposta para um comportamento indesejável a fim de diminuir a frequência do comportamento.
11. Dê um exemplo de como diminuiria o esforço de resposta para um comportamento desejável a fim de que o comportamento ocorra.
12. O instrutor na aula de história americana contemporânea sugeriu que você leia o jornal matutino local todos os dias para acompanhar os eventos atuais. Você decide usar estratégias de controle de antecedentes para ajudá-lo a ler o jornal diariamente.
    a. Como apresentará o E^D ou sugestões para esse comportamento?
    b. Como diminuirá o esforço de resposta para esse comportamento?
    c. Como eliminará o E^D ou sugestões para comportamentos concorrentes que interfiram na leitura do jornal?
14. Geralmente, seu filho costuma comer cachorro-quente, batatas fritas e sobremesas, mas muitas vezes se recusa a comer frutas e legumes e outros alimentos não industrializados. Você quer que ele coma mais alimentos saudáveis.
    a. Como organizará uma operação estabelecedora para que ele coma alimentos saudáveis?
    b. Como aumentará o esforço de resposta do comportamento concorrente (comer cachorro-quente, batatas fritas e sobremesas)?
15. O que significa dizer que uma intervenção é funcional?
16. Além das manipulações de antecedentes, quais são outras duas intervenções funcionais para comportamentos problemáticos?

APLICAÇÕES

1. Descreva como você pode usar os procedimentos de controle de antecedentes em seu projeto de autogestão. Considere cada uma das seis estratégias e descreva as que implementaria.
2. O médico de Melanie sugeriu que ela precisava beber seis copos de água por dia. Melanie é estudante de pós-graduação que vai para a escola de manhã e volta para casa depois das 17 horas. Ela tem um escritório onde passa a maior parte do tempo quando não está em aula. Do outro lado do corredor, há uma série de máquinas de venda automática. Ela pega café e refrigerante nessas máquinas quatro ou cinco vezes por dia. Descreva como Melanie poderia aplicar quatro das seis estratégias de controle de antecedentes para beber os seis copos de água diários.
3. Desde que Stanley saiu de casa e foi para a escola, familiares e amigos escreveram cartas para ele. No entanto, ele raramente responde às cartas. Ele quer, mas nunca cumpre. Permanece na escola a maior parte do dia e passa cerca de uma a duas horas estudando à noite. O resto da noite, ele assiste à TV (tem 200 canais a cabo) ou a vídeos, ou passa algum tempo na sala de jogos jogando bilhar, pingue-pongue ou video games. Descreva como Stanley poderia aplicar procedimentos de controle de antecedentes para ajudá-lo a escrever as cartas. Descreva o máximo possível dos seis procedimentos de controle de antecedentes que você pode aplicar ao problema de Stanley.
4. Suponha que comprou uma esteira e quer usá-la por 20 a 30 minutos, cinco vezes por semana. Você quer usar procedimentos de controle de antecedentes e reforços diferenciais para ajudá-lo a atingir sua meta. Mas deve primeiro analisar a contingência de três termos para o comportamento desejável (caminhar na esteira) e a contingência de três termos para os comportamentos concorrentes que podem interferir em sua meta. Descreva a contingência de três termos para andar na esteira e para comportamentos concorrentes que existiriam em sua vida se você fosse adotar essa meta.
5. Merle é um jovem adulto com autismo que vive em uma casa comunitária com cinco outros adultos. Merle apresenta comportamento inadequado e autolesivo (bate na cabeça, grita e balança para a frente e para trás). Os resultados da avaliação funcional indicam que tal comportamento é mais provável quando ele está em meio a comoção e atividade. O problema é menos provável quando Merle está no quarto ouvindo música ou folheando sua coleção de cartões de beisebol. As piores ocorrências são nos momentos de transição de ida e volta do trabalho, quando os outros residentes estão presentes na sala

de estar e de jantar, esperando para entrar na perua ou quando acabaram de sair dela. Quando Merle exibe o problema de comportamento, os outros residentes geralmente dispersam e a comoção e a atividade diminuem. Descreva como você implementaria um procedimento antecedente apresentando uma operação abolidora do comportamento. Descreva como implementaria uma manipulação de antecedentes em que apresentaria o E^D para comportamento alternativo na tentativa de diminuir o comportamento problemático.

6. Calvin trabalhou em obras de construção de rodovias na Flórida. Nos dias mais quentes, ele bebia até dez latas de refrigerante. Ele estava preocupado com todo o açúcar que estava ingerindo; além disso, com todas as calorias dos refrigerantes estava começando a engordar. Ele amava refrigerantes, mas queria reduzir para não mais do que três por dia. Descreva como Calvin poderia implementar três dos procedimentos de controle de antecedentes descritos neste capítulo para diminuir o número de refrigerantes que consumia diariamente.

APLICAÇÕES INCORRETAS

1. Um professor em uma sala de aula de educação especial trabalhava com uma criança com deficiência mental grave. Ele estava usando pequenos bocados de comida como reforçadores em um programa de treinamento para ajudar a criança a fazer discriminações corretas das letras. O professor decidiu organizar uma operação estabelecedora que tornaria a comida um reforçador mais poderoso, de modo que ela tivesse maior probabilidade de responder corretamente em sessões de treinamento. Como as sessões eram no começo da tarde, o professor decidiu que a criança não almoçaria ao meio-dia, pois concluiu que, se ela não almoçasse, a comida seria um reforçador mais eficaz à tarde. O que há de errado com essa estratégia de controle de antecedentes? Qual seria uma estratégia de controle de antecedentes melhor neste caso?

2. Milt queria começar a se exercitar com mais frequência. Ele decidiu que a melhor maneira ter uma rotina regular de exercícios seria frequentar uma academia. Ele se matriculou em uma que ficava a 30 minutos de carro. Milt pensou que, se pagasse pela frequência de um ano, seria mais provável que fosse até a academia para se exercitar pelo menos algumas vezes por semana. E, como pagou pelo ano inteiro, acreditava que continuaria a se exercitar por esse período. O que há de errado com essa estratégia? O que Milt poderia fazer para tornar mais provável que exercitasse regularmente?

3. Dra. Drake, uma dentista, estava preocupada com o fato de que muitos de seus pacientes não usavam fio dental regularmente e, portanto, corriam risco de contrair doenças na gengiva. Ela criou um plano para fazer que os pacientes usassem fio dental diariamente. Toda vez que os pacientes faziam *check-ups* ou limpezas, Dra. Drake mostrava fotos desagradáveis de pessoas com doenças nas gengivas e de cirurgias dolorosas que tinham de suportar porque não usavam fio dental regularmente. Antes de os pacientes saírem do consultório, ela dizia que poderiam evitar esses terríveis problemas usando fio dental por 2 minutos todos os dias. Qual a estratégia de controle de antecedentes que faria com que os pacientes usassem fio dental? Por que essa estratégia, por si só, não é suficiente para manter as pessoas usando fio dental? Que outras estratégias você acrescentaria para tornar mais provável atingir o objetivo da Dra. Drake?

4. Sandy, aluna da terceira série com problemas de aprendizado, frequentava uma classe especial. Ela geralmente apresentava comportamentos inadequados em sala de aula quando tinha de fazer problemas de matemática. A professora fez uma avaliação funcional e descobriu que pedir que fizesse os problemas de matemática era o antecedente principal do comportamento inadequado. A professora decidiu usar uma manipulação de antecedentes e não pediu mais que Sandy os fizesse e argumentou que, se Sandy não mais precisasse fazer os problemas, era menos provável que o comportamento inadequado ocorresse. Qual é o problema com esse procedimento?

5. Phyllis e Fred, dois estudantes de medicina que moravam juntos, tinham que estudar todos os dias. Ambos gostavam de relaxar assistindo à TV. Fred assistia beisebol, futebol, basquete e outros jogos transmitidos em canais a cabo, e Phyllis assistia a filmes antigos. O problema surgiu quando Phyllis começou a assistir a filmes em vez de estudar. Seu desempenho estava sendo prejudicado, mas ela continuou a assistir os filmes antigos e se convenceu de que voltaria a estudar e compensar posteriormente. Por outro lado, Fred assistia aos jogos somente depois de cumprir com as tarefas acadêmicas. Phyllis, por fim, percebeu que tinha um problema e decidiu que uma maneira de ela assistir televisão com menos frequência e, portanto, estudar mais, seria desativar a TV a cabo. Desse modo, estaria eliminando o antecedente (filmes na TV a cabo) para o problema de comportamento, de modo que seria menos provável que continuasse a ocorrer. Qual é o problema com a manipulação de antecedentes neste caso?

6. Patrick, adulto com deficiência intelectual, morava em uma casa comunitária e fazia trabalhos comunitários. Um dos problemas que Patrick manifestava era a recusa em completar atividades de treinamento, como arrumação e tarefas domésticas. Era mais provável que ele recusasse quando a equipe mais jovem pedisse que fizesse as tarefas. Quando a equipe de funcionários mais antiga fazia solicitações, geralmente ele era cooperativo. Como os pedidos dos funcionários mais jovens pareciam ser um antecedente confiável para o problema de comportamento, o supervisor decidiu que apenas a equipe mais antiga trabalhasse com Patrick. Qual é o problema com esse procedimento antecedente?

17

Uso de punição: *time-out* e custo da resposta

> ▶ De que maneira o trabalho com o *time-out* diminui um problema de comportamento?
> ▶ Quais são os dois tipos de *time-out*?
> ▶ O que é custo da resposta? Como utilizá-lo para reduzir um problema de comportamento?
> ▶ Por que é importante usar procedimentos de reforço aliados ao *time-out* e ao custo da resposta?
> ▶ Quais questões deve levar em conta ao usar o *time-out* ou o custo da resposta?

Conforme discutido no Capítulo 6, a punição é um princípio comportamental básico. A punição ocorre quando um comportamento é seguido por uma consequência que resulta em uma redução na probabilidade futura daquele comportamento. A consequência advinda do comportamento pode envolver a presença de um estímulo ou evento aversivo (punição positiva) ou a remoção de um estímulo ou evento reforçador (punição negativa). Em ambas as formas de punição, o comportamento é enfraquecido.

Pode-se usar uma variedade de procedimentos de punição para diminuir um problema de comportamento. No entanto, *os procedimentos de punição geralmente são usados depois que intervenções funcionais – extinção, reforço diferencial e manipulações de antecedentes – foram implementadas ou levadas em consideração*. Quando os procedimentos são implementados e resultam em uma redução de problemas comportamentais, os procedimentos de punição se tornam desnecessários. Entretanto, se os procedimentos funcionais forem ineficazes (ou não forem totalmente eficazes), ou se sua utilização for limitada ou impossibilitada por qualquer motivo, os procedimentos de punição poderão ser levados em consideração.

O uso de procedimentos de punição pode ser controverso. Algumas pessoas acreditam que o uso de punições, a apresentação contingente de um evento aversivo ou a remoção de um evento reforçador, pode violar os direitos da pessoa que está sendo tratada (veja, por exemplo, LaVigna e Donnelan, 1986). Além disso, a punição positiva envolve a presença de um estímulo aversivo, que normalmente é percebido como algo doloroso ou desagradável; portanto, algumas pessoas acreditam que a punição produz dor ou desconforto desnecessários para quem está recebendo tratamento. (Observe, no entanto, que um estímulo aversivo não é definido por sentimentos de dor ou desprazer. Em vez disso, a modificação do comportamento adota uma definição funcional, quanto a seu efeito sobre o comportamento: um estímulo aversivo é qualquer estímulo cuja apresentação contingente diminui a probabilidade futura de um comportamento ou cuja remoção contingente aumenta a probabilidade futura de um comportamento; veja, por exemplo, Reynolds, 1968.)

Por esses e outros motivos (veja os Capítulos 6 e 18), os procedimentos de punição geralmente não são a primeira opção de intervenção para diminuir problemas de comportamentos. Caso um procedimento de punição seja utilizado, em geral será de punição negativa que envolve a remoção dos eventos reforçadores depois de um problema de comportamento. Este capítulo descreve dois procedimentos de punição negativa comuns: o *time-out* (pausa) e o custo da resposta.

Time-out (pausa)

Cheryl e outras crianças do jardim de infância estavam sentadas à mesa fazendo esculturas de argila, pintando com os dedos e recortando formas de papel. Depois de um tempo, Cheryl arremessou uma de suas esculturas de argila e danificou algumas das esculturas feitas por outras crianças. Ao ver isso, a professora andou calmamente até Cheryl e disse: "Cheryl, venha comigo". Tomou-a pelo braço e caminhou até uma cadeira do outro lado da sala. Quando chegou à cadeira, disse: "Cheryl, você não pode brincar quando arremessa ou quebra coisas. Sente-se aqui até que eu diga que pode voltar a brincar". A professora voltou para a mesa e elogiou as esculturas das outras crianças. Depois de 2 minutos, a professora foi até Cheryl e disse: "Cheryl, você pode voltar para a mesa e brincar" (Figura 17-1). Quando Cheryl voltou e brincou sem mais problemas, a professora falou com ela e a elogiou por brincar de forma adequada. Este procedimento, em que Cheryl foi removida da atividade reforçadora na sala de aula por alguns minutos, contingente a um exemplo de problema de comportamento, é chamado de *time-out*. Depois que a professora passou a usar o *time-out*, a taxa de problemas de comportamentos de Cheryl diminuiu consideravelmente.

Durante quase um ano, Kenny, de 5 anos, desobedecia os pais e se recusava a fazer o que pediam. Em geral, Kenny estava assistindo à TV ou jogando algum jogo quando surgia esse tipo de problema de comportamento. Embora os pais discutissem com ele e avisassem sobre o que poderia acontecer, normalmente continuava assistindo à TV ou jogando, sem concluir a tarefa solicitada. Os pais discutiram o problema com um psicólogo e decidiram implementar o seguinte plano. Primeiro, quando um dos pais quisesse que Kenny fizesse algo, ele deveria ir até o garoto, encará-lo e falar com clareza o que queria que fizesse (Stephenson e Hanley, 2013). Segundo, o pai deveria continuar parado ali e, se Kenny não fizesse o que foi solicitado em um curto período (10-15 segundos), ele diria: "Se você não fizer o que pedi, terá de ficar no seu quarto". O pai pegaria Kenny pelas mãos e o levaria até o quarto. Não haveria brinquedos, TV ou outros materiais recreativos no quarto de Kenny. Ele diria para Kenny ficar lá até que fosse dada permissão para sair. Se Kenny discutisse, reclamasse ou respondesse durante o processo, o pai não diria nada. Depois de alguns minutos, o pai deveria ir ao quarto de Kenny e fazer o mesmo pedido que o garoto tinha recusado anteriormente. Caso Kenny atendesse ao pedido dessa vez, o pai agradeceria pela realização da tarefa e o deixaria ver TV ou voltar ao jogo. Caso ele se recusasse novamente, no entanto, teria de ficar mais tempo no quarto. Após mais alguns minutos, o processo seria repetido até que Kenny finalmente obedecesse ao pedido. Por fim, nas ocasiões em que Kenny obedecesse aos pedidos sem protestar, os pais deveriam sorrir e elogiá-lo com entusiasmo.

Esses dois exemplos ilustram o uso do *time-out* (e outros procedimentos) para diminuir a ocorrência de diferentes problemas de comportamentos. Em cada exemplo, depois do problema de comportamento, a criança foi removida da situação reforçadora por um breve período. Brincar com argila e tintas e interagir com outras crianças são atividades reforçadoras para

FIGURA 17-1 Quando Cheryl começa a ter um problema de comportamento na sala de aula, ela precisa ficar sentada do outro lado durante alguns minutos, enquanto vê os colegas se divertindo. Esse procedimento, uma forma de *time-out* chamada de *observação contingente*, retira Cheryl do reforço na sala de aula por alguns minutos de maneira contingente ao problema de comportamento.

Cheryl, e o *time-out* envolveu retirá-la da situação em que essas atividades reforçadoras estavam presentes. Assistir à TV ou jogar um jogo são as atividades reforçadoras para Kenny, e o *time-out* incluiu remover a oportunidade de ele continuar com essas atividades.

> **?** *Que outros procedimentos comportamentais foram usados em conjunto com o* **time-out** *nesses exemplos?*
>
> O reforço diferencial do comportamento alternativo foi usado nos dois exemplos. Quando Cheryl estava brincando de forma apropriada, a professora reforçou seu comportamento com atenção. Quando Kenny obedeceu aos pedidos dos pais, esse comportamento foi reforçado com elogios e com a oportunidade de continuar com as atividades reforçadoras que realizava antes do pedido. Além disso, os pais de Kenny usaram um procedimento de controle de estímulo ao ficar diretamente em frente a Kenny, encarando-o e fazendo o pedido claramente. O pedido específico, a proximidade e o contato visual se tornam um estímulo discriminativo na presença do qual a obediência de Kenny foi reforçada e o comportamento de recusa foi punido (com o *time-out*). Assim, sempre que os pais pedirem algo dessa maneira, Kenny será menos propenso a negar, pois a recusa foi punida pelo *time-out*.

Tipos de *time-out*

Time-out *é definido como a perda de acesso a reforçadores positivos por um curto período contingente a um problema de comportamento. O resultado é uma queda na probabilidade desse comportamento problema no futuro* (Cooper, Heron e Heward, 1987). O termo *time-out* utilizado nesta seção é uma redução de ***time-out* do reforço positivo**. Existem dois tipos de *time-out*: excludente e não excludente.

O exemplo de Cheryl ilustra o ***time-out* não excludente**. Cheryl continuou na sala de aula depois do problema de comportamento, mas teve de se sentar do outro lado, longe de onde as outras crianças brincavam, e foi, portanto, removida da atividade reforçadora. O caso de Kenny ilustra o ***time-out* excludente**. Contingente ao problema de comportamento, Kenny foi retirado da sala em que estava vendo TV ou jogando. Ele foi levado a um quarto em que esses reforços não estavam disponíveis.

O time-out *não excludente tem mais probabilidade de uso quando* (a) a pessoa pode ser removida das atividades ou interações reforçadoras enquanto ainda permanece no ambiente e (b) a sua presença no ambiente não causará tumulto aos outros. Se um desses critérios não puder ser atendido, o *time-out* excludente deverá ser utilizado. Por exemplo, se Cheryl se sentasse do outro lado da sala durante o *time-out* e perturbasse os outros alunos ao continuar com o problema de comportamento, o *time-out* não excludente não seria apropriado. Por outro lado, se ver as outras crianças brincando fosse tão reforçador para Cheryl quanto brincar, o *time-out* excludente não seria eficaz. Para que o procedimento seja eficaz, a pessoa precisa ter acesso aos reforços positivos retirados. Para Cheryl, o *time-out* excludente poderia ser implementado com ela se sentando na sala do diretor ou em outra sala próxima por alguns minutos, sempre que apresentasse o problema de comportamento. O *time-out* não excludente também poderia ser eficaz se Cheryl se sentasse de frente para a parede.

Time-out **excludente**

- A pessoa é retirada da sala (ambiente reforçador) em que o problema de comportamento ocorreu e é levada a outro lugar. Isso a afasta de todas as fontes de reforço positivo.

Time-out **não excludente**

- A pessoa permanece no ambiente, mas perde o acesso a reforços positivos.

Usando o reforço com *time-out*

Toda vez que você usa o *time-out* (ou qualquer outro procedimento de punição), é preciso usar também um procedimento de reforço diferencial. O procedimento de *time-out* diminui a taxa de problemas de comportamentos e um procedimento de reforço diferencial aumenta um comportamento alternativo para substituir o problema de comportamento (reforço diferencial de comportamento alternativo, ou RDCA) ou proporciona o reforço para a ausência do problema de comportamento (reforço diferencial de outro comportamento, ou RDO), enquanto aplica, ao mesmo tempo, a extinção do problema comportamental. *Como o procedimento de* time-out *elimina o acesso a reforços positivos contingentes ao problema comportamental, é importante que a pessoa tenha acesso a reforços positivos por meio de um procedimento de RDCA ou RDO (ou NCR)*. Caso você tenha usado o *time-out* sem um procedimento de reforço diferencial ou NCR (*noncontingent reinforcement*), pode haver uma perda nítida nos reforços e o problema de comportamento tem maior probabilidade de surgir novamente depois do tratamento.

Considerações ao usar o *time-out*

Para usar o *time-out* de maneira eficaz, é preciso que você imediatamente após o problema de comportamento, aproxime-se da criança (com a distância de um braço), diga a ela para se dirigir ao local de *time-out* enquanto aponta para a direção, forneça orientação física se a criança não obedecer às instruções de ir para o *time-out* e ignore o problema de comportamento que ocorrer durante o *time-out* (Donaldson e Vollmer, 2011). Além disso, os autores recomendam o uso de um cronômetro com sinal sonoro alto para iniciar e finalizar o *time-out*. Além dessas recomendações, é preciso atender inúmeros fatores para usar o *time-out* de modo eficaz.

Qual é a função do problema de comportamento? O uso do *time-out* é apropriado no caso de problemas comportamentais que são mantidos por reforços positivos que envolvem reforçadores sociais ou tangíveis. O *time-out* elimina o acesso a esses e outros reforços positivos contingentes ao problema comportamental; como resultado, o problema comportamental tem menor probabilidade de ocorrer. Além disso, *o ambiente de* **time-in** *(ambiente em que o problema comportamental ocorre) deve consistir em atividades ou interações positivamente reforçadoras para que o* time-out *seja eficaz*. Retirar a pessoa deste ambiente só será um *time-out* do reforço positivo se o ambiente de *time-in* for positivamente reforçador e se o ambiente de *time-out* for pouco ou nada reforçador (Solnick, Rincover e Peterson, 1977).

O uso do *time-out* não é apropriado no caso de problemas de comportamentos mantidos por reforços negativos ou por estimulação sensorial (reforço automático). *Como o* time-out *retira a pessoa das atividades ou interações em andamento no ambiente, ele reforçaria negativamente qualquer comportamento que era mantido por escape* (Plummer, Baer e LeBlanc, 1977; Taylor e Miller, 1997). Suponha, por exemplo, que um aluno apresente um comportamento agressivo na sala de aula e que esse comportamento é negativamente reforçado ao escapar das demandas educacionais. Se o professor utilizar o *time-out* retirando o aluno da sala de aula, isso reforçará negativamente o comportamento agressivo. O *time-out* reforça negativamente o problema de comportamento quando o ambiente de *time-out* é menos aversivo do que as atividades em andamento no ambiente de *time-in*.

De maneira semelhante, quando um problema comportamental é mantido por uma estimulação sensorial, o time-out *não é apropriado, uma vez que não funcionaria como um* time-out *do reforço positivo*. A pessoa seria removida das atividades ou interações do ambiente de *time-in* e teria a oportunidade de apresentar o problema de comportamento enquanto estivesse sozinha na área de *time-out* (Solnick, Rincover e Peterson, 1977). Como o problema de comportamento é reforçado automaticamente pela estimulação sensorial que produz, o *time-out* seria reforçador: a pessoa teria oportunidade de exibir um comportamento automaticamente reforçado sem interrupções.

PARA UMA LEITURA MAIS APROFUNDADA

Considerações funcionais ao usar o *time-out*

Estudos feitos por Plummer, Baer e LeBlanc, (1977), Solnick, Rincover e Peterson, (1977) e Taylor e Miller (1997) estabeleceram que o contexto funcional em que o *time-out* é utilizado tem influência sobre sua eficácia. Como o *time-out* envolve a remoção do indivíduo de um ambiente reforçador por um breve período contingente ao problema de comportamento, o procedimento não funcionará se o ambiente de *"time-in"* for aversivo, desprovido de reforços ou menos reforçador que o ambiente de *time-out*. Plummer, Baer e LeBlanc, (1977), por exemplo, avaliaram os efeitos do *time-out* em comportamentos disruptivos que ocorriam durante instruções em sala de aula. Eles demonstraram que o comportamento disruptivo aumentava quando o *time-out* era utilizado porque gerava uma fuga das aulas (reforço negativo). Solnick, Rincover e Peterson também demonstraram que o *time-out* era eficaz quando o ambiente de *time-in* era enriquecido (cheio de reforçadores), mas não era eficaz quando o ambiente de *time-in* era empobrecido (desprovido de reforços). Esses autores também mostraram que o *time-out* não funcionava quando um indivíduo tinha oportunidade de se envolver em um comportamento autoestimulatório durante o *time-out*; portanto, o ambiente de *time-out* seria mais reforçador do que o de *time-out*. Por fim, Taylor e Miller (1997) mostraram que o *time-out* era eficaz no caso de problemas de comportamentos mantidos pela atenção dos professores, mas não para problema de comportamentos mantidos pela fuga das tarefas acadêmicas. Quando os problemas de comportamentos eram mantidos por atenção, o *time-out* removia a atenção e, portanto, funcionava como uma punição negativa (reduzindo, assim, o problema de comportamento). Quando os problemas de comportamentos eram mantidos pela fuga, o *time-out* possibilitava a fuga, funcionando como um reforço negativo (aumentando o problema de comportamento).

O *time-out* é prático em qualquer situação? O *time-out* é prático quando os agentes de mudança conseguem implementar o procedimento com sucesso e quando o ambiente físico é propício para sua utilização. No procedimento de *time-out*, a pessoa normalmente é retirada da sala ou área em que o problema comportamental aconteceu. O agente de mudança que está implementando o *time-out* precisa, em geral, acompanhar fisicamente o cliente até a sala ou local de *time-out*. Em alguns casos, o cliente pode resistir quando estiver sendo conduzido até a zona de *time-out*. Caso a resistência envolva confrontos físicos ou agressões, especialmente se o cliente for uma pessoa grande (por exemplo, um adulto com deficiência intelectual ou transtorno psiquiátrico), talvez o agente de mudança não consiga implementar o procedimento. Esse fator deve ser levado em consideração antes de o *time-out* ser escolhido como tratamento.

A segunda consideração prática é se existe uma sala ou local apropriado para o *time-out*. Para o *time-out* excludente, pode-se usar outra sala ou um corredor. No entanto, a área de *time-out* deve ser um local em que o cliente não tenha acesso a nenhum reforço positivo. Se uma criança for mandada para um *time-out* em seu quarto e lá houver uma TV, video games e brinquedos, o quarto não será um local apropriado para o *time-out*. Se outras pessoas interagirem com o cliente durante o *time-out*, o local não será apropriado. Por exemplo, se um aluno for mandado para um corredor em que seus amigos estão reunidos, o *time-out* não será eficaz. *Se não houver nenhuma sala ou local em que o cliente possa ser afastado dos reforços positivos, o time-out não poderá ser implementado.*

Algumas vezes, é preciso construir ou modificar uma sala já existente especificamente para usá-la como espaço de *time--out*. Essa sala deve ser segura (livre de objetos cortantes ou quebradiços), bem iluminada (com iluminação no teto que não possa ser quebrada) e vazia (com apenas uma cadeira). Além disso, deve haver uma janela de observação para que o cliente possa ser observado durante o *time-out*. Uma janela de observação unidirecional é uma opção melhor, já que o cliente não conseguirá ver o observador. Por fim, a sala não deve ter fechadura para que o cliente não tranque o agente de mudança para fora e o agente de mudança não tranque o cliente dentro dela. Essa precaução previne o uso inapropriado de uma sala de *time-out*. *Seria uso inapropriado do* time-out *se o agente de mudança trancasse a porta e deixasse o cliente sem supervisão em uma sala de* time-out.

O *time-out* é seguro? Conforme observado anteriormente, a sala de *time-out* não deve conter objetos com os quais os clientes possam se machucar. Além disso, embora o agente de mudança não possa interagir com eles durante o *time-out*, deve observá-los durante esse período para garantir que não se machuquem. Isso é especialmente importante no caso de clientes que praticam comportamentos violentos, agressivos ou autolesivos.

O *time-out* é breve? O *time-out* é uma breve perda de acesso a reforços positivos. O problema de comportamento deve resultar em uma remoção imediata do ambiente reforçador de *time-in*. No entanto, o cliente deve retornar ao ambiente de *time-in* o mais rápido possível e voltar às atividades normais (sejam educacionais, vocacionais ou recreativas). A duração do *time-out* normalmente é de 1 a 10 minutos. Entretanto, *se o cliente estiver envolvido no problema de comportamento na área de* time-out *no final da pausa, o* time-out *será ampliado por um curto período (em geral, de 10 segundos a 1 minuto) até que o cliente não esteja mais envolvido no problema comportamental.* A ausência do comportamento problemático é necessária no fim do *time-out* para que a finalização da pausa não reforce negativamente o problema de comportamento. Essa ampliação do tempo de *time-out* é chamada de *atraso contingente* ou *contingência de liberação*. Embora Mace et al. (1986) e Donaldson e Vollmer (2011) tenham descoberto que o *time-out* era igualmente eficiente com ou sem o atraso contingente, Erford (1999) demonstrou que o *time-out* com um atraso contingente era mais eficaz do que aqueles que não apresentavam esse atraso. Embora as descobertas de pesquisas sejam variadas, um atraso contingente é recomendado para que o problema comportamental não seja inadvertidamente reforçado pela fuga do *time-out*. Quando o cliente é liberado do *time-out*, o agente de mudança deve identificar o comportamento desejável que será reforçado no ambiente de *time-in*.

É possível evitar a fuga do *time-out*? Usando o *time-out* excludente ou não excludente, os agentes de mudança devem evitar que o cliente deixe a sala ou área de *time-out* antes do fim do intervalo de pausa. Implementado corretamente, o *time-out* é aversivo para o cliente, por isso, pode tentar escapar. No entanto, para que o *time-out* seja eficaz, o cliente não pode sair até que o intervalo acabe. Por exemplo, se o pai está usando uma cadeira de *time-out* com uma criança de 5 anos, ele deve mantê-la na cadeira durante o *time-out*. Caso ela se levante, o pai (que está perto da criança na cadeira) deve calmamente dar instruções para que volte a se sentar. Se a criança não obedecer ou se levantar repetidamente, o pai deve usar orientações físicas para mantê-la na cadeira. O que pode variar de colocar a mão no ombro até sua contenção física na cadeira (McNeil et al., 1994). Quando uma sala de *time-out* está sendo usada, o pai deve levar a criança de volta à sala caso ela tenha saído antes do tempo; como alternativa, ele pode manter a porta fechada enquanto a criança tenta abrir. Em ambos os casos, é importante evitar uma luta, que pode ser reforçadora para a criança e, assim, tornar o *time-out* menos eficaz. *Se o pai não conseguir evitar a fuga do* time-out *ou uma luta reforçadora, o time-out não deverá ser utilizado.*

É possível evitar interações durante o *time-out*? O *time-out* deve ser implementado de forma calma e sem respostas emocionais do agente de mudança. Além disso, enquanto leva o cliente ao *time-out* ou durante, o agente de mudança não deve interagir com o cliente. Reprimendas, explicações ou qualquer outra forma de atenção devem ser evitadas durante o *time-out*, pois diminuem sua eficácia. Por exemplo, se uma criança que está sentada na cadeira de *time-out* reclama, chora, chama pelos pais ou diz "eu te odeio", ou se a criança pede para sair da cadeira e promete se comportar, os pais devem ficar por perto e ignorar o comportamento até que o intervalo de *time-out* acabe. Caso a criança resista a ir para a cadeira ou sala de *time-out*, o pai não deve repreendê-la ou tentar convencê-la a obedecer. Ele deve, simplesmente, fornecer o grau de orientação física necessário para levar a criança até a sala ou cadeira de *time-out*.

O *time-out* é aceitável em qualquer situação? Em algumas configurações de tratamento, como programas para pessoas com deficiências intelectuais, normas e regulamentações controlam o uso do *time-out* e outros procedimentos de punição. Antes de decidir entre usar ou não o *time-out*, é preciso ter certeza de que o procedimento é aceitável nesse determinado ambiente de tratamento. Além disso, quando trabalhar com pais, é importante avaliar até que ponto consideram o *time-out* um procedimento aceitável. A aceitabilidade (ou adesão) pode ser aumentada com argumentos e explicações sobre um determinado tratamento e discutindo as mudanças positivas de comportamento que poderão resultar do uso do procedimento. Finalmente, os pais devem aceitar o uso do *time-out* se quiserem implementá-lo fielmente com os filhos.

Considerações ao usar o *time-out*

- Qual é a função do problema de comportamento?
- O *time-out* é prático nessas circunstâncias?
- O *time-out* é seguro?
- O *time-out* é breve?
- É possível evitar a fuga do *time-out*?
- É possível evitar interações durante o *time-out*?
- O *time-out* é aceitável nessas circunstâncias?

Pesquisas que avaliam procedimentos de *time-out*

Inúmeros estudos demonstraram a eficácia do *time-out* com crianças e pessoas com deficiências intelectuais (Adams e Kelley, 1992; Bostow e Bailey, 1969; Handen et al., 1992; Hoobs, Forehand e Murray, 1978; Mace et al., 1986; McGimsey, Greene e Lutzger, 1995; Roberts e Powers, 1990; Rolinder e Van Houten, 1985; Taylor e Miller, 1997).

Porterfield, Hebert-Jackson e Risley (1976) e Foxx e Shapiro (1978) investigaram duas variações do *time-out* não excludente. Porterfield e colaboradores estudaram o *time-out* com crianças pequenas que apresentavam comportamentos agressivos e disruptivos em um programa de creche. Quando a criança exibia um problema de comportamento, o cuidador a levava para fora da área de brincadeiras e a deixava sentada no chão, observando as outras crianças brincarem. Depois de permanecer sentada por cerca de 1 minuto, sem brinquedos, atividades ou interações, o cuidador permitia que ela voltasse para a área de brincadeiras. O cuidador também elogiava as outras crianças por brincar de forma apropriada. Porterfield chamou esse procedimento de **observação contingente** porque, contingente à ocorrência do problema de comportamento, a criança tinha de se sentar e observar os outros brincando de forma adequada. O procedimento diminuiu a incidência de comportamentos disruptivos e agressivos das crianças na creche.

Foxx e Shapiro (1978) trabalharam com cinco garotos com deficiências intelectuais e que exibiam uma variedade de problemas de comportamentos (bater, atirar objetos, gritar, sair de seus lugares, bater objetos) em uma sala de aula de educação especial. Os garotos se sentavam em torno de uma mesa em que a professora trabalhava com eles em várias atividades educacionais. Ela oferecia reforços comestíveis e sociais a cada aluno em intervalos de cerca de 2 minutos quando eles não exibiam problema de comportamento. Durante a condição de *time-in*, cada aluno usava uma fita com uma cor diferente no pescoço. Quando o aluno praticava um problema de comportamento, a professora removia a fita do aluno e a colocava no pescoço dela como sinal de que o *time-out* estava em vigor para aquele aluno. Enquanto não estivesse usando a fita, o aluno não poderia participar de nenhuma atividade e nem receber os reforços. O *time-out* durava 3 minutos. O uso desse procedimento de *time-out* não excludente resultou em uma queda nos problemas de comportamentos dos cinco garotos.

Mathews et al. (1987) trabalharam com mães e seus filhos de 1 ano. Os pesquisadores instruíram as mães a usar o *time-out* excludente quando os filhos praticassem comportamentos perigosos (por exemplo, tocar em fios elétricos ou eletrodomésticos). Primeiro, elas adaptaram as casas para as crianças, eliminando o maior número possível de perigos. Esse procedimento antecedente deve ser usado por todos que têm crianças pequenas a fim de aumentar a segurança. Em seguida, usaram *time-out* e reforço diferencial quando os filhos estavam brincando. As mães elogiavam as crianças por brincar de forma apropriada e quando uma delas praticava um comportamento perigoso, imediatamente a mãe implementava o *time-out* (Figura 17-2). A mãe dizia "não", retirava a criança da área de brincadeira e a colocava no cercadinho por um breve período (até que a criança permanecesse quieta por 5 a 10 segundos). Esse procedimento de *time-out* resultou em uma redução no comportamento perigoso de todas as crianças (Figura 17-3).

FIGURA 17-2 A mãe está usando *time-out* com seu bebê. Sempre que a criança exibe comportamentos perigosos, ela a coloca no berço, longe de reforços, por um breve período.

Rortvedt e Miltenberger (1994) usaram o *time-out* excludente para reduzir a desobediência em duas garotas de 4 anos. As meninas normalmente se recusavam a obedecer às ordens de suas mães; em resposta, elas repetiam as ordens, ameaçavam, repreendiam ou imploravam para que as garotas fizessem o que foi pedido. Os pesquisadores trabalharam com cada dupla de mãe e filha em suas casas. Eles instruíram a mãe a elogiar a filha quando ela obedecesse a uma ordem e usassem o *time-out* quando ela se recusasse. Quando a mãe fazia um pedido e a filha não obedecia em 20 segundos, a mãe levava a criança para outro quarto e a deixava sentada em uma cadeira por 1 minuto. Depois de dizer à criança por que ela precisava se sentar na cadeira, a mãe não interagia com ela durante o período de *time-out*. Se a criança se envolvesse em problemas de comportamentos durante o *time-out*, o período de pausa era ampliado até que ficasse quieta por, pelo menos, 10 segundos. O uso do *time-out* com essas duas crianças reduziu consideravelmente o comportamento de desobediência delas.

PARA UMA LEITURA MAIS APROFUNDADA	**Aumentar a obediência com o *time-out***
	Embora o *time-out* seja uma intervenção eficiente, a dificuldade que os pais normalmente enfrentam é fazer que os filhos obedeçam às instruções de ir para a área de *time-out*. Se a criança oferecer resistência inicialmente quando for instruída a ir para o *time-out*, os pais podem precisar utilizar orientações físicas para fazer a criança obedecer aos procedimentos. Donaldson et al. (2013) avaliaram um procedimento para aumentar a obediência de crianças em idade pré-escolar com relação às instruções de ir para o *time-out*. Os pesquisadores analisaram duas variações de *time-out*. Em uma delas, a duração do *time-out* foi de 4 minutos e os pais usaram o procedimento padrão para levar a criança ao *time-out*, incluindo orientação física, quando necessário. Na outra variação, os pais mandaram a criança para o *time-out* e disseram que o período de 4 minutos seria reduzido para 1 minuto se ela fosse imediatamente (em 10 segundos). Donaldson e colaboradores descobriram que as crianças eram mais obedientes às instruções do *time-out* e passavam menos tempo nele durante a condição de 1 minuto do que na condição de 4 minutos. Além disso, as duas variações de *time-out* foram igualmente eficazes na diminuição do problema de comportamento.

Custo da resposta

Marty estava com pressa para terminar as compras e poder ir para casa a tempo de ver o jogo. Ele parou em frente à loja e estacionou na vaga reservada para pessoas com deficiência. Não havia nenhuma outra vaga por perto e ele argumentou que ficaria na loja por apenas alguns minutos. Marty comprou os itens de que precisava e correu pela porta. Quando chegou ao seu carro, viu que tinha recebido uma multa de $ 250. Depois desse incidente, ele nunca mais estacionou em uma vaga reservada para pessoas com deficiência. A multa por estacionar ilegalmente é um exemplo de procedimento de custo da resposta.

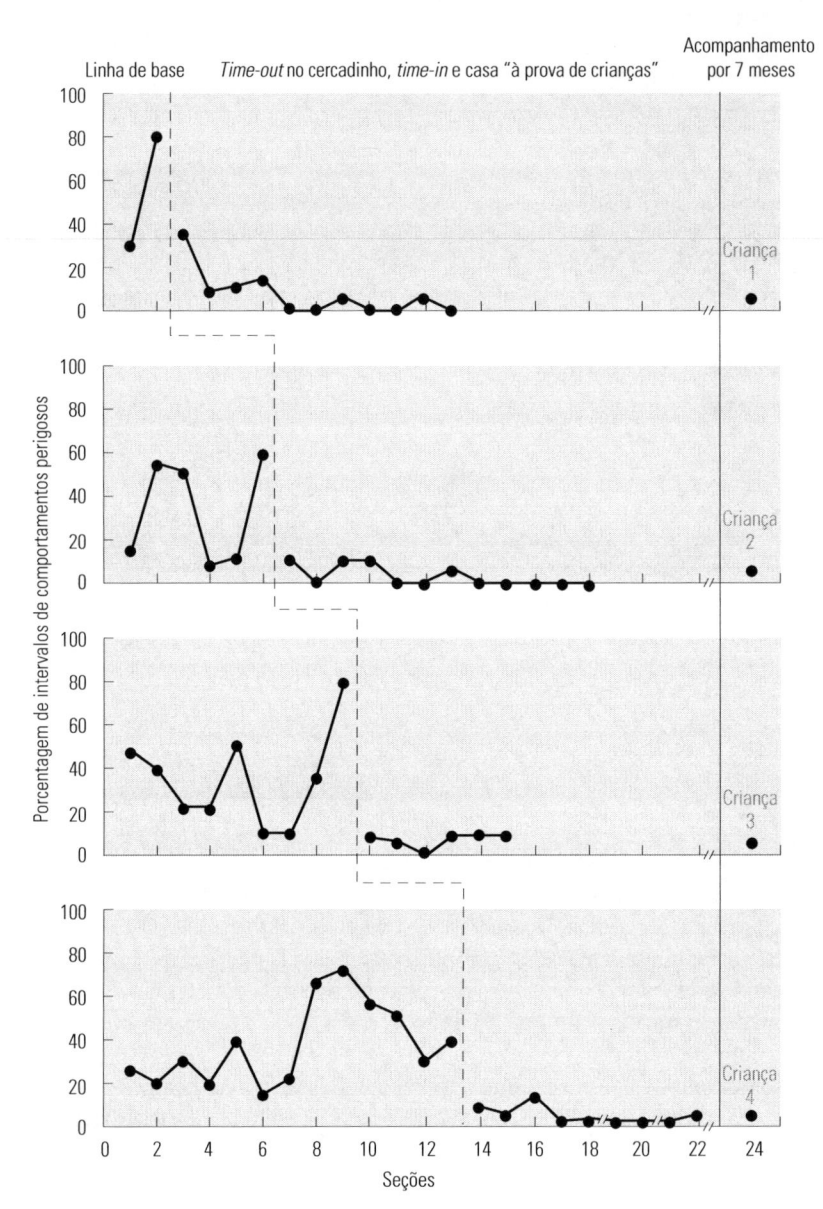

FIGURA 17-3 Este gráfico mostra o grau de comportamentos perigosos exibido por quatro crianças pequenas antes e depois da implementação dos procedimentos de *time-out* e reforço diferencial. A incidência de comportamentos perigosos de todas as crianças diminuiu quando a intervenção foi implementada em um design de linha de base múltipla e em todos os sujeitos. (De Matthews et al. Decreasing dangerous infant behavior through parent instruction. *Journal of Applied Behavior Analysis*, v. 20, p. 165-169, 1987. Copyright © 1987 University of Kansas Press. Reproduzido com permissão do autor.)

Jake e Jeremy, irmãos de 7 e 8 anos, brigam com frequência. Eles discutem para saber quem vai começar o jogo, gritam quando um deles está com o brinquedo que o outro quer e lutam para ficar com o controle remoto da TV. Os pais decidiram implantar um programa para reduzir a frequência das brigas. Ambos os garotos recebem $ 5 todos os sábados. Os pais disseram que eles perderão 50 centavos da mesada toda vez que brigarem. Definiram briga como discutir alto, gritar, xingar, chorar ou qualquer confronto físico, como empurrar, bater ou lutar. Eles criaram um gráfico no quadro de avisos da cozinha. O gráfico tem os nomes de Jake e Jeremy, com vinte moedas de 25 centavos desenhadas abaixo de cada nome. Para cada briga, os pais colocam um X em 2 moedas debaixo do nome do garoto que estava brigando. Toda vez que um dos pais via ou ouvia uma briga, ele caminhava calmamente até os garotos e dizia: "Você perdeu 50 centavos por brigar. Sugiro que pare de brigar para que não perca mais dinheiro". Em seguida, o pai ia até o gráfico e riscava as duas moedas. Além disso, eles ensinaram os garotos como resolver problemas e chegar a um consenso quando estavam em desacordo. Os pais os elogiavam sempre que viam os garotos tentando resolver os problemas ou entrando em um acordo. Em poucas semanas, Jake e Jeremy estavam brigando com muito menos frequência e raramente perdiam moedas.

Definir custo da resposta

Esses dois exemplos ilustram o procedimento comportamental chamado de **custo da resposta**, *que é definido como a remoção de uma quantidade específica de um reforço contingente à ocorrência de um problema comportamental. O custo da resposta é um procedimento de punição negativa quando resulta em uma queda na probabilidade futura do problema comportamental.* Marty perdeu $ 250 quando estacionou na vaga reservada para pessoas com deficiência. Como resultado, ele tem uma probabilidade muito menor de praticar esse comportamento novamente. Jake e Jeremy perdiam 50 centavos toda vez que exibiam o problema de comportamento, as brigas. Isso resultou em uma queda na taxa desse comportamento dos garotos.

Os procedimentos de custo da resposta são usados amplamente por governos, postos policiais e outras instituições. Os governos raramente usam reforços positivos para controlar o comportamento dos cidadãos. Se você não pagar ou se fraudar os impostos, a Receita Federal aplicará uma multa. Se estacionar ilegalmente ou for pego dirigindo em alta velocidade, receberá uma multa. Se usar um cheque sem fundos, pagará uma multa ao banco. Se devolver os livros na biblioteca com atraso, receberá uma multa. Em todos os casos, a multa é a perda de uma quantidade de um reforço (dinheiro) e é imposta para reduzir a probabilidade de você apresentar novamente o comportamento inadequado. O dinheiro normalmente é usado em procedimentos de custo da resposta porque é um reforço para praticamente todas as pessoas e por ser facilmente quantificado. A gravidade da perda pode ser ajustada facilmente para se adequar ao mau comportamento. Outros reforços que podem ser utilizados em procedimentos de custo da resposta incluem reforços tangíveis ou materiais, como petiscos, brinquedos, fichas ou a oportunidade de usar o carro da família, e reforços de atividade, como ir ao cinema, jogar um jogo ou sair para o recreio. Qualquer privilégio que possa ser revogado contingente à ocorrência de um problema de comportamento pode ser usado em um procedimento de custo da resposta.

Usar o reforço diferencial com o custo da resposta

Se um procedimento de custo da resposta estiver sendo utilizado para reduzir um problema comportamental, o reforço diferencial também deverá ser usado para aumentar um comportamento alternativo desejado (RDCA) ou para reforçar a ausência do problema de comportamento (RDO). Como afirmamos anteriormente, um procedimento de reforço diferencial (ou um procedimento NCR) deve ser empregado em conjunto com qualquer procedimento de punição ou extinção.

Comparar custo da resposta, *time-out* e extinção

Procedimentos de custo da resposta, *time-out* e extinção são semelhantes por serem usados para reduzir um problema comportamental. No entanto, diferentes processos estão envolvidos.

- Com a extinção, o problema de comportamento não será mais seguido pelo evento reforçador que anteriormente mantinha o comportamento.
- Com o *time-out*, a pessoa perde o acesso a todas as fontes de reforço contingentes ao problema comportamental.
- Com o custo da resposta, uma quantidade específica do reforço que a pessoa já possui é removida depois do problema de comportamento.

A diferença entre os três procedimentos pode ser esclarecida por meio de um exemplo.

Joey brinca com vários brinquedos em uma mesa com outras crianças da pré-escola. A professora e sua ajudante brincam com as crianças, ajudando-as e dando atenção em intervalos periódicos. Os reforços nesse ambiente incluem brinquedos, materiais de arte, atenção dos adultos e atenção das outras crianças. Na sala de aula, Joey apresenta um comportamento disruptivo, que é reforçado pela atenção da professora. Ela explica a Joey por que seu comportamento não é bom, o abraça e diz a ele que brinque de modo apropriado. Isso acontece todas as vezes que ele apresenta o comportamento disruptivo.

> **?** ***Descreva como a professora poderia implementar procedimentos de extinção, time-out e custo da resposta com Joey.***

Na extinção, a professora ignoraria o comportamento disruptivo de Joey. A atenção é o reforço para o problema comportamental, por isso, se ela ignorar o comportamento, estará contendo a consequência reforçadora. A extinção provavelmente não é o melhor procedimento neste caso, pois o comportamento disruptivo de Joey pode evoluir e perturbar ou machucar outras crianças.

No *time-out*, a professora retiraria Joey da mesa e o colocaria em uma cadeira no corredor, em outra sala ou do outro lado da sala por alguns minutos. Ao colocar Joey em uma cadeira afastada da mesa, a professora retira o acesso de Joey a todos os reforços presentes no ambiente. O *time-out* seria um procedimento adequado, pois Joey não continuaria perturbando as outras crianças enquanto estivesse afastado durante o *time-out*.

No custo da resposta, a professora removeria algum reforço que Joey já possui quando ele apresentasse um comportamento disruptivo. Ela poderia, por exemplo, retirar o brinquedo favorito dele por um curto período quando ele se portasse inconveniente. O brinquedo favorito é um reforço que Joey perde contingente ao problema comportamental, mas não é o reforçador do problema comportamental. A atenção é o reforço para o problema comportamental. O custo da resposta pode ser um procedimento adequado, mas depende do fato de o comportamento disruptivo de Joey evoluir ou não quando o brinquedo for removido.

Considerações ao usar o custo da resposta

Para utilizar procedimentos de custo da resposta com sucesso, é preciso levar em conta uma série de questões.

Qual reforço será removido? Você deve identificar o reforço e a quantidade dele que será removida no procedimento de custo da resposta. O reforço deve ser algum sobre o qual o agente de mudança tenha controle para que possa ser removido depois do problema comportamental. A quantidade do reforço deve ser grande o bastante para que sua perda contingente ao problema comportamental possa reduzir esse comportamento. Embora 25 centavos possa ser um grande reforço para uma criança, a maioria dos adultos não pararia de dirigir em alta velocidade se a multa fosse desse valor. Depois de identificar o reforço, é preciso decidir se sua perda será permanente ou temporária. Quando você paga uma multa por excesso de velocidade, a perda de dinheiro é permanente. Entretanto, algumas vezes, a perda do reforço é temporária. Por exemplo, os pais podem retirar a bicicleta do filho por uma semana como punição por um problema de comportamento. Embora a criança perca uma semana de atividades com a bicicleta, ela será devolvida.

A perda do reforço é imediata ou adiada? Em alguns casos, o reforço é removido imediatamente depois do problema comportamental em um procedimento de custo da resposta. Por exemplo, um aluno que apresenta um comportamento impróprio na sala de aula perde uma ficha imediatamente. No entanto, quando um programa de reforço por fichas não está em uso, a perda do reforço no custo da resposta normalmente é adiada. Você paga a multa por excesso de velocidade depois. A criança perde o dinheiro da mesada no fim de semana, quando a mesada é recebida. Uma criança perde a oportunidade de ir a uma atividade mais tarde contingente a um problema de comportamento no início do dia.

Embora a perda do reforço no custo da resposta geralmente seja adiada, a pessoa é avisada da perda imediatamente após o problema de comportamento. Além disso, em alguns casos, uma consequência imediata ocorre acompanhada da perda adiada do reforço. Por exemplo, os pais de Jake e Jeremy colocam um X em duas moedas do gráfico para representar a perda do dinheiro da mesada. A pessoa que foi pega dirigindo acima da velocidade permitida recebe um papel indicando o dinheiro que será perdido posteriormente. Um X é desenhado na lousa ao lado do nome do aluno para indicar a perda do recreio. *A declaração verbal imediata sobre a perda do reforço e a representação simbólica se tornaram reforços condicionados, pois são combinados com a perda eventual do reforço.* Dessa maneira, a perda real do reforço pode ser adiada e ainda assim ser uma punição eficaz.

Se o custo da resposta estiver sendo usado com pessoas com déficits intelectuais graves, é melhor ter uma perda imediata do reforço. Para essas pessoas, uma demora entre o problema comportamental e a perda do reforço pode tornar o custo da resposta menos eficaz. Portanto, se o custo da resposta estiver sendo usado com pessoas com deficiências intelectuais graves ou profundas, pode ser melhor utilizá-lo em conjunto com um programa de reforço por fichas. Neste caso, a pessoa acumula fichas como reforços por comportamentos desejáveis e uma dessas fichas pode ser retirada imediatamente depois da ocorrência do problema comportamental.

A perda dos reforços é ética? É importante que a remoção dos reforços no procedimento de custo da resposta não viole os direitos da pessoa que está sendo tratada ou resulte em danos para ela. Embora os pais possam retirar um brinquedo ou outra posse dos filhos como consequência de um problema comportamental, retirar um objeto pessoal do adulto em determinado programa de tratamento seria uma violação de seus direitos. Além disso, privar uma criança ou adulto em determinado programa de tratamento de uma refeição ou alimento que normalmente está disponível para ele também é uma violação dos direitos. Embora os pais possam não permitir que os filhos comam sobremesa ou alguma guloseima como consequência de um problema comportamental em um programa de custo da resposta, eles nunca devem privar a criança das necessidades nutricionais que podem resultar em dano.

O custo da resposta é prático e aceitável? O procedimento de custo da resposta precisa ser prático. O agente de mudança deve ser capaz de realizar o procedimento. Esse procedimento não pode estigmatizar ou envergonhar aquele que tem o problema comportamental. O agente de mudança que o está implementando precisa considerar o procedimento um método aceitável para diminuir um problema comportamental. Se o procedimento não for prático ou o agente de mudança não o considerar aceitável, procedimentos alternativos devem ser considerados.

Considerações ao usar o custo da resposta

- Qual reforço será removido?
- A perda do reforço é imediata ou adiada?
- A perda do reforço é ética?
- O custo da resposta é prático e aceitável?

Pesquisas que avaliam procedimentos de custo da resposta

Inúmeros estudos avaliaram programas de custo da resposta com problemas comportamentais variados em grupos de populações. O custo da resposta tem sido usado para diminuir o mau comportamento infantil durante idas ao mercado (Barnard, Christophersen e Wolf, 1977), comportamentos inadequados em pacientes de longo período em hospital psiquiátrico (Doty, McInnis e Paul, 1974), distúrbios do sono em crianças pequenas (Ashbaugh e Peck, 1998), distúrbios do sono em crianças e adolescentes com deficiências intelectuais (Piazza e Fisher, 1991), comportamento inadequado em crianças hiperativas (Rapport, Murphy e Bailey, 1982), desobediência aos pais (Little e Kelley, 1989), chupar os dedos e arrancar os cabelos (Long, Miltenberger e Rapp, 1999; Long et al., 1999), comportamento disruptivo na sala de aula (Barrish, Saunders e Wolf, 1969; Conyers et al., 2004) e disfluências da fala em estudantes universitários (Siegal, Lenske e Broen, 1969). Diversas outras avaliações dos procedimentos de custo da resposta são descritas com mais detalhes aqui.

Marholin e Gray (1976) pesquisaram os efeitos do custo da resposta sobre déficits no caixa de um restaurante. Antes de o custo da resposta ser implementado, a empresa tinha déficits na caixa registradora no final do dia que correspondiam, em média, a 4% da renda diária. Seis funcionários do caixa participaram do estudo. Durante a intervenção de custo da resposta, o déficit no final de um dia era calculado. Se fosse maior que 1%, deveria ser dividido entre os funcionários daquele dia e o valor seria retirado do pagamento deles. Os déficits de caixa diários durante a condição de custo da resposta em grupo diminuíram para muito abaixo do critério de 1% (Figura 17-4).

Aragona, Cassady e Drabman (1975) usaram o custo da resposta como componente de um programa de perda de peso com crianças e seus pais. Os pais e seus filhos compareceram a 12 reuniões semanais em grupo. Nessas reuniões, eles aprendiam várias habilidades para administrar a ingestão de calorias, além de maneiras de iniciar e manter um programa de exercícios. No início do programa de perda de peso, os pais depositaram uma quantia de dinheiro para os pesquisadores. No componente de custo da resposta do programa, eles perdiam uma parte desse dinheiro se não comparecessem à reunião semanal, se não trouxessem os gráficos e dados e se seus filhos não perdessem a quantidade de peso estabelecida em um contrato semanal. No geral, as crianças perderam peso ao longo das 12 semanas do programa. Nesse estudo, os pesquisadores utilizaram o custo da resposta contingente à perda de peso, que é resultado de vários comportamentos. Observe que normalmente é mais eficaz definir o custo da resposta como contingente a um comportamento específico.

McSweeny (1978) registrou um exemplo de custo da resposta usado com a população de uma grande cidade. Antes de 1974, as ligações para o serviço de auxílio da lista telefônica em Cincinnati, Ohio, eram gratuitas. De 1971 até 1973, entre 70 e 80 mil ligações eram feitas aos operadores da companhia telefônica diariamente. Em 1974, a companhia telefônica instituiu uma tarifa de 20 centavos para cada ligação ao serviço de lista telefônica e o número de chamadas por dia caiu para cerca de 20 mil, uma redução de 50 a 60 mil ligações diárias. Quando os usuários de telefone tinham de pagar para ter uma informação por meio do serviço de auxílio da lista telefônica, esse comportamento diminuiu e, aparentemente, o comportamento alternativo de usar a lista telefônica impressa para obter um número aumentou.

RESUMO DO CAPÍTULO

1. No *time-out* a pessoa perde o acesso a todas as fontes de reforço contingentes ao problema de comportamento. O *time-out* funciona como punição negativa.

2. No *time-out* não excludente, a pessoa é afastada de todas as fontes de reforço enquanto permanece no ambiente em que houve o problema de comportamento. No *time-out* excludente, ela é retirada do ambiente e levada a uma sala ou local de *time-out*.

3. No custo da resposta, a pessoa perde uma quantidade de um reforço específico contingente à ocorrência do problema comportamental. Imediatamente após o problema de comportamento, o reforço é removido e a pessoa tem menor probabilidade de apresentar esse comportamento no futuro.

4. O reforço é usado em conjunto com o *time-out* ou custo da resposta para que um comportamento alternativo desejado

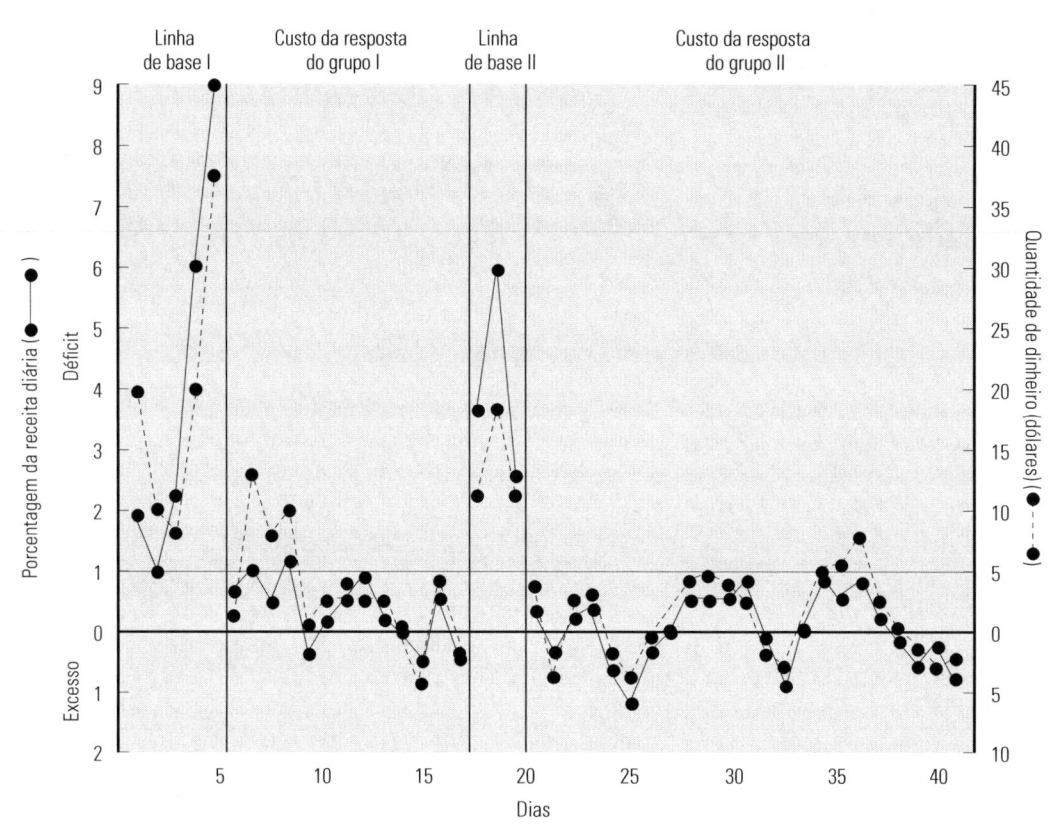

FIGURA 17-4 Este gráfico mostra os efeitos do custo da resposta sobre os déficits (ou excessos) de caixa diários na caixa registradora de uma pequena empresa. A linha pontilhada demonstra a quantidade total de dinheiro na caixa registradora que estava acima ou abaixo da quantia esperada no final do dia. A linha sólida mostra a porcentagem das vendas do dia que estava acima ou abaixo no final de cada dia. O custo da resposta era implementado quando o déficit era maior que 1% das vendas do dia. O método foi implementado em um design A-B-A-B e reduziu os déficits no nível do critério todas as vezes que foi implementado. (De Marholin, D. e Gray, D. Effects of group response cost procedures on cash shortages in a small business. *Journal of Applied Behavior Analysis*, v. 9, p. 25-30, 1976. Copyright © 1976 Society for the Experimental Analysis of Behavior. Reproduzido com permissão da Society for the Experimental Analysis of Behavior.)

seja fortalecido e substitua o problema de comportamento reduzido por esses procedimentos de punição.

5. Para que o *time-out* seja eficaz, o ambiente de *time-in* deve ser reforçador. O *time-out* não é apropriado para problemas de comportamentos mantidos por escape ou estimulação sensorial. O *time-out* deve ser prático, seguro, aceitável e breve para os cuidadores. A fuga do *time-out* e as interações com a criança durante a pausa devem ser evitadas. Para que o custo da resposta seja aplicado com sucesso, o agente de mudança precisa ter controle sobre o reforço que será removido. Além disso, os reforços não podem ser removidos de uma pessoa se resultar em danos ou em violação de seus direitos. O agente de mudança deve escolher o reforço adequado para remover durante o procedimento de custo da resposta, além de determinar se a perda do reforço será imediata ou adiada. O custo da resposta deve ser prático e aceitável para os cuidadores.

TERMOS-CHAVE

Custo da resposta, 253
Observação contingente, 250
Time-out excludente, 247

Time-in, 248
Time-out, 247

Time-out do reforço positivo, 247
Time-out não excludente, 247

TESTE PRÁTICO

1. O que é punição? Qual é a diferença entre punição positiva e punição negativa?

2. Descreva o *time-out*. Explique por que se trata de um procedimento de punição negativa.

3. O que é *time-out* não excludente? O que é *time-out* excludente? Dê exemplo de cada um dos tipos.
4. Sob quais condições você usaria o *time-out* não excludente em vez do excludente?
5. Explique como a eficácia do *time-out* está relacionada com a função do problema de comportamento e com a natureza do ambiente de *time-in*.
6. Descreva as características de uma sala ou área de *time-out* adequada.
7. Por que o tempo de *time-out* deve ser curto?
8. Se os pais usarem o *time-out* com os filhos, o que eles devem e não devem fazer enquanto a criança estiver na sala ou área de *time-out*?)
9. Descreva o custo da resposta. Explique o que o torna um procedimento de punição negativa.
10. Cite dois exemplos de procedimentos de custo da resposta.
11. Explique as diferenças entre extinção, *time-out* e custo da resposta.

APLICAÇÕES

1. Descreva como você implementaria um procedimento de custo da resposta em seu projeto de autogestão. Explique por que esse procedimento é apropriado.
2. Uma família tem três filhos pequenos, com 4, 5 e 6 anos, que brincam juntos frequentemente. Em geral, quando uma das crianças, Hillary, não consegue o que quer, ou se uma das outras crianças está brincando com seu brinquedo favorito, ela exibe um comportamento de birra. Ela chora e exige o que quer, algumas vezes até atira brinquedos. Como resultado, ela consegue o que deseja ou um dos pais controla a disputa e as crianças continuam brincando. Descreva o procedimento de *time-out* que você ensinaria aos pais de Hillary para reduzir o comportamento de birra dela.
3. Descreva o procedimento de custo da resposta que você ensinaria aos pais de Hillary para reduzir seu comportamento de birra.
4. Louis é um garoto de 10 anos com uma grave deficiência intelectual. Ele está em uma turma de educação especial com outras 12 crianças. A professora e a assistente realizam sessões de ensino individuais e em grupo com os alunos. Louis apresenta um comportamento agressivo em que puxa os cabelos dos outros alunos. Você deverá se reunir com a professora para desenvolver recomendações de tratamento. Ao observar a sala de aula durante alguns dias nota que a professora e sua assistente raramente elogiam os alunos ou fornecem outras fontes de reforço. Também observa que Louis é repreendido e colocado em uma cadeira todas as vezes que puxa os cabelos. No entanto, essa ação não reduziu essa atitude. Descreva as instruções que você daria à professora para tornar o ambiente da sala de aula mais reforçador de modo geral. Descreva também os procedimentos de *time-out* e reforço diferencial que a professora deve usar com Louis em relação ao comportamento agressivo, uma vez que as outras mudanças no ambiente da sala de aula (*time-in*) tenham sido realizadas.

APLICAÇÕES INCORRETAS

1. Marybeth, menina de 5 anos, desenvolveu o problema de comportamento de ignorar as ordens da mãe e continuar brincando ou assistindo à TV. Por exemplo, quando a mãe pedia a ela que fosse lavar as mãos para o almoço, ela ignorava ou respondia "daqui a pouco" e continuava brincando no balanço. Marybeth continuava se recusando a obedecer até que a mãe repetisse o pedido de 10 a 12 vezes. Para reduzir a desobediência de Marybeth, a mãe instituiu um procedimento de *time-out*. Todas as vezes que a garota não obedecia a uma ordem, a mãe dirigia-se a ela, a levava à sala de jantar e pedia-lhe que se sentasse em uma cadeira por ter desobedecido. Durante o *time-out* de 2 minutos de Marybeth, a mãe ficava por perto. A garota reclamava e brigava enquanto estava sentada na cadeira de *time-out*. Em resposta, a mãe dizia para ficar quieta, explicava por que ela tinha de se sentar lá e ameaçava dizendo que a garota ficaria lá por mais tempo se não ficasse quieta. Essa interação continuava durante todo o período de *time-out*. Qual é o problema com a maneira que a mãe de Marybeth está implementando o *time-out*? Como ela poderia melhorar a utilização do *time-out*?
2. Felix, homem de 25 anos com profunda deficiência intelectual que vive em uma comunidade, jantava com outros cinco moradores com deficiências intelectuais. Geralmente, Felix pegava comida dos pratos dos outros moradores e comia. Isso os irritava e causava problemas durante as refeições. A equipe implementou um procedimento de custo da resposta para diminuir o roubo de alimentos. Assim que Felix pegava comida do prato de alguém, a equipe o retirava da mesa e ele perdia o restante de sua refeição. Depois que esse procedimento de custo da resposta foi implementado, o roubo de alimentos diminuiu para apenas algumas ocorrências por semana. O que há de errado com esse procedimento de custo da resposta?
3. Sam, aluno do sétimo ano, está reprovando na maioria das matérias. Normalmente ele cabula aulas e diz que odeia estar na escola. Na sala de aula, apresenta o problema de comportamento de atormentar alguns dos outros alunos. Ele pega livros ou papéis de suas mesas, além de cutucar e beliscá-los durante a aula. A professora decidiu implantar um programa de *time-out* para Sam. Todas as vezes que ele apresenta um desses problemas de comportamentos, ela o faz se sentar no corredor fora da classe por 15 minutos. Depois de 15 minutos, a professora vai até lá e diz para ele voltar para a sala. Embora ela tenha usado esse procedimento de *time-out* várias vezes, os problemas de comportamentos persistiam. O que há de errado com essa utilização do *time-out*?

18

Procedimentos de punição positiva e a ética da punição

- Quais são as aplicações das atividades aversivas?
- Quais são os cinco procedimentos de punição positiva que envolvem a aplicação de atividades aversivas?
- Quais são as aplicações da estimulação aversiva?
- Quais questões devem ser levadas em consideração antes de se utilizar procedimentos de punição positiva?
- Quais questões éticas estão envolvidas na utilização e procedimentos de punição?

O Capítulo 17 discute procedimentos de punição negativa, *time-out* e custo da resposta, que envolvem a remoção de eventos reforçadores contingentes à ocorrência do problema de comportamento. Este capítulo descreve o uso de procedimentos de punição positiva para reduzir problemas de comportamento. Na punição positiva, eventos aversivos são aplicados contingentes à ocorrência de um problema de comportamento e o resultado é uma queda na probabilidade de repetição deste comportamento. Conforme descrito no Capítulo 17, o uso de punição, especialmente a punição positiva, é controverso. Abordagens de tratamento funcionais (e não aversivas) sempre devem ser usadas antes de uma punição ser considerada, e procedimentos de reforço devem sempre ser usados em conjunto com a punição. As considerações éticas sobre o uso de procedimentos de punição serão discutidas posteriormente neste capítulo.

Duas grandes categorias de eventos aversivos são usadas em procedimentos de punição positiva: a aplicação de atividades aversivas e a aplicação de estímulos aversivos (Sulzer-Azaroff e Mayer, 1991).

Aplicação de atividades aversivas

Em uma manhã de sábado, Allison, de 5 anos, estava pintando com seu giz de cera. Seu pai estava ocupado em outra parte da casa. Allison estava brava com o pai porque ele não poderia levá-la ao parque. Ela pegou um giz e começou a rabiscar grandes círculos na parede branca da cozinha. Quando já tinha colorido uma grande parte da parede, seu pai entrou na cozinha e viu o que a menina tinha feito. Allison começou a chorar e a pedir desculpas. Seu pai caminhou até ela calmamente e disse com voz firme: "Você não pode riscar as paredes. Agora vai ter de limpar tudo". Ele pegou um balde de água e detergente, levou Allison até o local em que ela tinha riscado e deu-lhe um pano com sabão para que limpasse a parede. Ficou ali enquanto via ela limpar sem lhe dizer mais nada. O pai ignorou suas reclamações e a induziu fisicamente a continuar sempre que a menina parava de limpar. Depois que Allison limpou todas as marcas de giz de cera da parede, ele a levou a outra parede da cozinha e mandou que ela a limpasse. Novamente, não interagiu com ela, exceto ao fornecer orientações físicas quando ela parava de limpar. Depois de cerca de 15 minutos de limpeza, ele disse a Allison que ela tinha terminado e poderia voltar a brincar. Como resultado desse procedimento, Allison tem uma menor probabilidade de riscar as paredes novamente quando estiver com raiva no futuro.

Eram duas da manhã quando o alarme próximo à cama de Simon o acordou quando ele estava começando a molhar a cama. O alarme é ativado por um sensor em uma almofada colocada debaixo dos lençóis de sua cama; o sensor detecta líquidos (urina). Também acordada pelo alarme, sua mãe foi até o quarto e disse para o garoto trocar os pijamas e lençóis, levar a roupa suja para a lavanderia, secar a almofada e colocar lençóis limpos na cama. Depois que Simon fez isso, sua mãe lhe disse que ele deveria praticar sair da cama à noite para ir ao banheiro. Seguindo suas instruções, Simon deitava na cama debaixo das cobertas, levantava, caminhava até o banheiro e ficava em frente ao vaso sanitário. Embora reclamasse, sua mãe o fez completar esse comportamento dez vezes antes de voltar a dormir. Depois de terminar o treinamento, ela disse boa noite e o lembrou de se levantar e ir até o banheiro da próxima vez que tivesse vontade à noite. Depois de algumas semanas com esse procedimento, Simon raramente fazia xixi na cama.

Nesses dois casos, um problema de comportamento foi reduzido pela **aplicação contingente de atividades aversivas**. Contingente ao problema de comportamento, a criança precisou realizar uma atividade aversiva. *Como resultado, o comportamento tinha menos probabilidade de ocorrer no futuro.* Uma atividade aversiva é um comportamento de baixa probabilidade que a pessoa normalmente não apresentaria. Para Allison, a atividade aversiva foi limpar as paredes. Para Simon, foi a prática repetida de sair da cama e ir ao banheiro. Essa forma de punição positiva baseia-se no princípio de Premack, que afirma que quando a exigência de realizar um comportamento de baixa probabilidade (a atividade aversiva) é apresentada contingente à ocorrência de um comportamento de alta probabilidade (o problema de comportamento), este diminuirá no futuro (Miltenberger e Fuqua, 1981).

Embora um estímulo aversivo seja um evento ambiental que pode ser punitivo, uma atividade aversiva é um comportamento que pode ser punitivo para outro comportamento. A pessoa tentará evitar ou escapar da realização de uma atividade aversiva. Como resultado, o agente de mudança geralmente precisa usar orientações físicas para fazer que ela realize a atividade aversiva contingente ao problema de comportamento. Quando Allison reclamou sobre limpar as paredes e tentou fugir, isso foi uma evidência de que limpá-las era uma atividade aversiva. Em resposta, seu pai usou orientações físicas para fazer que ela concluísse a limpeza. Quando Simon reclamou da prática repetida de ir ao banheiro à noite, isso também foi um indicador de que esse comportamento era uma atividade aversiva. Embora praticar essa rotina fosse aversivo, Simon não parou porque as instruções de sua mãe tinham controle de estímulo sobre o comportamento.

Ao aplicar uma atividade aversiva como punição positiva, o agente de mudança instrui o cliente a realizar a atividade aversiva imediatamente após o problema de comportamento. Se o cliente não iniciar a atividade quando instruído, o agente de mudança deve usar, então, orientações físicas para fazer o cliente exibir o comportamento. Com o tempo, o cliente deve realizar a atividade logo após o comando para evitar a orientação física que anteriormente seguiu o comando. Por exemplo, Allison parou de limpar as paredes e seu pai imediatamente usou orientações físicas para fazer a menina continuar limpando. Como resultado, ela continuou limpando as paredes quando foi instruída para evitar outras orientações físicas de seu pai. Vários tipos de procedimentos de punição positiva usam diferentes tipos de atividades aversivas. As atividades aversivas serão discutidas nas seções a seguir.

Hipercorreção

Hipercorreção é um procedimento que Foxx e Azrin (1972, 1973) desenvolveram para reduzir comportamentos agressivos e desordeiros exibidos por pessoas com deficiências intelectuais em ambientes institucionais. Na hipercorreção, pede-se que o cliente realize um comportamento que exige esforço por um longo período contingente a cada caso de problema de comportamento. Existem duas formas de hipercorreção: positiva e restituição.

Prática positiva *Na* **prática positiva**, *o cliente precisa apresentar as formas corretas de comportamento contingente ao caso de problema de comportamento.* Ele exibe o comportamento correto, com orientações físicas quando necessário, por um longo período (por exemplo, de 5 a 15 minutos) ou até que o comportamento correto tenha sido repetido várias vezes. Isso é chamado de procedimento de hipercorreção porque o cliente precisa realizar o comportamento correto muitas vezes na prática positiva. Esse método foi usado com Simon no nosso exemplo. Ele precisou praticar o comportamento correto de sair da cama e ir até o banheiro dez vezes depois de um caso de problema de comportamento – molhar a cama.

Considere outro exemplo. Suponha que uma aluna do ensino fundamental cometa diversos erros de ortografia nas tarefas que entrega à professora. Ela comete erros porque faz o trabalho com pressa e não o revisa.

> *Como a professora pode implementar a hipercorreção da prática positiva para reduzir os erros de ortografia dessa aluna?*

A professora pode destacar todas as palavras com erro de ortografia de seu trabalho, devolvê-lo à aluna e pedir a ela que escreva cada palavra corretamente dez vezes. A prática repetida de escrever corretamente é um exemplo de prática positiva. Como essa atividade adversa é contingente ao erro de ortografia, esses erros devem diminuir em trabalhos futuros.

Pesquisas documentaram a eficácia da hipercorreção da prática positiva para reduzir problemas de comportamento, principalmente em pessoas com deficiências intelectuais (Foxx e Bechtel, 1983; Miltenberger e Fuqua, 1981). Por exemplo,

Wells et al. (1977) avaliaram a prática positiva para tratamento de comportamento estereotipado (manipulação inadequada de objetos e outros movimentos corporais repetitivos) de dois garotos de 10 anos com graves deficiências intelectuais. Toda vez que um dos garotos apresentava o comportamento indesejado na sala de brinquedos, a professora implementava a prática positiva em que orientava fisicamente o garoto a brincar de forma adequada com os brinquedos durante 2 minutos. A prática positiva reduziu o comportamento indesejado dos dois garotos a zero.

Restituição **Restituição** *é um procedimento em que, contingente a cada caso de problema de comportamento, o cliente precisará corrigir os efeitos ambientais desse comportamento e restaurar o ambiente a uma condição melhor do que a existente antes do comportamento.* Orientações físicas são utilizadas quando necessário para fazer que ele realize as atividades de restituição. Na restituição, o cliente corrige exageradamente os efeitos ambientais do problema de comportamento.

A restituição foi usada em nosso exemplo com Allison. Quando ela escreveu nas paredes com giz de cera, seu pai a fez limpar a parede riscada e outra parede da cozinha. A correção foi além do dano causado pelo comportamento. No outro exemplo, Simon teve de realizar um simples procedimento de correção: remover os lençóis molhados, trocar de roupa, limpar tudo e colocar lençóis limpos na cama. Isso corrigiu os efeitos ambientais do problema de comportamento, mas não envolveu uma correção adicional.

Considere um exemplo em que um aluno com transtorno comportamental tem um surto na sala de aula e derruba uma mesa durante o período de atividades punitivas quando não há nenhum outro aluno na sala.

> ***Descreva como a professora poderia implementar um procedimento de restituição com esse aluno.***

A professora poderia fazer o aluno pegar a mesa e colocá-la de volta em seu lugar. Além disso, ela poderia fazer que ele passasse por todas as fileiras da sala, alinhando as mesas até que elas estivessem perfeitamente organizadas. Dessa maneira, o aluno corrigiria o problema que causou e restauraria o ambiente da sala de aula a uma condição melhor do que a existente antes do problema de comportamento.

Pesquisas também documentam a eficácia da restituição para reduzir problemas de comportamento em pessoas com deficiências intelectuais (Foxx e Bechtel, 1983; Miltenberger e Fuqua, 1981). A restituição foi utilizada com adultos com deficiências intelectuais como parte de um programa de treinamento do uso do banheiro para reduzir acidentes (Azrin e Foxx, 1971), para acabar com o roubo de comida (Azrin e Wesolowski, 1975) e para reduzir comportamentos agressivos, conflituosos e autoestimulatórios (Foxx e Azrin, 1972, 1973). Alguns dos resultados obtidos por Foxx e Azrin (1973) foram resumidos na Figura 18-1.

Exercício contingente

Exercício contingente é outro procedimento de punição positiva que envolve a aplicação de atividades aversivas. *No procedimento de exercício contingente, o cliente precisa realizar alguma forma de exercício físico contingente ao caso de problema de comportamento* (Luce, Delquadri e Hall, 1980; Luce e Hall, 1981). O resultado é uma redução da probabilidade do comportamento indesejado no futuro. O exercício contingente é diferente da hipercorreção quanto à atividade aversiva. Na hipercorreção, conforme discutimos anteriormente, a atividade aversiva é uma forma correta de comportamento relacionada com o problema de comportamento (prática positiva) ou um comportamento que corrige uma desordem no ambiente criada pelo problema de comportamento (restituição). *No exercício contingente*, por sua vez, *a atividade aversiva envolve exercícios físicos que não estão relacionados com o comportamento indesejado.* O exercício deve ser uma atividade física que o cliente é capaz de realizar sem danos. Assim como na hipercorreção e outros procedimentos que envolvem a aplicação de atividades aversivas, a orientação física é utilizada, quando necessário, para fazer que o cliente inicie o exercício contingente. Considere o exemplo a seguir.

Johnny começou a falar palavrões perto de seus irmãos mais novos e isso preocupava seus pais. Eles pediram para que ele não xingasse e, em especial, não o fizesse perto de seus irmãos. Johnny concordou em obedecer o pedido de seus pais, mas um dia seu pai o flagrou xingando novamente. Ele fez Johnny parar imediatamente o que estava fazendo e deu a ele um pano e um frasco de limpa-vidros, pedindo que o garoto limpasse as janelas da casa pelos próximos 10 minutos. Johnny limpou as janelas de forma relutante sob a supervisão do pai. Quando acabou, seu pai disse que ele faria isso todas as vezes que o pegasse falando palavrão. Quase imediatamente depois que seu pai implementou esse procedimento de exercício contingente, os casos de palavrão de Johnny perto de sua família pararam (adaptado de Fisher e Neys, 1978).

Luce e seus pares (1980) usaram o exercício contingente para reduzir comportamentos agressivos e ameaças de dois garotos com um atraso de desenvolvimento na sala de aula. Sempre que um deles apresentava o comportamento indesejado, o professor exigia que ele ficasse de pé e se sentasse no chão dez vezes seguidas. O professor solicitava verbalmente a ele que se levantasse e sentasse, orientando o comportamento fisicamente, quando necessário. Os comportamentos indesejados caíram para níveis baixos em ambos os garotos.

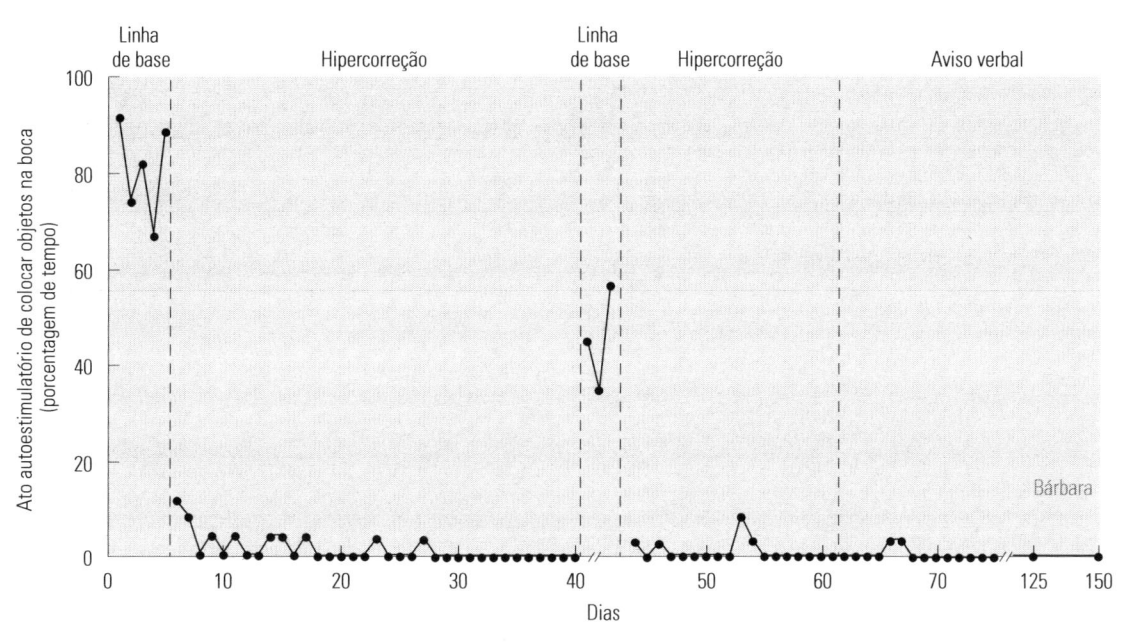

FIGURA 18-1 Este gráfico ilustra os resultados obtidos por Foxx e Azrin (1973) ao usar a hipercorreção para reduzir um comportamento problemático – colocar objetos na boca – exibidos por Bárbara, uma menina de 8 anos com grave deficiência intelectual. O procedimento de hipercorreção consistia em escovar os dentes com uma solução antisséptica e limpar a boca com uma toalha por 2 minutos depois de colocar objetos na boca. Os procedimentos foram projetados para produzir higiene oral para corrigir os efeitos de colocar objetos na boca. Toda vez que os pesquisadores implementaram o procedimento de hipercorreção em um design de pesquisa A-B-A-B, o comportamento problemático diminuía imediatamente a níveis baixos, chegando a ser eliminado com o tempo. Essa redução imediata no comportamento indesejado é o efeito típico da punição. Observe que, na última fase, o comportamento problemático permanecia próximo a zero quando apenas um aviso verbal era utilizado. O aviso se transformou em um punidor condicionado porque foi pareado com a hipercorreção. (De Foxx, R. M. e Azrin, N. H. The elimination of autistic self-stimulatory behavior by overcorrection. *Journal of Applied Behavior Analysis*, v. 6, p. 1-14, 1973. Copyright © 1973 University of Kansas Press. Reproduzido com permissão do autor.)

Obediência guiada

Quando uma pessoa apresenta um problema de comportamento em uma situação de obediência (ela foi mandada ou instruída a participar de uma atividade), a **obediência guiada** pode ser usada como um procedimento de punição positiva para reduzir o problema de comportamento. *Em um procedimento de obediência guiada, a pessoa é guiada fisicamente através da atividade solicitada (como uma tarefa educacional) contingente à ocorrência do problema de comportamento.* Para a maioria das pessoas, a orientação física em uma situação de desobediência é um evento aversivo. Como a orientação física da atividade solicitada ocorre contingente ao comportamento indesejado, ela funciona como punidor para o comportamento. (Caso a orientação física não seja um punidor para um determinado cliente, a obediência guiada não deverá ser usada com ele.) *Uma vez iniciada, no entanto, a orientação física é retirada caso ela comece a cumprir com a atividade solicitada.* Como a remoção da orientação física é contingente à ocorrência da atividade solicitada (obediência), a obediência é negativamente reforçada. Como você pode ver, a obediência guiada tem duas funções. Ela é uma punição positiva do comportamento indesejado, pois o estímulo aversivo (orientação física) é aplicado depois do comportamento indesejado, e reforça negativamente a obediência à atividade solicitada, pois o estímulo adverso é removido depois da obediência. Além disso, se o problema de comportamento é negativamente reforçado pela fuga de uma atividade solicitada, o procedimento de obediência guiada remove o reforçador (fuga) e, portanto, envolve a extinção, além da punição positiva e do reforço negativo.

Considere o exemplo a seguir. Lindsey, uma menina de 8 anos, está assistindo a um programa de TV quando seus pais pedem que ela recolha os brinquedos do chão antes que os convidados cheguem para o jantar. Em resposta à solicitação, Lindsey reclama, briga com os pais e continua vendo TV. Seu pai caminha até Lindsey e calmamente repete o pedido para que ela recolha os brinquedos. Enquanto faz isso, ele guia fisicamente a garota até a área em que os brinquedos estão espalhados e pega suas mãos para orientá-la e fazê-la recolher os brinquedos. Ele ignora as reclamações de Lindsey, mas, assim que ela começa a pegar os brinquedos sem sua orientação física, ele solta sua mão e deixa que ela continue por conta própria. Depois que ela acaba de guardar os brinquedos, o pai agradece e a deixa voltar para o que ela estava fazendo. Se os pais usarem esse procedimento toda vez que ela for desobediente, Lindsey terá probabilidade menor de apresentar comportamentos indesejado quando eles pedirem algo, e uma probabilidade maior de obedecer às solicitações.

Antecedente	Comportamento	Consequência
O pai de Lindsey pede a ela que recolha seus brinquedos.	Lindsey reclama e briga.	Seu pai guia a obediência fisicamente.

Resultado: Lindsey tem menor probabilidade de reclamar e chorar quando seu pai lhe pedir algo no futuro porque esse comportamento foi seguido pela aplicação de orientação física.

Handen e seus pares (Handen et al., 1992) avaliaram a eficácia da obediência guiada na diminuição da desobediência em crianças com deficiências intelectuais. Quando o treinador fazia um pedido e a criança não obedecia, ele a guiava pela mão até que ela realizasse a atividade solicitada. Os pesquisadores também avaliaram o *time-out* e descobriram que a obediência guiada e o *time-out* foram igualmente eficazes na diminuição da desobediência das crianças que participaram do estudo.

Restrição física

Restrição física *é um procedimento de punição em que, contingente a um problema de comportamento, o agente de mudança mantém imóvel a parte do corpo do cliente que está envolvida no comportamento.* Consequentemente, ele encontra-se fisicamente incapacitado de continuar apresentando o comportamento indesejado. Por exemplo, quando um aluno com deficiência intelectual apresenta um comportamento agressivo (batendo nos alunos que estão perto dele), o professor pode responder segurando seus braços por um minuto. *Enquanto está fisicamente restrito, não consegue apresentar o comportamento indesejado, ou qualquer outro comportamento. O professor não interage com o aluno enquanto está aplicando a restrição física.* (Figura 18-2).

Para a maioria das pessoas, ter seus movimentos restritos é um evento aversivo; para elas, a restrição física funciona como um punidor. No entanto, para algumas pessoas, a restrição física pode agir como um reforçador (Favell, McGimsey e Jones, 1978). Portanto, é importante determinar se a restrição física vai funcionar como punidor ou reforçador para aquela pessoa em especial antes de planejar o uso da restrição física.

Uma variação da restrição física envolve o **bloqueio da resposta**, *em que o agente de mudança evita a ocorrência de um comportamento indesejado bloqueando fisicamente a resposta* (Lerman e Iwata, 1996a). Assim que o cliente inicia o comportamento indesejado, o agente de mudança o bloqueia, de modo que o cliente não consegue completar a resposta. Por exemplo, suponha que um aluno com uma deficiência intelectual inicia um comportamento de colocar a mão na boca, em uma situação semelhante a chupar os dedos. O bloqueio da resposta nesse caso significa que, assim que ele levasse a mão até

FIGURA 18-2 Quando o aluno bate no outro, o professor aplica a restrição física por 1 minuto, segurando os braços do aluno. Ele não consegue realizar nenhuma atividade reforçadora, nem obter atenção do professor durante esse período.

a boca, o professor colocaria sua mão em frente à boca do aluno, evitando o ato (Reid et al., 1993). O bloqueio da resposta também pode ser usado com uma breve restrição. Neste caso, o agente de mudança bloqueia a resposta e usa restrição física por um curto período (Rapp et al., 2000).

Shapiro, Barrett e Ollendick (1980) avaliaram a restrição física como um tratamento para o ato de colocar as mãos na boca exibido por três meninas com deficiências intelectuais. Cada vez que a menina colocava a mão na boca, o treinador removia e restringia fisicamente as mãos dela sobre a mesa em sua frente por 30 segundos. Esse procedimento reduziu o problema de comportamento das três crianças. A restrição física breve também foi utilizada como uma intervenção eficaz para o comportamento de pica (ingestão de objetos não alimentícios) em pessoas com deficiências intelectuais (Bucher, Reykdal e Albin, 1976; Winton e Singh, 1983). Com um comportamento como este, é preferível bloquear a resposta, para que a pessoa não coloque o item não comestível na boca e, em seguida, usar a restrição breve.

Cuidados durante a apliação de atividades aversivas

Com base na discussão anterior das várias atividades aversivas que podem ser aplicadas em procedimentos de punição positiva, fica claro que o contato físico entre o agente de mudança e o cliente normalmente é necessário ao implementar esses procedimentos. Como o agente de mudança em geral precisa guiar o cliente de forma física pela atividade aversiva, diversos cuidados são necessários.

- A aplicação de atividades aversivas só deve ser usada quando o agente de mudança puder oferecer orientações físicas.
- O agente de mudança deve prever que o cliente pode resistir à orientação física, pelo menos inicialmente, além de se certificar de que conseguirá realizar o procedimento caso o cliente imponha resistência física.
- O agente de mudança deve ter certeza de que a orientação física envolvida no procedimento não seja reforçadora para o cliente. Se esse tipo de contato físico for reforçador, o procedimento não funcionará como punição.
- O agente de mudança deve garantir que o procedimento seja conduzido sem danos ao cliente ou a ele mesmo. Isso é particularmente importante quando o cliente resiste e luta com o agente de mudança durante a implementação do procedimento, com o risco de lesões para ambos.

Para uma discussão mais aprofundada:
O uso da restrição física como um procedimento de emergência

Conforme descrito neste capítulo, a restrição física é um procedimento de modificação de comportamento implementado contingente a um problema de comportamento para reduzi-lo. Ela diminui o comportamento indesejado porque age como uma forma de punição positiva. Antes de usar a restrição física, os cuidadores precisam ser treinados para implementar o procedimento com precisão e coletar dados para demonstrar que o procedimento está, de fato, reduzindo o comportamento indesejado. Algumas vezes, no entanto, os cuidadores utilizam a restrição física como um procedimento de emergência para manter o cliente (ou os outros) em segurança quando ele apresenta comportamentos perigosos, como comportamentos agressivos ou de autoflagelação. O uso da restrição física como um procedimento de emergência tem como objetivo evitar que o cliente se machuque ou machuque os outros. Entretanto, o uso da restrição física pode levar a um comportamento agressivo mais intenso, à medida que o cliente resiste ativamente à restrição, aumentando, assim, o risco de ferimentos. Como o uso emergencial da restrição física pode resultar em danos sérios ao cliente ou ao cuidador quando realizado incorretamente, os cuidadores devem receber treinamentos sobre quando e como usar a técnica como um procedimento de emergência (e usá-la apenas quando já estiverem bem treinados). Além disso, agências, escolas ou jurisdições (por exemplo, estados) normalmente têm regras, regulamentações ou leis a respeito do uso da restrição física. Os cuidadores devem ser treinados de acordo com essas normas antes de usar o procedimento.

Aplicação de estimulação aversiva

Uma mulher com uma profunda deficiência intelectual apresenta um comportamento chamado de *bruxismo*, que consiste em ranger os dentes. Ele é tão grave que faz barulho alto e resulta em danos aos dentes. Os membros da equipe implementaram um procedimento de punição em que colocam um cubo de gelo em sua mandíbula toda vez que ela começa o bruxismo. O cubo de gelo é mantido em contato com a mandíbula por 6 a 8 segundos. Como resultado deste procedimento, a frequência de bruxismo diminuiu substancialmente (Blount et al., 1982).

Um bebê de seis meses deu entrada no hospital porque está desnutrido e abaixo do peso. A criança exibe um comportamento potencialmente letal chamado de *ruminação*, em que, imediatamente depois de comer, ela regurgita a comida de volta para boca. A ruminação continua por 20 a 40 minutos depois de cada refeição, até que a criança tenha perdido a maior parte do alimento que acabou de comer. Se ela continuar com esse comportamento sem intervenções médicas, acabará morrendo.

Um psicólogo do hospital implementa um procedimento de punição em que instrui a enfermeira a esguichar uma pequena quantidade de suco de limão concentrado dentro da boca da criança toda vez que ela começar a ruminar. O bebê faz uma careta e estala os lábios e a língua quando o suco de limão azedo entra em sua boca, interrompendo a ruminação. Quando ela começar a ruminar novamente, a enfermeira esguichará outra porção de suco de limão. Esse procedimento de punição foi implementado após cada refeição, quando a criança começava a ruminar e o comportamento perigoso de ruminação foi eliminado. A criança ganhou peso gradualmente enquanto esteve no hospital e foi liberada depois de alguns meses (Sajwaj, Libet e Agras, 1974).

Esses dois exemplos ilustram procedimentos de punição positiva que envolvem a **aplicação de estimulação aversiva** para reduzir problemas de comportamento sérios. No primeiro caso, a estimulação aversiva era um cubo de gelo encostando na mandíbula; no segundo, suco de limão esguichado na boca. Enquanto na aplicação de atividades aversivas o cliente precisa exibir um determinado comportamento contingente a um caso de comportamento indesejado, *a aplicação de um estímulo aversivo envolve a geração de um estímulo aversivo depois do comportamento. Quando este resulta na geração de um estímulo aversivo, ele tem menos probabilidade de ocorrer no futuro.* Uma variedade de estímulos aversivos tem sido usada em procedimentos de punição positiva. Eles incluem choques elétricos, amônia aromática, pulverização de água no rosto, ocultação facial, ruídos e reprimendas.

O choque elétrico tem sido usado como punidor para problemas de comportamento graves, como a autoflagelação. Linscheid et al. (1990) avaliaram a eficácia de um dispositivo de choque por controle remoto para reduzir o comportamento de bater na cabeça (um comportamento perigoso e potencialmente fatal) exibido por cinco crianças e adultos com deficiências intelectuais profundas. Cada cliente usava um dispositivo sensor na cabeça. O sensor detectava batidas na cabeça e enviava um sinal de rádio a um gerador de choques preso à perna do cliente. Cada batida resultava em um choque breve e imediato na perna. O choque era doloroso, mas não machucava o cliente. O comportamento de bater na cabeça dos cinco clientes diminuiu imediatamente para quase zero quando o choque foi usado como estímulo aversivo. Os resultados obtidos com um dos clientes são apresentados na Figura 18-3.

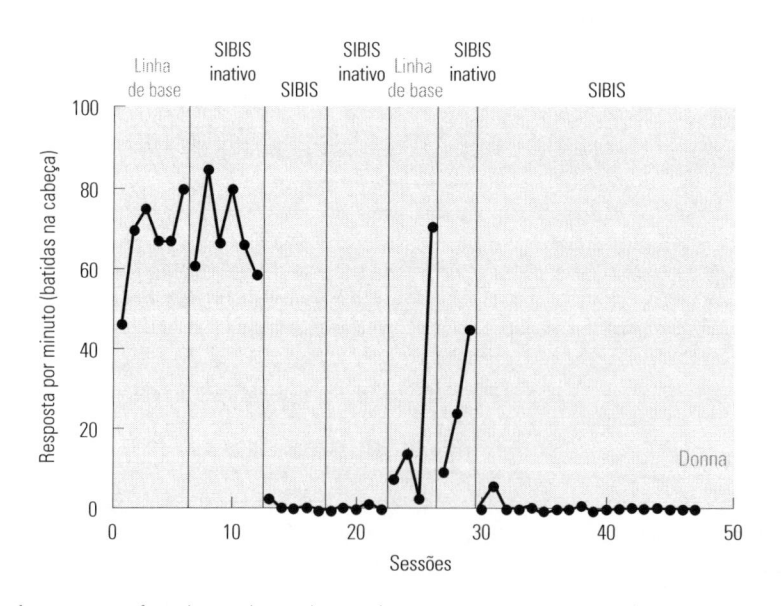

FIGURA 18-3 Este gráfico mostra o efeito do uso de um choque elétrico contingente como punidor para um comportamento de autoflagelação (bater na cabeça) exibido por Donna, uma adolescente de 17 anos com profunda deficiência intelectual. Os pesquisadores usaram um dispositivo com um sistema inibidor de comportamento de autoflagelação (SIBIS – em inglês self-injurious behavior-inhibiting system), que detecta uma batida na cabeça e gera um choque elétrico na perna. O gráfico mostra que, durante a linha de base e quando Donna usava o dispositivo SIBIS, mas antes de ele ser ativado, as batidas na cabeça ocorriam em uma taxa de 50-80 respostas por minuto. Ou seja, ela batia na cabeça mais de uma vez por segundo, em média. Quando o choque contingente foi usado como punidor, as batidas diminuíram imediatamente para perto de zero e foram eliminadas rapidamente. O número total de choques emitidos em Donna foi pequeno porque o comportamento passou para perto de zero imediatamente. Observe que, na quarta fase, quando o SIBIS estava inativo, as batidas na cabeça continuavam quase zero. Como o dispositivo SIBIS gerava um choque elétrico para as batidas na fase anterior, o dispositivo desenvolveu um controle de estímulo sobre o comportamento. Portanto, o comportamento continuou sendo suprimido quando o dispositivo estava equipado, mesmo que ele não gerasse um choque nessa fase. Depois que as batidas na cabeça aumentaram na segunda linha de base, o dispositivo inativo perdeu controle de estímulo e os choques tiveram de ser administrados novamente. O comportamento voltou rapidamente para zero quando os choques foram aplicados. (De Linscheid, T. et al. Clinical evaluation of the self-injurious behavior inhibiting system [SIBIS]. *Journal of Applied Behavior Analysis*, v. 23, p. 53-78, 1990. Copyright © 1990 Society for the Experimental Analysis of Behavior. Reproduzido com permissão da Society for the Experimental Analysis of Behavior.)

A amônia aromática tem sido usada para reduzir problemas comportamentais como autoflagelo (Tanner e Zeiler, 1975) e agressividade (Doke, Wolery e Sumberg, 1983). Contingente ao comportamento indesejado, o agente de mudança abre uma cápsula de amônia e a aproxima do nariz do cliente. O cheiro da amônia é um estímulo aversivo que reduz o comportamento indesejado. A cápsula de amônia é igual aos sais aromáticos usados para despertar um boxeador ou jogador de futebol americano inconsciente.

No procedimento de punição que envolve a pulverização, a pessoa que apresenta o problema de comportamento grave recebe uma pulverização de água no rosto contingente ao caso de problema de comportamento. O conteúdo do *spray* é sempre água limpa e não causa danos à pessoa. Dorsey et al. (1980) usaram o procedimento de pulverização para reduzir o comportamento de autoflagelação de nove crianças e adultos com deficiências intelectuais profundas.

A ocultação facial é um procedimento de punição em que o rosto do cliente é coberto brevemente por um avental ou pela mão do agente de mudança. Por exemplo, a ocultação facial foi avaliada em um estudo conduzido por Singh, Watson e Winton (1986). Eles trabalharam com três garotas institucionalizadas com deficiências intelectuais que apresentavam um comportamento de autoflagelação que envolvia bater ou esfregar a cabeça e o rosto. Cada menina vestia um avental de tecido felpudo e, quando ocorria autoflagelação, o pesquisador colocava o avental sobre o rosto dela por 5 segundos. O procedimento não era doloroso e as meninas conseguiam respirar facilmente. Esse procedimento reduziu a autoflagelação a zero ou quase zero nas três garotas.

Pesquisas recentes mostraram que ruídos semelhantes ao som de um alarme podem funcionar como punidor para comportamentos de puxar cabelos e chupar dedos quando forem apresentados contingentes ao comportamento (Ellingson et al., 2000; Rapp, Miltenberger e Long, 1998; Stricker et al., 2001, 2003). Rapp, Miltenberger e Long (1998) desenvolveram um dispositivo de tratamento com duas partes, uma usada no pulso e a outra na gola da camisa. Uma mulher que exibia um comportamento grave de puxar os cabelos (ela tinha arrancado metade dos cabelos de sua cabeça) utilizou o dispositivo; quando ela levantava a mão para puxar o cabelo, o dispositivo soava um alarme. O barulho do alarme não parava até que ela levasse a mão para longe da cabeça. O comportamento de puxar os cabelos da mulher caiu para zero quando ela usou o dispositivo. Ellingson e seus pares (2000) e Stricker e seus pares (2001) demonstraram que, quando crianças que chupavam os dedos usavam o dispositivo, o barulho produzido por ele contingente ao ato de chupar os dedos reduzia esses comportamentos a zero.

A pesquisa de Van Houten e seus pares avaliou a eficácia das reprimendas como punidores (Van Houten et al., 1982). Eles descobriram que as reprimendas eram eficazes como punidores para alunos da escola primária quando instruíam o aluno a parar com um mau comportamento específico e quando eram apresentadas com contato visual e um toque firme no ombro do aluno. As reprimendas também diminuíam os comportamentos indesejados de alunos que viam os pares serem repreendidos, mas não as recebiam. Doleys et al. (1976) também descobriram que as reprimendas eram punidores eficazes para o comportamento de desobediência de crianças com deficiências intelectuais.

Punição positiva: tratamento do último recurso

Embora muitos exemplos de punição que envolvem a aplicação da estimulação aversiva sejam descritos aqui, os procedimentos de punição estão sendo utilizados com menos frequência. Pesquisas sobre métodos de tratamento funcional geraram alternativas não aversivas para a punição e as mudanças de filosofia na área da modificação do comportamento, especialmente quando usada com pessoas com deficiências intelectuais, reduziram a aceitação da punição como forma de tratamento (Horner et al., 1990; Miltenberger, Lennox e Efranian, 1989). Alguns profissionais acreditam que os procedimentos de punição positiva, especialmente os que envolvem a aplicação de estímulos aversivos, não devem ser utilizados nunca. Outros que os procedimentos de punição positiva devem ser vistos como o último recurso de tratamentos. Tais procedimentos normalmente são reservados para comportamentos que são mais difíceis de tratar, os mais graves e para os quais as intervenções funcionais se mostram ineficazes. Procedimentos de punição negativa, como *time-out* e custo da resposta, que não envolvem a aplicação de eventos aversivos, são muito mais aceitáveis e usados com mais frequência do que a punição positiva.

PARA UMA LEITURA MAIS APROFUNDADA

A aceitabilidade da punição

Os procedimentos de punição positiva eram usados mais frequentemente nas décadas passadas. Um dos fatores que levou à diminuição do uso da punição foi o desenvolvimento de uma abordagem funcional para avaliação e tratamento, em que os fatores que mantêm o problema de comportamento são identificados e modificados para mudar o comportamento. Outro fator que levou à redução no uso da punição positiva é o foco na validade social, que surgiu no final dos anos 1970. Em 1978, Montrose Wolf publicou um artigo recomendando um foco na validade social dos comportamentos-alvo, intervenções comportamentais e resultados dessas intervenções comportamentais. A validade social refere-se aos julgamentos do indivíduo em relação aos seguintes fatores: (1) adequação dos comportamentos-alvo, (2) aceitabilidade das intervenções e (3) sucesso das intervenções. Em 1980, Alan Kazdin conduziu um estudo que avaliava a aceitabilidade do tratamento, um dos aspectos da validade social. Kazdin descobriu que o reforço era considerado mais aceitável do que a punição negativa (*time-out*) ou punição positiva (choques) para o tratamento de problemas de comportamento infantis, e que a punição positiva era a forma menos aceitável de intervenção comportamental. Como diversos outros estudos sobre a aceitabilidade do tratamento demonstraram que a punição positiva era considerada a intervenção comportamental menos aceitável, o uso desses procedimentos diminuiu significativamente.

Considerações ao usar a punição positiva

Uma série de considerações deve ser abordada antes da utilização de procedimentos de punição positiva.

- *Use intervenções funcionais primeiro.* Sempre que considerar usar um procedimento de punição, você deve usar intervenções funcionais primeiro para tentar diminuir o problema de comportamento e aumentar comportamentos alternativos aceitáveis. Caso a extinção, o reforço diferencial e a manipulação de antecedentes não produzam mudanças satisfatórias no comportamento indesejado, os procedimentos de punição podem ser levados em consideração.
- *Implemente o reforço diferencial com a punição.* Técnicas de reforço diferencial de um comportamento alternativo (RDCA) ou ausência do comportamento indesejado (reforço diferencial de outro comportamento [RDO]) devem sempre ser usadas em conjunto com a punição. Assim, o foco das intervenções será o aumento do comportamento desejável para substituir o comportamento indesejado que é eliminado ou reduzido.
- *Avalie a função do problema de comportamento.* Você sempre conduzirá uma avaliação funcional do problema de comportamento antes de decidir o tratamento. Isso permite que escolha o tratamento funcional mais apropriado (extinção, reforço diferencial, manipulação de antecedentes). As informações da avaliação funcional também desempenham um papel importante na determinação do procedimento de punição apropriado para o problema. O *time-out* seria mais apropriado para um comportamento indesejado mantido por atenção ou outros reforços positivos. No entanto, o *time-out* não seria adequado para problemas de comportamento mantidos por escape. Da mesma forma, a aplicação de atividades aversivas seria adequada para problemas de comportamento mantidos por escape, mas não para comportamentos mantidos por atenção. Como o agente de mudança precisa prestar uma certa quantidade de atenção no cliente para implementar a hipercorreção, o exercício contingente, a obediência guiada ou a restrição física, esses procedimentos devem reforçar um comportamento indesejado mantido por atenção. No entanto, se o agente de mudança implementar a atividade aversiva com atenção mínima, e se a atividade aversiva for aversiva o bastante, esses procedimentos podem ser eficazes para comportamentos indesejados mantidos por atenção.
- *Escolha o estímulo aversivo com cuidado.* Quando estiver planejando usar procedimentos de punição positiva que envolvam um estímulo aversivo, é preciso determinar primeiro se aquele estímulo é realmente aversivo (Fisher et al., 1994). *Estímulos diferentes funcionam como reforçadores e punidores para pessoas diferentes, em contextos diferentes.* Por exemplo, uma reprimenda pode funcionar como estímulo aversivo (punidor) para um aluno, mas como reforçador para outro. Da mesma forma, uma reprimenda pode funcionar como punidor em uma sala de aula em que o professor elogia comportamentos adequados, mas como um reforçador em outra sala, em que ele não dá atenção ao comportamento adequado. Uma palmada é outro estímulo que pode ser aversivo e, portanto, funcionar como um punidor para algumas pessoas, mas também pode funcionar como um reforçador ou estímulo neutro para outras (nota: a palmada pode ser amplamente usada, mas não é recomendada como um procedimento de modificação de comportamento. Este exemplo simplesmente ilustra o fato de que um estímulo funciona de formas diferentes para as pessoas). *Lembre-se de que um estímulo aversivo é sempre definido por seu efeito sobre o comportamento que segue.*

   Para melhorar a eficácia de estímulos aversivos como punidores, pode ser útil usar punidores variados, e não um único. Charlop et al. (1988) demonstraram que o uso de punidores variados (três punidores diferentes foram alternados) reduziu comportamentos agressivos e conflituosos em crianças mais do que quando apenas um único punidor foi aplicado.
- *Colete dados para tomar decisões sobre o tratamento.* Um procedimento de punição deve produzir uma queda rápida no comportamento indesejado. *Se um procedimento de punição for usado e os dados mostrarem que o problema de comportamento não diminuiu imediatamente depois de sua implementação, o procedimento deverá ser reavaliado e, possivelmente, descontinuado.* A falta de diminuição do comportamento sugere que o procedimento não funcionou como punição para o cliente (provavelmente porque o estímulo de punição não foi intenso o bastante), que o procedimento não foi implementado corretamente ou que o comportamento continuou sendo reforçado e o efeito do reforçador era mais forte do que o efeito da punição. É preciso uma avaliação adicional para determinar a natureza do fracasso do tratamento.

■ *Aborde as considerações éticas da utilização de punições.* Os aspectos éticos da decisão de se usar punições são nosso tópico a seguir.

A ética da punição

A decisão de se usar um procedimento de punição deve ser tomada cuidadosamente depois da avaliação de tratamentos alternativos. Como a punição envolve perda de reforços, atividade forçada, restrição de movimentos ou fornecimento de estímulos aversivos, seu uso pode resultar na restrição dos direitos do cliente. Como resultado, os procedimentos de punição normalmente são chamados de *procedimentos restritivos*. Além disso, o mau uso ou uso excessivo de procedimentos de punição pode prejudicar o receptor (Gershoff, 2002).

Por fim, alguns indivíduos e organizações acreditam que a aplicação de estímulos aversivos é desumana e não é justificável por nenhum motivo (LaVigna e Donnellan, 1986; The Association for Persons with Severe Handicaps, 1987). Por isso, *é preciso levar as seguintes questões éticas em consideração antes de decidir implementar um procedimento de punição.*

Consentimento informado

A pessoa deve compreender totalmente o procedimento de punição, os motivos para sua utilização, como e quando ele será usado, os efeitos pretendidos e colaterais e as possíveis alternativas de tratamento. Ela deve ser informada e concordar por sua própria vontade em receber o procedimento antes de sua utilização. Somente adultos podem dar o **consentimento informado**. Portanto, antes de um procedimento de punição ser usado em um menor de idade ou um adulto que não pode dar consentimento (por exemplo, algumas pessoas com deficiências intelectuais ou transtornos psiquiátricos), um guardião ou representante legal precisa dar o consentimento em seu nome. O consentimento informado é necessário para o uso de qualquer procedimento de modificação do comportamento (Bailey e Burch, 2011).

Tratamentos alternativos

Conforme discutido nas seções anteriores, um procedimento de punição não será a primeira opção de tratamento na maioria dos casos. Tratamentos funcionais que são menos restritivos e não aversivos são usados antes de a punição ser avaliada. Em muitos casos, problemas de comportamento graves são eliminados com procedimentos de tratamentos funcionais não aversivos desenvolvidos a partir de uma avaliação funcional do problema. Caso a punição venha a ser utilizada, procedimentos de punição menos restritivos devem ser implementados, se possível, antes dos procedimentos mais restritivos. Além disso, procedimentos de reforço sempre são utilizados em conjunto com procedimentos de punição.

Segurança do receptor

Um procedimento de punição nunca deve resultar em dano ao cliente. Caso a orientação física seja usada na aplicação de atividades aversivas, o agente de mudança não deve ferir o cliente no processo. Um estímulo aversivo que cause ferimentos físicos ao cliente nunca deve ser usado.

Gravidade do problema

Procedimentos de punição devem ser reservados para problemas de comportamento mais graves. A geração de um estímulo doloroso, desagradável ou irritante só poderá ser justificada se o problema de comportamento apresentar uma ameaça ao bem-estar da pessoa ou se prejudicar outras pessoas.

Diretrizes de implementação

Caso um procedimento de punição venha a ser implementado, devem ser elaboradas diretrizes estritas para sua utilização. Com diretrizes por escrito, não haverá ambiguidade sobre como o procedimento é conduzido, quando e como ele deverá ser conduzido e por quem. Na verdade, deve haver diretrizes por escrito para o uso de qualquer procedimento de modificação do comportamento.

Treinamento e supervisão

Além de diretrizes escritas explicando o uso do procedimento de punição, toda a equipe, professores ou outras pessoas que implementarão o procedimento devem receber um treinamento de habilidades comportamentais para o uso correto do procedimento. Isso envolve instruções, modelagem, oportunidades de ensaio, *feedback* e ensaios contínuos até que o procedimento seja implementado sem erros. A equipe só implementará um procedimento depois de ter demonstrado competência em sua utilização. Uma vez que o procedimento esteja em uso, deve haver supervisão permanente da equipe de execução para garantir que ela continue implementando o procedimento de forma correta. Novamente, esse tipo de treinamento deve ser usado com qualquer procedimento de modificação do comportamento.

Revisão por pares

O procedimento de punição deve ser escrito em um programa detalhado. Esse programa deverá ser revisado por um grupo de pares, que deve incluir profissionais da análise comportamental e da modificação do comportamento. O grupo de revisão vai avaliar o programa de punição e aprovar o procedimento se ele estiver bem projetado e sua utilização for justificada naquele determinado caso. A revisão por pares garante a avaliação profissional do procedimento escolhido e ajuda a evitar o uso inadequado da punição.

Responsabilização: evitando uso inadequado ou excessivo

Como o uso da punição pode ser negativamente reforçado pelo fim do problema de comportamento, sempre haverá o risco de a punição ser utilizada de forma inadequada ou excessiva. Portanto, é importante que todas as pessoas que implementam o procedimento de punição sejam consideradas responsáveis por sua utilização correta e por evitar o uso inadequado ou excessivo. *Diretrizes de implementação, treinamento e supervisão contribuem para a responsabilização. A revisão frequente dos dados sobre o comportamento indesejado e o uso do procedimento de punição também contribuem para a responsabilização.* Foxx (1986) recomendaram as seguintes etapas para garantir a responsabilização de um programa que envolve o uso de choques elétricos: "(a) testar todos antes de permitir que eles usem o programa; (b) fazer que todos que conduzirão o programa testem o choque antes de usá-lo; (c) designar um indivíduo específico como responsável por implementar o programa em cada turno ou dia escolar; e (d) exigir um registro preciso que será verificado a cada turno ou dia escolar pelo supervisor da equipe e por um membro da equipe de tratamento primário". Embora essas etapas tenham sido desenvolvidas para a utilização de um procedimento de choque, elas são relevantes para o uso de qualquer procedimento de punição que envolva a aplicação de um estímulo aversivo.

RESUMO DO CAPÍTULO

1. Com a aplicação de atividades aversivas, contingente à ocorrência de um problema de comportamento, pede-se que a pessoa realize uma atividade aversiva (baixa probabilidade ou não preferencial) em uma tentativa de diminuir o comportamento. Orientação manual é usada quando necessário para fazer que a pessoa realize a atividade aversiva contingente ao comportamento indesejado.
2. Procedimentos de punição que envolvem a aplicação de atividades aversivas incluem a hipercorreção da prática positiva, hipercorreção da restituição, exercício contingente, obediência guiada e restrição física.
3. Nos procedimentos de punição que envolvem a aplicação de uma estimulação aversiva, um estímulo aversivo é gerado contingente ao problema de comportamento. Um estímulo aversivo é definido funcionalmente: quando aplicado de maneira contingente, ele reduzirá a ocorrência futura de um comportamento indesejado.
4. A punição só deverá ser usada depois que técnicas funcionais não aversivas tiverem sido implementadas e se mostrado ineficazes ou parcialmente ineficazes na redução do comportamento indesejado. Procedimentos de reforço diferencial devem ser usados em conjunto com a punição. É preciso coletar dados para documentar a eficácia dos procedimentos de punição. Um estímulo punitivo deve ser escolhido com cuidado e depois de se avaliar a função do comportamento indesejado.
5. Questões éticas a respeito do uso da punição envolvem consentimento informado, uso de tratamentos alternativos, segurança do receptor, gravidade do problema, diretrizes de implementação, treinamento e supervisão, revisão por pares e responsabilização.

TERMOS-CHAVE

aplicação contingente de atividades aversivas, 259
aplicação de estimulação aversiva, 264
bloqueio da resposta, 262

consentimento informado, 267
exercício contingente, 260
hipercorreção, 259
obediência guiada, 261

prática positiva, 259
restituição, 260
restrição física, 262

TESTE PRÁTICO

1. Qual é a diferença entre punição positiva e negativa? Dê exemplos que ilustrem cada tipo de punição.
2. Descreva a aplicação de atividades aversivas como uma forma de punição positiva. Explique como isso se baseia no princípio de Premack.
3. Defina o procedimento de prática positiva. Dê um exemplo.
4. Defina o procedimento de restituição. Dê um exemplo.
5. Defina o procedimento de exercício contingente. Como ele se diferencia da hipercorreção? Para os exemplos dados nas questões 3 e 4, explique como você usaria o exercício contingente no lugar dos procedimentos de hipercorreção.
6. Você acha que um professor consideraria mais aceitável o uso da hipercorreção ou do exercício contingente na sala de aula? Justifique sua resposta.
7. Descreva o procedimento de obediência guiada. Quando ele é utilizado? Explique como a obediência guiada pode ser um componente dos procedimentos de hipercorreção ou de exercício contingente.
8. Descreva o procedimento de restrição física e dê um exemplo. Dê um exemplo de bloqueio da resposta.
9. Explique a aplicação de uma estimulação aversiva como forma de punição positiva.
10. Como saber se um determinado estímulo é aversivo para uma pessoa?
11. Identifique seis diferentes estímulos aversivos que foram usados em procedimentos de punição positiva.
12. Por que o uso de procedimentos de punição está diminuindo?
13. Identifique as cinco questões que devem ser abordadas quando se usa um procedimento de punição.
14. O que é consentimento informado?
15. De que forma a gravidade do problema de comportamento se relaciona com o uso da punição?
16. O que é revisão por pares e como ela se relaciona com o uso da punição?
17. Quais etapas podem ser seguidas para garantir a responsabilização no uso da punição?

APLICAÇÕES

1. Explique como você usaria um procedimento de punição positiva em seu projeto de autogestão. Se a punição positiva não for aplicável, explique por quê.
2. Tom e Dick roubaram meia dúzia de ovos da geladeira antes de sair para a noite de Halloween. Eles estavam indo até a escola para jogar os ovos na janela de sua sala de aula da quinta série. Os garotos deram a volta no prédio da escola no escuro e cada um deles arremessou três ovos. Depois disso, deram a volta no prédio e encontraram com o Sr. Alvarez, o diretor. Descreva um procedimento de restituição que o Sr. Alvarez poderia usar com Tom e Dick para reduzir a probabilidade de que eles tenham esse tipo de comportamento inadequado novamente.
3. Geraldine é professora do jardim da infância com 20 alunos em sua turma. Ela realiza uma série de atividades estruturadas e não estruturadas na sala de aula, nas quais as crianças trabalham individualmente e em grupos. Ela percebeu que quando os alunos estão em atividades em grupo que são menos estruturadas (por exemplo, atividades de artesanato ao redor de uma grande mesa), alguns deles se comportam mal. Eles exibem leves comportamentos perturbadores que são reforçados pela atenção das outras crianças. Embora os comportamentos não sejam perigosos, eles perturbam a classe e servem como um mau exemplo para os outros alunos. Descreva como Geraldine poderia usar reprimendas de forma eficaz para reduzir o comportamento perturbador.
4. Um hospital da periferia recebe várias crianças por ano para desintoxicação de chumbo. Essas crianças chegam ao hospital porque comeram pedaços da tinta com base de chumbo das paredes de suas casas. Os proprietários não fazem uma boa manutenção dos apartamentos e, como resultado, sempre há tinta descascando das paredes. Quando uma criança ingere chumbo (da tinta descascada ou qualquer outra fonte), ele se acumula no cérebro e pode causar danos cerebrais e deficiências intelectuais. As crianças passam uma semana no hospital enquanto os médicos usam procedimentos para tirar o chumbo de seu corpo. Enquanto estão no hospital, elas passam grande parte do dia na sala de brinquedos com outras crianças e uma equipe de especialistas em desenvolvimento infantil. Embora a sala de brinquedos seja limpa e segura, elas normalmente colocam brinquedos ou outros itens na boca, um comportamento que pode ser perigoso em um ambiente que não é seguro. Descreva como a equipe pode usar a interrupção da resposta e a restrição breve com essas crianças para eliminar o comportamento de colocar objetos na boca.

APLICAÇÕES INCORRETAS

1. Ted é um jovem com uma grave deficiência intelectual e autismo que apresenta um comportamento estereotipado de rasgar papéis. Ele pega um pedaço de papel (jornal, bloco de notas ou uma página de um relatório ou programa) e o rasga em tiras finas até que esteja retalhado. Ele olha para o papel enquanto rasga e não presta atenção em outras pessoas ou eventos no ambiente. Esse comportamento foi uma preocupação por anos porque ele não realiza tarefas educacionais enquanto rasga papéis e porque às vezes rasga papéis importantes. Ted não é agressivo ao obter o papel para rasgar, mas se torna agressivo se você tenta tirar um pedaço de papel de suas mãos. A equipe implementou uma série de procedimentos de reforço e manipulação de antecedentes, mas eles não reduziram o comportamento. Agora, a equipe está planejando um procedimento de punição que envolve choque elétrico contingente. Ted vai usar

um dispositivo de choques em seu braço, que será ativado por controle remoto. Uma pessoa da equipe ficará com o controle e, sempre que Ted começar a rasgar um pedaço de papel, ela ativará um breve choque. O choque será um pouco doloroso, mas não causará danos. Os membros da equipe que vão gerar os choques serão treinados e supervisionados. Os dados serão coletados para documentar os efeitos do procedimento. O que há de errado com esse procedimento de punição?

2. Betty é uma mulher robutsta (90 quilos) com uma grave deficiência intelectual. Ela vive em uma moradia assistida e vai de van até seu trabalho diariamente. Ela faz o trabalho de montagem em uma fábrica local, com um supervisor e um grupo de cinco outras pessoas com deficiências intelectuais. Betty vem exibindo um comportamento indesejado em que se recusa a entrar na van pela manhã e se recusa a sair da sala de descanso depois da pausa para o café e o almoço. Devido ao seu tamanho, Betty é intimidadora e, em geral, consegue o que quer. Quando o supervisor pede a ela que entre na van ou volte para o trabalho, ela grita que não, fecha os punhos e acena para o supervisor, enquanto continua sentada onde estava. Com o tempo, Betty entra na van ou volta para o trabalho, mas só depois que o supervisor a convence a isso. Como Betty está exibindo um comportamento de desobediência em situações relacionadas ao trabalho, o supervisor decidiu implementar a obediência guiada, em que Betty será fisicamente guiada até a van e de volta ao trabalho quando se recusar. O que há de errado com o uso da obediência guiada nessa situação?

3. J.T. é um adolescente com deficiência intelectual que vive em uma moradia assistida com outros adolescentes com deficiência. Ele apresenta um comportamento de autoflagelação que envolve dar tapas no rosto e na orelha. A equipe se preocupa com o risco de ele prejudicar sua audição se continuar dando tapas na orelha. Eles relatam que o garoto normalmente inicia os tapas quando eles estão ocupados em programas de treinamento com outros moradores. O gestor do abrigo leu um estudo que dizia que a amônia aromática tinha demonstrado ser um tratamento eficaz para o comportamento de autoflagelação. Ele acredita que isso pode funcionar com J.T. No entanto, antes de ter o trabalho de escrever um programa, encaminhá-lo para revisão do comitê de intervenções no comportamento e treinar a equipe para implementá-lo, ele decide executar um programa piloto para ver se o procedimento vai funcionar. O gestor entrega uma caixa de cápsulas de amônia à equipe que trabalha com J.T. e os instrui a abrir uma cápsula e aproximar do nariz do garoto quando ele começar a se estapear. Ele diz à equipe para usar esse procedimento durante alguns dias e ver se ele reduzirá o comportamento. Em caso positivo, tomará todas as medidas necessárias para implementar o procedimento de punição formalmente. O que há de errado com essa abordagem?

19

Promovendo a generalização

> ▶ Quais estratégias podem ser usadas para promover a generalização da modificação do comportamento?
>
> ▶ Qual é o papel das contingências naturais de reforçamento na generalização?
>
> ▶ Quais aspectos dos estímulos usados no treinamento são importantes na promoção da generalização?
>
> ▶ Como as respostas funcionalmente equivalentes estão envolvidas na generalização?
>
> ▶ Quais são os procedimentos para promover reduções generalizadas de problemas de comportamento?

É sempre importante planejar a generalização das mudanças de comportamento produzidas por um programa de modificação de comportamento. A programação da generalização aumenta a probabilidade de que essa mudança comportamental ocorra em todas as situações ou circunstâncias relevantes da vida da pessoa.

Exemplos de programação da generalização

Lembre-se do caso da Sra. Williams no Capítulo 15, moradora da casa de repouso que raramente se envolvia em conversas positivas e reclamava com frequência para a equipe. A equipe usou o reforço diferencial do comportamento alternativo para aumentar a frequência de conversas positivas e reduzir a frequência das reclamações. A generalização bem-sucedida da mudança de comportamento da Sra. Williams é definida como um aumento nas conversas positivas e uma queda nas reclamações com todos com quem conversa nas situações no geral. Para alcançar a meta, toda a equipe (enfermeiras, assistentes, médicos e outros), visitantes e demais moradores terão de usar o reforço diferencial com rigidez com a Sra. Williams. Se algumas pessoas continuarem a reforçar com atenção as reclamações dela, a Sra Willians vai continuar a reclamar e as conversas positivas com essas pessoas, e possivelmente com outras, ocorrerão com menos frequência. O psicólogo que ensinou a equipe a usar o reforço diferencial com a Sra. Williams programou a generalização treinando toda a equipe para usar o procedimento com sucesso, instruindo-os a utilizá-lo invariavelmente. Além disso, o psicólogo convocou uma reunião com a família da Sra. Williams e explicou a importância do uso do reforço diferencial, além de como aplicá-lo. Por fim, o psicólogo ensinou as enfermeiras a estimular os outros moradores a ignorar as reclamações da Sra. Williams e a prestar atenção em conversas positivas. A enfermeira-chefe ficou responsável por monitorar o uso do reforço diferencial e oferecer treinamento adicional, caso necessário. A generalização bem-sucedida da mudança do comportamento ocorreu com a Sra. Williams porque as pessoas envolvidas realizaram o procedimento de reforço diferencial conforme planejado.

Lembre-se do caso da Márcia (veja o Capítulo 12), que estava aprendendo habilidades de assertividade por meio de procedimentos de treinamento de habilidades comportamentais. A generalização das habilidades de assertividade de Márcia é definida como a ocorrência de uma resposta assertiva adequada para qualquer solicitação desproposital feita por colega de trabalho. Em outras palavras, haveria evidências de generalização se ela usasse uma resposta assertiva em todas as situações em que fosse necessário. O psicólogo, Dr. Mills, programou a generalização ensinando Márcia a responder a uma ampla gama de possíveis solicitações despropositadas. Todas as solicitações despropositadas de um colega de trabalho lembradas ou previstas por Márcia foram aplicadas no treinamento. Márcia ensaiou com sucesso um comportamento assertivo adequado em treinamentos realistas das situações identificadas por ela. Dr. Mills tornou as dramatizações cada vez mais difíceis; ele interpretava os colegas de trabalho cada vez mais persistentes nas solicitações. Quando Márcia respondeu de forma assertiva às situações difíceis que Dr. Mills conseguiu simular nas dramatizações, ele acreditou que as habilidades de assertividade se generalizariam à situação do trabalho. No entanto, como as habilidades de assertividade só foram reforçadas no contexto de dramatização, a generalização para a situação real de trabalho não é garantida.

Considere o exemplo a seguir de uma falha de generalização. Lembre-se de nosso exemplo do Capítulo 10, em que o treinador McCall usou estímulos físicos para ajudar Trevor a rebater uma bola de beisebol arremessada por um lançador, Dave. Quando Dave lançava, o treinador McCall ajudava Trevor a movimentar o taco para acertar a bola. Com o tempo, o treinador McCall reduziu os lembretes físicos até que Trevor estivesse rebatendo a bola sem nenhum auxílio. Dave arremessou, então, a bola de uma maior distância, mais rápido e em locais mais complicados para ensinar a Trevor como rebater arremessos mais difíceis. Embora Trevor tenha rebatido a bola com sucesso no treino, ele não conseguiu acertá-la em um jogo quando lançada pelo arremessador do time adversário. A capacidade de rebater a bola no treino não se generalizou para a situação de jogo. Um motivo para o comportamento não ter sido generalizado é que os arremessos no jogo eram diferentes daqueles que Trevor tinha aprendido a rebater no treino. Ou seja, o estímulo de treinamento (no treino) não era semelhante o suficiente ao estímulo na situação-alvo (um jogo real) para ser generalizado. Para programar a generalização, o treinador McCall deve trabalhar nos treinos (o estímulo de treinamento) com arremessos similares aos que Trevor precisa rebater nos jogos (o estímulo-alvo). O treinador McCall pode trabalhar assim ao usar diversos arremessadores lançando bolas para Trevor durante os treinos.

Definir generalização

Durante o treinamento de discriminação, conforme discutido no Capítulo 7, a ocorrência de um comportamento só é reforçada na presença de determinado estímulo (o estímulo discriminativo [E^D]). O controle do estímulo se desenvolve ao longo deste processo e o comportamento tem maior probabilidade de ocorrer no futuro quando o E^D estiver presente. ***Generalização é definida como a ocorrência do comportamento na presença de estímulos semelhantes, de certa forma, ao E^D que estava presente durante o treinamento.*** Ou seja, uma classe de estímulos semelhantes desenvolve controle de estímulo sobre o comportamento. *Na modificação do comportamento, a generalização é definida como a ocorrência do comportamento na presença de todos os estímulos relevantes fora da situação de treinamento.*

A generalização da mudança comportamental é uma questão importante na modificação do comportamento. Quando procedimentos de modificação de comportamento são usados para desenvolver, aumentar ou manter comportamentos desejáveis, você quer que esses comportamentos ocorram além das circunstâncias de treinamento, em todas as situações relevantes de estímulo. É um exemplo de generalização quando Márcia dá uma resposta assertiva a um dos colegas de trabalho que faz uma solicitação despropositada a ela. As respostas assertivas foram desenvolvidas sob o controle de estímulo da situação de treinamento (as dramatizações) e agora ocorrem fora do treinamento em situações parecidas. Se Trevor acertar a bola quando for lançada pelo arremessador adversário em um jogo, a generalização terá ocorrido. O comportamento de acertar a bola foi desenvolvido sob o controle de estímulo das práticas de arremesso lançadas por Dave. O treinamento não tem sucesso até que o comportamento se generalize para situações semelhantes (arremessos lançados em um jogo).

Estratégias para promover a generalização da mudança comportamental

Este capítulo descreve estratégias que podem ser usadas para programar a generalização de uma mudança de comportamento (Tabela 19-1). As estratégias discutidas aqui são baseadas naquelas que foram revistas por Stokes e Baer (1977) e Stokes e Osnes (1989).

Reforçar ocorrências de generalização

Uma forma de promover a generalização é reforçar o comportamento quando a generalização ocorre – ou seja, reforçar o comportamento quando ocorre fora da situação de treinamento, na presença de estímulos relevantes. Dessa forma, todos os estímulos relevantes desenvolvem controle de estímulo sobre o comportamento. Bakken, Miltenberger e Schauss (1993) implementaram essa estratégia de generalização quando ensinaram habilidades parentais a pais com deficiências intelectuais. O objetivo era que os pais usassem essas habilidades em casa, onde seriam necessárias. Para promover a generalização das habilidades parentais no ambiente doméstico, os pesquisadores conduziram sessões de treinamento em casa e forneceram

TABELA 19-1 Estratégias para promover a generalização da mudança de comportamento

Reforçar exemplos de generalização

Treinar habilidades que estão em contato com as contingências naturais de reforçamento

Modificar contingências de reforçamento e punição no ambiente natural

Incorporar uma ampla gama de situações relevantes de estímulo no treinamento

Incorporar estímulos comuns

Ensinar uma série de respostas funcionalmente equivalentes

Fornecer pistas no ambiente natural

Incorporar mediadores autogerados de generalização

© Cengage Learning

reforçadores quando os clientes exibiam as habilidades parentais nesse ambiente. Consequentemente, as habilidades foram generalizadas para o ambiente doméstico.

Ao ensinar os alunos de psicologia clínica como conduzir sessões de terapia, o professor apresenta instruções e modelos e, em seguida, os alunos interpretam as habilidades em dramatizações de sessões de terapia. Depois de cada ensaio, o professor dá um *feedback*: elogia para reforçar o comportamento correto e apresenta instruções para melhorias.

Como o professor poderia promover a generalização das habilidades para as situações reais de terapia?

Um método seria reforçar exemplos de generalização. O professor poderia se sentar na sessão de terapia com o aluno e acenar ou sorrir aprovando cada habilidade terapêutica correta. Outra estratégia seria assistir através de uma janela de observação enquanto o aluno conduz uma sessão de terapia com um cliente. Imediatamente após a sessão, o professor elogiaria o aluno por todas as habilidades executadas corretamente. Por outro lado, o professor poderia usar uma técnica em que o aluno usa um pequeno dispositivo alto-falante no ouvido e o professor o elogia por um microfone imediatamente depois que a habilidade é executada de forma correta na sessão. A execução correta das habilidades de terapia em sessões reais é um exemplo de generalização. Reforçar exemplos de generalização talvez seja o método mais direto para promover a generalização. Essa estratégia reduz a diferença entre condições de treinamento e de generalização, pois o treinamento ocorre em todas as situações relevantes. Stokes e Baer (1977) definiram generalização como "a ocorrência do comportamento relevante sob diferentes condições fora do treinamento", mas, nessa estratégia, na verdade não há condição em que o comportamento não ocorra.

Uma desvantagem dessa estratégia é que nem sempre é possível gerar reforços para o comportamento fora da situação de treinamento. Por exemplo, Dr. Mills não pode ir ao escritório de Márcia e elogiá-la toda vez que apresentar um comportamento assertivo. Na maioria das aulas de cuidados parentais, o professor não pode ir à casa dos pais e oferecer reforços para as habilidades parentais exibidas por eles no local. Caso você não consiga reforçar exemplos de generalização, é preciso usar outras estratégias para promover a generalização.

Treinar habilidades que entram em contato com contingências naturais de reforçamento

Outra estratégia para promover a generalização é treinar habilidades que resultarão em **contingências naturais de reforçamento** em situações relevantes. *Caso você não consiga gerar um reforço para o comportamento nas situações relevantes fora da situação de treinamento, é importante que os reforçadores naturais estejam presentes.* Por exemplo, ao decidir quais habilidades de lazer ensinar a jovens adultos com deficiência que vão se formar no colégio e viver em apartamentos comunitários ou abrigos, é importante ensinar a eles as atividades de lazer preferidas que estarão disponíveis em suas comunidades. Dessa forma, os clientes terão oportunidades para realizar as atividades que são reforçadoras para eles. Se os clientes forem treinados em atividades que não são reforçadoras ou não estão disponíveis, as habilidades de lazer terão pouca probabilidade de serem generalizadas para o ambiente da comunidade. Ao ensinar técnicas de namoro a adolescentes tímidos, é importante ensinar abordagens às quais os pretendentes responderão favoravelmente. Dessa forma, as habilidades serão reforçadas em situações relevantes no ambiente natural (pois resultarão em interações e encontros agradáveis).

Em alguns casos, os alunos são ensinados especificamente a "recrutar" atenção de professores e outros para reforçar o comportamento adequado (como em Stokes, Fowler e Baer, 1978). Por exemplo, um aluno pode ser treinado a questionar ao professor "Como está o meu trabalho?", e essa afirmação resulta na atenção do professor como um reforçador do desempenho acadêmico. Ensinar alunos a recrutar reforços pelo trabalho pode contribuir para a generalização e manutenção do desempenho acadêmico (Craft, Alber e Heward, 1998).

Pesquisas conduzidas por Durand e Carr (1992) demonstraram a generalização das habilidades de comunicação fora da situação de treinamento de estudantes com deficiências de desenvolvimento. Os alunos do estudo exibiam problemas comportamentais que eram reforçados pela atenção do professor. Durand e Carr queriam ensinar os alunos a obterem atenção do professor por meio de um comportamento. Eles ensinaram os alunos a perguntar: "Estou fazendo um bom trabalho?". Quando os alunos faziam essa pergunta, o professor respondia com atenção. O professor reforçava o comportamento de comunicação das crianças de maneiras diferentes; esse comportamento aumentou e os comportamentos problemáticos diminuíram. A generalização ocorreu quando os professores que não sabiam que os alunos tinham aprendido as habilidades de comunicação estavam presentes. Quando os alunos faziam a mesma pergunta a novos professores, eles respondiam com atenção, como os professores que foram treinados.

Em um estudo posterior, Durand (1999) avaliou treinamentos de comunicação funcional de cinco alunos com deficiências. Os comportamentos problemáticos dos estudantes eram mantidos por atenção, escape ou acesso a itens alimentícios. Os problemas foram reduzidos quando eles aprenderam a pedir por atenção, ajuda ou alimentos usando dispositivos de comunicação assistida. A generalização ocorreu quando eles continuaram usando as respostas comunicacionais nos ambientes da comunidade e os adultos respondiam às suas solicitações dando o que os alunos pediam. Em ambos os estudos, a generalização ocorreu porque as perguntas dos alunos usaram contingências naturais de reforçamento. A Figura 19-1 mostra os resultados do estudo de Durand (1999).

Mesmo que deva se esforçar para ensinar habilidades que entrarão em contato com contingências naturais de reforçamento, o que nem sempre é possível. Por exemplo, quando Márcia dá uma resposta assertiva a um colega de trabalho pela primeira vez, ele poderá reagir com raiva ou repetir a solicitação despropositada. Se um estudante que não fala aprende a linguagem de sinais como modo de se comunicar com o professor, essa habilidade pode não se generalizar para outras pessoas: caso a outra pessoa não conheça a linguagem de sinais, ela não responderá ao estudante de modo que reforçarão o uso dos sinais. Essa não é uma habilidade que entra em contato com contingências naturais de reforçamento. *Quando as habilidades não são naturalmente reforçadas fora da situação de treinamento, outras estratégias de generalização devem ser implementadas.*

Modificar contingências de reforçamento e punição no ambiente natural

Comportamentos desejáveis vão ocorrer em situações relevantes fora da situação de treinamento se o comportamento for reforçado nessas situações (e se contingências de punição não estiverem operando nessas situações). Quando o treinador é incapaz de reforçar as ocorrências de generalização e não existem contingências naturais de reforçamento, a generalização pode ser promovida ao modificar as contingências de reforçamento nas situações relevantes. Em outras palavras, *se o treinador não conseguir reforçar o comportamento no ambiente natural, ele deverá ensinar outras pessoas no ambiente natural a reforçar o comportamento.* Considere o exemplo a seguir.

Naomi, uma garota de 13 anos em um centro de detenção juvenil, exibia com frequência um comportamento agressivo e disruptivo quando as meninas mais velhas do centro a provocavam. O conselheiro ensinou a Naomi as habilidades para responder às provocações das colegas com calma. Ela aprendeu em dramatizações com o conselheiro a dizer para si mesma "ignore-as, vá embora e fique longe de problemas", e então ir embora. Para promover a generalização, o conselheiro se reuniu com a equipe que trabalhava com Naomi e os instruiu a elogiar Naomi toda vez que a vissem se livrando da provocação e saindo. Como os moradores estavam em um programa de reforço por fichas (veja o Capítulo 22), a equipe também foi orientada a dar uma ficha para Naomi sempre que ela exibisse essa habilidade. Como resultado do reforço imediato das habilidades de autocontrole dado pela equipe, Naomi usou-as sempre que foi provocada e conseguiu se manter longe de confrontos com as colegas.

Lembre-se do exemplo da Sra. Williams. Quando o reforço diferencial foi implementado, o índice de conversas positivas com as pessoas no geral aumentou na casa de repouso.

O que o psicólogo fez para promover a generalização das conversas positivas da Sra. Williams?

O psicólogo instruiu toda a equipe a utilizar o procedimento de reforço diferencial com a Sra. Williams e orientou a equipe a ensinar todos os outros que interagiam com ela a usar esse procedimento. Desse modo, as conversas positivas da Sra. Williams foram reforçadas por todos que falavam com ela. O psicólogo modificou as contingências de reforçamento de suas conversas positivas no ambiente natural.

Algumas vezes, contingências naturais de punição tornam a generalização do comportamento desejável menos provável. Mesmo que a pessoa possa aprender a apresentar um comportamento desejável no treinamento, este terá menos probabilidade de ser generalizado se for punido fora da situação de treinamento. *Uma maneira de promover a generalização é eliminar toda contingência de punição que possa suprimir o comportamento desejável fora da situação de treinamento.* Considere o exemplo a seguir.

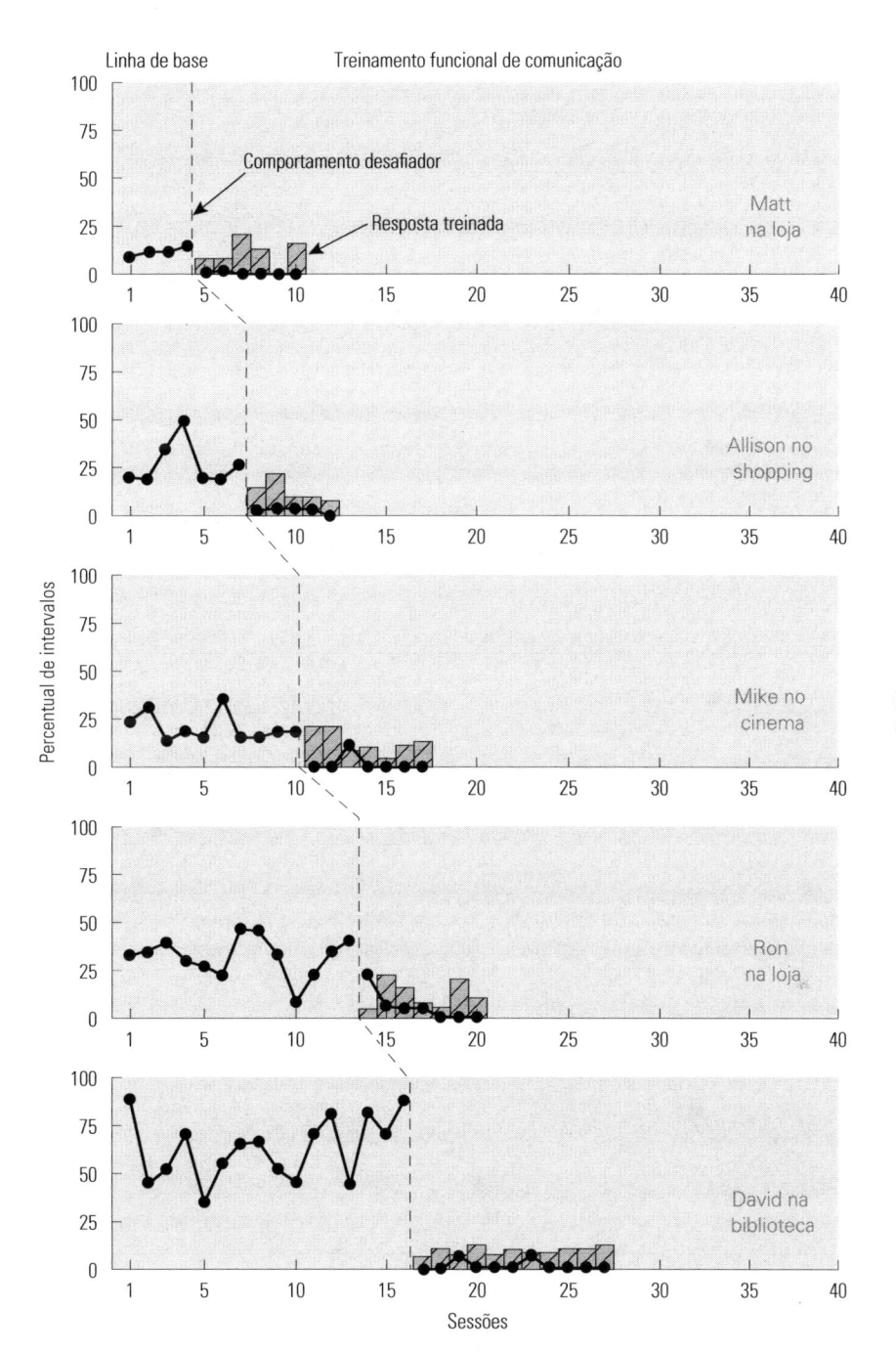

FIGURA 19-1 Percentual de intervalos com comportamentos problemáticos (círculos preenchidos) e percentual de intervalos em que os alunos usaram respostas de comunicação (barras tracejadas) em ambientes de comunidade durante a linha de base e depois de um treinamento funcional de comunicação. O comportamento problemático diminuiu à medida que os alunos utilizavam respostas de comunicação depois do treinamento funcional de comunicação. Baseado em Durand [1999].

O distrito escolar decidiu integrar alunos com deficiência nas salas de aula comuns. A turma do terceiro ano da Sra. Hanson iria receber três novos alunos com deficiências de desenvolvimento. Antes de os novos alunos serem transferidos para a turma, ela usou procedimentos de treinamento de habilidades comportamentais para ensinar aos alunos como tratar os novos colegas com respeito, como ajudar e fazer amizade com eles. Depois que os novos alunos chegaram, os alunos da Sra. Hanson interagiram bem com eles. As habilidades que ela tinha ensinado à turma foram generalizadas para a classe com os novos alunos. No entanto, a Sra. Hanson percebeu que os alunos da outra sala do terceiro ano estavam provocando e zombando da turma no pátio por serem amigáveis com os novos alunos. Como resultado das contingências de punição, os alunos da Sra. Hanson começaram a interagir cada vez menos com os novos alunos. A Sra. Hanson decidiu que, se ela queria que as interações com os novos alunos continuassem, precisaria eliminar a contingência de punição. Ou seja, ela teria de fazer que os alunos da outra turma parassem de provocar e zombar dos seus alunos quando eles interagissem com os alunos com deficiência. Depois que a Sra. Hanson eliminou os comentários maldosos da outra turma do terceiro ano, seus alunos começaram a interagir com os novos alunos na sala de aula novamente. Além disso, as interações com eles foram generalizadas para o pátio.

Todas as três estratégias de generalização descritas até aqui focam reforçar o comportamento fora da situação de treinamento. A generalização também pode ser promovida pela organização de situações de estímulo e variações de resposta apropriadas durante o treinamento. Essas estratégias serão descritas a seguir.

Incorporar diversas situações de estímulos relevantes no treinamento

Se o objetivo da programação da generalização é que o comportamento ocorra em todas as situações relevantes depois que o treinamento for concluído, um método óbvio para promover a generalização é incorporar muitas das situações relevantes no treinamento. Stokes e Baer (1977) e Stokes e Osnes (1989) se referiam a essa estratégia como o treinamento do aprendiz para responder a um número suficiente de **exemplos de estímulos** até que o comportamento se generalizasse. *A lógica é a seguinte: se o aprendiz é treinado para responder corretamente a uma série de situações relevantes de estímulo (exemplos de estímulos), o comportamento terá maior probabilidade de ser generalizado para todas as situações relevantes de estímulos.* Por exemplo, Dr. Mills ensinou Márcia a responder de forma assertiva a diversas solicitações injustificadas que ele interpretou durante o treinamento. Ele escolheu determinados exemplos de estímulos porque esses eram as solicitações mais prováveis que os colegas de trabalho poderiam fazer. Quando Cheryl Poche ensinou habilidades de prevenção a sequestros a crianças da pré-escola, ela incorporou uma variedade de situações atraentes para sequestros nos procedimentos de treinamento (Poche, Brouwer e Swearingen, 1981; Poche, Yoder e Miltenberger, 1988). Poche argumentou que, se as crianças pudessem responder corretamente a todas as situações diferentes no treinamento, as habilidades de prevenção a sequestros teriam maior probabilidade de generalização para uma situação real de sequestro.

Stokes, Baer e Jackson (1974) usaram essa estratégia para promover a generalização quando ensinavam respostas a saudações para crianças com deficiências intelectuais. Quando um pesquisador ensinou os alunos a acenar como uma saudação, houve pouca generalização da saudação para os 20 membros da equipe que trabalhavam com eles. No entanto, quando os alunos aprenderam a acenar para um segundo pesquisador, a resposta de saudação logo foi generalizada para o restante da equipe. Quando apenas uma pessoa reforçou a resposta da saudação inicialmente, esta desenvolveu controle de estímulo sobre a saudação. No entanto, depois que uma pessoa diferente reforçou a resposta da saudação (um segundo exemplar foi incorporado ao treinamento), a classe de estímulo que desenvolveu controle de estímulo sobre o comportamento incluía toda a equipe da instituição.

> *Suponha que a resposta da saudação não conseguisse ser generalizada para toda a equipe depois de ser reforçada por um segundo pesquisador. O que mais Stokes e colaboradores poderiam fazer para promover a generalização?*

Para promover a generalização, eles poderiam ter uma equipe adicional para estimular e reforçar a resposta de saudação e avaliar a generalização para a outra equipe. Cada membro adicional da equipe que reforça a resposta da saudação é outro exemplo de estímulo. Com o tempo, quando exemplos de estímulos suficientes forem introduzidos no treinamento, a resposta vai se generalizar para todos os membros da classe de estímulo em que os exemplos foram escolhidos. Infelizmente, não é possível determinar antecipadamente quantos exemplos serão suficientes para que a generalização ocorra. Considere o estudo de Davis et al. (1992). Eles usaram um procedimento de tratamento com dois jovens garotos com deficiência para aumentar a obediência deles às solicitações dos adultos. No procedimento, primeiro o treinador fazia algumas solicitações de alta probabilidade (pedidos fáceis que seriam divertidos para a criança). Em seguida, fazia a solicitação para a qual a criança normalmente mostrava desobediência (um pedido de baixa probabilidade). Quando um treinador usava esse procedimento, a criança se tornava mais obediente com ele, mas não com os outros treinadores. Ou seja, não havia generalização da maior obediência da criança. Davis estava interessado em determinar quantos treinadores teriam de usar o procedimento antes que o aumento na obediência fosse generalizado para os treinadores que não tinham usado o procedimento com a criança. Eles descobriram que o comportamento se generalizava depois que dois treinadores usavam o procedimento com uma criança, e depois que três treinadores usavam com outra. Os resultados deste estudo estão resumidos na Figura 19-2.

Horner descreveu uma estratégia para promover generalização chamada de **programação de caso geral** (Horner, Sprague e Wilcox, 1982). *A programação de caso geral é definida como o uso de múltiplos exemplos de treinamento (exemplos de estímulo) que servem como amostra da variedade de situações de estímulo e variações de resposta relevantes.* Neef e colaboradores (Neef et al., 1990) usaram a programação de caso geral para ensinar adultos com deficiências intelectuais a usar máquinas de lavar e secar roupas. Os autores treinaram alguns indivíduos para usar diversas máquinas, de modo que

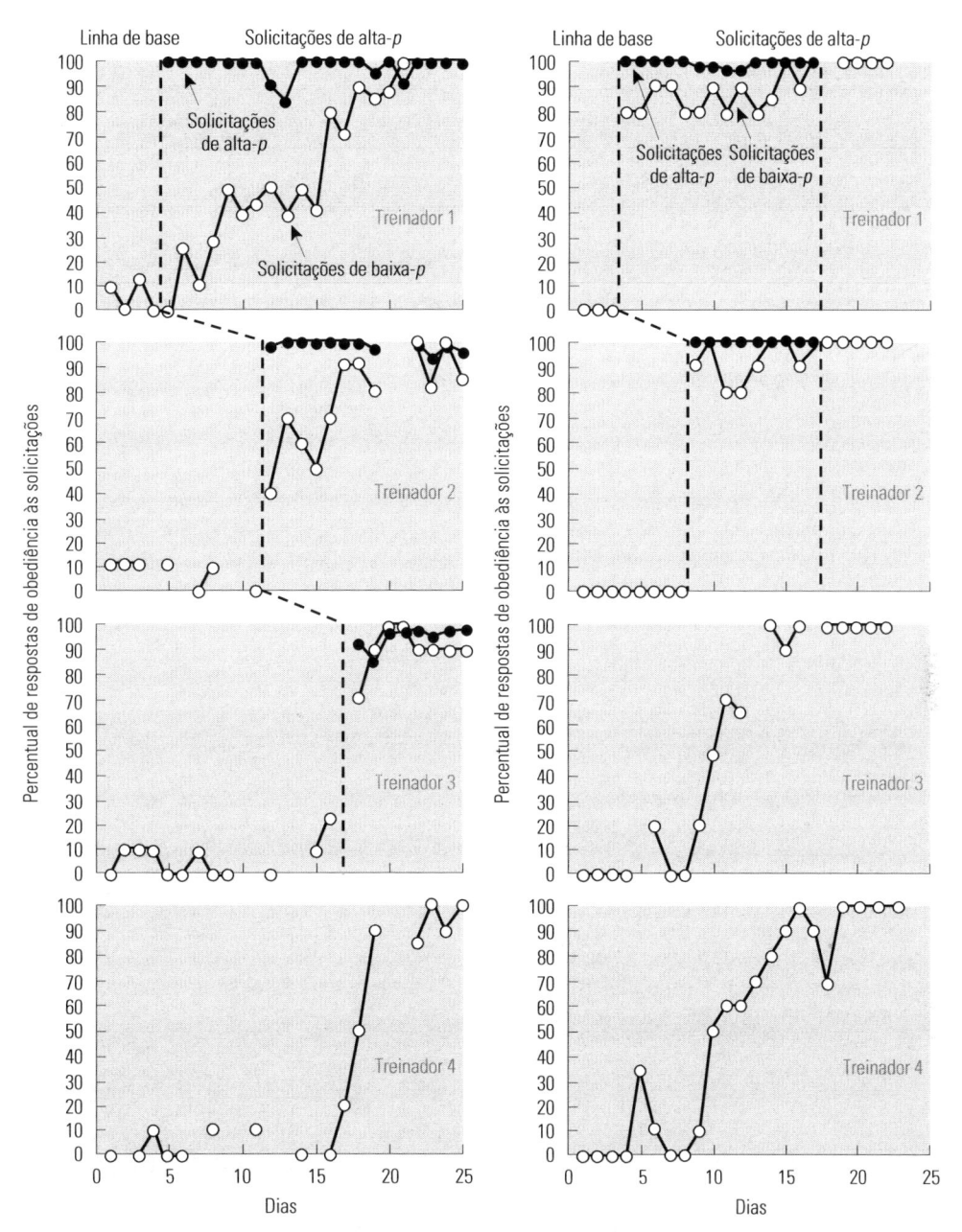

FIGURA 19-2 O painel à esquerda mostra o percentual de comportamento obediente de Bobby em relação às solicitações de alta probabilidade (alta-p) e baixa probabilidade (baixa-p) apresentadas por quatro treinadores diferentes. Os autores usaram solicitações de alta probabilidade para aumentar a obediência às solicitações de baixa probabilidade. Neste caso, a generalização ocorreu depois do uso de três exemplos de estímulo (treinadores). O painel à direita mostra o percentual de comportamentos de obediência de Darren em relação a solicitações de baixa e alta probabilidade apresentadas por quatro treinadores. Para Darren, a generalização ocorreu depois que o segundo exemplo foi aplicado. (De Davis et al. Effects of high probability requests on the acquisition and generalization of responses to requests in young children with behavior disorders. *Journal of Applied Behavior Analysis*, v. 25, p. 905-916, 1992. Copyright © 1992 Society for the Experimental Analysis of Behavior. Reproduzido com permissão da Society for the Experimental Analysis of Behavior.)

pudessem aprender todas as diferentes maneiras de operar máquinas de lavar e secar roupas. Outros sujeitos aprenderam a usar apenas uma máquina de lavar e secar. Neef descobriu que os indivíduos que tinham sido treinados com uma variedade de máquinas tinham mais sucesso ao operar uma máquina nova do que aqueles que tinham recebido treinamento para apenas uma máquina. Ou seja, houve mais generalização das habilidades com o uso da programação de caso geral.

Incorporar estímulos comuns

Outra estratégia para promover a generalização é incorporar estímulos do ambiente de generalização (situação-alvo) na situação de treinamento. Em outras palavras, se as situações de treinamento e generalização tiverem algumas características ou estímulos em comum, a generalização terá mais probabilidade de ocorrer. Essa estratégia é semelhante àquela em que uma grande variedade de situações de estímulo relevantes é incorporada à situação de treinamento. No entanto, nessa estratégia, alguns aspectos da situação-alvo (um estímulo físico ou social) são usados no treinamento. Por exemplo, quando Poche usou uma variedade de situações atraentes para sequestro em seu treinamento, ela estava incorporando exemplos ou situações de estímulos relevantes (Poche, Brouwer e Swearingen, 1981). Entretanto, quando ela conduziu o treinamento fora do parquinho, estava incorporando um estímulo físico comum (estar do lado de fora, local em que uma tentativa de sequestro tem mais probabilidade de ocorrer) à situação de treinamento.

> **?** *Como o Dr. Mills poderia incorporar um estímulo comum nas sessões de treinamento com Márcia para promover a generalização de suas habilidades assertivas?*

Se o Dr. Mills levasse Márcia ao seu escritório e a fizesse ensaiar as habilidades assertivas em dramatizações no local, ele estaria incorporando um estímulo comum (o ambiente do escritório). A lógica dessa estratégia é a de que o estímulo da situação-alvo vai desenvolver controle de estímulo sobre o comportamento durante o treinamento. Posteriormente, o comportamento terá maior probabilidade de ocorrer na situação-alvo quando esse estímulo estiver presente.

Algumas vezes, durante o treinamento de habilidades sociais, outros terapeutas ou assistentes de terapia são introduzidos nas sessões de treinamento para que o cliente treine as habilidades com pessoas novas. Por exemplo, uma terapeuta pode interpretar com um cliente homem que está tentando desenvolver habilidades para interagir com as mulheres de forma mais eficaz. Se o cliente conseguir apresentar as habilidades com sucesso em uma dramatização com uma mulher que conheceu na sessão, é mais provável que as habilidades sejam generalizadas para outras situações em que ele for apresentado a uma mulher (como uma festa, por exemplo). Neste caso, o estímulo comum incorporado na situação de treinamento foi uma mulher que o cliente nunca tinha visto antes.

Ensinar uma série de respostas funcionalmente equivalentes

Além de incorporar uma variedade de exemplos de estímulos e estímulos comuns à situação de treinamento, em geral é útil ensinar ao cliente uma série de respostas que podem obter o mesmo resultado. Diferentes respostas que obtêm o mesmo resultado são chamadas de **respostas funcionalmente equivalentes**. Ou seja, cada resposta tem a mesma função para a pessoa. Por exemplo, se estiver ensinando alguém com deficiência intelectual a usar máquinas de venda automática, você deve ensinar uma série de respostas que permitirão operar as máquinas. Em algumas máquinas, você aperta um botão para selecionar o produto, em outras, puxa uma maçaneta. Ambas as respostas produzem o mesmo resultado. Se ensinar as duas respostas, a pessoa conseguirá usar uma variedade maior de máquinas depois do treinamento. Ou seja, haverá maior generalização.

Como vimos, a programação de caso geral usa amostras do conjunto de estímulos relevantes e variações de respostas para que o estudante aprenda todas as variações que possam ser necessárias na situação natural. Sprague e Horner (1984) usaram a programação de caso geral para ensinar adolescentes com deficiências intelectuais a usar máquinas de venda automática. Eles descobriram que havia mais generalização quando utilizavam a programação de caso geral do que quando empregavam outros métodos de ensino. No treinamento de caso geral, os alunos aprendiam todas as repostas diferentes que precisavam para operar qualquer máquina de vendas disponível.

Considere outro exemplo. No treinamento de habilidades sociais, as pessoas aprenderão uma série de habilidades para usar em situações variadas. A pessoa terá, então, várias respostas diferentes que podem produzir o mesmo resultado. Por exemplo, um jovem tímido pode aprender várias maneiras diferentes de convidar alguém para sair. Se o convite não der certo em determinada situação, convidar de outro jeito pode ter êxito. Se o jovem só tiver aprendido um modo de convidar, ele pode não ter sucesso e haverá menos probabilidade de as habilidades serem generalizadas para outras situações com outras pessoas. No treinamento de assertividade, Márcia aprendeu a dizer não de vários jeitos a pedidos despropositados. Caso uma reposta assertiva não funcionasse, ela poderia usar outra resposta assertiva, e mais outra, até que tivesse sucesso.

Fornecer pistas no ambiente natural

Outra estratégia para promover a generalização é fornecer pistas ou lembretes no ambiente natural, que possam tornar a ocorrência do comportamento-alvo mais provável nas circunstâncias corretas. O analista de comportamento (ou um supervisor) fornece pistas no ambiente natural na expectativa de que a dica desperte o comportamento quando as circunstâncias do ambiente natural não apresentarem controle de estímulo suficiente sobre o comportamento. Por exemplo, os funcionários de um serviço de manobristas dirigem os carros dos clientes da entrada do estabelecimento (hotel, restaurante etc.) até um estacionamento longe dali. Por motivos de segurança, eles são treinados a usar o cinto de segurança enquanto dirigem os carros. No entanto, como nem sempre agem assim, o supervisor pode apresentar avisos verbais para que os funcionários usem o cinto de segurança, aumentando a probabilidade do uso do cinto no trabalho (Austin, Sigurdsson e Rubin, 2006).

Considere outro exemplo, quando os membros da equipe começam a trabalhar em uma instituição para pessoas com deficiência, eles são treinados para lavar as mãos de um jeito e em momentos específicos (antes de cozinhar, depois de usar o banheiro etc.). Espera-se que o ato de lavar as mãos se generalize para o ambiente natural e ocorra em todas as circunstâncias relevantes. Para facilitar a generalização, o gerente do abrigo pode colocar placas de lembrete no banheiro e na cozinha, sugerindo a lavagem das mãos. O uso de placas sinalizadoras como dicas tem sido empregado para promover a generalização de diversos comportamentos, como o ato de lavar as mãos por enfermeiras (Creedon, 2005), o uso de cinto de segurança em veículos (Rogers et al., 1988) e a adoção de comportamentos seguros no local de trabalho (Fellner e Sulzer-Azaroff, 1974).

Outra forma de fornecer pistas no ambiente natural para promover a generalização é usar um dispositivo eletrônico que gera uma campainha ou vibração para lembrar ao pai, professor ou membro da equipe de apresentar o comportamento correto, no momento correto. Por exemplo, um membro da equipe que foi treinado para apresentar interações positivas frequentes com os clientes pode ter de usar um *pager* que vibra a cada 60 segundos como um lembrete para exibir interações positivas (Mowery, Miltenberger e Weil, 2010). Do mesmo modo, uma professora que foi treinada para implementar um programa comportamental pode receber uma vibração em um *pager* ou uma mensagem em seu celular como um lembrete para realizar um procedimento de tratamento na hora certa (Petscher e Bailey, 2006).

É importante notar que, embora pistas ou lembretes possam despertar o comportamento correto e aumentar a generalização do comportamento-alvo, para que o comportamento seja mantido, deve ser reforçado de alguma forma no ambiente natural.

Incorporar mediadores autogerados de generalização

Stokes e Osnes (1989) definiram um mediador de generalização como "um estímulo que é mantido e transportado pelo cliente como parte do tratamento". O mediador (uma pista ou lembrete) pode ser um estímulo físico ou um comportamento exibido pela pessoa. *O mediador tem controle de estímulo sobre o comportamento-alvo, portanto, o comportamento se generaliza para além da situação de treinamento quando o mediador está presente.* Por exemplo, pais que frequentam uma palestra sobre técnicas de gestão infantil e fazem anotações. Depois, eles revisam as anotações para orientar o comportamento enquanto implementam as técnicas com os filhos. As anotações são um **mediador autogerado de generalização**, promovem a generalização das habilidades de gestão infantil para o ambiente doméstico. De maneira similar, os pais podem memorizar algumas regras da palestra, como "veja seu filho sendo eficaz e o elogie" e "ignore problemas pequenos". Em casa, enquanto repetem as regras para si mesmos, eles terão maior probabilidade de elogiar os filhos quando eles apresentarem comportamento desejável e ignorar problemas menores. As regras que recitaram para si mesmos são mediadores autogerados de generalização de suas habilidades de gestão infantil. Basicamente, os pais estão fornecendo as próprias pistas ou lembretes para apresentar o comportamento correto, na hora certa.

O autorregistro é outro exemplo de mediador autogerado de generalização. Por exemplo, uma jovem está visitando um psicólogo para ajudá-la com um problema de gagueira. O tratamento envolve uma técnica de respiração regulada (veja o Capítulo 21) que ela aprende com o psicólogo e precisa treinar diariamente. A cliente executa bem a técnica de respiração regulada nas sessões, mas não consegue praticá-la fora delas. Para promover a generalização fora das sessões de tratamento, o psicólogo a instrui a implementar o autorregistro. A cliente coloca uma folha de registro sobre a mesa do trabalho e na geladeira de casa e registra na folha a hora em que praticou a técnica. A presença da folha de registros e o ato de autorregistrar são mediadores autogerados que aumentam a probabilidade de o cliente praticar a técnica fora das sessões.

A autoinstrução é outro mediador de generalização. Quando uma pessoa recita uma autoinstrução, ela funciona como uma pista para realizar o comportamento apropriado, no momento apropriado. Os pais descritos anteriormente recitaram autoinstruções para usar as técnicas de gestão infantil que tinham aprendido na palestra. O uso de autoinstruções ajudou as técnicas de gestão infantil a serem generalizadas para o ambiente doméstico com os próprios filhos. No exemplo anterior, Naomi estava usando autoinstruções quando dizia para si mesma "ignore-as, vá embora e fique longe de problemas" em resposta às provocações das colegas. Repetir para si essas autoinstruções aumentou a probabilidade de ela ir embora e evitar uma briga. Elas tornaram mais provável que esse comportamento se generalizasse das sessões de treinamento com o conselheiro para a situação real do problema com as colegas.

Qualquer comportamento que dê pistas para o comportamento adequado na situação-alvo pode ser considerado um mediador autogerado de generalização. Algumas das estratégias de controle antecedente discutidas no Capítulo 16 podem ser consideradas mediadores autogerados de generalização porque envolvem a ocorrência de um comportamento para influenciar outro comportamento na situação adequada. Por exemplo, quando Cal fez uma lista de compras de alimentos saudáveis, a lista era um mediador autogerado que aumentou a probabilidade de ele comprar comidas saudáveis. O Capítulo 20 discute mediadores autogerados de generalização de maneira mais detalhada.

PARA UMA LEITURA MAIS APROFUNDADA	**Generalização de habilidades sociais** Sempre que ensinar habilidades a um indivíduo, é importante medir a aquisição das habilidades nas sessões de treinamento e a generalização dessas habilidades para situações em que são necessárias. Um estudo conduzido por Ducharme e Holborn (1997) ilustrou a importância da avaliação da generalização das habilidades sociais depois do treinamento. Os autores ensinaram habilidades sociais a crianças da pré-escola (brincar corretamente, compartilhar etc.) e mediram as habilidades antes e depois do treinamento, no ambiente de treinamento e em um ambiente de generalização (outra sala de aula em que as crianças precisavam apresentar habilidades sociais). Os resultados demonstraram que as crianças aprenderam as habilidades sociais e as utilizaram no ambiente de treinamento, mas não foram generalizadas para a outra sala de aula, com outros brinquedos e professores. Os autores implementaram, então, estratégias para promover a generalização (por exemplo, incorporar mais situações relevantes de estímulos no treinamento, tornar o ambiente de treinamento mais parecido com o ambiente de generalização) e demonstraram que as habilidades foram generalizadas para o novo ambiente. Esse estudo e outros (como o de Hughes et al., 1995) mostram que, para garantir a generalização das habilidades, a generalização deve ser avaliada e especificamente programada.

Implementar estratégias para promover a generalização

É importante avaliar a generalização da mudança comportamental antes, durante e depois da implementação de procedimentos de modificação do comportamento. *Ao implementar estratégias para promover a generalização, você deve observar as seguintes diretrizes.*

1. *Identificar as situações-alvo de estímulo para o comportamento.* O objetivo de um programa de modificação de comportamento é que a mudança comportamental se generalize para todas as situações relevantes de estímulo. Ou seja, se você estiver estabelecendo um novo comportamento ou fortalecendo um comportamento já existente, vai querer que o comportamento ocorra nos momentos e circunstâncias apropriados (as situações-alvo de estímulo). Para promover a generalização do comportamento para essas situações, é preciso identificar as situações-alvo de estímulo antes do início do treinamento. Depois de identificar as situações relevantes, você poderá implementar estratégias de generalização para aumentar a probabilidade de o comportamento ocorrer nessas situações. Caso não identifique as situações-alvo de estímulo antes do treinamento, a generalização será deixada ao acaso.

2. *Identificar contingências naturais de reforço para o comportamento.* Uma vez que as contingências naturais de reforçamento tenham sido identificadas, o treinamento poderá focar no fortalecimento dos comportamentos que entrarão em contato com as contingências existentes. Se as contingências não forem analisadas antecipadamente, você pode focar o treinamento em comportamentos que não são funcionais para a pessoa fora da situação de treinamento. Como resultado, a generalização terá uma probabilidade muito menor de ocorrer.

3. *Implementar estratégias adequadas para promover a generalização.* Depois de analisar a contingência de três termos do comportamento fora da situação de treinamento, você estará pronto para escolher estratégias adequadas para promover a generalização.

    A análise das situações-alvo de estímulo permite que você incorpore uma variedade dessas situações nas sessões de treinamento. Além disso, permite que escolha estímulos comuns que podem ser incorporados ao treinamento ou que escolha mediadores que facilitem a generalização do comportamento para essas situações. Por fim, como resultado da identificação de situações de estímulo antes do treinamento, é possível identificar casos de generalização e fornecer reforçadores para o comportamento quando ocorrer nessas situações.

    A análise das contingências de reforço existentes ajuda a escolher as variações no comportamento que são mais propensas a serem reforçadas. Ao treinar as habilidades que têm maior probabilidade de entrar em contato com contingências naturais de reforçamento, você estará aumentando a probabilidade de generalização. Além disso, é preciso entender as contingências naturais de reforçamento e punição para determinar quando e como modificá-las para promover a generalização.

4. *Medir a generalização da mudança comportamental.* É preciso coletar dados sobre a ocorrência do comportamento nas situações-alvo de estímulo para determinar se os seus esforços para promover a generalização foram bem-sucedidos. Se o comportamento for generalizado para as situações-alvo, continue avaliando o comportamento periodicamente nessas situações para garantir que a mudança comportamental generalizada seja mantida ao longo do tempo. A avaliação também deve incluir informações sobre contingências naturais para determinar se o comportamento continua sendo reforçado nas situações-alvo. Caso sua avaliação indique que o comportamento não foi generalizado para as situações-alvo, você deverá implementar estratégias adicionais para promover a generalização e continuar avaliando o comportamento e as contingências naturais até que haja evidências de generalização e manutenção do comportamento.

Promover reduções generalizadas de problemas de comportamento

O resultado do tratamento de problemas de comportamento deve proporcionar melhoria no modo de ser do cliente. *A melhoria do modo de ser não é definida apenas por uma redução ou eliminação do problema de comportamento, no entanto, mais importante do que isso, pelo desenvolvimento e manutenção de novas habilidades ou pelo fortalecimento de comportamentos alternativos existentes e um aumento na quantidade de reforços positivos.* Por exemplo, a modificação de comportamento de um aluno do terceiro ano, Warren, que é considerado um valentão (porque provoca brigas com os colegas de classe), teria sucesso quando ele desenvolvesse habilidades sociais mais apropriadas e as utilizasse regularmente com os colegas, recebesse reforços sociais deles e não se envolvesse mais em brigas. Eliminar o problema de comportamento de Warren (brigas) é apenas um dos resultados desejáveis do tratamento. Melhorar habilidades sociais e aumentar o reforço social dos colegas também são resultados desejáveis porque aumentam a qualidade de vida de Warren e ajudam a evitar a recorrência do problema de comportamento.

Um resultado adicional que define o tratamento bem-sucedido de problemas de comportamento é a generalização das mudanças comportamentais para todas as situações relevantes e ao longo do tempo, depois que o tratamento for descontinuado (Horner, Dunlap e Koegel, 1988). No exemplo analisado há pouco, a generalização ocorreu quando Warren exibiu habilidades sociais adequadas e não se envolveu mais em brigas na escola, em casa, na casa dos amigos, no parquinho do bairro, no acampamento e em quaisquer outras situações com os colegas. Além disso, o tratamento tem sucesso quando ele evita brigas e exibe boas habilidades sociais em todas as situações relevantes tempos depois de o tratamento ter acabado.

Para obter uma redução generalizada de um problema de comportamento, o foco dos esforços de intervenção deve ser o desenvolvimento de comportamentos alternativos funcionalmente equivalentes adequados como substitutos para o problema de comportamento (Carr et al., 1994; Durand, 1990; Reichle e Wacker, 1993). Quando uma pessoa desenvolve comportamentos alternativos funcionalmente equivalentes, esses comportamentos podem ocorrer e receber reforços em todas as situações em que o problema de comportamento era exibido anteriormente. Quando a intervenção consiste apenas em um procedimento de extinção ou punição projetado para eliminar o problema de comportamento, uma redução generalizada do problema é pouco provável (Durand e Carr, 1992). O que acontece porque o procedimento de extinção ou punição pode não ser usado em todas as situações em que o problema de comportamento ocorre, portanto, o comportamento continuará sendo reforçado, mesmo que ocasionalmente. Além disso, sem comportamentos alternativos funcionalmente equivalentes para substituir o problema, o problema de comportamento tem maior probabilidade de recorrência em situações em que era anteriormente reforçado.

O foco no desenvolvimento e no aumento de comportamentos de substituição apropriados é conhecido como abordagem construtivista para tratar problemas de comportamento (Goldiamond, 1974). O objetivo é desenvolver repertórios de comportamentos mais adequados e que sejam funcionais para a pessoa. Desenvolver um repertório é ensinar habilidades funcionais e reforçar a ocorrência desses comportamentos em contextos naturais. Embora o foco seja aumentar as alternativas desejáveis por meio dessa abordagem construtivista, a extinção (e, algumas vezes, punição) do problema de comportamento também é usada e deve ser continuada ao longo do tempo para que o problema de comportamento não seja mais funcional para a pessoa (Wacker et al., 1990). Comportamentos alternativos desejáveis têm maior probabilidade de substituir o problema de comportamento se não for mais reforçado.

É preciso ficar atento às diretrizes a seguir para obter uma redução generalizada de problemas de comportamento (Dunlap, 1993).

1. *Conduzir uma avaliação funcional do problema de comportamento.* Como você já viu, uma avaliação funcional é sempre a primeira etapa ao tratar problemas de comportamento. A plena compreensão dos antecedentes e consequências do problema de comportamento e comportamentos alternativos é fundamental para o sucesso de qualquer intervenção de modificação do comportamento. Uma avaliação funcional completa também é necessária para programar uma generalização bem-sucedida da mudança comportamental. As informações da avaliação funcional devem ser usadas para desenvolver intervenções apropriadas que serão implementadas em todas as situações em que o comportamento ocorrer.
2. *Planejar a generalização com antecedência.* A intervenção para o problema de comportamento deve ser planejada desde o início para maximizar a probabilidade de produzir uma redução generalizada do comportamento. Ao planejar uma intervenção, você deve usar as estratégias conhecidas para promover generalização. Oito procedimentos diferentes foram discutidos neste capítulo. Todos os procedimentos que são aplicáveis ao problema de comportamento de um cliente devem ser implementados para obter uma redução generalizada do comportamento.
3. *Foco nos comportamentos alternativos funcionalmente equivalentes para substituir problemas de comportamento.* Reduções generalizadas de problemas de comportamento são obtidas quando existem aumentos generalizados nos comportamentos alternativos adequados que apresentam a mesma função que o problema de comportamento (Carr, 1988). Warren tem menor probabilidade de se envolver em brigas porque aprendeu habilidades sociais desejáveis que

resultam em um reforço social dos colegas. Se o uso dessas habilidades sociais for generalizado para todas as situações relevantes com colegas, os problemas de comportamento deverão ser reduzidos em todas as situações relevantes com colegas.

4. *Manter contingências de extinção (ou punição) ao longo de situações e com o tempo.* É importante que o reforço do problema de comportamento seja eliminado (ou minimizado) em todas as situações durante todo o período que a pessoa continue apresentando o comportamento. Se as contingências de extinção (ou punição) forem descontinuadas prematuramente, há risco de que o problema de comportamento passe a ocorrer com mais frequência. Um longo histórico de reforço a problemas de comportamento geralmente precede o início de uma intervenção de modificação do comportamento. Portanto, mesmo que a frequência do problema de comportamento tenha sido reduzida a zero, o comportamento poderá ocorrer novamente em situações que anteriormente exerciam um forte controle de estímulo sobre ele (recuperação espontânea). Se isso acontecer e o comportamento for reforçado porque os procedimentos de extinção (ou punição) foram descontinuados prematuramente ou implantados de maneira inconsistente, a frequência do comportamento tende a aumentar novamente.

RESUMO DO CAPÍTULO

1. As estratégias para promover generalização são encontradas na Tabela 19-1. Envolvem a manipulação dos estímulos usados durante o treinamento, a variedade de respostas treinadas e as contingências de reforçamento nos ambientes de generalização.
2. Se o comportamento que está sendo treinado entrar em contato com contingências naturais de reforçamento na situação-alvo, esse comportamento tem maior probabilidade de ser generalizado para a situação-alvo e continuar ocorrendo nessa situação.
3. Os estímulos usados no treinamento devem ser semelhantes aos estímulos da situação-alvo, assim, terão controle de estímulo sobre o comportamento-alvo na situação-alvo. Quanto mais parecidos os estímulos da situação de treinamento e os estímulos da situação-alvo forem, maior a probabilidade de o comportamento ser generalizado para a situação-alvo.
4. Se diversas respostas diferentes pode produzir um resultado reforçador na situação-alvo, o comportamento tem maior probabilidade de ser generalizado para a situação-alvo. Além disso, se um comportamento desejável produzir o mesmo resultado reforçador que o problema de comportamento na situação-alvo, o comportamento desejável terá maior probabilidade de ocorrer na situação-alvo.
5. Para promover reduções generalizadas em um problema de comportamento, você deve conduzir uma avaliação funcional do comportamento para determinar os antecedentes e as consequências reforçadoras, planejar a generalização com antecedência usando as oito estratégias de generalização identificadas neste capítulo, focar comportamentos alternativos funcionalmente equivalentes para substituir o problema de comportamento e manter procedimentos de extinção ou punição entre as situações e ao longo do tempo.

TERMOS-CHAVE

contingências naturais de reforçamento, 273
exemplos de estímulos, 276

generalização, 272
mediador autogerado de generalização, 279

programação de caso geral, 276
resposta funcionalmente equivalente, 278

TESTE PRÁTICO

1. O que é generalização? Por que é importante em um programa de modificação do comportamento?
2. Dê um exemplo de generalização e falha de generalização (que não tenham sido usados neste capítulo).
3. Oito estratégias para promover a generalização foram descritas neste capítulo. Identifique e descreva cada uma delas, apresentando um exemplo para cada estratégia.
4. Uma estratégia de generalização é reforçar exemplos de generalização; outra é treinar habilidades que entrem em contato com contingências naturais de reforçamento. Qual delas é preferível e por quê?
5. Você está ensinando uma criança com deficiência intelectual a beber água em um bebedouro. Descreva a variedade de exemplos de estímulos e variações de resposta que você usaria durante o treinamento.
6. O que é programação de caso geral? Dê um exemplo.
7. É importante ensinar uma série de respostas funcionalmente equivalentes para promover a generalização. Explique por quê.
8. Como o uso de estímulos comuns no treinamento promove a generalização?

9. Por que é importante analisar a contingência de três termos do comportamento na situação natural antes de iniciar um programa de modificação comportamental?
10. O que você pode fazer para promover a generalização se não houver contingências naturais de reforçamento para aquele comportamento?
11. Cite dois exemplos de como você forneceria pistas no ambiente natural para promover a generalização.
12. Descreva como você usaria mediadores autogerados de generalização para promover a generalização das habilidades aprendidas nesta aula.
13. O que é a abordagem construtivista para tratar um problema de comportamento?
14. O que é uma redução generalizada de um problema de comportamento?
15. Identifique e descreva as quatro diretrizes para alcançar uma redução generalizada de um problema de comportamento.
16. Por que as contingências de extinção (ou punição) devem ser continuadas para além do ponto em que a frequência do problema de comportamento chegou a zero?

APLICAÇÕES

1. Descreva as estratégias que você usará para promover a generalização e a manutenção da mudança comportamental resultante de seu projeto de autogestão. Identifique as estratégias de generalização e explique como vai implementá-las.
2. A treinadora Knight quer ensinar a equipe de basquete uma nova jogada para usar nas partidas. A treinadora descreve a jogada para o time e mostra o que cada jogadora deve fazer. Em seguida, ela faz o time praticar a jogada até que consigam executá-la corretamente. Descreva quais estratégias a treinadora Knight pode usar para promover a generalização de modo que a equipe execute a jogada corretamente em uma partida.
3. O professor de educação especial está ensinando a turma de futuros professores como a orientação graduada é usada para ensinar habilidades a crianças com deficiências intelectuais. Descreva as estratégias que o professor pode usar para promover a generalização, de modo que os alunos da turma consigam usar a orientação graduada com sucesso quando trabalharem com crianças com deficiências.
4. Uma amiga, professora de educação especial, está ensinando os alunos da turma a reconhecer palavras. Ela tem cartões didáticos com cada uma das palavras importantes que eles precisam aprender para viver em comunidade (por exemplo, dentro, fora, ande, não ande, entre, homens, mulheres). Ela está usando incentivos e esvanecimento para ensinar aos adolescentes como ler as palavras. Descreva o conselho que você dará a sua amiga para ajudá-la a programar a generalização da leitura dos alunos.
5. Heidi implementou um projeto de autogestão em que a meta era parar de falar palavrões específicos. Ela monitorava a frequência diária dos palavrões mantendo a contagem em uma ficha que carregava na bolsa. Ela definiu metas diárias para reduzir a frequência dos palavrões até que não estivesse mais usando essas palavras. Se a frequência do uso de palavrões fosse maior do que a meta do dia, tinha de colocar $ 2 em uma jarra na cozinha. No fim da semana, a colega de quarto dela contava o dinheiro e doava para a caridade. Além desse procedimento de custo da resposta, ela pediu a seus amigos da aula de modificação corporal que a lembrassem sempre que a ouvissem falando um palavrão. Ela conseguiu alcançar a meta todos os dias, exceto aqueles em que jogou *softbol*. Nos dias de *softbol*, falava palavrões frequentemente com as colegas de time enquanto conversavam depois do fim da partida. Descreva os procedimentos que Heidi poderia usar para promover a generalização da redução dos palavrões nos dias de *softbol*.
6. O professor Melvin era malvisto pelos integrantes da equipe da secretaria porque era rude e sarcástico em muitas das interações com eles. Ele nunca sorria ou conversava com a equipe. Quando queria que algo fosse feito, dizia à equipe o que fazer de forma exigente, sem dizer "por favor" ou "obrigado". A equipe geralmente parava tudo para fazer o trabalho da Dr. Melvin imediatamente, evitando irritá-lo. Caso a equipe dissesse que não poderia fazer o que havia pedido de imediato porque tinha outros trabalhos ou prazos para atender, Dr. Melvin insistia em suas demandas até que concordasse. Se uma tarefa não fosse feita corretamente ou a tempo, ele fazia crítica ou comentário sarcástico, normalmente em um tom de voz raivoso. Depois de ser alertado pelo chefe do departamento de que ele deveria parar de interagir com a equipe dessa maneira, o Dr. Melvin procurou ajuda de um psicólogo. Descreva os procedimentos de tratamento que o psicólogo poderia usar para ajudá-lo a reduzir as interações negativas com a equipe e garantir uma redução generalizada das interações negativas.

APLICAÇÕES INCORRETAS

1. Por semanas, o treinador Anderson ensinou a equipe de beisebol do ensino médio a rebater uma série de arremessos difíceis; ele queria preparar os jogadores para os arremessos que encontrariam nos jogos. O treinador agendou o primeiro jogo da temporada contra a melhor equipe da região. A equipe tinha jogadores muito melhores do que a do treinador Anderson. Os arremessadores lançaram algumas das jogadas mais difíceis que os jogadores veriam em todo o ano. O treinador pensou que jogar contra a equipe mais difícil antes seria bom para os jogadores. Identifique os aspectos bons e ruins da estratégia do treinador para promover a generalização das rebatidas dos jogadores.
2. A Dra. Nolan conduz grupos de treinamento de controle da raiva para adultos com deficiências intelectuais que vivem

em instituições ou apartamentos na comunidade. Nas sessões de treinamento em grupo, ela discute estratégias de controle da raiva (como procedimentos de relaxamento, autoafirmações que acalmam e respostas de enfrentamento, como sair), modela as estratégias e faz que os participantes ensaiem as habilidades em uma variedade de dramatizações. Depois de cada ensaio, ela dá *feedback* (reforços e instruções para melhoria) aos participantes. No início do treinamento, pede aos participantes que identifiquem situações em que tenham tido problemas ao controlar a raiva; em seguida, ela usa essas situações como dramatizações no treinamento. Algumas vezes, determinadas pessoas do grupo têm dificuldades umas com as outras. Quando isso acontece, a Dra. Nolan faz que os participantes pratiquem as habilidades de gestão da raiva em dramatizações entre si. O grupo se reúne por 10 sessões e a Dra. Nolan encoraja os membros do grupo a participarem ativamente das sessões. Quais estratégias a Dra. Nolan está usando para promover a generalização? Que outras estratégias ela poderia usar?

3. Uma universidade comunitária oferece um curso introdutório sobre computadores. De acordo com a descrição do curso, pretende preparar os alunos para usar computadores pessoais para a escola, trabalho ou uso doméstico. O curso é ministrado duas vezes por semana, durante 10 semanas, e aborda processamento de palavras, planilhas e alguns gráficos e estatísticas simples. O laboratório de informática tem computadores Mac e softwares compatíveis. Os alunos praticam nos computadores do laboratório o que aprenderam na aula. Que importante estratégia para promover a generalização está faltando neste curso?

4. Angie é uma menina de 8 anos do segundo ano para crianças com transtornos comportamentais. Nessa turma, há dez alunos, uma professora e uma assistente. Os comportamentos problemáticos de Angie incluem comportamentos desordeiros como pegar o material de outros alunos, provocá-los cutucando e fazendo caretas e puxar os cabelos ou roupas dos colegas. Os problemas de comportamento ocorrem quando a atenção da professora está direcionada aos outros alunos durante a hora de trabalhos independentes. A consequência que mantém o comportamento desordeiro de Angie é a atenção dos outros alunos, quando eles choram ou pedem que ela pare e da professora, quando a repreende pelo mau comportamento. A professora implementou um procedimento de *time-out* em que faz que Angie se sente em uma cadeira no fundo da sala, isolada das outras crianças, durante 5 minutos contingente ao problema de comportamento. Por que esse tratamento é inadequado para promover a generalização? O que você adicionaria ao tratamento para promover a generalização da mudança comportamental?

5. Paige é uma adolescente com grave deficiência intelectual que mora com os pais. Ela vai começar o ensino médio este ano. Como a escola fica perto de sua casa, os pais decidiram deixar a menina ir a pé até a escola. Entretanto, Paige atravessou um cruzamento sem olhar quando os pais estavam treinando a caminhada até a escola com ela. Eles queriam eliminar o comportamento de Paige de passar por um cruzamento sem olhar e substituí-lo por um comportamento de parar na calçada, olhar para os dois lados, para o semáforo de pedestres e só atravessar quando estiver aberto e não houver trânsito no cruzamento. Eles praticaram no semáforo entre a casa e a escola. Quando Paige chegou perto do cruzamento, os pais usaram lembretes para fazer que Paige apresentasse o comportamento adequado. Se ela pisasse fora da calçada sem olhar ou quando o semáforo de pedestres não estivesse aberto, o pai dizia "não" com firmeza e segurava o braço dela. Os pais diminuíram gradualmente os lembretes até que Paige passou a exibir o comportamento correto e parou de atravessar o cruzamento sem olhar, mesmo quando não estavam por perto. Por que o treinamento de segurança nas ruas é inadequado para promover a generalização? O que os pais devem fazer para promover a generalização?

20

Autogestão

> Como definir um problema de autogestão?
> O que é autogestão?
> O que é apoio social? De que forma é benéfico como componente da autogestão?
> Quais são os diferentes tipos de estratégia de autogestão?
> Quais etapas estão envolvidas em um programa de autogestão?

Este capítulo descreve procedimentos de modificação de comportamento que as pessoas podem usar para influenciar o próprio comportamento. A implementação de procedimentos de modificação do comportamento por agentes de mudança (cuidadores) para influenciar o comportamento de outra pessoa é mais frequente – por exemplo, o membro da equipe que ajuda um cliente com deficiência intelectual ou pais modificando o comportamento dos filhos. *Quando uma pessoa usa procedimentos de modificação comportamental para mudar o próprio comportamento, o processo é chamado de* **autogestão**.

Exemplos de autogestão

Leva Murray a correr regularmente

Murray correu de 5 a 8 quilômetros, cinco dias por semana, durante alguns anos. Esses exercícios aeróbicos o ajudaram a manter o peso e a pressão sanguínea em ordem, além de fazê-lo se sentir melhor. Murray planejava correr o resto da vida para continuar saudável. Depois de se formar na faculdade e começar a trabalhar em período integral, no entanto, ele passou a perder cada vez mais corridas ao longo das semanas. Quando chegava em casa depois do trabalho, estava cansado e com fome. Normalmente se sentava em frente à TV e comia alguns petiscos. Depois, ele desistia da corrida diária. Murray decidiu que precisava fazer algumas mudanças. Lembrou-se de alguns procedimentos de autogestão das aulas de modificação do comportamento e decidiu que era hora de implementá-los.

A primeira atitude de Murray foi desenvolver uma planilha no computador. A planilha incluía uma lacuna para registrar o tempo e a distância percorrida em cada dia da semana, e outra para marcar a meta do dia. No começo de cada semana, Murray escrevia o número de quilômetros que percorreria em cada dia da semana. O objetivo final era correr 8 quilômetros em 5 dias da semana. Ele começou com 5 quilômetros em 3 dias por semana e aumentou o número de quilômetros por dia e o número de corridas por semana até alcançar a meta. Depois de cada corrida, Murray registrava o tempo e a distância das corridas na planilha. Ele mantinha a planilha em um local de destaque na mesa do escritório em casa para que pudesse observá-la frequentemente.

Murray também elaborou um gráfico em que identificava o número de quilômetros corridos em cada semana. No gráfico, fazia uma marca para indicar a meta semanal. No fim de cada semana, Murray marcava o número de quilômetros no gráfico.

Ele afixou o gráfico no quadro de avisos do escritório. O gráfico era como um lembrete para continuar correndo. A planilha e o gráfico que Murray usou são apresentados nas Figuras 20-1 e 20-2.

O que Murray fez em seguida para aumentar a probabilidade de correr depois do trabalho foi comer um lanche na pausa do trabalho, por volta das 15 horas. Ele comia para não sentir tanta fome ao sair do trabalho. Se não estivesse faminto, ele teria menor probabilidade de comer depois do trabalho e, em vez disso, maior probabilidade de correr.

Outra parte do plano de Murray era encontrar alguns amigos para correr com ele. Murray entrou para um clube de corrida local e conheceu algumas pessoas da região que também corriam depois do trabalho. Planejou várias das corridas com esses corredores. Ao planejar as corridas com outras pessoas, Murray estava firmando um compromisso público de correr em determinada hora e gerando apoio social dos colegas corredores. Ele também estava tornando as corridas mais divertidas, já que passaria tempo com os novos amigos.

Dia	Data	Hora	Distância	Meta (distância)
Segunda-feira				
Terça-feira				
Quarta-feira				
Quinta-feira				
Sexta-feira				
Sábado				
Domingo				

FIGURA 20-1 Murray usou essa planilha de dados para registrar seu comportamento de corrida diariamente. A planilha tem uma lacuna para a distância e o tempo que ele correu em cada dia da semana, além de um espaço para Murray escrever sua meta para aquele dia.

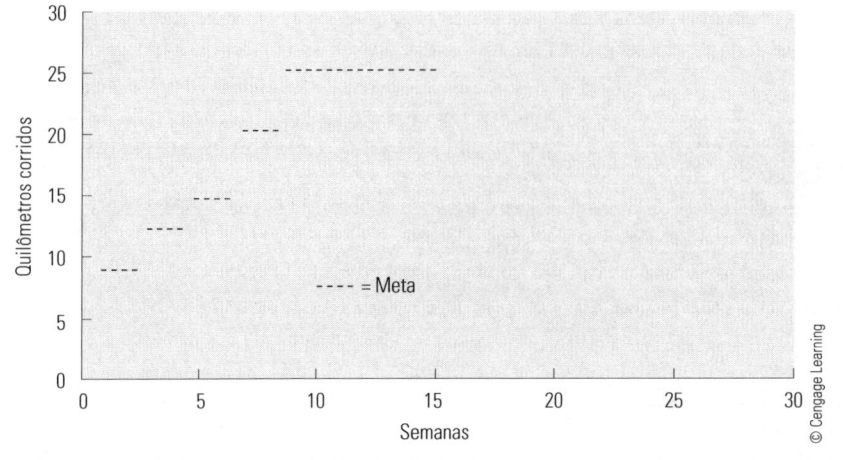

FIGURA 20-2 Este gráfico mostra o número de quilômetros percorridos por Murray em cada semana. As marcas no gráfico indicam as metas semanais que Murray definiu para si mesmo.

Fazer que Annette arrume a bagunça

Annette vivia com a amiga Shannon em um apartamento perto do campus. Annette e Shannon são amigas desde que se conheceram, no primeiro ano de faculdade. Elas se mudaram para o apartamento no início do terceiro ano. Depois de um semestre no apartamento, Shannon passou a brigar com Annette por causa da desorganização dela. Ela raramente limpava sua bagunça. Deixava pratos na pia, não colocava a comida de volta na geladeira ou no armário, não lavava a louça e deixava suas coisas jogadas no banheiro. Shannon normalmente organizava e limpava as coisas deixadas pela colega. O quarto de Annette também era uma bagunça, mas Shannon simplesmente fechava a porta do quarto para evitar ver a confusão. Com o tempo, Annette percebeu que sua desorganização estava causando problema a Shannon e decidiu modificar o comportamento. Ela implementou várias estratégias de autogestão.

Primeiro, deixou bilhetes para si mesma na cozinha e no banheiro, como lembretes para arrumar as coisas. Um bilhete no espelho do banheiro e o outro na geladeira. O bilhete dizia: "Annette, arrume tudo agora!".

Segundo, Annette comprou copos e pratos descartáveis para facilitar a limpeza. Ela dividiu grande parte dos seus alimentos em porções únicas para que não houvesse comida a ser colocada de volta na geladeira ou no armário depois das refeições. Também comprou uma cesta para seus itens de higiene, assim ela conseguiria usá-los e colocar de volta no armário do banheiro facilmente.

Terceiro, Annette assinou um contrato com Shannon que dizia que ela perderia $ 2 toda vez que deixasse a cozinha, o banheiro ou a sala de estar bagunçados. O contrato definia claramente o que era considerado bagunça. Annette colocou uma planilha de dados na cozinha para monitorar seu comportamento. Sempre que deixasse algo desorganizado, precisaria registrar na planilha. Caso ela arrumasse a bagunça depois, teria $ 1 de volta. Se Shannon encontrasse a bagunça e organizasse por Annette, Shannon registraria e Annette perderia $ 2. Com esse contrato, Annette perderia dinheiro quando deixasse as coisas desorganizadas, mas perderia menos se viesse a arrumar tudo depois.

Por fim, Annette pediu a Shannon que fizesse um comentário positivo quando percebesse que ela tinha sido organizada. Dessa forma, Annette esperava obter reforços sociais de Shannon por arrumar a bagunça.

Definir problemas de autogestão

Esses dois exemplos ilustram problemas de autogestão e estratégias de autogestão implementadas por duas pessoas diferentes. Em cada um dos casos, estão exibindo déficits comportamentais; ou seja, elas não conseguem apresentar comportamentos desejáveis. Os comportamentos são desejáveis porque terão um impacto positivo sobre a vida das pessoas no futuro. No entanto, embora o resultado futuro desse comportamento seja positivo, o comportamento não ocorre porque não é reforçado imediatamente ou porque um comportamento conflitante que é reforçado de imediato interfere em sua ocorrência. Como o resultado positivo está no futuro, não exerce uma influência sobre a ocorrência do comportamento desejável no presente. Murray não estava correndo com a frequência que desejava e Annette não estava organizando a bagunça. Correr tem um impacto positivo no futuro no qual se refere a melhorias na saúde de Murray, mas os comportamentos conflitantes de comer um lanche e ver TV são imediatamente reforçados. Limpar o apartamento tem impacto positivo sobre a amizade de Annette com Shannon no futuro, mas os comportamentos conflitantes de escapar da bagunça e partir para suas atividades preferidas são imediatamente reforçados. O objetivo das estratégias de autogestão é aumentar o nível atual de comportamento deficitário para que o resultado positivo seja alcançado pela pessoa no futuro.

Outro tipo de problema de autogestão é excesso de um comportamento indesejável. O comportamento é indesejável porque terá impacto negativo sobre a vida da pessoa no futuro. Exemplos de excessos comportamentais incluem comer compulsivamente, fumar, abuso de bebidas alcoólicas e vício em jogos. Embora tenha um resultado negativo sobre a vida da pessoa no futuro, o comportamento indesejável continua porque é reforçado imediatamente depois de sua ocorrência ou porque comportamentos alternativos não estão presentes para competir com essa ocorrência. Como o resultado negativo virá no futuro, não influencia a ocorrência do comportamento indesejável no presente. O objetivo da autogestão é reduzir ou eliminar o excesso comportamental para que o resultado negativo não ocorra no futuro.

A Tabela 20-1 traz exemplos de déficits e excessos comportamentais que representam problemas de autogestão. Para cada comportamento, a contingência atual influencia sua ocorrência, enquanto o resultado adiado ou futuro, não. Muitos problemas de autogestão refletem este conflito entre contingências em curto prazo e resultados em longo prazo (Malott, 1989; Watson e Tharp, 1993).

TABELA 20-1 Déficits e excessos comportamentais como problemas de autogestão em que contingências imediatas contrastam com resultados futuros

Déficit comportamental	Contingência imediata	Resultado positivo adiado
Estudar	Falta de reforço	Boas notas
	Esforço de resposta	Formatura
	Reforço de comportamentos conflitantes (ver TV, festas, ligações telefônicas)	Emprego ou faculdade
Praticar exercícios	Punição (músculos doloridos)	Mais saúde
	Esforço de resposta	Perda de peso
	Reforço de comportamentos conflitantes (comer, ver TV, dormir)	Melhor condicionamento físico
Alimentação saudável	Menor valor de reforço	Mais saúde
	Esforço de resposta para preparar alimentos saudáveis	Perda de peso
		Mais energia
	Reforço de comportamentos conflitantes (comer "porcarias")	Menos constipação

Excesso comportamental	Contingência imediata	Resultado negativo adiado*
Fumar	Reforço imediato (agilidade, relaxamento)	Câncer de pulmão
	Pouco esforço de resposta	Enfisema
	Esforço de resposta para comportamentos alternativos	Doenças cardíacas
		Manchas nos dentes
Fazer sexo sem proteção	Reforço imediato	Gravidez
	Menos esforço de resposta	Exposição ao vírus HIV, diagnóstico de aids
	Menos reforço e mais esforço de resposta para o uso de preservativo	Outras doenças sexualmente transmissíveis
Comer "porcarias"	Reforço imediato	Deterioração dos dentes
	Maior valor de reforço	Ganho de peso
	Pouco esforço de resposta	Espinhas
	Sugestões predominantes (propaganda)	

* Muitos desses resultados adiados também são incertos porque podem não ocorrer para todas as pessoas que exibem o comportamento excessivo. Por exemplo, um fumante pode não desenvolver câncer de pulmão e o ato sexual desprotegido pode não levar à infecção por HIV. Entretanto, os comportamentos excessivos aumentam a probabilidade dos resultados negativos adiados.

PARA UMA LEITURA MAIS APROFUNDADA

Reforço imediato *versus* adiado

Já é um fato estabelecido nas pesquisas de análise comportamental que o reforço imediato tem efeitos mais poderosos sobre o comportamento do que o reforço adiado. Quanto maior a demora entre o comportamento e a consequência, menor a probabilidade de a consequência funcionar como um reforçador para o comportamento. Os pesquisadores, que chamam esse fenômeno de *desconto temporal* (Critchfield e Kollins, 2001), demonstraram que, mesmo quando os reforços imediatos são muito menores do que os adiados, apresentam influência mais forte sobre o comportamento. O conceito de desconto temporal tem implicações diretas para a autogestão porque as consequências imediatas têm influência maior sobre o comportamento do que as consequências adiadas, mesmo que possam ser importantes para o indivíduo (como, por exemplo, mais saúde, melhores notas, evitar o câncer etc.). Um objetivo da autogestão é fazer que os indivíduos tomem medidas para superar a influência do reforço imediato para o comportamento indesejável. Nas pesquisas sobre desconto temporal, os pesquisadores investigaram procedimentos para fazer com que os indivíduos escolham maiores reforços adiados em vez de menores reforços imediatos. Esses procedimentos incluem o aumento gradual do atraso do maior reforçador e a promoção da ocorrência de atividades intervenientes durante o atraso (Dixon e Cummings, 2001; Dixon e Holcomb, 2000; Dixon, Homer e Guercio, 2003; Dixon, Rehfelt e Randich, 2003).

Definir autogestão

Na forma básica, a autogestão ocorre quando uma pessoa apresenta um comportamento em um momento para controlar a ocorrência de outro (comportamento-alvo) posteriormente (Watson e Tharp, 1993; Yates, 1986). De acordo com Skinner (1953a), a autogestão envolve um comportamento controlador e um comportamento controlado. Como os nomes indicam, a pessoa apresenta o **comportamento controlador** para influenciar a ocorrência do **comportamento controlado**. O comportamento controlador inclui a implementação de estratégias de autogestão em que os antecedentes e as consequências do comportamento-alvo ou comportamentos alternativos são modificados; essas estratégias aumentam a probabilidade de ocorrer o comportamento controlado (comportamento-alvo). No exemplo, Murray exibiu uma série de comportamentos controladores – como definir metas, praticar automonitoramento, comer um lanche no trabalho e combinar de correr com outras pessoas – que aumentaram sua probabilidade de correr com mais frequência (o comportamento controlado). Annette também apresentou comportamentos controladores para aumentar a probabilidade de arrumar sua bagunça. Esses comportamentos controladores incluíram lembretes, uso de copos e pratos descartáveis, obtenção de reforço social, automonitoramento e elaboração de um contrato com a colega de quarto. Agora vamos avaliar os tipos de estratégias de autogestão que podem ser implementados como comportamentos controladores para influenciar a ocorrência futura de um comportamento-alvo (Karoly e Kanfer, 1982; Thoreson e Mahoney, 1974).

Tipos de estratégias de autogestão

Na autogestão, uma pessoa identifica e define um comportamento-alvo e providencia um ou mais procedimentos de modificação do comportamento para influenciar a ocorrência daquele comportamento. Os tipos de procedimentos a seguir são usados normalmente na autogestão.

Definição de metas e automonitoramento

Você pode influenciar a probabilidade de exibir um comportamento-alvo no futuro estabelecendo uma meta para si mesmo. A **definição de metas** envolve descrever o nível de critério do comportamento-alvo e o período de ocorrência do comportamento. Por exemplo, Murray definiu uma meta para o número de dias em que iria correr e o número de quilômetros que percorreria diariamente na semana seguinte. O objetivo de cada dia, escrito em uma planilha, servia como lembrete para que ele corresse nesses dias. Como você pode se lembrar, Murray também implementou diversas outras estratégias de autogestão. Embora a definição de metas por si só nem sempre seja uma estratégia de autogestão eficaz, assim é quando implementada com o automonitoramento e outras estratégias de autogestão (Doerner, Miltenberger e Bakken, 1989; Suda e Miltenberger, 1993). Wack, Crosland e Miltenberger (2014), por exemplo, conduziram um estudo para verificar se a definição de metas e o automonitoramento poderiam ser eficazes para aumentar a distância corrida por adultos que desejavam praticar mais atividades físicas. Wack e colaboradores descobriram que a definição de metas diárias e semanais e o automonitoramento do progresso dessas metas aumentaram a distância percorrida por todos os participantes.

É preciso definir metas alcançáveis. Quando uma meta é alcançável, você tem maior probabilidade de ter sucesso e exibir o nível desejado de comportamento-alvo. Alcançar a meta é particularmente importante no início de um programa de autogestão porque é, em geral, o critério para uma contingência de reforço a ser implementada. O reforço inicial geralmente aumenta a probabilidade de uma pessoa persistir no programa. Além disso, alcançar a meta é um reforçador condicionado para muitas pessoas, ou pode se tornar um reforçador condicionado caso outros reforços sejam entregues quando a pessoa alcançar o objetivo.

A definição de metas é implementada com mais frequência em conjunto com o automonitoramento. Com ele, você registra cada ocorrência do comportamento-alvo, o que permite a avaliação do progresso em direção à meta. Além disso, o automonitoramento normalmente é reativo, ou seja, o ato de se automonitorar pode resultar em uma mudança benéfica no comportamento-alvo que está sendo registrado (como em Latner e Wilson, 2002). Por exemplo, se Annette começar a automonitorar seu comportamento de limpeza, haverá maior probabilidade de aumentar esse comportamento, mesmo antes da implementação de outras estratégias de autogestão. Conforme discutiremos posteriormente neste capítulo, a definição de metas e o automonitoramento são etapas do processo de implementação de um programa de autogestão.

Manipulações de antecedentes

No Capítulo 16, descrevemos uma variedade de manipulações de antecedentes para aumentar ou diminuir um comportamento-alvo. As manipulações de antecedentes normalmente são usadas por pessoas em programas de autogestão para influenciar o próprio comportamento. Lembre-se que, em uma manipulação de antecedente, você modifica o ambiente de alguma forma antes que o comportamento-alvo ocorra para influenciar a futura ocorrência (Epstein, 1996). Seis tipos de manipulações de antecedentes para aumentar a probabilidade de um comportamento-alvo foram descritos no Capítulo 16:

- Apresentar o estímulo discriminativo (E^D) ou pistas para o comportamento-alvo desejado.
- Remover o E^D ou pistas para comportamentos indesejáveis.
- Promover uma operação de estabelecimento para o comportamento-alvo desejado.
- Apresentar uma operação de abolição para os comportamentos conflitantes.
- Reduzir os esforços de resposta para o comportamento-alvo desejável.
- Aumentar os esforços de resposta para os comportamentos conflitantes.

> *Consulte novamente o Capítulo 16 para mais detalhes sobre cada uma dessas manipulações de antecedentes. Identifique as manipulações de antecedentes que Annette usou para aumentar a probabilidade de arrumar a bagunça.*

Primeiro, Annette apresentou uma pista para o comportamento-alvo, colocando lembretes para ela mesma na cozinha e no banheiro, além de deixar a planilha de dados exposta na cozinha. Segundo, ela reduziu o esforço de resposta para o comportamento-alvo usando pratos e copos descartáveis e porções únicas de alimentos. Dessa maneira, tinha menos a limpar. Ela também reduziu o esforço de resposta da limpeza do banheiro comprando a cesta em que mantinha seus itens de higiene pessoal; assim ficou mais fácil guardá-los. Terceiro, ela assinou um contrato com a colega de quarto e combinou que ela a elogiasse quando organizasse as coisas. Essas manipulações de antecedentes aumentam a probabilidade de Annette fazer a limpeza imediatamente.

As manipulações de antecedentes para reduzir a probabilidade de um comportamento-alvo são opostas àquelas usadas para aumentar sua probabilidade (veja o Capítulo 16). Incluem a remoção do E^D ou pistas para o comportamento-alvo e a apresentação do E^D ou pistas para os comportamentos alternativos desejáveis, a apresentação de uma operação para abolir o comportamento-alvo e operações para estabelecer os comportamentos alternativos, além de aumentar o esforço de resposta para o comportamento-alvo e diminuir o esforço de resposta para o comportamento alternativo. Essas estratégias foram descritas mais detalhadamente no Capítulo 16.

Observe que todos os procedimentos de autogestão envolvem manipulações de antecedentes porque a pessoa apresenta alguns comportamentos controladores antes de o comportamento-alvo ser controlado. Ou seja, a pessoa planeja a estratégia de autogestão e prepara a ocorrência antes da incidência do comportamento-alvo. Mesmo em uma estratégia de autogestão que envolve a manipulação de consequências de resposta em vez da manipulação de antecedentes, a implementação da consequência de resposta é preparada antes do comportamento-alvo. Portanto, determinada estratégia de autogestão é tecnicamente uma manipulação de antecedentes.

Contrato comportamental

Contrato comportamental é um documento por escrito em que você identifica o comportamento-alvo e providencia consequências contingentes em um nível especificado do comportamento-alvo, em um período específico. Mesmo que outra pessoa aplique os resultados (o gerente do contrato), determinado contrato comportamental é considerado um tipo de estratégia de autogestão porque o comportamento de firmá-lo é um comportamento controlador projetado para influenciar a futura ocorrência do comportamento-alvo. Em um contrato comportamental (veja o Capítulo 23), você identifica e define o comportamento-alvo a ser alterado, estabelece um método de coleta de dados, define o nível de critério do comportamento-alvo a ser alcançado durante a vigência do contrato e providencia as contingências e as pessoas que vão implementá-las para influenciar o comportamento-alvo. Esses são os comportamentos controladores que você apresenta em uma estratégia de autogestão baseada em um contrato comportamental.

Uma variação de contrato comportamental que pode ser usada em um plano de autogestão é um contrato escrito pela pessoa sem a ajuda do gerente de contrato. Nessa variação, você escreveria um contrato da maneira descrita e implementaria por si só as contingências. Embora esse tipo de contrato possa ser eficaz para ajudá-lo a modificar um comportamento-alvo, é provável que seja menos eficaz do que um contrato executado com o auxílio de um gerente.

> *Qual problema pode surgir quando você implementa as contingências do próprio contrato comportamental sem a ajuda do gerente de contrato?*

O problema é que você pode não implementar a contingência de acordo com o que foi descrito. Suponha, por exemplo, que escreva um contrato em que afirme que pode assistir TV à noite durante uma hora como um reforçador por concluir 3 horas de dever de casa. Caso não termine o dever de casa, você pode ver TV mesmo assim naquela noite, fracassando, assim, na implementação da contingência conforme discriminada no contrato. É o que Martin e Pear (1992) chamam de **curto-circuito da contingência**. O curto-circuito ocorre quando a pessoa determina um reforço para o comportamento-alvo, mas depois o recebe sem realizar o comportamento-alvo. Por outro lado, o curto-circuito pode ocorrer quando a pessoa determina uma punição para o comportamento-alvo, mas não a implementa depois de realizar tal comportamento.

O que não acontece sempre que você escreve um contrato isoladamente, mas é importante que esteja ciente dessa possibilidade. *O benefício de ter um gerente de contrato é que ele implementará as contingências de maneira consistente e haverá menos probabilidade de ocorrer um curto-circuito.*

Providenciar reforços e punições

A estratégia de autogestão semelhante envolve a organização de contingências de reforço ou punição sem escrevê-las em um contrato. É possível determinar uma contingência de reforço ou punição consigo mesmo, como planejar tomar café da manhã somente depois de estudar durante uma hora. Tomar café da manhã será um reforço para o estudo. Entretanto, por estar implementando a contingência de reforço isoladamente, você tem poder para causar um curto-circuito da contingência e tomar café da manhã mesmo sem ter completado uma hora de estudos. Embora o curto-circuito seja uma possível desvantagem, a vantagem de organizar contingências para si mesmo é não precisar contar com a ajuda de outra pessoa.

Você também pode organizar reforços e punições que serão implementados por outra pessoa. Se ela estiver implementando a contingência, o problema do curto-circuito será menos provável. Por exemplo, um estudante que vive com a mãe pode dizer a ela que não sirva o café da manhã até que veja que ele já estudou por uma hora. A mãe tem maior probabilidade de implementar a contingência de reforço corretamente – só servir o café da manhã depois de ele ter estudado por uma hora – do que ele mesmo.

> ❓ *Quais problemas poderão surgir se você pedir a outra pessoa para implementar as contingências de reforço ou punição?*

O problema é que você pode não ter amigos ou familiares dispostos a se envolver em um programa de modificação do comportamento. Outro, é que pode ficar chateado com o amigo ou familiar que retenha um reforçador ou implemente uma contingência de punição, mesmo tendo concordado anteriormente. Deixando de lado esses possíveis problemas, recrutar outra pessoa para implementar contingências de reforço ou punição aumentará a probabilidade de seus esforços de autogestão serem bem-sucedidos. Sem a ajuda de outra pessoa, há maior probabilidade de que ignore as contingências de reforço ou punição determinadas para o comportamento-alvo.

Além de contingências de reforço positivo, você também pode organizar contingências de punição ou reforço negativo. Contingências comuns de punição ou reforço negativo envolvem o custo da resposta ou a aplicação ou remoção de atividades aversivas. Por exemplo, uma estudante que mora com duas colegas diz que pagará $ 10 a elas se fumar um cigarro naquele dia. Ela determinou a perda de dinheiro (custo da resposta) para funcionar como uma punição pelo fumo e reduzir a quantidade de cigarros fumados no futuro. Ela também pode concordar em limpar a casa sozinha se fumar um cigarro naquele dia. Limpar a casa será uma atividade aversiva que diminui a probabilidade de ela fumar. Uma aluna pode determinar a contingência de reforço negativo que afirma que, caso ela não estude durante 3 horas em determinado dia, terá de lavar toda a louça da noite (ou pagar $ 10 às colegas). Concluir as 3 horas de dever de casa resulta em não precisar lavar a louça (ou perder $ 10). Portanto, o comportamento de fazer a lição de casa é negativamente reforçado.

Apoio social

Apoio social ocorre quando pessoas importantes da vida do indivíduo fornecem um contexto natural ou pistas para a ocorrência do comportamento-alvo, ou quando fornecem naturalmente consequências reforçadoras para a ocorrência do comportamento-alvo. O apoio social é uma estratégia de autogestão quando a pessoa o providencia especificamente para influenciar o comportamento-alvo.

> ❓ *De que forma Murray providenciou apoio social para aumentar a probabilidade de correr com mais frequência?*

Murray organizou corridas com outras pessoas do clube de corrida local em alguns dias da semana. Quando ele programou as corridas com os amigos do clube, estava criando um contexto natural para a ocorrência do comportamento-alvo. Nos dias em que tinha agendado as corridas com os amigos, havia maior probabilidade de correr. Também havia um reforço natural para correr com os amigos: passar certo tempo com eles era um reforço positivo que ocorria contingente à corrida. Programar corridas com os amigos criou antecedentes e consequências naturais para a corrida de Murray.

Considere alguns outros exemplos de como as pessoas usam o apoio social como estratégia de autogestão. Quando Martha queria diminuir o consumo de cerveja, ela programou mais eventos sociais com amigos que não bebem, e não programou nenhuma atividade com os que bebem. Como resultado, ela tinha menor probabilidade de beber cerveja nos eventos sociais, já que as contingências naturais de quando estava com os amigos que não bebem promoviam o consumo de bebidas não alcoólicas. Roger precisava estudar muito nas últimas quatro semanas do semestre. Ele tinha um grupo de amigos que raramente estudava. Normalmente, viam TV, jogavam video game ou ficavam sentados conversando. Outro grupo de amigos, que dividiam uma casa grande, passava a maior parte do tempo estudando à noite durante a semana. Roger foi até a casa desses amigos todas as noites da semana e, como resultado das contingências sociais naturais de lá, tinha maior probabilidade de estudar.

Sempre que possível, é uma boa ideia incluir um componente de apoio social em um programa de autogestão. O envolvimento de outras pessoas aumenta a probabilidade de sucesso porque ajuda a evitar as contingências de curto-circuito. Há menos probabilidade de ocorrer um curto-circuito quando outras pessoas implementam as contingências ou observam a pessoa implementá-las como parte de um programa de autogestão.

Redes sociais e apoio social

Embora o apoio social no geral seja fornecido pessoalmente por indivíduos que são próximos e se veem regularmente (familiares, amigos, colegas de trabalho), o apoio social também pode vir por redes sociais. Se estiver tentando mudar o comportamento (por exemplo, correr mais alguns quilômetros toda semana), você pode publicar seus objetivos ou realizações no Facebook ou outras redes sociais. Depois, outros indivíduos (amigos do Facebook, por exemplo) podem postar respostas que envolvem encorajamento, elogios ou felicitações. Além disso, outras pessoas podem compartilhar seus objetivos e realizações, que funcionarão como uma operação de estabelecimento para que você realize o comportamento que ajuda a alcançar seus objetivos. Alguns programas de condicionamento físico ou perda de peso pela internet fornecem links para redes sociais para promover essa forma de apoio social (por exemplo, o fitbit.com).

Autoinstruções e autoelogios

Frequentemente, é possível influenciar o próprio comportamento falando consigo mesmo de formas específicas (Malott, 1989). Conforme você aprenderá no Capítulo 25, é possível influenciar o próprio comportamento repetindo a si mesmo instruções que fazem alusão ao comportamento adequado, no momento certo. *Essencialmente, com as* **autoinstruções** *você está dizendo a si mesmo o que fazer ou como fazer em situações que exigem um comportamento-alvo específico. Imediatamente após a ocorrência do comportamento adequado, você pode repetir a si mesmo afirmações de* **autoelogio**, *em que fornece avaliações positivas do próprio comportamento.* Por exemplo, enquanto Rolanda entra no escritório de seu chefe, ela diz a si mesma: "lembre-se de fazer contato visual, use um tom de voz firme e faça a pergunta diretamente". Depois de apresentar os comportamentos assertivos, ela diz a si mesma: "Muito bem! Eu fui assertiva e disse o que queria dizer". As afirmações de autoinstrução e autoelogio de Rolanda aumentaram a probabilidade de ela agir de forma assertiva no escritório do chefe. Entretanto, para que Rolanda conseguisse recitar as afirmações de autoinstrução e autoelogio no escritório do chefe, foi preciso ensaiá-las anteriormente. *As autoinstruções e os autoelogios são comportamentos por si só e precisam ser aprendidos antes de sua ocorrência em uma situação de critério para influenciar outros comportamentos-alvo.*

Conforme discutiremos no Capítulo 25, normalmente uma pessoa aprende autoinstruções e autoelogios ensaiando-os em dramatizações que simulam situações reais de problema. Para usar afirmações de autoinstrução e autoelogio em um programa de autogestão, é preciso (a) identificar as autoafirmações, (b) determinar o momento e local mais apropriados para utilizá-las, (c) ensaiá-las em uma dramatização ou enquanto imagina a situação problemática e (d) planejar usá-las apenas depois que estiverem bem assimiladas.

Etapas de um plano de autogestão

Um plano de autogestão baseado em uma das estratégias descritas anteriormente, ou mais de uma, deve incluir as nove etapas básicas a seguir.

1. *Tome a decisão de realizar a autogestão.* Normalmente você toma a decisão de entrar em um programa de autogestão depois de um período de insatisfação com algum aspecto do próprio comportamento. À medida que começa a pensar a respeito do comportamento insatisfatório e imaginar como poderia ser aprimorado, torna-se motivado a tomar uma atitude (Kanfer e Gaelick-Buys, 1991). Caso tenha aprendido como conduzir um programa de autogestão, como resultado de uma aula ou da leitura de um livro, provavelmente comece o processo nesse momento. O evento que inicia o processo de autogestão é a previsão das mudanças benéficas no comportamento-alvo. Você tem maior probabilidade de seguir as etapas de mudança se fizer uma previsão de um resultado positivo dos seus esforços.
2. *Defina o comportamento-alvo e os comportamentos conflitantes.* O objetivo de um programa de autogestão é aumentar ou reduzir o nível de um comportamento-alvo. Primeiro, é preciso definir o comportamento-alvo a ser modificado, de modo que consiga registrá-lo de modo preciso e implementar a estratégia de autogestão corretamente. Também

é importante identificar e definir os comportamentos que competem com o comportamento-alvo. Quando o comportamento-alvo for um déficit comportamental a ser aumentado, você tentará reduzir comportamentos conflitantes indesejáveis. Quando o comportamento-alvo for um excesso comportamental a ser reduzido, deverá tentar aumentar os comportamentos conflitantes desejáveis.

3. *Estabeleça metas.* Sua meta é o nível desejado de comportamento-alvo a ser alcançado no projeto de autogestão. Ao definir a meta, você identifica um nível apropriado do comportamento-alvo que refletirá uma melhoria em algum aspecto da sua vida. Depois de definir a meta, deve escrevê-la, assim se tornará mais importante. Tornar o objetivo público, de modo que outras pessoas significativas estejam cientes dele, também é algo valioso. Você também pode escrever várias metas intermediárias, caso planeje alcançar o objetivo final gradualmente. Algumas vezes, as metas intermediárias só poderão ser desenvolvidas depois de um período de automonitoramento para determinar o nível da linha de base do comportamento-alvo. As metas intermediárias constroem gradualmente o nível de linha de base do comportamento em aproximações sucessivas do objetivo final.

4. *Pratique o automonitoramento.* Depois de definir o comportamento-alvo, é preciso desenvolver e implementar um plano de automonitoramento. Usando uma planilha de dados ou algum dispositivo de registro (veja o Capítulo 2), você registra todas as ocorrências do comportamento-alvo imediatamente depois que são exibidos. É preciso registrar o comportamento-alvo durante um período (digamos, uma a duas semanas) para estabelecer um nível de linha de base do comportamento antes de implementar os procedimentos de autogestão. É possível que o comportamento-alvo mude na direção desejada como resultado do automonitoramento e da definição de metas. Você não deve implementar as estratégias de autogestão até que o nível de comportamento-alvo esteja estável. Caso o comportamento-alvo atinja o nível da meta como resultado dos procedimentos de definição de meta e automonitoramento, poderá adiar a implementação de qualquer outra estratégia de autogestão e continuar com a definição de metas e o monitoramento. Caso o comportamento-alvo não seja mantido no nível da meta com o automonitoramento, estratégias adicionais de autogestão poderão ser implementadas. O automonitoramento deve continuar durante o programa de autogestão para julgar a eficácia do programa e a manutenção das mudanças ao longo do tempo.

5. *Conduza uma avaliação funcional.* Ao mesmo tempo que implementa o automonitoramento durante a linha de base, é preciso conduzir uma avaliação funcional para determinar os antecedentes e as consequências do comportamento-alvo e dos comportamentos alternativos conflitantes. O Capítulo 13 explica como conduzir uma avaliação funcional. O objetivo de uma avaliação funcional é entender as variáveis que contribuem para a ocorrência ou não ocorrência do comportamento-alvo e dos comportamentos alternativos. Estratégias específicas de autogestão que alteram as variáveis antecedentes e consequentes identificadas na avaliação funcional são escolhidas depois.

6. *Escolha estratégias apropriadas de autogestão.* Neste ponto do processo, é preciso escolher as estratégias de autogestão para modificar o comportamento-alvo. Primeiro, opte por estratégias que manipulem antecedentes do comportamento-alvo ou dos comportamentos alternativos que competem com o comportamento-alvo. Os antecedentes que você vai manipular são escolhidos com base nas informações da avaliação funcional. Alguns tipos de manipulação de antecedentes foram descritos brevemente neste capítulo, e de maneira mais detalhada no Capítulo 16. Em segundo lugar, escolhas estratégias que alterem as consequências do comportamento-alvo ou dos comportamentos alternativos. Caso você queira reduzir um comportamento-alvo indesejado, é preciso realizar pelo menos uma das medidas a seguir: (a) eliminar o reforço do comportamento-alvo, (b) providenciar punições para a ocorrência do comportamento-alvo, (c) oferecer reforços para os comportamentos alternativos, (d) eliminar contingências de punição para os comportamentos alternativos ou usar procedimentos de treinamento de habilidades comportamentais para ensinar os comportamentos alternativos. Caso você deseje aumentar um comportamento-alvo desejado, é preciso realizar pelo menos uma das medidas a seguir: (a) providenciar reforços para o comportamento-alvo, (b) eliminar todas as contingências de punição que estão em funcionamento para o comportamento-alvo, (c) eliminar os reforços dos comportamentos alternativos ou (d) apresentar punições para os comportamentos alternativos. Essas estratégias foram resumidas na Tabela 20-2.

Como você pode verificar, em um plano de autogestão, é preciso escolher as manipulações de antecedentes e consequências que afetam diretamente o comportamento-alvo ou que afetam comportamentos alternativos como um modo de influenciar indiretamente o comportamento-alvo.

7. *Avalie as mudanças.* Depois de implementar as estratégias de autogestão, continue coletando dados por meio do automonitoramento e avalie se o comportamento-alvo está mudando na direção desejada. Caso o comportamento-alvo esteja mudando conforme esperado, continue implementando as estratégias de autogestão e o procedimento de automonitoramento para verificar se alcançará a meta. Depois de alcançar a meta, é hora de implementar estratégias de manutenção. Se o comportamento-alvo não estiver mudando na direção desejada, é hora de reavaliar as estratégias de autogestão e fazer as alterações necessárias.

TABELA 20-2 Categorias de estratégias de autogestão usadas para reduzir ou aumentar o nível de um comportamento-alvo

Manipulações de antecedentes para aumentar um comportamento desejável e reduzir um comportamento indesejável
- Apresentar estímulos discriminativos (E^D) ou pistas para o comportamento desejável
- Eliminar E^D ou pistas para comportamentos indesejáveis
- Providenciar operações de estabelecimento para o comportamento desejável
- Apresentar uma operação de abolição para os comportamentos indesejáveis
- Reduzir o esforço de resposta para o comportamento desejável
- Aumentar o esforço de resposta para os comportamentos indesejáveis

Manipulações de consequências para aumentar um comportamento desejável e reduzir um comportamento indesejável
- Fornecer reforços para o comportamento desejável
- Eliminar reforços para os comportamentos indesejáveis
- Eliminar punições para o comportamento desejável
- Fornecer punições para os comportamentos indesejáveis
- Usar procedimentos de treinamento de habilidades para ensinar comportamentos desejáveis

© Cengage Learning

8. *Reavalie as estratégias de autogestão quando necessário.* Se o comportamento-alvo não estiver mudando na direção desejada depois da implementação das estratégias de autogestão, você deve analisar dois tipos de problemas que podem ter contribuído para a ineficácia das estratégias de autogestão. Primeiro, pode ser que não tenha implementado os procedimentos de autogestão corretamente. No caso de implementação incorreta (por exemplo, curto-circuito das contingências), o procedimento de autogestão tem pouca probabilidade de ser eficaz para mudar o comportamento-alvo na direção desejada. Se descobrir que não implementou os procedimentos de autogestão corretamente, é preciso tomar as medidas necessárias para implementá-los corretamente no futuro. Caso descubra que é impossível implementar os procedimentos corretamente, deverá escolher outros procedimentos de autogestão que seja capaz de implementar. Por exemplo, se você escrever um contrato para si mesmo, mas sempre causar curto-circuito das contingências, precisará levar em consideração a elaboração do contrato com outra pessoa que implemente as contingências para você.

   Segundo, você pode ter escolhido implementar estratégias de autogestão inadequadas. Caso descubra que está implementando os procedimentos corretamente, mas não estão resultando na mudança comportamental desejada, precisará reavaliar os procedimentos. Pode ser que não tenha escolhido antecedentes ou consequências relevantes para manipular em seu plano de autogestão. É preciso consultar novamente as informações da avaliação funcional (ou conduzir uma nova avaliação) para determinar quais são os antecedentes e as consequências relevantes.

9. *Implemente estratégias de manutenção.* Depois de alcançar o objetivo do programa de autogestão, é hora de implementar estratégias para manter o comportamento-alvo no nível desejado. Na situação ideal, você pode parar de usar as estratégias de autogestão e deixar que as contingências naturais de reforçamento mantenham o comportamento-alvo ou os comportamentos alternativos. Por exemplo, quando Annette organiza suas coisas regularmente, a colega de quarto a agradece e, de modo geral, interage mais positivamente com ela. Esses são reforçadores naturais para o comportamento de organização. Além disso, ter a cozinha, a sala de estar e o banheiro limpos se tornou um reforço condicionado porque o estado de limpeza foi pareado com outros reforçadores durante o curso do programa de autogestão. Para Murray, as contingências naturais de reforçamento estão associadas com sua corrida. Ele tem o apoio social dos amigos para promover e reforçar socialmente o ato de correr. Além disso, quanto mais ele corre, mais fica em forma, o que reduz o esforço de resposta e torna a corrida, por si só, mais reforçadora. Para muitas pessoas, no entanto, as contingências naturais podem não manter o comportamento-alvo em longo prazo. Em alguns casos, as contingências naturais podem ser um problema. Considere alguém que está tentando manter uma perda de peso. Em geral, é naturalmente reforçador sair com os amigos para comer pizza, hambúrgueres, jantar fora ou ir a festas em que comer excessivamente é a norma. Portanto, é necessário continuar implementando alguns procedimentos de autogestão, pelo menos periodicamente. É útil que as pessoas continuem definindo metas e praticando o automonitoramento. Essas estratégias de autogestão não consomem tempo e são simples. Geralmente, a prorrogação da definição de metas e do automonitoramento é suficiente para manter o comportamento-alvo. O automonitoramento é particularmente importante porque gera informações sobre a ocorrência do comportamento-alvo ao longo do tempo. Assim, você consegue determinar imediatamente se existem problemas para manter o comportamento-alvo e implementar procedimentos adicionais de autogestão, quando necessário.

Problemas clínicos

Este capítulo descreveu estratégias de autogestão que os indivíduos podem usar para mudar o próprio comportamento. Essas estratégias são adequadas para uma ampla variedade de excessos e déficits comportamentais que uma pessoa gostaria de mudar para melhoria própria. No entanto, alguns problemas podem ser mais sérios (por exemplo, vício em drogas, alcoolismo, problemas com jogos de azar, comportamentos abusivos etc.) e exigir a ajuda de um profissional. No caso de problemas clínicos sérios que interferem significativamente em sua vida, você deve buscar ajuda de um terapeuta comportamental, psicólogo ou outro profissional capacitado para lidar com esses problemas.

Etapas de um plano de autogestão

1. Decida aplicar a autogestão.
2. Defina o comportamento-alvo e os comportamentos conflitantes.
3. Estabeleça metas.
4. Pratique o automonitoramento.
5. Conduza uma avaliação funcional.
6. Escolha as estratégias de autogestão apropriadas.
7. Avalie a mudança.
8. Reavalie as estratégias de autogestão, caso necessário.
9. Implemente estratégias de manutenção.

RESUMO DO CAPÍTULO

1. A maioria dos problemas de autogestão envolve comportamentos-alvo em que as consequências imediatas estão em conflito com o resultado em longo prazo. Em especial, (a) comportamentos-alvo indesejáveis a serem removidos são reforçados por consequências imediatas, mesmo que o resultado em longo prazo seja negativo ou (b) comportamentos-alvo desejáveis a serem aumentados são suprimidos por consequências imediatas, mas apresentam resultados positivos para a pessoa em longo prazo.
2. A autogestão é o uso de estratégias de modificação do comportamento para mudar o próprio comportamento. Especificamente, é um processo em que uma pessoa apresenta comportamentos controladores para influenciar a ocorrência futura de um comportamento controlado. Os comportamentos controladores são estratégias de autogestão e o comportamento controlado é o comportamento-alvo que será modificado.
3. O apoio social envolve a presença de outras pessoas significativas fornecendo antecedentes e/ou consequências para promover a ocorrência do comportamento apropriado. É benéfico como parte da autogestão porque o envolvimento de pessoas significativas pode ajudar a evitar o curto-circuito das contingências da autogestão e torná-la mais bem-sucedida.
4. As estratégias de autogestão incluem definição de metas, automonitoramento, manipulações de antecedentes, contratos comportamentais, organização de contingências de reforço ou punição, apoio social, autoinstruções e autoelogios.
5. Em geral, os programas de autogestão são implementados em uma sequência de etapas: (1) firmar um compromisso para mudar determinado comportamento, (2) definir o comportamento-alvo e os comportamentos conflitantes, (3) estabelecer metas para o resultado do programa de autogestão, (4) implementar um plano de automonitoramento, (5) conduzir uma avaliação funcional dos antecedentes e consequências do comportamento-alvo e dos comportamentos alternativos, (6) selecionar e implementar as estratégias de autogestão, (7) avaliar as mudanças no comportamento-alvo, (8) reavaliar as estratégias de autogestão se o comportamento-alvo não estiver mudando na direção desejada e (9) implementar estratégias de manutenção.

TERMOS-CHAVE

apoio social, 291
autoelogio, 292
autogestão, 285
autoinstrução, 292
comportamento controlado, 289
comportamento controlador, 289
contrato comportamental, 290
curto-circuito da contingência, 290
definição de metas, 286

TESTE PRÁTICO

1. O que é déficit comportamental? Descreva um problema de autogestão que consiste em um déficit comportamental.
2. Em seu exemplo, identifique as contingências imediatas responsáveis pelo déficit comportamental e o resultado em longo prazo desse comportamento.
3. O que é um excesso comportamental? Descreva um problema de autogestão que consiste em um excesso comportamental.
4. Em seu exemplo, identifique as contingências imediatas responsáveis pelo comportamento-alvo e o resultado em longo prazo desse comportamento.
5. Identifique os elementos básicos da autogestão.
6. O que são comportamentos controladores? Dê um exemplo.
7. O que é comportamento controlado? Dê um exemplo.
8. Qual é a relação entre o comportamento-alvo e os comportamentos alternativos em um problema de autogestão que envolve um déficit comportamental?
9. Qual é a relação entre o comportamento-alvo e os comportamentos alternativos em um problema de autogestão que envolve excesso comportamental?
10. Identifique os diversos tipos de manipulações de antecedentes que podem ser usados em um programa de autogestão.
11. Dê um exemplo de uma pessoa que usa contrato comportamental em um programa de autogestão.
12. Qual é a diferença entre a estratégia de providenciar reforços ou punições e um contrato comportamental? Qual é a semelhança?
13. O que é apoio social? Dê um exemplo de apoio social em um programa de autogestão.
14. Dê um exemplo do uso de autoinstruções em um programa de autogestão. Como é possível aprender autoinstruções para usar na autogestão?
15. Identifique e descreva as nove etapas da realização de um programa de autogestão.

APLICAÇÕES

1. Recentemente, Chris passou a reclamar que não está conseguindo fazer o dever de casa. Ela diz que quer estudar todos os dias, mas não consegue. Embora tenha feito um curso de modificação comportamental, ela não acredita que conseguirá conduzir um programa de autogestão com sucesso. Descreva o que você diria para Chris para aumentar a probabilidade de ela implementar um programa de autogestão para mudar seu comportamento de estudos.
2. Você vai ajudar Chris a colocar o programa de autogestão em funcionamento. Ela define o comportamento-alvo de estudar e começa o automonitoramento. Antes de escolher as estratégias de autogestão para modificar o comportamento de estudo, ela deverá conduzir uma avaliação funcional dos seus estudos e dos comportamentos alternativos que interferem nos estudos. Identifique as perguntas que você faria a Chris para obter informações da avaliação funcional.
3. Chris conta que estuda em seu quarto à noite e com a televisão ligada. Em geral, as amigas entram no quarto quando ela está tentando estudar. Ela para e conversa com as amigas e algumas vezes sai para passear com elas. Geralmente ela para de estudar para ver algo na TV ou preparar algo para comer ou beber. Em muitos dias, ela nem tenta estudar e, em vez disso, passa o tempo com as amigas. Quando tenta estudar, elas a chamam de chata e dizem que ela está perdendo a diversão. Identifique estratégias de autogestão que envolvam manipulações de antecedentes e consequências que Chris poderia usar para aumentar seu comportamento de estudos.
4. Você tem problema de roer as unhas. Rói as unhas sempre que vê a parte branca que se estende no final dela. Depois de arrancar a parte branca, normalmente você não a rói de novo até que a unha cresça mais e a parte branca reapareça. No entanto, você também rói a unha quando ela está irregular ou com uma borda pontuda resultante das mordidas anteriores. O comportamento ocorre com mais frequência quando você está assistindo TV, no cinema, durante as aulas ou quando está estudando. Descreva as estratégias de autogestão (manipulações de antecedentes e consequências) que poderia usar para parar de roer as unhas.

APLICAÇÕES INCORRETAS

1. Courtney fumou durante toda a faculdade. Ela fumava enquanto estudava, enquanto dirigia, quando acordava de manhã, depois das refeições, quando estava nervosa e quando saía com os amigos. No último ano, ela começou a ler mais sobre os efeitos do cigarro sobre a saúde e decidiu parar de fumar. Ela planejou parar de fumar na segunda-feira. Terminaria o maço que tinha ou jogaria o restante fora, caso os cigarros não tivessem acabado na segunda. O plano era usar autoinstruções. A partir da manhã de segunda-feira, toda vez que tivesse vontade de fumar, ela diria a si mesma: "Não fume, faz mal para você!". Ela acreditava que, ao fazer essas afirmações para si mesma, haveria probabilidade menor de sair e comprar um maço de cigarros ou pedir um para algum amigo. Courtney supôs que seria difícil por alguns dias, mas ficaria mais fácil com o tempo. Qual é o problema do plano de Courtney? O que você aconselharia que ela fizesse diferente?
2. Lenny raramente lavava a louça, deixando-a empilhada por dias. Ele deixava roupas sujas jogadas em seu apartamento por mais de uma semana, até que finalmente as colocasse para lavar. Deixava as cartas na bancada da cozinha por vários dias antes de abri-las. Lenny deixava livros e outras coisas da escola espalhadas pelo chão e na mesa

da cozinha. Embora morasse sozinho, sua desorganização estava começando a incomodá-lo. Ele queria parar de fazer bagunça e arrumar as coisas imediatamente, mas simplesmente não conseguia. Lenny assistia muita TV durante a noite depois das aulas. Sempre que não estava estudando, estava vendo TV. Algumas vezes, estudava em frente à TV. Ele assistia três a quatro programas por noite. Lenny decidiu usar o ato de ver TV como um reforçador para seu comportamento-alvo de organizar as coisas e limpar a casa. Decidiu que colocaria seus livros na mesa, jogaria as roupas sujas no cesto, lavaria os pratos depois de usá-los, guardaria a comida imediatamente depois de prepará-la e leria a correspondência e colocaria as cartas em sua mesa sem demora. Ele só assistiria TV depois de ter feito todas essas coisas, como um reforço para esses comportamentos.

O que há de errado com o plano? O que Lenny poderia fazer diferente para melhorá-lo?

3. George bebe excessivamente há vários anos. Sua bebedeira chegou a ponto de ele ficar bêbado todas as noites, normalmente sozinho, e ter ressacas praticamente todos os dias. Em alguns dias, ele tomava um drinque pela manhã para tentar se sentir melhor depois da noite anterior. George decidiu que beber tinha se tornado um problema. Ele decidiu implementar um programa de autogestão para parar ou limitar o consumo de bebidas alcoólicas. Pegou seu livro de modificação do comportamento da época da faculdade e releu o capítulo sobre autogestão. George projetou, então, um plano de autogestão baseado nas etapas esquematizadas no capítulo. Qual é o problema desse exemplo? O que George deve fazer diferente?

21

Procedimentos para reversão de hábitos

> O que é um comportamento habitual e quando se torna um transtorno de hábito?
> Quais são as três categorias de comportamentos habituais?
> Quais são os componentes do procedimento de reversão de hábitos?
> Como aplicar o procedimento de reversão de hábitos em cada categoria de comportamento habitual?
> O que faz um procedimento de reversão de hábitos funcionar?

Este capítulo foca um tipo de método para tratamento implementado por uma pessoa com um comportamento habitual. Esses tratamentos, chamados de procedimentos para **reversão de hábitos**, são usados para reduzir a frequência de comportamentos habituais indesejáveis. Em geral, os comportamentos habituais não interferem muito no funcionamento social do indivíduo; tendem a ser mais incômodos para ela ou para aqueles que são importantes em sua vida. No entanto, em alguns casos, a frequência ou a intensidade do comportamento habitual pode se tornar extrema e levar a percepções negativas sobre a pessoa ou reduzir a aceitabilidade social dela (Boudjouk et al., 2000; Friedrich, Morgan e Devine, 1996; Friman et al., 1993; Long et al., 1999). Quando o comportamento habitual ocorre com frequência ou alta intensidade, a pessoa deve buscar tratamento para o problema. Nestes casos, o comportamento habitual pode ser considerado um **transtorno de hábito** (Hansen et al., 1990).

Exemplos de comportamentos habituais

Joel se sentou durante a aula de psicologia e ouviu atentamente o que o professor dizia. Durante a maior parte da aula, ele estava roendo as unhas. Sem pensar, colocava o dedo na boca e mordiscava os cantos da unha. Ele percorria a unha e continuava mordiscando os cantos até que ficasse uniforme. Normalmente voltava para a mesma unha e roía partes dela que estivessem irregulares. Só parava de roer a unha depois que estivesse curta demais para continuar. Joel não estava particularmente incomodado com seu comportamento de roer unhas, mas a namorada dizia com frequência o quanto a aparência de suas unhas roídas era horrível.

José, jogador de beisebol universitário, treinava musculação para ganhar força e praticava rebatidas adicionais diariamente. Depois de treinos pesados, ele sentia tensão no pescoço e nos ombros. Quando sentia a tensão, movia a cabeça rapidamente para o lado e voltava em um movimento de rotação. O movimento de estalar o pescoço normalmente aliviava a tensão, pelo menos momentaneamente. Ao longo da temporada, José descobriu que estava estalando o pescoço cada vez mais frequentemente enquanto esperava a vez de rebater ou entre suas rebatidas. Quando assistia às gravações dos jogos, percebia o quanto praticava esse comportamento. Apesar de as estaladas de pescoço não reduzirem seu desempenho, parecia que havia algo anormal na frequência em que ocorriam.

Bárbara era estudante do último ano de medicina. Estava em um turno na pediatria em que aprendia procedimentos médicos com os pediatras em um hospital infantil. Bárbara caminhava com os pediatras enquanto faziam as rondas no hospital. Depois de visitar cada cliente, o pediatra perguntava a ela e aos outros alunos sobre a condição médica do cliente. Bárbara normalmente ficava nervosa nessas situações e, às vezes, gaguejava algumas palavras enquanto respondia às perguntas do pediatra. Quando gaguejava, ficava presa em uma palavra e repetia a palavra ou alguma sílaba dela várias vezes antes de terminar a frase. Por exemplo, ela poderia dizer "eu acho que precisamos fa-fa-fa-fazer mais exames de raios X para confirmar doutor". Embora a gagueira não afetasse negativamente seu desempenho na faculdade, ela estava começando a se preocupar pois poderia afetar seu desempenho ou oportunidades profissionais no futuro.

Definir comportamentos habituais

Os três exemplos anteriores ilustram três tipos de **comportamentos habituais**: hábitos nervosos, tiques motores e gagueira (Woods e Miltenberger, 1995).

Hábitos nervosos

O comportamento do primeiro exemplo, roer unhas, é um tipo comum de **hábito nervoso**. Outros exemplos de hábitos nervosos incluem enrolar ou passar a mão nos cabelos (no bigode ou na barba), bater com um lápis, morder uma caneta ou lápis, estalar os dedos, chupar dedos, manusear repetitivamente um clipe de papel ou item parecido, tilintar moedas em um bolso, dobrar ou rasgar papel (como um guardanapo em um restaurante), tocar nas unhas e outras manipulações repetitivas de objetos ou partes do corpo (Woods, Miltenberger e Flach, 1996). Hábitos nervosos envolvem comportamentos manipulativos repetitivos que, conforme acredita-se, têm maior probabilidade de ocorrer quando a pessoa vivencia maior tensão nervosa.

Os hábitos nervosos geralmente não têm nenhuma função social para o indivíduo; por exemplo, não são reforçados por outros na vida pessoal. Em vez disso, acredita-se que eles reduzam a tensão nervosa. Em alguns casos, esses podem ter uma função autoestimulatória (Ellingson et al., 2000; Rapp et al., 1999; Woods e Miltenberger, 1996b). Os hábitos nervosos podem ocorrer ao mesmo tempo que outras atividades funcionais voluntárias. Na maioria dos casos, esses hábitos envolvem o uso das mãos. Também podem incluir comportamentos orais, como morder os lábios ou bruxismo, em que a pessoa range ou aperta os dentes superiores e inferiores.

Muitos hábitos nervosos não causam problemas para o indivíduo a não ser que a frequência ou intensidade do comportamento se torne extrema. Por exemplo, o ato de morder uma caneta ou desdobrar um clipe de papel ocasionalmente não causa nenhum problema, mas morder canetas durante todo o dia ou desdobrar centenas de clipes de papel é um problema por causa da frequência excessiva do comportamento. Da mesma maneira, roer unhas ou puxar cutículas até que os dedos sangrem ou fiquem machucados é um problema. A intensidade também é um problema no ato de puxar os cabelos: embora enrolar ou tocar nos cabelos não seja um problema, o ato de puxá-los, até que os fios sejam arrancados do couro cabeludo, é um problema. Igualmente, o bruxismo, que danifica os dentes ou causa dor nos músculos da mandíbula, é um problema por causa da intensidade do comportamento. Quando a frequência ou a intensidade de um hábito nervoso se torna extrema, as pessoas normalmente tentam eliminá-lo. Teng et al. (2002) usaram o termo *problemas comportamentais repetitivos com foco no corpo* para se referir aos hábitos nervosos (como roer unhas, arrancar e morder cutículas, arranhar a pele e morder a boca) que resultam em danos físicos ou avaliações sociais negativas.

Comportamentos habituais	Exemplos
Hábitos nervosos	Roer unhas, puxar os cabelos
Tiques motores	Estalar o pescoço, fazer caretas
Gagueira	Repetições de palavras, prolongações

Tiques motores e vocais

José, o jogador de beisebol que estala o pescoço, exibe um tique motor. **Tiques motores** são movimentos repetitivos de solavanco de um determinado grupo muscular do corpo. Em geral, envolvem músculos do pescoço ou face, mas também podem incluir ombros, braços, mãos, pernas ou tronco. Tiques motores que envolvem o pescoço podem incluir movimentos da cabeça para a frente, para trás, para os lados, movimentos de rotação que envolvem giros do pescoço ou alguma combinação desses movimentos. Tiques faciais podem incluir entortar os olhos, piscar com força, levantar as sobrancelhas, fazer caretas até que um canto da boca seja repuxado para trás ou alguma combinação desses movimentos. Outros tipos de tiques motores podem incluir levantar os ombros, puxar o braço para um lado, girar o tronco ou outros movimentos corporais repetitivos.

Acredita-se que os tiques motores estejam associados com tensão muscular aumentada (Evers e Van de Wetering, 1994). Algumas vezes, o desenvolvimento de um tique está relacionado com uma lesão ou um evento que aumenta a tensão de determinado grupo muscular, mas os movimentos de tique continuam ocorrendo mesmo depois que a lesão ou evento original já tenha desaparecido (Azrin e Nunn, 1973). Por exemplo, uma pessoa com tensão na parte inferior das costas pode sentir um alívio girando o tronco de alguma maneira. No entanto, a pessoa continua girando o tronco por bastante tempo depois de o problema das costas ter sido resolvido. O que seria um exemplo de tique. Não é incomum que crianças desenvolvam tiques motores simples e se livrem deles. Tiques motores são um problema quando duradouros ou extremos em relação à frequência ou intensidade. Nesses casos, as pessoas normalmente buscam tratamento.

Além dos tiques motores, algumas pessoas exibem tiques vocais. Um **tique vocal** é um som vocal repetitivo que não tem função social. Exemplos de tiques vocais são limpar a garganta quando não há motivo e tossir quando não está doente. Os tiques vocais também podem envolver outros sons ou palavras. No caso em que um menino do ensino fundamental ficou resfriado por longo período e continuou a tossir e a pigarrear constantemente meses depois de a gripe ter passado (Wagaman, Miltenberger e Williams, 1995). Embora os atos de tossir e limpar a garganta estivessem ligados inicialmente com a gripe do garoto, poderiam ser classificados como tiques vocais quando continuassem ocorrendo meses depois.

A **síndrome de Tourette** é um transtorno de tique que envolve vários tiques motores e vocais. Atualmente, acredita-se que a síndrome de Tourette e outros transtornos de tique sejam causados por uma interação complexa entre fatores genéticos e neurobiológicos, assim como eventos ambientais (Leckman e Cohen, 1999). Uma criança é diagnosticada com a síndrome de Tourette quando dois ou mais tiques (incluindo ao menos um tique vocal) ocorrem por pelo menos um ano. A síndrome de Tourette é considerada um transtorno permanente com início na infância.

Gagueira

No terceiro exemplo, Bárbara exibiu **gagueira**, um tipo de disfluência da fala em que a pessoa repete palavras ou sílabas, prolonga o som de uma palavra ou sílaba ou trava em alguma palavra (não emite nenhum som durante um período enquanto tenta dizer uma palavra). A gagueira pode ocorrer em crianças pequenas que estão aprendendo a usar a linguagem. Entretanto, a maioria das crianças cresce sem nenhum problema. Algumas vezes, a gagueira persiste em crianças e adultos e em vários níveis de gravidade. Em alguns casos, é praticamente imperceptível. Em outros, interfere na produção da fala. As pessoas normalmente buscam tratamento quando a gagueira é grave o suficiente para atrair a atenção dos outros enquanto falam. Cada um desses transtornos de hábito foi tratado com sucesso usando procedimentos de modificação do comportamento chamados de *procedimentos de reversão de hábitos* (Miltenberger, Fuqua e Woods, 1998; Miltenberger e Woods, 1998; Piacentini et al., 2010; Woods e Miltenberger, 1995, 2001).

Procedimentos de reversão de hábitos

Azrin e Numm (1973) desenvolveram um programa de tratamento para eliminar hábitos e tiques nervosos. Nomearam o tratamento com componentes múltiplos de *reversão de hábitos*. Em uma pesquisa posterior, Azrin e Nunn e vários outros pesquisadores demonstraram a eficácia dos procedimentos de reversão de hábitos para tratar uma variedade de transtornos de hábitos, incluindo hábitos nervosos, tiques e gagueira (Azrin e Nunn, 1974, 1977; Azrin, Nunn e Frantz, 1980a; Finney et al., 1983; Miltenberger e Fuqua, 1985a; Piacentini et al., 2010; Twohig e Woods, 2001a, b; Wagaman, Miltenberger e Arndorfer, 1993; Woods et al., 2003).

O procedimento de reversão de hábitos é implementado em uma sessão de terapia com o cliente que exibe o transtorno de hábito. O cliente implementa, então, os procedimentos que foram ensinados na sessão para controlar o hábito quando ocorrer fora da sessão. No procedimento de reversão de hábito, a pessoa com o hábito, tique ou gagueira é ensinada a descrever os comportamentos que estão envolvidos no hábito. Depois de aprender a definição comportamental do hábito, o cliente aprende a identificar quando ele ocorre e quando está prestes a ocorrer. Esses procedimentos constituem o componente de **treinamento de conscientização** da reversão de hábito. Em seguida, o cliente aprende uma **resposta competitiva** (um comportamento incompatível com o comportamento habitual) e pratica esse comportamento na sessão depois de cada ocorrência do hábito. Depois, o cliente imagina as situações em que usará a resposta competitiva fora da sessão para inibir o hábito. Por fim, o cliente é orientado a usar a resposta competitiva fora da sessão sempre que o hábito ocorrer ou estiver prestes a ocorrer. Esses procedimentos constituem o **treinamento de resposta competitiva**.

Pessoas próximas (como um dos pais ou o cônjuge) são instruídas a estimular o cliente a usar a resposta competitiva quando o hábito ocorrer fora da sessão. Eles também são orientados a elogiar o cliente por não praticar o hábito e por usar a resposta competitiva com sucesso. O envolvimento de pessoas significativas é chamado de **apoio social**. Por fim, o terapeuta revisa com o cliente todas as situações em que o hábito ocorre e como pode ter causado inconveniência ou constrangimento. Essa revisão é uma **estratégia de motivação**, que aumenta a probabilidade de o cliente usar a resposta competitiva fora da sessão de tratamento para controlar o hábito.

Na sessão de reversão do hábito, o cliente aprende duas habilidades básicas: identificar todas as ocorrências do hábito (treinamento de conscientização) e usar a resposta competitiva contingente à ocorrência do hábito ou antes dela (treinamento de resposta competitiva). A consciência do hábito é uma condição necessária para o uso da resposta competitiva. O cliente precisa ser treinado para se tornar consciente de cada caso do hábito, de modo que consiga instituir a resposta competitiva imediatamente. Em geral, a resposta competitiva é um comportamento discreto (que não é facilmente identificado por outros) que a pessoa exibe por um período de 1 a 3 minutos. Outros conhecidos próximos continuam a ajudar o cliente a usar esses habilidades por meio de lembretes e reforços fora da sessão de terapia (apoio social).

Componentes da reversão do hábito

- Treinamento de conscientização
- Treinamento de resposta competitiva
- Apoio social
- Procedimentos de motivação

Aplicações da reversão de hábitos

A principal diferença entre os procedimentos de reversão de hábitos para os diferentes tipos de transtornos de hábitos é a natureza da resposta competitiva. Uma resposta competitiva diferente deve ser escolhida especificamente para o problema de hábito, tique ou gagueira que o cliente exibe. Analisaremos agora as diferentes formas de aplicação da reversão de hábitos para vários tipos de transtornos de hábitos. (Para uma revisão sobre procedimentos de reversão de hábitos, consulte Woods e Miltenberger, 1995, 2001.)

Hábitos nervosos

Diversos pesquisadores avaliaram a reversão de hábitos para tratar hábitos nervosos (Azrin, Nunn e Frantz-Renshaw, 1980, 1982; Miltenberger e Fuqua, 1985a; Nunn e Azrin, 1976; Rapp et al., 1998; Rosenbaum e Ayllon, 1981a, b; Twohig e Woods, 2001a; Woods, Miltenberger e Lumley, 1996b; Woods et al., 1999). Os hábitos nervosos tratados com procedimentos de reversão de hábitos incluem roer unhas, puxar cabelos, chupar dedos, arrancar cutículas e hábitos orais como morder os lábios e bruxismo. Em todos os casos, *a resposta competitiva era um comportamento que o sujeito poderia realizar facilmente, mas que era fisicamente incompatível com o hábito nervoso.* Por exemplo, uma resposta competitiva para um estudante que rói as unhas na sala de aula poderia ser segurar um lápis ou apertar os punhos por um período de 1 a 3 minutos. O aluno aprenderia primeiro a identificar todas as vezes em que começa a roer as unhas. Assim que detectasse esse comportamento (por exemplo, quando tocasse o dedo no dente, quando movesse a mão em direção à boca), ele pararia imediatamente esse comportamento e pegaria o lápis. Como segurar um lápis é uma atividade natural em uma sala de aula, a resposta competitiva não atrairia atenção para o aluno. Uma resposta competitiva semelhante poderia ser usada para hábitos de puxar os cabelos ou qualquer hábito nervoso que envolvesse o uso das mãos. Se a pessoa não estiver em uma sala de aula, ou se não tiver um lápis ou caneta disponível no momento, outra resposta competitiva para os atos de roer unhas ou puxar os cabelos poderia ser fechar os punhos e permanecer com as mãos ao lado do corpo ou colocar a mão no bolso por um período de 1 a 3 minutos. Como alternativa, o aluno poderia sentar sobre as mãos, cruzar os braços, dobrar as mãos no colo ou ocupá-las de alguma maneira que evitasse fisicamente o ato de roer as unhas.

Para um hábito oral, como morder os lábios ou bruxismo, uma resposta competitiva poderia ser manter os dentes superiores e inferiores levemente unidos por alguns minutos, o que seria incompatível com os dois comportamentos.

Quando a reversão de um hábito é usada com crianças, os pais podem usar orientações físicas para fazer que a criança apresente a resposta competitiva. Por exemplo, em um caso, uma menina de 5 anos começou a puxar os cabelos e roer as unhas, em geral quando estava inativa (vendo TV ou esperando sentada por alguma coisa). A resposta competitiva era unir as mãos dela e colocá-las sobre as pernas. A mãe foi instruída a dizer "mãos na perna" e guiar fisicamente as mãos da filha até a perna sempre que a visse puxando os cabelos ou roendo as unhas. Pouco depois, a menina começou a colocar as mãos no colo assim que a mãe dizia para fazer isso. Com o tempo, ela começou a colocar as mãos nas pernas logo que começava a roer as unhas ou puxar os cabelos. Todas as vezes que estava sentada nessa posição, a mãe a elogiava. Os dois hábitos foram reduzidos com o tratamento de resposta competitiva que foi implementado com o auxílio dos pais (apoio social).

Tiques motores e vocais

Procedimentos de reversão de hábitos foram avaliados como tratamentos para tiques motores e vocais (Azrin e Nunn, 1973; Azrin, Nunn e Frantz, 1980b; Azrin e Peterson, 1989, 1990; Finney et al., 1983; Miltenberger, Fuqua e McKinley, 1985; Piacentini et al., 2010; Sharenow, Fuqua e Miltenberger, 1989; Woods, Miltenberger e Lumley, 1996a; Woods e Twohig, 2002). *A resposta competitiva usada nos procedimentos de reversão de hábitos com tiques motores inclui o enrijecimento dos músculos envolvidos no tique, de modo que a parte do corpo envolvida seja mantida imóvel* (Carr, 1995). José, o jogador de beisebol que estala o pescoço, por exemplo, poderia tensionar os músculos do pescoço em um grau moderado enquanto mantinha a cabeça para a frente. Primeiro, ele precisaria aprender a discriminar todas as vezes em que exibia o tique ou prever quando estivesse perto de exibi-lo. Depois, contingente à ocorrência do tique ou sua antecipação, ele apresentaria a resposta competitiva por alguns minutos. A tensão moderada dos músculos do pescoço e o ato de manter a cabeça reta não são comportamentos intrusivos, por isso, não atrairiam atenção para ele. Azrin e Peterson (1990) descreveram uma resposta competitiva para tiques vocais como tossir, limpar a garganta e roncar: "Respirar de forma profunda, lenta e ritmada pelo nariz enquanto mantém a boca fechada. A expiração deve ser levemente mais longa que a inspiração (por exemplo, 5 segundos de inspiração, 7 segundos de expiração)". Azrin e Peterson demonstraram que o procedimento de reversão de hábitos pode ser usado com sucesso para tratar tiques motores e vocais associados com a síndrome de Tourette, transtorno cuja causa acredita-se ser neurológica e algumas vezes é tratado com medicamentos (Shapiro et al., 1978). Os tiques exibidos pela maioria das pessoas não estão associados com a síndrome de Tourette e são tratados de maneira eficaz pelos procedimentos de reversão de hábitos. Miltenberger et al. (1985) aplicou procedimentos de reversão de hábitos a seis tiques motores diferentes exibidos por nove pessoas. A Tabela 21-1 apresenta definições comportamentais dos seis tiques motores diferentes e as respostas competitivas usadas para eles. Em todos os casos, a resposta competitiva envolvia o enrijecimento de músculos antagônicos para inibir os comportamentos de tique.

PARA UMA LEITURA MAIS APROFUNDADA

Pesquisa comportamental sobre síndrome de Tourette

Além de avaliar os procedimentos de reversão de hábitos para tratamento de tiques associados com a síndrome de Tourette, os pesquisadores comportamentais também estão examinando outros aspectos desse transtorno. Doug Woods e colaboradores conduziram diversos estudos analisando fatores que afetam a ocorrência de tiques, a capacidade de crianças controlarem os tiques e a influência da reversão de hábitos sobre tiques tratados e não tratados (Woods et al., 2008). Em um estudo, Woods et al. (2001) avaliaram a influência de conversas relacionadas a tiques sobre a ocorrência de tiques exibidos por dois meninos com síndrome de Tourette. Os autores descobriram que, quando adultos conversavam sobre os tiques das crianças na presença delas, apresentavam um nível maior de tiques do que quando os adultos não falavam a respeito. Em outro estudo, Woods e Himle (2004) queriam descobrir se as crianças conseguiriam suprimir os tiques quando instruídas a

(continua)

TABELA 21-1 Definições da resposta e respostas competitivas

Tique	Definição da resposta	Resposta competitiva
Sacudir a cabeça	Qualquer movimento lateral para a frente e para trás com a cabeça.	Enrijecer os músculos do pescoço enquanto mantém o queixo para baixo e em direção ao pescoço.
Piscar rápido de olhos	O ato de piscar de olhos que ocorre em menos de 3 segundos depois da piscada anterior.	Abrir bem os olhos e piscar deliberadamente a cada 5 segundos enquanto desloca o olhar a cada 10 segundos.
Tique facial	Qualquer movimento aparente dos lábios.	Franzir ou pressionar firmemente os lábios.
Tique facial	Repuxar um dos lados ou ambos os cantos da boca.	Apertar a mandíbula enquanto pressiona os lábios com um movimento ascendente das bochechas.
Movimentos abruptos da cabeça	Qualquer movimento abrupto para baixo com a cabeça.	A mesma usada para o tique de sacudir a cabeça.
Movimentos abruptos dos ombros	Qualquer movimento abrupto dos ombros ou braços, com o braço se movendo para cima ou em direção ao corpo.	Pressionar os braços firmemente contra as laterais do corpo enquanto mantém os ombros para baixo.

Fonte: Miltenberger, Fuqua e McKinley, 1985.

fazer isso. Os autores descobriram que dizer às crianças com síndrome de Tourette para controlar os tiques resultava em pouca supressão deles. No entanto, quando elas recebiam fichas para a ausência de tiques (reforço diferencial de outros comportamentos [RDO]), conseguiam controlar os tiques muito melhor. Esses resultados sugerem que as crianças podem controlá-los com as contingências adequadas em vigor e têm implicações diretas sobre as intervenções. Em outro estudo, Woods et al. (2003) avaliaram a eficácia da reversão de hábitos implementada para tiques vocais exibidos por cinco crianças com síndrome de Tourette e se o tratamento desses tiques vocais resultou em alguma mudança correspondente nos tiques motores. Os autores descobriram que os tiques vocais diminuíram em todas as crianças com o uso da reversão de hábitos, mas que os efeitos só se generalizaram para tiques motores no caso de uma delas.

Gagueira

Muitos estudos documentaram a eficácia dos procedimentos de reversão de hábitos para a gagueira (Azrin e Nunn, 1974; Azrin, Nunn e Frantz, 1979; Elliott et al., 1998; Ladoucher e Martineau, 1982; Miltenberger, Wagaman e Arndorfer, 1996; Wagaman, Miltenberger e Arndorfer, 1993; Wagaman, Miltenberger e Woods, 1995; Waterloo e Gotestam, 1988; Woods et al., 2000). A resposta competitiva usada para a gagueira é bem diferente da resposta competitiva, para hábitos nervosos ou tiques. *Como a gagueira envolve um fluxo de ar interrompido nas cordas vocais que interfere na produção da fala fluente, uma resposta competitiva incluiria relaxamento e um fluxo de ar ininterrupto pelas cordas vocais durante a fala.* A resposta competitiva no procedimento de reversão de hábitos de gagueira também é chamada de **respiração regulada**. Primeiro, os clientes aprendem a detectar cada caso de gagueira e a descrever os tipos de gagueira que exibem e, com a ajuda do terapeuta, identificam cada caso à medida que falam na sessão. Uma vez que os clientes estejam cientes da maioria das ocorrências de gagueira, o terapeuta ensina a respiração regulada.

O primeiro componente é um procedimento de relaxamento rápido chamado de **respiração diafragmática**. O cliente aprende a respirar em um padrão rítmico usando os músculos do diafragma para enviar ar para dentro dos pulmões. Enquanto está respirando de maneira suave e rítmica, o terapeuta o instrui a dizer uma palavra quando começar a expirar. Como o cliente está relaxado e o ar está fluindo pela laringe em uma expiração, o cliente não gagueja ao falar aquela palavra. O padrão de fala é incompatível com o padrão envolvido na gagueira. O cliente pratica esse padrão com uma palavra, duas, frases curtas, e assim por diante. Caso comece a gaguejar em algum ponto, ele para de falar imediatamente, pratica a respiração diafragmática, inicia o fluxo de ar e continua falando. Em seguida, o cliente é instruído a praticar esse método de fala fora da sessão. Uma pessoa próxima, como um dos pais ou o cônjuge, fornece apoio social estimulando-o a praticar e o elogiando por falar fluentemente. O sucesso do tratamento depende de o cliente praticar todos os dias, detectar a maioria dos casos de gagueira e usar o método de respiração regulada de forma confiável (Elliott et al., 1998; Miltenberger, Miltenberger e Arndorfer, 1996; Wagaman, Miltenberger e Woods, 1995; Woods et al., 2000). Os resultados do tratamento de gagueira de quatro crianças são exibidos na Figura 21-1 (extraída de Wagaman, Miltenberger e Arndorfer, 1993).

Por que os procedimentos de reversão de hábitos funcionam?

Pesquisadores demonstraram que os componentes do procedimento de reversão de hábitos mais responsáveis por sua eficácia ao reduzir hábitos nervosos, tiques motores e vocais e gagueira são o treinamento de conscientização e o uso de uma resposta competitiva (Elliott et al., 1998; Miltenberger e Fuqua, 1985a; Miltenberger, Fuqua e McKinley, 1985; Rapp et al., 1998; Wagaman, Miltenberger e Arndorfer, 1993; Woods et al., 1996a). O treinamento de conscientização é um componente crítico porque o cliente precisa ser capaz de discriminar cada ocorrência de hábito nervoso, tique ou gagueira para implementar a resposta competitiva. *O uso da resposta competitiva apresenta, então, duas possíveis funções.* Uma função é inibir o comportamento habitual e apresentar um comportamento alternativo para substituí-lo. A segunda função é que a resposta competitiva pode agir como punição, assim como na aplicação de atividades aversivas, como a hipercorreção e o exercício contingente (veja o Capítulo 18).

Pesquisas conduzidas por Miltenberger e colaboradores (Miltenberger e Fuqua, 1985a; Miltenberger et al., 1985; Sharenow et al., 1989; Woods, Fuqua e Miltenberger, 1999) sugerem que a resposta competitiva atua como um punidor no caso de tiques motores e hábitos nervosos. Eles descobriram que a resposta competitiva era eficaz para reduzir hábitos e tiques quando era contingente a eles, mas que não precisava ser incompatível com o hábito ou tique. Em outras palavras, se o cliente apresentar algum comportamento de esforço moderado (tensionar um conjunto de músculos por 3 minutos) contingente à ocorrência de hábito ou tique, o hábito ou tique vai diminuir independentemente de o comportamento estar ou não relacionado com ele. Por exemplo, quando uma pessoa com um tique facial exibiu uma resposta competitiva que envolvia o enrijecimento do bíceps contingente a cada caso de tique facial, a frequência desse tique diminuiu (Sharenow, Fuqua e Miltenberger, 1989). Deve-se destacar, no entanto, que o treinamento de conscientização sempre foi usado em conjunto com a resposta competitiva. Portanto, os efeitos do treinamento de conscientização sem a resposta competitiva não podem ser estipulados. Ladoucher (1979) sugere que o aumento na consciência do hábito ou tique é o responsável pelo sucesso do procedimento de reversão de hábito.

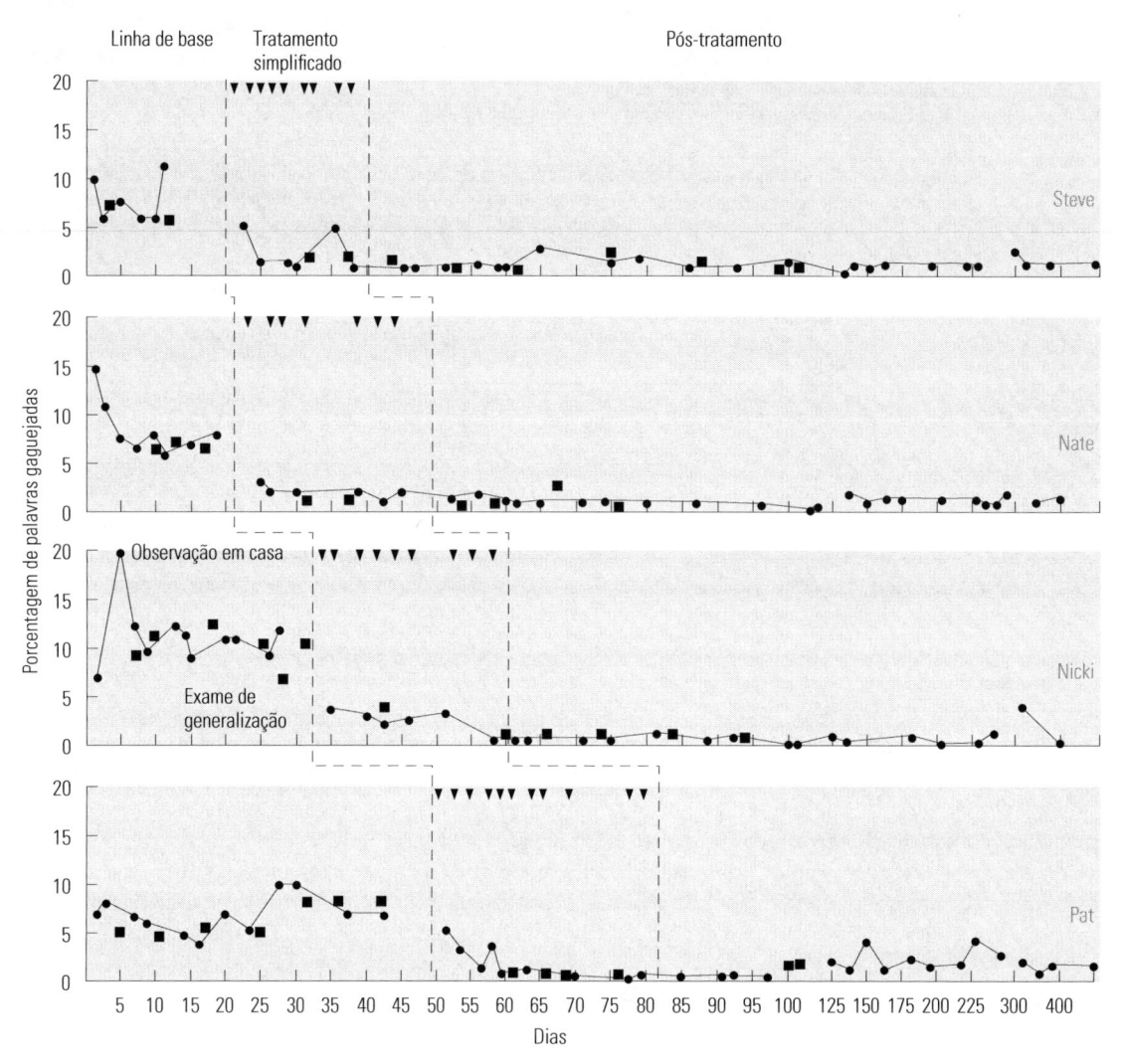

FIGURA 21-1 Este gráfico de linha de base múltipla entre sujeitos mostra o percentual de palavras gaguejadas exibido por quatro crianças antes e depois do tratamento. O tratamento consistia em treinamento de conscientização, treinamento de resposta competitiva e apoio social dos pais. A gagueira de todas as crianças diminuiu para níveis baixos depois da implementação do tratamento. Os pontos de dados arredondados são observações de gagueira na casa da criança e as marcas quadradas são de observações na escola. As observações na escola foram conduzidas para medir a generalização das mudanças na gagueira de casa para a escola. Durante a fase simplificada do tratamento, as pontas de seta indicam os dias em que as sessões do tratamento foram implementadas. (De Wagaman, J., Miltenberger, R. e Arndorfer, R. Analysis of a simplified treatment for stuttering in children. *Journal of Applied Behavior Analysis*, v. 26, p. 53-61, 1993. Copyright © 1993 University of Kansas Press. Reproduzido com permissão do autor.)

O treinamento de conscientização foi eficaz para reduzir tiques motores sem a adição de uma resposta competitiva no caso de três pessoas: um estudante universitário (Wright e Miltenberger, 1987) e dois alunos do ensino fundamental (Ollendick, 1981; Woods et al., 1996a). Em todos esses casos, no entanto, os sujeitos praticaram o automonitoramento além do treinamento de conscientização. Como o automonitoramento requer que o sujeito apresente um comportamento (registrar o tique) contingente a cada ocorrência do tique, pode funcionar da mesma maneira que a resposta competitiva. Um estudo (Woods et al., 1996a) demonstrou que apenas o treinamento de conscientização reduziu e praticamente eliminou o tique de movimentos abruptos da cabeça de uma criança, mas não foi eficiente para outras três crianças com tiques motores. Mais pesquisas são necessárias para determinar os efeitos do treinamento de conscientização para reduzir hábitos e tiques.

No caso da gagueira, o treinamento de conscientização e o uso de uma resposta competitiva parecem inibir a gagueira e fornecer um comportamento alternativo para substituí-la. Com a gagueira, a resposta competitiva não é um simples comportamento motor que envolve o enrijecimento de um grupo muscular. Em vez disso, é um padrão alternativo de fala. Os clientes praticam esse padrão sempre que falam, como uma alternativa ao padrão envolvido na gagueira. Com hábitos e tiques, a resposta competitiva é usada contingente ao comportamento. Com a gagueira, por sua vez, a resposta competitiva é usada toda vez que a pessoa fala, além de ser usada contingente a cada caso de gagueira. Portanto, parece que a função da resposta competitiva para hábitos e tiques pode ser diferente da função para a gagueira.

Novas aplicações para a reversão de hábitos

Embora os procedimentos de reversão de hábitos tenham sido usados para tratar hábitos nervosos, tiques e gagueira com sucesso em muitos estudos, a reversão de hábitos também tem sido aplicada para alguns outros problemas. Em uma nova aplicação, Allen (1998) usou a reversão de hábitos para reduzir surtos prejudiciais exibidos por um garoto de 14 anos chamado Seth durante partidas de tênis. Os surtos consistiam em gritar consigo mesmo, atirar a raquete na quadra, bater em si mesmo com o boné e balançar os braços. Allen usou o treinamento de conscientização para ajudar Seth a identificar quando o surto estava ocorrendo ou prestes a ocorrer e depois o ensinou a usar uma resposta competitiva que envolvia a respiração relaxada nessas ocasiões. Por fim, Allen ensinou os pais a gerar apoio social ajudando Seth a identificar um surto e fazendo elogios e fornecendo outras recompensas quando Seth usava a resposta competitiva. Os pais também usaram o custo de resposta quando Seth não apresentava a resposta competitiva para parar um surto. Os resultados demonstraram que esses procedimentos reduziram substancialmente a frequência de surtos durante as partidas de tênis. Em outra aplicação nova da reversão de hábitos, Mancuso e Miltenberger usaram o treinamento de conscientização e o treinamento de resposta competitiva para ajudar estudantes universitários a reduzirem o uso de "humm", "err", "tipo" e outras expressões ao falar em público. Nesse estudo, os pesquisadores ensinaram os alunos a usar o treinamento de conscientização para identificar a ocorrência de cada expressão e, em seguida, usar uma resposta competitiva (parar por 3 segundos enquanto não diz nada sempre que uma dessas expressões ocorresse ou estivesse prestes a ocorrer) para reduzir sua utilização. Depois de aprender esses procedimentos de reversão de hábitos em uma ou duas sessões de treinamento, os estudantes reduziram significativamente o uso dessas expressões em suas falas.

Outros procedimentos de tratamento para transtornos de hábitos

Procedimentos de reversão de hábitos já demonstraram ser consistentemente eficazes para tratar transtornos de hábito e são a abordagem de tratamento preferida (Friman, Finney e Christopherson, 1984; Miltenberger, Fuqua e Woods, 1998; Woods e Miltenberger, 1995, 1996a; Woods et al., 2000). No entanto, alguns pesquisadores mostraram que a *reversão de hábitos pode não ser eficaz para comportamentos habituais exibidos por crianças pequenas ou pessoas com deficiências intelectuais* (Long et al., 1999; Long, Miltenberger e Rapp, 1999; Rapp et al., 1999; Rapp, Miltenberger e Long, 1998).

Long et al. (1999) e Rapp, Miltenberger e Long (1998) descobriram que a reversão de hábitos não era um tratamento eficaz para os atos de arrancar cabelos, chupar dedos e roer unhas exibidos por adultos com deficiências intelectuais. Depois que a reversão de hábitos foi ineficaz, Rapp, Miltenberger e Long (1998) avaliaram um dispositivo de melhoria da consciência que soava um alarme toda vez que uma mulher com deficiência intelectual levantava a mão para arrancar os cabelos. A mulher usava um pequeno dispositivo no pulso e perto do pescoço. Quando ela levantava a mão para arrancar cabelos, o dispositivo detectava o movimento e ativava o alarme. O alarme parava quando ela afastava a mão da cabeça. O uso desse dispositivo eliminou o hábito de arrancar cabelos. Himle, Perlman e Lokers (2008) também consideram o uso de dispositivos um método eficiente para reduzir o ato de arrancar cabelos. Além disso, Ellingson et al. (2000), Stricker et al. (2001) e Stricker et al. (2003) demonstraram que o dispositivo de melhoria da consciência era um tratamento eficaz para crianças que chupam dedos.

Long, Miltenberger, Ellingson e Ott (1999) usaram o reforço diferencial de outros comportamentos (RDO) e o custo da resposta para eliminar hábitos de chupar dedos e roer unhas exibidos por adultos com deficiências intelectuais depois que a reversão de hábitos não eliminou esses comportamentos. Long observou os clientes por vídeo em uma sala separada e, quando o hábito não ocorria em um longo período de tempo, o pesquisador entrava na sala e oferecia um reforçador (por exemplo, uma ficha). Quando observava a ocorrência do hábito, Long entrava na sala e removia um dos reforçadores. Long, Miltenberger e Rapp (1999) usaram um procedimento parecido para eliminar os hábitos de chupar dedos e arrancar cabelos exibidos por uma criança de 6 anos depois que a reversão de hábito não foi eficaz. De forma semelhante, Rapp et al. (1999) descobriram que o RDO e a desaprovação social do ato de chupar os dedos reduziram consideravelmente o comportamento de uma criança de 5 anos depois que a reversão de hábito não teve sucesso.

Em outros estudos, descobriu-se que a prevenção da resposta eliminava comportamentos de arrancar cabelos e chupar dedos em crianças (Deaver, Miltenberger e Stricker, 2001; Ellingson, Miltenberger, Stricker et al., 2000). Deaver, Miltenberger e Stricker, (2001), por exemplo, usaram a prevenção da resposta com uma criança pequena que enrolava e arrancava os cabelos sempre que deitava em sua cama à noite ou na hora da soneca. Toda vez que a menina ia para a cama, os pais ou a professora da creche colocavam luvas finas nas mãos dela e estas evitavam a ocorrência dos atos de enrolar ou arrancar os cabelos.

Por fim, Rapp et al. (2000) consideram que o RDO, a interrupção de resposta e a restrição breve são tratamentos eficazes para o ato de arrancar cabelos exibido por uma adolescente com deficiência intelectual. Rapp elogiava a ausência do

TABELA 21-2 Outros procedimentos de modificação do comportamento usados para transtornos de hábito

Procedimento de tratamento	Transtorno de hábito	Autores
Tratamento de sabor aversivo	Chupar dedos	Friman e Hove (1987)
Prevenção de resposta	Chupar dedos	Watson e Allen (1993)
Prevenção de resposta e RDO (vários reforçadores)	Chupar dedos	Van Houten e Rolider (1984)
RDO (doces)	Chupar dedos	Hughes, Hughes e Dial (1979)
RDO (dinheiro)	Tiques vocais	Wagaman, Miltenberger e Williams (1995)
Time-out	Tique vocal	Lahey, McNees e McNees (1973)
Time-out	Gagueira	James (1981)
Time-out e reforço por fichas	Arrancar cabelos	Evans (1976)
Custo da resposta	Gagueira	Halvorson (1971)
Custo da resposta e reforço por fichas	Gagueira	Ingham e Andrews (1973)
Tapa contingente e reforço por fichas	Arrancar cabelos	Gray (1979)
Estalar um elástico no pulso	Arrancar cabelos	Mastellone (1974)
Contrato comportamental	Arrancar cabelos	Stabler e Warren (1974)

Fonte: Miltenberger, Fuqua e McKinley, 1985.

comportamento e, toda vez que a cliente começava a arrancar os cabelos, o pesquisador interrompia a resposta e mantinha os braços da adolescente ao lado do corpo por 30 segundos. Além dos procedimentos descritos aqui, vários outros procedimentos de modificação comportamental com base em reforço diferencial, controle de antecedentes e punição foram avaliados para o tratamento de transtornos de hábito. Exemplos desses procedimentos estão listados na Tabela 21-2.

RESUMO DO CAPÍTULO

1. Comportamentos habituais são comportamentos repetitivos e automaticamente reforçados que normalmente ocorrem fora da consciência do indivíduo. Ou seja, não discrimina todos os casos do comportamento. Quando a frequência ou a intensidade de um comportamento habitual se torna extrema, pode ser considerado um transtorno de hábito.
2. Hábitos nervosos, tiques e gagueira são as três categorias de comportamentos habituais.
3. Procedimentos de reversão de hábitos consistem em uma série de componentes do tratamento, incluindo treinamento de conscientização, para ensinar alguém a distinguir cada exemplo de comportamento habitual, o uso de uma resposta competitiva contingente ao comportamento habitual e procedimentos de apoio social que motivam o indivíduo a continuar usando a resposta competitiva para eliminar o comportamento habitual.
4. Para cada categoria de comportamento habitual, há uma resposta competitiva diferente. Para tiques motores, a pessoa apresenta uma resposta competitiva de tensionar os músculos envolvidos no tique. Para um hábito nervoso, o indivíduo exibe um comportamento incompatível que emprega os músculos usados para realizar o comportamento habitual (por exemplo, segurar um objeto para competir com o ato de roer unhas). Na resposta competitiva para a gagueira, a pessoa apresenta um padrão incompatível de respiração e fala chamado de respiração regulada.
5. A eficácia dos procedimentos de reversão de hábitos está relacionada com o uso da resposta competitiva, que funciona como um punidor (para hábitos e tiques) ou como um comportamento alternativo para substituir o comportamento habitual (no caso da gagueira). A eficácia do aumento da consciência por si só não foi totalmente investigada.

TERMOS-CHAVE

apoio social, 300
comportamento habitual, 299
estratégia de motivação, 301
gagueira, 300
hábito nervoso, 299
respiração diafragmática, 303
respiração regulada, 303
resposta competitiva, 300
reversão de hábito, 298

síndrome de Tourette, 300
tique vocal, 300
tiques motores, 299
transtorno de hábito, 298
treinamento de conscientização, 300
treinamento de resposta competitiva, 300

TESTE PRÁTICO

1. O que é um transtorno de hábito?
2. O que são hábitos nervosos? Dê exemplos.
3. O que são tiques motores? O que são tiques vocais? Qual a diferença entre tiques e hábitos nervosos? Dê exemplos de tiques motores.
4. Defina os diferentes tipos de disfluências da fala envolvidos na gagueira.
5. Explique o procedimento de reversão de hábito.
6. Descreva a resposta competitiva que seria usada para um hábito nervoso de estalar os dedos.
7. Descreva a resposta competitiva que seria usada em casos de bruxismo.
8. Descreva a resposta competitiva que seria usada em um tique motor que envolve solavancos da cabeça. Qual resposta competitiva seria usada para um tique vocal como limpar a garganta?
9. Explique a respiração regulada, a resposta competitiva usada para a gagueira.
10. O que está envolvido no componente de apoio social do procedimento de reversão de hábito?
11. Descreva o treinamento de conscientização. Qual é seu objetivo?
12. Quais são as duas funções possíveis da resposta competitiva no procedimento de reversão de hábito? Qual é a diferença entre a função da resposta competitiva para hábitos nervosos e tiques e sua função para a gagueira?
13. Cite alguns procedimentos de reforço e punição que têm sido usados para eliminar transtornos de hábitos.

APLICAÇÕES

1. Descreva como você implementaria procedimentos de reversão de hábito em seu projeto de autogestão. Caso os procedimentos de reversão de hábito não sejam apropriados para o projeto, explique os motivos.
2. Vicki é uma estudante universitária que exibe um tique de piscar os olhos. O tique é mais predominante quando está rodeada de outras pessoas, especialmente em situações de avaliação, como aulas em que se espera que ela participe ativamente. O tique inclui piscar rapidamente e fazer movimentos de entortar os olhos. Descreva a implementação de um procedimento de reversão de hábitos para este tique motor.
3. Dominic é um menino de 4 anos com vários irmãos e irmãs mais velhos. Ele começou a gaguejar há alguns meses. Sua gagueira envolve a repetição de palavras ou sílabas. Por exemplo, ele poderia dizer "é minha-minha-minha-minha vez" ou "eu quero mais do-do-doce de maçã". Quando fica animado, é mais provável que gagueje. Seus irmãos zombam dele quando gagueja e algumas vezes os pais terminam as palavras ou frases por ele. Se essa família buscasse conselhos, o que recomendaria para ajudar Dominic a reduzir sua gagueira?
4. Tanya é uma menina de 5 anos que chupa o polegar durante o dia enquanto assiste à TV, quando não está ativamente envolvida em uma atividade, enquanto pega no sono e em intervalos durante a noite. Descreva como os pais podem usar um procedimento de reforço diferencial e um procedimento de controle de antecedente (prevenção da resposta) para diminuir esse comportamento de Tanya à noite e durante o dia.

APLICAÇÕES INCORRETAS

1. Harvey visitou um psicólogo para tratar um transtorno de hábito que envolve arrancar cabelos. Ele aprendeu o procedimento de reversão de hábito, em que ficou consciente de cada ocorrência do ato e aprendeu a apresentar uma resposta competitiva de segurar um objeto toda vez que arrancasse cabelos. Harvey era um estudante de engenharia e achava algumas de suas aulas especialmente difíceis. Ele decidiu que não poderia gastar tempo ou energia necessários para estar consciente de seu comportamento de arrancar os cabelos e usar a resposta competitiva em suas duas aulas mais difíceis. No entanto, ele usou os procedimentos de maneira dedicada em todos os outros momentos. O que há de errado com esse emprego da reversão de hábitos?
2. Pouco depois de Darlene se mudar com a família para outra parte do país, ela começou a tossir e limpar a garganta com frequência. Os pais deram remédio para gripe por uma semana, mas a tosse e o pigarro não diminuíram. Depois de mais algumas semanas, Darlene ainda apresentava esses comportamentos. Os pais decidiram usar um procedimento de reversão de hábito em que ensinaram Darlene a tomar consciência de cada ocorrência de tosse e pigarro e apresentar uma resposta competitiva. Eles também implementaram um procedimento de RDO, fornecendo reforços para os períodos em que Darlene não tivesse tossido ou limpado a garganta. O que há de errado com o uso de procedimentos de reversão de hábitos e RDO nesse caso?

3. Marcus, garoto de 10 anos com graves deficiências intelectuais, vive em casa com a família. Ele apresentava uma série de problemas de comportamento que eram reforçados pela atenção dos pais. Como os problemas não eram tão graves, os pais não tinham procurado tratamento. Marcus também tinha um hábito nervoso de roer unhas. Os pais decidiram usar procedimentos de reversão de hábitos para esse comportamento. No entanto, devido à deficiência intelectual de Marcus, eles terão de estimular a resposta competitiva toda vez que Marcus roer unhas. Sempre que observavam o garoto roer as unhas, um dos pais caminhava imediatamente até ele e dizia: "Nada de roer as unhas, Marcus", colocando as mãos dele juntas sobre as pernas. Os pais mantinham as mãos do garoto unidas por um período de 1 a 2 minutos, explicavam que roer unhas era ruim e diziam que devia manter as mãos juntas em vez de colocar os dedos na boca. O que há de errado com o emprego do procedimento de reversão de hábitos nesse caso?

22

A economia de fichas

- ➤ O que é economia de fichas?
- ➤ Quais etapas estão envolvidas na implementação da economia de fichas?
- ➤ Quando usar o custo de resposta como parte da economia de fichas?
- ➤ Quais itens você poderia usar como fichas em uma economia de fichas?
- ➤ Quais são as vantagens e desvantagens da economia de fichas?

Este capítulo descreve um programa de modificação do comportamento em que reforçadores condicionados são usados sistematicamente para reforçar os comportamentos desejáveis de indivíduos que participam de programas educacionais ou de tratamento. Considere o exemplo a seguir.

Sammy sendo reabilitada

Sammy, garota de 14 anos, foi colocada em um programa de tratamento para jovens infratores porque esteve envolvida em vandalismo, roubos e agressões. O objetivo do programa de tratamento era ensinar e manter comportamentos pró-sociais desejáveis nos internos e eliminar comportamentos antissociais semelhantes àqueles que resultaram na internação. Cada interno deveria apresentar uma série de comportamentos desejáveis diariamente. Entre eles, sair da cama na hora certa, tomar banho, cuidar da aparência, arrumar a cama, fazer as refeições no horário, frequentar as aulas sem atrasos, concluir tarefas designadas (como preparação da comida e limpeza), participar de sessões de tratamento em grupo e ir para a cama no horário. Esses comportamentos pró-sociais foram listados em um cartão que os internos carregavam consigo e eram monitorados pelos conselheiros do programa. Cada interno recebia um ponto por concluir os comportamentos diariamente. Todas as vezes que o conselheiro observava o interno praticar tais comportamentos, adicionava pontos nos cartões dos jovens e os registrava em uma lista geral. Os internos trocavam os pontos que ganhavam por privilégios, como jogar video game, fliperama ou sinuca na sala de jogos; permissão para dormir mais tarde; saídas supervisionadas fora do programa; tempo adicional para assistir à TV; e o direito de sair durante o dia sem supervisão. Esses privilégios só poderiam ser obtidos com os pontos recebidos por comportamentos pró-sociais.

Além do uso como reforçadores de comportamentos pró-sociais, os pontos eram retirados como uma punição ao comportamento antissocial exibido pelos internos. A perda de pontos era um procedimento de custo de resposta. Todos os internos recebiam uma lista de comportamentos antissociais que resultariam na perda de pontos e o número de pontos que seriam perdidos. Por exemplo, perdia-se pontos ao xingar, brigar, roubar, mentir, ter conversas ou atitudes relacionadas com gangues, colar nas aulas, ameaçar ou agredir um conselheiro, sair sem permissão e retornar de uma saída com atraso. Sempre que um interno apresentava um comportamento antissocial, o conselheiro pegava o cartão dele e anotava os pontos que tinham sido perdidos por aquela infração. O conselheiro também registrava a perda de pontos na lista geral.

À medida que Sammy progredia no programa, ela passou a apresentar mais comportamentos pró-sociais diariamente porque esses comportamentos resultavam em pontos e elogios dos conselheiros. Inicialmente, exibia vários comportamentos antissociais, como xingar, ameaçar, brigar e trapacear nas aulas, mas esses comportamentos foram reduzidos ao longo do tempo, uma vez que ela perdia pontos e, consequentemente, privilégios toda vez que ocorriam. Quando Sammy estava recebendo o número máximo de pontos por dia e sem nenhuma perda durante 2 semanas consecutivas, ela recebeu permissão para não carregar mais seu cartão e ter acesso livre às salas de jogos e de TV. Os conselheiros continuaram monitorando seu comportamento e a elogiando pelos comportamentos pró-sociais. Caso ela não conseguisse continuar com os comportamentos pró-sociais ou passasse a exibir comportamentos antissociais, os privilégios seriam revogados e ela carregaria o cartão novamente, tendo de ganhar pontos para obter privilégios. Novamente, depois de 2 semanas de pontos máximos e sem nenhuma perda, ela pararia de carregar o cartão e conseguiria acesso livre às salas de jogos e de TV. Para cada 2 semanas adicionais que ela passasse sem problemas, mais privilégios seriam adicionados (como permissões de horas fora do programa, saídas, permissões para o dia todo, licenças noturnas e para o fim de semana). Depois que Sammy exibiu comportamentos pró-sociais durante 4 meses sem nenhum problema, foi liberada do programa com o acompanhamento semanal de um conselheiro em casa.

Definir economia de fichas

Este exemplo ilustra uma **economia de fichas** aplicada com adolescentes em um programa de tratamento domiciliar. A economia de fichas é um sistema de reforçamento em que reforços condicionados chamados de fichas são entregues a pessoas por exibirem comportamentos desejáveis: as fichas são trocadas posteriormente por reforçadores de apoio. O objetivo de uma economia de fichas é fortalecer comportamentos desejáveis dos clientes que ocorrem com pouca frequência e reduzir seus comportamentos indesejáveis em um ambiente de tratamento estruturado ou educacional. Cada ponto recebido pelos adolescentes em troca do comportamento desejável é uma **ficha**. A ficha é algo entregue à pessoa imediatamente depois de um comportamento desejável, acumulado por ela e depois trocado por **reforçadores de apoio**. Como a ficha é pareada com outros reforçadores, torna-se um reforçador condicionado que fortalece o comportamento desejável anterior. Os reforçadores de apoio só podem ser obtidos ao pagar por eles com fichas, e as fichas só são obtidas quando se exibe comportamentos desejáveis. Os reforçadores de apoio são escolhidos porque sabe-se que são reforçadores poderosos para os clientes no ambiente de tratamento. Portanto, os clientes são motivados a apresentar os comportamentos desejáveis e evitar os indesejáveis.

Os itens a seguir são componentes essenciais de uma economia de fichas:

1. Os comportamentos-alvo desejáveis que serão fortalecidos.
2. As fichas que serão usadas como reforçadores condicionados.
3. Os reforçadores de apoio que serão trocados por fichas.
4. Um esquema de reforçamento para a entrega de fichas.
5. A cotação para a troca entre as fichas e os reforçadores de apoio.
6. Um horário e um local para trocar as fichas por reforçadores de apoio.

Opcional: Em alguns casos, um componente de custo de resposta é adicionado. Neste, os comportamentos-alvo indesejáveis que devem ser eliminados são identificados com a taxa de perda de fichas para cada ocorrência dos comportamentos.

A Tabela 22-1 mostra os componentes da economia de fichas de Sammy.

Implementar economia de fichas

Depois de decidir usar uma economia de fichas para fortalecer comportamentos desejáveis de clientes em um programa de tratamento, é preciso planejar cuidadosamente os componentes do sistema de fichas para garantir o sucesso do programa. Vamos examinar cada um desses componentes.

Definir comportamentos-alvo

O objetivo da economia de fichas é fortalecer comportamentos desejáveis nos clientes. Portanto, a primeira etapa do planejamento de uma economia de fichas é identificar e definir os comportamentos desejáveis que serão reforçados no programa. No caso de Sammy, os comportamentos-alvo eram os pró-sociais, necessários aos adolescentes para que sejam funcionalmente eficazes com as famílias e *pares*; foram comportamentos que demonstravam uma vida responsável dentro das normas ou regras sociais. Os comportamentos-alvo de uma economia de fichas variam dependendo das pessoas que estão sendo tratadas e da natureza do ambiente de tratamento. Os comportamentos-alvo podem incluir habilidades acadêmicas em um ambiente

TABELA 22-1 Componentes da economia de fichas de Sammy

Comportamentos-alvo (positivos)	Pontos recebidos	Comportamentos-alvo (negativos)	Pontos perdidos
Levantar da cama às 7h	2	Xingar	1
Tomar banho	1	Gritar, ameaçar os outros	1
Pentear os cabelos	1	Brigar	4
Vestir roupas limpas	1	Roubar	4
Arrumar a cama	1	Mentir	4
Café da manhã no horário	1	Falar sobre gangues	2
Ir para a aula na hora (manhã)	1	Atitudes relacionadas a gangues	2
Almoço no horário	1	Colar nas provas	4
Ir para a aula na hora (tarde)	1	Ameaçar um conselheiro	1
Ir para o aconselhamento em grupo na hora	1	Agredir um conselheiro	5
Tarefa concluída	1	Sair sem permissão	5
Quarto limpo na hora de dormir	1	Voltar de uma saída depois da hora	3
Ir para a cama no horário	1	Cada hora perdida ou de atraso	2
Fazer a lição de casa	6		
Total de pontos por dia	20		

Pontos adicionais	
Nota A em uma prova	10
Nota A em um teste	5
Nota B em uma prova	5
Nota B em um teste	2

Reforçadores de apoio	Custo	Nível de privilégio e comportamento de critério
30 minutos de sinuca	10	1. Acesso livre à sala de jogos: 2 semanas com pontuação diária máxima
30 minutos de video game	10	2. Passe diário de 1 hora: 4 semanas com a pontuação diária máxima
30 minutos de jogos no computador	10	3. Passe para o dia todo (sábado ou domingo): 6 semanas com a pontuação diária máxima
30 minutos de fliperama	10	4. Passe noturno (sexta ou sábado): 8 semanas com a pontuação diária máxima
30 minutos de pingue-pongue	10	5. Passes para o fim de semana: 10 semanas com a pontuação diária máxima
30 minutos de TV	10	
Aluguel de filmes	15	
Escolha de tarefas	5	
Saídas (supervisionadas) ■ Sorveteria ■ Minigolfe ■ Lanchonete ■ Outros	10	

educacional, habilidades vocacionais em um ambiente de trabalho, habilidades de autoajuda em um ambiente de reabilitação e habilidades sociais em um ambiente residencial. O principal critério para escolher os comportamentos-alvo é que sejam socialmente significativos ou importantes para as pessoas envolvidas no programa.

Depois de identificar os comportamentos-alvo, é importante defini-los cuidadosamente. Definições comportamentais objetivas dos comportamentos-alvo garantem que os clientes saibam quais comportamentos são esperados deles. As definições comportamentais dos comportamentos-alvo também são importantes para que os agentes de mudança consigam registrá-los e implementar o reforço por fichas de maneira confiável.

Identificar os itens que serão usados como fichas

A ficha deve ser algo tangível que o agente de mudança possa entregar imediatamente depois de cada ocorrência dos comportamentos-alvo. As fichas precisam ser práticas e convenientes para que o agente de mudança as transporte e distribua no ambiente de tratamento quando os comportamentos-alvo forem exibidos. Devem ter um formato que os clientes consigam acumular e, na maioria dos casos, carregar consigo. Em alguns casos, os clientes podem acumular fichas, mas não mantê-las em posse. Exemplos disso podem incluir marcações em um gráfico na parede, pontos em uma lousa ou fichas de pôquer mantidas em um recipiente na enfermeira. No caso de Sammy, pontos em um cartão carregado pelos adolescentes foram usados como fichas. O ponto desenhado no cartão é palpável, facilmente entregue pelo agente de mudança e facilmente acumulado pelo adolescente no programa.

> **?** *Identifique alguns itens que também podem ser usados como fichas em um sistema de fichas.*

Algumas das muitas possibilidades foram listadas na Tabela 22-2. As fichas escolhidas não podem ser disponibilizadas por nenhuma outra fonte além do agente de mudança. As fichas não serão eficientes se os clientes conseguirem obtê-las por outras fontes. O que significa que os agentes de mudança precisam evitar que os clientes roubem fichas uns dos outros (ou dos próprios agentes), falsifiquem ou adquiram as fichas em outras fontes dentro ou fora do programa.

No caso de Sammy, os conselheiros anotavam pontos nos cartões dos adolescentes para representar as fichas que eram entregues por comportamentos desejáveis. Como precaução, o conselheiro também marcava o número de pontos em uma lista para cada adolescente. Desse modo, havia um registro separado dos pontos ganhos por cada adolescente no programa. Caso um adolescente tentasse adicionar pontos em seu cartão, isso seria detectado e resolvido pelo conselheiro.

Identificar reforçadores de apoio

As fichas adquirem eficácia como reforçadores condicionados porque são pareadas com os reforçadores de apoio. Portanto, a eficácia de uma economia de fichas depende dos reforçadores de apoio. Como reforçadores diferentes são eficazes para pessoas diferentes, os reforçadores de apoio devem ser escolhidos especificamente para as pessoas do programa de tratamento (Maag, 1999). Reforçadores de apoio podem incluir itens consumíveis, como lanches ou bebidas; brinquedos ou outros objetos tangíveis; reforçadores de atividade, como tempo de jogos, vídeos ou TV; e privilégios. No caso de Sammy, os reforçadores de apoio eram, em sua maioria, reforçadores de atividades que são desejáveis para os adolescentes que estão

TABELA 22-2 Exemplos de fichas usadas em economias de fichas

Fichas de pôquer
Broche *smile* (sorridente)
Moedas
Réplicas de notas
Selos, adesivos ou estrelas
Marcações em um cartão
Marcações na lousa
Contas ou bolinhas de gude
Plástico ou papelão cortado em formas geométricas (círculos, quadrados etc.)
Cartões ou cupons impressos
Furos em um cartão
Carimbos em um cartão
Peças de um quebra-cabeça que podem ser acumuladas e montadas

© Cengage Learning

participando do programa. Consulte a Tabela 22-3 para exemplos de reforçadores de apoio para alunos do ensino fundamental e a Tabela 22-4, que traz exemplos para adolescentes (Maag, 1999).

Os reforçadores de apoio não estão disponíveis para os clientes, exceto por meio da compra com fichas. Limitar o acesso aos reforçadores de apoio aumenta seu valor de reforço porque um estado relativo de privação é estabelecido. No entanto, os clientes não podem ser privados de coisas às quais têm direito. Direitos básicos, como refeições nutritivas, um ambiente físico confortável e livre de perigos, atividades razoáveis de lazer, atividades de treinamento e liberdade moderada de movimentos, não podem ser retirados da pessoa e usados em uma economia de fichas. Os reforçadores usados em uma economia de fichas devem estar acima e além das necessidades ou direitos básicos do cliente. Por exemplo, embora a pessoa não possa ser privada de uma refeição nutritiva, ela pode ser capaz de trocar fichas por uma refeição, sobremesa ou petisco especial. Do mesmo modo, embora a pessoa não possa ser privada de atividades de lazer razoáveis (por exemplo, acesso aos livros da biblioteca ou equipamentos de exercícios), ela pode ser capaz de trocar fichas pelo acesso a video game, filmes ou tempo em uma sala de jogos com mesas de sinuca e pingue-pongue.

Decidir sobre o esquema de reforçamento adequado

Os agentes de mudança entregam fichas logo após a ocorrência de comportamentos-alvo desejáveis. Antes da economia de fichas ser implementada, eles precisam determinar o esquema de reforçamento para entregá-las. Em geral, comportamentos mais importantes ou mais difíceis recebem mais fichas do que aqueles menos importantes ou mais fáceis. Normalmente, o

TABELA 22-3 Exemplos de reforçadores de apoio para crianças do ensino fundamental

Ouvir música	Escolher um jogo para a turma
Recortar e colar	Mesa móvel
Pintura com os dedos	Almoçar com o professor
Brincar com bolinhas de gude	Tempo livre adicional
Mostrar o *hobby* aos colegas de classe	Visitar a enfermeira
Ler uma história em voz alta para a classe	Ler os avisos da manhã
Visitar outra turma	Ter um projeto exposto
Realizar uma tarefa	Apagar a lousa
Ajudar na biblioteca	Bilhete positivo para os pais
Escolher primeiro o brinquedo do recreio	Usar um centro de aprendizagem
Decorar o quadro de avisos	Ligar para casa
Pegar um livro emprestado	Visitar o diretor
Liderar grupos de estudantes	

© Cengage Learning

TABELA 22-4 Exemplos de reforçadores de apoio para adolescentes

Ouvir música	Não participar de alguma atividade
Escrever um bilhete para um amigo	Mesa móvel
Pegar um livro emprestado	Contar um segredo a um amigo
Assistir a um videoclipe	Fazer um telefonema
Falar com um amigo	Comer um salgadinho ou beber um refrigerante
Mostrar o *hobby* aos colegas	Tempo livre
Almoçar com um amigo	Jogar um jogo
Entregar um recado a um amigo	Não precisar fazer um teste
Usar os equipamentos da academia depois da escola	Visitar outra turma
Escolher uma atividade para a aula	Reorganizar o quarto
Operar o projetor de filmes	Jogar um jogo no computador
Realizar uma tarefa	Trabalhar em seu *hobby*
Ajudar o professor	Ser liberado de uma tarefa de casa

© Cengage Learning

programa é iniciado com o reforçamento contínuo, em que cada ocorrência do comportamento-alvo resulta na entrega de uma ou mais fichas. Depois, quando os comportamentos estiverem ocorrendo com mais regularidade, um esquema de reforçamento intermitente, como o esquema de índice fixo (IF) ou de índice variável, pode ser incorporado para manter o comportamento. Por exemplo, suponha que um aluno da turma de educação especial receba uma ficha por cada resposta correta durante uma sessão de treinamento individual. À medida que o desempenho do aluno aumenta, o treinador pode implementar um esquema de IF 2 e depois aumentar a razão continuamente até que o estudante receba uma ficha a cada quinta ou décima resposta correta (IF 5 e IF 10, respectivamente), dependendo da capacidade dele.

É importante assegurar que o aluno ganhe fichas suficientes nas fases iniciais da economia de fichas para que consiga trocá-las por reforçadores de apoio regularmente. Dessa maneira, as fichas adquirem rapidamente valor como reforçadores condicionados e o aluno recebe o reforço pelos comportamentos-alvo desejáveis.

Estabelecer a taxa de câmbio das fichas

Os reforçadores de apoio devem ser adquiridos com fichas recebidas por comportamentos desejáveis. Assim, os reforçadores de apoio precisam ter um preço ou taxa com base no qual as fichas serão trocadas por eles. Itens menores são trocados por menos fichas, e os maiores, por mais fichas. Além disso, os agentes de mudança precisam determinar o número máximo de fichas que o cliente poderá ganhar em um dia e definir a taxa de câmbio de acordo com esse valor. A taxa de câmbio deve ser aquela em que o cliente consegue adquirir alguns reforçadores de apoio por exibir um nível razoável de comportamentos desejáveis, mas não adquire reforçadores o bastante para ficar satisfeito. Definir a taxa de câmbio é uma questão de encontrar um equilíbrio para cada pessoa que participa da economia de fichas. Em geral, os agentes de mudança precisam ajustar a taxa de câmbio depois do início de um sistema de fichas para produzir os melhores resultados. Por exemplo, se Sammy conseguir ganhar um máximo de 15 pontos por dia por um comportamento perfeito no programa de tratamento para adolescentes, mas uma hora de tempo na TV custar 30 pontos, ela precisaria de 2 dias perfeitos para assistir a apenas uma hora de TV. Além disso, não teria mais pontos para comprar outros reforçadores de apoio. Ela não teria acesso aos reforços com frequência suficiente com essa taxa de câmbio rigorosa. Por outro lado, se uma hora de TV custasse dois pontos e outros reforçadores custassem entre 1 e 2 pontos, Sammy não teria de apresentar muitos comportamentos pró-sociais desejáveis para conseguir uma variedade de reforços todos os dias. Essa taxa de câmbio seria permissiva demais e não motivaria Sammy a apresentar muitos comportamentos pró-sociais.

Estabelecer horário e local para troca de fichas

Os clientes acumulam fichas por comportamentos desejáveis ao longo do tempo enquanto participam do programa de tratamento. Periodicamente, permite-se que os clientes troquem as fichas por reforçadores de apoio. A hora e o local para a troca são planejados com antecedência. Em alguns casos, há uma loja de fichas (isto é, uma sala específica em que os reforçadores de apoio são armazenados). Os clientes que recebem as fichas não têm acesso a essa sala, a não ser nos horários designados. Nesses períodos, os clientes vão até a loja de fichas e veem os reforçadores de apoio que estão disponíveis para compra. Quando decidem o que querem comprar, trocam o número conveniente de fichas e recebem os itens. Esse processo pode variar dependendo da natureza da economia de fichas de determinado programa. Em alguns casos, a loja de fichas pode ficar aberta por horas e os clientes escolhem quando farão a compra com as fichas. Algumas vezes, não há uma loja de fichas. Em vez disso, o cliente identifica uma atividade ou privilégio específico que deseja comprar e faz o acordo com a equipe que administra o programa. Por exemplo, quando Sammy tinha fichas suficientes para comprar tempo de TV, avisava a equipe e combinava de assistir à TV no horário em que seu programa favorito estivesse no ar. O membro da equipe a encontrava na sala de TV no horário acertado e a garota podia assistir ao programa.

Em um hospital psiquiátrico, clientes que ganham fichas por comportamentos apropriados podem trocá-las por lanches, refrigerantes, cigarros e outros itens na cantina do hospital. É uma pequena loja que abre durante algumas horas do dia. Os clientes economizam fichas e vão para a cantina em horário comercial para comprar os itens (reforçadores de apoio) que desejam. Eles não conseguem obter esses itens em nenhum lugar, a não ser na cantina durante o horário de funcionamento.

Em uma turma de educação especial, os alunos recebem fichas de pôquer pelo desempenho acadêmico correto. Uma vez pela manhã e uma à tarde, os alunos levam as fichas até a loja para trocá-las por reforçadores de apoio. A loja de fichas fica em um depósito adaptado. Contém brinquedos, jogos, alimentos e cupons para atividades. Cada item tem um preço anexo. Os alunos vão um de cada vez até a loja de fichas, escolhem e compram um item dando o número correto de fichas para a vendedora (a assistente da professora). As fichas de pôquer mantêm o valor como reforçadores condicionados porque são pareadas regularmente com reforçadores de apoio. Além disso, os estudantes usam habilidades matemáticas quando compram itens da loja com as fichas.

Embora a organização das economias de fichas possa variar, algumas providências específicas em relação ao horário e local em que as fichas serão trocadas por reforçadores de apoio devem ser tomadas com antecedência. Criar esse tipo de estrutura antecipadamente resulta em uma implementação mais consistente do programa.

Decidir entre usar ou não o custo de resposta

Um componente de custo de resposta nem sempre é usado em uma economia de fichas. Se o objetivo da economia de fichas é fortalecer comportamentos desejáveis e não existem comportamentos problemáticos conflitantes, a economia de fichas não incluirá o componente de custo de resposta. Caso existam comportamentos indesejáveis em conflito com os comportamentos desejáveis, o custo de resposta poderá ser incluído na economia de fichas.

Quando um programa de custo de resposta for incluído, deverá ser introduzido depois que a economia de fichas estiver em vigor por um período. *A perda de fichas no componente de custo de resposta só será eficaz como punidor depois que as fichas já estiverem firmemente estabelecidas como reforçadores condicionados para os participantes.*

O custo de resposta só é usado se o agente de mudança conseguir pegar as fichas de volta. Caso os clientes resistam ou fiquem agressivos quando o agente de mudança tentar pegar as fichas de volta, pode ser impossível usar o custo de resposta. Nestes casos, o agente de mudança pode considerar o uso de fichas diferentes que o cliente não mantenha em sua propriedade (por exemplo, pontos em um gráfico ou na lousa). O que evitaria um conflito ou comportamentos agressivos durante o uso do custo de resposta.

Para implementar o custo de resposta, os agentes de mudança devem definir os comportamentos-alvo indesejáveis que esperam reduzir e o número de fichas que serão perdidas por uma ocorrência de cada comportamento problemático identificado. Os comportamentos problemáticos identificados para serem incluídos no programa de custo de resposta devem ser problemas socialmente significativos que justifiquem o uso do custo de resposta. O número de fichas perdidas para cada ocorrência de um comportamento problemático é determinado pela gravidade do problema, pelo número de fichas que o cliente consegue ganhar em um dia e pelo custo dos reforçadores de apoio. A perda de fichas no programa de custo de resposta deve resultar em menos oportunidades para comprar reforçadores de apoio, mas não na perda de todas as fichas (exceto no caso de comportamentos problemáticos sérios). A perda de todas as fichas por meio do custo de resposta negaria o reforço positivo dos comportamentos desejáveis porque o cliente não teria mais fichas para trocar por reforçadores de apoio. Além disso, se um cliente perde todas as fichas acumuladas por meio do custo de resposta, os problemas de comportamento podem continuar, uma vez que o cliente não tem mais nada a perder.

Treinamento e gestão da equipe

Antes de uma economia de fichas ser implementada pela primeira vez, os membros da equipe precisam receber um treinamento sobre o uso correto. Instruções por escrito de todos os componentes do programa e um treinamento de habilidades comportamentais são necessários para conduzir o programa conforme planejado. Quando forem contratados novos membros para a equipe, eles também deverão passar por um treinamento similar. Supervisores ou gestores devem monitorar a implementação e aplicar métodos adequados de gestão de equipes (como elogios, *feedback* ou novos treinamentos) para garantir a implementação consistente ao longo do tempo.

Para resultar em melhorias nos comportamentos-alvo, uma economia de fichas deve ser implementada de forma consistente. O que demonstra que a equipe precisa cumprir as seguintes incumbências:

- Identificar a ocorrência de todos os comportamentos-alvo.
- Entregar as fichas imediatamente depois do comportamento-alvo, de acordo com o esquema de reforçamento correto.
- Distinguir a ocorrência de todos os problemas de comportamento identificados.
- Implementar o custo de resposta imediatamente quando ocorrem problemas de comportamento (quando aplicável).
- Preservar a integridade das fichas e evitar roubos ou falsificações.
- Conhecer a taxa de câmbio, os horários de troca e respeitar as regras.

Considerações práticas

Além dos componentes básicos da economia de fichas já descritos, *a implementação bem-sucedida de um sistema de fichas depende de algumas outras considerações.*

Primeiro, o agente de mudança sempre deve entregar as fichas imediatamente depois do comportamento-alvo desejável. A portabilidade e a facilidade de entrega das fichas permitem que o agente de mudança reforce comportamentos desejáveis imediatamente após sua ocorrência.

Segundo, o agente de mudança deve elogiar o cliente enquanto entrega as fichas pelo comportamento desejável. O elogio é um reforço condicionado natural para a maioria das pessoas e se torna ainda mais poderoso como reforçador quando pareado com as fichas. Depois que o reforço por fichas for descontinuado, os agentes de mudança continuarão oferecendo elogios como um reforçador para o comportamento desejável.

Terceiro, para crianças pequenas ou indivíduos com deficiências intelectuais graves, no início do programa, os reforçadores de apoio devem ser dados ao cliente ao mesmo tempo que a ficha é entregue para que o pareamento seja imediato e haja probabilidade maior de a ficha se tornar um reforçador condicionado.

Por fim, como uma economia de fichas é artificial e não é encontrada na maioria dos ambientes cotidianos, como ambientes escolares, profissionais e domésticos, é preciso removê-la gradualmente antes que o cliente deixe o programa de tratamento. Uma vez que os clientes estejam obtendo sucesso regularmente, a economia de fichas é descontinuada e as contingências naturais de reforço (como elogios, boas notas e resultados no trabalho) são usadas para manter o comportamento desejável. A remoção gradual aumenta a probabilidade de a mudança comportamental ser generalizada do programa de tratamento para o ambiente cotidiano. No exemplo de Sammy, a economia de fichas é descontinuada sempre que consegue 2 semanas de pontos máximos por comportamentos desejáveis. Quando o reforço por fichas não está mais em vigor, reforçadores naturais, como elogios, realizações e aumento de privilégios, mantêm o comportamento. Esses são os tipos de reforço que ela terá maior chance de encontrar em seu ambiente doméstico ao deixar o programa.

Phillips et al. (1971) demonstraram uma maneira de remover gradualmente o uso de fichas em um sistema de fichas. Eles entregavam fichas pela limpeza do quarto diariamente a meninos com risco de delinquência em um programa de tratamento para internos. Depois de entregar fichas pela limpeza diária do quarto por 2 dias, eles passaram a entregá-las em dias alternados. Depois de 8 dias, entregavam as fichas a cada 3 dias. A rotina de remoção gradual continuou em quatro etapas até que os meninos estivessem recebendo fichas por limpar o quarto a cada 12 dias. Eles continuaram limpando seus quartos à medida que as fichas eram removidas (da entrega diária para a entrega a cada 12 dias) ao longo de um período de 2 meses.

PARA UMA LEITURA MAIS APROFUNDADA

Aplicações variadas do reforço por fichas

Embora muitos exemplos de economias de fichas tenham sido relatados na literatura de pesquisa, em alguns casos, o reforço por fichas é usado para promover um comportamento desejável específico sem uma economia formal de fichas que inclui todos os componentes descritos neste capítulo. Pesquisadores ou profissionais podem usar fichas para reforçar um comportamento específico, às vezes no contexto de outro programa de tratamento. Por exemplo, Kahng, Boscoe e Byrne (2003) trabalharam com uma menina de 4 anos que se recusava a comer alimentos sólidos e continuava sendo alimentada por mamadeira. Eles usaram fichas com personagens de desenho animado para reforçar a aceitação de porções de alimentos. Depois que a criança tivesse recebido um número específico de fichas, ela poderia trocá-las após terminar a refeição. Com o tempo, o número de fichas necessário para terminar a refeição foi aumentado. McGinnis, Friman e Carlyon (1999) provaram que o uso de estrelas como fichas reforçou o desempenho acadêmico de dois garotos do ensino fundamental que estavam com desempenho ruim na escola. Quando eles recebiam estrelas por completar as planilhas matemáticas, o tempo trabalhado e a quantidade de tarefas concluídas aumentaram substancialmente. Eles trocavam suas estrelas por uma variedade de pequenos reforçadores tangíveis. Em alguns estudos, as fichas foram usadas em um procedimento de reforço diferencial de outros comportamentos (RDO). Cowdery, Iwata e Pace (1990) trabalharam com um menino que se arranhava quando estava sozinho. Eles o observaram por meio de uma janela de observação e entregaram fichas (moedas) quando ele não se arranhava durante alguns períodos de tempo. Os autores aumentaram gradualmente o intervalo de RDO até que os arranhões fossem eliminados. Em outra aplicação de RDO com fichas, Conyers et al. (2004a) colocaram estrelas em um quadro na sala de aula para crianças da pré-escola quando problemas de comportamento estavam ausentes durante intervalos de tempo determinados. Se os alunos recebessem um número específico de estrelas, poderiam trocá-las por doces depois da aula. Conyers e colaboradores demonstraram que o procedimento de RDO reduzia o problema de comportamento, mas que um procedimento de custo de resposta (perda de fichas por problemas de comportamento) reduzia ainda mais.

Aplicações de uma economia de fichas

A economia de fichas tem sido amplamente utilizada na modificação do comportamento com uma variedade de populações e em uma diversidade de ambientes (Glynn, 1990; Kazdin, 1977, 1982; Kazdin e Bootzin, 1972). Variações de uma economia de fichas foram implementadas com clientes psicóticos hospitalizados (Ayllon e Azrin, 1965, 1968; Nelson e Cone, 1979; Paul e Lentz, 1977), adolescentes com transtornos comportamentais (Foxx, 1998), crianças hiperativas (Ayllon, Layman e Kandel, 1975; Hupp e Reitman, 1999; Robinson, Newby e Ganzell, 1981), crianças da pré-escola (Swiezy, Matson e Box, 1992), alunos do ensino fundamental (McGinnis, Friman e Carlyon, 1999; McLaughlin e Malaby, 1972; Swain e McLaughlin, 1998), estudantes com deficiências de aprendizagem (Cavalier, Ferretti e Hodges, 1997), universitários (Everett, Hayward e Meyers, 1974), presidiários (Milan e McKee, 1976), delinquentes juvenis em unidades correcionais ou programas de tratamento (Hobbs e Holt, 1976; Phillips, 1968; Phillips et al., 1971), trabalhadores de indústrias (Fox, Hopkins e Anger, 1987) e clientes hospitalizados (Carton e Schweitzer, 1996; Magrab e Papadopoulou, 1977). Alguns desses estudos serão descritos mais detalhadamente aqui para ilustrar as variações no uso de uma economia de fichas.

Robinson, Newby e Ganzell (1981) usaram o reforço por fichas com 18 meninos hiperativos com desempenho abaixo do esperado do terceiro ano para melhorar o desempenho acadêmico deles em leitura e vocabulário. As fichas eram discos de papelão coloridos que cada menino recebia ao completar tarefas acadêmicas e era usada como pulseira. Eles trocavam as fichas por 15 minutos para jogar fliperama ou video game. Os pesquisadores demonstraram que o número de tarefas acadêmicas concluídas pelos alunos aumentou substancialmente quando as fichas foram usadas como reforçadores. Outro estudo realizado com três crianças hiperativas mostrou que usar reforço por fichas para o desempenho em matemática e leitura aumentou o número de problemas concluídos corretamente e diminuiu o nível de comportamentos hiperativos das crianças no geral (Ayllon, Layman e Kandel, 1975). Os resultados comprovaram que o programa de reforço por fichas reduziu o comportamento hiperativo tanto quanto o uso da droga Ritalina. No entanto, o reforço por fichas melhorou o desempenho acadêmico, enquanto a Ritalina não. Nesse estudo, as fichas (marcas em um cartão) foram trocadas por reforçadores tangíveis e reforçadores de atividades.

Milan e McKee (1976) implementaram uma economia de fichas com 33 detentos de um presídio de segurança máxima. Os detentos recebiam fichas quando concluíam rotinas diárias, atividades educacionais e outras tarefas. As fichas eram pontos registrados em um sistema de talão de cheques bancário. Eles poderiam, então, gastar os pontos (preenchendo cheques) em vários reforçadores tangíveis e de atividades. Os comportamentos-alvo e reforçadores de apoio estão listados na Tabela 22-5. Milan e McKee provaram que os comportamentos-alvo dos detentos melhoraram com o uso da economia de fichas.

TABELA 22-5 Valores em pontos de comportamentos-alvo e reforçadores de apoio representativos

Comportamentos-alvo	Pontos ganhos
Atividades matinais:	
Levantar na hora	60
Arrumar a cama	60
Área de convivência limpa e organizada	60
Aparência pessoal	60
Atividades educacionais: [a]	
Desempenho como estudante	2 por minuto (estimativa)
Desempenho como tutor	2 por minuto (estimativa)
Tarefas de manutenção designadas: [b]	
Varrer corredor principal (setor dos fundos)	60
Esvaziar lixeiras da sala de recreação	60
Limpar escadarias e entrada	120
Tirar o pó e organizar os móveis da sala de televisão	120
Reforçadores de apoio	**Pontos cobrados**
Atividades disponíveis na unidade da economia de fichas	
Acesso à sala de TV	60 por hora
Acesso à sala de sinuca	60 por hora
Acesso à sala de descanso	60 por hora
Itens da cantina disponíveis: [c]	
Xícara de café	50
Lata de refrigerante	150
Sanduíche de presunto e queijo	300
Maço de cigarros	450
Tempo de lazer fora da unidade de economia de fichas	1 por minuto

[a] Os estudantes recebiam contingente ao desempenho e não ao tempo. Os valores de unidades de material acadêmico em pontos eram baseados em uma estimativa empiricamente derivada de tempo por unidade, e premiados quando os testes da unidade fossem aprovados.
[b] Embora apenas quatro sejam apresentadas aqui, havia um número de tarefas de manutenção suficiente para garantir que todos os internos conseguissem ganhar 120 pontos ao completar suas atribuições. Além disso, os internos poderiam se voluntariar para tarefas de manutenção complementares para aumentar o ganho diário de pontos.
[c] Embora apenas quatro sejam listados aqui, uma grande variedade de itens estava disponível na cantina da economia de fichas.

(De Milan, M. A. e McKee, J. M. The cellblock token economy: token reinforcement procedures in a maximum security correctional institution for adult male felons. *Journal of Applied Behavior Analysis*, v. 9, p. 253-275, 1976. Copyright © 1976 University of Kansas Press. Reproduzido com permissão do autor.)

McLaughlin e Malaby (1972) usaram um sistema de fichas com estudantes em uma sala de aula do quinto e do sexto ano. Na economia de fichas, os alunos ganhavam pontos pelo desempenho acadêmico. Além disso, um programa de custo de resposta foi implementado. Nesse programa, os alunos perdiam pontos por uma variedade de problemas de comportamento. Os autores usaram privilégios na sala de aula como reforçadores de apoio para os estudantes. O esquema de pontos usado na economia de fichas é apresentado na Tabela 22-6. Além disso, o gráfico de pontos que McLaughlin e Malaby usaram para registrar os pontos ganhos e perdidos pelos alunos individualmente é ilustrado na Figura 22-1. O desempenho acadêmico dos alunos melhorou com a implementação da economia de fichas.

Outro estudo demonstrou o efeito de longo prazo de uma economia de fichas sobre o número de acidentes e ferimentos em um ambiente industrial (Fox, Hopkins e Anger, 1987). Mineiros que trabalham em minas a céu aberto participaram de uma economia de fichas em que as ganhavam quando os membros do grupo de trabalho não sofriam acidentes com equipamentos ou lesões que causavam perda de tempo (isto é, lesões que resultavam em perda de tempo de produção) ou quando faziam sugestões de segurança que fossem adotadas pela administração. Os membros do grupo de trabalho perdiam fichas no caso de lesão que causava perda de tempo, acidente ou falha ao reportar um acidente ou lesão. As fichas eram selos que poderiam ser trocados por milhares de itens em uma loja de resgate. A economia de fichas ficou em vigor por 10 anos e resultou em queda nos acidentes de trabalho com afastamento. Além disso, a economia de fichas resultou em uma redução de cerca de $ 300 mil por ano no custo de acidentes e lesões.

Hobbs e Holt (1976) comprovaram a eficácia de uma economia de fichas com 125 adolescentes em uma unidade correcional. As fichas foram usadas para reforçar comportamentos como seguir regras, concluir tarefas, apresentar comportamentos sociais aceitáveis e exibir um comportamento apropriado em filas (por exemplo, enquanto esperavam na fila para o almoço). No final do dia, cada adolescente recebia um certificado que listava o número de fichas ganhadas naquele dia. Os adolescentes poderiam guardar seus certificados em um banco e ganhar juros ou gastá-los em reforçadores tangíveis (como refrigerantes, doces, lanches, brinquedos, jogos e cigarros) e de atividades (como atividades recreativas e licenças para ir para casa). O programa resultou em uma melhora no comportamento dos adolescentes (Figura 22-2).

TABELA 22-6 Valores em pontos de comportamentos-alvo e comportamentos indesejáveis

Comportamentos-alvo	Pontos ganhos
Itens corretos	6-12
Comportamento de estudos (8h50-9h15)	5 por dia
Levar comida para os animais	1-10
Levar serragem para os animais	1-10
Arte	1-4
Pontos de ouvinte	1-2 por lição
Créditos adicionais	Valor atribuído
Limpeza	1-2
Fazer tarefas de casa	5
Tomar notas	1-3
Fazer silêncio na fila do almoço	2
Fazer silêncio na cafeteria	2
Comportamento adequado no almoço	3
Comportamentos indesejáveis	**Pontos perdidos**
Tarefas incompletas	25 por tarefa
Comer doces ou mascar chiclete na sala de aula	100
Comportamento verbal inadequado	15
Comportamento motor inadequado	15
Brigar	100
Trapacear	100

(De McLaughlin, T. F. e Malaby, J. Intrinsic reinforcers in a classroom token economy. *Journal of Applied Behavior Analysis*, v. 5, p. 263-270, 1972. Copyright © 1972 University of Kansas Press. Reproduzido com permissão do autor.)

	Pontos ganhos						Pontos perdidos
Linguagem							Tarefas
Ortografia							
Caligrafia							Conversas
Ciências							
Estudos sociais							
Leitura							Recreio
Matemática							
Anotações							Chiclete
Fazer a lição de casa							
Serragem para os ratos							
Comida para os ratos							Biblioteca
Comportamento silencioso							
Teste de soletrar							Fora do lugar
Estudo							
Outros							
						Total	Total perdido

Nome_____
Fileira_____

FIGURA 22-1 Este diagrama foi usado pelos estudantes para registrar os pontos que ganhavam e perdiam durante sua participação na economia de fichas em sala de aula. Os comportamentos-alvo desejáveis são listados com espaços para marcar os pontos ganhos. Do mesmo modo, os comportamentos indesejáveis são listados com espaços para marcar os pontos perdidos. Esse diagrama esclarece aos alunos quais comportamentos são esperados e como está seu desempenho no programa. (De McLaughlin, T. F. e Malaby, J. Intrinsic reinforcers in a classroom token economy. *Journal of Applied Behavior Analysis*, v. 5, p. 263-270, 1972. Copyright © 1972 University of Kansas Press. Reproduzido com permissão do autor.)

Algumas das primeiras aplicações da economia de fichas foram realizadas com clientes de hospitais psiquiátricos (Ayllon e Azrin, 1965, 1968). Em geral, esses clientes exibiam comportamentos problemáticos graves. No entanto, eles também não tinham as habilidades necessárias para agir fora do ambiente do hospital. As economias de fichas têm sido utilizadas em ambientes institucionais para reduzir comportamentos problemáticos e aumentar habilidades como higiene pessoal, gerenciamento pessoal, habilidades sociais e habilidades profissionais. A Tabela 22-7 lista e define os comportamentos-alvo que foram aumentados em cada uma dessas áreas em um sistema de economia de fichas implementado por Nelson e Cone (1979) com 16 homens em um hospital psiquiátrico.

Vantagens e desvantagens da economia de fichas

O uso de programa de reforço por fichas tem muitas vantagens (Ayllon e Azrin, 1965; Kazdin e Bootzin, 1972; Maag, 1999).

- As fichas podem ser usadas para reforçar o comportamento-alvo imediatamente após sua ocorrência.
- Uma economia de fichas é altamente estruturada e, portanto, os comportamentos-alvo desejáveis normalmente são reforçados de forma mais consistente.
- As fichas são reforçadores condicionados generalizados porque são pareadas com uma variedade de outros reforços.
- Como resultado, as fichas funcionam como reforçadores independentemente da operação de estabelecimento específica que possa existir para um cliente em algum momento.
- As fichas podem ser entregues com facilidade e acumuladas sem complicação pelos receptores.

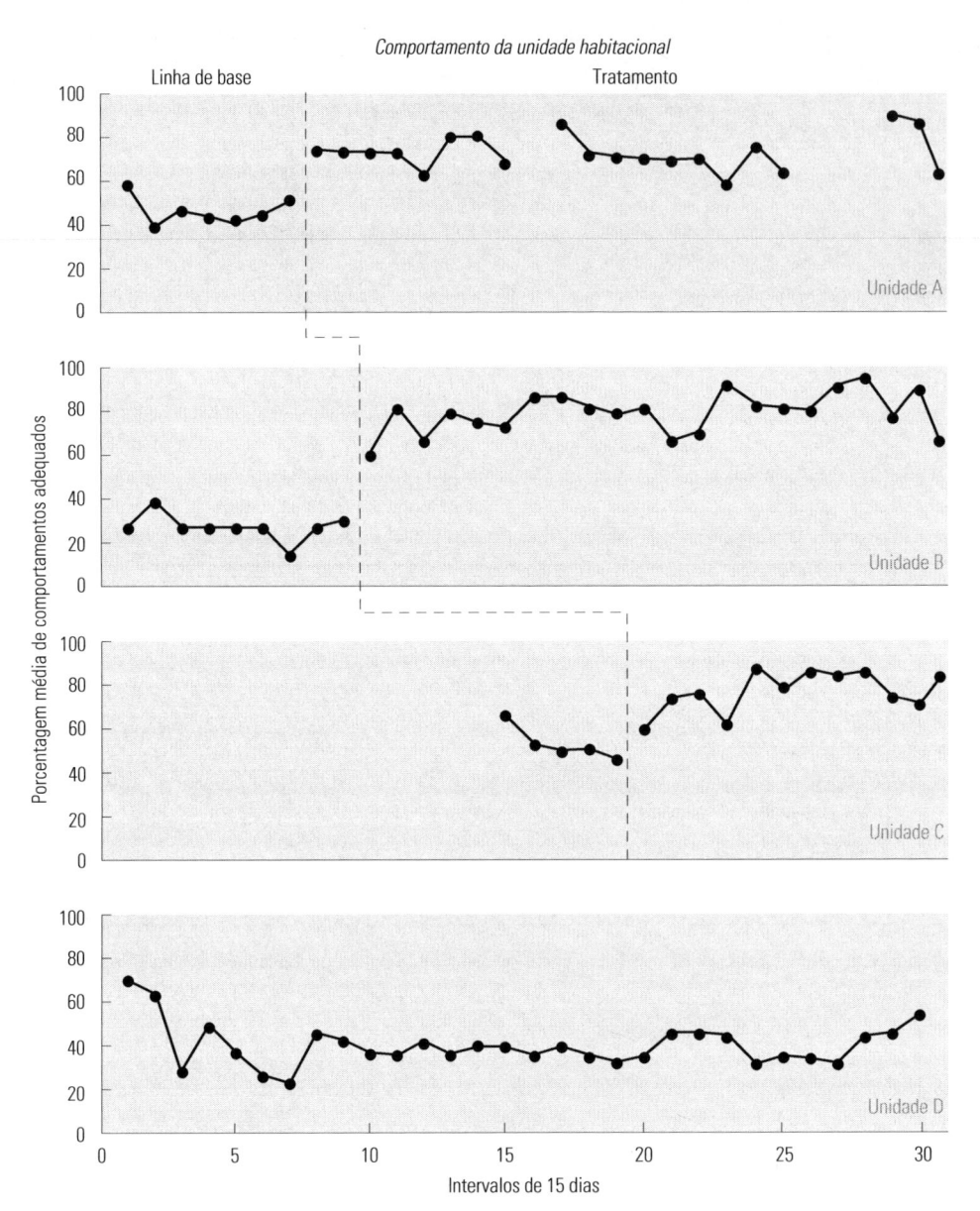

FIGURA 22-2 Este gráfico mostra o percentual de comportamentos adequados (seguir regras, comportamento social adequado e evitar comportamentos agressivos) exibidos por adolescentes em uma unidade correcional antes e depois da implementação de uma economia de fichas. O gráfico mostra os efeitos da economia de fichas implementada sequencialmente em três unidades habitacionais da instalação. O comportamento dos adolescentes de cada unidade só melhorou quando a economia de fichas foi implementada. O comportamento dos adolescentes da unidade D não melhorou porque ela não participou da economia de fichas. (De Hobbs, T. R. e Holt, M. M. The effects of token reinforcement on the behavior of delinquents in cottage settings. *Journal of Applied Behavior Analysis*, v. 9, p. 189-198, 1976. Copyright © 1976 University of Kansas Press. Reproduzido com permissão do autor.)

- O reforço por fichas pode ser facilmente quantificado, por isso, comportamentos diferentes podem receber uma magnitude maior ou menor de reforçamento (mais ou menos fichas).
- O custo de resposta é mais fácil de ser implementado em uma economia de fichas porque o receptor acumulou fichas que podem ser removidas contingente à ocorrência do comportamento problemático.
- O receptor pode aprender as habilidades envolvidas no planejamento para o futuro ao economizar fichas para compras maiores.

As desvantagens envolvidas no uso da economia de fichas incluem o tempo e o esforço envolvidos na organização e condução do programa e no custo de compra dos reforçadores de apoio. O treinamento e a gestão da equipe também são problemas, especialmente quando a economia de fichas tiver componentes complexos ou for conduzida em grande escala.

TABELA 22-7 Comportamentos-alvo, fichas ganhas e definições de resposta

Comportamento-alvo	Fichas	Definição de resposta
Higiene pessoal		
Lavar o rosto	1	Aplicar água em, no mínimo, dois terços da região da face (seguido pelo ato de secar com uma toalha).
Pentear o cabelo	1	Uma ou mais penteadas no cabelo com um pente ou escova (resultando em uma aparência limpa dos cabelos).
Fazer a barba	1	(1) Uma ou mais passadas da lâmina de barbear na região da face ou pescoço (seguida pela remoção do excesso de creme de barbear e secagem com uma toalha, resultando em uma aparência limpa e barbeada). (2) Aplicar o barbeador elétrico na região da face ou pescoço (resultando em uma aparência limpa e barbeada).
Escovar os dentes	1	(1) Inserir a escova de dentes na boca acompanhado por um movimento de esfregação (seguido pelo enxágue da boca e secagem com uma toalha). (2) Lavar as dentaduras na água da torneira.
Gerenciamento pessoal		
Vestir-se impecavelmente	1	Camisa abotoada (exceto o botão superior) e para dentro da calça; calças fechadas e com cinto (afivelado), sapatos amarrados e com meias. Exceção para camisas ou agasalhos que normalmente não são colocados para dentro das calças e para calças que não precisam de cinto.
Arrumar a cama	1 ou 2	Lençol e cobertor totalmente cobertos pela colcha; colcha por baixo da parte frontal do travesseiro e dobrada em direção à cabeceira. Depois da implementação do reforço por fichas, uma segunda ficha era dada se a colcha estivesse esticada dentro de 7 centímetros e não tocasse o chão, além de não haver rugas visíveis a 6 metros.
Limpar a gaveta da cama	1	Todos os objetos empilhados ou posicionados de forma ordeira; todas as roupas dobradas; ausências de sujeira ou poeira evidentes.
Praticar exercícios	1 ou 2	Atividade física com duração de 2 ou mais minutos que tenha a probabilidade de aumentar o bem-estar (força, resistência ou flexibilidade) além do nível esperado de uma caminhada normal. Depois da implementação do reforço por fichas, os sujeitos recebiam 1 ficha por realizar pelo menos metade e 2 fichas por realizar todos os exercícios durante uma sessão em grupo de 10 minutos.
Trabalhos na divisão (exemplos)		
Limpar cinzeiros	1	Atividades com duração de 2 ou mais minutos que seriam úteis para a equipe de limpeza ou administração para manter ou gerenciar a divisão. Depois da implementação do reforço por fichas, mais de 25 descrições de trabalho foram usadas para especificar horários, locais, materiais necessários, tarefas e procedimentos de revisão do supervisor para várias atividades trabalhistas. O pagamento para os trabalhos variava de 1 a 4 fichas.
Enrolar cigarros	2	
Dobrar lençóis	4	
Tirar pó dos dormitórios	2	
Habilidades sociais		
Cumprimentar a equipe	1	Iniciar uma saudação verbal apropriada como "bom dia", "olá" ou "como vai?" dentro de 30 minutos depois da chegada do diretor ou do assistente na unidade.
Responder questões de conscientização corretamente	3	Dar uma resposta correta a uma questão pré-selecionada sobre o ambiente hospitalar direto ou atualidades (por exemplo: qual é uma das vantagens de se mudar para uma unidade aberta? Quem está concorrendo a governador?).
Participação verbal em discussões em grupo	1 ou 2	Dar informações sobre aspectos específicos do comportamento diário de outros internos durante uma reunião semanal. Uma ficha era fornecida para um exemplo de participação verbal. Duas fichas eram concedidas para dois ou mais casos.

(De Nelson, G. L. e Cone, J. D. Multiple baseline analysis of a token economy for psychiatric inpatients. *Journal of Applied Behavior Analysis*, v. 12, p. 255-271, 1979. Copyright © 1979 University of Kansas Press. Reproduzido com permissão do autor.)

Ao considerar o uso de uma economia de fichas, é preciso responder a três questões básicas. Primeiro, a equipe ou outros agentes podem ser treinados para executar o programa de modo consistente diariamente? *Segundo*, existem recursos financeiros suficientes para conduzir o programa? Embora o custo de reforçadores de apoio seja importante, McLaughlin e Malaby (1972) demonstraram que atividades normalmente disponíveis e que não custam nada podem ser usadas como reforçadores. *Por fim*, os benefícios esperados (melhoria do comportamento) justificam o tempo, os esforços e o custo de conduzir o programa?

RESUMO DO CAPÍTULO

1. Uma economia de fichas é um método de modificação do comportamento em que reforçadores condicionados chamados de fichas são usados para fortalecer comportamentos desejáveis de clientes que participam de um tratamento ou programa educacional. Pesquisas comprovaram que a economia de fichas pode ser usada com sucesso com crianças e adultos em uma variedade de ambientes de tratamento.
2. Em uma economia de fichas, os comportamentos-alvo são identificados e as fichas são entregues logo após sua ocorrência. Depois, as fichas são trocadas por reforçadores de apoio a uma taxa de câmbio predeterminada.
3. O custo da resposta, em que a ocorrência de problemas de comportamento resulta na perda de fichas, pode ser implementado como um componente do sistema de fichas quando o objetivo é reduzir a ocorrência de comportamentos indesejáveis.
4. Uma série de itens podem ser usados como fichas em uma economia de fichas (veja a Tabela 22-2 para exemplos). É preciso que o transporte e a entrega das fichas pelo agente de mudança imediatamente após os comportamentos-alvo seja fácil. O cliente deve conseguir acumular as fichas recebidas em uma economia de fichas.
5. As vantagens da economia de fichas são que as fichas podem ser entregues imediatamente após o comportamento-alvo, são fáceis de ser distribuídas e acumuladas, podem ser quantificadas e não perdem seu valor como reforçadores. A economia de fichas é altamente estruturada, acomoda um procedimento de custo de resposta e pode ensinar ao receptor habilidades de planejamento. As desvantagens de um sistema de fichas incluem tempo, esforço e custo.

TERMOS-CHAVE

economia de fichas, 310   ficha, 310   reforçador de apoio, 310

TESTE PRÁTICO

1. O que é uma ficha? Identifique alguns itens que podem ser usados como fichas. Explique como as fichas são usadas em uma economia de fichas.
2. O que é um reforçador condicionado generalizado? De que maneira uma ficha se torna um reforçador condicionado generalizado?
3. Por que é importante entregar a ficha imediatamente após a ocorrência do comportamento-alvo desejado?
4. Quais são os componentes básicos de uma economia de fichas? Identifique cada um desses componentes no exemplo de Sammy apresentado no início do capítulo.
5. O que são reforçadores de apoio? Dê exemplos e explique como são escolhidos.
6. Quando um esquema de reforçamento contínuo deve ser usado em uma economia de fichas? Quando um esquema intermitente deve ser usado?
7. Quais são as considerações importantes enquanto se estabelece a taxa de câmbio dos reforçadores de apoio?
8. Por que é importante combinar elogios com a entrega das fichas?
9. Por que é importante fazer a remoção gradual do uso de fichas depois de um tempo? Quando é o momento adequado para remover o uso de fichas? Explique como foi a remoção gradual do uso de fichas no caso de Sammy.
10. Descreva as vantagens e desvantagens de uma economia de fichas.
11. Cite cinco aplicações diferentes de uma economia de fichas. Para cada uma delas, identifique o comportamentos-alvo, os itens usados como fichas e os reforçadores de apoio.

APLICAÇÕES

1. Explique como você poderia usar o reforço por fichas em seu projeto de autogestão, caso apropriado.
2. Você está conduzindo um programa de leitura corretiva com um grupo de alunos do terceiro ano que está lendo abaixo da média. Você usa um programa de leitura padronizado, em que os alunos identificam palavras e sons das palavras, leem trechos curtos em voz alta e respondem a perguntas de compreensão. Você se senta diante dos alunos enquanto conduz a aula e eles têm muitas oportunidades de responder em cada uma das sessões em grupo. Os alunos tendem a ficar distraídos ou prestar atenção em outras coisas da sala, e não nos itens educacionais que estão sendo apresentados. Descreva a economia de fichas que você implementará com esses alunos.
3. Todos os alunos do grupo de leitura corretiva apresentam alguns comportamentos disruptivos que podem interferir no aprendizado, como empurrar ou bater uns nos outros, sair de seus lugares, conversar enquanto o professor está explicando e fazer barulho. Descreva o procedimento de custo de resposta que você implementará como parte da economia de fichas no grupo de leitura para reduzir a frequência desses problemas de comportamento.

4. Depois de alguns meses de participação na economia de fichas, os alunos estão prestando atenção, respondendo corretamente e evitando problemas de comportamento. Explique como você fará a remoção gradual da economia de fichas para que não seja mais usada com esses alunos.

APLICAÇÕES INCORRETAS

1. O Sr. O'Malley se encontrava na sala dos professores discorrendo sobre a dificuldade que estava tendo com os alunos de sua turma. Ele dava aulas a seis alunos da classe de educação especial que apresentavam vários problemas de comportamento. O colega dele, professor da educação especial, disse ao Sr. O'Malley que teve sucesso com um sistema de fichas. Ele sugeriu ao Sr. O'Malley que colocasse os nomes dos alunos na lousa, desenhasse um ponto na frente dos nomes quando estivessem sendo bons e apagasse pontos quando apresentassem problemas. No final de cada aula, o aluno com o maior número de pontos receberia um privilégio especial. O Sr. O'Malley considerou essa uma ótima ideia e a colocou em prática no dia seguinte. O que há de errado com essa utilização da economia de fichas?

2. Os Tanners administram um lar comunitário para seis adolescentes que tiveram problemas com a lei. Espera-se que todos os adolescentes exibam diversos comportamentos desejáveis diariamente. Além disso, alguns problemas de comportamento foram definidos para cada jovem. Os Tanners decidiram usar uma economia de fichas para ajudar os adolescentes a aumentar os comportamentos desejáveis e reduzir os indesejáveis. Eles definiram os comportamentos-alvo e usaram pontos como reforçadores. Reforçaram os comportamentos desejáveis em um esquema específico de reforçamento e removiam pontos quando problemas de comportamento eram exibidos. Os Tanners compraram uma máquina de fliperama e um video game para usar como reforçadores de apoio na economia de fichas. Os aparelhos ficavam na sala de reforço e os adolescentes podiam comprar acesso a essa sala à noite trocando fichas por alguns minutos. O que há de errado com essa utilização da economia de fichas?

3. O diretor do presídio federal de segurança máxima decidiu que precisava de um melhor sistema motivacional para os detentos. Depois de ler um pouco sobre o assunto, ele resolveu implementar uma economia de fichas para fazer os internos apresentarem mais comportamentos desejáveis diariamente. Definiu uma série de comportamentos-alvo desejáveis relacionados com reabilitação e comportamentos indesejáveis que interferiam na reabilitação. Os detentos receberam uma lista de comportamentos que eram esperados deles. O diretor instituiu um sistema de alta tecnologia, no qual cada detento carregava um dispositivo eletrônico que seria usado para receber pontos como fichas. Os guardas carregavam um dispositivo eletrônico que seria usado para dar os pontos. Todas as vezes que o detento apresentasse um dos comportamentos-alvo, o guarda usava o *scanner* para ler o código do dispositivo e fornecer os pontos eletronicamente (similar ao *scanner* de supermercado usado para ler o preço dos itens que serão comprados). Sempre que o detento apresentava problemas de comportamento, o guarda usava o *scanner* para remover pontos. O diretor identificou o número de pontos para cada comportamento-alvo e a taxa de câmbio dos reforçadores de apoio. Ele queria reforçadores de apoio que fossem poderosos para os detentos, de modo que o sistema de fichas produzisse mudanças benéficas no comportamento. O diretor decidiu que os detentos precisavam ter um número específico de fichas para entrar na cafeteria na hora das refeições. Ele definiu o número de fichas em um nível razoável para que os detentos conseguissem ganhar as fichas necessárias para cada refeição com um nível moderado de comportamentos adequados. Ele queria que os detentos tivessem sucesso, especialmente no início do programa. Caso não tivessem o número de fichas especificado na hora da refeição, os detentos não poderiam comer e precisariam ganhar fichas suficientes para a próxima refeição. O diretor argumentava que a comida era de fato um reforçador e havia quatro oportunidades de reforço por dia: três refeições e o lanche da noite. Ele também acreditava que os detentos que perdessem uma ou duas refeições ficariam ainda mais motivados para ganhar fichas para a próxima refeição. Além disso, os detentos poderiam comer tudo o que quisessem e, portanto, compensar os nutrientes perdidos nas outras refeições. O que há de errado com essa utilização da economia de fichas?

23
Contratos comportamentais

- O que é um contrato comportamental?
- Quais são os componentes de um contrato comportamental?
- Quais são os dois tipos de contratos comportamentais e quais as diferenças entre eles?
- Como negociar um contrato comportamental?
- De que maneira os contratos comportamentais influenciam o comportamento?

Conforme discutido no capítulo anterior, a economia de fichas é um procedimento por meio do qual contingências de reforço e punição podem ser aplicadas sistematicamente para administrar o comportamento de clientes em um ambiente de tratamento estruturado. Este capítulo descreve o contrato comportamental, outro método usado para aplicar contingências de reforço e punição para ajudar as pessoas a administrarem o próprio comportamento.

Exemplos de contratos comportamentais

Levar Steve a concluir a dissertação

Steve, estudante de pós-graduação que havia concluído o curso, mas ainda não tinha terminado de escrever a dissertação e o artigo de revisão. Embora não conseguisse concluir sua formação enquanto não terminasse os dois projetos, ele não tinha escrito nada havia mais de um ano. Steve continuava dizendo a si mesmo que precisava escrever esses artigos depois do trabalho à noite e nos fins de semana, mas sempre encontrava outra coisa para fazer. Steve decidiu visitar a clínica psicológica da universidade em busca de um psicólogo que pudesse ajudá-lo a concluir seu trabalho. Rae, estagiária de pós-graduação da clínica, elaborou um contrato comportamental com Steve.

Primeiro, Rae pediu que Steve definisse algumas metas razoáveis para si mesmo. Steve decidiu que escrever uma média de nove páginas (digitadas e com espaço duplo) por semana seria uma meta razoável. O que correspondia a uma página por dia de segunda a sexta e duas páginas por dia do fim de semana, embora Steve pudesse escrever as nove páginas em qualquer um dos dias que escolhesse. Para documentar que tinha escrito as nove páginas, Steve concordou em levá-las impressas na reunião com Rae todas as semanas. Em seguida, Steve e Rae tiveram de concordar com uma contingência de reforçamento que motivaria Steve a escrever as nove páginas por semana. Eles elaboraram o seguinte plano: Steve tinha uma coleção de discos antigos de jazz que estimava muito. Todas as semanas no encontro com Rae, ele teria de doar um de seus discos para a biblioteca da universidade caso não tivesse escrito as nove páginas.

> **Descreva como essa é uma contingência de reforço negativa.**
>
> Essa é uma contingência de reforço negativa porque, quando escreve as nove páginas e as mostra a Rae, Steve evita o evento aversivo (doar um disco). Essa ação deve fortalecer o comportamento de escrita de Steve. Depois

---

Contrato comportamental

Eu, Steve Smith, concordo em escrever nove páginas de minha dissertação ou artigo de revisão na semana que começa dia _____ e termina dia _____.

A definição de nove páginas de trabalho escrito é a digitação com espaço duplo de oito páginas completas mais qualquer quantidade na nona página.

Além disso, concordo em trazer as nove páginas digitadas com espaço duplo para minha reunião semanal com Rae Jones (terapeuta) no dia _____ para documentar que elas foram escritas.

Caso eu não traga as nove páginas escritas para Rae na reunião semanal, ela escolherá um disco da minha coleção e o doará à biblioteca da universidade.

Assinaturas:

_____   _____
Steve Smith, cliente   Rae Jones, terapeuta

FIGURA 23-1 O contrato de parte única que Steve elaborou com Rae, a terapeuta, para aumentar o número de páginas que ele escrevia semanalmente em sua dissertação.

que Steve e Rae entraram em um acordo sobre esse plano, colocaram tudo em um contrato por escrito e assinado pelos dois. O formato do contrato é exibido na Figura 23-1.

Steve levou sua caixa de discos de jazz à clínica e a deixou lá, assim a contingência poderia ser implementada caso necessário. Ele escreveu nove páginas na primeira semana e Rae o elogiou por ter escrito pela primeira vez em um ano. Rae perguntou se a meta ainda era razoável e, quando Steve afirmou que sim, eles escreveram o mesmo contrato para a próxima semana. Entretanto, na semana seguinte, Steve não conseguiu escrever as nove páginas. Quando ele chegou ao seu encontro com Rae, mostrou a ela as cinco páginas que tinha escrito, acompanhado de várias desculpas por não ter conseguido escrever. Rae mostrou o contrato assinado e o lembrou de que eles tinham concordado que ela não aceitaria desculpas. Em seguida, ela pegou a caixa de discos do armário, escolheu um dos discos e disse que o enviaria para a biblioteca.

Depois que Rae implementou a contingência, ela pediu que Steve descrevesse os obstáculos que tinham interferido em sua escrita. Ficou claro para Steve e Rae que não havia obstáculos e que Steve tinha assistido à TV ou lido romances por muitas horas durante a semana enquanto deveria estar escrevendo. Com base nessa discussão, Steve assinou mais um contrato parecido com o inicial. Steve nunca mais perdeu um disco por deixar de escrever as nove páginas acordadas. Na verdade, sua média foi de 11 páginas por semana até concluir os dois trabalhos. As reuniões semanais com Rae duravam apenas 10 minutos, enquanto ela conferia o trabalho para documentar que ele tinha concluído a escrita, elogiava o sucesso dele e assinava um novo contrato para a semana seguinte. Sempre que Steve pensava sobre o que precisava escrever, pensava também no disco que havia perdido na segunda sessão. Isso aumentou a probabilidade de Steve se sentar e escrever, em vez de exibir um comportamento competitivo como assistir TV. Considere outro exemplo de contrato comportamental.

Ajudar Dan e os pais a conviver melhor

Dan cresceu em uma cidade pequena e não se envolveu em muitos problemas até os 16 anos. Quando ele e seus amigos fizeram 16 anos, começaram a passar o tempo dirigindo pela cidade e se reunindo na rua principal até tarde da noite. Nessa época, Dan perdia o jantar com a família, ficava fora até tarde, recusava-se a limpar o quarto e não fazia o dever de casa regularmente. Ele também brigava com os pais com frequência e saía à noite mesmo depois que eles diziam para não sair. Dan e os pais passaram a visitar um psicólogo para resolver os problemas.

Enquanto Dr. Houlihan falava com a família, ficou claro que Dan estava tão infeliz com os pais quanto eles, com seu comportamento. Dan reclamou que os pais discutiam com ele o tempo todo sobre limpar o quarto, ficar na rua até tarde e estar em casa para o jantar. Ele também não gostava que os pais tentassem controlá-lo e não o deixassem usar o carro para ir a encontros. Os pais disseram que ele não poderia usar o carro enquanto não obedecesse, e que era culpa do garoto gritarem com frequência. Dan queria que os pais mudassem o comportamento com ele, enquanto os pais queriam que Dan mudasse seu comportamento. Dr. Houlihan negociou um contrato comportamental entre Dan e seus pais.

Primeiro, Dr. Houlihan ajudou Dan e os pais a ver se, caso cedessem um pouco, todos poderiam ser mais felizes. Depois, ele ajudou Dan e seus pais a identificar as mudanças comportamentais que queriam uns dos outros e chegar a acordos que pudessem aceitar. Por exemplo, os pais queriam que Dan estivesse em casa às 21 horas durante a semana e Dan queria ficar fora até depois da meia-noite. Dan já ficava fora até esse horário, por isso os pais concordaram que 23 horas seria um acordo razoável para um garoto de 16 anos. Dan queria que os pais parassem de importuná-lo para limpar o quarto e fazer o dever de casa, mas eles queriam a lição feita e o quarto limpo. Os pais concordaram em não questionar sobre essas tarefas diariamente. Em troca, Dan concordou em fazer o dever de casa depois da escola e limpar o quarto a cada 2 semanas. Eles concordaram que a limpeza do quarto era menos importante do que o dever de casa, por isso não se importavam que ele não fosse limpo

> **Contrato comportamental**
>
> Data do contrato: _____ a _____.
>
> Eu, Dan Henderson, concordo em apresentar os seguintes comportamentos nesta semana:
>
> 1. Estarei em casa às 23 horas nas noites de domingo a quinta-feira.
>
> 2. Farei meu dever de casa assim que chegar da escola, antes de sair, e deixarei a tarefa completa na mesa da sala de jantar para meus pais conferirem.
>
> Em troca, nós, Pete e Paula Henderson, concordamos com o seguinte: se Dan estiver em casa às 23 horas e fizer o dever de casa todos os dias, poderá usar o carro em encontros nas noites de sexta e sábado. Dan só poderá usar o carro em uma noite do fim de semana se cometer uma infração (chegar em casa depois do horário ou não concluir o dever de casa).
>
> --
>
> Nós, Pete e Paula Henderson, concordamos com os seguintes comportamentos nesta semana:
>
> 1. Não questionaremos Dan sobre o dever de casa ou sobre limpar seu quarto.
>
> 2. Não exigiremos que Dan esteja em casa para o jantar.
>
> Em troca, eu, Dan Henderson, concordo com o seguinte: se meus pais não me questionarem sobre o dever de casa ou sobre limpar o quarto, limparei o quarto a cada 2 semanas. Isso é definido como tirar o lixo, passar aspirador de pó e varrer. Além disso, estarei em casa para o jantar pelo menos 3 dias por semana.
>
> Todos os comportamentos-alvo deste contrato serão documentados em uma planilha de dados por Dan e seus pais no momento em que ocorrerem.
>
> Assinatura:
>
> _____   _____
> Dan Henderson   Pete e Paula Henderson

FIGURA 23-2 O contrato entre duas partes (contratos paralelos) de Dan e seus pais. O contrato de cada parte especifica o comportamento a ser mudado e uma consequência dessa mudança comportamental.

com tanta frequência. Com as orientações do Dr. Houlihan, Dan e seus pais chegaram a vários outros acordos. O psicólogo os ajudou a ver que todos poderiam se beneficiar de mudanças mútuas de comportamento. O formato de contrato comportamental que o Dr. Houlihan elaborou com Dan e os pais é exibido na Figura 23-2.

Definir o contrato comportamental

O **contrato comportamental** (também chamado de *contrato de contingência* ou *contrato de desempenho*) é um acordo por escrito entre duas partes em que uma ou ambas concordam em exibir um nível especificado de um (ou mais) comportamento-alvo. Além disso, o contrato expressa a consequência que será administrada contingente à ocorrência (ou não ocorrência) do comportamento (Homme et al., 1970; Kirschenbaum e Flanery, 1983; O'Banion e Whaley, 1981).

No primeiro exemplo, Steve concordou em escrever nove páginas por semana (o nível especificado de comportamento-alvo). A consequência declarada foi a perda de um disco por não apresentar o comportamento-alvo. Outra forma de abordar isso é que Steve evitou a perda de um disco ao apresentar o comportamento-alvo, portanto, o comportamento foi negativamente reforçado. Como você pode ver neste exemplo, o contrato expressa a vigência do acordo (1 semana) e identifica a pessoa responsável por administrar a consequência (Rae, a terapeuta).

No segundo exemplo, as duas partes concordaram em exibir comportamentos-alvo específicos. Dan concordou com dois comportamentos-alvo desejados pelos pais e eles concordaram com dois comportamentos-alvo desejados por Dan. O comportamento de uma parte (Dan) é reforçado pelo comportamento da segunda parte (os pais), e vice-versa. Neste exemplo, assim como no primeiro, o contrato tem um limite de tempo: um período de uma semana foi especificado. Dessa forma, o contrato é renegociado e reescrito frequentemente, de modo que quaisquer problemas podem ser resolvidos.

Componentes de contratos comportamentais

Existem cinco componentes essenciais em um contrato comportamental.

1. *Identificar os comportamentos-alvo.* A primeira etapa para escrever um contrato comportamental é definir claramente os comportamentos-alvo envolvidos no contrato. Assim como em qualquer intervenção de modificação do comportamento, os comportamentos-alvo do contrato precisam ser declarados em termos claros e objetivos. Os comportamentos-alvo podem incluir comportamentos indesejáveis que serão reduzidos, comportamentos desejáveis que serão aumentados ou ambos. Com o auxílio do gestor do contrato, o cliente escolhe comportamentos-alvo que são significativos e precisam de mudança. O comportamento-alvo de Steve era escrever nove páginas por semana.

Os comportamentos-alvo de Dan eram estar em casa às 23 horas e fazer o dever de casa todos os dias. Os comportamentos-alvo dos pais de Dan eram não questionar o garoto sobre o dever de casa ou a limpeza do quarto e não exigir que ele estivesse em casa para o jantar todos os dias. Uma mudança nos comportamentos-alvo dessas pessoas melhoraria vários aspectos de suas vidas.

2. *Determinar como os comportamentos-alvo serão medidos.* As pessoas responsáveis por implementar o contrato comportamental (o gestor ou os participantes do contrato) precisam ter evidências objetivas da ocorrência dos comportamentos-alvo. Ou seja, os clientes precisam ser capazes de provar que os comportamentos-alvo ocorreram ou não para que as contingências sejam implementadas corretamente. Portanto, enquanto o contrato é escrito, os clientes e o gestor do contrato precisam concordar com o método para medir o comportamento-alvo. Métodos aceitáveis incluem produtos contínuos, registro automatizado dos comportamentos ou observação direta e documentação do comportamento pelo gestor do contrato ou uma terceira parte escolhida. No primeiro exemplo, Steve usou uma medida de produto contínuo em seu contrato. Ele mostrou a Rae, a gestora do contrato, as páginas que tinha digitado ao longo da semana. Outros tipos de medidas de produtos contínuos que podem ser usadas incluem o peso corporal em um contrato para perder peso, comprimento das unhas em um contrato para deixar de roer as unhas e o número de unidades montadas em um contrato para aumentar a produtividade. Um exemplo de registro automatizado seria o número de passos contados por um pedômetro ou acelerômetro, as calorias queimadas ou a intensidade dos exercícios registrados por um acelerômetro (por exemplo, nos sites fitbit.com; myfitnesspal.com; nike.com).

> *No segundo exemplo, como Dan e seus pais mediram os comportamentos-alvo expressos no contrato?*

Eles usaram observação direta e medidas de produtos contínuos. O dever de casa completo de Dan deixado na mesa da sala de jantar era um produto contínuo que documentava a ocorrência do comportamento. O comportamento-alvo de estar em casa no horário combinado à noite foi observado diretamente por Dan e seus pais enquanto ocorria. Os comportamentos-alvo dos pais também foram diretamente observados por Dan e seus pais. Assim que os comportamentos eram observados, eles eram registrados em uma planilha de dados fornecida pelo Dr. Houlihan.

Se os comportamentos-alvo forem medidos objetivamente, não há ambiguidade a respeito de sua ocorrência ou não ocorrência. Como resultado, não haverá conflito ao implementar as contingências do contrato.

3. *Definir quando o comportamento deve ser realizado.* Todo contrato deve ter um período de vigência que expressa quando o comportamento deve ocorrer (ou não) para que as contingências sejam implementadas. Steve tinha uma semana para escrever nove páginas. Ele poderia escrever as páginas em qualquer dia da semana, mas precisava mostrar as páginas digitadas para Rae na reunião agendada para evitar a consequência aversiva. O período de vigência do contrato de Dan era uma semana. Além disso, como os comportamentos-alvo de Dan eram relacionados com tempo (chegar em casa no horário todas as noites e concluir o dever de casa diariamente), o período era uma parte da definição dos comportamentos-alvo.

4. *Identificar a contingência de reforço ou punição.* O gestor do contrato usa reforços ou punições (positivos ou negativos) para ajudar o cliente a realizar (ou evitar) o comportamento-alvo expresso no contrato. A contingência de reforço ou punição deve ser descrita de forma clara no contrato. O cliente concorda com um nível especificado de comportamento-alvo e concorda que uma consequência específica de reforço ou punição será administrada contingente a esse comportamento. Os quatro tipos de contingências possíveis em um contrato comportamental foram ilustrados na Tabela 23-1.

TABELA 23-1 Tipos de contingências em um contrato comportamental

Reforço positivo
Quando um comportamento desejável for apresentado, um reforçador será concedido para fortalecer o comportamento.

Reforço negativo
Quando um comportamento desejável for apresentado, um estímulo aversivo será removido ou contido para fortalecer o comportamento.

Punição positiva
Quando um comportamento indesejável for apresentado, um estímulo aversivo será fornecido para reduzir o comportamento.

Punição negativa
Quando um comportamento indesejável for apresentado, um reforçador será perdido para reduzir o comportamento.

© Cengage Learning

5. *Identificar quem vai implementar a contingência.* Um contrato envolve necessariamente duas partes. Uma parte concorda em apresentar um nível específico do comportamento-alvo e a outra implementa a contingência de reforço ou punição expressa no contrato. O contrato determina claramente quem implementará a contingência para o comportamento-alvo. No primeiro exemplo, Rae atuou como gestora do contrato, a pessoa responsável por implementar a contingência. Ela avaliava se os requisitos do contrato tinham sido atendidos (nove páginas escritas) e retirava um dos discos de jazz de Steve caso ele não tivesse mostrado as nove páginas em sua reunião semanal (a contingência do contrato).

Componentes de um contrato comportamental

1. Identificar o comportamento-alvo.
2. Determinar como o comportamento-alvo será medido.
3. Definir quando o comportamento deve ser realizado.
4. Identificar a contingência de reforço ou punição.
5. Identificar quem vai implementar a contingência.

Algumas vezes, em um contrato comportamental, ambas as partes concordam em exibir níveis especificados de um comportamento-alvo, e a mudança comportamental de uma parte reforça a mudança comportamental da outra. Foi esse o caso de Dan e seus pais. Dan concordou com dois comportamentos-alvo e os pais concordaram em deixá-lo usar o carro em troca. Os pais concordaram com dois comportamentos-alvo e Dan concordou em limpar o quarto e jantar em casa três vezes por semana em troca. Nesse caso, os pais implementaram uma contingência para os comportamentos-alvo de Dan, enquanto o garoto implementou uma contingência para os comportamentos-alvo dos pais.

Tipos de contratos comportamentais

Conforme ilustrado em nossos exemplos, existem dois tipos de contratos comportamentais: de parte única (unilaterais) e entre duas partes.

Contratos de parte única

Em um **contrato de parte única** (também chamado de *contrato unilateral* por Kirschenbaum e Flanery, 1984), uma pessoa tenta mudar um comportamento-alvo e providencia contingências de reforço ou punição com um gestor de contrato que implementa essas contingências. Um contrato de parte única é usado quando a pessoa quer aumentar comportamentos desejáveis (por exemplo, praticar exercícios, estudar ou outros comportamentos relacionados com estudo, ter bons hábitos alimentares ou comportamentos relacionados ao trabalho) ou reduzir comportamentos indesejáveis (por exemplo, comer em excesso, roer unhas, assistir à TV demasiadamente ou chegar atrasado à aula ou ao trabalho). O gestor do contrato pode ser psicólogo, conselheiro, analista de comportamento ou outro profissional de apoio, mas também pode ser um amigo ou membro da família que concorde em aplicar os termos do contrato.

Em um contrato de parte única, o gestor do contrato não pode se beneficiar das contingências do contrato. Por exemplo, seria antiético se Rae pegasse um dos discos de jazz de Steve para a própria coleção quando ele não conseguisse escrever as nove páginas da semana. Caso Rae pegasse o disco para ela, estaria se beneficiando do contrato e, como resultado, poderia não implementar as contingências de forma justa.

O gestor do contrato deve implementar as contingências conforme foi escrito. Algumas vezes é difícil, especialmente para amigos ou familiares, implementar as contingências do contrato. Por isso, pode não ser muito sábio que amigos ou familiares atuem como gestores de contratos. Quando não conseguir atender aos requisitos no contrato, a pessoa pode pedir ao amigo ou familiar que não implemente a contingência ou fique aborrecido quando implementá-la. O pedido ou a resposta agressiva podem tornar impossível que o amigo ou familiar prossiga com a punição ou retenha o reforçador. Portanto, *a pessoa mais adequada para atuar como gestor do contrato é alguém treinado em modificação comportamental e que não tenha nenhuma relação pessoal com o indivíduo que está escrevendo o contrato (o contratado).* Caso o gestor do contrato tenha uma relação pessoal com o contratado, ele precisará ser ensinado a aplicar os termos do contrato a despeito dessa relação. Esse problema é minimizado quando o gestor do contrato tem alguma autoridade na relação, como quando um dos pais gerencia um contrato com o filho.

Contrato entre duas partes

Algumas vezes, um contrato comportamental é escrito entre duas partes, com cada uma delas querendo mudar um comportamento-alvo. Em um **contrato entre duas partes** ou bilateral (Kirschenbaum e Flanery, 1984), ambas as partes identificam comportamentos-alvo para mudar e as contingências que serão implementadas para esses comportamentos. Os contratos entre duas partes são escritos para pessoas que apresentam alguma relação umas com as outras, como casais, pais e filhos, irmãos, amigos ou colegas de trabalho. Em geral, cada parte está descontente com algum comportamento da outra e o contrato identifica mudanças comportamentais que agradarão a ambas as partes. Considere o exemplo de um casal que está descontente um com o outro porque nenhum dos dois está realizando muitas tarefas da casa. Eles podem entrar em um contrato comportamental como o mostrado na Figura 23-3.

O contrato entre Bob e Barb Smith (veja o Figura 23-3) é entre duas partes em que ambas identificam comportamentos-alvo específicos para realizar, e a mudança comportamental de uma parte atua como reforço para a mudança comportamental da outra. Os comportamentos-alvo de Bob são desejáveis para Barb, e os comportamentos-alvo de Barb são desejáveis para Bob. Assim, Bob executa seus comportamentos-alvo com a expectativa de que Barb execute os dela, e vice-versa. Jacobson e Margolin (1979) chamam de **contrato *quid pro quo*** (isto é, uma coisa em troca de outra). Podem surgir problemas se uma parte não apresentar o comportamento identificado no contrato. O que pode levar a outra parte a se recusar a apresentar seus comportamentos-alvo. Por exemplo, se Bob não cortar a grama e aspirar os tapetes, Barb pode se negar a executar todos (ou parte de) seus comportamentos-alvo. Quando os comportamentos-alvo de uma pessoa estão ligados aos da outra pessoa, a falha de uma pode resultar na falha de todo o contrato. Para evitar essa situação, deve-se estabelecer uma contingência separada para os comportamentos-alvo de cada pessoa, em vez de definir o comportamento-alvo de um como a consequência para o comportamento-alvo da outra. A Figura 23-4 mostra uma forma de contrato entre Barb e Bob em que há uma contingência separada para os comportamentos-alvo de cada um. Esse tipo de contrato entre duas partes é chamado de **contrato paralelo** (Jacobson e Margolin, 1979).

Contrato comportamental

Data: de _____ a _____

Na próxima semana, eu, Bob Smith, concordo com as seguintes tarefas:
- Levarei o lixo para a calçada nos dias de coleta.
- Passarei aspirador de pó em todos os tapetes.
- Cortarei a grama.

Em troca, eu, Barb Smith, concordo com as seguintes tarefas:
- Limparei o banheiro.
- Regarei as plantas.
- Uma vez ao dia, colocarei a louça na máquina de lavar e ligarei quando ela estiver cheia.

Assinatura:

_____   _____
Barb Smith   Bob Smith

FIGURA 23-3 Um contrato *quid pro quo* de duas partes entre Bob e Barb Smith, no qual ambos especificam um comportamento a ser mudado e a mudança comportamental de uma pessoa é o reforçador para a mudança comportamental da outra.

Contrato comportamental

Data: de _____ a _____

Na próxima semana, eu, Bob Smith, concordo com as seguintes tarefas:
- Levarei o lixo para a calçada nos dias de coleta.
- Passarei aspirador de pó em todos os tapetes.
- Cortarei a grama.

Se realizar as tarefas listadas acima até sábado, poderei jogar 18 buracos de golfe no sábado à tarde ou domingo pela manhã com meus amigos.

Na próxima semana, eu, Barb Smith, concordo com as seguintes tarefas:
- Limparei o banheiro.
- Regarei as plantas.
- Uma vez ao dia, colocarei a louça na máquina de lavar e ligarei quando ela estiver cheia.

Se realizar as tarefas listadas acima até sábado, poderei jogar 18 buracos de golfe no sábado à tarde ou domingo pela manhã com meus amigos.

Assinatura:

_____   _____
Barb Smith   Bob Smith

FIGURA 23-4 O contrato de duas partes entre Barb e Bob Smith reescrito na forma de um contrato paralelo.

Nesse contrato, os comportamentos-alvo de Barb e Bob são os mesmos do contrato original. No entanto, a contingência para os comportamentos-alvo de ambas as partes é a oportunidade de jogar uma partida de golfe com os amigos no fim de semana. Barb e Bob amam jogar golfe, assim, a chance de jogar deve ser um incentivo para as duas partes realizarem seus comportamentos-alvo. Além disso, se uma parte não apresentar os comportamentos-alvo, isso não influenciará os comportamentos da outra pessoa, pois o comportamento-alvo de uma não é contingente ao da outra. Em vez disso, há uma contingência separada para o comportamento de cada pessoa.

Negociar um contrato comportamental

As partes envolvidas em um contrato comportamental precisam negociar os componentes dele para que seja aceitável para todos os envolvidos. Em um contrato de parte única, o gestor do contrato negocia com o cliente até que eles concordem com um nível aceitável de comportamento-alvo, as consequências adequadas e a vigência do contrato. O gestor do contrato, que tem treinamento em modificação do comportamento, ajuda o cliente a escolher comportamentos-alvo que sejam relevantes e alcançáveis no período do contrato, além de ajudá-lo a escolher uma consequência que seja forte o bastante para resultar em um desempenho bem-sucedido dos comportamentos-alvo. Se eles negociarem um nível de comportamento-alvo que o cliente consegue executar com sucesso, os esforços do cliente serão reforçados e há maior probabilidade de ele participar de mais contratos. Se o nível de comportamento-alvo for difícil demais, o cliente pode se sentir desencorajado e se recusar a entrar em mais contratos. Se o nível de comportamento-alvo for fácil demais, levará mais tempo que o necessário para alcançar o objetivo final de mudança de comportamento.

Negociar um contrato entre duas partes pode ser mais difícil. Em geral, as partes envolvidas estão em conflito ou passando por dificuldades interpessoais, descontentes com as ações umas das outras. Cada parte deve pensar que a outra é a culpada, ao mesmo tempo que acredita que não há nenhum problema com suas ações. Como resultado, uma parte pode esperar por mudanças no comportamento da outra e não ver motivos para mudar seu próprio comportamento. O psicólogo precisa negociar um contrato que seja aceitável para ambas as partes. O que significa que ele deve ajudar as duas partes a enxergar que se beneficiarão ao mudar alguns aspectos de seu comportamento. O psicólogo ajuda as duas partes a entender que a situação de conflito só vai melhorar se ambos concordarem em participar e fazer mudanças agradáveis para o outro. Apenas pessoas com um treinamento específico nessa área devem negociar contratos de duas partes com pessoas em conflito (Jacobson e Margolin, 1979; Stuart, 1980).

Por que os contratos comportamentais influenciam o comportamento?

Os contratos comportamentais especificam comportamentos-alvo que a pessoa quer mudar e as consequências para esses comportamentos. No entanto, as consequências dos comportamentos-alvo são consequências adiadas: não seguem imediatamente a ocorrência do comportamento-alvo. Lembre-se que um reforço ou punição deve vir imediatamente após um comportamento-alvo para fortalecer ou enfraquecer esse comportamento. Portanto, os contratos comportamentais não conseguem produzir mudanças de comportamento apenas por meio de um processo simples de reforço ou punição, também precisam ser baseados em outros processos comportamentais.

Conforme explicado no Capítulo 16, contrato comportamental é um tipo de manipulação de antecedente. O contratado define por escrito que realizará um comportamento-alvo específico e assina o contrato na expectativa de influenciar a ocorrência futura do comportamento-alvo. Assim, o contrato comportamental pode agir como uma espécie de compromisso público, em que o contratado se compromete a apresentar o comportamento-alvo. Para as pessoas que têm um histórico de reforço pela correspondência entre dizer e fazer (fazer o que dizem que vão fazer), o ato de declarar que planejam apresentar o comportamento-alvo deve aumentar a probabilidade da realização do comportamento (Stokes, Osnes e DaVerne, 1993). Além disso, o gestor do contrato, os participantes ou outras pessoas que estão cientes do compromisso contratual podem estimular ou dar pistas para o contratado apresentar o comportamento-alvo nas horas certas, além de gerar consequências de reforço ou punição quando observarem que o contratado apresentou esse comportamento. Assim, existirão pistas no ambiente na hora em que o comportamento-alvo for necessário, e as consequências desse comportamento serão imediatas. É um tipo de apoio social.

Outro mecanismo pelo qual um contrato pode influenciar o comportamento-alvo é por meio do **comportamento governado por regras**. O contrato estabelece uma regra que o contratado declara depois nas circunstâncias apropriadas, como um estímulo ou autoinstrução para realizar o comportamento-alvo. Por exemplo, depois de desenvolver seu contrato, a regra de Steve era "escreva nove páginas nesta semana ou perderá um disco". Quando Steve está em casa em um horário em que poderia estar escrevendo a dissertação, diz a regra a si mesmo, o que o estimula a começar a escrever. A regra é uma forma de autoinstrução que dá pistas ou estimula o comportamento-alvo. Explicando de outra maneira, assinar um contrato anteriormente aumenta a probabilidade de você pensar sobre o comportamento-alvo e falar consigo mesmo para apresentar esse comportamento no momento certo.

O comportamento governado por regras pode funcionar de outra maneira para influenciar o comportamento-alvo. Quando o contratado expressa a regra, ele pode criar um estado psicológico aversivo (ansiedade). Então, apresentar o comportamento-alvo resulta em uma fuga desse estado aversivo (Malott, 1986). Por exemplo, quando Steve diz a si mesmo: "Preciso escrever nove páginas ou vou perder um disco", gera um estado desagradável. Ele fica nervoso ou ansioso em relação ao trabalho de escrita com o qual se comprometeu para a semana. Assim que começa a escrever, a ansiedade diminui e, consequentemente, o comportamento de escrever é negativamente reforçado. Quando ele termina as nove páginas da semana, não vivencia mais o estado desagradável até que assine outro contrato para a semana seguinte. Nesse exemplo, expressar a regra e vivenciar ansiedade é uma operação estabelecedora que aumenta a probabilidade de Steve escrever, pois o comportamento de escrita reduz o estado aversivo (ansiedade) gerado ao declarar a regra.

Por que contratos comportamentais funcionam?

- Consequências comportamentais
- Compromisso público
- Comportamento controlado por regras
- Operações estabelecedoras

Aplicações de contratos comportamentais

Contratos comportamentais têm sido usados para uma variedade de comportamentos-alvo, com crianças e adultos (Allen et al., 1993; Cams e Cams, 1994; Dallery, Meredith e Glenn, 2008; Leal e Galanter, 1995; Paxton, 1980, 1981; Ruth, 1996). Dallery Meredith e Glenn (2008) usaram contratos comportamentais para ajudar indivíduos a parar de fumar. Nesse estudo, os fumantes depositavam $ 50 dólares e depois recebiam o dinheiro de volta, primeiro ao diminuir o número de cigarros consumidos e depois ao parar de fumar (abstinência). Os autores usaram monitoramento do monóxido de carbono (CO) para calcular o nível de fumo dos participantes e faziam o reembolso contingente às leituras de CO que demonstrassem reduções ou abstinência. Um aspecto interessante deste estudo e de outros (Dallery e Glenn, 2005; Glenn e Dallery, 2007; Reynolds et al., 2008) é que os participantes tinham os dispositivos de monitoramento de CO em casa e enviavam seus registros para os pesquisadores por uma webcam. Dessa forma, eles conseguiam fazer um monitoramento diário em casa, sem precisar viajar até o local da pesquisa.

Vários pesquisadores usaram contratos comportamentais para ajudar adultos a perder peso e a manter a perda de peso (Jeffery et al., 1984; Kramer et al., 1986; Mann, 1972). No estudo de Mann (1972), os participantes de um programa de perda de peso traziam itens valiosos (como roupas, joias e troféus) à clínica para usá-los em seus contratos comportamentais. Em seguida, os indivíduos escreveram contratos comportamentais com o pesquisador, declarando que eles poderiam obter seus itens de valor de volta por quantidades especificadas de peso perdido. Os contratos resultaram em perda de peso de todos os sujeitos. Jeffery et al. (1984) fizeram os participantes depositarem uma quantia de $ 150 no início do programa de perda de peso. Depois, os indivíduos assinaram contratos comportamentais que definiam que poderiam ganhar partes do dinheiro semanalmente por quantidades específicas de peso perdido naquele período. Embora os indivíduos tenham perdido peso como um resultado de participar do programa de contrato comportamental, ganharam pelo menos parte do peso de volta quando o programa foi encerrado. Observe que esses estudos mediram o peso, e não comportamentos alimentares e de exercícios.

> *Por que um contrato comportamental foca a perda de peso em vez de comportamentos alimentares ou de exercícios?*

Embora a mudança nos comportamentos alimentares ou de exercícios seja importante para obter perda de peso, esses comportamentos não podem ser verificados pelo gestor do contrato que não está presente quando o contratado pratica exercícios ou come. Portanto, a contingência do contrato é baseada na perda de peso, já que pode ser medida pelo gestor do contrato na sessão. No entanto, avanços tecnológicos recentes possibilitam o registro automático de exercícios ao usar um acelerômetro. O acelerômetro registra o número de passos dados enquanto caminha ou corre, a distância percorrida, a intensidade do exercício e as calorias perdidas. Além disso, programas de exercícios na Web permitem que o acelerômetro envie dados para um website em que essas informações são armazenadas (por exemplo, fitbit.com; myfitnesspal.com; nike.com). O gestor do contrato pode acessar o website para coletar os dados e usá-los na implementação das contingências do contrato.

Wysocki et al. (1979) usaram contratos comportamentais para ajudar estudantes universitários a aumentar a participação semanal em exercícios aeróbicos. Cada estudante entregou itens de valor pessoal aos pesquisadores. Eles desenvolveram contratos comportamentais que determinavam que poderiam recuperar os itens ao praticar quantidades específicas de exercícios aeróbicos por semana. Os exercícios aeróbicos foram registrados por outros participantes ou pelo pesquisador para verificar a ocorrência do comportamento-alvo. Os estudantes aumentaram a participação em rotinas de exercícios aeróbicos depois que passaram a usar contratos comportamentais.

PARA UMA LEITURA MAIS APROFUNDADA

Ensinando habilidades de contratos comportamentais

Apesar de diversos estudos terem demonstrado a eficácia dos contratos comportamentais em uma série de áreas, um estudo examinou procedimentos para treinar habilidades de contratos comportamentais. Welch e Holborn (1988) desenvolveram um breve manual de treinamento para ensinar habilidades de contratos comportamentais a funcionários de creches que trabalhavam com jovens de 11 a 15 anos com dificuldades emocionais e comportamentais em um programa para jovens infratores. Os funcionários eram responsáveis por escrever contratos comportamentais com os adolescentes quando eles apresentassem problemas de comportamento para reduzir a ocorrência futura dos problemas. O manual trazia instruções para negociar e escrever o contrato comportamental. Os autores avaliaram os efeitos do manual de treinamento em um desenho experimental de linha de base múltipla entre os sujeitos e demonstraram que os quatro funcionários aprenderam a negociar e escrever contratos comportamentais como resultado de ler o manual. Os autores avaliaram suas habilidades de contratos comportamentais durante simulações em que um pesquisador interpretava um adolescente e com adolescentes reais com problemas comportamentais. Eles provaram que as habilidades de contratos comportamentais se generalizaram para situações reais em que os clínicos tinham de escrever contratos com os adolescentes que exibiam problemas de comportamento. Uma implicação importante deste estudo é que um método de treinamento eficiente (um manual de treinamento) pode ser eficaz para ensinar habilidades de modificação de comportamentos a equipes que precisem usá-las regularmente.

Contratos comportamentais têm sido usados em diversos estudos para melhorar o desempenho escolar de crianças, adolescentes e universitários (Bristol e Sloane, 1974; Cantrell et al., 1969; Kelley e Stokes, 1982, 1984; Miller e Kelley, 1994; Schwartz, 1977). Kelley e Stokes (1982) usaram contratos com alunos com dificuldades evadidos do ensino médio que estavam matriculados em programas vocacionais e educacionais para ajudá-los a concluir o trabalho acadêmico. Cada aluno escreveu um contrato comportamental que especificava metas diárias e semanais para completar itens de seus cadernos de exercícios corretamente. Eles ganhavam quantidades específicas de dinheiro por alcançar as metas definidas nos contratos. O desempenho de todos os estudantes aumentou com o uso dos contratos.

Miller e Kelley (1994) ensinaram pais a desenvolver contratos comportamentais com os filhos do quarto, quinto e sexto ano para melhorar seu desempenho no dever de casa. Os contratos definiam as atividades de casa que eram esperadas, as recompensas pelo desempenho bem-sucedido e as consequências por não conseguir realizar os comportamentos expressos no contrato. Todas as crianças melhoraram seu desempenho nos deveres de casa com o uso de contratos desenvolvidos pelos pais. Um exemplo de contrato é apresentado na Figura 23-5; os resultados do estudo são exibidos na Figura 23-6.

Contrato comportamental

Os materiais a seguir devem ser levados para casa todos os dias: caderno de dever de casa, caderno de exercícios, livros, lápis.

Caso Ann se lembre de levar todos esses materiais para casa, ela poderá escolher uma das seguintes recompensas: chiclete ou uma moeda de dez centavos.

No entanto, caso Ann se esqueça de levar algum de seus materiais para o dever de casa, ela: não ganhará uma guloseima antes de dormir.

Ann pode escolher uma das seguintes recompensas se concluir de 90% a 100% de suas metas: dormir mais tarde (20 minutos), 2 adesivos. Ou escolherá uma dessas se concluir de 75% a 80% de suas metas: refrigerante, 1 adesivo.

Se Ann concluir 80% ou mais de suas metas em, no mínimo, 3 dias desta semana, ela poderá escolher uma das seguintes recompensas ADICIONAIS: alugar um filme, levar um colega da escola para brincar em casa.

Assinatura da criança: _____ Assinatura dos pais: _____

FIGURA 23-5 Um contrato de parte única usado com crianças do ensino fundamental para melhorar as tarefas domésticas (De Miller, D. L. e Kelley, M. L. The use of goal setting and contingency contracting for improving children's homework. *Journal of Applied Behavior Analysis*, v. 27, p. 73-84, 1994. Copyright © 1994 University of Kansas Press. Reproduzido com permissão do autor.)

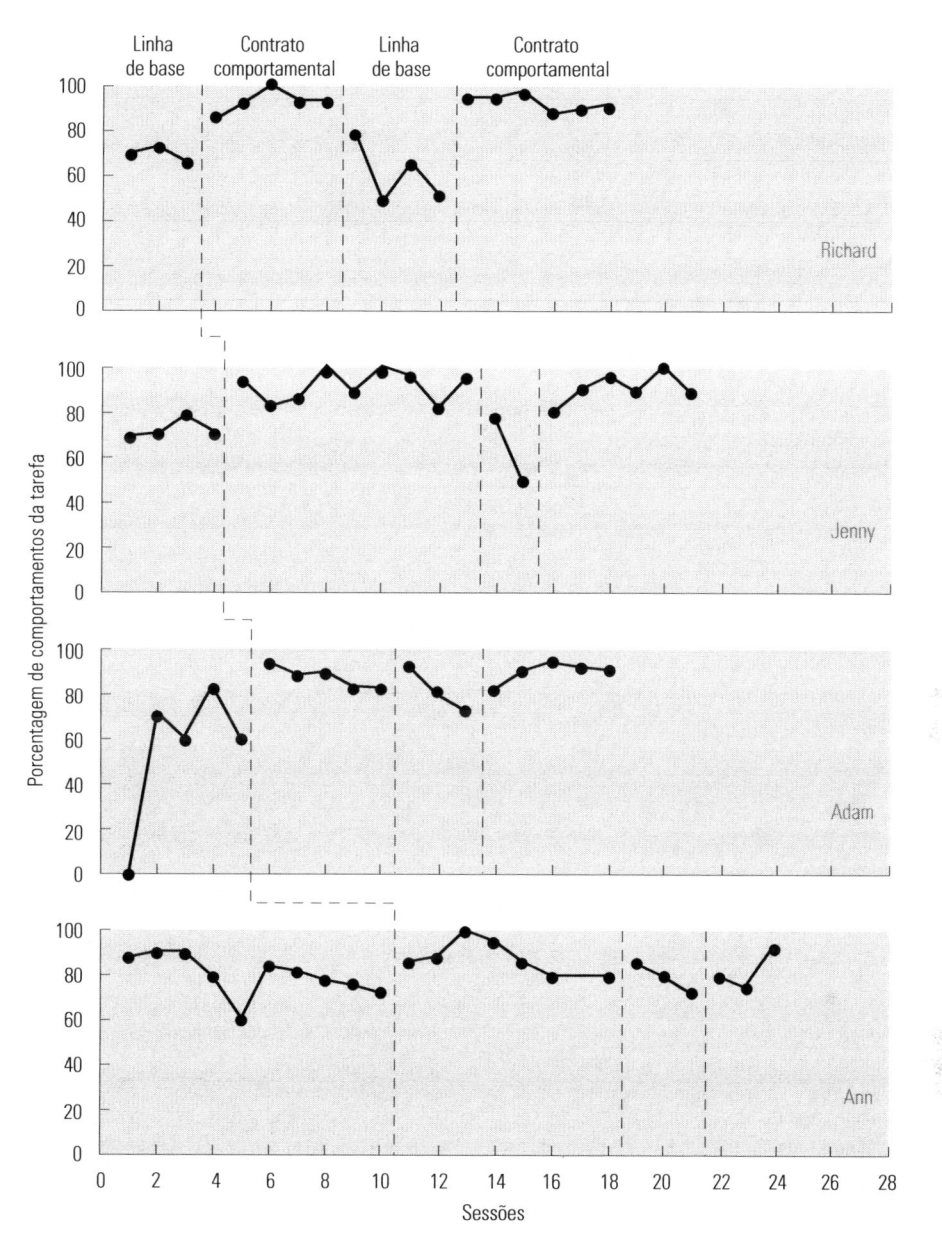

FIGURA 23-6 Este gráfico mostra o percentual de deveres de casa concluídos de forma precisa por quatro alunos durante a linha de base e quando os contratos comportamentais foram usados. Um design reverso A-B-A-B foi usado aqui para demonstrar a eficácia dos contratos comportamentais. (De Miller, D. L. e Kelley, M. L. The use of goal setting and contingency contracting for improving children's homework. *Journal of Applied Behavior Analysis*, v. 27, p. 73-84, 1994. Copyright © 1994 University of Kansas Press. Reproduzido com permissão do autor.)

Outra área em que os contratos comportamentais são usados com frequência é na terapia conjugal ou de casais (Jacobson e Margolin, 1979; Stuart, 1980). Contratos entre duas partes são negociados pelo terapeuta conjugal para os parceiros em conflito. Cada parceiro concorda em apresentar comportamentos desejados pelo outro e os acordos são escritos em contratos paralelos ou *quid pro quo*. Depois da implementação dos contratos comportamentais, o comportamento de cada um dos parceiros muda e eles passam a ficar mais satisfeitos com o relacionamento.

RESUMO DO CAPÍTULO

1. Contratos comportamentais são acordos por escrito usados por pessoas que querem aumentar ou diminuir o nível de comportamentos-alvo desejáveis ou indesejáveis.

2. Um contrato é um documento por escrito que expressa o comportamento-alvo, as consequências para a ocorrência ou não ocorrência do comportamento-alvo, o período de

vigência do acordo, como o comportamento-alvo será medido e quem implementará as consequências desse comportamento.
3. Um contrato de parte única é um acordo entre o contratado, que identifica um comportamento-alvo para modificação, e o gestor do contrato, que implementa as contingências definidas no contrato. Em um contrato de duas partes, ambas identificam comportamentos-alvo mutuamente desejáveis para mudar. Em contratos *quid pro quo*, a mudança do comportamento de uma parte é o reforçador da mudança do comportamento da outra. Em contratos paralelos, as duas partes concordam com mudanças comportamentais desejadas pela outra parte e providenciam consequências para suas respectivas mudanças de comportamento.
4. Para negociar um contrato de parte única, o gestor do contrato ajuda o contratado a identificar um nível desejável de comportamento-alvo, uma consequência razoável e um período para concluir o comportamento-alvo. Para negociar um contrato entre duas partes, o gestor do contrato precisa ajudar as duas partes a identificarem os comportamentos-alvo desejáveis, as consequências e o período de vigência do contrato. O gestor deve ajudar as partes a decidirem entre contratos *quid pro quo* ou paralelos, além de fazer que elas concordem com os termos do contrato.
5. Escrever um contrato comportamental é uma manipulação de antecedentes que aumenta a probabilidade de a pessoa exibir o comportamento-alvo especificado no contrato. Contratos comportamentais podem funcionar por um processo de compromisso público, comportamento governado por regras ou pela criação de uma operação estabelecedora que torna a conclusão do comportamento do contrato mais reforçadora.

TERMOS-CHAVE

comportamento governado por regras, 330
contrato comportamental, 326
contrato de parte única, 328
contrato entre duas partes, 328
contrato paralelo, 329
contrato *quid pro quo*, 329

TESTE PRÁTICO

1. O que é um contrato comportamental?
2. Identifique e descreva os componentes de um contrato comportamental.
3. Identifique cada um dos componentes do contrato comportamental escrito por Steve e Rae no primeiro exemplo deste capítulo.
4. Quais são as duas maneiras de medir o comportamento em um contrato comportamental? Dê um exemplo de cada uma delas.
5. O que é um contrato de parte única? Que outra definição recebe? Dê um exemplo.
6. O que é um contrato entre duas partes? Que outra definição recebe? Dê um exemplo.
7. Qual é a diferença entre um contrato *quid pro quo* e um contrato paralelo?
8. O que é um compromisso público e como pode estar envolvido no sucesso de um contrato comportamental?
9. Explique o papel que o comportamento governado por regras pode desempenhar na eficácia de contratos comportamentais.
10. Descreva como os contratos comportamentais são usados em programas de perda de peso para adultos.
11. Explique como os contratos comportamentais podem ser usados com crianças em idade escolar para melhorar seu desempenho acadêmico.

APLICAÇÕES

1. Explique como você usaria um contrato comportamental em seu programa de autogestão. Caso o uso de um contrato comportamental não seja adequado para seu programa, explique os motivos.
2. Marty tem 17 anos, está no último ano do ensino médio e vive em uma fazenda com os pais. Ele usa um dos carros da família todos os fins de semana para sair com os amigos ou ir para encontros. Os pais o encarregaram de cuidar dos carros. Semanalmente, ele deveria lavar os carros, aspirar o interior e tirar o pó das superfícies internas, já que os veículos ficam empoeirados por percorrer a estrada de terra que vai para sua casa. Ultimamente, Marty não tem cumprido com sua responsabilidade de limpar os carros. Dê um exemplo de contrato comportamental que os pais poderiam usar com Marty para fazer que ele cuide dos carros todas as semanas.
3. Em uma tentativa de fazer que seus alunos leiam livros durante as férias de verão, a Sra. Steen, professora do terceiro ano, escreveu um contrato comportamental com cada aluno da turma no último dia de aula antes das férias. No contrato, cada aluno concordou em ler seis livros durante os três meses de férias de verão. A Sra. Steen conseguiu que redes de lanchonetes locais doassem cupons para usar como recompensas nos contratos. O contrato dizia que, se os alunos lessem os seis livros no verão, receberiam uma cartela de cupons quando voltassem para a escola no outono. Descreva as técnicas que a Sra. Steen pode usar para medir o comportamento-alvo (ler seis livros) e determinar se as crianças ganharão os cupons.

4. Bill e Ruth trabalhavam em período integral e dividiam as responsabilidades domésticas e deveres da criação dos filhos. O problema que enfrentavam é que Bill normalmente não concluía as tarefas do fim de semana. Suas tarefas consistiam em varrer e passar pano no chão da cozinha e banheiro, passar aspirador de pó nos tapetes da casa e limpar a cozinha. Quando chegava o fim de semana, Bill geralmente ocupava o tempo no computador, jogando golfe, assistindo a partidas de futebol, beisebol ou basquete e brincando com as crianças. Como resultado, as tarefas não eram cumpridas, ou Ruth as fazia por ele. Bill declarou que queria concluir suas tarefas, mas sempre surgia outra coisa. Ele concordava com Ruth que era importante dividir as responsabilidades e fazer sua parte, por isso, aceitou desenvolver um contrato comportamental com ela para aumentar a probabilidade de cumprir com suas obrigações todas as semanas. Dê um exemplo de contrato comportamental que Bill pode desenvolver com Ruth para aumentar a probabilidade de realizar suas tarefas.

APLICAÇÕES INCORRETAS

1. Dr. Campbell administrava um serviço de contratos comportamentais no centro de aconselhamento estudantil da universidade. Ele usava contratos comportamentais para ajudar os alunos a estudar mais e concluir as tarefas acadêmicas. Cada aluno que trabalhava com ele escrevia um contrato de parte única semanalmente. O contrato definia o comportamento-alvo (por exemplo, a quantidade de horas estudadas, os trabalhos concluídos) a ser alcançado na semana. O estudante entregava ao Dr. Campbell um cheque de uma quantidade combinada de dinheiro todas as semanas. Caso ele não conseguisse atender aos requisitos do contrato, Dr. Campbell descontava o cheque e ficava com o dinheiro. Como resultado, os alunos tinham maior probabilidade de concluir as tarefas do contrato para evitar a perda do dinheiro. A maioria dos alunos melhorou seu desempenho acadêmico e suas notas como resultado dos contratos comportamentais com o Dr. Campbell. O que há de errado com os contratos comportamentais desse exemplo?

2. Larry enfrentava uma luta com seu peso há anos. Em uma consulta recente, o médico disse que ele estava 22 kg acima do peso e precisava fazer algo a respeito. Ele conversou com um nutricionista, que disse que precisava mudar a dieta e comer menos gordura, beber menos cerveja e consumir mais carboidratos complexos. Jane, amiga de Larry que estava fazendo um curso de modificação do comportamento, ofereceu-se para elaborar um contrato comportamental para ajudá-lo a mudar a dieta e perder peso. Os comportamentos-alvo que Larry identificou eram não beber mais de seis cervejas por semana, consumir apenas carnes sem gordura, parar de repetir as refeições, comer três porções de carboidratos complexos (por exemplo, vegetais, frutas, saladas, arroz, batata e macarrão) no almoço e no jantar e substituir manteiga por margarina com baixo teor de gordura. Larry escrevia tudo o que comia diariamente em uma tabela. Ele fez um depósito de $ 200 a Jane e escreveu um contrato em que declarava que perderia $ 20 por cada violação dos compromissos de seu contrato em cada semana. Ao se encontrar com Jane semanalmente, eles revisavam seus registros para ver se havia alguma violação. Em caso positivo, Jane subtraía a quantidade apropriada de dinheiro do depósito de Larry e doava para uma instituição de caridade local. O que há de errado com a implementação do contrato comportamental nesse exemplo?

3. Cláudia estava fumando um maço e meio de cigarros por dia quando decidiu parar por motivos de saúde. Ela visitou um conselheiro, que elaborou um contrato comportamental. Cláudia fez a ele um depósito de $ 500 e assinou um contrato que declarava que ela pararia de fumar totalmente na segunda-feira seguinte. Se ela fumasse em qualquer dia da semana, perderia $ 100 por cada infração. Como medida para saber se ela tinha fumado um cigarro, o conselheiro indicou certo laboratório para fazer um teste de análise química da urina de Cláudia. O teste detectaria a presença de nicotina e outros subprodutos do cigarro se ela tivesse fumado nas últimas 24 horas. Diariamente deixava uma amostra de urina no laboratório toda a semana para testar. Como ela trabalhava no hospital que sediava o laboratório, não era nenhum esforço entregar uma amostra de urina diariamente. Cláudia se encontrava com o conselheiro uma vez por semana e revisava os resultados do laboratório para ver se tinha parado de fumar e para determinar se a contingência do contrato deveria ser implementada. O que há de errado com a implementação do contrato comportamental nesse caso?

24

Procedimentos para redução de medo e ansiedade

- O que é medo? O que é ansiedade?
- De que modo o treino de relaxamento atua para reduzir medo e ansiedade?
- Quais são os diferentes tipos de técnicas de treino de relaxamento? Quais características têm em comum?
- O que é dessensibilização sistemática? Como funciona para aliviar um medo?
- Qual é a diferença entre a dessensibilização *in vivo* e a dessensibilização sistemática? Quais são as vantagens e as desvantagens de cada uma delas?

Este capítulo descreve procedimentos usados para ajudar as pessoas a superarem transtornos relacionados a medo e ansiedade. Primeiro, os problemas que envolvem medo e ansiedade são descritos quanto aos comportamentos operantes e respondentes. Em seguida, os procedimentos usados para tratar esses problemas são discutidos. As técnicas para redução de medo e ansiedade se baseiam nos princípios do condicionamento operante e respondente, portanto, abordam os dois tipos de comportamentos envolvidos em problemas de medo e ansiedade.

Exemplos de redução de medo e ansiedade

Trisha superando o medo de falar em público

Trisha estava tendo uma aula em que os alunos deveriam fazer uma apresentação oral. Ela nunca tinha feito uma apresentação para a turma e só de pensar já começava a ficar nervosa. O coração dela batia de modo acelerado, sentia enjoo e ficava com as palmas das mãos suadas. Ela teria até o fim do semestre fazer a apresentação então tentava não pensar no assunto. Quando não pensava, sentia-se melhor. Com a proximidade do fim do semestre, Trisha passou a pensar mais na apresentação e a vivenciar as sensações nervosas desagradáveis com mais frequência. Algumas vezes, ela se imaginava em frente à turma ministrando a palestra e se esquecendo do que ia dizer. Quando visualizava essas imagens, experimentava as sensações nervosas. No dia de sua apresentação, o coração de Trisha estava acelerado, as mãos ficaram geladas e cobertas de suor, o estômago doía e os músculos estavam tensos. Ela vivenciou essas sensações enquanto se apresentava e disse a si mesma que todos conseguiam perceber que estava nervosa. Esse pensamento a deixou ainda mais nervosa. Trisha não se sentiu bem até terminar e voltar para seu lugar no fundo da classe. Essa foi a primeira vez que se apresentou em público. No passado, ela tinha desistido de outros cursos quando constatava que teria de se apresentar diante da turma. Ao desistir desses cursos, sentiu alívio por não precisar apresentar o trabalho.

Trisha decidiu procurar um psicólogo para conversar sobre seu medo de falar diante da classe. Nos semestres seguintes, ela teria várias aulas em que os alunos precisariam fazer apresentações para a turma e não queria passar pela mesma reação de medo no futuro. Primeiro, o psicólogo, Dr. Gonzalez, ensinou a Trisha exercícios de relaxamento que ela poderia usar

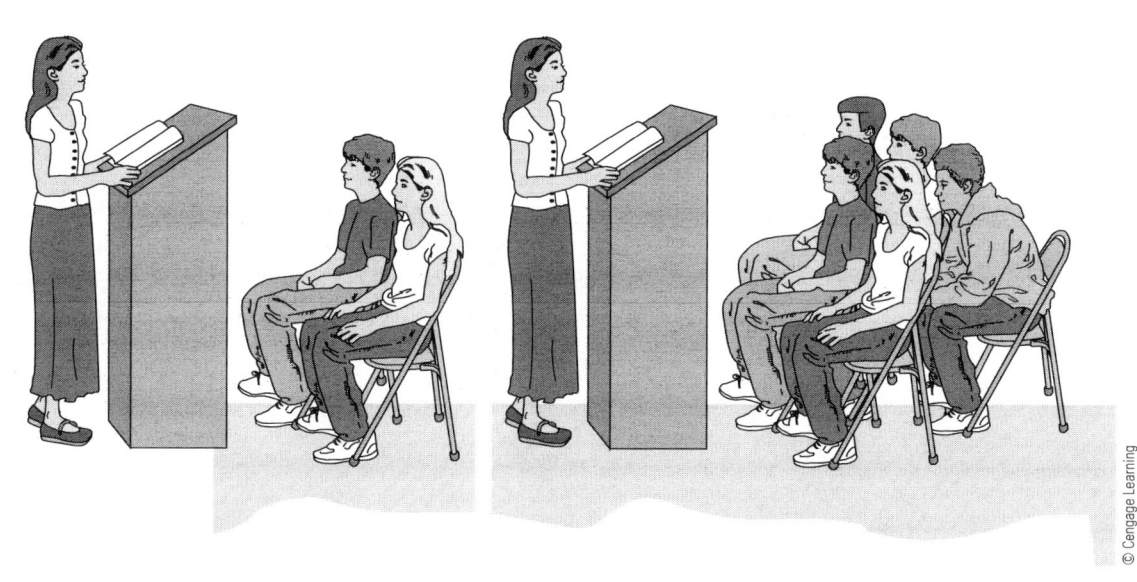

FIGURA 24-1 Trisha pratica falar em público em frente a um número crescente de pessoas enquanto mantém o relaxamento

para relaxar quando sentisse as sensações nervosas que o profissional chamou de *ansiedade*. Por meio de uma combinação de exercícios respiratórios e musculares, Trisha conseguia relaxar quando sentia níveis baixos de ansiedade. Depois, Dr. Gonzalez a levou a praticar os exercícios de relaxamento enquanto se apresentava em seu consultório. Após Trisha conseguir fazer a apresentação ao psicólogo sem vivenciar ansiedade, Dr. Gonzalez levou Trisha a se apresentar a uma amiga em sala de aula vazia. Novamente, Trisha conseguiu relaxar e apresentar o trabalho com ansiedade mínima. Em seguida, Trisha foi orientada a se apresentar para dois amigos em uma sala de aula vazia enquanto praticava os exercícios de relaxamento. À medida que tinha sucesso, Dr. Gonzalez fazia Trisha se apresentar para cada vez mais amigos em uma sala de aula, até que estivesse falando para o número de pessoas que há em sua turma. Por fim, Trisha se apresentou para seus amigos na sala em que sua aula era ministrada. No dia da apresentação, ela praticou os exercícios de relaxamento, apresentou o trabalho com pouca ansiedade e se sentiu confiante na frente da turma (Figura 24-1).

Allison superando o medo de aranhas

Allison foi visitar Dr. Wright no centro de aconselhamento para estudantes em busca de ajuda para um medo intenso de aranhas. Todas as vezes que via uma aranha, ela gritava para que o marido viesse matá-la. Se estivesse sozinha ao se deparar com uma aranha, ela corria para fora de onde estivesse e não voltava até ter a certeza de que alguém a tinha matado. Certa vez, chegou a pular uma janela para fugir de uma aranha que estava pendurada na porta. Alisson relatou reações intensas de medo quando via um aracnídeo. Ela sentia muitas das sensações que Trisha vivenciava: coração acelerado, tensão muscular, sudorese, enjoos e náusea, tontura e rubor. Essas sensações eram extremamente desagradáveis e a única maneira de Allison sentir alívio era se afastar da aranha ou vê-la sendo morta.

Dr. Wright começou avaliando o medo de Allison. Ele colocou uma aranha em um pote sobre a mesa em uma sala grande. Em seguida, pediu a Allison para chegar o mais perto que conseguisse do pote. Ela usou uma escala de classificação de 0 a 100 para relatar a intensidade das sensações de medo. Antes do tratamento, ela conseguia ficar a alguns metros da aranha no pote, mas relatou a taxa mais alta de medo, 100. Ao ficar tão perto da aranha, ela se sentia aterrorizada, mesmo que o bicho estivesse em um pote sem poder sair. Dr. Wright começou o tratamento ensinando exercícios de relaxamento a Allison. Depois de aprender esses exercícios, ela os utilizou para relaxar enquanto se aproximava gradualmente da aranha com Dr. Wright ao seu lado para apoiá-la. Primeiro, Allison parou a 6 metros dela e relaxou. Quando relatou se sentir confortável (um nível em torno de 25 na escala de medo), ela deu mais um passo adiante. Com Dr. Wright ao seu lado, ela utilizou os exercícios de relaxamento até se sentir confortável novamente. Allison e Dr. Wright continuaram esse processo, usando os exercícios e se aproximando gradualmente da aranha, nas sessões de tratamento por um período de 3 meses. No fim do tratamento, Allison conseguia chegar perto o suficiente para matar a aranha enquanto relatava um baixo nível de medo. Esse era seu objetivo: conseguir matar a aranha quando visse uma delas sem passar pela reação intensa de medo. (O caso é de Miltenberger, Wright e Fuqua, 1986.)

Definir problemas de medo e ansiedade

Muitas pessoas buscam tratamentos psicológicos para problemas de medo e ansiedade. Antes de discorrer sobre tratamentos para esses problemas, é importante fornecer as definições operacionais dos comportamentos envolvidos.

O **medo** é composto de comportamentos operantes e respondentes. Em geral, a pessoa tem medo de determinado estímulo ou situação de estímulo. Quando o estímulo está presente, ela vivencia respostas corporais desagradáveis (excitação do sistema nervoso autônomo) e apresenta comportamentos de fuga ou esquiva. As respostas corporais são comportamentos respondentes que chamamos de **ansiedade**. A excitação do sistema nervoso autônomo envolvida na ansiedade é uma operação estabelecedora que aumenta a probabilidade de a pessoa apresentar um comportamento de fuga ou esquiva naquele momento.

> *No caso de Allison, identifique o estímulo condicionado (EC) e a resposta condicionada (RC) que constituem o comportamento respondente envolvido no medo dele.*

A presença de uma aranha é o EC que provoca uma RC de excitação do sistema nervoso autônomo, que inclui batimentos cardíacos acelerados, suor nas mãos, tensão muscular, enjoo, tontura e rubor. A RC envolve as sensações desagradáveis que as pessoas chamam de ansiedade.

> *No caso de Allison, identifique o comportamento operante e o reforço para ele.*

O comportamento operante que aborda o medo de aranhas de Allison envolve pedir socorro para que o marido venha matar a aranha, e correr quando a vê. Gritar pelo marido é reforçado pela remoção da aranha (ele a mata); correr também é reforçado pelo ato de fugir dela, já que Allison sai do local em que a viu. Quando a aranha não está mais presente, há uma redução correspondente da ansiedade (sensações corporais desagradáveis) que foi provocada por sua presença. Assim, os comportamentos de gritar e correr são negativamente reforçados pela remoção (ou pelo ato de fugir) da aranha e pela redução da ansiedade.

> *Identifique os comportamentos operante e respondente envolvidos no medo de falar em público exibido por Trisha.*

No caso de Trisha, ficar diante da classe para apresentar uma palestra é um EC que provoca uma RC de excitação autônoma. No entanto, pensar sobre a palestra e se imaginar na apresentação também são EC que provocam a RC. Como você pode ver, seu próprio comportamento oculto (pensamentos, imagens) pode funcionar como um EC que provoca ansiedade como uma RC. Neste caso, o comportamento operante envolve desistir das aulas em que ela teria de se apresentar em público. Desistir das aulas é reforçado pela eliminação da ansiedade associada com apresentar o trabalho. Além disso, quando ela pensa sobre a palestra que precisa ministrar, a substituição desses pensamentos produtores de ansiedade por outros pensamentos ou comportamentos é negativamente reforçada por uma redução da ansiedade. Por exemplo, quando Trisha está pensando sobre a apresentação e sente ansiedade, ela se comunica com uma amiga. Assim que faz contato com a amiga, os pensamentos produtores de ansiedade cessam e o comportamento de ligar para a amiga é reforçado.

A maioria dos problemas que classificaríamos como transtornos de medo e ansiedade são caracterizados por uma combinação entre comportamento respondente, em que a resposta corporal de ansiedade é provocada por determinado EC, e comportamento operante, em que comportamentos de fuga ou esquiva são reforçados pela remoção dos estímulos temidos e redução da ansiedade desagradável. Como comportamentos operantes e respondentes estão envolvidos no problema, a maioria das técnicas de tratamento envolve componentes que abordem os dois tipos de comportamentos.

> *Descreva os comportamentos operante e respondente envolvidos no medo que uma criança tem do escuro.*

Estar em um quarto com as luzes apagadas (escuridão) é um EC que provoca a RC de ansiedade ou excitação autônoma. Quando a criança relata estar assustada ou com medo do escuro, ela está identificando as respostas corporais que sente no escuro. O comportamento operante pode envolver acender uma luz noturna ou deixar a porta aberta para que o quarto seja iluminado pela luz do corredor. O resultado desses comportamentos é que a escuridão é reduzida ou eliminada. Assim, a ansiedade diminui. Outro comportamento pode ser chorar ou chamar pelos pais, o que é reforçado pela presença deles, o que diminui a ansiedade associada com estar no escuro.

Embora fique claro que o comportamento respondente é um componente do medo, normalmente não se sabe como o medo se desenvolveu por meio do condicionamento respondente. Ou seja, pode-se não saber como o EC (estímulo temido) ficou condicionado para eliciar a RC de ansiedade. Lembre-se que, no Capítulo 8, vimos que um estímulo neutro se torna um EC quando é pareado com um estímulo incondicionado (EI) ou outro EC. Como resultado desse pareamento, o estímulo neutro passa a ser um EC e elicia a mesma resposta que é eliciada pelo EI. Por exemplo, uma criança que é derrubada ou mordida por um cachorro pode desenvolver medo de cães. O estímulo doloroso (ser derrubado ou mordido) é um EI que elicia excitação autônoma, uma resposta incondicionada (RI). O cachorro é, por si só, um estímulo neutro que se torna um EC, já que a presença dele é pareada com o estímulo doloroso. Portanto, quando a criança que foi mordida vê um cão (um EC), isso elicia uma RC semelhante à RI que foi eliciada pelo estímulo doloroso da mordida.

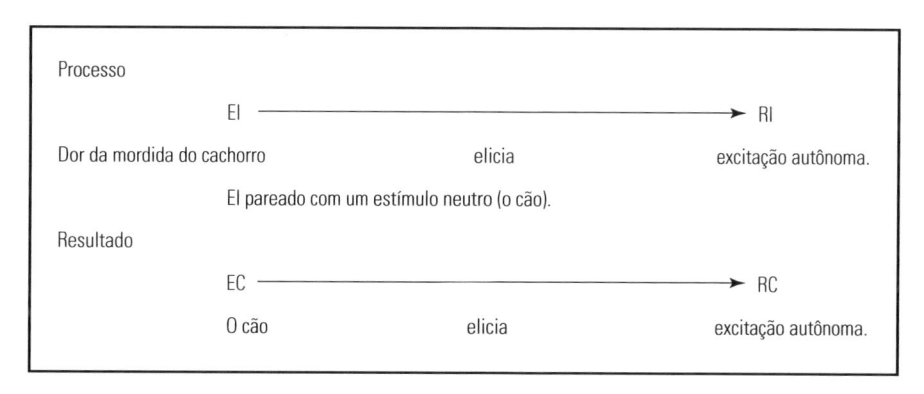

```
Processo
                         EI ─────────────────────────► RI
Dor da mordida do cachorro         elicia              excitação autônoma.
                      EI pareado com um estímulo neutro (o cão).
Resultado
                         EC ─────────────────────────► RC
                      O cão         elicia              excitação autônoma.
```

No caso da mordida de um cão, o papel do condicionamento respondente no desenvolvimento do medo é óbvio. Em muitos outros casos, a pessoa com medo não consegue se lembrar de um evento no passado que possa ter condicionado o estímulo temido. Embora o estímulo temido claramente provoque ansiedade como uma RC, a forma com que o estímulo temido se tornou um EC pode ser desconhecida. No entanto, saber como o medo foi condicionado não é necessário para ajudar a pessoa a superá-lo. O importante é identificar todos os estímulos que funcionam atualmente como EC e eliciam as respostas de medo (as RC).

Outra questão para se levar em conta ao entender problemas de medo e ansiedade é que algumas vezes um problema que parece ser de medo ou ansiedade é simplesmente um comportamento operante sem nenhum comportamento respondente ou componente de medo. Por exemplo, uma criança que grita e chora alegando ter medo de ir para a escola pode ter fobia escolar ou simplesmente estar exibindo um comportamento operante que está sendo reforçado positivamente (Kearney e Silverman, 1990). Se for um medo, ela passará pelo comportamento respondente de excitação autônoma que chamamos de ansiedade. A ansiedade é provocada por estímulos da escola ou relacionados a ela. Gritar, chorar e se recusar a ir para a escola são comportamentos operantes que são reforçados pela fuga ou esquiva da escola, e pela redução da ansiedade associada com a escola. Entretanto, pode não haver nenhuma ansiedade relacionada, e os comportamentos de gritar, chorar, alegar estar assustado e se recusar a ir para a escola podem ser positivamente reforçados pela atenção de um dos pais, por ver TV, comer guloseimas e brincar durante o dia. *É importante conduzir uma avaliação funcional do suposto comportamento de medo para determinar qual função tem para a criança* (Lee e Miltenberger, 1996).

Outro exemplo pode ser medo do escuro. Um medo real incluiria uma RC de excitação autônoma (ansiedade) eliciada pelo escuro e um comportamento de fuga ou esquiva reforçado pela remoção do escuro e redução da ansiedade. No entanto, o comportamento da criança de chorar à noite e alegar estar com medo pode ser reforçado por um dos pais que dá atenção e conforto. O relato de medo pode não ser uma identificação exata de uma resposta corporal de ansiedade.

Procedimentos para reduzir medo e ansiedade

Diversos procedimentos de modificação do comportamento são usados para ajudar as pessoas a superar problemas de medo ou ansiedade. Esses procedimentos incluem treino de relaxamento, dessensibilização sistemática e dessensibilização *in vivo* (Masters et al., 1987; Spiegler e Guevremont, 1998, 2010) e são baseados em princípios do condicionamento respondente, condicionamento operante, ou uma combinação dos dois.

Treino de relaxamento

As técnicas de **treino de relaxamento** são estratégias que as pessoas usam para reduzir a excitação autônoma que vivenciam como um componente dos problemas de medo e ansiedade. A pessoa apresenta comportamentos específicos de relaxamento que resultam em respostas corporais opostas à excitação autônoma. Enquanto as respostas corporais, como músculos tensos, frequência cardíaca acelerada, mãos frias e respiração rápida, fazem parte da excitação autônoma, exercícios de relaxamento produzem respostas corporais como queda na tensão muscular, nos batimentos cardíacos e na frequência respiratória, além de aquecimento das mãos. Uma vez que a pessoa produz essas respostas corporais opostas, relata uma redução da ansiedade. Quatro técnicas comuns de treino de relaxamento são: relaxamento muscular progressivo, respiração diafragmática, exercícios de atenção focada (Davis, Eshelman e McKay, 1988) e treino de relaxamento comportamental (Poppen, 1988).

Relaxamento muscular progressivo No **relaxamento muscular progressivo (RMP)**, a pessoa tensiona e relaxa sistematicamente cada um dos principais grupos musculares do corpo. Enrijecer e relaxar os músculos os deixa mais relaxados do que em seu estado inicial. O relaxamento muscular progressivo foi descrito inicialmente por Edmund Jacobson (1938) e tem sido amplamente utilizado desde então (Benson, 1975; Bernstein e Borkovec, 1973).

Para usar o RMP, deve-se primeiro aprender a tensionar e relaxar cada um dos principais músculos do corpo. Pode-se aprender a fazer isso com um terapeuta, ouvindo instruções do procedimento ou lendo uma descrição. A Tabela 24-1 identifica um conjunto de grupos musculares e explica como enrijecê-los ao utilizar o procedimento de RMP (Masters et al., 1987).

Depois de aprender a tensionar cada um dos grupos musculares, o cliente pode começar o procedimento de relaxamento. Primeiro, ele fica à vontade em uma cadeira confortável, como uma poltrona reclinável. O exercício de relaxamento deve ser conduzido em um ambiente silencioso ou algum outro lugar sem grandes distrações. Depois, o cliente fecha os olhos e tensiona e relaxa todos os grupos musculares identificados na Tabela 24-1. Começando pelo primeiro grupo muscular, a mão e o braço dominante, ele contrai firmemente os músculos por cerca de 5 segundos e libera a tensão abruptamente. Isso permite que o cliente sinta o contraste entre tensão e relaxamento daquele determinado grupo muscular. O cliente foca o nível reduzido de tensão no grupo muscular por 5 a 10 segundos e depois passa para o próximo grupo da lista: a outra mão e braço. Novamente, o cliente tensiona firmemente os músculos e abruptamente os libera, eliminando a tensão. Depois que ele enrijece os músculos, o nível reduzido de tensão ou estado relaxado dos músculos é prazeroso e facilmente identificável. O cliente repete este processo até que todos os grupos musculares tenham sido tensionados e relaxados. Quando o processo for concluído, os músculos do corpo devem estar menos tensos ou mais relaxados do que estavam no início do exercício de relaxamento.

TABELA 24-1 Alguns grupos musculares e métodos para enrijecê-los na técnica de relaxamento muscular progressivo

Grupo muscular	Método de tensionamento
Braço e mão dominante	Fechar o punho apertando, curvá-lo em direção ao ombro dobrando o braço.
Braço e mão não dominante	O mesmo do dominante.
Testa e olhos	Abrir bem os olhos e levantar as sobrancelhas. Fazer o maior número possível de rugas na sua testa.
Bochechas e nariz	Franzir as sobrancelhas, apertar os olhos e enrugar o nariz.
Mandíbula, parte inferior da face e pescoço	Apertar os dentes, projetar o queixo. Os cantos da boca devem estar voltados para baixo.
Ombros, parte superior das costas, peito	Encolher os ombros e levar a omoplata para trás o máximo possível, como se estivesse tentando fazer um ombro tocar no outro.
Abdômen	Inclinar-se levemente na cintura para a frente, projetar o estômago, enrijecer os músculos o máximo possível, deixando-os muito duros.
Glúteos	Contrair os glúteos ao mesmo tempo que empurra em direção à cadeira.
Parte superior da perna dominante	Forçar o músculo quadríceps contra as áreas menores da base da coxa. Enrijecer os músculos e pressioná-los uns contra os outros.
Parte inferior da perna dominante	Levantar os dedos até que apontem para o alto. Alongar e enrijecer os músculos da panturrilha.
Pé dominante	Apontar os dedos para fora e para baixo, alongando o pé.
Parte superior da perna não dominante	O mesmo da dominante.
Parte inferior da perna não dominante	O mesmo da dominante.
Pé não dominante	O mesmo do dominante.

(De: Masters, J. et al. [Eds.]. *Behavior therapy: techniques and empirical findings*. 3. ed., 1987. Copyright © 1987 Harcourt Brace Jovanovich. Reproduzido com permissão da Academic Press.)

Técnicas de treino de relaxamento

- Relaxamento muscular progressivo.
- Respiração diafragmática.
- Exercícios de atenção focada.
- Treino de relaxamento comportamental.

Muitas pessoas praticam o RMP pela primeira vez ouvindo uma gravação de relaxamento ou instruções fornecidas por um terapeuta. Quando a pessoa tenta o RMP sem a ajuda de um terapeuta ou de uma gravação, é preciso que ela pratique primeiro tensionar e relaxar cada um dos grupos musculares e depois memorize a sequência para fazer o procedimento corretamente.

Depois de ter praticado o RMP muitas vezes, pode-se começar a relaxar sem tensionar e relaxar todos os grupos musculares. Como o procedimento de RMP ensina a controlar a própria tensão muscular, pode-se reduzir a tensão em situações em que provavelmente enfrentariam mais tensão. Para facilitar o processo, normalmente usa-se uma palavra sugestiva ao praticar o RMP e depois recita-se palavra para ajudar no relaxamento. Por exemplo, enquanto praticava o RMP em seu quarto, Trisha repetia a palavra sugestiva "relaxe" para si mesma. Essa palavra ficou associada com a resposta de relaxamento e, posteriormente, quando estava prestes a fazer sua apresentação para a classe, ela disse "relaxe" para si mesma enquanto relaxava seus músculos. A palavra sugestiva se transforma em um EC que provoca relaxamento como uma RC. Recitá-la também ajuda a evitar pensamentos que podem gerar ansiedade. Enquanto Trisha está dizendo "relaxe" para si mesma, ao esperar por sua vez de se apresentar na aula, fica mais difícil pensar em fracassar ou ter outros pensamentos produtores de ansiedade.

Respiração diafragmática Outro exercício de relaxamento envolve a **respiração diafragmática** (Poppen, 1988) – também chamada de *respiração profunda* (Davis et al., 1988) ou *respiração relaxada* (Mayo Clinic Foundations, 1989) – em que se respira profundamente de maneira lenta e rítmica. Em cada inspiração, usa-se os músculos do diafragma para levar oxigênio profundamente aos pulmões. Como a ansiedade ou a excitação autônoma geralmente incluem uma respiração rápida e superficial, a respiração diafragmática reduz a ansiedade ao substituir o padrão de respiração por um padrão mais relaxado. Para ilustrar esse ponto, pense no que acontece quando as pessoas estão surpresas ou assustadas. A respiração fica rápida e superficial e elas têm dificuldades para recuperar o fôlego. A pessoa passa por situações semelhantes quando está hiperventilando. Compare isso com a respiração lenta e profunda de alguém prestes a pegar no sono, um estado de extremo relaxamento.

Para aprender a respiração diafragmática, deve-se sentar em posição confortável e colocar uma mão sobre o abdômen, bem abaixo da caixa torácica. Essa é a localização do músculo do diafragma. Ao inspirar, deve-se sentir o abdômen se mover para fora enquanto o diafragma leva o sopro de ar para dentro dos pulmões (Poppen, 1988). Os ombros devem ficar imóveis na respiração diafragmática. O movimento dos ombros para cima durante a inspiração indica uma respiração superficial na parte superior dos pulmões, e não a respiração profunda para dentro deles. Muitas pessoas acreditam que o abdômen deve ser contraído durante a inspiração. O oposto é verdadeiro: o abdômen se move para fora quando alguém respira profundamente usando os músculos do diafragma (Mayo Clinic Foundation, 1989). Depois de aprender a respirar corretamente, com a expansão do abdômen em cada inspiração, a pessoa está pronta para começar o exercício respiratório.

Para praticar a respiração profunda ou diafragmática para reduzir a ansiedade, deve-se ficar sentado, de pé ou deitado em uma posição confortável, com os olhos fechados, e inspirar lentamente por 3-5 segundos, até que os pulmões estejam confortavelmente cheios de ar. O músculo do diafragma amplia o abdômen à medida que o ar é inalado. Em seguida, expira-se lentamente por 3 a 5 segundos. O músculo do diafragma reduz o abdômen à medida que o ar é exalado. É melhor inspirar e expirar pelo nariz durante exercícios de respiração diafragmática. Enquanto inspira e expira, deve-se concentrar a atenção nas sensações envolvidas na respiração (por exemplo, sensação dos pulmões se expandindo e contraindo, fluxo de ar para dentro e para fora e movimento do abdômen). Concentrando a atenção nessas sensações, a probabilidade de ter pensamentos que provocam ansiedade é menor. Depois de conseguir produzir uma redução da ansiedade ao executar a respiração diafragmática durante sessões práticas, pode-se usar a respiração profunda para diminuir a excitação de situações produtoras de ansiedade. Por exemplo, enquanto Allison está parada a 3 metros da aranha durante as sessões de tratamento, ela executa a respiração diafragmática para reduzir a excitação ou mantê-la em um nível baixo.

Observe que os exercícios de respiração diafragmática são um componente da maioria das outras técnicas de relaxamento. No RMP, por exemplo, primeiro aprende-se a respirar corretamente para melhorar a eficácia dos exercícios de tensão e relaxamento dos músculos. O RMP não será tão eficiente se a respiração for rápida e superficial. Conforme discutiremos na seção a seguir, a respiração profunda também é um componente dos exercícios de atenção focada.

Exercícios de atenção focada   Os **exercícios de atenção focada** produzem relaxamento ao direcionar a atenção para um estímulo neutro ou prazeroso e remover a atenção dos estímulos produtores de ansiedade. Técnicas como meditação, imaginação guiada e hipnose produzem relaxamento por meio de um mecanismo de foco da atenção (Davis et al., 1988). Na meditação, concentra-se a atenção em um estímulo visual, auditivo ou cinestésico. Por exemplo, contemplar um objeto, focar a atenção em mantras repetitivos (sons de palavras) ou se concentrar nos movimentos respiratórios. Depois de se concentrar no objeto, mantra ou respiração durante o exercício de meditação, a atenção não se volta para o estímulo que produz ansiedade.

Na imaginação guiada ou exercícios de visualização, deve-se visualizar ou imaginar cenas ou imagens agradáveis. Novamente, o exercício concentra a atenção da qual não se consegue voltar para pensamentos ou imagens produtoras de ansiedade. Pode-se ouvir uma gravação ou o terapeuta descreve um cenário ou imagem. Deve-se ficar em posição confortável, sentado ou deitado, com os olhos fechados, e imaginar a cena. A gravação ou o terapeuta descreve paisagens, sons e cheiros enquanto cria a imagem. Por exemplo, ao descrever uma cena na praia, o terapeuta pode dizer: "sinta o sol morno em sua pele; sinta a areia morna sob seus pés; escute o som das ondas chegando suavemente à praia; sinta o cheiro doce do óleo bronzeador". Quando muitas sensações estão envolvidas, tem-se maior probabilidade de imaginar a cena por completo e substituir quaisquer outros pensamentos ou imagens produtores de ansiedade.

Na hipnose, concentra-se atenção nas sugestões hipnóticas do terapeuta ou de uma gravação. No transe hipnótico, a atenção fica voltada simplesmente para as palavras do terapeuta, de maneira que se tem menos consciência dos estímulos externos, até pensamentos e imagens que provocam ansiedade. Pode-se praticar auto-hipnose recitando sugestões hipnóticas de um roteiro para induzir um estado de relaxamento.

Observe que os procedimentos de atenção focada normalmente são usados como componentes de outras técnicas de relaxamento. No RMP, deve-se concentrar a atenção em cada grupo muscular que está sendo contraído e relaxado. Nos exercícios de respiração diafragmática, concentra-se a atenção nas sensações físicas de cada inspiração e expiração. Ao mesmo tempo, uma postura relaxada é um componente dos exercícios de respiração diafragmática, imaginação guiada e RMP. Como você pode verificar, esses três métodos de relaxamento têm muitos componentes em comum.

Treino de relaxamento comportamental   No **treino de relaxamento comportamental**, descrito por Poppen (1988), aprende-se a relaxar todos os grupos musculares do corpo assumindo posturas relaxadas. É parecido com o RMP, exceto pelo fato de que não se tensiona e relaxa os grupos musculares. É preciso se sentar em uma poltrona reclinável com todas as partes do corpo apoiadas na cadeira enquanto o terapeuta dá instruções para que o cliente coloque cada parte do corpo na postura correta. A Tabela 24-2 apresenta os dez comportamentos relaxados descritos por Poppen (1988).

O treino de relaxamento comportamental inclui componentes de outros procedimentos de relaxamento. Aprende-se a respirar corretamente e a atenção está concentrada em cada um dos dez comportamentos de relaxamento envolvidos no procedimento. Como você pode ver, existem três componentes nessa técnica de relaxamento: foco na tensão muscular, respiração correta e atenção focada.

Três componentes essenciais dos procedimentos de relaxamento

Cada um dos quatro procedimentos de relaxamento descritos neste capítulo tem um foco diferente. No entanto, todos incluem os três componentes a seguir. Estes são essenciais para a eficácia do treino de relaxamento porque abordam três aspectos importantes da ansiedade: aumento da tensão muscular, respiração rápida e superficial e pensamentos que induzem a ansiedade.

1. Redução da tensão muscular. Embora o foco do RMP seja reduzir a tensão muscular, os outros três procedimentos alcançam esse objetivo com posturas relaxadas.
2. Respiração relaxada. Embora o foco do procedimento de respiração diafragmática seja a respiração relaxada, os outros três métodos também começam com um breve componente de respiração relaxada.
3. Foco da atenção. Embora os exercícios de atenção focada enfatizem esse componente, todos os métodos de relaxamento concentram a atenção do cliente nas instruções do terapeuta como parte do procedimento.

Aprender técnicas de relaxamento é importante porque o treino de relaxamento é um componente dos procedimentos de redução de medo. Os vários procedimentos para redução de medo serão descritos a seguir.

Dessensibilização sistemática

A **dessensibilização sistemática** é um procedimento desenvolvido por Joseph Wolpe (1958, 1961, 1990) em que a pessoa que tem fobia pratica relaxamento enquanto imagina cenas do estímulo produtor de medo. A **fobia** é um medo em que o nível de ansiedade ou comportamento de fuga ou esquiva é grave o bastante para atrapalhar a vida. Wolpe concluiu que alguém poderia reduzir respostas de medo aprendendo a relaxar enquanto imaginava cenas produtoras de ansiedade cada vez mais

TABELA 24-2 Dez comportamentos relaxados

O treino de relaxamento comportamental consiste em uma descrição de dez posturas e atividades características de uma pessoa totalmente relaxada, cujo corpo é completamente sustentado por uma poltrona reclinável ou dispositivo semelhante. Cada comportamento consiste em uma postura ou atividade aparente de determinada região do corpo. Para aumentar a diferenciação, comportamentos relaxados e alguns não relaxados que ocorrem normalmente são apresentados para cada item.

1. Cabeça

Relaxado. A cabeça fica imóvel e é sustentada pelo encosto, com o nariz posicionado na linha central do corpo. A linha central do corpo normalmente pode ser determinada por características de vestimentas, como botões de camisas ou o vértice de uma gola V. Parte das narinas e o lado inferior do queixo também ficam visíveis.

Não relaxado. (a) movimento da cabeça; (b) cabeça virada para fora da linha central; localização do nariz além da linha central; (c) cabeça inclinada para baixo. As narinas e parte de baixo do queixo não estão visíveis; (d) a cabeça não está apoiada no encosto; (e) cabeça inclinada para cima. Toda a parte inferior do queixo está visível.

2. Olhos

Relaxado. As pálpebras estão levemente fechadas, com uma aparência suave e sem movimento dos olhos sob elas.

Não relaxado. (a) olhos abertos; (b) pálpebras fechadas, mas contraídas ou tremendo; (c) movimento dos olhos sob as pálpebras.

3. Boca

Relaxado. Os lábios são separados no centro da boca de 7 a 25 mm, com os dentes da frente também separados.

Não relaxado. (a) dentes em oclusão; (b) lábios fechados; (c) boca aberta mais de 25 mm. Na maioria dos casos, os cantos da boca se separam quando ela está aberta mais do que o padrão; (d) movimento da língua, como lamber os lábios.

4. Garganta

Relaxado. Ausência de movimento.

Não relaxado. Qualquer movimento da garganta e pescoço, como engolir ou outra ação da laringe, agitação dos músculos do pescoço.

5. Ombros

Relaxado. Os ombros parecem arredondados e cortam o mesmo plano horizontal. Repousam na cadeira reclinável sem nenhum movimento além da respiração.

Não relaxado. (a) movimento dos ombros; (b) ombros em um plano diagonal; (c) ombros levantados ou abaixados, de modo que não pareçam arredondados.

6. Corpo

Relaxado. O corpo está relaxado quando tronco, quadril e pernas estão simétricos em torno da linha média, repousando na cadeira sem nenhum movimento.

Não relaxado. (a) qualquer movimento do tronco, exceto a respiração; (b) giro do tronco, quadris ou pernas para fora da linha central; (c) qualquer movimento dos quadris, pernas ou braços que não resulte em movimento dos pés ou mãos (calculados separadamente); (d) qualquer parte das costas, glúteos ou pernas que não esteja apoiada na cadeira reclinável.

7. Mãos

Relaxado. As duas mãos repousando no descanso da cadeira ou no abdômen, com as palmas para baixo e os dedos curvados em forma de garras. Os dedos estão suficientemente curvados quando um lápis conseguir passar livremente por baixo do ponto mais alto do arco (excluindo o polegar).

Não relaxado. (a) mãos segurando o apoio para braços; (b) dedos estendidos e retos; (c) dedos curvados de modo que as unhas toquem a superfície do apoio; (d) dedos entrelaçados; (e) movimento das mãos.

8. Pés

Relaxado. Os pés estão apontados em direções opostas em um ângulo entre 60 e 90 graus.

Não relaxado. (a) movimento dos pés; (b) pés na vertical ou em um ângulo menor que 60 graus; (c) pés apontando para fora em um ângulo maior que 90 graus; (d) pés cruzados nos tornozelos; (e) um calcanhar posicionado a mais de 25 mm para a frente ou para trás do outro.

9. Silêncio

Relaxado. Sem vocalizações ou sons respiratórios altos.

Não relaxado. Qualquer verbalização ou vocalização, como falar, suspirar, grunhir, roncar, ofegar ou tossir.

10. Respiração

Relaxado. A frequência respiratória é menor do que a observada durante a linha de base, sem interrupções na respiração. Uma respiração é igual a um ciclo completo de inspiração e expiração. É contada se alguma parte da inspiração ocorrer no sinal que inicia o intervalo de observação e alguma parte da expiração ocorrer no sinal que finaliza o intervalo de observação.

Não relaxado. (a) frequência respiratória igual ou maior do que a apresentada durante a linha de base; (b) qualquer irregularidade que interrompa o ritmo regular da respiração, como tossir, rir, bocejar ou espirrar.

(De Poppen, R. *Behavioral Relaxation Training and Assessment*, 1988, p. 30-34. Copyright © 1988 Pergamon Press. Reproduzido com permissão do autor.)

intensas descritas pelo terapeuta. Por exemplo, em uma sessão de dessensibilização sistemática, Allison relaxaria e ouviria o terapeuta descrever uma cena em que ela via uma aranha a 7 metros de distância. Depois de ouvir essa descrição e se manter relaxada, o terapeuta descreveria uma cena em que a aranha estivesse a 6 metros de distância. Se Allison se mantivesse relaxada, o terapeuta continuaria descrevendo cenas em que a aranha estivesse cada vez mais perto. O ingrediente fundamental é Allison manter a resposta de relaxamento enquanto imagina o estímulo produtor de medo. Wolpe chamou esse processo de *inibição recíproca* porque a resposta de relaxamento inibe ou evita a ocorrência da resposta de medo.

O uso da técnica de dessensibilização sistemática tem três etapas importantes.

1. O cliente aprende habilidades de relaxamento usando um dos procedimentos descritos anteriormente.
2. O terapeuta e o cliente desenvolvem uma hierarquia de estímulos produtores de medo.
3. O cliente pratica habilidades de relaxamento enquanto o terapeuta descreve cenas dessa hierarquia.

Uma vez que o cliente consiga manter a resposta de relaxamento enquanto imagina todas as cenas da hierarquia, a dessensibilização sistemática estará completa. Ele deve, então, ficar livre das respostas de medo (ansiedade e comportamento de esquiva) quando se deparar com o estímulo produtor de medo na vida real.

Desenvolvendo a hierarquia   Depois que o cliente aprende as técnicas de relaxamento, o terapeuta e ele desenvolvem uma **hierarquia** de estímulos produtores de medo. O cliente usa uma escala de classificação de medo e identifica a quantidade de medo produzida por uma variedade de situações relacionadas com o estímulo temido. A escala de classificação de medo é chamada de *escala de unidades subjetivas de desconforto* (em inglês *Subjective Units of Discomfort Scale* – SUDS; Wolpe, 1990). Na escala de 0-100, uma classificação 0 corresponde à ausência de medo ou ansiedade e o valor 100 corresponde à quantidade máxima de medo ou ansiedade. Por exemplo, Allison pode relatar que uma aranha em seu braço tem uma classificação SUDS de 100, o maior medo que ela poderia imaginar. Ela pode dizer que ver uma aranha a 1,5 m de distância tem um valor SUDS de 75, a 3 metros de distância tem um valor SUDS de 25, e ficar sentada no sofá com o marido sem nenhuma aranha presente tem uma classificação SUDS de 0, ausência de medo. A hierarquia estará completa quando o cliente tiver identificado entre 10 e 20 situações que progressivamente causam mais medo. As situações produtoras de medo devem ser identificadas entre os níveis de medo, de modo que sejam compostas por situações com pontuações baixas, médias e altas de medo. A Tabela 24-3 apresenta exemplos de quatro hierarquias usadas na dessensibilização sistemática (Morris, 1991).

Progredindo ao longo da hierarquia   Depois de desenvolver habilidades de relaxamento e construir a hierarquia com o terapeuta, o cliente está pronto para começar a dessensibilização sistemática e progredir ao longo da hierarquia. No início da sessão, pratica exercícios de relaxamento. Depois que o cliente demonstra um estado de relaxamento, o terapeuta descreve a primeira cena da hierarquia que produz pouca ansiedade. O cliente imagina essa cena enquanto continua a relaxar. Depois de imaginar essa cena enquanto mantém o relaxamento com sucesso, ele passa para a próxima etapa da hierarquia. O terapeuta descreve uma cena levemente mais produtora de medo. Novamente, o cliente imagina essa cena enquanto mantém a resposta de relaxamento. O terapeuta pode repetir a cena algumas vezes para garantir que o cliente a imagine enquanto mantém a resposta de relaxamento. Em seguida, o terapeuta descreve a próxima cena da hierarquia, um pouco mais geradora de ansiedade que a anterior, e o cliente a imagina enquanto mantém o relaxamento. Esse processo continua ao longo do curso de diversas sessões de tratamento até que ele consiga manter o relaxamento em todas as cenas da hierarquia.

Assim, na dessensibilização sistemática, o cliente relaxa enquanto imagina o estímulo temido. Ele não entra em contato real com o estímulo produtor de medo. Compare esse procedimento com a dessensibilização *in vivo* (vida real), em que o cliente é gradualmente exposto ao verdadeiro estímulo produtor de medo enquanto mantém o relaxamento.

Dessensibilização *in vivo*

A **dessensibilização *in vivo*** é parecida com a dessensibilização sistemática, exceto pelo fato de o cliente se aproximar gradualmente ou ser gradualmente exposto ao verdadeiro estímulo produtor de medo (Walker et al., 1981). *Para usar o procedimento de dessensibilização* in vivo, *o cliente:*

(1) Aprende habilidades de relaxamento,
(2) desenvolve uma hierarquia de situações que envolvem o estímulo produtor de medo e
(3) vivencia todas as situações da hierarquia enquanto mantém o relaxamento como uma resposta alternativa para substituir a resposta de medo.

Nos exemplos de Trisha e Allison, a dessensibilização *in vivo* foi usada para ajudá-las a superar seus medos.

TABELA 24-3 Amostras de hierarquias iniciais de ansiedade

Medo de ficar sozinho
10. Estar com um grupo de pessoas no laboratório, durante o dia ou à noite.
20. Ficar sozinha em um quarto com outra mulher.
30. Pensar sobre a possibilidade de estar sozinha em minha casa durante o dia.
40. Caminhar até a aula de manhã cedo, quando existem poucas pessoas na rua.
50. Sozinha em sua cama em casa à luz do dia.
60. Dirigir sozinha à noite e sentir que um homem está me seguindo.
70. Caminhar sozinha em uma rua do centro da cidade à noite com uma amiga.
80. Estar sozinha em uma casa com uma criança pequena da qual estou cuidando como babá.
90. Pensar sobre estar sozinha à noite algumas horas antes de estar realmente sozinho.
100. Sentar sozinha na sala de estar de minha casa à noite e com as portas fechadas.

Medo de viajar em aviões
10. Assistir a um vídeo de um avião voando para cima, para baixo e se inclinando.
20. Estar em um avião privado no solo com o motor desligado.
30. Estar em um avião privado no solo e o piloto começar a taxiar pela pista.
40. Estar em um avião privado no solo, taxiando e o piloto ligar o motor.
50. Planejar uma viagem com um amigo em um jato comercial, 3 meses antes da viagem.
60. Um mês antes da viagem de jato.
70. Três semanas antes da viagem de jato.
80. Três dias antes da viagem de jato.
90. Estar em um voo privado durante a decolagem.
100. Estar em um jato comercial no solo.

Medo de dirigir em locais altos
10. Entrar em uma rampa de garagem no nível do solo.
20. Ir do segundo ao terceiro andar do estacionamento.
30. Estar com um amigo no carro e chegar perto da ponte sobre o rio Chicago na avenida Michigan.
40. Dirigir com um amigo e começar a se aproximar da ponte sobre o rio Chicago.
50. Dirigir meu carro sobre a ponte do rio Chicago.
60. Dar carona a um amigo e cruzar a ponte sobre o rio Mississipi, perto de Moline.
70. Dirigir meu carro na ponte sobre o rio Mississipi, perto de Moline.
80. Dirigir meu carro com um amigo em uma estrada montanhosa no Wisconsin.
90. Dirigir meu carro com um amigo em uma estrada montanhosa no Wisconsin e estar na metade de uma colina muito íngreme.
100. Dirigir meu carro com um amigo até o topo de uma colina muito íngreme. Chegar ao topo, sair do carro e observar o vale abaixo.

Medo de sair de casa
10. Sair pela porta da frente até o carro para ir ao mercado.
20. Entrar no carro e ligá-lo.
30. Dentro do carro, saindo da garagem.
40. Na rua, afastando-me de casa.
50. A dois quarteirões de casa, a caminho do mercado.
60. Chegar ao mercado e estacionar.
70. Entrar no mercado.
80. Pegar um carrinho de compras e começar a procurar pelos itens da lista.
90. Conseguir todos os itens e ir para o caixa.
100. Ter todos os itens e precisar esperar em uma fila longa e lenta para passar pelo caixa.

(De Morris, R. J. Fear reduction methods. In: F. H. Kanfer; A. P. Goldstein [Eds.], *Helping people change: A textbook of methods*, 4. ed., p. 161-201, 1991. Reproduzido com permissão do autor.)

Lembre-se de que Trisha estava com medo de fazer uma apresentação na aula. Primeiro, Dr. Gonzalez a ensinou exercícios de relaxamento. Depois disso, eles desenvolveram a seguinte hierarquia de situações produtoras de medo. A classificação de medo (SUDS) de cada item é exibida entre parênteses.

1. Fazer uma apresentação para Dr. Gonzalez em seu consultório (20)
2. Fazer uma apresentação para Dr. Gonzalez em uma sala de aula (25)
3. Fazer uma apresentação para um amigo em uma sala de aula (30)
4. Fazer uma apresentação para dois amigos em uma sala de aula (40)
5. Fazer uma apresentação para cinco amigos em uma sala de aula (50)
6. Fazer uma apresentação para dez amigos em uma sala de aula (60)
7. Fazer uma apresentação para 20 amigos em uma sala de aula (75)
8. Fazer uma apresentação para 20 amigos em sua sala de aula (80)
9. Fazer uma apresentação para 20 alunos desconhecidos (90)
10. Fazer uma apresentação para os 20 alunos de sua turma (100)

A dessensibilização *in vivo* exigiu que Trisha passasse por todas as situações da hierarquia enquanto usava os exercícios de relaxamento que Dr. Gonzalez havia ensinado. À medida que tinha sucesso em cada etapa da hierarquia, ela ficava a um passo a menos de superar o medo de se apresentar para a turma.

> **Descreva como a dessensibilização in vivo foi usada com Allison para ajudá-la a superar o medo de aranhas.**
>
> Primeiro, Dr. Wright ensinou Allison a relaxar. Depois, eles desenvolveram uma hierarquia de situações produtoras de medo. A hierarquia de Allison envolvia a distância de uma aranha: o medo dela aumentava quando se aproximava da aranha. Para começar a dessensibilização *in vivo*, Allison relaxou enquanto estava longe – a 6 metros – de uma aranha. A situação produziu pouco medo e o relaxamento substituiu o que ela pode ter sentido. Allison passou, então, para a etapa seguinte da hierarquia: ficar a 5,5 metros da aranha. Novamente ela praticou os exercícios de relaxamento, de modo que a resposta de relaxamento substituiu a resposta de medo. Com o apoio do Dr. Wright, Allison repetiu o processo até avançar para a última etapa da hierarquia em que matou a aranha.

Durante a dessensibilização in vivo, *é importante que o cliente avance por todas as etapas da hierarquia sem aumento da ansiedade.* Como vimos, o modo de atingir o objetivo é levar o cliente a praticar o relaxamento em toda as etapas da hierarquia. No entanto, o treino de relaxamento nem sempre é usado durante a dessensibilização *in vivo*. *Três outras estratégias podem ser usadas para evitar aumento da ansiedade enquanto o cliente avança pela hierarquia.*

(1) O terapeuta pode simplesmente fornecer reforços para o comportamento de aproximação em cada etapa da hierarquia. (Na verdade, mesmo quando o relaxamento é usado, o cliente deve receber reforços positivos em cada nova etapa da hierarquia, como elogios do terapeuta.)

(2) Como alternativa, o terapeuta pode levar o cliente a participar de outras atividades reforçadoras (Croghan e Musante, 1975; Erfanian e Miltenberger, 1990) ou atividades distrativas em cada etapa da hierarquia. O cliente pode, por exemplo, recitar afirmações de enfrentamento (Miltenberger et al., 1986).

(3) Por fim, o terapeuta pode oferecer contatos físicos reconfortantes ao segurar a mão do cliente ou colocar a mão nas costas enquanto ele avança pela hierarquia. A variação da dessensibilização *in vivo* é chamada de **dessensibilização de contato** (Ritter, 1968, 1969).

Erfanian e Miltenberger (1990) usaram a dessensiblização *in vivo* com pessoas com deficiências intelectuais que tinham fobia de cães. Nesse estudo, os clientes não aprendiam técnicas de relaxamento, em vez disso, participavam de atividades que eram positivamente reforçadoras como uma alternativa a correr quando um cachorro era introduzido no ambiente. Ao longo de várias sessões de tratamento, os pesquisadores moveram o cachorro para cada vez mais perto dos clientes na sala de recreação da própria casa enquanto eles participavam de atividades reforçadoras, como jogar cartas ou comer um lanche. Os resultados dos dois clientes são apresentados na Figura 24-2.

PARA UMA LEITURA MAIS APROFUNDADA

Exemplos de dessensibilização *in vivo*

A dessensibilização *in vivo* tem sido usada para uma série de medos em crianças e adultos com e sem deficiências de desenvolvimento. Em um estudo conduzido com crianças com desenvolvimento normal, Giebenhain e O'Dell (1984) avaliaram a dessensibilização *in vivo* implementada por pais para tratar o medo de escuro dos filhos. Seis pais de crianças de 3 a 11 anos conduziram a dessensibilização *in vivo* depois de ler um manual de treinamento que descrevia o procedimento. Nesse estudo, as

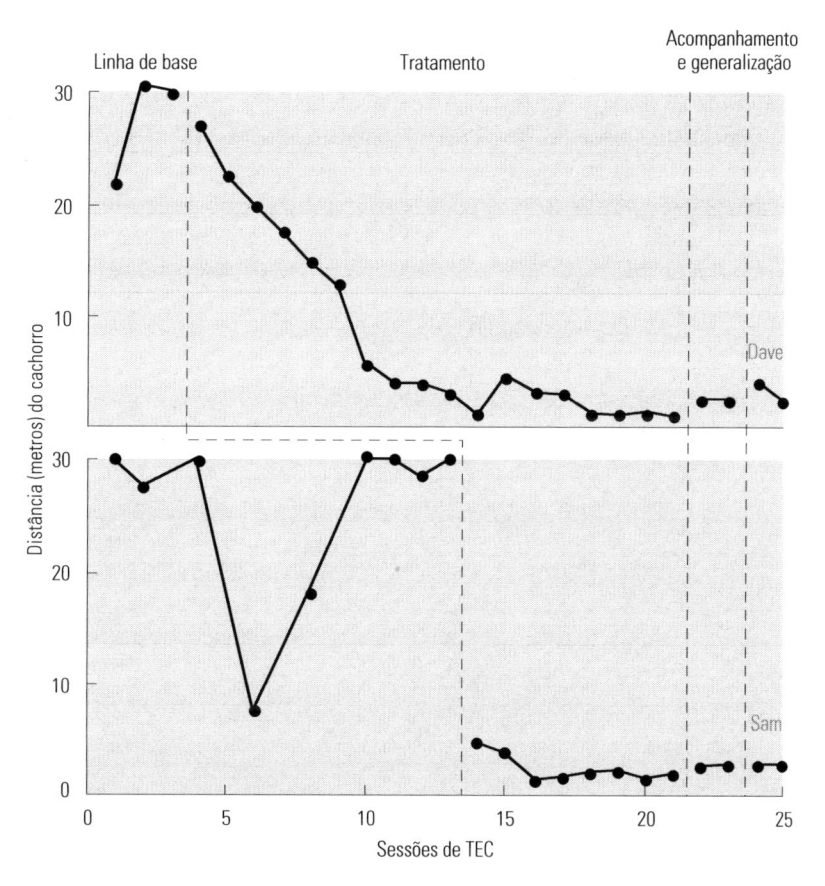

FIGURA 24-2 Este gráfico de linha de base múltipla entre sujeitos ilustra o efeito da dessensibilização *in vivo* sobre a fobia de cães em dois indivíduos com deficiências intelectuais. O gráfico mostra o comportamento de aproximação dos dois sujeitos durante sessões de teste de esquiva comportamental (TEC), em que se pedia aos sujeitos que chegassem o mais perto possível do cão. No início da sessão de TEC, o cachorro estava a mais de 9 metros de distância, em uma sala grande. A sessão acabava quando o sujeito parava de se aproximar do cão. A distância do animal era medida naquele momento. O gráfico indica quão perto os sujeitos conseguem chegar do cachorro antes e depois do tratamento. Na fase de generalização, os sujeitos passavam por cachorros posicionados por um assistente de pesquisa em calçadas públicas. (De Erfanian, N. e Miltenberger, R. []. Contact dessensitization in the treatment of dog fobias in persons who have mental retardation. *Behavioral Residential Treatment*, v. 5, p. 55-60, 1990. Reproduzido com permissão dos autores.)

etapas da hierarquia consistiam em um quarto progressivamente mais escuro controlado por um reostato (um interruptor de luz como um *dimmer*). Na linha de base, as crianças iam para a cama com o reostato posicionado em um nível bem claro. Ao longo de várias semanas, as crianças definiam o reostato cada vez mais para baixo até passarem a dormir em um quarto escuro. Toda noite antes de dormir, praticavam relaxamento e autoafirmações positivas. Elas também recebiam recompensas por baixar o nível do reostato e ir para a cama todas as noites. Em um estudo realizado por Love, Matson e West (1990), os pais também atuaram como terapeutas conduzindo a dessensibilização *in vivo*. Nesse estudo, uma criança com autismo exibia medo de sair de casa e outra criança com autismo tinha medo de chuveiros. Em ambos os casos, a exposição gradual aos estímulos temidos com reforço por comportamentos de aproximação resultou em sucesso. Depois do treinamento, as duas crianças apresentavam o comportamento anteriormente evitado e não exibiam mais respostas de medo. Em outro estudo, Conyers e colaboradores (2004b) usaram a dessensibilização *in vivo* para ajudar adultos com deficiências intelectuais a superar o medo de ir ao dentista. Os pesquisadores desenvolveram uma hierarquia de comportamentos relacionados com a ida ao dentista e forneciam reforços quando os indivíduos praticavam esses comportamentos de maneira gradual em um consultório odontológico simulado. Os autores demonstraram que a dessensibilização *in vivo* foi mais eficaz do que a modelagem por vídeo, em que os participantes assistiam a um vídeo de um membro da equipe praticando todos os comportamentos da hierarquia.

Vantagens e desvantagens da dessensibilização sistemática e *in vivo*

A vantagem da dessensibilização *in vivo* é que o cliente entra mesmo em contato com o estímulo temido. O comportamento desejável (por exemplo, o comportamento de aproximação) na presença do estímulo temido é reforçado como um comportamento alternativo à fuga ou esquiva. Não existe o problema da generalização da imaginação para a situação temida real. Ao progredir pela hierarquia, o cliente demonstra um desempenho bem-sucedido na situação produtora de medo. Entretanto, uma desvantagem da dessensibilização *in vivo* é que é mais difícil e, provavelmente, mais demorada e dispendiosa do que a dessensibilização sistemática. O que ocorre porque o terapeuta precisa providenciar contato real com as situações produtoras de medo da hierarquia. O terapeuta precisa sair de seu consultório para acompanhar o cliente durante sua exposição aos verdadeiros estímulos produtores de medo. Em alguns casos, pode não ser possível providenciar contato com o estímulo gerador de medo. Por exemplo, pode não ser possível encontrar aranhas no inverno em algumas partes do país. No entanto, *sempre que possível, a dessensibilização* in vivo *é preferível à dessensibilização sistemática* para tratar um medo ou fobia, pois o comportamento de sucesso é demonstrado na vida real em vez de na imaginação. O comportamento também é reforçado, fazendo que seja fortalecido em situações da vida real.

A vantagem da dessensibilização sistemática é o fato de ser mais fácil e mais conveniente para o cliente imaginar o estímulo temido do que entrar em contato com ele. Por exemplo, se o cliente tem medo de voar, o terapeuta pode descrever cenas em que ele está em um aeroporto, em um avião no solo ou em um avião no ar. Seria muito mais demorado e difícil conduzir um tratamento que incluísse o contato real com o estímulo temido. No entanto, uma desvantagem da dessensibilização sistemática é que os resultados podem não se generalizar totalmente para a real situação produtora de medo. O cliente pode conseguir se manter relaxado enquanto imagina a situação produtora de medo, mas pode não ser capaz enquanto vive a situação real. É importante avaliar o medo do cliente na verdadeira situação produtora de medo para garantir que os resultados da dessensibilização sistemática tenham sido generalizados com sucesso. Se os resultados da dessensibilização sistemática não se generalizarem por completo, a dessensibilização *in vivo* pode ser usada de forma adicional para melhorar a eficácia da dessensibilização sistemática e garantir a generalização.

Outros tratamentos para medos

Além dos tratamentos de dessensibilização sistemática e *in vivo*, outros tratamentos se mostraram eficazes para tratar medos exibidos por adultos e crianças.

Inundação A **inundação** é um procedimento em que o cliente é exposto ao estímulo temido com toda a intensidade por período prolongado até que a ansiedade diminua na presença do estímulo temido (Barrios e O'Dell, 1989; Houlihan et al., 1994). Inicialmente, a pessoa passa por ansiedade elevada na presença do estímulo temido, mas, ao longo do tempo, o nível de ansiedade diminui por meio de um processo de extinção respondente. Por exemplo, alguém com medo de cães poderia se sentar em uma sala (com um terapeuta) em que um cachorro estivesse presente por um longo período. Inicialmente, a pessoa ficaria muito ansiosa, mas, com o tempo, a ansiedade diminuiria e a ela ficaria mais confortável com o cão. Como o EC (o cão, o estímulo temido) é apresentado sem o EI (ser mordido ou assustado) por um período (por exemplo, algumas horas), o EC não provoca mais a RC (ansiedade).

A inundação só deve ser conduzida por um profissional. Por ser altamente desconfortável para o cliente com o medo ser exposto inicialmente ao estímulo temido, ele pode escapar da situação durante o procedimento de inundação e, possivelmente, acentuar o medo. Durante a dessensibilização *in vivo*, o cliente é exposto ao estímulo temido de maneira muito mais gradual. Assim, não passa pelo desconforto que é sentido nos primeiros estágios da inundação.

Modelagem A modelagem tem sido usada como um tratamento de sucesso para medos, especialmente em crianças. Na técnica de modelagem, a criança observa outra pessoa se aproximando do estímulo temido ou praticando a atividade temida, tornando-se, assim, mais propensa a apresentar um comportamento semelhante. Aquele que sente o medo pode observar um modelo vivo (Klesges, Malott e Ugland, 1984) ou um em vídeo (Melamed e Siegel, 1975). Procedimentos de modelagem por vídeo foram amplamente usados para ajudar crianças a superarem medo de cirurgias ou outros procedimentos médicos ou odontológicos (Melamed, 1979; Melamed e Siegel, 1975).

Problemas clínicos

Mesmo que possa aprender os componentes básicos dos procedimentos de redução de ansiedade e medo na aula de modificação comportamental, não deve tentar aplicá-los para problemas clínicos de ansiedade ou medo vivenciados por você ou pelos outros. Essas técnicas devem ser usadas para problemas menores de medo ou ansiedade, que não prejudiquem a vida excessivamente. Entretanto, para problemas clínicos mais sérios e que interferem drasticamente na vida, você deve buscar ajuda de um terapeuta comportamental, psicólogo ou outro profissional licenciado. Quando estiver em dúvida sobre a gravidade de um problema, é melhor procurar assistência ou consultar um profissional.

RESUMO DO CAPÍTULO

1. O medo é composto de comportamentos operantes e respondentes. Uma determinada situação de estímulo provoca excitação autônoma como um comportamento respondente e a pessoa apresenta respostas de fuga ou esquiva como comportamento operante quando o estímulo produtor de medo está presente. As respostas corporais envolvidas na excitação autônoma são chamadas de *ansiedade*.
2. Exercícios de relaxamento são usados para ajudar uma pessoa a substituir a excitação autônoma por uma resposta de relaxamento na situação produtora de ansiedade.
3. O relaxamento pode ser produzido por quatro técnicas básicas: exercícios de relaxamento muscular progressivo, em que a pessoa contrai e relaxa cada um dos principais grupos musculares do corpo; exercícios de respiração diafragmática, em que se respira lenta e profundamente; exercícios de atenção focada, em que a atenção é direcionada para longe do estímulo produtor de ansiedade, na direção de uma cena calmante; e treino de relaxamento comportamental, uma técnica que foca posturas relaxadas. Todos os exercícios de relaxamento envolvem tensão muscular, respiração adequada e foco da atenção.
4. A dessensibilização sistemática e a dessensibilização *in vivo* são procedimentos para ajudar a pessoa a superar um medo. Na dessensibilização sistemática, ela relaxa e imagina cenas de situações produtoras de medo dispostas em uma hierarquia da menos temerosa para a mais assustadora.
5. Durante a dessensibilização *in vivo*, o cliente é exposto gradualmente às verdadeiras situações produtoras de medo (organizadas em uma hierarquia das menos assustadoras às que causam mais medo) enquanto mantém o relaxamento ou apresenta um comportamento oposto à fuga ou esquiva. O componente importante das técnicas de dessensibilização sistemática e *in vivo* é a progressão ao longo de uma hierarquia que resulta em uma exposição gradual a cenas ou situações mais produtoras de medo. A vantagem da dessensibilização *in vivo* é que o cliente entra em contato com o estímulo temido real, portanto, a generalização é acentuada. A desvantagem é o tempo e o esforço envolvidos na condução do procedimento. A vantagem da dessensibilização sistemática é o fato de sua realização ser mais fácil e conveniente. A desvantagem é que os resultados podem não se generalizar por completo para a verdadeira situação produtora de medo.

TERMOS-CHAVE

ansiedade, 338
dessensibilização *in vivo*, 344
dessensibilização de contato, 346
dessensibilização sistemática, 342
exercícios de atenção focada, 342
fobia, 342

hierarquia, 344
inundação, 348
medo, 338
relaxamento muscular progressivo (RMP), 340

respiração diafragmática, 341
treino de relaxamento, 339
treino de relaxamento comportamental, 342

TESTE PRÁTICO

1. Explique como o comportamento respondente está envolvido em um problema de medo ou ansiedade. Dê um exemplo e identifique o EC e a RC.
2. Explique como o comportamento operante está envolvido em um problema de medo ou ansiedade. Dê um exemplo. Identifique o comportamento operante e explique como o comportamento é reforçado.
3. Descreva o comportamento respondente que Trisha exibiu como parte de seu medo de falar em frente da turma.
4. Descreva o comportamento operante que Allison exibiu como parte de seu medo de aranhas.
5. Descreva o relaxamento muscular progressivo.
6. Descreva a respiração diafragmática.
7. Descreva os exercícios de atenção focada.
8. Descreva o treino de relaxamento comportamental.
9. Em cada uma das quatro técnicas de relaxamento descritas nas questões de 5 a 8, explique como a tensão muscular, a respiração e o foco da atenção são abordados.
10. Explique a dessensibilização sistemática. O que é uma hierarquia e qual é sua função na dessensibilização sistemática.
11. Explique a dessensibilização *in vivo*. Qual é a diferença entre dessensibilização *in vivo* e dessensibilização sistemática?
12. Quais são as vantagens e as desvantagens da dessensibilização sistemática?
13. Quais são as vantagens e as desvantagens da dessensibilização *in vivo*?
14. Para ajudar uma criança a superar o medo do escuro, você optaria pela dessensibilização sistemática ou pela dessensibilização *in vivo*? Por quê?

APLICAÇÕES

1. Jesse tem medo de altura. Todas as vezes que olha através de uma janela que está no segundo andar ou acima, ela vivencia a excitação autônoma. Quanto mais alto, mais desagradável é. Jesse evita altura o quanto pode e esse medo tem provocado um impacto negativo em sua vida. Por exemplo, quando suas amigas se reuniram recentemente em um restaurante no sétimo andar, ela se recusou a sair com elas por causa do medo. Ela também já se negou a participar de outras atividades que envolviam altura. Descreva como você usaria a dessensibilização *in vivo* para ajudar Jesse a superar o medo de altura.
2. Martha sempre ficava um pouco tensa ao voar. Sua ansiedade nunca tinha interferido em seu trabalho. Ela viaja de avião cerca de três vezes por mês a trabalho. No entanto, sente aumento na frequência cardíaca e uma respiração rápida e superficial enquanto está no avião antes da decolagem e pouco antes do pouso. Martha gostaria de reduzir a ansiedade para que suas experiências de voo sejam mais agradáveis. Descreva o exercício de respiração diafragmática que você ensinaria a ela para ajudá-la a relaxar no avião.
3. No próximo semestre, você terá aula de laboratório de psicologia em que usará ratos de laboratório em experimentos. Isso incluirá a transferência do rato da gaiola até a câmara de experimentos quando estiver trabalhando no laboratório. Você está desconfortável com a possibilidade de precisar manusear os ratos. Deseja superar o medo antes do início do semestre. Descreva o procedimento de dessensibilização *in vivo* que usará para reduzir o medo dos ratos de laboratório. Suponha que o professor conceda acesso à sala em que os ratos são mantidos nas gaiolas. Suponha, também, que os ratos não sejam agressivos e que estejam habituados a serem manuseados por pessoas.

APLICAÇÕES INCORRETAS

1. Christina, menina de 6 anos, desenvolveu medo do escuro. Na cama à noite, ela chora e pede aos pais que venham ao seu quarto. Se um deles vai até o quarto quando ela chama, a menina se acalma e desde que fique no quarto até ela pegar no sono, Christina não reclama sobre estar com medo. Além disso, quando os pais deixam uma luz acesa em seu quarto à noite, ela diz que não está com medo e não chora ou chama por eles. Depois de alguns meses, os pais decidiram que precisavam fazer algo a respeito do medo dela do escuro. Eles decidiram que apagariam a luz e deixariam seu quarto à noite antes de ela pegar no sono. Caso ela chorasse, chamasse por eles ou indicasse de algum outro modo que estava com medo, eles ignorariam e não voltariam para o quarto da menina. Os pais acreditavam que, com o tempo, ela superaria o medo do escuro. O que há de errado com o plano dos pais? Qual seria uma maneira melhor de lidar com o medo de Christina?
2. Garth, calouro na universidade, era de uma cidade pequena e não estava acostumado com multidões. Nas festas ou outras grandes reuniões, ele ficava nervoso e desconfortável. Os músculos dele ficavam tensos, o coração batia acelerado e, algumas vezes, ele ficava enjoado. Permanecia pouco tempo nas festas, mas se sentia melhor assim que ia embora. Garth decidiu visitar um conselheiro para conversar sobre sua ansiedade. O conselheiro disse que ele precisava aprender habilidades de relaxamento e forneceu uma gravação com instruções sobre relaxamento muscular progressivo (RMP). O profissional aconselhou que ele ouvisse a gravação, pois ficaria mais relaxado nas festas. O que há de errado com o uso do RMP nesse exemplo? Como ele poderia ser melhorado?
3. Louis tinha medo de ir ao dentista. Ele não frequentava um consultório havia 3 ou 4 anos e evitava marcar consultas. Na última vez em que marcou uma consulta, simplesmente não compareceu. Louis procurou um psicólogo, que usou a dessensibilização sistemática com ele. Eles desenvolveram uma hierarquia de cenas relacionadas com uma ida ao dentista. Louis aprendeu técnicas de relaxamento e acalmou-se enquanto o psicólogo descrevia cada cena da hierarquia. Depois de seis sessões de dessensibilização sistemática, Louis conseguiu relaxar enquanto se imaginava sentado na cadeira do dentista se submetendo a tratamentos dentários. Depois de Louis conseguir se manter relaxado enquanto imaginava o tratamento dentário, o psicólogo disse a ele que o tratamento havia acabado. O que há de errado com o uso da dessensibilização sistemática nesse caso? Como ele poderia ser melhorado?

Modificação do comportamento cognitivo

25

> O que é comportamento cognitivo?
> Quais funções podem ter os comportamentos cognitivos?
> O que é reestruturação cognitiva?
> Como levar as pessoas a mudar o pensamento nos procedimentos de reestruturação cognitiva?
> Como implementar o treinamento autoinstrucional?

A modificação do comportamento normalmente foca a análise e a modificação de comportamentos observáveis. A maioria dos capítulos deste livro descreveu procedimentos para aumentar ou diminuir comportamentos-alvo que podem ser vistos e registrados por um observador independente. No entanto, alguns comportamentos-alvo podem ser ocultos, ou seja, não observáveis por outros indivíduos. O Capítulo 24 discute um tipo de comportamento-alvo oculto, as respostas psicológicas envolvidas em problemas de medo ou ansiedade. Este capítulo foca a análise e a modificação de outro tipo de comportamento oculto, o **comportamento cognitivo**.

Vale destacar que as pessoas com treinamento em análise comportamental não defendem o termo *cognitivo* por uma série de razões (Skinner, 1974, 1977). Entretanto, o termo é amplamente usado na psicologia clínica e na terapia comportamental, e os alunos são expostos a ele regularmente. Assim, o termo é usado neste texto como um rótulo para certos tipos de comportamentos ocultos e procedimentos de mudança comportamental. Em todos os casos, são fornecidas definições operacionais dos comportamentos que são classificados como cognitivos e dos procedimentos projetados para mudá-los.

Exemplos de modificação do comportamento cognitivo

Ajudar Deon a controlar a raiva

Deon, aluno do ensino médio, era imigrante nos Estados Unidos. Ele estava na escola desde o segundo ano. Algumas vezes, os outros alunos o insultavam ou faziam comentários racistas a seu respeito. Normalmente, Deon reagia aos xingamentos ou comentários entrando em brigas. Ele xingava os alunos e, caso não parassem ou fossem embora, Deon começava a trocar socos e a brigar com eles. Em geral, as brigas eram apartadas por professores ou outros alunos. Deon foi suspenso várias vezes por brigar. Ele foi encaminhado a uma conselheira escolar, Dra. Woods, para tratar desse problema.

Por meio de entrevistas com Deon, a Dra. Woods identificou uma série de antecedentes para suas brigas. O principal antecedente era uma situação em que outro aluno o xingava ou fazia um comentário racista. Entretanto, alguns antecedentes ocultos também estavam presentes. Deon vivenciava excitação autônoma (incluindo frequência cardíaca acelerada, músculos tensos e respiração rápida), classificada por ele como raiva. Nessas situações, Deon também fazia diversas afirmações raivosas a si mesmo, como: "ele não pode dizer isso para mim!" ou "não posso deixar ele se safar dessa!". Os xingamentos ou comentários de outros alunos precediam sua excitação autônoma (raiva) e as afirmações raivosas, que, por sua vez, decorriam as brigas. As consequências das brigas para Deon variavam. Em alguns casos, o outro aluno recuava ou corria depois que ele começava a brigar. Em outros, a briga era separada por um professor ou outra pessoa. Em ambos os casos, a briga encerrava os xingamentos ou comentários racistas, pelo menos temporariamente. Assim, o conflito era negativamente reforçado. A queda na excitação autônoma que Deon sentia depois da briga também pode ter sido negativamente reforçadora.

Dra. Woods não conseguiria aplicar facilmente nenhum procedimento de reforço ou punição com Deon porque ela não estava presente quando ele se envolvia nas brigas. Além disso, não poderia remover a condição antecedente inicial porque não estaria no local para evitar que os outros alunos fizessem comentários ou xingassem Deon. A escola tinha regras contra comportamentos racistas e promoveu treinamentos para reduzi-los, mas não foi suficiente para acabar com o problema. Dra. Woods decidiu usar técnicas de modificação do comportamento cognitivo para ajudar Deon a mudar suas autoafirmações de raiva e a excitação autônoma, os antecedentes ocultos de suas brigas. Primeiro, Dra. Woods ajudou o garoto a identificar todas as autoafirmações de raiva que fazia em situações de conflito. Ele aprendeu que as autoafirmações raivosas (pensamentos) em resposta aos comentários racistas produziam mais excitação autônoma, o que aumentava a probabilidade de ocorrer uma briga. Quando Deon ficou ciente de seus pensamentos raivosos e entendeu o papel que desempenhavam, ele concordou em trabalhar com Dra. Woods para mudá-los como modo de diminuir as brigas em que se envolvia.

Dra. Woods ensinou Deon a substituir seus pensamentos raivosos por autoafirmações de enfrentamento que não levariam a brigas. Ele aprendeu diversas autoafirmações de enfrentamento, como: "não brigue ou será suspenso", "vá embora, ele é um racista. Não vale a pena!" ou "não se rebaixe ao nível dele!". Com dramatizações para simular as situações de briga, Dra. Woods ensinou-o a repetir essas afirmações de enfrentamento em voz alta e ir embora sempre que alguém o xingasse ou fizesse comentários racistas sobre ele. Quando Deon se livrava de uma briga na dramatização, se autoelogiava. Ele aprendeu a dizer, por exemplo: "muito bem, você saiu dessa", "é preciso ser um homem de verdade para não brigar" ou "eu estou no controle". Ele treinou em dramatizações que simulavam todos os comentários racistas e xingamentos que tinha ouvido ao longo do ano em que esteve nessa escola. Dra. Woods apresentou instruções e modelagem para ensinar a Deon afirmações de enfrentamento adequadas, além de fornecer elogios e *feedback* pelo desempenho dele nas dramatizações. Depois que ele recitou com sucesso uma variedade de afirmações de enfrentamento em voz alta durante as dramatizações, aprendeu a recitá-las em silêncio. Ele agiu desse modo porque não seria apropriado recitar as afirmações de enfrentamento em voz alta em uma situação real de conflito.

Além de aprender autoafirmações de enfrentamento para substituir seus pensamentos raivosos, Deon aprendeu habilidades de relaxamento para se acalmar quando estivesse nervoso. Dra. Woods usou métodos de treinamento de habilidades comportamentais para ensinar habilidades adequadas de assertividade – ou seja, melhores formas de interagir com os outros alunos para diminuir a probabilidade de haver comentários racistas. Por fim, ambos desenvolveram um contrato comportamental que especificava consequências reforçadoras para Deon toda vez que ficasse uma semana sem brigar. Deon gostou de trabalhar com Dra. Woods e aprender a controlar seu comportamento. Livrar-se de uma briga passou a ser reforçador para ele graças às autoafirmações que fazia e aos elogios que recebia da Dra. Woods quando contava as situações em suas reuniões.

> *Quais procedimentos de modificação do comportamento descritos anteriormente Dra. Woods implementou com Deon?*

Primeiro, Dra. Woods conduziu uma avaliação funcional, entrevistando Deon para identificar os antecedentes e as consequências das brigas. Ela usou métodos de treinamento de habilidades comportamentais (instruções, modelagem, ensaio, elogios e *feedback*) para ensinar as autoafirmações de enfrentamento e as habilidades de assertividade. Dra. Woods também ensinou técnicas de relaxamento a Deon para reduzir sua excitação autônoma nas situações de briga. Por fim, ela usou um contrato comportamental para motivá-lo a evitar as brigas. Nesse caso, assim como em muitos outros, múltiplos procedimentos de modificação do comportamento foram usados para abordar um problema.

Ajudar Claire a prestar atenção às aulas

Claire, menina de 7 anos que está no segundo ano da escola, geralmente tem problemas com a professora porque sai de seu lugar muitas vezes durante o período das aulas. Quando Claire sai do lugar, ela cruza o corredor para conversar com um colega, provocar outro aluno, pegar alguma coisa na mesa de outra pessoa ou apresentar algum outro comportamento disruptivo. Ela recebeu um diagnóstico de transtorno de déficit de atenção e hiperatividade. Os pais estavam pensando na possibilidade de fazê-la iniciar o uso de medicação. Antes de recorrer aos medicamentos, no entanto, queriam descobrir se procedimentos de modificação do comportamento poderiam ajudá-la a ficar no lugar e prestar atenção à aula.

A família levou Claire a um psicólogo infantil, Dr. Cruz, que implementou o treinamento autoinstrucional. Assim como descreveu para Claire e os pais, o treinamento autoinstrucional é um modo de ensinar crianças a falarem consigo mesmas para controlar o próprio comportamento na sala de aula. Com esse procedimento, Claire aprenderia a dar instruções a si mesma para que ficasse no lugar e prestasse atenção à professora.

No consultório, Dr. Cruz usou técnicas de treinamento de habilidades comportamentais para ensinar as autoinstruções a Claire. Primeiro, ele modelou o comportamento. Sentou-se em uma cadeira e simulou que estava na sala de aula da Sra. Purdy. Para modelar o comportamento, ele começou a sair da cadeira, parou e disse em voz alta: "Espere, estou fora do meu lugar. Preciso ficar no lugar ou terei problemas". Assim que recitou as autoinstruções, ele voltou a se sentar na cadeira. Depois, disse em voz alta: "Muito bem, estou no meu lugar. A Sra. Purdy gosta assim!". Depois de modelar o comportamento e as autoinstruções, ele pediu a Claire que repetisse o que havia feito. Quando Claire ensaiou o comportamento e as autoinstruções na dramatização, Dr. Cruz forneceu elogios e *feedback*. Eles praticaram várias vezes, até Claire fazer tudo corretamente. Depois que ela passou a se dar instruções para sentar quando estivesse fora da cadeira e a voltar para o lugar imediatamente, Dr. Cruz a fez repetir as instruções para si mesma de forma mais suave. Eles continuaram praticando até que Claire estivesse dando as instruções para si mesma secretamente, sem ninguém ouvir. Ele forneceu elogios e outros reforçadores (como adesivos e doces) enquanto Claire participava do treinamento de habilidades em seu consultório. No fim da sessão, ele disse a Claire que usasse as autoinstruções na sala de aula sempre que começasse a sair do lugar, para se sentar imediatamente e se elogiar, assim como tinham praticado.

Além do treinamento autoinstrucional, Dr. Cruz implementou dois outros procedimentos. Ele orientou a professora a elogiar Claire periodicamente quando ela estivesse em seu lugar prestando atenção à aula. Pediu a Sra. Purdy que elogiasse Claire pelo menos duas vezes por hora por estar em seu lugar. Ela deveria ir até a mesa de Claire, sussurrar "bom trabalho" e desenhar um rosto sorridente em um pedaço de papel em sua mesa. Dessa forma, a Sra. Purdy não atrairia a atenção de toda a turma enquanto elogiava Claire. Sempre que Claire saísse de seu lugar e não voltasse imediatamente, a Sra. Purdy deveria levá-la de volta ao seu lugar de imediato sem dizer nada. Dessa forma, Claire voltaria ao lugar, mas não teria a atenção da professora que pode ter reforçado o comportamento de sair do lugar. O outro procedimento usado pelo Dr. Cruz foi o automonitoramento, em que Claire registrava em intervalos periódicos se estava ou não sentada. Claire usava um relógio de pulso que vibrava a cada 30 minutos. Se ela estivesse sentada quando o relógio vibrasse, deveria colocar um sinal na tabela de automonitoramento em sua mesa. Se ela não estivesse sentada, seria um lembrete para ficar em seu lugar. Sra. Purdy também acompanhava a cada uma hora e meia e, no fim do dia, Claire comparava seus registros com os da professora. O que ajudava Claire a registrar seu comportamento de forma precisa. Depois que esses procedimentos foram implementados, ela passou a ficar muito mais tempo em seu lugar e a prestar mais atenção às aulas. Como resultado, o trabalho escolar dela melhorou e conseguiu melhores notas.

Definir modificação do comportamento cognitivo

Procedimentos de **modificação do comportamento cognitivo** são usados para ajudar as pessoas a mudar comportamentos que são classificados como cognitivos. Antes de descrever os procedimentos de modificação do comportamento cognitivo, é importante fornecer uma definição comportamental de um comportamento cognitivo.

Definir comportamento cognitivo

Quando são usados procedimentos de modificação comportamental para alterar um comportamento-alvo, esse comportamento-alvo precisa ser identificado e definido quanto aos objetivos, de modo que sua ocorrência possa ser registrada. Isso é válido tanto para comportamentos observáveis quanto para comportamentos ocultos, como comportamentos cognitivos. Não é possível mudar um comportamento-alvo sem saber exatamente *qual* é o comportamento e *quando* ele está ocorrendo. No caso de comportamentos observáveis, envolve observação direta e registro do comportamento por um observador independente ou pela pessoa que exibe o comportamento-alvo (automonitoramento). Como os comportamentos cognitivos são ocultos, não podem ser diretamente observados e registrados por um observador independente. Em vez disso, a pessoa que exibe o comportamento cognitivo precisa identificar e registrar a ocorrência do comportamento. Somente a pessoa que exibe o comportamento consegue identificar a ocorrência de pensamentos ou autoafirmações específicos, porque são ocultos.

Sabemos que as pessoas pensam, falam consigo mesmas, solucionam problemas, se autoavaliam, fazem planos, imaginam comportamentos ou situações específicas, e assim por diante. Todos esses são exemplos de *comportamentos cognitivos: respostas verbais ou imaginárias apresentadas pela pessoa, mas que são ocultas e, portanto, não observáveis por outros*. Para conseguir trabalhar de maneira eficaz com comportamentos cognitivos, é preciso trabalhar com o cliente para definir objetivamente esses comportamentos. Por exemplo, uma pessoa pode relatar os pensamentos específicos que tem em um determinado momento, as pessoas podem descrever as coisas que dizem a si mesmas, um indivíduo pode descrever a situação ou comportamento que estava imaginando e as pessoas podem relatar as afirmações avaliatórias que fazem sobre si mesmas. Para ser uma definição comportamental de um comportamento cognitivo, o pensamento, imagem ou autoafirmação deve ser descrito com clareza pela pessoa que o exibe. Um rótulo para o comportamento cognitivo não é uma definição comportamental. Por exemplo, dizer que alguém tem baixa autoestima não define o comportamento cognitivo. Isso é simplesmente um rótulo para uma classe específica de comportamentos cognitivos, uma classificação para autoafirmações negativas como

TABELA 25-1 Definições comportamentais de comportamentos cognitivos e suas classificações correspondentes

Definição comportamental	Classificação
Quando o cliente vê pessoas conversando, ele pensa: "Estão falando sobre mim". Quando o cliente vê alguém caminhando atrás dele, ele pensa: "Essa pessoa está me seguindo".	Pensamentos paranoicos
Uma pessoa pensa: "Eu consigo! Posso ter sucesso nesse trabalho. Vou me sair bem".	Autoeficácia
Uma pessoa pensa: "Queria morrer. Qual é o sentido de continuar? Ninguém se importa, seria melhor para todos se eu estivesse morto".	Pensamentos suicidas
Uma rebatedora de softbol diz a si mesma: "Vou derrotar essa arremessadora. Sou melhor que ela. Vou vencer esse jogo".	Autoconfiança
O zagueiro diz a si mesmo: "Espero que ele não jogue para mim, não sei se consigo pegar a bola. Queria que esse jogo acabasse".	Baixa autoconfiança
Enquanto procura por um endereço, a motorista pensa: "Devo virar à esquerda no primeiro semáforo e seguir por três quarteirões até a placa de parada obrigatória. Depois, viro à esquerda e sigo até ver a casa branca à esquerda".	Autoinstruções

© Cengage Learning

"não faço nada direito", "sou gordo, feio e ninguém gosta de mim" ou "nunca vou conseguir nada na vida". Essas e outras autoafirmações similares são comportamentos cognitivos, rotulados como baixa autoestima. Você deve conseguir identificar os comportamentos cognitivos específicos (autoafirmações) para ajudar o cliente a mudá-los usando procedimentos de modificação do comportamento cognitivo. A Tabela 25-1 traz exemplos de definições comportamentais de comportamentos cognitivos e algumas classificações possíveis para esses comportamentos.

Os comportamentos cognitivos que compõem os comportamentos-alvo da modificação de comportamentos cognitivos incluem excessos e déficits comportamentais. O excesso comportamental é um comportamento cognitivo indesejável que a pessoa pode tentar diminuir. Os comportamentos da Tabela 25-1 classificados como pensamentos paranoicos, pensamentos suicidas e baixa autoconfiança são exemplos de excessos de comportamentos cognitivos. Um déficit comportamental é um comportamento cognitivo desejável que a pessoa pode tentar aumentar. Os comportamentos da Tabela 25-1 classificados como autoeficácia, autoconfiança e autoinstruções são exemplos de déficits de comportamentos cognitivos.

Funções do comportamento cognitivo

Por que algumas vezes nos interessamos em modificar o comportamento cognitivo? Um motivo é que os comportamentos cognitivos podem ser angustiantes. Podem *funcionar como um estímulo condicionado (EC) que provoca uma resposta condicionada (RC) desagradável.* Por exemplo, os pensamentos assustadores de alguém podem atuar como um EC para provocar excitação autônoma (ansiedade) como uma RC. Os pensamentos de raiva de Deon provocavam a excitação autônoma que ele classificava como raiva. Comportamentos cognitivos que provocam RCs indesejáveis, como ansiedade, são excessos comportamentais que podem ser reduzidos com procedimentos de modificação do comportamento cognitivo.

Os comportamentos cognitivos também podem atuar como estímulos discriminativos (ED) para comportamentos desejáveis. Depois de repetir uma regra ou autoinstrução, a pessoa pode ter maior probabilidade de apresentar o comportamento desejável especificado por essa regra ou autoinstrução. Por exemplo, alguém que repete um conjunto de orientações ("Vire à esquerda na Main Street e à direita na Quinta Avenida") pode ter maior probabilidade de chegar ao seu destino. As autoinstruções de Claire aumentaram a probabilidade de ela ficar sentada em seu lugar e prestar atenção à aula. As autoinstruções ou regras são vistas algumas vezes como déficits comportamentais que precisam ter a frequência aumentada por meio de procedimentos de modificação do comportamento cognitivo.

Os comportamentos cognitivos podem agir como operações motivadoras (OM) que influenciam o poder das consequências em seu papel como reforços ou punições. O modo como falamos com nós mesmos sobre eventos de nossas vidas pode mudar o valor desses eventos como reforços ou punições. Por exemplo, se um funcionário pensar "Meu chefe é uma má pessoa e não fala a verdade", os elogios do chefe podem não funcionar como reforçadores para o funcionário. Por outro lado, se o funcionário não interpretar negativamente as ações do chefe ou pensar de modo mais positivo sobre ele e suas intenções, haverá maior probabilidade de os elogios do chefe serem reforçadores para o funcionário.

Os comportamentos cognitivos também podem funcionar como consequências de reforço ou punição quando vierem depois de algum outro comportamento. Declarações de elogios ou críticas de outras pessoas podem agir como reforços ou punições. Do mesmo modo, as declarações elogiosas ou críticas feitas por alguém podem servir como reforços ou punições para o próprio comportamento. Deon e Claire aprenderam a fazer afirmações elogiosas para si mesmos depois do próprio comportamento desejável.

Procedimentos de modificação do comportamento cognitivo

Os procedimentos de modificação do comportamento cognitivo são usados para ajudar as pessoas a mudar comportamentos cognitivos. Alguns procedimentos, chamados de **reestruturação cognitiva**, são projetados para substituir comportamentos cognitivos desadaptativos específicos por outros mais adaptativos. A reestruturação cognitiva é usada nos casos de excessos comportamentais, ou seja, quando comportamentos cognitivos desadaptativos existentes contribuem para um problema. Outros procedimentos, chamados de **treino de habilidades cognitivas de enfrentamento**, são projetados para ensinar novos comportamentos cognitivos que serão usados para promover outros comportamentos desejáveis. Esses procedimentos são usados nos casos de déficits comportamentais, ou seja, quando uma pessoa não tem os comportamentos cognitivos necessários para lidar efetivamente com situações-problema (Spiegler e Guervremont, 2003, 2010). Vamos analisar cada um desses procedimentos.

Note que, no restante deste capítulo, o termo *pensamento* é usado para se referir a um comportamento cognitivo: pensar, fazer autoafirmações ou falar consigo mesmo em um nível oculto (falar sozinho). O comportamento cognitivo em particular expresso pelo termo deve ser definido de forma comportamental em cada caso.

Reestruturação cognitiva

Nos procedimentos de reestruturação cognitiva, o terapeuta ajuda o cliente a identificar comportamentos cognitivos que são angustiantes e oferece auxílio para o cliente se livrar desses pensamentos dolorosos ou substituí-los por pensamentos mais desejáveis. Pensamentos angustiantes podem ser aqueles que eliciam respostas emocionais, como medo, ansiedade ou raiva, ou aqueles associados com humores desagradáveis, problemas de comportamentos ou baixo desempenho. Por exemplo, quando Trisha (do Capítulo 24) pensa "eu sei que vou estar apavorada quando apresentar o trabalho", ela vivencia ansiedade e tem maior probabilidade de exibir um comportamento de esquiva (como desistir da aula). Quando Deon diz a si mesmo "não posso deixar ele se safar dessa!", ele tem maior probabilidade de passar pela excitação autônoma (raiva) e entrar em uma briga. *A reestruturação cognitiva consiste em três etapas básicas.*

1. *Ajudar o cliente a identificar os pensamentos angustiantes e as situações em que ocorrem.* O que é possível fazer pedindo que os clientes relatem quais pensamentos angustiantes vivenciam em situações específicas. O que depende da memória deles a respeito das situações e dos pensamentos associados. A segunda maneira de avaliar pensamentos angustiantes é levar o cliente a se automonitorar, ou seja, escrever uma descrição das situações e os pensamentos no momento em que ocorrem.
2. *Ajudar o cliente a identificar a resposta emocional, humor desagradável ou comportamento problemático que vem depois do pensamento angustiante.* Assim, o cliente consegue ver como o pensamento angustiante é um antecedente para a resposta emocional, humor ou comportamento problemático desagradáveis. Ele deve relatar as informações com base na memória ou praticar o automonitoramento para registrar as respostas quando ocorrerem. A Tabela 25-2 apresenta uma planilha de dados que um cliente pode usar para registrar pensamentos angustiantes, as situações em que ocorrem e a resposta emocional ou comportamento que advém daquele pensamento. Essa planilha de dados inclui amostras de entradas de quatro pessoas diferentes. Na prática, é claro, apenas uma pessoa preencherá a própria planilha de dados.
3. *Ajudar o cliente a cessar os pensamentos angustiantes fazendo-o apresentar mais pensamentos racionais ou desejáveis.* Quando o cliente tem pensamentos racionais em vez de pensamentos angustiantes na situação problema, há menor probabilidade de ele apresentar respostas emocionais negativas ou exibir problemas de comportamentos. Não é fácil ajudar um cliente a mudar o padrão de pensamento. A reestruturação cognitiva normalmente é feita por psicólogos ou outros profissionais com treinamento específico nessas técnicas. O terapeuta contesta os pensamentos angustiantes do cliente ao questionar tópicos que fazem o cliente analisar a lógica ou a racionalidade dos pensamentos ou interpretar a situação de maneira diferente. Considere o segundo exemplo da Tabela 25-2. A cliente, Danielle, tem se sentido deprimida e participado de cada vez menos atividades fora do trabalho, além de relatar pensamentos depressivos crescentes. No exemplo, ela teve vários pensamentos angustiantes enquanto se preparava para sair à noite com amigas.

Logo após esses pensamentos, sentiu-se mais deprimida e decidiu não sair. Para ajudá-la a cessar esses pensamentos angustiantes, o terapeuta pode fazer as seguintes perguntas: "Como você sabe que suas amigas não gostam de você? Onde estão as provas? Que evidências tem de que a chamaram apenas por sentir pena?". À medida que o terapeuta faz o questionamento, ela percebe que não há evidências para comprovar o que pensa. Com o tempo, fica claro que ela está pensando

TABELA 25-2 Exemplo de uma planilha de dados usada na reestruturação cognitiva

Situação	Pensamentos	Resultado emocional ou comportamental
Fui para a aula de história.	"Ai, meu Deus! Preciso apresentar uma palestra. Não consigo fazer isso, vou morrer!"	Senti ansiedade.
Preparando-me para sair com as amigas.	"Elas não gostam de mim de verdade. Elas só me chamaram porque sentiram pena de mim."	Me senti deprimida. Não saí com minhas amigas.
O marido chegou tarde do trabalho.	"Com quem será que ele estava? Aposto que estava em um bar paquerando outras mulheres."	Fiquei com raiva. Ignorei meu marido quando ele chegou em casa. Gritei com ele por ter chegado tarde.
A namorada conversando e rindo com um jogador de futebol em uma festa da faculdade.	"Aposto que ele está dando em cima dela! Como ela pode fazer isso comigo?"	Fiquei com ciúmes e raiva. Fiquei bêbado, xinguei minha namorada e saí da festa.

© Cengage Learning

de forma distorcida. As perguntas do terapeuta a desafiam a pensar de maneira mais realista ou racional e a descartar os pensamentos que não são racionais ou precisos (Burns, 1980; Hollon e Jacobson, 1985). A reestruturação cognitiva ocorre quando ela substitui esses pensamentos distorcidos por pensamentos mais apropriados que não levam a um humor ou comportamento depressivo.

Etapas da reestruturação cognitiva

1. Identificar pensamentos e situações angustiantes.
2. Identificar a resposta emocional ou o comportamento que vem depois dos pensamentos.
3. Trabalhar para reduzir os pensamentos angustiantes e substituí-los por pensamentos mais racionais ou desejáveis.

Terapia cognitiva Vários autores descreveram as diferentes variações da reestruturação cognitiva. Essas variações incluem terapia racional-emotiva, reestruturação racional sistemática e terapia cognitiva (Beck, 1976; Beck e Freeman, 1989; Ellis e Bernard, 1985; Ellis e Dryden, 1987; Freeman et al., 1989; Goldfried, 1988; Goldfried, Decenteceo e Weinberg, 1974). Este capítulo foca na **terapia cognitiva**. David Burns (1980) apresenta uma excelente descrição da terapia cognitiva para depressão baseada no trabalho de Aaron Beck (Beck, 1972; Beck et al., 1979).

Como parte do tratamento para depressão, Burns usa uma forma de reestruturação cognitiva chamada de *terapia cognitiva* para ajudar as pessoas a mudarem o comportamento, incluindo os pensamentos ou conversas interiores distorcidas. As pessoas que relatam estar deprimidas participam de menos atividades reforçadoras do que costumavam participar e exibem um tipo de pensamento distorcido em que avaliam ou interpretam negativamente os eventos de suas vidas.

A terapia cognitiva para a depressão envolve primeiro fazer que a pessoa participe de mais atividades reforçadoras. A etapa seguinte é usar a reestruturação cognitiva para ajudá-la a mudar o pensamento distorcido. Quando ela participa de mais atividades reforçadoras e substitui as conversas interiores distorcidas por falas mais racionais ou precisas, tem menor probabilidade de relatar que está deprimida.

Ativação comportamental: levar as pessoas a participar de mais atividades reforçadoras

Embora a terapia cognitiva para a depressão concentre-se em levar as pessoas (a) a participar de mais atividades reforçadoras e (b) a mudar os pensamentos distorcidos, um tipo de tratamento para a depressão foca apenas o aumento das atividades reforçadoras. No tratamento de **ativação comportamental**, o terapeuta leva o cliente a se comprometer em praticar uma série de atividades reforçadoras diferentes todas as semanas (Hopko et al., 2003; Lejuez, Hopko e Hopko, 2001; Martell, Addis e Jacobson, 2001). A hipótese é que uma das razões para as pessoas sentirem depressão é não praticarem comportamentos que antes consideravam reforçadores. Portanto, a ativação comportamental é uma estratégia de combate à depressão que leva a pessoa a vivenciar um maior número e variedade de atividades reforçadoras. Ao agir assim, elas relatam se sentir menos deprimidas e continuam mais ativas.

TABELA 25-3 Exemplo de uma planilha de dados usada na reestruturação cognitiva

Pensamento de tudo ou nada
Você vê tudo em preto ou branco, sem tons de cinza. Se algo não for perfeito, não é aceitável.

Supergeneralização
Você considera um único evento negativo uma evidência de que algo é completamente ruim ou será ruim para sempre.

Desqualificação do positivo
Em uma situação ou um evento, normalmente há alguns aspectos positivos e negativos. Você desconta ou ignora os aspectos positivos e foca os aspectos negativos do evento, mesmo quando a situação ou evento é predominantemente positiva.

Tirar conclusões precipitadas
Arbitrariamente chegar a conclusões negativas que não são sustentadas pelos fatos. O que pode envolver leitura de mentes, suposições sobre o que os outros estão pensando ou a previsão de eventos futuros negativos sem nenhuma evidência.

Ampliação e minimização
Você aumenta a proporção de eventos negativos ou minimiza a importância de eventos positivos.

Rotulagem e rotulagem incorreta
Você coloca rótulos negativos em eventos ou em si mesmo, o que influencia como enxerga a si mesmo e outros eventos no mundo.

Personalização
Você assume a responsabilidade pela ocorrência de eventos negativos, mesmo quando não há evidências de que seja responsável.

Fonte: Burns (1980).

A Tabela 25-3 ilustra alguns tipos de pensamentos distorcidos que uma pessoa depressiva pode relatar. Burns chama de **distorções cognitivas** – avaliações ou interpretações negativas de eventos da vida ou erros de lógica no raciocínio que levam a um humor negativo ou a um comportamento deprimido.

Depois de identificar o pensamento distorcido apresentado pela pessoa, a etapa seguinte é desafiá-la a avaliar seus pensamentos e substituir o raciocínio distorcido por pensamentos mais precisos ou lógicos. *Você contesta os pensamentos distorcidos de uma pessoa ao fazer três tipos de questões.*

- Onde estão as evidências?
- Existem explicações alternativas?
- Quais são as implicações?

Analise o exemplo a seguir. Ruth foi visitar um psicólogo porque estava se sentindo deprimida. Recentemente, tinha sido contratada como gerente de nível médio em uma grande fábrica. Ela se preocupava bastante com seu desempenho no trabalho, embora nunca tivesse ouvido comentários de que não estivesse fazendo um bom trabalho. Certo dia, cometeu um erro em um pedido. Seu chefe contou sobre o ocorrido e mostrou como agir corretamente no futuro. Depois que isso aconteceu, Ruth disse a si mesma: "Não sou boa nesse trabalho. Sou muito burra. Sei que vou ser demitida. Meu chefe acha que sou incompetente". Ela fazia essas afirmações e outras parecidas para si mesma no trabalho e em casa. Quando fazia essas autoafirmações, sentia-se mais deprimida.

Identifique as distorções cognitivas das autoafirmações de Ruth.

Ruth está supergeneralizando a partir de um único caso (cometer um erro) e dizendo a si mesma que não é boa em seu trabalho. Ela está se rotulando como burra. Está tirando conclusões precipitadas quando diz que o chefe a considera incompetente e que será demitida. No roteiro a seguir, de uma sessão de modificação do comportamento cognitivo, observe como o psicólogo (P) usa questões para desafiar Ruth (R) a mudar o pensamento distorcido. Ruth acabou de afirmar "Eu não sou boa no meu trabalho e serei demitida", e disse que se sentia deprimida quando pensava assim.

P: Ruth, onde estão as evidências de que não é boa em seu trabalho?
R: Bom, eu apenas sei que não sou boa nisso.

P: Sim, você disse isso, mas onde estão as evidências para essa afirmação?

R: Bem, meu chefe nunca diz que estou fazendo um bom trabalho.

P: Certo, seu chefe não diz que você está indo bem. Isso significa que não está fazendo um bom trabalho?

R: Deve significar. Se eu estivesse fazendo um bom trabalho, ele me diria.

P: Existe alguma outra explicação para seu chefe não dizer que você está fazendo um bom trabalho?

R: Não sei.

P: Ele diz às outras pessoas quando estão fazendo um bom trabalho?

R: Não.

P: Você acha que seus colegas fazem um bom trabalho?

R: Sim.

P: Mas seu chefe não diz a eles. É possível que você esteja fazendo um bom trabalho mesmo que ele não diga?

R: Bom, acho que sim.

P: Sim, eu também acho. Há alguma outra explicação que justifique o fato de seu chefe não dizer a você e aos seus colegas que estão fazendo um bom trabalho?

R: Acho que é porque ele é muito ocupado.

P: Essa é uma explicação bem razoável. Será que há outra?

R: Bem, talvez não faça parte do seu estilo de supervisão dizer às pessoas quando trabalham bem.

P: Ótimo, então pode haver várias outras explicações para seu chefe não dizer a você que está fazendo um bom trabalho. Agora me diga, onde estão as evidências de que será demitida?

O psicólogo continuaria fazendo esse questionamento a Ruth até que ela chegasse à conclusão de que seus pensamentos iniciais não estavam corretos e fizesse autoafirmações mais razoáveis ou precisas para substituir esses pensamentos incorretos ou distorcidos. Assim que Ruth substituiu suas autoafirmações negativas distorcidas por opções mais razoáveis, ficou menos propensa a relatar um humor depressivo. Além disso, Ruth poderia aprender a habilidade de questionar o próprio comportamento distorcido da mesma maneira, tornando-se capaz de usar essa habilidade no futuro caso apresentasse pensamentos distorcidos novamente. É importante observar que o terapeuta não diz ao cliente o que pensar no lugar dos pensamentos distorcidos. Em vez disso, ele faz perguntas para que o cliente avalie o próprio raciocínio e, assim, produza mudança.

Treino de habilidades cognitivas de enfrentamento

No *treino de habilidades cognitivas de enfrentamento*, o terapeuta ensina aos clientes autoafirmações específicas que podem usar em uma situação problema para melhorar o desempenho ou influenciar o comportamento naquela situação. Nos nossos exemplos, Deon e Claire usaram habilidades cognitivas de enfrentamento para influenciar o comportamento em uma situação-problema. Deon fez *autoafirmações* de enfrentamento quando as pessoas o xingaram ou fizeram comentários racistas na escola. Quando ele fazia as afirmações de enfrentamento para si mesmo nessas situações, havia menor probabilidade de ele ficar nervoso, e maior probabilidade de evitar uma briga. Claire usou um tipo de afirmação de enfrentamento chamado de *autoinstrução* quando começou a sair do lugar na sala de aula. Ela se instruiu a voltar para sua cadeira e prestar atenção à professora. Em ambos os casos, Deon e Claire aprenderam as afirmações de enfrentamento por meio de orientações, modelagem, ensaios e *feedback* em situações de dramatização que simulavam as situações problemáticas. Depois que Deon e Claire começaram a usar as autoafirmações de enfrentamento nas situações-problema, o comportamento deles melhorou nessas situações.

Spiegler e Guevremont (2003) descrevem três tipos de procedimentos para o treino de habilidades cognitivas de enfrentamento: treinamento autoinstrucional, treinamento de inoculação de estresse e terapia de solução de problemas. Este capítulo foca o treinamento autoinstrucional. (Para informações sobre os outros tipos de treinamento de habilidades cognitivas de enfrentamento, consulte Spiegler e Guevremont, 2003, 2010; veja também D'Zurilla, 1986; D'Zurilla e Goldfried, 1971; Meichenbaum, 1977; Nezu, Nezu e Perri, 1989; Novaco, 1977).

Treinamento autoinstrucional O **treinamento autoinstrucional** consiste em três etapas básicas.

1. *Identificar a situação-problema e definir o comportamento desejável mais apropriado para aquela situação.* Também é importante identificar todos os comportamentos conflitantes que podem interferir no comportamento desejável na situação-problema. Para Deon, o comportamento desejável era se livrar da provocação dos outros alunos. Os comportamentos conflitantes eram brigar (comportamento observável) e suas autoafirmações relacionadas com a raiva na situação-problema (comportamento oculto). Para Claire, o comportamento desejável era sentar-se em sua cadeira e prestar atenção à professora. O comportamento conflitante era sair de seu lugar e perturbar os outros alunos.

2. *Identificar as autoinstruções que serão mais úteis na situação-problema.* Deon aprendeu autoafirmações que o incentivavam a escapar das provocações dos outros alunos. Essas autoafirmações também interferiam em suas autoafirmações existentes, que provocavam excitação (raiva) na situação-problema. Como resultado, ele tinha menor probabilidade de ficar nervoso, e maior probabilidade de ir embora. Claire aprendeu autoafirmações em que se instruía a ficar sentada e prestar atenção à professora durante a aula. As autoafirmações eram autoinstruções simples, adequadas para o nível de desenvolvimento de uma criança de 7 anos.
3. *Usar o treinamento de habilidades comportamentais para ensinar as autoinstruções.* A pessoa precisa praticar as autoinstruções em dramatizações que simulam a situação-problema para que se generalizem para a situação-problema depois que o treino de habilidades comportamentais for concluído.

Etapas do treinamento autoinstrucional

1. Identificar a situação-problema, definir o comportamento desejável que será aumentado e identificar comportamentos conflitantes.
2. Identificar as autoinstruções que serão usadas na situação-problema.
3. Usar o treinamento de habilidades comportamentais para ensinar as autoinstruções.

Ao conduzir o treinamento de habilidades comportamentais, o terapeuta primeiro modela as autoinstruções e o comportamento desejável no contexto de uma dramatização. Por exemplo, enquanto Claire assistia, Dr. Cruz se sentou em uma cadeira e agiu como se fosse Claire na sala de aula. Toda vez que começava a sair de seu lugar, recitava as autoinstruções em voz alta e imediatamente se sentava de volta na cadeira. Toda vez que se sentava de volta na cadeira, ele se elogiava.

Depois de modelar as autoinstruções e o comportamento desejável algumas vezes para Claire, ele pediu à menina que praticasse com ele. Agora ela estava sentada na cadeira e toda vez que começava a se levantar, recitava as autoinstruções e imediatamente voltava para seu lugar. A seguir, ela se elogiava por ter se sentado. Dr. Cruz elogiou Claire depois de todos os ensaios que ela concluiu com ele. Depois que Claire demonstrou as autoinstruções e o comportamento desejável com Dr. Cruz, ele pediu a ela que fizesse isso sozinha. Dessa vez, Claire recitou as autoinstruções em voz alta assim que começou a se levantar. Ela se sentou de volta e fez um autoelogio. Exibiu essa sequência de autoinstruções e comportamentos desejáveis sem a ajuda do Dr. Cruz. Ele elogiou o desempenho dela todas as vezes.

Dr. Cruz e Claire participaram da mesma dramatização mais algumas vezes. Em cada uma delas, a menina passou a recitar as autoinstruções de forma progressivamente mais silenciosa. Por fim, Dr. Cruz pediu a ela que dissesse as autoinstruções para si mesma de modo que ele não conseguisse ouvir. Dessa forma, as autoinstruções e autoelogios ocorreriam de maneira oculta e, assim, não atrairiam atenção para Claire na sala de aula. A sequência de etapas do treinamento de habilidades comportamentais usadas para ensinar autoinstruções está listada na Tabela 25-4.

Depois que o cliente aprende as autoinstruções no contexto de dramatizações que simulam a situação-problema, ele é orientado a usar as autoinstruções na situação real. Se o treinamento autoinstrucional tiver sido eficaz, a situação-problema deve ser um estímulo discriminativo para as autoinstruções. Ao recitar as autoinstruções na situação-problema, o cliente tem maior probabilidade de exibir o comportamento desejável, pois foi ligado às autoinstruções nas dramatizações. Como resultado, a autoinstrução se torna um estímulo discriminativo para o comportamento desejável.

Donald Meichenbaum desenvolveu o treinamento autoinstrucional e avaliou sua eficácia para ajudar as pessoas a controlarem o próprio comportamento. Por exemplo, Meichenbaum e Goodman (1971) ensinaram crianças pequenas a usar autoinstruções para controlar o comportamento impulsivo. Outros pesquisadores também provaram a eficácia do treinamento autoinstrucional para crianças (Bryant e Budd, 1982; Guevremont, Osnes e Stokes, 1988; Kendall e Braswell, 1985). Meichenbaum também implementou o treinamento autoinstrucional em casos de adultos com esquizofrenia (Meichenbaum e Cameron, 1973). Os clientes desse estudo usaram autoinstruções para aumentar o número de "conversas saudáveis" das quais

TABELA 25-4 Etapas do treinamento de habilidades comportamentais usadas para ensinar autoinstruções

1. O terapeuta recita as autoinstruções em voz alta e exibe o comportamento desejável.
2. O terapeuta e o cliente recitam as autoinstruções em voz alta e exibem o comportamento desejável.
3. O cliente recita as autoinstruções em voz alta e exibe o comportamento desejável com o auxílio do terapeuta.
4. O cliente recita as autoinstruções com um tom de voz progressivamente mais suave e exibe o comportamento desejável.
5. O cliente recita as autoinstruções sem produzir nenhum som e exibe o comportamento desejável.
6. O cliente recita as autoinstruções de maneira oculta, sem mover os lábios, e exibe o comportamento desejável.

© Cengage Learning

participavam e diminuir a quantidade de "conversas sem sentido" para aumentar a atenção nas tarefas e melhorar o desempenho em uma série de atividades. Outros pesquisadores também demonstraram que o treinamento autoinstrucional pode ser eficaz no caso de clientes com esquizofrenia (Meyers, Mercatoris e Sirota, 1976). O treinamento autoinstrucional também tem sido usado com sucesso para diversos problemas de adultos, normalmente funcionais (Masters et al., 1987; Spiegler e Guevremont, 2003).

PARA UMA LEITURA MAIS APROFUNDADA

Controle verbal do comportamento no treinamento autoinstrucional

Embora diversos estudos tenham demonstrado que o treinamento autoinstrucional pode resultar em melhorias no desempenho na sala de aula, um estudo em particular provou a importância da verbalização da criança para controlar o desempenho bem-sucedido. Guevremont, Osnes e Stokes (1988) conduziram treinamentos autoinstrucionais com crianças de 4 e 5 anos em uma turma da pré-escola. Os alunos aprenderam a dar instruções para si mesmos a fim de completar planilhas de leitura simples. Os autores demonstraram que, quando os alunos usavam autoinstruções no ambiente de treinamento, eles apresentavam muito mais respostas corretas nas planilhas. No entanto, quando faziam planilhas semelhantes em outro ambiente de sala de aula, eles não usavam as autoinstruções e não conseguiam tantas respostas corretas nos trabalhos. Depois que foram orientados a usar as autoinstruções na segunda sala de aula as usaram, o desempenho deles nas planilhas também melhorou naquele ambiente. Esse estudo comprovou claramente que o treinamento autoinstrucional melhorava o desempenho acadêmico, mas apenas quando os alunos foram observados usando as autoinstruções, o que demonstrou o papel funcional das autoinstruções no desempenho.

Terapias baseadas em aceitação

O objetivo da reestruturação e das técnicas de treinamento de habilidades cognitivas de enfrentamento descritas neste capítulo é ajudar as pessoas a mudar o raciocínio e melhorar sentimentos negativos ou problemas de comportamentos. Entretanto, outros métodos de tratamento têm o objetivo de ajudar a pessoa a aceitar pensamentos e sentimentos negativos em vez de mudá-los (Hayes, Strosahl e Wilson, 1999; Hayes e Wilson, 1994; Kohlenberg e Tsai, 1991). As terapias baseadas em aceitação foram desenvolvidas como uma alternativa aos procedimentos tradicionais de modificação do comportamento cognitivo descritos neste capítulo. Em um tipo de terapia chamada de *terapia de aceitação e compromisso* (em inglês *Acceptance and Commitment Therapy* – ACT, Hayes, 1995; Hayes, Strosahl e Wilson, 1999), o cliente aprende que não foi capaz de controlar seus pensamentos e sentimentos perturbadores no passado, e as tentativas de controlá-los pioraram seu problema. Ao longo da terapia, o cliente aprende a aceitar que os pensamentos e sentimentos podem continuar ocorrendo, mas que ainda pode alcançar metas significativas de mudança de comportamento (Hayes et al., 2006; Paul, Marx e Orsillo, 1999; Twohig, Schoenberger e Hayes, 2007). Quando o cliente aceita pensamentos e sentimentos negativos, eles perdem a capacidade de perturbar a vida dele que pode se comprometer com o trabalho em busca de mudanças de comportamento valiosas.

Problemas clínicos

Este capítulo é simplesmente uma introdução aos procedimentos de modificação do comportamento cognitivo e não ensina o aluno a conduzir adequadamente a modificação de comportamentos cognitivos em casos reais de problemas clínicos. Qualquer pessoa que estiver passando por um problema emocional sério, como depressão, deve procurar a ajuda de um psicólogo ou outro profissional de saúde mental licenciado. Mesmo que possa usar a modificação do comportamento cognitivo para o autoaperfeiçoamento, problemas graves sempre devem ser levados a um profissional.

RESUMO DO CAPÍTULO

1. O comportamento cognitivo é definido como pensamentos, imagens ou autoafirmações que ocorrem de maneira oculta.
2. O comportamento cognitivo pode agir como um EC, um ED ou uma OM quando for antecedente a outro comportamento. Também pode servir como reforço ou punição quando for consequência de outro comportamento exibido pela pessoa.
3. No procedimento de reestruturação cognitiva, o terapeuta ajuda o cliente a identificar pensamentos angustiantes e substituí-los por pensamentos mais desejáveis.
4. Para ajudar uma pessoa a mudar o comportamento, o terapeuta primeiro ajuda o cliente a identificar pensamentos desadaptativos que contribuem para dificuldades emocionais ou comportamentais. Em seguida, o terapeuta faz uma série de questões para ajudar o cliente a avaliar de forma crítica a lógica ou a precisão de seus pensamentos. Durante esse processo, o cliente começa a pensar de modo mais lógico e exato, o que alivia os problemas emocionais ou comportamentais.
5. O procedimento de treinamento autoinstrucional inclui dois componentes básicos. Com aplicação de técnicas de

treinamento de habilidades comportamentais, o terapeuta ensina o cliente a fazer autoafirmações ou autoinstruções. O terapeuta e o cliente praticam as autoinstruções e os comportamentos desejáveis em dramatizações que simulam uma situação-problema. Em seguida, o cliente recita as autoinstruções e apresenta o comportamento desejável na situação problemática.

TERMOS-CHAVE

ativação comportamental, 356
comportamento cognitivo, 351
distorções cognitivas, 357
modificação do comportamento cognitivo, 353
reestruturação cognitiva, 355
terapia cognitiva, 356
treinamento autoinstrucional, 358
treino de habilidades cognitivas de enfrentamento, 355

TESTE PRÁTICO

1. O que são comportamentos cognitivos? Dê exemplos.
2. Identifique os comportamentos cognitivos que contribuíram para o problema de Deon com brigas.
3. Dê exemplos dos comportamentos cognitivos que possam estar envolvidos no que chamamos de culpa.
4. Identifique e descreva brevemente as duas categorias gerais de procedimentos de modificação do comportamento cognitivo.
5. Na reestruturação cognitiva, o terapeuta ajuda o cliente a identificar pensamentos angustiantes vivenciados por ele. Quais são as duas maneiras pelas quais o terapeuta pode avaliar os pensamentos dos clientes?
6. O que é uma distorção cognitiva? Descreva alguns dos tipos de distorções cognitivas identificados por Burns (1980. Dê exemplo de cada um deles.
7. Qual é o objetivo da reestruturação cognitiva?
8. De acordo com Burns (1980, quais são os três tipos de perguntas que o terapeuta pode usar para contestar o raciocínio distorcido de um cliente?
9. Qual é o objetivo do treinamento de habilidades cognitivas de enfrentamento?
10. Descreva os procedimentos de treinamento de habilidades comportamentais usados para ensinar autoinstruções a um cliente.
11. No treinamento autoinstrucional, o que é feito para aumentar a probabilidade de generalização das autoinstruções para a situação real de problema?
12. Cite dois tipos de problemas para os quais o treinamento autoinstrucional foi usado com sucesso.
13. No caso de Claire, que outros procedimentos de modificação comportamental foram usados além do treinamento autoinstrucional?
14. Qual é a diferença entre os procedimentos de modificação do comportamento cognitivo e os outros métodos de modificação do comportamento descritos neste livro?
15. Qual é o objetivo da terapia de aceitação e compromisso? Qual é a diferença entre esse objetivo e o objetivo dos procedimentos de modificação do comportamento cognitivo?

APLICAÇÕES

1. Explique como você implementaria um procedimento de modificação do comportamento cognitivo como parte de seu projeto de autogestão. Se um procedimento de modificação do comportamento cognitivo não for adequado para seu projeto, explique por quê.
2. Chad, homem de 22 anos com deficiência intelectual moderada, tem boas capacidades verbais e consegue facilmente dar continuidade a uma conversa e entender instruções complexas. Chad trabalha em uma fábrica. Ele executa bem o trabalho, mas foi surpreendido roubando objetos dos armários dos outros funcionários. O problema acontece nas pausas ou em outros momentos em que ele se encontra próximo dos armários e sem ninguém por perto. Nessas ocasiões, ele abre os armários dos outros e pega latas de refrigerante ou trocados que usa para comprar refrigerante na máquina de venda automática. Ele perderá o emprego se não parar de roubar. Quando é pego em flagrante, ele pede desculpas e promete não fazer novamente, mas o problema continua. Descreva como você conduziria um treinamento autoinstrucional com Chad para ajudá-lo a parar de roubar dos outros funcionários.
3. Descreva outros métodos de modificação do comportamento que você usaria em conjunto com as autoinstruções para ajudar Chad a parar de roubar dinheiro e refrigerante dos armários dos outros funcionários.
4. Vicki sai do escritório às 17 horas todos os dias e vai dirigindo até sua casa no subúrbio. A viagem leva 30 minutos no horário de pico. Enquanto está no congestionamento, Vicki fica imciente e com raiva (ela passa por excitação autônoma). Vicki faz uma série de afirmações raivosas a si mesma, como: "Odeio essa cidade! Por que as pessoas não aprendem a dirigir? Queria que esses idiotas acelerassem ou saíssem da frente. Motoristas estúpidos!". Enquanto faz essas autoafirmações de raiva, ela fica mais nervosa e, algumas vezes, apresenta um comportamento agressivo – faz gestos obscenos para os outros motoristas, cola seu carro na traseira dos carros da frente ou grita com os outros motoristas. Descreva o treinamento de

habilidades cognitivas de enfrentamento que você implementaria com Vicki para ajudá-la a reduzir a raiva e os comportamentos agressivos no carro no caminho de volta para casa.

APLICAÇÕES INCORRETAS

1. Wendy tinha passado a maior parte do tempo sozinha desde que começou a faculdade. Ela não tinha amigos lá e ficava desconfortável perto de pessoas desconhecidas. Não se envolvia nas atividades e não fazia amizades. Quando pensava em ir a festas ou outras atividades, dizia a si mesma: "Ninguém vai querer falar comigo. Pra quê tentar? É muito difícil conhecer pessoas novas. Não sou muito interessante, as pessoas ficariam entediadas ao falar comigo". Quando tinha esses pensamentos, sentia-se deprimida e decidia não participar da festa ou outras atividades. Wendy visitou um conselheiro para ajudá-la a superar o problema. Primeiro, o conselheiro conduziu uma entrevista de avaliação com Wendy para entender o problema pelo qual ela estava passando. O conselheiro estabeleceu que ela tinha baixa autoestima e que essa era a causa dos problemas. O terapeuta disse a Wendy que poderia ajudá-la a eliminar a baixa autoestima e que ela ficaria mais feliz e propensa a participar das atividades e fazer amizades. O que há de errado com esse exemplo? O que o conselheiro deveria ter feito diferente?

2. Arnie fez um curso de modificação de comportamento em que aprendeu sobre a modificação do comportamento cognitivo. Um dos capítulos do livro descrevia a reestruturação cognitiva e outros procedimentos. Arnie tinha uma amiga que relatava estar deprimida. Ele disse à amiga que poderia ajudá-la a superar a depressão com a modificação do comportamento cognitivo. Apanhou o livro e estudou novamente o capítulo de modificação do comportamento cognitivo. Prestou atenção especial à seção que tratava de distorções cognitivas e das questões usadas para ajudar alguém a mudar o pensamento distorcido. Depois de reler o capítulo, Arnie se reuniu com a amiga e começou a usar a modificação do comportamento cognitivo para ajudá-la com a depressão. O que há de errado com esse exemplo? O que Arnie deveria ter feito diferente?

3. Carol, menina de 4 anos, era filha única até pouco tempo atrás. Depois que o irmão nasceu, Carol começou a apresentar comportamento de birra. Todas as vezes que a mãe de Carol, Judy, estava cuidando do novo bebê, usando o computador ou fazendo qualquer outra atividade, Carol gritava e chorava, exigindo a atenção da mãe. Judy normalmente parava o que estava fazendo e passava um tempo com Carol até a menina se acalmar. Depois de alguns meses nessa situação, Judy decidiu fazer algo em relação ao comportamento de birras da filha. Ela decidiu implementar o treinamento autoinstrucional com Carol. Judy definiu situações de faz de conta (dramatizações) com Carol, em que a menina começava com as birras e imediatamente dizia a si mesma "mamãe está ocupada", "acalme-se e seja boazinha" ou "mamãe gosta quando sou boazinha". Judy ensinou Carol a dizer essas autoinstruções nas dramatizações e, assim que Carol passou a dizê-las a si mesma sem ajuda, Judy disse à menina que usasse as autoinstruções quando estivesse realmente irritada. O que há de errado com esse exemplo? O que Judy deveria ter feito diferente?

4. Perry, estudante universitário, ficava apreensivo quando precisava falar em público. Ele ficava nervoso quando pensava em fazer uma apresentação para a turma. Perry foi visitar um conselheiro, que começou usando a reestruturação cognitiva para ajudá-lo a mudar alguns comportamentos cognitivos que contribuíam para sua ansiedade. Primeiro, o conselheiro avaliou as autoafirmações que Perry fazia quando ficava ansioso por precisar fazer uma apresentação na aula. Um exemplo do que Perry dizia a si mesmo é: "As pessoas verão como estou nervoso e pensarão que sou idiota. Não consigo ir tão bem quanto os outros da turma". Em seguida, o conselheiro trabalhou com Perry para mudar os pensamentos distorcidos dessas autoafirmações. O trecho a seguir é parte de uma sessão entre Perry (P) e o conselheiro (C). O que há de errado com esse exemplo? O que o conselheiro deveria ter feito diferente?

C: Perry, você diz que as pessoas vão perceber que está nervoso. Não há nenhuma evidência para essa afirmação. As pessoas não conseguem saber se você está nervoso.
P: É, acho que você está certo.
C: Além disso, não há evidências de que as pessoas vão pensar que você é idiota. Provavelmente elas não conseguem perceber que você está nervoso e, mesmo que percebessem, ficar nervoso é normal. Certamente não pensarão que você é idiota.
P: Não mesmo?
C: É claro que não. Você não precisa pensar assim. Você também disse que não consegue se sair tão bem quanto os outros membros da turma. Agora, Perry, também não há evidências para essa afirmação. Tenho certeza de que consegue se sair tão bem quanto os outros alunos. Todos eles também estão aprendendo como fazer apresentações. Vocês estão na mesma situação.
P: É, acho que você está certo.

Glossário

Abscissa O eixo horizontal (eixo *x*) de um gráfico. Mostra as unidades de tempo.

Aceitabilidade do tratamento Julgamentos subjetivos do quanto uma pessoa aceita de um determinado método de tratamento. Normalmente é medida em escalas de classificação.

Ambiente análogo Um ambiente de observação que não faz parte da rotina diária normal do cliente. Geralmente envolve um ambiente como uma sala separada em que todos os estímulos e as atividades são controlados pelo pesquisador.

Ambiente natural Um ambiente de observação que faz parte da rotina diária normal do cliente. O comportamento-alvo geralmente ocorre no ambiente natural.

Análise de tarefa por escrito Uma lista por escrito de cada estímulo discriminativo e resposta em uma cadeia de comportamentos. Algumas vezes, uma análise de tarefa por escrito (também conhecida como lembretes textuais) é dada para o aprendiz como uma forma de guiar seu comportamento ao longo da cadeia de comportamentos.

Análise de tarefa Identificação do estímulo discriminativo e da reposta para cada componente de uma cadeia comportamental.

Análise do comportamento aplicada Um termo frequentemente usado como sinônimo de modificação do comportamento. Envolve análise e modificação do comportamento humano.

Análise experimental do comportamento O estudo científico do comportamento e dos tipos de eventos ambientais que são funcionalmente relacionados com a ocorrência do comportamento. Envolve pesquisas laboratoriais com humanos e não humanos.

Análise funcional de teste de hipótese Tipo de análise funcional em que o objetivo não é avaliar todas as funções possíveis, mas confirmar ou não uma hipótese. Neste tipo de análise funcional, uma condição (a condição de teste) apresenta a OE hipotética e, quando o problema de comportamento ocorre, apresenta o reforçador hipotético. A outra condição (a condição de controle) apresenta a OA hipotética e, se o comportamento problemático ocorrer, não fornece o reforçador hipotético.

Análise funcional exploratória Tipo de análise funcional em que o analista de comportamento pode não ter uma hipótese sobre a consequência reforçadora que mantém o comportamento problemático e está explorando uma série de possibilidades na análise funcional. Uma análise funcional exploratória normalmente inclui três ou quatro condições de teste e uma condição de controle. Em cada condição de teste, o analista de comportamento apresenta uma OE e um possível reforçador para o problema de comportamento, e na condição de controle, apresenta uma AO e retira os possíveis reforçadores.

Análise funcional Um método de avaliação funcional em que eventos ambientais (antecedentes e consequências do comportamento) são manipulados para demonstrar uma relação funcional entre os eventos ambientais e o comportamento.

Ansiedade Termo usado para descrever o comportamento respondente que envolve a ativação do sistema nervoso autônomo (incluindo frequência cardíaca acelerada, respiração rápida e superficial e aumento na tensão muscular). A excitação autônoma é uma operação estabelecedora que aumenta a probabilidade de um comportamento operante que inclui respostas de fuga ou esquiva. Em geral, alguns eventos funcionam como estímulo condicionado (EC) para provocar a excitação autônoma como uma resposta condicionada (RC). O comportamento operante atua para fugir ou se esquivar do EC.

Antecedente Estímulo ou evento que precede o comportamento-alvo.

Aplicação de atividade aversiva Procedimento de punição positiva em que, contingente ao comportamento indesejável, se exige que o cliente participe de uma atividade aversiva (um comportamento de baixa probabilidade) para reduzir a futura probabilidade do comportamento indesejável.

Aplicação de estímulo aversivo Procedimento de punição positiva em que um estímulo aversivo é entregue contingente à ocorrência do comportamento indesejável para reduzir sua probabilidade futura.

Apoio social Um componente do procedimento de reversão de hábitos em que um membro importante para o cliente o elogia pelo uso correto da resposta competitiva e o lembra de usar a resposta competitiva quando o comportamento habitual ocorrer. Em geral, o apoio social ocorre quando essas pessoas significativas estão envolvidas na implementação de contingências no ambiente natural para ajudar o indivíduo a alcançar um objetivo de autogestão.

Apresentação de tarefa total Procedimento para ensinar uma cadeia de comportamentos em que o treinador conduz fisicamente o aprendiz por todas as etapas da cadeia. Com o tempo, o treinador remove as orientações físicas e acompanha os movimentos do aprendiz enquanto ele conclui a cadeia de comportamentos. Por fim, o aprendiz conclui a cadeia sem nenhum auxílio do treinador.

Aproximação sucessiva No processo de moldagem, toda aproximação sucessiva é um comportamento que relembra mais o comportamento-alvo. O processo de moldagem começa com o reforço da primeira aproximação, um comportamento atualmente exibido pela pessoa. Depois que a primeira aproximação é fortalecida por meio de reforços, ela é extinta. Em seguida, uma aproximação maior ocorre e é reforçada. Esse processo continua até que a pessoa exiba o comportamento-alvo.

Aquisição O desenvolvimento de um novo comportamento por meio de reforço.

Ativação comportamental Um tratamento para a depressão que foca em fazer o cliente participar de um maior número e variedade de atividades reforçadoras.

Atraso de lembrete Neste procedimento, o treinador apresenta o estímulo discriminativo (ED) e, em seguida, depois de um intervalo específico de tempo (digamos, 4 segundos), apresenta o lembrete. O atraso entre a apresentação do ED e do lembrete significa que, à medida que o treinamento avança, a pessoa pode dar a resposta antes que o lembrete seja fornecido.

Autoelogios Fazer afirmações positivas a si mesmo ou produzir avaliações positivas de seu próprio comportamento depois de exibir um comportamento apropriado.

Autogestão Procedimentos de modificação do comportamento usados por uma pessoa para mudar seu próprio comportamento. Em uma estratégia de autogestão, ela apresenta um comportamento que altera um antecedente ou uma consequência do comportamento-alvo ou comportamento alternativo.

Autoinstrução Autoafirmação que aumenta a probabilidade de um comportamento-alvo ocorrer em uma situação específica.

Automonitoramento Tipo de coleta de dados por observação direta em que o cliente observa e registra seu próprio comportamento à medida que ele ocorre.

Avaliação comportamental Medições do comportamento-alvo (ou comportamentos) na modificação do comportamento. Também pode se referir à medição de antecedentes e consequências do comportamento-alvo.

Avaliação de estímulo único Todos os possíveis reforçadores (de um conjunto de possíveis reforçadores) são apresentados (ou seja, colocados em uma mesa diante da criança), um por vez, para ver se o indivíduo se aproxima ou não deles. Depois que cada estímulo é apresentado diversas vezes, o pesquisador calcula o percentual de vezes que ele se aproximou de cada estímulo para indicar qual deles tem probabilidade de ser um reforçador.

Avaliação de estímulos pareados Dois possíveis reforçadores (de um conjunto de possíveis reforçadores) são apresentados ao indivíduo, e o pesquisador anota de qual estímulo o indivíduo se aproxima. Cada estímulo é apresentado com todos os outros estímulos várias vezes e o pesquisador calcula o percentual de vezes que o indivíduo se aproximou de cada um deles, indicando quais estímulos têm a probabilidade de serem reforçadores.

Avaliação de estímulos múltiplos Um conjunto de possíveis reforçadores é apresentado ao indivíduo (por exemplo, 8 estímulos são apresentados em uma mesa em frente da pessoa) e o pesquisador registra qual dos potenciais reforçadores o indivíduo acessa ou escolhe primeiro. O estímulo é, então, removido do grupo e o pesquisador registra qual estímulo o indivíduo escolhe em seguida. Esse estímulo também é removido do conjunto e o processo continua até que o indivíduo tenha se aproximado ou escolhido todos os estímulos. O conjunto de estímulos é apresentado várias vezes (com os estímulos em posições diferentes na mesa em cada uma das vezes) para identificar a ordem em que os estímulos são escolhidos.

Avaliação de preferência Processo de identificação de reforçadores para um indivíduo. Inclui a apresentação de potenciais reforçadores e medições para saber se ele se aproxima, manuseia ou consome o item. As avaliações de preferência podem ser conduzidas em, no mínimo, três maneiras diferentes: avaliação de estímulo único, avaliação de estímulos pareados e avaliação de estímulos múltiplos.

Avaliação direta Avaliação comportamental que envolve a observação direta e o registro do comportamento assim que ele ocorre. A avaliação direta também pode se referir à observação direta e ao registro dos antecedentes e consequências do comportamento.

Avaliação do reforçador Processo em que um item de uma avaliação de preferência é entregue contingente a um comportamento para ver se esse comportamento aumenta. Caso ele aumente, o item funciona como um reforçador.

Avaliação funcional O processo de gerar informações sobre os eventos que vêm antes e depois do comportamento em uma tentativa de determinar quais antecedentes e consequências são confiavelmente associados com a ocorrência do comportamento. Inclui a avaliação indireta, por meio de entrevistas e questionários, a observação direta dos antecedentes e consequências no ambiente natural e os métodos de análise funcional que envolvem a manipulação dos eventos ambientais.

Avaliação *in situ* Avaliação de habilidades no ambiente natural sem a pessoa saber que a avaliação está ocorrendo.

Avaliação indireta Avaliação que confia em informações obtidas por outros. As informações sobre o comportamento indesejado e seus antecedentes e consequências não são derivadas da observação direta, mas do relatório retrospectivo em entrevistas e questionários.

Behaviorismo A filosofia da ciência do comportamento. A principal doutrina do behaviorismo é que o comportamento é legítimo e controlado por eventos ambientais que ocorrem em uma relação temporal próxima com o comportamento.

Bloqueio da resposta Procedimento em que o agente de mudança bloqueia fisicamente um comportamento indesejado, de modo que o cliente não consegue completar a resposta. Normalmente é usada em conjunto com a restrição breve.

Cadeia comportamental Um comportamento complexo que consiste em dois ou mais componentes comportamentais que ocorrem juntos em uma sequência. Para cada componente de comportamento, há um estímulo e resposta discriminativos. Uma cadeia comportamental algumas vezes é chamada de cadeia de estímulo-resposta.

Cadeia de estímulo-resposta Veja *cadeia comportamental*.

Classe de estímulo Um grupo de estímulos em que todos apresentam o mesmo efeito funcional sobre um determinado comportamento. Por exemplo, todos os estímulos de uma classe de estímulo podem atuar como estímulos discriminativos para um determinado comportamento.

Comportamento O assunto da modificação do comportamento. O comportamento é o que uma pessoa diz ou faz, envolve as ações de um indivíduo.

Comportamento-alvo Na modificação do comportamento, é o comportamento a ser modificado.

Comportamento cognitivo Comportamento verbal ou imaginário oculto. Exemplos incluem pensar, falar consigo mesmo, imaginar comportamentos ou situações específicos e relembrar eventos do passado. O comportamento cognitivo é influenciado pelas mesmas variáveis ambientais que influenciam o comportamento observável.

Comportamento controlado O comportamento-alvo que é influenciado em um projeto de autogestão.

Comportamento controlador O uso de estratégias de autogestão em que os antecedentes e as consequências de um comportamento-alvo e/ou comportamentos alternativos são modificados.

Comportamento de esquiva Um comportamento que evita um evento aversivo. O comportamento é negativamente reforçado pela esquiva de um evento aversivo.

Comportamento de fuga Comportamento que resulta na eliminação de um estímulo aversivo. A eliminação do estímulo aversivo reforça negativamente o comportamento.

Comportamento estereotipado Comportamentos repetitivos que não apresentam nenhuma função social para o indivíduo. Normalmente são chamados de comportamentos autoestimulatórios porque atuam para produzir alguma forma de estímulo sensorial para o indivíduo.

Comportamento governado por regras Comportamento que é controlado por uma declaração verbal (uma regra) sobre a contingência entre o comportamento e uma consequência.

Comportamento habitual Um comportamento repetitivo em uma das três categorias: hábitos nervosos, tiques e gagueira.

Comportamento observável Comportamento que pode ser observado e registrado por alguém que não é a pessoa que está exibindo aquele comportamento.

Comportamento oculto Comportamento que não é observável por outras pessoas. Os comportamentos ocultos também são chamados de eventos privados.

Comportamento operante Comportamento que atua no ambiente para produzir uma consequência imediata e, em troca, é fortalecido por essa consequência.

Comportamento respondente Comportamento que é provocado por um estímulo anterior. Uma resposta incondicionada (RI) e uma resposta condicionada (RC) são comportamentos respondentes porque são provocadas por um estímulo incondicionado (EI) e um estímulo condicionado (EC), respectivamente.

Concordância interobservador(CIO) Ocorre quando dois observadores observam e registram o comportamento de uma pessoa de forma independente, ao mesmo tempo e concordam sobre a ocorrência do comportamento.

Condição de controle Uma condição da análise funcional em que você apresenta a OA para o comportamento e não fornece o reforçador para o comportamento quando ele ocorrer.

Condição de teste Uma condição da análise funcional em que você fornece a OE para o comportamento e o reforçador, caso ele ocorra.

Condicionamento de atraso Tipo de condicionamento respondente em que o estímulo condicionado (EC) é apresentado e o estímulo incondicionado (EI) é apresentado em seguida, antes do encerramento do EC.

Condicionamento de ordem superior O processo por meio do qual, quando um estímulo neutro é pareado com um estímulo condicionado (EC) uma série de vezes, o estímulo neutro se torna um EC que provocará a mesma resposta condicionada (RC).

Condicionamento de traço Tipo de condicionamento respondente em que o estímulo condicionado (EC) é apresentado e, em seguida, o estímulo incondicionado (EI) é apresentado após o encerramento do EC.

Condicionamento operante Ocorre quando um comportamento é seguido, em uma determinada situação, por uma consequência reforçadora, aumentando, assim, a probabilidade de o comportamento ocorrer em circunstâncias semelhantes no futuro.

Condicionamento respondente Processo em que um estímulo neutro é pareado com um estímulo incondicionado (EI). O EI provoca uma resposta incondicionada (RI). Como resultado do pareamento do estímulo neutro com o EI, o estímulo neutro se torna um estímulo condicionado (EC) que vai provocar uma resposta semelhante à RI, chamada de resposta condicionada (RC).

Condicionamento reverso Procedimento de condicionamento respondente em que o estímulo incondicionado (EI) é apresentado antes do estímulo condicionado (EC). É o tipo de técnica de condicionamento respondente menos eficaz.

Condicionamento simultâneo O processo em que o estímulo incondicionado (EI) e o estímulo condicionado (EC) são apresentados ao mesmo tempo nos ensaios de condicionamento respondente.

Confiabilidade interobservador Veja *Concordância interobservador*.

Consentimento informado O processo em que o cliente é informado do método de modificação do comportamento que será usado e concorda por escrito em submeter-se ao procedimento. Necessário para a utilização de procedimentos de punição positiva.

Consequência O estímulo ou evento que ocorre imediatamente após um comportamento.

Contingência de três termos O antecedente que está presente quando o comportamento ocorre, o comportamento e a consequência reforçadora. Também chamada de contingência de reforçamento.

Contingência Uma relação entre uma resposta e uma consequência em que a consequência só é apresentada se a resposta ocorrer. Quando há uma relação como essa, considera-se que a consequência é contingente à resposta.

Contingências naturais de reforçamento A contingência de reforço para o comportamento de uma determinada pessoa no curso normal de sua vida.

Contrato comportamental Um documento escrito que especifica um determinado comportamento-alvo para um cliente e as consequências que serão contingentes à ocorrência (ou não ocorrência) do comportamento em um período de tempo definido.

Contrato de parte única Um contrato comportamental em que uma pessoa tenta mudar um comportamento-alvo. Ela elabora o contrato em conjunto com um gestor de contrato, que implementa a contingência.

Contrato entre duas partes Tipo de contrato comportamental em que duas pessoas identificam comportamentos para mudar e as consequências dessa mudança comportamental.

Contrato paralelo Um contrato entre duas partes em que duas pessoas buscam mudanças comportamentais. Ambas as partes especificam seu comportamento a ser mudado e a consequências para cada um delas. No entanto, os comportamentos e as consequências do contrato de cada uma das partes são independentes. Diferencia-se do contrato *quid pro quo*, em que o comportamento de uma parte é o reforçador para o comportamento da outra.

Contrato *quid pro quo* Um contrato entre duas partes em que duas pessoas especificam um comportamento que mudarão em troca de uma mudança comportamental da outra pessoa.

Controle de estímulo O resultado de um treinamento de discriminação de estímulo. Um determinado comportamento tem maior probabilidade de ocorrência na presença de um determinado estímulo discriminativo (o ED) porque o comportamento só foi reforçado quando o ED estava presente. O ED tem controle de estímulo sobre o comportamento.

Curto-circuito da contingência Ocorre quando uma pessoa providencia um reforçador para um comportamento-alvo em um projeto de autogestão mas o recebe sem apresentar o comportamento-alvo antes. Também pode ocorrer quando alguém providencia uma punição para um comportamento-alvo mas não a implementa depois de exibir o comportamento.

Custo da resposta Procedimento de punição negativa em que, contingente a um comportamento, uma quantidade específica de um reforço é removida.

Déficit comportamental Um comportamento-alvo desejável que uma pessoa tenta aumentar quanto à frequência, duração ou intensidade.

Definição de metas Estratégia de autogestão em que a pessoa decide e escreve um nível desejado de comportamento-alvo que ela espera alcançar como resultado de procedimentos de autogestão.

Delta-E (E^Δ) Estímulo que está presente quando o comportamento não é reforçado. No treinamento de discriminação, o comportamento é reforçado se ocorrer na presença de um estímulo discriminativo (ED), mas não na presença do E.

Desenho A-B Desenho de pesquisa que consiste em uma linha de base e uma fase de tratamento. O desenho A-B não é um desenho experimental verdadeiro porque a condição de tratamento não é replicada. Ele é usado principalmente para documentar mudanças de comportamento na prática clínica.

Desenho com mudança de critério Desenho de pesquisa em que vários níveis diferentes de critérios (objetivos) são definidos para o comportamento durante a fase de tratamento. Quando o comportamento aumenta (ou diminui) até o nível de critério em todas as vezes que o critério muda, uma relação funcional é estabelecida entre o tratamento e o comportamento-alvo.

Desenho com tratamentos alternados (DTA) Desenho de pesquisa em que a linha de base e as condições de tratamento (ou duas condições de tratamento) são conduzidas em uma sucessão rápida, normalmente em dias ou sessões alternadas. A linha de base e as fases de tratamento podem ser comparadas umas com as outras no mesmo período de tempo.

Desenho de linha de base múltipla entre ambientes Desenho de pesquisa em que há uma linha de base e uma fase de tratamento para o mesmo comportamento do mesmo sujeito em dois ou mais ambientes diferentes. O tratamento é escalonado ao longo do tempo em cada um dos ambientes. O mesmo tratamento é usado em todos os ambientes.

Desenho de linha de base múltipla entre comportamentos Desenho de pesquisa em que há uma linha de base e uma fase de tratamento para dois ou mais comportamentos da mesma pessoa. A implementação do tratamento é escalonada ao longo do tempo para cada um dos comportamentos. O mesmo tratamento é implementado para todos os comportamentos.

Desenho de linha de base múltipla entre sujeitos Desenho de pesquisa em que há uma linha de base e uma fase de tratamento para duas ou mais pessoas que exibem o mesmo comportamento-alvo. A implementação do tratamento é escalonada ao longo do tempo para cada um dos sujeitos. O mesmo tratamento é usado com todos os sujeitos.

Desenho de pesquisa Na modificação do comportamento, um desenho de pesquisa especifica o período da linha de base e das fases de tratamento para uma ou mais pessoas, em uma tentativa de demonstrar uma relação funcional entre o tratamento e o comportamento.

Desenho reverso A-B-A-B Um desenho de pesquisa que consiste em uma linha de base e uma fase de tratamento seguidas por uma retirada do tratamento (a segunda linha de base) e uma segunda implementação do tratamento.

Dessensibilização de contato Uma forma de dessensibilização *in vivo* em que o terapeuta fornece contato físico reconfortante ao cliente, como segurar sua mão ou colocar uma mão em suas costas, enquanto ele progride pela hierarquia.

Dessensibilização *in vivo* Procedimento para tratar um medo ou uma fobia. Primeiro, o cliente aprende relaxamento. Depois, desenvolve uma hierarquia de medos em que situações produtoras de medo são ordenadas da menor para a maior. Por fim, o cliente faz contato real com a situação produtora de medo em uma etapa da hierarquia por vez enquanto mantém o relaxamento como uma resposta que é incompatível com a resposta de medo.

Dessensibilização sistemática Procedimento usado para tratar um medo ou uma fobia. Primeiro, a pessoa aprende relaxamento. Depois, desenvolve uma hierarquia de situações produtoras de medo. Por fim, ela usa a técnica de relaxamento enquanto imagina cada uma das situações da hierarquia, começando pela que causa menos medo e avançando gradualmente até a situação mais assustadora. O objetivo é substituir a resposta de medo pela resposta de relaxamento enquanto cada situação é imaginada.

Dimensão Um aspecto do comportamento que pode ser medido e modificado. As dimensões relevantes podem incluir frequência, duração, intensidade e latência.

Distorção cognitiva Tipo de pensamento em que os indivíduos avaliam ou interpretam eventos de suas vidas negativamente ou cometem erros lógicos no raciocínio que levam a um humor negativo ou comportamento depressivo.

Duração Uma dimensão do comportamento, especificamente o tempo entre o início e a neutralização do comportamento. A duração é o tempo de permanência de um exemplo do comportamento.

Economia de fichas Sistema de reforço em que reforçadores condicionados, chamados de fichas, são entregues às pessoas por comportamentos desejáveis: as fichas são trocadas posteriormente por reforçadores de apoio.

Encadeamento direto Procedimento para ensinar uma cadeia de comportamentos. O primeiro componente da cadeia é ensinado por meio de incitação e remoção gradual, e, assim que ele é aprendido, o segundo componente é adicionado. Depois que os dois primeiros componentes foram aprendidos, o terceiro componente é adicionado. Essa sequência de treinamento continua até que todos os componentes da cadeia tenham sido aprendidos.

Encadeamento reverso Tipo de procedimento de encadeamento em que o último componente da cadeia é ensinado primeiro. Depois que a última resposta da cadeia ocorre de forma consistente quando o último estímulo discriminativo é apresentado, o penúltimo componente é ensinado e os dois últimos componentes da cadeia ocorrem juntos. Essa sequência de treinamento continua até que o cliente tenha aprendido todos os componentes da cadeia.

Ensaio de aprendizagem A sequência de apresentar o ED, induzir a resposta e fornecer um reforçador é chamada de ensaio de aprendizagem.

Ensaio Prática do comportamento em uma situação de dramatização depois de instruções e modelagem. O ensaio é seguido por um *feedback* sobre o desempenho.

Esforço de resposta A quantidade de força, empenho ou tempo envolvidos na execução de uma resposta. Com um aumento no esforço de resposta de um comportamento, a probabilidade de aquele comportamento ocorrer diminui em relação a um comportamento alternativo funcionalmente equivalente.

Esquema de intervalo fixo (IFx) Esquema de reforçamento em que o reforçador é entregue para a primeira resposta que ocorre depois que um intervalo de tempo decorreu. O intervalo é o mesmo todas as vezes.

Esquema de intervalo variável (IVr) Esquema de reforçamento em que a primeira resposta que ocorre depois de um determinado intervalo de tempo é reforçada. O intervalo varia em torno de um valor médio.

Esquema de índice fixo (IF) Esquema de reforçamento em que um número específico de respostas deve ocorrer antes que o reforçador seja entregue. O número de respostas necessárias para que haja o reforço não muda.

Esquema de índice variável (IV) Esquema de reforçamento em que um número específico de respostas é necessário para a entrega do reforçador. O número de respostas necessárias varia em torno de um número médio.

Esquema de reforço contínuo (ERC) Esquema de reforçamento em que cada exemplo do comportamento é seguido pelo reforçador.

Esquema de reforço intermitente Esquema de reforçamento em que nem todos os casos do comportamento são seguidos pela entrega do reforçador. Inclui esquemas de índice fixa, intervalo fixo, índice variável e intervalo variável.

Esquema de reforço Especifica quais respostas serão seguidas pela entrega do reforço. Em um esquema de reforço contínuo, todas as respostas são seguidas pelo reforço. Em um esquema intermitente, nem todas as respostas são seguidas pelo reforço.

Esquemas concorrentes de reforço Esquemas de reforçamento que existem ao mesmo tempo para dois ou mais comportamentos diferentes (que são chamados de operantes concorrentes). O comportamento em especial que ocorre em um determinado momento depende do esquema relativo de reforço, da magnitude do reforço, do atraso do reforço e do esforço de resposta para os comportamentos disponíveis.

Estímulo aversivo Estímulo que vai diminuir a probabilidade futura de um comportamento quando for entregue contingente à ocorrência do comportamento. Também chamado de punição.

Estímulo condicionado (EC) Estímulo anteriormente neutro que foi pareado com um estímulo incondicionado. Uma vez estabelecido dessa forma, o EC provoca uma resposta condicionada semelhante à resposta incondicionada provocada pelo estímulo incondicionado.

Estímulo discriminativo (ED) Estímulo que está presente quando um determinado comportamento é reforçado.

Estímulo incondicionado (EI) Estímulo que provoca naturalmente uma resposta incondicionada (RI) porque a RI tem valor de sobrevivência. Não é preciso nenhum condicionamento prévio para que o EI provoque uma RI.

Estímulo Um evento ambiental que pode ser detectado por um dos sentidos.

Estímulos de treinamento Os estímulos discriminativos e outros estímulos presentes em sessões de treinamento.

Estratégia de motivação Parte do procedimento de reversão de hábitos usada para aumentar a probabilidade de um cliente usar a resposta competitiva fora das sessões de tratamento para controlar o hábito.

Esvanecimento do estímulo Eliminação gradual de um lembrete de estímulo à medida que o comportamento continua ocorrendo na presença do estímulo discriminativo.

Esvanecimento (*fading*) O esvanecimento, ou a remoção gradual, de pistas à medida que o comportamento continua ocorrendo na presença dos estímulos discriminativos.

Excesso comportamental Um comportamento-alvo indesejável que uma pessoa tenta reduzir quanto à frequência, duração ou intensidade.

Exemplos de estímulos Estímulos que representam a variedade de situações relevantes de estímulo em que a resposta deve ocorrer depois do treinamento. Uma estratégia para promover a generalização é treinar exemplos de estímulos suficientes.

Exercício contingente Procedimento de punição positiva que envolve a aplicação de atividades aversivas. Contingente ao comportamento indesejado, a pessoa deverá realizar alguma forma de exercício físico.

Exercícios de atenção focada Tipo de estratégia para redução da ansiedade em que o indivíduo concentra sua atenção em um estímulo agradável ou neutro para remover a atenção do estímulo produtor de ansiedade.

Extinção (operante) O processo por meio do qual, quando um comportamento anteriormente reforçado não é mais seguido pelas consequências reforçadoras, a frequência do comportamento diminui no futuro.

Extinção (respondente) O processo por meio do qual, quando um estímulo condicionado (EC) não é mais pareado com um estímulo incondicionado (EI), o EC gradualmente para de produzir a resposta condicionada (RC).

Extinção da fuga Extinção de comportamentos mantidos por reforços negativos. No reforço negativo, um comportamento resulta em fuga de um estímulo aversivo. A extinção da fuga não permite mais a fuga depois de um comportamento problemático.

Feedback Nos procedimentos de treino de habilidades comportamentais, o *feedback* inclui fornecer elogios pelo desempenho bem-sucedido em um ensaio comportamental e instruções sobre formas de melhorar o desempenho no futuro.

Fichas Um reforçador condicionado usado em uma economia de fichas. A ficha é algo que pode ser dado a outra pessoa e acumulado por ela. A ficha é um reforçador condicionado porque ela é dada a alguém depois de um comportamento desejável e é trocada por reforçadores estabelecidos, chamados de reforçadores de apoio.

Fidelidade ao tratamento Implementar um procedimento exatamente conforme o planejado. Também chamada de integridade do tratamento ou fidelidade da implementação.

Fobia Um medo em que o nível de ansiedade ou de comportamento de fuga e esquiva é grave o suficiente para prejudicar a vida de alguém.

Frequência Uma dimensão do comportamento – especificamente, o número de vezes que um comportamento ocorre em um determinado período de tempo. O número de respostas (frequência) dividido pelo tempo é igual à taxa de incidência do comportamento.

Gagueira Disfluência da fala em que os indivíduos repetem palavras ou sílabas, prolongam o som de uma letra e/ou travam em uma palavra (sem emitir nenhum som durante um período enquanto tentam dizer uma palavra).

Generalização Processo em que o comportamento ocorre na presença de estímulos antecedentes que são, de certa forma, semelhantes ao estímulo discriminativo presente quando o comportamento foi reforçado. A generalização também é definida como a ocorrência de um comportamento-alvo em uma situação fora do treinamento após o treinamento.

Gráfico Representação visual da ocorrência do comportamento ao longo do tempo.

Gráfico de dispersão Tipo de procedimento de avaliação funcional em que você registra a cada meia hora se o comportamento ocorreu na meia hora anterior. É usado para estabelecer o padrão temporal do comportamento.

Hábito nervoso Comportamentos manipulativos repetitivos com maior probabilidade de ocorrência quando a pessoa sente um aumento na tensão. Hábitos nervosos geralmente não apresentam nenhuma função social para o indivíduo.

Hierarquia Usada nos métodos de dessensibilização sistemática ou *in vivo*. Na hierarquia (também chamada de hierarquia de medo), várias situações assustadoras são listadas em ordem, das menos às mais assustadoras. Cada nova situação da hierarquia é apenas levemente mais provocadora de medo do que a anterior.

Hipercorreção Procedimento de punição positiva em que, contingente ao comportamento problemático, a pessoa deve apresentar uma atividade que requer esforço por um curto período de tempo. Prática positiva e restituição são dois tipos de hipercorreção.

Indução física Tipo de lembrete em que o treinador auxilia fisicamente o aprendiz a apresentar o comportamento correto no momento certo. Frequentemente envolve a orientação do comportamento segurando pelas mãos.

Instruções Descrições verbais do comportamento a ser realizado. Um componente do procedimento de treino de habilidades comportamentais. As instruções geralmente são usadas em conjunto com a modelagem e são mais eficazes quando a pessoa tem a oportunidade de ensaiar o comportamento imediatamente em uma dramatização.

Intensidade Uma dimensão do comportamento, especificamente, a força física ou magnitude do comportamento. Em geral é medida com um instrumento de gravação ou em uma escala de classificação.

Intervenções funcionais Intervenções (extinção, reforço diferencial e controle de antecedentes) que diminuem problemas de comportamento sem o uso de punições ao modificar os antecedentes e consequências que controlam os comportamentos.

Inundação (*flooding*) Procedimento em que a pessoa é exposta ao estímulo temido com toda sua intensidade por um período prolongado até que sua ansiedade reduza na presença do estímulo temido.

Latência Uma dimensão do comportamento, especificamente, o tempo entre algum estímulo e o início do comportamento.

Lei do efeito Afirma que um comportamento que produz um efeito favorável no ambiente tem maior probabilidade de ser repetido no futuro.

Lembrete Um lembrete é usado para aumentar a probabilidade de uma pessoa exibir o comportamento correto, no momento certo. Pode envolver o comportamento do treinador (lembrete de resposta) ou estímulos ambientais complementares (lembrete de estímulo).

Lembrete de estímulo Alguma mudança em um estímulo antecedente ou a adição ou remoção de um estímulo antecedente com o objetivo de tornar uma resposta correta mais provável.

Lembrete de resposta Tipo de lembrete em que o treinador apresenta um comportamento para induzir o cliente a exibir o comportamento-alvo na presença do estímulo discriminativo. Inclui lembretes verbais, lembretes gestuais, lembretes de modelagem e lembretes físicos.

Lembrete dentro do estímulo Tipo de lembrete de estímulo em que algum aspecto do estímulo discriminativo ou é alterado para ajudar uma pessoa a fazer uma discriminação correta.

Lembrete extraestímulo Tipo de dica de estímulo em que um estímulo é adicionado para ajudar alguém a fazer uma discriminação correta.

Lembrete gestual Um movimento físico ou gesto de outra pessoa que leva ao comportamento correto na presença do estímulo discriminativo.

Lembrete verbal Tipo de lembrete em que o comportamento verbal de outra pessoa resulta no comportamento correto do participante na presença do estímulo discriminativo.

Lembretes por imagem Tipo de lembrete em que o cliente visualiza uma foto de uma pessoa apresentando o comportamento-alvo. A imagem age como um lembrete para que o cliente exiba o comportamento correto, no momento certo. Em geral, uma sequência de imagens é apresentada para induzir o cliente a apresentar uma cadeia de comportamentos.

Linha de base A condição ou fase em que nenhum tratamento é implementado.

Manutenção Continuação da mudança comportamental por um longo período depois do encerramento do programa de modificação do comportamento. Também é a permanência de um comportamento operante com reforço intermitente.

Mediador de generalização autogerado Comportamento que aumenta a probabilidade de um indivíduo realizar o comportamento-alvo no momento certo. Uma autoinstrução que é usada para sugerir o comportamento adequado, no momento adequado, é um exemplo.

Medo Ocorre quando uma situação de estímulo produz excitação do sistema nervoso autônomo e o indivíduo apresenta um comportamento para evitar ou fugir da situação de estímulo.

Modelagem O reforço de aproximações sucessivas de um comportamento-alvo. A moldagem é usada para estabelecer uma nova topografia ou dimensão de um comportamento.

Modelagem (estímulo de modelagem) Tipo de lembrete em que o treinador demonstra o comportamento-alvo para o aprendiz. A modelagem funciona melhor em conjunto com instruções, em situações em que o aprendiz tem a oportunidade de ensaiar o comportamento imediatamente em uma dramatização.

Modelagem por vídeo Tipo de procedimento de encadeamento em que o aprendiz assiste a uma gravação de parte ou toda a cadeia de comportamentos como um indício para exibir a cadeia de comportamentos.

Modificação do comportamento O campo da psicologia que trata da análise e da modificação do comportamento humano (também chamado de análise do comportamento aplicada).

Modificação do comportamento cognitivo Procedimentos usados para ajudar as pessoas a mudarem algum aspecto de seu comportamento cognitivo. Inclui procedimentos para auxiliar a eliminar comportamentos cognitivos indesejáveis (ou seja, reestruturação cognitiva) e procedimentos para ensinar mais comportamentos cognitivos desejáveis (isto é, treino de habilidades cognitivas de enfrentamento).

Obediência guiada Procedimento de punição positiva usado com uma pessoa que exibe um comportamento de desobediência. Quando você faz um pedido e alguém se recusa a obedecer, você induz fisicamente a pessoa a exibir o comportamento. A indução física é removida assim que a pessoa obedece à ordem por conta própria. A obediência guiada evita a fuga do comportamento solicitado e, consequentemente, também atua como um procedimento de extinção quando o comportamento de desobediência é negativamente reforçado pela fuga da atividade solicitada.

Observação ABC Um método de avaliação funcional que envolve a observação direta de antecedentes, do comportamento-alvo e das consequências do comportamento. Em geral, é conduzida no ambiente natural em que o comportamento-alvo ocorre.

Observação contingente Tipo de *time-out* não excludente em que, contingente à ocorrência do comportamento problemático, a pessoa é removida de uma atividade reforçadora por um curto período de tempo e fica sentada observando outras pessoas que continuam praticando aquela atividade.

Observação estruturada O observador fornece instruções ou providencia a ocorrência de eventos ou atividades específicas durante o período de observação.

Observação não estruturada Durante o período de observação, não há fornecimento de nenhum evento, atividade ou instrução específicos.

Operação abolidora (OA) Tipo de operação motivadora. Um evento que reduz a potência de um determinado reforçador em um determinado momento e diminui a probabilidade de ocorrência do comportamento que produz esse reforçador. A saciedade é um tipo de operação abolidora.

Operação estabelecedora (OE) Tipo de operação motivadora. Um evento que aumenta a potência de um determinado reforçador em determinado momento e provoca o comportamento que produz aquele reforçador. A privação é um tipo de operação estabelecedora.

Operação motivadora (OM) Estímulo ou evento antecedente que altera o valor de um reforçador e muda a probabilidade de ocorrência do comportamento que produz aquele reforçador. Operações estabelecedoras e operações abolidoras são dois tipos de OMs.

Operantes concorrentes Dois ou mais comportamentos diferentes ou opções de resposta que estão disponíveis de forma concorrente para a pessoa. Cada opção de resposta é associada com um esquema de reforço específico.

Ordenada O eixo vertical (eixo *y*) de um gráfico. Mostra o nível do comportamento.

Orientação física Outro termo para indução física.

Orientação graduada Uma estratégia de sugestão usada com o procedimento de apresentação da tarefa total em que você fornece auxílio passo a passo como uma dica para o aprendiz completar o comportamento. À medida que ele começa a apresentar o comportamento de forma independente, você elimina gradualmente sua assistência, mas continua a seguir os movimentos do aprendiz para que consiga oferecer auxílio sempre que necessário. Com o tempo, o acompanhamento é eliminado e a pessoa exibe o comportamento de forma independente.

Período de observação O período em que um observador observa e registra o comportamento de um cliente que está participando de um programa de modificação do comportamento.

Prática positiva Tipo de procedimento de hipercorreção em que, contingente ao comportamento problema, o cliente deverá apresentar formas corretas de comportamentos relevantes até que ele tenha sido repetido inúmeras vezes.

Princípio de Premack Tipo de reforço positivo em que a oportunidade de exibir um comportamento de alta probabilidade é gerada contingente à ocorrência de um comportamento de baixa probabilidade para aumentar o comportamento de baixa probabilidade.

Privação Uma condição em que a pessoa ficou sem um determinado reforçador por um período de tempo. A privação é um tipo de operação estabelecedora. Ela torna o reforçador que foi retirado da pessoa mais potente.

Procedimento de controle de antecedentes Procedimento em que os antecedentes são manipulados para influenciar o comportamento-alvo. Pode incluir a manipulação de um estímulo discriminativo (ED) ou pistas, operações estabelecedoras ou esforços de resposta para o comportamento-alvo e comportamentos alternativos.

Procedimento de treinamento de habilidades comportamentais (THC) Procedimento que consiste em instruções, modelagem, ensaio comportamental e *feedback* e é usado para ensinar novos comportamentos ou novas habilidades.

Procedimentos de encadeamento Procedimentos usados para ensinar uma pessoa a apresentar uma cadeia de comportamentos. Eles incluem encadeamento reverso, encadeamento direto, apresentação de tarefa total, análise de tarefa escrita, lembretes por imagens e autoinstruções.

Programação de caso geral Uma estratégia para promover a generalização que envolve o uso de vários exemplos de treinamento (exemplos de estímulo) que servem como amostras para o conjunto de situações de estímulo e variações de resposta.

Punição O processo em que um comportamento é seguido por uma consequência que resulta em uma queda na probabilidade de ocorrência do comportamento.

Punição negativa Tipo de punição em que a ocorrência de um comportamento é seguida pela remoção de um estímulo reforçador. Resulta em uma queda na probabilidade de ocorrência do comportamento.

Punição positiva Tipo de punição em que, contingente ao comportamento, um estímulo ou evento aversivo é apresentado e a probabilidade de ocorrência do comportamento diminui no futuro.

Punidor condicionado generalizado Um punidor condicionado que foi pareado com uma variedade de outros punidores. A palavra "não" é um punidor condicionado generalizado para muitas pessoas.

Punidor condicionado Estímulo anteriormente neutro que foi pareado inúmeras vezes com um punidor estabelecido e, consequentemente, age como um punidor por si só.

Punidor incondicionado Estímulo ou evento que é naturalmente punitivo porque evitar ou minimizar o contato com ele tem um valor de sobrevivência. Não é preciso nenhum condicionamento prévio para que um punidor incondicionado funcione como um punidor. Exemplos são estímulos dolorosos ou níveis extremos de estimulação.

Punidor Estímulo ou evento que, quando apresentado contingente à ocorrência de um comportamento, diminui sua probabilidade de ocorrência.

RDBR de intervalo Tipo procedimento de reforço diferencial de taxas baixas de resposta (RDBR) que envolve a divisão de uma sessão em intervalos ou períodos consecutivos e o fornecimento do reforçador caso não haja a ocorrência de mais de uma resposta em cada intervalo.

RDBR em sessão completa Procedimento de reforço diferencial de taxas baixas de resposta (RDBR) em que o reforço é entregue menos vezes do que um número específico de respostas ocorrem em um determinado período (a sessão). É usado para reduzir a incidência de um comportamento.

RDBR respondente espaçado Tipo de procedimento de reforço diferencial de taxas baixas de resposta (RDBR) em que o reforçador é entregue quando as respostas são separadas por um intervalo específico de tempo. Se uma resposta ocorrer antes do fim do intervalo, o reforçador não será entregue e o intervalo é reiniciado. O intervalo entre as respostas é chamado de tempo entre respostas.

RDO de intervalo total Tipo de procedimento de reforço diferencial de outros comportamentos (RDO) em que o comportamento problemático precisa estar ausente durante todo o intervalo de tempo para que o reforçador seja entregue. A maioria dos procedimentos de RDO inclui o RDO de intervalo total.

RDO momentâneo Tipo de procedimento de reforço diferencial de outros comportamentos (RDO) em que o reforçador é entregue se a pessoa estiver evitando o comportamento problemático no fim do intervalo de RDO. O comportamento problemático não precisa estar ausente em todo o intervalo para que o reforçador seja entregue. O RDO momentâneo normalmente não é eficaz a não ser que venha depois do uso de um procedimento de RDO de intervalo total.

Reatividade O fenômeno em que o processo de registrar o comportamento faz que o comportamento mude antes mesmo de o tratamento ser implementado.

Recuperação espontânea (operante) O processo em que, quando um comportamento operante foi extinto, ele pode ocorrer novamente no futuro em circunstâncias em que era anteriormente reforçado.

Recuperação espontânea (respondente) O processo em que, quando uma resposta condicionada (RC) foi extinta, ela pode ocorrer posteriormente quando o estímulo condicionado (EC) for apresentado novamente.

Reestruturação cognitiva Procedimento de modificação do comportamento cognitivo em que o cliente aprende a identificar pensamentos que são angustiantes e a eliminá-los ou substituí-los por pensamentos mais desejáveis.

Reforço O processo em que a ocorrência de um comportamento é seguida por uma consequência que resulta em um aumento na probabilidade de um comportamento quando é apresentada contingente à ocorrência do comportamento.

Reforçador Estímulo ou evento que aumenta a probabilidade de um comportamento quando é apresentado contingente à ocorrência do comportamento.

Reforçador condicionado generalizado Um reforçador condicionado que foi pareado com uma variedade de outros reforçadores. Dinheiro e elogios generalizados são reforçadores condicionados para muitas pessoas.

Reforçador condicionado Estímulo anteriormente neutro que foi pareado inúmeras vezes com um reforçador estabelecido e, consequentemente, age como um reforçador por si só.

Reforçador de apoio Reforçadores usados em uma economia de fichas. O cliente recebe fichas por comportamentos desejáveis e troca um determinado número dessas fichas por qualquer um entre uma variedade de reforçadores de apoio.

Reforçador incondicionado Estímulo que é naturalmente reforçador porque a capacidade de nosso comportamento ser fortalecido pelo estímulo tem valor de sobrevivência. Não é preciso nenhum condicionamento prévio para que um reforçador incondicionado seja um reforçador. Exemplos incluem comida, água, fuga de estimulações extremas e contato sexual.

Reforçador positivo Estímulo que vai aumentar a probabilidade futura de um comportamento quando for entregue contingente à ocorrência do comportamento.

Reforço diferencial Procedimento em que um comportamento desejável específico é seguido por um reforçador, mas outros comportamentos não. O resultado é um aumento no comportamento desejável e a extinção dos outros comportamentos.

Reforço diferencial de baixas taxas de resposta (DRBR) Procedimento em que uma taxa menor de um determinado comportamento é reforçada para reduzir sua frequência. Usado quando o objetivo é reduzir o comportamento, sem necessariamente eliminá-lo.

Reforço diferencial de comportamento alternativo (RDCA) Procedimento para reduzir um problema de comportamento reforçando um comportamento alternativo funcionalmente equivalente (um comportamento conflitante) para substituir o comportamento indesejado.

Reforço diferencial de comunicação (RDC) Tipo de procedimento de RDCA em que uma resposta comunicacional é reforçada para substituir o comportamento problema. Também chamado de treino da comunicação funcional.

Reforço diferencial de outro comportamento (RDO) Procedimento em que o reforçador é entregue depois de intervalos de tempo em que o problema de comportamento não ocorre. O RDO envolve reforçar a ausência do comportamento problema.

Reforço diferencial de comportamento incompatível (RDCI) Tipo de procedimento de RDCA em que um comportamento fisicamente incompatível é reforçado para substituir o problema de comportamento.

Reforço negativo Tipo de reforço em que a ocorrência do comportamento é seguida pela remoção ou fuga de um estímulo aversivo. Resulta em um aumento na probabilidade de ocorrência do comportamento.

Reforço negativo automático O reforço negativo automático ocorre quando o comportamento-alvo reduz ou elimina automaticamente um estímulo aversivo, como consequência o comportamento-alvo é fortalecido.

Reforço positivo Tipo de reforço em que, contingente ao comportamento, um estímulo ou evento é apresentado e a probabilidade de ocorrência do comportamento aumenta no futuro.

Reforço positivo automático Quando o comportamento produz uma consequência positivamente reforçadora de forma automática e o comportamento é reforçado, costuma-se dizer que o comportamento é mantido por um reforço positivo automático.

Reforço social negativo Quando uma pessoa encerra uma interação, tarefa ou atividade aversiva depois da ocorrência de um comportamento-alvo e, como resultado, há maior probabilidade de o comportamento ocorrer.

Reforço social positivo Quando uma consequência positivamente reforçadora é entregue por outra pessoa depois do comportamento-alvo e, como resultado, há maior probabilidade de o comportamento ocorrer.

Registro contínuo Tipo de procedimento de registro em que algum aspecto do comportamento é registrado todas as vezes em que o comportamento ocorre. Frequência, duração, latência ou intensidade podem ser registrados em um procedimento de registro contínuo.

Registro de amostra temporal Procedimento de registro de comportamento em que o período de observação é dividido em intervalos e o comportamento é registrado durante uma parte de cada intervalo. No registro de amostra temporal, os intervalos de observação não são contínuos.

Registro de intervalo Tipo de procedimento de registro de comportamento em que o período de observação é dividido em uma série de intervalos de tempo consecutivos e o comportamento é registrado enquanto ocorre ou não em cada um dos intervalos.

Registro de intervalo total Com o registro de intervalo total, a ocorrência do comportamento é marcada em um intervalo apenas quando o comportamento ocorre ao longo de todo o intervalo.

Registro de intervalo parcial Com o registro de intervalo parcial, o observador pontua o intervalo caso o comportamento tenha ocorrido durante alguma parte do intervalo.

Registro de produto Tipo de registro de comportamento em que o resultado ou produto permanente do comportamento é registrado como um indício da ocorrência do comportamento.

Registro em tempo real Um método de registro em que você lista o momento exato de cada início e neutralização do comportamento-alvo no período de observação. O registro em tempo real resulta em informações sobre a frequência e a duração do comportamento-alvo, assim como o momento exato de cada ocorrência do comportamento no período de observação.

Registro momentâneo de amostra de tempo Uma variação do registro de amostra de tempo em que o comportamento só é registrado se ocorrer no instante exato em que o intervalo termina.

Relação funcional Uma relação entre um comportamento e um evento ambiental (ou eventos) em que a ocorrência do comportamento é controlada pela ocorrência do evento ambiental. Uma relação funcional é comprovada em um desenho de pesquisa ao manipular o evento ambiental e demonstrar que o comportamento só muda se aquele evento ambiental ocorrer.

Relaxamento muscular progressivo (RMP) Técnica de relaxamento em que o cliente aprende a contrair e relaxar cada um dos principais grupos musculares do corpo. Com isso, o cliente reduz a tensão muscular e a excitação autônoma do corpo.

Resistência à extinção A tendência de uma pessoa continuar respondendo depois que a extinção de um comportamento está em vigor. Esquemas de reforço intermitente tornam o comportamento mais resistente à extinção do que esquemas de reforço contínuo.

Respiração diafragmática Tipo de exercício de relaxamento em que o indivíduo pratica uma respiração lenta e rítmica usando o músculo do diafragma para levar ar para os pulmões.

Respiração regulada A resposta competitiva que é usada no tratamento de reversão de hábitos para a gagueira.

Resposta competitiva Comportamento alternativo que ocorre no lugar de outro comportamento-alvo. Em geral, a resposta competitiva é fisicamente incompatível com o comportamento-alvo, de modo que sua ocorrência compete com a ocorrência do comportamento-alvo.

Resposta condicionada (RC) No condicionamento respondente, uma RC é provocada por um estímulo condicionado. O estímulo condicionado adquire poder para provocar a RC por meio do pareamento repetido com um estímulo incondicionado ou outro estímulo condicionado.

Resposta emocional condicionada (REC) Tipo de resposta condicionada em que uma resposta emocional, como medo, raiva ou felicidade, é provocada por um estímulo condicionado no processo de condicionamento respondente.

Resposta funcionalmente equivalente Uma resposta que resulta no mesmo resultado reforçador que uma resposta alternativa. A resposta tem a mesma função que a resposta alternativa.

Resposta incondicionada (RI) A resposta que é provocada por um estímulo incondicionado (EI).

Resposta Uma resposta é um exemplo ou ocorrência de um determinado comportamento.

Restituição Tipo de procedimento de hipercorreção em que, contingente à ocorrência do comportamento problemático, o cliente deverá corrigir o efeito ambiental do comportamento problemático e deixar o ambiente em uma condição melhor do que existia antes do problema.

Restrição física Tipo de procedimento de punição positiva em que, contingente à ocorrência do comportamento problemático, o agente de mudança mantém imóvel a parte do corpo do cliente que está envolvida no comportamento problemático, de modo que ele não consiga continuar apresentando tal comportamento.

Reversão de hábitos Procedimento para tratar transtornos de hábitos. Os procedimentos incluem treinamento de conscientização, treino da resposta competitiva, apoio social, estratégias de generalização e estratégias motivacionais. Pesquisas comprovaram que o treinamento de conscientização e o treino da resposta competitiva são os componentes mais críticos para a eficácia do tratamento.

Saciedade Perda progressiva (e, em última instância, total) da eficácia de um reforçador. A saciedade ocorre quando você consumiu recentemente uma grande quantidade de um determinado reforço ou quando teve uma exposição substancial a um estímulo reforçador.

Saliente Estímulo é saliente quando é intenso ou facilmente detectado pelo indivíduo.

Síndrome de Tourette Transtorno de tique que envolve vários tiques motores e vocais que vêm ocorrendo por, no mínimo, um ano.

Surto de extinção O fenômeno em que, quando um comportamento não é mais reforçado, ele tem sua frequência, duração ou intensidade temporariamente aumentada antes de ser reduzido. Novos comportamentos ou respostas emocionais também podem ocorrer em um surto de extinção.

Taxa de incidência A frequência do comportamento dividida pelo tempo do período de observação. Em geral é registrada em respostas por minuto.

Tempo inter-resposta (ou Tempo entre respostas) **(TIR)** O período entre a ocorrência de respostas consecutivas.

Terapia cognitiva Tipo de reestruturação cognitiva, originalmente desenvolvido por Beck, em que o terapeuta ensina o cliente a identificar e mudar seus pensamentos distorcidos.

Time-in O ambiente do qual a criança é removida durante o uso do *time-out*. O ambiente de *time-in* deve ser positivamente reforçador para que o *time-out* seja eficaz.

Time-out do reforço positivo Tipo de punição negativa em que, contingente à ocorrência do comportamento indesejado, a pessoa perde acesso a reforçadores positivos por um curto período. Em geral, a pessoa é retirada do ambiente reforçador em um procedimento de *time-out*.

Time-out excludente Procedimento de *time-out* em que a pessoa é brevemente retirada do ambiente reforçador – normalmente levada para outra sala contingente à ocorrência do comportamento indesejado.

Time-out não excludente Tipo de procedimento de *time-out* em que, contingente ao problema de comportamento, a pessoa é removida de todas as fontes de reforço, mas não é retirada da sala em que o comportamento indesejado ocorreu.

Tique vocal Um som vocal (ou palavra) repetitivo proferido por um indivíduo que não tem nenhuma função comunicativa.

Tiques motores Movimentos repetitivos de solavancos de um determinado grupo muscular do corpo.

Transferência de controle de estímulo Processo em que os lembretes são removidos assim que o comportamento passa a ocorrer na presença do estímulo discriminativo (ED). A remoção gradual do lembrete e o atraso do lembrete são procedimentos usados para transferir controle de estímulo do lembrete para o ED.

Transtorno de hábito Comportamento repetitivo que é incômodo para a pessoa. Transtornos de hábitos incluem hábitos nervosos, tiques motores e vocais e gagueira.

Treinamento autoinstrucional Tipo de procedimento de modificação do comportamento cognitivo em que o cliente aprende a fazer autoafirmações específicas que aumentam a probabilidade de um comportamento-alvo ocorrer em uma determinada situação.

Treinamento de conscientização Um componente do procedimento de reversão de hábitos em que se ensina a pessoa a identificar cada exemplo de um determinado comportamento habitual assim que ele ocorre.

Treinamento de discriminação de estímulo Processo em que um comportamento é reforçado quando um estímulo discriminativo (ED) está presente e é extinto quando o delta-E está presente. Também chamado de treinamento de discriminação.

Treinamento de habilidades cognitivas de enfrentamento Procedimento de modificação do comportamento cognitivo em que a pessoa aprende autoafirmações específicas para usar em uma situação de problema e melhorar seu desempenho ou influenciar seu comportamento. Um exemplo é o treinamento autoinstrucional.

Treinamento de relaxamento comportamental Tipo de treino de relaxamento em que um indivíduo assume uma postura relaxada em um dos principais grupos musculares do corpo para obter relaxamento.

Treinamento de relaxamento Procedimento para ensinar a uma pessoa as habilidades necessárias para reduzir a excitação autônoma (ansiedade) produzindo um estado incompatível de relaxamento. Relaxamento muscular progressivo, respiração diafragmática, exercícios de atenção focada e treino de relaxamento comportamental são tipos de procedimentos de treino de relaxamento.

Treinamento de resposta competitiva Um componente do procedimento de reversão de hábitos em que o cliente aprende a apresentar uma resposta competitiva contingente à ocorrência do comportamento habitual, ou contingente ao desejo de exibir o comportamento-alvo.

Treinamento *in situ* Treinamento que ocorre no ambiente natural depois de uma avaliação *in situ* em que a criança não consegue usar as habilidades.

Variáveis controladoras Os eventos ambientais (antecedentes e consequências) que influenciam a probabilidade de um determinado comportamento. As variáveis controladoras são os antecedentes e as consequências funcionalmente relacionados com o comportamento.

Variável dependente Em um experimento, a variável dependente é o comportamento-alvo que é medido e que muda quando a variável independente é introduzida.

Variável independente Em um experimento, a variável independente é o evento ambiental que é manipulado para influenciar a variável dependente.

Referências bibliográficas

ACKERMAN, A. M.; SHAPIRO, E. S. Self-monitoring and work productivity with mentally retarded adults. *Journal of Applied Behavior Analysis*, v. 17, p. 403-407, 1984.

ADAMs, C. D.; KELLEY, M. L. Managing sibling aggression: overcorrection as an alternative to time out. *Behavior Therapy*, v. 23, p. 707-717, 1992.

ALAVOSIUS, M. P.; SULZER-AZAROFF, B. The effects of performance feedback on the safety of client lifting and transfer. *Journal of Applied Behavior Analysis*, v. 19, p. 261-267, 1986.

ALBERTO, P. A.; TROUTMAN, A. C. *Applied behavior analysis for teachers.* Columbus, OH: Merrill, 1986.

_____. *Applied behavior analysis for teachers.* 6. ed. Columbus, OH: Merrill, 2003.

ALBION, F. M.; SALZBURG, C. L. The effect of self-instruction on the rate of correct addition problems with mentally retarded children. *Education and Treatment of Children*, v. 5, p. 121-131, 1982.

ALLEN, K. D. The use of an enhanced simplified habit reversal procedure to reduce disruptive outbursts during athletic performance. *Journal of Applied Behavior Analysis*, v. 31, p. 489-492, 1998.

ALLEN, K. D.; STOKES, T. F. Use of escape and reward in the management of young children during dental treatment. *Journal of Applied Behavior Analysis*, v. 20, p. 381-390, 1987.

ALLEN, L. J. et al. Use of contingency contracting to increase on-task behavior with primary students. *Psychological Reports*, v. 72, p. 905-906, 1993.

ANDERSON, C. M.; LONG, E. S. Use of a structured descriptive assessment methodology to identify variables affecting problem behavior. *Journal of Applied Behavior Analysis*, v. 35, p. 137-154, 2002.

ANDERSON, C. M.; MCMILLAN, K. Parental use of escape extinction and differential reinforcement to treat food selectivity. *Journal of Applied Behavior Analysis*, v. 34, p. 511-515, 2001.

ARAGONA, J.; CASSADY, J.; DRABMAN, R. S. Treating overweight children through parental training and contingency contracting. *Journal of Applied Behavior Analysis*, v. 8, p. 269-278, 1975.

ARNDORFER, R. E.; MILTENBERGER, R. G. Functional assessment and treatment of challenging behavior: A review with implications for early childhood. *Topics in Early Childhood Special Education*, v. 13, p. 82-105, 1993.

ARNDORFER, R. E. et al. Home-based descriptive and experimental analysis of problem behaviors in children. *Topics in Early Childhood Special Education*, v. 14, p. 64-87, 1994.

ASHBAUGH, R.; PECK, S. M. Treatment of sleep problems in a toddler: a replication of the faded bedtime with response cost protocol. *Journal of Applied Behavior Analysis*, v. 31, p. 127-129, 1998.

ASMUS, J. M. et al. Evaluation of antecedent stimulus parameters for the treatment of escape-maintained aberrant behavior. *Journal of Applied Behavior Analysis*, v. 32, p. 495-513, 1999.

_____. Use of a short-term inpatient model to evaluate aberrant behavior: outcome data summaries from 1996 to 2001. *Journal of Applied Behavior Analysis*, v. 37, p. 283-304, 2004.

(THE) ASSOCIATION FOR PERSONS WITH SEVERE HANDICAPS. Resolution on the cessation of intrusive interventions. *TASH Newsletter*, v. 5, p. 3, maio 1987.

ASTERITA, M. F. *The physiology of stress.* Nova York: Human Sciences Press, 1985.

AUSTIN, J.; SIGURDSSON, S. O.; RUBIN, Y. S. An examination of the effects of delayed versus immediate prompts on safety belt use. *Environment and Behavior*, v. 38, p. 140-149, 2006.

AXELROD, S.; APSCHE, J. (Eds.). *The effects of punishment on human behavior.* Nova York: Academic Press, 1983.

AYLLON, T. Intensive treatment of psychotic behavior by stimulus satiation and food reinforcement. *Behaviour Research and Therapy*, v. 1, p. 53-61, 1963.

AYLLON, T.; AZRIN, N. H. Reinforcement and instructions with mental patients. *Journal of the Experimental Analysis of Behavior*, v. 7, p. 327-331, 1964.

_____. The measurement and reinforcement of behavior of psychotics. *Journal of the Experimental Analysis of Behavior*, v. 8, p. 357-383, 1965.

_____. *The token economy*: a motivational system for therapy and rehabilitation. Nova York: Appleton-Century-Crofts, 1968.

AYLLON, T.; LAYMAN, D.; KANDEL, H. J. A behavioral-educational alternative to drug control of hyperactive children. *Journal of Applied Behavior Analysis*, v. 8, p. 137-146, 1975.

AYLLON, T.; Michael, J. The psychiatric nurse as a behavioral engineer. *Journal of the Experimental Analysis of Behavior*, v. 2, p. 323-334, 1959.

AZRIN, N. H.; FOXX, R. M. A rapid method of toilet training the institutionalized retarded. *Journal of Applied Behavior Analysis*, v. 4, p. 89-99, 1971.

AZRIN, N. H.; HOLZ, W. Punishment. In: HONIG, W. K. (Ed.). *Operant behavior*: areas of research and application. Nova York: Appleton-Century-Crofts, 1966. p. 380-447.

AZRIN, N. H.; HUTCHINSON, R. R.; HAKE, D. F. Pain-induced fighting in the squirrel monkey. *Journal of the Experimental Analysis of Behavior*, v. 6, p. 620, 1963.

_____. Extinction produced aggression. *Journal of the Experimental Analysis of Behavior*, v. 9, p. 191-204, 1966.

AZRIN, N. H.; LINDSLEY, O. R. The reinforcement of cooperation between children. *Journal of Abnormal and Social Psychology*, v. 52, p. 100-102, 1956.

AZRIN, N. H.; NUNN, R. G. Habit reversal: a method of eliminating nervous habits and tics. *Behaviour Research and Therapy*, v. 11, p. 619-628, 1973.

_____. A rapid method of eliminating stuttering by a regulated breathing approach. *Behaviour Research and Therapy*, v. 12, p. 279-286, 1974.

_____. *Habit control in a day.* Nova York: Simon & Schuster, 1977.

AZRIN, N. H.; NUNN, R. G.; FRANTZ, S. E. Comparison of regulated breathing versus abbreviated desensitization on reported stuttering episodes. *Journal of Speech and Hearing Disorders*, v. 44, p. 331-339, 1979.

_____. Habit reversal versus negative practice treatment of nailbiting. *Behaviour Research and Therapy*, v. 18, p. 281-285, 1980a.

_____. Habit reversal versus negative practice treatment of nervous tics. *Behavior Therapy*, v. 11, p. 169-178, 1980b.

AZRIN, N. H.; NUNN, R. G.; FRANTZ-RENSHAW, S. E. Habit reversal versus negative practice treatment of destructive oral habits (biting, chewing or licking of the lips, cheeks, tongue or palate). *Journal of Behavior Therapy and Experimental Psychiatry*, v. 13, p. 49-54, 1982.

AZRIN, N. H.; PETERSON, A. L. Reduction of an eye tic by controlled blinking. *Behavior Therapy*, v. 20, p. 467-473, 1989.

_____. Treatment of Tourette syndrome by habit reversal: a waiting list control group comparison. *Behavior Therapy*, v. 21, p. 305-318, 1990.

AZRIN, N. H.; POWELL, J. Behavioral engineering: the reduction of smoking behavior by a conditioning apparatus and procedure. *Journal of Applied Behavior Analysis*, v. 1, p. 193-200, 1968.

AZRIN, N. H; WESOLOWSKI, M. D. Theft reversal: an overcorrection procedure for eliminating stealing by retarded persons. *Journal of Applied Behavior Analysis*, v. 7, p. 577-581, 1975.

AZRIN, N. H. et al. Motivational aspects of escape from punishment. *Journal of the Experimental Analysis of Behavior*, v. 8, p. 31-57, 1965.

_____. The control of the content of conversation through reinforcement. *Journal of Applied Behavior Analysis*, v. 6, p. 186-192, 1973.

_____. Habit reversal treatment of thumbsucking. *Behaviour Research and Therapy*, v. 18, p. 195-399, 1980.

BAER, D. M. Escape and avoidance responses of pre-school children to two schedules of reinforcement withdrawal. *Journal of the Experimental Analysis of Behavior*, v. 3, p. 155-159, 1960.

BAER, D. M.; PETERSON, R. F.; SHERMAN, J. A. The development of imitation by reinforcing behavioral similarity to a model. *Journal of the Experimental Analysis of Behavior*, v. 10, p. 405-416, 1967.

BAER, D. M.; SHERMAN, J. A. Reinforcement control of generalized imitation in young children. *Journal of Experimental Psychology*, v. 1, p. 37-49, 1964.

BAER, D. M.; WOLF, M. M.; RISLEY, T. R. Some current dimensions of applied behavior analysis. *Journal of Applied Behavior Analysis*, v. 1, p. 91-97, 1968.

_____. Some still-current dimensions of applied behavior analysis. *Journal of Applied Behavior Analysis*, v. 20, p. 313-327, 1987.

BAILEY, J. S. *Handbook of research methods in applied behavior analysis.* Tallahassee, FL: Copy Grafix, 1977.

BAILEY, J. S.; BURCH, M. R. *Research methods in applied behavior analysis.* Thousand Oaks, CA: Sage, 2002.

_____. *Ethics for behavior analysts.* 2. ed. Nova York: Routledge, 2011.

_____. *25 essential skills & strategies for the professional behavior analyst*: expert tips for maximizing consulting effectiveness. Nova York: Routledge, 2015.

BAILEY, J. S.; MEYERSON, L. Vibration as a reinforcer with a profoundly retarded child. *Journal of Applied Behavior Analysis*, v. 2, p. 135-137, 1969.

BAILEY, J. S.; PYLES, D. A. Behavioral diagnostics. In: CIPANI, E. (Ed.). *The treatment of severe behavior disorders*: behavior analysis approaches. Washington, DC: American Association on Mental Retardation, 1989. p. 85-107.

BAKKE, B. L. et al. Multicomponent intervention for agitated behavior in a person with Alzheimer's disease. *Journal of Applied Behavior Analysis*, v. 27, p. 175-176, 1994.

BAKKEN, J.; MILTENBERGER, R.; SCHAUSS, S. Teaching mentally retarded parents: knowledge versus skills. *American Journal on Mental Retardation*, v. 97, p. 405-417, 1993.

BAMBARA, L. M.; KERN, L. *Individualized supports for students with problem behaviors*: designing positive behavior plans. Nova York: Guilford Press, 2005.

BANDURA, A. *Principles of behavior modification.* Nova York: Holt Rinehart & Winston, 1969.

_____. *Social learning theory.* Upper Saddle River, NJ: Prentice Hall, 1977.

BANDURA, A.; ROSS, D.; ROSS, S. Imitation of film mediated aggressive models. *Journal of Abnormal and Social Psychology*, v. 66, p. 601-607, 1963.

BARKER, M.; BAILEY, J.; LEE, N. The impact of verbal prompts on child safety-belt use in shopping carts. *Journal of Applied Behavior Analysis*, v. 37, p. 527-530, 2004.

BARLOW, D. H.; HERSEN, M. *Single case experimental designs*: strategies for studying behavior change. 2. ed. Nova York: Pergamon, 1984.

BARNARD, J. D.; CHRISTOPHERSEN, E. R.; WOLF, M. M. Teaching children appropriate shopping behavior through parent training in the supermarket setting. *Journal of Applied Behavior Analysis*, v. 10, p. 49-59, 1977.

BARRETT, R. P. (Ed.). *Severe behavior disorders in the mentally retarded*: non-drug approaches to treatment. Nova York: Plenum, 1986.

BARRETTO, A.; WACKER, D.; HARDING, J.; LEE, J.; BERG, W. Using telemedicine to conduct behavioral assessments. *Journal of Applied Behavior Analysis*, v. 39, p. 333-340, 2006.

BARRISH, H. H.; SAUNDERS, M.; WOLF, M. M. Good behavior game: effects of individual contingencies for group consequences on the disruptive behavior in a classroom. *Journal of Applied Behavior Analysis*, v. 2, p. 119-124, 1969.

BARTON, L. E.; BRULLE, A. R.; REPP, A. C. Maintenance of therapeutic change by momentary DRO. *Journal of Applied Behavior Analysis*, v. 19, p. 277-282, 1986.

BAUM, W. M. *Understanding behaviorism*: science, behavior, and culture. Nova York: Harper Collins, 1994.

BEAVERS, G. A.; IWATA, B. A.; LERMAN, D. C. Thirty years of research on the functional analysis of problem behavior. *Journal of Applied Behavior Analysis*, v. 46, p. 1-21, 2013.

BECK, K. V.; MILTENBERGER, R. G. Evaluation of a commercially available program and in situ training by parents to teach abduction-prevention skills to children. *Journal of Applied Behavior Analysis*, v. 42, p. 761-772, 2009.

BECKER, W. C.; CARNINE, D. C. Direct instruction: a behavior theory model for comprehensive educational intervention with the disadvantaged. In: BIJOU, S. W.; RUIZ, R. (Eds.). *Behavior modification*: contributions to education. Mahwah, NJ: Erlbaum, 1981, p. 145-210.

BELLAMY, G. T.; HORNER, R. H.; INMAN, D. P. *Vocational habilitation of severely retarded adults.* Austin, TX: Pro-Ed, 1979.

BERKOWITZ, S.; SHERRY, P. J.; DAVIS, B. A. Teaching self-feeding skills to profound retardates using reinforcement and fading procedures. *Behavior Therapy*, v. 2, p. 62-67, 1971.

BERRY, T. D.; GELLER, E. S. A single subject approach to evaluating vehicle safety belt reminders: back to basics. *Journal of Applied Behavior Analysis*, v. 24, p. 13-22, 1991.

BIJOU, S. W. Patterns of reinforcement and resistance to extinction in young children. *Child Development*, v. 28, p. 47-54, 1957.

_____. Operant extinction after fixed interval schedules with young children. *Journal of the Experimental Analysis of Behavior*, v. 1, p, 25-29, 1958.

_____. *Child development*: the basic stages of early childhood. Englewood Cliffs, NJ: Prentice Hall, 1976.

BIJOU, S. W.; PETERSON, R. F.; AULT, M. H. A method to integrate descriptive and experimental field studies at the level of data and empirical concepts. *Journal of Applied Behavior Analysis*, v. 1, p. 175-191.

BIJOU, S. W.; RUIZ, R. (Eds.). *Behavior modification*: contributions to education. Mahwah, NJ: Erlbaum, 1981.

BILLINGSLEY, F. F.; ROMER, L. T. Response prompting and transfer of stimulus control: methods, research, and a conceptual framework. *Journal of the Association for Persons with Severe Handicaps*, v. 8, p. 3-12, 1983.

BIRNIE-SELWYN, B.; GUERIN, B. Teaching children to spell: decreasing consonant cluster errors by eliminating selective stimulus control. *Journal of Applied Behavior Analysis*, v. 30, p. 69-91, 1997.

BLOOM, S. et al. Teacher-conducted trial-based functional analyses as the basis for intervention. *Journal of Applied Behavior Analysis*, v. 46, p. 208-218, 2013.

BLOUNT, R. L. et al. Reducing severe diurnal bruxism in two profoundly retarded females. *Journal of Applied Behavior Analysis*, v. 15, p. 565-571, 1982.

BLUMENTHAL, J. A.; McKEE, D. C. (Eds.). *Applications in behavioral medicine and health psychology*: a clinician's source book. Sarasota, FL: Professional Resource Exchange, 1987.

BORRERO, J. C.; VOLLMER, T. R.; WRIGHT, C. S. An evaluation of contingency strength and response suppression. *Journal of Applied Behavior Analysis*, v. 35, p. 337-347, 2002.

BOSTOW, D. E.; BAILEY, J. Modification of severe disruptive and aggressive behavior using brief timeout and reinforcement procedures. *Journal of Applied Behavior Analysis*, v. 2, p. 31-37, 1969.

BOUDJOUK, P.; WOODS, D.; MILTENBERGER, R.; LONG, E. Negative peer evaluation in adolescents: effects of tic disorders and trichotillomania. *Child and Family Behavior Therapy*, v. 22, v. 1, p. 17-28, 2000.

BOWMAN, L. G. et al. Assessment of preference for varied versus constant reinforcers. *Journal of Applied Behavior Analysis*, v. 30, p. 451-458, 1997.

BOYER, E. et al. Expert video modeling with video feedback to enhance gymnastics skills. *Journal of Applied Behavior Analysis*, v. 42, p. 855-860, 2009.

BRIGHAM, T. A. *Managing everyday problems.* Nova York: Guilford, 1989.

BRISTOL, M. M.; SLOANE, H. N. Effects of contingency contracting on study rate and test performance. *Journal of Applied Behavior Analysis*, v. 7, p. 271-285, 1974.

BROBST, B.; WARD, P. Effects of public posting, goal setting, and oral feedback on the skills of female soccer players. *Journal of Applied Behavior Analysis*, v. 35, p. 247-257, 2002.

BROTHERS, K. J.; KRANTZ, P. J.; McCLANNAHAN, L. E. Office paper recycling: a function of container proximity. *Journal of Applied Behavior Analysis*, v. 27, p. 153-160, 1994.

BUCHER, B.; REYKDAL, B.; ALBIN, J. Brief physical restraint to control pica in retarded children. *Journal of Behavior Therapy and Experimental Psychiatry*, v. 7, p. 137-140, 1976.

CALL, N. et al. Combined antecedent variables as motivating operations within functional analyses. *Journal of Applied Behavior Analysis*, v. 38, p. 385-389, 2005.

CANTRELL, R. P. et al. Contingency contracting with school problems. *Journal of Applied Behavior Analysis*, v. 2, p. 215-220, 1969.

CARNS, A. W.; CARNS, M. R. Making behavioral contracts successful. *School Counselor*, v. 42, p. 155-160, 1994.

CARR, E. G. Functional equivalence as a means of response generalization. In: HORNER, R. H.; DUNLAP, G.; KOEGEL, R. L. (Eds.). *Generalization and maintenance*: life-style changes in applied settings. Baltimore: Paul Brookes, 1988. p. 221-241.

CARR, E. G.; CARLSON, J. I. Reduction of severe behavior problems in the community using a multicomponent treatment approach. *Journal of Applied Behavior Analysis*, v. 26, p. 157-172, 1993.

CARR, E. G.; DURAND, V. M. Reducing behavior problems through functional communication training. *Journal of Applied Behavior Analysis*, v. 18, p. 111-126, 1985.

CARR, E. G.; NEWSOM, C. D.; BINKOFF, J. A. Escape as a factor in the aggressive behavior of two retarded children. *Journal of Applied Behavior Analysis*, v. 13, p. 101-117, 1980.

CARR, E. G. et al. Communication based treatment of severe behavior problems. In: HOUTEN, R. Van; AXELROD, S. (Eds.). *Behavior analysis and treatment*. Nova York: Plenum, 1993. p. 231-267.

_____. *Communication-based intervention for problem behavior*: a user's guide for producing positive change. Baltimore: Paul Brookes, 1994.

CARR, J. E. Competing responses for the treatment of Tourette syndrome and tic disorders. *Behaviour Research and Therapy*, v. 33, p. 455-456, 1995.

_____. Recommendations for reporting multiple baseline designs across participants. *Behavioral Interventions*, v. 20, p. 219-224, 2005. CARR, J. E.; Austin, J. (Eds.). *Handbook of applied behavior analysis*. Reno, NV: Context Press, 2001.

CARR, J. E.; BURKHOLDER, E. O. Creating single-subject design graphs with Microsoft Excel. *Journal of Applied Behavior Analysis*, v. 31, p. 245-251, 1998.

CARROLL, L. A.; MILTENBERGER, R. G.; O'NEILL, H. K. A review and critique of research evaluating child sexual abuse prevention programs. *Education & Treatment of Children*, v. 15, p. 335-354, 1992.

CARROLL-ROWAN, L.; MILTENBERGER, R. G. A comparison of procedures for teaching abduction prevention to preschoolers. *Education and Treatment of Children*, v. 17, p. 113-128, 1994.

CARSTENSEN, L. L.; ERICKSON, R. J. Enhancing the environments of elderly nursing home residents: are high rates of interaction enough? *Journal of Applied Behavior Analysis*, v. 19, p. 349-355, 1986.

CARTON, J. S.; SCHWEITZER, J. B. Use of a token economy to increase compliance during hemodialysis. *Journal of Applied Behavior Analysis*, v. 29, p. 111-113, 1996.

CATANIA, A. C. (Ed.). *Contemporary research in operant behavior*. Glenview, IL: Scott Foresman, 1968.

CAUTELA, J. *Behavior analysis forms for clinical intervention*. Champaign, IL: Research Press, 1977.

CAVALIER, A. R.; FERRETTI, R. P.; HODGES, A. E. Self-management within a token economy for students with learning disabilities. *Research in Developmental Disabilities*, v. 18, p. 167-178, 1997.

CHADWICK, B. A.; DAY, R. C. Systematic reinforcement: Academic performance of underachieving students. *Journal of Applied Behavior Analysis*, v. 4, p. 311-319, 1971.

CHANCE, P. *Learning and behavior*. 2. ed. Belmont, CA: Wadsworth, 1988.

CHARLOP, M. H. et al. Stimulus variation as a means of enhancing punishment effects. *Journal of Applied Behavior Analysis*, v. 21, p. 89-95, 1988.

CHIESA, M. *Radical behaviorism*: the philosophy and the science. Boston, MA: Authors Cooperative, Inc., 1994.

CHRISTOPHERSEN, E. R.; MORTWEET, S. L. *Treatments that work with children*: empirically supported strategies for managing childhood problems. Washington, DC: APA, 2001.

CLARK, H. et al. Time out as a punishing stimulus in continuous and intermittent schedules. *Journal of Applied Behavior Analysis*, v. 6, p. 443-455, 1973.

CLAYTON, M.; HELMS, B.; SIMPSON, C. Active prompting to decrease cell phone use and increase seat belt use while driving. *Journal of Applied Behavior Analysis*, v. 39, p. 341-349, 2006.

COLEMAN, C. L.; HOLMES, P. A. The use of noncontingent escape to reduce disruptive behaviors in children with speech delays. *Journal of Applied Behavior Analysis*, v. 31, p. 687-690, 1998.

CONNERS, J. et al. Differential responding in the presence and absence of discriminative stimuli during multielement functional analyses. *Journal of Applied Behavior Analysis*, v. 33, p. 299-308, 2000.

CONYERS, C. et al. A comparison of response cost and differential reinforcement of other behavior to reduce disruptive behavior in a preschool classroom. *Journal of Applied Behavior Analysis*, v. 37, p. 411-415, 2004a.

_____. An evaluation of in vivo desensitization and video modeling to increase compliance with dental procedures in persons with mental retardation. *Journal of Applied Behavior Analysis*, v. 37, p. 233-238, 2004b.

COOPER, J. O.; HERON, T. E.; HEWARD, W. L. *Applied behavior analysis*. Columbus, OH: Merrill, 1987.

_____. *Applied behavior analysis*. 2. ed. Upper Saddle River, NJ: Pearson, 2007.

COPE, J. G.; ALLRED, L. J. Community intervention to deter illegal parking in spaces reserved for the physically disabled. *Journal of Applied Behavior Analysis*, v. 24, p. 687-693, 1991.

CORTE, H.; WOLF, M.; LOCKE, B. A comparison of procedures for eliminating self-injurious behavior of retarded adolescents. *Journal of Applied Behavior Analysis*, v. 4, p. 201-213, 1971.

COTE, C.; THOMPSON, R.; McKERCHAR, P. The effects of antecedent interventions and extinction on toddlers' compliance during transitions. *Journal of Applied Behavior Analysis*, v. 38, p. 235-238, 2005.

COWDERY, G. E.; IWATA, B. A.; PACE, G. M. Effects and side effects of DRO as treatment for self-injurious behavior. *Journal of Applied Behavior Analysis*, v. 23, p. 497-506, 1990.

COX, C.; COX, B.; COX, D. Long-term benefits of prompts to use safety belts among drivers exiting senior communities. *Journal of Applied Behavior Analysis*, v. 38, p. 533-536, 2005.

COX, M. G.; GELLER, E. S. Prompting safety belt use: comparative impact on the target behavior and relevant body language. *Journal of Applied Behavior Analysis*, v. 43, p. 321-325, 2010.

CRAFT, M. A.; ALBER, S. R.; HEWARD, W. L. Teaching elementary students with developmental disabilities to recruit teacher attention in a general education classroom: effects on teacher praise and academic productivity. *Journal of Applied Behavior Analysis*, v. 31, p. 399-415, 1998.

CREEDON, S. A. Healthcare workers hand decontamination practices: compliance with recommended guidelines. *Journal of Advanced Nursing*, v. 51, v. 3, p. 208-216, 2005.

CRITCHFIELD, T. S.; KOLLINS, S. H. Temporal discounting: basic research and the analysis of socially important behavior. *Journal of Applied Behavior Analysis*, v. 34, p. 101-122, 2001.

CUVO, A. J.; KLATT, K. P. Effects of community based, videotape, and flashcard instruction of community-referenced sight words on students with mental retardation. *Journal of Applied Behavior Analysis*, v. 25, p. 499-512, 1992.

CUVO, A. J.; LEAF, R. B.; BORAKOVE, L. S. Teaching janitorial skills to the mentally retarded: Acquisition, generalization, and maintenance. *Journal of Applied Behavior Analysis*, v. 11, p. 345-355, 1978.

CUVO, A. J. et al. Promoting stimulus control with textual prompts and performance feedback for persons with mild disabilities. *Journal of Applied Behavior Analysis*, v. 25, p. 477-489, 1992.

DALLERY, J.; GLENN, I. M. Effects of an internet-based voucher reinforcement program for smoking abstinence: a feasibility study. *Journal of Applied Behavior Analysis*, v. 38, p. 349-357, 2005.

DALLERY, J.; MEREDITH, S.; GLENN, I. M. A deposit contract method to deliver abstinence reinforcement for cigarette smoking. *Journal of Applied Behavior Analysis*, v. 41, p. 609-615, 2008.

DALLERY, J.; RAIFF, B.; GRABINSKI, M. Internet-based contingency management to promote smoking cessation: a randomized controlled study. *Journal of Applied Behavior Analysis*, v. 46, p. 750-764, 2013.

DANCER, D. D. et al. The training and validation of behavior observation and description skills. *Behavior Modification*, v. 2, p. 113-134, 1978.

DANCHO, K. A.; THOMPSON, R. H.; RHOADES, M. M. Teaching preschool children to avoid poison hazards. *Journal of Applied Behavior Analysis*, v. 41, p. 267-271, 2008.

DANIELS, A. C. *Bringing out the best in people*: how to apply the astonishing power of positive reinforcement. Nova York: McGraw Hill, 2000.

DANIELS, A. C.; DANIELS, J. E. *Performance management*: changing behavior that drives organizational effectiveness. 4. ed. Atlanta, GA: PMP, 2006.

DAVIS, C. A. et al. Effects of high probability requests on the acquisition and generalization of responses to requests in young children with behavior disorders. *Journal of Applied Behavior Analysis*, v. 25, p. 905-916, 1992.

DAVIS, P.; CHITTUM, R. A group oriented contingency to increase leisure activities in adults with traumatic brain injury. *Journal of Applied Behavior Analysis*, v. 27, p. 553-554, 1994.

DAWSON, J. E. et al. Use of the high-probability instructional sequence and escape extinction in a child with food refusal. *Journal of Applied Behavior Analysis*, v. 36, p. 105-108, 2003.

DAY, H. M.; HORNER, R. H.; O'NEILL, R. E. Multiple functions of problem behaviors: assessment and intervention. *Journal of Applied Behavior Analysis*, v. 27, p. 279-289, 1994.

DEAVER, C.; MILTENBERGER, R.; STRICKER, J. Functional analysis and treatment of hair twirling in a young child. *Journal of Applied Behavior Analysis*, v. 34, p. 535-538, 2001.

DEITZ, S. M. An analysis of programming DRL schedules in educational settings. *Behaviour Research and Therapy*, v. 15, p. 103-111, 1977.

DEITZ, S. M; MALONE, L. W. Stimulus control terminology. *The Behavior Analyst*, v. 8, p. 259-264, 1985.

DEITZ, S. M.; REPP, A. C. Decreasing classroom misbehavior through the use of DRL schedules of reinforcement. *Journal of Applied Behavior Analysis*, v. 6, p. 457-463, 1973.

_____. Differentially reinforcing low rates of misbehavior with normal elementary school children. *Journal of Applied Behavior Analysis*, v. 7, p. 622, 1974.

DeLEON, I.; IWATA, B. Evaluation of a multiple stimulus presentation format for assessing reinforcer preferences. *Journal of Applied Behavior Analysis*, v. 29, p. 519-533, 1996.

DeLUCA, R.; HOLBORN, S. Effects of a variable ratio reinforcement schedule with changing criteria on exercise in obese and nonobese boys. *Journal of Applied Behavior Analysis*, v. 25, p. 671-679, 1992.

DEMCHAK, M. Response prompting and fading methods: a review. *American Journal on Mental Retardation*, v. 94, p. 603-615, 1990.

DeVRIES, J. E.; BURNETTE, M. M.; REDMON, W. K. AIDS prevention: Improving nurses' compliance with glove wearing through performance feedback. *Journal of Applied Behavior Analysis*, v. 24, p. 705-711, 1991.

DICESARE, A. et al. The effects of methylphenidate on a functional analysis of disruptive behavior: a replication and extension. *Journal of Applied Behavior Analysis*, v. 38, p. 125-128, 2005.

DIXON, L. S. A functional analysis of photo-object matching skills of severely retarded adolescents. *Journal of Applied Behavior Analysis*, v. 14, p. 465-478, 1981.

DIXON, M. R. Creating a portable data-collection system with Microsoft®Embedded Visual Tools for the Pocket PC. *Journal of Applied Behavior Analysis*, v. 36, p. 271-284, 2003.

DIXON, M. R.; CUMMINGS, A. Self-control in children with autism: response allocation during delays to reinforcement. *Journal of Applied Behavior Analysis*, v. 34, p. 491-495, 2001.

DIXON, M. R.; HOLCOMB, S. Teaching self-control to small groups of dually diagnosed adults. *Journal of Applied Behavior Analysis*, v. 33, p. 611-614, 2000.

DIXON, M. R.; HORNER, M. J.; GUERCIO, J. Self-control and the preference for delayed reinforcement: an example in brain injury. *Journal of Applied Behavior Analysis*, v. 36, p. 371-374, 2003.

DIXON, M. R.; REHFELDT, R. A.; RANDICH, L. Enhancing tolerance to delayed reinforcers: the role of intervening activities. *Journal of Applied Behavior Analysis*, v. 36, p. 263-266, 2003.

DOERNER, M.; MILTENBERGER, R.; BAKKEN, J. Effects of staff self-management on positive social interactions in a group home setting. *Behavioral Residential Treatment*, v. 4, p. 313-330, 1989.

DOKE, L. A.; WOLERY, M.; SUMBERG, C. Treating chronic aggression: effects and side effects of response-contingent ammonia spirits. *Behavior Modification*, v. 7, p. 531-556, 1983.

DOLEYS, D. M. et al. The effects of social punishment on noncompliance: a comparison with time out and positive practice. *Journal of Applied Behavior Analysis*, v. 9, p. 471-482, 1976.

DONALDSON, J.; VOLLMER, T. An evaluation and comparison of time-out procedures with and without release contingencies. *Journal of Applied Behavior Analysis*, v. 44, p. 693-705, 2011.

DONALDSON, J. et al. Effects of a reduced time-out interval on compliance with the time-out instruction. *Journal of Applied Behavior Analysis*, v. 46, p. 369-378, 2013.

DORSEY, M. F. et al. Treatment of self-injurious behavior using a water mist: initial response suppression and generalization. *Journal of Applied Behavior Analysis*, v. 13, p. 343-353, 1980.

DOTY, D. W.; McINNIS, T.; Paul, G. Remediation of negative side effects of an ongoing response cost system with chronic mental patients. *Journal of Applied Behavior Analysis*, v. 7, p. 191-198, 1974.

DRASGOW, E. et al. The IDEA amendments of 1997: a school-wide model for conducting functional behavioral assessments and developing behavior intervention plans. *Education & Treatment of Children*, v. 22, v. 3, p. 244-266, 1999.

DUCHARME, D. E.; HOLBORN, S. W. Programming generalization of social skills in preschool children with hearing impairments. *Journal of Applied Behavior Analysis*, v. 30, p. 639-651, 1997.

DUCHARME, J. M.; VAN HOUTEN, R. Operant extinction in the treatment of severe maladaptive behavior: adapting research to practice. *Behavior Modification*, v. 18, p. 139-170, 1994.

DUNLAP, G. Promoting generalization: current status and functional considerations. In: HOUTEN, R. van; AXELROD, S. (Eds.). *Behavior analysis and treatment*. Nova York: Plenum, 1993. p. 269-296.

DUNLAP, G. et al. Functional assessment, curricular revision, and severe behavior problems. *Journal of Applied Behavior Analysis*, v. 24, p. 387-397, 1991.

DURAND, V. M. *Severe behavior problems*: a functional communication training approach. Nova York: Guilford Press, 1990.

_____. Functional communication training using assistive devices: recruiting natural communities of reinforcement. *Journal of Applied Behavior Analysis*, v. 32, p. 247-267, 1999.

DURAND, V. M.; CARR, E. G. Social influences on "selfstimulatory" behavior: analysis and treatment application. *Journal of Applied Behavior Analysis*, v. 20, p. 119-132, 1987.

_____. Functional communication training to reduce challenging behavior: maintenance and application in new settings. *Journal of Applied Behavior Analysis*, v. 24, p. 251-264, 1991.

_____. An analysis of maintenance following functional communication training. *Journal of Applied Behavior Analysis*, v. 25, p. 777-794, 1992.

DURAND, V. M.; CRIMMINS, D. B. Identifying the variables maintaining self-injurious behavior. *Journal of Autism and Developmental Disorders*, v. 18, p. 99-117, 1988.

DURAND, V. M.; HIENEMAN, M. *Helping parents with challenging children*: positive family intervention facilitator guide. Nova York: Oxford University Press, 2008.

DURAND, V. M.; MINDELL, J. A. Behavioral treatment of multiple childhood sleep disorders: effects on child and family. *Behavior Modification*, v. 14, p. 37-49, 1990.

DURAND, V. M. et al. Reinforcer assessment I: using problem behavior to select reinforcers. *Journal of the Association for Persons with Severe Handicaps*, v. 14, p. 113-126, 1989.

DWYER-MOORE, K. J.; DIXON, M. R. Functional analysis and treatment of problem behavior of elderly adults in long-term care. *Journal of Applied Behavior Analysis*, v. 40, p. 679-683, 2007.

DYER, K.; DUNLAP, G.; WINTERLING, V. Effects of choice making on the serious problem behaviors of students with severe handicaps. *Journal of Applied Behavior Analysis*, v. 23, p. 515-524, 1990.

EDELSTEIN, B. A. Generalization: terminological, methodological, and conceptual issues. *Behavior Therapy*, v. 20, p. 311-324, 1989.

EGEMO-HELM, K. R. et al. An evaluation of in situ training to teach sexual abuse prevention skills to women with mental retardation. *Behavioral Interventions*, v. 22, p. 99-119, 2007.

ELDER, J. P.; EDELSTEIN, B. A.; NARICK, M. M. Adolescent psychiatric patients: modifying aggressive behavior with social skills training. *Behavior Modification*, v. 3, p. 161-178, 1979.

ELDER, S. T. et al. Instrumental conditioning of diastolic blood pressure in essential hypertensive patients. *Journal of Applied Behavior Analysis*, v. 6, p. 377-382, 1973.

ELLINGSON, S.; MILTENBERGER, R.; LONG, E. Survey of the use of functional assessment procedures in agencies serving individuals with developmental disabilities. *Behavioral Interventions*, v. 14, p. 187-198, 1999.

ELLINGSON, S. et al. Functional assessment and treatment of challenging behavior in the classroom setting. *Journal of Positive Behavioral Intervention*, v. 2, p. 85-97, 2000a.

_____. Functional analysis and treatment of finger sucking. *Journal of Applied Behavior Analysis*, v. 33, p. 41-51, 2000b.

ELLIOTT, A. et al. A national survey of assessment and treatment techniques used by behavior therapists. *Cognitive and Behavioral Practice*, v. 3, p. 107-125, 1996.

_____. Brief application of simplified habit reversal to stuttering in children. *Journal of Behavior Therapy and Experimental Psychiatry*, v. 29, p. 289-302, 1998.

ELLIS, J.; MAGEE, S. K. Determination of environmental correlates of disruptive classroom behavior: integration of functional analysis into public school assessment process. *Education & Treatment of Children*, v. 22, v. 3, p. 291-316, 1999.

ENGELMAN, K. K. et al. Brief training to promote the use of less intrusive prompts by nursing assistants in a dementia care unit. *Journal of Applied Behavior Analysis*, v. 36, p. 129-132, 2003.

EPSTEIN, R. *Self help without hype*. Tucker, GA: Performance Management Publications, 1996.

ERFORD, B. T. A modified time out procedure for children with noncompliant or defiant behaviors. *Professional School Counseling*, v. 2, p. 205-210, 1999.

ETZEL, B. C.; LEBLANC, J. M. The simplest treatment alternative: the law of parsimony applied to choosing appropriate instructional control and errorless learning procedures for the difficult-to-teach child. *Journal of Autism and Developmental Disabilities*, v. 9, p. 361-382, 1979.

ETZEL, B. C. et al. Stimulus control procedures in the education of young children. In: BIJOU, S. W.; RUIZ, R. (Eds.). *Behavior modification contributions to education*. Mahwah, NJ: Erlbaum, 1981. p. 3-37.

EVANS, B. A case of trichotillomania in a child treated in a home token program. *Journal of Behavior Therapy and Experimental Psychiatry*, v. 7, p. 197-198, 1976.

EVANS, W. Producing either positive or negative tendencies to a stimulus associated with shock. *Journal of the Experimental Analysis of Behavior*, v. 5, p. 335-337, 1962.

EVERETT, P. B.; HAYWARD, S. C.; MEYERS, A. W. The effects of a token reinforcement procedure on bus ridership. *Journal of Applied Behavior Analysis*, v. 7, p. 1-9, 1974.

EVERS, R. A. F.; VAN DE WETERING, B. J. M. A treatment model for motor tics based on a specific tension reduction technique. *Journal of Behavior Therapy and Experimental Psychiatry*, v. 25, p. 255-260, 1994.

FAVELL, J. E.; MCGIMSEY, J. F.; JONES, M. L. The use of physical restraint in the treatment of self-injury and as positive reinforcement. *Journal of Applied Behavior Analysis*, v. 11, p. 225-241, 1978.

FAWCETT, S. B.; FLETCHER, R. K. Community applications of instructional technology: training writers of instructional packages. *Journal of Applied Behavior Analysis*, v. 10, p. 739-746, 1977.

FELLNER, D. J.; SULZER-AZAROFF, B. Assessing the impact of adding assigned or participative goal-setting. *Journal of Organizational Behavior Management*, v. 7, p. 3-24, 1974.

FERSTER, C. B. Positive reinforcement and behavioral deficits in autistic children. *Child Development*, v. 32, p. 347-356, 1961.

FERSTER, C. B.; SKINNER, B. F. *Schedules of reinforcement*. Upper Saddle River, NJ: Prentice Hall, 1957.

FINNEY, J. W. et al. Replication and social validation of habit reversal treatment for tics. *Behavior Therapy*, v. 14, p. 116-126.

FISHER, J.; NEYS, R. Use of a commonly available chore to reduce a boy's rate of swearing. *Journal of Behavior Therapy and Experimental Psychiatry*, v. 9, p. 81-83.

FISHER, W.; IWATA, B.; MAZALESKI, J. Noncontingent delivery of arbitrary reinforcers as treatment for self-injurious behavior. *Journal of Applied Behavior Analysis*, v. 30, p. 239-249, 1997.

FISHER, W. et al. A comparison of two approaches for identifying reinforcers for persons with severe and profound disabilities. *Journal of Applied Behavior Analysis*, v. 25, p. 491-498, 1992.

_____. A preliminary evaluation of empirically derived consequences for the treatment of pica. *Journal of Applied Behavior Analysis*, v. 27, p. 447-457, 1994.

FITTERLING, J. M. et al. Behavioral management of exercise training in vascular headache patients: an investigation of exercise adherence and headache activity. *Journal of Applied Behavior Analysis*, v. 21, p. 9-19, 1988.

FLEECE, L. et al. Elevation of voice volume in young developmentally delayed children via an operant shaping procedure. *Journal of Applied Behavior Analysis*, v. 14, p. 351-355, 1981.

FOGEL, V. et al. Evaluating the effects of exergaming on physical activity among inactive children in a physical education classroom. *Journal of Applied Behavior Analysis*, v. 43, v. 4, p. 591-600, 2010.

FOREHAND, R. et al. Parent behavioral training to modify child noncompliance: treatment generalization across time and from home to school. *Behavior Modification*, v. 3, p 3-25, 1979.

FOSTER, S. L.; BELL-DOLAN, D. J.; BURGE, D. A. Behavioral observation. In: BELLACK, A. S.; HERSEN, M. (Eds.). *Behavioral assessment*: a practical handbook. 3. ed. Nova York: Pergamon, 1988. p. 119-160.

FOX, D. K.; HOPKINS, B. L.; ANGER, W. K. The long-term effects of a token economy on safety performance in open pit mining. *Journal of Applied Behavior Analysis*, v. 20, p. 215-224, 1987.

FOXX, R. M. A comprehensive treatment program for inpatient adolescents. *Behavior Interventions*, v. 13, p. 67-77, 1998.

FOXX, R. M.; AZRIN, N. H. Restitution: a method of eliminating aggressive--disruptive behavior of retarded and brain damaged patients. *Behaviour Research and Therapy*, v. 10, p. 15-27, 1972.

_____. The elimination of autistic self stimulatory behavior by overcorrection. *Journal of Applied Behavior Analysis*, v. 6, p. 1-14, 1973.

FOXX, R. M.; BECHTEL, D. R. Overcorrection: a review and analysis. In: AXELROD, S.; APSCHE, J. (Eds.). *The effects of punishment on human behavior*. Nova York: Academic Press, 1983. p. 133-220.

FOXX, R. M.; RUBINOFF, A. Behavioral treatment of caffeinism: reducing excessive coffee drinking. *Journal of Applied Behavior Analysis*, v. 12, p. 335-344, 1979.

FOXX, R. M.; SHAPIRO, S. T. The timeout ribbon: a nonexclusionary timeout procedure. *Journal of Applied Behavior Analysis*, v. 11, p. 125-136, 1978.

FOXX, R. M. et al. The successful treatment of a dually diagnosed deaf man's aggression with a program that included contingent electric shock. *Behavior Therapy*, v. 17, p. 170-186, 1986.

FRANCE, K. G.; HUDSON, S. M. Behavior management of infant sleep disturbance. *Journal of Applied Behavior Analysis*, v. 23, p. 91-98, 1990.

FRANCO, D. P. et al. Social skills training for an extremely shy young adolescent: an empirical case study. *Behavior Therapy*, v. 14, p. 568-575, 1983.

FREDERICKSON, L. W. (Ed.). *Handbook of organizational behavior management*. Nova York: Wiley, 1983.

FRIEDRICH, W.; MORGAN, S. B.; DEVINE, C. Children's attitudes and behavioral intentions toward a peer with Tourette's syndrome. *Journal of Pediatric Psychology*, v. 21, p. 307-319, 1996.

FRIMAN, P. C.; FINNEY, J. W.; CHRISTOPHERSON, E. R. Behavioral treatment of trichotillomania: an evaluative review. *Behavior Therapy*, v. 15, p. 249-265, 1984.

FRIMAN, P. C.; HOVE, G. Apparent covariation between child habit disorders: effects of successful treatment for thumb-sucking on untargeted chronic hair-pulling. *Journal of Applied Behavior Analysis*, v. 20, p. 421-425, 1987.

FRIMAN, P. C.; POLING, A. Making life easier with effort: basic findings and applied research on response effort. *Journal of Applied Behavior Analysis*, v. 28, p. 583-590, 1995.

FRIMAN, P. C. et al. Influence of thumb sucking on peer social acceptance in first grade children. *Pediatrics*, v. 91, p. 784-786, 1993.

FRITZ, J. et al. Experimental analysis of precursors to severe problem behavior. *Journal of Applied Behavior Analysis*, v. 46, p. 101-129, 2013.

FULLER, P. R. Operant conditioning of a vegetative organism. *American Journal of Psychology*, v. 62, p. 587-590, 1949.

FYFFE, C. et al. Functional analysis and treatment of inappropriate sexual behavior. *Journal of Applied Behavior Analysis*, v. 37, p. 401-404, 2004.

GALENSKY, T. L. et al Functional assessment and treatment of mealtime problem behaviors. *Journal of Positive Behavioral Interventions*, v. 3, p. 211-224, 2001.

GAMBRILL, E. D. *Behavior modification*: handbook of assessment, intervention, and evaluation. São Francisco: Jossey-Bass, 1977.

GARCIA, J.; KIMELDORF, D. J.; KOELLING, R. A. A conditioned aversion toward saccharin resulting from exposure to gamma radiation. *Science*, v. 122, p. 157-158, 1955.

GAST, D. L. *Single subject research methodology in behavioral sciences*. Nova York: Routledge, 2009.

GATHERIDGE, B. J. et al. A comparison of two programs to teach firearm injury prevention skills to 6- and 7-year-old children. *Pediatrics*, v. 114, p. e294-e299, 2004.

GELLER, E. S.; HAHN, H. A. Promoting safety belt use at industrial sites: an effective program for blue collar employees. *Professional Psychology: Research and Practice*, v. 15, p. 553-564, 1984.

GENTRY, W. D. (Ed.). *Handbook of behavioral medicine*. Nova York: Guilford, 1984.

GEREN, M. A.; STROMER, R.; MACKAY, H. A. Picture naming, matching to sample, and head injury: a stimulus control analysis. *Journal of Applied Behavior Analysis*, v. 30, p. 339-342, 1997.

GERSHOFF, E. T. Corporal punishment by parents and associated child behaviors and experiences: a metanalytic and theoretical review. *Psychological Bulletin*, v. 128, p. 539-579, 2002.

GLENN, I. M.; DALLERY, J. Effects of internet-based voucher reinforcement and a transdermal nicotine patch on cigarette smoking. *Journal of Applied Behavior Analysis*, v. 40, p. 1-13, 2007.

GLYNN, S. M. Token economy approaches for psychiatric patients: progress and pitfalls over 25 years. *Behavior Modification*, v. 14, p. 383-407, 1990.

GOETZ, E.; BAER, D. Social control of form diversity and the emergence of new forms in children's block-building. *Journal of Applied Behavior Analysis*, v. 6, p. 209-217, 1973.

GOH, H.; IWATA, B. A. Behavioral persistence and variability during extinction of self-injury maintained by escape. *Journal of Applied Behavior Analysis*, v. 27, p. 173-174, 1994.

GOLDIAMOND, I. Self-control procedures in personal behavior problems. *Psychological Reports*, v. 17, p. 851-868, 1965.

_____. Toward a constructional approach to social problems: ethical and constitutional issues raised by applied behavior analysis. *Behaviorism*, v. 2, p. 1-85, 1974.

GOLONKA, Z. et al. Effects of escape to alone versus escape to enriched environments on adaptive and aberrant behavior. *Journal of Applied Behavior Analysis*, v. 33, p. 243-246, 2000.

GRAS, M. E. et al. Increasing safety-belt use in Spanish drivers: a field test of personal prompts. *Journal of Applied Behavior Analysis*, v. 36, p. 249-251, 2003.

GRAY, J. J. Positive reinforcement and punishment in the treatment of childhood trichotillomania. *Journal of Behavior Therapy and Experimental Psychiatry*, v. 10, p. 125-129, 1979.

GREEN, C. W. et al. Identifying reinforcers for persons with profound handicaps: staff opinion versus systematic assessment of preferences. *Journal of Applied Behavior Analysis*, v. 21, p. 31-43, 1988.

_____. A comprehensive evaluation of reinforcer identification processes for persons with profound multiple handicaps. *Journal of Applied Behavior Analysis*, v. 24, p. 537-552, 1991.

GREEN, R. B.; HARDISON, W. L.; GREENE, B. F. Turning the table on advice programs for parents: using placemats to enhance family interactions at restaurants. *Journal of Applied Behavior Analysis*, v. 17, p. 497-508, 1984.

GROSS, A. M.; DRABMAN, R. S. (Eds.). *Encyclopedia of behavior modification and cognitive behavior therapy volume two*: child clinical applications. Thousand Oaks, CA: Sage, 2005.

GUTTMAN, N.; KALISH, H. I. Discriminability and stimulus generalization. *Journal of Experimental Psychology*, v. 51, p. 79-88, 1956.

HAGOPIAN, L. P.; FISHER, W. W.; LEGACY, S. M. Schedule effects of non-contingent reinforcement on attention-maintained destructive behavior in identical quadruplets. *Journal of Applied Behavior Analysis*, v. 27, p. 317-325, 1994.

HAGOPIAN, L. P.; THOMPSON, R. H. Reinforcement of compliance with respiratory treatment in a child with cystic fibrosis. *Journal of Applied Behavior Analysis*, v. 32, p. 233-236, 1999.

HAKE, D.; AZRIN, N. Conditioned punishment. *Journal of the Experimental Analysis of Behavior*, v. 8, p. 279-293, 1965.

HALL, C.; SHELDON-WILDGEN, J.; SHERMAN, J. A. Teaching job interview skills to retarded clients. *Journal of Applied Behavior Analysis*, v. 13, p. 433-442, 1980.

HALLE, J. W. Identifying stimuli in the natural environment that control verbal responses. *Journal of Speech and Hearing Disorders*, v. 54, p. 500-504, 1989.

HALLE, J. W.; HOLT, B. Assessing stimulus control in natural settings: an analysis of stimuli that acquire control during training. *Journal of Applied Behavior Analysis*, v. 24, p. 579-589, 1991.

HALVORSON, J. A. The effects on stuttering frequency of pairing punishment (response cost) with reinforcement. *Journal of Speech and Hearing Research*, v. 14, p. 356-364, 1971.

HANDEN, B. L.; ZANE, T. Delayed prompting: a review of procedural variations and results. *Research in Developmental Disabilities*, v. 8, p. 307-330, 1987.

HANDEN, B. L. et al. Using guided compliance versus time-out to promote child compliance: a preliminary comparative analysis in an analogue context. *Research in Developmental Disabilities*, v. 13, p. 157-170, 1992.

HANLEY, G. P.; IWATA, B. A.; MCCORD, B. E. Functional analysis of problem behavior: a review. *Journal of Applied Behavior Analysis*, v. 36, p. 147-185, 2003.

HANLEY, G. P.; PIAZZA, C. C.; FISHER, W. W. Non-contingent presentation of attention and alternative stimuli in the treatment of attention-maintained destructive behavior. *Journal of Applied Behavior Analysis*, v. 30, p. 229-237, 1997.

HANLEY, G. P. et al. On the effectiveness of and preference for punishment and extinction components of function-based interventions. *Journal of Applied Behavior Analysis*, v. 38, p. 51-65, 2005.

HANSEN, D. J. et al. Habits with potential as disorders: prevalence, severity, and other characteristics among college students. *Behavior Modification*, v. 14, p. 66-88, 1990.

HARING, T. G.; KENNEDY, C. H. Contextual control of problem behaviors in students with severe disabilities. *Journal of Applied Behavior Analysis*, v. 23, p. 235-243, 1990.

HARTMANN, D. P.; WOOD, D. D. Observational methods. In: BELLACK, A. S.; HERSON, M.; KAZDIN, A. E. (Eds.). *International handbook of behavior modification and therapy*. 2. ed. Nova York: Plenum, 1990. p. 107-138.

HASAZI, J. E.; HASAZI, S. E. Effects of teacher attention on digit reversal behavior in an elementary school child. *Journal of Applied Behavior Analysis*, v. 5, p. 157-162, 1972.

HASELTINE, B.; MILTENBERGER, R. Teaching self-protection skills to persons with mental retardation. *American Journal on Mental Retardation*, v. 95, p. 188-197, 1990.

HAYES, S. C.; BARLOW, D. H.; NELSON-GRAY, R. O. (Eds.). *The scientist practitioner*: research and accountability in the age of managed care. 2. ed. Boston: Allyn & Bacon, 1999.

HEARD, K.; WATSON, T. S. Reducing wandering by persons with dementia using differential reinforcement. *Journal of Applied Behavior Analysis*, p. 32, p. 381-384, 1999.

HIENEMAN, M.; CHILDS, K.; SERGAY, J. *Parenting with positive behavior support*: a practical guide to resolving your child's difficult behavior. Baltimore, MD: Brookes, 2006.

HEINICKE, M. R.; CARR, J. E.; MOZZONI, M. P. Using differential reinforcement to decrease academic response latencies of an adolescent with acquired brain injury. *Journal of Applied Behavior Analysis*, v. 42, p. 861-865, 2009.

HERMANN, J. A. et al. Effects of bonuses for punctuality on the tardiness of industrial workers. *Journal of Applied Behavior Analysis*, v. 6, p. 563-570, 1973.

HERSEN, M.; BELLACK, A. S. (Eds.). *Handbook of clinical behavior therapy with adults*. Nova York: Plenum, 1985.

HERSEN, M.; ROSQVIST, J. (Eds.). *Encyclopedia of behavior modification and cognitive behavior therapy volume one*: adult clinical applications. Thousand Oaks, CA: Sage, 2005.

HERSEN, M.; VAN HASSELT, V. B. (Eds.). *Behavior therapy with children and adolescents*: a clinical approach. Nova York: Wiley, 1987.

HIGBEE, T. S.; CARR, J. E.; PATEL, M. R. The effects of interpolated reinforcement on resistance to extinction in children diagnosed with autism: a preliminary investigation. *Research in Developmental Disabilities*, v. 23, p. 61-78, 2003.

HIMLE, J.; PERLMAN, D.; LOKERS, L. Prototype awareness enhancing and monitoring device for trichotillomania. *Behaviour Research and Therapy*, v. 46, p. 1187-1191, 2008.

HIMLE, M. B.; MILTENBERGER, R. G. Preventing unintentional firearm injury in children: the need for behavioral skills training. *Education & Treatment of Children*, v. 27, p. 161-177, 2004.

HIMLE, M. B. et al. Teaching safety skills to children to prevent gun play. *Journal of Applied Behavior Analysis*, v. 37, p. 1-9, 2004a.

_____. An evaluation of two procedures for training skills to prevent gun play in children. *Pediatrics*, v. 113, p. 70-77, 2004b.

HOBBS, S. A.; FOREHAND, R.; MURRAY, R. G. Effects of various durations of time-out on noncompliant behavior of children. *Behavior Therapy*, v. 9, p. 652-656, 1978.

HOBBS, T. R.; HOLT, M. M. The effects of token reinforcement on the behavior of delinquents in cottage settings. *Journal of Applied Behavior Analysis*, v. 9, p. 189-198, 1976.

HOCH, H. et al. Concurrent reinforcement schedules: behavior change and maintenance without extinction. *Journal of Applied Behavior Analysis*, v. 35, p. 155-169, 2002.

_____. The effects of magnitude and quality of reinforcement on choice responding during play activities. *Journal of Applied Behavior Analysis*, v. 35, p. 171-181, 2003.

HOLLAND, J. G.; SKINNER, B. F. *The analysis of behavior*: a program for self-instruction. Nova York: McGraw-Hill, 1961.

HOLZ, W. C.; AZRIN, N. H.; AYLLON, T. Elimination of the behavior of mental patients with response-produced extinction. *Journal of the Experimental Analysis of Behavior*, v. 6, p. 407-412, 1963.

HOMME, L. et al. *How to use contingency contracting in the classroom*. Champaign, IL: Research Press, 1970.

HONIG, W. K. (Ed.). *Operant behavior*: areas of research and application. Nova York: Appleton-Century-Crofts, 1966.

HORN, J. et al. Teaching laundry skills to individuals with developmental disabilities using video prompting. *International Journal of Behavioral Consultation and Therapy*, v. 4, p. 279-286, 2008.

HORNER, R. D. Establishing use of crutches by a mentally retarded spina bifida child. *Journal of Applied Behavior Analysis*, v. 4, p. 183-189, 1971.

HORNER, R. H.; CARR, E. G. Behavioral support for students with severe disabilities: functional assessment and comprehensive intervention. *Journal of Special Education*, v. 31, p. 84-104, 1997.

HORNER, R. H.; DAY, H. M. The effects of response efficiency on functionally equivalent competing behaviors. *Journal of Applied Behavior Analysis*, v. 24, p. 719-732, 1991.

HORNER, R. H.; DUNLAP, G.; KOEGEL, R. L. (Eds.). *Generalization and maintenance*: lifestyle changes in applied settings. Baltimore: Paul Brookes, 1988.

HORNER, R. H.; KEILITZ, I. Training mentally retarded adolescents to brush their teeth. *Journal of Applied Behavior Analysis*, v. 8, p. 301-309, 1975.

HORNER, R. H.; SPRAGUE, J.; WILCOX, B. General case programming for community activities. In: WILCOX, B.; BELLAMY, G. T. (Eds.). *Design of high school programs for severely handicapped students*. Baltimore: Paul Brookes, 1982. p. 61-98.

HORNER, R. H. et al. The role of response efficiency in the reduction of problem behaviors through functional equivalence training: a case study. *Journal of the Association for Persons with Severe Handicaps*, v. 15, p. 91-97, 1990.

_____. Interspersed requests: a non-aversive procedure for reducing aggression and self-injury during instruction. *Journal of Applied Behavior Analysis*, v. 24, p. 265-278, 1991.

HOWIE, P. M.; WOODS, C. L. Token reinforcement during the instatement and shaping of fluency in the treatment of stuttering. *Journal of Applied Behavior Analysis*, v. 15, p. 55-64, 1982.

HUGHES, C. et al. The effects of multiple-exemplar self-instructional training on high school students' generalized conversational interactions. *Journal of Applied Behavior Analysis*, v. 28, p. 201-218, 1995.

HUGHES, H.; HUGHES, A.; DIAL, H. Home-based treatment of thumb-sucking: omission training with edible reinforcers and a behavioral seal. *Behavior Modification*, v. 3, p. 179-186, 1979.

HUME, K. M.; CROSSMAN, J. Musical reinforcement of practice behaviors among competitive swimmers. *Journal of Applied Behavior Analysis*, v. 25, p. 665-670, 1992.

HUPP, S. D.; REITMAN, D. Improving sports skills and sportsmanship in children diagnosed with attention deficit/hyperactivity disorder. *Child and Family Behavior Therapy*, v. 21, v. 3, p. 35-51, 1999.

HUSSIAN, R. A. *Geriatric psychology*: a behavioral perspective. Nova York: Van Nostrand Reinhold, 1981.

HUSSIAN, R. A.; DAVIS, R. L. *Responsive care*: behavioral interventions with elderly persons. Champaign, IL: Research Press, 1985.

INGHAM, R. J.; ANDREWS, G. An analysis of a token economy in stuttering therapy. *Journal of Applied Behavior Analysis*, v. 6, p. 219-229, 1973.

ISAACS, W.; THOMAS, J.; GOLDIAMOND, I. Application of operant conditioning to reinstate verbal behavior in psychotics. *Journal of Speech and Hearing Disorders*, v. 25, p. 8-12, 1960.

IWATA, B. A.; DOZIER, C. Experimental analysis and extinction of self-injurious escape behavior. *Journal of Applied Behavior Analysis*, v. 23, p. 11-27, 1990.

_____. What makes extinction work: analysis of procedural form and function. *Journal of Applied Behavior Analysis*, v. 27, p. 131-144, 1994.

_____. Clinical applications of functional analysis methodology. *Behavior Analysis in Practice*, v. 1, p. 3-9, 2008.

IWATA, B. A.; VOLLMER, T. R.; ZARCONE, J. R. Assessment and training of clinical interviewing skills: analogue analysis and field replication. *Journal of Applied Behavior Analysis*, v. 15, p. 191-204, 1983.

_____. The experimental (functional) analysis of behavior disorders: methodology, applications, and limitations. In: REPP, A. C.; SINGH, N. N. (Eds.). *Perspectives on the use of nonaversive and aversive interventions for persons with developmental disabilities*. Sycamore, IL: Sycamore, 1990. p. 301-330.

_____. Treatment classification and selection based on behavioral function. In: VAN HOUTEN, R. AXELROD, S. (Eds.). *Behavior analysis and treatment*. Nova York: Plenum, 1993. p. 101-125.

IWATA, B. A. et al. (Eds.). Toward a functional analysis of self-injury. *Analysis and Intervention in Developmental Disabilities*, v. 2, p. 3-20, 1982.

_____. *Behavior analysis in developmental disabilities 1968-1995*: reprint series. v. 3. Lawrence, KS: Society for the Experimental Analysis of Behavior, 1997.

JACKSON, D. A.; WALLACE, R. F. The modification and generalization of voice loudness in a fifteen-year-old retarded girl. *Journal of Applied Behavior Analysis*, v. 7, p. 461-471, 1974.

JACKSON, J.; DIXON, M. A mobile computing solution for collecting functional analysis data on a pocket PC. *Journal of Applied Behavior Analysis*, v. 40, p. 359-384, 2007.

JACOBSON, N. S.; MARGOLIN, G. *Marital therapy*: strategies based on social learning and behavior exchange principles. Nova York: Brunner Mazel, 1979.

JAMES, J. E. Behavioral self-control of stuttering using time-out from speaking. *Journal of Applied Behavior Analysis*, v. 14, p. 25-37, 1981.

JEFFERY, R. W. et al. Effectiveness of monetary contracts with two repayment schedules on weight reduction in men and women from self-referred and population samples. *Behavior Therapy*, v. 15, p. 273-279, 1984.

JOHNSON, B. M. et al. Evaluation of behavioral skills training for teaching abduction prevention skills to young children. *Journal of Applied Behavior Analysis*, v. 38, p. 67-78, 2005.

_____. A preliminary evaluation of two behavioral skills training procedures for teaching abduction prevention skills to school children. *Journal of Applied Behavior Analysis*, v. 39, p. 25-34, 2006.

JOHNSTON, J. M.; PENNYPACKER, H. S. *Strategies and tactics of human behavioral research*. Mahwah, NJ: Erlbaum, 1981.

JONES, F. H.; MILLER, W. H. The effective use of negative attention for reducing group disruption in special elementary school classrooms. *Psychological Record*, v. 24, p. 435-448, 1974.

JONES, R. T.; KAZDIN, A. E. Teaching children how and when to make emergency telephone calls. *Behavior Therapy*, v. 11, p. 509-521, 1980.

JONES, R. T.; KAZDIN, A. E.; HANEY, J. L. Social validation and training of emergency fire safety skills for potential injury prevention and life saving. *Journal of Applied Behavior Analysis*, v. 14, p. 249-260.

JOSTAD, C. M. et al. Peer tutoring to prevent gun play: acquisition, generalization, and maintenance of safety skills. *Journal of Applied Behavior Analysis*, v. 41, p. 117-123, 2008.

KAHNG, S.; BOSCOE, J. H.; BYRNE, S. The use of an escape contingency and a token economy to increase food acceptance. *Journal of Applied Behavior Analysis*, v. 36, p. 349-353, 2003.

KAHNG, S.; IWATA, B. A. Computerized systems for collecting real-time observational data. *Journal of Applied Behavior Analysis*, v. 31, p. 253-261, 1998.

_____. Correspondence between outcomes of brief and extended functional analyses. *Journal of Applied Behavior Analysis*, v. 32, p. 149-159, 1999.

KAHNG, S. et al. Temporal distributions of problem behavior based on scatter plot analysis. *Journal of Applied Behavior Analysis*, v. 31, p. 593-604, 1998.

KALE, R. J. et al. The effects of reinforcement on the modification, maintenance, and generalization of social responses of mental patients. *Journal of Applied Behavior Analysis*, v. 1, p. 307-314, 1968.

KANFER, F.; GAELICK-BUYS, L. Self-management methods. In: KANFER; F. H.; GOLDSTEIN, A. P. (Eds.). *Helping people change*: a textbook of methods. 4. ed. Nova York: Pergamon, 1991. p. 161-201

KAROLY, P.; KANFER, F. *Self-management and behavior change:* from theory to practice. Nova York: Pergamon, 1982.

KAZDIN, A. E. Assessing the clinical or applied significance of behavior change through social validation. *Behavior Modification*, v. 1, p. 427-452, 1977a.

_____. *The token economy*: a review and evaluation. Nova York: Plenum, 1977b.

_____. Acceptability of alternative treatments for deviant child behavior. *Journal of Applied Behavior Analysis*, v. 13, p. 259-273, 1980.

_____. The token economy: a decade later. *Journal of Applied Behavior Analysis*, v. 15, p. 431-445, 1982.

_____. *Behavior modification in applied settings*. 4. ed. Pacific Grove, CA: Brooks/Cole, 1994.

_____. *Single case research designs*: methods for clinical and applied settings. 2. ed. Nova York: Oxford University Press, 2010.

KAZDIN, A. E.; BOOTZIN, R. R. The token economy: an evaluative review. *Journal of Applied Behavior Analysis*, v. 5, p. 343-372, 1972.

KAZDIN, A. E.; POLSTER, R. Intermittent token reinforcement and response maintenance in extinction. *Behavior Therapy*, v. 4, p. 386-391, 1973.

KELLEY, M. L.; STOKES, T. F. Contingency contracting with disadvantaged youths: improving classroom performance. *Journal of Applied Behavior Analysis*, v. 15, p. 447-454, 1982.

_____. Student-teacher contracting with goal setting for maintenance. *Behavior Modification*, v. 8, p, 223-244, 1984.

KEMP, D. C.; CARR, E. G. Reduction of severe problem behavior in community employment using an hypothesis-driven multicomponent intervention approach. *Journal of the Association for Persons with Severe Handicaps*, v. 20, p. 229-247.

KENDALL, G. et al. The effects of an imagery rehearsal, relaxation, and self-talk package on basketball game performance. *Journal of Sport and Exercise Psychology*, v. 12, p. 157-166, 1990.

KENDALL, P. C. The generalization and maintenance of behavior change: comments, considerations, and the "no-cure" criticism. *Behavior Therapy*, v. 20, p. 357-364, 1989.

KENNEDY, C. H. Manipulating antecedent conditions to alter the stimulus control of problem behavior. *Journal of Applied Behavior Analysis*, v. 27, p. 161-170, 1994.

KERN, L. et al. Using assessment-based curricular interventions to improve the classroom behavior of a student with behavioral challenges. *Journal of Applied Behavior Analysis*, v. 27, p. 7-19, 1994.

KIRSCHENBAUM, D. S.; FLANERY, R. C. Behavioral contracting: outcomes and elements. In: HERSEN, M.; EISLER, R. M.; MILLER, P. M. (Eds.). *Progress in behavior modification*. Nova York: Academic Press, 1983. p. 217-275.

_____. Toward a psychology of behavioral contracting. *Clinical Psychology Review*, v. 4, p. 597-618, 1984.

KNIGHT, M. F.; McKENZIE, H. S. Elimination of bedtime thumbsucking in home settings through contingent reading. *Journal of Applied Behavior Analysis*, v. 7, p. 33-38, 1974.

KODAK, T.; MILTENBERGER, R. G.; ROMANIUK, C. The effects of differential negative reinforcement of other behavior and noncontingent escape on compliance. *Journal of Applied Behavior Analysis*, v. 36, p. 379-382, 2003.

KRAMER, F. M. et al. Maintenance of successful weight loss over 1 year: effects of financial contracts for weight maintenance or participation in skills training. *Behavior Therapy*, v. 17, p. 295-301, 1986.

KRANTZ, P. J.; MCCLANNAHAN, L. E. Teaching children with autism to initiate to peers: effects of a script-fading procedure. *Journal of Applied Behavior Analysis*, v. 26, p. 121-132, 1993.

_____. Social interaction skills for children with autism: a script-fading procedure for beginning readers. *Journal of Applied Behavior Analysis*, v. 31, p. 191-202, 1998.

KUHN, S. A. et al. Analysis of factors that affect responding in a two-response chain in children with developmental disabilities. *Journal of Applied Behavior Analysis*, v. 39, p. 263-280, 2006.

KURTZ, P. F. et al. Functional analysis and treatment of self-injurious behavior in young children: a summary of 30 cases. *Journal of Applied Behavior Analysis*, v. 36, p. 205-219, 2003.

LADOUCHER, R. Habit reversal treatment: learning an incompatible response or increasing the subject's awareness? *Behaviour Research and Therapy*, v. 17, p. 313-316, 1979.

LADOUCHER, R.; MARTINEAU, G. Evaluation of regulated treatment of child stutterers. *Journal of Behavior Therapy and Experimental Psychiatry*, v. 13, p. 301-306, 1982.

LAHEY, B. B.; MCNEES, M. P.; MCNEES, M. C. Control of an obscene "verbaltic" through timeout in an elementary school classroom. *Journal of Applied Behavior Analysis*, v. 6, p. 101-104, 1973.

LALLI, J. S.; CASEY, S. D.; CATES, K. Noncontingent reinforcement as treatment for severe problem behavior: some procedural variations. *Journal of Applied Behavior Analysis*, v. 30, p. 127-137, 1997.

LALLI, J. S.; ZANOLLI, K.; WOHN, T. Using extinction to promote response variability in toy play. *Journal of Applied Behavior Analysis*, v. 27, p. 735-736, 1994.

LALLI, J. S. et al. Teacher use of descriptive analysis data to implement interventions to decrease students' problem behaviors. *Journal of Applied Behavior Analysis*, v. 26, p. 227-238, 1993.

_____. Assessment of stimulus generalization gradients in the treatment of self-injurious behavior. *Journal of Applied Behavior Analysis*, v. 31, p. 479-483, 1998.

LANE, K. L.; UMBREIT, J.; BEEBE-FRANKENBERGER, M. E. Functional assessment research on students with or at risk for EBD: 1990-present. *Journal of Positive Behavioral Interventions*, v. 1, p. 101-111, 1999.

LARAWAY, S. et al. Motivating operations and terms to describe them: some further refinements. *Journal of Applied Behavior Analysis*, v. 36, p. 407-414, 2003.

LARSON, P. J.; MAAG, J. W. Applying functional assessment in general education classrooms: issues and recommendations. *Remedial and Special Education*, v. 19, p. 338-349, 1999.

LATNER, J. D.; WILSON, G. T. Self monitoring and the assessment of binge eating. *Behavior Therapy*, v. 33, p. 465-477, 2002.

LAVIE, T.; STURMEY, P. Training staff to conduct a paired stimulus preference assessment. *Journal of Applied Behavior Analysis*, v. 35, p. 209-211, 2002.

LAVIGNA, G. W.; DONNELLAN, A. M. *Alternatives to punishment*: solving behavior problems with nonaversive strategies. Nova York: Irvington, 1986.

LEAL, J.; GALANTER, M. The use of contingency contracting to improve outcome in methadone maintenance. *Substance Abuse*, v. 16, v. 3, p. 155-167, 1995.

LECKMAN, J.; COHEN, D. Evolving models of pathogenesis. In: LECKMAN, J.; COHEN D. (Eds.). *Tourette's syndrome*: ticks, obsessions, and compulsions. Nova York: Wiley, 1999. p. 155-176.

LEITENBERG, H. et al. Using positive reinforcement to suppress behavior: some experimental comparisons with sibling conflict. *Behavior Therapy*, v. 8, p. 168-182, 1977.

LENNOX, D. B.; MILTENBERGER, R. G. Conducting a functional assessment of problem behavior in applied settings. *Journal of the Association for Persons with Severe Handicaps*, v. 14, p. 304-311, 1989.

LENNOX, D. B.; MILTENBERGER, R. G.; DONNELLY, D. Response interruption and DRL for the reduction of rapid eating. *Journal of Applied Behavior Analysis*, v. 20, p. 279-284, 1987.

LERMAN, D. C.; IWATA, B. A. Descriptive and experimental analyses of variables maintaining self-injurious behavior. *Journal of Applied Behavior Analysis*, v. 26, p. 293-319, 1993.

_____. Prevalence of the extinction burst and its attenuation during treatment. *Journal of Applied Behavior Analysis*, v. 28, p. 93-94, 1995.

_____. A methodology distinguishing between extinction and punishment effects associated with response blocking. *Journal of Applied Behavior Analysis*, v. 29, p. 231-233, 1996a.

_____. Developing a technology for the use of operant extinction in clinical settings: an examination of basic and applied research. *Journal of Applied Behavior Analysis*, v. 29, p. 345-382, 1996b.

LERMAN, D. C.; IWATA, B. A.; WALLACE, M. D. Side effects of extinction: prevalence of bursting and aggression during the treatment of self-injurious behavior. *Journal of Applied Behavior Analysis*, v. 32, p. 1-8, 1999.

LERMAN, D. C.; VORNDRAN, C. M. On the status of knowledge for using punishment: implications for treating behavior disorders. *Journal of Applied Behavior Analysis*, p. 35, v. 431-464, 2002.

LERMAN, D. C. et al. Responding maintained by intermittent reinforcement: implications for the use of extinction with problem behavior in clinical settings. *Journal of Applied Behavior Analysis*, v. 29, p. 153-171, 1996.

_____. Effects of intermittent punishment on self-injurious behavior: an evaluation of schedule thinning. *Journal of Applied Behavior Analysis*, v. 30, p. 187-201, 1997.

LEVY, R. L. Compliance and clinical practice. In: BLUMENTHAL, J. A.; McKEE, D. C. (Eds.). *Applications in behavioral medicine and health psychology*: a clinicians source book. FL: Professional Resource Exchange, 1987. p. 567-587.

LEWIS, T. J.; SCOTT, T. M.; SUGAI, G. M. The problem behavior questionnaire: a teacher-based instrument to develop functional hypotheses of problem behavior in general education classrooms. *Diagnostique*, v. 19, p. 103-115, 1994.

LIBERMAN, R. P. et al. Reducing delusional speech in chronic paranoid schizophrenics. *Journal of Applied Behavior Analysis*, v. 6, p. 57-64, 1973.

LINDBERG, J. S. et al. DRO contingencies: an analysis of variable-momentary schedules. *Journal of Applied Behavior Analysis*, v. 32, p. 123-136, 1999.

LINDSLEY, O. R. A reliable wrist counter for recording behavior rates. *Journal of Applied Behavior Analysis*, v. 1, p. 77-78, 1968.

LINSCHEID, T. et al. Clinical evaluation of the self-injurious behavior inhibiting system (SIBIS). *Journal of Applied Behavior Analysis*, v. 23, p. 53-78, 1990.

LITTLE, L. M.; KELLEY, M. L. The efficacy of response cost procedures for reducing children's noncompliance to parental instructions. *Behavior Therapy*, v. 20, p. 525-534.

LONG, E.; MILTENBERGER, R.; RAPP, J. Simplified habit reversal plus adjunct contingencies in the treatment of thumb sucking and hair pulling in a young girl. *Child and Family Behavior Therapy*, v. 21, v. 4, 45-58, 1999.

LONG, E. et al. Augmenting simplified habit reversal in the treatment of oral-digital habits exhibited by individuals with mental retardation. *Journal of Applied Behavior Analysis*, v. 32, p. 353-365, 1999a.

_____. Examining the social effects of habit behaviors exhibited by individuals with mental retardation. *Journal of Developmental and Physical Disabilities*, v. 11, p. 295-312, 1999b.

LOVAAS, O. I.; NEWSOM, C.; HICKMAN, C. Self-stimulatory behavior and perceptual reinforcement. *Journal of Applied Behavior Analysis*, v. 20, p. 45-68, 1987.

LOVAAS, O. I.; SIMMONS, J. Q. Manipulation of self-destruction in three retarded children. *Journal of Applied Behavior Analysis*, v. 2, p. 143-157, 1969.

LOVAAS, O. I. et al. Acquisition of imitative speech by schizophrenic children. *Science*, v. 151, p. 705-706, 1966.

LUCE, S. C.; DELQUADRI, J.; HALL, R. V. Contingent exercise: a mild but powerful procedure for suppressing inappropriate verbal and aggressive behavior. *Journal of Applied Behavior Analysis*, v. 13, p. 583-594, 1980.

LUCE, S. C.; HALL, R. V. Contingent exercise: a procedure used with differential reinforcement to reduce bizarre verbal behavior. *Education & Treatment of Children*, v. 4, p. 309-327, 1981.

LUDWIG, T. D.; GELLER, E. S. Improving the driving practices of pizza deliverers: response generalization and modeling effects of driving history. *Journal of Applied Behavior Analysis*, v. 24, p. 31-44, 1991.

LUDWIG, T. D.; GRAY, T. W.; ROWELL, A. Increasing recycling in academic buildings: a systematic replication. *Journal of Applied Behavior Analysis*, v. 31, p. 683-686, 1998.

LUISELLI, J.; WOODS, K.; REED, D. Review of sports performance research with youth, collegiate, and elite athletes. *Journal of Applied Behavior Analysis*, v. 44, p. 999-1002, 2011.

LUMLEY, V. et al. Evaluation of a sexual abuse prevention program for adults with mental retardation. *Journal of Applied Behavior Analysis*, v. 31, p. 91-101, 1998.

LUTHANS, F.; KREITNER, R. *Organizational behavior modification and beyond*: an operant and social learning approach. Glenview, IL: Scott Foresman, 1985.

LUTZKER, J.; MARTIN, J. *Behavior change*. Pacific Grove, CA: Brooks/Cole, 1981.

LUYBEN, P. D. et al. Team sports for the severely retarded: Training a side-of-the-foot soccer pass using a maximum-to-minimum prompt reduction strategy. *Journal of Applied Behavior Analysis*, v. 19, p. 431-436, 1986.

MAAG, J. W. *Behavior management*: from theoretical implications to practical applications. San Diego: Singular Publishing Group, 1999.

MacDUFF, G. S.; KRANTZ, P. J.; McCLANNAHAN, L. E. Teaching children with autism to use photographic activity schedules: maintenance and generalization of complex response chains. *Journal of Applied Behavior Analysis*, v. 26, p. 89-97, 1993.

MACE, F. C.; LALLI, J. S. Linking descriptive and experimental analyses in the treatment of bizarre speech. *Journal of Applied Behavior Analysis*, v. 24, p. 553-562, 1991.

MACE, F. C.; PAGE, T. J.; IVANCIC, M. T.; O'BRIEN, S. Effectiveness of brief time-out with and without contingent delay: a comparative analysis. *Journal of Applied Behavior Analysis*, v. 19, p. 79-86, 1986.

MACE, F. C.; ROBERTS, M. L. Factors affecting selection of behavioral interventions. In: REICHLE, J.; WACKER, D. P. (Eds.). *Communicative alternatives to challenging behavior*: integrating functional assessment and intervention strategies. Baltimore: Paul Brookes, 1993. p. 113-133.

MACE, F. C. et al. Functional analysis and treatment of aberrant behavior. In: Van HOUTEN, R.; AXELROD, S. (Eds.). *Behavior analysis and treatment*. Nova York: Plenum, 1993. p. 75-99.

_____. Behavioral momentum in the treatment of noncompliance. *Journal of Applied Behavior Analysis*, v. 21, p. 123-141, 1998.

MADSEN, C. H.; BECKER, W. C.; THOMAS, D. R. Rules, praise, and ignoring: elements of elementary classroom control. *Journal of Applied Behavior Analysis*, v. 1, p. 139-150, 1968.

MAGRAB, P. R.; PAPADOPOULOU, Z. L. The effect of a token economy on dietary compliance for children on hemodialysis. *Journal of Applied Behavior Analysis*, v. 10, p. 573-578, 1977.

MALOTT, R. W. Self management, rule-governed behavior, and everyday life. In: REESE, H. W.; PARROTT, L. J. (Eds.). *Behavioral science*: philosophical, methodological, and empirical advances. Mahwah, NJ; Erlbaum, 1986. p. 207-228.

_____. The achievement of evasive goals: Control by rules describing contingencies that are not direct acting. In: HAYES, S. C. (Ed.). *Rule-governed behavior*: cognition, contingencies, and instructional control. Nova York: Pergamon, 1989. p. 269-322.

MALOTT, R. W.; MALOTT, M. E.; TROJAN, E. A. *Elementary principles of behavior*. 4. ed. Upper Saddle River, NJ: Prentice Hall, 2000.

MANN, R. A. The behavior-therapeutic use of contingency contracting to control an adult behavior problem: weight control. *Journal of Applied Behavior Analysis*, v. 5, p. 99-109, 1972.

MARCUS, B. A.; VOLLMER, T. R. Effects of differential negative reinforcement on disruption and compliance. *Journal of Applied Behavior Analysis*, v. 28, p. 229-230, 1995.

MARHOLIN, D.; GRAY, D. Effects of group response cost procedures on cash shortages in a small business. *Journal of Applied Behavior Analysis*, v. 9, p. 25-30, 1976.

MARHOLIN, D.; STEINMAN, W. Stimulus control in the classroom as a function of the behavior reinforced. *Journal of Applied Behavior Analysis*, v. 10, p. 465-478, 1977.

MARTIN, G.; PEAR, J. *Behavior modification*: what it is and how to do it. 4. ed. Upper Saddle River, NJ: Prentice Hall, 1992.

_____. *Behavior modification*: what it is and how to do it. 6. ed. Upper Saddle River, NJ: Prentice Hall, 1999.

MARTIN, G. L.; HRYCAIKO, D. *Behavior modification and coaching*: principles, procedures, and research. Springfield, IL: Charles C. Thomas, 1983.

MASON, S. A. et al. A practical strategy for ongoing reinforce-assessment. *Journal of Applied Behavior Analysis*, v. 22, p. 171-179, 1989.

MASTELLONE, M. Aversion therapy: a new use for the old rubber band. *Journal of Behavior Therapy and Experimental Psychiatry*, v. 5, p. 311-312, 1974.

MATHEWS, J. R. et al. Decreasing dangerous infant behavior through parent instruction. *Journal of Applied Behavior Analysis*, v. 20, p. 165-169, 1987.

_____. Teaching young children to use contact lenses. *Journal of Applied Behavior Analysis*, v. 25, p. 229-235, 1992.

MATSON, J. L. et al. Increasing spontaneous language in three autistic children. *Journal of Applied Behavior Analysis*, v. 23, p. 227-233, 1990.

MATSON, J. L.; STEPHENS, R. M. Increasing appropriate behavior of explosive chronic psychiatric patients with a social skills training package. *Behavior Modification*, v. 2, p. 61-76, 1978.

MAZALESKI, J. L. et al. Analysis of the reinforcement and extinction components in DRO contingencies with self-injury. *Journal of Applied Behavior Analysis*, v. 26, p. 143-156, 1993.

McCLANNAHAN, L. E.; RISLEY, T. R. Design of living environments for nursing home residents: increasing participation in recreation activities. *Journal of Applied Behavior Analysis*, v. 8, p. 261-268, 1975.

McCOMAS, J. J.; THOMPSON, A.; JOHNSON, L. The effects of presession attention on problem behavior maintained by different reinforcers. *Journal of Applied Behavior Analysis*, v. 36, p. 297-307, 2003.

McCOMAS, J. J. et al. Brief experimental analysis of stimulus prompts for accurate responding on academic tasks in an outpatient clinic. *Journal of Applied Behavior Analysis*, v. 29, p. 397-401, 1996.

McGILL, P. Establishing operations: implications for the assessment, treatment, and prevention of problem behavior. *Journal of Applied Behavior Analysis*, v. 32, p. 393-418, 1999.

McGIMSEY, J. F.; GREENE, B. F.; LUTZKER, J. R. Competence in aspects of behavioral treatment and consultation: Implications for service delivery and graduate training. *Journal of Applied Behavior Analysis*, v. 28, p. 301-315, 1995.

McGINNIS, J. C.; FRIMAN, P. C.; CARLYON, W. D. The effects of token reward on "intrinsic" motivation for doing math. *Journal of Applied Behavior Analysis*, v. 32, p. 375-379, 1999.

McKERCHAR, P.; THOMPSON, R. A descriptive analysis of potential reinforcement contingencies in the preschool classroom. *Journal of Applied Behavior Analysis*, v. 37, p. 431-444, 2004.

McLAUGHLIN, T. F.; MALABY, J. Intrinsic reinforcers in a classroom token economy. *Journal of Applied Behavior Analysis*, v. 5, p. 263-270, 1972.

McNEIL, C. B. et al. Assessment of a new procedure to prevent timeout escape in preschoolers. *Child and Family Behavior Therapy*, v. 16, v. 3, p. 27-35, 1994.

McSWEENY, A. J. Effects of response cost on the behavior of a million persons: charging for directory assistance in Cincinnati. *Journal of Applied Behavior Analysis*, v. 11, p. 47-51, 1978.

MELIN, L.; GOTESTAM, K. G. The effects of rearranging ward routines on communication and eating behaviors of psychogeriatric patients. *Journal of Applied Behavior Analysis*, v. 14, p. 47-51, 1981.

MEYER, L. H.; EVANS, I. M. *Nonaversive interventions for behavior problems*: a manual for home and community. Baltimore: Paul Brookes, 1989.

MICHAEL, J. L. Distinguishing between discriminative and motivational functions of stimuli. *Journal of the Experimental Analysis of Behavior*, v. 37, p. 149-155, 1982.

_____. A behavioral perspective on college teaching. *The Behavior Analyst*, p. 14, 229-239, 1991.

_____. *Concepts and principles of behavior analysis*. Kalamazoo, MI: Society for the Advancement of Behavior Analysis, 1993a.

_____. Establishing operations. *The Behavior Analyst*, v. 16, p. 191-206, 1993a.

MILAN, M. A.; McKEE, J. M. The cellblock token economy: token reinforcement procedures in a maximum security correctional institution for adult male felons. *Journal of Applied Behavior Analysis*, v. 9, p. 253-275, 1976.

MILLER, D. L.; KELLEY, M. L. The use of goal setting and contingency contracting for improving children's homework. *Journal of Applied Behavior Analysis*, v. 27, p. 73-84, 1994.

MILLER, L. K.; MILLER, O. L. Reinforcing self-help group activities of welfare recipients. *Journal of Applied Behavior Analysis*, v. 3, p. 57-64, 1970.

MILLER, N; NEURINGER, A. Reinforcing variability in adolescents with autism. *Journal of Applied Behavior Analysis*, v. 33, p. 151-165, 2000.

MILLER, W. H. *Systematic parent training: Procedures, cases, and issues*. Champaign, IL: Research Press, 1975.

MILTENBERGER, R. G. Methods for assessing antecedent influences on problem behaviors. In: LUISELLI, J.; CAMERON, J. (Eds.). *Antecedent control procedures for the behavioral support of persons with developmental disabilities*. Baltimore: Paul Brookes, 1998. p. 47-65.

_____. Understanding problem behaviors through functional assessment. In: WIESELER, N.; HANSON, R. (Eds.). *Challenging behavior in persons with mental health disorders and developmental disabilities*. Washington, DC: AAMR, 1999. p. 215-235.

_____. The role of automatic negative reinforcement in clinical problems. *International Journal of Behavioral Consultation and Therapy*, v. 1, p. 1-11, 2005.

_____. Antecedent intervention for challenging behavior maintained by escape from instructional activities. In: LUISELLI, J. K. (Ed.). *Antecedent assessment & intervention*: supporting children & adults with developmental disabilities in community settings. Baltimore: Brookes, 2006. p. 101-124.

MILTENBERGER, R. G.; CROSLAND, K. A. Parenting. In: McSWEENEY, F. (Ed.). *The Wiley-Blackwell handbook of operant and classical conditioning*. Nova York: Wiley, 2014. p. 509-531.

MILTENBERGER, R. G.; FUQUA, R. W. A comparison of three treatment procedures for nervous habits. *Journal of Behavior Therapy and Experimental Psychiatry*, v. 16, p. 196-200,1985a.

_____. Evaluation of a training manual for the acquisition of behavioral assessment interviewing skills. *Journal of Applied Behavior Analysis*, v. 18, p. 323-328, 1985b.

MILTENBERGER, R. G.; FUQUA, R. W.; McKINLEY, T. Habit reversal with muscle tics: replication and component analysis. *Behavior Therapy*, v. 16, p. 39-50, 1985.

MILTENBERGER, R. G.; FUQUA, R. W.; WOODS, D. W. Applying behavior analysis with clinical problems: review and analysis of habit reversal. *Journal of Applied Behavior Analysis*, v. 31, p. 447-469, 1998.

MILTENBERGER, R. G.; LENNOX, D. B.; ERFANIAN, N. Acceptability of alternative treatments for persons with mental retardation: ratings from institutional and community based staff. *American Journal on Mental Retardation*, v. 93, p. 388-395, 1989.

MILTENBERGER, R. G.; RAPP, J.; LONG, E. A low tech method for conducting real time recording. *Journal of Applied Behavior Analysis*, v. 32, p. 119-120, 1999.

MILTENBERGER, R. G.; THIESSE-DUFFY, E. Evaluation of home-based programs for teaching personal safety skills to children. *Journal of Applied Behavior Analysis*, v. 21, p. 81-87, 1998.

MILTENBERGER, R. G.; WAGAMAN, J. R.; ARNDORFER, R. E. Simplified treatment and long term follow-up for stuttering in adults: a study of two cases. *Journal of Behavior Therapy and Experimental Psychiatry*, v. 27, p. 181-188, 1996.

MILTENBERGER, R. G.; WOODS, D. W. Disfluencies. In: WATSON, S,: GRESHAM, F. (Eds.). *Handbook of child behavior therapy*. Nova York: Plenum, 1998. p. 127-142.

MILTENBERGER, R. G. et al. Overcorrection: review and critical analysis. *The Behavior Analyst*, v. 4, p. 123-141, 1981.

_____. Teaching prevention skills to children: the use of multiple measures to evaluate parent versus expert instruction. *Child and Family Behavior Therapy*, v. 12, p. 65-87, 1990.

_____. Evaluating the function of hair pulling: A preliminary investigation. *Behavior Therapy*, v. 29, p. 211-219, 1998.

_____. Training and generalization of sexual abuse prevention skills for women with mental retardation. *Journal of Applied Behavior Analysis*, v. 32, p. 385-388, 1999.

_____. Evaluation of behavioral skills training procedures to prevent gun play in children. *Journal of Applied Behavior Analysis*, v. 37, p. 513-516, 2004.

_____. Teaching safety skills to children to prevent gun play: an evaluation of in situ training. *Journal of Applied Behavior Analysis*, v. 38, p. 395-398, 2005.

_____. Efficacy of the Stranger Safety abduction-prevention program and parent conducted in-situ training. *Journal of Applied Behavior Analysis*, v. 46, p. 817-820, 2013.

MITCHELL, W. S.; STOFFELMAYR, B. E. Application of the Premack principle to the behavioral control of extremely inactive schizophrenics. *Journal of Applied Behavior Analysis*, v. 6, p. 419-423, 1973.

MONTESINOS, L. et al. An analysis of and intervention in the sexual transmission of disease. *Journal of Applied Behavior Analysis*, v. 23, p. 275-284, 1990.

MOORE, J. W.; EDWARDS, R. P. An analysis of aversive stimuli in classroom demand contexts. *Journal of Applied Behavior Analysis*, v. 36, p. 339-348, 2003.

MOORE, J. W. et al. Teacher acquisition of functional analysis methodology. *Journal of Applied Behavior Analysis*, v. 35, p. 73-77, 2002.

MOORE, K.; DELANEY, J. A.; DIXON, M. R. Using indices of happiness to examine the influence of environmental enhancements for nursing home residents with Alzheimer's disease. *Journal of Applied Behavior Analysis*, v. 40, p. 541-544, 2007.

MOWERY, J.; MILTENBERGER, R.; WEIL, T. Evaluating the effects of reactivity to supervisor presence on staff response to tactile prompts and self-monitoring in a group home setting. *Behavioral Interventions*, 25, p. 21-35, 2010.

MUNK, D. D.; REPP, A. C. The relationship between instructional variables and problem behavior: a review. *Exceptional Children*, v. 60, p. 390-401, 1994.

NDORO, V. et al. A descriptive assessment of instruction-based interactions in the pre-school classroom. *Journal of Applied Behavior Analysis*, v. 39, p. 79-90, 2006.

NEEF, N. A. (Ed.). Functional analysis approaches to behavioral assessment and treatment. *Journal of Applied Behavior Analysis*, Special Issue, v. 27, p. 196-418, 1994.

NEEF, N. A.; MACE, F. C.; SHADE, D. Impulsivity in students with serious emotional disturbances: the interactive effects of reinforcer rate, delay, and quality. *Journal of Applied Behavior Analysis*, v. 26, p. 37-52, 1993.

NEEF, N. A.; SHADE, D.; MILLER, M. S. Assessing influential dimensions of reinforcers on choice in students with serious emotional disturbance. *Journal of Applied Behavior Analysis*, v. 27, p. 575-583, 1994.

NEEF, N. A. et al. In vivo versus simulation training: an interactional analysis of range and type of training exemplars. *Journal of Applied Behavior Analysis*, v. 23, p. 447-458, 1990.

_____. Effects of reinforcer rate and reinforcer quality on time allocation: extensions of the matching theory to educational settings. *Journal of Applied Behavior Analysis*, v. 25, p. 691-699, 1992.

NEISWORTH, J. T. et al. Reinforcer displacement. A preliminary study of the clinical application of the CRF/EXT effect. *Behavior Modification*, v. 9, p. 103-115, 1985.

NEISWORTH, J. T.; MOORE, F. Operant treatment of asthmatic responding with the parent as therapist. *Behavior Therapy*, v. 3, p. 95-99, 1972.

NELSON, G. L.; CONE, J. D. Multiple baseline analysis of a token economy for psychiatric inpatients. *Journal of Applied Behavior Analysis*, v. 12, p. 255-271, 1979.

NOELL, G. H. et al. Increasing intervention implementation in general education following consultation: a comparison of two follow up strategies. *Journal of Applied Behavior Analysis*, v. 33, p. 271-284, 2000.

NORTHUP, J. et al. Instructional influences on analogue functional analysis outcomes. *Journal of Applied Behavior Analysis*, v. 37, p. 509-512, 2004.

NUNN, R. G.; AZRIN, N. H. Eliminating nailbiting by the habit reversal procedure. *Behaviour Research and Therapy*, v. 14, p. 65-67, 1976.

O'BANION, D. R.; WHALEY, D. L. *Behavioral contracting: arranging contingencies of reinforcement.* Nova York: Springer, 1981.

O'CALLAGHAN, P. et al. The efficacy of noncontingent escape for decreasing children's disruptive behavior during restorative dental treatment. *Journal of Applied Behavior Analysis*, v. 39, p. 161-171, 2006.

OLIVER, C. et al. Effects of social proximity on multiple aggressive behaviors. *Journal of Applied Behavior Analysis*, v. 34, p. 85-88, 2001.

OLLENDICK, T. H. Self-monitoring and self-administered overcorrection: the modification of nervous tics in children. *Behavior Modification*, v. 5, p. 75-84, 1981.

OLSEN-WOODS, L.; MILTENBERGER, R.; FORMAN, G. The effects of correspondence training in an abduction prevention training program. *Child and Family Behavior Therapy*, v. 20, p. 15-34, 1998.

O'NEILL, G. W.; BLANCK, L. S.; JOYNER, M. A. The use of stimulus control over littering in a natural setting. *Journal of Applied Behavior Analysis*, v. 13, p. 370-381, 1980.

O'NEILL, G. W.; GARDNER, R. *Behavioral principles in medical rehabilitation*: a practical guide. Springfield, IL: Charles C. Thomas, 1983.

O'NEILL, R. E. et al. *Functional analysis of problem behavior*: a practical guide. Sycamore, IL: Sycamore, 1990.

_____. *Functional assessment and program development for problem behavior*: a practical handbook. Pacific Grove, CA: Brooks/Cole, 1997.

O'REILLY, M. et al. A preliminary examination of the evocative effects of the establishing operation *Journal of Applied Behavior Analysis*, v. 39, p. 239-242, 2006.

OSBORNE, K.; RUDRUD, E.; ZEZONEY, F. Improving curveball hitting through the enhancement of visual cues. *Journal of Applied Behavior Analysis*, v. 23, p. 371-377, 1990.

PACE, G. M. et al. Assessment of stimulus preference and reinforcer value with profoundly retarded individuals. *Journal of Applied Behavior Analysis*, v. 18, p. 249-255, 1985.

_____. Stimulus fading and transfer in the treatment of self-restraint and self-injurious behavior. *Journal of Applied Behavior Analysis*, v. 19, p. 381-389, 1986.

_____. Stimulus (instructional) fading during extinction of self-injurious escape behavior. *Journal of Applied Behavior Analysis*, v. 26, p. 205-212, 1993.

PAGE, T. J.; IWATA, B. A.; NEEF, N. A. Teaching pedestrian skills to retarded persons: generalization from the classroom to the natural environment. *Journal of Applied Behavior Analysis*, v. 9, p. 433-444, 1976.

PATTERSON, G. R. *Families*: applications of social learning to family life. Champaign, IL: Research Press, 1975.

PAUL, G. L.; LENTZ, R. J. *Psychological treatment for chronic mental patients*: milieu versus social learning programs. Cambridge, MA: Harvard University Press, 1977.

PAVLOV, I. P. *Conditioned reflexes*. Trad. e ed. de G. V. Anrep. Londres: Oxford University Press, 1927.

PAXTON, R. The effects of a deposit contract as a component in a behavioral programme for stopping smoking. *Behaviour Research and Therapy*, v. 18, p. 45-50, 1980.

_____. Deposit contracts with smokers: varying frequency and amount of repayments. *Behaviour Research and Therapy*, v. 19, p. 117-123, 1981.

PETSCHER, E. S.; BAILEY, J. S. Effects of training, prompting, and self-monitoring on staff behavior in a classroom for students with disabilities. *Journal of Applied Behavior Analysis*, v. 39, p. 215-226, 2006.

PHILLIPS, E. L. Achievement place: token reinforcement procedures in a home-based style rehabilitation setting for "predelinquent" boys. *Journal of Applied Behavior Analysis*, v. 1, p. 213-223, 1968.

PHILLIPS, E. L. et al. Achievement place: modification of the behaviors of predelinquent boys within a token economy. *Journal of Applied Behavior Analysis*, v. 4, p. 45-59, 1971.

PIACENTINI, J. C. et al. Behavior therapy for children with Tourette's syndrome: a randomized controlled trial. *Journal of the American Medical Association*, v. 303, p. 1929-1937, 2010.

PIAZZA, C. C.; FISHER, W. A faded bedtime with response cost protocol for treatment of multiple sleep problems in children. *Journal of Applied Behavior Analysis*, v. 24, p. 129-140, 1991.

PIAZZA, C. C.; MOES, D. R.; FISHER, W. W. Differential reinforcement of alternative behavior and demand fading in the treatment of escape-maintained destructive behavior. *Journal of Applied Behavior Analysis*, v. 29, p. 569-572, 1996.

PIAZZA, C. C. et al. Varying response effort in the treatment of pica maintained by automatic reinforcement. *Journal of Applied Behavior Analysis*, v. 35, p. 233-246, 2002.

_____. On the relative contributions of positive reinforcement and escape extinction in the treatment of food refusal. *Journal of Applied Behavior Analysis*, v. 36, p. 309-324, 2003.

PIERCE, W. D.; EPLING, W. F. *Behavior analysis and learning*. Upper Saddle River, NJ: Prentice Hall, 1995.

PINKSTON, E. M. et al. Independent control of a preschool child's aggression and peer interaction by contingent teacher attention. *Journal of Applied Behavior Analysis*, v. 6, p. 115-124, 1973.

PLUMMER, S.; BAER, D. M.; LEBLANC, J. M. Functional considerations in the use of procedural time-out and an effective alternative. *Journal of Applied Behavior Analysis*, v. 10, p. 689-705, 1977.

POCHE, C.; BROUWER, R.; SWEARINGEN, M. Teaching self-protection to young children. *Journal of Applied Behavior Analysis*, v. 14, p. 169-176, 1981.

POCHE, C.; YODER, P.; MILTENBERGER, R. Teaching self-protection skills to children using television techniques. *Journal of Applied Behavior Analysis*, v. 21, p. 253-261, 1988.

POLENCHAR, B. E. et al. Effects of US parameters on classical conditioning of cat hind-limb flexion. *Animal Learning and Behavior*, v. 12, p. 69-72, 1984.

POLING, A.; GROSSETT, D. Basic research designs in applied behavior analysis. In: POLING, A.; FUQUA, R. W. (Eds.). *Research methods in applied behavior analysis: Issues and advances*. Nova York: Plenum, 1986. p. 7-27.

POLING, A.; RYAN, C. Differential reinforcement of other behavior schedules. *Behavior Modification*, v. 6, p. 3-21, 1982.

PORTERFIELD, J. K.; HERBERT-JACKSON, E.; RISLEY, T. R. Contingent observation: an effective and acceptable procedure for reducing disruptive behavior of young children in a group setting. *Journal of Applied Behavior Analysis*, v. 9, p. 55-64, 1976.

PREMACK, D. Toward empirical behavior laws I: positive reinforcement. *Psychological Review*, v. 66, p. 219-233, 1959.

PRYOR, K. *Don't shoot the dog*: the new art of teaching and training. Nova York: Bantam,1985.

QUINN, M.; MILTENBERGER, R.; FOGEL, V. Using TAG-teach to enhance proficiency in dance movements. *Journal of Applied Behavior Analysis*. (No prelo.)

RACHLIN, H. *Behavior and learning*. São Francisco: W. H. Freeman, 1976.

RAPP, J.; CARR, J.; MILTENBERGER, R.; DOZIER, C.; KELLUM, K. Using real-time recording to enhance the analysis of within session functional analysis data. *Behavior Modification*, v. 25, p. 70-93, 2001.

RAPP, J.; MILTENBERGER, R.; LONG, E. Augmenting simplified habit reversal with an awareness enhancement device: preliminary findings. *Journal of Applied Behavior Analysis*, v. 31, p. 665-668, 1998.

RAPP, J. et al. Simplified habit reversal for hair pulling in three adolescents: a clinical replication with direct observation. *Journal of Applied Behavior Analysis*, v. 31, p. 299-302, 1998.

_____. A functional analysis of hair pulling. *Journal of Applied Behavior Analysis*, v. 32, p. 329-337, 1999a.

_____. Brief functional analysis and simplified habit reversal treatment for thumb sucking in fraternal twin brothers. *Child and Family Behavior Therapy*, v. 21, v. 2, p. 1-17, 1999b.

_____. Treatment of hair pulling and hair manipulation maintained by digital-tactile stimulation. *Behavior Therapy*, v. 31, p. 381-393, 2000.

RAPPORT ,M. D.; MURPHY, H. A.; BAILEY, J. S. Ritalin vs. response cost in the control of hyperactive children: A within subject comparison. *Journal of Applied Behavior Analysis*, v. 15, p. 205-216, 1982.

RASEY, H. W.; IVERSEN, I. H. An experimental acquisition of maladaptive behavior by shaping. *Journal of Behavior Therapy & Experimental Psychiatry*, v. 24, p. 37-43, 1993.

REHFELDT, R. A.; CHAMBERS, M. R. Functional analysis and treatment of verbal perseverations displayed by an adult with autism. *Journal of Applied Behavior Analysis*, v. 36, p. 259-261, 2003.

REHFELDT, R. A. et al. Teaching a simple meal preparation skill to adults with moderate and severe mental retardation using video modeling. *Behavioral Interventions*, v. 18, p. 209-218, 2003.

REICHLE, J.; WACKER, D. P. (Eds.). *Communicative alternatives to challenging behavior: Integrating functional assessment and intervention strategies*. Baltimore: Paul Brookes, 1993.

REID, D.; PARSONS, M.; GREEN, C. *Staff management in human services*: behavioral research and application. Springfield, IL: Charles C. Thomas, 1989.

_____. *The supervisor's guide book*: evidence-based strategies for promoting work quality and enjoyment among human service staff. Morganton, NC: Habilitative Management Consultants, 2012.

REID, D. H. et al. Reduction of self-injurious hand mouthing using response blocking. *Journal of Applied Behavior Analysis*, v. 26, p. 139-140, 1993.

REKERS, G. A.; LOVAAS, O. I. Behavioral treatment of deviant sex-role behaviors in a male child. *Journal of Applied Behavior Analysis*, v. 7, p. 173-190, 1974.

REPP, A. C. *Teaching the mentally retarded*. Upper Saddle River, NJ: Prentice Hall, 1983.

REPP, A. C.; BARTON, L. E.; BRULLE, A. R. A comparison of two procedures for programming the differential reinforcement of other behaviors. *Journal of Applied Behavior Analysis*, v. 16, p. 435-445, 1983.

REPP, A. C.; DEITZ, S. M. Reducing aggressive and self-injurious behavior of institutionalized retarded children through reinforcement of other behaviors. *Journal of Applied Behavior Analysis*, v. 7, p. 313-325, 1974.

REPP, A. C.; HORNER, R. H. *Functional analysis of problem behavior*: from effective analysis to effective support. Belmont, CA: Wadsworth, 1999.

REPP, A. C.; KARSH, K. G. Hypothesis-based interventions for tantrum behaviors of persons with developmental disabilities in school settings. *Journal of Applied Behavior Analysis*, v. 27, p. 21-31, 1994.

REPP, A. C.; SINGH, N. N. (Eds.). *Perspectives on the use of nonaversive and aversive interventions for persons with developmental disabilities*. Sycamore, IL: Sycamore, 1990.

RESCORLA, R. A.; WAGNER, A. R. A theory of Pavlovian conditioning: variations in the effectiveness of reinforcement and nonreinforcement. In: BLACK, A. H.; PROKASY, W. F. (Eds.). *Classical conditioning II*. Nova York: Appleton-Century-Crofts, 1972.

REYNOLDS, G. S. Behavioral contrast. *Journal of the Experimental Analysis of Behavior*, v. 4, p. 57-71, 1961.

REYNOLDS, G. S. *A primer of operant conditioning*. Glenview, IL: Scott Foresman, 1968.

REYNOLDS, B. et al. A web-based contingency management program with adolescent smokers. *Journal of Applied Behavior Analysis*, v. 41, p. 597-601, 2008.

RICHMAN, G. S. et al. Training menstrual care to mentally retarded women: acquisition, generalization, and maintenance. *Journal of Applied Behavior Analysis*, v. 17, p. 441-451, 1984.

_____. Stimulus characteristics within directives: effects on accuracy of task completion. *Journal of Applied Behavior Analysis*, v. 34, p. 289-312, 2001.

RICHMAN, D. M.; WACKER, D. P.; WINBORN, L. Response efficiency during functional communication training: effects of effort on response allocation. *Journal of Applied Behavior Analysis*, v. 34, p. 73-76, 2001.

RINCOVER, A. Sensory extinction: a procedure for eliminating self-stimulatory behavior in psychotic children. *Journal of Abnormal Child Psychology*, v. 6, p. 299-310, 1978.

RINGDAHL, J. E.; SELLERS, J. A. The effects of different adults as therapists during functional analyses. *Journal of Applied Behavior Analysis*, v. 33, p. 247-250, 2000.

ROBERTS, M. C.; PETERSON, L. (Eds.). *Prevention of problems in childhood*: psychological research and applications. Nova York: Wiley, 1984.

ROBERTS, M. L.; MACE, F. C.; DAGGETT, J. A. Preliminary comparison of two negative reinforcement schedules to reduce self-injury. *Journal of Applied Behavior Analysis*, v. 28, p. 579-580, 1995.

ROBERTS, M. W.; POWERS, S. W. Adjusting chair time-out procedures for oppositional children. *Behavior Therapy*, v. 21, p. 257-271, 1990.

ROBINSON, P. W.; NEWBY, T. J.; GANZELL, S. L. A token system for a class of underachieving hyperactive children. *Journal of Applied Behavior Analysis*, v. 14, p. 307-315, 1981.

ROGERS, R. W. et al. Promoting safety belt use among state employees: the effects of a prompting and stimulus control intervention. *Journal of Applied Behavior Analysis*, v. 21, p. 263-269, 1988.

ROGERS-WARREN, A. R.; WARREN, S. F.; BAER, D. M. A component analysis: modeling, self-reporting, and reinforcement of self-reporting in the development of sharing. *Behavior Modification*, v. 1, p. 307-322, 1977.

ROLIDER, A.; VAN HOUTEN, R. Movement suppression timeout for undesirable behavior in psychotic and severely developmentally delayed children. *Journal of Applied Behavior Analysis*, v. 18, p. 275-288, 1985.

ROLL, J. Assessing the feasibility of using contingency management to modify cigarette smoking by adolescents. *Journal of Applied Behavior Analysis*, v. 38, p. 463-467, 2005.

ROMANIUK, C.; MILTENBERGER, R. The influence of preference and choice of activity on problem behavior. *Journal of Positive Behavioral Interventions*, v. 3, p. 152-159, 2001.

ROMANIUK, C. et al. The influence of activity choice on problem behaviors maintained by escape versus attention. *Journal of Applied Behavior Analysis*, v. 35, p. 349-362, 2002.

RORTVEDT, A. K.; MILTENBERGER, R. G. Analysis of a high probability instructional sequence and time-out in the treatment of child noncompliance. *Journal of Applied Behavior Analysis*, v. 27, p. 327-330, 1994.

ROSENBAUM, M. S.; AYLLON, T. The habit reversal technique in treating trichotillomania. *Behavior Therapy*, v. 12, p. 473-481, 1981a.

_____. Treating bruxism with the habit reversal technique. *Behaviour Research and Therapy*, n 19, p. 87-96, 1981b.

ROSENTHAL, T.; STEFFEK, B. Modeling methods. In: KANFER, F.; Goldstein A. (Eds.). *Helping people change*: a textbook of methods. 4. ed. Elmsford, NY: Pergamon, 1991. p. 70-121

RUSCH, F. R.; ROSE, T.; Greenwood, C. R. *Introduction to behavior analysis in special education*. Upper Saddle River, NJ: Prentice Hall, 1988.

RUTH, W. J. Goal setting and behavior contracting for students with emotional and behavioral difficulties: analysis of daily, weekly, and total goal attainment. *Psychology in the Schools*, v. 33, p. 153-158, 1996.

SAJWAJ, T.; LIBET, J.; AGRAS, S. Lemon juice therapy: the control of life threatening rumination in a six month old infant. *Journal of Applied Behavior Analysis*, v. 7, p. 557-563, 1974.

SALEND, S. J.; ELLIS, L. L.; REYNOLDS, C. J. Using self-instructions to teach vocational skills to individuals who are severely retarded. *Education and Training in Mental Retardation*, v. 24, p. 248-254, 1989.

SAROKOFF, R. A.; STURMEY, P. The effects of behavioral skills training on staff implementation of discrete-trial teaching. *Journal of Applied Behavior Analysis*, v. 37, p. 535-538, 2004.

SAROKOFF, R. A.; TAYLOR, B. A.; POULSON, C. L. Teaching children with autism to engage in conversational exchanges: script fading with embedded textual stimuli. *Journal of Applied Behavior Analysis*, v. 34, p. 81-84, 2001.

SASSO, G. M. et al. Use of descriptive and experimental analyses to identify the functional properties of aberrant behavior in school settings. *Journal of Applied Behavior Analysis*, v. 25, p. 809-821, 1992.

SAVILLE, B. K.; ZINN, T. E. Interteaching: the effects of quality points on exam scores. *Journal of Applied Behavior Analysis*, v. 42, p. 369-374, 2009.

SCHAEFER, H. H. Self-injurious behavior: shaping "head banging" in monkeys. *Journal of Applied Behavior Analysis*, v. 3, p. 111-116, 1970.

SCHAEFFER, C. E.; MILLMAN, H. L. *How to help children with common problems*. Nova York: Van Nostrand Reinhold, 1981.

SCHLEIEN, S. J.; WEHMAN, P.; KIERNAN, J. Teaching leisure skills to severely handicapped adults: an age-appropriate darts game. *Journal of Applied Behavior Analysis*, v. 14, p. 513-519, 1981.

SCHLINGER, H. D. Separating discriminative and function-altering effects of verbal stimuli. *The Behavior Analyst*, v. 16, p. 9-23, 1993.

SCHREIBMAN, L. Effects of within-stimulus and extra-stimulus prompting on discrimination learning in autistic children. *Journal of Applied Behavior Analysis*, v. 8, p. 91-112, 1975.

SCHWARTZ, G. J. College students as contingency managers for adolescents in a program to develop reading skills. *Journal of Applied Behavior Analysis*, v. 10, p. 645-655, 1977.

SCOTT, D.; SCOTT, L. M.; GOLDWATER, B. A performance improvement program for an international-level track and field athlete. *Journal of Applied Behavior Analysis*, v. 30, p. 573-575, 1977.

SCOTTI, J. R.; MCMORROW, M. J.; TRAWITZKI, A. L. Behavioral treatment of chronic psychiatric disorders: publication trends and future directions. *Behavior Therapy*, v. 24, p. 527-550, 1993.

SHAPIRO, A. K. et al. *Gilles de la Tourette syndrome*. Nova York: Raven, 1978.

SHAPIRO, E. S.; BARRETT, R. P.; OLLENDICK, T. H. A comparison of physical restraint and positive practice overcorrection in treating stereotypic behavior. *Behavior Therapy*, v. 11, p. 227-233. 1980.

SHARENOW, E. L.; FUQUA, R. W.; MILTENBERGER, R. G. The treatment of muscle tics with dissimilar competing response practice. *Journal of Applied Behavior Analysis*, v. 22, p. 35-42, 1989.

SHOOK, G. L. The professional credential in applied behavior analysis. *The Behavior Analyst*, v. 16, p. 87-102, 1993.

SIEGAL, G. M.; LENSKE, J.; BROEN, P. Suppression of normal speech disfluencies through response cost. *Journal of Applied Behavior Analysis*, n.2, p. 265-276, 1969.

SIGAFOOS, J. et al. Computer-presented video prompting for teaching microwave oven use to three adults with developmental disabilities. *Journal of Behavioral Education*, v. 14, v. 3, p. 189-201, 2005.

SIGAFOOS, J. et al. Evaluation of a video prompting and fading procedure for teaching dish washing skills to adults with developmental disabilities. *Journal of Behavioral Education*, v. 16, v. 2, p. 93-109, 2007.

SINGH, N. N.; DAWSON, M. J.; MANNING, P. Effects of spaced responding DRL on the stereotyped behavior of profoundly retarded persons. *Journal of Applied Behavior Analysis*, v. 14, p. 521-526, 1981.

SINGH, N. N.; WATSON, J. E.; WINTON, A. S. Treating self-injury: water mist spray versus facial screening or forced arm exercise. *Journal of Applied Behavior Analysis*, v. 19, p. 403-410, 1986.

SKINNER, B. F. *The behavior of organisms*: an experimental analysis. Nova York: Appleton-Century-Crofts, 1938.

_____. *Science and human behavior*. Nova York: Free Press, 1953a.

_____. Some contributions of an experimental analysis of behavior to psychology as a whole. *American Psychologist*, v. 8, p. 69-78, 1953b.

_____. A case history in scientific method. *American Psychologist*, v. 11, p. 221-233, 1956.

_____. *Verbal behavior*. Nova York: Appleton-Century-Crofts, 1957.

_____. Reinforcement today. *American Psychologist*, v. 13, p. 94-99, 1958.

_____. What is the experimental analysis of behavior? *Journal of the Experimental Analysis of Behavior*, v. 9, p. 213-218, 1966.

_____. *The technology of teaching*. Upper Saddle River, NJ: Prentice Hall, 1968.

_____. *Contingencies of reinforcement*: a theoretical analysis. Nova York: Appleton-Century-Crofts, 1969.

_____. *About behaviorism*. Nova York: Knopf, 1974.

SLIFER, K. J.; KOONTZ, K. L.; CATALDO, M. F. Operant contingency-based preparation of children for functional magnetic resonance imaging. *Journal of Applied Behavior Analysis*, v. 35, p. 191-194, 2002.

SMEETS, P. M. et al. Shaping self-initiated toileting in infants. *Journal of Applied Behavior Analysis*, v. 18, p. 303-308, 1985.

SMITH, R. G. et al. Experimental analysis and treatment of multiply controlled self-injury. *Journal of Applied Behavior Analysis*, v. 26, p. 183-196, 1993.

_____. Analysis of establishing operations for self-injury maintained by escape. *Journal of Applied Behavior Analysis*, v. 28, p. 515-535, 1995.

SNELL, M. E.; GAST, D. L. Applying the time delay procedure to the instruction of the severely handicapped. *Journal of the Association for the Severely Handicapped*, v. 6, p. 3-14, 1981.

SOLNICK, J. V.; RINCOVER, A.; PETERSON, C. R. Some determinants of the reinforcing and punishing effects of time-out. *Journal of Applied Behavior Analysis*, v. 10, p. 415-424, 1977.

SPIEGLER, M.; GUEVREMONT, D. *Contemporary behavior therapy* 5. ed. Belmont, CA: Wadsworth, 2010.

SPRAGUE, J. R.; HORNER, R. H. The effects of single instance, multiple instance, and general case training on generalized vending machine use by moderately and severely handicapped students. *Journal of Applied Behavior Analysis*, v. 17, p. 273-278, 1984.

_____. Functional assessment and intervention in community settings. *Mental Retardation and Developmental Disabilities Research Reviews*, v. 1, p. 89-93, 1995.

STABLER, B.; WARREN, A. B. Behavioral contracting in treating trichotillomania: a case note. *Psychological Reports*, v. 34, p. 293-301, 1974.

STAJKOVIC, A. D.; LUTHANS, F. A meta-analysis of the effects of organizational behavior modification on task performance, 1975-95. *Academy of Management Journal*, v. 40, p. 1122-1149, 1997.

STARIN, S.; HEMINGWAY, M.; HARTSFIELD, F. Credentialing behavior analysts and the Florida Behavior Analyst Certification Program. *The Behavior Analyst*, v. 16, p. 153-166, 1993.

STARKE, M. Enhancing social skills and self-perceptions of physically disabled young adults: assertiveness training versus discussion groups. *Behavior Modification*, v. 11, p. 3-16, 1987.

STEEGE, M. W. et al. Use of negative reinforcement in the treatment of self-injurious behavior. *Journal of Applied Behavior Analysis*, v. 23, p. 459-467, 1990.

STEINMAN, W. M. The social control of generalized imitation. *Journal of Applied Behavior Analysis*, v. 3, p. 159-167, 1970.

STEPHENSON, K. M.; HANLEY, G. P. Preschoolers' compliance with simple instructions: a descriptive and experimental evaluation. *Journal of Applied Behavior Analysis*, v. 43, p. 229-247, 2010.

STICKNEY, M.; MILTENBERGER, R. Evaluation of procedures for the functional assessment of binge eating. *International Journal of Eating Disorders*, v. 26, p. 196-204, 1999.

STICKNEY, M.; MILTENBERGER, R.; WOLFF, G. A descriptive analysis of factors contributing to binge eating. *Journal of Behavior Therapy and Experimental Psychiatry*, v. 30, p. 177-189, 1999.

STOCK, L. Z.; MILAN, M. A. Improving dietary practices of elderly individuals: the power of prompting, feedback, and social reinforcement. *Journal of Applied Behavior Analysis*, v. 26, p. 379-387, 1993.

STOKES, T. F.; BAER, D. M. An implicit technology of generalization. *Journal of Applied Behavior Analysis*, v. 10, p. 349-367, 1977.

STOKES, T. F.; BAER, D. M.; JACKSON, R. L. Programming the generalization of a greeting response in four retarded children. *Journal of Applied Behavior Analysis*, v. 7, p. 599-610, 1974.

STOKES, T. F.; FOWLER, S.; BAER, D. Training preschool children to recruit natural communities of reinforcement. *Journal of Applied Behavior Analysis*, v. 11, p. 285-303, 1978.

STOKES, T. F.; KENNEDY, S. H. Reducing child uncooperative behavior during dental treatment through modeling and reinforcement. *Journal of Applied Behavior Analysis*, v. 13, p. 41-49, 1980.

STOKES, T. F.; OSNES, P. G. An operant pursuit of generalization. *Behavior Therapy*, v. 20, p. 337-355, 1989.

STOKES, T. F.; OSNES, P. G.; DAVERNE, K. C. Communicative correspondence and mediated generalization. In: REICHLE, J.; WACKER, D. P.(Eds.). *Communicative alternatives to challenging behavior*: integrating functional assessment and intervention strategies Baltimore: Paul Brookes, 1993. p. 299-315.

STRICKER, J. et al. Evaluation of an awareness enhancement device for the treatment of digit sucking in children. *Journal of Applied Behavior Analysis*, v. 34, p. 77-80, 2001.

_____. Augmenting stimulus intensity with an awareness enhancement device in the treatment of finger sucking. *Education and Treatment of Children*, v. 26, p. 22-29, 2003.

STRIEFEL, S.; BRYAN, K. S.; AIKENS, D. A. Transfer of stimulus control from motor to verbal stimuli. *Journal of Applied Behavior Analysis*, v. 7, p. 123-135, 1974.

STROMER, R.; MACKAY, H. A.; REMINGTON, B. Naming, the formation of stimulus classes, and applied behavior analysis. *Journal of Applied Behavior Analysis*, v. 29, p. 409-431, 1996.

STROMER, R. et al. Teaching computer-based spelling to individuals with developmental and hearing disabilities: transfer of stimulus control to writing tasks. *Journal of Applied Behavior Analysis*, v. 29, p. 2542, 1996.

STUART, R. B. *Behavioral self-management*: strategies, techniques, and outcomes. Nova York: Brunner Mazel, 1977.

_____. *Helping couples change*: a social learning approach to marital therapy. Nova York: Guilford Press, 1980.

SUDA, K.; MILTENBERGER, R. Evaluation of staff management strategies to increase positive interactions in a vocational setting. *Behavioral Residential Treatment*, v. 8, p. 69-88, 1993.

SUGAI, G.; HORNER, R. (Eds.). *Encyclopedia of behavior modification and cognitive behavior therapy volume three*: educational applications. Thousand Oaks, CA: Sage, 2005.

SULZER-AZAROFF, B.; MAYER, G. R. *Behavior analysis for lasting change*. Fort Worth, TX: Holt, Rinehart, & Winston, 1991.

SULZER-AZAROFF; B. et al. (Eds.). *Behavior analysis in education 1967-1987*. Reprint series, v. 3. Lawrence, KS: Society for the Experimental Analysis of Behavior, 1988.

SUNDEL, S. S.; SUNDEL, M. *Behavior modification in the human services*. 3. ed. Newbury Park, CA: Sage, 1993.

SWAIN, J. C.; MCLAUGHLIN, T. F. The effects of bonus contingencies in a class-wide token program on math accuracy with middle school students with behavioral disorders. *Behavioral Interventions*, v. 13, p. 11-19, 1988.

SWAN, G. E.; MACDONALD, M. L. Behavior therapy in practice: a national survey of behavior therapists. *Behavior Therapy*, v. 9, p. 799-807, 1978.

SWIEZY, N. B.; MATSON, J. L.; BOX, P. The good behavior game: a token reinforcement system for preschoolers. *Child and Family Behavior Therapy*, v. 14, v. 3, p. 21-32, 1992.

TANNER, B. A.; ZEILER, M. Punishment of self-injurious behavior using aromatic ammonia as the aversive stimulus. *Journal of Applied Behavior Analysis*, v. 8, p. 53-57, 1975.

TASKY, K. K. et al. Using choice to increase on-task behavior in individuals with traumatic brain injury. *Journal of Applied Behavior Analysis*, v. 41, p. 261-265, 2008.

TAYLOR, B. A.; MCDONOUGH, K. A. Selecting a teaching program. In: MAURICE, C.; GREEN, G.; LUCE, S. (Eds.). *Behavioral intervention for young children with autism*: a manual for parents and professionals. Austin, TX: Pro-Ed, 1996. p. 63-177.

TAYLOR, J.; MILLER, M. When timeout works some of the time: the importance of treatment integrity and functional assessment. *School Psychology Quarterly*, v. 12, v. 1, p. 4-22, 1977.

TENG, E. J. et al. Body-focused repetitive behavior problems: prevalence in a nonreferred population and differences in perceived somatic activity. *Behavior Modification*, v. 26, p. 340-360, 2002.

TERRACE, H. S. Discrimination learning with and without "errors." *Journal of Experimental Analysis of Behavior*, v. 6, p. 1-27, 1963a.

_____. Errorless transfer of a discrimination across two continua. *Journal of the Experimental Analysis of Behavior*, v. 6, p. 223-232, 1963b.

THOMAS, D. R.; BECKER, W. C.; ARMSTRONG, M. Production and elimination of disruptive classroom behavior by systematically varying teacher attention. *Journal of Applied Behavior Analysis*, v. 1, p. 35-45, 1968.

THOMPSON, R. H. et al. Effects of reinforcement for alternative behavior during punishment of self-injury. *Journal of Applied Behavior Analysis*, v. 32, p. 317-328, 1999.

_____. The effects of extinction, non-contingent reinforcement, and differential reinforcement of other behavior as control procedures. *Journal of Applied Behavior Analysis*, v. 36, p. 221-238, 2003.

THOMPSON, T. J.; BRAAM, S. J.; FUQUA, R. W. Training and generalization of laundry skills: a multiple probe evaluation with handicapped persons. *Journal of Applied Behavior Analysis*, v. 15, p. 177-182, 1982.

THORESON, C. E.; MAHONEY, M. J. *Behavioral self-control*. Nova York: Holt Rinehart & Winston, 1974.

THORNDIKE, E. L. *Animal intelligence: Experimental studies*. Nova York: Macmillan, 1911.

TIGER, J.; HANLEY, G. Developing stimulus control of preschooler mands: an analysis of schedule-correlated and contingency-specifying stimuli. *Journal of Applied Behavior Analysis*, v. 37, p. 517-521, 2004.

TOUCHETTE, P. E.; MacDONALD, R. F.; LANGER, S. N. A scatter plot for identifying stimulus control of problem behavior. *Journal of Applied Behavior Analysis*, v. 18, p. 343-351, 1985.

TRYON, W. W. Behavioral observation. In: BELLACK, A. S.; HERSEN, M. (Eds.). *Behavioral assessment*: a practical handbook. 4. ed. Boston: Allyn & Bacon, 1998. p. 79-103.

TUCKER, M.; SIGAFOOS, J.; BUSHELL, H. Use of non-contingent reinforcement in the treatment of challenging behavior: a review and clinical guide. *Behavior Modification*, v. 22, p. 529-547, 1998.

TURNER, S. M.; CALHOUN, K. S.; ADAMS, H. E. (Eds.). *Handbook of clinical behavior therapy*. Nova York: Wiley, 1981.

TWOHIG, M. P.; WOODS, D. W. Habit reversal as a treatment for chronic skin picking in typically developing adult male siblings. *Journal of Applied Behavior Analysis*, v. 34, p. 217-220, 2001a.

_____. Evaluating the duration of the competing response in habit reversal: A parametric analysis. *Journal of Applied Behavior Analysis*, v. 34, p. 517-520, 2001b.

TWOHIG, M. P.; SCHOENBERGER, D.; HAYES, S. C. A preliminary investigation of acceptance and commitment therapy as a treatment for marijuana dependence. *Journal of Applied Behavior Analysis*, 40, p. 619-632, 2007.

ULLMANN, L. P.; KRASNER, L. (Eds.). *Case studies in behavior modification*. Nova York: Holt Rinehart & Winston, 1965.

ULRICH, R.; STACHNIK, T.; MABRY, J. (Eds.). *Control of human behavior*: expanding the behavioral laboratory. Glenview, IL: Scott Foresman, 1966.

VAN CAMP, C. M.; HAYES, L. Assessing and increasing physical activity. *Journal of Applied Behavior Analysis*, v. 45, p. 871-875, 2012.

VAN CAMP, C. M. et al. Further analysis of idiosyncratic antecedent influences during the assessment and treatment of problem behavior. *Journal of Applied Behavior Analysis*, v. 33, p. 207-221, 2000.

VANESLOW, N.; BOURRET, J. Online interactive tutorials for creating graphs with Excel 2007 and 2010. *Behavior Analysis in Practice*, v. 5, p. 40-46, 2012.

VAN HOUTEN, R.; AXELROD, S. (Eds.). *Behavior analysis and treatment*. Nova York: Plenum, 1993.

VAN HOUTEN, R.; NAU, P. A. A comparison of the effects of posted feedback and increased police surveillance on highway speeding. *Journal of Applied Behavior Analysis*, v. 14, p. 261-271, 1981.

VAN HOUTEN, R.; ROLIDER, A. The use of response prevention to eliminate nocturnal thumbsucking. *Journal of Applied Behavior Analysis*, v. 17, p. 509-520, 1984.

VAN HOUTEN, R.; VAN HOUTEN, J.; MALENFANT, J. E. L. Impact of a comprehensive safety program on bicycle helmet use among middle-school children. *Journal of Applied Behavior Analysis*, v. 40, p. 239-247, 2007.

VAN HOUTEN, R. et al. B. An analysis of some variables influencing the effectiveness of reprimands. *Journal of Applied Behavior Analysis*, v. 15, p. 65-83, 1982.

VELTUM, L. G.; MILTENBERGER, R. G. Evaluation of a self-instructional package for training initial assessment interviewing skills. *Behavioral Assessment*, v. 11, p. 165-177, 1989.

VERPLANCK, W. S. The control of the content of conversation: reinforcement of statements of opinion. *Journal of Abnormal and Social Psychology*, v. 55, p. 668-676, 1955.

VINTERE, P. et al. Gross-motor skill acquisition by preschool dance students under self-instruction procedures. *Journal of Applied Behavior Analysis*, v. 37, p. 305-322, 2004.

VOLLMER, T. R. et al. Identifying possible contingencies during descriptive analyses of severe behavior disorders. *Journal of Applied Behavior Analysis*, v. 34, p. 269-287, 2001.

VOLLMER, T. R.; IWATA, B. A. Establishing operations and reinforcement effects. *Journal of Applied Behavior Analysis*, v. 24, p. 279-291, 1991.

_____. Differential reinforcement as treatment for severe behavior disorders: procedural and functional variations. *Research in Developmental Disabilities*, v. 13, p. 393-417, 1992.

VOLLMER, T. R.; MARCUS, B. A.; RINGDAHL, J. E. Non-contingent escape as treatment for self-injurious behavior maintained by negative reinforcement. *Journal of Applied Behavior Analysis*, v. 28, p. 15-26, 1995.

VOLLMER, T. R. et al. The role of attention in the treatment of attention-maintained self-injurious behavior: non-contingent reinforcement and differential reinforcement of other behavior. *Journal of Applied Behavior Analysis*, v. 26, p. 9-22, 1993.

_____. Negative side effects of non-contingent reinforcement. *Journal of Applied Behavior Analysis*, v. 30, p. 161-164, 1997.

_____. Fixed-time schedules attenuate extinction-induced phenomena in the treatment of severe aberrant behavior. *Journal of Applied Behavior Analysis*, v. 31, p. 529-542, 1998.

_____. Evaluating treatment challenges with differential reinforcement of alternative behavior. *Journal of Applied Behavior Analysis*, v. 32, p. 9-23, 1999.

VORNDRAN, C.; LERMAN, D. Establishing and maintaining treatment effects with less intrusive consequences via a pairing procedure. *Journal of Applied Behavior Analysis*, v. 39, p. 35-48, 2006.

WACK, S.; CROSLAND, K.; MILTENBERGER, R. Using a goal-setting and feedback procedure to increase running distance. *Journal of Applied Behavior Analysis*, v. 47, p. 181-185, 2014.

WACKER, D. P.; BERG, W. K. Effects of picture prompts on the acquisition of complex vocational tasks by mentally retarded adolescents. *Journal of Applied Behavior Analysis*, v. 16, p. 417-433, 1983.

WACKER, D. P. et al. Generalization and maintenance of complex skills by severely handicapped adolescents following picture prompt training. *Journal of Applied Behavior Analysis*, v. 18, p. 329-336, 1985a.

_____. Evaluation of reinforcer preferences for profoundly handicapped students. *Journal of Applied Behavior Analysis*, v. 18, p. 173-178, 1985b.

_____. A component analysis of functional communication training across three topographies of severe behavior problems. *Journal of Applied Behavior Analysis*, v. 23, p. 417-429, 1990.

WAGAMAN, J.; MILTENBERGER, R.; ARNDORFER, R. Analysis of a simplified treatment for stuttering in children. *Journal of Applied Behavior Analysis*, v. 26, p. 53-61, 1993.

WAGAMAN, J.; MILTENBERGER, R.; WILLIAMS, D. Treatment of a vocal tic by differential reinforcement. *Journal of Behavior Therapy and Experimental Psychiatry*, v. 26, p. 35-39, 1995.

WAGAMAN, J. MILTENBERGER, R.; WOODS, D. W. Long-term follow-up of a behavioral treatment for stuttering in children. *Journal of Applied Behavior Analysis*, v. 28, p. 233-234, 1995.

WALLACE, M. D.; IWATA, B. A. Effects of session duration on functional analysis outcomes. *Journal of Applied Behavior Analysis*, v. 32, p. 175-183, 1999.

WALLACE, M. D.; KNIGHTS, D. J. An evaluation of a brief functional analysis format within a vocational setting. *Journal of Applied Behavior Analysis*, v. 36, p. 125-128, 2003.

WARZAK, W. J. et al. Behavioral rehabilitation of functional alexia. *Journal of Behavior Therapy and Experimental Psychiatry*, v. 18, p. 171177, 1987.

WARZAK, W. J.; PAGE, T. J. Teaching refusal skills to sexually active adolescents. *Journal of Behavior Therapy and Experimental Psychiatry*, v. 21, p. 133-139, 1990.

WATERLOO, K. K.; GOTESTAM, K. G. The regulated breathing method for stuttering: an experimental evaluation. *Journal of Behavior Therapy and Experimental Psychiatry*, v. 19, p. 11-19, 1988.

WATSON, D. L.; THARP, R. G. *Self-directed behavior*: self-modification for personal adjustment. 6. ed. Pacific Grove, CA: Brooks/Cole, 1993.

_____. *Self-directed behavior*. 9. ed. Belmont, CA: Thomson/Wadsworth, 2007.

WATSON, J. B. Psychology as the behaviorist views it. *Psychological Review*, v. 20, p. 158-177, 1913.

_____. *Behaviorism*. Nova York: W.W. Norton, 1924.

WATSON, J. B.; RAYNER, R. Conditioned emotional reactions. *Journal of Experimental Psychology*, v. 3, p. 1-4, 1920.

WATSON, P. J.; WORKMAN, E. A. The non-concurrent multiple baseline across individuals design: an extension of the traditional multiple baseline design. *Journal of Behavior Therapy Experimental Psychiatry*, v. 12, p. 257-259, 1981.

WATSON, T. S.; ALLEN, K. D. Elimination of thumb-sucking as a treatment for severe trichotillomania. *Journal of the American Academy of Child and Adolescent Psychiatry*, v. 32, p. 830-834, 1993.

WATSON, T. S.; GRESHAM, F. (Eds.). *Handbook of child behavior therapy*. Nova York: Plenum, 1998.

WELCH, S. J.; HOLBORN, S. W. Contingency contracting with delinquents: effects of a brief training manual on staff contract negotiation and writing skills. *Journal of Applied Behavior Analysis*, v. 21, p. 357-368, 1988.

WELLS, K. C. et al. Effects of a procedure derived from the overcorrection principle on manipulated and nonmanipulated behaviors. *Journal of Applied Behavior Analysis*, v. 10, p. 679-687, 1977.

WESOLOWSKI, M. D.; ZENCIUS, A. H.; RODRIGUEZ, I. M. Minibreaks: the use of escape on a fixed time schedule to reduce unauthorized breaks from vocational training sites for individuals with brain injury. *Behavioral Interventions*, v. 14, p. 163-170, 1999.

WHITING, S.; DIXON, M. Creating an iPhone application for collecting continuous ABC data. *Journal of Applied Behavior Analysis*, v. 45, p. 643-656, 2012.

WHITMAN, T. L.; MERCURIO, J. R.; CAPRONIGRI, V. Development of social responses in two severely retarded children. *Journal of Applied Behavior Analysis*, v. 3, p. 133-138, 1970.

WHITMAN, T. L.; SCIBAK, J. W.; REID, D. H. *Behavior modification with the severely and profoundly retarded*: research and application. Nova York: Academic Press, 1983.

WHITMAN, T. L.; SPENCE, B. H.; MAXWELL, S. A comparison of external and self-instructional teaching formats with mentally retarded adults in a vocational training setting. *Research in Developmental Disabilities*, v. 8, p. 371-388, 1987.

WILDER, D. A.; CARR, J. E. Recent advances in the modification of establishing operations to reduce aberrant behavior. *Behavioral Interventions*, v. 13, p. 43-59, 1998.

WILDER, D. A. et al. Brief functional analysis and treatment of bizarre vocalizations in an adult with schizophrenia. *Journal of Applied Behavior Analysis*, v. 34, p. 65-68, 2001.

_____. Brief functional analysis and treatment of tantrums associated with transitions in preschool children. *Journal of Applied Behavior Analysis*, v. 39, p. 103-107, 2006.

WILLIAMS, C. D. The elimination of tantrum behavior by extinction procedures. *Journal of Abnormal and Social Psychology*, v. 59, p. 269, 1959.

WILLIAMS, G. E.; CUVO, A. J. Training apartment upkeep skills to rehabilitation clients: a comparison of task analysis strategies. *Journal of Applied Behavior Analysis*, v. 19, p. 39-51, 1986.

WILLIAMS, W. L. (Ed.). *Developmental disabilities*: etiology, assessment, intervention, and integration. Reno, NV: Context Press, 2004.

WINETT, R. A.; NEALE, M. S.; GRIER, H. C. Effects of self-monitoring and feedback on residential electricity consumption. *Journal of Applied Behavior Analysis*, v. 12, p. 173-184, 1979.

WINTON, A. S.; SINGH, N. N. Suppression of pica using brief physical restraint. *Journal of Mental Deficiency Research*, v. 27, p. 93-103, 1983.

WOLF, M. M. Social validity: the case for subjective measurement or how applied behavior analysis is finding its heart. *Journal of Applied Behavior Analysis*, v. 11, p. 203-214, 1978.

WOLF, M. M.; RISLEY, T. R; MEES, H. L. Application of operant conditioning procedures to the behavior problems of an autistic child. *Behaviour Research and Therapy*, v. 1, p. 305-312, 1964.

WOLKO, K. L.; HRYCAIKO, D. W.; MARTIN, G. L. A comparison of two self-management packages to standard coaching for improving practice performance of gymnasts. *Behavior Modification*, v. 17, p. 209-223, 1993.

WOLPE, J. *Psychotherapy by reciprocal inhibition*. Stanford, CA: Stanford University Press, 1958.

WOODS, D. W.; HIMLE, M. B. Creating tic suppression: comparing the effects of verbal instruction to differential reinforcement. *Journal of Applied Behavior Analysis*, v. 37, p. 417-420, 2004.

WOODS, D. W.; MILTENBERGER, R. Habit reversal: a review of applications and variations. *Journal of Behavior Therapy and Experimental Psychiatry*, v. 26, p. 123-131, 1995.

_____. Are persons with nervous habits nervous? A preliminary examination of habit function in a nonreferred population. *Journal of Applied Behavior Analysis*, v. 29, p. 123-125, 1996a.

_____. A review of habit reversal with childhood habit disorders. *Education and Treatment of Children*, v. 19, p. 197-214, 1996b.

_____. (Eds.). *Tic disorders, trichotillomania, and repetitive behavior disorders*: behavioral approaches to analysis and treatment. Norwell, MA: Kluwer, 2001.

WOODS, D. W.; MILTENBERGER, R.; FLACH, A. Habits, tics, and stuttering: prevalence and relation to anxiety and somatic awareness. *Behavior Modification*, v. 20, p. 216-225, 1996.

WOODS, D. W.; MILTENBERGER, R.; LUMLEY, V. Sequential application of major habit reversal components to treat motor tics in children. *Journal of Applied Behavior Analysis*, v. 29, p. 483-493, 1996a.

_____. A simplified habit reversal treatment for pica-related chewing. *Journal of Behavior Therapy and Experimental Psychiatry*, v. 27, p. 257-262, 1996b.

WOODS, D. W.; TWOHIG, M. P. Using habit reversal to treat chronic vocal tic disorder in children. *Behavioral Interventions*, v. 17, p. 159-168, 2002.

WOODS, D. W. et al. Comparing the effectiveness of similar and dissimilar competing responses in evaluating the habit reversal treatment for oral-digital habits in children. *Journal of Behavior Therapy and Experimental Psychiatry*, v. 30, p. 289-300, 1999.

_____. Treatment of stuttering with regulated breathing: strengths, limitations, and future directions. *Behavior Therapy*, v. 31, p. 547-568, 2000.

_____. Analyzing the influence of tic-related talk on vocal and motor tics in children with Tourette's syndrome. *Journal of Applied Behavior Analysis*, v. 34, p. 353-356, 2001.

_____. Treatment of vocal tics in children with Tourette syndrome: investigating the efficacy of habit reversal. *Journal of Applied Behavior Analysis*, v. 36, p. 109-112, 2003.

_____. Durability, negative impact, and neuropsychological predictors of tic suppression in children with through tic disorders. *Journal of Abnormal Child Psychology*, v. 36, p. 237-245, 2008.

WRIGHT, C. S.; VOLLMER, T. R. Evaluation of a treatment package to reduce rapid eating. *Journal of Applied Behavior Analysis*, v. 35, p. 89-93, 2002.

WRIGHT, D. G.; BROWN, R. A.; ANDREWS, M. E. Remission of chronic ruminative vomiting through a reversal of social contingencies. *Behaviour Research and Therapy*, v. 16, p. 134-136, 1978.

WRIGHT, K. M.; MILTENBERGER, R. G. Awareness training in the treatment of head and facial tics. *Journal of Behavior Therapy and Experimental Psychiatry*, v. 18, p. 269-274, 1987.

WURTELE, S. K.; MARRS, S. R.; MILLER-PERRIN, C. L. Practice makes perfect? The role of participant modeling in sexual abuse prevention programs. *Journal of Consulting and Clinical Psychology*, v. 55, p. 599-602, 1987.

WURTELE, S. K. et al. Teaching personal safety skills for potential prevention of sexual abuse: a comparison of treatments. *Journal of Consulting and Clinical Psychology*, v. 54, p. 688-692, 1986.

WYSOCKI, T. et al. Behavioral management of exercise: contracting for aerobic points. *Journal of Applied Behavior Analysis*, v. 12, p. 55-64, 1979.

YATES, B. T. *Applications in self-management*. Belmont, CA: Wadsworth, 1986.

ZARCONE, J. R. et al. Momentum versus extinction effects in the treatment of self-injurious escape behavior. *Journal of Applied Behavior Analysis*, v. 26, p. 135-136, 1993.

ZEIGLER, S. G. The effects of attentional shift training on the execution of soccer skills: a preliminary investigation. *Journal of Applied Behavior Analysis*, v. 27, p. 545-552, 1994.

ZEILER, M. D. Eliminating behavior with reinforcement. *Journal of the Experimental Analysis of Behavior*, v. 16, p. 401-405, 1971.

ZLUTNICK, S.; MAYVILLE, W. J.; MOFFAT, S. Modification of seizure disorders: the interruption of behavioral chains. *Journal of Applied Behavior Analysis*, v. 8, p. 1-12, 1975.

Lista de termos e siglas

Comportamento autolesivo (CAL)
Concordância interobservador (CIO)
Condição de muita atenção (MA)
Condição de pouca atenção (PA)
Condição de reforço não dependente (RND)
Desenho com tratamentos alternados (DTA)
Esquema de índice fixo (IF)
Esquema de índice variável (IV)
Esquema de intervalo fixo (ifx),
Esquema de intervalo variável (ivr)
Esquema de reforço contínuo (ERC)
Estímulo condicionado (EC)
Estímulo discriminativo (E^D)
Estímulo incondicionado (EI)
Estímulo neutro (EN)
Estímulos múltiplos sem substituição (EMSS)
Fases iniciais não simultâneas (FINS)
Operação abolidora (OA)
Operação estabelecedora (OE)
Operação motivadora (OM)
Reforço diferencial de baixas taxas de resposta (RDBR)
Reforço diferencial de comportamento alternativo (RDCA)
Reforço diferencial de comunicação (RDC)
Reforço diferencial de outro comportamento (RDO)
Reforço diferencial de comportamento incompatível (RDCI)
Reforço negativo diferencial de comportamentos alternativos (RNDA)
Relaxamento muscular progressivo (RMP)
Resposta incondicionada (RI)
Resposta condicionada (RC)
Resposta emocional condicionada (REC)
Tempo inter-resposta (TIR)
Teste de esquiva comportamental (TEC)
Treinamento de habilidades comportamentais (THC)
Treinamento de uma comunicação funcional (TCF)

Índice por nomes

A
Abt, K. A., 63
Ackerman, A. M., 26
Adams, C. D., 250
Adams, H. E., 10
Addison, L., 202
Agras, S., 79, 264
Aikens, D. A., 97
Alavosius, M. P., 146
Alber, S. R., 274
Alberto, P. A., 8, 133, 139
Albin, J., 263
Albin, R. W., 176
Albion, F. M., 154
Allen, K. D., 213, 239, 306
Allen, L. J., 331
Allred, L. J., 9
Altus, D. E., 166
Anderson, C. M., 178, 200, 202
Andree, P. J., 185
Andrews, G., 306
Andrews, M. E., 67
Anger, W. K., 316
Apsche, J., 79
Aragona, J., 255
Arkowitz, H., 356
Armstrong, M., 9
Arndorfer, R. E., 96, 172, 177, 181, 184, 185, 186, 200, 300, 303, 304
Ashbaugh, R., 255
Asmus, J., 185
Asterita, M. F., 105
Atwell, J., 185
Ault, M. H., 96, 178
Austin, J. A., 7
Axelrod, S., 8, 79
Ayllon, T., 7, 8, 67, 301, 316, 319
Azrin, N. H., 7, 8, 67, 70, 79, 87, 97, 150, 215, 259, 260, 300, 301, 302, 303, 316, 319

B
Baer, A., 80, 81
Baer, D. M., 4, 5, 7, 16, 80, 81, 102, 133, 161, 202, 213, 214, 248, 272, 273, 276
Baham, M., 8, 200
Bailey, J. S., 10, 16, 19, 22, 38, 39, 139, 146, 176, 215, 218, 235, 237, 250, 255
Baker, V., 50, 51
Bakke, B. L., 9
Bakken, J., 168, 272, 289
Ball, T. S., 120
Bambara, L. M., 9
Bandura, A., 89, 133, 161
Barker, M., 235
Barlow, D. H., 38, 39
Barnard, J. D., 255
Barone, V. J., 250, 252
Barrett, R. P., 8, 263

Barretto, A., 187
Barrios, B. A., 348
Barrish, H. H., 255
Barton, L. E., 219
Batsche, C., 10
Baum, W. M., 4
Bauman, K. E., 18, 146, 182
Beavers, G. A., 8
Bechtel, D. R., 259, 268
Beck, A. T., 356
Beck, K. V., 10, 166
Becker, W. C., 9
Beebe-Frankenberger, M. E., 185
Bellack, A. S., 9
Bellamy, G. T., 145, 146
Bell-Dolan, D. J., 26
Benson, H., 340
Berberich, J. P., 121
Berg, W. K., 135, 153, 187, 210
Berkowitz, S., 136
Bernard, M. E., 356
Bernstein, D. A., 340
Berrie, P., 153
Berry, T. D., 235
Beutler, L. E., 356
Bijou, S. W., 7, 8, 69, 73, 96, 161, 178
Billingsley, F. F., 129, 135
Binkoff, J. A., 38, 72, 185, 199
Birnie-Selwyn, B., 97
Bittle, R. G., 268
Bjornson-Benson, W. M., 331
Blanck, L. S., 235
Bloom, S., 184
Blount, R. L., 263
Blumenthal, J. A., 10
Boelter, E., 187
Bond, F., 360
Boney, B. R., 63
Bootzin, R. R., 316, 319
Borakove, L. S., 146
Borkovec, T. D., 340
Borrero, J. C., 7, 56, 178, 210
Boscoe, J. H., 316
Bostow, D. E., 218, 250
Boudjouk, P., 298
Bourret, J., 35
Bowman, L. G., 210
Box, P., 316
Boyer, E., 10, 146
Braam, S. J., 155
Bradley, R., 174
Brady, M. P., 276, 277
Braswell, L., 359
Brigham, T. A., 10
Bristol, M. M., 332
Britcher, J. C., 165
Brobst, B., 10
Broen, P., 255
Brothers, K. J., 235, 238

Brouwer, R., 159, 160, 276
Browder, D. M., 178
Brown, B., 155
Brown, D. K., 178
Brown, R. A., 67
Bruellman, J., 165
Brulle, A. R., 219
Bruun, R. D., 302
Bryan, K. S., 97
Bryant, L. E., 359
Bucher, B., 263
Budd, K. S., 359
Bundgaard, J., 176
Burch, M. R., 10, 16, 19, 22, 39
Burchard, J. D., 213
Burchard, S. N., 213
Burge, D. A., 26
Burgio, L. D., 266
Burish, T., 339, 340, 360
Burkholder, E. O., 35
Burnette, M. M., 39, 40
Burns, D. D., 356
Bushell, H., 240
Byrne, S., 316

C
Calhoun, K. S., 10
Call, N., 187
Cameron, R., 359
Canipe, V. S., 210
Cantrell, M. L., 332
Cantrell, R. P., 332
Capronigri, V., 215
Carlson, J. I., 240
Carlyon, W. D., 316
Carnine, D. C., 9
Carns, A. W., 331
Carns, M. R., 331
Carr, E.G., 2, 38, 43, 72, 174, 183, 185, 186, 199, 202, 213, 240, 274, 281, 302
Carr, J. E., 7, 9, 19, 35, 200
Carroll, L. A., 10
Carroll-Rowan, L., 165
Carstensen, L. L., 11
Cartelli, L. M., 83, 265
Carton, J. S., 316
Casey, S. D., 240
Cassady, J., 255
Cataldo, M. F., 16, 22, 25, 120, 122, 185, 202
Catania, A. C., 7
Cates, K., 240
Caufield, M., 53, 209
Cautela, J., 209
Cavalier, A. R., 316
Cavanaugh, J., 210
Chadwick, B. A., 215
Chambers, M. R., 200
Chance, P., 70, 106

Charlop, M. H., 266
Chen, L., 185
Cherry, H., 154
Chiesa, M., 4
Childs, K., 10, 238
Chittum, R., 9
Christoff, K. A., 41
Christophersen, E. R., 10, 250, 252, 255, 300, 305
Clark, H., 80, 81
Clark, K. A., 139
Clarke, S., 42, 238
Clayton, M., 235
Clemens-Mowrer, L., 249
Clement, P. W., 344
Cohen, D., 300
Colavecchia, B., 83, 265
Cole, P., 120
Coleman, C. L., 239
Cone, J. D., 316, 319, 321
Conners, J., 87, 97
Conyers, C., 255, 347
Cook, R., 203
Cooper, J. O., 7, 55, 82, 97, 123 ,130, 133, 139, 145, 155, 247
Cooper, L. J., 97, 181
Cope, J. G., 9
Corte, H., 79
Cote, C., 202
Cowdery, G. E., 16, 22, 25, 72, 185, 196, 197, 199, 202, 217, 218
Cox, B., 235
Cox, C., 235
Cox, D., 235
Cox, M. G., 9
Coyne, A., 187
Craft, M. A., 274
Creedon, S. A., 279
Crimmins, D. B., 41, 53, 176, 209
Crist, W. B., 120
Critchfield, T. S., 288
Croghan, L. M., 346
Crosland, K., 97
Crosland, K. A., 10, 289
Crossman, J., 10
Crowley, R., 153
Csany, A. P., 326
Cummings, A., 288
Cunill, M., 235
Cuvo, A. J., 137, 146, 153

D

D'Zurilla, T. J., 358
Daggett, J. A., 212
Dahman, D., 154
Dallery, J., 10, 219, 331
Dancer, D. D., 167
Dancho, K. A., 10
Daniels, A. C., 10, 214
Daniels, J. E., 214
DaVerne, K. C., 330
Davis, B. A., 136
Davis, C. A., 276, 277
Davis, M., 339, 341, 342
Davis, P. K., 9, 153, 154
Davis, R. L., 11
Dawson, J. E., 202
Dawson, M. J., 222, 223
Day, H. M., 195, 236, 238
Day, R. C., 215
Dayton, E., 184
Deabler, H. L., 215
Deaver, C., 305
Deitz, S. M., 139, 217, 220, 221, 222
Delaney, J. A., 11
DeLeon, I. G., 87, 209, 219

Delquadri, J., 80, 260
DeLuca, R., 44
Delulio, D. W., 139
Demchak, M., 150
DePalma, V., 276
Devine, C., 298
DeVries, J. E., 39, 40
Dial, H., 306
Dicesare, A., 187
Dillenhofer, R. L., 215
Dixon, L. S., 97
Dixon, M. R., 8, 11, 25, 35, 288
Doepke, K., 298
Doerner, M., 289
Doke, L. A., 265
Doleys, D. M., 83, 265
Dominguez, B., 214
Donaldson, J., 248, 249, 251
Donnellan, A. M., 245, 267
Donnelly, D., 223
Dorsey, M. F., 18, 176, 182, 183, 185, 265
Doty, D. W., 255
Dozier, C. L., 202
Dozier, C., 19
Drabman, R. S., 10, 121, 255, 263
Drasgow, E., 174
Dryden, W., 356
Ducharme, D. E., 280
Ducharme, J. M., 67, 194
Dunlap, G., 42, 238, 240, 281
Dunn, M. M., 331
Durand, V. M., 2, 10, 18, 53, 176, 183, 185, 186, 209, 213, 217, 274, 275,281
Dwyer-Moore, K. J., 11
Dyer, K., 240

E

Edelstein, B. A., 102, 166
Edwards, G. L., 97, 209
Edwards, R. P., 185
Egemo Helm, K. R., 164
Elder, J. P., 166
Elder, S. T., 215
Ellingson, S., 177, 183, 203, 255, 265, 299, 305
Elliott, A., 19, 176, 301, 303
Ellis, A., 356
Ellis, J., 174
Ellis, L. L., 154
Emery, G., 356
Engelman, K. K., 166
Epling, W. F., 107
Epstein, R., 10, 25, 26, 289
Erfanian, N., 89, 265, 346, 347
Erford, B. T., 249
Erickson, R. J., 11
Eshelman, E. R., 339
Etzel, B. C., 139
Evans, B., 306
Evans, I. M., 89
Evans, J., 298
Evans, L. D., 250, 262
Evans, W., 112
Everett, P. B., 316
Evers, R. A. F., 300

F

Falk, G., 238
Faranda, N., 63
Farmer-Dougan, V., 217
Favell, J. E., 262
Fawcett, S. B., 146
Fellner, D. J., 279
Ferretti, R. P., 316
Ferster, C. B., 7, 60, 61, 67, 200
Finney, J. W., 300, 302, 305

Fisher, J., 260
Fisher, W. W., 87, 209, 212, 217, 240, 255, 266
Fitterling, J. M., 120
Fittro, E., 200
Fixsen, D. L., 81, 316
Flach, A., 299
Flanery, R. C., 326, 328
Fleece, L., 120, 121
Flessner, C., 163, 164, 168
Flessner, C. A., 300
Fletcher, R. K., 146
Flusser, D., 97
Fogel, V., 10, 25
Forehand, R., 250, 260
Forman, G., 163
Forster, J. L., 331
Foster, S. L., 26
Fowler, S., 273
Fox, D. K., 316, 318
Foxx, R. M., 44, 150, 250, 259, 260, 268, 316
France, K. G., 202
Franco, D. P., 41
Frantz, S. E., 300, 302, 303
Frantz-Renshaw, S. E., 301
Frederickson, L. W., 10
Freeman, A., 356
Fridley, D., 137, 138
Friedrich, W., 298
Friman, P. C., 63, 250, 252, 298, 302, 305, 306, 316
Frisch, L. E., 10
Fritz, J., 184
Fuller, E. J., 213
Fuller, P. R., 7
Funderburk, B. W., 249
Funk, D. M., 139
Fuqua, R. W., 22, 79, 166, 176, 259, 260, 298, 300, 301, 302, 303, 305, 337
Fyffe, C., 200

G

Gaelick-Buys, L., 292
Gaffaney, T., 172, 184, 200
Galanter, M., 331
Galensky, T. L., 177, 183, 203, 299, 305
Gallop, H. R., 73, 200
Gambrill, E. D., 4, 7
Ganzell, S. L., 316
Garcia, J., 108
Gardner, R., 9, 118, 119, 123
Gardner, S. M., 210
Garlinghouse, M., 177, 183, 265, 299, 305
Gast, D. L., 38, 39, 137
Gatheridge, B., 163, 164, 166, 168
Geller, E. S., 9, 235
Gentry, W. D., 10
Geren, M. A., 97
Gershoff, E. T., 267
Giebenhain, J. E., 346
Glenn, I. M., 10, 219, 331
Glynn, S. M., 316
Goetz, E., 213, 214
Goh, H. L., 198, 239
Goldfried, M. R., 356, 358
Goldiamond, I., 7, 121, 201, 215, 281
Goldwater, B., 120
Golonka, Z., 212
Gonzales, M. A., 326
Goodman, N., 359
Gotestam, K. G., 235, 236, 303
Grabinski, M., 10
Gramling, S., 120
Gras, M. E., 235
Graves, R., 25
Gray, D., 255, 256
Gray, J. J., 306

Gray, K., 276
Gray, T. W., 236
Green, C. W., 209, 214, 217, 263
Green, K. D., 260
Green, R. B., 235
Greene, B. F., 10, 235, 250
Greenwood, C. R., 139, 145
Gresham, F., 10
Grier, H. C., 26
Griffin, J., 89, 264
Gross, A. M., 10, 121
Grossctt, D., 38
Grow, L., 187
Guenther, S. L., 63
Guercio, J., 288
Guerin, B., 97
Guevremont, D., 10, 339, 355, 358, 359
Gulotta, C. S., 202
Gurwitch, R. H., 249
Guttman, N., 98

H

Hagopian, L. P., 120, 122, 210, 240
Hahn, H. A., 9
Hake, D. F., 70, 87
Hall, C. L., 168, 300
Hall, G., 332
Hall, R. V., 80, 260
Hall, S., 97
Halle, J. W., 97
Halvorson, J. A., 306
Hamilton, M., 10
Hamilton, R., 276, 277
Hammond, J., 184
Handen, B. L., 137, 250, 262
Haney, J. L., 165, 167
Hanley, G., 87, 97, 185, 202, 240
Hansen, D. J., 298
Harding, J., 187
Hardison, W. L., 235
Haring, T. G., 195
Harmer, M. L., 280
Hartmann, D. P., 26
Hartsfield, F., 11
Hasazi, J. E., 68
Hasazi, S. E., 68
Haseltine, B., 165
Hawkins, R. P., 298
Hayes, L., 10
Hayes, S. C., 38, 360
Hayward, S. C., 316
Heal, N., 185
Heard, K., 220
Hearn, M., 97
Heathfield, L. T., 236
Hedberg, A. G., 344
Heinicke, M. R., 9
Helms, B., 235
Hemingway, M., 11
Hemmes, N., 155
Herbert-Jackson, E., 250
Hermann, J. A., 214
Heron, T. E., 7, 55, 97, 123, 130, 145, 247
Hersen, M., 9, 38, 39
Heuton, D., 348
Heward, W. L., 7, 55, 97, 123, 130, 145, 247, 274
Hickey, K., 260
Hickman, C., 202
Hieneman, M., 10
Higbee, T. S., 200
Himle, J., 305
Himle, M., 163, 164, 165, 166, 168, 219, 302
Hobbs, S. A., 83, 250, 265
Hobbs, T. R., 316, 318,320
Hoch, H., 63

Hockersmith, I., 276
Hodges, A. E., 316
Hodson, G. D., 120
Holborn, S. W., 44, 280, 332
Holcomb, S., 8, 288
Holland, J. G., 94
Hollon, S., 339, 340, 356, 360
Holmes, P. A., 239
Holt, B., 97
Holt, M. M., 316, 318, 320
Holz, W. C., 67, 79, 88, 215
Homme, L., 326
Honig, W. K., 7
Hopkins, B. L., 214, 316
Horn, J., 146
Horner, M. J., 288
Horner, R. D., 121, 122
Horner, R. H., 8, 145, 146, 151, 152, 174, 176, 185, 195, 236, 265, 276, 278, 281, 288
Houlihan, D., 348
Hove, G., 306
Howard, V. F., 331
Howell, S. R., 97
Howie, P. M., 120
Hrycaiko, D., 10
Huddleston, C. M., 332
Hudson, S. M., 202
Hughes, A., 306
Hughes, C. E., 185, 202, 280
Hughes, H., 306
Hume, K. M., 10
Hunt, F. M., 73, 200
Hupp, S. D., 316
Hussian, R. A., 11
Hutchinson, R. R., 70, 87

I

Ingham, R. J., 306
Inman, D. P., 145
Isaacs, W., 121
Ivancic, M. T., 209, 249, 266
Iversen, I. H., 126
Iwata, B. A., 8, 14, 16, 18, 19, 22, 25, 53, 67, 68, 70, 72, 73, 87, 89, 97, 146, 174, 176, 181, 182, 183, 184, 185, 196, 198, 199, 202, 209, 216, 218, 219

J

Jackson, D. A., 120
Jackson, J., 25
Jackson, R. L., 276
Jacobson, E., 340
Jacobson, N. S., 329, 330, 333, 356
James, J. E., 306
Jeffery, R. W., 331
Johnson, B. M., 164
Johnson, E., 212
Johnson, L., 63, 187
Johnston, J. M., 2
Jones, F. H., 83
Jones, M. L., 262
Jones, R. T., 165, 167
Jostad, C. M., 164
Joyner, M. A., 235

K

Kahng, S., 19, 25, 73, 179, 187, 200, 219, 316
Kale, R. J., 215
Kalish, H. I., 98
Kalsher, M. J., 16, 22, 25, 185, 202
Kandel, H. J., 316
Kanfer, F., 289, 292
Karoly, P., 289
Karsh, K. G., 178
Kates, K., 97, 99

Kaye, J. H., 215
Kazdin, A. E., 4, 5, 8, 17, 38, 39, 55, 73, 89, 165, 167, 200, 316, 319
Kearney, C., 333
Keeney, K. M., 63
Keilitz, I., 145, 151, 152
Kelley, M. E., 70
Kelley, M. L., 250, 332, 333
Kellum, K., 19
Kelly, J. A., 41
Kemp, D. C., 213, 240
Kendall, G., 10
Kendall, P. C., 102, 359
Kendall, T., 10
Kennedy, C. H., 97, 195, 237
Kennedy, S. H., 213
Kern, L., 9, 238
Kern-Dunlap, L., 42, 238
Kerwin, M. E., 250, 262
Kewman, D. G., 212
Kiernan, J., 146
Killian, D. J., 280
Kimeldorf, D. J., 108
Kirschenbaum, D. S., 326, 328
Kistner, J., 121
Klatt, K. P., 137
Klesges, R. C., 348
Knight, M. F., 215, 216
Knights, D. J., 185
Kodak, T., 187, 219, 239
Koegel, R. L., 281
Koehler, S., 25
Koelling, R. A., 108
Kogan, J. S., 210
Kohlenberg, R. J., 360
Kollins, S. H., 288
Koontz, K. L., 120, 122
Kozak, C., 165
Kramer, F. M., 331
Krantz, P. J., 139, 155, 235, 236
Krasner, L., 4
Kreitner, R., 10, 214
Kuhn, S. A., 202
Kurth, C. L., 331
Kurtz, P. F., 185

L

Ladoucher, R., 303
Lahey, B. B., 306
Lalli, E. P., 185
Lalli, J. S., 7, 69, 97, 98, 178, 181, 185, 240
Lambert, J., 184
Lancioni, G. E., 120
Lane, K. L., 185
Langer, S. N., 179
Laraway, S., 58
LaRoche, G. R., 120
Larson, P. J., 174
Latner, J. D., 289
Lau, M. M., 176
Lavie, T., 166
LaVigna, G. W., 245, 267
Layer, S. A., 202
Layman, D., 316
Leaf, R. B., 146
Leal, J., 331
LeBlanc, J. M., 139, 202, 248
Leckman, J., 300
Lee, J., 187
Lee, M., 339
Lee, N., 235
Legacy, S. M., 240
Leitenberg, H., 213
Lennox, D. B., 89, 174, 176, 223, 265
Lensbower, J., 276

Lenske, J., 255
Lentz, R. J., 316
Leraas, K., 331
Leraas, 10
Lerman, D. C., 67, 68, 70, 73, 76, 87, 185, 198, 202, 262
Levin, L., 213
Levy, R. L., 10
Lewis, T. J., 176
Liberman, R. P., 50, 51
Libet, J., 264
Lillis, J., 360
Lindberg, J. S., 219
Lindsley, O. R., 7, 25
Linscheid, T., 89, 264
Little, L. M., 255
Livezey, K., 97, 99
Locke, B., 79
Lokers, L., 305
Long, E. S., 19, 163, 165, 178, 183, 203, 255, 265, 298, 299, 301, 303, 305
Lovaas, O. I., 68, 121, 202
Love, S. R., 137, 138, 347
Luce, S. C., 80, 260
Ludwig, T. D., 9, 236
Luiselli, J., 10
Lumley, V., 19, 163, 165, 176, 301, 303
Luoma, J., 360
Luthans, F., 10, 214
Lutzker, J. R., 7
Lutzker, 250
Luyben, P. D., 139
Lysaght, T. V., 213

M

Maag, J. W., 174, 312, 313
Mabry, J., 4
MacDonald, M. L., 176
MacDonald, R. F., 179
MacDuff, G. S., 155
Mace, F. C., 63, 97, 99, 178, 181, 185, 212, 239, 249, 250
Mackay, H. A., 97
MacKenzie-Keating, S., 93, 265
Madle, R. A., 73, 200
Madsen, C. H., 9
Magee, S. K., 174
Maglieri, K., 87
Magrab, P. R., 316
Mahoney, M. J., 289
Maki, A., 255
Malaby, J., 316, 318, 319, 321
Malenfant, J. E. L., 9
Malone, L. W., 139
Malott, J. M., 348
Malott, M. E., 230
Malott, R. W., 230, 287, 292, 331
Mann, R. A., 331
Manning, P., 222, 223
Marcks, B. A., 299
Marcus, B. A., 199, 212, 239, 240
Margolin, G., 329, 330, 333
Marholin, D., 21, 255, 256
Marrs, S. R., 165
Martin, G. L., 10, 14, 123, 125, 135, 139, 155, 197, 290
Martin, J. E., 7, 120
Martineau, G., 303
Marx, B. P., 360
Mason, S. A., 217
Mastellone, M., 306
Masters, J., 339, 340, 360
Masuda, A., 8, 200, 360
Mathews, J. R., 120, 250, 252
Mathews, R. M., 166

Matson, J. L., 137, 138, 166, 316, 347
Maxwell, S., 154
Mayer, G. R., 49, 88, 97, 123, 134, 139, 150, 155
Mayville, W. J., 219
Mazaleski, J. L., 67, 185, 196, 216, 219, 239
McCadam, D., 187
McClannahan, L. E., 139, 155, 235, 236
McClung, T. J., 250, 262
McComas, J. J., 63, 97, 187
McConnachie, G., 213
McCord, B. E., 185
McCosh, K. C., 97
McDonald, R., 303
McDonough, K. A., 141
McGee, G. G., 217
McGill, P., 58
McGimsey, J. F., 250, 262
McGinnis, J. C., 316
McInnis, T., 255
McIntyre, T., 185
McKay, M., 339
McKee, D. C., 10
McKee, J. M., 316, 317
McKenzie, H. S., 215, 216
McKerchar, P., 185, 202
McKinley, T., 22, 302
McLaughlin, T. F., 316, 318, 319, 321, 331
McMillan, K., 200, 202
McMorrow, M. J., 8, 268
McNees, M. C., 306
McNees, M. P., 306
McNeil, C. B., 249
McPherson, K. M., 298
McSween, T. E., 265
McSweeny, A. J., 255
McVay, A. A., 97
Mees, H. L., 7, 121
Meichenbaum, D., 359
Melamed, B. G., 348
Melin, L., 235, 236
Mercatoris, M., 360
Mercurio, J. R., 215
Meredith, S., 10, 331
Meyer, L. H., 89
Meyers, A., 360
Meyerson, L., 215
Michael, J. L., 6, 7, 8, 58, 67, 112
Milan, M. A., 11, 120, 316, 317
Miller, C. L., 165
Miller, D. L., 332, 333
Miller, L. K., 214
Miller, M. S., 63
Miller, M., 248, 250
Miller, N., 215
Miller, O. L., 215
Miller, W. H., 10, 83
Miller-Perrin, C. L., 165
Millman, H. L., 10
Miltenberger, R.G., 10, 17, 19, 22, 25, 26, 72, 79, 89, 96, 161, 163, 164, 165, 166, 168, 172, 174, 176, 177, 180, 183, 184, 185, 196, 197, 199, 200, 202, 219, 223, 239, 240, 251, 255, 259, 260, 265, 272, 276, 289, 298, 299, 300, 302, 303, 305, 337, 339, 346, 347, 348
Mindell, J. A., 18
Mitchell, W. S., 53, 215
Moes, D. R., 212
Moffat, S., 219
Montes, A. I., 214
Montes, F., 214
Montesinos, L., 10
Mooney, B. M., 153
Moore, B., 235, 237
Moore, F., 63
Moore, J. W., 166, 185
Moore, K., 11

Morgan, J. K., 139
Morgan, S. B., 298
Morris, R. J., 344, 345
Mortweet, S. L., 10
Mosier, M. C., 166
Mowery, J., 279
Mozzoni, M. P., 9
Muldoon, M., 210
Munk, D. D., 237
Murphy, H. A., 255
Murray, L., 301, 303
Murray, R. G., 250
Musante, G. J., 346

N

Narick, M. M., 166
Nau, P. A., 9, 83, 265
Ndoro, V., 185
Neale, M. S., 26
Neef, N. A., 63, 146, 174, 276
Neisworth, J. T., 67, 73, 200
Nelson, G. L., 316, 319, 321
Nelson-Gray, R. O., 38
Neuringer, A., 214
Newby, T. J., 316
Newsom, C. D., 38, 72, 185, 199, 202
Neys, R., 260
Nezu, A. M., 358
Nezu, C. M., 358
Niarhos, F., 280
Noell, G. H., 21
Northup, J., 187
Nunn, R. G., 300, 301, 302, 303

O

O'Brien, T., 121
O'Banion, D. R., 326
O'Brien, M., 236
O'Brien, S., 249
O'Callaghan, P., 239
O'Connor, C., 8, 200
O'Dell, S. L., 346, 348
O'Neill, G. W., 9, 118, 119, 123, 235
O'Neill, H. K., 10
O'Neill, R. E., 14, 176, 177, 195
O'Reilly, M. F., 153, 187
Oliva, D. S., 120
Oliver, C., 97, 98
Oliveras, C., 235
Ollendick, T. H., 26, 263, 304
Olsen-Woods, L., 163, 165
Ong, P., 265
Orsillo, S. M., 360
Osborne, K., 139
Osnes, P. G., 102, 272, 276, 279, 330, 359
Ott, S., 255, 305
Oxener, G., 97

P

Pace, G. M., 16, 22, 25, 72, 97, 185, 196, 197, 199, 202, 209, 217, 218
Packard, D., 203
Page, T. J., 146, 166, 209, 249
Paone, D., 63
Papadopoulou, Z. L., 316
Parrish, J. M., 250, 262
Parsons, M. B., 214, 263
Patak, M., 10, 331
Patel, M. R., 200, 202
Patterson, G. R., 10
Patterson, B. M., 111
Patterson, R., 50, 51
Paul, G. L., 255, 316
Paul, R. H., 360
Pavlov, I. P., 6, 106, 107, 111

Paxton, R., 331
Pear, J., 14, 123, 125, 135, 139, 155, 197, 290
Peck, S. M., 255
Pennypacker, H. S., 2
Peoples, A., 203
Perdoff, B. F., 121
Perlman, D., 305
Perri, M. G., 358
Peterson, A. L., 302
Peterson, C. R., 248
Peterson, L., 10
Peterson, R. F., 96, 133, 161, 178
Petscher, E. S., 130, 279
Phillips, E. A., 81, 316
Phillips, E. L., 81, 316
Phillips, J. F., 263
Piacentini, J. C., 300, 302
Piazza, C. C., 63, 87, 202, 210, 212, 240, 255
Pierce, W. D., 107
Pinkston, E. M., 202
Planes, M., 235
Plummer, S., 248
Poche, C., 10, 159, 160, 165, 166, 169, 276, 278
Polenchar, B. E., 111
Poling, A., 38, 58, 63
Polster, R., 73, 200
Poppen, R., 339, 341, 342, 343
Porterfield, J. K., 250
Poulson, C. L., 139, 155
Powell, J., 97
Powell, S., 239
Powers, S. W., 250
Premack, D., 53, 209
Pritchard, J., 185
Pryor, K., 55, 118
Pyles, D. A., 176

R
Rachlin, H., 106
Raiff, B., 10
Randich, L., 288
Rapoff, M. A., 300
Rapp, J. T., 9, 19, 163, 165, 183, 203, 255, 263, 265, 299, 301, 303, 305
Rapport, M. D., 255
Rasey, H. W., 126
Rayner, R., 108
Rechs, J. R., 326
Redmon, W. K., 39, 40
Reed, D., 10
Reese, N. M., 202
Rehfeldt, R. A., 154, 200, 288
Reichle, J., 281
Reid, D. H., 8, 10, 210, 263
Reid, D., 214
Reiss, M. L., 146
Reitman, D., 316
Rekers, G. A., 202
Remington, B., 97
Repp, A. C., 8, 89, 178, 185, 217, 219, 220, 237
Rescorla, R. A., 111
Reykdal, B., 236
Reynolds, B., 10, 331
Reynolds, C. J., 154
Reynolds, G. S., 215, 245
Rhoades, M. M., 10
Richman, D. M., 97, 236
Richman, G. S., 18, 146, 182
Ricketts, R., 89, 264
Rimm, D., 339, 340, 360
Rincover, A., 67, 203, 248
Ringdahl, J. E., 97, 187, 199, 210, 239
Riordan, M. M., 176, 332
Risley, T. R., 4, 7, 121, 217, 235, 250
Ritter, B., 346

Roane, H. S., 63, 70, 199, 210, 240
Robbins, F., 42, 238
Roberts, J., 163, 164, 165, 305
Roberts, M. C., 10
Roberts, M. L., 63
Roberts, M. W., 83, 212, 250, 265
Robinson, P. W., 316
Rodgers, T. A., 53
Rodriguez, I. M., 239
Rogers, J. S., 235, 237
Rogers, R. W., 235, 237
Rogers-Warren, A. R., 16
Rolider, A., 250, 306
Roll, J., 220
Roloff, T. J., 300
Romaniuk, C., 219, 239, 240
Romano, A. G., 111
Romer, L. T., 129, 135
Rortvedt, A. K., 172, 180, 184, 200, 251
Roscoe, E. M., 87
Rose, T., 139, 145
Rosenbaum, M. S., 301
Rosenthal, B. S., 331
Rosenthal, T., 165
Rosqvist, J., 9
Ross, D., 89
Ross, L. V., 250, 252
Ross, S., 89
Rothblum, E., 121
Rowbury, T., 80, 81
Rowell, A., 236
Rubin, Y. S., 279
Rubinoff, A., 44
Rudrud, E. H., 9, 139
Ruiz, R., 8
Ruiz, Z. R., 215
Runkle, W., 235, 237
Rusch, F. R., 9, 139, 145
Rush, A. J., 356
Russell, D., 200
Ruth, W. J., 331
Ryan, C., 219

S
Sajwaj, T., 79, 264
Salama, F., 239
Salend, S. J., 154
Salzburg, C. L., 154
Samaha, A. L., 202
Sameoto, D., 83, 265
Sarokoff, R. A., 139, 166
Saslawsky, D. A., 165
Sasso, G. M., 181
Saunders, M., 255
Saville, B. K., 9
Schaefer, H. H., 97, 126
Schaeffer, B., 121
Schaeffer, C. E., 10
Schauss, S., 168, 272
Schilmoeller, K. J., 139
Schleien, S. J., 146
Schlinger, H. D., 57
Schreibman, L., 134
Schulze, K. A., 9
Schwartz, C., 348
Schwartz, G. J., 332
Schweitzer, J. B., 316
Scibak, J. W., 8
Scott, D., 120
Scott, L. M., 120
Scott, T. M., 176
Scotti, J. R., 8
Sellers, J. A., 97
Sergay, J., 10
Sevin, B. M., 202

Sevin, J. A., 137, 138
Shade, D., 63
Shapiro, A. K., 302
Shapiro, E. S., 26, 263, 302
Shapiro, S. T., 250
Sharenow, E. L., 302, 303
Shaw, B. F., 356
Shea, M. C., 63, 185
Sheldon-Wildgen, J., 168
Sherman, J. A., 133, 161, 168
Sherry, P. J., 136
Shiner, J. G., 174
Schoenberger, D., 360
Shook, G. L., 11
Shore, B. A., 73, 87, 239
Shroff, P., 10, 331
Siegal, G. M., 255
Siegel, L. J., 348
Sigafoos, J., 154, 240
Sigurdsson, S. O., 279
Silverman, W., 339
Simmons, J. Q., 68
Simon, K. M., 356
Simpson, C., 235
Singh, N. N., 89, 222, 223, 263, 265
Sirota, A., 360
Skinner, B. F., 3, 4, 5, 7, 8, 49, 60, 61, 67, 79, 94, 96, 98, 105, 118, 200, 230, 289, 351
Slifer, K. J., 18, 120, 122, 182
Sloane, H. N., 332
Smeets, P. M., 120
Smith, R. G., 67, 185, 196, 216, 219, 239
Snell, M. E., 137
Snell, M. K., 331
Snycerski, S., 58
Solnick, J. V., 248
Spence, B. H., 154
Spiegler, M., 10, 339, 355, 358
Sprague, J. R., 176, 185, 236
Sprague, T., 276
Stabler, B., 306
Stachnik, T., 4
Stajkovic, A. D., 10
Starin, S., 11
Starke, M., 166
Steege, M. W., 212
Stefans, V., 212
Steffek, B., 165
Steinman, W. M., 21, 161
Steinmetz, J. E., 111
Stella, M. E., 139
Stephens, R. M., 166
Stephenson, K. M., 246
Stewart, D., 263
Stickney, M., 17, 176
Stock, L. Z., 11
Stoffelmayr, B. E., 53, 215
Stokes, T. F., 102, 213, 272, 273, 276, 279, 330, 332, 359
Storey, K., 176
Stricker, J. M., 177, 183, 265, 299, 305
Striefel, S., 97
Stromer, R., 97
Strosahl, K. D., 360
Stuart, R. B., 10, 330, 333
Sturmey, P., 166
Suda, K. T., 165, 289
Sugai, G., 9
Sugai, G. M., 176
Sullman, M. J. M., 235
Sulzer-Azaroff, B., 49, 88, 97, 123, 134, 139, 150, 155
Sulzer-Azaroff, 146
Sumberg, C., 265
Sundel, M., 123
Sundel, S. S., 123

Swain, J. C., 316
Swan, G. E., 176
Swatta, P., 153
Swearingen, M., 159, 160, 276
Sweeney, W. J., 331
Sweet, R. D., 302
Swiezy, N. B., 316

T

Tanner, B. A., 265
Tasky, K. K., 9
Taylor, B. A., 139, 141
Taylor, J., 53, 209, 248, 250
Teigen, J., 50, 51
Teng, E. J., 299
Tharp, R. G., 10, 287, 289
Thiesse-Duffy, E., 165
Thomas, D. R., 9
Thomas, J., 121
Thompson, A. L., 63, 185
Thompson, R. H., 10, 87, 120, 122, 185, 202
Thompson, T. J., 155
Thoreson, C. E., 289
Thorndike, E. L., 7, 48
Tiger, J., 97, 185
Tishelman, A. C., 298
Toner, A., 187
Touchette, P. E., 179
Trawitzki, A. L., 8
Trojan, E. A., 230
Troutman, A. C., 8, 133, 139
Tryon, W. W., 26
Tsai, M., 360
Tucker, M., 240
Tulloch, H., 265
Turner, S. M., 10
Twohig, M. P., 299, 300, 301, 302, 360

U

Ugland, M., 348
Ullmann, L. P., 4
Ulrich, R., 4, 215
Umbreit, J., 185

V

Van Camp, C. M., 7, 70, 97, 178
Van De Wetering, B. J. M., 300
Van Hasselt, V. B., 9
Van Houten, J., 9
Van Houten, R., 8, 9, 67, 83, 194, 250, 265, 306
Van Wormer, J. J., 10
Vaneslow, N., 35
Varell, J., 187
Veltum, L. G., 10
Verplanck, W. S., 7
Vintere, P., 155
Vollmer, T. R., 7, 14, 53, 56, 67, 174, 176, 178, 181, 185, 196, 198, 199, 202, 210, 212, 216, 219, 224, 230, 239
Vorndran, 87
Vorndran, C. M., 76, 202

W

Wack, S., 10, 289
Wacker, D. P., 135, 153, 187, 210, 236, 281
Wagaman, J., 300, 303, 306
Wagner, A. R., 111
Walker, C. E., 344
Wallace, M. D., 70, 185, 187, 198
Wallace, R. F., 120
Ward, P., 10
Warren, A. B., 306
Warren, S. F., 16
Warzak, W. J., 166, 212, 298
Waterloo, K. K., 303
Watson, D. L., 10, 287, 289
Watson, J. B., 6, 7, 105, 108, 109
Watson, J. E., 265
Watson, P. J., 43
Watson, T. S., 10, 220, 302, 306
Wehman, P., 146
Weil, T., 279
Weinberg, L., 356
Weinstein, P., 185
Welch, S. J., 332
Wells, K. C., 83, 260, 265
Wesolowski, M. D., 239, 260
West, D., 347
Whaley, D. L., 326
Whelan, P. A., 215
Whiting, S., 25
Whitman, T. L., 8, 154, 215
Wiggins, B., 210
Wilcox, B., 276
Wilder, D. A., 8, 185, 200, 219, 240
Williams, C. D., 67, 73
Williams, D., 89, 264, 300, 306
Williams, G. E., 146
Williams, R. E., 276, 277
Williams, W. L., 8
Wilson, G. T., 289
Wilson, K. G., 360
Wilson, N., 263
Winborn, L., 236
Winett, R. A., 26
Winterling, V., 240
Winton, A. S., 263, 265
Wohn, T., 69
Wolery, M., 265
Wolf, M. M., 4, 7, 79, 81, 121, 255, 265, 316
Wolfe, E., 302
Wolff, G., 17, 176
Wolko, K. L., 10
Wolpe, J., 7, 342
Wong, S. E., 176
Wood, D. D., 26
Woods, C. L., 120
Woods, D. W., 219, 298, 299, 300, 301, 302, 303, 305
Woods, K., 10
Woolbridge, R. L., 332
Workman, E. A., 43
Woster, S. H., 172, 184, 200
Wright, C. S., 7, 56, 178, 210, 224
Wright, D. G., 67
Wright, K. M., 17, 26, 304, 337
Wright, L., 344
Wurtele, S. K., 165
Wysocki, T., 332

Y

Yakich, T., 251
Yates, B. T., 10, 289
Yell, M. L., 174
Yoder, P., 10, 161, 276
Young, A., 154

Z

Zane, T., 137
Zanolli, K., 69
Zarcone, J. R., 14, 53, 67, 174, 176, 181, 185, 196, 202, 216, 219, 239
Zeigler, S. G., 10
Zeiler, M. D., 70, 265
Zencius, A. H., 239
Zezoney, F., 139
Zinn, T. E., 9
Zlutnick, S., 219

Índice por assuntos

A
Abscissa, 32
Abordagem construtivista, 281
Ambiente análogo, 17-18
Ambiente natural, 17
Amônia aromática, 264
Análise de tarefa, 145-147
  Condução, 145
  Folha de dados, 146
Análise de tarefa por escrito, 153
Análise do comportamento aplicada, 4
Análise do comportamento, 4
Análise experimental do comportamento, 4
Análise experimental, 181-184
Análise funcional
  Avaliação funcional e, 181-184
  Pesquisa sobre o uso de, 185-186
  Tipos de, 184
Análise funcional exploratória, 183, 184
Análise funcional por teste de hipóteses, 183, 184
Ansiedade, 336-350
  Definição de problemas de, 338-339
  Exemplos de redução de, 336-337
  Hierarquias iniciais de, 345-346
  Problemas clínicos, 347-348
  Procedimentos de redução, 336-348
Antecedente, 97-98
Apoio social, 291-292, 300
Apresentação total da tarefa, 150-152
  Diferenças e semelhanças nos processos de encadeamento, 151
  Uso de, 151
Aproximações sucessivas, 117
Aquisição, 59
Ativação comportamental, 356
Atividades aversivas
  Aplicação de, 258-263
  Exercício contingente, 260
  Hipercorreção, 259-260
  Obediência guiada, 261-262
  Prática positiva, 259-260
  Precauções, 263
  Restituição, 260
  Restrição física, 262-263
Atraso contingente, 249
Atraso na incitação, 137
Autoavaliação
  Em procedimentos de extinção, 196
  Para generalização de estímulo, 100
  Para punição, 78
Autoelogios, 292
Autogestão, 10, 258-297
  Definição de problemas de, 287-288
  Definição, 285, 289
  Estratégias, 289-294
  Etapas básicas, 292-294
  Exemplos, 285-287

Problemas clínicos, 295
Autoinstruções, 154-155, 292, 358
Automonitoramento, 17, 289
Avaliação
  Em procedimentos de extinção, 195
  Estímulo único, 210
  Estímulos múltiplos, 210
  Estímulos pareados, 210
  Funcional, 172-191
  In situ, 163
  Preferência, 209
  Reforçador, 209
  Tipos de, 14-15
Avaliação comportamental
  Importância, 14
  Tipos de, 14-15
Avaliação comportamental funcional, 182
Avaliação de estímulo pareado, 210
Avaliação de estímulo único, 210
Avaliação de múltiplos elementos, 210
Avaliação de preferência, 209
Avaliação direta, 14-15
Avaliação do reforçador, 210
Avaliação funcional, 172-191
  Condução de, 187-188
  Definição, 174-175
  Em procedimentos de extinção, 195
  Exemplos, 172-174
  Funções dos problemas de comportamento e, 175-176
  Intervenções funcionais e, 188
  Métodos, 176-184
  Pesquisa de análise funcional e, 185-187
Avaliação indireta, 14-15
Avaliação *in situ*, 163
Avaliações descritivas, 181
Aversão ao gosto, 108

B
Behaviorismo, 4
Bloqueio da resposta, 262
Bruxismo, 263

C
Cadeias comportamentais
  Estratégias para ensinar, 152-155
  Exemplos, 143-144
Cadeias de estímulo-resposta, 144-145
Choque elétrico, 264
Classe de estímulo, 95
Clínico, 9-10, 126, 184, 295
Comportamento
  Características, 3
  Controlador e controlado, 289, 290
  Definição, 1-3
  Dimensões, 2
  Duração, 2

Exemplos, 3-4
Frequência, 2
Intensidade, 2
Latência, 2
Medição, 2
Observação e registro, 14-30
Observável, 3
Oculto, 3
Uma ocorrência, 18
Comportamento-alvo, 4
  Confiabilidade interobservador e, 26-28
  Definição, 15-17
  Definições de resposta, fichas recebidas e, 321
  Na economia de fichas, 310, 317, 318
  Registro, 17-26
Comportamento autolesivo (CAL), 239
Comportamento cognitivo, 351
  Definição, 353-354
  Funções, 354-355
Comportamento controlado, 289
Comportamento controlador, 289
Comportamento de evitação, 54-55, 88
Comportamento de fuga, 54-55, 88
Comportamento estereotipado, 222-223
Comportamento governado por regras, 330-331
Comportamento inicial, 117
Comportamento observável, 3
Comportamento oculto, 3
Comportamento perturbador, 17-18
Comportamentos autoestimulatórios, 222-223
Comportamentos habituais
  Definição, 299-300
  Exemplos, 298-299
Comportamentos operantes, 104
Comportamentos relacionados com a saúde, 10
Comportamentos relaxados, 343
Comportamentos respondentes, 104
Concordância interobservador (CIO), 16
Condição de controle, 183
Condição de teste, 183
Condicionamento clássico, 106
Condicionamento de atraso, 107
Condicionamento de ordem superior, 108
Condicionamento de traço, 107
Condicionamento operante, 104
Condicionamento pavloviano, 106
Condicionamento respondente, 104-115
  Condicionamento de ordem superior e, 108
  Definição, 105-107
  Discriminação e generalização do comportamento respondente, 110-111
  Exemplos, 104-105
  Extinção de, 110
  Fatores que influenciam, 111-112
  Modificação do comportamento e, 114-115
  Sincronia entre estímulo neutro e estímulo incondicionado, 107-108

Condicionamento reverso, 107
Condicionamento simultâneo, 107
Confiabilidade interobservador, 16, 26-28
Consentimento informado, 267
Consequência, 48
Contingência, 56, 85
Contingência de reforço negativa, 324-325
Contingência de três termos, 96-97
　Nos procedimentos de controle de antecedentes, 240-242
　Treinamento de habilidades comportamentais e, 164-165
Contingências naturais de reforçamento, 273
Contrato de contingência, 326
Contrato de desempenho, 326
Contrato de parte única, 328
Contratos comportamentais, 290-291, 324-335
　Aplicações, 331-333
　Componentes, 326-328
　Contingências em, 327
　De parte única, 328
　Definição, 326
　Ensinar habilidades, 332
　Entre duas partes, 328-330
　Exemplos, 324-326
　Influência sobre o comportamento, 330-331
　Negociação, 330
　Paralelos, 329
　Quid pro quo, 329
　Tipos de, 328-330
Contratos entre duas partes, 328-330
Contratos paralelos, 329
Contratos *quid pro quo*, 329
Contratos unilaterais, 328
Controle de estímulo
　Contingência de três termos e, 100-102
　Definição, 92-93
　Desenvolvimento, 93-96
　Diretrizes para uso na incitação e transferência, 139-140
　Exemplos de, 91-92
　Generalização, 97-102
　Incitação e, 129-130
　Pesquisa, 97
　Transferência de, 135-139
　Tratamento de autismo e, 141
Cuidadores, trabalhando com, 199-200
Curto-circuito da contingência, 290-291
Custo da resposta, 80, 251-270
　Comparação com extinção e *time-out*, 253-254
　Considerações ao usar, 254-255
　Definição, 253
　Exemplos, 251-252
　Na economia de fichas, 315
　Pesquisa sobre, 255
　Uso de reforço diferencial com, 253

D

Deficiências de desenvolvimento, 8
Déficit comportamental, 4
Definição de metas, 289
Definições de resposta
　Comportamento-alvo, fichas recebidas e, 321
　Resposta competitiva e, 302
Desconto temporal, 288
Desempenho na área de esportes, 10
Desenho A-B, 38
Desenho com mudança de critério, 44-45
Desenho com tratamentos alternados (DTCA), 43-44
Desenho com vários elementos, 43
Desenho reverso A-B-A-B, 38-39
Desenhos de pesquisa, 37-45

　Com mudança de critério, 44-45
　Com tratamentos alternativos, 43-44
　Com várias fases iniciais, 39-43
　Reverso A-B-A-B, 38-39
Desenhos com várias fases iniciais, 39-43
　Entre ambientes, 39, 42
　Entre comportamentos, 39, 41
　Entre indivíduos, 39-42, 43
Dessensibilização *in vivo*, 344, 346-348
　Exemplos de, 346-347
　Vantagens e desvantagens da dessensibilização sistemática e, 347-348
Dessensibilização por contato, 346
Dessensibilização sistemática, 342-344
　Procedimento, 342-346
　Vantagens e desvantagens da dessensibilização *in vivo* e, 347-348
Diferenças individuais, 58-87
Dimensões, 2
Diretrizes de implementação para o uso de punição, 267
Distorções cognitivas
　Definição, 357
　Exemplos, 357
Doença mental, 8
Duração, 2, 19

E

Economia de fichas, 8, 309-323
　Aplicações, 316-319
　Componentes, 311
　Considerações, 315-316
　Definição, 310
　Exemplo, 309-310
　Implementação, 310-315
　Treinamento e gestão, 315
　Uso de fichas, 55
　Vantagens e desvantagens, 319-321
Educação, 8-9
Educação especial, 8-9
Eixo x, 32-33
Eixo y, 32-33
Encadeamento, 143-157
　Análise de cadeias de estímulo-resposta, 144-145
　Análise de tarefas, 145-147
　Apresentação total da tarefa, 150-152
　Cadeias comportamentais, 143, 152-155
　Diretrizes para o uso, 155-156
　Procedimentos, 146, 155
　Progressivo, 148-150
　Reverso, 147-148
Encadeamento progressivo, 148-150
Encadeamento reverso, 147-148
Escala de unidades subjetivas de desconforto (SUDS), 344
Escolha, 240
Esforço de resposta
　Manipulação, 235-236
　Redução para comportamento desejável, 231-232
Espinha bífida, 121
Esquema de índice fixo (IF), 60
Esquema de índice variável (IV), 61
Esquema de intervalo fixo (IFx), 61-62
Esquema de intervalo variável (IVr), 62
Esquema de reforço contínuo (ERC), 59
Esquema de reforço intermitente, 59
Esquemas de reforço, 59-62
　Índice fixo (IF), 60
　Índice variável (IV), 61
　Intervalo fixo (IFx), 61-62
　Intervalo variável (IVr), 62
Esquemas de reforço concorrentes, 63

Estimulação aversiva, aplicação de, 263-265
Estímulo, 52
Estímulo aversivo, 52, 77
Estímulo condicionado (EC), 106
　Como uma função do comportamento cognitivo, 354
　Exposição anterior a um, 112
　Natureza do, 111
　Número de pareamentos, 111-112
Estímulo discriminativo (ED), 93-102
　Apresentação para um comportamento desejável, 229-230
　Como uma função do comportamento cognitivo, 354
　Manipulação do, 235
　Na generalização, 272
　Para autoinstruções, 360
　Remoção para um comportamento indesejável, 232
Estímulo neutro (EN)
　Contingência entre estímulo incondicionado e, 111
　Número de associações, 111-112
　Relação temporal entre estímulo incondicionado e, 112
　Sincronia entre estímulo incondicionado e, 107-108
Estímulos incondicionados (EI), 105
　Contingência entre estímulo neutro e, 111
　Natureza, 111
　Número de associações, 111-112
　Relação temporal entre estímulo neutro e, 111
　Sincronia entre estímulo neutro e, 107-108
Estratégia de motivação, 301
Esvanecimento
　Aplicações, 139
　Definição, 130-133
　Exemplo de incitação e, 129-130
Esvanecimento da incitação, 135-137
Esvanecimento do estímulo, 135, 137-139
Eventos privados, 3
Excesso comportamental, 4
Exemplos de estímulos, 276
Exercício contingente, 80, 260
Exercícios de atenção focada, 342
Extinção, 66-75
　Aplicação, 192-206
　Avaliação funcional e, 195
　Avaliação na, 194-195
　Comparação com *time-out* e custo da resposta, 253-254
　Definição, 67-68
　Eliminação do reforçador, 196-198
　Equívoco sobre, 73
　Esquema de reforço antes, 200
　Etapas do uso, 194
　Exemplo de utilização, 192-194
　Fatores que influenciam, 73-74
　Para diminuir problemas de comportamento, 194-200
　Pesquisas sobre, 202-204
　Promoção da generalização e manutenção, 201-202
　Recuperação espontânea, 70
　Reforço de comportamentos alternativos, 200-201
　Reforço e, 71-74
　Tratamento da recusa de alimentos e utilização, 202
　Uso seguro da, 198-200
　Variações de procedimentos de, 71-72
　Variações funcionais da, 197
Extinção da fuga, 197

Extinção respondente, 110

F
Fase inicial, 20, 34
Feedback, 162-163
Fichas, 55, 310
   Definições de resposta, comportamento-alvo e fichas recebidas, 321
   Exemplos, 312
   Hora e local para troca, 314
Fidelidade do tratamento, 199
Fobia, 342
Folha de dados de duração, 23-25
Folha de dados de frequência, 23
Folha de dados do intervalo, 23, 24
Frequência, 2, 18

G
Gagueira, 16, 300, 303
Generalização, 97-102
   Definição de Stokes e Baer (1977), 273
   Definição, 272
   Do comportamento respondente, 110-111
   Estratégias para promover mudança comportamental, 272-280
   Exemplos de programação para, 271-272
   Exemplos, 98-102
   Gradiente de, 98
   Habilidades sociais e, 280
   Implementação de estratégias para promover, 280
   Incorporação de estímulos comuns, 278
   Incorporação de mediadores autogerados de, 279
   Incorporação de uma situação de estímulo relevante, 276-278
   Melhorar depois do treinamento de habilidades comportamentais, 163
   Modificação de contingências naturais, 274-276
   Promoções da, 201, 271-284
   Reduções generalizadas de problemas de comportamento, 281-282
   Reforçar ocorrências de, 272-273
   Respostas funcionalmente equivalentes e, 278
   Treino de habilidades, 273-274
Gerontologia, 11
Gestão do comportamento infantil, 10
Gestão do comportamento organizacional, 10
Gráfico de dispersão, 179
Gráficos, 31-47
   Componentes, 32-34
   Dados comportamentais, 34-36
   Desenhos de pesquisa e, 37-45
Gravidade do problema, 267

H
Hábitos nervosos, 299, 301
Hierarquia, 344
Hipercorreção, 259

I
Imediatismo, 56, 85
Incitação, 130.
   Aplicações, 139
   Definição, 130-131
   Diretrizes para o uso, 139-140
   E transferência do controle de estímulo no tratamento de autismo, 141
   Esvanecimento e, 129-130, 131-133
   Tipos de, 133-135
Incitação de estímulo, 133, 134-135
Incitação extraestímulo, 134
Incitação gestual, 130, 133, 147
Incitação por imagens, 153
Incitação por modelagem, 130, 133

Incitações de resposta, 133
Incitações físicas, 130, 133-134
Incitações no estímulo, 134
Incitações textuais, 153
Incitações verbais, 130, 133
Indústria, 10
Inibição recíproca, 344
Instruções, 160-161
Intensidade, 2, 19
Intervenções funcionais
   Definição, 188
   Para comportamentos problemáticos, 242
Inundação, 348

L
Latência, 2, 19
Lei do efeito, 6, 48
Linhas indicando fases, 33

M
Magnitude, 19, 59, 87
Manipulações de antecedentes, 227, 231, 234, 289-290
Manutenção, 59
Mediador autogerado de generalização, 279-280
Medo, 338
   Definição de problemas de, 338-339
   Exemplos de redução, 336-337
   Outros tratamentos para, 348
   Problemas clínicos, 348
   Procedimentos para redução, 339-348
   Procedimentos, 339-348
Método da lista de verificação, 180
Método das várias oportunidades, 155
Método de oportunidade única, 155
Método de registro de intervalo (ou em tempo real), 180
Método de registro em tempo real, 19
Método descritivo, 180
Métodos de avaliação do informante, 176
Métodos de observação direta, 177-181
   Método da lista de verificação, 180
   Método descritivo, 180
   Método do registro em intervalos (ou em tempo real), 180
Métodos indiretos, 176-177
Modelagem, 116-128
   Aplicações, 118-120
   Conformidade com procedimentos médicos, 122
   De problemas de comportamento, 124-128
   Definição, 117-118
   Diretrizes, 124
   Exemplo, 116
   Pesquisa, 120-122
   Procedimentos de aproximação, 117-118
   Uso adequado, 123-124
Modelagem, 161-162, 348
Modelagem por vídeo, 154
Modelagem, punição e, 88-89
Modificação do comportamento
   Áreas de aplicação, 7-11
   Características, 4-6
   Condicionamento respondente e, 114-115
   Definição, 4
   Pesquisadores pioneiros, 7
   Principais eventos, 7
   Principais nomes do desenvolvimento da, 6-8
   Principais publicações, 7
   Procedimentos usados com transtornos de hábitos, 306
   Raízes históricas, 6-7
Modificação do comportamento cognitivo, 351-362
   Definição, 353-354

   Exemplos de, 351-353
   Problemas clínicos, 360
   Procedimentos, 355-360
Modificação do comportamento organizacional, 10

N
Negócios, 10

O
Obediência guiada, 261-262
Observação contingente, 250
Observação estruturada, 18
Observação não estruturada, 18
Observadores, 17
Ocultação facial, 265
Operação abolidora (OA), 56-57
Operação estabelecedora (OE), 56-58
Operações motivadoras (OM), 56-58, 86-89
   Como uma função do comportamento cognitivo, 354-355
   Manipulação de, 237-240
Operantes concorrentes, 63
Ordenada, 32
Orientação física, 134
Orientação gradativa, 150

P
Período de acompanhamento, 31
Período de observação, 17
Pontos de dados, 33
Prática positiva, 259-260
Prevenção, 10
Princípio de Premack, 53, 79
Privação, 57
Problemas de comportamento, identificar funções de, 175-176
Procedimento de escolha associada, 210
Procedimento de escolha forçada, 210
Procedimento de estímulos múltiplos sem substituição (EMSS), 210
Procedimentos de controle de antecedentes, 227-244
   Apresentação de estímulos discriminativos ou pistas para um comportamento desejável, 229-230
   Apresentação de operações abolidoras para comportamentos indesejáveis, 233-234
   Aumento do esforço de resposta para o comportamento indesejável, 234
   Definição, 228-234
   Diretrizes para o uso de, 240-242
   Exemplos de, 227-228
   Operações estabelecedoras para o comportamento desejável, 230-231
   Pesquisas sobre, 235-240
   Redução do esforço de resposta para o comportamento desejável, 231-232
   Remoção de estímulos discriminativos ou pistas para um comportamento indesejável, 232
Procedimentos de reforço diferencial, 207-226
   De baixas taxas de resposta, 220-224
   De outros comportamentos, 215-220
   Do comportamento alternativo, 207-215
   Reforço de comportamentos alternativos, 200-201, 211
   Uso do custo de resposta com, 253
Procedimentos de treino de relaxamento, 339-340
Procedimentos restritivos, 267
Programação de caso geral, 276
Psicologia
   Clínica, 9-10
   Da comunidade, 9
Psicologia da comunidade, 9

Psicologia da saúde, 10
Punição, 76-90
  Aceitabilidade, 265-266
  Condicionados e não condicionados, 82-83
  Considerações ao usar, 266-267
  Contraste entre, 83-85
  Definição, 76-78
  Equívoco sobre, 78-79
  Ética da, 267-268
  Fatores que influenciam a efetividade da, 85-87
  Modelagem e, 88-89
  Positiva e negativa, 79-82
  Problemas com, 87-89
  Procedimentos negativos, 245-257
  Procedimentos positivos, 258-265
  Questões éticas, 89
  Reações emocionais a, 87-88
  Reforço positivo para uso da, 88
  Tratamento do último recurso, 265-266
  Treinamento de discriminação de estímulo e, 96
Punição negativa, 79-82
Punição positiva, 79-82
Punidor condicionado, 82
Punidor condicionado generalizado, 83
Punidor não condicionado, 82
Punidores, 77
  Providenciar, 291

R
RDB com intervalo, 221
RDB com resposta espaçada, 221
RDB de sessão completa, 220
RDO de intervalo inteiro, 219
RDO momentâneo, 219
Reabilitação, 9
Reatividade, 26
Recuperação espontânea, 70, 110
Recusa de alimentos, 202
Redução de medo, 336-348
Reestruturação cognitiva, 355-358
  Etapas, 356
  Planilhas de dados usadas na, 356
Reforçador condicionado, 55
Reforçador positivo, 52
Reforçadores
  Condicionados e não condicionados, 55-56
  De apoio, 310
  Identificação, 210
  No custo da resposta, 254
  Nos procedimentos de extinção, 197-198
  Nos procedimentos de reforço diferencial de outro comportamento, 215-216
  Providenciar, 291
Reforçadores condicionados generalizados, 56
Reforçadores de apoio, 55, 310, 312-313, 317-318
Reforçadores não condicionados, 55
Reforçadores primários, 55
Reforçadores secundários, 55
Reforço, 48-65
  Comportamentos de fuga e evitação, 54-55
  Definição, 48, 49-52
  Dimensões do comportamento e, 62-63
  Esquemas concorrentes de, 63
  Esquemas de, 59-62
  Extinção e, 71-72
  Fatores que influenciam, 56-59
  Na economia de fichas, 313-315
  Positivo e negativo, 52-54
  Reforçadores condicionados e não condicionados, 55-56
  Uso de *time-out* com, 247-248
Reforço automático, 53, 185
Reforço diferencial, 117

Reforço diferencial da comunicação (RDC), 213
Reforço diferencial de baixas taxas de resposta (RDB), 220-224
  Definição, 220
  Diferenças entre RDO e, 221
  Pesquisa sobre, 222-224
  Procedimentos de implementação, 221-222
  Variações do, 220-221
Reforço diferencial de comportamentos alternativos (RDA), 207-215
  Com punição, 266
  Diretrizes para o uso, 209-211
  Exemplo, 207-208
  Pesquisa sobre, 213-215
  Uso adequado, 209
  Uso de reforço diferencial negativo no, 211-212
  Variações do, 212-213
Reforço diferencial de outros comportamentos (RDO), 215-220, 239
  Aplicações, 220
  Com punição, 266
  Definição, 215-216
  Diferenças entre RDB com resposta espaçada e, 221
  Intervalo de tempo, 217-218
  Pesquisa sobre, 218-220
  Procedimentos de implementação, 216-218
  Reforçadores no, 216-217
Reforço diferencial de um comportamento incompatível (RDI), 212
Reforço negativo, 52-54
  Extinção após, 197
  Para uso de punição, 88
Reforço negativo automático, 176
Reforço negativo diferencial de comportamentos alternativos (RNDA), 211-212
Reforço por fichas, 316
  Aplicações, 316
Reforço positivo, 52-54
  Extinção após, 197
Reforço positivo automático, 175
Reforço social, 53-54
Reforço social negativo, 175
Reforço social positivo, 175
Registro contínuo, 18-20
Registro de amostra de tempo, 22-23
Registro de frequência dentro do intervalo, 22
Registro de intervalo parcial, 21
Registro de intervalo, 21-22
Registro de intervalo total, 21
Registro do comportamento-alvo
  Amostra de tempo, 22-23
  Concordância entre observadores e, 26-28
  Contínuo, 18-20
  Em tempo real, 19
  Frequência dentro do intervalo, 22
  Hora e local, 17-18
  Instrumentos, 23-26
  Intervalo, 21-22
  Logística, 17-18
  Métodos, 18-23
  Observadores, 17
  Percentual de oportunidades, 21
  Produto, 21
  Reatividade e, 26
Registro do produto, 21
Registro momentâneo de amostra de tempo, 22
Registro permanente de produto, 21
Relação funcional, 37
Relaxamento muscular progressivo (RMP), 340-341
Resistência à extinção, 73
Respiração diafragmática, 303, 341

Respiração profunda, 341
Respiração regulada, 30-33
Responsabilização, 268
Resposta, 56
Resposta competitiva, 300
  Definições de resposta e, 302
Respostas funcionalmente equivalentes, 278
Resposta condicionada (RC), 106, 111-112, 354
Respostas emocionais condicionadas (RECs), 108-110
Respostas incondicionadas (RI), 105
Restituição, 260
Restrição física, 262-263
Reversão de hábitos
  Aplicações da, 300-305
  Componentes, 301
  Eficácia de procedimentos, 303-305
  Procedimentos, 300-301
Revisão por pares, 268
Rótulos indicando fases, 34
Ruminação, 263

S
Saciedade, 57
Saliente, 111
Segurança do receptor, 267
Serviços humanos, 10
Síndrome de Tourette, 300
  Pesquisas comportamentais sobre, 302
Sistema de incitações mínimas, 136, 139
Surto de extinção, 68-70, 198-199

T
Taxa, 18
Taxa de câmbio das fichas, 314
Técnicas de treinamento de habilidades comportamentais (THC), 158-171
  Aplicações, 165-168
  Avaliação *in situ*, 163
  Componentes, 160-163
  Contingência de três termos e, 164-165
  Diretrizes para o uso, 168-169
  Em grupos, 165
  Exemplos, 158-160
  Melhorar a generalização depois de, 163
  Para o uso de punições, 267-268
  Treinamento *in situ*, 164
  Usadas para ensinar autoinstruções, 359-360
Tempo inter-resposta (TIR), 223
Tentativa de aprendizado, 141
Terapia cognitiva, 356-358
Terapia comportamental, 9-10
Terapia de aceitação e compromisso (ACT), 360
Terapias baseadas em aceitação, 360
Time-in, 248
Time-out, 246-251
  Comparação com extinção e custo da resposta, 253-254
  Considerações ao usar, 248-250
Definição, 247
  Do reforço positivo, 80
  Duração, 249
  Excludente, 247
  Exemplos, 246-247
  Não excludente, 247
  Pesquisa, 250-251
  Procedimento, 181
  Tipos de, 247
  Uso de reforço com, 247-248
  Uso seguro, 249
Time-out do reforço positivo, 247
Time-out excludente, 247
Time-out não excludente, 247

Tiques motores, 37, 299-300, 302-303
Tiques vocais, 302
Transferência de controle de estímulo, 135-139
Transtornos de hábitos
   Definição, 298
   Procedimentos para, 305-306
Tratamento de autismo, incitação e transferência de controle de estímulo no, 141
Tratamentos funcionais para punição, 267
Treinamento
   Discriminação de estímulo, 93-94
   Habilidades comportamentais, 158-171
   In situ, 164

Treinamento autoinstrucional, 358-360
   Controle verbal do comportamento no, 360
   Etapas de utilização, 359
   Treinamento de habilidades comportamentais usado no, 359
Treinamento da resposta competitiva, 300
Treinamento de comunicação funcional, 213
Treinamento de discriminação de estímulo, 93-96
   Contingência de três termos e, 96-97
   Desenvolvimento de leitura e escrita com, 95-96
   No laboratório, 94-95
   Punição e, 96
Treinamento *in situ*, 164

Treino, 162
Treino de conscientização, 300, 303, 304
Treino de habilidades cognitivas de enfrentamento, 358-360
Treino de relaxamento comportamental, 342

V
Validade social, 265-266
Variáveis controladoras, 4
Variável de confusão, 37
Variável dependente, 37
Variável independente, 37